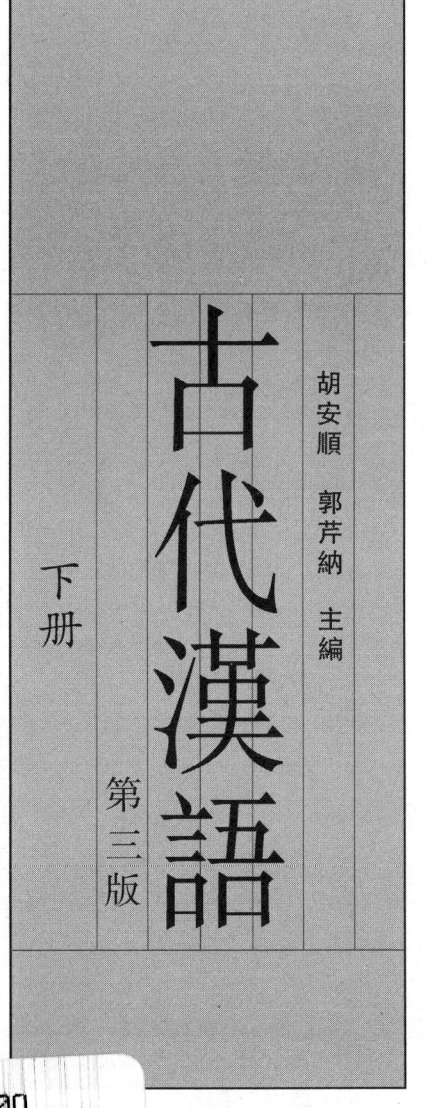

教育部高師面向二十一世紀教改重點項目成果
高等學校文科教材

古代漢語

第三版

胡安順　郭芹納　主編

下册

中華書局

目録

第八單元

第七單元

文選

道可道

老子

【老子簡介】老子，道家學派的經典著作，又稱道德經、道德真經、老子五千文等，共八十一章，五千餘字，分道經、德經上下兩篇。相傳爲周史官老聃（dān）所著，今人一般認爲成書於戰國時期，是老子的後學根據其學説整理補充而成的。書中認爲「道」是世界的本原并支配着萬事萬物；一切事物都是由對立的兩方面組成的，對立的雙方相互依存、相互轉化；「道」的本質是自然，人應該按道的規律辦事，知足寡欲，清静無爲，順應自然，等等。其中包含着唯心主義的辯證法思想，同時也反映了道家學派消極無爲的處世哲學。在政治上，道家反對醜惡不公的現實社會，主張「損有餘而補不足」，希望返回到古樸原始的「小國寡民」社會。

根據史記的記載，老子是春秋末楚國苦縣厲鄉曲仁里（今河南鹿邑縣東）人，姓李，名耳，字聃，任周守藏室史，與孔子同時，孔子適周時曾問禮於老子。

老子的重要注本主要有魏王弼老子注（有四庫全書本等）、後人假託的漢河上公老子注（又名老子道德經章句）道德經注（有四庫全書本等）以及近人馬敍倫老子校詁等。今人朱謙之老子校釋收集資料較全，任繼愈老子新譯（附馬王堆漢墓帛書〈老子〉釋文）、陳鼓應老子注譯及評介通俗易懂。一九七四年，長沙馬王堆漢墓出土了帛書老子甲、乙本（文物出版社一九七六年），字句與傳世本頗有出入，是了解老子一書原貌及在漢代流傳情況的重要資料。

【題解】文中提出了「道」的概念，認爲道決定着世間一切事物，却又不可名，神秘莫測。老子的「道」其實就是今天所説的自然規律。本篇爲老子第一章。

道可道，非常道；名可名，非常名①。無名，天地之始；有名，萬物之母②。故常無，欲以觀其妙；常有，欲以觀其徼（jiào）③。此兩者，同出而異名④，同謂之玄。玄之又玄，衆妙之門⑤。

① 非常道：不是永恒的道。常，帛書老子作「恒」，今本因避漢文帝諱改作「常」。非常名：不是永恒的名。

② 無名二句：「無名」是天地的原始狀態，有名是萬物形成的開始。母，本源，這裏指開始時。

③ 常無：指在無形的狀態下。觀其妙：指觀察「道」的微妙。妙，或作「眇」。常有：指在有形的狀態下。其徼：指道的終極。徼，邊際；終極。帛書老子作「噭」。按：王弼以「無欲」「有欲」連讀。

④ 兩者：指有形和無形。同出：指同出於道。

⑤ 玄：深奥。衆妙之門：一切事物所由出現的道門。

天下皆知美之爲美

老子

【題解】文中説明相互對立的兩種事物同時又是相互依存、相反相成的。根據這一道理，人應該樹立「無爲」的思想，以「無爲」達到有爲。本篇爲老子第二章。

天下皆知美之爲美，斯惡已①；皆知善之爲善，斯不善已。故有無相生，難易相成②，長短相形，高下相傾③，音聲相和，前後相隨④。是以聖人處無爲之事，行不言之教，萬物作焉而不辭⑤，生而不有，爲而不恃⑥，功成而弗居。夫唯不居，是以不去⑦。

① 天下二句：天下人都知道什麼是美的話，這就説明有了醜的存在。斯，指示代詞，這。惡，醜。已，句末語氣詞，作用同「矣」。

② 有無相生：「有」和「無」是由於相互依存才産生的。難易相成：「難」和「易」是由於相互依存才形成的。

③ 長短相形：「長」和「短」是由於相互依存才體現出來的。形，從形體上體現。高下相傾：「高」和「下」是由於上下依靠在一起才顯示出來的。相傾，本指位置高的物體傾壓在位置低的物體之上，這裏義爲上下相依靠。

④ 音聲相和：「音」和「聲」相配合時才顯示出了二者的差别。音，單音，或説指樂器的聲音。聲，和聲，或説指人唱出的聲音。前後相隨：「前」和「後」連在一起才顯示出了其差别。隨，連接；接續。

⑤ 處無爲之事：以「無爲」的態度去處事。處，對待；處理。無爲，不做事，只是順應事物的發展。作：出現；興起。不辭：不拒絶。焉：兼詞，相當於「於之」，其中「之」指世界上。

⑥生：指出現的事物。有：指據爲己有。不恃：不恃功。

⑦唯：連詞，因爲。不去：指不會離開功勞。

三十輻共一轂

老子

【題解】文中以車、器皿和宫室爲例説明了這樣一個道理：「無」和「有」是相互依存的關係，可以相互轉化。僅僅看到「有」的作用是片面的，應當同時重視「無」的作用。本篇爲老子第十一章。

三十輻，共一轂（gǔ），當其無，有車之用①；埏埴（shān zhí）以爲器，當其無②，有器之用；鑿户牖（yǒu）以爲室，當其無③，有室之用。故有之以爲利，無之以爲用④。

①輻：車輪上的輻條。轂：車輪中心有圓孔用來穿軸和連接輻條的部件。當：正由於，由於。無：指車轂中的圓孔。

②埏：以水和土。埴：黏土。無：指器皿中空的部分。

③鑿：鑿開。這裏義爲設置。牖：窗子。無：指房子中的空間。

④無之句：「無」也發揮着它的效用。無之，義同「無」，「之」已虚化，只起增加一個音節的作用。

曲則全　老子

【題解】文中説明了事物相反相成的道理，同時宣揚了道家以柔克剛、以退爲進的處世哲學。本篇爲老子第二十二章。

曲則全，枉則直①，窪（wā）則盈，敝則新，少則得，多則惑。是以聖人抱一爲天下式②。不自見故明，不自是故彰，不自伐故有功，不自矜故長③。夫唯不争，故天下莫能與之争。古之所謂「曲則全」者，豈虚言哉？誠全而歸之④。

①曲則二句：委屈反而能够保全，彎曲反而能够伸直。

②聖人句：聖人抱定一個原則作爲天下的法式。一，指「貴柔」的原則，如「不自見、不自是、不自伐、不自矜」等。或以爲「一」指「道」。

③彰：顯露。伐：誇耀。矜：自滿。長：首領。這裏用作動詞，成爲首領。

④誠全句：確實能使人得到保全而且達到目的。歸之，指達到某種目的。

知人者智　老子

【題解】文章中提出了衡量幾種事物的標準，反映了道家注重内省、注重自身修養的思想。本篇爲老子第三十三章。

知人者智，自知者明；勝人者有力，自勝者强；知足者富，强行者有志；不失其所者久，死而不亡者壽①。

①强行句：堅持力行的人能够實現其志向。强，指拼力。有，取得。所，指根基。死而不亡：死後仍然不被人遺忘。

道生一　老子

【題解】文章反映了道家的宇宙觀和客觀唯心主義思想。道家以爲「道」是宇宙萬物的本源，萬物都包含着陰陽對立的兩個方面，對立的兩個方面總是朝其相反的方向發展。本篇爲老子第四十二章。

道生一，一生二，二生三，三生萬物①。萬物負陰而抱陽，冲氣以爲和②。人之所惡，唯孤寡不穀，而王公以爲稱③。故物或損之而益，或益之而損。人之所教，我亦教之④。强梁者不得其死，吾將以爲教父⑤。

①一：道家指天地未分時的混沌狀態，又稱「太一」。二：指陰陽二氣。三：指陰陽相合後産生的第三

方。或説指陰陽二氣産生的「和氣」，或説指天、地、人。

② 負陰而抱陽：背陰向陽。這句是説，任何事物都兼有陰陽兩種屬性。冲氣：陰陽二氣相衝擊會合。和：指「和氣」，統一和諧的氣。

③ 人之三句：人們所厭惡的是孤、寡和不穀，而王公大人却把這些作爲自己的稱呼。不穀，不善；不良。先秦時諸侯多自謙稱「不穀」。

④ 人之二句：別人教導我，我也去教導別人。

⑤ 强梁句：强悍霸道的人却不得善終。教父：施教的開始。父，義同「甫」，開始。以上數句意在説明，事物總是向着其相反的方向發展的。

天之道

老子

【題解】文章認爲天道公平，而人道不公，希望有道者出來行天道以奉天下。本篇爲老子第七十七章，標點略，注釋採用魏王弼老子注（諸子集成本），下篇小國寡民同此。

天之道其猶張弓與高者抑之下者舉之有餘者損之不足者補之天之道損有餘而補不足人之道則不然與天地合德乃能包之如天之道如人之量則各有其身不得相均如惟無身無私乎自然然後乃能與天地合德損不足以奉有餘孰能有餘以奉天下唯有道者是以聖人爲而不恃功成而不處其不欲見賢言唯能處盈而全虚損有以補無和光同塵蕩而均者唯其道也是以聖人不欲示其賢以均天下

小國寡民 老子

【題解】文章認爲國家大、人口多以及巨型器具、文字、交通工具、兵器等都是造成社會災難和道德敗壞的根源，主張加以去除并返回到小國寡民的原始社會。文章表現出道家學派對當時醜惡現實的强烈不滿，同時反映了道家學派看重生命、順從自然、自得其樂的觀念。本篇爲老子第八十章。

小國寡民國既小民又寡尚可使反古況國大民衆乎故舉小國而言也使有什伯之器而不用言使民雖有什伯之器而無所用何患不足也使民重死而不遠徙使民不用惟身是寶不貪貨賂故各安其居重死而不遠徙也雖有舟輿無所乘之雖有甲兵無所陳之使人復結繩而用之甘其食美其服安其居樂其俗鄰國相望雞犬之聲相聞民至老死不相往來無所欲求

胠篋 莊子

【莊子簡介】莊子，道家學派的經典著作，或稱南華經。漢書藝文志載莊子五十二篇，今本僅三十三篇，分内篇七、外篇十五、雜篇十一。内篇思想、風格比較統一，應爲莊周所作；外篇和雜篇的思想觀點與内篇多有出入，應爲莊周弟子及其後學所作。

莊周（前三六九—前二八六年），戰國中期宋國蒙邑（今河南商丘市）人，曾做過蒙邑漆園（地名）吏，是老子之後道家學派的代表人物。

莊子一書繼承和發展了老子「道法自然」的哲學思想，認爲「道」是宇宙的本體，決定着宇宙間一切事物的發生和發展，萬事萬物都是相對的，大小、貴賤、壽夭、生死、是非、善惡、得失、榮辱都是等同的，主張人應該忘掉得失榮辱，忘掉自我，清静無爲，順從自然，逍遥自得等等。這些認識包含着樸素的辯證法因素，但忽視了事物的穩定性和差别，逃避現實，消極頹廢，陷入了相對主義和虚無主義。在政治上，莊子的思想和老子一樣，憎惡「竊鉤者誅，竊國者侯」的社會現實，拒絶與統治者合作，認爲是聖人、智者導致了社會醜惡現象的發生，主張「絶聖棄智」「掊斗折衡」，毁掉一切文明，恢復到古樸的原始社會，這則是反歷史的復古主義。

莊子一書包含有大量的寓言故事，語言汪洋恣肆，比喻形象生動，諷刺含蓄幽默，説理深刻透徹，不僅在哲學上，而且在文學和語言上取得了很高的成就，影響深遠。

莊子的重要注本有晉郭象莊子注、唐成玄英莊子注疏（四部備要本），清郭慶藩莊子集釋、王先謙莊子集解（諸子集成本）等。今人陳鼓應莊子今注今譯、曹礎基莊子淺注通俗易懂。

【題解】本文把現實社會的弊病歸罪於聖人和智者，認爲聖人設立的禮儀制度、道德規範和智者的發明創造是大小强盗的藉口和保護，擾亂天下，導致了紛争和醜惡現象的發生，主張「絶聖棄智」

「掊斗折衡」「殫殘天下之聖法」，使「天下之德玄同」。這些認識反映了作者對當時社會的强烈不滿。本文選自莊子外篇，有删節。

將爲胠（qū）篋（qiè）、探囊、發匱（guì）之盗而爲守備①，則必攝緘縢（jiān téng），固扃（jiōng）鐍（jué），此世俗之所謂知也②。然而巨盗至，則負匱、揭篋、擔囊而趨③，唯恐緘縢、扃鐍之不固也。然則鄉（xiàng）之所謂知者，不乃爲大盗積者也？

①爲：因爲。胠：撬開。篋：小箱子。探囊：從口袋掏東西。發匱：打開櫃子。匱，「櫃」的古字。②攝：勒緊，捆緊。緘、縢：均爲繩子。扃鐍：相當於後代的鎖鑰。扃，門閂；門環。鐍，箱子上安鎖的環狀物。知：「智」的古字。③匱：「櫃」的古字。揭：擡。

故嘗試論之：世俗之所謂知者，有不爲大盗積者乎？所謂聖者，有不爲大盗守者乎？何以知其然邪？昔者齊國鄰邑相望，雞狗之音相聞，罔罟（gǔ）之所布，耒耨（lěi nòu）之所刺①，方二千餘里；闔四竟之内，所以立宗廟社稷、治邑屋州閭鄉曲者，曷嘗不法聖人哉②？然而田成子一旦殺齊君而盗其國③。所盗者豈獨其國邪？并與其聖知之法而盗之④。故田成子有乎盗賊之名，而身處堯舜之安，小國不敢非，大國不敢誅，十二世有齊國⑤。則是不乃竊齊國并與其聖知之法，以守其盗賊之身乎⑥？

① 罔：「網」的古字。罟：義同「網」。耒耨句：用犁鋤所耕作的地方。耒，古代翻地用的農具。耨，古代除草用的農具，類似鋤。刺，指耕作。

② 闔：全。竟：「境」的古字。宗廟：祖廟。社稷：土地神和穀神的廟。宗廟社稷是國家的象徵。邑屋州閭鄉曲：指大小不同的行政區劃。周禮地官小司徒：「九夫爲井，四井爲邑。」鄭玄注司馬法：「畝百爲夫，夫三爲屋，屋三爲井。」又據周禮地官大司徒，五家爲比，五比爲閭，四閭爲族，五族爲黨，五黨爲州，五州爲鄉。曲，鄉里。曷：義同「何」。法：效法。

③ 田成子：春秋時齊國大夫田恒，亦即陳恒，田、陳古音同。魯哀公十四年，田成子殺齊簡公，專權於齊，至其曾孫太公和篡奪了齊國的政權。

④ 聖知之法：聖人所制定的禮儀和法度。知，「智」的古字。盜之：指利用。

⑤ 誅：討伐。十二世有齊國：按，自田常殺齊簡公至其九世孫齊王建爲秦滅亡，共歷十世，「二」字疑衍。

⑥ 是：代詞，這。不乃……乎：不就是……嗎？乃，副詞，就。守：保護。

　　嘗試論之：世俗之所謂至知者，有不爲大盜積者乎？所謂至聖者，有不爲大盜守者乎？何以知其然邪？昔者龍逢（páng）斬，比干剖①，萇（cháng）弘胣（chǐ），子胥靡②，故四子之賢而身不免乎戮。故跖（zhí）之徒問於跖曰③：「盜亦有道乎？」跖曰：「何適而無有道邪④？夫妄意室中之藏（zàng），聖也；入先，勇也；出後，義也；知可否，知也⑤；分均，仁也。五者不備而能成大盜者，天下未之有也。」由是觀之，善人不得聖人之道不立，跖不得聖人之道不行⑥。天下之善人少，而不善人多，則聖人之利天下也少，而害天下也多。故曰：脣竭則齒寒，魯酒薄而邯鄲圍⑦，聖人生而大盜起。掊（pǒu）擊聖人，縱舍盜賊⑧，而天下始治矣。

①龍逢：關龍逢，夏桀時賢臣，桀作酒池，縱欲無度，他犯顔直諫，被斬。比干：商紂王叔父，官少師，紂荒淫殘暴，他拼死進諫，被紂剖腹驗心。

②萇弘胣：萇弘被剖腹掏腸。萇弘，春秋末周景王至周敬王時大臣，與周卿劉文公交好，劉氏與晉大夫范氏世爲婚姻，魯哀公三年，晉大夫趙簡子攻范氏，迫周王室殺萇弘。胣，剖腹刳腸。子胥：伍子胥，春秋時楚國人，因父兄被殺奔吴，助公子光（吴王闔閭）奪取了王位。後因諫阻吴王夫差許越媾和而被賜死，尸體被投入大江腐爛在水中。靡，通「糜」。

③跖：盜跖，春秋末戰國初人，有名的强盜。

④何適：到哪裏。邪：句尾語氣詞，同「也」。

⑤妄意：猜測；判斷。藏：財物。聖：英明；聰明。知可否：知道能否下手。

⑥立、行：均指成功。

⑦竭：亡。魯酒句：戰國時楚宣王召集諸侯盟會，魯恭公遲到，且所獻的酒味道不醇，宣王怒，欲辱之，恭公亦怒，不辭而還，宣王遂聯合齊國伐魯。梁惠王早欲伐趙而畏魯相救，這次趁楚攻魯之機而圍趙都邯鄲。説見經典釋文莊子音義胠篋第十。以上二例旨在説明事情往往是互爲因果的。

⑧掊擊：打擊；打倒。掊，折斷；擊破。縱舍：釋放。舍，「捨」的古字。

夫川竭而谷虚，丘夷而淵實，聖人已死，則大盜不起，天下平而無故矣①。聖人不死，大盜不止。雖重聖人而治天下，則是重利盜跖也②。爲之斗斛（hú）以量之，則并與斗斛而竊之；爲之權衡以稱之，則并與權衡而竊之③；爲之符璽以信之④，則并與符璽而竊之；爲之仁義以矯之，則并與仁義而竊之。何以知其然邪？彼竊鉤者誅⑤，竊國者爲諸侯。諸侯之門，而仁義存焉。則是非竊仁義聖知邪？故逐於大盜、揭諸侯、竊仁義并斗斛、權衡、符璽之利者，雖有軒冕之賞弗能勸，斧鉞(yuè)之威弗能禁⑥。此重利盜跖而使不可禁者，是乃聖人之過也。故曰：魚不可脱於淵，國之利器不可以示人⑦。彼聖人者，天下之利器也，非所以明天下也。

①夫川句：川流枯竭了山谷就會空虚。丘夷句：山丘夷平了深淵就會填實。夷，平。淵，指山谷。故：事故，災難。

②雖：副詞，通「唯」，可譯爲「只是」或「如果只是」。重聖人：借重聖人之法。或以爲「重」音chóng，「重聖人」意爲成倍的聖人。重利：厚利。

③爲之：爲天下人製造。爲，動詞。斗斛：古代量器，十升爲一斗，十斗爲一斛。權：秤砣，秤錘。衡：秤桿。

④符：符信，符契。古代作憑證，用木、竹、玉、銅等材料製成，上刻文字，分成兩半，雙方各執一半，合起來以驗真僞。璽：印信。信之：使他們講信用。信，使動用法。

⑤鉤：腰帶鉤，或説爲衣帶鉤，指不值錢的東西。誅：殺。

⑥逐於大盜：追逐大盜之利。揭諸侯：想成爲諸侯。揭，舉。此處當「成爲」講。軒冕之賞：指許以封官授爵的奬賞。軒、冕，大夫以上官員乘坐的車子、所戴的禮帽。斧鉞之威：指嚴厲的刑罰。

⑦魚不二句是説，魚離開水澤則會爲人所擒，利器示於人則會被小人利用。利器，指聖智之法等。

故絶聖棄知①，大盜乃止；擿(zhì)玉毁珠，小盜不起；焚符破璽，而民朴鄙②；掊斗折衡，而民不争；殫(dān)殘天下之聖法，而民始可與論議③；擢(zhuó)亂六律，鑠絶竽瑟，塞瞽曠之耳④，而天下始人含其聰矣；滅文章，散五采，膠離朱之目⑤，而天下始人含其明矣；毁絶鉤繩而棄規矩，攦(lì)工倕(chuí)之指⑥，而天下始人有其巧矣。故曰大巧若拙。削曾、史之行⑦，鉗楊、墨之口，攘棄仁義，而天下之德始玄同矣⑧。彼人含其明，則天下不鑠矣；人含其聰，則天下不累矣；人含其知，則天下不惑矣；人含其德，則天下不僻矣⑨。彼曾、史、楊、墨、師曠、工倕、離朱，皆外立其德，而以爚(yuè)亂天下者也，法之所無用也⑩。

①故絶句：語出老子第十章。知：「智」的古字。

②擿：投擲；拋棄。朴鄙：純樸；樸實。朴，通「樸」。鄙，質樸。

③殫殘：徹底毁壞。殫，盡。與論議：與之（指民）談論大義。

④擢亂句：拔掉律管，使音階混亂。擢，拔出。六律，定音器。鑠：毁壞。竽：笙類樂器。瑟：弦樂器。瞽曠：春秋晉國的著名樂師，或稱「師曠」，是盲人。

⑤文章：文采。散五采：使五色散盡。膠：黏住。離朱：或稱離婁，相傳爲黄帝時視力最好的人。

⑥鉤、繩：工匠用來分别定曲綫和直綫的工具。規、矩：工匠分别畫圓形和方形的工具。攦：折斷。工倕：相傳爲堯時巧匠。

⑦削：除去。曾：曾參，孔子弟子，以有孝行著稱。史：史鰌(qiū)，字子魚，或稱史魚，春秋衛靈公時的史官，以正直著稱。

⑧楊：楊朱，或稱楊子，戰國時魏人，著名的思想家，主張利己。墨：墨翟，即墨子，戰國初魯國人，墨家學派創始人，主張兼愛、非攻、節儉等。攘棄：摒棄。玄同：混同；相同。

⑨彼：句首語氣詞，作用同「夫」。人：人人。累：受災。僻：邪惡。

⑩外立其德：另搞一套炫耀自己的才德。爚亂：迷亂；迷惑。爚，炫耀。法：效法。或説「法」指治國

的聖智之法。

秋水

莊子

【題解】本文主要宣揚了「萬物一齊」的虛無主義思想，作者認爲大小、多少、貴賤、是非、短長、終始、死生、盈虛的差别都是相對的，人在宇宙間的地位非常渺小，一些所謂偉大人物的功業和名聲更是微不足道，因此應該輕名利而貴養生，順應自然，聽天由命。文章中有不少辯證思想，對於全面認識客觀事物有一定的啟發作用，但基調是消極的。原文較長，這裏節取的是前一部分。此部分旨在提醒人們不可妄自尊大。本文選自莊子外篇，注釋採用古注加今注的形式，○之前爲晉郭象的注，○之後爲編者的注。

秋水時至，百川灌河，涇(jīng)流之大，兩涘渚崖之間，不辯牛馬①。於是焉河伯欣然自喜②，以天下之美爲盡在己。順流而東行，至於北海，東面而視③，不見水端。於是焉河伯始旋其面目，望洋向若而歎曰④：「野語有之曰：『聞道百，以爲莫己若』者，我之謂也。且夫我嘗聞少仲尼之聞，而輕伯夷之義者⑤，始吾弗信，今我睹子之難窮也，吾非至於子之門則殆矣。吾長見笑於大方之家⑥。」

①言其廣也。○時：按時節。河：指黃河。涇流：指暢通無阻的水流。涇，直流。涘：河岸。渚：水中的小塊陸地。崖：較高的河岸。辯：通「辨」。

②○焉：語氣詞，義同「乎」。河伯：黃河神。相傳本爲華陰潼堤鄉人，姓馮（píng），名夷，得水仙之道爲神。

③○北海：指今渤海一帶。東面：面向東。

④○旋其句：指改變了得意的表情。旋，改變。望洋：疊韻連綿詞，仰視貌。若：北海神的名字。

⑤○且夫：義同「況且」。少：意動用法，認爲……少。聞：見聞，學問。輕：意動用法，認爲……不算重。伯夷：商代孤竹國國君長子，與弟叔齊互讓君位，結果相偕離國投奔西伯。武王伐紂時，二人攔駕諫阻，以爲父喪用兵不孝，臣伐君不忠。武王滅商後，二人逃到首陽山，不食周粟而餓死。窮：盡頭。這裏意思是走到盡頭。殆：危險。

⑥知其小而不能自大，則理分有素，跂尚之情無爲乎其間。○長：長久，永遠。大方之家：指得大道的人。

北海若曰：「井鼃（wā）不可以語於海者，拘於虛也；夏蟲不可以語於冰者，篤於時也①；曲士不可以語於道者，束於教也②。今爾出於崖涘，觀於大海，乃知爾醜，爾將可與語大理矣③。天下之水，莫大於海，萬川歸之，不知何時止而不盈；尾閭泄之，不知何時已而不虛④。春秋不變，水旱不知⑤。此其過江河之流，不可爲量數⑥。而吾未嘗以此自多者，自以比（bǐ）形於天地，而受氣於陰陽⑦，吾在天地之間，猶小石小木之在大山也。方存乎見少，又奚以自多⑧？計四海之在天地之間也，不似礨（lěi）空之在大澤乎⑨？計中國之在海內，不似稊(tí)米之在大倉乎⑩？號物之數謂之萬，人處一焉⑪；人卒九州，穀食之所生，舟車之所通，人處一焉。此其比萬物也，不似豪末之在於馬體乎⑫？五帝之所連，三王之所爭，仁人之所憂，任士之所勞，盡此矣⑬。伯夷辭之以爲名，仲尼語之以爲博，此其自多也，不似爾向之自多於水乎⑭？」

① ○鼃：同「蛙」。語：談論。拘：局限。虛：通「墟」，處所。這裏指青蛙所生活的井底。夏蟲：指只存在於夏天的蟲子，如蟬類。篤：固定，受限制。時：指季節。

② 夫物之所生而安者，趣各有極。○曲士：見識少且言談怪異的人。道：指大道。束：束縛。

③ 以其知分，故可與言理也。

④ ○尾閭：相傳爲海水排泄口，在海的東邊。已：停止。不虛：指大海流不盡。

⑤ ○春秋二句：大意是説，海水不會因季節變化和陸地上水旱的影響而減少。知，感覺。

⑥ ○爲量數：用數字來衡量。或説義爲進行估量，「量、數」同義連用。

⑦ ○自多：自誇。多，讚而美。自以句：自以爲寄身於天地之間。比，通「庇」，寄託。而受句：在陰陽中獲得生氣。

⑧ 窮百川之量而縣於河，河縣於海，海縣於天地，則各有量也。此發辭氣者，有似乎觀大可以明小，尋其意則不然。夫世之所患者，不夷也。故體大者快然謂小者爲無餘，質小者塊然謂大者爲至足；是以上下夸跂，俯仰自失；此乃生民之所惑也。惑者求正。正之者莫若先極其差而因其所謂。所謂大者至足也，故秋毫無以累乎天地矣；所謂小者無餘也，故天地無以過乎秋毫矣。然後惑者有由而反，各知其極，物安其分，逍遥者用其本步而遊乎自得之場矣，此莊子之所以發德音也。若如惑者之説，轉以小大相傾，則相傾者無窮矣。若夫睹大而不安其小，視少而自以爲多，將奔馳於勝負之竟而助天民之矜夸，豈達乎

莊生之旨哉？○方存乎見少：剛剛發現了自己見識少的缺點。存，體察出，看到。奚以：憑什麽；怎麽能。奚，疑問代詞，什麽。

⑨○礨空：蟻穴，或説爲小洞。

⑩○稊米：小米粒。大倉：大糧倉。

⑪○號：稱。物之數：事物的數量。處：占居。人處一焉：人類只占萬分之一。

⑫小大之辨，各有階級，不可相跂。○人卒句：人所聚集的九州。卒，通「萃」，聚集。穀食句：糧食生長的地方。舟車句：車船通行的地方。豪末：豪毛的末端。

⑬不出乎一域。○五帝：通常指黄帝、顓頊、帝嚳、帝堯、帝舜。連：繼承。三王：指夏禹、商湯、周文王、武王。仁人：主張仁政者，指儒家。任士：以天下爲己任的人，指墨家。此：指豪末。

⑭物有定域，雖至智不能出焉，故起大小之差，將以申明至理之無辯也。○辭之：指辭讓孤竹國君之位。以爲名：因此樹立了好的名聲。語之：指能够談論天下許多事情。以爲博：因此成爲知識淵博的人。向：剛才；先前。

魯少儒

莊子

【題解】文章通過寓言揭露了許多號稱儒者的人其實都是些不學無術之徒，經不起真正的考驗。本文選自莊子田子方，題目爲編者所加，注釋及斷句採用王先謙莊子集解。

莊子見魯哀公。成云莊子與魏惠王齊威王同時去魯哀公一百二十年如此云見魯哀公蓋寓言耳 哀公曰。

魯多儒士。少爲先生方者。成云方術也言魯地鮮莊子無爲之學莊子曰。魯少儒。哀公曰。舉魯國而儒服。何謂少乎。莊子曰。周聞之。儒者冠圜冠者知天時履句屨者知地形。李云句方也緩佩玦者事至而斷。成云緩者五色條繩穿玉玦以飾佩也玦決也君子有其道者。未必爲其服也。爲其服者。未必知其道也。公固以爲不然。何不號於國中曰。無此道而爲此服者。其罪死。於是哀公號之五日。而魯國無敢儒服者。獨有一丈夫。儒服而立乎公門。公即召而問以國事。千轉萬變而不窮。莊子曰。以魯國而儒者一人耳。可謂多乎。

惠子相梁

莊子

【題解】文章把相位比作腐鼠，反映了莊子鄙視權位、「不以物害己」的思想。本文選自莊子秋水，題目是後加的，標點、注釋均略。

惠子相梁莊子往見之或謂惠子曰莊子來欲代子相於是惠子恐搜於國中三日三夜莊子往見之曰南方有鳥其名曰鵷鶵子知之乎夫鵷鶵發於南海而飛於北海非梧桐不止非練實不食非醴泉不飲於是鴟得腐鼠鵷鶵過之仰而視之曰嚇今子欲以子之梁國而嚇我邪

運斤成風　莊子

【題解】惠施是莊子的好友，經常與莊子論辯，最得莊子之心，是莊子的所謂「忘言之對」。惠施去世後，直接影響到莊子思想的發展。文章通過匠石運斤之喻説明了對手存在的價值。本文選自莊子徐無鬼，題目是後加的，標點、注釋均略。

莊子送葬過惠子之墓顧謂從者曰郢人堊慢其鼻端若蠅翼使匠石斲之匠石運斤成風聽而斲之盡堊而鼻不傷郢人立不失容宋元君聞之召匠石曰嘗試爲寡人爲之匠石曰臣則嘗能斲之雖然臣之質死久矣自夫子之死也吾無以爲質矣吾無與言之矣

音韻

音韻學是研究漢語各個歷史時期聲、韻、調系統及其發展規律的一門科學。傳統音韻學分爲三個部門，即：

古音學　研究漢語上古時期的聲、韻、調系統，上古主要指先秦兩漢時期。

今音學　研究漢語中古時期的聲、韻、調系統，中古主要指隋唐時期。

等韻學　研究韻鏡、七音略一類的等韻書，了解古音的音韻地位。

二十世紀三十年代以後，在傳統音韻學的三個部門之外又興起了一個新的部門「北音學」，北音學的基本内容是研究漢語近代北方音的語音系統，近代指元明清時期。

音韻學的應用十分廣泛，它與漢字學、詞彙學、訓詁學、漢語史、現代漢語以及中國古代文學、中國古代史、古典文獻學、古籍整理、考古學等學科都有着密切的聯繫。比如分析漢字結構、探求同源詞、破通假字、校勘古籍、進行音系比較、從事方言調查、根據古反切確定今音以及學習和創作古典詩詞等，均離不開音韻學。語音是發展變化的，今音不同於古音，如果離開了音韻學，不能準確把握古音的面貌，就很難對一些語言文字現象作出正確的解釋。請看以下幾例：

①甲組：氓（明陽）—亡（明陽）　　乙組：桃（定宵）—兆（定宵）

②甲組：并（幫勁去）—並（並迥上）　　乙組：宕（定宕去）—蕩（定蕩上）

丙組：頻（並）—臏（並）　　丁組：庚（見陽）—岡（見陽）

③冬，齊人來歸衛俘（滂幽）。　　左傳莊公六年

冬，齊人來歸衛寶（幫幽）。　　公羊傳莊公六年

④時乎時（之），不再來（之）！　　史記淮陰侯列傳

水至清則無魚（魚），人至察則無徒（魚）。　　東方朔答客難

⑤騮馬照金鞍，轉戰入臯蘭。塞門風稍急，長城水正寒。

雪暗鳴珂重，山長噴玉難。不辭橫絶漠，流血幾時乾。（寒韻）　　盧照鄰紫騮馬

清旭楚宫南，霜空萬嶺含。野人時獨往，雲木曉相參。

俊鶻無聲過，飢烏下食貪。病身終不動，摇落任江潭。（覃韻）　　杜甫朝二首其一

⑥風急天高猿嘯哀，渚清沙白鳥飛回。　　杜甫登高

例①中「氓」與「亡」、「桃」與「兆」的聲母今音差别很大，如果認爲它們在上古的差别也很大就錯了。它們在上古的讀音是比較接近的，正因爲如此，「亡、兆」才分别作了「氓、桃」的聲符。②中甲、乙組字的今音分别完全相同，如果認爲它們在中古的讀音是相同的也錯了。②中丙、丁二組字的情况正好相反。丙組字聲母今音有送氣不送氣之别，中古音則完全相同。丁組字今音的韻部不同，上古則屬於同一韻部。③中公羊傳的「寶」通「俘」。二字今音的聲韻都不相同，在上古則屬於同一韻部，聲母的發音部位才相同。④中「時」與「來」、「魚」與「徒」今音差别較大，不押韻，在上古則分别屬於同一韻部，是押韻的。例⑤中前後兩首詩的韻脚字今音相同或相近，屬於同一韻部。在中古則差别較大，屬

於兩個不同韻部，不可混用。其中前首詩的韻脚字「鞍、蘭、寒、難、乾」屬於中古的寒韻，以[n]結尾；後一首詩的韻脚字「南、含、參、貪、潭」屬於中古的覃韻，以[m]結尾。⑥中「急、白」二字都是古代的入聲字，屬於仄聲，今天均讀作平聲，如果按照今音去理解該詩的平仄就錯了。

以上例子中涉及到的幾個問題，如果有點音韻學知識是不難看出的。

我國的語言學家歷來十分重視音韻學，尤其是清代及清代以後的語言學家，爲音韻學的發展作出了突出的貢獻。例如，顧炎武、江永、段玉裁、戴震、孔廣森、王念孫、江有誥、夏炘、朱駿聲、章太炎、黄侃等人相繼研究，基本弄清了上古韻部的面貌；錢大昕、章太炎、曾運乾、黄侃等人相繼研究，基本弄清了上古聲母的面貌；孔廣森發現了「陰陽對轉」這一漢語語音發展的重要規律；陳澧首次使用繫聯法研究出了廣韻的聲類和韻類；王力繼清人之後確立了上古音的「微」部；羅常培、周祖謨全面揭示了漢魏晉南北朝時期漢語韻部的面貌和特點等。此外，近現代一些外國語言學家對音韻學也發生了濃厚的興趣，有些甚至取得了很大的成績，例如瑞典漢學家高本漢即第一個運用現代語言學理論和方法系統構擬出了漢語中古音的音系。了解前人的研究歷程、方法和結論，是學習音韻學的必要環節。

第一節　音韻學的基本概念

一　和聲母有關的概念

(一) 聲紐、聲類、字母

聲紐　或簡稱「紐」，即聲母。

聲類　對同類反切上字的稱呼。古人創製反切，同一個聲母使用了多個反切上字，後人根據反切上字研究當時有多少聲母，用一定的方法將那些代表同一聲母的反切上字歸納在一起，總共看有多少類，其中每一類就叫做一個聲類。例如「多德得丁都當冬」這組切上字就是同一聲類，起名叫「都」類，「都」類代表的聲母是[t]。清人陳澧在切韻考一書中將廣韻的四百五十二個切上字歸納爲四十類。聲類是有關聲母的概念，和聲母有密切的聯繫，但二者的内容是有所不同的。有時候一個聲類代表的是一個聲母，例如「都」類；有時候兩個聲類的音值實際上是相同的，也是一個聲母，例如「滂普匹譬」和「敷孚妃撫芳披峯丕拂」，這兩個聲類代表的聲母就是一個，即[pʻ]。

字母　簡稱「母」。古代没有像拼音字母這樣的標音工具，對於聲母的表示，人們採用的方法是選用漢字去代替，被選漢字就叫做「字母」。一個字母自身的聲母就是該字母代表的聲母，例如「幫」這個字母就代表[p]這個聲母。一個時期有多少聲母，就選用多少相應的漢字去表示。創制字母的人傳説是唐末一個叫守温的和尚，他翻譯佛經時受到梵文字母「悉曇」的啟發而對當時漢語的聲母進行了歸納，同時選用三十個漢字記録了他歸納的結果，這就是最初的字母。到了宋代初年，有人根據當時漢語聲母的實際，在守温三十字母的基礎上增加了六個，同時對用字進行了調整，遂出現了三十六字母（詳見三十六字母音值表）。「三十六字母」在音韻學史上具有重要的意義，它不僅代表了唐末宋初漢語聲母的實際情況，同時還扮演着標音工具的角色。此後，無論是研究隋唐音還是研究上古音、近代音，都需要借助三十六字母去標注聲母，使用時只需要對三十六字母略加調整即可。本來，含有同一聲母的字有很多個，取其中任何一個都可以做代表，但是三十六字母在長期的使用過程中已經約定俗成，人們都習慣於使用三十六字母，直到新的標音工具出現爲止。

（二）五音和七音

五音和七音是關於聲母發音部位的名稱。所謂五音，是指脣、舌、齒、牙、喉五音。脣音包括今天所説的雙脣音和脣齒音；舌音包括舌尖中音和舌面前塞音；齒音包括舌尖前音和舌面前塞擦音；牙音相當於舌根音；喉音包括零聲母、舌根擦音和半元音。五音的區分最早見於南朝顧野王的玉篇。所謂七音，是指脣、舌、齒、牙、喉、半舌、半齒七音。半舌音今稱作舌尖中邊音，從五音的舌音中分化而出；半齒音今稱作舌面鼻擦音，從五音的齒音中分化而出。七音的區分最早見於南宋張麟之重刊的韻鏡和鄭樵的通志七音略。後來七音又進一步分成了九音。九音指重脣、輕脣、舌頭、舌上、齒頭、正齒、牙音、喉音、舌齒音（包括半舌、半齒），這些名稱雖然不同於今天的叫法，但内容已和今天的區分很接近了，詳見三十六字母音值表。

三十六字母音值表*

發音部位舊名	發音部位新名	全清 不送氣不帶音的塞音、塞擦音	次清 送氣不帶音的塞音、塞擦音	全濁 帶音的塞音、塞擦音	次濁 帶音的鼻音、邊音、半元音	全清 不帶音的擦音	全濁 帶音的擦音
唇音 重唇音	雙唇音	幫[p]	滂[p‘]	並[b]	明[m]		
唇音 輕唇音	唇齒音	非[pf]	敷[pf‘]	奉[bv]	微[ɱ]		
舌音 舌頭音	舌尖中音	端[t]	透[t‘]	定[d]	泥[n]		
舌音 舌上音	舌面前音	知[ȶ]	徹[ȶ‘]	澄[ȡ]	娘[ȵ]		
齒音 齒頭音	舌尖前音	精[ts]	清[ts‘]	從[dz]		心[s]	邪[z]
齒音 正齒音	舌面前音	照[tɕ]	穿[tɕ‘]	床[dʑ]		審[ɕ]	禪[ʑ]
牙音	舌根音	見[k]	溪[k‘]	群[g]	疑[ŋ]		
喉音	零聲母	影[ø]					
喉音	舌根音					曉[x]	匣[ɣ]
喉音	半元音				喻[j]		
半舌音	舌尖中邊音				來[l]		
半齒音	舌面鼻擦音				日[ȵʑ]		

*表中的音值是今人的擬音。

（三）清濁

清濁是古人分析聲母發音方法的術語，指清音和濁音，今天我們仍然沿用。濁音就是氣流通過聲帶時引起聲帶顫動而形成的音，即所謂帶音，如[b][d]；清音就是氣流通過聲帶時没有引起聲帶顫動而形成的音，即所謂不帶音，如[p][t]。古人把三十六字母分爲清濁兩大類。清音又細分爲全清音和次清音，濁音又細分爲全濁音和次濁音。全清音指不送氣、不帶音的塞音、塞擦音以及不帶音的擦音，三十六字母中的「幫、非、端、知、精、照、見、影」和「心、審、曉」均屬全清音。次清音指送氣、不帶音的塞音和塞擦音，三十六字母中的「滂、敷、透、徹、清、穿、溪」均屬次清音。全濁音指帶音的塞音、塞擦音和擦音，三十六字母中的「並、奉、定、澄、從、床、群」和「邪、禪、匣」均屬全濁音。次濁音指帶音的鼻音、邊音、半元音，三十六字母中的「明、微、泥、娘、疑、喻、來、日」均屬次濁音。古代的全濁音從元代開始向清音轉化，在現代漢語中除了部分方言外已没有全濁音了。

二　和韻母有關的概念

（一）韻頭、韻腹、韻尾

韻頭　或稱介音。現代漢語的韻頭有[i][u][y]三個，中古漢語的韻頭只有[i][u]兩個，[y]韻頭直到明代才開始出現。

韻腹　中古漢語的韻腹比現代漢語複雜，有些韻腹的差别很小，例如[e]與[ε]、[æ]與[a]等。中古漢語的韻母比現代漢語多得多，韻腹複雜是其重要原因之一。

韻尾　中古漢語的韻尾也比現代漢語複雜，主要表現在輔音韻尾上。除了[n][ŋ]外，還有[m][p][t][k]四個。

（二）韻部

韻部，簡稱「韻」，是從押韻角度對韻母進行歸納的結果。同一韻部的字，少則幾個、十幾個，多則數百個，如廣韻東部字共有「東同中終忡崇嵩戎弓」等三百五十七個之多。凡屬同一韻部的字，其韻腹相同或相近、韻尾相同，有無韻頭或韻頭是否相同則不論。例如[aŋ][iaŋ][uaŋ]三個韻母，韻腹、韻尾均爲[a][ŋ]，儘管[aŋ]没有韻頭，[iaŋ][uaŋ]有韻頭而不同，但都可以歸爲同一韻部。韻部對聲調的要求因時代和文學體裁的不同而存在着差異。以詩詞爲例，對於格律詩來説，聲調也是劃分韻部的條件，即同一韻部的字聲調必須相同。如「東、董、送」三字，韻母結構在中古完全相同，但由於聲調不同而分屬於平、上、去三個韻部。對於宋詞來説，聲調則不是劃分韻部的條件，同一韻部的字，只要求韻腹相同或相近、韻尾相同，聲調是否相同不論，如「東、董、送」三字即屬同一韻部。

（三）開口呼、合口呼

這是從韻母第一個音素的角度對韻母所作的分類。根據韻母第一音素的狀況，中古把韻母分爲開口呼與合口呼兩類，開、合兩類各有洪細之分。現代漢語中的開口呼主要來自中古的開口洪音，齊齒呼主要來自中古的開口細音，合口呼主要來自中古的合口洪音，撮口呼主要來自中古的合口細音。這只是總體的情況，實際的變化要複雜得多，例如中古有相當一部分開口洪音字逢牙音聲紐和曉、匣二紐就没有變成開口呼而變成了齊齒呼，「家、鞋」等字的情況就是這樣。

（四）陰聲韻、陽聲韻、入聲韻

這是從韻母最後一個音素的角度對韻母所作的分類。凡是以元音收尾或無韻尾的韻母叫做陰聲韻，如［ai］［a］等；凡是以鼻音收尾的韻母叫做陽聲韻，如［an］［aŋ］等；凡是以清塞音［p］［t］［k］收尾的韻母叫做入聲韻，如［ap］［at］［ak］等。另外，以喉塞音［ʔ］收尾的韵母也是入聲韻，如［aˀ］。中古的陽聲韻還有一部分是以雙唇鼻音［m］收尾的，到明代時這類韻發生了消變，與［n］尾韻合流。入聲韻從元代開始在北方話中消失了，今天只是在一些方言中還保留着。

（五）等

「等」是古人同時從韻頭、韻腹角度對韻母所作的分類。從韻頭、韻腹的角度對韻母進行區分，中古漢語的韻母共有四類，分别叫做一、二、三、四等。一、二等韻都没有韻頭，韻腹是低元音，其中一等韻的韻腹舌位靠後；三等韻有韻頭；四等韻也没有韻頭（或説有韻頭），且韻腹是較高的元音。中古開合韻母各有四個等，如：岸［ɑn］，開口一等韻；雁［an］，開口二等韻；彦［iɛn］，開口三等韻；硯［en］，開口四等韻。

三　反切

「反切」是古人在「直音」「讀若」之後創制的一種注音方法，又稱「反」「切」「翻」「反語」等。反切的基本規則是用兩個字相拼給一個字注音，切上字取聲母，切下字取韻母和聲調。例如：

冬　都宗切　　條　徒聊切　　戽　荒故切

反切大致起源於東漢末年，具體説法主要有四：一、起源於三國魏人孫炎説；二、起源於東漢末年服虔説；三、來自西域説；四、中國古已有之説。

反切起初能够起到準確標音的作用，後來隨着語音的發展變化，一部分切語與被切字的讀音發生了差異或切起來不順口，影響到反切的使用價值，於是便有一些學者出來對切語用字進行更换，即所謂改良，明人桑紹良、吕坤、清人李光地、王蘭生、劉熙載等人都是著名的反切改良者。

古代的反切到了今天，有些還能根據其基本規則切出準確的讀音，如上面所舉的幾個例子；有些按照基本規則切的音則是錯的或根本切不出來。例如：

東　德紅切 = dóng　？　夏　户雅切 = ？

前一切語今音的聲調不正確，後一切語按照普通話的聲韻配合規則切不出今音來。這種情况説明，古代的切語有些是不能直接切出今音的，要想得到一些切語的今音還需要根據音變規律做一番轉换工作。

第二節　中古音

中古音或稱今音，主要指隋唐時期漢語的語音，也包括宋代音。研究中古音的材料主要有三項：一、隋代出現的切韻和宋代出現的廣韻；二、宋代出現的韻鏡和七音略；三、這一時期的詩歌用韻、域外借音以及今天的方音等。

一　廣韻以前的韻書

韻書是將同韻字編排在一起供寫作詩歌時查檢的字典。據魏書、北史、隋書等史書記載，我國最早的韻書是魏時左校令李登的聲類和西晉吕静的韻集。南北朝時期，出現的韻書很多，僅據隋書經籍志和陸法言切韻序的記載即有十餘部。以上韻書均先後亡佚，現在所能看到的最早的韻書是切韻。切韻成書於隋仁壽元年（公元六〇一年），其編寫體例、審韻原則由當時著名的音韻學家顏之推、蕭該等八人所定，由陸法言執筆。該書繼承了前代韻書的優點，同時避免了前代韻書的缺失，具有很高的權威性，是我國韻書史上劃時代的産物。到了唐代，切韻被官方作爲科舉考試的標準韻書，其地位得到進一步的提高。唐代曾有不少人爲切韻增字作注，如王仁昫的刊謬補缺切韻、孫愐的唐韻以及李舟的切韻等。到了宋代，隨着廣韻的出現和頒行，切韻原書和唐人的寫本注本也逐漸亡佚了，直到清末以後才陸續從敦煌石室、新疆吐魯番及故宫等地發現，且多是一些殘卷。

二　廣韻

北宋初年，陳彭年、丘雍等人奉皇帝的詔令對切韻進行了修訂。修訂本改名爲大宋重修廣韻，簡稱廣韻。這是第一部官修性質的韻書，一直流傳到今天。廣韻雖距切韻成書時間已有四百多年，但其語音系統與切韻基本上是一致的，所以在切韻未被發現之前，它就成了研究中古音最重要的材料之一，清代以來的音韻學家主要就是通過廣韻了解中古音的。廣韻不僅是研究中古音的材料，同時還起着上推上古音、下演近代音的橋梁作用。

（一）廣韻的體例

甲. 廣韻的韻部　廣韻正文共收二萬六千一百九十四字，分韻二〇六部，簡稱二〇六韻。二〇六韻按平上去入四聲分置於五卷之中。其中平聲五十七韻，分別置於一、二卷。居於第一卷者二十八韻，稱作上平聲；居於第二卷者二十九韻，稱作下平聲。上聲五十五韻，去聲六十韻，入聲三十四韻，分別置於第三、四、五卷。平聲韻獨居兩卷完全是由於所收字多的緣故，并無其他用意。

乙. 廣韻的韻目　每卷之中所列各韻部用一個代表字作爲名稱，叫做「韻目」。各韻部的列次加上序號表示，例如上平聲「一東、二冬、三鍾」等。

丙. 廣韻的小韻　每個韻部内部的字按聲母的不同分別排列。同聲母的字稱作「小韻」，小韻所含各字均屬同音字。小韻與小韻之間用「〇」相隔。

丁. 廣韻的注釋　每個小韻的第一字之下先解釋字義，然後加反切注音，最後用數字標明該小韻所含字數。具體情況詳見所附「宋本廣韻首頁」(影印)。

戊. 廣韻的獨用與同用　在每一韻目下標有「獨用」或「同用」的字樣。凡加「獨用」的韻部，規定選擇韻脚字時不能超出該韻部的範圍，亦即該韻部所屬字不能與其他韻部的字在同一首詩中押韻；凡加「同用」的幾個韻部，規定其所屬字可以在同一首詩中押韻。據宋王應麟玉海所説，「獨用」「同用」的規定出自丘雍。

己. 廣韻的四聲配合　廣韻的陰聲韻和陽聲韻各有平上去三聲，入聲韻與陽聲韻配成平上去入四聲。

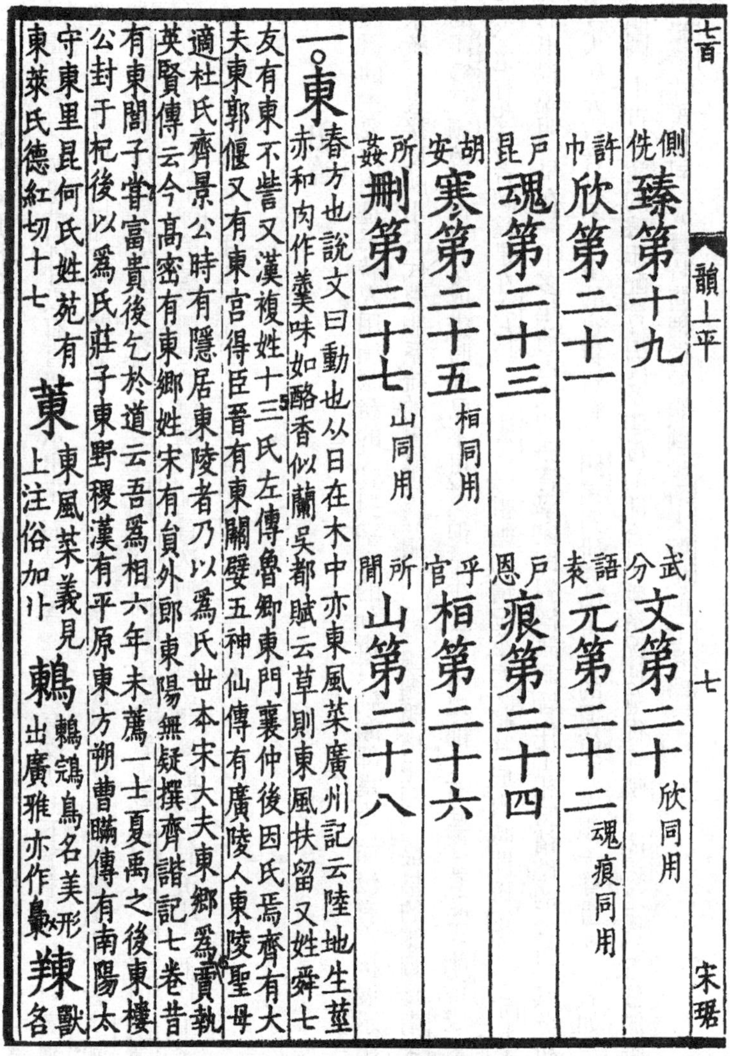

七首　韻上平　七　宋珺

側侁臻第十九　武分文第二十欣同用

許巾欣第二十一　語表元第二十二魂痕同用

戶昆魂第二十三　戶恩痕第二十四

胡安寒第二十五桓同用　乎官桓第二十六

所姦刪第二十七山同用　所閒山第二十八

一東　春方也說文曰動也从日在木中亦東風菜廣州記云陸地生莖赤和肉作羹味如酪香似蘭吳都賦云草則東風扶留又姓舜七友有東不訾又漢複姓十三氏左傳魯卿東門襄仲後因氏焉齊有大夫東郭偃又有東宮得臣晉有東關嬖五神仙傳有廣陵人東陵聖母適杜氏齊景公時有隱居東陵者乃以爲氏世本宋大夫東鄉爲賈執英賢傳云今高密有東鄉姓宋有貟外郎東陽無疑撰齊諧記七卷昔有東閭子嘗富貴後乞於道云吾爲相六年未薦一士夏禹之後東樓公封于杞後以爲氏莊子東野稷漢有平原東方朔曹瞞傳有南陽太守東里昆何氏姓苑有東萊氏德紅切十七　菄　東風菜義見上注俗加艹　鶇　鶇鵍鳥名美形出廣雅亦作鶇　䰤　獸名

圖二十三　宋本廣韻首頁

（二）對廣韻聲韻的研究

廣韻的聲母、韻母情况并没有直接顯示出來，而是藴含在其所有反切上下字中，因此，對廣韻反切上下字進行研究就可以得知其聲韻狀况。通過反切上下字研究聲韻的方法主要是繫聯法。對廣韻聲母和韻母進行系統研究的學者先後有陳澧、張煊、黄侃、錢玄同、高本漢、曾運乾、白滌洲、黄淬伯、陸志韋、周祖謨、李榮等人。其中陳澧是繫聯法的發明者，他首次通過繫聯法將廣韻的四百五十二個切上字歸納爲四十類，將廣韻的一千一百九十五個切下字歸納爲三百一十一類。

三　韻鏡

韻書的主要作用是爲詩人用韻服務的，其對字音的分析只到韻部爲止，而没有直接展示出當時的聲韻系統。直接反映出古代聲韻系統的書籍是等韻圖。等韻圖簡稱韻圖。最早的韻圖是南宋張麟之刊行的韻鏡。韻鏡的作者及成書時間已不可考，但至少在南宋以前。有些學者認爲韻鏡成書的時間是北宋，也有些學者認爲是在唐代。就韻鏡一書總的情况來看，將其成書時間確定在北宋比較可信。韻鏡的出現説明，早在一千多年前古代的語言學家即對漢語語音作了相當精確的分析，其分析結果是我們今天研究古音必不可少的寶貴資料。韻鏡對研究中古音的價值和廣韻一樣重要。假如没有韻鏡這類韻圖，中古漢語的聲韻配合情况及韻母的開合洪細情况便無從知曉。韻鏡之後，各種韻圖相繼出現，與韻鏡性質相同，成書時間稍後的韻圖是南宋鄭樵的七音略。

外轉第二十三開

韻	脣音清	脣音次清	脣音濁	脣音清濁	舌音清	舌音次清	舌音濁	舌音清濁	牙音清	牙音次清	牙音濁	牙音清濁	齒音清	齒音次清	齒音濁	齒音清	齒音濁	喉音清	喉音清	喉音濁	喉音清濁	舌音齒清濁	舌音齒清濁
寒	○	○	○	○	單	灘	壇	難	干	看	○	豻	○	餐	殘	珊	○	安	頇	寒	○	蘭	○
刪	○	○	○	○	○	○	○	○	姦	馯	○	顏	○	○	潺	刪	○	○	○	○	○	○	○
仙	○	○	○	○	邅	脠	纏	○	甄	愆	乾	妍	饘	燀	○	羶	鋋	焉	嘕	○	漹	連	然
先	邊	○	蹁	眠	顛	天	田	年	堅	牽	○	研	箋	千	前	先	○	煙	祆	賢	○	蓮	○
旱	○	○	○	○	亶	坦	但	攤	笴	侃	○	○	鬢	○	瓚	繖	○	○	罕	旱	○	嬾	○
潸	○	○	○	○	○	○	○	赧	○	○	○	齗	醆	剗	棧	潸	○	○	○	○	○	○	○
獮	辡	鴘	辯	免	展	搌	邅	趁	蹇	○	件	齴	膳	闡	○	僐	善	[illegible]	○	○	○	輦	蹨
銑	褊	○	辮	沔	典	腆	殄	撚	繭	遣	○	齞	戩	○	○	銑	○	蝘	顯	峴	○	○	○
翰	○	○	○	○	旦	炭	憚	難	旰	侃	○	岸	贊	粲	攢	散	○	按	漢	翰	○	爛	○
諫	○	○	○	○	○	[illegible]	○	○	諫	○	○	鴈	○	鏟	輚	訕	○	晏	○	骭	○	○	○
線	○	○	○	○	○	○	邅	輾	○	○	○	彥	戰	硟	○	扇	繕	堰	○	○	羨	[illegible]	綖
霰	徧	片	辨	麪	殿	瑱	電	晛	見	俔	○	硯	薦	蒨	荐	霰	○	宴	韅	見	○	練	○
曷	○	○	○	[illegible]	怛	闥	達	捺	葛	渴	○	嶭	○	攃	巀	躠	○	遏	[illegible]	曷	○	剌	○
黠	八	○	拔	[illegible]	呾	○	[illegible]	痆	戛	劼	○	○	札	察	○	殺	○	軋	傄	黠	○	○	○
薛	鼈	○	別	○	哲	徹	轍	○	揭	朅	傑	孼	折	掣	舌	設	折	焆	娎	○	○	列	熱
屑	鷩	瞥	蹩	蔑	窒	鐵	垤	涅	結[21]	揳	○	齧	節	切	截	屑	○	噎	[illegible]	纈	○	[illegible]	○

圖二十四　韻鏡圖例

（一）韻鏡的作用和體例

韻鏡的主要作用是通過圖表的形式展示中古音系。其體例類似於今天的聲韻配合表，只是聲韻不是通過音標而是通過漢字來表示的。具體作法是，用「唇音、舌音、牙音、齒音、喉音、舌齒音」「清、次清、濁、清濁」等術語表示聲母。用四個格子的形式表示韻母。其中一等格的韻母叫「一等韻」（「等」是根據韻頭和韻腹狀況對韻母的分類，中古韻母共分四等），音色洪亮；二等格的韻母叫「二等韻」，音色也比較洪亮，但次於一等韻；三等格的韻母叫「三等韻」，音色比較細小；四等格的韻母叫「四等韻」，音色更加細小。關於韻母的開合，韻鏡是採用分別列表的形式表示的，即同屬開口的韻和同屬合口的韻分別列在不同的圖上，各標上「開、合」的字樣。詳見所附圖例「韻鏡外轉第二十三開」影印。

（二）韻鏡對中古聲韻的分析

韻鏡對中古的聲韻作了全面的分析，其分析結果是通過列表的形式展示的。從中不僅可以知道聲母和韻母的數量，同時可以知道它們的配合規律。例如通過看圖，我們可以知道「章昌船書禪」這組（介紹詳後）聲母只能和細音韻母（大體相當於今天的齊、撮呼韻母，但有差別）相拼。又如通過看圖，我們可以知道「蕭宵肴豪」等韻都屬於開口韻，「虞模灰諄文魂桓凡」等韻都屬於合口韻，「哈魂痕寒桓豪歌唐登侯覃談」等韻的洪亮度都較大，「支脂祭真仙宵侵鹽齊先蕭青添」等韻的洪亮度都較小。

四　中古音的聲韻調

通過廣韻反切上下字的研究，只能知道聲母和韻母的數量而不可能知道其配合情況及韻母的開合洪細情況。通過韻鏡的研究，雖然能够準確知道聲韻的配合情況及韻母的開合洪細情況，但不容易弄清其韻母的類别，例如一些細音韻母被放在了洪音二等的格子中，這種情況只有通過廣韻切下字的繫聯才能知道。因此，研究中古音，廣韻、韻鏡（或七音略）缺一不可。根據前人對廣韻及韻鏡的研究，現確定漢語中古聲母爲三十七個（也有三十五、三十六個等説法），中古韻母爲一百三十九個（也有一百四十、一百四十二個等説法）。中古聲調就是廣韻、韻鏡明確展示的平上去入四個調類。現將中古聲母的三十七類説列表如下：

中古聲母表*

發音部位新名	發音部位舊名		全清	次清	全濁	次濁	全清	全濁
雙脣音	脣音	重脣音	幫[p]（非）	滂[p‘]（敷）	並[b]（奉）	明[m]（微）		
舌尖中音	舌音	舌頭音	端[t]	透[t‘]	定[d]	泥[n]		
舌面前音		舌上音	知[ȶ]	徹[ȶ‘]	澄[ȡ]	娘[ȵ]		
舌尖前音	齒音	齒頭音	精[ts]	清[ts‘]	從[dz]		心[s]	邪[z]
舌葉音		正齒音	莊[tʃ]	初[tʃ‘]	崇[dʒ]		生[ʃ]	俟[ʒ]
舌面前音			章[tɕ]	昌[tɕ‘]	船[dʑ]		書[ɕ]	禪[ʑ]
舌根音	牙音		見[k]	溪[k‘]	羣[g]	疑[ŋ]		
零聲母	喉音		影[ø]					
舌根音							曉[x]	匣[ɣ]（云）
半元音						以[j]		
舌尖中音	半舌音					來[l]		
舌面鼻擦音	半齒音					日[ȵʑ]		

* 表中音值是今人的擬音。

三十七個聲母主要是根據廣韻切上字研究的結果。廣韻音系繼承了切韻音系，因此，這三十七個聲母實際就是隋唐之際漢語的聲母，它比唐末宋初的三十六字母早了將近四百年。在近四百年的時間裏，漢語語音必然會發生一些變化。和三十六字母相比，三十七聲母的脣音中少了「非敷奉微」四個輕脣音，正齒音中多了「莊初崇生俟」五個聲母，喉音喻母中分出來一個云母與匣母合并了。這些情況説明，三十六字母中的輕脣音「非敷奉微」在隋唐時讀重脣音，到宋代初年時從重脣音中分化了出來。三十六字母中的照組音在隋唐之際是兩類，到唐末宋初時合并成了一類。三十六字母中的喻母字在隋唐時有一部分讀音是匣母，到唐末宋初時，這部分字從匣母字中分化出來與「以」母合并了。

五　中古音到北京音的重要變化

從中古到北京音，漢語的聲、韻、調均發生了重要的變化，這裏僅簡要説明以下三個問題。

（一）中古入聲韻到北京音的變化

中古入聲韻發音短促，共三類，分别帶着[p][t][k]三個清塞音韻尾。到元代時，入聲韻在北方話中消變成了陰聲韻，與原來的陰聲韻相混。例如「八—芭」「夾—家」「寂—記」三組字，每組前後二字分别爲古入聲字和陰聲韻字，今天已感覺不出它們有什麽區别。在現代漢語中，除了吴、贛、客家、粤、閩等方言外，絶大多數北方話及部分南方話中都没有入聲字了。

（二）中古精組、見組、曉組聲母到北京音的變化

精組包括「精清從心邪」五個聲母，見、曉組包括「見溪群疑曉匣」六個聲母。除「疑」母外，其餘

十個聲母逢細音韻母到今天都變成了舌面音 j、q、x。本來精組與見、曉組有很大的區别，發生以上變化後便分别混而爲一了。例如：

交(見)—焦(精)　牽(溪)—千(清)　乾(群)—錢(從)　囂(曉)—簫(心)　巷(匣)—象(邪)

音韻學上通常把精組五紐與細音韻母相拼的音叫尖音，把見、溪、群、曉、匣五紐與細音韻母相拼的音叫團音。把方言中尖音與團音有區别的現象叫做分尖團，否則叫做不分尖團。在現代漢語中，南方不少方言仍然分尖團，北方方言則絶大多數都不分尖團。

（三）中古聲調到北京音的變化

從中古到今天，由於全濁音和入聲韻的消失，導致聲調也發生了較大的變化。變化規律可以用三句話來概括，即「平分陰陽」「全濁變去」「入派四聲」（元代時爲「入派三聲」）。

甲. 平分陰陽　中古的平聲在北京話中變成了陰平和陽平兩個調類，這個變化在元代即已形成。其變化規律是：中古聲母爲清音的平聲字到今天一般都變成了陰平聲，如「東風」二字；中古聲母是濁音的平聲字無論全濁、次濁在今天一般都變成了陽平聲，如「傳奇」、「難來」四字。

乙. 全濁變去　中古上聲字多數在北京話中變成了去聲，這部分字的聲母在中古是全濁音，例如「巨、象」二字。全濁上聲字向去聲變化的現象早在唐代就發生了；北宋以後，這種變化的趨勢更爲明顯；到了現代北京話中，中古大多數全濁上聲字都變成了去聲。

丙. 入派四聲　中古入聲字在今北京話中一部分變成了陰平，一部分變成了陽平，一部分變成了上聲，一部分變成了去聲，這種變化可稱作「入派四聲」。中古凡聲母爲全濁音的入聲字變成了陽平，如「白、食」；凡聲母爲次濁音的入聲字變成了去聲，如「月、落」；凡聲母爲清音的入聲字分別變成了陰陽上去四聲，如「七、八」「德、國」「百、尺」「作、客」。入聲字調的變化始於元代，不過元代清音入聲字全部變成了上聲，也就是説，元代時中古入聲只分化成了平、上、去三聲。元人周德清在他的中原音韻中將由入聲分化來的平、上、去聲字分別附在陰、陽聲韻的平、上、去聲字之後，稱作「入派三聲」。

兹將中古四聲到今音四聲的變化圖示如下：

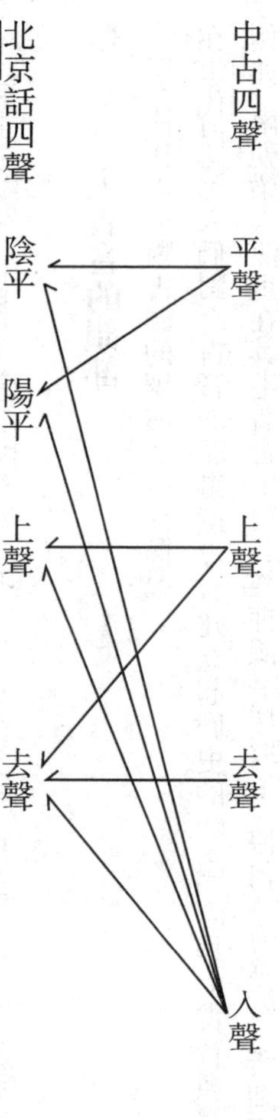

關於中古音的查檢可參看丁聲樹李榮古今字音對照手册和郭錫良漢字古音手册。以「彰」字爲例，此二書於其中古音分别標作：

古今字音對照手册：彰　諸良切　宕開三平陽章　「諸良切」是廣韻的反切，其餘各項分别表示「彰」字在中古屬於宕攝（「攝」是對讀音相近韻部的歸類，廣韻二〇六韻通常被歸爲十六攝）、開口呼、三等、平聲、陽韻、章紐。

漢字古音手册：　彰　（廣）諸良切　章陽開三平宕　tɕĭaŋ（國際音標）是「彰」字的中古擬音，其餘各項内容同於前一書，只是順序不同。

第三節　上古音

上古音一般是指先秦兩漢時期漢語的語音，或稱古音，相對隋唐時期的今音而言。研究上古音的材料主要是詩經的韻脚字、説文解字中的形聲字以及古書中的異文、注音、聲訓等。

一　上古音的韻部

（一）清代以前對古韻的認識及研究簡況

在宋代以前，人們對上古音的認識還没有建立起歷史的觀念，認爲上古音與當時的語音是相同的。例如，南朝梁人沈重在其毛詩音中對詩經押韻字採取了「協句」的做法。所謂「協句」，就是根據當時的語音對詩經中一些已不和諧的韻脚字加以改讀，使之和諧上口，這種做法是不科學的，如詩經邶風燕燕：「燕燕于飛，下上其音。之子于歸，遠送於南。瞻望弗及，實勞我心。」沈重在「南」字下注「乃林反」，以與下文的「心」字押韻。「協句」唐陸德明在經典釋文中稱作「協韻」，顔師古在漢書注中稱作「合韻」，宋朱熹稱作「叶音」，意思相同。朱熹在詩集傳中對凡是他感覺不和諧的韻脚字全面采用了「叶音」法，如同一「家」字，朱熹共注了四種不同的讀音：

詩周南桃夭一章：「桃之夭夭，灼灼其華。之子于歸，宜其室家（古胡、古牙二反）。」

詩召南行露二章：「誰謂雀無角，何以穿我屋。誰謂女無家（叶音谷）。何以速我獄。雖速我獄，室家不足。」

三章：「誰謂鼠無牙，何以穿我墉。誰謂女無家（叶各空反）。何以速我訟。雖速我訟，亦不女從。」

朱熹的做法是隨文改讀字音。還有一種做法是直接改字，尚書洪範中有這樣一段話：

無偏無頗，遵王之義；無有作好，遵王之道；無有作惡，遵王之路。無偏無黨，王道蕩蕩；無黨無偏，王道平平；無反無側，王道正直。會其有極，歸其有極。

傳説唐玄宗在讀這段話時，覺得「無偏無頗，遵王之義」二句與上下文相比不協韻，於是下令改「頗」爲「陂」。這種做法比「協句」「叶音」更不可取，貽害所及，直到今天還有不少版本上還保留着「陂」字。從古音來看，「頗」與「義」都在「歌」部，完全是押韻的。

古音不同於後代音，這在漢代曾引起過某些語言學家的注意，例如劉熙在釋名中説：「車，古者曰車，聲如居，言行所以居人也；今曰車，聲近舍。」但是這種認識也只是看到一些個别的語言現象，還没有成爲系統的研究。直到明代中葉，陳第才在毛詩古音考中首次正式提出了古音不同於今音的觀念，認爲「時有古今，地有南北，字有更革，音有轉移」，這種認識爲古音研究指明了正確的方向。

（二）清代及清代以後對上古韻部的研究

先秦兩漢時代，既無反切又無韻書，所以要想知道這一時期的韻部，只有通過其他材料去探求，這類材料主要是詩經的用韻和説文解字中的形聲字。此外，先秦兩漢的其他韻文以及聲訓、通假、注音等也都是有價值的佐證。前人研究上古韻部的方法主要是先通過詩經的用韻歸納出其韻部，然後根據説文解字的諧聲系統擴大各個韻部的收字範圍。

詩經是我國最早的一部詩歌總集，全書三〇五篇。詩歌是歌唱的，每一篇都要押韻，據此，只要對詩經的韻脚字進行歸納，就可以弄清其韻部的面貌。歸納方法具體如下例：

①桃之夭夭，灼灼其華。（麻；魚）
之子于歸，宜其室家。（麻；魚）　周南桃夭一章

②維鵲有巢，維鳩居之。（魚；魚）
之子于歸，百兩御之。（御；魚）　召南鵲巢一章

③何彼襛矣，唐棣之華？
曷不肅雝？王姬之車。（麻；魚）　召南何彼襛矣一章

④孑孑干旟，（魚；魚）在浚之都。（模；魚）
素絲組之，（姥；魚）良馬五之。（姥；魚）
彼姝者子，（馬；魚）何以予之？（語；魚）　鄘風干旄二章

⑤有女同車，顔如舜華。
將翺將翔，佩玉瓊琚。（魚；魚）
彼美孟姜，洵美且都。（模；魚）　鄭風有女同車一章

⑥予手拮据，（魚；魚）予所捋荼，（模；魚）予所蓄租，（模；魚）
予口卒瘏，（模；魚）曰予未有室家。　豳風鴟鴞三章

⑦靡室靡家，玁狁之故。（暮；魚）
不遑啓居，玁狁之故。　詩小雅采薇一章

⑧謂爾遷于王都，曰予未有室家。　詩小雅雨無正七章

上例中加「·」的字均爲韻脚字，括弧内的兩個字分别是廣韻韻部和上古韻部的名稱。其中①、⑥、⑦、⑧中均有一個「家」字，此四例的韻脚字必屬同一韻部。①、③、⑤中都有一個「華」字，此三例的韻脚字必屬同一韻部。②、⑦中都有一個「居」字，此二例的韻脚字必屬同一韻部。④、⑤、⑧中都有一個「都」字，此三例的韻脚字必屬同一個韻部。通過這樣一番繫聯，以上八例中的「華家居御車旟都組五者予琚据荼瘏故」等韻脚字便被證明屬於同一韻部，這個韻部就是上古的「魚」部。詩經的韻部就是這樣一個一個串聯出來的，這種方法也叫做「繫聯法」。把詩經所有的韻脚字都拿來繫聯，就能得出詩經的韻部數。此將清人段玉裁六書音均表詩經韻分十七部表中的第七部列示如下：

覃覃周南葛覃二三章　林心兔罝三章　三今召南摽梅二章　風心邶緑衣四章　音南心燕燕三章　南心凱風一章　音心四章　音心雄雉二章　風心谷風一章　葚(耽)衛氓三章　衿心音鄭子衿一章　風林欽秦晨風一章　林南林南陳株林一章　鬵音檜匪風三章　芩琴琴湛心小雅鹿鳴三章　駸諗四牡五章　琴湛常棣七章　音心白駒四章　簟寢斯干六章　風南心何人斯四章　錦甚巷伯一章　欽琴音南僭鼓鐘四章　琴心車舝五章　林湛賓之初筵二章　煁心白華四章　林(興)心大雅大明七章　音男思齊一章　心音皇矣四章　林林生民三章　歆今八章　南音卷阿一章　僭心抑九章

風心桑柔六章　林譖九章　風心蒸民八章　深今瞻卬七章　玷貶召旻三章　心南魯頌泮水六章　林黮音琛金八章

○以上平聲。

揖蟄周南螽斯三章　及泣邶燕燕二章　濕泣泣及王中谷有蓷三章　合(軜)邑秦小戎二章　隰及小雅皇皇者華一章　合翕常棣七章　濈濕無羊一章　集合大雅大明四章　楫及棫樸三章　輯洽板二章　○以上入聲。

通過繫聯歸納出詩經的韻部後，進一步的工作是要擴大各部字的收字範圍。具體做法是先將詩經各部韻脚字所包含的聲符析出來，然後通過説文解字將這些聲符涉及到的形聲字歸入到各韻部，不管這些被涉及的形聲字是否用作詩經的韻脚字。這樣做的依據是：形聲字的聲符代表形聲字的讀音，屬於同一聲符的形聲字，其讀音相同或相近，必然屬於同一韻部。這一結論是段玉裁提出來的，叫做「同諧聲者必同部」。以「居」字爲例，用此字作聲符的形聲字有「琚鋸踞裾倨腒椐」等，其中「居琚」二字即出現在上面所舉的「魚」部中，其餘幾個字不管是否用作詩經的韻脚，都可以推定屬於「魚」部字。

清人對上古韻部的研究持續了差不多近三百年的時間，研究的學者先後有二三十家之多，其中最著名者有顧炎武、江永、段玉裁、戴震、孔廣森、王念孫、江有誥等人，上古韻部主要就是由他們揭示出來的。顧炎武分古韻爲十部，江永十三部，段玉裁十七部，戴震二十五部，孔廣森十八部，王念孫、江有誥均二十一部，越分越精密。清末以後對上古韻部作系統研究的學者主要有章太炎、黄侃、高本漢(瑞典)、羅常培、王力、李方桂、陸志韋、周祖謨、董同龢等人。其中章太炎分古韻爲二十三部，黄侃二十八部，羅常培、周祖謨三十一部，王力三十部(或二十九部)。羅、周二人的分部更多地繼承了清人的結論。王力建立了一個「微」部，同時取消了上古的去聲韻部（中古去聲字分別被歸入入聲韻部和平、上聲韻部）。目前一些教材及工具書多採用的是王力的三十部，其具體内容及擬音如下：

上古三十韻部表*

陰聲韻	入聲韻	陽聲韻
之部[ə]	職部[ək]	蒸部[əŋ]
幽部[u]	覺部[uk]	冬部[uŋ]
宵部[o]	藥部[ok]	
侯部[ɔ]	屋部[ɔk]	東部[ɔŋ]
魚部[a]	鐸部[ak]	陽部[aŋ]
支部[e]	錫部[ek]	耕部[eŋ]
歌部[ai]	月部[at]	元部[an]
脂部[ei]	質部[et]	真部[en]
微部[əi]	物部[ət]	文部[ən]
	緝部[əp]	侵部[əm]
	葉部[ap]	談部[am]

*表中韵部的序次取自漢語音韻，擬音基本依據詩經韻讀。「藥」部或稱「沃」部，「葉」部或稱「盍」部。

二 上古音的聲母

上古聲母的研究工作始於清代。首先研究上古聲母并作出重要貢獻的學者是清人錢大昕，繼錢氏之後研究上古聲母的學者有章太炎、曾運乾、黄侃等人。研究上古聲母的材料主要有古書中的異文、重文、聲訓、注音及説文解字中的形聲字等。關於上古聲母的結論主要有以下五種：

（一）古無輕唇音

「古無輕唇音」是指三十六字母中的「非敷奉微」這組聲母在上古不存在。中古讀「非敷奉微」的字上古聲母爲重唇音「幫滂並明」。這一結論是錢大昕得出的，根據如：

異文 詩邶風谷風：「凡民有喪，匍(並)匐救之。」禮記檀弓下作：「凡民有喪，扶(奉)服救之。」

聲訓 釋名：「法(非)，逼(幫)也。」又「望(微)，茫(明)也。」

諧聲字 非(非)——悲(幫) 馮(奉)——憑(並) 文(微)——閔(明)

（二）古無舌上音

「古無舌上音」是指中古「知徹澄娘」這組音在上古不存在。中古讀「知徹澄娘」的字上古聲母爲舌頭音「端透定泥」。這一結論也是錢大昕得出的，根據如：

異文 尚書禹貢：「大野既豬(知)。」史記作「既都(端)。」

注音 説文：「冲(澄)讀若動(定)。」

諧聲字 竹(知)——篤(端) 登(端)——澄(澄)

錢大昕以上兩項結論得到了學術界的一致認同。此外，關於古聲母，錢大昕還有「古人多舌音」

和「古影喻曉匣雙聲」兩項結論。所謂「古人多舌音」是指中古「章昌船書禪」這組音在上古也讀作舌頭音「端透定」，所謂「古影喻曉匣雙聲」是指中古「影喻曉匣」這四個聲母在上古的讀音基本相同。

（三）娘日歸泥

「娘日歸泥」是指三十六母中的娘、日二母在上古不存在，中古讀娘、日二母的字上古聲母均爲泥母。這一結論是章太炎得出的，根據如：

異文 仲尼（娘）三蒼作「仲屔（泥）」，夏堪碑作「仲泥」。

聲訓 白虎通爵：「男（泥）者，任（日）也。」釋名釋長幼：「男，任也。典任事也。」

形聲字 尼（娘）——泥（泥） 若（日）——諾（泥）

（四）喻三歸匣

「喻三」即云母。「喻三歸匣」是指中古聲母喻三（見於韻鏡）在上古讀作匣母。這一結論是近人曾運乾得出的，根據如：

異文 左傳襄公二十七年「陳孔奐（匣）」，公羊傳引作「陳孔瑗（喻三）」。

聲訓 釋名：「滙（匣），圍（喻三）也。」

注音 説文「沄（喻三），轉流也。从水，云聲。讀若混（匣）。」

諧聲字 云（喻三）——魂（匣） 爰（喻三）——緩（匣）

（五）喻四歸定

「喻四」即「以」母。「喻四歸定」是指喻四在上古讀作定母。這一結論也是曾運乾提出來的，根據如：

異文　周易渙「匪夷(喻四)所思。」經典釋文：「夷，荀本作弟(定)。」管子戒「易(喻四)牙」，大戴禮記保傅作「狄(定)牙」。

聲訓　釋名釋親屬：「妻之姊妹曰姨(喻四)，姨，弟(定)也。」

注音　詩經唐風山有樞：「他人是愉(喻四)。」鄭玄箋：「愉，讀曰偷(定)。」

諧聲字　昜(喻四)——碭(定)　弋(喻四)——代(定)　也(喻四)——地(定)

以上幾種結論基本反映了漢語上古聲母的實際，多爲學術界所接受。從上古到中古，漢語的聲母有些發生了變化，有些則没有發生變化。據此，將那些被證明在上古不存在的聲母從中古的聲母中去掉或加以歸并，剩下的結果就是上古的聲母。漢語上古聲母基本上就是這樣確定出來的。關於上古聲母的結論有幾種不同的説法，其中影響較大的是黄侃的十九類説和王力的三十二類説(漢語史稿的説法)。現在王力説法的基礎上將上古聲母確定爲三十一類，具體内容及擬音見下表：

上古聲母三十一類表*

脣　音

幫(非)[p]　滂(敷)[pʻ]　並(奉)[b]　明(微)[m]

舌頭音

端(知)[t]　透(徹)[tʻ]　定(澄以)[d]　泥(娘)[n]　來[l]

舌上音

章[ȶ]　昌[ȶʻ]　船[ȡ]　書[ɕ]　禪[ʑ]　日[ȵ]

齒頭音

精[ts]　清[ts']　從[dz]　心[s]　邪[z]

正齒音

莊[tʃ]　初[tʃ']　崇[dʒ]　生[ʃ]

牙　音

見[k]　溪[k']　群[g]　疑[ŋ]

喉　音

影[ø]　曉[x]　匣(云)[ɣ]

關於上古音的查檢可參看唐作藩的上古音手册和郭錫良的漢字古音手册。以「華」字爲例，此二書分别標作：

上古音手册：華　魚·曉·平　表示「華」的上古音是魚部、曉紐、平聲。

漢字古音手册：華　(古)曉魚　xoɑ　表示「華」的上古音是曉紐、魚部，擬音是xoɑ(國際音標)。

---

*表中根據王力漢語史稿將全濁塞音、塞擦音擬爲不送氣音。將「章」組稱作「舌上音」。

思考與練習

一　用有關工具書查出下列字的中古音和上古音：

白　日　依　山　盡　黄　河　入　海　流　湘　江　煙　水　深　沙　岸　隔　楓　林

二　參考有關工具書或資料，指出下首詩中的古入聲字：

皇帝二載秋，閏八月初吉。杜子將北征，蒼茫問家室。維時遭艱虞，朝野少暇日。
顧慚恩私被，詔許歸蓬蓽。拜辭詣闕下，怵惕久未出。雖乏諫諍姿，恐君有遺失。
君誠中興主，經緯固密勿。東胡反未已，臣甫憤所切。揮涕戀行在，道途猶恍惚。
乾坤含瘡痍，憂虞何時畢。靡靡逾阡陌，人煙眇蕭瑟。所遇多被傷，呻吟更流血。
回首鳳翔縣，旌旗晚明滅。前登寒山重，屢得飲馬窟。邠郊入地底，涇水中蕩潏。
猛虎立我前，蒼崖吼時裂。菊垂今秋花，石戴古車轍。青雲動高興，幽事亦可悦。
山果多瑣細，羅生雜橡栗。或紅如丹砂，或黑如點漆。雨露之所濡，甘苦齊結實。
緬思桃源内，益歎身世拙。坡陀望鄜時，岩谷互出没。我行已水濱，我僕猶木末。
鴟鳥鳴黄桑，野鼠拱亂穴。夜深經戰場，寒月照白骨。潼關百萬師，往者散何卒？
遂令半秦民，殘害爲異物。况我墮胡塵，及歸盡華髮。經年至茅屋，妻子衣百結。
慟哭松聲回，悲泉共幽咽。平生所嬌兒，顔色白勝雪。見耶背面啼，垢膩脚不襪。

床前兩小女，補綻才過膝。海圖坼波濤，舊繡移曲折。天吳及紫鳳，顛倒在裋褐。

老夫情懷惡，嘔泄臥數日。那無囊中帛，救汝寒凜慄。粉黛亦解苞，衾裯稍羅列。

瘦妻面復光，癡女頭自櫛。學母無不爲，曉妝隨手抹。移時施朱鉛，狼藉畫眉闊。

生還對童稚，似欲忘飢渴。問事競挽鬚，誰能即嗔喝。翻思在賊愁，甘受雜亂聒。

新歸且慰意，生理焉能説。至尊尚蒙塵，幾日休練卒。仰觀天色改，坐覺妖氛豁。

陰風西北來，慘澹隨回紇。其王願助順，其俗善馳突。送兵五千人，驅馬一萬匹。

此輩少爲貴，四方服勇决。所用皆鷹騰，破敵過箭疾。聖心頗虚佇，時議氣欲奪。

伊洛指掌收，西京不足拔。官軍請深入，蓄鋭何俱發。此舉開青徐，旋瞻略恒碣。

昊天積霜露，正氣有肅殺。禍轉亡胡歲，勢成擒胡月。胡命其能久？皇綱未宜絶。

憶昨狼狽初，事與古先别。奸臣竟菹醢，同惡隨蕩析。不聞夏殷衰，中自誅褒妲。

周漢獲再興，宣光果明哲。桓桓陳將軍，仗鉞奮忠烈。微爾人盡非，於今國猶活。

淒涼大同殿，寂寞白獸闥。都人望翠華，佳氣向金闕。園陵固有神，掃灑數不缺。

煌煌太宗業，樹立甚宏達。

杜甫北征

三　背誦三十六字母表、中古三十七聲母表、上古聲母表和韻部表。

四　解釋下列名詞或術語：

①字母、聲紐；②五音、七音；③全清、次清、全濁、次濁；④陰聲韻、陽聲韻、入聲韻；⑤反切；⑥尖團音；⑦切韻、廣韻、切韻考；⑧小韻。

五　簡述清人研究上古韻部的概況。

六　錢大昕、章太炎、曾運乾關於上古聲母主要得出了哪些結論？試舉例説明。

七　簡述漢語聲調從中古到北京音的變化。

八　試對自己家鄉方言的聲調進行調查和歸類，然後對照中古聲調指出其變化情況。

九　下列切語取自廣韻，試參閲有關材料切出這些反切的今音：

①同都切　②蘇含切　③魯當切　④莫江切　⑤古奚切　⑥子泉切

十　標點并翻譯下列古文：

（一）管仲有病桓公問之曰仲父之病病矣可不諱云至於大病則寡人惡乎屬國而可管仲對曰公誰欲與公曰鮑叔牙曰不可其爲人絜廉善士也其於不己若者不比之又一聞人之過終身不忘使之治國上且鉤乎君下且逆乎民其得罪於君也將弗久矣公曰然則孰可對曰勿已則隰朋可其爲人也上忘而下不畔愧不若黄帝而哀不己若者以德分人謂之聖以財分人謂之賢以賢臨人未有得人者也以賢下人未有不得人者也其於國有不聞也其於家有不見也勿已則隰朋可　莊子徐無鬼

（二）宋人有曹商者爲宋王使秦其往也得車數乘王説之益車百乘反於宋見莊子曰夫處窮閭阨巷困窘織屨槁項黄馘者商之所短也一悟萬乘之主而從車百乘者商之所長也莊子曰秦王有病召醫破癰潰痤者得車一乘舐痔者得車五乘所治愈下得車愈多子豈治其痔邪何得車之多也子行矣　莊子列禦寇

參考文獻

王　力　漢語音韻學　中華書局一九五六年
唐作藩　漢語音韻學常識　上海教育出版社一九五八年
殷煥先　反切釋要　山東人民出版社一九七九年
丁聲樹　李　榮　古今字音對照手册　中華書局一九八一年
宋本廣韻　北京市中國書店一九八二年
唐作藩　上古音手册　江蘇人民出版社一九八二年
李新魁　韻鏡校證　中華書局一九八二年
陳復華　漢語音韻學基礎　中國人民大學出版社一九八三年
李思敬　音韻　商務印書館一九八五年
王　力　漢語語音史　中國社會科學出版社一九八五年
郭錫良　漢字古音手册　北京大學出版社一九八六年
唐作藩　音韻學教程　北京大學出版社一九八七年
李葆瑞　應用音韻學　東北師範大學出版社一九八八年
李新魁　中古音　商務印書館一九九一年
曹述敬等　音韻學辭典　湖南出版社一九九一年

何九盈　上古音　商務印書館一九九一年

趙　誠　中國古代韻書　中華書局一九九一年

曾運乾　音韻學講義　中華書局一九九六年

董同龢　漢語音韻學　中華書局二〇〇一年

胡安順　音韻學通論　中華書局二〇〇三年第二版

林　燾　耿振生　音韻學概要　商務印書館二〇〇四年

古入聲今讀平聲字簡表

a

bā 八
bá 拔跋鈸魃
fā 發
fá 乏伐筏閥罰
dā 搭褡耷答答應
dá 達怛妲笪靼答 回答
tā 塌
lā 拉邋
zā 匝咂紮扎扎皮帶
zá 雜砸
cā 擦
sā 撒撒手
zhā 紮扎扎手
zhá 閘炸扎掙扎劄鍘
chā 插
chá 察
shā 殺煞鎩

ia

jiā 夾
jiá 袷莢頰鋏戛
qiā 掐
xiā 瞎
xiá 狹峽匣狎俠挾轄
yā 鴨押壓

ua

shuā 刷
guā 刮
huá 滑猾
wā 挖

e

dé 得德
zé 則舴擇澤嘖責 幘簀窄
zhē 蜇刺痛 着助詞
zhé 輒摺蜇哲轍折 磔謫
shé 舌折
gē 鴿割胳擱
gé 蛤葛閣格骼隔 膈革
kē 磕瞌
ké 殼
hē 喝
hé 合盒郃盍闔曷 貉涸劾核覈
é 額

o

bō 缽撥剝
bó 鈸勃渤脖博搏 薄泊箔駁伯帛 舶亳礴鎛髆
pō 潑
mō 摸
mó 膜
fó 佛

uo

duó 掇奪鐸
tuō 脫託托侂
luō 捋
zuō 作作坊
zuó 捽昨
cuō 撮
suō 縮
zhuō 拙卓桌涿捉
zhuó 著衣着 酌灼斫焯 琢啄濁濯擢鐲
chuō 綽綽號 戳
shuō 說
guō 郭
guó 國虢幗摑馘
huō 豁劐
huó 活

ie

biē 鱉憋
bié 別蹩
piē 撇瞥
diē 跌
dié 疊迭碟蝶牒諜 跌垤耋瓞
tiē 貼帖
niē 捏
jiē 接揭結癤

jié 睫捷刧孑桀傑杰
揭竭節詰截結拮絜
潔拮桔(桔梗)

qiē 切

xiē 歇蠍楔

xié 脅協挾頡襭絜

yē 噎

üe

jué 絶厥蹶掘橛決
訣抉矍攫倔崛
爵嚼脚钁覺角
桷玨譎蕨觖

quē 闕缺

xuē 薛削

xué 學

yuē 曰約

i[ʅ]

zhī 汁織隻

zhí 縶執姪侄值直
植殖埴職躑摭

chī 喫(吃)

shī 濕蝨失

shí 十什拾實食蝕
識寔湜石

i

bī 逼

pī 劈霹

dī 滴

dí 的嫡鏑笛迪敵
狄荻翟糴滌覿

tī 踢剔

jī 屐積激擊

jí 集輯急及級汲
伋岌疾蒺吉即
棘亟殛極脊鶺
籍藉瘠

qī 七漆戚

xī 吸息熄悉膝蟋
惜臘夕析淅晰
晳錫裼昔

xí 習襲隰媳檄覡
席蓆

yī 揖一壹

u

pū 撲僕

pú 匍菩濮僕

fú 弗紼紱黻芾拂福
蝠幅輻服鵩伏
茯匐

dū 督

dú 獨讀牘犢瀆櫝毒

tū 突禿凸

zú 卒鏃族足

sú 俗

zhú 術竹朮築(古樂器)
逐舳蠋燭

chū 出

shū 叔淑倏

shú 秫菽孰熟塾贖

gū 轂

kū 窟哭

hū 忽惚

hú 核鶻斛槲縠鵠

wū 屋

ü

jú 橘菊鞠掬局侷跼

qū 屈詘麯曲

xū 戌

ai

bāi 掰

bái 白

pāi 拍

sāi 塞

zhāi 摘

zhái 擇宅翟

chāi 拆

ei

lēi 勒

zéi 賊鰂

sēi 塞

hēi 黑

ao

bāo 剝

báo 薄雹

záo 鑿

zhāo 着(着急)

zháo 着(着火)

sháo 勺芍

háo 貉

iao

jiáo 嚼

xiāo 削

ou

zhōu 粥

zhóu 軸妯

shóu 熟

第八單元

文選

人皆謂我毀明堂

孟子

【孟子簡介】孟子是儒家的經典著作，由孟子及其弟子共同完成。漢書藝文志著録十一篇，現存七篇，即梁惠王、公孫丑、滕文公、離婁、萬章、告子、盡心，各分上、下。書中記載了孟子的政治學説、政治活動、倫理觀念、教育思想等。孟子（約前三七二—前二八九年），名軻，字子輿，戰國鄒（今山東鄒縣東南）人，受業於子思（孔子孫）的學生，是孔子之後儒家學派的代表人物，著名的思想家，被尊爲「亞聖」。孟子繼承并發展了孔子的學説，認爲「民爲貴，社稷次之，君爲輕」，主張實施仁政，反對霸道，并且以井田制爲模式描繪出了一幅施行仁政的藍圖。孟子生活在動蕩的年代，目睹人民的苦難，他對統治者的殘暴不仁進行了猛烈的抨擊。和孔子一樣，他一生也積極遊説諸侯，先後到過齊、宋、滕、魏等國，希望實現他的政治主張，但因不合時宜而未被統治者採納，晚年退而與弟子萬章等人著書立説。孟子的哲學思想是唯心的，認爲人性本善，人有所謂「良知」「良能」，「萬物皆備於我」等，但同時也重視環境和教育對人的影響。

孟子一書不僅思想性很强，而且是一部散文傑作，危論雄辯，長於比喻，氣勢磅礴，先聲奪人，具有很高的藝術性。孟子的注本主要有孟子注疏（東漢趙岐注，宋孫奭疏，收入十三經注疏）、宋朱熹孟子集注、清焦循孟子正義等，今人楊伯峻的孟子譯注便於初學。

【題解】本文記載了孟子勸説齊宣王推行王政的事迹，表現了孟子以仁爲己任、以天下爲己任的救世思想和不失時機、不遺餘力、屈曲靈活的進取精神。本文選自孟子梁惠王下，題目爲編者所加。

齊宣王問曰："人皆謂我毁明堂，毁諸？已乎①？"孟子對曰："夫明堂者，王者之堂也。王欲行王政，則勿毁之矣。"王曰："王政可得聞與？"對曰："昔者文王之治岐也，耕者九一，仕者世禄②，關市譏而不征，澤梁無禁，罪人不孥（nú）③。老而無妻曰鰥（guān），老而無夫曰寡，老而無子曰獨，幼而無父曰孤，此四者，天下之窮民而無告者。文王發政施仁，必先斯四者。詩云：『哿（gě）矣富人，哀此煢獨④。』"王曰："善哉，言乎！"

① 明堂：古代帝王宣講政教的場所，朝會、祭祀、慶賞等重要活動在此舉行。這裏所説的明堂在齊境之内，可能是準備天子東巡時接見諸侯用的。已：停止。

② 岐：周文王做西伯侯時的封邑，地在今陝西岐山縣一帶。九一：九分抽一的税率，指井田制。井田制每井九百畝，周圍八百畝由八家耕種，各一百畝，叫做私田；中間的一百畝叫做公田，由八家共同耕種，

這就是所謂「耕者九一」。世禄：大夫以上官員世代承襲的爵禄。

③關市：位於交通要道的市集。譏：查問，稽查。

征：徵税。澤梁：在流水中用石築成的攔水捕魚的堰。孥：義同「孥戮」，即誅及妻子兒女。

④哿：歡樂。引詩見詩經小雅正月。

曰：「王如善之，則何爲不行？」王曰：「寡人有疾，寡人好貨①。」對曰：「昔者公劉好貨②，詩云：『乃積乃倉，乃裹餱（hóu）糧，于橐（tuó）于囊，思戢（jí）用光③。弓矢斯張，干戈戚揚，爰方啟行（háng）④。』故居者有積倉，行者有裹囊也，然後可以爰方啟行。王如好貨，與百姓同之，於王何有⑤？」王曰：「寡人有疾，寡人好色。」對曰：「昔者太王好色，愛厥妃⑥。詩云：『古公亶父，來朝走馬⑦。率西水滸，至于岐下⑧。爰及姜女，聿來胥宇⑨。』當是時也，內無怨女，外無曠夫。王如好色，與百姓同之，於王何有？」

①疾：毛病。好貨：愛財，貪財。按：言貪財以自賤，意在説明自己德行離王道差距太遠，婉謝孟子。下文言「好色」意與此同。

②公劉：周族祖先后稷的曾孫，復修后稷之業，務耕種，深得百姓擁護，周族之興始於公劉。好貨：愛理財。按：齊宣王所説的「好貨」與公劉的「好貨」性質不同，孟子將宣王與公劉相提并論，意在開導。

③積：在露天堆放。倉：用作動詞，將糧食裝入倉庫。裹：包好。餱糧：乾糧。于橐于囊：裝進口袋。于，動詞，盛於。趙岐注：「乃積穀於倉，乃裹盛乾食之糧於橐囊也。」橐，兩頭有底中間開口的袋子。囊，袋子。思戢句：人民和睦而國威顯揚。思，助詞，起增加一個音節的作用。戢，和睦。用，連詞，作用同「而」。光，顯揚。

④斯：副詞，作用同「乃」。戚：兵器名，像斧子。或説爲大斧，即鉞。揚：舉起。爰方句：於是開始出

發。指由周故地邰（今陝西武功縣）遷都於豳（今陝西旬邑縣）。爰，連詞，於是。引詩見詩經大雅公劉。

⑤何有：「何難之有」的略語。

⑥太王：指古公亶父，文王祖父。厥：義同「其」。

⑦來朝：第二天早上。走馬：馳馬。

⑧率：沿着。西：指豳地之西。水：指渭水，或説指漆水。滸：水邊。岐：山名，即岐山，在今陝西岐山縣東北。按：自公劉遷都後，周族一直生活在豳地，至商末，受到戎狄的侵擾，古公亶父遂率族人又遷居到岐山之南的周原。

⑨姜女：太王的妻子，即太姜。聿：助詞，起增加一個音節的作用。胥宇：察看城址。胥，觀察。宇，住所。指居處。引詩見詩經大雅緜。

許行

孟子

【題解】本文記録了孟子和農家學派的一場辯論。孟子在辯論中批駁了農家學派主張包括國君在内人人都要從事農業生産勞動的思想，認爲勞心者負責社會的治理，靠勞力者養活，勞力者是被治理者，負責生産勞動并爲統治者提供衣食，這屬於社會分工。社會分工是社會存在的必要條件，是天下的通義。孟子在他那個時代即能認識到社會分工的重要性，非常可貴。不過，他把統治和被統治的關係與社會分工、産品交换混爲一談是錯誤的。另外，他在談話中還流露出了輕視勞動人民和邊遠地區民族的思想意識，應予以批判。本文選自孟子滕文公上，題目是後加的，注釋取自朱熹四書章句集注孟子，其中程子指北宋理學家程頤。

有爲神農之言者許行，自楚之滕，踵門而告文公曰：「遠方之人聞君行仁政，願受一廛而爲氓。」文公與之處，其徒數十人，皆衣褐，捆屨、織席以爲食。衣，去聲。捆，音閫。○神農，炎帝神農氏。始爲耒耜，教民稼穡者也。爲其言者，史遷所謂農家者流也。許，姓。行，名也。踵門，足至門也。仁政，上章所言井地之法也。廛，民所居也。氓，野人之稱。褐，毛布，賤者之服也。捆，扣椓之欲其堅也。以爲食，賣以供食也。程子曰：「許行所謂神農之言，乃後世稱述上古之事，失其義理者耳，猶陰陽、醫、方稱黃帝之說也。」

陳良之徒陳相與其弟辛，負耒耜而自宋之滕，曰：「聞君行聖人之政，是亦聖人也，願爲聖人氓。」陳良，楚之儒者。耜，所以起土。耒，其柄也。

陳相見許行而大悅，盡棄其學而學焉。

陳相見孟子，道許行之言曰：「滕君，則誠賢君也；雖然，未聞道也。賢者與民并耕而食，饔飧而治。今也滕有倉廩府庫，則是厲民而以自養也，惡得賢？」饔，音雍。飧，音孫。惡，平聲。○饔飧，熟食也。朝曰饔，夕曰飧。言當自炊爨以爲食，而兼治民事也。厲，病也。許行此言，蓋欲陰壞孟子分別君子野人之法。

孟子曰：「許子必種粟而後食乎？」曰：「然。」「許子必織布而後衣乎？」曰：「否。許子衣褐。」「許子冠乎？」曰：「冠。」曰：「奚冠？」曰：「冠素。」曰：「自織之與？」曰：「否。以粟易之。」曰：「許子奚爲不自織？」曰：「害於耕。」曰：「許子以釜甑爨，以鐵耕乎？」曰：「然。」「自爲之與？」曰：「否。以粟易之。」衣，去聲。與，平聲。○釜，所以煮。甑，所以炊。爨，然火也。鐵，耜屬也。此語八反，皆孟子問而陳相對也。

「以粟易械器者，不爲厲陶冶；陶冶亦以其械器易粟者，豈爲厲農夫哉？且許子何不爲陶冶，舍皆取諸其宮中而用之？何爲紛紛然與百工交易？何許子之不憚煩？」曰：「百工之事，固不可耕且爲也。」舍，去聲。○此孟子言而陳相對也。械器，釜甑之屬也。陶，爲甑者。冶，爲釜鐵者。舍，止也。或讀屬上句。舍，謂作陶冶之處也。「然則治天下獨可耕且爲與？有大人之事，有小人之事。且一人之身，而百工之所爲備。如必自爲而後用之，是率天下而路也。故曰：或勞心，或勞力。勞心者治人，勞力者治於人。治於人者食人，治人者食於人：天下之通義也。與，平聲。食，音嗣。○此以下皆孟子言也。路，謂奔走道路，無時休息也。治於人者，見治於人也。食人者，出賦稅以給公上也。食於人者，見食於人也。此四句皆古語，而孟子引之也。君子無小人，則飢；小人無君子，則亂。以此相易，正猶農夫陶冶以粟與械器相易，乃所以相濟而非所以相病也。治天下者，豈必耕且爲哉？

「當堯之時，天下猶未平，洪水橫流，氾濫於天下。草木暢茂，禽獸繁殖，五穀不登，禽獸偪人，獸蹄鳥跡之道交於中國。堯獨憂之，舉舜而敷治焉。舜使益掌火，益烈山澤而焚之，禽獸逃匿。禹疏九河，瀹濟漯，而注諸海；決汝漢，排淮泗，而注之江，然後中國可得而食也。當是時也，禹八年於外，三過其門而不入，雖欲耕，得乎？瀹，音藥。濟，子禮反。漯，佗合反。○天下猶未平者，洪荒之世，生民之害多矣；聖人迭興，漸次除治，至此尚未盡平也。洪，大也。橫流，不由其道而散溢妄行也。氾濫，橫流之貌。暢茂，長盛也。繁殖，衆多也。五穀，稻、黍、稷、麥、菽也。登，成熟也。道，路也。獸蹄鳥跡交於中國，言禽獸多也。敷，布也。益，舜臣名。烈，熾也。禽獸逃匿，然後禹得施治水之功。疏，通也，分也。九河：曰徒駭，曰太史，曰馬頰，曰覆釜，曰胡蘇，曰簡，曰潔，曰鉤盤，曰鬲津。瀹，亦疏通之意。濟、漯，二水名。決、排，皆去其壅塞也。汝、漢、淮、泗，亦皆水名也。據禹貢及今水路，惟漢水入江耳。汝、泗則入淮，而淮自入海。此謂四水皆入於江，記者之誤也。

「后稷教民稼穡，樹藝五穀，五穀熟而民人育。人之有道也，飽食、煖衣、逸居而無教，則近於禽獸。聖人有憂之，使契爲司徒，教以人倫：父子有親，君臣有義，夫婦有別，長幼有序，朋友有信。放勳曰：『勞之來之，匡之直之，輔之翼之，使自得之，又從而振德之。』聖人之憂民如此，而暇耕乎？ 契，音薛。別，彼列反。長、放，并上聲。勞、來，并去聲。○言水土平，然後得以教稼穡；衣食足，然後得以施教化。后稷，官名，棄爲之。然言教民，則亦非并耕矣。樹，亦種也。藝，殖也。契，亦舜臣名也。司徒，官名也。人之有道，言其皆有秉彝之性也。然無教則亦放逸怠惰而失之，故聖人設官而教以人倫，亦因其固有者而道之耳。書曰：「天敘有典，勑我五典五惇哉。」此之謂也。放勳，本史臣贊堯之辭，孟子因以爲堯號也。德，猶惠也。堯言，勞者勞之，來者來之，邪者正之，枉者直之，輔以立之，翼以行之，使自得其性矣，又從而提撕警覺以加惠焉，不使其放逸怠惰而或失之。蓋命契之辭也。

「堯以不得舜爲己憂，舜以不得禹、皋陶爲己憂。夫以百畝之不易爲己憂者，農夫也。 夫，音扶。易，去聲。○易，治也。堯舜之憂民，非事事而憂之也，急先務而已。所以憂民者其大如此，則不惟不暇耕，而亦不必耕矣。分人以財謂之惠，教人以善謂之忠，爲天下得人者謂之仁。是故以天下與人易，爲天下得人難。 爲、易，并去聲。○分人以財，小惠而已。教人以善，雖有愛民之實，然其所及亦有限而難久。惟若堯之得舜，舜之得禹皋陶及所謂爲天下得人者，而其恩惠廣大，教化無窮矣，此其所以爲仁也。孔子曰：『大哉，堯之爲君！惟天爲大，惟堯則之，蕩蕩乎民無能名焉！君哉舜也！巍巍乎有天下而不與焉！』堯舜之治天下，豈無所用其心哉？亦不用於耕耳！ 與，去聲。○則，法也。蕩蕩，廣大之貌。君哉，言盡君道也。巍巍，高大之貌。不與，猶言不相關，言其不以位爲樂也。

「吾聞用夏變夷者，未聞變於夷者也。陳良，楚産也。悦周公、仲尼之道，北學於中國。北方之學者，未能或之先也。彼所謂豪傑之士也。子之兄弟事之數十年，師死而遂倍之。此以下責陳相倍師而學許行也。夏，諸夏禮義之教也。變夷，變化蠻夷之人也。變於夷，反見變化於蠻夷之人也。産，生也。陳良生於楚，在中國之南，故北遊而學於中國也。先，過也。豪傑，才德出衆之稱，言其能自拔於流俗也。倍，與背同。言陳良用夏變夷，陳相變於夷也。昔者孔子没，三年之外，門人治任將歸，入揖於子貢，相嚮而哭，皆失聲，然後歸。子貢反，築室於場，獨居三年，然後歸。他日，子夏、子張、子游以有若似聖人，欲以所事孔子事之，彊曾子。曾子曰：『不可。江漢以濯之，秋陽以暴之，皜皜乎不可尚已。』任，平聲。彊，上聲。暴，蒲木反。皜，音杲。〇三年，古者爲師心喪三年，若喪父而無服也。任，擔也。場，冢上之壇場也。有若似聖人，蓋其言行氣象有似之者，如檀弓所記子游謂有若之言似夫子之類是也。所事孔子，所以事夫子之禮也。江漢水多，言濯之潔也。秋日燥烈，言暴之乾也。皜皜，潔白貌。尚，加也。言夫子道德明著，光輝潔白，非有若所能仿佛也。或曰：「此三語者，孟子贊美曾子之辭也。」今也南蠻鴃舌之人，非先王之道，子倍子之師而學之，亦異於曾子矣。鴃，亦作鶪，古役反。鴃，博勞也，惡聲之鳥。南蠻之聲似之，指許行也。吾聞出於幽谷遷於喬木者，未聞下喬木而入於幽谷者。小雅伐木之詩云：「伐木丁丁，鳥鳴嚶嚶，出自幽谷，遷於喬木。」魯頌曰：『戎狄是膺，荆舒是懲。』周公方且膺之，子是之學，亦爲不善變矣。」魯頌，閟宫之篇也。膺，擊也。荆，楚本號也。舒，國名，近楚者也。懲，艾也。按，今此詩爲僖公之頌，而孟子以周公言之，亦斷章取義也。

「從許子之道，則市賈不貳，國中無僞。雖使五尺之童適市，莫之或欺。布帛長短同，則賈相若；麻縷絲絮輕重同，則賈相若；五穀多寡同，則賈相若；屨大小同，則賈相若。」賈音價，下同。○陳相又言許子之道如此。蓋神農始爲市井，故許行又托於神農，而有是説也。五尺之童，言幼小無知也。許行欲使市中所粥之物，皆不論精粗美惡，但以長短輕重多寡大小爲價也。曰：「夫物之不齊，物之情也；或相倍蓰，或相什伯，或相千萬。子比而同之，是亂天下也。巨屨小屨同賈，人豈爲之哉？從許子之道，相率而爲僞者也，惡能治國家？」夫，音扶。蓰，音師，又山綺反。比，必二反。惡，平聲。○倍，一倍也。蓰，五倍也。什伯千萬，皆倍數也。比，次也。孟子言物之不齊，乃其自然之理，其有精粗，猶其有大小也。若大屨小屨同價，則人豈肯爲其大者哉？今不論精粗，使之同價，是使天下之人皆不肯爲其精者，而競爲濫惡之物以相欺耳。

榮　辱

荀子

【荀子簡介】荀子一書爲荀子所著，漢書藝文志稱作孫卿子，共三十二篇（其中大略以下六篇可能爲門人所作）。荀子（約前三一三—前二三八年），名况，時人尊稱荀卿，漢時因避宣帝劉詢諱而改爲孫卿，戰國末趙（今山西安澤縣）人，曾入秦見過秦昭王，至趙與趙孝成王議兵。五十歲時遊學於齊，齊襄王時三爲祭酒，後因遭人讒毁離開齊國到楚國，被春申君任爲蘭陵(今山東蒼水縣蘭陵鎮)令。晚年潛心著述，終老於蘭陵。著名的法家人物李斯和韓非都是他的學生。

荀子是樸素的唯物主義思想家、政論家、教育家和文學家，先秦諸子的集大成者。其學術源於儒家，同時批判地吸收了先秦其他學派的進步思想，形成了自己博大精深的理論體系。荀子反對天命説、鬼神迷信説和性善説，認爲天道只是一種客觀規律，人可以認識客觀世界。荀子重視環境對人的影響，强調社會實踐和後天教育。荀子提出的「天行有常」「人定勝天」「行貴於知」和「約定俗成」等觀點發展了先秦的認識論，對後代的哲學和語言學均産生了深遠的影響。

荀子一書涉及的問題十分廣泛，包括哲學、政治、經濟、教育、文學和語言等，體系嚴整，思想深刻，説理透闢，文辭繁茂，風格渾厚，是一部傑出的論文集和文學作品集。

荀子最早的注本是唐楊倞的荀子注；清王先謙荀子集解吸收了清人研究荀子的成果，材料豐富；今人梁啟雄的荀子簡釋以荀子集解爲底本，又增加了近人的一些新説，且簡明扼要，通俗易懂。

【**題解**】榮辱一文系統闡述了荀子的榮辱觀。荀子認爲一個人的榮辱利害不在於其秉性、才智和客觀條件，而取決於對德行和處事方法的把握。奉行仁義，謙謹恭儉，就會贏得尊敬和榮耀；反之，見利不讓，好鬥忘身，則難免危亡或受辱。這裏選取的是前半部分(其中有删節)，此部分着重論述了帶來榮辱的動因、争强好鬥的惡果、勇敢的類型、君子小人處事的不同方法以及環境對人的影響等問題。文章指出「先義而後利者榮，先利而後義者辱」。本文爲荀子第四篇，取自諸子集成本。

憍(jiāo)泄者，人之殃也。恭儉者，偋(bǐng)五兵也①。雖有戈矛之刺，不如恭儉之利也。故與人善言，暖於布帛；傷人之言，深於矛戟②。故薄薄之地，不得履之，非地不安也，危足無所履者，凡在言也③。巨涂則讓，小涂則殆，雖欲不謹，若云不使④。

①憍泄：傲慢。憍，通「驕」。泄，通「媟」(xiè)，輕慢。偋：通「屏」，遮擋；抵禦；使退避。五兵：五種兵器名，即矛、戟、弓、劍、戈。

②(傷人)之：藝文類聚、太平御覽引文作「以」。深：甚。

③薄薄：遼闊廣大貌。履：踩。危足二句：大意爲，是由於脚側着站不穩，這和言語不慎的情況是一樣的。危足，脚側着。

④巨涂：大道。讓：通「攘」，紛亂擁擠。小涂：小路。殆：畏懼。這裏義爲因畏懼而小心謹慎。雖欲二句：大意爲，即使想要不謹慎，那也是勢所不能的。若，代詞。云，句中語助詞。

快快而亡者，怒也；察察而殘者，忮(zhì)也①；博而窮者，訾(zǐ)也；清之而俞濁者，口也②；豢(huàn)之而俞瘠者，交也③；辯而不説者，争也④；直立而不見知者，勝也；廉而不見貴者，劌(guì)也⑤；勇而不見憚者，貪也；信而不見敬者，好剸(zhuān)行也⑥。此小人之所務，而君子之所不爲也。

①快快：肆意，逞一時之快。察察：明察；精明。忮：嫉妒；忌恨。

②窮：窘迫；困頓。訾：詆毁；誹謗。清之句：本想清白却愈加污濁的原因，是由於口説的過錯。俞，通「愈」，下同。

③豢之句：一味供養對方，友情却反而會更加淡薄，這

是因爲交友的原則有問題。豢,供養。瘠,貧瘠;減少。王先謙集解:「以利交者,利盡則絶,故曰豢養之而愈瘠也。」

④辯而二句:善辯却不能説服別人,是因爲好争强而不能以理服人。説,説服。或以爲通「悦」。

⑤直立:品行端正。見知:被人了解。見,表被動,下同。勝:好勝人。廉:方正;剛直。劌:刺傷。王念孫曰:「廉而劌,謂有廉隅而傷人也,如此則人不貴矣。」説見王先謙荀子集解。

⑥剸行:獨斷專行。剸,同「專」。

鬭者,忘其身者也,忘其親者也,忘其君者也。行其少頃之怒而喪終身之軀,然且爲之,是忘其身也;室家立殘,親戚不免乎刑戮,然且爲之,是忘其親也;君上之所惡也,刑法之所大禁也,然且爲之,是忘其君也。憂忘其身,內忘其親,上忘其君,是刑法之所不舍也,聖王之所不畜(xù)也①。乳彘不觸虎,乳狗不遠遊②,不忘其親也。人也③,憂忘其身,內忘其親,上忘其君,則是人也而曾狗彘之不若也④。凡鬭者,必自以爲是而以人爲非也。己誠是也,人誠非也,則是己君子而人小人也,以君子與小人相賊害也。憂以忘其身,內以忘其親,上以忘其君,豈不過甚矣哉！是人也,所謂「以狐父之戈钃(zhú)牛矢」也⑤。將以爲智耶？則愚莫大焉。將以爲利耶？則害莫大焉。將以爲榮耶？則辱莫大焉。將以爲安耶？則危莫大焉。人之有鬭,何哉？我欲屬之狂惑疾病邪,則不可,聖王又誅之⑥。我欲屬之鳥鼠禽獸邪,則不可,其形體又人,而好惡(wù)多同。人之有鬭,何哉？我甚醜之。

① 憂：或說應爲「下」，誤讀作「夏」，又因形近誤寫作「憂」。舍：一本作「赦」。畜：留用，容納。

② 乳彘、乳狗：正在哺乳期的豬和狗。

③ 人也：宋本作「人也」，其餘各本作「小人」。

④ 是：此。曾：副詞，作用同「竟」。

⑤ 狐父：古地名，産戈。钃：砍斫，刺。矢：通「屎」。此二句言以貴重之器用於低賤之物，不值。

⑥ 屬之：將他們歸入。屬，歸於。又：又要。誅之：責怪我。此句意爲，聖王將以我不仁而責怪我。

有狗彘之勇者，有賈(gǔ)盜之勇者，有小人之勇者，有士君子之勇者①。爭飲食，無廉恥，不知是非，不辟死傷，不畏衆彊，恈(móu)恈然唯利飲食之見②，是狗彘之勇也。爲事利，爭貨財，無辭讓，果敢而振，猛貪而戾③，恈恈然唯利之見，是賈盜之勇也。輕死而暴，是小人之勇也。義之所在，不傾於權，不顧其利，舉國而與之不爲改視，重死持義而不橈(náo)④，是士君子之勇也。

① 賈盜：像盜賊一樣的商人。士君子：指有學問且品德高尚的人。

② 辟：「避」的古字。恈恈然：貪婪貌。利：衍文。飲食：作「見」的賓語，前置，用「之」複指。

③ 爲事利：爲事與利。振：據王引之說當爲「很」。很，不順從。戾：兇狠。

④ 不傾於權：不爲强權屈服。與：干預，勸說。改視：改變看法。重死：看重死的價值。橈：屈服。

鯈𩵦(tiáoqiáo)者，浮陽之魚也，胠(qū)於沙而思水，則無逮矣①。挂於患而欲謹②，則無益矣。自知者不怨人，知命者不怨天。怨人者窮，怨天者無志③。失之己，反之人，豈不迂乎哉？

①儵鉌：魚名。浮陽：浮到水面感受陽光。或説「浮陽」爲縣名。胠：通「阹」（qū），擱淺。無逮：來不及。
②挂：此處義爲遭遇。欲謹：才想起來要謹慎小心。
③怨人者窮：楊倞注：「徒怨憤於人，不自修者，則窮迫無所出。」怨天者無志：楊倞注：「有志之士，但自修身，遇與不遇，皆歸於命，故不怨天。」王念孫釋「志」通「識」，以爲不知命而怨天，故曰「無識」。

榮辱之大分，安危利害之常體①：先義而後利者榮，先利而後義者辱；榮者常通，辱者常窮；通者常制人，窮者常制於人。是榮辱之大分也。材愨（què）者常安利，蕩悍者常危害；安利者常樂易，危害者常憂險②；樂易者常壽長，憂險者常夭折。是安危利害之常體也。

①大分：大的區别。常體：通則，常規。
②材愨：應爲「樸愨」，樸實謹慎。材，「樸」字之誤。愨，恭謹；樸實。蕩悍：放肆兇狠。憂險：心中憂懼不安。

材性知能，君子小人一也。好榮惡（wù）辱，好利惡害，是君子小人之所同也，若其所以求之之道則異矣①。小人也者，疾爲誕而欲人之信己也②，疾爲詐而欲人之親己也，禽獸之行而欲人之善己也。慮之難知也，行之難安也，持之難立也③，成則必不得其所好，必遇其所惡焉④。故君子者，信矣，而亦欲人之信己也；忠矣，而亦欲人之親己也；修正治辨矣⑤，而亦欲人之善己也。慮之易知也，行之易安也，持之易立也，成則必得其所好，必不遇其所惡焉。是故窮則不隱，通則大明，身死而名彌白⑥。小人莫不延頸舉踵而願曰：「知(zhì)慮材性，固有以賢人也⑦。」夫不知其與己無以異也，則君子注錯之當，而小人注錯之過也⑧。故孰察小人之知(zhì)能，足以知其有餘，可以爲君子之所爲也⑨。譬之越人安越，楚人安楚，君子安雅，是非知(zhì)能材性然也，是注錯、習俗之節異也⑩。

①若其句：至於他們追求榮譽和利益的方法則有所不同。第一個「之」爲代詞，代「榮、利」；第二個「之」爲助詞，用在定語「所以求之」和中心詞「道」之間。

②疾：竭力。誕：欺詐。人之信己：作「欲」的賓語。

③慮之三句：楊倞注：「慮之難知，謂人難測其奸詐。行之難安，言易顛覆也。持之難立，謂難扶持之也。」

④遇：遭受。楊倞注：「雖使奸詐得成，亦必有禍無福。」清俞樾以爲「成」義爲「終」，句意「言終則必不得其所好，必遇其所惡也」。說見王先謙荀子集解。

⑤修正：品行端正。治辨：辦事有方。

⑥不隱：不被埋没。大明：非常顯著。彌：更加。白：著名，有名。

⑦願：羨慕。知：智慧。慮：思想。材性：氣質天賦。固：本來。賢人：賢於人，超過了他人。

⑧注錯：安排處置，指處事的方法。注，置；安放。錯，通「措」，與「注」同義。當：得當，合適。

⑨孰察：仔細考察。孰，「熟」的古字。有餘：有餘力。

⑩安越：安於越地的習俗。安雅：安於正道。楊倞注：「雅，正也。正而有美德者謂之雅。」或說「雅」通「夏」。王引之：「雅，讀爲夏。夏，謂中國也。故與楚、越對文。儒效篇『居楚而楚，居越而越，居夏而夏』，是其證。古者，夏、雅二字互通，故左傳『齊大夫子雅』，韓非子外儲說右篇作『子夏』。」習俗：指環境影響。節：指條件。楊倞釋「節」爲「限制」。

詩詞對聯格律

第一節　詩　律

本節所講的詩律指近體詩的格律。近體詩也叫做「今體詩」或「格律詩」，形成并盛行於唐代，句數、字數、平仄、對仗以及押韻等都有嚴格的規定。這種詩體短小明快，節奏感强，富有對稱美，深受詩人的喜愛，它的出現是古代詩歌長期發展演變的結果。

我國最早的詩歌總集是詩經和楚辭。詩經以四言爲主，楚辭以六言爲主。到了漢代，出現了五言和七言詩。五言詩源自民謡，東漢末的古詩十九首已是比較成熟的五言詩。最早的七言詩據説是漢武帝在柏梁臺上宴飲群臣時的聯句，後人把這種詩體稱爲「柏梁體」。現存最早最完整的柏梁體七言詩是三國魏曹丕的燕歌行。

南北朝至唐代以前是中國詩歌發展的重要時期，這一時期奠定了近體詩的基礎。東晉末，謝靈運等人開始講究詩文的對稱美，此後駢文盛行，對仗作爲一種重要的修辭手段被廣泛應用。齊梁時期，沈約、周顒發現了漢語平上去入四聲的存在，并與謝朓、王融等人將四聲運用於詩歌寫作，創建了永明新體詩，主張「一篇之内，音韻盡殊；兩句之中，輕重悉異」。四聲的發現同時也促進了韻書的發展。齊梁以後，韻書蜂出，至隋代便出現了切韻這部影響深遠的重要韻書。在韻例方面，由柏梁體發展到隔句押韻的七言詩，最早的隔句押韻七言詩據説是南朝宋鮑照的擬行路難。

上述情況表明，近體詩的句式、對仗、平仄、韻例、用韻等要素在南北朝時期已經出現。到了唐初，經宋之問、沈佺期等人的繼續努力，近體詩這一新的詩體便正式産生了。在新體詩形成的過程中，除前面提到的幾人外，梁武帝蕭衍、昭明太子蕭統以及何遜、吴均、庾肩吾、江總、庾信、王褒、薛道衡、庾世基、陸法言等人也都作出了重要貢獻。新體詩産生後被稱作「近體詩」或「今體詩」，這是相對漢魏晉南北朝時期的「古體詩」（或稱「古風」）而言的。唐人喜歡寫近體詩，同時也寫了大量的古體詩，像李白、杜甫、白居易都是擅長古體詩的聖手。

唐代先後出現過不少討論詩歌聲病、對偶和體勢的所謂「詩格」之作，内容大多保存在日本沙門遍照金剛所著的文鏡秘府論中。唐以後研究詩律或涉及詩律的著作有宋胡仔苕溪漁隱叢話、嚴羽滄浪詩話、魏慶之詩人玉屑、明胡震亨唐音癸籤、清趙執信聲調譜、沈德潛説詩晬語、袁枚隨園詩話、趙翼甌北詩話、劉熙載藝概、詩概等。新中國成立後全面討論詩律的著作主要有王力的漢語詩律學等。

一　近體詩的分類和結構

近體詩共分律詩、絶句、排律三大類。「律詩」一名有狹義、廣義之分，狹義對絶句、排律而言，廣義與「近體詩」無別。具體情況如下：

律詩　包括五言律詩、七言律詩。五律一首共八句，每句五字；七律一首也是八句，每句七字。

絶句　包括五言絶句、七言絶句、六言絶句（六言絶句不常見），都是每首四句。

排律　包括五言排律、七言排律（或稱五言長律、七言長律）。排律句數都在十句以上，十句以後的句數多少不限，但必須是偶數，且除末尾兩句外都要對仗。例如：

五律

次北固山下　王　灣

客路青山外，行舟緑水前。潮平兩岸闊，風正一帆懸。海日生殘夜，江春入舊年。鄉書何處達，歸雁洛陽邊。

五絶

哭宣城善釀紀叟　李　白

紀叟黄泉裏，還應釀老春。夜臺無曉日，沽酒與何人？

七律

野望　杜　甫

西山白雪三城戍，南浦清江萬里橋。海内風塵諸弟隔，天涯涕淚一身遥。惟將遲暮供多病，未有涓埃答聖朝。跨馬出郊時極目，不堪人事日蕭條。

七絶

雪二首　其一　司空曙

樂遊春苑望鵝毛，宫殿如星樹似毫。漫漫一川横渭水，太陽初出五陵高。

五言排律

省試湘靈鼓瑟　錢　起

善鼓雲和瑟，常聞帝子靈。
馮夷空自舞，楚客不堪聽。
苦調淒金石，清音入杳冥。
蒼梧來怨慕，白芷動芳馨。
流水傳湘浦，悲風過洞庭。
曲終人不見，江上數峰青。

七言排律

泛太湖書事寄微之　白居易

煙渚雲帆處處通，飄然舟似入虛空。
玉杯淺酌巡初匝，金管徐吹曲未終。
黄夾纈林寒有葉，碧琉璃水凈無風。
避旗飛鷺翩翻白，驚鼓跳魚撥剌紅。
澗雪壓多松偃蹇，巖泉滴久石玲瓏。
書爲故事留湖上，吟作新詩寄浙東。
軍府威容從道盛，江山氣色定知同。
報君一事君應羡，五宿澄波皓月中。

唐詩中的五言排律很多，句數有些長達數十句，甚至一二百句，七言排律則不多見。律詩的結構共由四聯組成，一二句叫「首聯」，三四句叫「頷聯」，五六句叫「頸聯」，七八句叫「尾聯」。頷聯頸聯要求對仗。每聯第一句叫「出句」，第二句叫「對句」。絶句由律詩截取而成(或取前兩聯，或取後兩聯，或取首尾兩聯，或取中間兩聯)，字數、句數都是律詩的一半。排律是律詩的延長。

與近體詩不同的是，古體詩的句數字數均不限。一首詩可以很短，如劉邦的大風歌只有三句；也可以很長，如孔雀東南飛有三百五十七句之多。不同篇的字數有三言、四言、五言、七言甚至七言以上者；同一篇各句的字數也可以不等，例如李白的樂府詩蜀道難：「噫吁嚱，危乎高哉！蜀道之難，難於上青天。蠶叢及魚鳧，開國何茫然。爾來四萬八千歲，不與秦塞通人煙。……」

二　近體詩的押韻

近體詩對押韻的要求十分嚴格，主要規定如下：

（一）押韻位置固定

所有偶數句的末字都必須押韻。首句可以入韻，也可以不入韻。五律首句不入韻的情況較多，七律首句入韻的情況較多。

（二）必須一韻到底

即同一首詩的韻脚字只能在同一韻部中選取，中途不能雜用相鄰韻部的字，也不允許「换韻」，如果雜用了其他韻部的字詩家叫做「出韻」。只有入韻的首句可以使用鄰韻字。例如：

秋思　張籍

洛陽城裏見秋風（東部①），欲作歸書意萬重（冬部）。
忽恐匆匆説不盡，行人臨發又開封（冬部）。

---

① 所標韻部屬於「平水韻」，「平水韻」介紹詳下文。

（三）只押平聲韻

唐人作詩用韻，依據的是切韻的韻部。切韻成書於隋仁壽元年（公元六〇一年），分韻一百九十三部，到唐代時增加到一百九十五部。由於分韻過細，不便使用，故當時規定有些讀音相近的韻部可以「同用」，即幾個相鄰韻部的字可以在同一首詩中押韻，唐人用韻實際上是按照這種規定進行的。到了北宋，官方對切韻進行了修訂，修訂本分韻二〇六部，改名廣韻。（參見音韻一節）此後金人王文郁、南宋平水人劉淵都根據前人「同用」的規定對廣韻韻部做過合并工作。王文郁平水韻略一書合并爲一〇六部，劉淵壬子新刊禮部韻略一書合并爲一〇七部。南宋以後的詩韻都是一〇六部，或稱一〇六韻。由於一〇六韻和平水有關，故又稱「平水韻」。「平水韻」雖然出現在南宋，但反映的是唐人押韻的實際情況。「平水韻」包括平聲三十部、上聲二十九部、去聲三十部、入聲十七部，其韻目具體如下表：

平水韻韻目表①

上平聲	上聲	去聲	入聲
一東	一董	一送	一屋

① 古代韻書是按聲調分卷裝訂的。平聲字由於較多，分排在一、二卷，排在第一卷的稱作上平聲，排在第二卷的稱作下平聲。上、去、入聲字各占一卷。表中括弧内的字是廣韻的韻目，這些韻部的字分别被合并到了括號前的韻部中。

二冬(鍾)	二腫	二宋(用)	二沃(燭)
三江	三講	三絳	三覺
四支(脂之)	四紙(旨止)	四寘(至志)	
五微	五尾	五未	
六魚	六語	六御	
七虞(模)	七麌(姥)	七遇(暮)	
八齊	八薺	八霽(祭)	
		九泰	
九佳(皆)	九蟹(駭)	十卦(怪夬)	
十灰(咍)	十賄(海)	十一隊(代廢)	
十一真(諄臻)	十一軫(準)	十二震(稕)	四質(術櫛)
十二文(欣)	十二吻(隱)	十三問(焮)	五物(迄)
十三元(魂痕)	十三阮(混很)	十四願(慁恨)	六月(没)
十四寒(桓)	十四旱(緩)	十五翰(換)	七曷(末)

十五删(山)	十五潸(産)	十六諫(襇)	八黠(鎋)
下平聲			
一先(仙)	十六銑(獮)	十七霰(綫)	九屑(薛)
二蕭(宵)	十七筱(小)	十八嘯(笑)	
三肴	十八巧	十九效	
四豪	十九皓	二十號	
五歌(戈)	二十哿(果)	二十一箇(過)	
六麻	二十一馬	二十二禡	
七陽(唐)	二十二養(蕩)	二十三漾(宕)	十藥(鐸)
八庚(耕清)	二十三梗(耿静)	二十四敬(諍勁)	十一陌(麥昔)
九青	二十四迥(拯等)	二十五徑(證嶝)	十二錫
十蒸(登)			十三職(德)
十一尤(侯幽)	二十五有(厚黝)	二十六宥(候幼)	
十二侵	二十六寑	二十七沁	十四緝

十三覃(談)	二十七感(敢)	二十八勘(闞)	十五合(盍)
十四鹽(添嚴)	二十八琰(忝儼)	二十九豔(㮇釅)	十六葉(帖業)
十五咸(銜凡)	二十九豏(檻范)	三十陷(鑑梵)	十七洽(狎乏)

古體詩的押韻比近體詩寬鬆得多，可以押平聲韻，也可押仄聲韻。一首詩中可以一韻到底，也可以中途换韻，平仄通押或與臨部字混押。例如：

秋風蕭蕭愁殺人，出亦愁(幽部①)，入亦愁(幽部)。座中何人，誰不懷憂(幽部)？令我白頭(侯部)。胡地多飆風，樹木何修修(幽部)。離家日趨遠(元部)，衣帶日趨緩(元部)。心思不能言(元部)，腸中車輪轉(元部)。（漢無名氏古歌）

悲歌可以當泣，遠望可以當歸(微部)。思念故鄉，鬱鬱累累(微部)。欲歸家無人(真部)，欲渡河無船(元部)。心思不能言(元部)，腸中車輪轉(元部)。（漢無名氏悲歌行）

前一例韻脚「愁、愁、憂、修」四字屬於平聲幽部字相押，同時與平聲侯部「頭」字混押。「遠、緩、言、轉」四字换成了元部，四字内部屬於平仄通押。後一例韻脚「規、累」二字屬於微部平仄通押。「船、言、轉」三字换成了元部，三字内部屬於平仄通押，同時與平聲真部「人」字混押。

① 本首及下首詩所標的韻部屬上古韻部。

三　近體詩的平仄

近體詩與古體詩的本質區别在於平仄。掌握近體詩的平仄規則，需要了解什麽是平仄、律句的節拍和節奏形式、平仄的基本句式、一首詩的平仄規則、拗救等問題。

（一）平仄

「平」就是平直的意思，「仄」就是不平的意思。「平仄」這一概念是對中古的聲調而言的。中古漢語有平上去入四聲，其中平聲的調值是平直的，可以延長，上去入三聲的調值或者曲折不平，或者短促，難於延長。爲了表現詩句的音樂美，古人把四聲分爲平仄兩類，平聲稱作「平」；上去入統稱「仄」。「平仄」聲的分類旨在使之在詩句中交替，避免單調，增强節奏感。

（二）近體詩的節拍和節奏形式

節拍就是節奏單位，有些書上把詩歌的節奏單位叫做「音步」或「音段」。律句中的平仄交替都是以節拍爲單位進行的，交替的形式即節奏的形式。節拍除句末字外均由兩個字構成。例如：平平——仄仄——平，仄仄——平平——仄仄——平。前一句有三個節拍，後一句有四個節拍。組成節拍的兩個字可以同是平聲或仄聲，也可以是平仄不同的字。當節拍由平仄不同的字組成時，節拍的性質取决於後一字的聲調，如「仄平」算平聲拍，「平仄」算仄聲拍，因爲後一字處在節奏點上，起着定音的作用。也正是由於這個原因，詩家對節拍第二個字的平仄要求很嚴格，不能輕易變動。

律句的意義單位可以有多個，節奏形式則只有一個。節奏形式常常和意義單位是一致的，例如：

白日——依山——盡，黄河——入海——流。
國破——山河——在，城春——草木——深。

但是也有不少意義單位和節奏形式不一致的情況，例如：

野火——燒——不盡，春風——吹——又生。（意義單位）
野火——燒不——盡，春風——吹又——生。（節奏形式）
二十四橋——明月——夜。（意義單位）
二十——四橋——明月——夜。（節奏形式）

近體詩的平仄交替規則是根據節奏形式設計出來的。

（三）近體詩平仄的基本句式

近體詩平仄的基本句式共有四種，具體如下：

五言

甲式　仄仄—平平—仄（仄起仄收式）
乙式　平平—仄仄—平（平起平收式）
丙式　平平—平仄—仄（平起仄收式）
丁式　仄仄—仄平—平（仄起平收式）

七言

甲式　平平—仄仄—平平—仄（平起仄收式）
乙式　仄仄—平平—仄仄—平（仄起平收式）
丙式　仄仄—平平—平仄—仄（仄起仄收式）
丁式　平平—仄仄—仄平—平（平起平收式）

五言甲式的特點是仄起仄收，乙式的特點是平起平收，這兩式的平仄交替很規整。丙式的特點是平起仄收，根據交替原則及「仄收」的特點，按説應該排成平平—仄仄—仄，但由於句尾連用三個仄聲是古風中常見的句式，律句應盡量避免（不避亦無大礙），故將第三字改换成了平聲。這樣改换，既避免了句尾連用三個仄聲的情況，也不影響第二個節拍的仄聲性質。丁式句的特點是仄起平收，根據交替原則及「平收」的特點，按説應該排成仄仄—平平—平，但由於句尾連用三個平聲是所謂「三平調」，詩家視爲大忌，應堅決避免，故將第三字改换成了仄聲。這樣改换，既避免了三平調，也不影響第二個節拍的平聲性質。

七言平仄的基本句式只是根據平仄交替原則在五言基本句式之前分别加一個節拍而已，也就是説，七言除前兩個字外，其餘五個字的平仄規則與五言完全相同。

（四）一首詩的平仄規則

一首詩的平仄規則是很容易掌握的，只需記住以下四句話即可：

甲．一句之中平仄相間　乙．一聯之内平仄相對

丙．兩聯之間平仄相黏　丁．押韻句末字用平聲，非押韻句末字用仄聲

所謂「一句之中平仄相間」，是指句中的字以節拍爲單位進行平仄交替。在具體實踐中，只要每個節拍第二字的平仄做到交替就可以了，第一字一般不論。注意不可將平仄交替理解成是以單字爲單位的交替。

所謂「一聯之内平仄相對」，是指每聯對句和出句的各個節拍要平仄相反。在具體實踐中，只要做到各節拍的第二字平仄相反就可以了，第一字一般不論，不可理解爲上下句字字都平仄相反，例如：

平平—平仄—仄　　平平—仄仄—仄平—平
仄仄—仄平—平　　仄仄—平平—仄仄—平

如果違反了平仄相對的規定，詩家叫做「失對」。

所謂「兩聯之間平仄相黏」，是指下聯出句第一節拍的平仄要和上聯對句第一節拍的平仄相同。在具體實踐中，也只要做到節拍的第二字平仄相同即可，第一字的平仄一般不論。不可理解爲下聯出句和上聯對句的平仄字字相同。第一節拍以後的部分按照平仄交替的原則處理就可以了。例如：

首聯　仄仄—平平—仄　　平平—仄仄—平平—仄
　　　相黏〈**平平**—仄仄—平（對句）　　相黏〈**仄仄**—平平—仄仄—平（對句）
頷聯　　**平平**—平仄—仄（出句）　　　**仄仄**—平平—平仄—仄（出句）
　　　仄仄—仄平—平　　平平—仄仄—仄平—平

如果違反了平仄相黏的規定，詩家叫做「失黏」。初唐時期，近體詩的規則尚不嚴密，失黏的現象較多，中唐以後就很少見了。

近體詩的二、四、六、八等偶數句都是押韻句，三、五、七等奇數句都是非押韻句。所謂「押韻句末字用平聲，非押韻句末字用仄聲」，是指這些押韻句的末字都要用平聲，非押韻句的末字都要用仄聲。至於第一句，無論五言七言，入韻時用平聲，不入韻時用仄聲。

下面是一首詩平仄規則的具體説明。其中黑體字爲古入聲字，古代均爲仄聲，下同。

錢塘湖春行 白居易

詩句	詩中的平仄	基本句式
孤山—寺**北**—賈亭—西，	平平 仄仄 仄平 平	平平—仄仄—仄平—平
水面—初平—雲**脚**—低。	仄仄 平平 平仄 平	仄仄—平平—仄仄—平
幾處—早鶯—爭暖—樹，	仄仄 仄平 平仄 仄	仄仄—平平—平仄—仄
誰家—新燕—**啄**春—泥。	平平 平仄 仄平 平	平平—仄仄—仄平—平
亂花—漸**欲**—迷人—眼，	仄平 仄仄 平平 仄	平平—仄仄—平平—仄
淺草—才能—**没**馬—蹄。	仄仄 平平 仄仄 平	仄仄—平平—仄仄—平
最愛—湖東—行**不**—**足**，	仄仄 平平 平仄 仄	仄仄—平平—平仄—仄
緑楊—陰裏—**白**沙—堤。	仄平 平仄 仄平 平	平平—仄仄—仄平—平

月夜憶舍弟 杜甫

詩句	詩中的平仄	基本句式
戍鼓—斷人—行，	仄仄 仄平 平	仄仄—仄平—平
邊秋—**一**雁—聲。	平平 仄仄 平	平平—仄仄—平
露從—今夜—**白**，	仄平 平仄 仄	平平—平仄—仄
月是—故鄉—明。	仄仄 仄平 平	仄仄—仄平—平
有弟—皆分—散，	仄仄 平平 仄	仄仄—平平—仄
無家—問死—生。	平平 仄仄 平	平平—仄仄—平
寄書—長**不**—**達**，	仄平 平仄 仄	平平—平仄—仄
况乃—未休—兵。	仄仄 仄平 平	仄仄—仄平—平

五言詩首句爲「仄起平收」式，根據乙、丁條，首聯對句第一拍爲「平平」，末拍亦爲「平」。根據丙、丁條，頷聯出句第一拍爲「平平」，末拍爲「仄」；根據乙、丁條，頷聯對句第一拍爲「仄仄」，末拍爲

「平」。根據丙、丁條，頸聯出句第一拍爲「仄仄」，末拍爲「仄」；根據乙、丁條，頸聯對句第一拍爲「平平」，末拍爲「平」。根據丙、丁條，尾聯出句第一拍爲「平平」，末拍爲「仄」；根據乙、丁條，尾聯對句第一拍爲「仄仄」，末拍爲「平」。各句兩頭節拍的平仄確定後，再根據平仄交替的原則排出中間一個節拍的平仄。當兩頭節拍的平仄相同時，中間一拍的平仄就是「平平」或「仄仄」；當兩頭節拍的平仄不同時，中間一拍前一字同於第一節拍的平仄，後一字同於末拍的平仄，如「仄仄—仄平—平」「平平—平仄—仄」。七言詩與五言詩相同，只是多了一個節拍。其各句第一拍的平仄都是「平平」或「仄仄」，後面的五個字按五言詩對待即可。

對照以上兩首詩的基本句式，可以看出，詩人既嚴格地遵守着平仄的規定，同時又非字字同於基本句式，差異表現在雙音節拍的第一個字上。

關於律詩的平仄問題，前人有「一三五不論，二四六分明」（五言詩是「一三不論，二四分明」）的説法，意思是七言律句第一、三、五字的平仄可以不拘，二、四、六字的平仄必須嚴格遵守。第一、三、五字也就是每個節拍的第一字，都不在節奏點上，無關節拍的性質，故可以不拘；第二、四、六字也就是每個節拍的第二字，都在節奏點上，決定着節拍的性質，故必須嚴格遵守。這一説法的優點是簡明扼要，好學好記；缺點是未能將有關平仄的特殊規定包括進去，可能會犯忌。所謂特殊規定共有兩條：一是「犯孤平」，二是「三平調」。這兩條都是詩家的大忌。

甲．犯孤平　「犯孤平」是指「平平—仄仄—平」或「仄仄—平平—仄仄—平」式變成了「仄平—仄」或「仄仄—仄平—仄仄—平」式。這種句式除韻脚字爲平聲外，全句只有一個平聲字，平仄聲失去了平衡，故叫做「犯孤平」。

乙．三平調　「三平調」是指「仄仄—仄平—平」或「平平—仄仄—仄平—平」式變成了「仄仄—平平—平」或「平平—仄仄—平平—平」式，最後三字都成了平聲。

根據以上兩條，律句四種基本句式中乙式五言第一字、七言第三字的平仄不可變動；丁式五言第三字、七言第五字的平仄也不可變動。現將律句各字平仄的變通和嚴用情況列示如下（加〇的字表示可平可仄）：

五　言

甲式　仄⃝仄—平⃝平—仄（仄起仄收式）
乙式　平平—仄⃝仄—平（平起平收式）
丙式　平⃝平—平⃝仄—仄（平起仄收式）
丁式　仄⃝仄—仄平—平（仄起平收式）

七　言

甲式　平⃝平—仄⃝仄—平⃝平—仄（平起仄收式）
乙式　仄⃝仄—平平—仄⃝仄—平（仄起平收式）
丙式　仄⃝仄—平⃝平—平⃝仄—仄（仄起仄收式）
丁式　平⃝平—仄⃝仄—仄平—平（平起平收式）

（五）拗救

「拗」指律句中某字的聲調不合平仄的規定，應該用平聲而用了仄聲，或者應該用仄聲而用了平聲。「救」指律句中出現了「拗」的情況時，將另外某處的用字進行調整，使其聲調對拗字起到彌補的作用。「拗」的結果使平仄失去了平衡，「救」的目的是讓平仄盡量接近平衡，基本特點是以平救仄，或者以仄救平。拗救是一種變通的做法，旨在擴大詩人選字的範圍，保留意義上合適的字，避免因聲奪義。拗救的使用并不是任意的，而是有規定的，主要有以下三種情況：

甲．甲式句的拗救　一般稱作「對句相救」。甲式句的平仄句式爲「仄仄—平平—仄」或「平平—仄仄—平平—仄」，如果該式五言第四字、七言第六字用了仄聲就算作「拗」，因爲這樣一來該字所在的節拍與其前一拍都成了仄聲拍，没有做到交替。補救的方法是將對句五言第三字、七言第五字改换成平聲。其格式是（例中以×表拗，以○號表救）：

原式：仄仄—平平—仄　拗救式：仄仄—平仄—仄

平平—仄仄—平　　平平—平仄—平

這樣的補救使對句多了一個平聲，而其平仄相間的格局并未改變。具體用例如：

野火—燒不—盡，春風—吹又—生。白居易草

仄仄—平仄—仄　平平—平仄—平

待月—月未—出，望江—江自—流。李白挂席江上待月有懷

仄仄—仄仄—仄　仄平—平仄—平

南朝—四百—八十—寺，多少—樓臺—煙雨—中。杜牧江南春

平平—仄仄—仄仄—仄　平仄—平平—平仄—平

一身—報國—有萬—死，雙鬢—向人—無再—青。陸遊夜泊水村

仄平—仄仄—仄仄—仄　平仄—仄平—平仄—平

有時候，甲式句的五言第三字、七言第五字用了仄聲，這是所謂「半拗」或「小拗」，唐人也儘量去補救，在對句五言第三字、七言第五字使用平聲。例如：

吾愛—孟夫—子，風流—天下—聞。
平仄—仄平—仄　平平—平仄—平
李白贈孟浩然

映階—碧草—自春—**色**，**隔葉**—黃鸝—空好—音。
仄平—仄仄—仄平—仄　仄仄—平平—平仄—平
杜甫蜀相

其實這種情況談不上是真正的拗救，因爲甲式句本來就没有拗（如上例「孟夫」「自春」二拍的平仄性質没有變，與前一拍交替），故無需對句去救。對句五言第三字、七言第五字用仄聲、平聲均可，用平聲只是本句選字的需要或是當時的風氣，并非詩律的規定。用仄聲的例子如：

此地—**一**爲—**別**，孤蓬—萬里—征。
仄仄—仄平—仄　平平—仄仄—平
李白送友人

乙. 乙式句的拗救　或稱作「本句自救」「孤平拗救」。乙式句的平仄句式爲「平平—仄仄—平」或「仄仄—平平—仄仄—平」，如果五言第一字、七言第三字使用仄聲，犯了孤平，就是「拗」。補救的方法是把五言第三字、七言第五字換用成平聲，即「仄平—平仄—平」或「仄仄—仄平—平仄—平」。例如：

北風—江上—寒。
仄平—平仄—平
孟浩然早寒江上有懷

抱病—起登—江上—臺。
仄仄—仄平—平仄—平
杜甫九日五首

白雲—留故—山。　　笑問—**客**從—何處—來。
仄平—平仄—平　　仄仄—仄平—平仄—平
王維同崔興宗送衡岳瑗公南歸　　賀知章回鄉偶書

此類「本句自救」有時候同時起到了「對句相救」的作用，所謂「一字兩救」，結果是一聯之中「對句拗救」與「孤平拗救」同時出現。例如：

竹閉—窗裏—**日**，雨隨—階下—雲。　　孤燈—無焰—**穴**鼠—**出**，枯**葉**—有聲—鄰犬—行。
仄仄—平仄—仄　仄平—平仄—平　　平平—平仄—仄仄—仄　平仄—仄平—平仄—平
孟浩然同王九題就師山房　　陸遊枕上作

前一例對句中的「階」字既救本句的「雨」字（犯孤平），同時又救出句的拗字「裏」；後一例「鄰」字既救本句的「有」字（犯孤平），同時又救出句的拗字「鼠」。

丙．丙式句的拗救　也屬於「本句自救」。丙式句的平仄格式是「平平—平仄—仄」或「仄仄—平平—平仄—仄」，如果五言第四字、七言第六字用了平聲即爲「拗」，因爲這樣該字所在的節拍與其前一拍都成了平聲拍，没有做到交替。補救的方法是將五言第三字、七言第五字改換成仄聲，即「平平—仄平—仄」或「仄仄—平平—仄平—仄」，例如：

遥憐—小兒—女　　紅顏—棄軒—冕
平平—仄平—仄　　平平—仄平—仄
杜甫月夜　　李白贈孟浩然

正是—江南—好風—景　　庾信—平生—最蕭—瑟
仄仄—平平—仄平—仄　　仄仄—平平—仄平—仄
杜甫江南逢李龜年　　杜甫詠懷古迹五首其一

例中「兒、軒、風、蕭」等字分别拗，「小、棄、好、最」等字分别救，不可誤以爲「小、棄、好、最」等字拗，「兒、軒、風、蕭」等字救。

上面對平仄的介紹是以五律、七律爲例的，絶句與排律的情况同此，故略。通過以上介紹可以看出，近體詩的平仄規則并没有想像的那樣難以掌握，一般人感到比較困難的重要原因之一是不了解古入聲字。不少古入聲字在北京話中讀成了平聲，如「一、七、八、十、白、國、笛、屋」等，而在確定平仄聲時，這些字都要視爲仄聲。要解決此問題可查看一些專業工具書，本教材「音韻」一節也附有古入聲今讀平聲字簡表，可以隨時查閲。關於平仄聲的確定，可根據這樣的方法去判斷：今音是上、去聲的字在古代都是仄聲，因爲這些字在古代不是上、去聲就是入聲字；今音以鼻音結尾的陰平、陽平聲字在古代也是平聲字；今音韻尾爲元音、或無韻尾的陰平、陽平聲字有少數在古代是入聲字，對於這部分字的平仄要謹慎，如果没有把握，應該查閲有關材料。

四　近體詩的對仗

「對仗」作爲修辭用語一般認爲取義於古代兩兩相對的儀仗隊。在唐代，「對仗」常單稱「對」。「對仗」與「對偶」（六朝時期或稱「對耦、駢儷、麗辭」等）的不同之處是，對仗要求避同字，對偶不避同字；對仗要求平仄相對，對偶則没有這種講究。古人很早就在詩文中運用對偶了，周易、尚書、詩經等書中都有許多對偶用例。文鏡秘府論北卷論對屬：「凡爲文章，皆須對屬。」由此可見古人重視對仗的程度。不過在近體詩興起之前，對偶只是一種普通的修辭手段，用與不用取決於作者本人的需要。對於近體詩來説，對仗則不僅僅是一種修辭手段，而且是一種强制性的規定。

近體詩規定，五律、七律的頷聯和頸聯要用對仗。首聯、尾聯兩聯以不對爲常。也有少數只有一聯對仗或三聯對仗、四聯全對的情况。如果只有一聯對仗，一般都是頸聯。三聯對仗一般都是前三聯或後三聯。下面是一聯對仗和四聯全對的用例：

送賀遂員外外甥　王　維

南**國**有歸舟，荆門泝上流。
蒼茫葭菼外，雲水與昭丘。
檣帶城烏去，江連暮雨愁。
猿聲**不**可聽，莫待楚山秋。

九日五首　杜　甫

重陽**獨酌**杯中酒，抱病起登江上臺。
竹葉於人既無分，**菊**花從此**不**須開。
殊方**日落**玄猿哭，舊**國**霜前**白**雁來。
弟妹蕭條**各**何往，干戈衰謝兩相催。

絶句的對仗視具體情況而定。如果用的是律詩的首聯和頷聯，則頷聯對仗；如果用的是頸聯和尾聯，則頸聯對仗；如果用的是頷聯和頸聯，則兩聯都對仗；如果用的是首聯和尾聯，則兩聯都不對仗。排律除首、尾兩聯外一般都要對仗。下面介紹一些對仗的講究。

（一）工對

又稱「嚴對」，是很工整的對仗，要求對仗的詞、詞組不僅詞性相同、結構相同，甚至詞語要同屬於某一更小的範圍。例如詞林典腋（附於詩韻全璧）把名詞劃分爲三十門：

天文　時令　地理　帝后　職官　政治　禮儀　音樂　人倫　人物　閨門　形體
文事　武備　技藝　外教　珍寶　宫室　器用　服飾　飲食　菽粟　布帛　草木
花卉　果品　飛禽　走獸　鱗介　昆蟲

根據工對的要求，所對的詞語一般不能跨越這些門類，或者雖然跨越了兩個門類，但所對的詞語是經常在一起對舉的。爲了幫助掌握工對，前人專門撰寫了一些練習性的材料，如清人李漁的笠翁對韻即很有名，此舉其中一段：

一東：天對地，雨對風，大陸對長空。山花對海樹，赤日對蒼穹。雷隱隱，霧濛濛，日下對天中。風高秋月白，雨霽晚霞紅。牛女二星河左右，參商兩曜斗西東。十月塞邊颯颯寒霜驚戍旅，三冬江上漫漫朔雪冷漁翁。

事實上，工對是很難做到的，前人的佳作如：

氣蒸雲夢**澤**，波撼**岳**陽城。孟浩然望洞庭湖　浮雲遊子意，**落日**故人情。李白送友人

無邊**落木**蕭蕭下，**不**盡長江滚滚來。杜甫登高　幾處早鶯争暖樹，誰家新燕**啄**春泥？白居易錢塘湖春行

（二）寬對

一般指僅僅做到詞性相同的對仗，或者連詞性、結構也不相同的對仗。因此，對仗的詞語若不屬於同一門類且不經常用來對舉，或者詞性不同、半對半不對，均可視爲寬對。例如：

泉聲**咽**危**石**，**日色**冷青松。王維過香積寺　露從今夜**白**，**月**是故鄉明。杜甫月夜憶舍弟

將曛**陌**樹頻驚鳥，半醉歸途數問人。張謂九日　悵望千秋**一**灑淚，蕭條異代**不**同時。杜甫詠懷古迹五首其二

（三）借對

有借義對和借音對兩種情況。借義對是指一個詞有二義，詩人在詩中用的是此義，而用另一義來構成對仗。例如：

白髮催年老，青陽**逼**歲除。孟浩然歸終南山　事**直**皇天在，歸遲**白髮**生。劉長卿新安奉送穆諭德歸朝

雨昏青草湖邊過，花**落**黃陵廟裏啼。鄭谷鷓鴣

漢苑風煙吹**客**夢，雲臺洞**穴接**郊扉。李商隱令狐八拾遺見招送裴十四歸華州

例中「青陽」是春的別名，詩中用此義，而借「青」的「青色」義與出句「白」相對；「皇」字詩中用的是天神「皇天」義，而借「皇」的另一義「黃色」與對句的「白」相對；「黃陵廟」相傳是舜妃娥皇、女英之廟，在今湖南湘陰縣境，詩中用此義，而借「黃」的「黃色」義與出句「青」相對。「漢苑」指漢代的宮苑，詩中用此義，而借「漢」的「銀河」義與對句「雲」相對。

借音對或稱「諧音對」，是指一個詞本來沒有某義，只因讀音與另一詞相同，而借其音用另一詞的詞義相對，多見於顏色對。例如：

馬驕珠汗**落**，胡舞**白**題斜。杜甫秦州雜詩二十首其三

廚人具雞黍，稚子**摘**楊梅。孟浩然裴司士員司户見尋

思家步**月**清宵**立**，**憶**弟看雲**白日**眠。杜甫恨别

清句三朝誰是**敵**？**白**須四海半爲兄。白居易贈楊秘書巨源

例中借「珠」之音用「朱」義與對句「白」相對，借「楊」之音用「羊」義與出句「雞」相對，借「清」之音用「青」義與對句「白」相對。

（四）流水對

是指相對的兩句，意義相承，如流水一樣前後接續，而非相對獨立。例如：

一從歸**白**社，**不**復到青門。（王維輞川閒居）遥憐小兒女，未解**憶**長安。（杜甫月夜）

即從巴**峽**穿巫**峽**，便下襄陽向**洛**陽。（杜甫聞官軍收河南河北）江**客不**堪頻**北**望，塞鴻何事又南飛。（劉長卿登潤州萬歲樓）

（五）扇面對

或稱「隔句對」，指兩聯之間的對仗，即一、三句相對，二、四句相對。由於上下兩聯在形式上像打開的扇子一樣對稱，故稱扇面對。例如：

縹緲巫山女，歸來**七八**年；殷勤湘水**曲**，流在**十**三弦。（白居易夜聞箏中彈瀟湘送神曲感舊）

昔年共照松溪影，松**折**碑荒僧已無；今**日**還思錦城事，**雪**消花謝夢何如。（鄭谷唔員外）

（六）當句對

或稱「句中對」，指在對仗聯中，句子前後的詞語也形成了對仗，一般出現在七言中。例如：

座中醉**客**延醒**客**，江上晴雲**雜**雨雲。（李商隱杜工部蜀中離席）前臺花**發**後臺見，上界鐘聲下界聞。（白居易寄韜光禪師）

關於對仗的避忌，主要有兩點需要注意：一是「避合掌」，一是「避同字」。所謂「合掌」，是指所對的上下句字面雖然不同，意義却是相同的，例如前人有這樣的聯語即屬合掌：「韜略孔明分禹鼎，神機諸葛列封疆。」「避同字」就是要避免用同一字相對，對仗中應嚴格遵守。當然，如果是爲了對比的特殊需要，則另當别論。

第二節 對聯

對聯這種文學形式結構整齊，短小，實用，含義深刻，凝練，清晰，是我國傳統文化最重要的元素之一，爲人們喜聞樂見，具有極强的生命力。

一 對聯的起源和發展

對聯源於修辭上的對偶。對偶具有形式整齊、含義對立或互補等特點，使人能夠在對比中深刻了解事物的差别或把握事物的整體，故作者樂於使用，讀者易於接受。對偶在我國起源很早，詩經、尚書、周易、左傳、老子等書中就已出現：

① 南有喬木，不可休思；漢有游女，不可求思。詩經周南漢廣

② 德無常師，主善爲師；善無常主，協於克一。尚書商書咸有一德

③ 天地之大德曰生，聖人之大寶曰位。周易繫辭下

④出門如賓，承事如祭。左傳僖公三十三年

⑤天下難事，必作於易；天下大事，必作於細。老子六十三章

對聯的形成源於對偶句。對聯和對偶句的主要差别是，對偶句中兩兩相對的詞語在詞性、語法等方面不一定很嚴格，更没有平仄方面的特别要求，而對聯在這兩方面都比較講究。

對聯的起源同時和古代的民俗以及駢文、律詩的出現有密切關係。

據藝文類聚卷第八十六果部上桃引莊子佚文記載，我國在戰國時期即有了插桃枝於門以驅鬼魅的習俗。桃枝後來演變成了桃符，桃符就是畫着門神的桃木板。據山海經、風俗通義等文獻記載，最早的門神是神荼和鬱壘（壘或作櫑、儡）。後漢書志禮儀中：「百官官府各以木面獸能爲儺人師訖，設桃梗、鬱櫑、葦茭畢，執事陛者罷。」李賢等注：「山海經曰：『東海中有度朔山，上有大桃樹，蟠屈三千里，其卑枝門曰東北鬼門，萬鬼出入也。上有二神人，一曰神荼，一曰鬱櫑，主閱領衆鬼之惡害人者，執以葦索，而用食虎。』於是黄帝法而象之。敺除畢，因立桃梗於門户上，畫鬱櫑持葦索，以御凶鬼，畫虎於門，當食鬼也。」風俗通義祀典第八桃梗葦茭畫虎：「謹按：黄帝書：上古之時，有荼與鬱壘昆弟二人，性能執鬼，度朔山上，章（立）桃樹下簡閲。百鬼無道理，妄爲人禍害，荼與鬱壘縛以葦索，執以食虎。於是縣官常以臘除夕飾桃人、乘（垂）葦茭、畫虎於門，皆追效於前事，冀以御凶也。」宋戴埴鼠璞桃符：「歲時記：『桃者，五行之精，壓伏邪氣，制百鬼。』本草經曰：『梟桃在樹不落，殺百鬼。』」桃符後來演變成了張貼門神和對聯。所貼門神唐以後多改爲秦瓊和尉遲恭，所貼對聯講究對仗和平仄。

駢體文起源於六朝，這種文體最突出的特點是講究語句兩兩相對，形式之複雜遠遠超過一般的對偶句，既有單句對的三三句、四四句、六六句、七七句式，又有雙句扇面對式的四四四四句、四六四六句、六四六四句、四七四七句、七四七四句式，等等。這些句式對對聯的影響很大，對聯不僅繼承了這些句式，并且擴大到單字對、雙字對以及三句以上的多句對，表現形式靈活多樣。

律詩中的頷聯和頸聯要求對仗，句子各節拍之間要求平仄交替，一聯上下句的節拍要求平仄相對。對聯同樣繼承了律詩的這些特點，不僅如此，對聯在平仄的要求方面還有很大發展，例如對聯交替單位的字數除了和律詩相同者外，還有三字拍、四字拍、五字拍等；交替格式更是超出了律詩的範圍。

傳説我國第一副對聯出現在五代時期。據宋史世家二載，太祖（趙匡胤）乾德二年（九六四）末，後蜀主孟昶寫了一幅春聯掛於寢門以迎春祈福，内容是「新年納余慶，嘉節號長春」。此後，過年寫春聯蔚成風氣。有宋一代，民間新年貼春聯的現象已相當普遍，王安石元日中的名句「千門萬户曈曈日，總把新桃换舊符」就是真實寫照①。到了明代，對聯這種文學體裁得到了朱元璋的大力提倡，據傳他曾要求金陵城家家户户除夕前都必須貼春聯。由於朝廷的重視，逢年貼春聯成了一時的社會風尚。後來對聯的用場由迎春逐漸擴大到婚喪、祝壽、慶典、祭祀以及裝飾名勝古迹、亭臺樓閣等方面。入清以後，對聯得到了進一步的發展。王公大臣、文人墨客的創作熱情遠高於前代，表現手法更加靈活，題

① 桃符：本爲畫有門神或題著門神名字的桃木板，引申指對聯。

材更加廣泛，内容更加豐富。

時至今日，對聯這種傳統的文學形式仍然發揮著其特有的重要作用，園宅、書院、寺廟、祠堂、館所、山門、會場以及居家正堂、客廳、書房等地往往需要布設對聯以表達思想、抒寫抱負，彰顯精神、體現情操、提高品位等，在婚喪、祝壽、慶典、祭祀、迎春等重要活動中對聯的使用更是不可或缺。

二　對聯的結構和句式

對聯均由上下聯兩部分組成，各聯的句數、每句的字數不限，但上下聯必須對等。常見的句式有以下幾種：

（一）單句　這種類型上下聯各由一句構成，句子的字數不等，如：

①行己有恥，博學爲文。（顧炎武自題聯）

②蟬噪林逾静，鳥鳴山更幽。（蘇州拙政園聯，文徵明書）

③三絶詩書畫，一官歸去來。（鄭板橋對李嘯村）

（二）雙句　這種類型上下聯各由兩句組成，兩句的字數或等或不等，句式多爲四四句、四六句、六四句、四七句、五七句，其他句式比較少見，如：

①聾兩耳，跛一足；學三絶，人千秋。（喻志韶贈吴昌碩聯）

②酌酒花間，磨針石上；倚劍天外，掛弓扶桑。（郭沫若題江油李白紀念館聯）

③瀝膽披肝，六經以來二表；托孤寄命，三代而下一人。（劉咸榮題成都武侯祠聯）

（三）三句或三句以上　這種類型上下聯各由三句或三句以上的句群組成。每聯句數的多少不論，每句的字數多少不論，如：

①國家事，豈有此理？正需要先生不斷咒駡；
悲痛中，别無他説，只好勸大衆繼續鬥争。（胡子嬰挽魯迅聯）

②有志者，事竟成，破釜沉舟，百二秦關終屬楚；
苦心人，天不負，卧薪嘗膽，三千越甲可吞吴。（明胡寄垣撰，或傳爲蒲松齡落第自勉聯）

三　對聯的平仄和交替格式

對聯有兩個基本要素：一個是對仗，一個是平仄，這和律詩是一樣的。但是，在對聯中，對仗比平仄的地位更重要，在對仗和平仄不能兼顧的情況下，聯家往往會犧牲平仄以就對仗。平仄在對聯和律詩中的具體差異主要表現在三個方面：

首先，律詩的平仄規則基於律詩的節奏單位和交替格式，對聯的平仄規則基於對聯的節奏單位和交替格式。無論意義單位如何，律詩的節奏單位均由二字或一字（句末字）構成，交替格式始終是「二二一」或「二二二一」，如「露從今夜白」的交替格式是「露從——今夜——白」。對聯的節奏單位則既有由二字或一字構成者，也有由三字或更多字構成者，交替格式除了「二二二一」或「二二二二一」外，還有「二三、三二、一四、四一、三三、二四、四二、二五、五二」等等，如「蟬噪林逾静」的交替格式是「蟬噪——林逾——静」，而「則反側自消」的交替格式則是「則反側——自消」。

其次，對聯對平仄交替的要求不及律詩嚴格。即使在一些名聯中，也存在着節拍之間没有平仄交替的現象，甚或出現了三平調，這在律詩是絶不允許的，如：

①率性—修道—致中和（乾隆）

②倚劍—天外，掛弓—扶桑（郭沫若）

③秋色—從西來（張之洞）

④人千秋（喻志韶）

前兩例「率性」與「修道」、「倚劍」與「天外」、「掛弓」與「扶桑」之間都没有做到平仄交替，後兩例中「從西來」、「人千秋」都是三平調。

再次，對聯上下聯平仄相對的要求也不及律詩嚴格。律詩對句和出句的各節拍必須做到平仄相對，對聯雖也要求各節拍平仄相對，但不是十分嚴格，特别是在一些長聯中，常可以看到相對的節拍（一般是非句末節拍）平仄失對的現象，如：

「卷不及」對「梳裹就」，「都付與」對「點綴些」（孫髯翁題昆明大觀樓聯）

更有甚者，一些對聯的句末字也存在失對現象，如：

飛峰一動，不如一静；　念佛求人，不如求己。（杭州飛來峰聯）

總體來説，對聯平仄特點和律詩不盡相同，要求比律詩寬鬆。下面分單句和整聯兩部分來討論。

（一）對聯單句内的平仄排列

對聯的句子類型不像律詩那樣只有五言、七言兩種，而是從一言到七言都有，甚至有超過七言者，不過一言、二言以及超過七言的用例較少，三言、四言、五言、六言、七言的句子都較常見，五言、七言的句子尤多。對聯句内平仄排列的基本原則是：節拍與節拍之間平仄交替（只做到節拍末字平仄交替即可）。可細分兩種類型：一種是節奏單位與律詩相同者，另一種是節奏單位與律詩不同者。

甲．節奏單位與律詩相同的句子

對聯節奏單位與律詩相同的句子，其平仄排列形式與律詩相同，即除了句末字外，都是由兩個字構成一個節拍，交替格式是「二二一」、「二二二一」或「二二二二一」。對於偶數句來説，各節拍都是由兩個字構成的，交替格式是「二二」或「二二二」，例如：

創業—難　讀書—好

平安—二字—金　雁聲—秋露—白

七尺—存亡—兩婦—人　四面—荷花—三面—柳

五福—臨門　八音—齊奏

梨花—落後—清明　人傑—地靈—有福

乙．節奏單位與律詩不同的句子

對聯的節奏單位和律詩的節奏單位有所不同，往往有由三個字或更多字構成的節拍，也有由一個字（非句末字）構成的單字節拍。這類節奏單位導致對聯的交替格式或與律詩不同，即不像律詩交替格式「二二一」或「二二二一」那樣整齊，不過節奏點和律詩一樣都是在節拍的最後一個字上，例如：

見見見　齊—鮑叔

興—四門學　夕陽亭—裏　順我者—昌

放笑臉—相迎　詩—甘稱弟子　揚子江心—水

研六經—以訓世　恨不—十年讀書　萬里長城—築怨

十九年—托身異域　無益身心事—莫爲　笑—世間可笑之人

（二）對聯上下聯的平仄排列

整幅對聯平仄排列的基本原則是：上下聯如各屬單句，上聯末字用仄聲，其餘節拍平仄交替（只需各節拍末字平仄交替即可）；下聯各節拍的平仄分别與上聯各節拍相對（只需各節拍末字相對即可）。上下聯如屬多句，上聯末句末字用仄聲，各句末字儘量平仄交替，各句内其餘節拍平仄交替（只需各節拍末字平仄交替即可）；下聯各句各節拍的平仄分别與上聯對應的各句各節拍相對（只需各節拍末字相對即可）。下面分四種類型作具體説明：

甲．上下聯各含一句的對聯

上聯末字用仄聲，各節拍間平仄交替；下聯末字用平聲，其餘節拍與上聯對應的節拍平仄相對，例如：

①山川—異域，風月—同天。（揚州蜀岡鑒真紀念堂聯）

②樹老—化龍—易，亭高—得月—多。（嘉定即山亭聯）

③干青雲—而直上，障百川—以東之。（樂山大佛寺聯）

④養心—莫善寡欲，至樂—無如讀書。（鄭成功自題聯）

⑤蓋世—勳名—三傑—並，登壇—威望—一軍—驚。（馮玉祥題漢中拜將壇聯）

乙．上下聯各含兩句的對聯

上聯首句末字平仄不論，末句末字用仄聲，各句内其餘節拍平仄交替；下聯各句各節拍的平仄分別與上聯對應的各節拍相對，例如（句末字標出平仄，下同）：

①寫鬼寫妖（平），高人一等（仄）；刺貪刺虐（仄），入骨三分（平）。（郭沫若題蒲松齡故居聯）

②磨礪以須（平），問天下頭顱幾許（仄）？

及鋒而試（仄），看老夫手段如何（平）？（石達開題剃頭鋪聯）

③身無半畝（仄），心憂天下（仄）；讀書萬卷（仄），神交古人（平）。（左宗棠題私塾聯）

④禮之用（仄），和爲貴（仄）；德不孤（平），必有鄰（平）。（集論語聯）

丙．上下聯各含三句的對聯

上聯一、二句末字的平仄一般不論（唯應避免均用仄聲），末句末字用仄聲，各句内其餘節拍平仄交替；下聯各句各節拍的平仄分别與上聯對應的各節拍相對。常見格式有四種：

1．上聯一、二、三句末字分别用平、平、仄聲，下聯一、二、三句末字分別用仄、仄、平聲，例如：

能攻心（平），則反側自消（平），從古知兵非好戰（仄）；

不審勢（仄），即寬嚴皆誤（仄），後來治蜀要深思（平）。（趙藩題成都武侯祠聯）

2．上聯一、二、三句末字分别用仄、平、仄聲，下聯一、二、三句末字分別用平、仄、平聲，例如：

理冤獄(仄)，關節不通(平)，自是閻羅氣象(仄)；賑災黎(平)，慈悲無量(仄)，依然菩薩心腸(平)。(合肥包公祠聯)

3. 上聯一、二、三句末字分别用平、仄、仄聲；下聯一、二、三句末字分别用仄、仄、平聲，例如：

世外人(平)，法無定法(仄)，然後知非法法也(仄)；天下事(仄)，了猶未了(仄)，何妨以不了了之(平)。(何元普題四川新都寶光寺正殿聯)

4. 上聯一、二、三句末字分别用平、仄、仄聲，下聯一、二、三句末字分别用仄、平、平聲，例如：

①披一品衣(平)，抱九仙骨(仄)，狂生無禮稱愚弟(仄)；行千里路(仄)，讀萬卷書(平)，俠士有志傲王侯(平)。(梁啟超對張之洞)

②道與天地參(平)，功滿天地(仄)，名滿天地(仄)；書留春秋在(仄)，知我春秋(平)，罪我春秋(平)。(山西平遥文廟大成殿對聯)

丁. 上下聯各含四句或四句以上的對聯

上聯末句末字用仄聲，各句末字儘量平仄交替，各句内的節拍要平仄交替；下聯各句各節拍的平仄與上聯對應的各節拍平仄相對，例如：

①風聲(平)、雨聲(平)、讀書聲(平)，聲聲入耳(仄)；家事(仄)、國事(仄)、天下事(仄)，事事關心(平)。(明顧憲成題東林書院講堂)

②生無補乎時(平)，死無關乎數(仄)，辛辛苦苦(仄)，著二百五十餘卷書(平)，流播四方(平)，是亦足矣(仄)；

仰不愧於天(平),俯不作於人(平),浩浩蕩蕩(仄),數半生三十多年事(仄),放懷一笑(仄),吾其歸乎(平)!(俞樾自挽聯)

③ 豪傑今安在(仄)? 看青山不老(仄),紫柏長存(平),想那志士忠臣(平),千載空餘憑弔處(仄);

神仙古來稀(平),設黄石重逢(平),赤松再遇(仄),得此洞天福地(仄),一生願作消遥遊(平)。(馮玉祥題陝西留壩張良廟)

由於對聯主要是供人觀看的,不像律詩那樣原本是供人吟誦或詠唱的,所以,儘管對聯和律詩都講究對仗和平仄,但聯家對平仄的要求比律詩寬鬆得多,而對對仗的要求則比律詩嚴格得多。一首律詩的對仗可以是寬對,頷聯或頸聯不對杖也是可以的,絶句更是以不對仗爲常,而平仄不合律一般是不允許的。一副對聯出現不合律的現象是可以的,没有對仗或對仗不工則是不允許的。律詩的節奏單位除句末字外均由二字構成,故其交替格式比較簡單。對聯的節奏單位除了句末字外,既有由二字構成者,又有由一字、三字或更多字構成者,故其節奏單位比律詩大,其交替格式遠比律詩複雜和寬鬆。

第三節 詞律

詞是配合音樂的文體,具有音樂與文學的雙重屬性。唐五代至宋初,詞有曲子詞、曲詞、歌詞或曲子等多種名稱，後來又稱作樂府、近體樂府、長短句、詩餘等。唐元稹樂府古題序説：「備曲度者總得謂之歌、曲、詞、調，斯皆由樂以定詞，非選詞以配樂也。……後之審樂者，往往採取其詞，度爲歌曲，盖選詞以配樂，非由樂以定詞也。」所謂「由樂以定詞」，是指先有樂曲，然後依據曲調配上歌詞，這叫做「倚歌」或「倚聲」。宋元以來作詞一般稱「填詞」。填詞的作家根據是否知音分爲三類。第一類既可以依曲譜撰寫歌詞，又能給歌詞譜曲，此類作家精通音律，如柳永、周邦彦、姜夔等。第二類作家大多知音，但不會作曲，如蘇軾、秦觀、賀鑄等。第三類作家只會依照前人的作品逐字逐句的照樣填寫，多數不懂音律，詞對於他們只是一種純粹的文學形式，南宋以後大多數詞作家都屬於第三類。近代詞作家更不懂得詞調，只是依詞譜填寫而已。以下是有關詞律的一些基本常識。

一　詞調、詞牌

（一）詞調

詞調是詞的樂譜。不同的詞調表達着不同的聲情。根據來源的不同，詞調大致可以分爲五類：

甲．由民歌或民間故事加工而成　詞調有一部分來自民歌或民間故事，但大多經過了文人的加工。宋時加工民間曲子的風氣很盛，如柳永樂章集中的新調有些就來自市井曲子。根據民間故事製作的詞調如阮郎歸，内容取自劉晨、阮肇的故事。據神仙記載，劉、阮二人入天臺山採藥，遇二仙女，被引入桃園，接着雙雙結爲伉儷。留住半年後，劉、阮思鄉心切，返歸故里，結果發現田園面目全非，已是十世以後了。此調多用來抒發凄凉的情感。又如拜星月，取材於民間拜新月的風俗，唐時教坊曲稱作拜新月。再如念奴嬌，源於唐代天寶時期歌妓念奴的故事。念奴嬌媚而善歌，名著一時。該詞上片十句，韻脚字九個仄聲，一個平聲；下片也是十句，韻脚字八個仄聲，兩個平聲。曲調跌宕起伏，情感激越。

乙．自域外、邊地傳入　唐代有許多曲調來自西域或邊地。據傳，著名的法曲霓裳羽衣舞就是教坊根據胡部曲婆羅門加工而成的。蘇幕遮本是龜茲音樂，屬於西域民間嬉戲禳灾的舞曲，唐時傳入中原，至宋時另度爲新聲。又如贊浦子本是吐蕃音樂，六國朝本是女真音樂。唐五代時又有以邊地爲名的曲調，如六州歌曲。「六州」指唐代西部邊疆的伊、凉（梁）、甘、石、氐（熙）、渭等六州，其地的歌曲統稱「六州歌曲」。宋詞中有六州歌頭、八聲甘州等調，都源自六州歌曲中的鼓吹曲名。

丙．由教坊、大晟府等樂府機構創製　唐宋時期均設有教坊機構，教坊除了採集民間、域外之風外，自身也創製樂曲以供宫廷使用，如夜半樂，即屬唐教坊的自創曲名。相傳李隆基當初從潞州潛入長安，於夜半發兵誅除了韋后，爲慶祝勝利而製成此曲。又如採蓮令、千秋歲，亦均屬教坊自創曲名，皇帝飲宴游幸時演奏。其中千秋歲演奏於爲皇帝祝壽時。玄宗於八月五日生，製此曲以祝壽，其後沿用之。宋徽宗崇寧四年（一一〇五年），朝廷設立了大晟府，其地位高於教坊，負責勘定樂律、製訂樂譜，交教坊演奏，并頒行天下。大晟府創製的詞調甚多，統稱作大晟樂。著名詞人周邦彦因曾在大晟府任職，故有「大晟詞人」之稱。

丁．樂工、歌妓改製曲　樂工歌妓往往比一般詞人更懂得樂理，不少人都會製調作曲，像雨霖鈴就是玄宗時的樂工張野狐所製。相傳安史之亂中，唐玄宗西逃入蜀，至馬嵬坡時被迫賜死楊貴妃。事後玄宗日夜思念貴妃，入斜谷後遇上連日霖雨，在棧道上聽到的又只是單調的車馬鈴聲，因而倍感凄涼孤寂，張野狐遂製成雨霖鈴曲，以表現玄宗的思念之情。該調多用拗句，悲凉凄婉，前人曾有「一曲霖鈴淚數行」之説。

戊．詞人自度曲　度曲就是作曲，大致可以分爲三類：一是先譜曲，後撰詞；二是先撰詞，後譜曲；三是修改舊譜，另立新名。宋代有許多詞人都精通音律，能自度曲，如滿江紅爲柳永自製的新調，瑞鶴仙、瑞龍吟爲周邦彦的自度曲，翠樓吟、淡黄柳爲姜夔的自度曲，雙雙燕爲史達祖的自度曲，望湘人爲賀鑄的自度曲。滿江紅原本表現的是纏綿悱惻、幽思愁怨的情感，後經岳飛改製，用來表現慷慨激昂、悲壯蒼凉的情懷。

詞的思想内容與音樂後來逐漸分離。分離以後，詞的思想内容就不一定與音樂的聲情協調一致了。沈括夢溪筆談裏説：「哀聲而歌樂詞，樂聲而歌哀詞。」可見内容與曲調聲情的分離早在北宋時期就已開始，宋以後詞的曲調更進而失傳了。

（二）詞牌

詞牌是各種詞調的名稱。關於詞牌的來源，主要有下面的三種情況：

甲．沿用原樂曲的名稱　例如菩薩蠻，原本爲唐教坊所譜的曲子，後用作詞調的名稱。據説唐宣宗大中初年，女蠻國向唐進貢了一些女樂，個個梳着高髻，渾身珠寶，裝扮得很像菩薩，當時教坊爲此譜成菩薩蠻曲。因唐宣宗愛唱此曲，故流行一時。又如西江月、風入松、蝶戀花等，也都屬於這一類。

乙．摘取一首詞中的某幾個字作爲詞牌名　例如，憶秦娥，或名秦樓月，因李白憶秦娥開頭兩句

「簫聲咽，秦娥夢斷秦樓月」而得名；憶江南，或名望江南、謝秋娘，因白居易江南好末句「能不憶江南」而得名；如夢令，原名憶仙姿，後改名如夢令，因後唐莊宗憶仙姿中有「如夢，如夢，殘月落花烟重」句而得名；念奴嬌，又名大江東去或酹江月，因蘇軾念奴嬌首句「大江東去」、末句最後三字「酹江月」而得名。

丙．取用歌詞的題目　例如，漁歌子本是詠唱打漁的歌名，欸乃曲本是咏唱泛舟的歌名，更漏子本是詠唱長夜的歌名，踏歌詞本是詠唱舞蹈的歌名，拋球樂本是詠唱拋綉球的歌名，舞馬詞本是詠唱舞馬的歌名。正由於此，有些詞牌下面注明「本意」，表明詞的内容同於詞牌的原意。後來隨着詞意與詞曲的分離，大多數詞的内容都不再用「本意」了。爲了强調詞意，就需要在詞牌下面另加詞題。這樣一來，詞牌僅成了詞譜的代名詞，和詞題就失去了聯繫，例如舞馬詞可以完全不講到舞馬，更漏子也完全可以不涉及長夜。

同一曲調的詞牌可以有不同的名稱（例見上），前人稱之爲「同調異名」。同一詞牌還可以有不同的别體。例如，江城子有單調的，也有雙調的；滿江紅有押仄韻的，也有押平韻的。前人稱之爲「同調異體」。「同調異體」在一些詞書中以正體、别體稱之。

從字數多少的角度區分，詞牌有小令、中調、長調之别。這種區分大約始於明代中葉。最早以小令、中調、長調分調編排的詞書應該是明嘉靖時期上海顧從敬所刻的類編草堂詩餘。到清代時，毛先舒填詞名解明確提出了「五十八字内爲小令，五十九至九十字爲中調，九十一字外爲長調」的説法。毛氏的分類過於死板，後來受到了萬樹的批評。

從段落的角度區分，詞又有單調、雙調、三疊、四疊之别：

單調 字數少，篇幅短，内容簡單，不分段，往往是一首小令，如白居易憶江南：

江南好，風景舊曾諳。日出江花紅勝火，春來江水緑如藍。能不憶江南？

又如夢令、十六字令、調笑令等都屬於單調。單調在詞的興起階段較爲流行。

雙調 指一首詞包括兩個段落。雙調詞在中調、長調中都有，如李璟攤破浣溪沙：

菡萏香銷翠葉殘，西風愁起緑波間。還與韶光共憔悴，不堪看。細雨夢回鷄塞遠，小樓吹徹玉笙寒。多少泪珠何限恨，倚欄杆。

雙調上、下片（即上下段，或稱上下闋、前后闋）的字數、韻脚、平仄格式等都相同或基本相同；也有些相差較大，如清平樂、暗香等。

雙調的兩片首句字數、平仄、句法、用韻等完全相同者叫重頭，如江城子、浪淘沙等。兩片首句不同者叫换頭，如憶秦娥，上片頭一句是三言，下片頭一句是七言，字數不同。又如浣溪沙，上片頭一句是「仄仄平平仄仄平（韻）」，下片頭一句是「仄仄平平平仄仄」，平仄、用韻均不同。

三疊 指一首詞共有三段。這類詞數量不多，如蘭陵王、夜半樂等，例略。

四疊 指一首詞共有四段。這類詞比較罕見，如鶯啼序等，例略。

二 減字、偷聲；添聲、添字、攤破；促拍；令；引；近；慢

詞又有減字、偷聲、添聲、添字、攤破、促拍、令、引、近、慢等講究，它們都和字數多少相關。

（一）減字、偷聲

減字是指歌詞的字數在演唱時有所減少，偷聲是指曲調在歌唱時被縮短。字數減少後，可能會少唱幾聲；反之，曲調如果被縮短，歌詞也可能會減少幾個字。所以減字會引起偷聲，偷聲也會引起減字。以木蘭花爲例，尊前集（詞集，或以爲宋人所作，或以爲明人所作）所録皆爲五十六字體（也有五十五字體者，如韋莊木蘭花，見花間集（五代蜀趙崇祚編）。例如：

鞦韆院落重簾暮，彩筆閑來題綉户。牆頭丹杏雨餘花，門外緑楊風後絮。朝雲信斷知何處，應作襄王春夢去。紫騮認得舊游踪，嘶過回橋東畔路。　晏幾道木蘭花

上、下片各四句，每句七字，各用了三個仄聲韻。北宋以後，木蘭花出現了兩種減字形式。一種是減字木蘭花。例如：

長亭晚送，都似緑窗前日夢。小字還家，恰應紅燈昨夜花。　良時易過，半鏡流年春欲破。往事難忘，一枕高樓到夕陽。　晏幾道減字木蘭花

此調共四十四字，上、下片第一、三句各減了三個字，每片改爲兩個仄聲韻兩個平聲韻，平、仄互換。另一種是偷聲木蘭花，例如：

畫樓淺映横塘路，流水滔滔春共去。目送殘暉，燕子雙高蝶對飛。　風花將盡持杯送，往事只成清夜夢。莫更登樓，坐想行思已是愁。　張先偷聲木蘭花

此調共五十字。其特點只是在每片的第三句減了三個字，其餘均與木蘭花相同。

（二）添字、添聲、攤破

添字、添聲、攤破是在原調的基礎上增加字數、節拍或樂句。「添字」是增加字數，「添聲」是增加節拍或樂句，「攤破」是兼指二者而言。下面具體看看攤破的情況。較常見的攤破調是攤破浣溪沙。浣溪沙本來共有四十二字，上、下二片，每片七言三句，平聲韻。例如：

一曲新詞酒一杯，去年天氣舊亭臺，夕陽西下幾時回？　無可奈何花落去，似曾相識燕歸來，小園香徑獨徘徊。　晏殊浣溪沙

攤破有兩種。一種是將每片第三句改爲四言、五言兩句，成爲七七四五句格，仍用平聲韻。例如：

相恨相思一個人，柳眉桃臉自然春。別離情思，寂寞向誰論。　映地殘霞紅照水，斷魂芳草碧連雲。水邊樓上，回首倚黄昏。　佚名攤破浣溪沙

另一種是將上、下片的第三句改爲仄聲結尾，另增加一個三字句，用平聲韻，構成七七七三句格。例如：

手捲真珠上玉鉤，依前春恨鎖重樓。風裏落花誰是主？思悠悠！　青鳥不傳雲外信，丁香空結雨中愁。回首緑波三峽暮，接天流。　李璟攤破浣溪沙

無論是減字偷聲，還是攤破，最初的目的都只是爲了要些花腔，後來這種唱法逐漸固定下來，遂變成了一種新的調式。

（三）促拍

早在唐代，樂曲名前即有加「促拍」二字者。宋人作詞，常在調名前加「促拍」以示有别於本調，如促拍醜奴兒、促拍滿路花（本調醜奴兒、滿路花）等。也有把「促拍」二字加在調名後的，如長壽仙促拍

等。「促」即「急促」，指用急促的節奏演奏和歌唱，所謂「急曲子」，與歌詞字數的多少無關。

（四）令

「令」又稱小令、歌令、令曲、令章。據教坊記及其他文獻，唐代小曲名之後多加「子」字，如甘州子、八拍子、漁歌子、酒泉子等。到了宋代，漸漸不加「子」而改用「令」，如甘州子改稱甘州令。也有些曲子唐代不加「子」，而宋詞加上了「令」字，如喜遷鶯令、浪淘沙令、鵲橋仙令、雨中花令等。令曲一般比較短小，也有些較長。

（五）引

「引」本是古樂的一種名稱，如箜篌引、走馬引等。宋人取唐五代小令曼衍其聲，别製成新調後稱作「引」，如王安石千秋歲引、周邦彦蕙蘭芳引即分别由舊曲千秋歲和蕙蘭芳拓展而成。以「引」爲名的詞調數量不多，總共四十首左右，字數一般在七十六至一百四十字之間，比小令長。

（六）近

「近」是「近拍」的省稱，如祝英臺近。「近」與「令、引、慢」的區别主要表現在音樂的段落與節奏上。「慢曲」用慢拍，「曲破」（大曲的第三段稱爲破，單唱該段稱曲破）用促拍，「近拍」是介於兩者之間的樂段。「近」的字數一般在七十一至九十六字之間。

（七）慢

「慢」即「慢曲」的簡稱，與「急曲」相對。慢，古書多寫作「曼」，延長引申之義，慢曲之義由此而來。慢曲的字句長，韻少，節奏比較舒緩。凡詞調屬慢曲的，「慢」字可以省去，如長亭怨慢有時省作長亭怨。大曲中的慢曲或稱「慢遍」。宋代的大多數新腔都屬於慢曲。

總的説來，「令、引、近、慢」各有不同的節奏和唱法，它們的區别主要在字數和音樂，而不是文辭。唐五代至北宋前期，詞的曲調短小，字句不多，一般稱作令詞。北宋後期，出現了曲調舒緩、篇幅較長的詞，一般稱作慢詞。令、慢是詞的兩大類别。從令詞發展到慢詞，中間經過了一種不長不短的過渡形式，稱作「引」或「近」。明朝人開始把令詞稱爲小令，把「引、近」列入中調，把「慢詞」列入長調。

三　詞譜、詞韻

（一）詞譜

詞調漸漸失傳後，寫詞的人便按照前人作品中的句式和平仄、用韻等格式去填寫。這些格式後來被固定下來，稱作詞譜。依照詞譜的規定創作詞叫做「填詞」。較早收集詞譜的著作是清人萬樹的詞律和王奕清等奉旨編纂的詞譜。其後的詞譜著作有清人舒夢蘭的白香詞譜、謝元淮的碎金詞譜、今人楊文生的詞譜簡編等。兹以萬樹詞律中的菩薩蠻爲例説明詞譜的具體内容。

菩薩蠻（四十四字。又名子夜歌、巫山一片雲、重迭金）　李　白

平可仄林漠可平漠烟如織韻，寒可仄山一可平帶傷心碧叶。暝可平色入高樓换平，有可平人樓可仄上愁叶平。

玉可平階空佇立三换仄，宿可平鳥歸可仄飛急三叶仄。何可仄處是歸程四换平，長可仄亭連可仄短亭四叶平。

詞牌名下面的小字是對該調字數及别名的説明。詞中有關字下所加的「可平」或「可仄」表示該處選用平仄字均可。凡平仄不可通融的地方則不加注，如「林」字下未加注，表示該字必須用平聲。字下加「韻」或「叶」字，表示該字是韻脚字，如「織」字下加的「韻」字，「碧」字下加的「叶」字。「叶」表示「碧」字應與上一韻脚「織」字押韻。「樓」字下加「换平」，表示處在「樓」字位置的字要换成平聲韻。「愁」字下加「叶平」，表示處在「愁」字位置的字要選用與「樓」字屬於同一韻部的平聲字押韻。「立」字下加「三换仄」，表示在該處第三次换韻，用仄聲韻；「急」字下加「三叶仄」，表示在該處第三次叶韻，用仄聲韻與「立」字相押。「程」字下加「四换平」，表示在該處第四次换韻，用平聲韻；「亭」字下加「四叶平」，表示在該處第四次叶韻，用平聲韻與「程」字相押。

（二） 詞韻

詞韻基本上用的是詩韻，只是比詩韻更寬泛更自由一些。詞興之初，大多以口語相押，不嚴格依照詩韻。到了宋代，詞作者也多是根據當時的實際語音押韻。最早的詞韻書相傳是詞林韻釋，又稱菉斐軒詞林要韻，撰者或以爲是明人陳鐸。清人編撰的詞韻較多，最通行的是戈載的詞林正韻。該書合并詩韻而成，平上去三聲合爲十四部，入聲五部，共十九部。這種分部基本符合宋詞用韻的實際情況，爲後來的學者和詞作者所認同。原書的韻目採自集韻，現改爲「平水韻」韻目列示如下，其中個别韻次作了調整：

甲．平上去聲十四部

① 平聲東冬，上聲董腫，去聲送宋。

②平聲江陽，上聲講養，去聲絳漾。

③平聲支微齊、灰半，上聲紙尾薺、賄半，去聲寘未霽、泰半、隊半。

④平聲魚虞，上聲語麌，去聲御遇。

⑤平聲佳半、灰半，上聲蟹半、賄半，去聲泰半、卦半、隊半。

⑥平聲真文、元半，上聲軫吻、阮半，去聲震問、願半。

⑦平聲元半、寒删先，上聲阮半、旱潸銑，去聲願半、翰諫霰。

⑧平聲蕭肴豪，上聲篠巧皓，去聲嘯效號。

⑨平聲歌，上聲哿，去聲箇。

⑩平聲佳半、麻，上聲蟹半、馬，去聲卦半、禡。

⑪平聲庚青蒸，上聲梗迥，去聲敬徑。

⑫平聲尤，上聲有，去聲宥。

⑬平聲侵，上聲寑，去聲沁。

⑭平聲覃鹽咸，上聲感琰豏，去聲勘豔陷。

乙. 入聲五部

⑮屋沃。

⑯覺藥。

⑰質陌錫職緝。

⑱ 物月曷黠屑葉。

⑲ 合洽。

在詞韻中，平、仄聲的界限也是相當鮮明的。某調規定用平韻，就不能用仄韻；規定用仄韻，就不能用平韻，除非有别體。在仄韻内部，入聲與上、去聲也有區分，只有上、去兩聲可以通押。不同的韻部代表着不同的音色，不同的音色又是不同情感的反映，故在填詞時，應在韻部的選擇上有所講究。龍榆生在創製新體裏説：「大抵入聲韻宜抒凄壯激烈或幽潔險峻之情，上去聲韻宜抒纏綿往復或清新婉麗之情。平聲韻，大抵東、鍾、江、陽、歌、麻等部發音宏亮，宜抒豪壯之情，支、微、齊、灰、寒、删等部凄清柔靡，宜抒宛曲之情。」

四　平仄與句式

詞的平仄與律詩的平仄有同有异。相同的是，詞和律詩都要求一句之中平仄相間；不同的是，律詩對句中的平仄形式有統一的規定，比較易於掌握，詞句中的平仄形式則根據詞調而定，詞調不同，平仄形式也不相同。律詩仄聲中的上、去、入可以通用，詞的仄聲上、去、入三聲有時候不能通用。律詩一聯之内平仄相對；詞上、下句的平仄有些可以完全相同。在句式方面，律句的字數都是固定的，詞句的字數則不固定，參差不齊，最短者一字成句，最長者有十一字句。

一字句　比較少見。起句作平，結句有平有仄，都入韻。例如「歸！　獵獵西風捲綉旗。　攔教住，重舉送行杯」（張孝祥歸字謡），其中「歸」是一字句，用於起句，平聲，入韻。又如「無計遲留。休！

休」(吕渭老擷芳詞),其中「休」是一字句,用於結句,平聲,入韻。「山盟雖在,錦書難托。莫!莫!莫」(陸游釵頭鳳),其中「莫」是一字句,用於結句,仄聲,入韻。

二字句 二字句的平仄特點多爲「上平下仄」式,常用於起句或疊句,一般都入韻。起句如「芳草,恨春老,自是尋來不早」(毛滂調笑令),「草、老、早」三字押韻。疊句如「争渡!争渡!驚起一灘鷗鷺」(李清照如夢令),「渡、渡、鷺」三字押韻。

三字句 一般是用五言或七言律句的三字尾「平平仄」「仄平平」「仄平仄」(拗救式)「平仄仄」等格式。例如「簫聲咽」「秦樓月」「音塵絶」(李白憶秦娥),此三句都是「平平仄」式;「鬢微霜,又何妨」(蘇軾江城子),此二句都是「仄平平」式;「轉朱閣,低綺户,照無眠」(蘇軾水調歌頭),此三句分别是「仄平仄」「平仄仄」「仄平平」式。也有「仄仄仄」式的拗句,如「剪不斷」(李煜烏夜啼)。

四字句 一般是用七言律句上四字的平仄格式「(平)平(仄)仄」「(仄)仄(平)平」,例如「東南形勝」「風簾翠幕」爲「(平)平(仄)仄」式,「天塹無涯」「十里荷花」(柳永望海潮)爲「(仄)仄(平)平」式。常見的四字拗句是仄脚拗句「平仄平仄」,如「人在何處」(李清照永遇樂)。四字句的意義單位一般分爲兩種,多數是「上二下二」式(即上、下兩個單位都是兩個字),上面提到的四字句都是這種句式。也有「上一下三」式的,如「使——李將軍,遇——高皇帝」(劉克莊沁園春)。

五字句 平仄格式同於五言律句,例如「但願人長久」(蘇軾水調歌頭)爲「(仄)仄(平)平仄」式,「吴山點點愁」(白居易長相思)爲「平平(仄)仄平」式,「鞦韆斜挂起」(晁冲之感皇恩)爲「(平)平(平)仄仄」式,「驛外斷橋邊」(陸游卜算子)爲「(仄)仄仄平平」式。此外,和律句一樣,詞也有「平平仄平仄」這種拗救句式，如「回頭翠樓近」（史祖達瑞鶴仙）。五字句的意義單位一般是「上二下三」式，例如「明月——幾時有」（蘇軾水調歌頭）」。也有「上一下四」和「上三下二」式的，例如「望——故鄉渺邈」（柳永八聲甘州）、「空老盡——英雄」（劉過西吴曲）。

六字句 是四字句的變形，在平起的四字句前加「仄仄」或在仄起的四字句前加「平平」即構成六字句。前者如「準擬佳期又誤」（辛棄疾摸魚兒）「又恐瓊樓玉宇」「人有悲歡離合」（蘇軾水調歌頭）等，後者如「江山如此多嬌」（毛澤東沁園春）等。六字句中還有一種較特殊的平仄格式，即「仄仄仄平平仄（第五字必平）」，如「馬作的盧飛快」（辛棄疾破陣子）。六字句的意義單位一般是「上二下四」式，也有「上四下二」式的，前者如「苦恨——芳菲都歇」（辛棄疾賀新郎），後者如「二十四橋——仍在」（姜夔揚州慢）。此外，「上三下三」和「二二二」式的也較習見，前者如「看燕燕——送歸妾」（辛棄疾賀新郎），後者如「跑沙——跑雪——獨嘶，東望——西望——路迷」（韋應物調笑令）。

七字句 基本上是七言律句的平仄格式，例如「秦娥夢斷秦樓月」（李白憶秦娥）爲「(平)平(仄)仄(平)平仄」式，「已是黄昏獨自愁」（陸游卜算子）爲「(仄)仄平平(仄)仄平」式，「縱使相逢應不識」（蘇軾江城子）爲「(仄)仄(平)平(平)仄仄」式，「春來江水緑如藍」（白居易憶江南）爲「(平)平(仄)仄仄平平」式。七字句的拗句有「仄仄平平仄平仄」式，如「可惜濃春爲誰住」（周紫芝洞仙歌）。七字句的意義單位一般是「上四下三」式，如「塞下秋來——風景異，衡陽雁去——無留意，四面邊聲——連角起」（范仲淹漁家傲）。也有「上三下四」式，如「夜茫茫——重尋無處」（蘇軾永遇樂）「想佳人——妝樓顒望」「爭知我——倚闌干處」（柳永八聲甘州）。

八字句至十一字句往往是由兩句組合而成，其平仄格式就是所含各句的格式，具體情況詳見以上各句。以下僅就八字句至十一字句的意義單位加以説明。

八字句 最常見的意義單位是「上三下五」式，例如「誤幾回——天際識歸舟」（柳永八聲甘州）「更長門——翠輦辭金闕」（辛棄疾賀新郎）。其次是「上一下七」式和「上二下六」式也較常見，前者如「對——瀟瀟暮雨灑江天」（柳永八聲甘州）「念——去去千里煙波」（柳永雨霖鈴），後者如「應是——良辰好景虚設」（柳永雨霖鈴）「須記——東秦有客相憶」（黄裳雨霖鈴）。

九字句 意義單位形式較複雜，「上三下六」「上六下三」「上二下七」「上四下五」「上五下四」等式都有。「上三下六」者如，「浪淘盡——千古風流人物」「人道是——三國周郎赤壁」（蘇軾念奴嬌）。「上六下三」者如，「滿鬢清霜殘雪——思難盡」（李煜虞美人）。「上二下七」者如，「故國——不堪回首月明中」「恰似——一江春水向東流」（李煜虞美人）。「上四下五」者如，「千里孤墳——無處話淒涼」（蘇軾江城子）。「上五下四」者如，「縱竹外横斜——是誰知道」（無名氏洞仙歌）。

十字句 比較罕見，其意義單位一般是「上三下七」式，如「見説道——天涯芳草無歸路」「君不見——玉環飛燕皆塵土」（辛棄疾摸魚兒）。

十一字句 是詞裏最長的句子，意義單位多爲「上六下五」式和「上四下七」式。「上六下五」者如，「不知天上宫闕——今夕是何年」（蘇軾水調歌頭）「萬里長江横渡——極目楚天舒」（毛澤東水調歌頭）。「上四下七」者如，「不應有恨——何事偏向別時圓」（蘇軾水調歌頭）。

五　領字

領字又名虚字、襯字、領句、領調、領格字等。領字用於句子之首，起着引領下文、轉折連接、貫通語氣等作用，其含義關涉所領各句。從音樂角度講，領字多處於一段曲調的開頭，具有發調定音的作用。最早提出「領字」説的人是南宋沈義父，其後是張炎，當時把領字稱爲「虚字」。沈義父樂府指迷：「腔子多有句上合用虚字，如嗟字、奈字、況字、更字、又字、料字、想字、正字、甚字，用之不妨。」張炎詞源：「詞與詩不同，詞之句語，有二字、三字、四字，至六字、七字、八字者，若堆疊實字，讀且不通，況付之雪兒（指歌女）乎？合用虚字呼唤，單字如『正、但、甚、任』之類，兩字如『莫是、還又、那堪』之類，三字如『更能消、最無端、又却是』之類。此等虚字却要用之得其所。」

領字一般僅用於慢詞，引、近中少見。領字有單字領字（或稱一字豆。豆，義即逗）、二字領字（二字豆）和三字領字（三字豆）。單字領字比二字、三字領字用得普遍。單字領字有領一句的，也有領二句、三句的，最多者可領四句。領一句者如，「縱芭蕉不雨也颼颼」（吴文英唐多令）。領二句者如，「對瀟瀟暮雨灑江天，一番洗清秋」「歎年來踪迹，何事苦淹留」（柳永八聲甘州）「念去去千里烟波，暮靄沉沉楚天闊」（柳永雨霖鈴）「算只有殷勤畫檐蛛網，盡日惹飛絮」（辛棄疾摸魚兒）。領三句者如，「漸霜風凄緊，關河冷落，殘照當樓」（柳永八聲甘州）。領四句者如，「正驚湍直下，跳珠倒濺；小橋横截，新月初籠」（辛棄疾沁園春）。

和一字領字相比，二字領字不太常見，例如，「難忘，文期酒會，幾孤風月，屢變星霜」（柳永玉蝴蝶）。三字領字也較二字領字常見，如「更能消、幾番風雨，匆匆春又歸去」「君不見、玉環飛燕皆塵土」

（辛棄疾摸魚兒）等。

六　押韻

詞的押韻方式比詩的押韻複雜，主要有以下幾種情况：

（一）同一首詞中途不能换韻，一韻到底

這和近體詩的用韻特點基本相同，不同的是可以用仄聲韻，例如：

常記溪亭日暮，沉醉不知歸路。興盡晚歸舟，誤入藕花深處。争渡！争渡！驚起一灘鷗鷺。（第四部去聲御遇韻）　李清照如夢令

（二）同一首詞中途可以换韻。

所换各韻可平可仄，例如：

平林漠漠烟如織，寒山一帶傷心碧。（第十七部入聲質陌錫職緝韻）暝色入高樓，有人樓上愁。（第十二部平聲尤韻）玉階空佇立，宿鳥歸飛急。（第十七部入聲質陌錫職緝韻）何處是歸程？長亭連短亭。（第十一部平聲庚青蒸韻）　李白菩薩蠻

（三）同一首詞中用幾種韻，以一種韻爲主，他韻爲次

這種類型以平聲韻爲主的情况較常見，例如：

林花謝了春紅，太匆匆。無奈朝來寒雨晚來風。（第一部平聲東冬韻）胭脂淚，相留醉，

（第一部平聲東冬韻）自是人生長恨水長東！（第三部去聲寘未霽韻）幾時重？ 李煜烏夜啼

其中以平聲韻脚「紅、匆、風、重、東」五字爲主，以仄聲韻脚「淚、醉」二字爲次。又如：

莫聽穿林打葉聲，何妨吟嘯且徐行。（第十一部平聲庚青蒸韻）竹杖芒鞋輕勝馬，誰怕？（第十部上聲馬韻、去聲禡韻）一蓑烟雨任平生。（第十一部平聲庚青蒸韻） 料峭春風吹酒醒，微冷，（第十一部上聲梗迥韻）山頭斜照却相迎。（第十一部平聲庚青蒸韻）回首向來蕭瑟處，歸去，（第四部去聲御遇韻）也無風雨也無晴。（第十一部平聲庚青蒸韻） 蘇軾定風波

其中以平聲韻脚「聲、行、生、迎、晴」五字爲主，以仄聲韻脚「馬、怕」、「醒、冷」爲次。

（四）疊字相押

所謂疊字相押是指兩個韻脚用的是同一字，例如：

吴山青，越山青，兩岸青山相送迎。誰知離別情？ 君泪盈，妾泪盈，羅帶同心結未成，江頭潮已平。（第十一部平聲庚青蒸韻） 林逋長相思

其中二「青」字、二「盈」字爲疊字相押。

（五）同一韻部中的平仄聲韻通押

詞韻除五個入聲韻部外，其餘十四個韻部都含有平仄聲，所謂同一韻部中的平仄聲韻通押，就是指這十四個韻部中的平仄聲韵而言的。例如：

明月别枝驚鵲，清風半夜鳴蟬。稻花香裏説豐年，聽取蛙聲一片。　七八個星天外，兩三點雨山前。舊時茅店社林邊，路轉溪橋忽見。　辛棄疾西江月

其中「蟬、年、前、邊」四個平聲字與「片、見」兩個仄聲字通押，這六個字都屬於第七部，前四字爲平聲寒删先韻，後二字爲去聲翰諫霰韻。

一首詞用平聲韻還是用仄聲韻，可否換韻或平仄通押，都有明確的規定，具體情況如下：

第一、限用平聲韻者：主要有十六字令、南歌子、漁歌子、憶江南、搗練子、浪淘沙、江南春、憶王孫、江城子、長相思、玉蝴蝶、浣溪沙、巫山一段雲、采桑子、阮郎歸、朝中措、人月圓、柳梢青、少年遊、臨江仙、鷓鴣天、小重山、一剪梅、破陣子、風入松、滿庭芳、金人捧露盤、水調歌頭、鳳凰臺上憶吹簫、漢宮春、八聲甘州、揚州慢、錦堂春慢、憶舊遊、望海潮、沁園春、六州歌頭等。

第二、限用仄聲韻者：主要有如夢令、天仙子、生查子、醉花間、點絳唇、霜天曉角、傷春怨、卜算子、謁金門、好事近、憶少年、燭影摇紅、醉花陰、望江東、木蘭花、鵲橋仙、踏莎行、釵頭鳳、蝶戀花、漁家傲、蘇幕遮、青玉案、千秋歲、祝英臺近、洞仙歌、滿江紅、聲聲慢、黄鶯兒、醉蓬萊、暗香、長亭怨慢、雙雙燕、念奴嬌、水龍吟、瑞鶴仙、齊天樂、雨霖鈴、永遇樂、二郎神、拜星月慢、疏影、摸魚兒、賀新郎、蘭陵王、夜半樂、鶯啼序等。

第三、可以換韻或平仄聲通押者：主要有西江月、南鄉子、調笑令、菩薩蠻、更漏子、清平樂、虞美人、喜遷鶯、昭君怨、憶餘杭等。

七　對仗

近體詩的對仗要求相當嚴格。對仗的位置確定，對仗的字一般要做到平仄相反、詞性相同、避免重複。詞由於種類繁多，句式互不相同，所以其對仗不可能有一個統一的規定。對同一詞牌來說，對仗的位置、平仄、詞性及用字也都不很嚴格。主要有以下幾種情况：

（一）不避同字

例如「春到一分，花瘦一分」（吴文英一剪梅），上下句用「一分」相對。又如「我住長江頭，君住長江尾」（李之儀卜算子），上下句用「住長江」相對。

（二）不拘平仄

對平仄、用字的要求有些同於律句，如「無可奈何花落去，似曾相識燕歸來」（晏殊浣溪沙）「明月别枝驚鵲，清風半夜鳴蟬」「七八個星天外，兩三點雨山前」（辛棄疾西江月）等，十分工整。有些則不拘平仄，如「西風殘照，漢家陵闕」（李白憶秦娥），「風」對「家」是平對平，「照」對「闕」是仄對仄。又如「左牽黄，右擎蒼」（蘇軾江城子），「左」「右」是仄仄相對，「黄」「蒼」是平平相對。

（三）不論位置

詞的對仗大多没有固定的位置。有在起首兩句相對的，如「細草愁烟，幽花怯露」「帶緩羅衣，香殘蕙炷」（晏殊踏莎行）「鳳老鶯雛，雨肥梅子」（周邦彦滿庭芳）「淮左名都，竹西佳處」（姜夔揚州慢）。也有在其他位置對仗的，如「夜雪初積，翠尊易泣」（姜夔暗香，下片四五句）「驚塞雁，起城烏」（温庭筠更漏子，上片四五句）。

（四）領字所領各句構成對仗

領字所領的句子如在兩句以上時，往往構成對仗，其中三句以上者多是排比式的對仗或扇面對，例如：

・漸霜風凄緊，關河冷落，殘照當樓。（柳永八聲甘州）

・歎年光過盡，功名未立；書生老去，機會方來。（劉克莊沁園春）

・惜秦皇漢武，略輸文采；唐宗宋祖，稍遜風騷。（毛澤東沁園春）

去掉領字，前一例共三句，構成排比式對仗；後二例各四句，對仗的特點是一、三句相對，二、四句相對，形成扇面對。

八　用典和引言

用典主要指在詞中引用歷史故事，引言指在詞中引用前人的詩文名句。

（一）用典

把歷史故事提煉成句，納入詞中，抒發情感或影射時事。例如：

千古江山，英雄無覓、孫仲謀處。舞榭歌臺，風流總被、雨打風吹去。斜陽草樹，尋常巷陌，人道寄奴曾住。想當年、金戈鐵馬，氣吞萬里如虎。元嘉草草，封狼居胥，贏得倉皇北顧。四十三年，望中猶記、烽火揚州路。可堪回首，佛狸祠下，一片神鴉社鼓。憑誰問：廉頗老矣，尚能飯否？（辛棄疾永遇樂京口北固亭懷古）

其中連用了五個影射現實的歷史故事：「斜陽草樹……，氣吞萬里如虎」，用宋武帝劉裕北伐收復洛陽、長安等地的故事；「元嘉草草，封狼居胥，贏得倉皇北顧」，用漢霍去病追擊匈奴至狼居胥山以及宋文帝劉義隆草率討伐後魏導致失敗的故事；「可堪回首，佛狸祠下，一片神鴉社鼓」，用劉宋北伐失敗、後魏太武帝拓跋燾乘勝追至長江北岸并在當地建立行宫（後改爲佛狸祠）的故事；「憑誰問，廉頗老矣，尚能飯否」，用廉頗欲報效國家無奈年歲已老的故事。

（二）引言

宋詞中引用唐五代及宋初著名作家詩句、詞句的現象很常見。蘇軾、周邦彦、辛棄疾、吴文英等人都善於襲用或變用前人的詩詞名句入詞。引言的形式多種多樣，常見的有以下幾種：

甲．直接引用原句　例如：

山前風雨欲黄昏，山頭來去雲。鷓鴣聲裏數家村，瀟湘逢故人。　揮羽扇，整綸巾，少年鞍馬塵。如今憔悴賦招魂，儒冠多誤身。

辛棄疾阮郎歸耒陽道中

上片「瀟湘逢故人」引自後梁柳惲江南曲：「洞庭有歸客，瀟湘逢故人」，下片「儒冠多誤身」引自杜甫奉贈韋左丞丈：「紈袴不餓死，儒冠多誤身」。

乙．對原句稍加改造後引用　例如「誤幾回、天際識歸舟」（柳永八聲甘州）一語由謝朓「天際識歸舟，雲中辨江樹」句改造而成；「今宵剩把銀釭照，猶恐相逢是夢中」（晏幾道鷓鴣天）一語由杜甫羌村三首「夜闌更秉燭，相對如夢寐」句改造而成；「池塘春草未歇，高樹變鳴禽」（辛棄疾水調歌頭）一語由南朝宋謝靈運登池上樓「池塘生春草，園柳變鳴禽」句改造而成。這種改造的原材料在多數情況下取自一首詩，也有取自幾首詩者，例如「千障裏，長烟落日孤城閉」（范仲淹漁家傲）一語分别由王之焕涼州詞「一片孤城萬仞山」與王維使至塞上「大漠孤烟直，長河落日圓」數句熔鑄而成。

丙．套用前人成句　套用的特點是不改變原句的結構，具有襲用的性質，例如「觀漢宫傳燭，飛烟五侯宅」（周邦彦應天長）一語是套用唐韓翃寒食「日暮漢宫傳蠟燭，輕烟散入五侯家」句而成；「風裊裊，吹緑一庭秋草」（劉基謁金門）一語是套用南唐馮延巳「風乍起，吹皺一池春水」句而成。

丁．化用前人的句意或詩意　例如「欲挽天河，一洗中原膏血」（張元幹石州慢）的語意源自杜甫洗兵馬「安得壯士挽天河，净洗甲兵長不用」一語；「夢隨風萬里，尋郎去處，又還被、鶯呼起」（蘇軾水龍吟）的語意源自金昌緒春怨「打起黄鶯兒，莫教枝上啼。啼時驚妾夢，不得到遼西」一詩。

思考與練習

一　簡述近體詩形成的過程。

二　解釋下列詞語：

① 近體詩 ② 古體詩 ③ 平仄 ④ 黏對 ⑤ 拗救 ⑥ 平水韻

三　什麽是「一三五不論，二四六分明」？ 請具體説明這種説法的優點和缺點。

四　首聯出句的平仄句式是「平起仄收」式，請據此分别排出五律、七律全首詩的平仄句式。

五　以下兩首詩是不是律詩？ 請作出判斷并説明理由（至少兩個理由）：

滕王閣　王　勃

滕王高閣臨江渚，珮玉鳴鸞罷歌舞。
畫棟朝飛南浦雲，珠簾暮捲西山雨。
閑雲潭影日悠悠，物换星移幾度秋。
閣中帝子今何在，檻外長江空自流。

宿王昌齡隱居　常　建

清溪深不測，隱處唯孤雲。
松際露微月，清光猶爲君。
茅亭宿花影，藥院滋苔紋。
余亦謝時去，西山鸞鶴羣。

六　試説明格律詩在對仗方面的講究和避忌。

七　標出以下兩首詩的平仄，指出其中的拗救，同時寫出其平仄的基本句式。

與諸子登峴山 孟浩然

人事有代謝，往來成古今。
江山留勝跡，我輩復登臨。
水落魚梁淺，天寒夢澤深。
羊公碑尚在，讀罷淚沾襟。

過陳琳墓 温庭筠

曾於青史見遺文，今日飄蓬過此墳。
詞客有靈應識我，霸才無主始憐君。
石麟埋没藏春草，銅雀荒凉對暮雲。
莫怪臨風倍惆悵，欲將書劍學從軍。

八 試作五律、七律、五絶、七絶各一首。

九 試作對聯一至二副。

十 簡要回答下列問題：

①什麽是詞調、詞牌、詞譜？

②什麽叫重頭、换頭？

③什麽是令、引、近、慢、攤破、減字、偷聲、促拍？他們之間有何區别？

④什麽是領字？領字的作用有哪些？請舉出一些常見領字的用例。

⑤詞的平仄、用韻、對仗與律詩有何區别與聯繫？

十一 結合本單元的學習，試填寫如夢令、浣溪沙、水調歌頭各一首。

十二 標點、注釋并翻譯下段古文：

孟子曰人之性善曰是不然凡古今天下之所謂善者正理平治也所謂惡者偏險悖亂也是善惡之分也已今誠以人之性固正理平治邪則有惡用聖王惡用禮義矣哉雖有聖王禮義將曷加於正理

平治也哉今不然人之性惡故古者聖人以人之性惡以爲偏險而不正悖亂而不治故爲之立君上之勢以臨之明禮義以化之起法正以治之重刑罰以禁之使天下皆出於治合於善也是聖王之治而禮義之化也今當試去君上之勢無禮義之化去法正之治無刑罰之禁倚而觀天下民人之相與也若是則夫彊者害弱而奪之衆者暴寡而譁之天下之悖亂而相亡不待頃矣用此觀之然則人之性惡明矣其善者僞也故善言古者必有節於今善言天者必有徵於人凡論者貴其有辨合有符驗故坐而言之起而可設張而可施行今孟子曰人之性善無辨合符驗坐而言之起而不可設張而不可施行豈不過甚矣哉故性善則去聖王息禮義矣性惡則與聖王貴禮義矣故檃栝之生爲枸木也繩墨之起爲不直也立君上明禮義爲性惡也用此觀之然則人之性惡明矣其善者僞也直木不待檃栝而直者其性直也枸木必將待檃栝烝矯然後直者以其性不直也今人之性惡必將待聖王之治禮義之化然後皆出於治合於善也用此觀之然則人之性惡明矣其善者僞也　荀子性惡

參考文獻

王　力　漢語詩律學　上海教育出版社一九六二年新一版、一九七九年新二版

王　力　詩詞格律　中華書局一九七七年

徐　青　古典詩律史　青海人民出版社一九八〇年

姜書閣　詩學廣論　中國社會科學出版社一九八二年
任秉義　詩詞通論　遼寧人民出版社一九八四年
鄺健行　詩賦與律調　中華書局一九九四年
楊仲義　梁葆利　漢語詩體學　學苑出版社二〇〇〇年
程觀林　古今詩歌韻律　漢語大詞典出版社二〇〇一年
王　力　詩詞格律十講　商務印書館二〇〇二年
尹占華　詩詞曲格律學　中國科學文化出版社二〇〇二年
郭芹納　詩律　商務印書館二〇〇四年
清謝元淮　碎金詞譜　清道光二十三年（一八四三年）
龍榆生　唐宋詞格律　上海古籍出版社一九七八年
清謝朝徵　白香詞譜箋　中華書局一九八二年
清王奕清　欽定詞譜　中國書店一九八三年
清萬樹　詞律　上海古籍出版社一九八四年
施蟄存　詞學名詞釋義　中華書局一九八八年
盛　配　詞調詞律大典　中國華僑出版公司一九九八年
楊文生　詞譜簡編　四川人民出版社二〇〇四年

附録一

佩文詩韻釋要選

周兆基輯

説明：佩文詩韻釋要在佩文韻府和佩文詩韻的基礎上撰成，分韻一百零六，收字注釋均力求簡明，最便士子習用，是清代流傳較廣的韻書。作者周兆基（？——一八一七），字廉堂，湖北江夏（今武昌）人，乾隆進士，官終禮部尚書。原書分平上去入四聲，這裏選列了上、下平聲三十個韻部中的常用字。爲閱讀方便，編者對所列字的原注語加了標點，同時在韻目後列出了所含廣韻的韻目以資對照，餘則一仍其舊。

上平聲

一東

東同銅桐筒通筩。童僮僮僕。瞳筩律筩。中送韻異。衷方寸所藴也。送韻異。惟折衷之衷平仄通用。忠蟲作虫非。虫音虺。冲終戎崇嵩中嶽。通崧。菘菜名。弓躬宫融雄熊穹窮馮姓也。蒸韻異。風虚。用去聲。與送韻諷字同。楓豐充隆空虚也。董、送韻異。公功工攻蒙濛微雨。籠包舉也。董韻異。聾龒簾龒。一作櫳。瓏玲瓏。洪紅鴻虹絳韻同。叢翁葱菜名。又青色。聰驄馬青白色。通蓬蒿也。篷編竹覆舟車者。烘潼水名。矇瞽矇。朧朣朧，月初出。藭芎藭，藥名。悤遽也。凡从悤之字一作怱。俗作忽。礱磨礱。一作礲。送韻同。峒崆峒，山名。罿鳥網。螽蟲多子者。狨猛也。又獸名。灃水名。夢不明也。送韻異。訌潰也。葼木細枝。豵一歲豕。涷暴雨。送韻同。曈曈曨，日出皃。忡憂也。崧山大而高。肜商祭名。芃草盛皃，从凡。入寒韻者从丸。肴韻从几。尤韻从九。酆邑名。釭車轂中鐵。江韻異。惟金釭壁帶之義可通用。鐻盛器滿皃。雺天氣下地不應曰雺。宋、宥韻同。瞢目不明。蒸、送韻同。璁石似玉。恫痛也。一作痌。送韻異。總縫也。董韻異。樅巃嵸。董韻同。逢蒲紅切。鼓聲。冬韻異。从丰。入江韻者从丯。侗無知也。董韻異。橦無角牛。《易》橦牛作童。窿穹窿，天高皃。悾誠愨皃。江韻同。朦朣朦，月將入。憎心亂皃。董韻同。嚨喉也。曨曈曨。豅谷長大也。龐充實皃。江韻異。朣朣朧。穜禾先種後熟。詷共也。急也。送韻同。种稚也。又姓。盅器虛也。通冲。漴水聲。絳韻同。駥馬八尺曰駥。倥倥侗，無知皃。艨艨艟。洚水不遵道也。通洪。江、絳韻同。菶草盛皃。董韻同。絨練熟絲。

二冬(冬鍾)

冬農宗鍾酒器。又量名。鐘樂器。龍舂擣米也。松衝容蓉庸封封爵。封殖。素封。緘封。宋韻專訓封爵。胸雍和也。又姓。宋韻異。濃重複也。腫、宋韻異。惟重見之類訓再者平去通用。從相聽許也。宋韻異。逢值也。東韻異。縫以鍼紩衣。宋韻異。蹤蹤迹。俗作踪。茸草生皃。腫韻異。峰蜂本作𧒂。鋒烽燧。蛩蛩蛩，獸名。又蟲名。筇竹可爲杖。慵懶也。恭供設也。虛。用、宋韻異。琮黃琮。琤琮。悰樂也。淙水聲。江韻同。絳韻異。儂吳人自稱。鬆髮亂皃。蘢葱蘢。凶墉垣墉。鏞大鐘。傭雇作也。溶水皃。腫韻同。鎔鎔鑄。醲厚酒。穠華多皃。邛勞也。病也。又地名。从邑工聲。與卬異。卬音昂。共與恭、供通。宋韻異。憧意不定也。絳韻異。邕和也。又州名。壅塞也。腫、宋韻同。饔饔飧。縱縱橫。宋韻異。龔給也。又姓。膿腫血也。淞水名。凇凍凇，冰也。送韻同。忪心動皃。瑢瑽瑢，珮聲。葑菜名。宋韻異。匈喧擾也。

兇洶洶湧，水勢。腫韻同。訩訟也。禺|越地名。虞韻同。丰丰茸，美好皃。凡从丰之字上畫作丿非。鏞魚名。同鰫。慒謀也。慮也。通悰。蚣蜈蚣。搈撞也。本作舂。榕木名。犎野牛。彤髹彤，丹飾也。橦木名。花可爲布。江韻異。

三江

江杠旗竿。又牀前横木。又星名。矼聚石爲步以渡。通杠。釭燈也。東韻異。扛對舉也。厖厚也。雜也。龙犬也。窗本作囱。俗作窓。邦缸長頸甖。降下也。伏也。絳韻異。瀧奔湍也。雙作雙非。龐高屋。又姓。東韻異。逄塞也。又姓。从夅。音龐。腔骨體曰腔。又曲調名。从月。撞擊也。絳韻同。幢旌旗之屬。絳韻異。椿橛杙也。淙冬韻同。絳韻異。洚東、絳韻同。橦修橦，帳竿也。冬韻異。惷愚也。冬、宋、絳韻同。瑽佩玉聲。漎水聲。豇豆名。梆擊梆。悾東韻同。

四支(支脂之)

支度也。持也。分也。庶也。枝移爲作爲。寘韻異。垂吹吹噓。寘韻異。陂澤障曰陂。寘韻異。碑奇異也。又見後。宜儀皮兒孩子也。齊韻異。離别離。霽韻異。施設也。用也。加也。兩見寘韻，并異。惟施與之施平仄通用。知馳池規危夷平易也。師姿遲久也。緩也。寘韻異。龜介蟲之長。尤韻異。眉悲之芝時詩旗又微韻作旂。按：説文旗从㫃其聲。熊旗五游，士卒以爲期也。旂从㫃斤聲。旂有衆鈴以令衆也。義異。辭通詞。詞期祠基疑姬絲司官司。寘韻同。又州名。又姓。獨用。葵醫帷思念也。又語詞。寘韻異。滋持隨癡維卮作巵非。麋螭若龍，無角。麾旗屬。彌滿也。久也。慈遺亡也。餘也。寘韻異。肌脂臙脂。雌披嬉尸貍俗作狸。炊湄籭茲音孜。此也。又見後。差參差。佳、麻韻異。疲茨卑辤辤受。通辭。䔢草木華垂皃。陲邊陲。騎跨馬也。寘韻異。曦歧二塗曰歧。岐山名。誰斯私窺熙欺疵貲財也。通資。笞杖笞。羈馬絡頭。與微韻鞿同。與本韻羇異。作羈非。彝彝器。又常也。髭口上須也。頤資糜粥也。飢飢餓。飢渴。與微韻之饑義異。衰微也。又見後。錐鋭器。姨母之姊妹。楣户楣。夔夔龍。又一足獸。祗地祗。从氏。又从氏者，見後。字義俱異。涯水際。佳、麻韻同。伊蓍靈草。追隨也。逐也。又毋追之追入灰韻。作頧，義異。緇黑色。箕星名。又簸揚器。椎擊也。羆熊羆。釐理也。福也。本作禧。萎凋也。寘韻同。匙匕也。脾土臓。嶷九嶷，山名。職韻異。治理也。寘韻異。治之之治平聲。已治之治去聲。驪黑馬。齊韻同。屍怡和也。尼僧尼。又山名。質韻異。漪漣漪。纍貫也。纏綴也。寘韻異。犧飴餳也。而頰毛。又語助。又汝也。鴟惡鳥。推順遷也。窮詰也。灰韻異。縻繫也。（好爵）縻，易作靡。璃琉璃。玻璃。祁盛也。徐也。綏安也。又執轡之總。逵九逵道。羲羲和。軒羲。羸瘦也。肢體四胑也。通支。騏訾毁也。紙韻同。又諏訾。獨用。獅奇居宜切。一者奇也。本韻異。嗤媸笑也。咨諮謀。一作諮。隳壞也。一作隳。哿韻異。萁豆萁。其指物之辭。寘韻異。其音姬。語辭。寘韻異。漓淋漓。澆漓。馗同逵。尤韻異。菑一歲田。輜載衣物車。鰭魚脊。池逶池。紙韻異。蛇委蛇。麻韻異。淇水名。媸醜也。淄臨淄。淄澠。麗魚麗。高麗。霽韻異。瀰水皃。紙、薺韻同。篩竹器。廝役也。氏月氏，國名。紙韻異。痍瘡痍。蘺香草。蕲草名。又求也。文韻異。比臯比。紙、寘韻異。比鄰。平仄通用。貽貺也。亦通寘韻之詒。祺嘻噫嘻。鸝黄鸝。齊韻同。瓷陶器。琦瑰琦。嵋峨嵋，山名。怩忸怩，慙也。熹熾也。孜孜孜，勤皃。亦作孳。台與之切。我也。灰韻異。蚩敦厚皃。罹憂也。遭也。裨補益也。从衣。魑魑魅。紕冠緣也。又紕繆。錯繆也。亦作紕謬。丕丕績。丕基。無仄音。琪美玉。耆六十曰耆。衰楚危切。等殺也。惟猗猗猗，美盛皃。劑質劑，券書也。霽韻異。羈旅寓也。與羈異。薺趨以采薺。薺韻異。提本作題。群飛皃。見本韻。齊韻異。祇敬也。从氏。與祇別。禧居語助。魚韻異。梔木名。戲於戲。歎詞。寘韻異。畸殘田。又零也。雎祝鳩。磁磁石。磁州。离猛獸。貤移也。寘韻異。隹短尾鳥。通雖。錙六銖爲錙。雖仔任也。紙韻異。寅敬也。又辰名。真韻同。麒委委佗。紙韻異。篳筂篳，竹名。紙韻異。崎崎嶇。隋本作隨。隋文帝去辵。哿韻異。逶逶迆。倭順皃。歌韻異。兹音慈。龜兹，西域國名。禔黎酈史記下酈侯。錫韻異。

五微

微薇暉日光。煇光也。一作輝。通暉。徽揮韋韋編。韋弦。圍幃闈宮中門。違霏菲芳菲。尾韻異。妃妃嬪。隊韻配亦作妃。義異。緋絳色。飛非扉肥威祈旂有鈴曰旂。機幾幾微。庶幾。尾、寘韻異。譏饑饑饉。與支韻之飢義異。稀希少也。望也。晞露乾也。衣衣裳。未韻異。依沂水名。巍崔巍。歸禕后祭服。誹謗也。尾、未韻同。淝水名。亦作肥。痱風病。未韻異。欷欷噓。未韻同。葳葳蕤，盛皃。斐斐斐，往來皃。頎長皃。圻京圻。晞望也。

六魚

魚漁初書舒居居處。支韻異。裾車舟車。麻韻同。渠蕖芙蕖。余予同余。語韻異。譽稱譽。御韻同。輿餘胥蟹醢。又皆也。相也。狙猿屬。御韻同。鋤疏亦作疎。通也。遠也。又綺疏窗也。御韻異。蔬梳櫛也。虚嘘吹嘘。御韻同。徐豬俗作猪。閭里閭。廬驢諸除庭除，埽除。御韻異。儲偫也。如往也。似也。御韻同。墟村墟。邱墟。琚佩玉。與語詞。語、御韻異。又容與。語韻同。疽癰疽。苴麻子也。又包裹也。麻、語韻異。又履苴也。語韻同。於語詞。又居也。虞韻異。茹茅茹。吐茹。語、御韻同。蛆蝍蛆。且語詞。又巴且，芭蕉也。水且，芙蕖也。次且。同趄。馬韻異。沮水名。語、御韻異。袪襛却也。蜍蟾蜍。挐牽也。煩也。亦作拏。麻韻从奴。魚韻从如。義同。櫚栟櫚。淤泥澱滓也。御韻同。妤婕妤。女官。雎雎鳩。从且。支韻从目。諝有才智也。語韻同。蘧麥也。又蘧蘧，自得兒。紓緩也。解也。語韻同。躇躊躇。藥韻異。趄趑趄。屠匈奴休屠王。虞韻異。据拮据。齬齟齬。虞、語韻同。疋音疏。足也。弟子職：「問疋何止。」又馬韻，音雅。古雅字。咀猶嘘也。語韻異。涂同滁。虘地名。木名。御韻異。此一字據韻府拾遺增。

七虞（虞模）

虞愚娛隅芻俗作蒭。無蕪巫于盂衢儒濡襦須作湏非。湏音誨。頮面也。株誅蛛殊銖十黍爲絫，十絫爲銖。瑜榆諛愉區藏物處。尤韻異。驅逐遣也。遇韻同。軀朱珠趨作趍非。扶扶持。又州名。澤名。本韻異。符凫俗作鳬。雛敷夫男子通稱。又見後。膚輸負也。納財也。遇韻異。樞廚俱駒模謨蒲胡湖瑚珊瑚。殷瑚。乎壺狐弧孤子也。又孤負。俗作辜。辜罪也。姑觚方也。簡也。又爵名。徒途塗泥也。杇也。麻韻異。荼苦菜。圖屠屠殺。浮屠。魚韻異。奴呼唤也。又呼吸。遇韻作謼，義同。吾自稱。麻韻異。梧吴租盧飯器。又黑色。蘆蘇酥烏汙水濁不流。麻、遇韻異。按：汙字義虞韻實，遇韻虛。枯纑都鋪陳也。遇韻異。禺冬韻同。誣竽吁瞿鷹隼視。又瞿唐峽。又姓。遇韻異。需殳兵器。同杸、投。俞然

也。逾亦作踰。無仄音。覦覬覦，欲得也。揄揄揚。萸茱萸。臾須臾。渝變也。嶇崎嶇。鏤屬鏤，劍名。宥
韻異。婁曳婁。郝婁。尤韻異。夫語助。苻萑苻。又前秦苻堅，姓。與符別。孚信也。俘虜獲也。迂姝拘
摹仿摹。醐醍醐。糊黏也。酤一宿酒。麌韻同。遇韻異。鴣鷓鴣。沽買也。又水名。呱兒啼。幠大也。覆
也。駑無仄音。逋徂瀘水名。晡日申時也。扶鋪四指曰扶，扶廣四寸。與本韻異。母湆母，熬餌也。有韻異。
毋止之也。芙芙蓉。齵齒重生。顱頭顱。句其俱切。青句，履名。須句，國名。尤、遇、宥韻異。洙麩麥皮。
惡語詞。遇、藥韻異。芋大也。草盛皃。遇韻異。嘔悅言也。尤韻異。喻嘔喻，和悅皃。遇韻諭字亦作喻，義別。
枸立木也。麌、有韻異。鸕鸕鷀。侏侏儒。鮕魚、語韻同。葫葫瓜。憮大也。傲也。麌韻異。忏憂也。痀痀
僂。穌更生曰穌。於歎詞。魚韻異。懦駑弱也。通銑。箇韻愞字。翰韻偄字。拊漢書朱買臣子山拊。麌韻異。
此一字據韻府拾遺增。

八齊

齊等也。整也。霽韻異。臍黎黎民。支韻同。犁耕俱。一作犂。支韻同。藜蠡支韻同。薺韻異。妻夫
妻。霽韻異。萋淒悽隄亦作堤。低氐氐羌。詆詆訶。薺韻同。題額也。品也。霽韻異。提提攜。支韻異。
荑蹏一作蹄。嗁一作啼。締結也。霽韻同。折折折，安舒皃。又兩入屑韻，義并異。鷄稽稽考。稽留。薺韻作
䭲，義異。笄兮奚嵇山名。又姓。蹊蹊徑。霓虹霓。錫韻同。鯢刺魚。雄曰鯨，雌曰鯢。西栖一作棲。犀
犀牛。嘶馬鳴。撕提撕。梯木階。批反手擊也。屑韻同。又批示之也。又削也。俱獨用。齏姜蒜爲之。俗作
虀。齎俗作賫。支韻同。擠排擠。霽韻同。迷泥水淘土也。霽韻異。谿亦作溪。圭閨睽目不相視也。又卦

名。孤也。與从日从耳者異。奎畦淒寒風。詩作淒。卟問卜也。本作乩。緊赤黑繒。又語詞。兒姓也。通作倪。支韻異。

九佳(佳皆)

佳从圭。與隹別。街鞋本作鞵。牌柴薪屬。寘韻異。釵差使也。支、麻韻異。厓一作崖。通涯。涯支、麻韻同。階偕諧骸排乖懷淮豺儕埋霾風揚塵。齋媧女媧。麻韻同。蝸蝸牛。麻韻同。娃美女。麻韻同。哇吐也。又淫聲。麻韻同。皆揩拭也。蛙麻韻同。楷孔林木。蟹韻異。槐灰韻同。揌一作挨。俳俳優。

十灰(灰咍)

灰俗作灰。恢大也。魁斗魁。回轉也。邪也。俗作囬，非。囬，古面字。隊韻異。徊徘徊。槐佳韻同。枚條枚。梅媒煤煙墨。又石灰也。瑰亦作瓌。雷隤下墜也。通頹。催迫也。摧折也。堆陪杯嵬崔嵬。賄韻同。推排也。進也。支韻異。開哀埃臺俗作薹。苔支韻作菭。該才材財裁裁度。裁縫。隊韻異。來萊栽種也。隊韻異。哉災猜胎台三台。支韻異。顋亦作腮。孩虺虺隤，病也。尾韻異。莓苔也。崔裴衣長皃。又姓。培益也。養也。有韻異。坏未燒瓦。皚霜雪白皃。無仄音。傀傀儡皃。美也。紙韻異。詼詼諧。肧一月孕。桅檣也。唉歎也。能三足鼈。三能，星名，即三台。蒸韻異。薹蕓薹，菜名。又莎草，可爲笠。通臺。偎愛也。獃癡獃。

十一真(真諄臻)

真因茵車重席也。辛與辛别。辛音愆。新薪晨辰臣人仁神親愛也。近也。震韻異。申伸屈伸。紳大帶。身賓俗作賔。濱鄰俗作隣。鱗麟珍瞋怒也。塵陳震韻陣亦作陳，義異。春津秦頻頻頻，數也。蘋大萍。顰眉蹙。銀垠地垠。文韻同。元韻異。筠竹青皮。巾民貧醇純純粹也。元、先、軫韻異。脣齒垣。俗作唇。倫彝倫。綸絲綸。刪韻異。輪淪匀旬巡通循。作廵非。馴順也。鈞三十斤也。又秉鈞。詩作均。均均平。臻至也。榛小栗。姻婚姻。同婣。宸帝居也。寅辰名。又敬也。支韻同。嬪九嬪，婦官。彬鶉鶴鶉。遵循振厚也。振振。震韻異。甄陶也。先韻同。餘異。岷山名。諄誠懇皃。震韻同。椿大椿。詢咨也。無仄音。峋嶙峋。莘太姒國。一作㜪。屯難也。又卦名。元韻異。呻吟也。粼水生厓石閒。閩閩越。豳通作邠。逡行不進也。填久也。先、震、霰韻異。泯盡也。又水皃。軫韻同。作泯非。洵水名。又信也。儐敬也。震韻異。燐鬼火。荀蓁盛皃。娠孕也。震韻同。紉縫紉。有仄音。居覲切。合絲爲繩也。敬韻不收。掄擇也。元韻同。斌同彬。

十二文(文欣)

文聞耳知聲也。問韻異。紋蟁通作蚊。雲氛分别也。問韻異。紛芬焚墳墳墓。吻韻異。群裙一作帬。君軍勤斤斧斤。又斤兩。俗作觔。問韻異。筋勳薰香草。熏火氣。通薰。醺醉也。耘云芸香草。汾水名。氳氤氳。員益也。幅員。俗作負。先、問韻異。欣芹殷刪、吻韻異。昕日出。翁飛皃。同翂。賁大也。元、寘韻異。又三足龜。元韻同。紜紛紜。懃同勤。慬憂哀。堇黏土。从革省，从土不从艸。吻韻堇字别。

垠地垠。寘韻同。元韻異。齦齒根肉。雯雲文。

十三元(元魂痕)

元原源黿園猨一作猿。轅垣煩繁多也。寒韻異。蕃蕃息。樊樊籠。翻暄萱喧冤从冖从兔。作寃非。言軒藩魂渾温孫願韻遜字亦作孫，不作平聲用。門尊罇酒器。一作樽。存蹲踞也。敦敦厚。寒、隊、願韻異。墩土堆。屯聚也。真韻異。豚村盆奔論評論。願韻小異。按：虚用讀平聲。坤一作堃。昏本作昬。唐人避民字諱改，今沿用之。婚痕从良非。根恩吞沅水名。媛嬋媛，牽引皃。霰韻異。援引也。霰韻異。燔炙也。爰幡拭觚布。又幡幡，同翻。番更番也。俗作畨。歌韻異。反斷獄平反。漢書作幡。通翻。阮韻異。鴛宛大宛，國名。阮韻異。掀舉也。昆琨瑤琨。鯤北溟魚。又魚子。捫飧夕食曰飧。从夕。賁虎賁。通奔。文、寘韻異。又三足龜。與文韻同。崙崑崙。髠去髮。跟足後踵。掄真韻同。藴藴藻。同薀。吻、問韻異。犍牸牛名。又犍爲，郡名。先韻同。芫毒魚草。阮五阮，郡名。阮韻異。袁怨讎也。記外舉不避怨。願韻異。蜿蜿蜿，龍升皃。又蟠蜿。蜷蜿。阮韻異。崑燉火熾。又燉煌，郡名。飩餛飩。臀髀也。腀真韻同。噴吐氣也。願韻同。純束也。詩：「白茅純束。」真、先、軫韻異。

十四寒(寒桓)

寒韓翰羽翰。翰韻異。丹殫盡也。單複之對也。先、銑韻異。安鞌難不易之謂難。又木難，珠名。翰韻異。餐灘水瀨。翰韻異。壇檀彈射也。又劾也。翰韻異。殘干犯也。通奸。又闌干。俗作杆。肝竿乾燥也。俗作乾。又桑乾，地名。先韻異。闌欄本作闌。瀾波瀾。翰韻同。餘異。蘭看視也。俗作看。翰韻同。

刊削也。作刋非。刋音茜。丸桓紈紈素。端湍急瀨。酸團摶攢聚也。官觀視也。翰韻異。冠弁冕總名。翰韻異。鸞鑾欒木似欄。又檀欒。巒歡寬俗作寛。盤蟠漫大水皃，漫漫。翰韻異。汗可汗，酋長也。翰韻異。鄲邯鄲。嘆太息。翰韻同。攤手布使開也。翰韻異。姍譏姍。珊珊瑚。奸犯亂也。剜削也。棺磐大石。謾誑語。翰、諫韻同。瞞目不明。跚蹣跚。胖大也。體胖。翰韻異。弁樂也。同般。又小弁，詩篇名。霰韻異。簞圓筐。攔完莞草可爲席。潸韻異。般一般。又般游，通盤。又周詩篇名。刪韻異。拌捐棄也。俗作拚。撣觸也。敦音團。聚皃。詩：「敦彼行葦。」元、隊、願韻異。縏薄官切。繁纓，禮作樊。元韻異。曼路遠。又匈奴頭曼單於。願韻異。饅鰻

十五刪（刪山）

刪潸涕出皃。潸韻同。關彎灣還先韻異。環嫏環。作嫏嬛非。鬟寰畿内縣。班分也。布也。斑駁文。頒頒白。頒賜。通班。般還師也。同班。寒韻異。蠻顔姦菅茅屬，菅蒯。攀頑山鰥無妻。一作矜。又魚名。閒中間。俗作間。諫韻異。又見本韻。艱閑防也。習也。閒閒暇。俗混閑。嫺閑雅。慳吝也。孱懦弱。先韻同。潺流水皃。先韻同。殷赤黑色。文、吻韻異。綸草名，色青赤。又綸巾。真韻異。擐擐甲。諫韻同。轘轘轅。獨用。又車裂刑。與諫韻同。扳同攀。訕謗譏也。諫韻同。患憂患也。諫韻同。

下平聲

一先（先仙）

先霰韻異。在前爲先，平聲；在後而先之，去聲。前千阡南北曰陌。東西曰阡。箋詩註。又表也。一作

牋。天堅肩賢弦弓弦。絃管絃。煙燕國名。霰韻異。蓮憐田塡塞也。又鼓聲。真、震、霰韻異。鈿金華飾。霰韻同。年顛巔牽引也。又飆牽。霰韻異。妍研窮究也。獨用。又磨也。與霰韻同。眠淵涓細流。邊編縣縣繫。縣絶。又宮縣。今加心字。霰韻異。泉遷仙一作僊。鮮潔也。又鮮食。又朝鮮，國名。銑韻異。錢泉貨也。本作泉。銑韻異。煎熬也。霰韻異。然語詞。又燒也。延筵羶羊臭。禪静也。釋氏諦。霰韻異。蟬纏繞也。虚用。霰韻異。廛二畝半宅。俗作廛。凡从廛之字倣此。連聯漣篇偏便安也。習也。便便，辯也。又腹便便，肥滿皃。霰韻異。緜全宣穿通也。霰韻異。川緣因也。循也。霰韻異。鳶鉛青金。一作鈆。凡从㕣之字倣此。捐旋回也。斡也。霰韻異。娟船作舡非。舡音腔。涎鞭專圓通圜。與删韻圜字别。員官數也。文、問韻異。乾天也。卦名。寒韻異。虔虎行皃。又敬也。从文不从攵。愆愆尤。騫馬腹縶也。又虧也。權拳椽屋桷。傳授也。續也。布也。霰韻兩見，義俱異。焉躚蹁躚。芊芊芊，草盛皃。濺水疾流皃。霰韻異。舷船邊。咽咽喉。屑韻異。零先零，西羌名。青韻異。闐盛也。又于闐，國名。鵑杜鵑。綖冠上覆。翩扁小舟。銑韻異。平平平，辨治也。庚韻異。沿從流下。還同旋。删韻異。詮解也。痊瘳也。卷曲也。又好皃。詩：「碩大且卷。」又大卷，黄帝樂名。銑韻異。顴輔骨。通權。戔淺小意。易：「束帛戔戔。」純投壺算。儀禮：「二算爲純。」真、元、軫韻異。仟千人長。畋獵也。佃治田。又同畋。霰韻同。餘異。滇滇池，地名。潺删韻同。嬋嬋娟，媚態。顓顓顓，謹皃。又顓頊。褰袴也。又搴也。搴取也。銑韻同。蔫物不鮮。澶澶淵，水名。單單于。寒、銑韻異。扇扇涼。與煽同。霰韻異。鍵鑰也。銑韻同。蜷蟲行。棉木棉。鰱魚名。

二蕭(蕭宵)

蕭簫挑取也。荷也。豪、篠韻異。貂刁刁斗。又姓。凋通彫。雕同鵰。迢條跳躍也。調和也。尤、嘯韻異。梟不孝鳥。澆沃也。薄也。聊且也。賴也。聊聊，耳鳴。遼遠也。寥寂也。撩理也。取物也。僚官僚。篠韻異。堯幺幺麽，小也。俗作么。宵消霄超朝朝夕。朝朝廷。潮囂喧囂。又隗囂。豪韻異。樵採樵。驕嬌女態。篠韻異。焦蕉椒饒蕘芻蕘。燒爇也。嘯韻異。遥傜傜役。姚美好皃。又姓。摇動也。招摇，星名。扶摇，暴風。步摇，首飾。嘯韻同動義。謡徒歌曰謡。瑶韶舜樂。昭明也。篠韻異。招飆暴風。標標舉。獨用。木末。與篠韻同。瓢苗从田。其从由者，草名，音笛。描貓俗作猫。要約也。刦也。嘯韻異。腰邀鴞同梟。喬木上竦。橋僑寄也。妖通祅。夭少好皃。篠、晧韻異。漂浮也。又瀏漂，清涼皃。見馬融長笛賦。嘯韻異。飄翹舉也。佻佻巧。又佻達。詩作挑。篠韻同。徼徼倖。又求也。嘯韻異。僥僬僥，短人。哨口不正。嘯韻異。嬈嬌嬈。嘯、篠韻異。陶皋陶。豪韻異。趫善走。潚驍勇捷。轎小車。漢書：「輿轎而踰嶺。」嘯韻同。蕎蕎麥。嘹嘹亮。嘯韻異。垚土高皃。逍逍遥。憔憔悴。剽鐘大者鏞，其中謂之剽。嘯韻異。

三肴

肴一作殽。巢交郊茅嘲鈔謄寫也。效韻異。又鈔、略通用。包膠膠庠。又姓。獨用。又膠黏。與效韻同。爻苞梢蛟庖坳坳堂。一作凹。俗作坳。敲擊也。效韻同。胞拋从九不从九。炮哮咆哮，熊虎聲。淆混淆。泡浮漚。跑聱聽不順也。咬咬咬，鳥聲。教悔教。肯教。儘教。苦教之類。效韻異。咆咆哮。佼行也。巧韻異。抓抓掐。掊手引取也。有韻異。勹包也。象曲身皃。嘮語多皃。此一字據韻府拾遺增。

四豪

豪豪俠。又豕鬣。毫通作豪。操持也。號韻異。刀萄蒲萄。猱猴也。桃糟酒滓。俗作醩。漕衛邑。號韻異。旄旄旄。號韻異。袍撓攪也。屈也。巧韻同。蒿濤皋本作臯。號呼也。號韻異。陶甄陶。又姓。蕭韻異。螯蠏螯。翱鼇俗作鰲。敖游也。或作遨。曹遭篙羔羊子。高嘈喧嘈。搔爬搔。毛艘船總名。無仄音。滔騷擾也。憂也。韜藏也。又韜略。通弢。膏肥也。號韻異。凡脂膏之膏平聲。用以潤物曰膏，去聲。牢醪醇醪。逃槽濠城濠。勞勤勞。號韻異。叨濫叨，忝也。綢韜也。爾雅：「素錦綢杠。」尤韻異。饕貪財曰饕。貪食曰餮。獒犬四尺。熬煎也。臊腥臊。滂飛滂，大波。皓韻同。號韻異。弢弓衣。淘澄汰也。挑挑達。蕭、篠韻異。撈取也。薅除田。咎古皋字。有韻異。

五歌（歌戈）

歌多羅河戈阿曲也。和諧和。箇韻異。波科柯娥蛾蠶蛾。禮：「蛾子時術。」與蟻通，不作平聲。鵝蘿荷芙蕖。箇韻異。何過經過也。箇韻異。磨以石治玉。箇韻異。螺禾窠穴中曰窠。又巢也。哥娑婆娑，舞皃。哿韻異。駝橐駝。佗委佗，美皃。又見後。沱滂沱。江佗。哿韻異。鼉似魚，有足，皮可冒鼓。那何也。多也。安也。哿韻亦訓何。又箇韻異。苛煩苛。訶責也。珂佩玉。軻車接軸。獨用。又轗軻，不遇也。哿、箇韻同。莎蓑梭織具。婆老母稱。俗作媻。摩魔訛謬也。本作譌。驘俗作騾。坡頗不平也。哿韻異。抄摩抄。一作挲。酡酒容。俄俄頃，速也。無仄音。哦吟哦。拕亦作拖。曳也。哿韻同。儺逐疫也。哿韻異。呵氣出也。亦作訶。窩穴居。茄古荷字。王應麟詩攷「有蒲與荷」，荷作茄。見樊光注爾雅。麻韻異。磋切磋，治骨角。箇韻同。跎蹉跎。番番番，勇也。元韻異。菏澤名。通荷。蹉蹉跌。搓手搓。馱騎也。負也。虚用。箇韻異。鬳犬音婆。酒尊名。願韻異。蝌蝌蚪。鍋温器。倭海中國名。支韻異。矬短也。北史：「形皃矬陋。」鑼鳴鑼，樂器。騾

六麻

麻花本作華。霞家華榮也。禡韻作崋，義異。沙車魚韻同。牙蛇龍蛇。支韻異。瓜斜邪心不正。又同耶。芽萌芽。嘉瑕玉小赤也。紗鴉同鵶。本作雅。遮要也。蔽也。叉交手也。俗作义。葩花也。奢侈也。楂通作查。亦作楂。琶琵琶。衙官舍也。魚、語韻異。賒貰買也。又遠也。涯支、佳韻同。誇巴巴蜀。加耶疑詞。又通爺。嗟遐遠也。笳樂器。差不相值也。支、佳韻異。蟆蝦蟆。蛙佳韻同。譁喧嘩。蝦魚蝦。一作鰕。拏魚韻作挐，義同。葭葦未秀者。茄五茄，藥名。茄子，蔬名。又荷莖也。歌韻異。呀張口皃。啞啞嘔皃。學語呷啞。船聲。馬、陌韻異。媧佳韻同。爬搔爬。杷枇杷，果也。又收麥器。禡韻訓田器。義亦通。蝸佳韻同。爺俗呼父。芭芭蕉。又桐芭。通葩。鯊鮒鯊。娃佳韻同。哇佳韻同。窪深也。洼洿也。畬火種田。魚韻異。夸同誇。裟袈裟。些少也。箇韻異。塗音茶。泇也。又飾也。虞韻異。椏樹歧。通枒。杈杈枒。爹羌人呼父。哿韻同。椰木名。咤達利咤。禡韻異。笆竹籬。樺木，皮可爲燭。禡韻同。划撥進船也。揶揶揄，舉手相弄。吾允吾，縣名。虞韻異。佘姓也。俗作佘。茶

七陽（陽唐）

陽楊揚香通薌。鄉光昌堂章張開也。施也。漾韻異。王君也。漾韻異。房芳長短長。又善也。遠

也。養、漾韻異。塘妝俗作粧。常涼霜藏匿也。蓄也。漾韻異。場築土曰壇，除地曰場。央泱泱泱，水流皃。養韻異。鴦秧嬙嬪嬙，婦官。狼牀俗作床。方漿觴觶實曰觴。梁娘一作孃。莊黃倉倉庾。皇裝束也。肪脂也。殤夭喪。襄贊襄。相共也。又質也。詩：「金玉其相。」漾韻異。湘水名。箱廂東西室。創傷也。漢曹參傳：「被七十創。」漾韻異。忘遺也。忽也。漾韻同。芒草端。又光芒。望瞻望。令望。漾韻同。嘗試也。又祭名，烝嘗。償還所值也。漾韻同。檣帆柱。槍矟也。距也。又天槍，星名。庚韻異。坊邑里名。囊有底曰囊。郎官名。又男子稱。唐國名。又廟中路。狂强米中蠹。又通彊，剛德也。算家以有餘爲强。養韻異。腸康岡俗作崗。蒼深青色。養韻小異。匡救正也。荒遑暇也。行二十五人爲行。又中行，複姓。太行，山名。庚、漾、敬韻異。妨害也。礙也。漾韻同。棠甘棠。海棠。翔良航舟航。通杭。倡倡優。俗作娼。倀倀倀，不知所如。羌氏羌。又發端語。作羗非。慶福也。易、詩並音羌。敬韻小異。姜姓也。僵仆也。姜韁馬紲。疆封疆。糧穀食。將音漿。發始辭。又送也。干將，劍名。又見後。漾韻異。牆俗作墻。桑剛祥詳洋水盛也。徉徜徉。佯詐也。粱量稱量。商量。漾韻異。羊傷湯熱水也。又殷湯。又見後。漾韻異。樟豫章，木名。通章。彰漳水名。猖披猖。商商量。殷商作商非。商音的。防隄也。備也。又清防，屏風也。漾韻同隄、備義。筐竹器。煌光明也。篁隍城隍。凰徨徬徨。蝗惶恐惶。璜半璧。榔檳榔。鳴榔。養韻同。廊浪滄浪，水名。聊浪，放蕩皃。博浪、樂浪、莊浪，地名。漾韻異。襠裲襠，袴屬。滄網亢人頸也。史記：「搤其亢。」又督亢，地名。陳亢，人名。漾韻異。吭鳥喉。養、漾韻同。鋼鍊鐵。喪持服曰喪。漾韻異。穅穀皮。一作糠。肓心上鬲下。簧笙舌。忙茫傍側也。漾韻異。汪池也。又水深廣也。臧善也。又臧獲。琅琳琅。俗作瑯。蜋螳蜋。當任也。遇也。敵也。又馬當、武當，山名。漾韻異。庠養老曰庠。裳昂低昂。障障泥。獨用。又隔也。衛也。漾韻同。餹俗作糖。鏘玉聲。湯音商。水流皃。杭州名。湟水名。滂滂沱，大雨。溏池也。將音鏘。聲也。詩：「佩玉將將。」又願辭也。將伯助予。又嚴正皃。應門將將。漾韻異。禳除殃祭。無仄音。攘竊也。書：「奪攘，矯虔。」又除也。詩：「攘之剔之。」養韻異。瓤瓜實。搶拒也。突也。飛掠也。養韻異。戕殺也。與後爿字別。螳螳蜋。眶目眶。鏜鋃鏜。庚韻作鎗，義異。彭多皃。詩：「行人彭彭。」又音旁。易：「匪其彭。」庚韻異。斨斧斨。亡殃薔薔薇。媹搪搪揬。亦作唐突。滄寒皃。彷彷徨。瑭玉名。鋃鋃鐺，鎖也。又鐘聲。胱膀胱，水府。雱雨雪盛。磅砰磅，石聲。膀見胱註。螃螃蟹。

八庚（庚耕清）

庚更改也。歷也。記：「三老五更。」又率更，掌刻漏官。敬韻異。鸏盲目無見。橫東西曰縱，南北曰橫。敬韻異。觥兕樽。彭鼓聲。又姓。陽韻異。棚亨俗作亨。英瑛玉光。烹烹飪。本作亨。平平正也。先韻異。評品論也。敬韻同。京驚荊荆楚。明盟告其事於神也，小事曰詛，大事曰盟。敬韻異。鳴榮瑩玉色。徑韻小異。兵兄卿生甥笙牲犧牲。擎鯨黥墨黥，面刑。迎逢也。敬韻異。凡物來而接之平聲，未來而迓之去聲。行行步。陽、漾、敬韻異。衡平也。耕萌氓通作甿。宏大也。通閎。閎巷門。莖草木榦。鶯櫻含桃。泓水深。橙橘屬。徑韻異。爭箏秦聲，蒙恬所造。清情晴精睛目珠。梗韻異。菁韭華。又菁菁，美盛皃。晶水晶。盈盈縮。通嬴。楹柱也。瀛海也。嬴秦姓。贏餘也。罃罌罌皃。纓冠系。貞成盛黍稷在器也。敬韻異。城誠呈程式也。章程。又程途。聲征正歲之首月。又射侯。敬韻異。三正、正朔，平去通用。輕重之對。敬韻異。名令使令也。脊令，鳥名。丁令，地名。敬韻異。并合也。二難并。又州名，幽、并。敬韻異。傾敬也。縈繞也。瓊赤玉。鶬鶬鶊。亦作倉庚。賡瞠直視。槍欃槍，彗星。陽韻異。峥峥嶸，山高峻。猩鏗金聲。嶸見峥注。丁丁丁，伐木聲。青韻異。嚶嚶嚶，鳥聲。鸎錚金聲。琤玉聲。砰砰磕，如雷之聲。怦怦怦，心動。轟羣車聲。瞪直視。蜻蟬有文者。塋墓域。楨楨榦，題曰楨，横曰榦。攖觸也。通嬰。禎祥也。偵候也。探視也。敬韻同。頃頭不正。又西頃，山名。禹貢作傾。梗韻異。榜所以輔弓弩者。養、敬韻異。獰狰獰，惡皃。抨彈也。趟趟趟，跳躍。坪地平也。請史記禮書：「請文俱盡。」又受言也。梗、敬韻異。此一字據韻府拾遺增。

九青

青經經籍。獨用。又經緯。雉經。與徑韻同。涇涇渭。形刑邢國名。硎砥石。型金曰範，土曰型。亭庭階庭。洞庭。徑韻異。廷朝廷。徑韻同。霆雷霆。蜓蜻蜓，蟲名。銑韻異。停丁辰名。又姓。又魚枕謂丁。庚韻異。釘鍊金爲鉼。又鈴釘，矛名。徑韻異。仃伶丁，獨也。馨星腥生肉。鯹魚鯹。醒醉解也。夢覺也。迥、徑韻同。惺惺惺，了慧也。俜伶俜。娉娉婷，美皃。敬韻異。靈齡年也。鈴似鐘而小。苓茯苓。伶樂人。泠清泠。零餘雨。又奇零。先韻異。玲瓏玲。翎鳥羽。瓴似甓。囹囹圄。聆聽也。無仄音。聽聆也。徑韻同。廳治官處事曰廳。本作聽，六朝加广，俗作廳。汀水際平沙。冥幽冥。俗作寘。溟海也。小雨也。迥韻異。螟食苗蟲。銘名其功也。瓶屏今屏風也。梗韻異。萍熒光也。螢扃外閉之關也。與扃別。町畦町。迥韻同。餘異。聹耵聹，耳垢。瞑合目也。霰韻異。

十蒸（蒸登）

蒸衆也。又細曰薪，粗曰蒸。又氣蒸。亦作烝。烝火氣上行。又祭名。徑韻小異。承奉承。丞副貳。懲勸懲。無仄音。澂清也。同澄。陵大阜。又侵陵也。凌冰凌。綾冰俗作氷。膺胸也。鷹應料度之詞。徑韻異。譍答言也。蠅繩澠澠淄、澠，二水名。乘駕也。因也。徑韻異。塍稻田畦。昇日上也。升勝勝任也。徑韻異。興臥起。又盛也。徑韻異。繒帛也。憑仍因也。又雲仍。無仄音。兢戒也。矜憐也。又矜夸。徵召也，三徵。證也，庶徵。斂也，催徵。紙韻異。凝冰堅也。徑韻小異。稱權輕重也。又稱揚。稱謂。徑韻異。登燈本作鐙。僧增曾曾經也。又見後。憎憎惡。無仄音。罾魚罾。層曾孫曾。又姓。能賢能。灰韻異。棱柧棱。威棱。模棱。从木，俗从禾。朋鵬堋射埒。又壅水灌溉曰堋。徑韻異。弘詩文敬避。肱臂也。薨通作薨。飛兒。又衆聲。詩度之薨薨。騰滕國名。藤藤蘿。恆崚崚嶒。凭依几也。徑韻同。馮馬行疾。又易、詩「馮河」，陵也。詩「馮馮」，牆堅聲。東韻異。螣螣蛇。職韻異。扔引也。賸傳鈔。

十一尤（尤侯幽）

尤甚也。過也。怨也。郵馬傳曰置，步傳曰郵。優憂流畱止也。遲也。一作留。凡从畱之字倣此。俗作畱。宥韻異。劉剋也。殺也。又姓。由油膏也。又水名。宥韻異。游通作遊。猷謀猷。悠攸牛修修治。脩脯也。通修。羞膳羞。一作饈。秋周州洲洲渚。舟酬獻酬。一作醻。讎仇讎。校讎。柔儔儔侶。疇田一井爲疇。稠稠密。邱先聖諱加阝。惟圜丘之丘不加阝。抽引也。瘳病愈。遒盡也。健也。收捕也。取也。宥韻小異。鳩鳥名。又聚也。不未定之詞。又夫不，同鳺鴀，鵻也。物韻異。又鄂不、華不，注皆作柎。在虞韻義異。騶騶御。騶虞。虞韻異。愁休囚求裘毬鞠丸。仇匹也。又同讎。浮謀牟牛鳴。又取也。眸目瞳子。侔等也。矛酋矛，鉤兵。侯本作矦。凡从侯之字二體互用。猴喉謳漚浮漚。宥韻異。鷗水鳥。樓婁奎婁，星名。離婁，人名。虞韻異。陬阪隅。又正月曰陬。偷頭投鉤溝幽虯龍無角。俗作虬。彪虎文。又小虎也。綢綢繆。綢直。豪韻異。遛逗遛。瀏水清。又風疾。有韻同。瘤瘻瘤。通疣。宥韻同。蝣蜉蝣。鶖禿鶖。梁鶖。猶猶豫，獸善疑。又似也。尚也。又同猷。宥韻同猶豫義。酋長也。售賣也。宥韻同。蹂潤也。詩：「或簸或蹂。」以水潤使濕也。有、宥韻異。揉以手挺也。叟叟叟，淅米聲。通溲。一作叜。凡从叟之字二體互用。有韻異。溲溺也，牛溲。有韻異。泅浮行水上。幬帳也。球玉磬。逑匹也。俅爾雅：「俅俅，服也。」賕通財。賄也。歐歐歐，鷄鳴聲。又姓。有韻異。摟曳也。無仄音。兜驩兜。兜鍪。俗作兜兠。句曲也。句芒，春神。句龍，社神。句繹，邾地。虞、遇、宥韻異。妯心動也。詩：「憂心且妯。」惆惆悵。諏虞韻同。馗中馗，菌也。支韻異。卣中尊。有韻同。鞣熟革。宥韻同。龜龜茲，國名。支韻異。區音謳。左「豆、區、釜、鍾」，量名。虞韻異。芣芣苢，車前。

十二侵

侵尋俗作尋。潯水厓。林霖雨三日以往曰霖。臨卦名。又視也。以尊適卑曰臨。沁韻異。箴箴規。斟斟酌。沈没也。實沈，星次。又物色深者曰緑沈。寑、沁韻異。深淺之對。沁韻異。淫一作婬。俗作滛。心琴禽擒欽敬也。衾被也。與衿別。吟詠也。歎也。沁韻同。今襟衣衽也。與衿同。金音陰岑山小而高。簪首笄也。覃韻作簮，同。鐔劍鼻。覃韻同。琳球琳。琛寶也。諶信也。忱誠也。壬辰名。大也。又佞也。

任堪也。左：「衆怒難任。」又負荷也。詩：「我任我輦。」沁韻異。霪久雨曰霪。黔黑色。鹽韻同。歆神食氣。禁力所勝也。杜詩：「冷蘂疏枝半不禁。」沁韻異。森長木皃。參參商。又不齊也。韓詩：「應對多差參。」覃、勘韻異。涔水名。淋水沃也。郴州名。妊婦孕。沁韻同。祲日旁氣。又祲祥，地名。沁韻異。湛論衡：「久雨爲湛，久陽爲旱。」覃、豏韻異。

十三覃(覃談)

覃恩覃，及也。精覃，殫也。潭譚國名。通談。參易：「參伍以變。」又參謀。侵、勘韻異。南男諳練歷也。庵含从今不从令亼。涵函容也。鎧也。咸韻異。嵐山氣。探取也。索也。貪眈眈眈，視近而志遠也。从目不从耳。感韻同。耽耳大垂也。又樂也。俗作躭。湛樂也。詩：「子孫其湛。」侵、豏韻異。龕塔下室。堪戡勝也。談甘三數名。勘韻異。酣飲洽也。籃柑甝聃耳無輪。又老聃，人名。藍染青草。擔擔荷。勘韻異。泔米汁。邯地名。憨癡也。勘韻異。鐔侵韻同。婪貪也。頷面黃。感韻同。餘異。犙三歲牛。諵語聲。咸韻作喃，同。襤襤褸，敝衣。曇甒屬。

十四鹽(鹽添嚴)

鹽煮海所成。豔韻異。檐廉簾嫌嚴教命急也。咸韻同。占視兆以問。豔韻異。髯謙匳鏡匳也。俗作奩。纖通孅。凡从韱之字俗作截。瞻蟾蟾蜍。炎添从小不从氺。兼并也。豔韻同。霑濡也。同沾。尖潛藏也。又水名。豔韻同。又姓也。獨用。閻里中門。鐮刀鐮。黏膠黏。俗作粘。淹漬也。留久也。又人名，江淹。陷韻小異。甜甘也。恬安靜。拈指取物。砭以石刺病。豔韻同。詹至也。又小言詹詹。漸被也。浹也。漢

〈書〉：「漸民以仁。」儉韻異。　黔侵韻同。蒹蒹葭。覘闚視。帘酒望也。沾沾沾，自整頓也。獨用。又濡也。又水名。黏韻同。㑒皆也。詀詀語。咸韻異。闟闟𣆢。

十五咸（咸銜凡）

咸皆也。鹹不淡也。俗作醎。緘封識也。又書緘。讒譖也。陷韻同。銜馬勒。又口銜。又頭銜。巖通嵒。帆船上受風幔。陷韻異。衫杉松杉。監察也。詩：「既立之監。」攝也，左守曰監國。陷韻異。凡俗作凣。芟刈草。詩：「載芟載柞。」喃呢喃。燕語。獨用。餘與覃韻諵字通。嵌嵌巖。又嶄嵌。感韻同。摻手皃。詩：「摻摻女手。」豏韻異。諴和也。書：「至諴感神。」嚴鹽韻同。

附録二

詞韻

說明：這裏所録的詞韻據清人戈載詞林正韻和今人張珍懷詞韻簡編改製，只收常用字，原切語略。各部中的小韻目是原詩韻的韻目，如第一部中的「一東」「二冬」等。

第一部

平聲：東冬

【一東】東通同童僮侗曈瞳銅峒桐橦筒穜潼衕籠櫳聾嚨朧瓏礱瀧龐蓬芃篷蒙幪濛朦矇懵怱聰葱驄騣叢洪葓紅鴻魟虹訌烘空箜崆公工功攻蚣翁螉嗡豐酆灃風楓瘋馮菁嵩崧娀菘充珫終螽戎絨崇淙中衷忠忡盅翀蟲沖隆癃窿融雄熊弓躬宮穹芎窮

【二冬】冬彤農儂膿宗棕淙鬃鍾鐘舂衝憧慵茸蚣淞縱蹤松從丰蜂鋒烽峰封葑逢縫傭重龍醲濃容庸鄘鎔榕蓉溶墉恭龔供共匈胸凶洶邕雍饔癰禺喁蛩邛笻

仄聲：上聲董腫，去聲送宋

【一董】董懂桶恫動籠攏俸蠓懵捅總孔汞

【二腫】腫種踵冗竦悚慫聳捧冢寵隴壠甬勇踊俑湧蛹洶詾恐拱珙鞏擁壅

【一送】送凍棟痛洞慟恫弄哄控空貢贛甕夢諷鳳衆中仲粽

【二宋】宋綜統用俸縫縱頌誦訟從種踵重恐供拱共

第二部

平聲：江陽

【三江】　江缸杠窗邦降雙瀧龐撞扛幢腔梆樁

【七陽】　陽揚楊洋羊徉佯芳妨方坊防肪房亡忘望茫妝莊裝奘香鄉湘廂相襄光昌堂唐章張王長塘常涼霜藏場央泱鴦秧嬙狼漿觴粱娘黄倉皇緗箱創芒嘗檣槍郎狂强腸康岡蒼匡荒遑行妨棠翔良航倡羌姜僵繮疆糧將墻桑剛祥詳粱量傷湯彰璋鋩商筐煌篁凰徨惶廊浪滄綱亢鋼喪簧汪臧琅當璫裳昂障鏘杭邙滂殃孀彷傍旁

仄聲：上聲講養，去聲絳漾

【三講】　講港棒蚌項

【二十二養】　養癢怏像象仰朗獎槳敞昶鷩枉沆蕩紡兩讜杖響掌黨想榜爽廣享丈仗幌晃莽漭仿攘盎長上網蕩嗓賞往罔滉搶廠慷閬

【三絳】　絳降巷撞

【二十三漾】　漾上望相將狀帳浪唱讓曠壯向暢量葬匠謗尚漲餉樣訪貺醬抗當纊諒亮妄創喪悵伉忘恙行廣亢炕旺放

第三部

平聲：支微齊、灰半

【四支】　支枝移爲垂吹陂碑奇宜儀皮兒離施知馳池規危夷師姿遲眉悲之芝時詩旗辭詞期祠基疑

姬絲司帷思滋持隨痴維墀慈遺肌籬兹騎歧誰斯欺羈飢衰錐涯伊追尼漪灕迤嵋

【五微】　微薇暉徽揮輝韋圍違霏菲妃緋飛非扉肥威祈機幾譏磯稀希衣依歸饑磯欷頎

【八齊】　齊黎犂梨妻萋凄低題提荑蹄啼雞兮倪奚蹊霓西棲嘶撕梯鼙批迷泥溪圭閨畦嵇

【十灰半】　灰恢魁隈回徊槐梅枚玫媒煤雷頹崔催摧堆陪杯醅嵬推裴盔培隈煨追胚徘傀儡

仄聲：上聲紙尾薺、賄半，去聲寘未霽、泰半、隊半

【四紙】　紙只咫是氏靡彼毀委詭髓妓綺咀此徙屣爾邇婢弛紫企旨指視美否幾姊比軌水止市喜已紀跪技子梓矢死履壘誄芷以已似祀史使駛耳里理李起士仕始峙矣擬恥址你揣恃

【五尾】　尾葦鬼卉偉斐菲豈匪娓

【八薺】　薺禮米啓洗底抵弟遞涕

【十賄半】　賄悔罪餒每匯磊蕾璀腿

【四寘】　寘置事地意志治思淚吏賜字義利器位至次累僞寺瑞智記异致備翠試類棄易墜醉議避幟粹侍誼寄睡忌貳二臂遂四驥季刺識志寐邃食積被芰冀愧秘漬穉稚雉示自莉致譬值爲

【五未】　未味氣貴費畏慰蔚魏緯諱毅既翡

【八霽】　霽制計勢世麗歲衛濟第藝惠慧桂滯際厲契敝帝蔽鋭戾袂系祭閉逝綴替砌細婿例誓蕙詣瘞繼憩逮謎擠

【九泰半】　會最貝沛霈繪膾蜕外兑

【十一隊半】　對内輩佩退穢背碎廢悔妹配昧喙潰吠肺耒悖敦

第四部

平聲：魚虞

【六魚】魚漁初書舒居裾車渠余予譽輿餘胥鋤疏蔬梳虛徐閭廬諸除如墟與於沮祛淤妤紓躇歟屠鋤慮據

【七虞】虞愚娛隅無蕪巫盂儒襦濡須需珠株誅朱銖蛛殊俞瑜榆愉腴諛區軀驅趨扶符雛夫膚紆輸樞厨俱駒模胡湖瑚乎壺狐孤辜姑徒途塗圖奴呼吾梧吴租盧蘆蘇酥烏污枯粗都鋪誣竽吁瞿逾萸臾渝迂姝躕糊沽瀘趺毋句孚

仄聲：上聲語麌，去聲御遇

【六語】語圉吕侶旅杼佇與諸煮汝茹暑黍鼠杵處女許拒距炬所楚礎阻沮舉叙緒序嶼墅著巨詎去

【七麌】麌雨羽禹宇舞府鼓虎古股賈土吐圃譜户樹煦努肚嫵乳補魯睹腐數簿竪普侮五斧聚午伍部柱矩武苦取主杜祖堵愈父俯估怒滸栩賭顧缶母某蠱琥

【六御】御處去慮譽馭曙助絮翥恕庶預除薯

【七遇】遇路賂露鷺樹度渡賦布步固素具務霧故顧墓慕暮注住裕誤悟庫赴護懼趣鑄傅怖婦負鋪塑雇副醋措

第五部

平聲：佳半灰半

【九佳半】佳街柴釵差階諧偕排乖懷淮埋齋皆槐挨

【十灰半】　開哀埃臺苔該才材財裁栽來萊哉猜孩胎

仄聲：　上聲蟹半、賄半，去聲泰半、卦半、隊半

【九蟹半】　蟹解駭買楷騃矮

【十賄半】　海改採彩在宰載凱待怠殆倍乃亥

【九泰半】　泰帶外盖大賴蔡害艾奈太汰

【十卦半】　懈賣派債怪壞戒界介拜快邁敗稗曬湃憊

【十一隊半】　塞愛代載態菜戴貸黛岱逮慨賽耐曖

第六部

平聲：　真文、元半

【十一真】　真因茵辛新薪晨辰臣人仁神親申伸紳身賓濱鄰麟珍塵陳春津秦頻蘋顰銀垠筠巾民貧淳蒓純脣倫輪淪勻旬巡馴鈞均臻姻宸寅嬪彬皴遵循甄椿詢莘屯粼濱氤

【十二文】　文聞紋雲分氛紛芬焚墳群裙君軍勤斤勳熏葷耘蕓氳

【十三元半】　魂渾温孫門尊存敦屯村盆奔論坤昏婚痕根恩吞臀跟

仄聲：　上聲軫吻、阮半，去聲震問、願半

【十一軫】　軫敏允引尹盡忍準隼盾憫菌診哂賑蜃窘殞蠢緊吮縝

【十二吻】　吻粉憤隱謹近槿

【十三阮半】　混沌棍本笨損很

【十二震】震信印進潤陣鎮刃順慎釁晉駿閏峻振俊舜吝燼訊仞殯迅瞬饉殉覲擯汛躙僅認襯趁

【十三問】問運暈韻訓忿郡分紊汶慍

【十四願半】論恨寸困頓鈍悶遜嫩

第七部

平聲：元半、寒刪先

【十三元半】元原源園垣員煩繁蕃樊翻萱暄冤言軒藩

【十四寒】寒韓翰丹殫單安難餐灘壇檀彈殘干肝竿闌欄瀾蘭看刊丸桓紈端湍酸團官觀冠鸞欒巒歡寬盤蟠漫汗

【十五刪】刪潸關彎灣還環鬟寰班斑頒般蠻顏奸攀頑山閑艱慳潺斕

【一先】先前千阡箋天堅肩賢弦烟燕憐田填鈿巔年牽妍研眠淵涓邊編玄懸泉遷仙鮮錢煎然延筵氈蟬纏連聯漣篇偏綿全宣鐫穿川緣鳶鉛捐旋船鞭專權拳傳焉芊濺咽闐鵑翩扁嬋嫣棉

仄聲：上聲阮半、旱潸銑，去聲願半翰諫霰

【十三阮半】阮遠本晚返苑反飯偃堰圈卷

【十四旱】旱暖管滿短館緩碗款懶散伴誕罕斷侃算但坦袒悍澣

【十五潸】潸眼簡版産限綰柬揀棧

【十六銑】銑善遣淺典轉衍犬選冕輦免展繭辨辯篆勉剪捲顯踐餞喘蘚軟棧扁闡

【十四願半】願怨萬飯獻健建憲勸蔓券遠鍵圈

【十五翰】翰岸漢難斷亂散畔旦算玩爛貫半案按炭汗贊漫竄幔粲换唤憚段判叛腕絆

【十六諫】諫雁患澗宦辦盼慣幻瓣扮

【十七霰】霰殿面縣變箭戰扇見硯院練宴掾甸便眷綫倦羨堰奠遍戀囀釧倩拼片諺顫擅濺茜揀

第八部

平聲：蕭肴豪

【二蕭】蕭簫挑貂刁凋雕迢條蜩苕調梟澆聊遼寥撩寮僚堯幺宵消霄綃銷超朝潮囂樵譙驕嬌蕉焦椒饒橈燒遥姚揺謡瑶韶昭招飆標瓢苗猫腰邀橋喬妖夭漂飄翹鷂陶瀟鴞逍

【三肴】肴巢交郊茅嘲鈔包膠苞梢蛟敲姣胞拋鮫捎淆教姣

【四豪】豪毫操絛刀萄褒挑糟袍蒿濤號陶翱敖曹遭篙羔高嘈搔毛滔騷韜膏牢逃槽濠勞洮叨熬淘

仄聲：上聲篠巧皓，去聲嘯效號

【十七篠】篠小表鳥了曉少擾繞嬈紹杪秒沼矯蓼皎杳窈窕裊掉縹瞭

【十八巧】巧飽卯狡爪攪絞拗咬炒佼

【十九皓】皓寶藻早棗老好道稻造腦惱倒禱搗抱討考燥掃嫂槁潦保葆堡草浩顥杲縞皂襖澡

【十八嘯】嘯笑照廟妙詔召要耀釣吊叫眺少料肖票

【十九效】效教貌校孝鬧豹爆罩覺敲淖

【二十號】號帽報導盗噪竈奥告誥暴好到蹈傲躁造冒悼倒糙靠潦耗

第九部

平聲：歌

【五歌】歌多羅河戈阿和波科柯娥蛾鵝蘿荷何過磨螺禾窠哥娑沱峨那苛訶珂軻莎蓑梭婆摩魔訛坡酡俄哦呵麽渦窩磋跎搓蹉

仄聲：上聲哿，去聲箇

【二十哿】哿火舸𦨴舵我娜可左果裹朵鎖瑣墮垛惰妥坐裸跛頗禍伙顆叵

【二十一箇】個賀佐作坷馱大餓過和挫課唾播座坐破卧貨涴左懦

第十部

平聲：佳半、麻

【九佳半】佳涯媧蝸蛙娃哇

【六麻】麻花霞家茶華沙車牙蛇瓜斜邪芽嘉瑕紗鴉遮叉葩奢琶衙賒夸巴加耶嗟遐笳差蛙嘩蝦葭呀枷爬杷爺芭娃哇窪丫裟些椏杈笆抓呱

仄聲：上聲馬，去聲卦半、禡

【二十一馬】馬下者野雅瓦寡社寫瀉夏冶也把賈假舍赭厦惹若姐啞且剮打耍那

【十卦半】卦挂畫

【二十二禡】駕夜下謝榭罷夏暇霸嫁借藉炙蔗假化舍價射駡稼架詐亞娅麝跨咤怕訝蜡柘卸砑乍壩胯柘

第十一部

平聲：庚青蒸

【八庚】庚更羹坑横棚亨英烹平評京驚荆明盟鳴榮瑩兵兄卿生甥笙檠鯨迎行衡耕萌氓宏莖鶯櫻泓橙争箏清情晴精菁晶旌盈楹瀛嬴營嬰纓貞成盛城誠呈程酲聲征正輕名令并傾縈瓊苹蘅丁嶸嚶錚怦綳

【九青】青經涇形刑陘亭庭廷霆停丁寧玎仃馨星腥醒惺俜娉靈欞齡鈴苓伶泠零玲翎聆聽廳瓶屏萍熒螢扃町瞑型邢

【十蒸】蒸烝承丞懲陵凌綾菱冰膺鷹應繩乘塍升勝興繒凭仍兢矜徵凝稱登燈僧增曾憎層能棱朋鵬騰藤恒馮凝楞

仄聲：上聲梗迥，去聲敬徑

【二十三梗】梗影景井嶺領境警請屏餅永騁逞穎頃整静省幸頸猛炳杏哽綆秉耿憬靚冷靖憬

【二十四迥】迥炯茗挺艇等鼎頂肯拯

【二十四敬】敬命正令政性鏡盛行聖咏姓慶映病柄勁競净竟迸聘泳請倩硬更并迎

【二十五徑】徑定磬媵應贈乘佞稱證孕凴訂釘剩凳

第十二部

平聲：尤

【十一尤】尤優憂流留劉由油游猷悠攸牛修羞秋楸周州洲舟酬仇柔疇籌稠邱抽收遒鳩搜愁休囚

求裘逑浮謀牟眸侔矛侯猴謳鷗樓偷頭投鉤溝幽綢猶酋蹂揉搜裯球篌歐惆繆

仄聲：上聲有，去聲宥

【二十五有】有酒首手口後柳友斗狗久厚走守綬否右丑受牖耦阜九咎吼帚垢舅紐藕朽肘韭剖誘酉扣瓿苟某玖壽扣某揉蹂溲紂扭鈕糾拇抖陡蚪黝

【二十六宥】宥候就授售秀綉奏獸漏陋晝寇茂舊胄宙袖岫柚覆救臭幼佑右侑囿豆逗構媾購透瘦漱咒鏤走詬凑

第十三部

平聲：侵

【十二侵】侵尋林霖臨鍼箴斟沈砧深淫心琴禽擒欽衾吟今金音陰岑簪琳任森參芩淋

仄聲：上聲寢，去聲沁

【二十六寢】寢飲錦品枕審甚廩衽稔稟嬸沈凜懍荏恁

【二十七沁】沁禁任蔭浸鴆枕衽噤滲妊

第十四部

平聲：覃鹽咸

【十三覃】覃潭曇參南坍男諳庵含涵函嵐蠶探貪眈湛龕堪談甘三酣籃柑慚藍擔潔憨婪庵頷邯

【十四鹽】鹽檐廉簾嚴占髯謙奩纖瞻蟾黏淹潛箝甜恬拈黔鈐襜閹

【十五咸】咸緘函讒銜饞帆衫杉監凡喃嵌攙

仄聲：上聲感琰豏，去聲勘艷陷

【二十七感】　感覽攬膽澹坎慘敢萏撼毯槧菡

【二十八琰】　儉焰斂險檢臉染掩點簟貶冉苒陜諂奄漸玷忝瀲閃歉

【二十九豏】　豏檻範減犯斬黯

【二十八勘】　勘暗濫啗撼暫三憨淡纜

【二十九艷】　艷劍念驗暫瞻店占斂厭焰欠儹砭

【三十陷】　陷梵懺蘸嵌站泛餡

第十五部（入聲第一部）　屋沃

【一屋】　屋木竹目服福禄谷熟肉族鹿腹菊陸軸逐牧伏宿夙讀轂復粥肅育六縮哭幅斛僕畜蓄叔淑菽獨卜馥沐速祝麓蹙築穆睦覆曲秃撲輻瀑竺簇暴掬鞠鬱矗塾樸蹴碌舳夙髑孰樸副國（職韻同）

【二沃】　沃俗玉足曲粟燭屬録辱獄緑毒局欲束鵠蜀促觸續督贖篤浴酷縟褥旭幞淥

第十六部（入聲第二部）　覺藥

【三覺】　覺角珏榷嶽樂捉朔數卓啄琢剥駁邈璞確濁擢濯幄握渥

【十藥】　藥犖學薄惡略作落閣鶴爵弱約脚雀幕洛壑索郭博錯若縛酌托削鐸鑿却絡鵲諾萼度橐漠鑰着虐掠獲泊搏鍔杓勺謔廓綽爍莫籜鑠諤粕礴拓昨摸寞瘼酢箬魄噩各

第十七部（入聲第三部） 質陌錫職緝

【四質】 質日筆出室實疾一乙吉密率律逸佚失漆栗畢恤蜜橘溢瑟匹黜弼七叱卒悉術戌軼帙必泌茁軼

【十一陌】 陌石客白澤伯迹宅席策碧籍格役帛璧驛麥額柏魄積脈夕液册尺隙逆百辟赤易革脊屐適幘劇磧隔益窄核舄擲責惜癖僻掖釋拍擇摘繹斥奕迫疫譯昔瘠藉謫亦只珀錯擘汐

【十二錫】 錫歷擊績笛敵滴檄激寂析晳溺覓狄荻戚滌的吃瀝惕汨

【十三職】 職國德食色力翼墨極息直得北黑賊刻則塞式域植棘惑默織匿億臆特慝仄識逼克即測抑惻賊實穡或

【十四緝】 緝輯戢立集邑急入泣濕習給十拾什襲及級澀楫粒汁笠執吸汲葺裛浥挹揖

第十八部（入聲第四部） 物月曷黠屑葉

【五物】 物佛拂屈鬱乞掘弗勿熨厥迄屹蔚

【六月】 月骨發闕越謁没伐罰卒竭窟笏歇突忽襪曰厥蹶勃殁粤兀碣羯惚

【七曷】 曷達末闊活脱奪褐割沫拔葛闥渴撥括抹秣遏薩掇剌喝辣活怛

【八黠】 黠札拔八察殺刹軋戛秸茁刮刷猾捺

【九屑】 屑節雪絶列烈結穴説血舌潔别缺裂熱决鐵滅折拙切悦轍訣泄咽徹契涅擷撤跌浙沏迭冽哲設劣碣竊綴閲缺頁綴杰批

【十六葉】 葉帖貼牒接獵妾蝶叠篋涉捷頰楫攝諜協俠莢厭愜睫蹀挾接折靨褶捻婕霎

第十九部（入聲第五部） 合洽

【十五合】 合塔答納榻雜臘蠟帀闔衲鴿踏颯搭磕

【十七洽】 洽狹峽法甲業匣壓鴨乏怯劫脅押狎祫掐夾恰眨呷歃

附録三

詞譜選

説明：所列詞譜主要參考了清人萬樹詞律、陳廷敬等欽定詞譜和今人龍榆生唐宋詞格律、楊文生詞韻簡編，其中加△者爲押韻字。詞譜及作品的選擇以習見、著名、具有代表性爲原則，部分詞譜後括號内的説明爲本書編者所加。

詞譜	詞例	詞例
十六字令（十六字。又名歸字謡、蒼梧謡）	**蒼梧謡**　蔡　伸	**歸字謡**　張孝祥
平△	天！	歸！
(平)仄平平(仄)仄平△	休使圓蟾照客眠。	獵獵西風捲綉旗。
平平仄	人何在？	攔教住，
(仄)仄仄平平△	桂影自嬋娟。	重舉送行杯。

憶江南(二十七字，又名望江南、夢江南、江南好等)

平(平)仄
(平)仄仄平平△
(仄)仄(平)平平仄仄
(平)平(平)仄仄平平△
(平)仄仄平平△

漁歌子(二十七字)

(平)仄平平仄仄平△
(平)平(平)仄仄平平△
平仄仄
仄平平△
(平)平(仄)仄仄平平△

憶江南 白居易

江南好，
風景舊曾諳。
日出江花紅勝火，
春來江水緑如藍。
能不憶江南？

漁歌子 張志和

西塞山前白鷺飛，
桃花流水鱖魚肥。
青箬笠，
緑蓑衣，
斜風細雨不須歸。

夢江南 温庭筠

梳洗罷，
獨倚望江樓。
過盡千帆皆不是，
斜暉脈脈水悠悠。
腸斷白蘋洲。

漁歌子 蒲壽宬

飄忽狂風一霎間，
長魚吹浪勢如山。
牢繫纜，
蓼花灣，
白鷗沙上伴人間。

調笑令（三十二字。又名轉應曲、宮中調笑）

平仄△
平仄△
(仄)仄(平)平(平)仄△
(仄)平(仄)仄(仄)平△
(平)仄(平)(仄)仄平△
平仄△
平仄△
(平)仄(平)平(仄)仄△

如夢令（三十三字）

(平)仄(仄)平平仄△
(仄)仄(仄)平平仄△
(平)仄仄平平

調笑令　韋應物

胡馬！
胡馬！
遠放燕支山下。
跑沙跑雪獨嘶，
東望西望路迷。
迷路！
迷路！
邊草無窮日暮。

如夢令　蘇軾

爲向東坡傳語，
人在玉堂深處。
別後有誰來？

轉應曲　戴叔倫

邊草！
邊草！
邊草盡來兵老。
山北山南雪晴，
千里萬里月明。
明月！
明月！
胡笳一聲愁絶。

如夢令　李清照

常記溪亭日暮，
沉醉不知歸路。
興盡晚回舟，

(平)仄(仄)平平仄△
平仄△
平仄△
(平)仄(仄)平平仄△

長相思（三十六字）

(仄)(仄)平△
(仄)(仄)平△
(平)仄平平(仄)仄平△
(平)平(仄)仄平△
(平)(平)平△
(仄)(平)平△
(仄)仄平平(平)仄平△
(仄)平(平)仄平△

雪壓小橋無路。
歸去！
歸去！
江上一犁春雨。

長相思　白居易

汴水流，
泗水流，
流到瓜洲古渡頭。
吳山點點愁。
思悠悠，
恨悠悠，
恨到歸時方始休。
月明人倚樓。

誤入藕花深處。
爭渡！
爭渡！
驚起一灘鷗鷺。

長相思　劉克莊

朝有時，
暮有時，
潮水猶知日兩迴；
人生長別離。
來有時，
去有時，
燕子猶知社後歸；
君行無定期。

相見歡（三十六字。又名烏夜啼）

(平)平(仄)仄平平△
仄平平△
(仄)仄(平)平平仄仄平平△
(仄)(平)仄△
(仄)(平)仄△
仄平平△
(仄)仄(仄)平平仄仄平平△

浣溪沙（四十二字，沙或作紗，或作浣紗溪）

(仄)仄平平仄仄平△
(仄)平(平)仄仄平平△

烏夜啼　李　煜

無言獨上西樓，
月如鈎。
寂寞梧桐深院鎖清秋。
剪不斷，
理還亂，
是離愁。
別是一般滋味在心頭！

浣溪沙　晏　殊

一曲新詞酒一杯，
去年天氣舊亭臺，

烏夜啼　李　煜

林花謝了春紅，
太匆匆。
無奈朝來寒雨晚來風。
胭脂淚，
相留醉，
幾時重？
自是人生長恨水長東！

浣溪沙　荆州約馬舉先登城樓觀塞　張孝祥

霜日明霄水蘸空，
鳴鞘聲裏繡旗紅，

(仄)平(平)仄仄平△平
(平)仄(仄)平平仄仄
(仄)平(平)仄仄平△平
(仄)平(平)仄仄平△平

卜算子（四十四字）

(仄)仄仄平平
(仄)仄平平△仄
(仄)仄平平仄仄平
(平)仄平平△仄

(平)仄仄平平
(仄)仄平平△仄
(仄)仄平平仄仄平
(仄)仄平平△仄

夕陽西下幾時迴？
無可奈何花落去，
似曾相識燕歸來，
小園香徑獨徘徊。

卜算子 咏梅 陸 游

驛外斷橋邊，
寂寞開無主。
已是黄昏獨自愁，
更著風和雨。

無意苦争春，
一任羣芳妒。
零落成泥碾作塵，
只有香如故。

澹煙衰草有無中。
萬里中原烽火北，
一尊濁酒戍樓東，
酒闌揮涙向悲風。

卜算子 詠梅 毛澤東

風雨送春歸，
飛雪迎春到。
已是懸崖百丈冰，
猶有花枝俏。

俏也不争春，
只把春來報。
待到山花爛漫時，
她在叢中笑。

采桑子(四十四字，又名醜奴兒)

(仄)平(平)仄平平仄
(平)仄平平△
(平)仄平平△
(仄)仄平平(仄)仄平△
(仄)平(平)仄平平仄
(仄)仄平平△
(仄)仄平平△
(仄)仄平平(仄)仄平△

減字木蘭花(四十四字)

(平)平(仄)仄△
(仄)仄(平)平平仄仄△
(仄)仄平平△

采桑子 歐陽修

群芳過後西湖好，
狼籍殘紅，
飛絮濛濛，
垂柳闌干盡日風。
笙歌散盡游人去，
始覺春空。
垂下簾櫳，
雙燕歸來細雨中。

減字木蘭花 秦觀

天涯舊恨，
獨自凄涼人不問。
欲見回腸，

醜奴兒 書博山道中壁 辛棄疾

少年不識愁滋味，
愛上層樓，
愛上層樓，
爲賦新詞强説愁。
而今識盡愁滋味，
欲説還休。
欲説還休，
却道天凉好個秋！

減字木蘭花 廣昌路上 毛澤東

漫天皆白，
雪裏行軍情更迫。
頭上高山，

(仄)仄平平(仄)仄平△
(仄)平(平)仄△
(仄)仄(平)平平仄仄△
(仄)仄平平△
(仄)仄平平(仄)仄平△

菩薩蠻（四十四字）

(平)平(仄)仄平平仄△
(平)平(仄)仄平平仄△
(仄)仄仄平平△
(仄)平(平)仄平△
(仄)平平仄仄△
(仄)仄平平仄△

斷盡金爐小篆香。
黛蛾長斂，
任是東風吹不展。
困倚危樓，
過盡飛鴻字字愁。

菩薩蠻　李　白

平林漠漠烟如織，
寒山一帶傷心碧。
暝色入高樓，
有人樓上愁。
玉階空佇立，
宿鳥歸飛急。

風捲紅旗過大關。
此行何去？
贛江風雪迷漫處。
命令昨頒，
十萬工農下吉安。

菩薩蠻　大柏地　毛澤東

赤橙黃綠青藍紫，
誰持彩練當空舞？
雨後復斜陽，
關山陣陣蒼。
當年鏖戰急，
彈洞前村壁。

(仄)仄仄平平△
(仄)平(平)仄平△

清平樂（四十六字）

(平)平(平)仄△
(仄)仄平平仄△
(仄)仄(平)平平仄仄△
(仄)仄(平)平(平)仄△
(平)平(平)仄平平△
(仄)平(仄)仄平平△
(仄)仄(平)平(平)仄
(平)平(平)仄平平△

何處是歸程？
長亭連短亭！

清平樂　李　煜

別來春半，
觸目愁腸斷。
砌下落梅如雪亂，
拂了一身還滿。
雁來音信無憑，
路遥歸夢難成。
離恨恰如春草，
更行更遠還生。

裝點此關山，
今朝更好看。

清平樂　辛棄疾

茅檐低小，
溪上青青草。
醉裏吴音相媚好，
白髮誰家翁媪？
大兒鋤豆溪東，
中兒正織鷄籠。
最喜小兒無賴，
溪頭卧剥蓮蓬。

憶秦娥（四十六字）

平〔平〕仄△
〔平〕平〔仄〕仄平平仄△
平平仄△（疊上句末三字）
〔平〕平〔仄〕仄
仄平平仄△

〔平〕平〔仄〕仄平平仄△
〔平〕平〔仄〕仄平平仄△
平平仄△（疊上句末三字）
〔平〕平〔仄〕仄
仄平平仄△

攤破浣溪沙（四十八字）

〔仄〕仄平平仄仄平△

憶秦娥 李　白

簫聲咽，
秦娥夢斷秦樓月。
秦樓月，
年年柳色，
灞陵傷別。

樂遊原上清秋節，
咸陽古道音塵絕。
音塵絕，
西風殘照，
漢家陵闕。

攤破浣溪沙 李　璟

手捲真珠上玉鈎，

憶秦娥 婁山關　毛澤東

西風烈，
長空雁叫霜晨月。
霜晨月，
馬蹄聲碎，
喇叭聲咽。

雄關漫道真如鐵，
而今邁步從頭越。
從頭越，
蒼山如海，
殘陽如血。

攤破浣溪沙 李　璟

菡萏香銷翠葉殘，

(平)平(平)仄仄平平△
(平)仄(仄)平(平)(仄)仄
仄平平△
(仄)仄(仄)平平仄仄
(平)平(平)仄仄平平△
(平)仄(平)平平仄仄
仄平平△

西江月（五十字）

(仄)仄(平)平(仄)仄
(平)平(仄)仄平平△
(平)平(仄)仄仄平平△
(仄)仄(平)平(仄)仄△

依前春恨鎖重樓。
風裏落花誰是主？
思悠悠！
青鳥不傳雲外信，
丁香空結雨中愁。
回首綠波三峽暮，
接天流。

西江月　夜行黄沙道中

辛棄疾

明月別枝驚鵲，
清風半夜鳴蟬。
稻花香裏說豐年，
聽取蛙聲一片。

西風愁起綠波間。
還與韶光共憔悴，
不堪看。
細雨夢回鷄塞遠，
小樓吹徹玉笙寒。
多少淚珠何限恨，
倚闌干。

西江月　劉　過

堂上謀臣尊俎，
邊頭將士干戈。
天時地利與人和，
燕可伐歟？　曰可！

(仄)仄(平)平(仄)仄

(平)平(仄)仄平平△

(平)平(仄)仄仄平平△

(仄)仄(平)平(仄)仄△

浪淘沙（五十四字）

(仄)仄仄平平△

(仄)仄平平△

(平)平(平)仄仄平平△

(仄)仄(平)平平仄仄

(仄)仄平平△

(仄)仄仄平平△

(仄)仄平平△

(平)平(平)仄仄平平△

七八箇星天外，
兩三點雨山前。
舊時茅店社林邊，
路轉溪橋忽見。

浪淘沙　李　煜

簾外雨潺潺，
春意闌珊。
羅衾不耐五更寒。
夢裏不知身是客，
一晌貪歡。
獨自莫憑欄，
無限江山。
別時容易見時難。

今日樓臺鼎鼐，
明年帶礪山河。
大家齊唱大風歌，
不日四方來賀。

浪淘沙　北戴河　毛澤東

大雨落幽燕，
白浪滔天。
秦皇島外打魚船。
一片汪洋都不見，
知向誰邊？
往事越千年，
魏武揮鞭。
東臨碣石有遺篇。

(仄)仄(平)平平仄仄
(仄)仄平平△

虞美人（五十六字）

(平)平(平)仄平平仄△
(仄)仄平平仄△
(仄)平(仄)仄仄平平△
(仄)仄(仄)平平仄仄平平△
(平)平(仄)仄平平仄△
(仄)仄平平仄△
(仄)平(平)仄仄平平△
(仄)仄(仄)平平仄仄平平△

流水落花春去也，
天上人間。

虞美人　李　煜

春花秋月何時了？
往事知多少！
小樓昨夜又東風，
故國不堪回首月明中！
雕欄玉砌應猶在，
只是朱顔改。
問君能有幾多愁？
恰似一江春水向東流。

蕭瑟秋風今又是，
換了人間！

虞美人　晏幾道

疏梅月下歌金縷，
憶共文君語。
更誰情淺似春風，
一夜滿枝新緑替殘紅。
蘋香已有蓮開信，
兩槳佳期近。
採蓮時節定來無？
醉後滿身花影倩人扶。

蝶戀花（六十字，又名鵲踏枝）

(仄)仄(平)平平仄仄△
(平)仄平平
(仄)仄平平仄△
(平)仄(平)平平仄仄△
(平)平(仄)仄平平仄△

(仄)仄(平)平平仄仄△
(平)仄平平
(仄)仄平平仄△
(平)仄(平)平平仄仄△
(平)平(仄)仄平平仄△

一剪梅（六十字）
(仄)仄平平(仄)仄平△

蝶戀花 春晚 歐陽修

庭院深深深幾許？
楊柳堆烟，
簾幕無重數。
玉勒雕鞍游冶處，
樓高不見章臺路。

雨横風狂三月暮，
門掩黄昏，
無計留春住。
淚眼問花花不語，
亂紅飛過鞦韆去。

一剪梅 舟過吴江 蔣捷

一片春愁待酒澆，

蝶戀花 蘇軾

花褪殘紅青杏小。
燕子飛時，
緑水人家繞。
枝上柳綿吹又少，
天涯何處無芳草？

牆裏鞦韆牆外道，
牆外行人，
牆裏佳人笑。
笑漸不聞聲漸悄，
多情却被無情惱。

一剪梅 李清照

紅藕香殘玉簟秋，

(仄)仄平平　　江上舟搖，　　輕解羅裳，
(仄)仄平平△　　樓上簾招。　　獨上蘭舟。
(平)平(仄)仄平平　　秋娘渡與泰娘橋，　　雲中誰寄錦書來？
(仄)仄平平　　風又飄飄，　　雁字回時，
(仄)仄平平△　　雨又蕭蕭。　　月滿西樓。

(仄)仄平平(仄)仄平△　　何日歸家洗客袍？　　花自飄零水自流，
(仄)仄平平　　銀字笙調，　　一種相思，
(仄)仄平平△　　心字香燒。　　兩處閑愁。
(平)平(仄)仄平平　　流光容易把人拋。　　此情無計可消除，
(仄)仄平平　　紅了櫻桃，　　才下眉頭，
(仄)仄平平△　　綠了芭蕉。　　却上心頭。

定風波（六十二字）　　**定風波**　歐陽炯　　**定風波**　蘇　軾
(平)仄平平仄仄平△　　暖日閑窗映碧紗，　　莫聽穿林打葉聲，

(仄)平(平)仄仄平平△
(仄)仄(仄)平平仄仄△
平仄△
(平)平(平)仄仄平平△
(仄)仄(仄)平平仄仄△
平仄△
(仄)平(平)仄仄平平△
(平)仄(仄)平平仄仄△
平仄△
(平)平(平)仄仄平平△

破陣子（六十二字）

(仄)仄(平)平(平)仄

小池春水浸晴霞。
數樹海棠紅欲盡，
爭忍，
玉閨深掩過年華？
獨憑綉床方寸亂，
腸斷，
淚珠穿破臉邊花。
鄰舍女郎相借問，
音信，
教人羞道未還家。

破陣子　春景　晏殊

燕子來時新社，

何妨吟嘯且徐行。
竹杖芒鞋輕勝馬，
誰怕？
一蓑煙雨任平生。
料峭春風吹酒醒，
微冷，
山頭斜照却相迎。
回首向來蕭瑟處，
歸去，
也無風雨也無晴。

破陣子　爲陳同父賦壯語以寄之

辛棄疾

醉裏挑燈看劍，

(平)平(仄)仄平平△
(平)仄(仄)平平仄仄
(仄)仄平平(仄)仄平△
(仄)平(平)仄平△
(仄)仄(平)平(仄)仄
(仄)平(仄)仄平平△
(平)仄(仄)平平仄仄
(平)仄平平(仄)仄平△
(仄)平(平)仄平△

漁家傲（六十二字）

(仄)仄(平)平平仄仄△
(平)平(仄)仄平平仄△
仄仄(平)平平仄仄△

梨花落後清明。
池上碧苔三四點，
葉底黄鸝一兩聲，
日長飛絮輕。
巧笑東鄰女伴，
采桑徑裏逢迎。
疑怪昨宵春夢好，
元是今朝鬥草贏，
笑從雙臉生。

漁家傲 秋常　范仲淹

塞下秋來風景異，
衡陽雁去無留意。
四面邊聲連角起。

夢回吹角連營。
八百里分麾下炙，
五十絃翻塞外聲，
沙場秋點兵。
馬作的盧飛快，
弓如霹靂弦驚。
了却君王天下事，
贏得生前身後名，
可憐白髮生。

漁家傲 記夢　李清照

天接雲濤連曉霧，
星河欲轉千帆舞。
髣髴夢魂歸帝所。

平㊀仄
㊣平㊀仄平平仄
㊀仄㊀平平仄仄
㊀平㊀仄平平仄
㊣仄㊣平平仄仄
平㊀仄
㊣平㊀仄平平仄

青玉案（六十七字）

㊣平㊀仄平平仄
仄㊀仄平平仄
㊀仄㊣平平仄仄
㊀平平仄
㊀平㊣仄

千嶂裏，
長煙落日孤城閉。
濁酒一杯家萬里，
燕然未勒歸無計。
羌管悠悠霜滿地。
人不寐，
將軍白髮征夫淚。

青玉案 賀 鑄

凌波不過橫塘路，
但目送、芳塵去。
錦瑟華年誰與度？
月橋花院，
瑣窗朱户，

聞天語，
殷勤問我歸何處？
我報路長嗟日暮，
學詩謾有驚人句。
九萬里風鵬正舉。
風休住，
蓬舟吹取三山去。

青玉案 辛棄疾

東風夜放花千樹，
更吹落、星如雨。
寶馬雕車香滿路，
鳳簫聲動，
玉壺光轉，

(仄)仄平平仄△
(仄)平(仄)仄平平仄△
(仄)仄平平仄平仄△
(仄)仄(平)平平仄仄△
(仄)平平仄
(仄)平(平)仄△
(仄)仄平平仄△

江城子（七十字）

(仄)平(平)仄仄平平△
仄平平△
仄平平△
(仄)仄(平)平
(平)仄仄平平△

只有春知處。
碧雲冉冉蘅皋暮，
彩筆新題斷腸句。
試問閑情都幾許？
一川煙草，
滿城風絮，
梅子黄時雨。

江城子　蘇　軾

十年生死兩茫茫！
不思量，
自難忘。
千里孤墳，
無處話凄凉。

一夜魚龍舞。
蛾兒雪柳黄金縷，
笑語盈盈暗香去。
衆裏尋他千百度，
驀然回首，
那人却在，
燈火闌珊處。

江城子　密州出獵　蘇　軾

老夫聊發少年狂，
左牽黄，
右擎蒼。
錦帽貂裘，
千騎卷平岡。

(仄)仄(平)平平仄仄
平(仄)仄
仄平平△
(仄)平(平)仄仄平平△
仄平平△
仄平平△
(平)仄(平)平
(平)仄仄平平△
(仄)仄(平)平平仄仄
平(仄)仄
仄平平△

滿江紅(九十三字)
(仄)仄平平
(平)(平)仄、(平)平(仄)仄△

縱使相逢應不識，
塵滿面，
鬢如霜。
夜來幽夢忽還鄉。
小軒窗，
正梳妝。
相顧無言，
惟有淚千行。
料得年年腸斷處，
明月夜，
短松岡。

滿江紅 岳 飛
怒髮衝冠，
憑欄處、瀟瀟雨歇。

爲報傾城隨太守，
親射虎，
看孫郎。
酒酣胸膽尚開張。
鬢微霜，
又何妨！
持節雲中，
何日遣馮唐？
會挽雕弓如滿月，
西北望，
射天狼。

滿江紅 金陵懷古 薩都剌
六代豪華，
春去也、更無消息。

格律	岳飛詞	王安石詞
(平)(仄)仄、(仄)平(平)仄	抬望眼、仰天長嘯，	空悵望、山川形勝，
(仄)平(平)仄△	壯懷激烈。	已非疇昔。
(仄)(仄)(平)平平仄仄	三十功名塵與土，	王謝堂前雙燕子，
(平)平(仄)仄平平仄△	八千里路雲和月。	烏衣巷口曾相識。
仄(平)(平)、(仄)仄仄平平	莫等閑、白了少年頭，	聽夜深、寂寞打孤城，
平平仄△	空悲切！	春潮急。
(仄)(平)仄，平(仄)仄△	靖康恥，猶未雪；	思往事，愁如織；
平(仄)仄，平平仄△	臣子恨，何時滅？	懷故國，空陳迹。
仄(平)平(平)仄、仄平平仄△	駕長車踏破，賀蘭山缺。	但荒煙衰草，亂鴉斜日。
(仄)仄(平)平平仄仄	壯志飢餐胡虜肉，	玉樹歌殘秋露冷，
(平)平(仄)仄平平仄△	笑談渴飲匈奴血。	胭脂井壞寒螿泣。
(仄)(平)(平)、(仄)仄仄平平	待從頭、收拾舊山河，	到如今、只有蔣山青，
平平仄△	朝天闕。	秦淮碧。

水調歌頭(九十五字)

(仄)仄(平)平仄
(仄)仄仄平△平
(平)平(仄)仄平仄
(仄)仄仄平△平
(仄)仄(平)平(仄)仄
(仄)仄(平)平(仄)仄
(仄)仄仄平△平
(仄)仄(平)平仄
(仄)仄仄平△平
(平)(平)(仄)
(平)(平)仄
仄(平)△平
(平)平(仄)仄平仄(仄)仄仄平△平
(仄)仄(平)平(仄)仄

水調歌頭　中秋　蘇　軾

明月幾時有？
把酒問青天。
不知天上宫闕，
今夕是何年？
我欲乘風歸去，
又恐瓊樓玉宇，
高處不勝寒。
起舞弄清影，
何似在人間！
轉朱閣，
低綺户，
照無眠。
不應有恨，何事偏向别時圓？
人有悲歡離合，

水調歌頭　陳　亮

不見南師久，
謾説北群空。
當場隻手，
畢竟還我萬夫雄。
自笑堂堂漢使，
得似洋洋河水，
依舊只流東。
且復穹廬拜，
會向藁街逢。
堯之都，
舜之壤。
禹之封，
於中應有，一個半個恥臣戎。
萬里腥膻如許，

(仄)仄(平)平(仄)仄
(仄)仄仄平平△
(仄)仄(平)平仄
(仄)仄仄平平△

（上片三四句的句式或作上四下七。）

八聲甘州（九十七字）

仄(平)平(仄)仄仄平平
(仄)平仄平平△
仄(平)平(平)仄
平平(仄)仄
(平)仄平平△
(仄)仄(平)平(仄)仄
(仄)仄仄平平△
(仄)仄(平)平仄

月有陰晴圓缺，
此事古難全。
但願人長久，
千里共嬋娟！

八聲甘州　柳　永

對瀟瀟暮雨灑江天，
一番洗清秋。
漸霜風淒緊，
關河冷落，
殘照當樓。
是處紅衰翠減，
苒苒物華休。
惟有長江水，

千古英靈安在，
磅礴幾時通？
胡運何須問，
赫日自當中！

八聲甘州　夜讀李廣傳　辛棄疾

故將軍飲罷夜歸來，
長亭解雕鞍。
恨灞陵醉尉，
匆匆未識，
桃李無言。
射虎山橫一騎，
裂石響驚弦。
落魄封侯事，

(仄)仄平平△

(仄)仄(平)平(平)仄

仄(仄)平(仄)仄

(平)仄平平△

仄(平)平(平)仄

(平)仄仄平平△

仄平平、(平)平(平)仄

仄(仄)平、(仄)仄仄平平△

平平仄、(仄)平(平)仄

(仄)仄平平△

聲聲慢（九十七字）

平平(仄)仄△

(仄)仄平平

(平)平(仄)仄(仄)仄△

無語東流。

不忍登高臨遠，

望故鄉渺邈，

歸思難收。

歎年來蹤迹，

何事苦淹留？

想佳人、妝樓顒望，

誤幾回、天際識歸舟。

爭知我、倚闌干處，

正恁凝愁！

聲聲慢 李清照

尋尋覓覓，

冷冷清清，

淒淒慘慘戚戚。

歲晚田園。

誰向桑麻杜曲？

要短衣匹馬，

移住南山。

看風流慷慨，

談笑過殘年。

漢開邊，功名萬里，

甚當時健者也曾閑？

紗窗外、斜風細雨，

一陣輕寒。

聲聲慢 辛棄疾

東南形勝，

人物風流，

白頭見君恨晚。

(仄)仄平平(平)仄
仄平(平)仄△
(平)平平(平)仄仄
仄仄平、仄(平)平仄△
(仄)(仄)仄、仄(平)平
(仄)仄(仄)平(平)仄△

(仄)仄(平)平(平)仄△
(平)(仄)仄平(平)仄平平仄△

(仄)仄平平
(仄)仄(仄)平平仄△
(平)平仄平(仄)仄
仄(平)平、(仄)仄仄仄△
(仄)(仄)仄
仄(平)(平)平仄仄仄△

乍暖還寒時候，
最難將息。
三杯兩盞淡酒，
怎敵他、晚來風急。
雁過也，正傷心，
却是舊時相識。

滿地黃花堆積，
憔悴損，如今有誰堪摘。
守着窗兒，
獨自怎生得黑？
梧桐更兼細雨，
到黃昏、點點滴滴。
這次第，
怎一個愁字了得。

便覺君家叔度，
去人未遠。
長憐士元驥足，
道直須、別駕方展。
問箇裏，待怎生，
銷殺胸中萬卷。

況有星辰劍履，
是傳家合在玉皇香案。
零落新詩，
我欠可人消遣。
留君再三不住，
便直饒、萬家淚眼。
怎抵得，
這眉間黃色一點。

暗香（九十七字）

(仄)平(仄)仄△
仄(仄)平(仄)仄
(平)平平仄△
仄仄(仄)平
(仄)仄平平仄平仄△
(平)仄平平仄仄
(平)(平)(仄)(平)平平仄△
(仄)(仄)(仄)(仄)仄平平
(平)仄仄平仄△

(平)仄△
仄(仄)仄△
仄仄(仄)(仄)平
(仄)(平)平仄△

暗香　姜　夔

舊時月色，
算幾番照我，
梅邊吹笛。
喚起玉人，
不管清寒與攀摘。
何遜而今漸老，
都忘却、春風詞筆。
但怪得、竹外疏花，
香冷入瑤席。

江國，
正寂寂。
歎寄與路遥，
夜雪初積。

暗香　張　炎

羽音遼邈，
怪四簷晝悄，
近來無鵲。
木葉吹寒，
極目凝思倚江閣。
不信相如便老，
猶未減、當時遊樂。
但趁他、鬥草籌花，
終是帶離索。

憶昨，
更情惡。
謾認著梅花，
是君還錯。

仄平仄仄△
(平)仄平平仄平仄△
(平)仄平平仄仄
(平)(仄)(仄)(平)平平仄△
仄(仄)(仄)平仄仄
仄平(仄)仄△

念奴嬌(一百字，又名百字令、酹江月、大江東去)

(平)平(仄)仄
仄平(平)(仄)仄(平)平平仄△
(仄)仄(平)平平仄仄
(仄)仄(平)平平仄△
(仄)仄平平
(平)平(仄)仄

翠尊易泣，
紅萼無言耿相憶。
長記曾攜手處，
千樹壓、西湖寒碧。
又片片、吹盡也，
幾時見得？

念奴嬌　赤壁懷古　蘇　軾

大江東去，
浪淘盡、千古風流人物。
故壘西邊人道是，
三國周郎赤壁。
亂石穿空，
驚濤拍岸，

石床冷落，
閑掃松陰與誰酌。
一自飄零去遠，
幾誤了、燈前深約。
縱到此、歸未得，
幾曾忘却。

念奴嬌　石頭城(用東坡原韻)
薩都剌

石頭城上，
望天低、吴楚眼空無物。
指點六朝形勝地，
惟有青山如壁。
蔽日旌旗，
連雲檣櫓，

(仄)仄平平仄△	捲起千堆雪。	白骨紛如雪。
(平)平(平)仄	江山如畫，	一江南北，
(平)平平仄平仄△	一時多少豪傑！	消磨多少豪傑！
(平)仄(平)仄平平	遙想公瑾當年：	寂寞避暑離宮，
(平)平(平)仄	小喬初嫁了，	東風輦路，
(仄)仄平平仄△	雄姿英發。	芳草年年發。
(仄)仄(平)平平仄仄	羽扇綸巾，談笑間，	落日無人松徑裏，
(仄)仄(平)平平仄△	檣櫓灰飛煙滅。	鬼火高低明滅。
(仄)仄平平	故國神遊，	歌舞尊前，
(平)平(仄)仄	多情應笑，	繁華鏡裏，
(仄)仄平平仄△	我早生華髮。	暗換青青髮。
(平)平(平)仄	人生如夢，	傷心千古，
(仄)平平仄平仄△	一樽還酹江月！	秦淮一片明月！

（下片二三句的句式或作上五下四）

水龍吟（一百〇二字）

(仄)(平)(平)仄平平
(仄)平(平)仄平平△仄
(平)平(仄)仄
(仄)平(仄)仄
(仄)平(仄)△仄
(仄)仄平平
(仄)平(平)仄
(平)平平△仄
仄(平)平(仄)仄
(平)平(仄)仄
(平)(平)仄平平△仄
(平)仄(平)平(平)仄
仄平平(仄)平(平)△仄

水龍吟　登建康賞心亭

辛棄疾

楚天千里清秋，
水隨天去秋無際。
遥岑遠目，
獻愁供恨，
玉簪螺髻。
落日樓頭，
斷鴻聲裏，
江南遊子。
把吴鈎看了，
欄干拍遍，
無人會、登臨意！
休説鱸魚堪鱠，
儘西風、季鷹歸未？

水龍吟　次韻章質夫楊花詞

蘇　軾

似花還似非花，
也無人惜從教墜。
抛家傍路，
思量却是，
無情有思。
縈損柔腸，
困酣嬌眼，
欲開還閉。
夢隨風萬里，
尋郎去處，
又還被鶯呼起。
不恨此花飛盡，
恨西園、落紅難綴。

(平)平(仄)仄
(仄)平(平)仄
(平)平(平)仄△
(仄)仄平平
(平)平(平)仄
(仄)平平仄△
仄(平)平
(仄)仄(平)平(仄)仄
仄平平仄△

雨霖鈴（一百〇三字）

平平(平)仄△
仄平平仄
仄(仄)平仄△
(平)平仄(仄)(平)仄
平平仄仄平平平仄△

求田問舍，
怕應羞見，
劉郎才氣。
可惜流年，
憂愁風雨，
樹猶如此！
倩何人，
喚取紅巾翠袖，
揾英雄淚！

雨霖鈴 柳　永

寒蟬淒切，
對長亭晚，
驟雨初歇。
都門帳飲無緒，
方留戀處、蘭舟催發。

曉來雨過，
遺蹤何在？
一池萍碎。
春色三分，
二分塵土，
一分流水。
細看來，
不是楊花點點，
是離人淚。

雨霖鈴 送客還浙東　黃　裳

天南遊客，
甚而今，
却送君南國。
薰風萬里無限，
吟蟬暗續、離情如織。

仄仄平平㊀仄
仄平㊀平仄△
仄仄㊀平仄平平
㊀仄平平仄平仄△

㊥平仄仄平平仄△
仄平平㊀仄平平仄△
㊥平仄㊀㊥仄
㊥仄仄仄平平仄△
仄仄平平
平仄平平仄㊀平仄△
仄仄仄㊥仄平平
㊀仄平平仄△
（上片二三句的句式或作上三下五，六七句的句式或作上四下七）

執手相看淚眼，
竟無語凝噎。
念去去、千里烟波，
暮靄沉沉楚天闊。

多情自古傷離別，
更那堪、冷落清秋節！
今宵酒醒何處？
楊柳岸、曉風殘月。
此去經年，
應是良辰好景虛設。
便縱有、千種風情，
更與何人説！

秣馬脂車，
去即去、多少人惜。
望百里、煙慘雲山，
送兩城愁作行色。

飛帆過浙西封域，
到秋深、且艤荷花澤。
就船買得鱸鱖，
新穀破、雪堆香粒。
此興誰同？
須記東秦有客相憶。
願聽了、一闋歌聲，
醉倒拚今日。

永遇樂（一百〇四字）

(平)仄平平
(仄)平(平)仄
(平)(仄)平△仄
(仄)仄平平
(平)平(仄)仄
(仄)仄平(平)△仄
(仄)平(平)仄
(平)平(仄)仄
(仄)仄(仄)平(平)△仄
(仄)平(平)平平(平)仄
(仄)(平)仄(平)平△仄

(平)平(仄)仄
(平)平平仄
(仄)仄(仄)平(平)△仄

永遇樂　李清照

落日鎔金，
暮雲合璧，
人在何處？
染柳煙濃，
吹梅笛怨，
春意知幾許？
元宵佳節，
融和天氣，
次第豈無風雨？
來相召、香車寶馬，
謝他酒朋詩侶。

中州盛日，
閨門多暇，
記得偏重三五。

永遇樂　京口北固亭懷古　辛棄疾

千古江山，
英雄無覓，
孫仲謀處。
舞榭歌臺，
風流總被，
雨打風吹去。
斜陽草樹，
尋常巷陌，
人道寄奴曾住。
想當年、金戈鐵馬，
氣吞萬里如虎。

元嘉草草，
封狼居胥，
贏得倉皇北顧。

四十三年，
望中猶記，
烽火揚州路。
可堪回首，
佛狸祠下，
一片神鴉社鼓。
憑誰問：廉頗老矣，
尚能飯否？

望海潮　洛陽懷古　秦　觀

梅英疏淡，
冰澌溶泄，
東風暗换年華。
金谷俊遊，
銅駝巷陌，
新晴細履平沙。

鋪翠冠兒，
撚金雪柳，
簇帶爭濟楚。
如今憔悴，
風鬟霧鬢，
怕見夜間出去。
不如向、簾兒底下，
聽人笑語。

望海潮　柳　永

東南形勝，
三吴都會，
錢塘自古繁華。
烟柳畫橋，
風簾翠幕，
參差十萬人家。

(仄)仄平平
(平)平(平)仄
(平)仄平(平)仄△
(仄)平(平)仄
(平)平(仄)仄
(仄)仄(仄)平(平)仄△
(仄)平(仄)平平(仄)仄
(仄)平仄仄△

望海潮（一百〇七字）

(平)平平仄
(平)平(平)仄
(平)平(仄)仄平平△
平仄仄平
平平仄仄
(平)平(仄)仄平平△

格律		
(平)仄仄平平△	雲樹繞隄沙。	長記誤隨車。
仄(平)平(平)仄	怒濤捲霜雪，	正絮翻蝶舞，
(平)仄平平△	天塹無涯。	芳思交加。
(仄)仄平平	市列珠璣，	柳下桃蹊，
(仄)平(平)仄仄平平△	户盈羅綺競豪奢。	亂分春色到人家。
(平)平(仄)仄平平△	重湖疊巘清嘉。	西園夜飲鳴笳。
仄(平)平(仄)仄	有三秋桂子，	有華燈礙月，
(仄)仄平平△	十里荷花。	飛蓋妨花。
平仄仄平	羌管弄晴，	蘭苑未空，
平平仄仄	菱歌泛夜，	行人漸老，
(平)平(仄)仄平平△	嬉嬉釣叟蓮娃。	重來是事堪嗟。
(平)仄仄平平△	千騎擁高牙。	煙暝酒旗斜。
仄(仄)平(平)仄	乘醉聽簫鼓，	但倚樓極目，
(平)仄平平△	吟賞煙霞。	時見棲鴉。

(仄)仄平平(仄)仄
(平)仄仄平平△

（下片末二句的句式或作上四下七）

沁園春（一百十四字）

(仄)仄平平
(仄)(仄)(平)(平)
(仄)(平)(仄)平△
仄(平)平(仄)仄
(仄)平(仄)仄
(仄)平(平)仄
(仄)仄平平△
(仄)仄平平
(平)平(平)仄
(仄)仄平平(平)仄平△
平(平)仄

異日圖將好景，
歸去鳳池誇。

沁園春 夢方孚若 劉克莊

何處相逢？
登寶釵樓，
訪銅雀臺。
喚厨人斫就，
東溟鯨膾；
圉人呈罷，
西極龍媒。
天下英雄，
使君與操，
餘子誰堪共酒杯？
車千乘，

無奈歸心，
暗隨流水到天涯。

沁園春 雪 毛澤東

北國風光，
千里冰封，
萬里雪飄。
望長城内外，
惟餘莽莽；
大河上下，
頓失滔滔。
山舞銀蛇，
原馳蠟象，
欲與天公試比高。
須晴日，

仄平⃝平仄⃝仄
平⃝仄平平△
平⃝平仄⃝仄平平△
仄⃝仄仄平平平⃝仄平△
仄仄⃝平仄⃝仄
平⃝平仄⃝仄
平⃝平平⃝仄
平⃝仄平平△
仄⃝仄平平
平⃝平仄⃝仄
平⃝仄平平平⃝仄平△
平平⃝仄（或仄平⃝仄）
仄仄⃝平平⃝仄
平⃝仄平平△

載燕南趙北，
劍客奇才。
飲酣鼻息如雷。
誰信被晨鷄催喚回？
歎年光過盡，
功名未立；
書生老去，
機會方來。
使李將軍，
遇高皇帝，
萬户侯何足道哉？
披衣起，
但凄凉感舊，
慷慨生哀！
（第九句末字應仄而平）

看紅裝素裹，
分外妖嬈。
江山如此多嬌，
引無數英雄競折腰。
惜秦皇漢武，
略輸文采；
唐宗宋祖，
稍遜風騷。
一代天驕，
成吉思汗，
祇識彎弓射大鵰。
俱往矣，
數風流人物，
還看今朝。

摸魚兒（一百十六字）

仄平平仄平平仄
(平)平平仄平仄△
(平)平(平)仄平平仄
(平)仄仄平平仄△
平仄仄△
(仄)(仄)仄
(仄)平(仄)仄平平仄△
(平)平(仄)仄△
仄(仄)仄平平
(平)平(仄)仄
(仄)仄仄平仄△

平平仄
(平)仄平平仄仄△

摸魚兒　東皋寓居　晁補之

買陂塘旋栽楊柳，
依稀淮岸湘浦。
東皋嘉雨新痕漲，
沙觜鷺來鷗聚。
堪愛處，
最好是，
一川夜月光流渚。
無人獨舞，
任翠幄張天，
柔茵藉地，
酒盡未能去。

青綾被，
休憶金閨故步。

摸魚兒　辛棄疾

更能消幾番風雨？
匆匆春又歸去。
惜春長怕花開早，
何況落紅無數。
春且住！
見説道，
天涯芳草無歸路。
怨春不語，
算只有殷勤，
畫檐蛛網，
盡日惹飛絮。

長門事，
準擬佳期又誤。

(平)平平仄平仄△
(平)平(平)仄平平仄
(平)仄仄平平仄△
平仄仄△
(仄)(平)仄
(平)平(仄)仄平平仄△
(平)平(仄)仄△
仄(仄)仄平平
(平)平(仄)仄
(平)仄仄平仄△

儒冠曾把身誤。
弓刀千騎成何事？
荒了邵平瓜圃。
君試覷，
滿青鏡，
星星鬢影今如許！
功名浪語。
便似得班超，
封侯萬里，
歸計恐遲暮。

蛾眉曾有人妒。
千金縱買相如賦，
脈脈此情誰訴？
君莫舞！
君不見，
玉環飛燕皆塵土？
閑愁最苦。
休去倚危欄，
斜陽正在，
煙柳斷腸處。

第九單元

文選

更法

商君書

【商君書簡介】商君書是一部記録商鞅政治思想和主張的著作，舊題商鞅撰，實由商鞅及其後學合撰，漢書藝文志稱商君，著録二十九篇，今存二十六篇。商鞅（約前三九〇—前三三八年），戰國著名的政治家，法家代表人物，衛人，姓公孫，名鞅，或稱衛鞅。初爲魏相公叔痤家臣，後入秦，任左庶長、大良造等職，説服孝公變法，因功封於商（今商洛市東南），故又稱商鞅。惠王即位後，遭到舊貴族勢力的攻擊，被車裂而死。

商君書討論的内容主要包括如何發展農業生産、保護土地私有權、建立獎勵軍功制度和信賞必罰制度、加强中央集權、加强君權等等，同時也涉及到變法的理論根據、法令的起源和運用等問題，反映了商鞅進步的歷史觀、法治觀以及注重耕戰的思想。

商君書整理本主要有清人孫詒讓商子校本、今人朱師轍商君書解詁定本、高亨商君書注釋、蔣禮鴻商君書錐指等。

【題解】本文記載了秦孝公時期發生在秦國朝廷上的一場圍繞變法與否的大辯論。商鞅在辯論中據理對以甘龍、杜摯爲代表的守舊派進行了有力的駁斥，并取得了勝利。本文是了解商鞅思想的重要材料，從「疑行無成，疑事無功」「愚者暗於成事，知者見於未萌」「前世不同教，何古之法？帝王不相復，何禮之循」這些言語中可以看出商鞅變法的理論和決心。文章的語言簡練、精彩，富於哲理。本文是商君書的第一篇，取自諸子集成本，其中個别字據他本作了改動。

孝公平畫，公孫鞅、甘龍、杜摯三大夫御於君①。慮世事之變，討正法之本②，求使民之道。

①孝公（前三八一—前三三八年）：秦孝公，名渠梁，秦國國君，獻公子，惠文王父。平畫：討論謀畫。平，通「評」，商議。甘龍、杜摯：均秦高級官員。御：侍候，陪侍。

②正法之本：變法的依據。正，糾正，改變。本，根據，原則。

君曰：「代立不忘社稷，君之道也①；錯法務明主長②，臣之行也。今吾欲變法以治，更禮以教百姓，恐天下之議我也。」

①代立：指繼承君位。社稷：這裏指國家。

②錯法：建立法令制度。錯，通「措」，建立。務明：努力宣揚。明，使動用法。主長：君主的長處。

公孫鞅曰：「臣聞之，疑行無成，疑事無功。君亟(jí)定變法之慮，殆無顧天下之議之也①。且夫有高人之行者，固見負於世；有獨知之慮者，必見訾於民②。語曰：『愚者闇於成事，知(zhì)者見於未萌③。民不可與慮始，而可與樂成④。』郭偃之法曰⑤：『論至德者不和於俗，成大功者不謀於衆。』法者，所以愛民也；禮者，所以便事也。是以聖人苟可以彊國，不法其故；苟可以利民，不循其禮⑥。」

① 亟：迅速。慮：主意。殆：應當。無：通「毋」。
② 獨知之慮：獨到的見解。訾：毁謗。集成本作「驁」。
③ 闇於成事：事情成功了尚不明白其中的道理。闇，糊塗。萌：萌芽狀態。
④ 與：介詞，其後省去賓語「之」。慮始：商議大業的開創問題。樂成：快樂地享受成功的果實。
⑤ 郭偃：春秋時晉人，曾助晉文公治國。
⑥ 法：效法。其故：指舊的法令制度。循：遵守。

孝公曰：「善！」甘龍曰：「不然！臣聞之，聖人不易民而教①，知者不變法而治。因民而教者，不勞而功成；據法而治者，吏習而民安。今若變法，不循秦國之故，更禮以教民，臣恐天下之議君，願孰察之！」公孫鞅曰：「子之所言，世俗之言也！夫常人安於故習，學者溺於所聞②。此兩者，所以居官而守法，非所與論於法之外也③。三代不同禮而王(wàng)，五霸不同法而霸④。故知者作法，而愚者制焉；賢者更禮，而不肖者拘焉⑤。拘禮之人不足與言事；制法之人不足與論變⑥。君無疑矣！」

① 易民：指改變民俗。

② 學者：指學究。溺：通「泥」，拘泥。

③ 所以二句：大意爲，只能讓他們居官墨守成法，而不可以和他們討論法度之外的事情。所以，用來。與，其後省去賓語「之」。

④ 三代：指夏、商、周。王：成就王業。五霸：指春秋時期先後稱霸的五個諸侯，即齊桓公、晉文公、楚莊王、吳王闔閭、越王勾踐。一説指齊桓公、晉文公、宋襄公、秦穆公、楚莊王。

⑤ 作法：制定新法。制焉：被法令約束。不肖者：無德才的人。拘焉：被禮約束。

⑥ 不足：不值得。

杜摯曰：「臣聞之，利不百，不變法；功不十，不易器①。臣聞法古無過，循禮無邪。君其圖之②。」公孫鞅曰：「前世不同教，何古之法？帝王不相復，何禮之循③？伏羲、神農，教而不誅；黄帝、堯、舜，誅而不怒④。及至文、武，各當時而立法⑤，因事而制禮。禮、法以時而定，制、令各順其宜，兵甲器備各便其用。臣故曰：治世不一道，便國不必法古。湯、武之王也，不循古而興；夏、殷之滅也，不易禮而亡。然則反古者未必可非，循禮者未足多是也⑥。君無疑矣！」

孝公曰：「善！吾聞窮巷多恡（lìn），曲學多辨⑦。愚者笑之，智者哀焉；狂夫之樂，賢者喪焉⑧。拘世以議，寡人不之疑矣⑨。」於是遂出墾草令⑩。

① 百：百倍。功：功效。器：器具。

② 其：祈使語氣副詞，可譯爲「還是」。

③ 何古：「法」的前置賓語。之：代詞，復指「何古」。復：重復。

④伏羲、神農、黄帝、堯、舜：傳説中的古代帝王。帑：高亨以爲通「孥」，義爲連坐妻子兒女。

⑤文、武：指周文王、周武王。「文、武」可能是「湯、武」之誤。「湯、武」與下文相應。當時：針對當時的情況。當，介詞，針對。

⑥未足多是：不值得讚揚。多，讚揚。是，肯定。「多是」同義連用。

⑦惏：同「悋」，見識淺陋。玉篇：「悋，鄙也。俗又作『惏』。」御覽作「恡」，新序引作「怪」。曲學：學識卑陋淺薄、見解執拗不通的人。

⑧笑之：一本作「之笑」。喪：憂慮。一本作「憂」。

⑨拘世二句：用拘泥世俗的思想發表議論，我將不再顧忌它了。拘世，作介詞「以」的賓語，前置。不之疑，即「不疑之」。「之」作「疑」的賓語，前置。

⑩墾草令：開墾荒地的法令。

尚賢

墨子

【墨子簡介】墨子是一部反映墨家學説的重要著作，由墨子、墨門弟子及其後學相繼撰成。據漢書藝文志載原本七十一篇，今本僅存五十三篇，餘皆散佚或有目無文。墨子（約前四六八——前三七六年），名翟（dí），戰國初魯國（一説宋國）人，思想家，墨家學説的開創者。墨子和儒家學派尖鋭對立，主張修身、尚賢、兼愛、非攻、節用、節葬、貴義等，反對貪婪暴虐行爲和非正義戰爭，企圖説服一些諸侯放棄侵略政策。墨家學派出自平民，組織嚴密，生活艱苦，作風樸實，同情弱者，身體力行，在戰國時期有廣泛的民衆基礎，與儒學一起被稱爲「顯學」。由於和統治階級的思想不合，對統一的政權没有什麼幫助，故墨家自秦漢起不受重視，後繼乏人，以至於其著作在流傳過程中出現了不少脱誤。墨子一書邏輯嚴密，比喻貼切，注重説理，文辭簡易質樸，充分反映了墨家務實的作風。該書的通行注本是清人孫詒讓的墨子閒詁。

【題解】本文主要論述了重視人才和用人唯賢的思想，是對當時世卿世禄制度的有力批判。作者認爲尚賢事能是爲政之本，國家的治亂强弱取決於人才的多少。君主要想使國家强盛起來，應該通過「富之貴之，敬之譽之」的方法聚集賢人，根據「舉義不辟貧賤」的原則選拔賢人，并且要「高予之爵，重予之禄，任之以事，斷予之令」，使他們有職有權，成爲君主的得力輔佐。這些認識反映了墨家學派爲平民争取權利的思想。墨子尚賢共分上、中、下三篇，這裏所選的是尚賢上，取自諸子集成本。

子墨子言曰①：「今者王公大人爲政於國家者，皆欲國家之富，人民之衆，刑政之治②。然而不得富而得貧，不得衆而得寡，不得治而得亂，則是本失其所欲，得其所惡。是其故何也？」子墨子言曰：「是在王公大人爲政於國家者③，不能以尚賢事能爲政也。是故國有賢良之士衆，則國家之治厚；賢良之士寡，則國家之治薄④。故大人之務，將在於衆賢而已⑤。」

① 子墨子：墨子弟子對墨子的尊稱。
② 刑政：刑法政令。治：這裏義爲得到實施。
③ 爲政於國家者：「者」字結構，作「王公大人」的定語，後置。
④ 厚：指得到加强。薄：指被削弱。
⑤ 務：任務。衆賢：使賢人增多。衆，使動用法。

曰：「然則衆賢之術將奈何哉①？」子墨子言曰：「譬若欲衆其國之善射御之士者，必將富之貴之，敬之譽之②，然後國之善射御之士將可得而衆也，况又有賢良之士厚乎德行、辯乎言談、博乎道術者乎③？此固國家之珍而社稷之佐也，亦必且富之貴之，敬之譽之，然後國之良士亦將可得而衆也④。是故古者聖王之爲政也，言曰：『不義不富⑤，不義不貴，不義不親，不義不近。』是以國之富貴人聞之，皆退而謀曰：『始我所恃者，富貴也；今上舉義不辟貧賤，然則我不可不爲義。』親者聞之，亦退而謀曰：『始我所恃者，親也；今上舉義不辟疏，然則我不可不爲義。』近者聞之，亦退而謀曰：『始我所恃者，近也；今上舉義不辟遠，然則我不可不爲義。』遠者聞之，亦退而謀曰：『我始以遠爲無恃，今上舉義不辟遠，然則我不可不爲義。』逮(dài)至遠鄙郊外之臣，門庭庶子，國中之衆、四鄙之萌人聞之⑥，皆競爲義。是其何故也？曰：上之所以使下者，一物也；下之所以事上者，一術也⑦。譬之富者，有高牆深宫，牆立既，謹上爲鑿一門⑧。有盗人入，闔其自入而求之，盗其無自出⑨。是其何故也？則上得要也。

① 奈何：同「如何」，固定結構，詢問方式。
② 善射御之士：擅長射箭和駕車的人。富之貴之：使他們富裕，使他們尊貴。富、貴，均使動用法。譽之：表彰他們。
③ 況又三句：何況賢良的人才在德行方面修養深厚，在言語方面長於論説，在學問方面博大精深。乎，介詞，用法同「於」。道術，道德學問。
④ 亦必且：也一定要。且，助動詞，要。
⑤ 不義不富：行爲不義的人就不讓他富裕。後三句的句式與此句同。

⑥ 逮：及。鄙：邊邑。郊：周制，距國都百里或五十里、三十里、十里之地爲郊。門庭：宮廷。庶子：擔任宿衛的貴族子弟。國：國都。萌：通「氓」，平民。
⑦ 一物、一術：均指「義」。
⑧ 牆立既：牆建好後。孫詒讓墨子閒詁以爲此句本應爲「宮牆既立」。謹上：墨子閒詁以爲此二字當爲「謹止」，「謹」通「僅」。
⑨ 闔其自入：關閉他進來的地方，即關門。闔，關上。求之：捉盜。無自出：無由出，没有逃出的通道。

故古者聖王之爲政，列德而尚賢①。雖在農與工肆之人②，有能則舉之。高予之爵，重予之祿，任之以事，斷予之令③。曰：『爵位不高則民弗敬，蓄祿不厚則民不信，政令不斷則民不畏。』舉三者授之賢者，非爲賢賜也，欲其事之成。故當是時以德就列，以官服事，以勞殿賞④，量功而分祿。故官無常貴，而民無終賤。有能則舉之，無能則下之。舉公義，辟私怨，此若言之謂也⑤。故古者堯舉舜於服澤之陽，授之政，天下平；禹舉益於陰方之中，授之政，九州成⑥；湯舉伊尹於庖廚之中，授之政，其謀得⑦；文王舉閎夭、泰顛於罝(jū)罔之中，授之政，西土服⑧。故當是時，雖在於厚祿尊位之臣，莫不敬懼而施；

雖在農與工肆之人，莫不競勸而尚意⑨。故士者，所以爲輔相承嗣也⑩。故得士則謀不困，體不勞。名立而功成，美章而惡不生，則由得士也⑪。」是故子墨子言曰：「得意賢士不可不舉，不得意賢士不可不舉⑫。尚欲祖述堯舜禹湯之道，將不可以不尚賢⑬。夫尚賢者，政之本也。」

①列德：使有德的人居於官位。列，位次，這裏爲使動用法。
②工肆之人：手工業者和商業者。肆，市集；店鋪。
③斷予之令：此句當作「予之斷令」。斷令，決斷權。
④是時：孫詒讓墨子閒詁：「治要（群書治要）無此二字。」以官服事：根據官員的職責來掌管事務。殿：定；評定。
⑤舉公義：舉用公正有道義的人。辟私怨：避免使用自私或心懷不滿的人。辟，「避」的古字。若言：這樣的言論，指「尚賢」。
⑥服澤：地名，今址不詳，或以爲即蒲澤，蒲澤在今山西境内。益：即伯益，夏代東夷族的首領，助禹治水有功，選爲繼承人，後被啟攻殺。陰方：今址不詳。成：平定；安定。
⑦伊尹：商湯的相，佐商滅夏。據史記殷本紀，伊尹想游説商湯而不得其門，遂扮成有莘氏（有莘氏女嫁於湯）的媵臣，負鼎俎烹飪，以滋味説湯，得到湯的信任和重用。
⑧閎夭、泰顛：均周文王的臣下。罝罔：捕鳥獸的網。罝，捕兔網，又泛指捕獸的網。西土：指商末中原西部各部落。按：文王舉閎夭、泰顛於罝罔之事未詳，或説泰顛即太公望。
⑨莫：無指代詞，没有哪個人。敬：嚴肅；端肅。施：通「惕」，小心謹慎。競勸：競相鼓勵。尚意：即尚德。意，「德」的訛字。「德」古作「悳」，與「意」形似。
⑩爲：成爲。輔相：輔佐。承嗣：通「丞司」，副職。
⑪美：指好事。章：「彰」的古字。

⑫ 得意：得志，取得成功。

⑬ 尚：通「倘」，倘若。據王引之説。

五蠹

韓非子

【韓非子簡介】韓非子，或稱韓子，是先秦法家學説的集大成之作，戰國末韓非著。韓非（約前二八〇—前二三三年），韓國公子，喜刑名法術之學，爲人口吃而善著書，與李斯同師事荀卿，斯自以爲不如非。韓非曾多次上書諫韓王變法圖强而未被採用，遂發奮著孤憤、五蠹、内儲説、外儲説、説林、説難等十餘萬言以明志。後因受到秦王政的賞識而被强邀至秦。入秦不久，遭李斯、姚賈陷害下獄，被迫自殺。

韓非繼承了吴起、商鞅的法治思想、申不害的術治思想、慎到的勢治思想和荀子反對天命强調人事的思想，對戰國各國變法的經驗教訓進行了全面的總結，從而形成了自己的一套法治理論。在歷史觀上他反對復古，認爲「聖人不期修古，不法常可」，「世異則事異，事異則備變」；在政治上主張以法治國，法（法制）、術（君主駕馭臣民的手段）、勢（君主的權力）相結合，獎勵耕戰，嚴刑峻法；在用人方面反對世襲等級制度，提倡任人唯賢。韓非的思想適應了戰國末期的時代潮流，爲封建統治者提供了重要的理論武器，影響深遠。

韓非子現存五十五篇，與漢書藝文志的著録相合，有極少數如初見秦、存韓等可能不是韓非本人所作。全書説理嚴密透徹，辭鋒冷峻峭拔，思想鋒芒畢露，善於運用歷史傳説或寓言故事助成其説。

韓非子的注本主要有清人王先慎韓非子集解、今人陳奇猷韓非子集釋、梁啟雄韓非子淺解等。其中集釋在集解的基礎上完成，材料比前者豐富，新見亦多。淺解注釋簡要，便於初學。

【題解】五蠹是韓非的代表作，文章較全面地論述了韓非的歷史觀和社會觀，具體内容包括「世異則事異」「事異則備變」的歷史觀和去除五蠹、重農尚武、以法治國的政治主張等。五蠹指學者（儒家）、言談者（縱横家）、帶劍者（游俠）、患御者（君主的近侍或服侍達官貴族的人，一説爲逃避兵役者，二者相關實爲一事）及商工之民。「蠹」本是蛀木之蟲，韓非認爲以上五種人没有創造物質財富，就像蠹蟲一樣於社會有害無益，應該清除。本文爲韓非子第四十九篇，取自諸子集成本，原文較長，這裏有删節。

上古之世，人民少而禽獸衆，人民不勝禽獸蟲蛇。有聖人作，構木爲巢以避群害，而民悦之，使王（wàng）天下，號之曰有巢氏。民食果蓏（luǒ）蚌蛤（gé），腥臊惡臭（xiù）而傷害腹胃①，民多疾病。有聖人作，鑽燧（suì）取火以化腥臊，而民説（yuè）之②，使王天下，號之曰燧人氏。中古之世，天下大水，而鯀（gǔn）禹決瀆（dú）③。近古之世，桀紂暴亂，而湯武征伐④。今有構木鑽燧於夏后氏之世者⑤，必爲鯀禹笑矣；有決瀆於殷周之世者，必爲湯武笑矣。然則今有美堯、舜、湯、武、禹之道於當今之世者，必爲新聖笑矣⑥。是以聖人不期脩古，不法常可，論世之事，因爲之備⑦。宋人有耕者，田中有株，兔走觸株⑧，折頸而死。因釋其耒(lěi)而守株，冀復得兔⑨。兔不可復得，而身爲宋國笑。今欲以先王之政治當世之民，皆守株之類也。

①果蓏：瓜果的總稱。果，木本植物的果實。蓏，草本植物的果實。蚌：同「蚌」。蛤：蛤蜊。

②鑽燧：古代的取火方法。鑽，鑽取。燧，指木燧，取火用具，木質，鑽以取火。

③鯀：傳説爲大禹的父親，姒姓。決瀆：疏治河流。決，疏導。瀆，入海的河流。古稱江、淮、河、濟四條河流爲「四瀆」。

④桀：夏末暴君。紂：商末暴君。二人分别被商湯和周武王推翻。

⑤今：連詞，表假設，義同「如果」。

⑥然則：這樣那麽，代詞與連詞的連用。

⑦期：期望。修古：效法古代。常可：永久適用的法令制度。論：研討。因爲之備：根據具體情況制定符合實際的措施。因，根據。備，指措施。

⑧走：跑。株：露出地面的樹樁。

⑨耒：一種木製的翻土農具。冀：希望。

古者丈夫不耕，草木之實足食也①；婦人不織，禽獸之皮足衣也。不事力而養足②，人民少而財有餘，故民不爭。是以厚賞不行，重罰不用而民自治。今人有五子不爲多，子又有五子，大父未死而有二十五孫③；是以人民衆而貨財寡，事力勞而供養薄，故民爭，雖倍賞累罰而不免於亂。

①丈夫：古代男子的通稱。

②事力：用力。養：生活資料。

③大父：祖父。

堯之王天下也，茅茨（cí）不翦，采椽不斲（zhuó）①；糲粢（lìzī）之食，藜藿（huò）之羹②；冬日麑（ní）裘，夏日葛衣③；雖監門之服養不虧於此矣④。禹之王天下也，身執耒臿（chā）以爲民先，股無胈（bá），脛不生毛；雖臣虜之勞不苦於此矣⑤。以是言之，夫古之讓天子者，是去監門之養而離臣虜之勞也，故傳天下而不足多也。今之縣令，一日身死，子孫累世絜（xié）駕⑥，故人重之。是以人之於讓也，輕辭古之天子，難去今之縣令者，薄厚之實異也。夫山居而谷汲者，膢（lóu）臘而相遺（wèi）以水；澤居苦水者，買庸而決竇⑦。故饑歲之春，幼弟不饟（xiǎng）；穰（ráng）歲之秋，疏客必食（sì）⑧。非疏骨肉愛過客也，多少之實異也。是以古之易財，非仁也，財多也；今之爭奪，非鄙也⑨，財寡也。輕辭天子，非高也，勢薄也；重爭土橐（tuó）⑩，非下也，權重也。故聖人議多少、論薄厚爲之政。故罰薄不爲慈，誅嚴不爲戾，稱（chèn）俗而行也。故事因於世，而備適於事⑪。

①茅茨：用茅草、蘆葦蓋的屋頂。翦：義同「剪」。采椽：櫟木做的椽子。采，「棌」的古字，櫟木。不斲：不加工。斲，砍削。

②糲粢之食：指粗糙的飯食。糲，粗米。粢，穀類。藜藿：泛指野菜。藜，野菜。藿，豆葉。

③麑裘：用幼鹿皮製成的衣服。麑，小鹿。葛衣：葛布衣服。葛，一種草本植物，纖維可織布。

④監門：守門人。養：待遇。虧：少。

⑤臿：鐵鍬一類的掘土工具。股：大腿。胈：腿上的細毛。脛：小腿。臣虜：同義連用，奴隸。古代常以俘虜爲奴隸。

⑥累世：世代。絜駕：駕車，指具有乘車的待遇。絜，同「挈」，套；套車。

⑦谷汲：到谷底取水。山、谷：均名詞作狀語。膢

臘：逢年過節。膢，楚人二月祭祀飲食神的節日。臘，古代祭祀百神的節日，在冬至後第三個戌日。段玉裁說文解字注：「臘本祭名，因呼臘月臘日耳。」買庸：雇工。庸，「傭」的古字。決竇：挖水道排水。竇，通「瀆」，水溝。

⑧饑歲：荒年。饟：同「餉」，送食物給人。穰歲：豐年。疏客：關係疏遠的過客。食：拿食物給人吃。

⑨易財：看輕財貨。易，輕視。鄙：行爲卑下。

⑩土橐：義不明。或說「土」當作「士」，與「仕」同，「橐」通「託」，「仕託」義爲走仕途或依附諸侯。

⑪故事二句：所以說形勢在隨着時代的變化而變化，政治措施要適應具體的情況。因，動詞，隨着。

古者文王處豐鎬（hào）之閒，地方百里，行仁義而懷西戎，遂王天下①。徐偃王處漢東②，地方五百里，行仁義，割地而朝者三十有六國。荆文王恐其害己也，舉兵伐徐，遂滅之③。故文王行仁義而王天下，偃王行仁義而喪（sàng）其國，是仁義用於古而不用於今也。故曰：世異則事異。當舜之時，有苗不服④，禹將伐之。舜曰：「不可。上德不厚而行武，非道也⑤。」乃修教三年，執干戚舞，有苗乃服⑥。共工之戰，鐵銛（xiān）短者及乎敵，鎧甲不堅者傷乎體，是干戚用於古不用於今也⑦。故曰：事異則備變。上古競於道德，中世逐於智謀，當今爭於氣力⑧。齊將攻魯，魯使子貢說（shuì）之⑨。齊人曰：「子言非不辯也，吾所欲者土地也，非斯言所謂也。」遂舉兵伐魯，去門十里以爲界⑩。故偃王行仁義而徐亡，子貢辯智而魯削。以是言之，夫仁義辯智非所以持國也。去偃王之仁，息子貢之智，循徐、魯之力，使敵萬乘，則齊、荆之欲不得行於二國矣⑪。

①豐：周文王的都城，地在今陝西鄠縣東。鎬：西周都城，周武王時遷於此，地在今西安市長安區西南。懷：安撫。西戎：古代西北一帶的少數民族。

②徐偃王：西周穆王時人，徐國的國君。徐國的國都在安徽泗縣。漢：漢水。

③荆文王：即楚文王。楚文王比徐偃王晚三百餘年，故或説荆文王的「文」爲衍文，或説「荆文」二字都是衍文。徐偃王曾聯合九夷侵周，打到黄河邊上，致使周穆王伐徐。竹書紀年：「穆王十四年（前九三四年），王帥楚子伐徐戎，克之。」

④有苗：又稱三苗，上古少數民族名。有，名詞詞頭。

⑤上：通「尚」，崇尚。厚：多。

⑥修教：加强教化。干戚：兵器名。干即盾。戚爲斧的一種。把干戚作爲舞具，象徵不用暴力，加强了德政。

⑦共工：堯舜時人，傳説他曾與顓頊争帝，故其時代很早，文中不宜稱今。或疑「共工」即鞏簡公，春秋時周景王、敬王卿士，曾參與平息周景王長庶子王子朝的叛亂。鐵銛：一種兵器。及乎敵：被敵人傷及。

⑧上古：指堯舜時代。中古：指春秋時代。當今：指戰國時代。氣力：指武力。

⑨子貢：孔子弟子，姓端木，名賜，字子貢。

⑩去門：距離魯國國都大門。

⑪非所以持國：不是用來守衛國家的辦法。循：依靠。萬乘：擁有萬輛兵車的大國。

儒以文亂法，俠以武犯禁，而人主兼禮之[①]，此所以亂也。夫離法者罪，而諸先生以文學取；犯禁者誅，而群俠以私劍養[②]。故法之所非，君之所取；吏之所誅，上之所養也。法趣上下，四相反也，而無所定[③]。雖有十黄帝，不能治也。故行仁義者非所譽，譽之則害功；工文學者非所用[④]，用之則亂法。楚之有直躬，其父竊羊而謁之吏[⑤]。令尹曰：「殺之！」以爲直於君而曲於父，報而罪之⑥。以是觀之，夫君之直臣，父之暴子也。魯人從君戰，三戰三北，仲尼問其故，對曰：「吾有老父，身死，莫之養也」。仲尼以爲孝，舉而上之⑦。以是觀之，夫父之孝子，君之背臣也。故令尹誅而楚姦不上聞，仲尼賞而魯民易降北⑧。上下之利，若是其異也。而人主兼舉匹夫之行，而求致社稷之福，必不幾(jī)矣⑨。

① 兼禮之：同時給他們以禮遇。
② 離：通「罹」，觸犯。諸先生：指儒者。取：被任用。以私劍養：依靠行刺而被人畜養。
③ 趣：通「取」，指國君的取用。無所定：没有標準，相互矛盾。
④ 非所譽：不是應該贊譽的人。害功：指妨害耕戰。工：精通。非所用：不是應該使用的人。
⑤（楚）之：或説爲衍文，或説爲「人」之誤。謁：告發。
⑥ 令尹：楚國的執政大臣叫令尹。報：判決。
⑦ 舉：推薦。上之：使他居於上位，即做了官。
⑧ 聞：使動用法，讓……知道。北：逃跑。
⑨ 兼舉：同時肯定。匹夫之行：指個人的思想行爲。幾：實現；達到。

古者蒼頡之作書也，自環者謂之「私」，背私謂之「公」①。公私之相背也，乃蒼頡固以知之矣。今以爲同利者，不察之患也。然則爲匹夫計者，莫如脩行義而習文學②。行義脩則見信，見信則受事；文學習則爲明師，爲明師則顯榮。此匹夫之美也。然則無功而受事，無爵而顯榮，有政如此，則國必亂，主必危矣。故不相容之事，不兩立也。斬敵者受賞，而高慈惠之行；拔城者受爵禄，而信廉愛之説③；堅甲厲兵以備難，而美薦(jìn)紳之飾④；富國以農，距敵恃卒，而貴文學之士；廢敬上畏法之民，而養遊俠私劍之屬。舉行如此，治强不可得也。國平養儒俠，難至用介士⑤，所利非所用，所用非所利。是故服事者簡其業，而遊學者日衆，是世之所以亂也⑥。

①蒼頡：或作「倉頡」，相傳爲黄帝的史官，漢字的創造者。自環：向裏繞。私字本作厶，古文作𠃧，筆劃從外向裏繞。公字從「八」，「八」有分、背的意思，故言「背私爲公」。説文：「公，平分也。從八從厶。八猶背也。」

②匹夫：指一般人。行：當作「仁」。

③高慈句：推崇仁義之行。慈惠之行，指儒家提倡的行爲。廉愛：當爲「兼愛」，指墨家的學説。

④堅甲厲兵：用作動詞，穿上堅固的甲胄拿上鋒利的兵器。厲，「礪」的古字，這裏義爲「磨得鋒利的」。備難：禦敵。薦紳：儒者的服飾，插笏(笏爲古時大臣上朝用的記事手板)於衣帶間。薦，通「搢」(jìn)，插。紳，衣帶。

⑤國平：國家處在太平之時。介士：甲士。介，鎧甲。

⑥服事者：指服役或從事農耕的人。簡：懈怠。遊學者：指傳播儒、墨等學説的人和説客。

今境内之民皆言治，藏商管之法者家有之①，而國愈貧；言耕者衆，執耒者寡也。境内皆言兵，藏孫吴之書者家有之②，而兵愈弱；言戰者多，被(pī)甲者少也。故明主用其力不聽其言，賞其功必禁無用；故民盡死力以從其上。夫耕之用力也勞，而民爲之者，曰：可得以富也；戰之爲事也危，而民爲之者，曰：可得以貴也。今修文學，習言談③，則無耕之勞而有富之實，無戰之危而有貴之尊，則人孰不爲也？是以百人事智而一人用力。事智者衆，則法敗；用力者寡，則國貧。此世之所以亂也。故明主之國，無書簡之文，以法爲教；無先王之語，以吏爲師④；無私劍之捍，以斬首爲勇⑤。是境內之民，其言談者必軌於法，動作者歸之於功，爲勇者盡之於軍⑥。是故無事則國富，有事則兵强，此之謂王資，既畜（xù）王資而承敵國之舋，超五帝侔（móu）三王者⑦，必此法也。

① 商：商鞅，秦孝公相。管：管仲，齊桓公相。二人都是法家的重要人物。

② 孫：指春秋時吴國的孫武、戰國時齊國的孫臏。吴：吴起，戰國時衛人，初入魯爲將，因遭讒赴魏，文侯任爲西河郡守，武侯時又因受排擠奔楚，爲楚悼王令尹。

③ 修文學：研究儒學。習言談：指學習遊説之道。

④ 書簡之文：指有關禮儀教化的書籍。簡，竹簡。先王之語：指前代君王關於治國的言論。以吏爲師：把官吏作爲學習法令的老師。

⑤ 捍：通「悍」，强悍，指俠客的行爲。斬首：指在戰場上殺敵。

⑥ 軌：遵循，依照。動作者：想做事的人。歸：投入。功：指耕戰。爲勇者：想顯示勇敢的人。

⑦ 王資：建立王業的憑藉。資，憑藉。承：通「乘」。舋：空隙。五帝：據史記所載指黄帝、顓頊、帝嚳、唐堯、虞舜。侔：相等。三王：指夏禹、商湯、周文王和周武王。

夫明王治國之政，使其商工遊食之民少而名卑，以寡趣本務而趨末作①。今世近習之請行②，則官爵可買；官爵可買，則商工不卑也矣。姦財貨賈（gǔ）得用於市③，則商人不少矣。聚斂倍農，而致尊過耕戰之士，則耿介之士寡，而高價之民多矣④。

①商工遊食之民：商人、工匠、儒者、遊俠等。以：連詞，連接目的分句，可譯爲「以求」。趣：通「趨」。本：指耕戰。末作：指工商業。按：句中「寡」字應移至「末」字上，「趨」字應删。趨字或作「外」。此句宋乾道本作「以寡取本務而趨末作」。

②近習：君主的寵信者。請：指向近習的請托，如行賄求官等。行：盛行。

③姦財貨賈：詞序當作「姦賈財貨」。用於市：指在市場上銷售。

④聚斂：指姦商囤積居奇以斂財。致尊：達到尊貴的地位。耿介之士：指忠誠老實、規矩守法的人。高價之民：指有身份地位的商人。或疑「高價」爲「商賈」之誤，文選引作「商賈」。

是故亂國之俗，其學者則稱先王之道以籍（jiè）仁義，盛（shèng）容服而飾辯說，以疑當世之法而貳人主之心①。其言古者，爲設詐稱②，借於外力，以成其私而遺社稷之利。其帶劍者，聚徒屬，立節操，以顯其名而犯五官之禁③。其患御者積於私門，盡貨賂而用重人之謁，退汗馬之勞④。其商工之民，修治苦窳（gǔyǔ）之器，聚弗靡之財，蓄積待時，而侔農夫之利⑤。此五者，邦之蠹也。人主不除此五蠹之民，不養耿介之士，則海内雖有破亡之國，削滅之朝，亦勿怪矣。

①籍：憑藉。盛容服：穿帶整齊。容服，指儒家的服飾。飾辯説：誇飾其學說。疑：懷疑。貳：動搖。

② 古：應爲「談」，「言談者」指縱橫家。爲設詐稱：虚構事實，説謊騙人。爲，通「僞」。

③ 帶劍者：指游俠。立節操：樹立個人名節。五官之禁：泛指國法。五官爲司徒、司馬、司空、司士、司寇。

④ 患御者：害怕服兵役而去服侍國君或達官貴族的人。御，通「禦」。盡貨賂：收受賄賂。用：接受。重人之謁：權勢者的請托。退汗句：使有戰功的人反居其後。退，使動用法。

⑤ 苦窳：質量低劣。苦，通「盬」，粗劣。窳，不堅固。弗靡：奢侈，或作「沸靡」。侔：通「牟」，謀取。

貴公

呂氏春秋

【呂氏春秋簡介】呂氏春秋，又名呂覽，是一部匯集先秦各派學説的論著，由秦相呂不韋組織其門客共同撰成，全書二十六卷，分爲八覽、六論、十二紀，共一百六十篇，二十餘萬言。呂不韋（？—前二三五年），戰國末趙國陽翟（今河南禹縣）大商人，後因謀劃立秦公子子楚爲太子有功而入秦，做了莊襄王（子楚）的相國，封文信侯。秦始皇十年被免，在遷蜀途中被迫自殺。戰國末年，各諸侯國都招賢納士，讓他們著書立説以布天下。在這種風氣影響下，呂不韋也使門客人人述其所聞，遂撰成呂氏春秋一書。編者很自負，以爲此書可以「備天地萬物古今之事」，達到了一字不易的水準，曾展示於咸陽市門，告示天下有能增損一字者賞千金。

呂氏春秋的思想體系較爲複雜，大致是以儒、道爲主，兼採法、墨、農、名、兵各家，自漢書藝文志起一直被列入雜家。全書取材廣博，語言簡練，文風樸實，雖篇幅大都不長，但析理透徹，邏輯嚴密，故事生動，有很强的説服力。

最早爲吕氏春秋作注的人是東漢高誘，高注流傳至今。清人畢沅對吕氏春秋做過校勘工作。今人的注本主要有許維遹吕氏春秋集釋和陳奇猷吕氏春秋校釋，二書所收資料均很豐富。譯注本和選本有張雙棣等吕氏春秋譯注和王範之吕氏春秋選注。

【題解】本文主要論述了治理天下「必先公」的主張。文章認爲，「天下非一人之天下也，天下之天下也」，天道至公，「不長一類」，「不私一物」，「生而弗子」，「成而弗有」。據此，統治者治理國家應該合乎天道，去私奉公，「不阿一人」。如果行私貪利，勢必會失去天下，雖聖人亦不能爲治。作者的思想屬於道家一派。本文屬吕氏春秋孟春紀，取自諸子集成本。

昔先聖王之治天下也，必先公，公則天下平矣①。平得於公。嘗試觀於上志，有得天下者衆矣，其得之以公，其失之必以偏②。凡主之立也，生於公③。故鴻範曰：「無偏無黨，王道蕩蕩；無偏無頗，遵王之義；無或作好④，遵王之道；無或作惡，遵王之路。」

① 平：治理。

② 嘗試：試着。上志：古代的記載。偏：私。

③ 主：君主。生：出。

④ 鴻範：尚書周書中的一篇，尚書作洪範。鴻，大。範，法。黨：動詞，結黨。頗：不平，不正。義：法。無或作好：不要建立私交。無，通「毋」。或，語氣助

詞。好，高誘注：「私好」。按：「黨、蕩」「頗、義」「好、道」「惡、路」分別押韻，上古音分別同在陽部、歌部、曉部、鐸部。

天下，非一人之天下也，天下之天下也。陰陽之和，不長一類；甘露時雨，不私一物；萬民之主，不阿一人①。伯禽將行，請所以治魯②。周公曰：「利而勿利也③。」荆人有遺弓者，而不肯索④，曰：「荆人遺之，荆人得之，又何索焉？」孔子聞之曰：「去其『荆』而可矣。」老聃（dān）聞之曰：「去其『人』而可矣⑤。」故老聃則至公矣⑥。天地大矣，生而弗子，成而弗有，萬物皆被其澤、得其利，而莫知其所由始⑦。此三皇五帝之德也⑧。

① 不長句：不只讓一種物類生長。長，使生長，使動用法。阿：偏向；庇護。

② 伯禽：周公長子，周成王時代周公就封於魯，爲魯國的始祖。

③ 利而勿利：施惠給百姓而不要爲自己謀私利。兩個「利」爲動詞。高誘注：「務在利民，勿自利也。」

④ 荆：楚國的别稱。遺：丢失。索：求；找。

⑤ 老聃：即老子。去其「人」：意爲「再去掉『人』字」。

⑥ 至公：最公。按照老子的説法，句意成了「天地丢失，天地得到」，故言「老聃則至公」。

⑦ 生而二句：生育了人類而不獨視爲己子，造就了萬物而不據爲己有。被：接受；得到。莫：没有誰。所由始：「所」字結構，來源。

⑧ 三皇：傳説中的遠古帝王，指燧人氏、伏羲氏、神農氏，或説指天皇、地皇、泰皇。五帝：見上篇五蠹注。

管仲有病，桓公往問之，曰：「仲父之病矣，漬（zì）甚，國人弗諱，寡人將誰屬（zhǔ）國①？」管仲對曰：「昔者臣盡力竭智，猶未足以知之也，今病在於朝夕之中，臣奚能言？」桓公曰：「此大事也，願仲父之教寡人也。」管仲敬諾，曰：「公誰欲相？」公曰：「鮑叔牙可乎？」管仲對曰：「不可。夷吾善鮑叔牙，鮑叔牙之爲人也，清廉潔直，視不己若者，不比於人②；一聞人之過，終身不忘。」「勿已，則隰朋其可乎③？」「隰朋之爲人也，上志而下求，醜不若黄帝，而哀不己若者④。其於國也，有不聞也；其於物也，有不知也；其於人也，有不見也⑤。勿已乎，則隰朋可也。」夫相，大官也。處大官者，不欲小察，不欲小智⑥，故曰：大匠不斫，大庖不豆，大勇不鬥，大兵不寇⑦。桓公行公去私惡（wù），用管子而爲五伯長（bàzhǎng）⑧；行私阿（ē）所愛，用豎刀而蟲出於户⑨。人之少也愚，其長也智。故智而用私，不若愚而用公。日醉而飾服，私利而立公，貪戾而求王（wàng）⑩，舜弗能爲。

①仲父之病：「病」字前當有「疾」字，本書知接篇正作「仲父之疾病矣」。病，病重。漬：病重。高誘注：「漬，亦病也。」弗諱：「死」的委婉説法。屬：「囑」的古字，託付。

②不己若者：才德不如自己的人。己，作「若」的賓語，前置。不比於人：不善於團結人。比，親近。

③勿已：不得已。隰朋：齊大夫。其：語氣副詞，表測度，大概。

④上志句：能效法上代賢人并且勇於向下級求教。志，這裏義爲有志學習。下求，下問。高誘注：「志上世賢人而模之也。」醜：慚愧。哀：同情。

⑤有不聞：對有些事情不過問。説明不攬權。聞，知曉。物：指一般事情，對國事而言。有不知：有些不求知道。説明注重大事。有不見：指對别人的缺點錯誤有些假裝没有看見。説明待人寬厚。

⑥小察：過於明察；苛細的察知。小智：小聰明。

⑦不斫：不親自砍削。按：大工匠只作示範。不豆：不擺放盤豆。豆，古代食器，形似高足盤，這裏用作動詞。或説「豆」通「剅」(dōu)，宰割。按：大廚師只調五味。不鬥：不親自格鬥。大兵不寇：大軍隊不爲寇盜劫掠之事。寇，劫掠。

⑧行公：奉公行事。私惡：指私仇。管仲曾助公子糾射傷桓公，桓公不計私仇任管仲爲相。管子：即管仲。五伯長：五霸之首。伯，義同「霸」。

⑨阿：偏袒。豎刀：即豎刁，齊桓公時宦官。蟲出於户：桓公死後，豎刁與桓公另外兩個寵臣易牙、開方作亂，加之桓公的五個公子争立，無人安葬桓公，致尸臭生蛆，爬出户外。

⑩飾服：整頓喪禮。飾，通「飭」，整頓。服，喪服制度。據禮，居喪期間不飲酒。戾：通「利」。禮記大學：「一人貪戾，一國作亂。」鄭玄注：「戾之言利也。」

訓詁

我國古代的文化典籍非常豐富，但是由於時間的隔閡和語言的變化，前人的著作後人往往難以讀懂。爲了使更多的人學習并繼承前代的文化遺産，一些學者專門出來做古書的注釋和研究工作，這種工作就叫做「訓詁」。

爲古書作注的歷史源遠流長。從漢代起，人們首先開始了注釋經書的工作，此後，注釋的範圍擴大到史書、子書、詩集等，注釋的類型、體例、方法、術語等也在不斷發展和完善，同時出現了一些彙集前人注釋成果、研究前人注釋經驗的著作，逐漸形成了傳統的訓詁學。自漢至清，傳統訓詁學先後經過了萌芽、形成、發展、成熟和鼎盛幾個時期。二十世紀三十年代末，胡樸安寫出了第一部中國訓詁學史，對傳統訓詁學進行了總結。

傳統訓詁學側重訓詁實踐，最初旨在爲經學服務，是經學的附庸，後來發展到整理所有的古代典籍。清末以後，隨着西學東漸，傳統訓詁學開始衰落，新訓詁學繼之而起。新訓詁學是一門研究訓詁實踐和理論的語言科學，它和經學有着密切的聯繫，但獨立於其外，自成體系。爲新訓詁學建立作出重要貢獻的早期學者有黄侃、朱芳圃、傅懋勣、王力、王綸、齊佩瑢等人。二十世紀二十年代，黄侃在訓詁學講詞（即後來發表的訓詁述略）中明確了訓詁學的性質、範圍和方法等問題。一九二八年，朱芳圃在訓詁釋例一文中對二十多個訓詁術語進行了闡釋。二十世紀四十年代，傅懋勣中國訓詁學的科學化、王力新訓詁學、王綸研究訓詁之新途徑等文分别就新訓詁學的内容、對象、方法等問題展開了討論。齊佩瑢在這一時期撰成并出版訓詁學概論一書，全面論述了訓詁學的性質、範圍、起因、功能、基本概念、基本方法以及淵源流派等問題，構建出了新訓詁學的體系。

二十世紀六十年代前期，訓詁學研究有了新的進展。一九六二年，王力在中國語文上發表了訓詁學上的一些問題一文，討論了訓詁學中的幾個原則問題，包括尊重語言的事實、重視語言的社會性、上下文對詞義的確定、僻義和常義的關係、對待疑難字句的態度、重視故訓等，同時對訓詁學中存在的實用主義、「并存」「亦通」説、望文生義、濫用古音通假、偷换概念等不科學的態度進行了批判。一九六四年，陸宗達出版了訓詁淺談（後來擴充爲訓詁簡論）一書，深入淺出地介紹了訓詁學的基本内容和研究方法，包括解釋詞義、解釋文意、分析句讀、説明修辭手段和闡明語法等。以上兩項成果對於新訓詁學的健全和發展都産生了重要的影響。

值得注意的是，一九六二年王力主編的古代漢語首次設專章「古書的注解」介紹訓詁學的基本知識，這一舉措有效地普及了訓詁學知識，意義深遠。此後介紹訓詁學知識成了古漢語教學中一個不可或缺的部分。

二十世紀六十年代中期以後至七十年代末，由於歷史的原因，訓詁學研究處於停滯狀態。八十年代是訓詁學的振興時期，陸宗達、洪誠、殷孟倫、黄焯、周祖謨、劉又辛、蕭璋、蔣禮鴻、周大璞、張舜徽、趙振鐸、郭在貽、王寧、黄孝德等人爲振興工作做出了重要貢獻，相繼出版了一批訓詁學論著，如陸宗達訓詁簡論（一九八〇年）、周大璞訓詁學要略（一九八〇年）、陸宗達王寧訓詁方法論（一九八三年)、洪誠訓詁學(一九八四年)、張永言訓詁學簡論(一九八五年)、郭在貽訓詁叢稿(一九八五年)、訓詁學(一九八六年)、趙振鐸訓詁學綱要(一九八七年)、黄孝德羅邦柱訓詁學初稿(一九八七年)等。九十年代至今,隨着學術空氣的增强和研究手段的現代化,訓詁學又有了新的發展,無論在訓詁實踐方面還是理論研究方面都有許多重要的成果問世。

一 傳統訓詁學的實踐與研究概況

傳統訓詁學發軔於西漢,現存最早的訓詁著作是西漢毛亨的毛詩故訓傳,簡稱毛傳或毛詩。漢武帝時,「罷黜百家,獨尊儒術」,設五經(易、書、詩、禮、春秋)博士,五經成了學子的必讀之書,爲經書作注的各種注本遂應運而生。西漢以後,注釋的範圍由經書擴大到子書、史書、詩集等。兩漢時期出現的注釋家先後有孔安國、毛亨、劉歆、鄭衆、賈逵、馬融、王逸、趙岐、鄭玄、何休、應劭、服虔、高誘等,著名的注本除毛傳外,尚有孔安國尚書孔氏傳、劉歆春秋左傳注(已佚)、鄭衆國語章句、周易注、毛詩注、周禮注(均佚)、賈逵春秋左傳解詁、國語解詁(已佚)、馬融周易注、尚書注、毛詩注、禮記注、論語注(均佚)、王逸楚辭章句、趙岐孟子章句、鄭玄毛詩箋、周禮注、儀禮注、禮記注、何休春秋公羊傳解詁、應劭漢書集解音義(已佚)、服虔春秋左傳解誼(已佚)、高誘戰國策注、淮南子注、吕氏春秋注等。

漢代學者距離先秦時代近,比較熟悉先秦的語言及典章制度,故他們對先秦典籍的注釋可信度較高。特别是古文經學家,强調語言文字的分析,實事求是,不迷信臆説,其著作爲後人所重。

魏晉南北朝時期,注書的範圍進一步擴大,同時出現了「義疏體」和「集解體」這兩種新的注釋類型，著名注本主要有何晏論語集解、王肅易傳、尚書注、論語注、毛詩注（均佚）、杜預春秋左傳集解、王弼周易注、老子注、郭璞爾雅注、方言注、山海經注、穆天子傳注、楚辭注、郭象莊子注、韋昭國語注、韓康伯周易注、皇侃論語義疏、禮記義疏、范甯春秋穀梁傳集解、裴松之三國志注、裴駰史記集解等。這一時期尚玄學，注釋多借題發揮，不少流於虚妄空談，所謂「棄注疏爲糟粕」（錢大昕經籍籑詁序）。

到了唐代，唐太宗詔令孔穎達、顏師古等人撰成五經正義（周易正義、尚書正義、毛詩正義、禮記正義和春秋左傳正義），共一百八十卷，工程浩大。這套書在很大程度上發展了義疏體，材料極豐，并融合了南北經學家的見解，是經學注疏的定本，科考經學的準則。由於朝廷的重視和提倡，唐代研究訓詁的風氣盛行，成就巨大。除五經正義外，著名的訓詁著作還有賈公彦周禮注疏、儀禮注疏、徐彦春秋公羊傳注疏，楊士勛春秋穀梁傳注疏、顏師古漢書注、司馬貞史記索隱、張守節史記正義、李善文選注、楊倞荀子注、成玄英莊子疏以及陸德明經典釋文等。其中經典釋文是一部彙集和研究漢魏以來諸家訓詁資料的專書。

唐人主張學有宗主，「疏不破注」。其注的優點是旁徵博引，取材豐富；缺點是多墨守成説，證明舊注，缺乏創新。

宋人在經書的注釋方面取得了突出的成就，代表作有邢昺論語注疏、孝經注疏、爾雅注疏、孫奭孟子注疏和朱熹四書章句集注（論語集注、孟子集注、大學章句、中庸章句）詩集傳、周易本義等。其中論語注疏、孝經注疏、爾雅注疏和孟子注疏被收入十三經注疏，四書章句集注成了宋元以來科考的重要用書和學子的必讀書。這一時期訓釋經書以外典籍的著作主要有朱熹楚辭集注、洪興祖楚辭補注等。

宋代理學盛行。理學家否定漢代的樸學，甚至認爲樸學是「玩物喪志」，在這種思想的影響下，注釋家經常在注中發揮理學觀念，主觀臆斷，缺乏實事求是的精神，不足爲訓，但宋人敢於疑古，不墨守舊注，這是應該肯定的。其中朱熹的注取漢、唐諸家之長，常能突破舊説，創發新義，且多合乎情理，簡潔明白。

清代樸學昌盛，傳統小學在音韻、文字、訓詁、校勘等方面均有突破性的發展，其注釋不僅水平高，而且所注的範圍廣，時間跨度大，包括前人未曾涉及到的一些詩集和小學著作等，例如經書方面有閻若璩古文尚書疏證、劉寶楠論語正義、焦循孟子正義、陳奂詩毛氏傳疏、馬瑞辰毛氏傳箋通釋、孫詒讓周禮正義、洪亮吉春秋左傳詁、劉文淇春秋左傳舊注疏證等，子書方面有畢沅墨子注、郭慶藩莊子集釋、王先謙莊子集解、荀子集解、王先慎韓非子集解、孫詒讓墨子閒詁等，史書方面有董增齡國語正義、郝懿行山海經箋疏、沈欽韓漢書疏證、王先謙漢書補注、後漢書集解、惠棟後漢書補注、郭嵩燾史記札記等，詩集方面有王夫之楚辭通釋、戴震屈原賦注、王琦李太白詩集注、仇兆鰲杜詩詳注、馬伯通韓昌黎集校注，小學方面有戴震方言疏證、王念孫廣雅疏證、錢繹方言箋疏、邵晉涵爾雅正義、郝懿行爾雅義疏、段玉裁説文解字注等等。除了爲古書作注外，清人還作了大量考訂群書、探求詞義的工作，這方面的名著有王念孫讀書雜誌、王引之經義述聞、俞樾群經平議、諸子平議等。

清人治學嚴謹，注重考據，具有很强的歷史觀念和實事求是的精神，加之受到了西方科學思想的影響，故其訓詁成就超過了以往任何時期。清人訓詁的突出特點是善於將文字、音韻等方面取得的成果應用到訓詁研究中，因形求義、因聲求義、文獻參證、考校比勘，方法先進而全面，尤其是因聲求義的運用，糾正了漢唐以來的許多錯訛之説，使不少千年疑竇涣然冰釋。當然，清人的訓釋也有不足之處，例如有時濫用通假、單憑臆測改易字形等。

下面附帶談談「十三經」及十三經注疏的形成過程。

儒家著作在先秦只有「六經」之説，或稱「六藝」，即詩、書、禮、樂、易、春秋，其順序自漢代被改爲易、書、詩、禮、樂、春秋。樂後來失傳了，只剩下五經。唐代時，經書範圍起初被擴大到「九經」，即易、書、詩、周禮、儀禮、禮記、春秋左氏傳、春秋公羊傳、春秋穀梁傳；到唐文宗時期經書被擴大到「十二經」，增列的三部經書是論語、孝經、爾雅。南宋紹熙年間，理學家進一步把孟子也列入經書，遂有「十三經」之稱。南宋之前，各部經書單行，南宋時始有合刻本。清嘉慶年間，阮元將宋十行本十一經和宋單行本儀禮、爾雅及唐陸德明的經典釋文合刻重刊，并附上十三經注疏校勘記，這就是十三經注疏，號稱善本。原世界書局曾將阮本縮印爲兩册。目前通行的版本是中華書局據世界書局版的影印本。一九九九年，北京大學出版社出了十三經注疏的標點本。十三經注疏的具體注疏情況如下：

周易正義　魏王弼、晉韓康伯注　唐孔穎達正義
尚書正義　漢孔安國傳　唐孔穎達正義
毛詩正義　西漢毛亨傳　東漢鄭玄箋　唐孔穎達正義
周禮注疏　東漢鄭玄注　唐賈公彦疏
儀禮注疏　東漢鄭玄注　唐賈公彦疏

禮記正義　東漢鄭玄注　唐孔穎達正義
春秋左傳正義　晉杜預注　唐孔穎達正義
春秋公羊傳注疏　東漢何休注　唐徐彦疏
春秋穀梁傳注疏　晉范甯注　唐楊士勛疏
論語注疏　魏何晏注　宋邢昺疏
孝經注疏　唐李隆基注　宋邢昺疏
爾雅注疏　晉郭璞注　宋邢昺疏
孟子注疏　漢趙岐注　宋孫奭疏

二　古注的作用

古代注釋家距前代文獻的時代較近，對前代文獻産生的時代背景、文化特點、典章制度、風俗習慣等情況都比較了解，所以其注釋的準確性相對較高。許多字詞句，如果没有古人的注釋，我們就無從知道其含義，或者會出現理解上的錯誤。例如：

①古之教者，家有塾，黨有庠，術有序，國有學。術，當爲「遂」，聲之誤也。古者仕焉而已者，歸教於閭里，朝夕坐於門，門側之堂謂之塾。周禮，五百家爲黨，萬二千五百家爲遂。黨屬於鄉，遂在遠郊之外。比年入學，學者，每歲來入也。中年考校。中，猶間也。鄉遂大夫間歲則考學者之德行道藝。周禮「三歲大比」，乃考焉。一年視離經辨志，三年視敬業樂群，五年視博習親師，七年視論學取友，謂之小成。九年知

類通達，强立而不反，謂之大成。離經，斷句絶也。辨志，謂别其心意所趣鄉也。知類，知事義之比也。强立，臨事不惑也。不反，不違失師道。　鄭玄禮記注學記

②燭不見跋。鄭玄注：「跋，本也。燭盡則去之。嫌若燼多有厭倦。」孔穎達疏：「本，把處也。古者未有蠟燭，唯呼火炬爲燭也。火炬照夜易盡，盡則藏所然殘本。所以爾者，若積聚殘本，客見之則知夜深，慮主人厭倦，或欲辭退也，故不見殘本，恒如然未盡也。」　禮記正義曲禮上

例①如果没有鄭玄的解釋，這段文字是很難讀懂的。通過鄭玄的解釋，至少使我們明白了這樣幾個問題：第一、「術」是「遂」的誤字；第二、「塾」的位置，「黨、遂」作爲行政區劃的大小；第三、「離經、辨志、知類、强立、不反」的確切含義。例②如果離開鄭注、孔疏，我們更不可能知道「燭不見跋」這句話説的是什麼意思。鄭注使我們知道「跋」通「本」，孔疏又使我們進一步知道「燭」指火炬，「本」是火炬的根部，即手把握之處。

三　古注的類型

古注可以根據内容分爲以下兩大類：

（一）以解釋字句爲主

此類古注名目較多，體例、釋義特點各别，有少數名異而實同。

傳　秦漢時期特指解説經文字詞句并闡明其大義的注解。儒家的重要文獻稱「經」，解釋經書的著作叫做「傳」，如毛亨毛詩故訓傳、孔安國尚書孔氏傳以及春秋左氏傳、春秋公羊傳、春秋穀梁傳等。

箋　對前人之注進行補充、訂正或闡發的一種注釋，始於鄭玄的毛詩箋。説文：「箋，表識書也。」鄭玄起初在毛詩故訓傳旁作表識（心得或見解的標記），表識的内容多了，經過整理便成了一種新的注釋。後世的所謂「箋證」「箋注」之類，有些實際上是一般的注釋，未必對前人的原注有闡發、補正之義。

注　東漢以後，人們將對經書的解説又稱作「注」，後來擴大將對所有古籍的注釋都稱作「注」。「注」的得名來源於「灌注」之「注」。説文：「注，灌也。」段玉裁注：「大雅曰：『挹彼注兹。』引申爲傳注，爲六書轉注。注之云者，引之有所適也。故釋經以明其義曰注。」

疏　不僅解釋古書原文，同時對前人的釋語也進行解釋的注釋稱作「疏」。疏即義疏，疏通其義的意思，或稱作「義注、正義、疏義」等，簡稱「疏」。漢魏時期所作的注，到南北朝時期特别是到唐代時，人們感到不易理解，於是便出現了「疏」這種新的注解方法。六朝人所作的義疏不少，流傳到今天的只有南朝梁皇侃的論語義疏。

正義　得名於「解釋經傳而得其正義」，與「疏」名異實同。一般把官修的「疏」稱作「正義」。以「正義」爲名的著作如唐孔穎達等五經正義、張守節史記正義、清劉寶楠論語正義、焦循孟子正義等。

章句　章句，顧名思義就是「離章辨句」的意思。章句的特點是，除了解釋字詞句外，還要説明句意及全章大意、指出全篇的題旨、分析篇章結構等。例如：

孟子見梁襄王。出，語人曰：「望之不似人君，襄，謚也。魏之嗣王也，望之無儼然之威儀也。就之而不見所畏焉。就與之言，無人君操柄之威，知其不足畏。卒然問曰：『天下惡乎定？』卒暴問事，不由其次也。問天下安所定？言誰能定之。吾對曰：『定於一。』孟子謂仁政爲一也。『孰能一之？』言孰能一之者。對曰：『不嗜殺人者能一之。』嗜猶甘也。言今諸侯有不甘樂殺人者則能一之。」 趙岐孟子章句梁惠王上

集解 將各家的解説彙集在一起或者兼採諸家之説對經傳進行通釋都叫做集解。前者如魏何晏論語集解，後者如晉杜預春秋左傳集解。集解的長處是能讓讀者了解注釋的全貌，便於分析比較。例如：

子曰：「詩三百，孔曰：「篇之大數。」一言以蔽之，包曰：「蔽，猶當也。」曰：『思無邪。』」包曰：「歸於正。」 何晏論語集解爲政

注中孔指孔安國，包指包咸，二人都是西漢著名的學者。

（二）以增補資料、闡發義理爲主

增補資料的古注出發點是爲了增補史料，考異匡謬，而不在於解釋字詞。例如裴松之三國志注，所引三國史料多達二百一十種（或説爲一百五十九種），注文字數是原書的數倍。又如酈道元水經注，所記河流一千二百五十二條，資料超過了原書的二十倍。闡發義理的古注旨在説明事理或宣揚某種哲學思想，重點也不在語言文字，如王弼老子注和郭象莊子注等。

四 古注的術語

前人在爲古書作注的過程中，使用了不少具有特定含義的術語。了解這些術語的意義和作用，是

閱讀古注不可缺少的環節。常見的術語有以下幾種：

爲　曰　謂之　這組術語的意義和作用相同，可譯爲「叫做」。使用這組術語時，被釋詞均位於術語之後。例如：

周禮夏官大司馬：「遂以獮田，如蒐之法。」鄭玄注：「秋田爲獮。」

詩經小雅正月：「燎于方揚。」鄭玄箋：「火田爲燎。」

詩經周南關雎：「關關雎鳩，在河之洲。」毛亨傳：「水中可居者曰洲。」

史記田儋列傳：「田横懼誅，而與其徒屬五百餘人入海，居島中。」裴駰集解引韋昭曰：「海中山曰島。」

論語子路：「樊遲請學稼。子曰：『吾不如老農。』請學爲圃。曰：『吾不如老圃。』」馬融注：「樹五穀曰稼，樹菜蔬曰圃。」

周禮夏官司弓矢：「矰矢、茀矢用諸弋射。」鄭玄注：「結繳於矢謂之矰。」

論語先進：「顔淵死，顔路請子之車以爲之椁。子曰：『……鯉也死，有棺而無椁。吾不徒行以爲之椁。以吾從大夫之後，不可徒行也。』」邢昺疏：「徒猶空也，謂無車空行也，是步行謂之徒行。」

謂　「謂」和「謂之」雖一字之差，但其意義、作用不同。使用「謂」時，被釋詞位於「謂」之前，釋詞和被釋詞之間是比喻或指代等關係，非同義或近義關係，「謂」的意思是「指的是、説的是」等。例如：

詩經陳風防有鵲巢：「誰侜(zhōu)予美，心焉惕惕。」鄭玄箋：「所美謂宣公也。」

荀子勸學：「詩者，中聲之所止也。」楊倞注：「詩謂樂章，所以節聲音，至乎中而止，不使流淫也。」

猶 用「猶」時，釋詞和被釋詞之間是同義或近義關係，「猶」的意思相當於今語的「等於說」「相當於」等。例如：

詩經魏風葛屨：「糾糾葛屨，可以履霜。」毛亨傳：「糾糾，猶繚繚也。」陳奐疏：「糾糾，繚繚，古今語。凡屨皆有綦，經言糾糾，傳言繚繚，皆謂綦之狀也。」

禮記曲禮上：「毋勦説，毋雷同。」鄭玄箋：「勦，猶擥也。謂取人之説以爲己説。」

貌 用在動詞或形容詞之後，表示人、事物的性質或狀態，可譯爲「……的樣子」。例如：

詩經邶風谷風：「行道遲遲，中心有違。」毛亨傳：「遲遲，舒行貌。」

論語子罕：「夫子循循然善誘人。」何晏集解：「循循，次序貌。」

楚辭涉江：「冠切雲之崔嵬。」王逸注：「崔嵬，高貌。」

之言 之爲言 均屬「聲訓」術語。所謂聲訓是指用與被釋詞音同或音近的詞語進行釋義，旨在揭示被釋詞得名的由來，可譯爲「……的意思就是」等。例如：

禮記祭法：「人死曰鬼。」鄭玄注：「鬼之言歸也。」

荀子修身：「以不善先人者謂之諂。」楊倞注：「諂之言陷也。」

論語爲政：「爲政以德，譬如北表，居其所而衆星共之。」朱熹注：「政之爲言正也，所以正人之不正也；德之爲言得也，得於心而不失也。」

公羊傳桓公二年：「戊申，納於大廟。」何休注：「廟之爲言貌也，思想儀貌而事之。」

言　用來提示詞或詞組所表現出的特定語意，而非解釋詞義，與「謂」的用法不同，可譯爲「是説、意思是説」。例如：

詩經鄘風君子偕老：「鬒髮如雲。」毛亨傳：「如雲，言美長也。」

詩經邶風谷風：「凡民有喪，匍匐救之。」鄭玄箋：「匍匐，言盡力也。」

荀子勸學：「蘭槐之根是爲芷，其漸之滫，君子不近，庶人不服。」楊倞注：「漸，漬也，染也。滫，溺也。言雖香草浸漬於溺中，則可惡也。」

讀爲　**讀曰**　這兩個術語多用於指出假借字的本字。例如：

禮記射義：「賁軍之將，亡國之大夫，與爲人後者，不入，其餘皆入。」鄭玄注：「賁，讀爲『僨』。僨，猶覆敗也。」

荀子勸學：「君子博學而日參省乎己，則知明而行無過矣。」楊倞注：「知，讀爲智。」

左傳襄公二十四年：「象有齒以焚其身，賄也。」杜預注：「焚，斃也。」孔穎達疏：「服云：『焚，讀曰僨。僨，僵也。』」

漢書賈誼傳：「一脛之大幾如要，一指之大幾如股，平居不可屈信。」顔師古曰：「信，讀曰伸。」

讀如　**讀若**　這兩個術語主要用於給被釋詞注音。例如：

詩經邶風北風：「其虚其邪，既亟只且。」鄭玄箋：「邪，讀如徐。」

吕氏春秋大樂：「渾渾沌沌。」高誘注：「渾，讀如衮冕之衮。」

儀禮士喪禮：「幎目，用緇，方尺二寸。」鄭玄注：「幎目，覆面者也。幎，讀若詩云『葛藟縈』之縈。」

說文：「亼，三合也。……讀若集。」

「讀如、讀若」有時候也用來指明假借字的本字。例如：

禮記中庸：「武王纘大王、王季、文王之緒，壹戎衣而有天下。」鄭玄注：「衣，讀如殷，聲之誤也。齊人言『殷』聲如『衣』。」

五　古注的體例

從唐代開始，多數古注由「注」和「疏」兩部分組成；少數由三個部分組成，如毛詩正義由「傳、箋、疏」組成。對於十三經注疏來說，每部書中還多了一個部分，即唐陸德明經典釋文所收漢魏以來的注音和釋義，這些注音和釋義被十三經注疏的編者拆開分別附在了各經相關字句之後。下面以毛詩正義邶風中的二子乘舟篇爲例作具體的說明。

二子乘舟。思伋壽也。衞宣公之二子。争相爲死。國人傷而思之。作是詩也。①〇爲于僞反②［**疏**］二子乘舟二章章四句至是詩③〇正義曰作二子乘舟詩者思伋壽也衞宣公之二子伋與壽争相爲死故國人哀傷而思念之而作是二子乘舟之詩也二子争相爲死即首章二句是也國人傷而思之下二句是也④**二子乘舟。汎汎其景。**⑤二子伋壽也宣公爲伋取於齊女而美公奪之生壽及朔朔與其母愬伋於公公令伋之齊使賊先待於隘而殺之壽知之以告伋使去之伋曰君命也不可以逃壽竊其節而先往賊殺之伋至曰君命殺我壽有何罪賊又殺之國人傷其涉危遂往如乘舟而無所薄汎汎然迅疾而不礙也⑥〇汎芳劍反景如字或音影愬蘇路反令力征反隘於賣反駛疾所吏反本或無駛字一本作迅疾**願言思子。中心養養。**願每也養養然憂不知所定箋云願念也念我思此二子心爲之憂養養然[7]［**疏**］二子至養養[8]○毛以爲二子伋壽爭相爲死赴死似歸不顧其生如乘舟之無所薄觀之汎汎然見其影之去往而不礙猶二子爭死遂往而亦不礙也故我國人傷之每有所言思此二子則中心爲之憂養養然不知所定○鄭唯以願言思子爲念我思此二子爲異[9]○傳二子至不礙[10]○正義曰以序云思伋壽故知二子伋壽也傳因言二子爭死之由其言與桓十六年左傳小異大同也此言愬伋於公傳言構伋子服虔云構會其過惡亦是愬之也此言先待於隘傳言使盜待諸莘服虔云莘衛東地則莘與隘一處也此言君命不可逃也壽竊其節而先往傳言壽子告之使行不可曰棄父之命惡用子矣有無父之國則可也及行飲以酒壽子載其旌以先此文不足亦當如傳飲以酒也旌節不同蓋載旌旗以爲節信也衛世家所説與左傳略同云壽盜其白旄而先言白旄者或以白旄爲旌節也言國人傷其涉危遂往者解經以乘舟爲喻之意以二子遂往不愛其死如乘舟無所薄汎汎然迅疾而不礙無所薄猶涉危也謂涉渡危難而取死下言其影以其影謂舟影觀其去而見其影義取其遂往不還故卒章云其逝傳曰逝往謂舟汎汎然其形往影形可見故言往也[11]**二子乘舟。汎汎其逝。**逝往也**願言思子。不瑕有害。**言二子之不遠害箋云瑕猶過也我思念此二子之事於行無過差有何不可而不去也○害毛如字鄭音曷何也遠于萬反［**疏**］二子至有害○正義曰下二句毛鄭別○箋我念至不去○正義曰此國人思念之至故追言其本何爲不去而取死深閔之之辭也

二子乘舟二章章四句[12]

① 這幾句話是反映本篇詩題旨的序文(或説序文是子夏所作,或以爲是毛亨所作)。序文只能作爲參考,有些并不符合詩的原意,如關雎本是一首情歌,序文却把它説成是在宣揚「后妃之德」。

② ○之後的内容是經典釋文中的注音或釋義。下同。

注音包括反切注音和同音字注音,此處「爲,于僞反」是反切注音。

③「二子」至「是詩」是孔穎達對本篇詩章數、句數的説明及給序文作疏的起訖點説明。

④「正義」至「是也」是孔穎達給序文作疏的正文。

⑨「毛以」至「爲異」是孔穎達給詩經作疏的正文，其中分别引述了毛亨、鄭玄的看法。

⑩「傳二」至「不礙」是孔穎達給毛傳作疏的起訖點説明。

⑪「正義」至「往也」是孔穎達給毛傳作疏的正文。

⑫「二子」至「四句」是毛亨對本篇章數、句數的説明。

下同。

⑤「二子」至「其景」是二子乘舟一詩的正文。下同。

⑥緊接詩正文之後的話是毛亨的傳文。下同。

⑦「箋云」之後的話是鄭玄的箋文。下同。

⑧「二子」至「養養」是孔穎達給詩經原文作疏的起訖點説明。

最後，需要注意的是，對前人的注釋既要認真學習和研究，但也不可一味盲從。前人「去古未遠」，説解大多可靠，不過事實證明其注釋也存在着不少錯誤。例如詩經邶風終風「終風且暴」一語，鄭玄解釋爲「終日風爲終風」，清人王引之運用訓詁學的方法證明「終」是虚詞，該句的意思是「既風且暴」。顯然，王引之的説法是正確的（參看王引之經傳釋詞、經義述聞）。另外，閲讀古注要有歷史的觀念，要明白古人所作的注對今人來説同樣也屬於古語，因此不可以今義理解古注。例如左傳莊公八年：「豕人立而啼，（齊襄）公懼，隊於車，傷足，喪屨。反，誅屨於徒人費。弗得，鞭之見血。」杜預注：「誅，責也。」注中的「責」義是「要；求取」，而非今義「責備」。又如左傳隱公五年：「冬十二月辛巳，臧僖伯卒，（魯隱）公曰：『叔父有憾於寡人，寡人弗敢忘。』」句中的「有憾」，杜預注作「有恨。恨諫觀魚不聽」。「恨」義爲「遺憾」，而非今義「仇恨」。

思考與練習

一　閱讀古書爲什麼要參看古注？試舉例説明。

二　什麼是「傳、箋、疏」？試舉例説明它們之間的不同。

三　古注中的常用術語有哪些？試説明這些術語在注釋中的作用。

四　閱讀下列注釋，根據其中的古注指出所釋詞語的詞義。

①詩經邶風匏有苦葉一章：「匏有苦葉，濟有深涉。深則厲，淺則揭。」毛亨傳：「以衣涉水爲厲。」

②詩經小雅采芑首章：「方叔率止，乘其四騏，四騏翼翼。」鄭玄箋：「翼翼，壯健貌。」

③儀禮鄉飲酒禮：「公升如賓。」鄭玄注：「如，讀若今之若。」

④禮記檀弓上：「魯莊公及宋人戰於乘丘，縣賁父御，卜國爲右。馬驚敗績，公隊（墜），佐車授綏。公曰：『末之，卜也。』」鄭玄注：「末之，猶微哉。言卜國無勇。」

⑤左傳隱公元年：「公曰：『無庸，將自及。』」杜預注：「言無用除之，禍將自及。」

⑥左傳昭公三年：「政在家門，民無所依；君日不悛，以樂慆憂。」杜預注：「慆，藏也。」孔穎達疏：「杜以慆爲藏，當讀如弓韜之韜。」

⑦荀子非相：「鄉則不若，偝側謾之，是人之二必窮也。」楊倞注：「鄉，讀爲向。」

⑧ 楚辭涉江：「陰陽易位，時不當兮。懷信侘傺，忽乎吾將行兮。」朱熹注：「陰謂小人，陽謂君子。」

⑨ 漢書賈誼傳：「下無倍畔之心，上無誅伐之志，故天下咸知陛下之仁。」顏師古曰：「倍，讀曰背。」

五　注釋并翻譯下列古文：

歷山之農者侵畔，舜往耕焉，期年甽畝正。河濱之漁者爭坻，舜往漁焉，期年而讓長。東夷之陶者器苦窳，舜往陶焉，期年而器牢。仲尼歎曰：「耕、漁與陶，非舜官也，而舜往爲之者，所以救敗也。舜其信仁乎！乃躬藉處苦而民從之，故曰：聖人之德化乎！」或問儒者曰：「方此時也，堯安在？」其人曰：「堯爲天子。」然則仲尼之聖堯奈何？聖人明察，在上位，將使天下無姦也。今耕漁不爭，陶器不窳，舜又何德而化？舜之救敗也，則是堯有失也。賢舜則去堯之明察，聖堯則去舜之德化，不可兩得也。楚人有鬻楯與矛者，譽之曰：「吾楯之堅，物莫能陷也。」又譽其矛曰：「吾矛之利，於物無不陷也。」或曰：「以子之矛陷子之楯，何如？」其人弗能應也。夫不可陷之楯與無不陷之矛，不可同世而立。今堯、舜之不可兩譽，矛楯之説也。且舜救敗，期年已一過，三年已三過，舜壽有盡，天下過無已者。以有盡逐無已，所止者寡矣。賞罰使天下必行之，令曰：「中程者賞，弗中程者誅。」令朝至暮變，暮至朝變，十日而海内畢矣，奚待期年？舜猶不以此説堯令從己，乃躬親，不亦無術乎？且夫以身爲苦而後化民者，堯、舜之所難也；處勢而驕下者，庸主之所易也。將治天下，釋庸主之所易，道堯、舜之所難，未可與爲政也。

韓非子難一

參考文獻

陸宗達　訓詁簡論　北京出版社　一九八〇年、二〇〇二年
陸宗達主編　訓詁研究第一輯　北京師範大學出版社一九八一年
胡樸安　中國訓詁學史　北京市中國書店一九八三年
陸宗達　王　寧　訓詁方法論　中國社會科學出版社一九八三年
齊佩瑢　訓詁學概論　中華書局一九八四年
洪　誠　訓詁學　江蘇古籍出版社一九八四年
趙振鐸　訓詁學綱要　陝西人民出版社一九八七年
黄孝德　羅邦柱　訓詁學初稿　武漢大學出版社一九八七年
馮浩菲　中國訓詁學　山東大學出版社一九九五年
王　寧　訓詁學原理　中國國際廣播出版社一九九六年
劉　堅主編　二十世紀的中國語言學　北京大學出版社一九九八年
李建國　漢語訓詁學史　上海辭書出版社二〇〇二年
郭在貽　訓詁學　中華書局二〇〇五年修訂本
郭芹納　訓詁學　高等教育出版社二〇〇五年

第十單元

文選

諫逐客書

李　斯

【作者簡介】李斯（？—前二〇八年），法家代表人物，戰國末楚上蔡（今河南上蔡西南）人。受業於荀卿，後入秦爲呂不韋舍人，得到秦王的賞識，拜爲客卿，遷任廷尉，秦統一全國後，官至丞相。曾建議秦始皇實行了許多重要的政策，如廢分封、設郡縣、銷兵器、焚詩書、禁私學、書同文、車同軌、以法爲教、以吏爲師、統一度量衡等。公元前二一〇年，秦始皇死，李斯與宦官趙高合謀立始皇少子胡亥爲二世皇帝。後遭趙高陷害，被腰斬於咸陽，滅三族。

【題解】這篇諫書是李斯上給秦王嬴政的，寫於秦王十年（前二三八年）。客指客卿，春秋戰國時他國人在秦做高級官員稱客卿。戰國末年，韓國派水利專家鄭國幫助秦國興修水利，企圖借此達到消耗秦國人力物力的目的。此事被發覺後，秦國的舊貴族趁機攻擊客卿，主張全部驅逐，秦王嬴政採納了他們的建議。李斯得知自己也在被驅逐之列，遂上了這篇諫書，秦王嬴政看後很快解除了逐客令。

文章列舉大量歷史事實説明客卿有功於秦，同時又以用品、樂舞、玩好等爲例説明，不論曲直一律排外的思想是損己利人的愚蠢做法，將會嚴重影響秦國的統一大業。全篇以事實爲依據，旨在説明問題而不務誇飾，條理清晰，語勢奔放，思路開闊，比喻切近，文彩焕然，極具説服力。本文選自史記李斯列傳，題目是後加的。

臣聞吏議逐客，竊以爲過矣①。昔繆公求士，西取由余於戎②，東得百里奚於宛③，迎蹇叔於宋，來丕豹、公孫支於晉④。此五子者，不産於秦，而繆公用之，并國二十，遂霸西戎。孝公用商鞅之法，移風易俗，民以殷盛，國以富彊，百姓樂用，諸侯親服，獲楚、魏之師，舉地千里，至今治彊⑤。惠王用張儀之計，拔三川之地⑥，西并巴、蜀，北收上郡，南取漢中⑦，包九夷，制鄢（yān）、郢，東據成臯之險，割膏腴之壤，遂散六國之從（zòng）⑧，使之西面事秦，功施（yì）到今。昭王得范雎（jū），廢穰侯，逐華陽，彊公室，杜私門⑨，蠶食諸侯，使秦成帝業。此四君者，皆以客之功。由此觀之，客何負於秦哉！向使四君却客而不内（nà），疏士而不用，是使國無富利之實而秦無彊大之名也⑩。

①吏：官員，實指秦王嬴政。議：商議。當時實已做出決定，言「議」是策略的説法，便於使秦王嬴政收回成命。竊：副詞，私下裏。

②繆公：即秦繆公，或寫作秦穆公。由余：西戎人，其先晉人。由余曾奉戎王命使秦，後降秦，幫助穆公伐戎王，益國十二，開地千里，稱霸西戎。

③百里奚：本虞國大夫，虞亡時被晉所虜。秦穆公迎娶夫人（晉獻公女）時，晉人將他作爲穆公夫人的陪

嫁奴僕送往秦國，中途逃歸，至宛（今河南南陽市）爲楚人所獲，穆公聽説百里奚賢能，以五張黑羊皮贖回，委以重任。

④蹇叔：岐（今陝西岐山縣）人，遊於宋，經百里奚推薦被迎入秦，任爲上大夫。丕豹：晉人，因其父丕鄭被晉所殺而奔秦。公孫支：即子桑，或作「公孫枝」，也是岐人，游於晉，後入秦爲大夫。

⑤孝公：秦獻公子，惠文王父。彊：「强」的古字。獲楚、魏之師：公元前三四〇年（楚宣王三十年）秦侵楚；同年（秦孝公二十二年），商鞅敗魏軍，俘魏主將公子卬。獲，此處義爲戰勝。治彊：安定强大。

⑥惠王：秦惠文王。張儀：戰國魏人，著名的縱横家，曾兩度任秦相。三川之地：東周王室所在地，即今洛陽一帶，因境内有黄河、伊河、洛河，故稱「三川」。按：張儀主張攻取三川地，但惠王并未採納，直到秦武王（惠王子）時才派甘茂等人攻取了三川。

⑦巴、蜀：皆古國名，地均在今四川省。公元前三一六年（秦惠王二十二年），秦派司馬錯伐蜀，滅之。上郡：魏地，在今陝西榆林一帶。公元前三二八年（秦惠王十年），魏割上郡十五縣獻秦。漢中：楚地，在今陝西漢中地區。公元前三一二年（秦惠王二十六年），秦取漢中地六百里，置漢中郡。

⑧包：兼併；吞併。九夷：泛指巴蜀和楚國南部一帶的少數民族。制：控制。鄢：楚舊都，在今湖北宜城。郢：楚國都，故址在湖北江陵北。成皋：或稱虎牢關，軍事要地，在今河南滎陽縣。六國之從：指以抗秦爲目的的六國（韓、趙、魏、齊、燕、楚）聯盟。

⑨昭王：惠王子，武王異母弟。武王死後，他由養母宣太后羋氏和魏冉（羋氏異父弟）擁立。范雎：魏國人，後入秦爲相。穰侯：魏冉封號。華陽：華陽君，宣太后（羋氏）同父弟羋戎的封號。按：穰侯、華陽君驕奢專權，使昭襄王大權旁落，范雎獻計除掉了這兩個外戚集團。公室：君主之家。私門：指魏冉等權貴家族的勢力。

⑩向使：假如。内：「納」的古字。是使：這就會使。

今陛下致昆山之玉，有隨、和之寶，①垂明月之珠，服太阿之劍，②乘纖離之馬，建翠鳳之旗，樹靈鼉(tuó)之鼓。③此數寶者，秦不生一焉，而陛下說(yuè)之，何也？必秦國之所生然後可，則是夜光之璧不飾朝廷，犀象之器不爲玩好，鄭、衞之女不充後宮，而駿良駃騠(juétí)不實外廄(jiù)，江南金錫不爲用，西蜀丹青不爲采。④所以飾後宮、充下陳、⑤娛心意、說耳目者，必出於秦然後可，則是宛珠之簪，傅璣(jī)之珥(ěr)，阿(ē)縞之衣，⑥錦繡之飾不進於前，而隨俗雅化、佳冶窈窕趙女不立於側也。⑦夫擊甕叩缶(fǒu)、彈箏搏髀(bì)而歌呼嗚嗚快耳者，⑧真秦之聲也；鄭、衞、桑間、韶、虞、武、象者，⑨異國之樂也。今棄擊甕叩缶而就鄭、衞，退彈箏而取韶、虞，若是者何也？快意當前，適觀而已矣。⑩今取人則不然，不問可否，不論曲直，非秦者去，爲客者逐。然則是所重者在乎色樂珠玉，而所輕者在乎人民也。此非所以跨海內、制諸侯之術也。

① 致：求取，使……來。昆山：著名的產玉地，在今新疆和田市西北部。隨、和之寶：隨侯珠與和氏璧，都是有名的寶貝。隨，或作「隋」。隨侯珠事見淮南子覽冥訓，和氏璧事見韓非子和氏。

② 垂：懸掛。服：佩帶。太阿：寶劍名，傳說爲春秋時吳國著名冶匠歐冶子、干將鑄造。

③ 纖離：駿馬名。建：樹立。翠鳳之旗：用翠鳳羽毛做裝飾的旗幟。翠鳳，指翠鳥。樹：樹立。靈鼉之鼓：用鼉皮蒙的鼓。鼉，鱷魚的一種，古代以爲鼉有神靈，故稱「靈鼉」。

④ 犀象之器：用犀牛角和象牙雕琢成的器具。鄭、衞之女：指能歌善舞的美女。傳說春秋戰國時鄭、衞兩國

的女子善歌舞。昭明文選作「趙衛之女」。駃騠：駿馬名。不爲用：不能成爲秦國的用品。丹青：丹砂和青雘(huò)，礦物顔料。不爲采：不能成爲秦國的彩飾。

⑤下陳：殿前臺階下的空地，侍女站列或歌舞之處。

⑥宛珠之簪：宛地珠子裝飾的髮簪。宛，地在今河南南陽市。傅璣之珥：附有珠子的耳環。傅，附着。璣，不圓的珠子，一説爲小珠。珥，耳環。阿縞：齊國東阿(今山東東阿縣)出産的白色絲織品。

⑦佳冶窈窕：豔麗柔美。佳冶，嬌美妖冶。趙女：指美女。傳説古代趙國出美女。

⑧甕：一種陶製樂器，形似甕。叩：敲。缶：一種樂器，形似小口大腹的瓦罐。箏：絃樂器。搏：拍着。髀：大腿。嗚嗚：粗獷豪放的歌聲。

⑨鄭衛：指春秋戰國時的鄭國和衛國。桑間：指桑中之音。詩經鄘風有桑中篇，歌唱男女愛情生活，曲調優美動聽，這裏指鄭、衛一帶的音樂。「桑間」屬衛地，在今河南濮陽市。韶虞：即簫韶，相傳爲虞舜時的音樂。武象：相傳爲周武王時的音樂。或説武爲武王之樂，象爲周公之樂。

⑩快意當前：眼前高興。適觀：適合於觀賞。

臣聞地廣者粟多，國大者人衆，兵彊則士勇。是以太山不讓土壤，故能成其大；河海不擇細流，故能就其深；王者不却衆庶①，故能明其德。是以地無四方，民無異國，四時充美，鬼神降福，此五帝三王之所以無敵也②。今乃棄黔首以資敵國，却賓客以業諸侯③，使天下之士退而不敢西向，裹足不入秦。此所謂「藉(jiè)寇兵而齎(jī)盜糧」者也④。

①讓：拒絕。不擇細流：對細小的流水不加選擇一律容納。就：成就；造就。衆庶：衆民。

②充美：非常美好。充，完滿。

③黔首：秦稱百姓爲黔首。資：助。業：使動用法，

使……成就功業。

④藉寇句：借給賊寇武器，送給小偷糧食。藉，借給。寇，外來之敵。齎，送給。盜，偷竊者。

夫物不產於秦，可寶者多；士不產於秦，而願忠者衆。今逐客以資敵國，損民以益讎，內自虛而外樹怨於諸侯①，求國無危，不可得也。

①損：減少。益讎：使敵國增加力量。自虛：使自己削弱。

賜南粵王趙佗書

劉　恒

【作者簡介】劉恒（前二〇二——前一五七年），即漢文帝，劉邦中子，原封代王，諸吕誅滅後，被周勃、陳平等大臣迎立爲帝。在位期間實行了一系列安民强國的政策，如興修水利，減少徭役，廢除酷刑，免收全國田賦十二年等，使社會日趨安定，一度呈現出富庶的氣象；同時駐軍北方，征民徙邊，入粟塞下，加强了北部的防禦力量。在中國歷史上，文帝以節儉寬厚著稱。

【題解】趙佗（？—前一三七年），南粵國王，戰國末趙國真定（今河北正定縣）人，秦二世時爲南海郡龍川縣令，南海尉任囂死後升爲南海尉。秦滅後，趙佗兼并桂林、象郡，建立南粵國，自立爲王。

漢初，高祖曾遣陸賈正式封佗爲南粵王。吕后時，趙佗因爲長沙王建議朝廷停止供給南粵鐵器，并想滅南粵以邀功，遂反，自號「南粵武帝」，進攻長沙，破數縣而去。朝廷發兵征討，没有結果。文帝即位後，先爲趙佗在真定的先人墳墓置守邑保護，按時奉祀，并且賜其從兄弟以尊官厚禄，然後遣陸賈再往南粵招撫。這篇文章就是文帝寫給趙佗的信，信中勸趙佗削去帝號，停止擾邊行爲，讓百姓安居樂業。一般的勸降信或招撫文告都是軟硬兼施，先是好言相勸，繼之以武力威脅，這封信則完全是以柔制勝，屈萬乘之尊，動之以情，曉之以理，態度誠懇，文辭謙謹，非但無威脅之意，且適當讓步，故能感人至深。前人指出這篇文章的特點是委曲回護，不妄自尊大，且所據者正。趙佗接信後隨即上書表示願意取消帝號，長爲藩臣，并向朝廷獻納了許多禮物。本文選自漢書西南夷兩粵朝鮮傳。

皇帝謹問南粵王，甚苦心勞意①。朕，高皇帝側室之子，棄外奉北藩于代②，道里遼遠，壅蔽樸愚，未嘗致書③。高皇帝棄群臣，孝惠皇帝即世，高后自臨事，不幸有疾，日進不衰④，以故誖(bèi)暴乎治⑤，諸吕爲變故亂法，不能獨制，乃取它姓子爲孝惠皇帝嗣⑥。賴宗廟之靈，功臣之力，誅之已畢⑦。朕以王侯吏不釋之故，不得不立，今即位⑧。

① 問：問慰，問候。苦心勞意：費心勞神，義即辛苦。

② 高皇帝：即劉邦。側室：指薄太后，劉邦的妾。外：指朝廷以外。奉：接受，供奉。這裏義爲受封。北藩：北部的藩臣國。代：代國，地在今山西北部、河北蔚縣一帶。漢高祖十一年，平息了趙相陳豨在代的叛亂，立劉恒爲代王。

③ 壅蔽：閉塞。樸愚：指民風質樸而愚昧。

④ 棄群臣：棄群臣而去，「死」的委婉説法。孝惠皇

帝：漢惠帝劉盈（前二一〇——前一八七年），劉邦子，呂后所生，在位七年。即世：去世。高后：即呂后（？——前一八〇年）。臨事：臨朝稱制。日進不衰：日漸加重。

⑤詩暴乎治：意思是國家在政治方面很混亂。詩，義同「悖」，乖謬。暴，暴虐。

⑥諸呂：呂后所封本家子侄梁王呂產、趙王呂祿等。不爲變故亂法：指諸呂專權破壞國家的法令制度。不能獨制：指諸呂難以控制局面。乃取句：惠帝的皇后無子，呂后讓其假裝有身孕，而取宮中一美人所生子冒充之，同時殺美人。惠帝死後，立此子爲皇帝。後來呂后又廢了這個皇帝，并秘密將他處死。

⑦賴宗三句：呂后臨終前令呂祿爲上將軍，將北軍；呂產爲相國，將南軍。呂后死後，諸呂欲作亂自立，被周勃、陳平等大臣誅滅。

⑧王侯吏：指周勃、陳平等朝臣。不釋：不放棄，即不同意劉恒辭立。諸呂被滅後，朝臣決定迎立劉恒爲帝，劉恒多次辭讓，後在群臣的堅決請求下才即位。

乃者聞王遺將軍隆慮侯書，求親昆弟，請罷長沙兩將軍①。朕以王書罷將軍博陽侯②，親昆弟在真定者，已遣人存問，修治先人冢。前日聞王發兵於邊，爲寇災不止。當其時，長沙苦之，南郡尤甚，雖王之國，庸獨利乎③？必多殺士卒，傷良將吏，寡人之妻，孤人之子，獨人父母④，得一亡十，朕不忍爲也。朕欲定地犬牙相入者，以問吏，吏曰「高皇帝所以介長沙土也」⑤，朕不得擅變焉。吏曰：「得王之地不足以爲大，得王之財不足以爲富。」服領以南，王自治之⑥。雖然，王之號爲帝。兩帝并立，亡一乘（shèng）之使以通其道⑦，是爭也。爭而不讓，仁者不爲也。願與王分棄前患，終今以來⑧，通使如故，故使賈馳諭告王朕意⑨。王亦受之，毋爲寇災矣。上褚(zhǔ)五十衣，中褚三十衣，下褚二十衣⑩，遺(wèi)王。願王聽樂娛憂，存問鄰國⑪。

①乃者：近者；近來。遺：委託；託付。隆慮侯：姓周名竈。隆慮，地名，在今河南林縣。趙佗反時，太后派隆慮侯征討，未果。這期間趙佗曾托書隆慮侯，請求朝廷幫助尋找自己的兄弟，并罷免以南粵爲敵的長沙國兩將軍。

②以王句：根據您書信上的要求罷免了將軍博陽侯。博陽侯，姓陳名濞。博陽，地名，在今河南商水縣。陳濞即趙佗要求罷免的兩將軍之一。

③長沙：漢初所封的諸侯王國之一，國都在今長沙市。南郡，漢郡名，郡治在今湖北江陵市。雖：連詞，即使。庸獨：同義連用，難道。

④寡人之妻：使他人的妻子變成寡婦。寡，使動用法。以下「孤、獨」用法同此。獨：老而無子叫「獨」。

⑤朕欲句：我想將南部犬牙交錯的地界重新劃定。地犬牙相入者，像犬牙一樣凸出凹進的邊界地形。所以介長沙土也：是用來作爲長沙國邊界的。義即那是長沙國的邊地。介，「界」的古字，這裏用作動詞。以上三句是說，我本想將南部犬牙交錯的邊地劃給南粵，但大臣們不同意。

⑥服領：山嶺名，長沙國的南界。以上數句言，朝廷也不打算再進行武力征服，決定承認南粵的地位。

⑦亡：通「無」。一乘之使：義同「一介使者」，表示使者少。乘，使者乘坐的車。

⑧終今以來：義同「自今以後」。

⑨賈：指陸賈，高祖功臣，本楚人，官太中大夫，高祖十一年曾出使南粵招諭趙佗，著有新語一書。

⑩上褚：指御府所藏的上等綿衣。褚，綿衣。唐顏師古注以爲「以綿裝衣曰褚」，「上中下」指「綿之多少薄厚之差」。

⑪娛憂：消愁。鄰國：指南粵周邊的東粵、甌、駱等國。

報任安書

司馬遷

【作者簡介】司馬遷（前一四五——？年），字子長，西漢夏陽（今陝西韓城市）人，偉大的史學家和文學家。早年曾從董仲舒學春秋，從孔安國學尚書。二十歲時遍遊名山大川，考察風物古迹，採集史料。後入朝任郎中，立志實現父親的遺願，完成一部史書。武帝元封三年（前一〇八年），司馬遷（時年三十八歲）繼父司馬談擔任了太史令，於太初元年（前一〇四年，時四十二歲）開始編著史記，同年參與了太初曆的修訂。天漢二年（前九九年），司馬遷因替李陵辯護被處以宫刑，出獄後任中書令，發憤繼續史記的寫作，約於漢昭帝始元元年（前八十六年）完成史記，前後歷時十八年，書名自稱太史公書，三國以後通稱史記。司馬遷完成史記後不久蓋即去世，其生平事迹見於史記太史公自序和漢書司馬遷傳。

【題解】任安，字少卿，西漢滎陽（今河南滎陽縣）人，幼時家貧，曾爲大將軍衛青舍人，後被舉爲官，歷任郎中、益州刺史、北軍使者護軍（京城禁衛軍北軍的監軍）等職。漢武帝征和二年，因受到戾太子事件的牽連被處腰斬。任安是司馬遷的好友，做刺史時曾寫信給司馬遷，希望他能利用在皇帝身邊任職的機會積極向朝廷推薦人才。司馬遷一直没有作答，也没有向朝廷推薦人才，直到任安臨刑前才寫了這封回信。信中以向任安解釋自己未能向朝廷推薦人才的苦衷爲綫索，無比悲憤地傾訴了自己因替李陵辯護而慘遭刑罰的過程和刑後隱忍苟活的原因，表達了他堅持撰寫史記「成一家之言」的決心，揭露了漢武帝的不公和朝臣的冷漠。文章哀怨憤激，起伏跌宕，深沉曲回。從中可以看出司馬遷當時痛苦複雜的心境、昂揚不屈的情格、奮發向上的人生觀和「重於泰山」的價值觀。本文見於漢書司馬遷傳和文選，這裏以文選李善注本爲底本，同時參照了漢書的記載。

太史公牛馬走司馬遷再拜言①。少卿足下，曩（nǎng）者辱賜書，教以慎於接物、推賢進士爲務②。意氣懃懃懇懇，若望僕不相師③，而用流俗人之言。僕非敢如此也。僕雖罷駑（pínú）④，亦嘗側聞長者之遺風矣。顧自以爲身殘處穢，動而見尤，欲益反損，是以獨鬱悒（yùyì）而與誰語⑤！諺曰：「誰爲（wèi）爲（wéi）之？孰令聽之⑥？」蓋鍾子期死，伯牙終身不復鼓琴⑦。何則？士爲知己者用，女爲説（yuè）己者容。若僕大質已虧缺矣，雖才懷隨和，行若由夷，終不可以爲榮，適足以見笑而自點耳⑧。

① 太史公：太史令的通稱，司馬遷用以自指。牛馬走：像牛馬一樣供驅使的僕人，謙詞。
② 曩者：以前，過去。辱：表敬副詞。推賢進士：指向朝廷推薦人才。爲務：作爲要務。
③ 意氣：指用意。懃懃懇懇：誠懇貌。若望句：好像擔心我不會遵命似的。望，抱怨；擔心。相，指代性副詞，指任安。師，效法，這裏義爲「遵命」。
④ 罷駑：比喻德才低下。罷，通「疲」。駑，劣馬。
⑤ 身殘：指身受宫刑。處穢：指處在被人看不起的地位。見尤：被指責。見，助動詞。尤，指責。鬱悒：憂愁苦悶貌。與誰：五臣注本作「誰與」。
⑥ 誰爲二句：爲誰去做？讓誰去聽？前一「爲」介

詞，後二「爲」動詞。孰，誰，作「令」的賓語，前置。

⑦蓋：發語詞，作用同「夫」。鍾子期、伯牙：均春秋時楚人。伯牙善鼓琴，鍾子期善知音，兩人成爲好友。後鍾子期死，伯牙以爲世間再無知音，遂終身不復鼓琴。事見呂氏春秋本味、列子湯問。

⑧大質：指身體。雖才二句：即使懷着隨侯珠、和氏璧那樣寶貴的才能，品行像許由、伯夷那樣高尚。隨，隨侯珠。和，和氏璧。由，許由，堯時著名的高士，相傳堯欲讓位給他，被他拒絕。夷，伯夷，商末孤竹君長子，著名的廉士，曾爲辭讓君位離開本國，詳七單元秋水第一段注⑤。適：恰恰。點：辱。

書辭宜答，會東從上來，又迫賤事，相見日淺，卒卒（cù）無須臾之閒得竭指意①。今少卿抱不測之罪②，涉旬月，迫季冬，僕又薄從上雍，恐卒（cù）然不可爲諱③。是僕終已不得舒憤懣以曉左右，則是長逝者魂魄私恨無窮④。請略陳固陋。闕然久不報，幸勿爲過⑤。

①會東句：即「會從上東來」，指司馬遷跟隨皇上東巡剛回來。或將「東從上來」理解成跟隨皇上從甘泉宫向東回到長安。征和二年夏，武帝到甘泉宫養病，七月發生了巫蠱事件，可能武帝於其時趕回到長安。甘泉宫在長安西北（在今陝西淳化縣境）。相見日淺：指活着相處的時間越來越少了。卒卒：通「猝猝」，急促貌。指意：心意。

②不測之罪：指死罪。按：戾太子據（武帝子，衛皇后子夫所生，故又稱衛太子）與大臣江充不合，江充設計用巫蠱（以詛咒、針刺草木假人等邪術加害人稱巫蠱）陷害太子，太子被迫殺江充，接着組織力量抵抗朝廷平亂的軍隊，令時任京城禁衛軍北軍使者護軍的任安發兵助己，任安表面接受了命令，實際却按兵未動。事後，武帝認爲任安接受了太子的命令，不

忠，交法吏判處腰斬。

③ 旬：滿，足。迫：靠近。季冬：冬季的第三月，即夏曆十二月。漢律十二月處決犯人。僕又旬：我又將跟隨皇帝到雍州去。薄，迫近。上，應爲「上上」，脱一字。漢書司馬遷傳作「薄從上上雍」。雍，雍州，在今陝西鳳翔縣境。雍州有五帝祭壇，征和三年正月武帝到雍州祭祀五帝。不可爲諱：「死」的婉詞，指任安將被處死刑。

④ 終已：終究。左右：指任安，表示尊敬的稱呼。長逝者：將要死去的人，指任安。恨：遺憾。

⑤ 闕然：間斷貌，指隔了很長時間。報：答復。

僕聞之：修身者，智之符也；愛施者，仁之端也；取與者，義之表也；耻辱者，勇之決也；立名者，行(xìng)之極也①。士有此五者，然後可以托於世，而列於君子之林矣。故禍莫憯(cǎn)於欲利，悲莫痛於傷心，行莫醜於辱先，詬莫大於宫刑②。刑餘之人，無所比數(shǔ)③，非一世也，所從來遠矣④。昔衛靈公與雍渠同載，孔子適陳⑤；商鞅因景監見，趙良寒心⑥；同子參乘，袁絲變色⑦：自古而耻之。夫以中才之人，事有關於宦豎，莫不傷氣，而況於慷慨之士乎⑧？如今朝廷雖乏人，奈何令刀鋸之餘薦天下豪俊哉？

① 符：象徵。端：開端。取與：指對待索取和給與的態度。耻辱：以辱爲耻。耻，意動用法。決：決斷，決定。禮記中庸：「子曰：『好學近乎知，力行近乎仁，知耻近乎勇。』」朱熹注：「吕氏曰：『故好學非知，然足以破愚；力行非仁，然足以忘私；知耻非勇，然足以起懦。』」極：最高的境界。

② 憯：通「慘」。欲利：貪財所帶來的災禍。宫刑：閹割男子生殖器的酷刑。

③刑餘之人：受過刑的人。無所比數：没有和别人放在一起論數的資格。比，排列。數，計算。

④所從來：「所」字結構，起源。從，介詞。遠：久遠。

⑤雍渠：春秋時衛國的宦官。一次衛靈公與夫人出遊，讓雍渠陪坐在車上，而讓孔子乘副車跟隨。孔子感到恥辱，遂離開了衛國。適陳：到陳國去。

⑥景監：戰國時秦國的宦官。商鞅是通過他的介紹才見到秦孝公的。趙良：秦國賢士。寒心：痛心。商鞅爲秦相十年時，宗室貴戚多有不滿，趙良勸商鞅退隱，指出其前途危險，商鞅没有同意。

⑦同子：指漢文帝的宦官趙談，因與司馬遷父司馬談同名，故稱同子以避父諱。袁絲：即袁盎，西漢大臣。一次文帝拜見母親，讓趙談同車作爲參乘，被袁盎諫阻。變色：感到震驚而變臉。

⑧宦豎：對宦官的蔑稱。

僕賴先人緒業，得待罪輦轂（gǔ）下①，二十餘年矣。所以自惟②：上之不能納忠效信，有奇策才力之譽，自結明主；次之又不能拾遺補闕，招賢進能，顯巖穴之士③；外之又不能備行伍，攻城野戰，有斬將搴（qiān）旗之功④；下之不能積日累勞，取尊官厚禄，以爲宗族交遊光寵。四者無一遂，苟合取容，無所短長之效⑤，可見於此矣。鄉者，僕常厠下大夫之列，陪外廷末議⑥，不以此時引維綱，盡思慮，今已虧形爲掃除之隸，在闒茸（tà róng）之中⑦，乃欲仰首伸眉，論列是非，不亦輕朝廷，羞當世之士邪？嗟乎！嗟乎！如僕尚何言哉！尚何言哉！

①緒業：遺業。指接替父親太史令之職。待罪：指做一官，謙詞。輦轂：帝王的車輿，指代京城。

②所以：義同「是以」，因此。惟：思。
③自結：主動接近。闕：缺點，疏失。顯：使動用法，使……顯揚。巖穴之士：代指隱士。
④備：供職，服役。行伍：軍隊。古代軍隊編制：五人爲伍，二十五人爲行。搴：拔取。
⑤苟合：無原則地附和。取容：取悅，指取得皇帝的歡心。無所短長：沒有一點好的功效。所短長，「所」字結構，一點長處。
⑥常：通「嘗」，曾經。厠：夾雜在其中。「參與」的謙虛說法。下大夫：漢制，太史令俸禄六百石，相當周代的下大夫。陪：陪着，謙詞。外廷：即外朝。漢代自武帝以後把朝廷分爲外朝和內朝，外朝由丞相以下處理朝政的官員組成；內朝由皇帝的近臣侍中、給事中、尚書等組成，內朝對丞相權力有牽制作用。太史令屬外朝官。末議：微不足道的意見，謙詞。
⑦引：援引，根據。綱維：指國家大法。綱，本爲網上的總繩。維，本爲系物的大繩。掃除之隸：清掃垃圾的僕役。闒茸：聯綿詞，卑微。

且事本末未易明也。僕少負不羈之才，長無鄉曲之譽①。主上幸以先人之故，使得奏薄技，出入周衛之中②。僕以爲戴盆何以望天，故絶賓客之知，忘室家之業，日夜思竭其不肖之才力，務一心營職，以求親媚於主上③。而事乃有大謬不然者！

①負：懷抱。或釋爲「無」。漢書司馬遷傳顏師古注：「負者，亦言無此事也。」不羈：指才智高，不可制約。鄉曲：鄉里。漢代自文帝起，選拔官吏先由鄉里推舉，然後朝廷授官，所設名目有孝廉等。司馬遷未被舉爲孝廉，「長無鄉曲之譽」蓋指此。
②奏：奉獻。周衛：宮中，周圍被嚴密護衛，故稱。
③戴盆句：當時諺語，戴着盆子不可能同時望見天。比喻一心不能二用。賓客：朋友。知：交往。親

媚：親近和取悦。

夫僕與李陵俱居門下，素非能相善也①。趣（qū）舍異路，未嘗銜杯酒，接慇懃之餘歡②。然僕觀其爲人，自守奇士：事親孝，與士信，臨財廉，取與義，分别有讓，恭儉下人③，常思奮不顧身，以徇國家之急④。其素所蓄積也，僕以爲有國士之風。夫人臣出萬死不顧一生之計，赴公家之難，斯以奇矣⑤。今舉事一不當，而全軀保妻子之臣，隨而媒孽（niè）其短⑥，僕誠私心痛之。且李陵提步卒不滿五千，深踐戎馬之地，足歷王庭，垂餌虎口，横（hèng）挑彊胡，仰億萬之師，與單于連戰十有餘日，所殺過當（dàng）⑦。虜救死扶傷不給（jǐ），旃（zhān）裘之君長咸震怖，乃悉徵其左右賢王，舉引弓之民，一國共攻而圍之⑧。轉鬥千里，矢盡道窮，救兵不至，士卒死傷如積。然陵一呼勞軍，士無不起，躬自流涕，沬（huì）血飲泣，更張空弮（quān），冒白刃，北向争死敵者⑨。陵未没時，使有來報，漢公卿王侯皆奉觴（shāng）上壽⑩。後數日，陵敗書聞，主上爲之食不甘味，聽朝不怡。大臣憂懼，不知所出。僕竊不自料其卑賤，見主上慘愴怛（chuàngdá）悼，誠欲效其款款之愚，以爲李陵素與士大夫絶甘分少，能得人死力⑪，雖古之名將，不能過也。身雖陷敗，彼觀其意，且欲得其當而報於漢⑫。事已無可奈何，其所摧敗，功亦足以暴（pù）於天下矣⑬。僕懷欲陳之，而未有路，適會召問，即以此指推言陵之功，欲以廣主上之意，塞睚眦（yá zì）

之辭⑭。未能盡明，明主不曉，以爲僕沮貳師，而爲李陵遊説，遂下於理⑮。拳拳之忠，終不能自列，因爲誣上，卒從吏議⑯。家貧，貨賂不足以自贖；交遊莫救，左右親近不爲一言⑰。身非木石，獨與法吏爲伍，深幽囹圄（língyǔ）之中，誰可告訴者！此真少卿所親見，僕行事豈不然乎？李陵既生降，隤（tuí）其家聲，而僕又佴（èr）之蠶室，重（zhòng）爲天下觀笑⑱。悲夫！悲夫！事未易一二爲俗人言也。

①李陵（？—前七四年）：西漢名將李廣之孫，字少卿，隴西成紀（今甘肅秦安縣）人，官至騎都尉。武帝天漢二年秋，貳師將軍李廣利將三萬騎擊匈奴右賢王於祁連天山，李陵率五千步兵往居延（地在今内蒙古額濟納旗一帶）以北分散匈奴兵力，結果被敵大軍包圍，激戰八天，因糧盡矢絶救兵不至而投降。俱居門下：李陵初任建章監，司馬遷初爲郎中，後任太史令，同出入於宫門，故言「俱居門下」。素非句：向來没有特别的交往。

②趣舍異路：進退都走的是不同的道路，喻志向不同。趣，通「趨」。舍，止。銜杯酒：喝過一杯酒。接：表示。慇懃：情意殷切貌。餘歡：充分的歡樂。

③自守：保持節操。分别：指明長幼尊卑有别之禮。恭儉：恭謹謙遜。儉，有節制。下人：對人謙下。

④徇：從，服從。或説通「殉」。

⑤出：作出。計：這裏義爲決定。公家：即國家。以：通「已」。

⑥媒孽其短：擴大他的罪過。媒，通「酶」，釀酒的酵母。孽，通「糵」，酒麯。「媒孽」這裏作動詞用，比喻擴大、釀造。

⑦戎馬之地：指匈奴腹地。王庭：指匈奴王單于的宫廷。横挑：左右出擊。仰：仰攻。

⑧不給：顧不上。旃裘：旃子和裘衣，匈奴的毛製用品和服飾，借以指代匈奴。旃，通「氈」，或作「氊」。賢王：匈奴中僅次於單于的高級官員，由單于子弟擔任。引弓之民：會射箭的人。

⑨勞：疲勞。沬血：用血洗臉，即血流滿面。沬，同「頮」(huì)，用手掬水洗臉。弮：弩弓。死敵：與敵拼死。漢書李廣蘇建傳：「陵至浚稽山，與單于相直，騎可三萬圍陵軍。軍居兩山間，以大車爲營。陵引士出營外爲陳，前行持戟盾，後行持弓弩，令曰：『聞鼓聲而縱，聞金聲而止。』虜見漢軍少，直前就營。陵搏戰攻之，千弩俱發，應弦而倒。虜還走上山，漢軍追擊，殺數千人。單于大驚，召左右地兵八萬餘騎攻陵。陵且戰且引，南行數日，抵山谷中。連戰，士卒中矢傷，三創者載輦，兩創者將車，一創者持兵戰。……明日復戰，斬首三千餘級。」

⑩没：指軍隊覆没。使有來報：指李陵派人向朝廷報告軍情。漢書李廣蘇建傳：「陵於是將其步卒五千人出居延，北行三十日，至浚稽山止營，舉圖所過山川地形，使麾下騎陳步樂還以聞。步樂召見，道陵將率得士死力，上甚説，拜步樂爲郎。」觴：盛滿酒的杯子。上壽：敬酒祝長壽。

⑪慘愴怛悼：四詞同義連用，悲傷。款款：忠誠貌。絶甘：遇到甘甜的食物自己不吃而讓人。分少：分東西時自己少分而多予人。死力：拼死相救。

⑫彼觀其意：或説語序應爲「觀彼其意」，即觀彼之意。彼，指李陵。或説「彼觀其意」爲「彼示其意」。當：適當時機。

⑬所摧敗：指消滅匈奴的戰績。暴：顯露，舊讀(pù)。

⑭指：通「旨」，想法。廣主上之意：寬慰皇上之心。

睚眦之辭：指攻擊李陵者的言辭。睚眦，怒目而視。睚，眼眶。眦，眼角。

⑮沮：詆毁；敗壞。貳師：指李廣利，其妹爲武帝的寵妃李夫人。貳師本大宛國的城名(在今吉爾吉斯境内)，太初元年(前一〇四年)武帝派李廣利到其地奪取良馬，因號其爲貳師將軍。按：李陵的失敗和李廣利有關，當時李陵被圍激戰，李廣利未救，故武帝以爲司馬遷替李陵説話是在有意詆毁李廣利。下：交給。理：指大理卿或大理寺。

⑯拳拳：忠誠恭謹貌。列：分辯。因爲：於是判爲。誣上：欺騙皇上罪。卒從：最終同意。吏議：指法官的判决。

⑰貨賂：錢財。漢律規定死罪可以錢財免之。左右親

近：指皇帝的左右和親近。

⑱生降：活着投降。隤：敗壞。佴：相次；隨後。指接着被投進。蠶室：施行宮刑的獄室。受宮刑者畏風寒，其室緊閉保温如養蠶之室，故稱。

僕之先非有剖符丹書之功①，文史星曆近乎卜祝之間，固主上所戲弄②，倡優畜（xù）之，流俗之所輕也。假令僕伏法受誅，若九牛亡一毛，與螻蟻何以異？而世又不與能死節者比，特以爲智窮罪極③，不能自免，卒就死耳。何也？素所自樹立使然也④。人固有一死，或重於泰山，或輕於鴻毛，用之所趨異也。太上不辱先，其次不辱身，其次不辱理色，其次不辱辭令，其次詘（qū）體受辱，其次易服受辱，其次關木索、被箠（chuí）楚受辱⑤，其次剔毛髮、嬰金鐵受辱，其次毁肌膚、斷肢體受辱，最下腐刑極矣⑥。傳曰：「刑不上大夫⑦。」此言士節不可不勉勵也。猛虎在深山，百獸震恐，及在檻（jiàn）穽之中，摇尾而求食，積威約之漸也⑧。故士有畫地爲牢，勢不可入，削木爲吏，議不可對，定計於鮮也⑨。今交手足，受木索，暴肌膚，受榜箠，幽於圜（yuán）牆之中，當此之時，見獄吏則頭槍地，視徒隸則心惕息⑩。何者？積威約之勢也。及以至是，言不辱者，所謂强（qiǎng）顔耳，曷足貴乎？且西伯，伯也，拘於羑里；李斯，相也，具於五刑⑪；淮陰，王也，受械於陳⑫；彭越、張敖，南面稱孤，繫獄抵罪⑬；絳侯誅諸吕，權傾五伯，囚於請室⑭；魏其，大將也，衣赭（zhě）衣，關三木⑮；季布爲朱家鉗奴；灌夫受辱於居室⑯。此人皆身至王侯將相，聲聞鄰國，及罪至罔加，不能引決自裁，在塵埃之中，古今一體，安在其不辱也⑰？由此言之，勇怯，勢也；强弱，形也⑱。審矣，何足怪乎？夫人不能早自裁繩墨之外，以稍陵遲，至於鞭箠之間，乃欲引節，斯不亦遠乎⑲？古人所以重施刑於大夫者，殆爲此也⑳。

①剖符丹書：朝廷分封大功臣或給予特權的憑證，君臣各執一半。剖符，竹製，剖分爲二，上書同樣的誓詞。丹書，即丹書鐵券，鐵製，或稱鐵契，高祖所創，用硃砂書寫誓詞，功臣的子孫可憑此免罪。

②文史星曆：文獻、史籍、天文、曆法，都是太史令所管的事務。卜祝：卜官和巫祝。漢代卜祝的地位下降，遠不及殷周時期。固：原本。戲弄：作爲玩好。

③死節：爲節操而死。比：并列。特：副詞，只是。以爲：因爲。

④所自樹立：「所」字結構，用來立身的職業。

⑤太上：最上等的結果。理色：臉面，臉色。辭令：言辭。詘體：指被捆綁。詘：通「屈」。易服：换上囚服。古囚服爲赭色（紅褐色）。關：帶上。木索：刑具，木枷和繩索。被箠楚：受杖刑。被，遭受。箠，同「棰」，杖。楚，荆條。

⑥鬄：通「剃」。鬄毛髮指髡刑。嬰金鐵：鉗刑，以鐵器鉗束人的頸項、手、足。嬰，套住。毁肌膚：黥（qíng）、刵（ěr 割耳）、劓（yì）等刑。斷肢體：指刖、臏等刑。腐刑：即宫刑。

⑦傳：指禮記。此句引自禮記曲禮上。杜佑通典刑法四雜議上：「又曰（指大戴禮記）：『刑不上大夫』者，古之大夫有坐不廉污穢者，則曰簠簋不飾；淫亂男女無别者，則曰帷薄不修；罔上不忠者，則曰臣節未著；罷軟不勝任者，則曰下官不職；干國之紀者，則曰行事不請。此五者，大夫定罪名矣，不忍斥然正以呼之。是故大夫之罪，其在五刑之域者，聞有譴發，則白冠氂纓，盤水加劍，造乎闕而自請罪，君不使有司執縛牽而加之也。其有大罪者，聞命則北面跪而自裁，君不使人捽引而刑殺之也，曰『子大夫自取之耳！吾遇子有禮矣。』是曰『刑不上大夫』。」

⑧檻：關野獸的木籠、栅欄。穽：同「阱」。積威約：不斷施加武力。約，約束。漸，用作名詞，逐漸到達的結果。

⑨勢：名詞作狀語，據情勢。削木爲吏：木刻的法官。議：名詞作狀語，按道理。對：指接受審訊。定計於鮮：决定在受辱前自殺，不打算多活。鮮，少。按：「畫地爲牢」「削木爲吏」雖是象徵性的坐牢和接受審訊，然一旦接受，即意味接受羞辱，喪失氣節，故爲了保持節操，寧可自殺而「不入」「不對」。

⑩幽：深關。圜牆：指牢獄。槍：通「搶」，撞。徒隸：指獄卒。惕息：恐懼貌。

⑪西伯：即周文王，殷末時爲西伯侯。羑里：殷紂王囚西伯侯處，地在今河南湯陰縣境内。具：判處。史記李斯列傳：「二世二年七月，具斯五刑，論腰斬咸陽市。」五刑：漢書刑法志：「當三族者，皆先黥劓，斬左右趾，笞殺之，梟其首，菹（剁成肉醬）其骨肉於市。其誹謗詈詛者又先斷舌。」

⑫淮陰：淮陰侯韓信，曾封爲楚王。受械：被戴上刑具。械，枷杻、鐐銬類的刑具。漢初，劉邦得知韓信要謀反，用計在陳地（今河南淮陽市）將韓信拘捕。

⑬彭越：西漢昌邑（今山東金鄉縣西北）人，高祖功臣，封爲梁王。西漢初，有人誣告彭越謀反，被捕，赦爲庶人。不久，吕后又設計殺彭越并滅其宗族。張敖：高祖功臣趙王張耳子，繼父位爲趙王，王后爲高祖長女魯元公主。後因其臣下謀反而被捕下獄，不久赦免。

⑭絳侯：即周勃，高祖功臣。吕后死後，周勃與陳平誅諸吕，迎立文帝，穩定了漢家天下，後有人誣告他謀反，被捕下獄，不久獲釋。傾：超過。請室：請罪之室，即牢獄。或作「清室」，義爲「清洗罪惡之室」。

⑮魏其：即竇嬰，漢文帝夫人竇后之侄，景帝時拜大將軍，因平息吴楚七國之亂有功，封魏其侯。武帝時與丞相田蚡結怨，被捕處死。赭衣：囚服。三木：加在犯人頸、手、足上的三種刑具，即桎、梏和械。

⑯季布：項羽部將，楚人。劉邦平定天下後，捉拿季布，季布剔髮帶鉗，變姓名，到大俠魯人朱家家爲奴。後經朱家調停，被赦免，并拜爲郎中，官至河東太守。灌夫：景帝時任郎中將，在平息吴楚七國之亂中有

功，武帝時因得罪丞相田蚡而被殺。居室：漢少府（九卿之一）所屬官署名，即保宮，後多用以指拘禁犯人的官署。

⑰此人：這些人。罔：「網」的古字，指法網。引決：下決心。塵埃：指屈辱。安在：哪裏能說。

⑱勇怯四句：大意爲，勇敢和怯懦，剛强和柔弱都是形勢造成的。形，與「勢」義同對舉。

⑲以：連詞，表結果，以致。稍：逐漸。陵遲：衰減；衰弱。引節：以自殺保持氣節。遠：晚。

⑳重：慎重，指不輕易。殆：副詞，大概。

夫人情莫不貪生惡（wù）死，念父母，顧妻子。至激於義理者不然①，乃有所不得已也。今僕不幸，早失父母，無兄弟之親，獨身孤立，少卿視僕於妻子何如哉？且勇者不必死節，怯夫慕義，何處不勉焉②？僕雖怯懦，欲苟活，亦頗識去就之分矣，何至自沉溺縲紲（léixiè）之辱哉③？且夫臧獲婢妾，猶能引決④，况僕之不得已乎？所以隱忍苟活，幽於糞土之中而不辭者，恨私心有所不盡，鄙陋沒世，而文采不表於後世也⑤。

①激於義理：爲某種信念所激發。義理，指某種信念或道德準則。然：指貪生惡死顧念父母妻子。

②不必死節：不一定爲既定的信念而死。節，此處指信念。何處句：在什麽地方能不勉勵自己爲道義獻身呢？即隨時隨地都會爲合乎道義的事情獻身。

③去就：指死生。分：原則；界限。或說「去就之分」義爲「舍生取義」。沉溺：陷入。縲紲：或作「縲絏」，本爲捆綁犯人的繩索，引申指獄中。

④臧獲：奴婢賤稱。引決：這裏義爲自殺。

⑤幽：深埋；埋没。糞土之中：喻在屈辱中。辭：指自殺。鄙陋：卑微地。文采：指思想和才華。

古者富貴而名摩滅，不可勝記，唯倜儻（tìtǎng）非常之人稱焉①。蓋文王拘而演周易；仲尼戹（è）而作春秋②；屈原放逐，乃賦離騷；左丘失明，厥有國語③；孫子臏脚，兵法修列；不韋遷蜀，世傳呂覽④；韓非囚秦，説難孤憤；詩三百篇，大底聖賢發憤之所爲作也⑤。此人皆意有所鬱結，不得通其道，故述往事，思來者⑥。乃如左丘無目，孫子斷足，終不可用，退而論書策，以舒其憤，思垂空文以自見（xiàn）⑦。

① 摩：通「磨」。勝：盡。倜儻：雙聲聯綿詞，卓越貌。稱：著名。焉：相當「於之」，其中「之」指「世上」。

② 蓋：語氣副詞，表推斷。相傳周文王被囚禁在羑里期間，根據八卦推演出了六十四卦。演：推演；研究出。戹：同「厄」，受困。據史記孔子世家載，孔子周遊列國路過匡地時受到匡人的圍攻；在宋國期間，差一點被宋司馬桓魋所殺；在蔡國期間，曾遭到蔡人圍困而絶糧。回魯後，孔子根據魯史的記載撰成春秋。

③ 左丘：即左丘明，春秋時魯國史官。厥：副詞，作用同「乃」，可譯爲「才」。

④ 孫子：指孫臏，戰國時軍事家，孫武後人。曾在魏國遭同學龐涓陷害而受臏刑。臏脚：被挖去膝蓋骨的酷刑。脚的古義包括小腿和脚掌。修列：撰成。不韋：即呂不韋。呂覽：即呂氏春秋。按：呂不韋在遷蜀途中自殺，呂氏春秋實完成於其任秦相期間。

⑤ 韓非：即韓非子，參見第九單元五蠹一文的介紹。説難孤憤：韓非子一書中的篇名。按韓非子的著作包括孤憤等實際上是在去秦之前完成的。大底：大抵。爲作：同「所作」，「所」字結構，義爲「作品」。爲作，同義連用。

⑥ 此人：這些人。思：寄希望於。來者：后代人。

⑦ 乃如：特别像；尤其像。論書策：即著書。垂：流傳。空文：思想抱負在當世未能實現，把它寫成文章留傳給後世，這樣的文章稱空文。空，對實現的功業而言。見：「現」的古字。按：特意列舉左丘明、孫臏二人，是因爲此二人均殘廢，與自己情况相近。

僕竊不遜，近自托於無能之辭，網羅天下放失(yì)舊聞，略考其行事，綜其終始，稽其成敗興壞之紀，上計軒轅，下至於兹①。爲十表，本紀十二，書八章，世家三十，列傳七十，凡百三十篇。亦欲以究天人之際，通古今之變②，成一家之言。草創未就，會遭此禍，惜其不成，是以就極刑而無愠(yùn)色③。僕誠以著此書，藏之名山，傳之其人，通邑大都，則僕償前辱之責(zhài)④，雖萬被戮，豈有悔哉！然此可爲智者道，難爲俗人言也。

① 遜：恭順，謙虚。托：這裏義爲「使用」。放失：散失。行事：事迹。稽：研究。紀：規律。兹：現在，指司馬遷所生活的時期。

② 究：推求。天人之際：上天和人事的關係。變：變化規律。

③ 草創：開始撰寫。極刑：指腐刑。愠色：怒色，這裏指遺憾的神色。

④ 其人：指了解賞識自己的人，即上文的「來者」。通邑大都：通邑、大都義同，均爲大城邑，代表社會。本句承前省去「傳之」二字。責：「債」的古字。司馬遷認爲自己受刑使祖宗蒙羞，使親友受到連累，等於欠了他們一筆重債。

且負下未易居，下流多謗議①。僕以口語遇此禍，重爲鄉黨所笑②，以汙(wū)辱先人，亦何面目復上父母丘墓乎？雖累百世，垢彌甚耳！是以腸一日而九迴，居則忽忽若有所亡③，出則不知其所往。每念斯恥，汗未嘗不發背沾衣也！身直爲閨閤之臣，寧得自引深藏於巖穴邪④？故且從俗浮沉，與時俯仰，以通其狂惑⑤。今少卿乃教以推賢進士，無乃與僕私心刺謬乎⑥？今雖欲自雕琢，曼辭以自飾，無益，於俗不信，適足取辱耳⑦。要之，死日然後是非乃定。書不能悉意，略陳固陋。謹再拜。

①負下：指在處於被別人看不起的情況下。下流：指卑下的地位。

②口語：言語，指替李陵辯護。强調自己僅僅只是言語不合上意，并無行動上的過錯。鄉黨：指家鄉人。

③累：積累，延續。垢：恥辱。彌：更加。腸一句：比喻愁思萬千，痛苦不安。九迴，多次迴轉。忽忽：神情恍惚。亡：失。

④身直句：自身只不過是個宦官一樣的人。直，副詞，只不過；僅僅。閨閤之臣，指宦官。閨閤，宫中小門，同義連用，指内宫。内宫只允許宦官出入。寧得句：哪裏有資格到深山中去隱居呢？自引，主動引退。巖穴，深山中，指隱居生活。

⑤從俗浮沉：隨着世俗的上下浮動。與時俯仰：根據時勢的好壞行事。通：抒發。狂惑：迷惑，鬱結。

⑥無乃：語氣副詞，表推測，恐怕。刺謬：乖戾。

⑦雕琢：雕飾。曼辭句：用美好的言辭自我粉飾，指借完成史書替自己没有自殺辯護。曼，美好。

古書的標點

標點的使用在我國起源很早，可以追溯到甲骨文時代。不過那時的標點很簡單，只有豎綫、横綫、曲綫、折綫和雙短綫幾種，用於分隔不同的卜辭和表示重文。在殷周金文中，出現了鉤識號和短横號，分别用來表示意義層次和重文、合文等。秦時出現了黑方號和圓點號，分别用來表示段落和斷句。兩漢時期，不同文獻中使用過的標點多達十五種，即扁方塊、大圓點、中圓點、圓圈、三角形、小點、重文號、合文號、鉤、頓點、横綫、斜綫、長點、曲綫和括弧。魏晉南北朝至隋唐時期，出現了雙圈號、圈點號和卜字號。宋元時期，隨着雕版印刷術的發明，標點的使用也有了新的發展，出現了圓括號、魚尾號、陰文號、半圓號、圓圍號等，加上舊有的符號和一些變體符號共有三十餘種。明清時期，基本上是承襲前代的符號和用法，新符號較少，主要有着重號、間隔號和表示官名、地名的雙豎綫、單豎綫等。

標點在我國雖然起源很早，且歷代都有所發展，但使用并不普遍，也很不統一。直到宋代，才有了較爲一致的圈點方法，毛晃增修互注禮部韻略：「今秘書省校書式，凡句絶則點於字之旁，讀分則微點於字之中間。」也是在宋代，才出現了加有句讀的刻本書籍，如宋岳氏相臺本五經、吕祖謙古文關鍵、真德秀文章正宗等。不過此後加句讀的刻本書籍一般只限於子書、文集、詩詞、民間文學、啟蒙讀物之類，經書、史書等重要典籍、官方刻書仍然不加句讀，這種情況一直持續到清末。

宋代以前，古人著書時多習慣於不加標點，國家印行的書籍更是如此。這種情況給讀書人帶來了很大的不便，需要自己去斷句。斷句，古人或稱作「句讀」，就是在文中給應該停頓的地方加上符號，這種符號和今天的標點符號有很大不同，僅僅表示停頓而不表示複雜的語氣。「句、讀」連讀始見於漢代何休的公羊傳解詁序：「是以講誦師言至於百萬猶有不解，時加讓嘲辭，援引他經失其句讀，以無爲有，甚可閔笑者不可勝記也。」

從漢代開始，出現了三種較常見的斷句符號，即「、」「乚」（說文：「、，有所止，、而識之也。」「乚，鉤識也。」）「〇」。這三種符號的功用都是將需要停頓的地方斷開，并無句中停頓和句間停頓之分。

到唐代時，「句」與「讀」才有了區别。天臺沙門湛然法華文句記：「凡經文語絶處謂之『句』，語未絶而點之以便誦詠謂之『讀』。」這裏所説的「句」和「讀」，大體相當於今天的句號和逗號，但事實上，古人很少用讀，主要是用句。

句讀正確與否，能够準確反映出一個人對文章理解的程度和知識水準，所以古人很重視句讀的訓練，把掌握句讀作爲對學子的基本要求。禮記·學記：「一年視離經辨志。」鄭玄注：「離經，斷句絶也；辨志，謂别其心意所趣鄉也。」孔穎達疏：「離經，謂離析經理，使章句斷絶也。」韓愈師説：「句讀之不知，惑之不解，或師焉，或不焉，小學而大遺，吾未見其明也。」顧炎武日知録：「句讀之不通，而欲從事於九丘之書，真可謂千載笑端矣。」魯迅先生也曾對標點古文的效用作過這樣的評價：「標點古文真是一種試金石，只消幾圈幾點，就把真顔色顯出來了。」（魯迅全集卷五點句的難）

新中國成立以來，特别是上世紀八十年代以來，由於國家的重視，許多重要的古籍都已標點整理出版，包括十三經、先秦諸子及二十四史等，給學習和研究工作帶來了極大的方便。但是，古代的典籍浩如煙海，經過標點整理的只占其中很少的一部分，大部分并没有得到標點整理，在閱讀或研究這部分古籍時，還需要自己去標點，因此，了解一些標點古文的基本知識是很有必要的。

一　古書標點中的常見錯誤

古書標點中的常見錯誤主要有以下幾種：

（一）不明詞義致誤

例一　四七二十八宿，……柳星、張，周國洛陽、三河。；翼、軫，楚國荆州。魏書術藝傳（中華書局一九七四年標點本）

按照原標點，「柳星」成了一個星宿的名稱。實際上，「柳星」是兩個星宿名，中間應加頓號。「星」共含有七顆星，又稱「七星」。「柳」共含有八顆星。二星均屬二十八宿中的南方朱雀七宿。史記天官書：「柳、七星、張，三河。翼、軫，荆州。」

例二　庚申，福昌知院張興鈞，州守將哈剌魯，許州右丞謝李，陳州知院楊崇，皆遣人詣大軍降。明通鑑洪武元年四月（中華書局一九五九年標點本）

依照原標點，福昌知院名叫「張興鈞」，哈剌魯成了福昌的「州守將」。實際上，福昌、鈞州、許州、陳州都是地名。二句正確的標點應該是：福昌知院張興、鈞州守將哈剌魯。

（二）不明語意關係致誤

例一　孔子出，使子路齎雨具。有頃，天果大雨。子路問其故，孔子曰：「昨暮月離於畢。後日月復離畢。」孔子出，子路請齎雨具，孔子不聽。出果無雨。子路問其故，孔子曰：「昔日月離其陰，故雨；昨暮月離其陽，故不雨。」論衡明雩篇（諸子集成本，中華書局一九五四年）

標點者將文中「後日月復離畢」當成了孔子的話而置於引號之内，結果造成語意不明。孔子不可能預知後日（後日：其後某日）也會「月離於畢」的。正確的標點應該是：

孔子曰：「昨暮，月離於畢。」後日，月復離畢。孔子出，子路請齎雨具，孔子不聽。出，果無雨。子路問其故。孔子曰：「昔日，月離其陰，故雨；昨暮，月離其陽，故不雨。」

例二　舜無立錐之地，以有天下；禹無十户之聚，以王諸侯；湯、武之土不過百里。上不絶三光之明，下不傷百姓之心者，有王術也。枚乘上書諫吴王（王力主編古代漢語第三册，中華書局一九八三年）

文中「上不絶三光之明」以下三句只是針對商湯和周武王而言的，標點者蓋以爲這幾句話的所指同時包括「舜、禹」在内，故在「不過百里」之後用了句號，致使「湯武」句句意未竟。正確的標點應該將「不過百里」之後的句號改爲逗號。

（三）不明語法、音韻致誤

例一　使下愚之人，涉耐罪之獄，吏令以大辟之罪，必冤而怨邪？將服而自咎也。論衡問孔（諸子集成本，中華書局一九五四年）

文中「必冤而怨邪？將服而自咎也」屬於選擇複句。「將」是選擇連詞，可譯爲「還是」。「也」在古漢語中常用於疑問句末表疑問語氣，「將服」句末的「也」正是這種用法。標點者忽視了「將、也」的上述語法功能，而給「將服」句末用了句號。正確的標點是把「將服」句末的句號换成問號。

例二　養氣自守，適食則酒。閉明塞聰，愛精自保。適輔服藥引導，庶冀性命可延。斯須不老，既晚無還，垂書示後。　論衡自紀（諸子集成本，中華書局一九五四年）

此例是韻文，韻脚字爲「守、酒、保、導、老」，同屬上古幽部。標點者因不明古韻而在非韻脚字的「延」後用了句號，在韻脚字「老」後用了逗號。正確的標法是「延」後用逗號，「老」後用句號。

二　標點古文的基本方法

做好標點古文這項工作，一方面要讀懂古文，另一方面要正確使用標點符號。兩者相互聯繫，同等重要。下面介紹幾種標點古文的基本方法。

（一）重視古漢語的詞彙特點和語法特點

古漢語中單音詞占優勢，語法關係有些比較特殊，標點時要首先注意這兩種情况。不可將單音詞相連的現象誤當作複音詞，也不可誤將複音詞當作單音詞相連。遇到較特殊的語法現象要認真分析，不可簡單從事。

例一　人生十年曰幼學二十曰弱冠三十曰壯有室四十曰强而仕五十曰艾服官政六十曰耆指使七十曰老而傳八十九十曰耄七年曰悼悼與耄雖有罪不加刑焉百年曰期頤　禮記曲禮上

這段話中的「期、頤」爲兩個單音詞，本應從中斷開。東漢鄭玄注作「期，猶要也。頤，養也。不知衣服食味，孝子要盡養道而已」，將「期、頤」當成了一個複音詞。鄭玄以後，人們又進而把「弱、冠」類推成了複音詞，均誤。王念孫廣雅疏證（卷一上）：「案，期之言極也。詩言『思無期』『萬壽無期』，左傳昭公二十八年言『貪婪無厭，忿纇無期』，皆是究極之義。百年爲年數之極，故曰『百年曰期』。當此之時，事事皆待於養，故曰『頤』。朱子云：『「十年曰幼」爲句，「學」字自爲句，下至「百年曰期」皆然。』此說是也。」顯然，朱熹、王念孫的說法是有道理的。據此，這段話正確的標點應該是：

人生十年曰幼，學。二十曰弱，冠。三十曰壯，有室。四十曰强，而仕。五十曰艾，服官政。六十曰耆，指使。七十曰老，而傳。八十、九十曰耄。七年曰悼。悼與耄雖有罪，不加刑焉。百年曰期，頤。

例二　燕文公之路，馬死，或告之曰：「卑耳氏之馬良，請求之。」（郁離子燕文公求馬（上海古籍出版社一九八二年標點本）

與上例情況相反，此例中的「路馬」在上古是個複音詞，不能拆開，而標點者却誤當成了兩個詞。禮記曲禮上：「大夫、士下公門，式路馬。乘路馬，必朝服，載鞭策，不敢授綏，左必式。步路馬，必中道。以足蹙路馬芻，有誅。齒路馬，有誅。」孔穎達疏：「路馬，君之馬也……路馬，君之車馬。」「路馬」又作「輅馬」。後漢書張湛傳：「禮，下公門，軾輅馬。」李賢等注：「輅，大也。君所居曰路寢，車曰輅車，馬曰輅馬。」標點者可能把「路馬」之「路」當成了「道路」之路。正確的標法是將「路」後的逗號刪去。

例三　造父方耨，得有父子乘車過者，馬驚而不行，其子下車牽馬，父子推車，請造父助我推車。（梁啟雄韓子淺解外諸說右下（中華書局一九八五年）

這段話「請造父」以下部分的語法關係比較特殊，正確的標點應該是：父子推車，請造父：「助我推車！」此類句型又如史記外戚世家：「太后出宫人以賜諸王，各五人，竇姬與在行中。竇姬家在清河，欲如趙，近家，請其主遣宦者吏：「必置我籍趙之伍中。」原標點者没有在「造父」之後加上相應的標點，還有人懷疑「推車」二字爲衍文，均屬對語法關係不明所致。

（二）利用文中提示標點位置的詞語

古文中可以提示標點位置的詞語很多，應正確把握，充分利用。這類詞語主要有語氣詞、連詞、稱説性的動詞、數詞和部分副詞，如「蓋、夫、惟、其、今夫、若夫、且夫、故夫、也、矣、乎、哉、焉、耳、耶（邪）、歟（與）、曰、言、語、謂、陳、告、勸、白、報、請、三、五、七、九、皆、全」等。另外，韻文的韻脚字和駢偶句、排比句以及其他一些具有提示意義的字眼都是標點的重要參考。

例一　龍者鱗蟲之長。王符言其形有九。似頭。似駝角。似鹿眼。似兔耳。似牛項。似蛇腹。似蜃鱗。似鯉爪。似鷹掌。似虎是也。（本草綱目龍（中國書店一九九四年據商務印書館版影印本）

按照上文的句讀，龍到底是何形狀，令人難以琢磨。而且「其形有九」一語與下文分説的内容不相應。這段話有一個提示性的詞『九』大概未引起標點者的注意，既然「其形有九」，下文分説的内容加起來也應是「九」才對。根據「九」的提示，這段話的正確標點應該是：

龍者，鱗蟲之長。王符言其形有九似：頭似駝，角似鹿，眼似兔，耳似牛，項似蛇，腹似蜃，鱗似鯉，爪似鷹，掌似虎是也。

例二　蚡弟田勝，皆以太后弟，孝景後三年封蚡爲武安侯，勝爲周陽侯。　史記魏其武安侯列傳（王力主編古代漢語第三册，中華書局一九八三年）

按照上文的標點，「蚡弟」與「田勝」成了一個人了，但下文又説「封蚡爲武安侯」，「勝爲周陽侯」，「蚡」與「勝」分明是兩個人，語義前後有矛盾。這句話中的「皆」字是一個提示性的詞，提示「蚡弟田勝」肯定不止一個人，故應在「蚡」與「弟田勝」中間加頓號，使主語變成蚡與其弟勝兩個人。漢書田蚡傳的記載正説明「蚡弟田勝」是兩個人：「孝景崩，武帝初即位，蚡以舅封爲武安侯，弟勝爲周陽侯。」

（三）借助相關古書的記載和古注標點

標點古文，常常會遇到幾種標法都通而無所適從的情況，這時候應該藉助相關古書的記載和古注作出正確的判斷。

例一　子羔，衛大夫。高柴，孔子弟子也。　史記衛康叔世家集解（中華書局一九五九年標點本）

上例也可以標成：子羔，衛大夫高柴，孔子弟子也。兩種標法都通，但意思不同。按照例中的標點，子羔和高柴是兩個人；按照新的標法，子羔和高柴是一個人。究竟哪種標法正確？單憑這幾句話本身很難決斷。論語先進：「柴也愚，參也魯，師也辟，由也喭。」朱熹論語集注：「柴，孔子弟子，姓高，字子羔。」朱注説明子羔與高柴是一個人，故上例的標點是錯誤的，應改成新的標點。

例二　少微四星在太微西南，北列白衣處士之位。　魏書術藝傳（中華書局一九七四年標

點本）

按照例中的標點，少微四星位於太微垣西南方向。此例也可以標成：少微四星在太微西，南北列，白衣處士之位。按照新的標點，少微四星就不是位於太微垣的西南方向，而是正西方向。張守節史記正義：「少微四星在太微西，南北列：第一星，處士也；第二星，議士也；第三星，博士也；第四星，大夫也。」晉書天文志：「少微四星在太微西，士大夫之位也，一名處士。」張守節的注釋和晉書的記載均説明上例標點錯誤。

例三　項王聞淮陰侯已舉河北，破齊、趙，且欲擊楚，乃使龍且往擊之。淮陰侯與（戰）騎將灌嬰擊之，大破楚軍，殺龍且。　史記項羽本紀（中華書局一九五九年標點本）

淮陰侯與戰騎將灌嬰擊之，大破楚軍，殺龍且。　王伯祥史記選項羽本紀（人民文學出版社一九八二年）

兩例的差異在於標點本删去了「戰」字，史記選則保留了「戰」字。據史記集解和漢書顔師古注，擊殺龍且的人是灌嬰部下，由此推知實際出戰的將領只有灌嬰而没有韓信。故標點本和史記選的標點都是有問題的，「戰騎將」這一名稱更是不存在。正確標點應該是：淮陰侯與戰，騎將灌嬰擊之，大破楚軍，殺龍且。

（四）注意前後文的聯繫，使標點後的語意合乎邏輯，與事實相符

標點古文，不僅要考慮個别語句的通順問題，同時要考慮與臨近語句的聯繫、全篇語意的聯繫以及與事實的聯繫等。如果標點後只是個别字句可以講通，而與鄰近語句聯繫不起來，不合邏輯，甚至

前後矛盾，背離事實，那就説明標點有問題，應進一步檢查調整。

例一　五月，戊午，毅與循戰於桑落洲，毅兵大敗，棄船以數百，人步走，餘衆皆爲循所虜，所棄輜重積山。　資治通鑒晉紀安帝義熙六年（中華書局一九五六年標點本）

按照例中的標點，「數百」成了棄船的數目，致使下文「人步走」與「餘衆皆爲循所虜」失去了聯繫。再説用「以數百」表示約數也不合古漢語語法（古漢語説「以百數」，不説「以數百」）。這説明原標點有問題。「以」在古漢語中既有介詞的用法，也有動詞表「率領」義的用法，例中「以」就是動詞「率領」義的用法。標點者未能詳察「以」的詞彙意義和語法意義，將「以」字當成了介詞，因而致誤。正確的標點是將「數百」後的逗號移到「棄船」之後。

例二　桓宣佐祖逖拒祖約，守襄陽，皆有功。　資治通鑒晉紀簡文帝咸安元年胡三省注（中華書局一九五六年標點本）

按照例中的標點，拒祖約的人是祖逖。這種理解句意雖通，但與事實不符，因爲抵禦祖約的人是桓宣而不是祖逖。祖逖、祖約是兄弟，二人没有對壘過（見成帝咸和二年），桓宣也從未佐祖逖抵禦過祖約（見元帝建武元年）。事實上，「佐祖逖」「拒祖約」的主語都是桓宣，因此應該在「祖逖」之後加上一個逗號，這樣全句的語意才是正確的。

例三　後陵復至北海上，語武：「區脱捕得雲中生口，言太守以下吏民皆白服，曰上崩。」武聞之，南鄉號哭，歐血，旦夕臨。數月，昭帝即位。數年，匈奴與漢和親。　漢書蘇武傳（中華書局一九六二年標點本）

按照例中的標點和段落劃分，「數月」是「即位」的時間狀語，全句的意思是武帝駕崩數月之後昭帝即位。這種標點如果孤立地看，句子很通順，語意上没有什麽毛病。但只要一聯繫史實，就會發現其中有問題。漢書昭帝紀：「後元二年二月上疾病，遂立昭帝爲太子……明日，武帝崩。戊辰，太子即皇帝位，謁高廟。」「明日」爲丁卯日（據漢書武帝紀），戊辰是丁卯的後一天。據此可知昭帝是在武帝死後第二天就即位了，而非數月之後。從常例來看，皇帝死後皇儲也不會等到數月之後才即位的。上例中的「數月」實際是「臨」的時間補語，標點者誤當成了下句的狀語。正確的標點是將「臨」後的句號去掉，將「數月」歸上段并將其後的逗號改成句號。

思考與練習

一　什麼是句讀？簡要談談句讀與標點符號的異同。

二　檢查下列句子中的標點是否有誤，如果有誤，請指出并加以改正。

①行，略定秦地。函谷關有兵守關，不得入。又聞沛公已破咸陽，項羽大怒，使當陽君等擊關。
張友鸞史記選注　人民文學出版社一九五六年

②水東日記曰：宋理宗朝，内臣令馬遠圖一佛，中坐老子，側立夫子問禮於前，以侮夫子。俾江古心贊之曰：「釋迦趺坐，老聃旁睨，惟吾夫子，絶倒在地。」　戒庵老人漫筆三教贊　中華書局一九八二年標點本

③會晉六卿争權，韓、魏、趙興而范中行、知伯弊。當是時，偪揚侯，揚侯逃於楚巫山，因家焉。
漢書揚雄傳　中華書局一九六二年標點本

④七公，七星在招摇東，接近貫索。　魏書術藝傳　中華書局一九七四年標點本

⑤虞舜爲父弟所害，幾死再三，有遇唐堯，堯禪舜立爲帝。嘗見害未有非；立爲帝，未有是前時未到，後則命時至也。　論衡禍虚篇　諸子集成本，中華書局一九五四年

⑥自得之，則居之安；居之安，則資之深；資之深，則取之左右逢其原，故君子欲其自得之也。
楊伯峻孟子譯注離婁章句下　中華書局一九八一年

⑦衛侯貞卜。其繇曰。如魚竀尾。衡流而方羊裔焉。大國滅之。將亡。闔門塞竇。乃自後踰。

左傳哀公十七年　四書五經銅版本　北京市中國書店一九八五年據世界書局版影印

三　論語泰伯中「民可使由之不可使知之」一句，可以有下幾種標點，試比較其優劣并説明理由。

① 民可使由之，不可使知之。　楊伯峻論語譯注

② 民可使，由之；不可使，知之。　梁啟超孔子訟冤

③ 民可，使由之；不可，使知之。　宦懋庸論語稽

四　先給下篇古文標點和劃分段落，然後用標點本漢書進行對照，找出差異并總結得失。

宣帝初即位温舒上書言宜尚德緩刑其辭曰……臣聞秦有十失其一尚存治獄之吏是也秦之時羞文學好武勇賤仁義之士貴治獄之吏正言者謂之誹謗遏過者謂之妖言故盛服先生不用於世忠良切言皆鬱於胸譽諛之聲日滿於耳虚美熏心實禍蔽塞此乃秦之所以亡天下也方今天下賴陛下恩厚亡金革之危飢寒之患父子夫妻勠力安家然太平未洽者獄亂之也夫獄者天下之大命也死者不可復生絶者不可復屬書曰與其殺不辜寧失不經今治獄吏則不然上下相驅以刻爲明深者獲公名平者多後患故治獄之吏皆欲人死非憎人也自安之道在人之死是以死人之血流離於市被刑之徒比肩而立大辟之計歲以萬數此仁聖之所以傷也太平之未洽凡以此也夫人情安則樂生痛則思死棰楚之下何求而不得故囚人不勝痛則飾辭以視之吏治者利其然則指道以明之上奏畏卻則鍛練而周内之蓋奏當之成雖咎繇聽之猶以爲死有餘辜何則成練者衆文致之罪明也是以獄吏專爲深刻殘賊而亡極媮爲一切不顧國患此世之大賊也故俗語曰畫地爲獄議不入刻木爲吏期不對此皆疾吏之風悲痛之辭

也故天下之患莫深於獄敗法亂正離親塞道莫甚乎治獄之吏此所謂一尚存者也

臣聞烏鳶之卵不毀而後鳳凰集誹謗之罪不誅而後良言進故古人有言山藪藏疾川澤納汙瑾瑜匿惡國君含詬唯陛下除誹謗以招切言開天下之口廣箴諫之路掃亡秦之失尊文武之德省法制寬刑罰以廢治獄則太平之風可興於世永履和樂與天亡極天下幸甚　漢書賈鄒枚路傳

參考文獻

楊樹達　古書句讀釋例　中華書局一九五四年

俞樾等　古書疑義舉例五種　中華書局一九五六年

吴孟復　古書讀校法　安徽教育出版社一九八三年

宋元人　四書五經　世界書局一九八五年

張舜徽　中國古代史籍校讀法　上海古籍出版社一九八六年

任　遠　句讀學論稿　浙江古籍出版社一九九八年

季永興　古漢語句讀　商務印書館二〇〇一年

國務院古籍整理出版規劃小組　古籍點校疑誤彙録　中華書局二〇〇二年

武　億　經讀考異　皇清經解　鳳凰出版社二〇〇五年

蘭賓漢　標點符號運用藝術　中華書局二〇〇六年

吕叔湘　通鑑標點瑣議　中國語文一九五六年

第十一單元

文選

黄帝 史記

【史記簡介】史記，西漢司馬遷著，自稱太史公書，漢書稱太史公或太史公記，三國時始改用今名。史記記事上自傳説中的黄帝，下迄漢武帝太初年間，跨度近三千年，是我國第一部紀傳體通史。全書一百三十篇，包括十二本紀、十表、八書、三十世家、七十列傳，共五十二萬餘字，其中少數篇目係西漢褚少孫補寫。本紀是關於帝王政事的記載，分兩類，一類以朝代爲主，一類以帝王爲主；表是表現歷代世系、列國關係、職官更迭以及王侯將相名臣封立敗亡等内容的表格，如十二諸侯年表、六國年表、高祖功臣侯者年表、漢興以來將相名臣年表等；書是有關典章制度、天文、曆法、水利、地理、經濟等内容的記載，如禮書、樂書、律書、曆書、天官書、封禪書等；世家是先秦諸侯國的興亡史和漢代重要功臣的傳記；列傳是歷代著名人物的傳記。史記始撰於漢武帝太初元年（前一〇四年），約於漢昭帝始元元年（前八十六年，據王國維太史公行年考）前後完成，歷時十八年（其間因替李陵辯護入獄三年）。史記的材料來源主要有四：一、前代典籍；二、司馬遷父司馬談收集的史料；三、司馬遷游歷全國時採集到的史料和見聞；四、宫廷檔案圖書資料。

史記一書全面記載了西漢中期以前的中國古代史和一些鄰國史，描繪出了許多栩栩如生的歷史人物，不僅是史學著作的典範，而且是傳記文學的法式，對後世史學和文學均產生了深遠的影響。書中所創立的紀傳體編寫體例以及「善序事理，辨而不華，質而不俚，其文直，其事核，不虚美，不隱惡」（漢書司馬遷傳）的記事風格反映了一個偉大史學家卓越的才華和無所畏懼的戰鬥精神，是中國古代史學成熟的標志。

史記的通行注本是三家注本，即南朝劉宋裴駰史記集解、唐司馬貞史記索隱和唐張守節史記正義。今人的注譯本主要有王伯祥史記選、王利器主編的史記注譯、臺灣六十教授白話史記、日本瀧川龜太郎史記會注考證等。

【題解】黄帝是傳説中的五帝之首，華夏族共同的祖先。本文記載了黄帝統一各部族、治理自然災害和教化人民的事迹，反映了遠古時期華夏族的生產生活狀況，歌頌了黄帝的智慧、勇武和美德。本文選自史記五帝本紀，題目爲編者所加。

黄帝者，少典之子，姓公孫，名曰軒轅①。生而神靈，弱而能言，幼而徇齊，長而敦（dūn）敏，成而聰明②。

① 黄帝：號有熊，本爲有熊部落的首領，後成爲華夏及周邊各族的共同祖先。少典：有熊部落的首領。軒轅：皇甫謐帝王世紀：「黄帝生於壽丘（在今山東曲阜市），長於姬水，因以爲姓。居軒轅之丘（在今河南

新鄭縣西北)，因以爲名，又以爲號。」②神靈：指神異。傳説黄帝母附寶在野外見到大雷電繞北斗樞星，感而懷孕，二十四個月後才在壽丘(曲阜縣東北)生下黄帝，出世不久即會説話，且相貌出衆，頭額如太陽，眉宇如龍骨，周圍有彩雲環繞。徇齊：通「迅速」，指反應敏捷。敦：誠實。敏：勤勉。成：指成年。

軒轅之時，神農氏世衰①。諸侯相侵伐，暴虐百姓，而神農氏弗能征。於是軒轅乃習用干戈，以征不享，諸侯咸來賓從②。而蚩尤最爲暴③，莫能伐。炎帝欲侵陵諸侯，諸侯咸歸軒轅。軒轅乃修德振兵，治五氣，蓺五種，撫萬民，度(duó)四方④，教熊羆貔貅(píxiū)貙(chū)虎，以與炎帝戰於阪泉之野⑤。三戰，然後得其志。蚩尤作亂，不用帝命⑥。於是黄帝乃徵師諸侯，與蚩尤戰於涿鹿之野，遂禽殺蚩尤⑦。而諸侯咸尊軒轅爲天子，代神農氏，是爲黄帝。天下有不順者，黄帝從而征之，平者去之⑧。

①神農氏：傳説中的古帝王，姜姓，即炎帝，教民耕種，故號神農。世衰：指神農氏的後世子孫已經衰敗。據國語晉語四，黄帝、炎帝同出少典。黄帝成長於姬水，炎帝成長於姜水。
②不享：不朝貢的諸侯。享，進獻；貢獻。賓從：服從；歸附。
③蚩尤：傳説爲九黎族的首領。有兄弟八十一人。

④振兵：整頓軍隊。治：指研究。五氣：指五行之氣。蓺：種植。五種：五穀。五穀説法不一，一説指黍、稷、菽、麥、稻，一説有麻無稻。度：謀劃。
⑤貔貅：似虎的猛獸。貙：似狸而大的猛獸。或以爲以上六種猛獸是六個部族的圖騰。阪泉：地名，在今河北涿鹿縣東南。
⑥用：聽從；服從。帝：指黄帝。

⑦徵：召集。涿鹿：山名，在今河北涿鹿縣東南。山旁建有軒轅城，傳説爲黄帝之都。
⑧從：隨後，緊接着。平：媾和。這裏義爲「順服」。去：離開。

披山通道，未嘗寧居。東至於海，登丸山，及岱宗①。西至於空桐，登雞頭②。南至於江，登熊、湘③。北逐葷粥（xūnyù），合符釜山，而邑於涿鹿之阿④。遷徙往來無常處，以師兵爲營衛⑤。官名皆以雲命，爲雲師⑥。置左右大監，監于萬國⑦。萬國和，而鬼神山川封禪與爲多焉⑧。獲寶鼎，迎日推策⑨。舉風后、力牧、常先、大鴻以治民⑩。順天地之紀、幽明之占、死生之説、存亡之難⑪。時播百穀草木，淳化鳥獸蟲蛾，旁羅日月星辰水波土石金玉⑫，勞勤心力耳目，節用水火材物。有土德之瑞⑬，故號黄帝。

①丸山：山名，在今山東臨朐縣東北。岱宗：即泰山。
②空桐：即崆峒山，在今甘肅平涼縣西北。雞頭：山名，在今平涼縣西。
③江：長江。熊：熊耳山，在今河南盧氏縣南，或説在今湖南益陽縣。湘：湘山，即今洞庭湖中的君山。
④葷粥：古族名，周時稱獫狁，漢時稱匈奴。合符釜山：在釜山會合諸侯。合符，合驗符信，這裏指會合諸侯。釜山，在今河北懷來縣北。阿：山下。
⑤以：率領。師兵：軍隊。營衛：軍營的護衛。
⑥官名句：百官都用雲命名。裴駰集解引應劭説：「黄帝受命，有雲瑞，故以雲紀事也。春官爲青雲，夏官爲縉雲，秋官爲白雲，冬官爲黑雲，中官爲黄雲。」爲雲師：建立軍隊。雲師，即軍隊，以雲爲名。
⑦大監：官名，掌監督。監于萬國：監督各諸侯國。
⑧而鬼句：大意爲，祭告鬼神山川的大典和以往相比舉行得較多。封禪，帝王祭告天地宣揚政績并祈福的盛典。在泰山頂上築土爲壇，報天之功稱封；在泰山下的梁父山上辟場祭地，報地之德稱禪。所謂

「封泰山，禪梁父」。與爲：舉行。

⑨獲寶鼎：傳說黃帝曾得到上天賜予的寶鼎。迎日推策：推算時辰節氣。迎日，推算日月時辰。迎，逆推。推策：用蓍草推算曆數。策，古代卜筮用的蓍草。傳說黃帝得神策，命大撓造甲子，容成造曆法（即黃帝曆）。

⑩風后、力牧、常先、大鴻：均黃帝的大臣。

⑪順：順應。紀：規律。幽明：即陰陽。占：占卜的結果。死生之說：生死合於天道的學說。存亡之難：存亡艱難的道理。

⑫時：按時。淳化：馴養；繁殖。旁羅句：大意爲，觀察範圍涉及到日月星辰山川土石等。旁羅，遍及。旁，廣泛。羅，包羅。

⑬土德：古代以金木水火土五行相生相克説附會王朝的命運，以土取勝者稱土德。據史記封禪書，黃帝時有黃龍地蚓出現，土色黃，故號黃帝。瑞，吉兆。

黃帝二十五子，其得姓者十四人①。

黃帝居軒轅之丘，而娶於西陵之女，是爲嫘（léi）祖②。嫘祖爲黃帝正妃，生二子，其後皆有天下：其一曰玄囂，是爲青陽，青陽降居江水；其二曰昌意，降居若水③。昌意娶蜀山氏女，曰昌僕，生高陽，高陽有聖悳焉④。黃帝崩，葬橋山⑤。

①得姓：指建立氏族。姓，標志家族系統的稱號。左傳隱公八年：「天子建德，因生以賜姓，胙之土而命之氏。」國語晉語四：「凡黃帝之子，二十五宗。其得姓者十四人，爲十二姓：姬、酉、祁、己、滕、箴（zhēn）、任、荀、僖、姞（jí）、儇（xuān）、依是也。」韋昭注：「得姓，以德居官而初賜之姓。謂十四人而内二人爲姬，二人爲己，故十二姓。」

②西陵：傳說中的古部族名。嫘祖：黃帝的嫡妻，傳說是她發明了養蠶。

③降居：下封爲諸侯。江水：指江國，地在今河南安

陽地區。若水：古水名，即今四川西部的雅礱江，這裏指若水流域。

④蜀山氏：居於今四川西部的古部族名。高陽：本封地名，在今河南杞縣西，顓頊爲帝後便以高陽爲號。悳：同「德」。

⑤橋山：山名，在今陝西黃陵縣，上有黃帝衣冠塚。

垓下之戰

史記

【題解】項羽在前二〇九年起兵滅秦，至前二〇六年進入咸陽分封諸侯，前後僅用了三年時間即取得了號令天下的地位，接着却在四年時間裏被劉邦打敗，兵困垓下，自刎烏江，終結了其傳奇、壯烈、短促的一生，年僅三十三歲。項羽這個人物在中國歷史上是絕無僅有的。司馬遷按照帝王將項羽的事迹列入本紀，并對他作了這樣的評價：「羽豈其（指舜）苗裔邪？何興之暴也！夫秦失其政，陳涉首難，豪傑蜂起，相與并争，不可勝數。然羽非有尺寸，乘勢起隴畝之中，三年，遂將五諸侯滅秦，分裂天下，而封王侯，政由羽出，號爲『霸王』，位雖不終，近古以來未嘗有也。」本文記載了垓下之戰的全過程，生動展示了項羽的英雄本色和窮途末路的悲劇性結局，字裏行間寄予了作者對項羽的同情和惋惜。本文選自史記項羽本紀，題目爲編者所加。

項王軍壁垓下①，兵少食盡，漢軍及諸侯兵圍之數重。夜聞漢軍四面皆楚歌②，項王乃大驚曰：「漢皆已得楚乎？是何楚人之多也！」項王則夜起，飲帳中。有美人名虞，常幸從；駿馬名騅(zhuī)，常騎之。於是項王乃悲歌忼慨，自爲詩曰：「力拔山兮氣蓋世，時不利兮騅不逝。騅不逝兮可奈何，虞兮虞兮奈若何！」歌數闋（què）③，美人和（hè）之。項王泣數行下，左右皆泣，莫能仰視。

於是項王乃上馬騎，麾（huī）下壯士騎從者八百餘人，直夜潰圍南出④，馳走。平明，漢軍乃覺之，令騎將灌嬰以五千騎追之⑤。項王渡淮，騎能屬者百餘人耳⑥。項王至陰陵⑦，迷失道，問一田父（fǔ）。田父紿（dài）曰：「左⑧」。左，乃陷大澤中。以故漢追及之。項王乃復引兵而東，至東城⑨，乃有二十八騎。漢騎追者數千人。項王自度不得脫。謂其騎曰：「吾起兵至今八歲矣，身七十餘戰，所當者破，所擊者服，未嘗敗北，遂霸有天下。然今卒困於此，此天之亡我，非戰之罪也。今日固決死，願爲諸君快戰，必三勝之⑩，爲諸君潰圍，斬將，刈（yì）旗，令諸君知天亡我，非戰之罪也。」乃分其騎以爲四隊，四嚮。漢軍圍之數重。項王謂其騎曰：「吾爲公取彼一將。」令四面騎馳下，期山東爲三處⑪。於是項王大呼馳下，漢軍皆披靡，遂斬漢一將。是時赤泉侯爲騎將，追項王，項王瞋目而叱（chì）之，赤泉侯人馬俱驚，辟易數里⑫。與其騎會爲三處，漢軍不知項王所在。乃分軍爲三，復圍之。項王乃馳，復斬漢一都尉，殺數十百人。復聚其騎，亡其兩騎耳。乃謂其騎曰：「何如？」騎皆伏曰：「如大王言。」

①壁：這裏用作動詞，築營壘。垓下：地名，今安徽靈璧縣東南。按：此前項羽與劉邦約定以鴻溝（在今

河南中牟縣)爲界平分天下，項羽罷兵東歸，劉邦則很快背約，親自率軍追擊項羽，同時令韓信、劉賈、彭越三將分別從齊、壽春等地出兵將項羽合圍於垓下。

② 楚歌：楚地人的歌聲。這是漢軍用計讓士卒唱楚地民歌，用以瓦解楚軍軍心。

③ 歌數闋：連續唱了好幾遍。闋，曲終叫「闋」。

④ 項王乃上馬騎：漢書項籍傳作「羽遂上馬」。麾下：部下。麾，軍旗。直：當。潰：破，衝破。

⑤ 騎將：騎兵將領。灌嬰：劉邦的部將，後封爲潁陰侯。

⑥ 屬：隸屬，這裏義爲「跟從」。

⑦ 陰陵：秦縣名，地在今安徽定遠縣一帶。

⑧ 紿：欺騙。左：向左行。

⑨ 東城：秦縣名，地在今定遠縣東南。

⑩ 固：副詞。必然，一定。快戰：速決戰。或作「決戰」。三勝：指下文潰圍、斬將、刈旗三事。

⑪ 山東句：約定在山的東面分三處會合。山，即今安徽和縣北七十里處的四潰山。

⑫ 赤泉侯：劉邦部將楊喜，後封赤泉侯。辟易：退避；避開。

於是項王乃欲東渡烏江①。烏江亭長檥(yǐ)船待，謂項王曰：「江東雖小②，地方千里，衆數十萬人，亦足王也。願大王急渡。今獨臣有船，漢軍至，無以渡。」項王笑曰：「天之亡我，我何渡爲？且籍與江東子弟八千人渡江而西③，今無一人還。縱江東父兄憐而王我，我何面目見之？縱彼不言，籍獨不愧於心乎？」乃謂亭長曰：「吾知公長者。吾騎此馬五歲，所當無敵，嘗一日行千里，不忍殺之，以賜公。」乃令騎皆下馬步行，持短兵接戰。獨籍所殺漢軍數百人，項王身亦被十餘創④。顧見漢騎司馬呂馬童曰⑤：「若非吾故人乎？」馬童面之，指王翳曰⑥：「此項王也。」項王乃曰：「吾聞漢購我頭千金、邑萬户。吾爲若德⑦！」乃自刎而死。

①烏江：即今安徽和縣東北四十里處長江西岸的烏江浦。
②亭長：地方底層官員。亭，秦漢時鄉以下、里以上的行政編制。十里爲一亭，十亭爲一鄉。檥：義同「艤」，移船靠岸。江東：指今長江下游南岸的江蘇、安徽等地。長江在今蕪湖、南京間作西南、東北流向，古代習慣上稱此以下長江南岸地區爲江東。
③籍：項羽名。八千人：項羽當初與其叔父項梁起事時得吴中精兵八千人，渡江西進作戰。
④被：動詞，身受。創：刀傷。
⑤騎司馬：騎兵中的司馬官。吕馬童：原爲項羽部將，此前已降漢，故下文項羽稱故人。
⑥面：通「偭」，背，指背過臉去。裴駰集解：「張晏曰：『以故人故，難聽斫之，故背之。』如淳曰：「面，不正視也。」」指王翳：把項王指給王翳看。王翳，漢將。按：吕馬童無顔直面項羽，借給王翳指項羽轉過臉去。或釋「面」爲「面向項王」。
⑦爲若德：雙賓語，送給你一個人情。德，指人情。

仲尼弟子列傳

史記

【題解】相傳孔子有弟子三千，其中賢者七十餘人。仲尼弟子列傳記載了部分孔門弟子的事迹，是了解「七十賢人」生平活動、思想言論、才藝專長的重要文獻，從中同時可以看到孔子的思想觀念、行爲準則、因材施教的教育方式以及對每個學生的評價等。本文選自中華書局標點本史記，有删節。

孔子曰：「受業身通者七十有七人①」，皆異能之士也。德行：顏淵、閔子騫、冉伯牛、仲弓。政事：冉有、季路。言語②：宰我、子貢。文學③：子游、子夏。師也辟（pì），參（shēn）也魯，柴也愚，由也喭（yàn），回也屢空④。賜不受命而貨殖焉，億則屢中⑤。

① 孔子（前五五一——前四七九年）：名丘，字仲尼，中國古代著名的思想家和教育家，儒學的創立者。七十通：指精通六藝，六藝指禮、樂、射、御、書、數。七十有七人：孔子家語作「七十二弟子」。

② 言語：指善於辭令。

③ 文學：指文獻典籍，包括詩經尚書周易等。

④ 師：顓孫師。辟：「僻」的古字，不正，指不注意仁義的修養。參：曾參。魯：遲鈍。柴：高柴。愚：愚笨。由：仲由。喭：粗魯。回：顏回。空：貧困。

⑤ 賜：端木賜。不受命：指不從師命。貨殖：經商。億：預測。中：指猜中行情，或説指行爲合於道。

顏回者，魯人也，字子淵。少孔子三十歲。

顏淵問仁，孔子曰：「克己復禮①，天下歸仁焉。」

孔子曰：「賢哉回也！一簞食，一瓢飲，在陋巷，人不堪其憂②，回也不改其樂。」「回也如愚，退而省（xǐng）其私，亦足以發③，回也不愚。」「用之則行，捨之則藏，唯我與爾有是夫④！」

① 克己：克制自己。復禮：返回到周禮，即遵循周禮做事。裴駰集解：「馬融曰：『克己，約身也。』孔安國曰：『復，反也。身能反禮，則爲仁矣。』」

② 簞：盛飯的圓形竹器。不堪其憂：不堪忍受其苦。

③如愚：指聽課時顯得愚笨。省：觀察。私：指私下的言行。亦足以發：却完全能發揮所學的知識。亦，副詞，完全。

④是：指「用之則行、捨之則藏」的達觀思想。裴駰集解：「孔安國曰：『言可行則行，可止則止，唯我與顏回同也。』」

回年二十九，髮盡白，蚤死。孔子哭之慟（tòng），曰：「自吾有回，門人益親。」魯哀公問：「弟子孰爲好學？」孔子對曰：「有顏回者好學，不遷怒，不貳過①。不幸短命死矣，今也則亡（wú）。」

①遷怒：不把怒氣轉發到别人身上。貳過：第二次犯同樣的過錯。

冉雍字仲弓①。

仲弓問政，孔子曰：「出門如見大賓，使民如承大祭②。在邦無怨，在家無怨③。」孔子以仲弓爲有德行，曰：「雍也可使南面④。」

①冉雍：魯國人。

②出門句：待人要像會見重大的賓客一樣恭敬，使用人民要像舉行重大的祭祀一樣謹慎。承，舉行。

③邦：指諸侯國。家：指卿大夫的封邑。

④使：任職於。南面：面向南。古以坐北朝南爲尊，諸侯聽政均坐北朝南面，句意指冉雍有能力輔佐諸侯理政。

冉求字子有，少孔子二十九歲。爲季氏宰①。季康子問孔子曰②：「冉求仁乎？」曰：「千室之邑，百乘之家，求也皆可使治其賦③。仁則吾不知也。」復問：「子路仁乎？」孔子對曰：「如求。」

①冉求：魯國人。季氏：季孫氏，春秋時魯國的三大卿族（季孫、孟孫、叔孫）之一。宰：卿大夫的家臣。
②季康子：名肥，季孫氏家族的繼承人，時爲魯執政。
③百乘之家：指卿大夫的采邑。裴駰集解：「孔安國曰：『千室，卿大夫之邑。卿大夫稱家。諸侯千乘，大夫故曰百乘。』治其賦：指治理。賦，指賦稅、軍政等工作。

求問曰：「聞斯行諸①？」子曰：「行之。」子路問：「聞斯行諸？」子曰：「有父兄在，如之何其聞斯行之？」子華怪之②，「敢問問同而答異？」孔子曰：「求也退，故進之③。由也兼人，故退之④。」

①聞斯句：聽到了應該做的事馬上就去做嗎？斯，副詞，表示緊接前一事，義同「就」。
②子華：孔子學生，即公西赤，比孔子小四十二歲。
③退：遇事退縮不前。進之：鼓勵他勇敢前進。進，使動用法。
④兼人：勝過他人；膽量能力倍於他人。

仲由字子路，卞人也①，少孔子九歲。

子路性鄙，好勇力，志伉直，冠雄雞，佩豭豚（jiātún），陵暴孔子②。孔子設禮稍誘子路，子路後儒服委質③，因門人請爲弟子。

①仲由：魯國卞（今山東泗水縣東）人，或稱季路。
②鄙：質樸。伉直：剛直。冠雄雞：喜歡戴雄雞羽裝飾的帽子。佩豭豚：佩戴的是用公豬做的裝飾物。豭，公豬。豚，小豬，泛指豬。按：公雞、公豬皆好勝，子路佩之以示其勇。陵暴：欺侮。
③稍誘：逐漸誘導。委質：送上禮物，拜人爲師。因：通過。門人：孔子的學生。

子路問：「君子尚勇乎？」孔子曰：「義之爲上①。君子好（hào）勇而無義則亂，小人好勇而無義則盜。」

①尚勇：崇尚勇武。義之爲上：使所做的事情合乎義爲上。義，使動用法。之，指體現勇武的事情。

孔子曰：「片言可以折獄者，其由也與①！」「由也好勇過我，無所取材②。」「若由也，不得其死然③。」「衣（yì）敝緼（yùn）袍與衣狐貉（hé）者立而不恥者④，其由也與！」「由也升堂矣，未入於室也⑤。」

①片言：指一面之辭。片，偏。折獄：判案。其：語氣副詞，義爲「大概」。與：語氣詞，表推測，義爲「吧」。
②由也二句：子路除好勇勝過我外，别無所取用。材，使用。或説通「哉」。
③不得其死然：不得壽終。然，語氣詞，表肯定。
④敝緼袍：破舊的綿袍。緼，舊絮。貉：一種外形似狐的動物，其皮毛很珍貴。立：站在一起。此句言

子路不能明辨是非。

⑤堂：正廳。室：內室。此二句通過比喻是說，子路的道德學問已經到了較高的階段，但還不到家。

季康子問：「仲由仁乎？」孔子曰：「千乘之國可使治其賦，不知其仁。」子路喜從游，遇長沮、桀溺、荷蓧(diào)丈人①。子路爲季氏宰，季孫問曰：「子路可謂大臣與？」孔子曰：「可謂具臣矣②。」子路爲蒲大夫③，辭孔子。孔子曰：「蒲多壯士，又難治。然吾語汝：恭以敬，可以執勇；寬以正，可以比衆；恭正以静，可以報上④。」

①從遊：指跟隨孔子周遊列國。長沮、桀溺、荷蓧丈人：皆隱士。荷，扛着。蓧，古代鋤草的農具。

②具臣：有級别而無實權的備位充數之臣。子路爲季氏家臣，孔子認爲他没有起到糾正季氏過失的作用，蓋因此而發。

③蒲：衛國邑名，地在今河南長垣縣。

④以：連詞，作用同「而」。執勇：制服勇猛的人。比衆：團結民衆。比，親近。静：遇事沉着冷静。報上：完成上司交給的任務。報，復命。按：子路在衛期間，發生了衛莊公與其子出公争位的内亂，子路因不識時務而白白戰死。

宰予字子我①。利口辯辭。既受業，問：「三年之喪不已久乎②？君子三年不爲禮，禮必壞；三年不爲樂，樂必崩③。舊穀既没，新穀既升，鑽燧改火，期可已矣④。」子曰：

「於汝安乎？」曰：「安。」「汝安則爲之。君子居喪，食旨不甘，聞樂不樂，故弗爲也。」宰我出，子曰：「予之不仁也！子生三年然後免於父母之懷⑤。夫三年之喪，天下之通義也。」

宰予晝寢。子曰：「朽木不可雕也，糞土之牆不可圬(wū)也⑥。」

宰我問五帝之德，子曰：「予非其人也⑦。」

宰我爲臨菑大夫，與田常作亂，以夷其族，孔子恥之⑧。

①宰予：魯國人。

②三年之喪：指爲父母守孝三年。已：副詞，表程度高，義同「太」。

③崩：敗壞。此二句言官員和貴族如果堅持在家中守孝三年，則必然會影響到禮樂制度。

④既没：指已經吃完。既升：指已經收穫。升，稻穀登場。此二句指一年時間。鑽燧改火：即鑽木取火。改火，古代鑽木取火，四季分别换用不同的木料，故名改火。此句亦表示一年時間。期可句：服喪一年就可以了。期，一年。已，止。

⑤免：離開。

⑥圬：涂墻；粉刷。圬本爲涂墻的工具。

⑦非其人：指不是需要明白五帝之德的那種人。

⑧臨菑：即臨淄，春秋時齊國都城，在今山東淄博市東北。田常：名恒，即陳恒，齊國權臣，於魯哀公十四年(前四八一年)殺死齊簡公而立平公。夷其族：被滅族。

端沐賜①，衛人，字子貢。少孔子三十一歲。

子貢利口巧辭，孔子常黜其辯[2]。問曰：「汝與回也孰愈？」對曰：「賜也何敢望回！回也聞一以知十，賜也聞一以知二。」

子貢既已受業，問曰：「賜何人也？」孔子曰：「汝，器也。」曰：「何器也？」曰：「瑚璉也[3]。」

① 端沐：複姓，或作「端木」。

② 黜其辯：壓制他的言論。

③ 瑚璉：古代祭祀時盛穀物的器皿。此喻子貢之才有大用場。裴駰集解：「包氏曰：『瑚璉，黍稷器。夏曰瑚，殷曰璉，周曰簠簋，宗廟之貴器。』」

陳子禽問子貢曰[1]：「仲尼焉學？」子貢曰：「文武之道未墜於地，在人[2]，賢者識其大者，不賢者識其小者，莫不有文武之道。夫子焉不學，而亦何常師之有[3]！」又問曰：「孔子適是國必聞其政。求之與？抑與之與？」子貢曰：「夫子溫良恭儉讓以得之。夫子之求之也，其諸異乎人之求之也[4]。」

① 陳子禽：此人情況不詳，可能不是孔子的學生。

② 文武之道：指周文王、武王所創建的禮儀和文化。未墜於地：指没有消亡。在人：存在於人間。

③ 焉不學：在哪裏不學，即無處不學。焉，疑問代詞，哪裏。常師：固定的老師。

④ 其諸：語氣副詞，表測度，義爲「或許」。

子貢問曰：「富而無驕，貧而無諂（chǎn）[1]，何如？」孔子曰：「可也。不如貧而樂道，富而好禮。」

①謟：奉承，獻媚。

田常欲作亂於齊，憚高、國、鮑、晏①，故移其兵欲以伐魯。孔子聞之，謂門弟子曰：「夫魯，墳墓所處，父母之國，國危如此，二三子何爲莫出②？」子路請出，孔子止之。子張、子石請行③，孔子弗許。子貢請行，孔子許之。

①高、國、鮑、晏：均齊國的卿族，居於重要地位。

②二三子：猶言「諸君」。莫出：没有人出去想辦法救國。莫，無指代詞，没有人。

③子張：顓孫師的字。子石：公孫龍的字。

故子貢一出，存魯，亂齊，破吴，彊晉而霸越。子貢一使，使勢相破，十年之中，五國各有變①。

子貢好廢舉，與時轉貨貲（zī）②。喜揚人之美，不能匿人之過。常相魯衛③，家累千金，卒終於齊。

①按：子貢離開魯國後，先使齊説服田常停止攻魯，接着使吴説服吴王伐齊，與晉争霸，繼而使越説服越國跟隨吴國伐齊，最後使晉説服晉國嚴陣以待吴兵。結果導致齊國被吴國打敗，吴國又被晉國打敗，越國趁機滅掉吴國稱霸，魯國則在這幾個國家的攻戰中得到了保全。

②廢舉：賤買貴賣。廢，出賣。舉，買進。與時：隨時。轉：轉手。貨貲：貨物錢財。貲，通「資」。

③常：通「嘗」。相魯衛：做魯、衛的國相，此事不詳。

卜商，字子夏①。少孔子四十四歲。

子夏問：「『巧笑倩（qiàn）兮，美目盼兮，素以爲絢（xuàn）兮②』，何謂也？」子曰：「繪事後素③。」曰：「禮後乎④？」孔子曰：「商始可與言詩已矣。」

子貢問：「師與商孰賢？」子曰：「師也過，商也不及。」「然則師愈與？」曰：「過猶不及。」

子謂子夏曰：「汝爲君子儒，無爲小人儒。」

孔子既没，子夏居西河教授，爲魏文侯師⑤。其子死，哭之失明。

①卜商：晉國溫（今河南溫縣西南）人。

②巧笑：笑得很美。倩：笑靨美貌。盼：眼睛黑白分明貌。素以爲絢：就像在潔白的底子上畫上彩繪。素以，介詞結構。素，本爲白色的生絹，這裏指白底。引詩原意是描寫衛莊公夫人的美貌，其中前兩句見於詩經衛風碩人，後一句今本無。

③繪事後素：即繪事後於素，意思是繪畫先需要有好的底色。

④禮後乎：禮儀也是在（仁義）後面嗎？禮，指禮的表現形式。後，省去其賓語「仁義」，這是儒家學說的核心。

⑤西河：魏國地名，在今陝西中部黃河西岸，即今韓城、大荔一帶。教授：教徒授業。

顓孫師，陳人，字子張。少孔子四十八歲。

子張問干（gān）禄，孔子曰：「多聞闕（quē）疑，慎言其餘，則寡尤①；多見闕殆④，慎行其餘，則寡悔。言寡尤，行寡悔，禄在其中矣。」

①闕疑：遇到疑惑的問題，暫時放着不作决定。闕，空着。尤：過錯。　②闕殆：不做危險的事。殆，危險。

曾參，南武城人①，字子輿。少孔子四十六歲。

孔子以爲能通孝道，故授之業。作孝經②，死於魯。

①曾參：魯國人，以孝著稱。南武城：即武城，地在今山東費縣西南。　②孝經：儒家經典之一。漢書藝文志：「孝經者，孔子爲曾子陳孝道者也。」

澹（tán）臺滅明，武城人①，字子羽。少孔子三十九歲。狀貌甚惡②。欲事孔子，孔子以爲材薄。既已受業，退而修行，行不由徑，非公事不見卿大夫③。

南游至江，從弟子三百人，設取予去就，名施乎諸侯④。孔子聞之，曰：「吾以言取人，失之宰予；以貌取人，失之子羽⑤。」

①澹臺：複姓。武城：見前注。　②惡：醜陋。

③行不由徑：走路不走邪道。徑，本義爲小路，比喻不正當的門路。非公句：意指與卿大夫無私交。

④江：江南，指吴楚一帶。從弟句：追隨子羽的弟子有三百人。設：制定。取予去就：指索取與給予、致仕與棄官的行爲準則。施：揚。

⑤按：前兩句是批評宰予，後兩句是贊揚子羽。宰予能説會道，孔子認爲自己原先據此器重宰予是看錯了人。

原憲字子思①。

子思問恥。孔子曰：「國有道，穀；國無道，穀，恥也②。」子思曰：「克、伐、怨、欲不行焉③，可以爲仁乎？」孔子曰：「可以爲難矣④，仁則吾弗知也。」

孔子卒，原憲遂亡在草澤中。子貢相衛，而結駟連騎，排藜藿（huò）入窮閻（yán），過謝原憲⑤。憲攝敝衣冠見子貢⑥。子貢恥之，曰：「夫子豈病乎⑦？」原憲曰：「吾聞之，無財者謂之貧，學道而不能行者謂之病。若憲，貧也，非病也。」子貢慚，不懌（yì）而去，終身恥其言之過也。

①原憲：魯國人，或説宋國人。據孔子家語，在孔子任魯司寇期間，原憲曾爲孔子家臣，孔子死後，隱居於衛，終身不仕。參見第一單元原憲居魯。

②穀，官俸。上古的官俸常以穀物計算。這裏用作動詞，義爲出仕接受俸祿。

③克伐句：一個人把好勝、自誇、怨恨、貪欲等弊病都克服了。克，好勝。伐，自誇。怨，恨。

④爲難：（能做到這四個方面）可以説是很難了。裴駰

集解：「包氏曰：『四者行之難，未足以爲仁。』」

⑤ 結駟連騎：高車大馬連成隊。結駟，四馬并轡駕一車。排：分開；壓倒。藜藿：兩種植物，「藜」爲灰菜，「藿」爲藿香，這裏指小路邊的雜草。閭：里巷。過謝：探望；拜訪。

⑥ 攝：整理。

⑦ 豈：語氣副詞，難道。病：困苦。

司馬耕，字子牛①。牛多言而躁。問仁於孔子，孔子曰：「仁者其言也訒(rèn)②。」曰：「其言也訒，斯可謂之仁乎？」子曰：「爲之難，言之得無訒(rèn)乎③？」

問君子，子曰：「君子不憂不懼。」曰：「不憂不懼，斯可謂之君子乎？」子曰：「内省不疚，夫何憂何懼？」

① 司馬耕：宋國人。裴駰集解：「牛是桓魋(tuí)之弟，以魋爲宋司馬，故牛遂以司馬爲氏也。」

② 訒：語言遲緩，難出口。引申指説話謹慎。孔子是針對司馬牛話多且急躁的缺點作答的。

③ 爲之二句：做到仁很難，説到仁難道能不謹慎嗎？得無，語氣副詞。

樊須，字子遲①。少孔子三十六歲。

樊遲請學稼，孔子曰：「吾不如老農。」請學圃，曰：「吾不如老圃。」樊遲出，孔子曰：「小人哉樊須也！上好禮，則民莫敢不敬；上好義，則民莫敢不服；上好信，則民莫敢不用情②。夫如是，則四方之民襁負其子而至矣③，焉用稼？」

樊遲問仁，子曰：「愛人。」問智，曰：「知人。」

① 樊須：齊國人，或説爲魯國人。

② 莫：没有人。不用情：不拿出真情，即不誠。

③ 襁負其子：背上自己的小孩。襁，背小孩的寬帶子。

修辭

第一節　修辭學研究簡況

「修辭」一詞最早見於周易乾文言：「子曰：『君子進德修業。忠信，所以進德也；修辭立其誠，所以居業也。』」原義指學習文教，和我們今天所説的修辭有聯繫，但内涵不同。「修辭」一詞作爲修辭學概念被使用是晚近的事情。

一　古代的修辭研究

我國的修辭研究源遠流長。左傳襄公二十五年：「仲尼曰：『志有之：「言以足志，文以足言。」不言，誰知其志？言之無文，行而不遠。』」老子八十一章：「信言不美，美言不信。」論語憲問：「子曰：『爲命，裨諶草創之，世叔討論之，行人子羽修飾之，東里子産潤色之。』」從這些言論中可以看出，早在先秦時期，人們即開始關注修辭的作用并在自覺地進行實踐。

兩漢時期，淮南子、春秋繁露等書討論了文與質的關係問題，提出了文、質并重的思想（見淮南子本經訓、春秋繁露玉杯）。毛亨、鄭衆、鄭玄等人則討論了「比、興」的作用問題，指出「比、興」是詩歌創作的重要方法，其中鄭衆、鄭玄對「比、興」進行了新的界説（見詩大序、鄭玄周禮注）。

魏晉南北朝時期，修辭研究進入到一個重要的階段，出現了一批涉及到修辭學的論著，如魏曹丕典論論文、晉陸機文賦、摯虞文章流别論、梁李充翰林論、劉勰文心雕龍、沈約謝靈運傳、鍾嶸詩品等。其中文心雕龍專設麗辭、比興、誇飾、事類、隱秀、物色等篇討論辭格問題，同時又在諧讔、明詩、聲律篇中涉及到析字、飛白等辭格，所論最爲深刻全面，在中國修辭學史上具有重要的地位。

唐宋兩代，是詩詞發展的鼎盛時期，修辭研究自然以詩詞創作爲主要對象。一些著名學者、作家如劉知幾、魏徵、陳子昂、李白、杜甫、韓愈、白居易、柳宗元、杜牧、歐陽修、司馬光、王安石、蘇軾、黄庭堅、沈括、陸遊、葉夢得、朱熹、吕祖謙等都發表過有關修辭的重要見解，著書專論修辭的學者主要有唐上官儀、李嶠、崔觸、王昌齡、齊己、司空圖、空海（唐時來中國學習的日本人）、南宋陳騤等人。其中影響較大的是司空圖的二十四詩品、空海的文鏡秘府論和陳騤的文則。二十四詩品側重討論了詩歌的風格問題；文鏡秘府論側重討論了詩歌的聲律、作勢、立意、對仗等問題，所舉詩病達二十八種之多；文則是我國古代第一部修辭專著，内容包括修辭原則、方法、辭格、文體、風格等方面，系統而深入。

元明清三代，戲曲、小説發展迅速，空前繁榮，這一時期的語言材料豐富，作家衆多，修辭研究呈現出同時以詩文、戲曲、小説爲對象的新局面，金末元好問論詩三十首、明人朱權太和正音譜、何良俊曲論、徐渭南詞敘録、馮夢龍太霞曲語、清人李漁閑情偶寄、袁枚隨園詩話、黄周星製曲枝語等都是這一時期頗有影響的專論性著作。

二　現代修辭學的建立和發展

進入二十世紀以後，在西學東漸的影響下，中國現代修辭學開始建立。爲現代修辭學建立作出貢獻的學者先後有龍伯純、湯振常、來裕恂、劉金第、胡光煒、陳望道、唐鉞、鄭奠、王易、張弓、董魯安、胡懷琛、薛祥綏、陳介白、金兆梓、曹冕、郭步陶、楊樹達、鄭業建、徐梗生、章衣萍、宋文翰、郭紹虞、黎錦熙、趙景深等，其中貢獻最突出的學者有唐鉞、王易、陳望道等人。

唐鉞（一八九一——一九八七年），福建閩侯縣人，曾先後在北京大學、清華大學任教，代表作修辭格，出版於一九二三年，這是我國第一部系統研究修辭格的理論專著。王易（一八八九——一九五六年），江西南昌市人，曾先後在北京師範大學、南昌正遠大學、國立中央大學等校任教，代表作修辭學，出版於一九二六年，一九三〇年出版了增補本修辭學通詮，該書首次劃分了修辭學和語法學、文章學的界綫，闡明了修辭學的性質，它的出版標誌着獨立的修辭學體系已經出現。陳望道（一八九一——一九七七年），浙江義烏縣人，一九一五年赴日本留學，就讀於東亞預備學校、早稻田大學、東洋大學、中央大學，一九一九年回國，曾先後在復旦大學、上海大學、安徽大學等校任教，建國後歷任中科院哲學社會科學學部常務委員、復旦大學校長、民盟中央副主席、修訂本辭海總編等職務。二十年代，陳望道在新青年、文學、小説月報等雜志上發表了一系列有關修辭理論的文章，資料豐富，見解深刻，涉及面廣泛，爲現代修辭學的正式建立作了充分的理論準備工作。一九三二年，陳望道的修辭學發凡一書由上海大江書鋪出版。這部書是中國現代修辭學的奠基之作，在學術界引起了巨大的反響，極大地推動了修辭學的發展。這部書最重要的貢獻是，在理論上將修辭學定位在語言文字的範圍之內，使之與文學批評、文章學區分開來，成爲一門獨立的學科；同時在實踐上爲現代修辭學構建了一個以語辭、辭格、文體風格爲基本内容的嚴密體系，指明了消極修辭和積極修辭兩大分野。

建國以後，修辭學的研究基本上經歷了普及和發展創新兩個時期。五十到六十年代是普及時期，八十年代以後至今是發展創新時期。

（一）普及時期

這一時期代表性的著作是呂叔湘朱德熙的語法修辭講話。這部書突出的特點是站在讀者的角度觀察修辭，語料使用的是白話文，分析病句能够從主客觀兩方面找原因，對於普及修辭學知識起了巨大的推動作用，出版多次，許多學校、廠礦、部隊都把它作爲學習的教材。這一時期出版的修辭著作還有張瓌一修辭概要、張梅安修辭講話、周振甫通俗修辭講話、林裕文詞彙語法修辭、張弓現代漢語修辭學、周遲明漢語修辭等，多屬普及性質。這一時期作爲普及期的另一標誌是修辭知識的學習正式進入到了課堂教學，例如張志公主編的現代漢語即增設了修辭一編。

（二）發展創新時期

這一時期從事漢語修辭研究的隊伍壯大，著述如林，在研究的深度、廣度、創新度和學科化等方面均取得了重要成績。其中理論方面的著作有王希傑漢語修辭學、修辭學新論、修辭學通論、宗廷虎等修辭新論、王德春陳晨現代修辭學、譚永祥漢語修辭美學、劉煥輝修辭學綱要、駱小所現代修辭學、姚亞平當代中國修辭學等；辭格方面的著作有陸稼祥辭格的運用、譚永祥修辭精品六十格、鄭遠漢辭格變異等；詞句篇章修辭方面的著作有倪寶元詞語的錘煉、煉句、石雲孫詞語的選擇、李嘉耀選詞、華宏儀漢語詞性修辭、張向群量詞修辭審美論、林興仁句式的選擇和運用、鄭文貞段落的組織、篇章修辭學、徐炳昌篇章的修辭等；語體風格方面的著作有王德春語體略論、黎運漢等現代漢語語體修辭學、鄭遠漢言語風格學、張德明語言風格學、唐松波語體修辭風格、王焕運漢語風格學簡論、李伯超中國風格學源流、古遠清孫光萱詩歌修辭學、夏中華口語修辭學等；專論古漢語修辭的著作有李維琦修辭學、李維琦等古漢語同義修辭、常棣蔡鏡浩文言修辭概要、戴錫琦戴金波古詩文修辭藝術概觀等；漢語修辭學史方面的著作有易蒲、李金苓漢語修辭學史綱、袁暉宗廷虎主編的漢語修辭學史、周振甫中國修辭學史、宗廷虎中國現代修辭學史、李運富林定川二十世紀漢語修辭學縱觀等。

此外，這一時期在專題修辭研究、修辭與其他學科的交叉研究、修辭的應用研究等方面也取得了新的進展。專題研究涉及到毛澤東、魯迅、葉聖陶等人的修辭藝術；交叉研究涉及到修辭與語法學、詞彙學、語音學、語義學、模糊語言學、認知語言學、社會語言學、生成語言學、應用語言學等語言分支學科的交叉研究，修辭與文學、美學、心理學、邏輯學、傳播學等學科的交叉研究；應用研究涉及到在行政、法律、外事、新聞、科技、商務、教學、體育、衛生、社交、演講、論辯、談判、廣告、日常生活等領域、場合或行業中的語言藝術問題。

值得注意的是，這一時期臺、港、澳學者及海外學者研究漢語修辭的學術空氣也相當活躍，其中涉及到古漢語修辭的著作有沈謙〈文心雕龍〉與現代修辭學、修辭學、蔡宗陽陳騤〈文則〉新論、張春榮修辭散步、黄亦真〈文心雕龍〉比喻技巧研究（以上臺灣）、譚全基（香港）〈文則〉研究、鄭子瑜（新加坡）中國修辭學史、唐宋八大家古文修辭偶疏舉要等，所論多注重考據，深入細緻，全面系統。

第二節　古漢語中常見的修辭格

修辭格就是修辭的方式，簡稱辭格。陳望道在修辭學發凡一書中共列舉了三十八種辭格，張弓在中國修辭學中列舉了六十七種辭格，譚全基在他的修辭精華百例中列舉了一百例常見的漢語修辭現象，這些數字説明漢語的修辭格非常豐富。古今漢語的修辭格多數是相同的，不同的是少數。下面是對古漢語中一些常見修辭格的介紹。

一　起興

先言他物，借以引起所詠之物的修辭方式，即「托物起興」。所托之物多爲草木鳥獸、雨雪風霜、日月星辰之類。這種方式在古代的詩歌中很常見，例如：

①關關雎鳩，在河之洲。窈窕淑女，君子好逑。（詩經周南關雎）

②蒹葭蒼蒼，白露爲霜。所謂伊人，在水一方。（詩經秦風蒹葭）

③鬱鬱澗底松，離離山上苗。以彼徑寸莖，蔭此百尺條。世胄躡高位，英俊沈下僚。地勢使之然，由來非一朝。（左思詠史八首）

④緑草蔓如絲，雜樹紅英發。無論君不歸，君歸芳已歇。（謝朓王孫遊）

起興的作用主要是烘托陪襯，便於借物抒情或聯想。所托之物與所詠之物的内容有些聯繫比較緊密，如例①③④；有些聯繫則比較鬆散，若即若離，如例②。

二　比喻

用一種事物去比方另一事物的修辭方式，或稱「譬喻」。比喻在結構上一般分爲三個部分，即本體、喻體和喻詞。本體和喻體之間存在着某種相似點，但各屬於本質不同的事物。根據本體和喻詞的異同及隱現情況，比喻一般細分爲明喻、暗喻、借喻三類。如果喻體有多個，則又有「博喻」一說。

（一）明喻

也稱作「直喻、明比」等，就是明顯的比喻。明喻的特點是本體、喻體、喻詞都出現，常用的喻詞有「如、若、猶、似、類、譬若」等。例如：

白茅純束，有女如玉。　詩經召南野有死麕

且君子之交淡若水，小人之交甘若醴。　莊子山木

如欲以寬緩之政治急世之民，猶無轡策而御馯馬。　韓非子五蠹

（二）暗喻

或稱「隱喻、暗比」等，把本體直接説成喻體，表面上看不出是比喻。本體和喻體之間常用「爲、作」一類的詞連接，或乾脆不用，以判斷句的形式出現。例如：

①　如今人方爲刀俎，我爲魚肉，何辭爲？　史記項羽本紀

②　君當作磐石，妾當作蒲葦。　孔雀東南飛

③君者，舟也；庶人者，水也。　荀子王制

④長史張昭等曰：「曹公，豺虎也，挾天子以征四方。」　資治通鑑漢紀

例③、④中「君」與「舟」「庶人」與「水」「曹公」與「豺虎」均屬暗喻關係而不用喻詞。

（三）借喻

或稱「借比」，其特點是本體、喻詞都不出現，直接用喻體代替本體。例如：

①時日曷喪？予及汝皆亡。　尚書湯誓

②碩鼠碩鼠，無食我黍。　詩經魏風碩鼠

③子曰：「歲寒然後知松柏之後彫也！」　論語子罕

④陳涉太息曰：「嗟乎！燕雀安知鴻鵠之志哉？」　史記陳涉世家

例①中借「日」喻夏桀，②中借「碩鼠」喻統治者，③中借「松柏」喻君子，④中借「燕雀」喻胸無大志的人，借「鴻鵠」喻志向遠大的人。

（四）博喻

或稱「連比、連喻」等，其特點是連用幾個喻體從不同角度去説明一個本體。例如：

①是以太山不讓土壤，故能成其大；河海不擇細流，故能就其深；王者不却衆庶，故能明其德。　李斯諫逐客書

②有如兔走鷹隼落，駿馬下注千丈坡。斷弦離柱箭脱手，飛電過隙珠翻荷。　蘇軾百步洪二首其一

③試問閑愁都幾許？一川煙草，滿城風絮，梅子黄時雨。　賀鑄青玉案

例①中連用「太山不讓土壤，故能成其大」等三個比喻説明秦國應該廣納人才。②中連用「有如兔走鷹隼落」等七個比喻説明百步洪流水湍急壯觀，千奇百態。③中連用「一川煙草」等三個比喻説明閑愁煩亂而長久。

三　誇張

描述人或事物時故意言過其實的修辭方式，或稱作「誇飾」。例如：

誰謂河廣？一葦杭之。誰謂宋遠？跂(qǐ)予望之。誰謂河廣？曾(zēng)不容刀。誰謂宋遠？曾不崇朝。　詩經衛風河廣

齊之臨淄三百閭，張袂成陰，揮汗成雨，比肩繼踵而在，何爲無人？　晏子春秋晏子使楚

自爲詩曰：「力拔山兮氣蓋世，時不利兮騅不逝。」　史記項羽本紀

夫衆喣(xǔ)漂山，聚蚊成雷。……衆口鑠金，積毁銷骨。　漢書景十三王傳

舉動回山海，呼吸變霜露，阿旨曲求，則寵光三族，直情忤意，則參夷五宗。　後漢書宦者列傳

正確使用誇張，可以突出事物的本質和特徵，增强語言的感染力，啟發讀者思考。

四　引用

爲了增强説服力而在説話或寫作中徵引一些材料，這種修辭方式就是引用，或稱「引語」。引用

的内容一般分爲引言、引文、引事三類。

指引用的内容是人們口頭流傳的格言、俗語、諺語、歌謡等。例如：

（一）引言

遲任有言曰：「人惟求舊，器非求舊，惟新。」　尚書盤庚上

諺所謂「輔車相依，唇亡齒寒」者，其虞、虢之謂也。　左傳僖公五年

孔子曰：「求！周任有言曰：『陳力就列，不能者止。』危而不持，顛而不扶，則將焉用彼相矣？」　論語季氏

望洋向若而歎曰：「野語有之曰『聞道百，以爲莫己若者』，我之謂也。」　莊子秋水

語曰：「白頭如新，傾蓋如故。」何則？知與不知也。　鄒陽獄中上梁孝王書

（二）引文

指引用的内容是典籍中的文句。在上古，被引用最多的文獻是詩經，其次是尚書、周易等經書。又有「明引、暗引、化引」之分。

甲．明引　是指引文時説明了出處。例如：

①（祁奚）曰：「詩曰：『惠我無疆，子孫保之。』書曰：『聖有謩（mó）勳，明徵定保。』夫謀而鮮過，惠訓不倦者，叔向有焉，社稷之固也。」　左傳襄公二十一年

②詩曰：「鳲鳩在桑，其子七兮。淑人君子，其儀一兮。其儀一兮，心如結兮。」故君子結於一也。　荀子勸學

③易曰：「履虎尾。」詩曰：「如履薄冰。」不亦危乎？（新序雜事）

④管子曰：「倉廩實而知禮節。」民不足而可治者，自古及今，未之嘗聞。（賈誼論積貯疏）

此四例中的引文均説明了引自的書名。例①所引詩分别取自詩經周頌烈文和尚書夏書，例②所引詩取自詩經曹風鳲鳩，例③所引文、詩分别取自周易履、詩經小雅小旻，例④所引文取自管子牧民。

乙．暗引　是指引文時没有説明出處，直接引用。例如：

①賓戲主人曰：蓋聞聖人有一定之論，烈士有不易之分，亦云名而已矣。故太上有立德，其次有立功。夫德不得後身而特盛，功不得背時而獨彰。（班固答賓戲一首并序）

②陽子將爲禄仕乎？古之人有云『仕不爲貧，而有時乎爲貧』，謂禄仕者也。（韓愈争臣論）

③青青子衿，悠悠我心。但爲君故，沈吟至今。（曹操短歌行）

此三例的引文均未説明出處。其中例①所引「太上有立德，其次有立功」出自左傳襄公二十四年，例②所引「仕不爲貧，而有時乎爲貧」出自孟子萬章下，例③所引「青青子衿，悠悠我心」出自詩經鄭風子衿。

丙．化引　或稱「化用」，指對所引原文、原意進行了改造，使之融化在自己話中。「化引」對直引而言。直引無論明引暗引都用的是原意，化引則不一定符合原意，甚或反原意而用之。例如：

①山氣日夕佳，飛鳥相與還。此中有真意，欲辯已忘言。（陶淵明飲酒）

②三日哭於都亭，三年囚於别館。天道周星，物極不反。（庾信哀江南賦序）

③ 百憂感其心，萬事勞其形。有動乎中，必摇其精。 歐陽修秋聲賦

例①「飛鳥相與還」等三句分别化用管子、楚辭、莊子中的語句，説明真心歸隱和歸隱的樂趣。管子宙合：「夫鳥之飛也，必還山集谷。」楚辭哀郢：「狐死必首丘，念舊居也。」莊子外物：「言者所以在意，得意而忘言。」例②「物極不反」反用鶡冠子環流「物極則反，命曰環流」一語。侯景之亂時，庾信奉梁元帝之命出使西魏，結果被强留於長安。周星即歲星，十二年繞天運行一周。庾信感念自己被留多年，國家長期衰敗，歲星周而復始而命運如故，因反用「物極則反」之意。例③化用莊子在宥「心静必清，無勞女形，無摇女精，乃可以長生」數語，立意不同。

（三）引事

或稱「稽古、用典」，指引用歷史、寓言故事或人物事迹。有「明引、化引」之分。

甲．明引　雖然不一定説明出處，但可以明顯看出是引用。例如：

① 鯀殛而禹興。伊尹放大甲而相之，卒無怨色。管、蔡爲戮，周公右王。 左傳襄公二十一年

② 蓋文王拘而演周易；仲尼厄而作春秋；屈原放逐，乃賦離騷；左丘失明，厥有國語；孫子臏脚，兵法修列；不韋遷蜀，世傳吕覽；韓非囚秦，説難、孤憤；詩三百篇，大抵聖賢發憤之所爲作也。 司馬遷報任安書

例①所引分别指舜流放鯀而用禹、大甲被伊尹流放而無怨恨、管叔蔡叔被戮而周公輔佐成王三事。②所引分别指周文王演周易、孔子作春秋、屈原賦離騷、左丘明撰國語、孫武撰孫子兵法、吕不韋

編呂氏春秋、韓非子著説難、孤憤七事。此兩例都是直接將涉及到的人或事引入句子，未加改造。

乙．化引　將所引的人或事融進自己的話中，表面上是普通的語句，實際上是引用，如果不熟悉有關歷史則很難看出。例如：

①日暮途遠，人間何世。將軍一去，大樹飄零。　庾信哀江南賦

②玄鶴降浮雲，鱏（xún）魚躍中河　張華輕薄篇

③燕啄皇孫，知漢祚之將盡。　駱賓王爲李敬業討武曌檄

④永憶江湖歸白髮，欲回天地入扁舟。　李商隱安定城樓

例①「日暮途遠」化引春秋時楚臣伍子胥出奔的故事，比喻力竭計窮。史記伍子胥列傳：「吾日莫途遠，吾故倒行而逆施之。」例②化引韓非子、淮南子中的兩個故事，形容音樂動聽。韓非子十過：「師曠不得已，援琴而鼓。一奏之，有玄鶴二八道南方來，集於郎門之垝；再奏之，而列；三奏之，延頸而鳴，舒翼而舞。」淮南子説山訓：「瓠巴鼓瑟，而淫魚（即鱏魚）出聽。」例③「燕啄皇孫」化引漢成帝皇后趙飛燕爲了專寵而害死許多皇子的故事。例④「欲回天地入扁舟」化引春秋時范蠡功成身退隱於五湖的故事。

五　借代

不直接説出事物的名稱而借用其他相關名稱來代替的修辭方式，或叫「代稱、换名」。借代的使用可以突出事物的特點，增强語言的簡潔性和新穎感，或者達到委婉等效果。主要有以下幾種情況：

（一）以事物的材料、特徵、標誌、工具、數量、功能、性狀等指代事物本身。

這類用例如：

①（季隗）對曰：「我二十五年矣，又如是而嫁，則就木焉。」　左傳僖公二十三年

②古之伐國，不殺黄口，不獲二毛。　淮南子氾論訓

③今竊聞大王之卒，武士二十萬，蒼頭二十萬。　史記蘇秦列傳

④舉賢而授能兮，循繩墨而不頗。　楚辭離騷

⑤孟軻雖連蹇，猶爲萬乘師。　揚雄解嘲

⑥流泪抱中歎，傾耳聽司晨。　陶淵明述酒

⑦老夫聊發少年狂，左牽黄，右擎蒼。　蘇軾江城子

例①中以材料「木」代「棺材」。②中以特徵「黄口、二毛」代「兒童、老人」。③中以標誌「蒼頭」（以青巾裹頭）代士兵。④中以工具「繩墨」代「法令制度」。⑤中以數量「萬乘」代大國國君。⑥中以功能「司晨」代公鷄的報曉聲。⑦中以顔色「黄、蒼」代「黄狗、蒼鷹」。

（二）用特稱代泛稱（或稱以個别代一般、以具體代抽象），或以部分代整體。

這類用例如：

①人皆可以爲堯舜。　孟子告子下

②竭誠則吴越爲一體。　魏徵諫太宗十思疏

③大雅久不作，吾衰竟誰陳？　李白古風

④一日不見，如三秋兮。　詩經王風采葛

⑤惲家方隆盛時，乘朱輪者十人。　楊惲報孫會宗書

⑥沈舟側畔千帆過，病樹前頭萬木春。　劉禹錫酬樂天揚州初逢席上見贈

例①—③均屬於以特稱代泛稱。其中①中以「堯舜」代聖人，②中以「吴越」代敵對的國家，③中以「大雅」（詩經的一個部分）代優秀的古體詩。④—⑥中均屬於以部分代整體，④中以「秋」代年，⑤中以「朱輪」代車，⑥以「帆」代船。

（三）用泛稱代特稱，或整體代部分。

這類用例如：

①（繞朝）曰：「子無謂秦無人，吾謀適不用也。」　左傳文公十三年

②是故聖人齊滋味而時動靜，御正六氣之變，禁止聲色之淫，邪行亡乎體，違言不存口。　管子戒第二十六

③沛公居山東時，貪於財貨，好美姬。今入關，財物無所取，婦女無所幸，此其志不在小。　史記項羽本紀

④梁惠王曰：「晉國，天下莫强焉。」　孟子梁惠王上

例①中「人」代能人。②中的「聲色」代淫聲和女色。③中「婦女」代女色。④中「晉國」代戰國時的魏國，屬整體代部分。春秋時的晉國到戰國時分成韓、趙、魏三國。

（四）以官名、爵名、地名指代人，或以人名、地名指代事物。

這類用例如：

①驃騎發迹於祁連。　揚雄解嘲

②絳侯爲丞相，朝罷趨出，意得甚。上禮之恭，常自送之。　史記袁盎鼂錯列傳

③翰林風月三千首，吏部文章二百年。　歐陽修贈王介甫

④座銘漆園養生主，屏列柴桑歸去來。　陸遊春晚用對酒韻

⑤何以解憂，唯有杜康。　曹操短歌行

⑥食頃，有一人控大宛，汗流而至。　白行簡李娃傳

例①中以將軍名號「驃騎」代霍去病。②中以爵名「絳侯」代周勃。③中分别以官名「翰林」「吏部」代李白、謝朓。李白曾供奉翰林，謝朓曾做過南朝齊尚書吏部郎。④中分别以地名「漆園」「柴桑」代莊周、陶淵明。莊周做過漆園吏，陶淵明爲柴桑人。⑤中以人名「杜康」代美酒。⑥中以地名「大宛」代良馬。

（五）以結果代原因。

這類用例如：

①（郅都）至則族滅瞯（xián）氏首惡，餘皆股栗。　史記酷吏列傳

②父子夫婦不能相保，誠可爲酸鼻。　漢書鮑宣傳

③專弄文墨，爲壯夫捧腹，甚未可也！　柳宗元送邠寧獨孤書記赴辟命序

例①中以「股栗」代「恐懼」，②中以「酸鼻」代「傷心」，③中以「捧腹」代「恥笑」。

六　變文

爲了避複或求異，使語言富有變化，摇曳多姿，同一意思换用不同的詞語來表達，這種修辭手法叫「變文」，或稱作「變化、變用」。例如：

①君子見兆則退，不與亂國俱滅，不與暴君偕亡。　晏子春秋外篇上第七晏子使吴

②是以桀索岷山之女，紂求比干之心，而天下離。　韓非子難四

③故女無美惡，入宫見妒；士無賢不肖，入朝見嫉。　史記魯仲連鄒陽列傳

④老當益壯，寧移白首之心？窮且益堅，不墜青雲之志。　王勃滕王閣序

例①中「俱滅」與「偕亡」、②中「索」與「求」、③中「妒」與「嫉」、④中「心」與「志」分别爲變文。

七　互文

兩個句子或兩個詞組在意思上互爲補充和呼應的一種修辭方式，即「互文見義」。互文實際上是把一句話拆成兩個部分來説，故閲讀時應把兩個部分合起來理解，如果去掉其一，則另一部分的意思是不完整的。例如：

①公入而賦：「大隧之中，其樂也融融。」姜出而賦：「大隧之外，其樂也洩洩。」　左傳隱公元年

②國危則無樂君，國安則無憂民。　荀子王霸

③受任於敗軍之際，奉命於危難之間。　諸葛亮前出師表

④將軍百戰死，壯士十年歸。　樂府詩集木蘭詩

⑤ 秦時明月漢時關，萬里長征人未還。　王昌齡出塞

例①中的兩句應理解成「莊公和姜氏同時賦詩進入大隧并同時走出大隧」。例②中的兩句應理解成「國家危難時没有快樂的國君和百姓，國家太平時没有憂愁的百姓和國君」。意即全國上下同憂樂。例③中的兩句應理解成「在軍事失敗國家處於危難之時受命」。例④中的兩句應理解成「將軍與壯士身經百戰，有的戰死在疆場，有的十年後活着歸來」。例⑤中「秦時明月」與「漢時關」兩個詞組應理解成「秦漢時的明月和邊關」。

八　并提

把兩句話合成一句話，讓相同的成分并列在一起，這種方式叫「并提」，或稱「合敘、合説」。例如：

① 夫種、蠡無一罪，身死亡。　史記韓信盧綰列傳

② 王有孽子不害，最長，王弗愛，王、王后、太子皆不以爲子兄數。　史記淮南衡山列傳

③ 齊楚遣項它、田巴將兵。　漢書魏豹傳

④ 儒者或以旦暮日出入爲近，日中爲遠。　論衡説日

⑤ 耳目聰明，齒牙完堅。　後漢書華佗傳

⑥ 若有作奸犯科及爲忠善者，宜付有司，論其刑賞。　諸葛亮前出師表

⑦ 苟利國家生死以，豈因禍福避趨之。　林則徐對聯（引自雅堂文集卷四）

例①的意思是「種無一罪身死，蠡無一罪身亡（出奔）」，其中分别讓「種、蠡」「死、亡」并列。例②

後一句的意思是「王、王后不把他當子看待，太子不把他當兄看待」，其中分别讓「王、王后、太子」「子、兄」并列。例③的意思是「楚遣項它將兵，齊遣田巴將兵」，其中分别讓「齊、楚」「項它、田巴」并列。例④前一句的意思是「儒者或以爲早晨日出爲近，傍晚日入爲近」，其中分别讓「旦、暮」「出、入」并列。例⑤前一句的意思是「耳聽目明」，其中分别讓「耳、目」「聽、明」并列。例⑥的意思是「若有作奸犯科者，宜付有司，論其刑；若有爲忠善者，宜付有司，論其賞」，其中分别讓「作奸犯科者、爲忠善者」「刑、賞」并列。例⑦第二句的意思是「豈能因爲是禍而躲避，因爲是福而追逐」，其中分别讓「禍、福」「避、趨」并列。

并提的優點是能使文辭簡約，結構緊湊，語氣貫通，缺點是容易引起誤解。

九　倒置

爲了表達或對仗、押韻、調平仄的需要而改變語序的修辭方式，或稱「倒裝、變序」等。例如：

①其子幼弱，其一二父兄懼隊宗主，私族於謀而立長親。（左傳昭公十九年）

②諺所謂「室於怒，市於色」者，楚之謂矣。舍前之忿可也。（同上）

③吉日兮辰良，穆將愉兮上皇。（楚辭東皇太一）

④或有孤臣危涕，孽子墜心。（江淹恨賦）

⑤香稻啄餘鸚鵡粒，碧梧棲老鳳凰枝。（杜甫秋興八首其八）

⑥臨溪而漁，溪深而魚肥；釀泉爲酒，泉香而酒洌。（歐陽修醉翁亭記）

⑦我東曰歸，我心西悲。制彼裳衣，勿士行枚。　詩經豳風東山

⑧永夜角聲悲自語，中天月色好誰看。　杜甫宿府

⑨欲窮千里目，更上一層樓。　王之渙登鸛鵲樓

例①—⑥中的倒置都是出於表達的需要，旨在製造新奇，引起讀者注意。其中例①的正常語序是「謀於私族」。②的正常語序是「怒於室，色於市」，戰國策韓策二作「語曰：『怒於室者色於市』」。③的正常語序是「良辰」。④的正常語序分别是「危心」「墜涕」。⑤的正常語序是「鸚鵡啄餘香稻粒，鳳凰棲老碧梧枝」。⑥的正常語序是「泉洌而酒香」。⑦的倒置是出於押韻的需要，正常語序是「衣裳」。⑧、⑨中的倒置是出於對仗和調平仄的需要，其中⑧的正常語序是「誰看中天好月色」，⑨的正常語序是「目欲窮千里」。

「倒置」在語義上多是不合邏輯的，故除了詩歌外，即使是在古代也用的較少。詩歌的情況比較特殊，需要對仗、押韻、調平仄，故倒置的使用很普遍。詩歌中的倒置除了解決對仗、押韻、調平仄的問題外，還常常會産生特殊的語意效果，例如上例「欲窮千里目」和「竹憐新雨後，山愛夕陽時」（錢起谷口書齋寄楊補闕）、「江楓漁火對愁眠」（張繼楓橋夜泊）等句的情況就是這樣。

十　委婉

用婉轉含蓄的話把不便直説的意思表達出來，這種修辭手法叫「委婉」，或稱「婉曲、折繞」。主要有「避忌諱、避粗俗、表示敬畏」等情況。例如：

①范雎既相，王稽謂范雎曰：「事有不可知者三，有不奈何者亦三：宫車一日晏駕，是事之不可知者一也；君卒然捐館舍，是事之不可知者二也；使臣卒然填溝壑，是事之不可知者三也。」 史記范雎蔡澤列傳

②子紆又以隱居教授，門生千人。肅宗聞而徵之，欲以爲博士，道物故。 後漢書牟長傳

③昔者有王命，有采薪之憂，不能造朝。 孟子公孫丑下

④通曰：「相君之面，不過封侯，又危不安。相君之背，貴乃不可言。」 史記淮陰侯列傳

⑤行年四歲，舅奪母志。 李密陳情表

⑥是日，武帝起更衣，子夫侍尚衣軒中，得幸。 史記外戚世家

⑦玄成深知其非賢雅意，即陽爲病狂，臥便利，妄笑，語昏亂。 漢書韋賢傳

⑧雖遇執事，其弗敢違。 左傳成公三年

例①—⑤是避忌諱。其中例①、②中的「晏駕、捐館舍、填溝壑、物故」均爲「死」的委婉説法。「晏駕」表面上義爲帝王上朝的車將晚來。「捐館舍」指有地位有身份的人死，表面上義爲棄館舍而去。「物故」指普通的人死，表面上義爲不能再做其事了。物，無；故，事。或説義爲其服用之物已成故舊，或説「物」本作「歾」，同「歿」。古代表示「死」的婉辭比較多，除以上所舉者外，還有「山陵崩、棄群臣、徂落、仙逝、仙去、歸道山（道山：仙山）、登遐（義同仙去）、不幸、不可爲諱、百歲之後」等。③中的「采薪之憂」指病，朱熹孟子集注：「采薪之憂，言病不能采薪，謙辭也。」表示病的婉辭另外還有「有所郄、違和（身體失調不適）」等。④中的「背」實指「背叛劉邦自立爲王」，忌諱明説。⑤中「舅奪母

志」實指母親改嫁，不便直説。例⑥、⑦是避粗俗。其中「得幸」指同牀，「便利」指大小便。例⑧是表示敬畏，外交用語。「執事」表面指對方的辦事人員，實際指對方，稱執事表示不敢直指。「弗敢違」表面上意爲不敢避開，實際上指抵抗。

十一　頂真

以上一句結尾的詞語作爲下一句的開頭，使相鄰的句子首尾銜接，這種修辭方式叫頂真，或稱作「聯珠、蟬聯、頂針」等。例如：

①天下之本在國，國之本在家，家之本在身。　孟子離婁上

②地之守在城，城之守在兵，兵之守在人，人之守在粟。　管子權修

③無以害其天則知精，知精則知神，知神之謂得一。　吕氏春秋季春季論人

④貧生於不足，不足生於不農，不農則不地著，不地著則離鄉輕家。　鼂錯論貴粟疏

⑤幽泉怪石，無遠不到；到則披草而坐，傾壺而醉；醉則更相枕而卧；卧而夢，意有所極，夢亦同趣。　柳宗元始得西山宴遊記

⑥悲斯歎，歎斯憤，憤必有泄，故見乎詞。　劉禹錫上杜司徒書

頂真可以增强語意間的聯繫及句子的節奏感，使文氣通暢，層層推進，引人入勝。頂真的使用要求必須正確反映客觀事物間相互依存的關係，不能單純地追求形式，使之變成沒有意義的文字遊戲。

十二 析字

通過改變字形以説明問題的修辭方式叫做析字，或稱作「拆字」。析字主要包括「析形」與「增形」兩類。例如：

①獻帝踐祚之初，京都童謡曰：「千里草，何青青。十日卜，不得生。」（後漢書五行志（一））

②赤虹自上下，化爲黄玉，長三尺，上有刻文。孔子跪受而讀之曰：「寶文出，劉季握。卯金刀，在軫北。字禾子，天下服。」（宋書志符瑞上）

③先是，天監中沙門釋寶志爲讖云：「太歲龍，將無理。蕭經霜，草應死。餘人散，十八子。」時言蕭氏當滅，李氏代興。（蕭氏：指南朝齊）（南史王神念列傳）

④之才（徐之才）聰辯强識，有兼人之敏，尤好劇談謔語，公私言聚，多相嘲戲。鄭道育常戲之才爲師公。之才曰：「既爲汝師，又爲汝公，在三之義，頓居其兩。」又嘲王昕姓云：「有言則誑，近犬便狂，加頸足而爲馬，施角尾而爲羊。」盧元明因戲之才云：「卿姓是未入人（徐字右下角與未字相近），名是字之誤，之當爲乏也（此言「之才」是「乏才」的誤寫）。」即答云：「卿姓在亡爲虐（亡字與虐字的下部形近），在丘爲虚（虚同虚），生男則爲虜，養馬則爲驢。」（北齊書徐之才列傳）

例①—③中的析字均爲「析形」。其中例①「千里草」、「十日卜」分别爲「董卓」二字的析形；②中「卯金刀」、「字禾子」分别爲「劉季」二字的析形；③中「十八子」爲「李」的析形。例④中「增形」和「析形」都有。其中「誑、狂、馬、羊」等字爲「王」的增形；「未入人」爲「徐」的析形；「虐、虚、虜、驢」等字爲「盧」的增形。

析字這種辭格多與不便明説的忌諱之事或預測吉凶的迷信活動有關。

十三　排比

把三個或三個以上結構相同或相似、語義相關、語氣相同的句子或詞組排列在一起使用，這種修辭方式叫「排比」。例如：

①使天下仕者皆欲立於王之朝，耕者皆欲耕於王之野，商賈皆欲藏於王之市，行旅皆欲出於王之塗，天下之欲疾其君者皆欲赴愬於王。　孟子梁惠王上

②今陛下致昆山之玉，有隨和之寶，垂明月之珠，服太阿之劍，乘纖離之馬，建翠鳳之旗，樹靈鼉之鼓。此數寶者，秦不生一焉，而陛下説之。　李斯諫逐客書

③大道廢，有仁義；慧智出，有大僞；六親不和，有孝慈；國家昏亂，有忠臣。　老子十八章

④故蘇秦相於趙而關不通。當此之時，天下之大，萬民之衆，王侯之威，謀臣之權，皆欲決蘇秦之策。　戰國策秦策一

例①、②中的排比由單句構成，③中的排比由複句構成，④中的排比由詞組構成。

排比句句式整齊，内容周密，節奏鮮明，可以獲得條理清晰、説理充分、氣勢貫通的表達效果。

思考與練習

一　簡述古代研究修辭的概況。

二　簡述中國現代修辭學的建立及發展概況。

三　解釋詞語：

起興　變文　互文　并提　倒置　頂真　析字

四　「比喻」主要有哪幾種類型？請舉例説明。

五　「引用」一般分爲哪幾種類型？請舉例説明。

六　借代的情況比較複雜，試搜集有關借代的材料，然後按照自己的認識對借代的内容進行分類。

七　指出下列句子中所使用的修辭格：

①詩曰：「孝子不匱，永錫爾類。」其是之謂乎？　左傳隱公元年

②舜發於畎畝之中，傅説舉於版築之間，膠鬲舉於魚鹽之中，管夷吾舉於士，孫叔敖舉於海，百里奚舉於市。　孟子告子下

③告喪，曰天王登假。　禮記曲禮下

④而恐太后玉體之有所郄也，故願望見太后。　戰國策趙策四

⑤昭王得范雎，廢穰侯，逐華陽，彊公室，杜私門，蠶食諸侯，使秦成帝業。　李斯諫逐客書

⑥將軍身被堅執鋭，伐無道，誅暴秦。　史記陳涉世家

⑦侍中、侍郎郭攸之、費禕、董允等，此皆良實。　諸葛亮前出師表

⑧五月渡瀘，深入不毛。　諸葛亮前出師表

⑨鏤心鳥迹之中，織辭魚網之上。　劉勰文心雕龍情采

⑩自非亭午夜分，不見曦月。　酈道元水經注

八

注釋并翻譯下篇古文：

及帝崩，肅宗即位，尊后曰皇太后。諸貴人當徙居南宮，太后感析别之懷，各賜王赤綬，加安車駟馬，白越三千端，雜帛二千匹，黄金十斤。自撰顯宗起居注，削去兄防參醫藥事。帝請曰：「黄門舅旦夕供養且一年，既無褒異，又不録勤勞，無乃過乎？」太后曰：「吾不欲令後世聞先帝數親後宫之家，故不著也。」

建初元年，〔帝〕欲封爵諸舅，太后不聽。明年夏，大旱，言事者以爲不封外戚之故，有司因此上奏，宜依舊典。太后詔曰：「凡言事者皆欲媚朕以要福耳。昔王氏五侯同日俱封，其時黄霧四塞，不聞澍雨之應。又田蚡、竇嬰，寵貴横恣，傾覆之禍，爲世所傳。故先帝防慎舅氏，不令在樞機之位。諸子之封，裁令半楚、淮陽諸國，常謂『我子不當與先帝子等』。今有司奈何欲以馬氏比陰氏乎？吾爲天下母，而身服大練，食不求甘，左右但著帛布，無香薰之飾者，欲身率下也。以爲外親見之，當傷心自敕，但笑言太后素好儉。前過濯龍門上，見外家問起居者，車如流水，馬如游龍，倉頭衣緑褠，領袖正白，顧視御者，不及遠矣。故不加譴怒，但絶歲用而已，冀以默愧其心，而猶懈

怠，無憂國忘家之慮。知臣莫若君，况親屬乎？吾豈可上負先帝之旨，下虧先人之德，重襲西京敗亡之禍哉！」固不許。

帝省詔悲歎，復重請曰：「漢興，舅氏之封侯，猶皇子之爲王也。太后誠存謙虚，奈何令臣獨不加恩三舅乎？且衛尉年尊，兩校尉有大病，如令不諱，使臣長抱刻骨之恨。宜及吉時，不可稽留。」

太后報曰：「吾反覆念之，思令兩善。豈徒欲獲謙讓之名，而使帝受不外施之嫌哉？昔竇太后欲封王皇后之兄，丞相條侯言受高祖約，無軍功，非劉氏不侯。今馬氏無功於國，豈得與陰、郭中興之后等邪？常觀富貴之家，禄位重疊，猶再實之木，其根必傷。且人所以願封侯者，欲上奉祭祀，下求温飽耳。今祭祀則受四方之珍，衣食則蒙御府餘資，斯豈不足，而必當得一縣乎？吾計之孰矣，勿有疑也。夫至孝之行，安親爲上。今數遭變異，穀價數倍，憂惶晝夜，不安坐卧，而欲先營外封，違慈母之拳拳乎？吾素剛急，有匈中氣，不可不順也。若陰陽調和，邊境清静，然後行子之志。吾但當含飴弄孫，不能復關政矣。」……

太后其年（東漢章帝建初四年）寢疾，不信巫祝小醫，數敕絶禱祀。至六月，崩。在位二十三年，年四十餘。合葬顯節陵。（後漢書皇后紀）

參考文獻

陳望道　修辭學發凡　上海教育出版社一九七九年新一版
吕叔湘　朱德熙　語法修辭講話　中國青年出版社一九七九年
楊樹達　漢文文言修辭學　中華書局一九八〇年
鄭　奠　譚全基　古漢語修辭學資料匯編　商務印書館一九八〇年
趙克勤　古漢語修辭簡論　商務印書館一九八三年
趙克勤　古漢語修辭常識　河南人民出版社一九八四年
姜宗倫　古典文學辭格概要　雲南人民出版社一九八四年
鄭子瑜　中國修辭學史稿　上海教育出版社一九八四年
季紹德　古漢語修辭　吉林文史出版社一九八六年
周振甫　中國修辭學史　商務印書館一九九一年
袁　暉　宗廷虎主編　漢語修辭學史（修訂本）　山西人民出版社一九九五年
鄭子瑜　宗廷虎主編　中國修辭學通史　吉林教育出版社一九九八年
袁　暉　二十世紀的漢語修辭學　書海出版社二〇〇〇年

第十二單元

文選

答客難

東方朔

【作者簡介】東方朔（前一五四—前九三年），字曼倩，平原厭次（今山東惠民縣東）人。西漢文學家。武帝初，徵天下方正賢良文學材力之士，他上書自薦，高自稱譽，武帝以爲了不起，令他待詔公車，後任常侍郎、太中大夫等職。其作品除答客難外，尚有非有先生、封泰山、責和氏璧等。

【題解】東方朔爲人詼諧，在政治上很想有一番作爲，常借調笑之機向武帝進諫，但始終未得到重用，因此他寫了這篇答客難以發洩不滿。漢書東方朔傳這樣記載了其寫作意圖：「朔上書陳農戰彊國之計，因自訟獨不得大官，欲求試用。其言專商鞅、韓非之語也，指意放蕩，頗復詼諧，辭數萬言，終不見用。朔因著論，設客難己，用位卑以自慰諭。」本文屬於賦體，是最早以主客問答形式表現懷才不遇心情的所謂「牢騷之賦」，文中對士人用與不用、榮辱貴賤不在於才德高下而取決於帝王好惡的不公現象進行了揭露和嘲諷，同時闡述了君子有常行、貴乎自得的思想情操以及知權變、通大道、順應時勢的處世哲學。文章托辭自解，構思巧妙，滑稽多趣，風格獨特。本文取自文選。

客難（nàn）東方朔曰：「蘇秦、張儀壹當萬乘（shèng）之主，而身都卿相之位①，澤及後世。今子大夫修先王之術，慕聖人之義，諷誦詩書百家之言，不可勝記，著於竹帛，脣腐齒落，服膺而不可釋②。好學樂道之效，明白甚矣。自以爲智能海内無雙，則可謂博聞辯智矣。然悉力盡忠以事聖帝，曠日持久，積數十年，官不過侍郎，位不過執戟，意者尚有遺行邪③？同胞之徒無所容居④，其故何也？」

①蘇秦、張儀：戰國著名的縱横家。蘇秦是合縱策略的代表人物，張儀是連横策略的代表人物。詳第十單元獄中上梁王書第三段注④，諫逐客書第一段注⑥。壹當：一遇上。都：居。

②子大夫：指東方朔。子，對男子的尊稱。竹帛：書寫用的竹簡與絹帛。脣腐：嘴脣乾裂，誦讀所致。服膺：從内心信服。膺，胸。不可釋：不能放下。

③侍郎：漢代郎官的一種，爲宮廷的近侍。執戟：義同侍郎。侍郎執戟侍從，宿衛諸殿，故稱。意者：想來。遺行：不好的行爲。

④同胞二句：大意是説，位卑俸薄，連自己的兄弟姐妹都照顧不上。無所容居，無容身之處。

本節韻脚字：矣矣——之部；邪居（魚）也（歌）——魚、歌部合韻

東方先生喟然長息，仰而應之曰：

是故非子之所能備①。彼一時也，此一時也，豈可同哉？夫蘇秦、張儀之時，周室大

壞，諸侯不朝，力政（zhēng）争權，相擒以兵，并爲十二國②，未有雌雄，得士者强，失士者亡，故説（shuì）得行焉。身處尊位，珍寶充内，外有倉廩，澤及後世，子孫長享。今則不然。聖帝德流，天下震慴（shè），諸侯賓服③。連四海之外以爲帶，安於覆盂④。天下平均⑤，合爲一家。動發舉事，猶運之掌⑥。賢與不肖何以異哉⑦？遵天之道，順地之理，物無不得其所。故綏之則安，動之則苦；尊之則爲將，卑之則爲虜；抗之則在青雲之上，抑之則在深淵之下；用之則爲虎，不用則爲鼠。雖欲盡節效情，安知前後⑧？夫天地之大，士民之衆，竭精馳説（shuì），并進輻湊者不可勝數⑨。悉力慕之，困於衣食，或失門户⑩。使蘇秦、張儀與僕并生於今之世，曾不得掌故⑪，安敢望侍郎乎？傳（zhuàn）⑫曰：「天下無害，雖有聖人，無所施才；上下和同，雖有賢者，無所立功。」故曰時異事異。

①是故：這個原因。備：完全明白。

②大壞：大亂。力政：以武力相征伐。政，通「征」。擒：此處義爲侵略。十二國：據李善注爲魯、衛、齊、宋、楚、鄭、燕、趙、韓、魏、秦、中山。未有：不分。

③震慴：畏服。慴，同「懾」。賓服：歸順，臣服。

④連四二句：國内同四海之外并爲一體就像衣帶相連一樣，比翻過來扣放的盂還安穩。

⑤天下平均：天下到處情形一樣。

⑥動發二句：國家進行各種事情，如同運轉掌上的玩物一樣容易。

⑦此句意指，在國家政令通行的條件下，賢人與惡人都無法施展。

⑧雖：即使。盡節：盡臣子的職責。效情：效忠。安知句：哪裏知道向前對還是向後對呢？意思是即使想盡忠也難以找到機會。

⑨竭精句：竭盡全力奔波遊説以求仕進。輻湊：輻條

聚集於車轂，比喻想爲朝廷效忠的人很多。

⑩慕之：嚮往。指傾心去做。失門户：指搞不好還可能會被殺戮以致喪失門户。

⑪使：假使。曾：副詞，甚至。掌故：官名，漢置，掌管檔案資料等事務的低級官員。

⑫傳：解説經義的著作，此泛指古書。害：指戰亂。本節韻脚字：兵强亡行——陽部；位内——微部；孟家——魚部；所苦虜下虎鼠——魚部；大説——月部；數（侯）户故（魚）——侯、魚部合韻；害（祭）才（之）——祭、之部合韻；同功——東部

雖然，安可以不務脩身乎哉？詩曰：「鼓鍾于宫，聲聞于外。」「鶴鳴九皋，聲聞于天①。」苟能脩身，何患不榮？太公體行仁義，七十有二，乃設用於文武，得信（shēn）厥説②，封於齊，七百歲而不絶③。此士所以日夜孳孳，脩學敏行而不敢怠也④。譬若鶺鴒（jílíng）⑤，飛且鳴矣。傳曰：「天不爲人之惡（wù）寒而輟（chuò）其冬，地不爲人之惡險而輟其廣，君子不爲小人之匈匈而易其行⑥。天有常度，地有常形，君子有常行。君子道其常，小人計其功⑦。」詩云：「禮義之不愆（qiān），何恤人之言⑧？」「水至清則無魚，人至察則無徒。冕而前旒，所以蔽明，黈纊（tǒukuàng）充耳，所以塞聰⑨。」明有所不見，聰有所不聞。舉大德，赦小過，無求備於一人之義也⑩。「枉而直之，使自得之；優而柔之，使自求之；揆而度（duó）之，使自索之⑪。」蓋聖人之教化如此，欲其自得之。自得之，則敏且廣矣⑫。

①鍾：通「鐘」。九皋：曲折深遠的沼澤。九，虚數。一皋，澤。引詩分别見詩經小雅白華和小雅鹿鳴。

②太公：姜太公。相傳他七十多歲時才遇見周文王，受到重用。體行：親自實行。乃設句：才大用於周文王、周武王。設，大。信：通「伸」。厥：代詞，義同「其」。

③七百歲：齊自太公受封到齊大夫田和篡國共延續了約七百年。

④孳孳：通「孜孜」，勤勉貌。敏：奮勉。怠：懈怠。

⑤鶺鴒：一作「脊令」，鳥名。此鳥飛必鳴叫，行必摇尾，比喻人勤勉修身不知疲倦。詩經小雅小宛：「題彼脊令，載飛載鳴。」

⑥傳：指古書。輟：停止。匈匈：通「洶洶」，吵嚷。

⑦常度：固定不變的規律。道其常：行其正道。常，道。計其功：計較其功利。以上數句本荀子天論。

⑧愆：差錯。恤：擔憂；害怕。此兩句是佚詩，不見於今本詩經。

⑨察：明察；苛求。徒：指朋友。「魚、徒」押韻，同在古韻魚部。冕、旒：古代天子至大夫戴的冠叫冕，冕前垂懸的玉串叫旒。蔽明：遮蔽視綫。明，指視綫。黈纊：黄錦。充耳：塞耳。冕的兩側墜以黄錦做成的小球，正對兩耳，以示不聽無益之言，不是真的塞入耳朵。塞聰：遮擋聽覺。以上數句本大戴禮記子張問入官，皆孔子語。

⑩舉：用。大德：指大的優點、特長等。無求句：這就是不對人求全責備的道理。

⑪優而柔之：寬和地對待他。優、柔，均「寬和、寬鬆」義。揆而度之：正確地估量對待他。揆、度，均「度量、估量」義。以上六句見大戴禮記子張問入官，也都是孔子的話。其中每個分句前一「之」指人，後一「之」字指道德、學問。

⑫敏：智慧。廣：指會成就大的事業。

本節韻脚字：説絶——月部；孳矣——之部；廣行行常（陽）功（東）——陽、東部合韻；愆言——元部；魚徒——魚部；明（陽）聰（東）——陽、東部合韻；直得——職部；柔求——幽部；度索——鐸部；此（支）之（之）——支、之部合韻今世之處士，時雖不用，塊然無徒，廓然獨居，上觀許由，下察接輿，計同范蠡，忠合子胥①。天下和平，與義相扶②。寡偶少徒，固其宜也③，子何疑於予哉？若夫燕之用樂(yuè)毅，秦之任李斯，酈食其(lìyìjī)之下齊④，説行如流，曲從如環⑤，所欲必得，功若丘山，海内定，國家安，是遇其時者也，子又何怪之邪？

①處士：指尚未出仕或没有得到重用的人。塊然：孤獨貌。廓然：寂寞貌。許由、接輿：都是古代著名的隱士，分别詳見第十單元獄中上梁王書第六段注⑨、第二段注①。范蠡：春秋末越國大夫，與文種一起輔佐越王勾踐滅掉吴國。子胥：伍子胥，春秋末吴國大夫，詳第七單元胠篋第三段注②。

②與義相扶：遵循道義行事，指不可能有特别的表現。相扶，相依存。

③偶：指相投合的人。固其宜：本該就是如此。宜，該，應當。

④若夫：連詞，就像。樂毅：戰國時燕昭王的上將，詳第五單元昌國君樂毅爲燕昭王合五國之兵而攻齊篇題解。李斯：秦始皇的丞相，詳第十單元諫逐客書篇作者簡介。酈食其：秦漢之際的説客，曾在楚漢戰爭中説服齊王田廣歸漢，「不戰而下齊七十餘城」。

⑤説行二句：游説像流水那樣順利通行，君主像曲環那樣屈己從諫。

本節韻脚字：徒居輿胥扶——魚部；徒(魚)也(歌)哉(之)——魚、歌、之部合韻；毅(微)斯(支)齊(脂)——微、支、脂部合韻；環山安——元部；者邪——魚部

語曰「以筦窺天，以蠡(lí)測海，以筳(tíng)撞鐘」，豈能通其條貫、考其文理①、發其音聲哉？猶是觀之，譬由鼱鼩(jīngqú)之襲狗，孤豚(tún)之咋(zé)虎，至則靡耳②，何功之

有？今以下愚而非處士，雖欲勿困，固不得已③。此適足以明其不知權變而終惑於大道也。

①筦：同「管」。蠡：用貝殼做的瓢。筳：同「莛」，草稈。條貫：條理。指星系的分佈及運動狀況。文理：即「紋理」，指海水的波紋。

②鼱鼩：地鼠。豚：小豬。咋：咬。靡：倒下。

③非：非難。處士：東方朔自指。雖：即使。勿困：不困窘尷尬。固不句：必然是不可能的。

本節韻脚字：鐘（東）聲（耕）——東、耕部合韻；狗（侯）虎（魚）有（之）——侯、魚、之部合韻；士已——之部

解嘲

揚雄

【作者介紹】揚雄（前五三—公元十八年），或作楊雄，字子雲，西漢著名的辭賦家、哲學家和語言學家，蜀郡成都（今四川成都）人。幼家貧，爲人口吃，然好學深思而善文，官給事黄門郎，王莽時曾校書天禄閣，拜大夫。其辭賦作品有甘泉賦、長揚賦等，成就與司馬相如齊名；哲學方面仿論語作法言，仿易經作太玄，創建了自己的學説；語言方面撰有方言、訓纂篇等名著，爲我國古代的語言學特别是方言研究作出了重要貢獻。

【題解】漢書揚雄傳：「哀帝時，丁（丁明，哀帝舅父）、傅（傅晏，哀帝岳父）、董賢（哀帝寵臣）用事，諸附離之者或起家至二千石。時雄方草太玄，有以自守，泊如也。或嘲雄以玄尚白，而雄解之，號

曰解嘲。」此賦寫於西漢末年哀帝建平三年（前四年），文章仿照東方朔答客難的結構，以主客問答的形式發洩了自己才高位卑、不得施展的不滿情緒，反映了「當塗者升青雲，失路者委溝渠」「欲談者捲舌而同聲，欲步者擬足而投迹」「賢士拓落」「庸夫高枕」的黑暗現實，同時闡述了作者「世異事變」、貴乎「知玄知默」、清靜自守的哲學思想。全篇縱橫馳説，詞鋒犀利，文采焕然。本文選自漢書揚雄傳，同時參照了文選的記載，有删節。

客嘲揚子曰：「吾聞上世之士，人綱人紀，不生則已①，生必上尊人君，下榮父母。析人之珪②，儋（dān）人之爵，懷人之符，分人之禄，紆（yū）青拖紫，朱丹其轂③。今吾子幸得遭明盛之世，處不諱之朝，與群賢同行（háng），歷金門，上玉堂有日矣④。曾（zēng）不能畫一奇，出一策，上説（shuì）人主，下談公卿，目如耀星，舌如電光，一從（zòng）一横，論者莫當⑤。顧默而作太玄五千文，枝葉扶疏，獨説數十餘萬言⑥。深者入黄泉，高者出蒼天，大者含元氣，細者入無閒（jiàn）⑦。然而位不過侍郎，擢纔給事黄門⑧。意者『玄』得無尚『白』乎⑨？何爲官之拓落也？」

① 揚子：作者自稱。上世：上古。人綱人紀：人們立身處世的準則。生：作爲。或釋「生」爲「活着」。
② 析人之珪：指從君主那裏得到官位。人，指君主。珪，古作「圭」，古帝王、諸侯舉行朝聘或祭祀等隆重儀式時所執的長條形玉器，上尖下方。其大小、名稱因爵位及用途不同而異。周禮春官大宗伯：「以玉作六瑞，以等邦國，王執鎮圭，公執桓圭，侯執信圭，伯執躬圭，子執穀璧，男執蒲璧。」

③儋：「擔」的古字，這裏義爲「得到」。懷：揣着。符：指符節印章等發佈政令的憑證。分：分享。紆青拖紫：垂掛的是青色或紫色的綬帶。紆、拖，系着、垂着。青、紫，指繫佩玉或官印的青色、紫色綬帶。漢制：丞相、太尉金印紫綬，御史大夫銀印青綬。朱丹其轂：乘坐的是高官享用的紅色車子。朱丹，使動用法。轂，車轂，指車子。漢制，二千石以上的官員方可乘坐朱輪車。

④不諱之朝：言論没有禁忌的朝廷。歷：指出入。金門：金馬門。漢未央宫門前有金馬（銅馬），故名金馬門。漢代學士擬被録用者，一般先需在此門待詔（等待詔命）。玉堂：殿名，漢未央宫、建章宫等都有玉堂殿。「歷金門」、「上玉堂」均指在朝廷任職。

⑤曾：副詞，竟然。目如耀星：形容聰慧機敏。舌如電光：形容善於辭令。一從一横：議論縱横捭闔。從，「縱」的古字。論者：「者」字結構，所講的道理。

⑥顧：情態副詞。反而。默：默默無聞地。太玄：指太玄經。五千文：五千字。枝葉扶疏：枝葉繁茂分披貌，喻文章精深，富於文采。獨説：獨到的論説。

⑦元氣：古人指天地未分開之前的混沌之氣。無閒：指非常細微，没有閒隙。這幾句是説太玄包括了宇宙間普遍的道理。

⑧侍郎：宫廷侍衛官，屬郎中令，位較低。給事黄門：即給事黄門侍郎，侍從皇帝，比一般侍郎地位略高。

⑨意者句：想來您的「玄」恐怕還是個「白」吧？玄，雙關語，兼指太玄經和黑色的「玄」。得無，副詞。恐怕，莫非。尚，副詞。猶，還，還是。白，亦雙關語，兼指「白色」和「白幹、白丁」的「白」。

本節韻脚字：士紀已母——之部；爵（藥）禄穀（屋）——藥、屋部合韻；卿光横當——陽部；文（文）言泉（元）天（真）閒（元）門（文）——文、元、真部合韻；白落——鐸部

揚子笑而應之曰：「客徒欲朱丹吾轂，不知一跌將赤吾之族也①！往昔周網解

結，群鹿爭逸，離爲十二，合爲六七[2]，四分五剖，并爲戰國。士無常君，國無定臣。得士者富，失士者貧。矯翼厲翮（hé），恣意所存[3]。故士或自盛（chéng）以橐（tuó），或鑿坏（péi）以遁[4]。是故鄒衍以頡頏（xiéháng）而取世資，孟軻雖連蹇猶爲萬乘（shèng）師[5]。

①徒欲：只想着。徒，副詞。赤族：血染全族，即滅族。赤，使動用法。

②周綱解結，指周朝的統治開始解體。群鹿爭逸：比喻諸侯國力征爭霸。離爲十二：指分裂爲十二個諸侯國，詳九二〇頁注②。合爲六七：指經過兼并剩下七個國家，即秦、齊、楚、韓、趙、魏、燕，不計秦爲六。

③矯翼二句是説，策士們在那種「無常君」「無定臣」的形勢下可以自由擇君而仕，如鳥飛長空，任意止息。矯：舉起。厲：振奮。翮：指鳥的翅膀，本義爲鳥類羽毛中的硬管。存：止息；安身。這幾句是説，士人或官或隱，隨意尋找托身之處。

④自盛以橐：據戰國策秦策三和史記范雎蔡澤列傳載，伍子胥奔吴經過昭關時，是將自己裝進運貨的口袋才躲過檢查的。鑿坏句：據淮南子齊俗訓載：魯君派人持禮聘顏闔爲相，顏闔得知後鑿後牆逃跑了。坏，房屋的後牆。

⑤鄒衍：或作「騶衍」，戰國齊人，陰陽家代表人物，善辯，創「五行相生」説。頡頏：怪誕遊移之説。取世資：爲世所用。世資，被社會使用的資本。連蹇：艱難貌，這裏指推行政治主張時受到挫折。據史記孟子荀卿列傳，孟子推行政治主張時曾困於梁國和齊國。猶爲句：指孟子到梁、齊等國時，梁惠王、齊宣王曾向他求教。

本節韻脚字：轂族——屋部；結逸七（質）國（職）——質、職部合韻；君（文）臣（真）貧存遁（文）——文、真部合韻；資師——脂部

「今大漢左東海，右渠搜，前番禺(pānyú)，後椒塗①。東南一尉，西北一候②。徽以糾墨，制以質鈇(zhìfū)③；散以禮樂，風以詩書；曠以歲月，結以倚廬④。天下之士，雷動雲合，魚鱗雜襲，咸營於八區⑤。家家自以爲稷契(xiè)，人人自以爲皋陶(yáo)⑥。戴縰(xǐ)垂纓而談者，皆擬於阿衡，五尺童子，羞比晏嬰與夷吾⑦。當塗者入青雲，失路者委溝渠，旦握權則爲卿相，夕失勢則爲匹夫。譬若江湖之崖，渤澥(xiè)之島，乘(shèng)雁集不爲之多，雙鳧飛不爲之少⑧。

①左：古以東爲左，西爲右。東海：秦漢時兼指今黄海、東海。渠搜：古西域國名，在今新疆北部及中亞部分地區。前：指南方。番禺：縣名，屬南海郡，在今廣州市一帶。後：指北方。椒塗：古北方國名，在今北京市以東、天津市以北及長城以南一帶。

②尉：指漢時設立於邊疆地區的軍事機關都尉府。候：迎候外賓的館舍。這兩句是説，當時國家强大安定，東南之地只設一個都尉府、西北之地只設一個迎賓館就能得到安全和治理。

③徽：捆綁。糾墨：繩索，同義連用。墨，通「纆」。質鈇：處決犯人的刑具。質，「鑕」的古字，腰斬犯人的砧板。鈇，鍘刀。這兩句説，作亂者能得到及時制裁。

④散：宣傳，傳播。風：教化。曠以歲月：指規定了較長的居喪期限。漢制，爲父母居喪的時間是三年。倚廬：爲父母守喪時居住的草廬，很簡陋。以上幾句是説，國家政令通行，百姓得到教化。

⑤雷、雲：名詞作狀語，表比喻。魚鱗：詞組作狀語，像魚鱗那樣。雜襲：紛紜衆多貌。咸營句：從四面八方來謀求官位。八區，分方。

⑥稷：后稷，周族的始祖，名棄，堯時爲農官。契：商族的始祖，帝嚳之子，舜時任司徒，掌教化。皋陶：傳説爲東夷族的首領，曾任舜的刑獄官。

⑦戴縰垂纓：頭戴帛巾垂着絲帶。這是士人的裝束。

繼、纓，分别爲包髮的帛巾和繫冠的絲帶。擬：比。阿衡：商湯的相伊尹。晏嬰、夷吾：均春秋時齊國的名相，夷吾即管仲。

⑧ 渤澥：即渤海。乘雁、雙鳧：指一雁一鳧。雙鳧，當爲「隻鳧」。「乘」有「一」義。廣雅：「乘、壹，弌也。」據王念孫讀書雜誌漢書第十三。這幾句比喻當時人才濟濟，來一個不顯多，去一個不顯少。

本節韻脚字：搜（幽）禺（侯）塗（魚）候（侯）鈇書盧（魚）區（侯）陶（幽）者吾渠夫（魚）島（幽）少（宵）

——幽、魚、侯、宵部合韻

「昔三仁去而殷墟，二老歸而周熾①；子胥死而吴亡，種蠡存而越霸②；五羖（gǔ）入而秦喜，樂毅出而燕懼，范雎以折摺（lā）而危穰（ráng）侯③，蔡澤以噤吟（jìnyín）而笑唐舉④。故當其有事也，非蕭、曹、子房、平、勃、樊、霍則不能安⑤；當其無事也，章句之徒⑥，相與坐而守之，亦無所患。故世亂則聖哲馳騖而不足，世治則庸夫高枕而有餘⑦。

① 三仁：指商紂王的庶兄微子、叔父箕子和比干。殷墟：殷都變爲廢墟，指殷滅亡。墟，用作動詞。二老：指商末周初的伯夷和姜尚。伯夷爲孤竹君的長子，曾因避紂王居於北海之濱，姜尚曾因避紂王居於東海之濱，後二人聽説文王行仁政而歸附之。見孟子離婁上。熾：興盛。

② 子胥：伍子胥，春秋時吴將，後被吴王夫差所殺。種、蠡：文種和范蠡，均春秋時越王勾踐的謀臣，助勾踐滅吴稱霸。

③ 五羖：指春秋時秦大夫百里奚。樂毅：戰國燕將，魏大夫樂羊之後，曾爲燕昭王大破齊。「樂毅出」指樂毅遭燕惠王懷疑後由燕奔趙。范雎：秦昭王之相，初在魏，曾被魏相魏齊毒打，肋折齒落。折摺：指肋骨被折斷，牙齒被打掉。摺，同「拉」。危穰侯：范雎入秦後説服秦昭王驅逐了權臣穰侯魏冉。

④ 蔡澤：戰國時燕人，後入秦代范雎爲相。噤吟：下

巴突出上曲貌。笑唐舉：被唐舉所笑。蔡澤曾請魏人唐舉相面，唐舉相後笑道：「吾聞聖人不相，殆先生乎？」(史記范雎蔡澤列傳)

⑤蕭、曹、子房、平、勃、樊：西漢開國功臣蕭何、曹參、張良、陳平、周勃、樊噲。吕后死後，陳平與周勃合謀平定了諸吕之亂。霍：霍光，西漢大臣，受漢武帝遺詔輔佐昭帝，昭帝死後迎立昌邑王劉賀爲帝，不久廢昌邑王而迎立宣帝，前後執政二十年。

⑥無事：指太平時。章句之徒：指只會訓釋經書句讀講論微言大義的儒生。相與：互相。

⑦馳騖：疾馳，指奔走救急。騖，疾速行進。不足：來不及。有餘：有餘暇。

本節韻脚字：霸懼舉——魚部；安患——元部

「夫上世之士，或解縛(fù)而相，或釋褐(hè)而傅①；或倚夷門而笑②，或横江潭而漁③；或七十説(shuì)而不遇，或立談而封侯④；或枉千乘於陋巷，或擁篲(huì)而先驅⑤。是以士頗得信(shēn)其舌而奮其筆，窒隙蹈瑕而無所詘(qū)也⑥。當今縣令不請士，郡守不迎師，群卿不揖客，將相不俛(fǔ)眉⑦。言奇者見疑，行殊者得辟(pì)⑧。是以欲談者卷舌而同聲，欲步者擬足而投迹⑨。鄉使上世之士處乎今世，策非甲科，行非孝廉，舉非方正⑩，獨可抗疏，時道是非，高得待詔，下觸聞罷⑪，又安得青紫？

①解縛句：指齊桓公用管仲事。齊桓公奪取君位後，根據鮑叔牙的推薦，赦免了仇人管仲，爲他鬆綁并任爲国相。釋褐句：指商王武丁用傅説(yuè)事。據墨子尚賢下，傅説本爲奴隸，穿着褐衣帶着繩索在傅巖(今山西平陸縣)築城，被武丁發現後舉爲相。釋褐，脱去原來的粗布衣。傅，太傅，相當相，這裏用作動詞，任爲太傅。

②倚夷句：戰國時，秦圍趙，趙求救於魏，魏援軍將軍

晉鄙接魏王令按兵不動。爲了讓晉鄙出戰，魏公子信陵君問計於守門小吏侯嬴，侯嬴設謀使公子盜兵符，矯魏王令代晉鄙，解了趙圍。倚：靠着。夷門：魏都大梁的東門。侯嬴時爲夷門的監者，已年七十。笑：公子始欲赴秦軍拼命，向侯嬴辭行，侯嬴不送。公子心中不悦，還問時。嬴笑道：「臣固知公子之還也。」事見史記魏公子列傳。

③横江句：投入江中葬身魚腹。潭：深水，深淵。屈原放逐後，遇漁父，漁父勸屈原以隨波逐流的態度處世，屈原表示寧可葬身魚腹而不與世俗同流合污。事見史記屈原賈生列傳。

④七十句：傳説孔子曾遊説七十餘君推行仁政而未被採用。實際孔子遊説的國君不到十個，「七十」亦可能指年齡。立談句：戰國時，虞卿遊説趙孝成王，第一次見面即得到賞賜黄金百鎰，白璧一雙，第二次見面進而拜爲上卿。事見史記平原君虞卿列傳。

⑤枉：委屈。傳説齊桓公曾往小巷拜訪小臣稷，一日三至而弗得見。事見吕氏春秋慎大覽。擁篲：執帚掃地。篲，掃帚。戰國時，燕昭王曾擁篲先驅以迎名士鄒衍，并以師禮事之。事見史記孟子荀卿列傳。

⑥頗得：完全能够。頗，副詞。皆，悉。信其舌：指盡情地陳説其主張。信，通「伸」。窒隙蹈瑕：比喻抨擊時政或補救時弊。窒，堵塞。隙，漏洞。蹈，踩入。瑕，裂縫。無所詘，没有受到挫折。詘，彎曲。

⑦請士：請賢士指教。迎師：拜賢士爲師。揖客：對客作揖，禮賢下士。群卿：指朝廷百官。俛眉：低眉，即低頭，謙卑的表現。俛，同「俯」。

⑧見疑：被懷疑。見，助動詞。得辟：得罪。辟，罪。

⑨擬足：思忖着把脚往哪裏放。投迹：踩着别人的脚印行走。這是戰戰兢兢不敢大膽走路的表現。

⑩嚮使：假使。策：策問，漢代選拔人才的考試方式，分射策、對策兩種，内容多關政事和經義。「射策」是將考題書於簡策，由考生抽取作答。「對策」也是將考題書之於册，但不是由考生抽取，而是規定性的，要求針對策上的問題作答。甲科：考試科目中的最高級，入選者爲郎中。孝廉、方正：漢代由地方向朝廷推舉人才的名目。「孝廉」含義爲孝順廉潔之士。「方正」即賢良方正，含義是品行端正有賢良美譽者。

參見第十單元報任安書第五段注①。

⑪ 獨可：只能。抗疏：上書。抗，呈上。時道是非：根據形勢的需要議論是非得失。時，伺候；觀察。觸：觸犯。指冒犯皇帝。聞罷：得到被斥退的消息。罷，斥退。

本節韻脚字：傅漁（魚）遇侯軀（侯）——魚、侯部合韻；筆詘——物部；士（之）師眉（脂）疑（之）辟迹（錫）非（微）紫（支）——之、脂、錫、微、支部合韻

「且吾聞之：炎炎者滅，隆隆者絶。觀雷觀火，爲盈爲實；天收其聲，地藏其熱①。高明之家，鬼瞰（kàn）其室②。攫挐（juénά）者亡，默默者存；位極者高危，自守者身全③。是故知玄知默，守道之極；爰清爰静，游神之庭；惟寂惟漠，守德之宅④。世異事變，人道不殊，彼我易時，未知何如⑤。今子乃以鴟（chī）梟而笑鳳皇，執蝘（yǎn）蜓而嘲龜龍⑥，不亦病乎？子之笑我玄之尚白，吾亦笑子病甚，不遇俞跗（fū）與扁鵲也⑦，悲夫！」

① 炎炎者：指熊熊大火。隆隆者：指巨大的雷聲。爲盈句：是壯觀充實的。天收二句：瞬息間上天就會收回它的鳴聲，大地就會藏起它的熱量。

② 高明之家：指富貴之家。瞰：窺視。以上八句闡發周易盛衰倚伏、物極必反之理。

③ 攫挐者：争權奪利的人。攫挐，争奪。挐，持。默默者：指淡泊名利默默無聞的人。自守者：指有信念操守甘於貧賤的人。

④ 玄：指自然規律。揚雄太玄攡：「玄者，幽攡萬類而不見形者也。」默：指不求聞達。極：指最高境界。爰：語氣助詞，起湊足音節協調語氣的作用，可譯爲「乃」或不譯。下文「惟」用法同此。庭：指道的歸宿。下文「宅」義同此。漠：義同「寞」。以上闡述的是道家清静無爲、退讓寡欲、超然物外的思想。

⑤ 人道不殊：人生處世的道理没有不同。彼：指春秋戰國時的賢能之士，即所謂上世之士。

⑥鴟梟：或作「鴟鴞」，即貓頭鷹。皇：今作「凰」。蝘蜓：即壁虎。此二句源自荀子賦篇：「螭龍爲蝘蜓，鴟梟爲鳳皇。」比喻黑白顛倒，賢愚不分。

⑦俞跗：傳説中黄帝時的良醫。扁鵲：戰國時的良醫。

本節韻脚字：滅絶（月）實（質）熱（月）室（質）——月、質部合韻；存（文）全（元）——文、元部合韻；默極——職部；静庭——耕部；漠宅——鐸部；殊（侯）如（魚）——侯、魚部合韻；皇（陽）龍（東）病（陽）——陽、東部合韻；白鵲——鐸部

情采

劉勰

【**作者簡介**】劉勰（公元四六五——？年），南朝梁人，字彦和，原籍東莞莒（今山東莒縣）人，世居京口（今鎮江市）。早孤好學，家貧不娶，入定林寺依僧祐校定佛經十餘年。梁武帝天監初入仕，先後任奉朝請、太末令、東宫通事舍人、步兵校尉等職，受到昭明太子的賞識。晚年出家，改名慧地，未及一年去世。劉勰是古代卓越的文學批評家，所著文心雕龍五十篇，對南朝齊以前文學創作和文學批評的經驗進行了全面系統的研究，體大思精，在我國文學批評史以及文章學史上均佔有非常重要的地位。文心雕龍的注本主要有清人黄叔琳文心雕龍校注、今人范文瀾文心雕龍注、楊明照文心雕龍校注拾遺、周振甫文心雕龍注釋等。

【**題解**】齊梁時代許多文學作品只追求辭藻的華麗而忽視了思想内容的表達，所謂「采濫忽真，遠

棄風雅」「體情之製日疎，逐文之篇愈盛」。本文對這種形式主義的不良文風進行了批評，指出「情」(思想内容)是作品的内容，「文」只是作品的語言形式，内容決定形式，形式爲内容服務。同時也强調了形式的重要性，認爲二者的關係是「情者文之經，辭者理之緯；經正而後緯成，理定而後辭暢」，主張作家要「爲情而造文」，而不可「爲文而造情」。這些看法不僅對古代文學創作和文論思想的健康發展産生了重要影響，而且在今天仍然有着積極的現實意義。全文屬於駢體，重在説理，但也很講究藻飾，多用對偶句。本文爲文心雕龍第三十一篇，取自黄叔琳文心雕龍校注。

聖賢書辭，總稱文章，非采而何①？夫水性虚而淪漪(yī)結，木體實而花萼振，文附質也②。虎豹無文，則鞹(kuò)同犬羊，犀兕(sì)有皮，而色資丹漆，質待文也③。若乃綜述性靈，敷寫器象④，鏤心鳥迹之中，織辭魚網之上，其爲彪炳縟采名矣⑤。故立文之道，其理有三：一曰形文，五色是也；二曰聲文，五音是也；三曰情文，五性是也⑥。五色雜而成黼黻(fǔfú)，五音比而成韶夏，五情發而爲辭章，神理之數也⑦。

① 文章：原義爲繪畫或刺繡上交錯的花紋。引申指文辭、著作。采：文采。此句是説，著作也是一種文采。

② 淪漪：水的波紋。花萼：花朵。萼，花朵周邊的緑色葉片。振：開放。文附質：文采總是依附在内質上。質，指内容；内質。

③ 鞹，同「鞟」，去毛的獸皮。兕：一種像牛的獸。資：憑藉。丹漆：紅漆，古代用丹漆塗染皮製的鎧甲。左傳宣公二年：「役人曰：『從(縱)其有皮，丹漆若何？』」(即使有牛皮，在哪裏找那麽多丹漆呢？)質待文：主體有賴於文采的修飾。以上數句言内容決

定形式，同時也離不開形式。

④若乃：連詞。就像，至於像。綜述：陳述，抒發。性靈：思想感情。敷寫：鋪陳描寫。器象：指事物。

⑤鏤心：構思，創作。鳥迹：指文字。傳説倉頡受到鳥獸足迹的啟發而創造了文字。織辭：組織文辭。魚網：本爲造紙的材料，這裏借以指紙。其：複指以上四句所説的文學創作。爲：變爲，形成。彪炳：文采焕然貌。縟：豐富。名：通「明」。

⑥形文：以形貌表現出文采。形，指物體的外形及顔色。五色：指青黄赤白黑五色。聲文：以聲音表現出文采。五音：指宫商角徵羽五聲音階。情文：以情感表現出文采。五性：指喜怒哀樂怨五種情感。

⑦雜：交錯。黼黻：古代禮服上繡的花紋。黻，黑青相間的亞形花紋。黼，白黑相間的斧形花紋。比：排列，配合。韶：虞舜時的音樂，所用的樂器主要是排簫。夏：夏禹時的音樂，所用的樂器主要是類似笛子的籥。神理之數：自然之理。數，規律。

孝經垂典，喪言不文，故知君子常言未嘗質也①。老子疾僞，故稱「美言不信」；而五千精妙②，則非棄美矣。莊周云「辯雕萬物」，謂藻飾也；韓非云「豔采辯説」③，謂綺（qǐ）麗也。綺麗以豔説，藻飾以辯雕④，文辭之變，於斯極矣。研味李、老，則知文質附乎性情；詳覽莊、韓，則見華實過乎淫侈⑤。若擇源於涇渭之流，按轡於邪正之路⑥，亦可以馭文采矣。夫鉛黛所以飾容，而盼倩生於淑姿；文采所以飾言，而辯麗本於情性⑦。故情者文之經，辭者理之緯。經正而後緯成，理定而後辭暢，此立文之本源也。

①孝經：儒家的經典著作，宣揚孝道。垂典：垂法。一　喪言不文：服喪期間講話要質樸，不講究文采。孝

經喪親章：「子曰：『孝子之喪親也，哭不偯（yǐ聲竭而息），禮無容，言不文，服美不安，聞樂不樂，食旨不甘，此哀戚之情也。』」常言：平時説話。未嘗質：未曾追求質樸。

②疾僞：憎惡虚僞。老子第八十一章：「信言不美，美言不信。」五千精妙：指老子。老子全書共五千字，語言精美。

③辯雕萬物：口才可以粉飾萬物。莊子天道：「故古之王天下者，治（智）雖落（通『羅』）天地，不自慮也；辯雖雕萬物，不自説也。」豔采辯説：追求論説語言的豔麗。豔，追求豔麗。采，當爲「乎」。韓非子外儲説左上：「夫不謀治强之功，而豔乎辯説文麗之聲，是却有術之士而任『壞屋』『折弓』也。」

④以：連詞，作用同「而」。

⑤研味：研究。李、老：指孝經、老子。李，當作孝。文質：指文章華麗或質樸。文，有文采。則見句：就可以看出文章的失誤是對形式和内容的關係處理不當。指過分追求華美的形式。華，指華美的表現形式。實：指實在的内容。淫侈：過分；不當。

⑥涇、渭：涇河與渭河，在陝西境内。涇水清，渭水濁。按轡：拉緊馬轡使馬緩行或停止。這裏指停馬選擇正確的路線。以上兩句是説，要寫好文章，先需分清是非，選擇好正確的路線。

⑦鉛：化妝用的白色鉛粉。黛：黛石，古代女子畫眉的青黑色顔料。盼：眼睛黑白分明。倩：笑靨美好貌。詩經衛風碩人：「巧笑倩兮，美目盼兮。」辯麗：能言善辯，用詞華麗。情性：天性。這幾句是説，修飾美不及自然美，真正的美取決於本質。

昔詩人什篇①，爲情而造文；辭人賦頌②，爲文而造情。何以明其然？蓋風雅之興，志思蓄憤③，而吟詠情性，以諷其上，此爲情而造文也。諸子之徒，心非鬱陶（yáo），苟馳誇飾，鬻（yù）聲釣世④，此爲文而造情也。故爲情者要約而寫真，爲文者淫麗而煩濫⑤。

而後之作者，採濫忽真，遠棄風雅，近師辭賦，故體情之製日疎，逐文之篇愈盛⑥。故有志深軒冕，而汎詠皋壤⑦；心纏幾(jī)務，而虛述人外⑧。真宰弗存，翩其反矣⑨。夫桃李不言而成蹊，有實存也；男子樹蘭而不芳⑩，無其情也。夫以草木之微，依情待實，況乎文章，述志爲本，言與志反，文豈足徵(zhēng)⑪？

①詩人：指詩經的作者。什篇：指詩經，或稱「篇什」。「什」即「十」。詩經中的「雅」「頌」每十篇爲一組，後遂以「篇什」代詩經。

②辭人：指漢賦的作者。賦頌：即漢賦。漢賦尤其大賦多旨在歌頌帝王功德，繼承了詩經中「頌」的風格，故稱「賦頌」，其特點多恣意鋪陳誇飾，内容空泛。

③風雅：指詩經中的國風和小雅。志思蓄憤：有許多愁思和怨恨。志，存在，與「蓄」義同。

④諸子之徒：指辭人。鬱陶：憂思鬱結貌。苟馳：隨意運用。鬻聲：爲謀取名聲而賣弄。鬻，賣弄；炫耀。釣世：沽名於世。

⑤要約：簡約。指文辭簡練。淫麗：過度華麗。淫，過分。煩濫：内容煩瑣空泛。

⑥採濫忽真：注重煩瑣空泛的的文辭，忽視了真情的抒發。體情之製：體現真情實感的作品。情，指思想内容。逐文之篇：追求文辭華美的詩文。文，指表現形式。

⑦志深軒冕：心中看重的是高官厚禄。深，這裏義爲看重。軒冕，指官位爵禄。古時大夫以上官員所乘的車子叫「軒」，所戴的禮帽叫「冕」。汎詠皋壤：虛假地吟詠隱居生活。汎，同「泛」。空泛；虛假。皋壤：水邊和田野，指隱士所居之地。

⑧幾務：政務。幾，義同「機」，政事。人外：指世外生活。

⑨真宰：真心。翩其反矣：詩經小雅角弓：「騂騂角弓，翩其反矣。」原意指開弓時箭弦向内拉，箭向外射，方向相反，這裏指事與願違。翩，箭疾飛貌。

⑩史記李將軍列傳：「桃李不言，下自成蹊。」淮南子

繆稱訓：「男子樹蘭，美而不芳。」

⑪ 足徵：足以讓人相信。徵，取信。

是以聯辭結采，將欲明經，采濫辭詭，則心理愈翳(yì)①。固知翠綸桂餌，反所以失魚；言隱榮華②，殆謂此也。是以衣(yì)錦褧(jiǒng)衣，惡(wù)文太章③；賁(bì)象窮白④，貴乎反本。夫能設謨(mó)以位理，擬地以置心⑤，心定而後結音，理正而後摛(chī)藻⑥，使文不滅質，博不溺心⑦，正采耀乎朱藍，間(jiàn)色屏(bǐng)於紅紫⑧，乃可謂雕琢其章，彬彬君子矣⑨。

① 聯辭結采：指寫作。經：或作「理」。采濫辭詭：風格浮誇，文辭詭異。心理愈翳：要表達的思想感情更加隱蔽不明。翳，掩蔽。

② 翠綸桂餌：用翡翠鳥羽裝飾的釣魚繩，用肉桂作的魚餌。太平御覽卷八三四引闕子：「魯人有好釣者，以桂爲餌，黄金之鉤，錯以銀碧，垂翡翠之綸，其持竿處位即是，然其得魚不幾矣。故曰：釣之務不在芳飾，事之急不在辯言。」隱榮華：隱没於華麗的辭藻。莊子齊物論：「言隱於榮華。」

③ 衣錦褧衣：詩經衛風碩人：「碩人其頎，衣錦褧衣。」原意指碩人穿着華美的錦衣，外面套着一件麻布罩衫。褧衣，麻布單罩衣。太章：太顯眼。章，「彰」的古字。

④ 賁：文飾，修飾。象：周易賁卦的象辭（解釋卦象和爻象的話）。窮白：修飾到最後時又要返回到白色。周易賁卦：「上九（爻名），白賁無咎（用白色裝飾無災）。」

⑤ 設謨：確定目標。指確定撰文的目的。謨，謀略，這裏指目的。或説「謨」當作「模」。位理：對要表達的義理進行謀篇布局。擬地：選擇表達形式。地，處所，這裏指表達形式，包括題材、結構、語言等。置心：對要抒發的情感做結構安排。以上二句互文。

⑥ 心定：思想内容得到確定。結音：調整詩文的聲

律，指寫作。理正：指論點正確。摛藻：運用辭藻，也指寫作。摛，鋪陳。以上二句互文。

⑦溺心：淹没了思想内容。莊子繕性：「文滅質，博溺心，然後民始惑亂，無以反其性情而復其初。」

⑧正采句：對朱藍這樣的正色要使之閃耀。此句的語序倒置，正常的語序爲「乎朱藍正采耀」，下句語序同此。正采，正色。古人以青（藍）黄赤（朱）白黑爲正色。乎，介詞。這裏可譯爲「使」。間色句：對紅紫這樣的雜色應屏棄不用。間色，雜色，不正的顔色。古人以紅（粉紅）紫（赤青相間之色）爲間色。論語鄉黨：「紅紫不以爲褻服（内衣）。」、論語陽貨：「惡紫之奪朱也。」

⑨雕琢其章：雕琢金器玉器。章，花紋。詩經大雅棫樸：「追琢（即雕琢）其章，金玉其相。」文質：形式和内容。彬彬：文質兼備貌。論語雍也：「文質彬彬，然後君子。」

贊曰：言以文遠，誠哉斯驗。心術既形，英華乃贍①。吴錦好（hào）渝，舜英徒豔②。繁采寡情，味之必厭。

①贊：對全篇進行總結的用語。贊的内容有韻文也有散文，文心雕龍均爲韻文。心術：指正確的創作方法。形：形成。英華：辭采。贍：豐富。

②吴錦：吴地生産的美錦。吴，今蘇州一帶。好渝，容易變色。渝，改變。舜英：木槿花。此花朝開暮落，有花無實，故云徒豔。

本節贊屬於韻文。韻脚字：驗贍豔厭——談部

鄭玄傳

後漢書

【後漢書簡介】前四史之一，共一百二十卷，記載了東漢自光武帝劉秀至獻帝劉協期間的歷史。其中本紀十卷、列傳八十卷爲南朝宋范曄撰，志八篇三十卷爲西晉司馬彪撰。志本屬續漢書（已佚）的内容，南朝梁劉昭抽出移入後漢書。後漢書的體例基本上是因襲史記漢書，但有不少改進，新增了七類傳，即「黨錮傳」「宦者傳」「文苑傳」「獨行傳」「方術傳」「逸民傳」和「列女傳」。在敘事方面，後漢書同三國志一樣遵循的是「一事不兩載」的原則。全書史料豐富，結構嚴密，議論風生，愛憎分明，在史學和文學方面均取得了很高的成就。

范曄（公元三九八—四四五年），字蔚宗，南朝宋順陽（今河南淅川縣）人，范甯（春秋穀梁傳集解的撰者）之孫，好學善文，博通經史，能隸書，曉音律，歷官尚書禮部郎、左衛將軍、太子詹事等。宋文帝元嘉二十二年（公元四四五年）因參與孔熙先謀立宋文帝弟彭城王劉義康而被殺，終年四十八歲。

後漢書「紀」「傳」部分的注由唐李賢等撰，「志」的注由梁劉昭撰。清人的注本有惠棟後漢書補注、王先謙後漢書集解等，今人的選注本有東世澂後漢書選等。

【題解】鄭玄，東漢著名的經學家，北海高密（今山東高密市）人，字康成，世稱後鄭，以别於先鄭鄭興、鄭衆父子，官拜大司農，世稱鄭大司農。一生遍涉群書，著述極豐，曾聚徒講學，弟子多至千人。本文記載了鄭玄求學、爲官以及著述的事迹，反映了鄭玄在學術尤其是經學方面的重要貢獻，贊揚了其德高博學、「不樂爲吏」、方正自守的學者風範。本文選自後漢書張曹鄭列傳，有删節。

鄭玄，字康成，北海高密人也①。八世祖崇，哀帝時尚書僕射（yè）②。玄少爲鄉嗇夫，得休歸，常詣學官③，不樂爲吏。父數怒之，不能禁。遂造太學受業，師事京兆第五元先，始通京氏易、公羊春秋、三統歷、九章筭術④。又從東郡張恭祖受周官、禮記、左氏春秋、韓詩、古文尚書⑤。以山東無足問者，乃西入關，因涿郡盧植事扶風馬融⑥。融門徒四百餘人，升堂進者五十餘生。融素驕貴，玄在門下，三年不得見，乃使高業弟子傳授於玄。玄日夜尋誦⑦，未嘗怠倦。會融集諸生考論圖緯⑧，聞玄善筭，乃召見於樓上。玄因從質諸疑義⑨，問畢辭歸。融喟然謂門人曰：「鄭生今去，吾道東矣！」

① 北海：東漢郡名，治所在今山東壽光縣東南。

② 哀帝：西漢哀帝劉欣。尚書僕射：尚書令的副職。

③ 鄉嗇夫：官名，先秦掌貨幣或糾察官吏等事務，秦漢時爲鄉官，掌管訴訟、賦税等事務。學官：學校。

④ 京兆：漢代京畿行政區，引申指京城。第五：複姓。元先：人名。京氏易：漢代學者京房研究周易的書名。公羊春秋：即春秋公羊傳。三統歷：曆法書，西漢劉歆撰。歷，後作「曆」。九章筭術：戰國至秦漢時期的算學書，共九篇。

⑤ 東郡：漢代郡名，治所在今河南濮陽市。張恭祖：生平不詳。周官：即周禮。韓詩：漢初燕人韓嬰所傳的詩經。古文尚書：用先秦古文字書寫的尚書，漢武帝末年在孔子舊宅的壁中被發現。

⑥ 山東：指崤山或華山以東地區。因：通過。涿郡：漢代郡名，治所在今河北涿縣。盧植：東漢人，官九江太守、中郎將等職，少時與鄭玄同師馬融，精通經

學，著有尚書章句、三禮解詁周易注等書（皆佚）。扶風：漢代郡名，治所在今陝西興平縣。馬融：東漢著名的古文經學家和文學家，歷官議郎、武都太守、南郡太守等，才高博洽，從學者甚衆，注書十餘種，包括孝經論語周易尚書等，皆不傳。

⑦尋誦：反復誦讀。尋，連續；經常。

⑧圖緯：指河圖和緯書。周易繫辭上：「河出圖，洛出書，聖人則之。」傳説伏羲氏時，有龍馬從黄河背負河圖出現，伏羲據此圖畫成了八卦。漢代附會儒家經義的神學占驗書叫緯書，對經書而言，故稱緯書，易、書、詩、禮、樂、春秋及孝經均有緯書，統稱「七緯」。

⑨因：副詞。便：於是。從：介詞，作用同「向」，省去賓語「之」。質：詢問。

玄自游學，十餘年乃歸鄉里。家貧，客耕東萊①，學徒相隨已數百千人。及黨事起，乃與同郡孫嵩等四十餘人俱被禁錮（gù）②。遂隱修經業，杜門不出。時任城何休好公羊學，遂著公羊墨守、左氏膏肓、穀梁廢疾③。玄乃發墨守、鍼膏肓、起廢疾④。休見而歎曰：「康成入吾室，操吾矛，以伐我乎！」初，中興之後，范升、陳元、李育、賈逵之徒争論古今學⑤。後馬融荅北地太守劉瓌及玄荅何休，義據通深⑥，由是古學遂明。

①東萊：漢代郡名，治所在今山東掖縣。

②黨事：指黨錮之禍。錮：監禁；關押。東漢桓帝時宦官專權，世家大族李膺等人聯合太學生郭泰、賈彪等抨擊宦官集團，結果被加以「黨人」罪名拘捕，共二百餘人，後釋放，史稱「黨錮之禍」。靈帝即位後在宦官的挾持下再次收捕李膺、杜密等百餘黨人下獄并處死，隨後陸續殺死、囚禁和流放七百餘黨人，靈帝熹平五年進而下令凡黨人門生故吏、父子兄弟一律免官禁錮，史稱第二次「黨錮之禍」。

③任城：漢代縣名，地在今山東濟寧市。何休：東漢

著名學者，公羊學家，官司徒、議郎、諫議大夫等職，歷十七年撰成春秋公羊解詁，流傳至今，同時撰公羊墨守等書，已佚。墨守：取義有繩墨可守，即有法可依。或説指公羊之義不可駁，如墨翟守城。膏肓：取義左氏已病入膏肓，不可救藥。廢疾：取義穀梁已有病而廢，不能和公羊相比。

④ 發墨守、鍼膏肓、起廢疾：均著作名，這裏用作動詞。發、鍼、起，分别有揭發、針砭、駁正的意思。

⑤ 中興：劉秀建立東漢，史稱「中興」。范升、陳元、李育、賈逵：均東漢經學家。范升，代郡（今山西陽高縣）人，通論語、孝經、老子；陳元，蒼梧廣信（今廣西梧州市）人，通春秋；李育，扶風漆（今陝西彬縣）人，通公羊春秋；賈逵，扶風平陵（今咸陽市西北）人，通春秋左傳國語等。古今學：指古文經學和今文經學，漢代研究經書的兩大學派。

⑥ 荅：「答」的古字。北地：漢代郡名，治所在今寧夏吴忠縣西南，轄地相當今寧夏賀蘭山、青銅峽、山水河一帶。劉瓌生平不詳。瓌，同「瑰」。義據：釋義與考證。

董卓遷都長安，公卿舉玄爲趙相①，道斷不至。會黄巾寇青部，乃避地徐州，徐州牧陶謙接以師友之禮②。建安元年③，自徐州還高密，道遇黄巾賊數萬人，見玄皆拜，相約不敢入縣境。

① 董卓（？—公元一九二年）：隴西臨洮（今甘肅岷縣）人，東漢末軍閥，時專斷朝政，因袁紹等人起兵反抗而挾獻帝西遷長安，自爲太師。趙相：趙王劉乾之相，趙國建都地在今河北邯鄲市。

② 青部：指青州，治所在今山東淄博市臨淄區。高密位於青州東南部。徐州：位於青州之南，治所在今山東郯城縣西南。陶謙：丹陽（今安徽當涂縣）人。牧：一州的長官。

③ 建安：漢獻帝年號。建安元年爲公元一九六年。

時大將軍袁紹總兵冀州①，遣使要玄，大會賓客。玄最後至，乃延升上坐。身長八尺，飲酒一斛(hú)，秀眉明目，容儀温偉②。紹客多豪俊，并有才説，見玄儒者，未以通人許之，競設異端，百家互起。玄依方辯對，咸出問表③，皆得所未聞，莫不嗟服。時汝南應劭亦歸於紹，因自贊曰：「故太山太守應中遠④，北面稱弟子何如？」玄笑曰：「仲尼之門考以四科，回、賜之徒不稱官閥⑤。」劭有慚色。紹乃舉玄茂才，表爲左中郎將，皆不就⑥。公車徵(zhēng)爲大司農，給安車一乘⑦，所過長吏送迎。玄乃以病自乞還家。

---

①袁紹(？—公元二〇二年)：汝南汝陽(今河南商水縣)人，東漢末軍閥。總兵：領兵。冀州：治所在今河北柏鄉縣北。靈帝死後，袁紹入宫誅滅宦官，董卓進兵洛陽控制朝廷後，他逃至冀州。

②斛：斛形的盆鉢。温偉：儒雅魁偉。

③依方：指引經據典。方，理據。出問表：超出所問的范圍。表，表木，引申指界限。

④汝南：郡名，治所在今河南汝南縣。應劭：東漢著名學者，汝南南頓(今河南項城縣)人，字仲遠，官泰山太守等職，因懼曹操而棄郡投袁紹，著作有風俗通義漢官儀漢書集解等。贊：推薦。

⑤四科：指德行、言語、政事、文學。論語先進：「德行，顔淵、閔子騫、冉伯牛、仲弓；言語，宰我、子貢；政事，冉有、季路；文學，子游、子夏。」回：顔淵。賜：子貢。不稱：不自稱。官閥：官銜門第。

⑥茂才：即秀才，漢代推舉人才的科目之一。表：上表推薦。

⑦公車：官署名，掌管宫殿司馬門的警衛，受理天下向朝廷上書及徵召等事宜。大司農：九卿之一，掌管國家的財政包括租税錢穀鹽鐵等事務。

五年春，夢孔子告之曰：「起！起！今年歲在辰，來年歲在巳[①]。」既寤，以讖(chèn)合之[②]，知命當終。有頃寢疾。時袁紹與曹操相拒於官度[③]，令其子譚遣使逼玄隨軍。不得已，載病到元城縣[④]，疾篤不進。其年六月卒，年七十四，遺令薄葬。自郡守以下嘗受業者，縗絰(cuīdié)赴會千餘人[⑤]。

① 五年：建安五年(公元二〇〇年)。建安五年爲庚辰年，其明年爲辛巳年。

② 讖(chèn)：預言吉凶的文字或圖簿。李賢注：「北齊劉晝高才不遇傳論玄曰：『辰爲龍，巳爲蛇，歲至龍蛇賢人嗟，玄以讖合之。』蓋謂此也。」

③ 官度：地名，臨古官渡水，在今河南中牟縣東北。

④ 元城縣：治所在今河北大名縣東。

⑤ 縗絰：均喪服名，這裏用作動詞，穿戴上縗絰。縗，掛在胸前的麻布條。絰：麻帶子，紮在頭上的稱首絰，系在腰間的稱腰絰。

門人相與撰玄荅諸弟子問五經，依論語作鄭志八篇。凡玄所注周易、尚書、毛詩、儀禮、禮記、論語、孝經、尚書大傳、中候、乾象歷，又著天文七政論、魯禮禘祫(dìxiá)義[①]、六藝論、毛詩譜、駁許慎五經異義、荅臨孝存周禮難，凡百餘萬言。玄質於辭訓，通人頗譏其繁[②]。至於經傳洽孰[③]，稱爲純儒，齊魯間宗之。

① 禘：各種大祭的總名。祫：集合遠近祖先的神主於太祖廟進行合祭的祭祀。

② 質於：篤於，注重於。頗：略微。

③ 洽：淵博，廣博。孰：「熟」的古字。

音辭

顔氏家訓

【顔氏家訓簡介】是一部記録顔之推道德觀念和學術思想的著作，共二十篇，顔之推本人著。書成於隋文帝開皇年間。因旨在教育子女，故名家訓。内容超出了一般家訓的範圍，包括立身治家、爲人處世、道德規範、歷史人物、語言文字、品評文學等方面。所論務實深入，不爲空泛，思想以儒家爲主，兼及佛、玄，對後世影響較大，前人曾稱這部書是古今家訓之祖。

顔之推（公元五三一—？年），字介，北齊文學家，語言學家，琅邪臨沂（今山東臨沂縣）人，是切韻大綱的制訂者之一。初仕梁爲散騎侍郎，梁滅後入北齊官黄門侍郎、平原太守等職。齊亡入周，爲御史上士。隋文帝開皇年間太子召爲學士，不久去世。

顔氏家訓的注本主要有清趙曦明顔氏家訓注、盧文弨顔氏家訓補注和今人王利器的顔氏家訓集解等。專對音辭篇作注的著作有周祖謨問學集顔氏家訓音辭篇注補和汪壽明歷代漢語音韻學文選顔氏家訓音辭等。

【題解】本文討論的是音韻問題。作者認爲漢語自古就存在着方言的差異，并探討了南北方音的特點和前代一些音韻著作的得失，强調了通語的地位，主張正確使用語言文字。這些見解以及文中舉證的材料對於漢語史的研究具有重要意義。本文爲顔氏家訓第十八篇，有删節。

夫九州之人，言語不同，生民已來①，固常然矣。自春秋標齊言之傳，離騷目楚詞之經，此蓋其較明之初也②。後有揚雄著方言，其言大備③。然皆考名物之同異，不顯聲讀之是非也。逮鄭玄注六經，高誘解吕覽、淮南，許慎造説文，劉熹製釋名，始有譬况假借以證字音耳④。而古語與今殊别，其間輕重清濁，猶未可曉；加以内言外言、急言徐言、讀若之類⑤，益使人疑。

① 九州：古代説法不一，尚書禹貢中指冀、兖、青、徐、揚、荆、豫、梁、雍。已：通「以」。

② 自春二句：大意爲，自從春秋傳記載了齊地的方言，離騷經記録了楚地的方言。標、目，義均爲「記載」。傳，指春秋公羊傳。例如公羊傳隱公五年：「公曷爲遠而觀魚？登來之也。」趙岐注：「登來，讀曰『得來』，得來之者，齊人語也。齊人名『求得』爲『得來』，其言大而急，由口授也。」楚詞：指楚方言。離騷中多楚方言，如「羌、些」等字。較明之初：最初的明證。較，明顯。

③ 揚雄：東漢文學家、哲學家和語言學家，蜀郡成都（今成都市）人。其言：指方言中的方言材料。大備：指比較全面。

④ 逮：等到。鄭玄：詳本單元鄭玄傳介紹。高誘：東漢涿郡（今河北涿縣）人，著作有戰國策注、吕氏春秋注等。劉熹：即劉熙，東漢北海（今山東昌樂縣）人。製：撰寫。譬况：一種注音方法，對被釋字的讀音進行描寫性的説明。假借：假借字（指通假字）與本字讀音一般相同，因此指出假借字的本字在古代也算是一種注音方法。

⑤ 輕重清濁：蓋指濁輔音與清輔音的差别。内言外言：周祖謨注：「所謂内外者，蓋指韻之洪細而言。言内者洪音，言外者細音。」（見周祖謨顔氏家訓音辭篇注補，下同）急言徐言：即急氣、緩氣，所指周祖謨以爲有兩解。一指聲調的不同，平聲字爲急氣，仄聲字爲緩氣；一指韻母洪細的不同，細音韻母字爲急

氣，洪音韻母字爲緩氣。讀若：訓詁術語，多用來注音，也用來説明假借字。

孫叔言創爾雅音義，是漢末人獨知反語①。至於魏世，此事大行。高貴鄉公不解反語②，以爲怪異。自兹厥後，音韻鋒出，各有土風③，遞相非笑，指馬之諭④，未知孰是。共以帝王都邑，參校方俗，考覈古今，爲之折衷⑤。榷而量之，獨金陵與洛下耳⑥。

① 孫叔言：即孫炎，字叔然，三國魏樂安（今山東博興縣）人。反語：即反切。按：反切在東漢末即已出現，非始創於孫炎，如應劭漢書集解中使用了反切。

② 高貴鄉公：曹髦爲帝前的封號。曹髦爲曹丕孫，被司馬昭所弑，年僅二十，著有左傳音三卷，已佚。

③ 鋒：通「蜂」。各有土風：指各家韻書中都參雜着方言土音。

④ 指馬之諭：語出莊子齊物論：「以馬喻馬之非馬，不若以非馬喻馬之非馬也。天地，一指也；萬物，一馬也。」比喻事物不分黑白、長短、大小等，後以「指馬」喻争辯是非。

⑤ 折衷：或作「折中」，取中。

⑥ 榷而二句：經過考察，只有金陵和洛下的語音是比較標準的。榷，研討；衡量。金陵，即建康（今南京市），六朝的都城。洛下，指洛陽，魏、西晉、後魏的都城。

南方水土和柔，其音清舉而切詣，失在浮淺，其辭多鄙俗①。北方山川深厚，其音沈濁而鈋（é）鈍，得其質直②，其辭多古語。然冠冕君子，南方爲優；閭里小人，北方爲愈③。易服而與之談，南方士庶，數言可辯；隔垣而聽其語，北方朝野，終日難分④。而南染吳、越，北雜夷虜，皆有深弊，不可具論。其謬失輕微者，則南人以錢爲涎（xián），以石爲射，以賤爲羨，以是爲舐（shì）⑤；北人以庶爲戍，以如爲儒，以紫爲姊，以洽（xiá）爲狎⑥。如此之例，兩失甚多。至鄴以來，唯見崔子約、崔瞻叔姪，李祖仁、李蔚兄弟，頗事言詞，少爲切正⑦。李季節著音韻決疑，時有錯失；陽休之造切韻，殊爲疎野⑧。吾家兒女，雖在孩稚，便漸督正之；一言訛替⑨，以爲己罪矣。云爲品物，未考書記者，不敢輒名⑩，汝曹所知也。

① 清舉：指發音輕而浮。切詣：指語速快。鄙俗：指方言俗語多。

② 沈濁：指發音低沉厚重。沈，同「沉」。鈋鈍：指語速遲緩。質直：質樸直率。

③ 冠冕君子：指士大夫。優：指語音正。閭里小人：指普通百姓。愈：義同「優」。

④ 周祖謨注：「此論南北士庶之語言各有優劣。蓋自五胡亂華以後，中原舊族多僑居江左，故南朝士大夫所言，仍以北音爲主。而庶族所言，則多爲吴語。故曰『易服而與之談，南方士庶，數言可辯』。而北方華夏舊區，士庶語音無異，故曰『隔垣而聽其語，北方朝野，終日難分』。惟北人多雜胡虜之音，語多不正，反不若南方士大夫音辭之彬雅耳。至於閭巷之人，則南方之音鄙俗，不若北人之音切正矣。」

⑤ 錢、涎、賤、羨：中古音「錢、賤」的聲母屬「從」紐，「涎、羨」屬「邪」紐，南人從、邪不分。石、射、是、舐：中古音「石、是」的聲母屬「禪」紐，「射、舐」的聲母屬「船」紐，南人禪、船不分。

⑥ 庶、戍：中古音「庶」的韻母屬「御」韻開口，「戍」屬「遇」韻合口，北人御、遇不分。如、儒：中古音「如」的韻母屬魚韻，「儒」屬「虞」韻，北人魚、虞不分。紫、姊：中古音「紫」屬「紙」韻，「姊」屬「旨」韻，北人紙、旨不分。洽、狎：中古音「洽」屬「洽」韻，「狎」屬「狎」韻，北人洽、狎不分。

⑦ 鄴：北齊的都城，在今河北臨漳縣。「至鄴」指梁亡後顔之推到鄴。崔瞻：應作崔贍。北齊人。崔子

約：崔瞻叔父。李祖仁：北齊人。李蔚：李祖仁弟。頗事：很注意。少爲切正：讀音比較正確。

⑧李季節：名概，北齊趙郡平棘（今河北趙縣）人，官太子舍人、并州功曹將軍等職。音韻決疑：韻書，已佚。陽休之：字子烈，北齊右北平無終（今天津薊縣）人，官尚書右僕射等職。切韻：當爲韻略，已佚。

疎：同「疏」。

⑨訛替：訛誤；謬誤。

⑩云爲品物：稱呼的各種事物。品物，物品；各種東西。未考書記：未經過書籍考證。書記，書籍、文字等。輒名：隨意稱説。

古代的文體

文體，即文章的體裁。古代的文體與今天的文體在種類、内容、風格等方面都存在着較大的差異。學習古代漢語，必然要接觸到古代的不同文體，因此，有必要了解一些古代文體的基本知識，這對於理解古文是很有幫助的。下面主要介紹的是古代文體的分類情况。

文體的分類在我國起源很早。尚書一書將所收的文章分爲典、謨、訓、誥、誓、命等類。周禮大祝中有「作六辭」的記載，所謂六辭就是辭、命、誥、會、禱、誄等六種不同的文體。根據宋人陳騤文則的説法，左傳一書包括八種文體，即命、誓、盟、禱、諫、讓、書、對等。以上的分類，反映出先秦時期人們已具有的文體意識。隨着社會發展的需要和文章的增多，文體的種類也越來越繁雜。

文體的研究發軔於魏晉，首先以體論文的人是曹丕，他説：「夫文本同而末異，蓋奏議宜雅，書論宜理，銘誄尚實，詩賦欲麗。此四科不同，故能之者偏也，唯通才能備其體。」（典論論文）。在這裏，曹丕把文體分爲奏議、書論、銘誄、詩賦四科八類，同時指出四科的主要特點是「雅、理、實、麗」。

晉人陸機的文賦進一步把文體擴大爲十類。關於不同文體的特徵和寫作要求陸機的闡述更爲確切和細緻：「詩緣情而綺靡，賦體物而瀏亮，碑披文以相質，誄纏綿而悽愴，銘博約而温潤，箴頓挫而清壯，頌優遊以彬蔚，論精微而朗暢，奏平徹以閑雅，説煒曄而譎誑。」以詩、賦爲例，曹丕指出二者的特點都是「麗」；陸機則對二者作了區别，認爲詩的特點是「緣情而綺靡」，賦的特點是「體物而瀏亮」。所謂緣情就是抒情，所謂體物就是鋪敘。

南北朝時期是文體研究的輝煌階段，古代一些重要的文體論著大都出現在這一時期，如文章流別集、翰林論、昭明文選和文心雕龍等。

文章流別集是我國第一部文體論專著，作者摯虞，梁人，餘不詳。該書將文體分爲十一類，分別討論了其沿革及區別情況，故稱作「流別」，原書已佚。翰林論與文章流別集的性質相同而内容稍簡，作者梁人李充，該書亦佚。

昭明文選是我國第一部按體區分、依類編排的文章總集，作者蕭統，梁武帝太子。全書創造性地按文體把文章區分爲三十七類，即賦、詩、騷、七、詔、册、令、教、文（策）、表、上書、啟、彈事、牋、奏記、書、檄（難）、對問、設論、辭、序、頌、贊、符命、史論、史述贊、論、連珠、箴、銘、誄、哀、碑文、墓誌、行狀、弔文、祭文。其中賦類又細分爲十個子目，詩類又細分爲七個子目，子目下又有更細的分類。這部書雖不是專門研究文體的著作，但事實上對文體進行了分類，且分類之多是空前的，影響深遠。

文心雕龍是我國第一部體大思精的文學理論專著，同時也是系統論述文體的著作，作者梁人劉勰。全書五十篇，其中專論文體的就有二十篇（明詩至書記），以篇名標示的文體共有三十三類之多，這三十三類分別是詩、樂府、賦、頌、贊、祝、盟、銘、箴、誄、碑、哀、吊、雜文、諧、隱、史傳、諸子、論、説、詔、策、檄、移、封禪、章、表、奏、啟、議、對、書、記。如果算上各篇内提到的一些小類，全書所列文體已超過昭明文選。劉勰討論文體的基本理論和方法是「源始以表末，釋名以章義，選文以定篇，敷理以舉統」，這些理論和方法爲後來的文體研究奠定了基礎。

隋唐以後，文體的分類漸趨繁雜。例如，宋人姚鉉的唐文粹，一百卷，共分爲二十二類三百多個子目。吕祖謙的宋文鑒，一百五十卷，共分爲六十一類。明人吴訥的文章辨體，五十卷（外集五卷），共分爲五十九類。徐師曾的文體明辨，八十四卷（正録六十卷，附録二十四卷），共分爲一百二十七類，爲文體分類之最。文體分類過細不利於把握其總體特點，難以收到綱目分明之效，例如文體明辨將「碑文」細分爲山川之碑、宫室之碑、橋道之碑、壇井之碑、神廟之碑、家廟之碑、古迹之碑、風土之碑、災祥之碑、功德之碑、墓道之碑、寺觀之碑、托物之碑等小類，顯得過於瑣碎。

清人姚鼐的古文辭類纂在總結前人分類的基礎上，舍瑣細而求大體，將歷代所分文體整合爲十三類，即論辨、序跋、奏議、書説、贈序、詔令、傳狀、碑誌、雜記、箴銘、頌贊、辭賦、哀祭。這種分類執簡馭繁，概括得當，便於掌握，爲後人所稱道。

前人對文體的分類繁簡不一，歧説紛出，原因主要是分類標準不統一。文體既有外在語言形式的差異，又有内在内容和功用的差異，分類的角度和依據不同，得出的結論自然也就不同。例如詩、辭、曲、賦、頌、贊、箴、銘等類主要是按照語言形式區分出來的，傳、狀、論、辨、雜記等類則主要是按照内容區分出來的，書信、贈序、詔令、奏議、碑誌、哀祭等類又主要是按照功用區分出來的。

今天，人們對歷代文體的分類標準一般採用的是語言形式，各種文體被區分爲散文、韻文、駢文三大類。散文又叫做散體文或無韻文，其語言形式自由，可以包括韻文、駢文以外的所有文體。韻文是押韻的文體，包括詩、詞、曲、辭、賦、頌、贊、箴、銘等作品；駢文又叫做四六文，講究駢偶、平仄，但不講究押韻，故可自成一體。散文根據内容和功用又可細分爲傳狀文、論辯文、雜記文、應用文四大類。凡史傳、文人個人創作的傳記、行狀等都屬於傳狀類；凡以説理爲主的論、説、辯、原、解等都屬於論辯類；凡以記敘爲主的臺閣名勝記、雜物書畫記、山水遊記、筆記等都屬於雜記類；凡有明確功用和使用範圍的奏議、詔令、書啟、碑誌、哀祭、箴銘、頌贊、序跋等都屬於應用類。

下面是對古代散文中一些常見文體的介紹，共包括傳狀、論辯、雜記、奏議、詔令、碑誌、哀祭、序跋、書啟、箴銘、頌贊等十一類。

一　傳狀

「傳」指傳記，「狀」指行狀，都是記述人物生平事迹的文體。傳又可分爲史傳、文人傳記兩大類。

（一）史傳

即史書的文體，也可叫做「歷史散文」。史傳的編寫體例主要有三種，即編年體、紀傳體、紀事本末體。編年體的特點是以時間爲經、以事件爲緯，如春秋、左傳、資治通鑒等。編年體的優點是以時間統屬人物和事件，可以同時了解到某一時間内發生的各類事件，背景全面、清楚，缺點是首尾連貫性不强，難以知道人物或事件發展的全過程。紀傳體是以人物傳記爲中心的記史體裁，司馬遷在史記中所創立。紀傳體中的「本紀」以帝王爲中心記事，「世家」以王侯爲中心記事，「列傳」以各類重要人物的活動爲中心記事。紀傳體突破了編年體的局限，是一個重大創舉，所以爲其後歷代官修史書所沿用。紀傳體的出現標誌着史傳文的成熟。紀事本末體的特點是以專題爲綱記事，將相關材料按照人物或歷史事件的發展順序排列在一起，首尾相應，脈絡清楚，其優點是便於考察歷史事件的始末，故名「紀事本末」。紀事本末體的首創者是宋人袁樞，他把資治通鑒改編爲通鑒紀事本末，全書共分二百三十九個專題，如「三家分晉」、「秦并六國」等。這種體裁的優點是「文省於紀傳，事豁於編年」，彌補了編年體連貫性不强而紀傳體記事較繁的不足，故宋史、元史、明史都相繼編有本末體。此外，清人馬驌、高士奇還分别將左傳改編成了本末體著作（左傳事緯、左傳紀事本末）。

（二）文人傳記

是指史官以外的學者或作家根據自己掌握的材料爲有關人物所寫的傳記。這種體裁的產生和發展深受史傳的影響，但又不同於官修的正史，其立傳的對象往往是難以進入正史的普通人，同時不限於死者，生者也可以立傳。文人傳記萌芽於漢代，如劉向的列女傳等。東晉時，著名的文人傳記有陶淵明的五柳先生傳等。到了唐代，在古文運動的促進下，文人傳記已經成熟，產生了大量優秀的作品，如韓愈圬者王承福傳，柳宗元種樹郭橐駝傳、宋清傳、梓人傳、童區寄傳等。

史官或一般文人的自傳也屬於文人傳記的範圍，或名「自傳」，或名「自紀」，或名「自序」。如司馬遷太史公自序、王充論衡中的自紀、曹丕自敘、劉禹錫子劉子自傳、陸羽陸文學自傳等。

（三）行狀

又叫做「行述、行迹、行略、事略」等。行狀本來是一個人死後，其親友、門生、故舊爲了請求朝廷加謚或立傳而提供的參考性材料，後來發展成了一種文體。與一般的傳記相比，行狀具有兩個顯著特點：一是只褒不貶，二是所記人物世系、籍貫、職任、事迹及生卒時間均較爲詳盡。好的行狀就是一篇優秀的傳記，如韓愈贈太傅董公行狀、李翺韓文公行狀、柳宗元柳常侍行狀等。

與行狀相近的一種文體叫「逸事狀」，其特點是不全面介紹死者的生平，僅寫死者一些鮮爲人知的逸事佚聞，屬於行狀的變體，如柳宗元的段太尉逸事狀等。

二　論辯

論辯文也叫論説文、説理文，是一種以議論爲主要表達方式、以明辨是非爲主要目的的文體。劉勰在文心雕龍論説中將這種文體的目的和特點概括爲：「原夫論之爲體，所以辨正然否，窮於有數，追於無形，鑽堅求通，鉤深取極；乃百慮之筌蹄，萬事之權衡也。」

古代的論説文源自先秦的經書、史籍和諸子散文，例如周易中的繫辭、左傳中的辭令、戰國策中的説辭、論語中的部分語録、墨子中的「十論」等已初步具備了論説文的一些特點，至如孟子、莊子、荀子、韓非子則已是完全成熟并且是特色各具的論説文了。其中孟子雄辯犀利、氣勢恢宏；莊子汪洋恣肆、意趣横生；荀子深邃透闢、嚴整完密；韓非子峭拔冷峻、鋒芒畢露。它們均對後世的論説文産生了重要影響。

古代的論説文從内容上大體可分爲政論文、史論文和學術論文三大類。從論説的特點上又可分爲論説、辯、解、原等類。前人多分得較細，如劉勰分爲「四品」（陳政、釋經、辨史、詮文）「八名」（議、説、傳、注、贊、評、敘、引），徐師曾分爲「八品」（理論、政論、經論、史論、文論、諷論、寓論、設論）。

（一）論説

「論」和「説」的性質相近，目的都在於説理。二者的區别在於「論」側重於議論和論證，要求觀點正確，邏輯嚴密；「説」側重於説明和解釋，寫法靈活，篇幅短小，類同雜感，故又名「雜説」。「論」有以人物立論的，如嵇康管蔡論、蘇軾留侯論等；也有以專題立論的，如賈誼過秦論、范縝神滅論、柳宗元封建論等。「説」的取材廣泛，内容駁雜，如韓愈雜説、柳宗元鶻説、蘇軾日喻、陸九淵易説等。

（二）辯

「辯」即辯駁、辯論，是針對某一觀點所寫的駁論文章，重在破而不在立，有很强的論辯性，如韓愈諱辯、柳宗元桐葉封弟辯、辯列子等。

（三）解

「解」是答疑詰難性的文體，如韓愈獲麟解、陳確顔子好學解等。「解」或稱作「釋」，如蔡邕釋誨、皇甫謐釋勸、魏源釋江源等。有時候，「解」是採用問答的形式進行答辯，旨在達到抒發感情、説明事理的目的，如揚雄解嘲、韓愈進學解等。這種形式的「解」便於將一些不便正面涉及的問題提出來加以解説，同時在結構上也容易安排，事實上并無疑問，屬於自慰性質。

（四）原

「原」是追本窮源性的文體，旨在循名責實，探求事物的本原，如韓愈「五原」（原道、原性、原毁、原人、原鬼）、杜牧原十二衛、黄宗羲原君、原臣等。

三　雜記

雜記文的内容複雜，形式靈活，記叙文除傳狀、碑誌以外都可歸入雜記類。雜記大致起源於漢代，如東漢馬第伯封禪儀記。魏晉時期的雜記作品漸多，如陶淵明桃花源記、王粲荆州文學記等。唐宋時期是雜記繁榮的時代，湧現出了一批以雜記文著稱的作家，如「唐宋八大家」都是雜記的高手，其中柳宗元的永州八記被公認爲是雜記文的典範。

雜記文的主要特點是以記叙爲主，宋以後的表現手法漸趨多樣，包括抒情、議論乃至考證等，如范仲淹岳陽樓記、蘇軾快哉亭記、顧炎武五臺山記等。在内容上，雜記文也越來越駁雜，奇聞逸事，無所不有。今人根據内容或將雜記分爲臺閣名勝記、山水遊記、書畫雜物記、人事雜記四大類。

（一）臺閣名勝記

古人常喜歡撰文記叙祠宇、官署、亭臺、樓閣或其他名勝古迹，所記内容包括地理位置、歷史沿革、修建過程、主事人姓名及作者的感慨等。這類雜記文因常常刻石，故與碑文有一定淵源，但不同於碑文叙事迹、頌功德、典雅莊重的行文風格，而是以敘事爲鋪墊、以議論抒情爲主體，更具文學性，如韓愈燕喜亭記、藍田縣丞廳壁記、新修滕王閣記、蘇軾喜雨亭記、放鶴亭記，歐陽修醉翁亭記等。

（二）山水遊記

山水遊記主要是寫作者親歷山水的見聞和感受，與臺閣名勝記的記事且刻石不同，其特點重在對山水風物的描寫和情感的抒發，顯現詩情畫意。著名的山水遊記除柳宗元永州八記外，還有陸游入蜀記、徐宏祖徐霞客遊記、張岱湖心亭看雪，姚鼐登泰山記等。

（三）書畫雜物記

這類雜記文專門記述書畫或器物的内容、特點、風格、形制以及得失流傳等情況，旨在記物寫實、因物懷人或緣物抒情。篇名可以叫「記」，也可以叫「序」，如韓愈畫記、白居易荔枝圖序、蘇軾書蒲永升畫後、劉敞先秦古器記、魏學洢核舟記等。

（四）人事雜記

這類雜記文以記人敘事爲主要内容，少數標題冠以「志」，實與「記」同義，如曾鞏越州趙公救災記、劉禹錫救沉志、謝翱西臺慟哭記、歸有光項脊軒志、全祖望梅花嶺記等。

除以上四類外，雜談瑣語性質的筆記文也屬於雜記文。筆記文以記事爲主，内容包括掌故逸聞、志怪雜録、人物品評、讀書雜記、科學小品、文藝隨筆等。宋元以後筆記文出現的較多，如沈括夢溪筆談、顧炎武日知録、袁枚隨園隨筆、紀昀閱微草堂筆記等。

四 奏議

「奏議」是臣下給君上的報告或書信，或稱作「奏章、表章」等，劉勰文心雕龍奏啟説：「陳政事，獻典儀，上急變，劾愆謬，總謂之奏。」奏議的特點講究目的明確、語言典雅、論必有據、條理清晰簡括。這種體裁起源於戰國，最初只名爲「書」，如樂毅報燕惠王書、李斯諫逐客書等。秦漢以後分爲疏、封事、對策、章、奏、表、議等。

「疏」多見於漢代，是條陳對政事的意見或建議，如賈誼陳政事疏、鼂錯論貴粟疏等。封事的内容機密，需要密封上奏，故稱「封事」，如漢張敞請罷霍氏三侯封事、宋胡銓戊午上高宗封事等。「對策」是選拔人才時應對者針對皇帝策問命題陳述己見的奏議，如鼂錯對賢良文學策、蘇軾教戰守策等。其餘四種的區别按照劉勰的説法是「章以謝恩，奏以按劾，表以陳情，議以執異。」（文心雕龍章表）不過這種區分并不嚴格，析言則異，渾言則同，故魏晉以後多統稱爲「表」，舉凡言事、陳情、朝賀、勸進、進獻、謝恩、辭官等，皆以「表」名之，如諸葛亮出師表、李密陳情表、韓愈賀皇帝即位表、論佛骨表等。奏議到宋代時或稱作「札子」，如王安石上奏皇帝的本朝百年無事札子等。

五　詔令

「詔令」是君主發布的命令或寫給臣下的書信等，屬於帝王的御用公文，實際多出自御用文人之手。

詔令的内容包括授官、策封、敕戒、明罰、用兵、罪己等，行文講究典雅凝重，温潤渾厚。

詔令初見於尚書，稱作「命、誥」，秦時稱作「詔」，到漢代時詔令分化爲詔、制、誥、策幾種類型。「詔」是向臣民發布命令或告示，如劉邦高帝求賢詔、劉啟景帝令二千石修職詔、劉徹武帝求茂才異等詔；「制」本與「詔」同，故「制詔」常連用，後來「制」專用以頒布法令和重要的賞罰、任命等；「誥」的本義爲「告」，是勸勉訓誡臣民的文告，如尚書中的湯誥、康誥等，隋唐以後專用以封官授爵，與「制」已無區别，故「制誥」亦常連用；「策」的用途在先秦與「制誥」基本相同，自漢代起又指皇帝選拔人才的試題，即「策問」，如「賢良策」「賢良文學策」等，漢代名臣鼂錯、公孫弘都曾對過「賢良文學策」。

詔令有一種附類叫「檄文」。檄文屬於軍事聲討的文告，但最初并不專用於征討，安撫、曉諭、徵召的文章也叫做「檄」。劉勰文心雕龍檄移：「凡檄之大體，或述此休明，或敘彼苛虐。」檄文講究詞鋒犀利，氣勢奪人，剛健明快，富於鼓動性，著名的檄文如陳琳爲袁紹檄豫州、駱賓王爲徐敬業討武曌檄等。

六　碑誌

「碑誌」是記事或紀念性的刻石文，碑指「碑銘」，也叫「碑文」，誌指「墓誌銘」。碑銘一般分爲前後兩部分，前序後銘，序爲散文，銘爲韻文。碑銘從内容和作用的角度可分爲三類，即宫室廟宇碑、功德碑和墓碑。

（一）宫室廟宇碑

主要記述宫室廟宇興建的緣由、經過、規模、主事者等情況，如果是寺觀之碑還要記述所供神、聖的德業，如韓愈柳州羅池廟碑、柳宗元道州文宣王廟碑、湘源二妃廟碑，蘇軾潮州韓文公廟碑等。

（二）功德碑

主要記述某些重大事件的概況、影響或個人的功績等，如班固封燕山銘、韓愈平淮西碑、柳宗元箕子碑、南霽雲睢陽廟碑。帝王封禪或頌功的刻石也屬於這一類，如秦代的泰山刻石、嶧山刻石等。

（三）墓碑

或稱作墓碣、墓表、墓銘、神道碑、阡表等，主要記述死者生前的事迹，包括籍貫、世系、政績、功名、生卒、葬地、子嗣等内容，如韓愈李元賓墓銘、清河郡公房公墓碣銘等。墓碑的形制大小取決於死者官階的高低，一般分爲碑、碣、表三類，五品以上立碑，五品以下立碣，庶人立表。表有序無銘，如歐陽修瀧岡阡表。

和墓碑性質相近的是墓誌銘。墓誌銘也記述死者的生前事迹，區别在於墓碑立於地上而墓誌銘埋於地下，故又稱作「壙（kuàng）墓穴銘」「壙志」「埋銘」等。墓誌銘的形制由兩塊方石組成，一底一蓋，底刻志銘，蓋刻題名。「誌」記述死者的生平事迹，「銘」是韻文，頌贊死者的德行。著名的墓誌銘有庾信吴明徹墓誌銘、韓愈柳子厚墓誌銘、試大理評事王君墓誌銘等。

七　哀祭

「哀祭」是哀悼死者或祭告鬼神的文章，常見的哀祭有誄、哀辭、弔文、祭文幾種類型，多屬韻文。

（一）誄

主要用以表彰死者的功德并抒發哀悼之情。文心雕龍誄碑：「累其德行，旌之不朽。」「誄」的内容與碑文没有本質上的區别，只是不刻石而已，其語言形式也比較自由，一般先述死者家族世系、生前行迹，後表示悲傷哀悼，所謂「榮始而哀終」，如顔延之陶征士誄、柳宗元衡州刺史吕君誄。

（二）哀辭

主要用來哀悼夭亡的人，内容與誄無多大差别，結構上前有序文，後有韻文，或騷或駢，不重藻飾，主在傷悼，如柳宗元楊氏子承之哀辭、韓愈孤獨申叔哀辭。

（三）弔文

指憑弔性的文章，主要特點是對着遺迹、遺物等悼念古人或感慨往事。弔文的對象非常廣泛，包括古人、古迹、亡人、故物等，弔古以傷今抒懷，悼亡人以慰生者。弔文始於賈誼的弔屈原賦，其後白居易弔二郎文、柳宗元弔屈原文、韓愈弔武侍御所畫佛文、李華弔古戰場文等均屬此類。

（四）祭文

哀悼死者的文章，在祭奠時宣讀，表達哀傷之情或祭奠告享之意，往往兼敘死者的生平事迹。祭文有固定的格式，以「惟某年某月某日」開始，接着説明致祭者和受祭者的名字，中間是致祭的正文，最後以「嗚呼哀哉！尚饗」結尾。祭文的語言形式自由，韻、散不拘，以追念傷悼爲主，抒情色彩較爲强烈。著名的祭文有韓愈祭柳子厚文、祭十二郎文、歐陽修祭蘇子美文等。

八　序跋

「序跋」是爲一本書或一篇文章所作的説明性文字。

（一）序

又名「敘、引、題辭」等，主要介紹著作或文章的撰者、内容、旨要、次第、特點等。大約出現於漢代。起初爲作者的自序，放在著作或文章的後面，如史記中的太史公自序、揚雄法言序、許慎説文解字敘等。後來也有爲他人的書作序或請人作序的，如劉向戰國策序、左思請人所作的三都賦序。六朝以後序逐漸被移置於書、文的前面，如蕭統文選序、劉禹錫吴蜀集引、蘇洵族譜引等。

（二）跋

是寫在書、文之後的説明性文字，也叫「後敘、題後」，如韓愈張中丞傳後敘、歐陽修隋太平寺碑跋、李清照金石録後序、李翱題燕太子丹傳後等。「跋」是作爲「序」的補充性文字出現的，二者的内容無異，區别僅在於位置的不同。

「序跋」的寫作手法靈活多樣。有以議論爲主者，如歐陽修伶官傳序、曾鞏戰國策目録序等；有以叙事爲主而結合議論者，如韓愈的張中丞傳後叙；也有以抒情爲主者，如王羲之蘭亭集序、李白春夜宴從弟桃李園序等。

除了上述兩種類型外，還有一種「贈序」。「贈序」雖名爲「序」，但與置於書、文前的序文不同，它是專爲贈送臨别的親友或門生所寫的文章，内容豐富，寫法多樣，或敍友誼、或道别情、或議時事、或詠懷抱、或勸德行、或表祝願等。這種文體主要盛於唐宋時期，著名者如韓愈的送孟東野序、送李願歸盤谷序、送董邵南序等。

九　書啟

「書」和「啟」都是親友故人之間的私人通信，通名爲「書」。書啟的名稱還有「箋」（多用於下對上）、「移」（多用於官府之間）以及「簡、帖、劄、牘」等，大同小異。書啟的内容涉及到社會生活的各個方面，諸如家務、交遊、思想、學術、時事、人情世故等。因爲是私人信件，故往往直抒胸臆，傾訴衷腸，親切自然，不加雕琢，以盡言達情爲上。文心雕龍書記：「詳總書體，本在盡言。言所以散鬱陶、托風采。故宜條暢以任氣，優柔以懌懷。文明從容，亦心聲之獻酬也。」

書啟是散文中的大類。好的書啟，往往成爲傳誦的名篇，如司馬遷報任安書、楊惲報孫會宗書、馬援誡兄子嚴敦書、孔稚珪北山移文、丘遲與陳伯之書、韓愈與孟尚書書、答李翊書等。

十　箴銘

「箴」和「銘」都是規勸、告誡性的文章，一般爲四言韻文。

（一）箴

又名「誡、規」。劉勰文心雕龍銘箴：「箴者，所以攻疾防患，喻箴石也。」箴，「針」的本字。「針」本是中醫治病的重要手段之一，規誡之言如針灸，故用作此類文體的名稱。「箴」源自左傳襄公四年的「虞人之箴」。作爲一種文體，應始於揚雄的十二州二十五官箴。箴有官箴、私箴之别。所謂官箴，是指諫官獻給帝王規勸其過錯的箴，如温嶠的侍臣箴、陳亮的上光宗皇帝鑒成箴。所謂私箴，多是下級規勸上級的箴，或者是針砭自身缺點以自戒的箴，如韓愈五箴（遊箴、言箴、行箴、好惡箴、知名箴）、李翺行己箴、柳宗元師友箴、三戒、敵戒等。

（二）銘

是銘刻在器物或板子上的文體，或記物寓意，或記功頌美，或勸勉世人，或自誡自警，均短小精練，便於記誦。主要分爲四類，即器物銘、居室銘、山川銘、座右銘。器物銘多刻在或題寫在日常器物（如鏡、劍、鉞、杖、鼎、衣、履）上，如古詩源裏的衣銘（蠶桑苦，女工難，得新捐舊後必寒。）、書履（行必履正，無懷僥倖）、白居易磐石銘等。居室銘題寫或刻在居室的牆壁上，如劉禹錫的陋室銘、陳亮的妥齋銘等。山川銘多勒於山石之上，如班固封燕然山銘、庾信明月山銘、張載劍閣銘等。座右銘是專爲自儆自戒而題寫於「座右」（座位的右邊）的，如漢崔瑗的座右銘、白居易的續座右銘等。

十一 頌贊

「頌」和「贊」都是頌揚、贊美性的文章。

(一) 頌

源於詩經中的頌，旨在頌揚功業、贊美品德，以四言韻文爲主，或有序，或無序，序一般不押韻。頌揚的對象多爲帝王將相，風格講究典雅莊重，詞采富麗，但常流於溢美太過，華而不實，其中優秀者如韓愈的子產不毁鄉校頌。頌揚對象超出帝王將相範圍者如劉伶的酒德頌等。

(二) 贊

起源於祭祀或慶典時司儀的贊辭，與頌無本質上的區别，只是贊的範圍較寬。「贊」也是四言韻文體，篇幅短小，按内容「贊」可以分爲史贊和雜贊兩大類。史贊是史書中傳記文之後的贊語，側重對人物的褒貶，具有總結或評述全文的作用，如史記中的項羽本紀贊、漢書中的司馬遷傳贊、公孫弘傳贊等。雜贊是後人對歷史人物或文章、書畫等的贊語，一般獨立成文，或加有小序，如晉人夏侯湛東方朔畫贊、韓愈後漢三賢贊、柳宗元梁丘據贊、龍馬圖贊等。

思考與練習

一　古代文體分類的標準主要有哪些方面？

二　解釋詞語：

行狀　贈序　檄文　對策　原　解

三　祭文、哀辭、誄三者有何不同？請加以區别。

四　古代的論説文可細分爲哪些小類？各類的主要特點是什麽？

五　簡述雜記文的類型和特點。

六　簡述文心雕龍一書對文體研究的貢獻。

七　請按照内容和功用的不同對下列文章進行文體分類。

①左傳燭之武退秦師
②李斯諫逐客書
③李密陳情表
④吕氏春秋察傳
⑤韓愈原毁
⑥張載劍閣銘

⑦戰國策燕策三燕太子丹質於秦亡歸
⑧曾鞏墨池記
⑨洛陽伽藍記景明寺
⑩蘇軾留侯論

八

請翻譯或標點翻譯以下古文：

（一）古之儒者，博學乎六藝之文。六藝者，王教之典籍，先聖所以明天道、正人倫、致至治之成法也。周道既衰，壞於幽、厲，禮樂征伐自諸侯出，陵夷二百餘年而孔子興，以聖德遭季世，知言之不用而道不行，乃歎曰：「鳳鳥不至，河不出圖，吾已矣夫！」「文王既没，文不在兹乎？」於是應聘諸侯，以答禮行誼。西入周，南至楚，畏匡厄陳，奸七十餘君。適齊聞韶，三月不知肉味。自衛反魯，然後樂正，雅、頌各得其所。究觀古今之篇籍，乃稱曰：「大哉，堯之爲君也！唯天爲大，唯堯則之。巍巍乎其有成功也，焕乎其有文章！」又曰：「周監於二代，郁郁乎文哉！吾從周。」於是敘書則斷堯典，稱樂則法韶舞，論詩則首周南。綴周之禮，因魯春秋，舉十二公行事，繩之以文、武之道，成一王法，至獲麟而止。蓋晚而好易，讀之韋編三絕，而爲之傳。皆因近聖之事以立先王之教，故曰：「述而不作，信而好古。」「下學而上達，知我者其天乎！」

仲尼既没，七十子之徒散遊諸侯，大者爲卿相師傅，小者友教士大夫，或隱而不見。故子張居陳，澹臺子羽居楚，子夏居西河，子貢終於齊。如田子方、段干木、吴起、禽滑氂之屬，皆受業於子夏之倫，爲王者師。是時，獨魏文侯好學。天下並爭於戰國，儒術既黜焉，然齊魯之間學者猶弗

廢，至於威、宣之際，孟子、孫卿之列咸遵夫子之業而潤色之，以學顯於當世。漢書儒林列傳（節選）

（二）馬融，字季長，扶風茂陵人也，將作大匠嚴之子。爲人美辭貌，有俊才。初，京兆摯恂以儒術教授，隱於南山，不應徵聘，名重關西，融從其遊學，博通經籍。恂奇融才，以女妻之。

永初二年，大將軍鄧騭聞融名，召爲舍人，非其好也，遂不應命，客於涼州武都、漢陽界中。會羌虜飆起，邊方擾亂，米穀踴貴，自關以西，道殣相望。融既飢困，乃悔而嘆息，謂其友人曰：「古人有言：『左手據天下之圖，右手刎其喉，愚夫不爲。』所以然者，生貴於天下也。今以曲俗咫尺之羞，滅無貲之軀，殆非老、莊所謂也。」故往應騭召。

四年，拜爲校書郎中，詣東觀典校秘書。是時，鄧太后臨朝，騭兄弟輔政。而俗儒世士，以爲文德可興，武功宜廢，遂寝蒐狩之禮，息戰陳之法，故猾賊從横，乘此無備。融乃感激，以爲文武之道聖賢不墜，五才之用無或可廢。元初二年，上廣成頌以諷諫。

三遷，桓帝時爲南郡太守。先是，融有事忤大將軍梁冀旨，冀諷有司奏融在郡貪濁，免官，髡徙朔方。自刺不殊，得赦還，復拜議郎，重在東觀著述，以病去官。

融才高博洽，爲世通儒，教養諸生，常有千數。涿郡盧植，北海鄭玄，皆其徒也。善鼓琴，好吹笛，達生任性，不拘儒者之節。居宇器服，多存侈飾。嘗坐高堂，施絳紗帳，前授生徒，後列女樂，弟子以次相傳，鮮有入其室者。

嘗欲訓左氏春秋，及見賈逵、鄭衆注，乃曰：「賈君精而不博，鄭君博而不精。既精既博，吾何加焉？」但著三傳異同説。注孝經、論語、詩、易、三禮、尚書、列女傳、老子、淮南子、離騷，所著賦、頌、碑、誄、書、記、表、奏、七言、琴歌、對策、遺令，凡二十一篇。後漢書馬融傳(節選)

(三)許慎字叔重汝南召陵人也性淳篤少博學經籍馬融常推敬之時人爲之語曰五經無雙許叔重爲郡功曹舉孝廉再遷除洨長卒於家初慎以五經傳説臧否不同於是撰爲五經異義又作説文解字十四篇皆傳於世　後漢書儒林列傳

九　試用文言文撰寫一篇遊記。

參考文獻

徐師曾　文體明辨　四庫全書本

劉勰　文心雕龍　楊明照校注　中華書局一九五九年

許嘉璐　古代文體常識　北京出版社一九八〇年

褚斌傑　中國古代文體概論　北京大學出版社一九八四年

吴承學　中國古代文體形態研究　中山大學出版社二〇〇〇年

李士彪　魏晉南北朝文體學　上海古籍出版社二〇〇四年

郭英德　中國古代文體學論稿　北京大學出版社二〇〇五年

附　録

文體文選

説　明：

以下文選是從古代文體的角度選編的，故名「文體文選」。文體文選的注釋從簡。對於不同版本有出入的字句，擇善而從，不一一注明。

一　傳狀體

子劉子自傳　劉禹錫[①]

子劉子，名禹錫，字夢得。其先漢景帝賈夫人子勝，封中山王，謚曰靖，子孫因封爲中山人也。七代祖亮，事北朝，爲冀州刺史、散騎常侍。遇遷都洛陽，爲北部都昌里人。世爲儒而仕，墳墓在洛陽北山，其後地狹不可依，乃葬滎陽之檀山原。由大王父已還，一昭一穆如平生[②]。曾祖凱，官至博州刺史。祖鍠，由洛陽主簿察視行馬外事，歲滿，轉殿中丞、侍御史，贈尚書祠部郎中。父諱緒，亦以儒學，天寶末應進士，遂及大亂，舉族東遷，以違患難，因爲東諸侯所用。後爲浙西從仕，本府就加鹽鐵副使，遂轉殿中，主務於埇橋。其後罷歸浙右，至揚州，遇疾不諱。小子承夙訓，稟遺教，眇然一身，奉尊夫人，不敢殞滅[③]。後忝登朝或領郡。蒙恩澤，先府君累贈至吏部尚書，先太君盧氏由彭城縣太君贈至范陽郡太夫人④。

初，禹錫既冠，舉進士，一幸而中試。間歲，又以文登吏部取士科，授太子校書。官司閑曠，得以請告奉温清(qìng)⑤。是時年少，名浮於實，士林榮之。及丁先尚書憂，迫禮不死⑥，因成痼疾。既免喪，相國、揚州節度使杜公領徐、泗⑦，素相知，遂請爲掌書記。捧檄入告，太夫人曰：「吾不樂江淮間，汝宜謀之於始。」因白丞相以請，曰：「諾。」居數月而罷徐、泗。而河路猶艱難，遂改爲揚州掌書記。涉二年，而道無虞⑧，前約乃行。調補京兆渭南主簿。明年冬，擢爲監察御史。

① 劉禹錫（公元七七二—八四二年）：字夢得，唐代著名文學家、哲學家，彭城（今徐州市）人，官至監察御史。因參與王叔文政治改革多次被貶，先後出任蘇州、汝州、同州刺史。開成元年（公元八三六年）改任太子賓客，會昌元年（公元八四一年）加檢校禮部尚書銜。世稱劉賓客、劉尚書，臨終前撰寫了這篇自傳，文中追述了作者世代官宦的家族史以及自己屢次遭貶的坎坷經歷，流露出了才雖高而未得施展的遺憾心情。

② 大王父：曾祖父。已還：以來。已，通「以」。一昭一穆：古代宗廟中的牌位制度：左昭右穆，即始祖居正中，其後父在昭位，子在穆位，孫又在昭位，以此類推。

③ 不諱：「死」的委婉説法。尊夫人：指作者之母。

④ 登朝或領郡：在朝廷或地方做官。領，治理。先府君、先太君：對亡父、亡母的尊稱。唐制，四品官之妻爲郡君，五品爲縣君，其母以邑爲號，皆加太君。

⑤ 請告：請假。奉温清：侍候父母。清，寒冷。

⑥ 丁先句：遭父喪。丁憂，舊指遭父母喪事。先尚書，指作者之父。迫禮不死：迫於禮制，雖痛不欲生而不敢輕死。

⑦ 杜公：指杜佑，京兆萬年（今西安市）人，官同平章事等職，著名的史學家，通典一書的纂者。領徐、泗：兼管徐州、泗州（今江蘇宿遷）。

⑧ 河路：水路。道無虞：道路暢通。虞，災患。「路」

或作「洛」。

貞元二十一年春，德宗新棄天下，東宫即位①。時有寒雋王叔文，以善奕棋得通籍待詔②。因間隙得言及時事，上大奇之。如是者積久，衆未知之。至是起蘇州掾（yuàn），超拜起居舍人③，充翰林學士。遂陰薦丞相杜公爲度支鹽鐵等使。翊日，叔文以本官及内職兼充副使。未幾，特遷户部侍郎，賜金紫④，貴振一時。愚前已爲杜丞相奏署崇陵使判官⑤，居月餘日，至是，改屯田員外郎，判度支鹽鐵等。

案初，叔文北海人，自言猛之後⑥，有遠祖風。唯東平吕温、隴西李景儉、河東柳宗元以爲信然。三子者皆與予厚善，日夕過，言其能。叔文實工言治道，能以口辨移人⑦。既得用，自春至秋，其所施爲，人不以爲非當。時上素被疾，至是尤劇。詔下内禪，自爲太上皇，後謚曰順宗。東宫即皇帝位⑧。是時，太上久寢疾，宰臣及用事者都不得召對。宫掖事祕，而建桓立順，功歸貴臣⑨。於是叔文首貶渝州，後命終死⑩。宰相貶崖州。予出爲連州，途至荆南，又貶朗州司馬。

① 貞元句：公元八〇五年。棄天下：「死」的委婉説法。東宫：指唐順宗。

② 寒雋：出身貧寒而有才能的人。雋，義同「俊」。通籍：在朝廷中有了名籍，指初作官。待詔：官名。唐時有翰林待詔，掌表疏批答、應和文章等事。「待詔」或作「博望」。

③ 掾：屬員的通稱。超拜：破格任命。

④ 賜金紫：賜給金印和紫服。唐代三品以上官員才能穿紫服，三品以下者賞賜紫服是皇帝的恩寵。

⑤ 愚前句：我先前已被杜丞相奏請委任爲崇陵使判官。奏署，上奏推薦他人任職。奏，任命。

⑥ 猛：指王猛，東晉北海劇（今山東壽光縣）人，字景

略，出身貧寒而極有才華。

⑦過：往來；相處。叔文二句：叔文確實長於言談治國之道，能通過論辯改變人的思想。辨，通「辯」。

⑧内禪：禪讓皇位給太子。東宫：指唐憲宗。

⑨宫掖三句：宫内之事密閉，東漢桓帝、順帝被立，事情取決於權臣。貴臣，此處指宦官。據唐李諒續幽怪録辛公平上仙載，唐順宗可能死於謀殺。

⑩命終死：被（憲宗）賜死。

居九年，詔徵，復授連州，自連歷夔、和二郡，又除主客郎中，分司東都①。明年追入，充集賢殿學士，轉蘇州刺史，賜金紫，移汝州兼御史中丞。又遷同州，充本州防禦長春宫使。後被足疾，改太子賓客，分司東都，又改秘書監。分司一年，加檢校禮部尚書兼太子賓客。行年七十有一。身病之日，自爲銘曰：

不夭不賤，天之祺兮。重屯(zhūn)累厄②，數之奇兮。天興所長，不使施兮。人或加訕，心無疵兮。寢於北牖，盡所期兮。葬近大墓，如生時兮。魂無不之，庸詎(jù)知兮③！

①除：被任命爲。分司：唐宋之制，中央官員在陪都洛陽任職者稱分司。

②屯：艱難困頓。

③庸詎：豈能。

二　論辯體

過秦論(上)　賈誼①

秦孝公據崤函之固，擁雍州之地，君臣固守，以窺周室，有席卷天下、包舉宇内、囊括四海之意，并吞八荒之心。當是時也，商君佐之，內立法度，務耕織，修守戰之具，外連衡而鬥諸侯，於是秦人拱手而取西河之外。

孝公既沒，惠文、武、昭襄蒙故業，因遺策，南取漢中，西舉巴蜀，東割膏腴之地，北收要害之郡。諸侯恐懼，會盟而謀弱秦，不愛珍器重寶肥饒之地，以致天下之士，合從締交，相與爲一。當此之時，齊有孟嘗，趙有平原，楚有春申，魏有信陵。此四君者，皆明智而忠信，寬厚而愛人，尊賢而重士，約從離衡，兼韓、魏、燕、趙、宋、衛、中山之衆。於是六國之士有寧越、徐尚、蘇秦、杜赫之屬爲之謀，齊明、周最、陳軫、召滑（gǔ）、樓緩、翟景、蘇厲、樂毅之徒通其意，吳起、孫臏、帶佗、倪（ní）良、王廖、田忌、廉頗、趙奢之倫制其兵。嘗以十倍之地、百萬之師，叩關而攻秦。秦人開關延敵，九國之師逡巡而不敢進。秦無亡矢遺鏃之費，而天下諸侯已困矣。於是從散約敗，爭割地而賂秦。秦有餘力而制其弊，追亡逐北，伏尸百萬，流血漂櫓。因利乘便，宰割天下，分裂山河。彊國請服，弱國入朝。

施（yì）及孝文王、莊襄王，享國之日淺，國家無事②。及至始皇，奮六世之餘烈，振長策而御宇內，吞二周而亡諸侯，履至尊而制六合，執敲朴而鞭笞天下③，威振四海。南取百越之地，以爲桂林、象郡。百越之君俛首係頸，委命下吏。乃使蒙恬北築長城而守藩籬，卻匈奴七百餘里，胡人不敢南下而牧馬，士不敢彎弓而報怨。

於是廢先王之道，焚百家之言，以愚黔首。隳（huī）名城，殺豪俊，收天下之兵，聚之咸陽，銷鋒鏑（dí），鑄以爲金人十二，以弱天下之民。然後踐華爲城，因河爲池。據億丈之城，臨不測之淵以爲固。良將勁弩，守要害之處；信臣精卒，陳利兵而誰何④。天下已定，始皇之心，自以爲關中之固，金城千里，子孫帝王萬世之業也。

始皇既没，餘威震於殊俗⑤。然而陳涉，甕牖繩樞之子⑥，氓隸之人，而遷徙之徒也。材能不及中人，非有仲尼、墨翟之賢，陶朱、猗頓之富，躡足行伍之間，而倔起阡陌之中，率疲弊之卒，將數百之衆，轉而攻秦。斬木爲兵，揭竿爲旗，天下雲合響應，贏糧而景從，山東豪俊，遂并起而亡秦族矣。

且夫天下非小弱也，雍州之地、崤函之固，自若也。陳涉之位，非尊於齊、楚、燕、趙、韓、魏、宋、衛、中山之君也；鋤耰（yōu）棘矜，非銛於鉤戟長鎩也；謫戍之衆，非抗九國之師也；深謀遠慮，行軍用兵之道，非及曩時之士也。然而成敗異變，功業相反，何也？試使山東之國與陳涉度長絜（xié）大⑦，比權量力，則不可同年而語矣。然秦以區區之地，致萬乘之勢，序八州而朝同列，百有餘年矣。然後以六合爲家，殽函爲宫。一夫作難而七廟隳，身死人手，爲天下笑者，何也？仁義不施，而攻守之勢異也。

①賈誼（前二〇〇—前一六八年）：洛陽（今河南洛陽）人，西漢著名的政論家，歷官太中大夫、長沙王太傅。梁懷王墜馬而死，賈誼自傷無狀，憂憤而死，世稱賈太傅、賈長沙、賈生。賈誼曾見信於文帝，政治上力主改革。其文學成就主要是政論文，著新書十卷，在中國散文史上首創「史論」體裁，風格鋪陳排比，氣勢宏大，語言犀利，對漢以後的散文創作産生了重要影響。過秦論旨在論説秦的政治過失，共分上中下三篇，這裏所選的是上篇，取自新書。

②享國二句：在位時間短，其間國家没有大事發生。

③敲朴：鞭打人的刑具，短的叫敲，長的叫朴。

④誰何：盤查出入關卡者。

⑤殊俗：指風俗不同於中原的邊遠之地及周邊國家。

⑥甕牖繩樞：指非常窮困的人家。甕牖，用破甕之口作窗户。繩樞，以繩繫門軸。

⑦絜：衡量。

管蔡論

嵇　康①

或問曰：「案記，管蔡流言，叛戾東都。周公征討，誅以凶逆。頑惡顯著，流名千載。且明父聖兄，曾不能鑒凶惡於幼稚，覺無良之子弟，而乃使理亂殷之弊民，顯榮爵於藩國，使惡積罪成，終遇禍害。於理不通，心所未安，願聞其說。」

答曰：「善哉，子之問也。昔文武之用管蔡以實，周公之誅管蔡以權。權事顯，實理沈，故令時人全謂管、蔡爲頑凶，方爲吾子論之。

「夫管蔡皆服教殉義，忠誠自然，是以文王列而顯之，發、旦二聖舉而任之②。非以情親而相私也，乃所以崇德禮賢，濟殷弊民，綏輔武庚，以興頑俗。功業有績，故曠世不廢，名冠當時，列爲藩臣。

「逮至武卒，嗣誦幼沖③，周公踐政，率朝諸侯，思光前載，以隆王業。而管蔡服教，不達聖權，卒遇大變④。不能自通，忠疑乃心⑤，思在王室，遂乃抗言率衆，欲除國患，翼存天子，甘心毁旦。斯乃愚誠憤發，所以徼（yāo）禍也。

「成王大寤，周公顯復，一化齊俗，義以斷恩⑥。雖内信恕，外體不立⑦，稱兵叛亂，所惑者廣。是以隱忍授刑，流涕行誅，示以賞罰，不避親戚。榮爵所顯，必鍾盛德，戮撻（tà）所施，必加有罪，斯乃爲教之正體。

「古今之明義也，管蔡雖懷忠抱誠，要爲罪誅。罪誅已顯，不得復理，内必幽伏，罪惡遂章。幽章之路大殊，故令奕（yì）世未蒙發起⑧。然論者誠名信行，便以管蔡爲惡，不知管蔡之惡乃所以令三聖爲不明也⑨。

「若三聖未爲不明，則聖不祐惡，而任頑凶不容於時世。則管蔡無取私於父兄，而見任必以忠良，則二叔故爲淑善矣。

「今若本三聖之用明，思顯授之實理，推忠賢之闇（àn）權⑩，論爲國之大紀，則二叔之良乃顯，三聖之用也以，流言之故有緣，周公之誅是矣⑪。且周公居攝，召公不悦，推此言，則管蔡懷疑，未爲不賢。而忠賢可不達權，三聖未爲用惡，而周公不得不誅。若此，三聖所用信良，周公之誅得宜，管蔡之心見理，爾乃大義得通，外内兼敘，無相伐負者，則時論亦將釋然而大解也。」

①嵇康（公元二二三—二六二年）：字叔夜，譙郡銍縣（今安徽宿縣西南）人，魏晉時期著名的思想家、文學家和音樂家，「竹林七賢」之一，因不與司馬氏合作而被殺。曾任中散大夫，世稱嵇中散，有嵇中散集傳世。管、蔡：即叔鮮、叔度，均文王子，武王弟。成王時周公攝政，二人反對周公而助紂王子武庚叛亂，放出流言説周公將不利於成王。周公平息叛亂後殺死管叔，流放蔡叔。本文表面上是爲管、蔡説話，實際上在曲折地影射當時挾持曹魏少帝而以周公自擬的司馬氏父子。本文選自嵇康集。

②發、旦：指武王姬發和周公旦。

③逮：及，等到。誦：姬誦，即成王。即位時尚年幼，故由周公攝政。冲：幼小。

④不達聖權：不懂得聖人的權謀方略。大變：指助武庚叛周。史記周本紀：「成王少，周初定天下，周公恐諸侯畔周，公乃攝行政當國。管叔、蔡叔群弟疑周公，與武庚作亂，畔周。」

⑤疑：或作「於」。乃心：指周公有貳心。

⑥義以：即以義，指根據維護國家統一的大義。斷恩：指周公平叛後殺管叔，流放蔡叔。

⑦內：指親情。信恕：確實想原諒。外體：指國家。不立：指赦免的理由不能成立。

⑧內必幽伏：指管蔡被誅的內部原因難明。章：「彰」的古字。奕世：累世。未蒙發起：不能明白。

⑨便以：這裏義爲「只以」。三聖：這裏指周文王、周武王和周公。

⑩本：根據。闇權：義同「不達權」。

⑪以：有道理。流言：指衆人之見。是：正確。

雜説四首（選二）　韓　愈[①]

其一

龍嘘氣成雲，雲固弗靈於龍也。然龍乘是氣，茫洋窮乎玄間，薄日月，伏光景，感震電，神變化，水下土，汩陵谷[②]，雲亦靈怪矣哉！

雲，龍之所能使爲靈也。若龍之靈，則非雲之所能使爲靈也。然龍弗得雲，無以神其靈矣。失其所憑依，信不可歟？異哉！其所憑依，乃其所自爲也。易曰：「雲從龍[③]。」既曰龍，雲從之矣。

①韓愈（公元七六八—八二四年）：唐代文學家，河南河陽（今河南孟縣）人，郡望昌黎（今遼寧義縣），官監察御史、刑部侍郎、潮州刺史等職，是古文運動的倡導者。爲文氣勢博大，説理透徹，被尊爲「唐宋八大家」之首。本文及韓愈以下各篇均選自韓昌黎全集。

②薄日六句：逼近日月，遮蔽陽光，感應於雷電，神奇地變化，用水潤澤土地，使山谷川流不息。景，日光。水，名詞用作動詞，浸潤。汩，水流動貌。

③雲從龍：周易乾：「水流濕，火就燥，雲從龍，風從虎，聖人作而萬物睹。」

其二

善醫者，不視人之瘠肥，察其脉之病否而已矣；善計天下者，不視天下之安危，察其紀綱之理亂而已矣。天下者，人也；安危者，肥瘠也；紀綱者，脉也。脉不病，雖瘠不害；脉病而肥者，死矣。通於此説者，其知所以爲天下乎！

夏、殷、周之衰也，諸侯作，而戰伐日行矣。傳數十王而天下不傾者，紀綱存焉耳。秦之王天下也，無分勢於諸侯，聚兵而焚之，傳二世而天下傾者，紀綱亡焉耳。是故四支雖無故，不足恃也，脉而已矣；天下雖無事，不足矜也，紀綱而已矣。憂其所可恃，懼其所可矜，善醫善計者，謂之天扶與之①。易曰：「視履考祥②。」善醫善計者爲之。

①善醫二句：大意爲，如能善於醫治、善於謀劃，可説是得到了上天扶持和賜予。

②視履考祥：觀察行爲，考慮周詳。語出周易履。祥，通「詳」。

進學解①

韓 愈

國子先生晨入太學，召諸生立館下，誨之曰：「業精於勤荒於嬉，行成於思毁於隨。方今聖賢相逢，治具畢張，拔去凶邪，登崇俊良②。占小善者率以録，名一藝者無不庸③。爬羅剔抉，刮垢磨光④。蓋有幸而獲選，孰云多而不揚⑤？諸生業患不能精，無患有司之不明；行患不能成，無患有司之不公。」

①本文作於唐憲宗元和八年（公元八一三年），韓愈時被貶不久。文章通過學生詰難老師作答的形式抒發了他無辜遭貶的不平心情。舊唐書韓愈傳：「元和初，召爲國子博士，遷都官員外郎。時華州刺史閻濟美以公事停華陰令瀾縣務，俾攝掾曹。居數月，濟美罷郡，出居公館，瀾遂諷百姓遮道索前年軍頓役直。後刺史趙昌按得瀾罪以聞，貶房州司馬。愈因使過華，知其事，以爲刺史相黨，上疏理瀾，留中不下。詔監察御史李宗奭按驗，得瀾贓狀，再貶封溪尉。以愈妄論，復爲國子博士。愈自以才高，累被擯黜，作進學解以自喻。」

②方今四句：現在國家有聖君賢相，政令全部得以實施，奸邪小人被去除，俊傑之士被提拔。登，提拔。

③占：具有。率：一律；全部。録：用。名一藝者：因一技之長而聞名。庸：任用。

④爬羅二句：形容國家使用各種方法搜求、造就人才。爬羅，搜羅。剔，剔除。抉，選擇。刮垢磨光，通過磨礪使之光亮。形容培養人才。

⑤多：指德才兼備。揚：指被任用。

言未既，有笑於列者曰：「先生欺余哉！弟子事先生於茲有年矣。先生口不絕吟於六藝之文，手不停披於百家之編。記事者必提其要，纂言者必鉤其玄。貪多務得，細大不捐①。焚膏油以繼晷，恒兀兀以窮年②。先生之業可謂勤矣。觝（dǐ）排異端，攘斥佛老，補苴（jū）罅（xià）漏，張皇幽眇③。尋墜緒之茫茫，獨旁搜而遠紹④。障百川而東之，迴狂瀾於既倒。先生之於儒，可謂有勞矣。沈（chén）浸醲郁，含英咀（jǔ）華，作爲文章，其書滿家。上規姚姒，渾渾無涯⑤；周誥殷盤，佶（jié）屈聱（áo）牙⑥；春秋謹嚴，左氏浮誇⑦，易奇而法，詩正而葩；下逮莊、騷，太史所録，子雲、相如，同工異曲。先生之於文，可謂閎（hóng）其中而肆其外矣⑧。少始知學，勇於敢爲；長通於方，左右具宜。先生之於爲人，可謂成矣。然而公不見信於人，私不見助於友，跋前躓（zhì）後⑨，動輒得咎。暫爲御史，遂竄南夷。三年博士，冗不見（xiàn）治⑩；命與仇謀⑪，取敗幾時？冬暖而兒號寒，年豐而妻啼飢。頭童齒豁，竟死何裨？不知慮此，而反教人爲？」

①貪多：不知滿足，希望收穫多。捐：棄。

②恒：長期。兀兀：勤勞貌。窮年：終年，整年。

③觝排：排斥。苴：填補。罅漏：缺漏。罅，裂縫。張皇：光大，發展。幽眇：深微的道理。

④墜緒：前人未竟的事業，指儒家學説。墜，失傳。旁搜：廣泛搜尋。遠紹：接續久遠的事業。紹，繼承。

⑤上規姚姒：向上效法尚書。規，效法，學習。姚姒，指尚書中虞書和夏書。虞舜姓姚，夏禹姓姒，故以姚姒代之。渾渾：渾厚博大貌。

⑥周誥：指尚書中的周書。周書包括泰誓、大誥、康誥、酒誥、召誥、洛誥等篇。殷盤：指尚書中的商書。商書包括盤庚、湯誓、説命等篇。佶屈聱牙：晦澀難懂。

⑦浮誇：指語言鋪張排比，徵引繁多，文勢舒緩。

⑧可謂句：可謂内容博大而文辭奔放。閎，大。

⑨跋前躓後：比喻處在進退兩難的尷尬境地。語本詩經豳風狼跋：「狼跋其胡，載疐其尾。」

⑩竄：指貶官在外地。冗不見治：被閑置無法顯示出政績。冗，閑散。

⑪命與仇謀：命運與仇敵打交道。

先生曰：「吁，子來前！夫大木爲杗（máng），細木爲桷（jué）①，欂櫨（bólú）侏儒，椳闑（wēiniè）扂楔（diànxiē）②，各得其宜，施以成室者，匠氏之工也。玉札丹砂，赤箭青芝，牛溲馬勃，敗鼓之皮③，俱收并蓄，待用無遺者，醫師之良也。登明選公，雜進巧拙，紆（yū）餘爲妍，卓犖（luò）爲傑④，校短量長，惟器是適者，宰相之方也。昔者孟軻好辯，孔道以明，轍環天下，卒老於行⑤；荀卿守正，大論是弘，逃讒於楚，廢死蘭陵⑥。是二儒者，吐辭爲經，舉足爲法，絶類離倫，優入聖域，其遇於世何如也？今先生學雖勤而不繇其統，言雖多而不要其中，文雖奇而不濟於用，行雖修而不顯於衆。猶且月費俸錢，歲靡(mǐ)廩粟。子不知耕，婦不知織，乘馬從徒，安坐而食。踵常途之役役，窺陳編以盜竊⑦。然而聖主不加誅，宰臣不見斥，兹非其幸歟？動而得謗，名亦隨之⑧，投閑置散，乃分之宜。若夫商財賄之有亡，計班資之崇庳(bì)，忘己量之所稱(chèn)，指前人之瑕疵，是所謂詰匠氏之不以杙(yì)爲楹⑨，而訾(zǐ)醫師以昌陽引年，欲進其豨(xī)苓也⑩。」

①宗：房屋的大梁。桷：方形的椽。

②欂櫨：柱子頂上承棟梁的方形短木，即斗拱。侏儒：梁上的短柱。椳：門臼。闑：古代立在門中央的短木。扂楔：門栓和竪在門左右的短木，喻小材。

③玉札：即地榆。丹砂：即朱砂。赤箭：即天麻。青芝：即龍芝。以上皆貴重藥材。牛溲：牛尿，可入藥。馬勃：菌類，可入藥。敗鼓之皮：破鼓的皮，可入藥。以上皆至賤之藥。

④登明選公：選用人才公開公正。紆餘二句：使有短處的人展示其才，使卓越的人更加突出。紆餘，屈曲貌，指有短處。妍，美好。卓犖，卓越特出。

⑤昔者四句：過去孟軻雄辯，使孔子之道得到宣揚，車轍遍天下，最終却老死在遊説之途。

⑥守正：恪守儒家的正統學説。大論是弘：弘揚儒家的理論。廢死蘭陵：荀子由齊至楚，楚相黄歇任他爲蘭陵令。黄歇死後，荀子被解職，最終死於蘭陵。

⑦役役：辛勤貌。或作「促」。陳編：前人的著作。盜竊：抄襲，自謙的説法。

⑧名亦句：名譽接着受到損害。

⑨商：計較。財賄：指俸禄。班資：官位。庳：低。杙：小木樁。楹：柱子。

⑩訾：詆毁，指責。昌陽：貴重藥材，即菖蒲，古代以爲有延年益壽之效。豨苓：藥名，即豬苓，利尿，作用與滋補藥相反。

原　性①（節選）

韓　愈

性也者，與生俱生也；情也者，接於物而生也。性之品有三，而其所以爲性者五；情之品有三，而其所以爲情者七。

曰：「何也？」曰：「性之品有上中下三。上焉者，善焉而已矣；中焉者，可導而上下也；下焉者，惡焉而已矣。其所以爲性者五：曰仁、曰禮、曰信、曰義、曰智。上焉者之於五也，主於一而行於四②；中焉者之於五也，一不少有焉，則少反焉③，其於四也混；下焉者之於五也，反於一而悖於四。性之於情視其品。情之品有上中下三，其所以爲情者七：曰喜、曰怒、曰哀、曰懼、曰愛、曰惡、曰欲。上焉者之於七也，動而處其中④；中焉者之於七也，有所甚，有所亡，然而求合其中者也⑤；下焉者之於七也，亡與甚，直情而行者也。情之於性視其品。」

① 本文對「性」和「情」的區别、品類及特徵進行了探討，認爲人性的表現是複雜的，籠統地認爲人性善、惡或善惡混是片面的。文章肯定了後天教育的作用，但認爲人性的品類是不可改變的。

② 主於句：以仁爲主導而兼行禮、信、義、智。一，指仁。四，指禮、信、義、智。下同。

③ 一不二句：「仁」并不少有，只是稍微有些違背。

④ 動而處其中：舉動合度，恰到好處。

⑤ 有所三句：有時太過分，有時又欠缺，但仍努力使情感適中合度。

孟子之言性曰：人之性善。荀子之言性曰：人之性惡。揚子之言性曰①：人之性善惡混。夫始善而進惡與？始惡而進善與？始也混而今也善惡與？皆舉其中而遺其上下者也，得其一而失其二者也。叔魚之生也，其母視之，知其必以賄死②。揚食我之生也，叔向之母聞其號也，知必滅其宗③。越椒之生也，子文以爲大戚，知若敖氏之鬼不食也④。人之性果善乎？后稷之生也，其母無災，其始匍匐也，則岐岐然，嶷(nì)嶷然⑤。文王之在母也，母不憂，既生也，傅不勤⑥，既學也，師不煩。人之性果惡乎？堯之朱，舜之均，文王之管、蔡，習非不善也，而卒爲姦⑦。瞽(gǔ)叟之舜，鯀之禹⑧，習非不惡也，而卒爲聖。人之性善惡果混乎？故曰：三子之言性也，舉其中而遺其上下者也，得其一而失其二者也。曰：「然則性之上下者，其終不可移乎？」曰：「上之性，就學而愈明；下之性，畏威而寡罪。是故上者可教，而下者可制也，其品則孔子謂不移也⑨。」

曰：「今之言性者異於此，何也？」曰：「今之言者，雜佛老而言也。雜佛老而言也者，奚言而不異！」

① 揚子：或作「楊子」，即楊朱，戰國時期魏人，著名的思想家，主張「養生」「貴己」「不以物累」。

② 叔魚：即羊舌鮒，春秋時晉大夫，叔向之弟。國語晉語八：「叔魚生，其母視之，曰：『是虎目而豕喙，鳶肩而牛腹，溪壑可盈，是不可饜也，必以賄死。』遂不視。」國語晉語九：「士景伯如楚，叔魚爲贊理。邢侯與雍子争田，雍子納其女於叔魚以求直。及斷獄之日，叔魚抑邢侯，邢侯殺叔魚與雍子於朝。」

③ 事見左傳昭公二十八年。揚食我：春秋時晉大夫叔向子。左傳作「楊食我」。魯昭公二十八年楊食我因參加祁盈之黨而被殺，其族羊舌氏隨之而滅。國語晉語八：「楊食我生，叔向之母聞之，往，及堂，聞其號也，乃還，曰：『其聲，豺狼之聲，終滅羊舌氏之宗者，必是子也。』」

④ 越椒：春秋時楚令尹，若敖氏之後。魯宣公四年，越椒作亂，攻楚莊王，失敗，其族被滅。子文：楚令尹，越椒伯父。左傳宣公四年：「楚司馬子良生子越椒，子文曰：『必殺之！是子也，熊虎之狀而豺狼之聲，

弗殺，必滅若敖氏矣。』諺曰：『狼子野心。』是乃狼也，其可畜乎？』子良不可，子文以爲大慼。及將死，聚其族曰：『椒也知政，乃速行矣，無及於難！』且泣曰：『鬼猶求食，若敖氏之鬼不其餒而？』」

⑤ 岐岐然、嶷嶷然：聰穎早慧貌。

⑥ 不勤：不辛苦勞累。

⑦ 朱：丹朱，堯子。均：商均，舜子。此二人皆不肖，事見史記五帝本紀。管、蔡：即叔鮮、叔度，文王子，武王弟。成王時二人作亂叛周，事見史記周本紀。

⑧ 瞽叟：舜父。瞽叟愛後妻子，多次殺舜而未果。

⑨ 其品句：論語陽貨：「子曰：『唯上知（智）與下愚不移。』」

原毁①

韓　愈

古之君子，其責己也重以周，其待人也輕以約②。重以周，故不怠；輕以約，故人樂爲善。聞古之人有舜者，其爲人也，仁義人也。求其所以爲舜者，責於己曰：「彼，人也；予，人也。彼能是，而我乃不能是！」早夜以思，去其不如舜者，就其如舜者。聞古之人有周公者，其爲人也，多才與藝人也。求其所以爲周公者，責於己曰：「彼，人也；予，人也。彼能是，而我乃不能是！」早夜以思，去其不如周公者，就其如周公者。舜，大聖人也，後世無及焉。周公，大聖人也，後世無及焉。是人也，乃曰：「不如舜，不如周公，吾之病也③。」是不亦責於身者重以周乎？其於人也，曰：「彼人也，能有是，是足爲良人矣。能善是，是足爲藝人矣。」取其一不責其二，即其新不究其舊，恐恐然惟懼其人之不得爲善之利。一善，易修也；一藝，易能也。其於人也，乃曰：「能有是，是亦足矣。」曰：「能善是，是亦足矣。」是不亦待於人者輕以約乎？

今之君子則不然。其責人也詳，其待己也廉。詳，故人難於爲善；廉，故自取也少④。己未有善，曰：「我善是，是亦足矣。」己未有能，曰：「我能是，是亦足矣。」外以欺於人，内以欺於心，未少有得而止矣，是不亦待其身者已廉乎？其於人也，曰：「彼雖能是，其人不足稱也；彼雖善是，其用不足稱也。」舉其一不計其十，究其舊不圖其新，恐恐然惟懼其人之有聞也。是不亦責於人者已詳乎？夫是之謂不以衆人待其身，而以聖人望於人，吾未見其尊己也。

雖然，爲是者有本有原，怠與忌之謂也。怠者不能修，而忌者畏人修。吾常試之矣，嘗試語於衆曰：「某良士，某良士。」其應者，必其人之與也；不然，則其所疏遠，不與同其利者也；不然，則其畏也。不若是，强者必怒於言，懦者必怒於色矣。又嘗語於衆曰：「某非良士，某非良士。」其不應者，必其人之與也；不然，則其所疏遠，不與同其利者也；不然，則其畏也。不若是，强者必説（yuè）於言，懦者必説於色矣⑤。是故事修而謗興，德高而毁來。嗚呼！士之處此世，而望名譽之光、道德之行，難已！

將有作於上者，得吾説而存之，其國家可幾而理歟⑥！

① 文章通過比較古今君子在「責己」「待人」兩方面的不同表現，對當時「事修而謗興，德高而毁來」的社會風氣進行了譴責，刻畫了今之君子責人詳、待己廉的不良表現和「不能修」而「畏人修」的可恥心態。

② 重：嚴格。周：周全，全面。輕：寬容。約：少。

③ 病：指缺點。

④ 廉：少。取：收穫。

⑤ 説：「悦」的古字。

⑥ 作於上：指在朝有所作爲。幾：差不多。理：治。因避高宗李治諱而用「理」。

留侯論

蘇　軾①

古之所謂豪傑之士者，必有過人之節。人情有所不能忍者。匹夫見辱，拔劍而起，挺身而鬥，此不足爲勇也。天下有大勇者，卒然臨之而不驚，無故加之而不怒，此其所挾持者甚大②，而其志甚遠也。

夫子房受書於圯(yí)上之老人也，其事甚怪。然亦安知其非秦之世有隱君子者，出而試之？觀其所以微見(xiàn)其意者，皆聖賢相與警戒之意，而世不察，以爲鬼物，亦已過矣。且其意不在書。當韓之亡、秦之方盛也，以刀鋸鼎鑊待天下之士，其平居無罪夷滅者不可勝數。雖有賁、育③，無所復施。夫持法太急者，其鋒不可犯，而其勢未可乘。子房不忍忿忿之心，以匹夫之力，而逞於一擊之間④。當此之時，子房之不死者，其間不能容髮，蓋亦已危矣。千金之子不死於盜賊，何者？其身之可愛而盜賊之不足以死也⑤。子房以蓋世之才，不爲伊尹、太公之謀，而特出於荊軻、聶政之計⑥，以僥倖於不死。此圯上之老人所爲深惜者也，是故倨傲鮮腆而深折之⑦。彼其能有所忍也，然後可以就大事。故曰：「孺子可教也。」

楚莊王伐鄭，鄭伯肉袒牽羊以逆⑧。莊王曰：「其君能下人，必能信用其民矣。」遂捨之。句踐之困於會稽，而歸臣妾於吴者，三年而不倦。且夫有報人之志而不能下人者，是匹夫之剛也。夫老人者，以爲子房才有餘而憂其度量之不足，故深折其少年剛鋭之氣，使之忍小忿而就大謀。何則？非有生平之素，卒然相遇於草野之間，而命以僕妾之役，油然而不怪者，此固秦皇之所不能驚而項籍之所不能怒也。

觀夫高祖之所以勝而項籍之所以敗者，在能忍與不能忍之間而已矣。項籍唯不能忍，是以百戰百勝而輕用其鋒；高祖忍之，養其全鋒而待其斃，此子房教之也。當淮陰破齊而欲自王，高祖發怒，見於詞色。由此觀之，猶有剛强不忍之氣。非子房，其誰全之？

太史公疑子房以爲魁梧奇偉，而其狀貌乃如婦人女子，不稱（chèn）其志氣。嗚呼，此其所以爲子房歟！

① 蘇軾（一〇三七—一一〇一年）：字子瞻，號東坡居士，眉州眉山（今四川眉山縣）人，北宋文學家，書畫家，歷官禮部郎中、翰林學士兼侍讀、翰林承旨等職。本文通過對留侯張良的評論，闡明了這樣一個道理：爲了成就大事，遇事能忍，「能下人」，這才是大勇；見辱即鬥，義氣用事，這是匹夫之小勇，不值得稱道。本文選自東坡全集。

② 挾持：指抱負。

③ 賁、育：孟賁、夏育，均古代勇士名。

④ 一擊：據史記留侯世家載，秦滅韓，張良欲刺殺秦王爲韓報仇，後得一力士，以一百二十斤重的鐵椎擊秦始皇於博浪沙，而誤中副車。

⑤ 可愛：應該珍惜。不足以死：不值得因盜賊而死。

⑥ 伊尹：商湯的相，佐湯滅夏。太公：即姜子牙，助周武王滅商。特：只，僅僅。聶政：戰國時韓國人，曾爲嚴仲子刺殺韓相俠累。

⑦ 鮮腆：没有禮貌。鮮：少。

⑧ 楚莊王伐鄭：事見左傳宣公十二年。鄭伯：鄭襄公。肉袒：袒露上身，表示謝罪。牽羊：表示惶恐如羊就戮。逆：迎。

原　君（節選）　黄宗羲[①]

有生之初，人各自私也，人各自利也，天下有公利而莫或興之，有公害而莫或除之。有人者出，不以一己之利爲利，而使天下受其利，不以一己之害爲害，而使天下釋其害。此其人之勤勞必千萬於天下之人。夫以千萬倍之勤勞而己又不享其利，必非天下之人情所欲居也。故古之人君，量而不欲入者，許由、務光是也[②]；入而又去之者，堯、舜是也；初不欲入而不得去者，禹是也。豈古之人有所異哉？好逸惡勞，亦猶夫人之情也。

後之爲人君者不然。以爲天下利害之權皆出於我，我以天下之利盡歸於己，以天下之害盡歸於人，亦無不可。使天下之人不敢自私，不敢自利，以我之大私爲天下之公。始而慚焉，久而安焉，視天下爲莫大之産業，傳之子孫，受享無窮。漢高帝所謂「某業所就，孰與仲多」者[③]，其逐利之情不覺溢之於辭矣。此無他，古者以天下爲主，君爲客，凡君之所畢世而經營者，爲天下也。今也以君爲主，天下爲客，凡天下之無地而得安寧者，爲君也。是以其未得之也，屠毒天下之肝腦，離散天下之子女，以博我一人之産業，曾不慘然[④]。曰「我固爲子孫創業也」。其既得之也，敲剥天下之骨髓，離散天下之子女，以奉我一人之淫樂，視爲當然，曰「此我産業之花息也」。然則爲天下之大害者，君而已矣。向使無君，人各得自私也，人各得自利也。嗚呼，豈設君之道固如是乎？

① 黄宗羲（一六一〇——一六九五年），字太沖，號梨洲，又號南雷。浙江餘姚人。明末清初著名的史學家、思想家，著作有宋元學案、明儒學案、南雷文定前後集、明夷待訪録等。本文選自明夷待訪録，内容旨在

原臣①

黄宗羲

有人焉，視於無形，聽於無聲②，以事其君，可謂之臣乎？曰：否。殺其身以事其君，可謂之臣乎？曰：否。夫視於無形，聽於無聲，資於事父也③，殺其身者，無私之極則也，而猶不足以當之，則臣道如何而後可？曰：緣夫天下之大，非一人之所能治，而分治之以群工。故我之出而仕也，爲天下，非爲君也，爲萬民，非爲一姓也。吾以天下萬民起見，非其道，即君以形聲强我，未之敢從也，況於無形無聲乎？非其道，即立身於其朝，未之敢許也，況於殺其身乎？不然，而以君之一身一姓起見，君有無形無聲之嗜欲，吾從而視之聽之，此宦官宫妾之心也。君爲己死而爲己亡，吾從而死之亡之，此其私暱者之事也④。是乃臣不臣之辨也。

世之爲臣者昧於此義，以謂臣爲君而設者也。君分吾以天下而後治之，君授吾以人民而後牧之，視天下人民爲人君橐(tuó)中之私物。今以四方之勞擾，民生之憔悴，足以危吾君也，不得不講治之牧之之術。苟無係於社稷之存亡，則四方之勞擾，民生之憔悴，雖有誠臣，亦以爲纖芥之疾也。夫古之爲

推究爲君之道，反映了作者已具有的民主主義思想。

② 許由：傳説爲堯時的高士，字武仲，隱居於箕山。堯以天下讓許由，許由以爲其言玷污了自己的耳朵而洗於潁水。務光：夏時高士。商湯曾想將天下讓給務光，務光爲了逃避而負石自沉於廬水。

③ 漢高句：史記高祖本紀：「未央宫成，高祖大朝諸侯羣臣，置酒未央前殿。高祖奉玉卮，起爲太上皇壽，曰：『始大人常以臣無賴，不能治産業，不如仲(劉邦兄)力。今某之業所就，孰與仲多？』」

④ 曾不慘然：居然絲毫不覺得悲慘。曾，竟然；居然。

臣者，於此乎，於彼乎？

蓋天下之治亂，不在一姓之興亡，而在萬民之憂樂。是故桀、紂之亡，乃所以爲治也；秦政、蒙古之興，乃所以爲亂也；晉、宋、齊、梁之興亡，無與(yù)於治亂者也。爲臣者輕視斯民之水火，即能輔君而興，從君而亡，其於臣道固未嘗不背也。夫治天下猶曳大木然，前者唱邪(yé)，後者唱許(hǔ)⑤。君與臣，共曳木之人也；若手不執紼(fú)⑥，足不履地，曳木者唯娛笑於曳木者之前，從(zòng)曳木者以爲良，而曳木之職荒矣。

嗟乎！後世驕君自恣，不以天下萬民爲事。其所求乎草野者，不過欲得奔走服役之人。乃使草野之應於上者，亦不出夫奔走服役。一時免於寒餓，遂感在上之知遇，不復計其禮之備與不備，躋(jī)之僕妾之間而以爲當然。萬曆初，神宗之待張居正⑦，其禮稍優。此於古之師傅未能百一，當時論者駭然居正之受無人臣禮。夫居正之罪，正坐不能以師傅自待，聽指使於僕妾。而責之反是，何也？是則耳目浸淫於流俗之所謂臣者以爲鵠(gǔ)矣⑧！又豈知臣之與君，名異而實同耶？

或曰：臣不與子并稱乎？曰：非也。父子一氣，子分父之身而爲身。故孝子雖異身，而能日近其氣，久之無不通矣；不孝之子，分身而後，日遠日疏，久之而氣不相似矣。君臣之名，從天下而有之者也。吾無天下之責，則吾在君爲路人。出而仕於君也，不以天下爲事，則君之僕妾也；以天下爲事，則君之師友也。夫然謂之臣，其名累變。夫父子固不可變者也。

---

① 本文選自明夷待訪録。文中對臣下只替君主負責而「不以天下萬民爲事」的思想進行了猛烈的抨擊。

② 視於二句：語出禮記曲禮上。原意指子女孝順父母，要能在父母不用動作和言語表示的情況下體察

出其心意。

③資於句：以事父之道事君。資，憑藉；用來。

④私暱者：指君主個人的服侍人員，如宦官宮妾等。暱，義同「昵」。春秋時期，齊莊公因與其大夫崔杼之妻姜氏私通而被崔杼所弑，其不少寵臣聞訊盡忠自殺。有人問晏嬰，是打算爲莊公盡忠自殺還是流亡到國外，晏嬰回答説：「君民者，豈以陵民？社稷是主。臣君者，豈爲其口實？社稷是養。故君爲社稷死則死之，爲社稷亡則亡之。若爲己死而爲己亡，非其私暱，誰敢任之？」事見左傳襄公二十五年。

⑤曳大木：衆人一起拉運木料。邪、許：均象聲詞，指爲協調動作所喊的號子。

⑥綍：大繩。

⑦張居正（一五二五—一五八二年）：江陵（今湖北江陵）人，明嘉靖進士，神宗時任首輔大臣。

⑧鵠：箭靶子，引申爲標準。

三　雜記體

燕喜亭記①

韓　愈

太原王弘中在連州，與學佛人景常、元慧游②。異日，從二人者行於其居之後，丘荒之間，上高而望，得異處焉。斬茅而嘉樹列，發石而清泉激，輦糞壤，燔（fán）椔翳（zīyì）③。却立而視之，出者突然成丘，陷者呀（xiā）然成谷④，窪（wā）者爲池，而缺者爲洞，若有鬼神異物陰來相之。自是弘中與二人者晨往而夕忘歸焉，乃立屋以避風雨寒暑。

既成，愈請名之，其丘曰「竢（sì）德之丘」，蔽於古而顯於今，有竢之道也。其石谷曰「謙受之谷」，瀑曰「振鷺之瀑」，谷言德，瀑言容也。其土谷曰「黄金之谷」，瀑曰「秩秩之瀑」，谷言容，瀑言德也。洞曰「寒居之洞」，志其入時也。池曰「君子之池」，虚以鍾其美，盈以出其惡也。泉之源曰「天澤之泉」，出高而施(yì)下也。合而名之以屋，曰「燕喜之亭」，取詩所謂「魯侯燕喜」者頌也⑤。

於是州民之老聞而相與觀焉，曰：「吾州之山水名天下，然而無與『燕喜』者比。經營於其側者相接也，而莫直其地。凡天作而地藏之以遺其人乎？」弘中自吏部郎貶秩而來，次其道途所經，自藍田入商洛，涉淅湍，臨漢水，升峴(xiàn)首以望方城，出荆門，下岷江，過洞庭，上湘水，行衡山之下，繇郴(chēn)踰嶺，蝯狖(yòu)所家，魚龍所宫，極幽遐瑰詭之觀，宜其於山水飫(yù)聞而厭見也⑥。今其意乃若不足，傳曰：「智者樂水，仁者樂山⑦。」弘中之德與其所好，可謂協矣。智以謀之，仁以居之，吾知其去是而羽儀於天朝也不遠矣⑧。遂刻石以記。

①韓愈於唐德宗貞元二十年(公元八〇四年)謫任陽山(今廣東陽山縣)令，曾遊連州，本文是爲連州司户參軍王仲舒(弘中)所修燕喜亭而撰。

②王弘中：名仲舒，太原(今山西太原)人。貞元十二年貶連州司户參軍。連州：隋置，治所在今廣東連縣，唐時轄境包括今廣東連縣、連山、陽山等縣。景常、元慧：僧人，餘不詳。

③榴翳：枯樹。

④呀然：空貌；敞開貌。

⑤取詩句：詩經魯頌閟宫八章：「天錫公純嘏，眉壽保魯。居常與許，復周公之宇。魯侯燕喜，令妻壽母。宜大夫庶士，邦國是有。既多受祉，黄髮兒齒。」

⑥飫聞而厭見：聽的、看的都很多。飫、厭，飽足。

⑦智者二句：論語雍也：「子曰：『知者樂水，仁者樂山；知者動，仁者静；知者樂，仁者壽。』」

⑧羽儀：輔佐。儀，通「翼」。

喜雨亭記①

蘇　軾

亭以雨名，志喜也。古者有喜，則以名物，示不忘也。周公得禾，以名其書②。漢武得鼎，以名其年③。叔孫勝狄，以名其子④。其喜之大小不齊，其示不忘，一也。

余至扶風之明年，始治官舍。爲亭於堂之北，而鑿池其南，引流種樹，以爲休息之所。是歲之春，雨麥於岐山之陽，其占爲有年⑤。既而彌月不雨，民方以爲憂。越三月，乙卯乃雨，甲子又雨，民以爲未足。丁卯大雨，三日乃止⑥。官吏相與慶於庭，商賈相與歌於市，農夫相與抃（biàn）於野⑦，憂者以樂，病者以愈，而吾亭適成。

於是舉酒於亭上以屬（zhǔ）客，而告之曰：「五日不雨，可乎？」曰：「五日不雨則無麥。」「十日不雨，可乎？」曰：「十日不雨則無禾。」「無麥無禾，歲且薦饑⑧，獄訟繁興而盜賊滋熾。則吾與二三子雖欲優遊以樂於此亭，其可得耶？今天不遺斯民，始旱而賜之以雨。使吾與二三子得相與優游而樂於此亭者，皆雨之賜也，其又可忘耶？」

既以名亭，又從而歌之，曰：「使天而雨珠，寒者不得以爲襦；使天而雨玉，飢者不得以爲粟。一雨三日，繄誰之力⑨？民曰太守，太守不有；歸之天子，天子曰不然；歸之造物，造物不自以爲功；歸之太空，太空冥冥，不可得而名。吾以名吾亭。」

選自東坡全集。

① 本文作於宋仁宗嘉祐六年（一〇六一年）蘇軾任鳳翔府判官期間，文中表現了作者對民事的關切。本文

② 周成王母弟唐叔得到一株異禾，獻給成王，成王賜給

周公，周公作嘉禾一文以志喜，原文已佚。尚書周書微子之命：「唐叔得禾，異畝同穎，獻諸天子。王命唐叔，歸周公於東，作歸禾。周公既得命禾，旅天子之命，作嘉禾。」孔安國傳：「唐叔，成王母弟，食邑内得異禾也……禾各生一壟而合爲一穗。異畝同穎，天下和同之象，周公之德所致。」

③漢武帝元狩七年（前一一六年）於汾水上得一寶鼎，遂改年號爲元鼎。事見史記孝武本紀。

④叔孫：春秋魯大夫叔孫得臣，曾與長狄作戰，俘獲長狄首領僑如，爲紀念這次勝利，叔孫給其子取名曰「僑如」。事見左傳文公十一年。

⑤雨麥：天降麥子，實爲大風將麥子捲入空中再落下。雨，用作動詞。占：占卜。有年：豐年。

⑥越：到了。乙卯、甲子、丁卯：分别爲三月初八、十七、二十。

⑦抃：拍手表示高興。

⑧且：將。薦饑：連年發生饑荒。薦，連續。

⑨襦：短衣；短襖。繄：句首語氣詞。

黃州快哉亭記

蘇　轍①

江出西陵②，始得平地，其流奔放肆大。南合湘、沅，北合漢、沔（miǎn），其勢益張。至於赤壁之下，波流浸灌，與海相若。清河張君夢得謫居齊安③，即其廬之西南爲亭，以覽觀江流之勝，而余兄子瞻名之曰「快哉」。

蓋亭之所見，南北百里，東西一舍④。濤瀾洶湧，風雲開闔。晝則舟楫出没於其前，夜則魚龍悲嘯於其下。變化倏（shū）忽，動心駭目，不可久視。今乃得玩之几席之上，舉目而足。西望武昌諸山，岡陵起伏，草木行列，烟消日出，漁夫、樵父之舍皆可指數。此其所以爲「快哉」者也。至於長洲之濱，故城之墟，曹孟德、孫仲謀之所睥睨(pìnì)，周瑜、陸遜之所馳騖⑤，其流風遺迹，亦足以稱快世俗。

昔楚襄王從宋玉、景差於蘭臺之宫，有風颯然至者，王披襟當之，曰：「快哉此風！寡人所與庶人共者耶？」宋玉曰：「此獨大王之雄風耳，庶人安得共之⑥！」玉之言，蓋有諷焉。夫風無雄雌之異，而人有遇不遇之變。楚王之所以爲樂，與庶人之所以爲憂，此則人之變也，而風何與焉？士生於世，使其中不自得，將何往而非病？使其中坦然，不以物傷性，將何適而非快？今張君不以謫爲患，竊會(kuài)稽之餘功⑦，而自放山水之間，此其中宜有以過人者。將蓬户甕牖無所不快，而况乎濯(zhuó)長江之清流，揖西山之白雲，窮耳目之勝以自適也哉！不然，連山絶壑，長林古木，振之以清風，照之以明月，此皆騷人思士之所以悲傷憔悴而不能勝者，烏睹其爲快也哉⑧？元豐六年十一月朔日，趙郡蘇轍記。

①蘇轍(一〇三九—一一一二年)：眉州眉山(今屬四川)人，字子由，北宋文學家，號潁濱遺老，蘇洵子，蘇軾弟，官尚書右丞、門下侍郎等職，有欒城集傳世。本文作於宋神宗元豐六年(一〇八三年)作者貶居筠州(今江西高安)期間，文中表現了其身處逆境而達觀自慰的思想。黄州，宋代州名，治所在今湖北黄岡市。本文選自欒城集。

②江：長江。西陵：即西陵峽，在今湖北宜昌市以北。

③清河：宋代郡名，在今河北。張夢得：事迹不詳。齊安：即黄州。

④舍：古時行軍三十里爲一舍。

⑤睥睨：窺伺。馳騖：馳騁。

⑥蘭臺宫：故址在今湖北鐘祥縣。事見宋玉風賦。

⑦竊會句：利用擔任會計之職的餘暇。竊，偷空。字或作「收」。會稽，官名，掌管錢穀、賦税等事務。

⑧烏睹句：大意爲，哪裏能使人感到快樂呢？烏，表反詰的語氣副詞。

先秦古器記

劉敞[①]

先秦古器十有一物，制作精巧，有款識，皆科斗書[②]，爲古學者莫能盡通。以他書參之，乃十得五六。就其可知者，校其世，或出周文、武時，於今蓋二千有餘歲矣。嗟乎！三王之事[③]，萬不存一；詩、書所記，聖王所立，有可長太息者矣，獨器也乎哉！兑之戈、和之弓、離磬崇鼎[④]，三代傳以爲寶，非賴其用也，亦云上古而已矣。孔子曰：「多見而識之，知之次也[⑤]。」衆不可概[⑥]，安知天下無能盡辨之者哉？使工模其文，刻於石，又并圖其象，以俟好古博雅君子焉。終此意者，禮家明其制度，小學正其文字，譜牒次其世謚[⑦]，乃爲能盡之。

①劉敞（一〇一九—一〇六八年），字原父，世稱公是先生，臨江新餘（今江西新餘）人，北宋著名的史學家、經學家和散文家。著有公是集七十五卷。劉敞曾於一〇六三年撰成先秦古器記一卷，内容包括圖録、銘文、説及贊等，本文是該書的序言，收入公是集。

②款識：鐘鼎彝器上鑄刻的文字。科斗書：即蝌蚪文，篆書的一種變體，筆劃頭粗尾細，狀如蝌蚪，故名，屬六國古文字系統。

③三王：指夏禹王、商湯王和周文王。

④兑之戈、和之弓：皆古巧匠所造兵器名，見尚書顧命。兑、和，人名。離磬：古樂器名。禮記明堂位：「垂之和鐘，叔之離磬，女媧之笙簧。」按：垂，即巧垂，相傳爲堯時巧匠。叔，堯時人名。崇鼎：即讒鼎，古代鼎名。傳説爲周時崇國之鼎，或説爲春秋時魯國之鼎，禮記明堂位：「崇鼎、貫鼎、大璜、封父龜，天子之器也。」

⑤知之次：指「學而知之」，對「生而知之」而言。語出論語述而。

⑥ 概：估量。

⑦ 譜牒：記載宗族世系的書籍。

四　奏議體

陳政事疏[1]（節選）

賈　誼

臣竊惟事勢，可爲痛哭者一，可爲流涕者二，可爲長太息者六，若其它背理而傷道者，難徧以疏舉。進言者皆曰天下已安已治矣，臣獨以爲未也。曰安且治者，非愚則諛，皆非事實知治亂之體者也。夫抱火厝（cuò）之積薪之下而寢其上[2]，火未及燃，因謂之安，方今之勢，何以異此？本末舛（chuǎn）逆，首尾衡決，國制搶（chéng）攘[3]，非甚有紀，胡可謂治？陛下何不壹令臣得孰數之於前[4]？因陳治安之策，試詳擇焉。

① 本文又名治安策，選自漢書賈誼傳。西漢初期，劉邦相繼分封了七位異姓王，後來又以各種藉口削除了異姓封國，同時分封劉姓子弟九人爲王。去世之前他與大臣相約：「非劉氏而王者，天下共討之。」當時諸侯王皆年幼，太傅、國相均由中央選派，諸侯國大權實掌握在太傅、國相手中。漢文帝時，諸侯王已長大成人，都暴露出了奪位的野心。賈誼看到這一潛在的危機，爲鞏固中央政權，遂寫了這篇著名的政論文，提出「衆建諸侯而少其力」的方略，但没有被文帝採納，以致景帝時發生了吳、楚七國之亂。原文較長，這裏節選的是前一部分。

② 厝：通「措」，放置。

③ 舛：相背。衡決：橫裂；分離。搶攘：紛亂。

④ 孰數：詳細陳述。孰，「熟」的古字。

臣竊迹前事，大抵彊者先反。淮陰王楚最彊，則最先反；韓信倚胡，則又反；貫高因趙資，則又反；陳豨兵精，則又反；彭越用梁，則又反；黥布用淮南，則又反；盧綰最弱，最後反①。長沙乃在二萬五千户耳②，功少而最完，勢疏而最忠，非獨性異人也，亦形勢然也。曩令樊、酈、絳、灌據數十城而王，今雖以殘亡可也；令信、越之倫列爲徹侯而居③，雖至今存可也。然則天下之大計可知已。欲諸王之皆忠附，則莫若令如長沙王；欲臣子之勿菹醢（zūhǎi）④，則莫若令如樊、酈等；欲天下之治安，莫若衆建諸侯而少其力。力少則易使以義，國小則亡邪心。令海内之勢，如身之使臂，臂之使指，莫不制從。諸侯之君，不敢有異心，輻湊并進⑤，而歸命天子。雖在細民，且知其安。故天下咸知陛下之明。割地定制，令齊、趙、楚各爲若干國，使悼惠王、幽王、元王之子孫⑥，畢以次各受祖之分地，地盡而止，及燕、梁它國皆然。其分地衆而子孫少者，建以爲國，空而置之，須其子孫生者，舉使君之。諸侯之地，其削頗入漢者，爲徙其侯國，及封其子孫也，所以數償之，一寸之地，一人之衆，天子亡所利焉，誠以定治而已，故天下咸知陛下之廉。地制壹定，宗室子孫莫慮不王，下無倍畔之心，上無誅伐之志，故天下咸知陛下之仁。法立而不犯，令行而不逆，貫高、利幾之謀不生，柴奇、開章之計不萌⑦，細民鄉善⑧，大臣致順，故天下咸知陛下之義。卧赤子天下之上而安，植遺腹、朝委裘而天下不亂⑨，當時大治，後世誦聖。壹動而五業附，陛下誰憚而久不爲此？……

①淮陰王：指韓信，於高祖六年反。韓信：指韓王信，於高祖七年反。貫高：於漢八年謀刺劉邦未遂，自殺。陳豨：於漢十年反於代。彭越：於漢十一年夏反。黥布：於漢十一年七月反。盧綰：於漢十二年反。

②長沙：指長沙王吴芮。在：通「才」。

③樊、酈、絳、灌：指忠臣。酈，指酈食其，漢將，在楚漢

相争期間被齊王所烹。雖：即使。信、越之倫：指叛臣。徹侯：漢時所封異姓王稱徹侯，後避武帝諱改稱通侯。

④菹醢：同「俎醢」，剁成肉醬。

⑤輻湊：像車輻集中到車轂上一樣。

⑥幽王：劉邦庶子劉友，始封爲淮陽王，吕后時徙爲趙幽王。元王：楚元王劉交，劉邦同母少弟。

⑦利幾：本項羽將，後降漢，於漢五年反。柴奇、開章：均爲淮南王謀反的參與者。

⑧鄉：朝，面向。或寫作「向」「嚮」。

⑨臥赤子天下之上：指立赤子爲君。植遺腹：指立遺腹子爲君。朝委裘：對着先君的遺裘朝拜。意指國家無君，唯置故君遺衣於座而受朝。

論貴粟疏（節選） 鼂錯①

聖王在上而民不凍飢者，非能耕而食(sì)之，織而衣(yì)之也，爲開其資財之道也。故堯禹有九年之水，湯有七年之旱，而國亡捐瘠者②，以畜積多而備先具也。今海内爲一，土地人民之衆，不避湯禹，加以亡天災數年之水旱，而畜積未及者，何也？地有遺利，民有餘力，生穀之土未盡墾，山澤之利未盡出也，游食之民未盡歸農也③。

民貧則姦邪生。貧生於不足，不足生於不農，不農則不地著(zhuó)④，不地著則離鄉輕家，民如鳥獸，雖有高城深池，嚴法重刑，猶不能禁也。夫寒之於衣，不待輕暖；飢之於食，不待甘旨。飢寒至身，不顧廉恥。人情，一日不再食則飢，終歲不製衣則寒。夫腹飢不得食，膚寒不得衣，雖慈母不能保其子，君安能以有其民哉！明主知其然也，故務民於農桑，薄賦斂，廣畜積，以實倉廩，備水旱，故民可得而有也。

民者，在上所以牧之。趨利如水走下，四方亡擇也。夫珠玉金銀，飢不可食，寒不可衣，然而衆貴之者，以上用之故也。其爲物輕微易臧，在於把握，可以周海內而亡飢寒之患。此令臣輕背其主，而民易去其鄉，盜賊有所勸⑤，亡逃者得輕資也。粟米布帛生於地，長於時，聚於力，非可一日成也。數石(dàn)之重，中人弗勝⑥，不爲姦邪所利，一日弗得而飢寒至，是故明君貴五穀而賤金玉。

①鼂錯(前二〇〇—前一五四年)：西漢著名的政治家，潁川(今河南禹縣)人，景帝時任內史、遷御史大夫，深得景帝信任，更定政令，推行重農抑商政策，主張納粟受爵、削藩以鞏固中央集權等。後因吴、楚七國以「清君側」爲名發動叛亂，政敵袁盎趁機讒害而被斬。本文全面論述了重農抑商、貴粟備戰對於鞏固國家政權的重要性。本文選自漢書食貨志。

②亡：通「無」。捐瘠：餓死。捐，丟棄。瘠，瘦病。

③游食之民：指不從事農業生產或服役的人，如儒者、商人等。

④地著：定居。著，依附；附著。

⑤勸：鼓勵。

⑥中人句：中等力氣的人扛不動。

方今之務，莫若使民務農而已矣。欲民務農，在於貴粟。貴粟之道，在於使民以粟爲賞罰。今募天下入粟縣官①，得以拜爵，得以除罪。如此，富人有爵，農民有錢，粟有所渫(xiè)②。夫能入粟以受爵，皆有餘者也。取於有餘，以供上用，則貧民之賦可損，所謂損有餘，補不足，令出而民利者也。順於民心，所補者三：一曰主用足，二曰民賦少，三曰勸農功。今令：「民有車騎馬一匹者，復卒三人③。」車騎者，天下武備也，故爲復卒。神農之教曰：「有石城十仞，湯池百步，帶甲百萬，而亡粟，弗能守也。」以是觀之，粟者，王者大用，政之本務。令民入粟受爵，至五大夫以上乃復一人耳，此其與騎馬之功相去遠矣④。爵者，上之所擅，出於口而亡窮；粟者，民之所種，生於地而不乏。夫得高爵與免罪，人之所甚欲也。使天下人入粟於邊，以受爵免罪，不過三歲，塞下之粟必多矣。

① 縣官：指朝廷，官府。
② 渫：散；分散。
③ 復卒：免服兵役或賦稅。
④ 令：假如。至五句：爵位到五大夫以上的官員才能够免除一人的兵役。漢制，納粟四千石授予「五大夫」之爵。此其句：大意爲，納粟授爵和讓百姓備車騎來相比，前者對國家很合算，得到的粟多而免除兵役的人少。

陳情表

李　密①

臣密言：臣以險釁（xìn），夙遭閔凶②。生孩六月，慈父見背③。行年四歲，舅奪母志④。祖母劉愍（mǐn）臣孤弱，躬親撫養。臣少多疾病，九歲不行，零丁孤苦，至於成立。既無叔伯，終鮮（xiǎn）兄弟。門衰祚（zuò）薄，晚有兒息。外無期（jī）功强（qiǎng）近之親⑤，内無應門五尺之童，煢煢獨立，形影相弔。而劉夙嬰疾病，常在牀蓐（rù）。臣侍湯藥，未曾廢離。

逮奉聖朝，沐浴清化。前太守臣逵，察臣孝廉；後刺史臣榮，舉臣秀才。臣以供養無主，辭不赴命。詔書特下，拜臣郎中。尋蒙國恩，除臣洗（xiǎn）馬⑥。猥以微賤，當侍東宫，非臣隕首所能上報。臣具以表聞，辭不就職。詔書切峻，責臣逋（bū）慢⑦；郡縣逼迫，催臣上道；州司臨門，急於星火。臣欲奉詔奔馳，則劉病日篤；欲苟順私情，則告訴不許。臣之進退，實爲狼狽。

①李密（公元二二四—二八七年）：西晉犍爲武陽（今四川彭山縣東）人，字令伯。父早亡，母改嫁，賴祖母劉氏撫養成人，蜀漢時官尚書郎。蜀亡後，晉武帝司馬炎徵他爲太子洗馬，他寫了這篇著名的陳情表婉言謝絶。表中懇切表達了自己因需要奉養祖母劉氏而不能脱身從命的苦衷。直到劉氏去世後，李密才赴任，官至漢中太守。本文選自文選卷三十七。

②險釁：命運不好。釁，徵兆。閔凶：憂患。

③見背：離開了我，即死去。見，指代性副詞。背，離開。

④奪母志：强迫母親改嫁的委婉説法。

⑤期功：指近親。期，服喪一年。功，服喪叫功。有大小之分，大功服喪九個月，小功服喪五個月。所服喪期越長關係越親。

⑥尋：不久。除：拜，授職。洗馬：太子的屬官，掌圖籍。

⑦逋慢：怠慢不敬。逋，拖延。

伏惟聖朝以孝治天下，凡在故老，猶蒙矜育。况臣孤苦，特爲尤甚。且臣少仕僞朝①，歷職郎署，本圖宦達，不矜名節。今臣亡國賤俘，至微至陋，過蒙拔擢（zhuó），寵命優渥（wò）②，豈敢盤桓，有所希冀？但以劉日薄西山，氣息奄奄，人命危淺，朝不慮夕。臣無祖母，無以至今日；祖母無臣，無以終餘年。母孫二人，更相爲命，是以區區不能廢遠③。臣密今年四十有四，祖母劉今年九十有六，是臣盡節於陛下之日長，報養劉之日短也。烏鳥私情④，願乞終養。

臣之辛苦，非獨蜀之人士及二州牧伯所見明知⑤，皇天后土，實所共鑒。願陛下矜愍愚誠，聽臣微志，庶劉僥倖，保卒餘年。臣生當隕首，死當結草⑥。臣不勝犬馬怖懼之情，謹拜表以聞。

---

①僞朝：指蜀漢。

②過：過分。寵命：恩寵有加的任命。優渥：優厚。

③ 區區：很小，指小小的心願。廢遠：廢棄奉養遠離。

④ 烏鳥私情：據説烏鴉是孝鳥，幼子長大後會反哺其母，常用於比喻子女孝養老人。

⑤ 二州牧伯：指刺史榮和太守逵。

⑥ 結草：春秋時，晉大夫魏武子在病中命家人在他死後將愛妾改嫁，病危時又改命將妾殉葬。其子魏顆遵初命將妾改嫁。後來在一次作戰中，一老人結草把秦將杜回絆倒，幫助魏顆取得了勝利。晚上魏顆夢見老人説他就是妾的父親，特來結草以報不殺女之恩。事見左傳宣公十五年。

論佛骨表①

韓　愈

伏以佛者，夷狄之一法耳。自後漢時始流入中國，上古未嘗有也。昔黄帝在位百年，年百一十歲；少昊在位八十年，年百歲；顓頊在位七十九年，年九十八歲；帝嚳在位七十年，年百五歲；帝堯在位九十八年，年百一十八歲；帝舜及禹年皆百歲。此時天下太平，百姓安樂壽考，然而中國未有佛也。其後殷湯亦年百歲，湯孫太戊在位七十五年，武丁在位五十年，書史不言其壽，推其年數，蓋亦俱不減百歲。周文王年九十七歲，武王年九十三歲，穆王在位百年。此時佛法亦未至中國，非因事佛而致此也。漢明帝時始有佛法，明帝在位才十八年耳。其後亂亡相繼，運祚(zuò)不長。宋、齊、梁、陳、元魏已下，事佛漸謹，年代尤促。惟梁武帝在位四十八年，前後三度捨身施佛，宗廟之祭不用牲牢，晝日一食，止於菜果。其後竟爲侯景所逼，餓死臺城②，國亦尋滅。事佛求福，反更得禍。由此觀之，佛不足信，亦可知矣！

高祖始受隋禪，則議除之。當時羣臣識見不遠，不能深究先王之道、古今之宜，推闡聖明，以救斯弊，其事遂止。臣常恨焉！伏惟皇帝陛下，神聖英武，數千百年以來，未有倫比。即位之初，即不許度人爲僧尼、道士，又不許別立寺觀，臣當時以爲高祖之志必行於陛下之手，今縱未能即行，豈可恣之轉、令盛也？

今聞陛下令羣僧迎佛骨於鳳翔，御樓以觀，舁(yú)入大内，令諸寺遞迎供養③。臣雖至愚，必知陛下不惑於佛，作此崇奉以祈福祥也。直以年豐人樂，徇人之心，爲京都士庶設詭異之觀、戲玩之具耳。安有聖明若此，而肯信此等事哉？然百姓愚冥，易惑難曉，苟見陛下如此，將謂真心信佛。皆云天子大聖，猶一心敬信，百姓微賤，於佛豈合惜身命！所以灼頂燔指④，百十爲羣。解衣散錢，自朝至暮。轉相倣效，惟恐後時。老幼奔波，棄其生業。若不即加禁遏，更歷諸寺，必有斷臂臠(luán)身以爲供養者⑤。傷風敗俗，傳笑四方，非細事也。

夫佛本夷狄之人，與中國言語不通，衣服殊製，口不道先王之法言，身不服先王之法服，不知君臣之義、父子之情。假如其身尚在，奉其國命，來朝京師，陛下容而接之，不過宣政一見，禮賓一設，賜衣一襲，衛而出之於境，不令惑於衆也。況其身死已久，枯朽之骨，凶穢之餘，豈宜以入宮禁？孔子曰：「敬鬼神而遠之。」古之諸侯，行弔於國，尚令巫祝先以桃茢(liè)祓除不祥⑥，然後進弔。今無故取朽穢之物，親臨觀之，巫祝不先，桃茢不用，羣臣不言其非，御史不舉其失，臣實恥之。乞以此骨付之水火，永絶根本，斷天下之疑，絶後代之惑，使天下之人知大聖人之所作爲出於尋常萬萬也⑦。豈不盛哉！豈不快哉！佛如有靈，能作禍祟，凡有殃咎，宜加臣身。上天鑒臨，臣不怨悔。

①舊唐書韓愈傳：「鳳翔法門寺(在今陝西扶風縣)有一護國真身塔，塔内有釋迦文佛指骨一節，其書本傳

法，三十年一開，開則歲豐人泰。十四年（公元八一九年）正月，上令中使杜英奇押宫人三十人，持香花赴臨皋驛迎佛骨。自光順門入大内，留禁中三日，乃送諸寺。王公士庶，奔走舍施，唯恐在後。百姓有廢業破産、燒頂灼臂而求供養者。」韓愈素不喜佛，遂寫了這篇奏疏排斥之，結果觸怒憲宗，差一點被處極刑，幸賴宰相裴度、崔群等人求情，才得免死，貶爲潮州刺史。文章態度堅決，言辭激烈，是我國歷史上反佛的名篇。本文選自舊唐書韓愈傳

② 梁武帝：即蕭衍，南朝時最迷信的皇帝，曾三次捨身入寺，又三次由朝廷贖出。侯景：梁武帝大臣，封爲河南王，後起兵反梁，圍困武帝於臺城，被王僧辯、陳霸先等平息。臺城：即禁城。

③ 御樓：坐在樓上。舁：抬。大内：宫内。遞迎：遞相迎接。

④ 灼頂燔指：點燃香、艾燒頭頂和手臂。皆佛家修行之法，自殘肢體，以示虔誠。

⑤ 臠身：將身上的肉割下來，以示虔誠。臠，肉塊。

⑥ 桃：桃木。茢：笤帚。古人迷信，以爲「桃茢」可以驅除不祥。

⑦ 大聖人：指憲宗。出於句：超出萬萬倍。

五　詔令體

高帝求賢詔①

漢書

蓋聞王者莫高於周文，伯（bà）者莫高於齊桓，皆待賢人而成名。今天下賢者智能豈特古之人乎？患在人主不交故也，士奚由進②！今吾以天之靈、賢士大夫定有天下，以爲一家，欲其長久，世世奉宗

廟亡(wú)絶也。賢人已與我共平之矣，而不與吾共安利之，可乎？賢士大夫有肯從我游者，吾能尊顯之。布告天下，使明知朕意。御史大夫昌下相國，相國酇(zàn)侯下諸侯王，御史中執法下郡守③，其有意稱(chèn)明德者，必身勸，爲之駕④，遣詣相國府，署行、義、年⑤。有而弗言，覺，免⑥。年老癃(lóng)病，勿遣⑦。

① 本文選自漢書高帝紀，是劉邦徵集人才的文告。文告的内容實在，措辭直白，文風質樸，無套語，明確表示了國家對人才的需要和重視。

② 特：僅僅。士：指知識分子。奚由：從哪裏；通過什麽途徑。

③ 昌：即周昌，沛(今江蘇沛縣)人，劉邦的開國功臣之一。相國：即蕭何，沛人，封酇侯。御史中執法：御史大夫的下級官員，即御史中丞。

④ 意稱：美好的名聲。意，通「懿」。明德：美德。必身二句：郡守一定要親身前往勸他出山，爲他準備車馬。

⑤ 署行、義、年：填寫他的簡歷，德行和年齡。

⑥ 有而三句：如果有人才而不推薦，一旦被發覺，即罷免當地官員。

⑦ 癃：衰老病弱。

景帝令二千石修職詔①

漢書

雕文刻鏤，傷農事者也；錦繡纂(zuǎn)組，害女紅者也②。農事傷則飢之本也，女紅害，則寒之原也。夫飢寒并至，而能亡爲非者寡矣。朕親耕，后親桑，以奉宗廟粢盛(zīchéng)祭服，爲天下先；不受獻，減太官③，省繇賦，欲天下務農蠶，素有畜積，以備災害。彊毋攘(rǎng)弱，衆毋暴(bào)寡，老耆(qí)

以壽終，幼孤得遂長④。今歲或不登，民食頗寡，其咎安在？或詐僞爲吏，吏以貨賂爲市⑤，漁奪百姓，侵牟萬民。縣丞，長吏也，奸法與盜盜，甚無謂也⑥。其令二千石各修其職。不事官職耗亂者，丞相以聞⑦，請其罪。布告天下，使明知朕意。

① 本文選自漢書景帝紀。漢景帝在位期間重視發展農業生產，整頓吏治，此文即是當時整頓吏治的重要詔令之一。

② 雕文刻鏤：在金玉器物上雕刻，指製作金玉器具。錦繡纂組：指製作奢侈的絲織品。纂，五彩絲帶。組，繫佩玉或大印的絲帶。女紅：即女工，指紡織、刺繡等勞動。

③ 粢盛：供祭祀用的穀物。不受二句：不接受獻納，裁減掌膳食的官員。獻，即獻費，漢代賦稅之一，在諸王列侯的封國裏，稅賦由諸王列侯徵收，同時要交納一部分給皇帝作爲宗廟祭祀等活動的費用，這種賦稅叫「獻」。太官，掌管宮廷膳食的官員。

④ 攘：侵犯，侵奪。耆：六十歲的老人。遂：生長，養育。

⑤ 吏以句：官吏利用賄賂所得經商。貨賂，指賄賂。

⑥ 奸法：違反法令。盜盜：像强盜一樣侵害百姓。無謂：不應該。

⑦ 二千石：漢代國相和郡守的通稱，他們的俸禄都是二千石。耗亂：昏亂。以聞：上報。

武帝求茂材異等詔①

漢書

蓋有非常之功，必待非常之人，故馬或奔踶(dì)而致千里，士或有負俗之累而立功名。夫泛駕之馬，跅(tuò)弛之士，亦在御之而已②。其令州郡察吏民有茂材異等可爲將相及使絶國者③。

①本文選自漢書武帝紀。詔令反映了漢武帝不拘一格重用人才的思想。

②奔踶：奔跑。踶，踩踏。這裏義爲跑。負俗之累：受世俗的譏笑。泛駕之馬：指不循一般道路的馬。泛駕，翻車。跅弛：不守禮法。跅，放蕩不羈。御之：使用。

③其：祈使語氣副詞。察：考察推薦。茂才：即秀才。絶國：遥遠的國家。

爲徐敬業討武曌檄

駱賓王[①]

僞臨朝武氏者，性非和順，地實寒微。昔充太宗下陳，嘗以更衣入侍[②]。洎（jì）乎晚節，穢亂春宫。潜隱先帝之私，陰圖後宫之嬖[③]。入門見嫉，蛾眉不肯讓人。掩袖工讒，狐媚偏能惑主。踐元后於翬翟（huī dí），陷吾君於聚麀（yōu）[④]。加以虺（huǐ）蜴爲心，豺狼成性，近狎邪僻，殘害忠良，殺姊屠兄，弑君鴆母[⑤]。神人之所同嫉，天地之所不容。猶復包藏禍心，窺竊神器。君之愛子，幽之於别宫[⑥]。賊之宗盟，委之以重任。嗚呼！霍子孟之不作，朱虚侯之已亡[⑦]。燕啄皇孫[⑧]，知漢祚之將盡。龍漦（chí）帝后[⑨]，識夏庭之遽衰。

①駱賓王（？—約公元六八四年）：唐初四傑之一，婺州義烏（今浙江義烏縣）人，官長安主簿、侍御史等職。徐敬業討伐武則天，他參加幕府，并起草了這篇著名的檄文，武則天見後對他的才華大加贊賞，認爲遺漏如此人才是宰相之過。徐敬業失敗後，駱賓王下落不明。徐敬業，唐開國功臣李勣（本姓徐，賜姓李）之孫，曾任太僕少卿，襲封英國公，後被貶爲柳州司馬。武則天廢中宗，殺故太子賢，他從揚州起兵討伐，兵敗而死。本文選自古文觀止。

②下陳：古代殿堂下陳放禮品、站列婢妾之處，後借指

宮中地位低下的侍妾。更衣：上廁所的委婉説法。漢平陽公主歌女衛子夫因侍候武帝上廁而得幸，此用衛子夫掌故。

③先帝：指唐太宗。則天原爲太宗才人。太宗死後，她削髮爲尼，想改變原來的身份，然後出來再次入宮。嬖：皇帝寵幸者。

④踐元后：登上皇后之位。元后，皇后。翬翟：皇后的禮服。翬，有五色花紋的野鷄。翟，長尾山鷄。據説野鷄的配偶不亂，古人用以象徵婦德。此句大意爲，武則天設法使高宗廢掉王皇后，自己登上了皇后之位。聚麀：指兩代的亂倫行爲。聚，共。麀，雌鹿。禮記曲禮上：「夫唯禽獸無禮，故父子聚麀。」

⑤殺姊：指武則天殺死其姊之女賀蘭氏，因賀蘭氏在宮中受寵。「姊」或作「子」。屠兄：指武則天當上皇后以後，其兄武元慶、武元爽均被流放而死。弑君鴆母：二事所指不詳。

⑥愛子：指高宗次子李旦（睿宗）。高宗死後，中宗李顯即位，不久被廢，改立李旦。李旦雖立，然居於別殿，如幽禁。政事決於武則天。

⑦霍子孟：即漢武帝大臣霍光，武帝死後，輔佐幼主昭帝。昭帝死後，迎立昌邑王，昌邑王荒淫無道，被霍光廢，另立宣帝。朱虚侯：劉邦孫劉章的封號。吕氏死後，吕禄、吕産欲爲亂，章與周勃、陳平等共誅諸吕，迎立文帝。

⑧燕啄皇孫：漢成帝皇后趙飛燕爲了專寵，害死許多皇子，當時有「燕飛來，啄皇孫；皇孫死，燕啄矢」之謡。此處指武則天害死或廢掉高宗子李忠、李宏、李賢等人。

⑨龍漦：魚、龍的涎沫。帝后：夏帝。傳説夏代末年，有二龍降到宮中，自稱爲褒國的二君，夏后將龍漦收藏於盒中。傳至周厲王末年，盒被打開，龍漦流出化爲玄黿進入後宮，一小宮女見後感而懷孕，生下一女，這就是褒姒。其後褒姒成爲幽王的王后，導致西周滅亡，幽王被殺。

敬業皇唐舊臣，公侯冢子。奉先君之成業，荷本朝之厚恩。宋微子之興悲，良有以也；袁君山之流涕①，豈徒然哉！是用氣憤風雲，志安社稷。因天下之失望，順宇内之歸心。爰舉義旂，以清妖孽。南連百越，北盡山河，鐵騎成羣，玉軸相接。海陵紅粟，倉儲之積靡窮；江浦黃旗②，匡復之功何遠？班聲動而北風起，劍氣衝而牛斗平。喑(yìn)嗚則山岳崩頹，叱咤則風雲變色。以此制敵，何敵不摧？以此圖功，何功不克？

公等或居漢室，或叶周親，或膺重寄於話言，或受顧命於宣室③。言猶在耳，忠豈忘心？一抔之土未乾，六尺之孤何託④？倘能轉禍爲福，送往事居⑤，共立勤王之勳，無廢大君之命，凡諸爵賞，同指山河。若其眷戀窮城，徘徊歧路，坐昧先機之兆，必貽後至之誅⑥。請看今日之域中，竟是誰家之天下！

①宋微子：商紂王的庶兄微子啓，宋的開國君。他路過殷故墟時，感到十分悲傷，因作「麥秀歌」以抒發亡國之痛。袁君山：即東漢桓譚，字君山。光武帝劉秀時，因反對讖緯事而被貶黜，鬱鬱而死。或説袁君山應爲袁安，亦東漢人，因外戚專權而長感悲戚。

②海陵：漢時郡名，治所在今江蘇泰州市，這裏指徐敬業起兵的揚州。紅粟：指陳米。此句言義軍糧多。黃旗：指黃旗狀的雲彩。古時以爲黃旗紫蓋狀的雲彩是出現新皇帝的祥兆。此句言徐敬業舉兵順應了天意。

③叶：關涉。周親：指近親。膺：接受。重寄：重大的託付。顧命：皇帝臨終前的遺命。宣室：本爲漢代未央宮正殿的前室，這裏指大殿。

④一抔句：指高宗埋葬不久。六尺之孤：中宗。高宗死，中宗即位，次年二月被廢爲廬陵王，軟禁於房州。

⑤往：已死者，指高宗。居，存者，指中宗。

⑥傳説大禹在會稽召集諸侯，防風氏後至，被禹所殺。事見國語周語下。

六　碑誌體

封燕然山銘

班　固①

維永元元年秋七月，有漢元舅曰車騎將軍竇憲，寅(yín)亮聖皇，登翼王室②。納於大麓，惟清緝熙③。乃與執金吾耿秉，述職巡禦，治兵於朔方。鷹揚之校，螭(chī)虎之士，爰該六師④，暨南單于、東胡、烏桓、西戎、氐、羌侯王君長之羣，驍騎十萬。元戎輕武，長轂四分，雷輜蔽路⑤，萬有三千餘乘。勒以八陣，莅以威神⑥，玄甲耀日，朱旗絳天。遂凌高闕，下雞鹿，經磧(qì)鹵，絶大漠⑦，斬温禺以釁鼓，血尸逐以染鍔⑧。然後四校横徂⑨，星流彗掃，蕭條萬里，野無遺寇。

---

① 班固(公元三二—九二年)：字孟堅，東漢史學家，辭賦家，扶風安陵(今陝西咸陽市東北)人，官蘭臺令史等職，歷二十餘年撰成漢書。和帝永元元年(公元八九年)，竇憲出征匈奴，班固隨行爲中護軍，大破匈奴，遂登燕然山，刻石紀功，因撰成此銘。本文選自文選卷五十六。

② 永元：漢和帝年號。元舅：竇憲之妹爲和帝之母竇太后。竇憲：東漢扶風(今咸陽西北)人，任車騎將軍、大將軍等職，封武陽侯。一度操縱朝政，後被迫自殺。寅亮：忠於，信奉。登冀：輔佐。

③ 大麓：總領。尚書舜典：「納於大麓，烈風雷雨弗迷。」緝熙：光明，光輝。

④ 鷹揚：威武貌。螭：傳説中的無腳之龍。該：包括，擁有。

⑤ 元戎：大型戰車。長轂：戰車。四分：四布。雷輜：如雷一樣的車輪。

⑥ 勒：統率。莅：臨。

⑦ 高闕：地名。雞鹿：塞名。磧鹵：鹽鹼地或多沙之

地。大漠：沙漠。

⑧温禺、尸逐：皆匈奴君長名號。鍔：劍鍔。

⑨四校：原指天子射獵時的四支扈從部隊，後指四面都是軍隊，形容軍隊衆多。徂：行走。

於是域滅區殫，反旆而旋，考傳驗圖，窮覽其山川。遂踰涿邪，跨安侯，乘燕然①，躡冒頓之區落，焚老上之龍庭②。將上以攄（shū）高、文之宿憤，光祖宗之玄靈③；下以安固後嗣，恢拓境宇，振大漢之天聲。兹可謂一勞而久逸，暫費而永寧也。乃遂封山刊石，昭銘盛德，其辭曰：

鑠王師兮征荒裔，勦凶虐兮截海外④，敻（xiòng）其邈兮亘地界，封神丘兮建隆嵑（jié），熙帝載兮振萬世⑤。

①涿邪：山名。安侯：河名。乘：登。燕然：山名。

②冒頓、老上：均爲匈奴單于名號。

③攄：舒發。高、文：指漢高祖和漢文帝。劉邦曾受困於匈奴。文帝時期匈奴經常侵擾北地。玄靈：神靈。

④鑠：同「爍」，輝煌。荒裔：邊遠之地。截：跨越。

⑤敻：遼遠。亘：綿延。隆：高。嵑：同「碣」，石碑。熙：興盛。載：年。

柳子厚墓誌銘

韓　愈①

子厚，諱宗元。七世祖慶，爲拓跋魏侍中，封濟陰公。曾伯祖奭（shì），爲唐宰相，與褚遂良、韓瑗俱得罪武后，死高宗朝②。皇考諱鎮，以事母棄太常博士③，求爲縣令江南。其後以不能媚權貴，失御史。權貴人死，乃復拜侍御史，號爲剛直。所與游皆當世名人。

①韓愈和柳宗元都是古文運動的倡導者，二人有深厚的友誼。柳宗元死後韓愈專門寫了這篇墓誌銘以追念他。文中充分肯定了柳宗元的爲人和成就，對其坎坷遭遇表現出了極大的同情。

②柳奭爲王皇后之舅，曾於唐高宗永徽三年代褚遂良爲中書令（相當於宰相），王皇后被廢後，柳奭貶爲遂州刺史，接着有人誣告他與褚遂良等人謀反而被殺。褚遂良：字登善，官至中書令，因反對唐高宗立武則天爲后而被貶，憂鬱而死。韓瑗：字伯玉，官至侍中，因救褚遂良被貶。

③太常博士：太常寺的屬官，掌禮樂、祭祀等事務。

子厚少精敏，無不通達。逮其父時，雖少年，已自成人，能取進士第，嶄然見（xiàn）頭角①。衆謂柳氏有子矣。其後以博學宏詞授集賢殿正字，藍田尉。儁傑廉悍②，議論證據今古，出入經史百子，踔（chuō）厲風發③，率常屈其座人。名聲大振，一時皆慕與之交。諸公要人，争欲令出我門下，交口薦譽之。

①嶄然：高峻貌。見：「現」的古字。

②儁傑：才高出衆。儁，同「俊」。廉悍：方正勇敢。

③踔厲：高超，高遠。風發：比喻才思敏捷。

貞元十九年，由藍田尉拜監察御史。順宗即位，拜禮部員外郎。遇用事者得罪①，例出爲刺史。未至，又例貶永州司馬②。居閑，益自刻苦，務記覽，爲詞章泛濫停蓄③，爲深博無涯涘，而自肆於山水間。元和中，嘗例召至京師，又偕出爲刺史，而子厚得柳州。既至，歎曰：「是豈不足爲政邪？」因其土俗，爲設教禁，州人順賴。其俗以男女質錢，約不時贖，子本相侔④，則没爲奴婢。子厚與設方計，悉令贖歸。其尤貧力不能者，令書其傭⑤，足相當，則使歸其質。觀察使下其法於他州⑥，比一歲，免而歸者且千人。衡湘以南爲進士者，皆以子厚爲師，其經承子厚口講指畫爲文詞者，悉有法度可觀。

① 貞元：唐德宗年號。貞元十九年即公元八〇三年。用事者：當權之人，這裏指王叔文等人。順宗重用王叔文，王叔文又任用韋執誼、柳宗元、劉禹錫等人進行政治改革，史稱「永貞革新」。憲宗即位後，王叔文被貶，繼而被殺，柳宗元等人也遭貶斥，革新失敗。

② 例貶：照例被貶黜。永貞元年（憲宗年號，公元八〇五年）九月，柳宗元被貶爲邵州（今湖南邵陽）刺史，十一月，尚在赴任中途又被貶爲永州（今湖南零陵）司馬。

③ 泛濫停蓄，本指水浩大，形容文章氣勢宏大，知識淵博。

④ 質：抵押。時：按時。子：指利息。本：本金。相侔：相等。

⑤ 書其傭：把工錢記下來。傭，雇傭的報酬、工錢。

⑥ 觀察使：中央派往各道考察地方官吏政績的官員。唐代全國的監察區共分十道。下其法：下令推行柳宗元的這一方法。

其召至京師而復爲刺史也，中山劉夢得禹錫亦在遣中，當詣播州①。子厚泣曰：「播州非人所居，而夢得親在堂②，吾不忍夢得之窮，無辭以白其大人。且萬無母子俱往理。」請於朝，將拜疏③，願以柳易播，雖重得罪，死不恨。遇有以夢得事白上者，夢得於是改刺連州④。嗚呼！士窮乃見節義。今夫平居里巷相慕悦，酒食游戲相徵逐，詡詡强（xǔqiǎng）笑語以相取下，握手出肺肝相示，指天日涕泣，誓生死不相背負，真若可信。一旦臨小利害，僅如毛髮比，反眼若不相識，落陷穽，不一引手救，反擠之，又下石焉者，皆是也。此宜禽獸夷狄所不忍爲，而其人自視以爲得計。聞子厚之風，亦可以少愧矣！

① 中山：地在今河北定縣。劉禹錫，彭城（今江蘇銅山縣）人，自稱爲漢代中山靖王劉勝之後。播州：州治

在今貴州遵義市。

② 親在堂：指母親在世。

③ 拜疏：向皇帝上條陳。

④ 連州：州治在今廣東連縣。

子厚前時少年，勇於爲人，不自貴重顧藉，謂功業可立就，故坐廢退①。既退，又無相知有氣力得位者推挽，故卒死於窮裔②，材不爲世用，道不行於時也。使子厚在臺省時，自持其身，已能如司馬刺史時，亦自不斥③；斥時，有人力能舉之，且必復用不窮。然子厚斥不久，窮不極，雖有出於人，其文學辭章，必不能自力以致必傳於後如今無疑也④。雖使子厚得所願，爲將相於一時，以彼易此，孰得孰失，必有能辨之者。

① 不自句：不愛惜自己的名聲。韓愈認爲柳宗元參加王叔文集團是個污點，故如此説。故坐句：因此被貶黜。坐，因。

② 窮裔：偏遠之地。裔，邊地。

③ 台：指御史台。省：指尚書省。柳宗元曾在御史臺任監察御史，在尚書省任禮部員外郎。亦自句：也自然不會遭到貶斥。

④ 斥不久：指如果貶斥時間不長。這幾句是説，倘若柳宗元不遭受這些挫折，即使能出人頭地，但在文學成就上必不能達到今天這樣將會流傳到後世的高度。

子厚以元和十四年十一月八日卒，年四十七。以十五年七月十日歸葬萬年先人墓側①。子厚有子男二人，長曰周六，始四歲；季曰周七，子厚卒乃生。女子二人，皆幼。其得歸葬也，費皆出觀察使河東裴君行立。行立有節概，重然諾，與子厚結交，子厚亦爲之盡，竟賴其力。葬子厚於萬年之墓者，舅弟盧遵。遵，涿人②，性謹慎，學問不厭。自子厚之斥，遵從而家焉，逮其死不去。既往葬子厚，又將經紀其家[③]，庶幾有始終者。銘曰：

是惟子厚之室，既固既安，以利其嗣人。

① 元和：憲宗年號。元和十四年即公元八一九年。萬年：唐縣名，治所在今西安市西北。

② 舅弟：舅父之子，表弟。涿：地在今河北涿州市。

③ 經紀：安排，料理。庶幾：差不多。

潮州韓文公廟碑[①]（節選）

蘇軾

匹夫而爲百世師，一言而爲天下法，是皆有以參天地之化、關盛衰之運[②]。其生也有自來，其逝也有所爲。故申、呂自嶽降，傅説(yuè)爲列星[③]，古今所傳，不可誣也。孟子曰：「我善養吾浩然之氣。」是氣也，寓於尋常之中，而塞乎天地之間，卒(cù)然遇之，則王公失其貴，晉、楚失其富，良、平失其智，賁、育失其勇，儀、秦失其辯[④]。是孰使之然哉？其必有不依形而立，不恃力而行，不待生而存，不隨死而亡者矣。故在天爲星辰，在地爲河嶽；幽則爲鬼神，而明則復爲人。此理之常，無足怪者。

① 潮州：治所在今廣東潮安。韓文公：韓愈的謚號。本文從道德、文章、思想、政績及影響等方面對韓愈作了高度的評價，贊揚了他無所畏懼的戰鬥精神，對他的不幸遭遇表示了深切的同情。本文選自古文觀止。

② 是皆二句：這是由於他們的言行符合天地自然的變化，關乎到萬物盛衰的規律。

③ 申、呂：指申伯、呂侯。申伯，周宣王的賢臣，伯夷之後。呂侯，周穆王的賢臣。傳説山嶽降神生出了申、呂二侯。詩經大雅崧高：「維嶽降神，生甫及申。」傅説：商王武丁的大臣。傳説傅説死後升天變成了星。莊子大宗師：「（傅説）乘東維、騎箕尾而比於

列星。」

④ 浩然之氣：自然之氣，正氣。語出孟子公孫丑上。

良、平：張良、陳平。賁、育：孟賁、夏育，戰國時勇士。儀、秦：張儀、蘇秦。

自東漢已來，道喪文弊，異端并起，歷唐貞觀、開元之盛，輔以房、杜、姚、宋而不能救①。獨韓文公起布衣，談笑而麾之，天下靡然從公，復歸於正。蓋三百年於此矣。文起八代之衰②，而道濟天下之溺，忠犯人主之怒，而勇奪三軍之帥③。豈非參天地、關盛衰，浩然而獨存者乎？

① 道：指儒家學説。異端：指儒家以外的各種學説。貞觀、開元：分别爲唐太宗、玄宗的年號。房、杜：房玄齡、杜如晦，唐太宗時賢相。姚、宋：姚崇、宋璟，唐玄宗前期的宰相。

② 八代：指東漢、魏、晉、宋、齊、梁、陳、隋。此期間文壇駢麗空洞之風盛行。

③ 忠犯句：指韓愈上書諫阻佛骨入宫，觸怒憲宗。勇奪句：唐穆宗時，鎮州守軍叛亂，殺節度使，韓愈奉命前往招撫，使叛軍折服。

蓋嘗論天人之辨：以謂人無所不至，惟天不容僞；智可以欺王公，不可以欺豚魚①；力可以得天下，不可以得匹夫匹婦之心。故公之精誠，能開衡山之雲②，而不能回憲宗之惑；能馴鱷魚之暴③，而不能弭(mǐ)皇甫鎛(bó)、李逢吉之謗④；能信於南海之民，廟食百世⑤，而不能使其身一日安於朝廷之上。蓋公之所能者天也，其所不能者人也。

① 豚：小豬。古人以爲，即使對小動物也應講誠信。周易中孚：「信及豚魚也。」

② 能開句：一次韓愈路過衡山，正逢秋雨連綿，他祈禱一番後天果然放晴了。韓愈爲此專寫了謁衡嶽廟遂

宿嶽寺題門樓一詩。

③ 能馴句：潮州惡溪中有鱷魚，經常傷害百姓，韓愈到潮州後曾寫了一篇祭鱷魚文，嚴令鱷魚必須離開。

④ 弭：消除；制止。皇甫鎛：憲宗時宰相，韓愈到潮州後，曾上表陳情，憲宗閲後想復用韓愈，但因皇甫鎛作梗而改任袁州刺史。李逢吉：憲宗、穆宗兩朝宰相，曾壓制韓愈。

⑤ 潮州人爲韓愈建廟事詳下文。

元豐元年①，詔封公昌黎伯，故榜曰：「昌黎伯韓文公之廟。」潮人請書其事於石，因作詩以遺之，使歌以祀公。其辭曰：

公昔騎龍白雲鄉②，手抉雲漢分天章，天孫爲織雲錦裳。飄然乘風來帝旁，下與濁世掃粃糠③。西遊咸池略扶桑，草木衣被昭回光④。追逐李杜參翱翔，汗流籍湜(shí)走且僵，滅没倒景不能望⑤。作書詆佛譏君王，要觀南海窺衡湘，歷舜九嶷弔英皇⑥。祝融先驅海若藏，約束蛟鱷如驅羊⑦。鈞天無人帝悲傷，謳吟下招遣巫陽⑧。犦(bó)牲鷄卜羞我觴，於餐荔丹與蕉黄⑨。公不少留我涕滂，翩然被髮下大荒⑩。

① 元豐：宋神宗年號。元豐元年即公元一〇七八年。

② 白雲鄉：古人認爲神仙所居住的地方。此句言韓愈原是天上的仙人。

③ 天孫：指織女，傳説爲天帝之孫。粃糠：比喻鄙陋的文章。

④ 咸池：傳説爲太陽沐浴之地。略：巡行。扶桑，神樹名，傳説太陽出於扶桑下。衣被：此處義爲「接受」。昭回：指日月。

⑤ 參翱翔：意思是説韓愈的文學成就可以與李白、杜甫并駕齊驅。籍湜：指唐代詩人張籍和文學家皇甫湜。僵：僕倒。滅没：本指馬跑得極快，看不到形體，這裏指韓愈的道德文章一般人難以企及。倒

景：日光返照，這裏指韓愈的影響。

⑥要：指要服，離王畿極遠之處。英皇：舜的兩個妃子女英和娥皇。二人聽説舜出巡死於蒼梧，葬於九嶷山，也趕到南方投湘水而死。以上二句講韓愈赴潮州時的路過之地及活動。

⑦祝融、海若：火神、海神。以上二句講韓愈爲民除害。

⑧鈞天：天的中央，傳説爲天帝所居之地。巫陽：傳説中的女巫。

⑨爆牲：用爆牛所作的祭品。爆，即犎牛，一種高背的大牛。鷄卜：用鷄骨占卜。羞：進獻。觴：一種酒杯。荔丹與蕉黄：紅荔枝和黄香蕉。此用韓愈柳州羅池廟碑一文中話。

⑩大荒：大地。此句的大意是祈望韓愈的神靈降臨享用祭品。

七　哀祭體

弔古戰場文

李　華①

浩浩乎！平沙無垠，夐（xiòng）不見人。河水縈帶，群山糾紛。黯兮慘悴，風悲日曛。蓬斷草枯，凛若霜晨。鳥飛不下，獸鋌（tǐng）亡群②。亭長告余曰：「此古戰場也，常覆三軍。往往鬼哭，天陰則聞。」傷心哉！秦歟？漢歟？將近代歟？

①李華（公元七一五—七六六年）：字遐叔，趙州贊皇（今河北贊皇）人，歷官監察御史、右補闕等職，是唐初提倡古文的重要人物之一。唐玄宗時期，朝廷連年用兵，百姓不堪忍受，作者通過這篇文章再現驚心動魄的交戰場面，渲染戰爭的恐怖和災難，表現了追求和平、不要戰爭的美好願望。本文選自古文觀止。

②敻：遠。糾紛：雜亂貌。鋌：快跑。

吾聞夫齊魏徭戍，荆韓召募①。萬里奔走，連年暴(pù)露。沙草晨牧，河冰夜渡。地闊天長，不知歸路。寄身鋒刃，腷(bì)臆誰訴？秦漢而還，多事四夷②。中州耗斁(dù)③，無世無之。古稱戎夏，不抗王師。文教失宣，武臣用奇④。奇兵有異於仁義，王道迂闊而莫爲。

①徭：勞役，此處用作動詞。戍：守邊。齊魏、荆韓：均指戰國時期的國家。荆即楚國。
②腷臆：哀傷的情緒。事：指用兵。
③中州：這裏指中原地帶。斁：敗壞。
④奇：指奇謀詭計。

嗚呼噫嘻！吾想夫北風振漠，胡兵伺便。主將驕敵，期門受戰。野豎旄旗，川迴組練①。法重心駭，威尊命賤。利鏃穿骨，驚沙入面。主客相搏，山川震眩。聲折江河，勢崩雷電。至若窮陰凝閉，凜冽海隅②。積雪没脛，堅冰在鬚。鷙鳥休巢，征馬踟躕。繒纊(zēngkuàng)無温③，墮指裂膚。當此苦寒，天假强胡，憑陵殺氣④，以相翦屠。徑截輜重，横攻士卒。都尉新降，將軍覆没。尸填巨港之岸，血滿長城之窟。無貴無賤，同爲枯骨，可勝言哉！

鼓衰兮力竭，矢盡兮弦絶。白刃交兮寶刀折，兩軍蹙(cù)兮生死決⑤。降矣哉！終身夷狄；戰矣哉！暴(pù)骨沙礫。鳥無聲兮山寂寂，夜正長兮風淅淅。魂魄結兮天沉沉，鬼神聚兮雲冪冪⑥。日光寒兮草短，月色苦兮霜白。傷心慘目，有如是耶？

①期門：護衛人員，這裏指軍門。川迴：像江河一樣流動着。組練：絲帶和帛，用以綴甲，故借指軍隊。

② 窮陰：指非常陰沉的天氣。凝閉：濃雲密布。海隅：海角，指邊地。
③ 繒纊：指衣服。繒，帛。纊，棉絮。

④ 憑陵：憑借。
⑤ 蹙：迫近。
⑥ 冪冪：濃密貌。

吾聞之，牧用趙卒，大破林胡①。開地千里，遁逃匈奴。漢傾天下，財殫力痡（pū）②。任人而已，其在多乎？周逐獫狁（xiǎnyǔn），北至太原，既城朔方③，全師而還。飲至策勳，和樂且閑④。穆穆棣（dì）棣⑤，君臣之間。秦起長城，竟海爲關，荼毒生民，萬里朱殷。漢擊匈奴，雖得陰山⑥，枕骸徧野，功不補患。

蒼蒼蒸民，誰無父母？提攜捧負，畏其不壽。誰無兄弟？如足如手。誰無夫婦？如賓如友。生也何恩，殺之何咎？其存其歿，家莫聞知。人或有言，將信將疑。悁（juān）悁心目⑦，寤寐見之。布奠傾觴⑧，哭望天涯。天地爲愁，草木悽悲。弔祭不至，精魂無依。必有凶年，人其流離。嗚呼噫嘻！時耶？命耶？從古如斯。爲之奈何？守在四夷⑧。

① 牧：李牧，戰國時趙國名將。林胡：匈奴的一支。
② 傾天下：盡全國之力。殫：竭盡。痡：病，指疲敝。
③ 獫狁：古北方少數民族的一支。城：築城。朔方：西漢郡名，治所在今內蒙古自治區內。
④ 飲至：諸侯朝會或征伐歸來，祭告祖廟飲酒慶祝的一種儀式。策勳：把功勞記在簡策上。閑：閑暇，安然。

⑤ 穆穆：莊嚴恭敬貌。棣棣：和諧貌。
⑥ 起：修築。竟海：一直到海邊。竟，終。朱殷：指血。陰山：山名，在今內蒙古境內。
⑦ 悁悁：憂愁貌。心目：心和眼，指記憶。
⑧ 布奠：設祭。傾觴：把酒杯中的酒澆在地上。觴，盛酒器。守在句：天子的守衛在於四夷。左傳昭公

二十三年：「古者，天子守在四夷。」杜預注：「德一及遠。」

祭蘇子美文　歐陽修①

維年月日，具官歐陽修謹以清酌庶羞之奠致祭於亡友湖州長史蘇君子美之靈②，曰：哀哀子美，命止斯邪？小人之幸③，君子之嗟。子之心胸，蟠屈龍蛇，風雲變化，雨雹交加，忽然揮斧，霹靂轟車④。人有遭之，心驚膽落，震仆如麻。須臾霽止，而四顧百里，山川草木，開發萌芽。子於文章，雄豪放肆⑤，有如此者，吁可怪邪！

嗟乎世人，知此而已，貪悦其外，不窺其内。欲知子心，窮達之際⑥。金石雖堅，尚可破壞；子於窮達，始終仁義。惟人不知，乃窮至此，藴而不見，遂以没地。獨留文章，照耀後世。嗟世之愚，掩抑毁傷，譬如磨鑑，不滅愈光。一世之短，萬世之長，其間得失，不待較量。哀哀子美，來舉予觴。尚饗。

①歐陽修（一〇〇七—一〇七二年）：字永叔，廬陵（今江西永豐縣）人，北宋文學家、史學家，四歲喪父，家貧。仁宗天聖年間進士，官樞密副使、參知政事等職，是北宋詩文革新派的領袖。多次遭排擠出任地方官。與人合撰成新唐書，又自撰新五代史。蘇子美（一〇〇八—一〇四八年）：即蘇舜欽，北宋詩人，詩文革新的倡導者之一，經范仲淹推薦任集賢校理等職。其詩風豪放，爲歐陽修所重。本文是歐陽修爲蘇舜欽所寫的祭文，文中對蘇舜欽的文章、道德和影響給予了高度的贊譽。本文選自歐陽文忠公集。

②具官：徒居官位。唐宋時期官員常把官職爵位寫作「具官、具位」表示謙敬。清酌：祭祀所用的清酒。庶羞：各種美味。湖州：州名，治所在烏程（今江蘇吴興）。

③ 小人：指蘇子美的政敵。子美曾遭人彈劾免官。

④ 子之六句：形容子美的詩歌雄奇，變化無窮，出人意料。心胸，指詩才。以下數句形容子美詩歌的影響。

⑤ 放肆：舒展，不受約束。

⑥ 窮達：窘迫與顯達，這裏偏指窘迫。

八　序跋體

春夜宴桃李園序

李　白①

夫天地者，萬物之逆旅也②；光陰者，百代之過客也。而浮生若夢，爲歡幾何？古人秉燭夜遊，良有以也。況陽春召我以烟景，大塊假我以文章③。會桃花之芳園，序天倫之樂事。群季俊秀，皆爲惠連④；吾人詠歌，獨慚康樂⑤。幽賞未已，高談轉清。開瓊筵以坐花，飛羽觴而醉月⑥。不有佳詠，何伸雅懷？如詩不成，罰依金谷酒數⑦。

① 李白（公元七〇一—七六二年）：字太白，唐代大詩人，祖籍隴西成紀（今甘肅天水），隋末其先人流寓碎葉（今吉爾吉斯坦北部，李白即生於此），五歲時隨父遷居綿州昌隆青蓮鄉（今四川江油縣南）。一生只做過短短三年的翰林供奉，多數時間是在漫遊中度過的。本文記述了一次作者在春夜中與兄弟相聚飲酒賦詩的活動，文辭多駢偶，疏放瀟灑，句句都洋溢着作者的豪情和才氣。本文選自古文觀止。

② 逆旅：客舍；旅館。

③ 大塊：大自然。

④ 群季：諸弟。季，幼小。惠連：南朝宋文學家謝惠連，擅長詩歌，與族兄謝靈運并稱「大小謝」。此處借

用來贊美衆弟的才華。

⑤慚康樂：慚愧不及謝靈運。謝靈運爲謝玄孫，襲封康樂公，世稱「謝康樂」。

⑥瓊筵：華貴的筵席。坐花：坐於花叢中。羽觴：一種雙耳酒杯。

⑦金谷：晉人石崇的園名。石崇常於園中宴客賦詩，凡不能賦詩者罰飲三杯。

五代史伶官傳序①　　歐陽修

嗚呼！　盛衰之理，雖曰天命，豈非人事哉！　原莊宗之所以得天下②，與其所以失之者，可以知之矣。

世言晉王之將終也③，以三矢賜莊宗而告之曰：「梁，吾仇也；燕王，吾所立；契丹④，與吾約爲兄弟；而皆背晉以歸梁。此三者，吾遺恨也。與爾三矢，爾其無忘乃父之志！」莊宗受而藏之於廟。其後用兵，則遣從事以一少牢告廟⑤，請其矢，盛以錦囊，負而前驅，及凱旋而納之。

方其係燕父子以組，函梁君臣之首⑥，入於太廟，還矢先王，而告以成功。其意氣之盛，可謂壯哉！　及仇讎已滅，天下已定，一夫夜呼，亂者四應，倉皇東出⑦，未及見賊而士卒離散，君臣相顧，不知所歸。至於誓天斷髮⑧，泣下沾襟，何其衰也！　豈得之難而失之易歟？　抑本其成敗之迹而皆自於人歟？　書曰：「滿招損，謙得益⑨。」憂勞可以興國，逸豫可以亡身，自然之理也。故方其盛也，舉天下之豪傑莫能與之争；及其衰也，數十伶人困之，而身死國滅⑩，爲天下笑。夫禍患常積於忽微⑪，而智勇多困於所溺，豈獨伶人也哉？

并

①伶官：宫中取得官職的藝人。五代時期，後唐莊宗李存勖尊寵伶官，結果在兵變中被伶官郭從謙刺殺。五代史專設伶官傳，作者在傳前寫了這篇序，對後唐興亡的歷史教訓進行了總結，指出了「憂勞可以興國，逸豫可以亡身」這一深刻的道理。本文選自新五代史伶官傳，題目是後加的。

②原：推究，考察。莊宗：後唐國君李存勖，李克用子，滅後梁後稱帝，都洛陽。同光三年（公元九二五年）在兵變中被殺。

③晉王：指莊宗之父李克用，在唐朝時被封爲晉王。

④梁：指後梁太祖朱温，即朱全忠，唐末被封爲梁王。燕王：名劉守光。契丹：北魏至唐末的古族名，宋時爲金所滅。

⑤少牢：祭品。牛羊豬各一頭稱太牢，一羊一豬稱少牢。告廟：天子、諸侯出巡或遇重大事件而祭告祖廟稱「告廟」。

⑥組：繩索。函：盒子，此處作動詞用，裝在盒子裏。後梁乾化二年（公元九一二年）李存勖攻燕，生擒劉守光及其父劉仁恭。後梁龍德三年（公元九二三年）李存勖攻破梁都卞京，迫梁帝朱友貞及大臣皇甫麟自殺，李存勖割取其首級帶回。

⑦一夫：指皇甫暉。後唐同光四年（公元九二六年）皇甫暉率軍作亂。東出：皇甫暉作亂後，一些將領也相繼叛變，李存勖被迫東出洛陽，逃往卞州。

⑧誓天句：斷髮對天發誓，表示忠於後唐。

⑨滿招損二句語出尚書大禹謨。「得」原作「受」。

⑩數十句：在李存勖流亡過程中，一日伶人郭從謙率衆反叛，李存勖被叛軍亂箭射中身亡。

⑪忽、微：均爲古代極小的度量單位，指極小的事。

九　書啟體

與韓荆州書[①]

李　白

白聞天下談士相聚而言曰：「生不用萬户侯，但願一識韓荆州！」何令人之景慕一至於此耶？豈不以有周公之風，躬吐握之事，使海内豪俊，奔走而歸之。一登龍門，則聲價十倍。所以龍蟠鳳逸之士，皆欲收名定價於君侯[②]。願君侯不以富貴而驕之，寒賤而忽之，則三千賓中有毛遂，使白得脱穎而出，即其人焉[③]。

白，隴西布衣，流落楚漢[④]。十五好劍術，遍干諸侯。三十成文章，歷抵卿相[⑤]。雖長不滿七尺，而心雄萬夫。皆王公大人許與氣義。此疇曩（chóu nǎng）心迹[⑥]，安敢不盡於君侯哉？

君侯制作侔神明[⑦]，德行動天地。筆參造化，學究天人。幸願開張心顔，不以長揖見拒[⑧]。必若接之以高宴，縱之以清談，請日試萬言，倚馬可待。今天下以君侯爲文章之司命，人物之權衡。一經品題，便作佳士。而君侯何惜階前盈尺之地，不使白揚眉吐氣、激昂青雲耶？

① 韓荆州：即韓朝宗。唐玄宗開元年間任荆州長史。韓朝宗好提攜人，崔宗之、嚴武等人都得到過他的推薦，故李白寫了這封自薦書給他。文中高度稱贊韓朝宗德高望重、重用人才，同時以毛遂自比，以才自薦，不卑不亢，豪氣逼人，充分顯示了其自負張揚的思想和性格。

② 龍蟠句：比喻待時而動的人才。蟠，盤曲。逸，隱逸。君侯：對韓朝宗的尊稱。

③ 即其句：那我就是毛遂了。

④ 楚漢：指韓朝宗當時任職的荆州地區。

⑤干：求，這裏義爲求學。歷抵：一一登門拜訪。
⑥疇曩：過去。心迹：指欲有所作爲的思想。
⑦制作：撰述，這裏指思想。侔：相等。

⑧長揖：見面時只作揖而不拜，即拱手高舉，自上而下行禮，是一種平等的禮節。

昔王子師爲豫州，未下車即辟荀慈明；既下車又辟孔文舉①。山濤作冀州，甄拔三十餘人，或爲侍中、尚書，先代所美②。而君侯亦薦一嚴協律③，入爲秘書郎。中閒崔宗之、房習祖、黎昕、許瑩之徒，或以才名見知，或以清白見賞。白每觀其銜恩撫躬，忠義奮發。白以此感激，知君侯推赤心於諸賢腹中，所以不歸他人，而願委身國士④。儻急難有用，敢效微軀！且人非堯舜，誰能盡善？白謨猷（mó yóu）籌畫，安能自矜（jīn）⑤？至於制作，積成卷軸，則欲塵穢視聽⑥，恐雕蟲小技，不合大人。若賜觀芻蕘（ráo），請給紙筆，兼之書人⑦。然後退掃閑軒，繕寫呈上。庶青萍結緑，長（zhǎng）價於薛卞之門⑧。幸推下流，大開獎飾⑨，唯君侯圖之！

①王子師：東漢末太原祁（今山西祁縣）人，任豫州刺史、司徒等職。辟：任用。荀慈明：名爽，東漢潁川（今河南許昌）人，官至司空。孔文舉：即孔融，曾任北海相，後爲曹操所殺。
②山濤：字巨源，西晉河内（今河南武涉縣）人，曾任冀州刺史、禮部尚書等職。甄拔：考察選拔。
③嚴協律：或説指嚴武。

④感激：感動。委身：投身。國士：指韓朝宗。
⑤謨猷：謀劃。自矜：自負，自作主張。
⑥制作：作品。塵穢句：玷污對方的眼睛和耳朵。自謙的説法。
⑦賜觀句：賞臉願意看我的低劣作品。芻蕘：淺陋的見解，謙辭。書人：抄寫者。
⑧青萍：寶劍名。結緑：美玉名。比喻自己的文章。

薛：薛燭，春秋越國人，善相劍。卞：指卞和，善識玉。此處指韓朝宗。

⑨下流：地位低的人。獎飾：稱譽；提攜。

答李翊書①　韓愈

六月二十六日，愈白。李生足下：生之書辭甚高，而其問何下而恭也。能如是，誰不欲告生以其道？道德之歸也有日矣，況其外之文乎？抑愈所謂望孔子之門牆而不入於其宮者②，焉足以知是且非邪？雖然，不可不爲生言之。

①李翊(yì)：唐德宗時人，德宗貞元十八年（公元八〇二年）中進士。李翊曾向韓愈請教寫文章的技巧，韓愈寫了這篇文章作答。文中比較系統地闡述了作者的文學觀，認爲文章的思想内容決定表現形式，所謂「氣盛則言宜」。同時結合自己的寫作實踐具體指出，寫好文章的基本條件是要不斷加强學習和修養，不誘於勢利，建立「立言」的思想，并且要注意修改，求新，「惟陳言之務去」。

②抑愈句：不過我韓愈是所謂望見了孔子知識之宫的門牆却没有進入到宫内的人。謙虚之辭。抑，連詞，不過。論語子張：「子貢曰：『……夫子之牆數仞，不得其門而入，不見宗廟之美，百官之富。得其門者或寡矣。』」

生所謂「立言」者是也①。生所爲者與所期者，甚似而幾(jī)矣。抑不知生之志，蘄(qí)勝於人而取於人邪②？將蘄至於古之立言者邪？蘄勝於人而取於人，則固勝於人而可取於人矣；將蘄至於古之立言者，則無望其速成，無誘於勢利，養其根而竢（sì）其實，加其膏而希其光③。根之茂者其實遂（suì），膏之沃者其光曄。仁義之人，其言藹（ǎi）如也④。

① 立言：建立能够長久流傳下去的思想言論（著作）。左傳襄公二十四年：「大上有立德，其次有立功，其次有立言。」
② 蘄：通「祈」，希望。取於人：爲他人所接受，或學習、施行。

③ 竢：同「俟」，等待。膏：點油燈所用的油脂。
④ 遂：成，長成。沃：充足。曄：明亮。藹如：和順貌，這裏指説話理通氣盛，語言順暢。

抑又有難者。愈之所爲，不自知其至猶未也①。雖然，學之二十餘年矣。始者，非三代兩漢之書不敢觀，非聖人之志不敢存②。處（chǔ）若忘，行若遺，儼（yǎn）乎其若思，茫乎其若迷③。當其取於心而注於手也，惟陳言之務去，戛戛（jiá）乎其難哉④！其觀於人，不知其非笑之爲非笑也⑤。如是者亦有年，猶不改。然後識古書之正僞與雖正而不至焉者⑥，昭昭然白黑分矣，而務去之，乃徐有得也。當其取於心而注於手也，汩汩然來矣⑦。其觀於人也，笑之則以爲喜，譽之則以爲憂，以其猶有人之説者存也⑧。如是者亦有年，然後浩乎其沛然矣⑨。吾又懼其雜也，迎而距之⑩，平心而察之，其皆醇也，然後肆焉。雖然，不可以不養也。行之乎仁義之途，游之乎詩書之源⑪。無迷其途，無絶其源，終吾身而已矣。

① 至：指達到「立言」的境界。
② 三代：指夏、商、周。聖人：指孔子。
③ 處若四句：指人思想高度集中時忘掉其他事情的失常狀態。儼乎，嚴肅貌。

④ 當其句：指寫作時。戛戛乎：困難貌。
⑤ 觀於人：文章被别人看時。不知：不怕，不管。
⑥ 正僞：指是否合乎儒家的思想。不至焉者：指没有達到成熟的境界。

⑦ 汩汩然：水流快速貌，比喻文思敏捷貌。
⑧ 人之説者：指世俗的觀點。因反世俗觀點而行之，故自己的文章一般人笑之則喜，譽之則憂。
⑨ 浩乎、沛然：水盛大貌，比喻詞彙豐富，文思奔放。
⑩ 距：通「拒」，阻擋。指對文章認真修改。
⑪ 行之二句：大意爲，堅持做仁義之事，閱讀儒家經典。詩書，詩經和尚書，代表儒家經典。

氣，水也；言，浮物也①。水大而物之浮者大小畢浮。氣之與言猶是也，氣盛則言之短長與聲之高下者皆宜。雖如是，其敢自謂幾於成乎？雖幾於成，其用於人也奚取焉②？雖然，待用於人者，其肖於器邪？用與舍屬諸人③。君子則不然。處心有道，行己有方④，用則施諸人，舍則傳諸其徒，垂諸文而爲後世法。如是者，其亦足樂乎？其無足樂也？

① 氣：指文章的思想内容。言：指文章的表現形式，包括語言、結構等。
② 雖：即使。奚取焉：從中得到什麽教益。
③ 肖於器：把文章視同工具了。肖，像。屬諸人：取決於人。屬，歸於。
④ 處心二句：使自己的思想符合道義，使自己的行爲堅持原則。

有志乎古者希矣！志乎古必遺乎今①，吾誠樂而悲之。亟（qì）稱其人，所以勸之②，非敢褒其可褒而貶其可貶也。問於愈者多矣，念生之言不志乎利，聊相爲言之。愈白。

① 遺乎今：被今人所拋棄。遺，遺棄。
② 亟：屢次。勸：勉勵，鼓勵。

十 箴銘體

座右銘

崔 瑗①

無道人之短，無説己之長。施人慎勿念，受施慎勿忘。世譽不足慕，唯仁爲紀綱。隱心而後動②，謗議庸何傷。無使名過實，守愚聖所臧③。在涅(niè)貴不淄，曖曖(ài)内含光④。柔弱生之徒，老氏誡剛强⑤。行行鄙夫志，悠悠故難量。慎言節飲食，知足勝不祥。行之苟有恒，久久自芬芳。

①崔瑗(公元七七—一四三年)：字子玉，崔駰子，東漢文學家，涿郡安平(今河北安平)人，官濟北國相等職，與馬融、張衡等人友善。本文選自文選。

②隱心：思考於心。隱，審核；審度。

③守愚：抱愚守拙。臧：善，此處用作動詞。

④涅：黑泥。淄：黑色。曖曖：昏暗不亮貌。

⑤老氏：指老子。老子七六章：「人之生也柔弱，其死堅强。萬物草木生之柔脆，其死枯槁。故堅强者死之徒，柔弱者生之徒。」

五 箴①

韓 愈

人患不知其過，既知之，不能改，是無勇也。余生三十有八年，髮之短者日益白，齒之摇者日益脱，聰明不及於前時，道德日負於初心，其不至於君子而卒爲小人也昭昭矣！作五箴以訟其惡云②。

游箴

余少之時，將求多能，蚤夜以孜孜。余今之時，既飽而嬉，蚤夜以無爲。嗚呼余乎！其無知乎！君子之棄而小人之歸乎！

言箴

不知言之人，烏可與言？知言之人，默焉而其意已傳。幕中之辯，人反以汝爲叛；臺中之評③，人反以汝爲傾。汝不懲邪，而呶呶(náo)以害其生邪④？

行箴

行與義乖，言與法違，後雖無害，汝可以悔。行也無邪，言也無頗，死而不死⑤，汝悔而何？宜悔而休，汝惡(è)曷瘳(chōu)？宜休而悔，汝善安在⑥？悔不可追，悔不可爲。思而斯得，汝則弗思⑦。

好惡箴

無善而好(hào)，不觀其道；無悖而惡(wù)，不詳其故。前之所好，今見其尤；從也爲比，捨也爲讎⑧。前之所惡，今見其臧；從也爲愧，捨也爲狂⑨。維讎維比，維狂維愧，於身不祥，於德不義。不義不祥，維惡之大，幾如是爲，而不顛沛？齒之尚少，庸有不思⑩，今其老矣，不慎胡爲？

知名箴

内不足者，急於人知；霈焉有餘，厥聞四馳。今日告汝，知名之法：勿病無聞，病其曄曄⑪。昔者子路，惟恐有聞，赫然千載，德譽愈尊。矜汝文章，負汝言語，乘人不能，揜(yǎn)以自取⑫。汝非其父，汝非其師，不請而教，誰云不欺？欺以賈(gǔ)憎，揜以媒怨⑬，汝曾(zēng)不寤⑭，以及於難。小人在辱，亦克知悔，及其既寧，終莫能戒。既出汝心，又銘汝前，汝如不顧，禍亦宜然。

①箴：古代用以規勸告誡的一種文體。
②訟：指責。
③幕中之辯：指韓愈做地方官時與同僚的爭辯。臺中之評：指韓愈做監察御史時因論天旱人飢而被貶爲陽山令之事。
④呶呶：多言；喋喋不休。
⑤死而不死：即死而不朽，雖死猶生。
⑥宜悔四句：應該帶着後悔死去，你的罪惡怎麽能消除？到了死的時候才知道後悔，你的善良在什麽地方呢？曷，何。瘳，本指病癒。
⑦斯：才；乃。
⑧尤：過失；不善。比：勾結。捨：指斷交。
⑨臧：善。狂：不明事理。
⑩齒：年齡。庸：副詞，經常。
⑪病其句：應擔心自己没有輝煌的成就。曄曄，光芒四射貌。
⑫揜：掩蓋；蒙蔽。
⑬賈：買；求取。媒怨：招致怨恨。
⑭曾：副詞。竟然。

陋室銘①

劉禹錫

山不在高，有僊則名。水不在深，有龍則靈。斯是陋室，惟吾德馨(xīn)。苔痕上階緑，草色入簾青。談笑有鴻儒，往來無白丁②。可以調素琴，閲金經③。無絲竹之亂耳，無案牘之勞形。南陽諸葛廬，西蜀子雲亭④，孔子云：「何陋之有⑤？」

①本文通過對陋室的描寫和贊賞，表現了作者怡然自得、不與世俗同流合污的情操。本文選自古文觀止。
②白丁：平民，這裏指没有文化的人。
③金經：指佛經。因用泥金書寫，故名。
④諸葛：指諸葛亮，曾隱居於南陽(今湖北襄陽市西)，住茅廬。子雲亭：指揚雄故居。揚雄，字子雲，西漢

蜀郡成都(今成都市)人,漢書載他家「有田一廛,有宅一區,世世以農桑爲業」,人稱「揚子宅」。

⑤論語子罕:「子欲居九夷。或曰:『陋,如之何?』子曰:『君子居之,何陋之有?』」

十一　贊頌體

項羽本紀贊①

司馬遷

太史公曰:吾聞之周生曰「舜目蓋重瞳子②」,又聞項羽亦重瞳子。羽豈其苗裔邪?何興之暴(bào)也③!夫秦失其政,陳涉首難,豪傑蠭起,相與并争,不可勝數。然羽非有尺寸,乘勢起隴畝之中,三年,遂將五諸侯滅秦④,分裂天下,而封王侯,政由羽出,號爲「霸王」,位雖不終,近古以來未嘗有也。及羽背關懷楚⑤,放逐義帝而自立⑥,怨王侯叛己,難矣。自矜(jīn)功伐⑦,奮其私智而不師古,謂霸王之業,欲以力征經營天下。五年,卒亡其國,身死東城⑧,尚不覺寤,而不自責,過矣。乃引「天亡我,非用兵之罪也」,豈不謬哉!

①本文是司馬遷對項羽這個歷史人物的評論,選自史記項羽本紀。文章總結了項羽驟然興起又迅速敗亡的原因,對其「自矜功伐」導致亡國身死而「尚不覺寤」的結局表示了惋惜和同情。

②周生:即周先生。漢時學者,餘不詳。重瞳子:眼睛裏有兩個瞳仁。

③暴:驟然;迅速。

④尺寸:尺寸之地。隴畝:田野,指民間。五諸侯:指戰國齊、趙、韓、魏、燕五國的後裔。

⑤背關句:指項羽分封諸侯時,自己放棄關中戰略要

地，思鄉東歸楚地，定都彭城。

⑥義帝：戰國楚懷王孫心。諸侯起事時，共立心爲楚懷王。攻破咸陽後，項羽欲自立爲帝而尊心爲義帝，接着遷心於長沙，中途又殺之江中。

⑦矜：誇耀。伐：功勞。

⑧東城：地名，在今安徽定遠縣東南。漢五年，項羽兵敗垓下後自刎於東城。

酒德頌①

劉伶

有大人先生②，以天地爲一朝（zhāo），萬期爲須臾，日月爲扃（jiōng）牖，八荒爲庭衢。行無轍迹，居無室廬，幕天席地，縱意所如。止則操巵（zhī）執觚（gū），動則挈榼（qièkē）提壺③，唯酒是務，焉知其餘？

①劉伶（約公元二二一—三〇〇年），字伯倫，西晉沛國（今安徽沛縣）人，曾官建威參軍，竹林七賢之一。在政治上他和阮籍、嵇康一樣不願意和司馬氏合作，在思想上反對禮法清規。本文表現了他蔑視禮教，蔑視貴族階級的反抗精神。本文選自文選。

②大人先生：尊稱有道德有學問的人，劉伶用以自指。

③巵：一種圓形酒杯。觚：一種喇叭形的酒器。挈：提。榼：盛酒或貯水的器具。

有貴介公子，搢（jìn）紳處士①，聞吾風聲，議其所以。乃奮袂（mèi）攘襟，怒目切齒，陳説禮法，是非鋒起②。先生於是方捧甖（yīng）承槽，銜杯漱醪（láo）③，奮髯踑踞，枕麴（qū）藉糟④，無思無慮，其樂陶陶。兀然而醉，豁爾而醒⑤，静聽不聞雷霆之聲，熟視不覩泰山之形，不覺寒暑之切肌，利欲之感情⑥。

俯觀萬物，擾擾(rǎo)焉如江漢之載浮萍⑦。二豪侍側焉，如蜾蠃(guǒluǒ)之與螟蛉⑧。

① 介：大。貴介：即尊貴。搢紳：指儒士。古代儒士常插笏於衣帶間。搢，插，指插笏。紳，古代官員或儒者圍腰的帶子。處士：有才德而未仕之人。
② 奮袂攘襟：捲起袖子，撩起衣襟。切齒：咬牙。鋒起：同「蠭起」，紛紛而起。
③ 罌：小口大腹的甕，這裏指酒甕。槽：貯酒器。漱：飲。醪：濁酒。
④ 麴：酒母。藉：墊着。糟：酒糟。
⑤ 兀然：渾然無知貌。豁爾：忽然清醒貌。
⑥ 切：刺激。感情：即動心。
⑦ 擾擾焉：紛亂貌。
⑧ 二豪：指貴介公子和搢紳處士。蜾蠃：一種小蟲，體青黑，細腰，即寄生蜂。螟蛉：蛾的幼蟲。

子産不毁鄉校頌①

韓　愈

我思古人，伊鄭之僑。以禮相國，人未安其教。遊於鄉之校，衆口囂囂。或謂子産：「毁鄉校則止。」曰：「何患焉？可以成美。夫豈多言？亦各其志。善也吾行，不善吾避。維善維否(pǐ)，我於此視②。川不可防，言不可弭(mǐ)③。下塞上聾，邦其傾矣！」既鄉校不毁，而鄭國以理。在周之興，養老乞言④；及其已衰，謗者使監⑤。成敗之迹，昭哉可觀。維是子産，執政之式⑥。維其不遇，化止一國⑦。誠率是道，相天下君，交暢旁達⑧，施及無垠。於虖(hū)！四海所以不理，有君無臣。誰其嗣之？我思古人。

① 子産：即公孫僑，春秋時著名的政治家，鄭國執政大臣。據左傳載，鄭國人在閑暇時經常聚集到鄉校議

論執政的得失。鄭大夫然明擔心這樣下去對子產不利，建議毁掉鄉校。子產没有同意，他認爲國人的議論如同老師，從中可以得到教益，改善政治。本文假借頌揚子產，對時政進行了譏諷和批評。

② 左傳襄公三十一年：「鄭人遊於鄉校，以論執政。然明謂子產曰：『毁鄉校，何如？』子產曰：『何爲？夫人朝夕退而遊焉，以議執政之善否。其所善者，吾則行之。其所惡者，吾則改之。是吾師也，若之何毁之？』」

③ 防：堵塞。弭：制止。左傳襄公三十一年：「（子產曰）：『我聞忠善以損怨，不聞作威以防怨。豈不遽止？然猶防川，大決所犯，傷人必多，吾不克救也。不如小決使道，不如吾聞而藥之也。』」

④ 在周二句：周朝興盛時期，專門奉養了一些老者請他們對朝政提意見。

⑤ 謗者：批評國政者。西周末，周厲王讓衛巫監視國中的謗者，一旦被發現，即被處死，結果三年後厲王被激怒的國人所放逐。事見國語周語上。

⑥ 式：法式，楷模。

⑦ 止一國：指只是一個小小的諸侯國。

⑧ 率：遵循。交暢旁達：四面八方。旁，普遍。

説文解字、康熙字典、漢語大字典部首對照表

附録一

説明：

① 表中康熙字典簡稱康，漢語大字典簡稱漢，部首以漢語大字典的二百部爲序排列。

② 表中釋義欄内○之前的内容爲説文原文，○之後的釋義爲本書編者所加。釋義之後加括號的數字分别爲説文五百四十部的序號及大徐本（中華書局二〇一三年）的頁碼。表中最後四字非説文部首。

説文解字部首			康	漢
部首	讀音	釋義		
一	yī	惟初太始，道立於一，造分天地，化成萬物。於悉切。○一：數之始。古人以爲「一」是數之始，也是萬物的來源。（1\1）	一	一
丁	dīng	夏時萬物皆丁實。象形。丁承丙，象人心。當經切。○甲文作口〇●等形，象釘頭，是釘的古字。丁實：壯實。據五行説，丙丁爲夏。（516\310）		
丂	kǎo	气欲舒出，勹上礙於一也。苦浩切。○丂：金文作丆，象拐杖形。勹：象呼出之氣，上有「一」阻擋。（153\96）		
七	qī	陽之正也。从一，微陰从中衺出也。親吉切。○甲文作十，代表數目字「七」。或以爲「七」是「切」的古字，借以表數。陽之正：周易以奇數爲陽數，七爲正，九爲變。（509\309）		

字	拼音	說解		
上	shàng	高也。此古文上，指事也。時掌切。○古文上字。甲文作二、⌒等形。（20\1）	一	一
三	sān	天地人之道也。从三數。穌甘切。○甲文作三，表數詞。天地句：道家以爲天、地、人爲宇宙主體，許慎比附之。（4\3）		
丌	jī	下基也。薦物之丌。象形。居之切。○金文作丌。或以爲是「其」的異體。今疑爲「几」的異體。（145\94）		
不	bù	鳥飛上翔不下來也。从一，一猶天也，象形。方久切。○甲文作不等形，象花托、花萼貌，爲「柎」的初文，後爲否定副詞。（432\247）		
丏	miǎn	不見也。象壅蔽之形。彌兖切。○象遮蔽不見貌。（327\181）		
丑	chǒu	紐也。十二月，萬物動，用事。象手之形。敕九切。○甲文作丑等形，金文作丑，象手形。郭沫若以爲是「爪」的初文。紐：結。（529\312）		
且	qiě	薦也。从几，足有二横，一其下地也。子余切。又千也切。○甲文作且等形，象先人的牌位，或以爲象男性生殖器。甲、金文中多用爲「祖」。薦：祭祀。（494\301）		
丘	qiū	土之高也，非人所爲也。从北，从一。一，地也。人居在丘南，故从北。……一曰四方高中央下爲丘。象形。去鳩切。○甲文作丘等形，象土丘。（293\166）		
丙	bǐng	位南方，萬物成，炳然。陰气初起，陽气將虧。从一入冂。一者，陽也。丙承乙，象人肩。兵永切。○甲文作丙等形，象魚尾。炳然：光明貌。據五行說，丙對應火、南方和夏天。夏天過後是秋天，故云「陰氣初起，陽氣將虧」。（515\310）		

篆文	楷書	讀音	說解		
二	二	èr	地之數也。从偶一。而至切。○甲文作二，記數符號。周易以爲「天一地二」，故許云「地之數」。（479\287）	二	一
亏	亏	yú	於也。象气之舒亏。从丂从一。一者，其气平之也。羽俱切。○同「于」。甲文作𠀁 𠀁等形，象氣流呼出貌，後變作「于」。（157\96）		
五	五	wǔ	五行也。从二，陰陽在天地間交午也。疑古切。○甲文作𠄡 X等形，記數符號。或以「五」爲「午」。五行：字中「二」象天地，「×」象陰陽交互，故許云「五行也」。（507\309）		
井	井	jǐng	八家一井。象構韓形。·，罋之象也。子郢切。○甲文作井 井等形，象井欄形，本義爲水井。韓，井垣。罋，同甕。「八家一井」爲後起義。（177\101）		
亞	亞	yà	醜也。象人局背之形。賈侍中說以爲次弟也。衣駕切。○甲文作亞 亞等形，于省吾以爲象隅角形。或說「亞」象人雞胸駝背貌，故引申醜陋義。（506\309）		
ナ	ナ	zuǒ	ナ手也。象形。臧可切。○甲文作ナ ナ等形，象人的左手，後寫作「左」。（77\59）	丿	
丨	丨	gǔn	上下通也。引而上行讀若囟，引而下行讀若退。古本切。○丨：象上下連通貌。退：同「退」。（10\8）	丨	丨
丯	丯	jiè	艸蔡也。象艸生之散亂也。古拜切。○艸蔡：艸芥。段注：「凡言艸芥，皆丯之假借，芥行而丯廢矣。」（140\87）		
丵	丵	zhuó	叢生艸也。象丵嶽相並出也。士角切。○象叢艸競相生長貌。（60\53）		
亅	亅	jué	鉤逆者謂之亅。象形。衢月切。○篆文象有倒刺的魚鉤。（454\267）	亅	

部首	拼音	説解	康熙字典	漢語大字典
丵	pú	瀆丵也。从丵从廾，廾亦聲。蒲沃切。○瀆丵：連綿詞，繁瑣。（61\53）	艸	丨
丿	piě	右戾也。象左引之形。房密切。○戾：彎曲。右戾：段注：「右戾者，自右而曲於左也，故其字象自左引之。」（446\266）	丿	丿
乇	zhé	艸葉也。从垂穗，上貫一，下有根，象形。陟格切。○甲文作等形，象艸葉貌。（216\123）	丿	丿
乃	nǎi	曳詞之難也。象气之出難。奴亥切。○甲文作等形，象氣流艱難呼出貌。（152\95）	丿	丿
久	jiǔ	從後灸之。象人兩脛後有距也。舉友切。○以後灸之：段注作「從後灸之也」。久：甲文作，楊樹達積微居小學述林：「久即灸之初字也。字形從臥人，人病則臥牀，末畫象以物灼體之形。」（204\109）	丿	丿
𠂆	yī	歸也。从反身。於機切。○篆文從反身，故爲「歸」。本與「身」爲一字，後分爲二。（299\167）	丿	丿
𠂤	duī	小𨸏也。象形。都回切。○𠂤：甲文作等形，甲、金文中多借爲「師」。段注：「其字俗作堆，堆行而𠂤廢矣。」（499\305）	丿	丿
𠂹	chuí	艸木華葉𠂹。象形。是爲切。○甲文作等形，象艸木枝葉下垂貌，是「垂」的初文，後垂行而𠂹廢。（217\124）	丿	丿
𠂢	guāi	背呂也。象脅肋也。古懷切。○背呂：背脊。（442\258）	丿	丿

篆	字	音	釋義	部	部
	川	chuān	貫穿通流水也。虞書曰：「濬く巜距川。」言深く巜之水會爲川也。昌緣切。○甲文作等形，金文作，象河流。本義爲河流。（415\239）  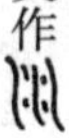	巛	丿
	爻	yáo	交也。象易六爻頭交也。胡茅切。○甲文作等形，象「爻」相交貌，是周易的基本符號。（96\64） 	爻	
	㸚	lǐ	二爻也。力几切。○繫傳：「若網交綴也。」或以爲象窗牖交文之形。（97\64）		
	丶	zhǔ	有所絕止，丶而識之也。知庾切。○古人斷句用的符號。（174\100）	丶	丶
	丸	wán	圜，傾側而轉者。从反仄。胡官切。○篆文從反仄，指小而圓的物體。段注：「圜則不能平立，故從反仄以象之。」（355\192）		
	丹	dān	巴越之赤石也。象采丹井，一象丹形。都寒切。○甲文作，礦井中的丹砂，多産於巴、越等地。（175\101） 		
	之	zhī	出也。象艸過屮枝莖益大有所之。一者，地也。止而切。○甲文作等形，從一從止，象人邁步出發形。（211\123）  	丿	
	半	bàn	物中分也。从八从牛。牛爲物大可以分也。博幔切。○金文作，從八從牛，「八」有「分開」之義，以牛代表物體。（18\22）	十	
	乙	yǐ	象春艸木冤曲而出，陰气尚彊，其出乙乙也。與丨同意。乙承甲，象人頸。於筆切。○甲文作等形，象艸木破土出貌。冤曲：彎曲貌。據五行說，甲乙爲春。（514\310） 	乙	乙
	乚	yà	玄鳥也。齊魯謂之乚，取其鳴自呼。象形。烏轄切。○乚：字形又作「乙」，義同「鳦」。玄鳥：燕子。義同「鳦」。（431\247）		
	乚	yǐn	匿也。象迟曲隱蔽形。於謹切。○今作「隱」。曲：彎曲。迟：音qì。（456\268）		

篆文/楷書	拼音	説解	康熙	漢語大字典
九	jiǔ	陽之變也。象其屈曲究盡之形。舉有切。○甲文作等形，象臂節形，本「肘」字，借爲表數詞。陽之變：周易稱九爲陽爻，以爲七變而爲九。（510\309）	乙	乙
丩	jiū	相糾繚也。一曰瓜瓠結丩起。象形。居虯切。○甲文作等形，金文作，相互糾纏貌，爲「糾」的初文。糾繚：糾纏。（52\45）	丨	
丮	jí	持也。象手有所丮據也。几劇切。○甲文作等形，金文作，象人側身伸手持物貌。（74\57）		
了	liǎo	尥也。从子無臂形。盧鳥切。○尥：走路時足脛相交。（526\311）		
予	yǔ	推予也。象相予之形。余吕切。○段注：「予、與古今字。」象以手推物付之。（127\78）		
𡿨	quǎn	水小流也。周禮：匠人爲溝洫，相廣五寸，二相爲耦。一耦之伐，廣尺深尺謂之𡿨。倍𡿨謂之遂，倍遂曰溝，倍溝曰洫，倍洫曰巜。姑泫切。○同「甽」，田間水溝。（413\239）	巛	
巜	kuài	水流澮澮也。方百里爲巜，廣二尋，深二仞。古外切。○澮：田間水溝。巜：同「澮」。王筠句讀：「巜倍於𡿨，其流大也。」（414\239）		
乁	yí	流也。从反厂。弋支切。○乁：移動，流動。（448\266）	丿	
卂	xùn	疾飛也。从飛而羽不見。息晉切。○篆文作，從「飛」省，象鳥疾飛貌，後作「迅」。（430\246）	十	
马	hàn	嘾也。艸木之華未發，圅然。象形。乎感切。○嘾：含。马：象花苞形。花含苞未放，故釋爲「嘾」。（244\139）	弓	
十	shí	數之具也。一爲東西，丨爲南北，則四方中央備矣。是執切。○甲文作等形，記數符號。具：具全，完備。（54\45）	十	十

字	音	釋義	部首	部首
卅	sà	三十幷也。蘇沓切。○甲文作等形，金文作形，用三個「十」相合以表「三十」，今作「卅」。（55\45）	十	十
𠦒	bān	箕屬，所以推棄之器也。象形。北潘切。○象畚箕一類的器具。（121\78）	十	十
厂	hǎn	山石之厓巖，人可居。象形。呼旱切。○金文作，象山崖之形，義同「岸」。厓巖：山崖。（354\191）	厂	厂
𠂆	yì	抴也，明也。象抴引之形。余制切。○抴：牽引。段注以「明也」爲衍文。（447\266）	𠂆	厂
𠂢	pài	水之衺流，別也。从反永。匹卦切。○𠂢：甲文作，金文作，從反永，是「派」的古字。衺：邪。（419\240）	𠂆	厂
匚	fāng	受物之器。象形。府良切。○甲文作，金文作，象一種方形的盛物器具。（459\268）	匚	匚
匸	xì	衺徯有所俠藏也。从乚，上有一覆之。胡禮切。○徯：等待。俠藏：夾藏，夾裹（盜竊）財物。（458\268）	匸	匚
𦣝	yí	顄也。象形。與之切。○顄：頤。𦣝：今作「頤」。（440\251）	𦣝	匚
卜	bǔ	灼剥龜也。象灸龜之形。一曰象龜兆之從橫也。博木切。○卜：甲文作等形，金文作，象燒灼龜甲時裂開的兆紋。剥：裂。（94\64）	卜	卜
卤	tiáo	艸木實垂卤卤然。象形。徒遼切。○卤卤：艸木果實下垂貌。王筠句讀：「上象蒂形，下象實形。」（246\139）	卜	卜

	冂	jiōng	邑外謂之郊，郊外謂之野，野外謂之林，林外謂之冂。象遠界也。古熒切。○冂：遠郊。金文作。楊樹達以「冂」爲「扃」的初文。(188\105)	冂	冂
	冃	mǎo	重覆也。从冂一。莫保切。○王筠：「冂又加一，故曰重也。竊疑冃冃蓋同字。」(276\153)		
	冃	mào	小兒、蠻夷頭衣也。从冂；二，其飾也。莫報切。○頭衣：帽子。冃：今作「帽」。(277\153)		
	冄	rǎn	毛冄冄也。象形。而琰切。○冄：甲文作，金文作等形，象下垂的毛髮。冄冄：冉冉，柔弱下垂貌。(360\194)		
	冊	cè	符命也，諸侯進受於王也。象其札一長一短，中有二編之形。楚革切。○冊字甲文作等形，象編在一起的書簡。符命：詔書。(44\42)		
	冎	guǎ	剔人肉，置其骨也。象形。頭隆骨也。古瓦切。○甲文作，割肉離骨，今作「剮」。(133\80)		
	冓	gòu	交積材也。象對交之形。古候切。○甲文作等形，金文作等形，象兩魚相遇貌，後字形變爲「遘」。許說疑非本義。交積材：架積木材，後作「構」。(122\78)		
	㒳	liǎng	再也。从冂，闕。良獎切。○金文作等形，今作「兩」。(278\154)	入	
	用	yòng	可施行也。从卜从中。衛宏說。余訟切。○甲文作等形，金文作。(95\64)	用	
	内	róu	獸足蹂地也。象形，九聲。人九切。○蹂：踐踏。内：義同「蹂」。(511\309)	内	

字	音	說解	部	大部
人	rén	天地之性最貴者也。此籀文。象臂脛之形。如鄰切。〇甲文作等形，象側立的人形。（287\159）	人	人
亼	jí	三合也。从人、一，象三合之形。秦入切。〇亼：同「集」。（181\103）		
从	cóng	相聽也。从二人。疾容切。〇甲文字形爲，象一人跟從另一人，後作「從」。（290\166）		
似	yín	衆立也。从三人。魚音切。〇象衆人站立貌。或以爲是「衆」的初文。字形亦作「乑」，康熙字典及漢語大字典均歸「丿」部。（294\167）		
倝	gàn	日始出，光倝倝也。从旦，㫃聲。古案切。〇倝倝：日出時光輝閃耀貌。（233\136）		
倉	cāng	穀藏也。倉黄取而藏之，故謂之倉。从食省，口象倉形。七岡切。〇甲文作，金文爲，象穀倉形，中間有門。（183\104）		
來	lái	周所受瑞麥來麰。一來二縫，象芒朿之形。洛哀切。〇甲文作，象麥子形。來麰：大麥。（196\106）		
𠌶	huá	艸木華也。从𠂹，亏聲。況於切。〇𠌶：「華」的初文，隸書作「華」，俗作「花」。（218\124）	人	
入	rù	内也。象从上俱下也。人汁切。〇甲文作，金文爲。内：進入；由外到内。（184\104）	入	入
八	bā	别也。象分别相背之形。博拔切。〇甲文作，象分開之形，後假借爲數目字。（16\22）	八	八
六	liù	易之數，陰變於六，正於八。从入，从八。力竹切。〇甲文作，記數符號。或說象屋形，爲「廬」的初文。周易以偶數爲陰數，六爲變，八爲正。（508\309）		

兮	xī	語所稽也。从丂八，象气越亏也。胡雞切。○甲文作 等形，象語氣(氣流)拖長貌。稽：延長。(155\96)	八	八
共	gòng	同也。从廿、廾。渠用切。○甲金文作 等形，象兩手舉物貌。(64\54)	八	八
弟	dì	韋束之次弟也。从古字之象。……弟，古文弟从古文韋省，丿聲。特計切。○甲文作 等形，金文作 。韋束：用皮革捆束物品。次弟：次第。(202\108)	弓	弓
勹	bāo	裹也。象人曲形有所包裹。布交切。○勹：「包」的初文。(343\185)	勹	勹
勺	zhuó	挹取也。象形，中有實，與包同意。之若切。○挹取：舀。按：本義應爲勺子。(492\300)	勹	勹
勿	wù	州里所建旗。象其柄，有三游。雜帛，幅半異。所以趣民，故遽，稱勿勿。文弗切。○甲文作 等形，金文作 ，或說象旗幟形。州里：段注：「『州里』當作『大夫士』。」(359\194)	勹	勹
包	bāo	象人裹妊。巳在中，象子未成形也。布交切。○後作「胞」，即胞衣。裹妊：懷孕。巳：象胎兒形。(344\185)	勹	勹
匕	bǐ	相與比敘也。从反人。匕，亦所以用比取飯，一名柶。卑履切。○甲文作 等形，象人形。相與句：一起排序。亦所句：段注：「『用』字衍。『比』當作『匕』。」柶：匙類器具。(289\166)	匕	匕
七	huà	變也。从到人。呼跨切。○字形從倒人，表示變化。(288\166)	匕	匕
北	běi	乖也。从二人相背。博墨切。○甲文作 ，爲二人相背貌，後作「背」。乖：乖違；背離。(292\166)	匕	匕

鬯	chàng	以秬釀鬱艸，芬芳攸服，以降神也。从凵，凵，器也；中象米；匕，所以扱之。丑諒切。○甲文作，象有酒的酒器。秬：黑黍。鬱艸：一種香艸。鬯：香酒，用鬱金艸合黑黍釀成。（179\101）	鬯	匕
儿	rén	仁人也。古文奇字人也。象形。如鄰切。○「人」的變體。多用在字下邊做偏旁，故許慎說「仁人也」。（311\174）	儿	儿
兄	xiōng	長也。从儿从口。許榮切。○甲文作等形，段注：「口之言無盡也，故以儿口爲滋長之意。」（312\174）		
兂	zān	首笄也。从人，匕象簪形。側岑切。○兂：同「簪」。（313\174）		
兔	tù	獸名。象踞，後其尾形。兔頭與㲋頭同。湯故切。○甲文作，金文作，長耳，短尾，象兔形。（375\202）		
兜	gǔ	廱蔽也。从人，象左右皆蔽形。公戶切。○廱蔽：蠱惑。（315\174）		
先	xiān	前進也。从儿从之。穌前切。○甲文作等形，從「止」在「人」上，表示前進。（316\174）		
克	kè	肩也。象屋下刻木之形。苦得切。○甲文作等形，金文作，或以爲象人戴冑形。肩：擔任；勝任。（251\140）		
几	jī	踞几也。象形。居履切。○踞几：古人席地而坐時所依靠的器具，形同几案。（493\301）		
几	shū	鳥之短羽飛几几也。象形。市朱切。○几几：短翅鳥飛翔貌。（88\66）	几	几
亡	wáng	逃也。从人，从乚。武方切。○甲文作，金文作，從人從乚，表示逃隱。（457\268）		

篆字	字	拼音	說解	康熙字典部首	漢語大字典部首
亢	亢	gāng	人頸也。从大省，象頸脈形。古郎切。（399\214）	亠	亠
交	交	jiāo	交脛也。从大，象交形。古爻切。○甲文作，象人兩腿相交貌。交脛：兩腿相交。（393\213）		
亥	亥	hài	荄也。十月微陽起，接盛陰。从二，二，古文上字。一人男，一人女也。从乙，象裹子咳咳之形。胡改切。○甲文作等形，金文作，象豕形。荄：艸根。「亥」爲地支最後一位，故有「根」義。（540\315）		
亦	亦	yì	人之臂亦也。从大，象兩亦之形。羊益切。○甲文作，「大」象人形，兩點表示兩腋。指事字。臂亦：腋下。（390\213）		
京	京	jīng	人所爲絶高丘也。从高省，丨象高形。舉卿切。○甲文作，金文作，郭沫若兩周金文辭大系攷釋：「象宮觀厜㕒之形。」（190\106）		
亯	亯	xiǎng	獻也。从高省，曰象進孰物形。許兩切。又普庚切。又許庚切。○獻：祭祀時進獻供品。亯：同「享」。（191\106）		
㐭	㐭	lǐn	穀所振入。宗廟粢盛倉黄㐭而取之，故謂之㐭。从入，回象屋形，中有户牖。力甚切。○甲文作等形，象圓形穀倉。（194\106）		
玄	玄	xuán	幽遠也。黑而有赤色者爲玄。象幽而入覆之也。胡涓切。（126\84）	玄	
率	率	shuài	捕鳥畢也。象絲罔，上下其竿柄也。所律切。○率：甲文作，象網。或以爲象大繩索。畢：捕鳥獸的網。（470\278）		
𩫏	𩫏	guō	度也，民所度居也。从回，象城𩫏之重，兩亭相對也。或但从口。古博切。○同「郭」。甲文作等形。（189\105）	高	

字	拼音	說解	部首	部首
仌	bīng	凍也。象水凝之形。筆陵切。○金文作，象水結冰貌。「仌」字本身康熙字典及漢語大字典均歸「人」部。(421\240)	冫	冫
冖	mì	覆也。从一下垂也。莫狄切。○甲文作，金文作，表示「覆蓋」義。(275\153)	冖	冖
冥	míng	幽也。从日从六，冖聲。莫經切。○幽：昏暗。(235\137)	冖	冖
凵	kǎn	張口也。象形。口犯切。○或説「凵」義非「張口」，而象坎陷形，爲「坎」的初文。(23\29)	凵	凵
凵	qū	凵盧，飯器，以柳爲之。象形。去魚切。○凵盧：連綿詞，用柳條編成的盛飯器具。(171\99)	凵	凵
凶	xiōng	惡也。象地穿交陷其中也。許容切。(260\145)	凵	凵
出	chū	進也。象艸木益滋，上出達也。尺律切。○甲文作等形，象舉足自屋内走出貌。進：成長。(213\123)	凵	凵
卩	jié	瑞信也。……象相合之形。子結切。○甲文作等形，象人跪貌。瑞信：符節。(338\184)	卩	卩
卯	qīng	事之制也。从卩、ㄗ。去京切。○制：制度。卯：甲文作，象二人相嚮貌。(341\185)	卩	卩
卯	mǎo	冒也。二月萬物冒地而出。象開門之形。莫飽切。○甲文作，象開門之形，或以爲象雙刀并立形。冒：冒出，露出。(531\312)	卩	卩
印	yìn	執政所持信也。从爪从卩。於刃切。○甲文作，羅振玉以爲「象以手抑人而使之跽」。信：符印。(339\184)	卩	卩

字	拼音	説解	康熙字典部首	漢語大字典部首
卮	zhī	圜器也。一名觛，所以節飲食。象人，卩在其下也。章移切。○觛：音dàn，圓形的小酒器。（337\184）	卩	卩
危	wēi	在高而懼也。从厃，自卩止之。魚爲切。（356\192）		
卵	luǎn	凡物無乳者卵生。象形。盧管切。（478\287）		
刀	dāo	兵也。象形。都牢切。○甲文作，象刀形。（137\85）	刀	刀
刃	rèn	刀堅也。象刀有刃之形。而振切。○甲文作。刀堅：刀的鋒利處，即刀刃。（138\87）		
㓞	qì	巧㓞也。从刀，丰聲。恪八切。○巧㓞：刻畫得精細工巧。㓞：刻畫。（139\87）		
力	lì	筋也。象人筋之形。林直切。○甲文作，金文作，象耒（古農具）形。筋：肌腱，肌肉的力量所在。（488\293）	力	力
劦	xié	同力也。从三力。胡頰切。○甲文作，象三耒并耕，表示合力。後作「協」。（489\294）		
厶	sī	姦衺也。韓非曰：「倉頡作字，自營爲厶。」息夷切。○姦衺：姦邪。厶：今作「私」。（348\186）	厶	厶
𠫓	tū	不順忽出也。从到子。他骨切。○不順：違背常理。忽出：指胎兒違背常理忽然出生。（528\312）		
去	qù	人相違也。从大，凵聲。丘據切。○甲文作，表示人從凵中離開。違：離開。（172\99）		
厽	lěi	絫坺土爲牆壁。象形。力軌切。○絫：同「累」，堆積。坺土：土塊。（502\308）		

字	拼音	說解	部首	部類
叀	zhuān	專小謹也。从幺省；屮，財見也；屮亦聲。職緣切。○甲文作 等形，象紡錘形，爲「專」的初文。專：專一。小謹：謹慎。（125\78）	厶	厶
又	yòu	手也。象形。于救切。○甲文作，金文作，象右手形。後借表「又、再次」之義。（76\58）	又	又
𠬜	pān	引也。从反廾。普班切。○𠬜：同「攀」。（63\54）	又	又
叒	ruò	日初出東方湯谷，所登榑桑，叒木也。象形。而灼切。○甲文作，金文作，象人雙手整理頭髮貌。湯谷：即暘谷，傳説中太陽升起的地方。榑桑：即「扶桑」。叒木：也作「若木」，即扶桑。（210\123）	又	又
𠬪	biào	物落，上下相付也。从爪从又。平小切。○上下相付：上下手交接。（129\79）	又	又
叕	zhuó	綴聯也。象形。陟劣切。○叕：後作「綴」。（505\309）	又	又
廴	yǐn	長行也。从彳引之。余忍切。（35\38）	廴	廴
㢟	chān	安步㢟㢟也。从廴从止。丑連切。○甲文作 等形，金文作。㢟㢟：緩步行貌。（36\38）	廴	廴
干	gān	犯也。从反入，从一。古寒切。○甲文作，象頭上有丫杈的木棒，是原始的盾牌。（47\44）	干	干
幵	jiān	平也。象二干對構，上平也。古賢切。○字由二「干」并列而成，故言「平」。（491\300）	干	干
午	wǔ	啎也。五月陰气午逆陽，冒地而出。此予矢同意。疑古切。○甲文作 等形。象「杵」之形，借爲地支名。啎：交錯。「午」爲地支第七位，代表五月。午逆：忤逆。（534\312）	十	干

説文解字部首	拼音	釋義	康熙字典部首	漢語大字典部首
工	gōng	巧飾也。象人有規榘也。與巫同意。古紅切。〇甲文作□□等形，金文作□，象工匠的曲尺。巧飾：精巧，工巧。（147\95）	工	工
左	zuǒ	手相左助也。从𠂇、工。則箇切。〇金文作□□□等形。後左手之「𠂇」寫作「左」，左助之「左」寫作「佐」。左助：佐助。（146\94）	工	工
巫	wū	祝也。女能事無形以舞降神者也。象人兩褎舞形。與工同意。武扶切。〇甲文作□，象兩玉相交形，代表巫師。祝：巫祝。析言男稱祝，女稱巫。無形：指鬼神。（149\95）	工	工
㠭	zhǎn	極巧視之也。从四工。知衍切。〇段注：「凡展布字當用此，展行而㠭廢矣。」（148\95）	工	工
土	tǔ	地之吐生物者也。二象地之下、地之中物出形也。它魯切。〇甲文作□□等形，金文作□，象土塊形。吐生：生出，出產。（480\287）	土	土
𡈼	tǐng	善也。从人、士。士，事也。一曰象物出地挺生也。他鼎切。〇甲文作□□等形，象人站在土上，表示挺立。（295\167）	土	土
垚	yáo	土高也。从三土。吾聊切。〇「堯」的古字。（481\291）	土	土
堇	qín	黏土也。从土，从黄省。巨斤切。〇甲文作□□等形。黏土：黄土。（482\291）	土	土
士	shì	事也。數始於一，終於十。从一从十。孔子曰：「推十合一爲士。」鉏里切。〇金文作□，代表成年未婚的男子。（9\8）	士	土
壬	rén	位北方也。……象人裹妊之形。如林切。〇甲文作□，金文作□，或以爲是「紝」的初文。壬爲天干第九位，五行對應北方。（523\311）	士	土
壴	zhù	陳樂立而上見也。从屮从豆。中句切。〇壴字甲文作□□等形，象鼓，爲「鼓」的初文。陳樂：陳放樂器。（160\97）	士	土

字	拼音	說解	部首	部首
壹	yī	專壹也。从壺，吉聲。於悉切。（396\214）	土	土
壺	hú	昆吾圜器也。象形。从大，象其蓋也。户吴切。〇壺字甲文作[字形][字形]等形，金文作[字形]，象壺形。昆吾：掌冶鑄之官。（395\214）	土	土
㚔	niè	所以驚人也。从大从羊。尼輒切。〇甲文作[字形][字形]等形，象手梏形。驚：警戒。「㚔」字本身康熙字典及漢語大字典皆入「大」部。（397\214）	干	土
寸	cùn	十分也。……从又从一。倉困切。（89\61）	寸	寸
収	gǒng	竦手也。从𠂇从又。居竦切。〇甲文作[字形]，象兩手共舉貌。今作「廾」。竦手：舉手；拱手。「収」字本身康熙字典、漢語大字典皆歸「又」部。（62\53）	廾	廾
大	dà	天大地大人亦大。故大象人形。他達切。〇甲文作[字形][字形]等形，象正面直立的人形，表示「大」義。（389\212）	大	大
亣	dà	籒文大，改古文。亦象人形。他達切。〇「大」的變體。漢語大字典未收此字。（402\215）	大	大
夫	fū	丈夫也。从大，一以象簪也。甫無切。〇甲文作[字形]，象束髮戴簪的人，表示男子。（403\215）	大	大
夭	yāo	屈也。从大，象形。於兆切。〇甲文作[字形]，金文作[字形]，象擺動兩臂跑動的人。或説夭、夨甲骨文字形相同，同爲歪頭的人形。（392\213）	大	大
夨	zè	傾頭也。从大，象形。阻力切。〇甲文作[字形][字形]等形，象歪頭的人形。（391\213）	大	大

字	拼音	説文解字	康熙字典部首	漢語大字典部首
夰	gǎo	放也。从大而八分也。古老切。○放：分散。（401\215）	大	大
夲	tāo	進趣也。从大从十。大十，猶兼十人也。土刀切。○進趣：快步前進。（400\214）	大	大
奢	shē	張也。从大，者聲。式車切。○奢侈。金文作[金文字形]。（398\214）	大	大
奞	suī	鳥張毛羽自奮也。从大从隹。息遺切。○奞：鳥振翅待飛。金文作[金文字形]，象鳥上飛之貌。奮：飛。（110\71）	大	大
尣	wāng	㝂，曲脛也。从大，象偏曲之形。烏光切。○尣字金文作[金文字形]，從「大」而曲其一足，表示「跛」義。㝂：義同跛。（394\213）	尢	尢
小	xiǎo	物之微也。从八，丨見而分之。私兆切。○甲文作[甲文字形]等形，金文作[金文字形]，象細小的沙粒。（15\22）	小	小
尗	shū	豆也。象尗豆生之形也。式竹切。○同「菽」，豆類。（264\146）	小	小
㡀	bì	敗衣也。从巾，象衣敗之形。毗祭切。○敗：破舊。（285\158）	巾	小
口	kǒu	人所以言食也。象形。苦后切。○甲文作[甲文字形]，象口形。（22\24）	口	口
古	gǔ	故也。从十、口。公户切。○甲文作[甲文字形]，金文作[金文字形]，甲骨文多表示「故」。（53\45）	口	口
句	gōu	曲也。从口，丩聲。古侯切。又九遇切。○甲文作[甲文字形]，金文作[金文字形]，表示彎曲，後作「勾」。（51\44）	口	口

字	音	説解	部首
史	shǐ	記事者也。从又持中。中，正也。疏士切。○甲文作等形，金文作。記事者：史官。（78\59）	口
号	hào	痛聲也。从口在丂上。胡到切。○号：大聲哭叫。（156\96）	口
吅	xuān	驚嘑也。从二口。況袁切。○嘑：呼。（24\29）	口
后	hòu	繼體君也。象人之形。施令以告四方，故厂之。从一、口。發號者，君后也。胡口切。○甲文作等形，金文作等形，甲文象婦女産子貌。繼體君：繼承先王的君主，對開國之君而言。（335\184）	口
告	gào	牛觸人，角箸横木，所以告人也。从口从牛。古奥切。○甲文作等形。箸：綁。（21\24）	口
吕	lǚ	脊骨也。象形。力舉切。○甲文作，象脊梁骨形。（271\149）	口
品	pǐn	衆庶也。从三口。丕飲切。○甲文作等形，從三口，表示人多。衆庶：衆多。（42\42）	口
㗊	jí	衆口也。从四口。阻立切。（45\44）	口
司	sī	臣司事於外者。从反后。息兹切。○甲文作等形。司：掌管。（336\184）	口
可	kě	肯也。从口、丂，丂亦聲。肯我切。○甲文作等形。肯：許可。（154\96）	口
只	zhǐ	語已詞也。从口，象气下引之形。諸氏切。○語已詞：句尾語氣詞。（49\44）	口

篆	楷	拼音	說明		
	㕯	nè	言之訥也。从口从内。女滑切。○㕯：同「訥」，言語遲鈍。（50\44）	口	口
	哭	kū	哀聲也。从吅，獄省聲。苦屋切。（25\29）	口	口
	員	yuán	物數也。从貝，口聲。王權切。○甲文作[illegible] [illegible]等形，金文作[illegible]，從口從鼎，應爲「圓」的初文。（227\125）	口	口
	喜	xǐ	樂也。从壴从口。虛里切。○甲文作[illegible] [illegible]等形，金文作[illegible]，從壴（鼓）從口。人聞樂則喜。（159\96）	口	口
	嘼	chù	犍也。象耳、頭、足厹地之形。古文嘼，下从厹。許救切。○犍也：段注作「獸牲也」。（512\309）	口	口
	嗇	sè	愛濇也。从來从㐭。所力切。○甲文作[illegible] [illegible]，金文作[illegible]，從禾（或秝）從㐭，象把穀物收入倉中。爲「穡」的初文。愛濇：吝嗇。（195\106）	口	口
	囟	xìn	頭會匘蓋也。象形。息進切。○甲文作[illegible]，金文作[illegible]，象小兒的囟門。會：正中。匘：腦。（406\216）	口	囗
	囱	chuāng	在牆曰牖，在屋曰囱。象形。楚江切。○牖：窗。囱：今作「窗」。（385\212）	口	囗
	囗	wéi	回也。象回帀之形。羽非切。○回：回旋，環繞。囗：同「圍」。（226\125）	囗	囗
	四	sì	陰數也。象四分之形。息利切。○甲文作亖，記數符號。周易以偶數爲陰數。（503\308）	囗	囗
	囧	jiǒng	窻牖麗廔闓明。象形。俱永切。○囧字甲文作[illegible]，金文作[illegible]，象窗孔。窻牖：窗子。麗廔：連綿詞，窗子的疏孔。闓明：明亮。（240\138）	囗	囗

	巾	jīn	佩巾也。从冂，丨象糸也。居銀切。〇甲文作，象佩巾下垂貌。(281\155)	巾	巾
	市	fú	韠也。上古衣蔽前而已，市以象之。……从巾，象連帶之形。分勿切。〇韠：皮制的韠膝，古代朝覲或祭祀時使用。(282\157)		
	帀	zā	周也。从反之而帀也。子荅切。〇周：環繞。帀：後作「匝」。(212\123)		
	朩	pō	艸木盛朩朩然。象形，八聲。普活切。〇朩朩：艸木枝葉因風舒散貌。朩：又音 bèi，後寫作「市」。「朩」字本身漢語大字典在「乙」部。(214\123)		
	帛	bó	繒也。从巾，白聲。旁陌切。〇帛字甲文作，金文作。繒：絲織品的總稱。(283\157)		
	山	shān	宣也，宣气散，生萬物，有石而高。象形。所閒切。〇山字甲文作等形。宣：發散。散：散。(350\188)	山	山
	屵	è	岸高也。从山、厂，厂亦聲。五葛切。(352\189)		
	屾	shēn	二山也。所臻切。(351\189)		
	嵬	wéi	高不平也。从山，鬼聲。五灰切。〇嵬：山高貌。(349\186)		
	彳	chì	小步也。象人脛三屬相連也。丑亦切。〇小步：小步走。(34\36)	彳	彳
	行	xíng	人之步趨也。从彳从亍。户庚切。〇甲文作，象四通八達的道路。步趨：行走。(37\38)	行	

彡	shān	毛飾畫文也。象形。所銜切。○文：花紋。（331\182）	彡	彡
彣	wén	䛐也。从彡从文。無分切。○䛐：音yù，有文采。（332\182）		
夕	xī	莫也。从月半見。祥易切。○夕字甲文作等形。甲文中「夕」與「月」同形。莫：「暮」的古文。（241\138）	夕	夕
多	duō	重也。从重夕。得何切。○甲文作等形，重疊「夕」表示「數量大」。重：多。（242\138）		
舛	chuǎn	對臥也。从夊㐄相背。昌兗切。○舛的篆文爲二文相背，表「違離」義。（199\113）	舛	
夂	zhǐ	从後至也。象人兩脛後有致之者。陟侈切。（203\109）	夊	夊
夊	suī	行遲曳夊夊。象人兩脛有所躧也。楚危切。○甲文作等形，從倒「止」，表示行走遲緩。夊夊：行走遲緩貌。躧：音xǐ，舞鞋。（198\107）		
广	yǎn	因广爲屋，象對刺高屋之形。魚儉切。○「广」爲依山崖而建的房屋。對刺：對立。（353\190）	广	广
庚	gēng	位西方。象秋時萬物庚庚有實也。庚承己，象人齎。古行切。○甲文作等形，金文作，象一種樂器。庚庚：果實成熟貌。依五行說，庚對應西方，代表秋。齎：臍。（520\310）		
廌	zhì	解廌，獸也。似山牛，一角。古者決訟，令觸不直。象形，從豸省。宅買切。○甲文作，象獸形。解廌：又作「獬豸」，傳說一種能判斷是非曲直的獸。（371\201）		

字	拼音	釋義	部首	部首
宀	mián	交覆深屋也。象形。武延切。○甲文有等形，象房屋形。交覆：前後相連。段注：「古者屋四注，東西與南北皆交覆也。有堂有屋，是爲深屋。」(269\147)	宀	宀
宁	zhù	辨積物也。象形。直吕切。○甲文作，金文作，象盛放物品的匣子。辨：通「辦」，存放。(504\309)		
它	tā	虫也。从虫而長，象冤曲垂尾形。託何切。○甲文作等形，金文作，象蛇，爲「蛇」的初文。(475\286)		
宫	gōng	室也。从宀，躳省聲。居戎切。○甲文作等形，金文作，象有窗的房屋。(270\149)		
寅	yín	髕也。正月陽气動，去黄泉欲上出，陰尚彊，象宀不達，髕寅於下也。弋真切。○甲文作等形，象矢形。髕：膝蓋骨，可屈曲。寅：地支第三位，代表正月。(530\312)		
𡪢	mèng	寐而有覺也。从宀从疒，夢聲。莫鳳切。○覺：音jué。感覺。𡪢：同「夢」。(273\150)		
彑	jì	豕之頭。象其鋭而上見也。居例切。○或寫作「彐」。(364\195)	彐	彐
彔	lù	刻木彔彔也。象形。盧谷切。○甲文作，金文作，象轆轤打水之形。彔彔：一一可數貌。(252\140)		
㣇	yì	脩豪獸，一曰河内名豕也。从彑，下象毛足。羊至切。○金文作，象一種動物形。脩豪：長毛。河内：漢郡名，地在今河南黄河以北。(363\195)		
尸	shī	陳也。象臥之形。式脂切。○甲文作，金文作，象人蹲踞形。陳：陳列。(305\171)	尸	尸

尺	chǐ	十寸也。……从尸从乙。乙，所識也。昌石切。（306\173）	尸	尸
尾	wěi	微也。从到毛在尸後。古人或飾系尾，西南夷亦然。無斐切。○甲文作，象人身後的尾飾。微：末梢。（307\173）		
履	lǚ	足所依也。从尸从彳从夂，舟象履形。一曰尸聲。良止切。○足所依：踩踏。（308\173）		
己	jǐ	中宫也，象萬物辟藏詘形也。己承戊，象人腹。居擬切。○己：甲文作。天干第六位，代表中間。中宫：中間。辟藏：收藏，躲藏。詘：屈。（518\310）	己	己
巳	sì	巳也。四月陽气巳出，陰气巳藏，萬物見，成文章，故巳爲蛇。象形。詳里切。○巳：甲文作等形，金文作，象胎兒或幼子形。地支第六位，對應四月。文章：紋彩。（533\312）		
巴	bā	蟲也。或曰食象蛇。象形。伯加切。○巴：傳説中的一種大蛇。蟲：古代爲動物的總稱。（519\310）		
弓	gōng	以近窮遠。象形。居戎切。○甲文作，金文作，象弓形。箭可以射到遠方，故許云「以近窮遠」。（463\270）	弓	弓
弜	jiàng	彊也。从二弓。其兩切。○甲文作等形，用兩張弓表示强大有力。（464\270）		
弦	xián	弓弦也。从弓，象絲軫之形。胡田切。○段注：「象古文絲而系於軫，軫者系弦之處。」（465\271）		
䰜	lì	歷也。古文亦鬲字，象孰飪五味气上出也。郎激切。○䰜、歷：均古文「鬲」字，音lì。（72\62）		

子	zǐ	十一月，陽气動，萬物滋，人以爲偁。象形。即里切。○子：甲文作　等形，象嬰兒形，借作「地支」之「子」，居第一位，對應十一月。偁：稱。(525\311)	子	子
孨	zhuǎn	謹也。从三子。旨究切。○孨：孱弱，後作「孱」。謹：謹小慎微，當爲引申義。(527\312)	子	子
屮	chè	艸木初生也。象丨出形，有枝莖也。古文或以爲艸字。丑列切。○甲文作　，象剛長出的小艸。(11\9)	中	中
女	nǚ	婦人也。象形。王育説。尼吕切。○甲文作　等形。(443\259)	女	女
幺	yāo	小也。象子初生之形。於堯切。○甲文作　，金文作　，義爲「細絲」，「糸」的初文。(123\78)	幺	幺
丝	yōu	微也。从二幺。於虯切。○甲文作　，象兩束細絲。微：細微。(124\78)	幺	幺
巢	cháo	鳥在木上曰巢，在穴曰窠。从木，象形。鉏交切。○金文作　，象樹上的鳥巢。(222\124)	巛	巛
王	wáng	天下所歸往也。董仲舒曰：「古之造文者，三畫而連其中謂之王。三者，天、地、人也，而參通之者王也。」孔子曰：「一貫三爲王。」雨方切。○甲文作　等形，金文作　，象斧形。引申表王權。(5\3)	王	玉
玉	yù	石之美。……象三玉之連。丨，其貫也。魚欲切。○甲文作　等形，金文作　，象一串玉形。(6\4)	王	玉
玨	jué	二玉相合爲一玨。古岳切。○甲文作　等形，象兩串玉。(7\8)	王	玉
琴	qín	禁也。神農所作，洞越，練朱五弦，周加二弦。象形。巨今切。○禁：白虎通：「琴，禁也。以禁止淫邪正人心也。」(455\267)	王	玉
无	jì	歓食气屰不得息曰无。从反欠。居未切。○无：甲文作　，從口從人。屰：逆。(323\178)	无	无

字	拼音	說解		
木	mù	冒也。冒地而生，東方之行。从屮，下象其根。莫卜切。○甲文作，金文作，象樹木形。冒：長出。依五行說，木對應東方。（206\110）	木	木
朩	pìn	分枲莖皮也。从屮，八象枲之皮莖也。匹刃切。○朩：或作「朲」。分：剝取。枲：音xǐ。麻。（261\146）		
未	wèi	味也。六月滋味也。……象木重枝葉也。無沸切。○未：甲文作，金文作，象樹木枝葉滋長貌。借爲地支第八位，對應六月。（535\312）		
朿	cì	木芒也。象形。七賜切。○甲文作等形，金文作，象樹上長着芒刺。木芒：樹上的芒刺。（248\139）		
束	shù	縛也。从口、木。書玉切。○甲文作等形，金文作，象一束捆着的木材。（224\124）		
東	dōng	動也。从木。官溥說：「从日在木中。」得紅切。○甲文作等形，金文作，均象捆紮兩頭的袋子。動：古人以爲東對應春，春天萬物萌動。（207\121）		
林	lín	平土有叢木曰林。从二木。力尋切。○甲文作等形。（208\121）		
𣏟	pài	葩之總名也。……象形。匹卦切。○段注本將「葩」改作「萉」。萉：麻紵，麻縷。（262\146）		
桀	jié	磔也。从舛在木上也。渠列切。○桀：雞棲息的木樁。磔：徐灝以爲當作「傑」。（205\109）		
桼	qī	木汁可以髹物。象形。桼如水滴而下。親吉切。○桼、髹：義均爲漆。（223\124）		
𣐺	hàn	木垂華實。从木、𢎘，𢎘亦聲。胡感切。○華：「花」的古字。（245\139）		

字	拼音	説解		
橐	hùn	橐也。从束，圂聲。胡本切。○橐：捆，束。（225\124）	木	木
支	zhī	去竹之枝也。从手持半竹。章移切。○去：去除。（79\59）	支	支
犬	quǎn	狗之有縣蹏者也。象形。孔子曰：「視犬之字如畫狗也。」苦泫切。○甲文作　等，金文作　，象形。蹏：蹄。（377\202）	犬	犬
㹜	yín	兩犬相齧也。从二犬。語斤切。○甲文作　。齧：咬。（378\205）		
歺	è	𠛱骨之殘也。从半冎。五割切。○歺：甲文作　等形，象剮去肉的殘骨，後作「歹」。𠛱：音liè。裂。（131\79）	歹	歹
死	sǐ	澌也，人所離也。从歺从人。息姊切。○甲文作　等形，商承祚以爲象「生人拜於朽骨之旁」。澌：盡。（132\80）		
奴	cán	殘穿也。从又从歺。昨干切。○甲文作　等形，象以手持骨形。殘穿：以殘骨製作的穿物工具。（130\79）		
戈	gē	平頭戟也。从弋，一横之。象形。古禾切。○甲文作　等，象形。平頭戟：繫傳：「小枝上向則爲戟，平之則爲戈。」（451\266）	戈	戈
戊	wù	中宫也。象六甲五龍相拘絞也。戊承丁，象人脅。莫候切。○戊：甲文作　，金文作　，象一種武器。六甲：天干中甲子、甲戌、甲申、甲午、甲辰、甲寅等六位均含「甲」，稱六甲。五龍：指五行。拘絞：交錯，糾合。（517\310）		
戉	yuè	斧也。从戈，乚聲。王伐切。○甲文作　等形，象斧鉞形，後作「鉞」。（452\267）		

<table>
<tr><td>戌</td><td>xū</td><td>滅也。九月陽气微，萬物畢成，陽下入地也。五行，土生於戊，盛於戌，从戊含一。辛聿切。○甲文作□□等形，金文作□，象一種兵器。據五行說，火死於戌，陽氣至戌而盡，故許云「滅也」。戌：地支第十一位，五行屬土，對應九月。（539\315）</td><td rowspan="2">戈</td><td rowspan="2">戈</td></tr>
<tr><td>我</td><td>wǒ</td><td>施身自謂也。或說：我，頃頓也。从戈从手。手，或説古垂字。一曰古殺字。五可切。○甲文作□□等形，象一種武器，後借作人稱代詞。傾頓：傾側。（453\267）</td></tr>
<tr><td>比</td><td>bǐ</td><td>密也。二人爲从，反从爲比。毗至切。○甲文作□，金文作□，象兩人相并，表示親近。密：親近。（291\166）</td><td rowspan="2">比</td><td rowspan="2">比</td></tr>
<tr><td>㲋</td><td>chuò</td><td>獸也。似兔，青色而大。象形。頭與兔同，足與鹿同。丑略切。○㲋：象形，象兔而比兔大的青色動物。（374\202）</td></tr>
<tr><td>牙</td><td>yá</td><td>牡齒也。象上下相錯之形。五加切。○金文作□□□等形，象形。牡齒：臼齒；大牙。牡，壯。（39\39）</td><td>牙</td><td>牙</td></tr>
<tr><td>瓦</td><td>wǎ</td><td>土器已燒之總名。象形。五寡切。○陶器的總稱。（462\269）</td><td rowspan="2">瓦</td><td rowspan="2">瓦</td></tr>
<tr><td>甍</td><td>ruǎn</td><td>柔韋也。从北，从皮省，从夐省。而兖切。○柔韋：鞣製皮革。（91\61）</td></tr>
<tr><td>止</td><td>zhǐ</td><td>下基也。象艸木出有址，故以止爲足。諸市切。○甲文作□□□等形，象腳，後作「趾」。「下基」爲引申義，後作「址」。（27\32）</td><td rowspan="4">止</td><td rowspan="4">止</td></tr>
<tr><td>正</td><td>zhèng</td><td>是也。从止，一以止。之盛切。○甲文作□□□等形，金文作□。□象城邑，從「止」，爲「征」的初文。是：中正不偏。（31\33）</td></tr>
<tr><td>此</td><td>cǐ</td><td>止也。从止从匕。匕，相比次也。雌氏切。○甲文作□，金文作□。止：到達。（30\32）</td></tr>
<tr><td>步</td><td>bù</td><td>行也。从止少相背。薄故切。○甲文作□，從兩止，表示行走。（29\32）</td></tr>
</table>

字	拼音	說解	部首	部
攴	pū	小擊也。从又卜聲。普木切。○甲文作，象手裏拿着棍狀器械擊打貌。(92\62)	攴	攴
放	fàng	逐也。从攴方聲。甫妄切。○逐：放逐。(128\79)	攴	攴
教	jiào	上所施，下所效也。从攴从孝。古孝切。○甲文作 等形，表示教育。(93\64)	攴	攴
日	rì	實也。太陽之精不虧。从口、一。象形。人質切。○甲文作，象太陽。實：滿盈。(231\134)	日	日
旦	dàn	明也。从日見一上。一，地也。得案切。○甲文作，金文作，象太陽將離開地面升起貌。明：天亮。(232\136)	日	日
旨	zhǐ	美也。从甘匕聲。職雉切。○甲文作 等形，金文作，從口或甘，從人或匕，表示美味。(158\96)	日	日
朙	míng	照也。从月从囧。……，古文朙从日。武兵切。○甲文作 等形，日月合并，表示光明。(239\138)	日	日
是	shì	直也。从日、正。承旨切。○金文作，從日，從正。直：正直，正確。(32\33)	日	日
易	yì	蜥易，蝘蜓，守宫也。象形。祕書說：日月爲易，象陰陽也。一曰从勿。羊益切。○甲文作 等形，金文作 等形。或說象水溢貌，或說甲文字形象把容器中的水倒進另一容器，表「變易」義。蝘蜓、守宫：均蜥蜴別名。(368\196)	日	日
晶	jīng	精光也。从三日。子盈切。○甲文作，表星光。精：指日月星辰。(236\137)	日	日
曰	yuē	詞也。从口乙聲。亦象口气出也。王代切。○甲文作 等，從口，「一」指說話時的氣流。詞：說話。(151\95)	曰	日

字	拼音	説解	康熙字典部首	漢語大字典部首
曲	qū	象器曲受物之形。或説：曲，蠶薄也。丘玉切。○甲文作，曲形器具。蠶薄：蠶箔。(460\269)	曰	日
會	huì	合也。从亼，从曾省。曾，益也。黄外切。○甲文作，上部象蓋，下部象盛物之器，中部象所盛之物。(182\104)		
𣆪	hòu	厚也。从反亯。胡口切。○同「厚」。(192\106)		
水	shuǐ	準也。北方之行。象衆水并流，中有微陽之气也。式軌切。○甲文作、等形，金文作，象水流動貌。準：水之平。據五行説，水對應北方。(410\224)	水	水
永	yǒng	長也。象水巠理之長。于憬切。○甲文作，金文作，象人在水中游泳貌。(418\240)		
次	xián	慕欲口液也。从欠从水。敘連切。○次：同「涎」，口水。(322\178)		
沝	zhuǐ	二水也。闕。之壘切。○甲文作，兩水相并。(411\239)		
泉	quán	水原也。象水流出成川形。疾緣切。○甲文作等形，象泉水流出貌。原：源的古字。(416\239)		
瀕	bīn	水厓，人所賓附，頻蹙不前而止。从頁从涉。符真切。○厓：涯岸。賓附：歸附。(412\239)		
灥	xún	三泉也。闕。詳遵切。○三：代表「多」。(417\239)		
牛	niú	大牲也。牛，件也。件，事理也。象角頭三、封尾之形。語求切。○牲：祭祀用的動物。甲文作，金文作，象牛頭，代表牛。(19\22)	牛	牛

字	拼音	說解	部首	部首
犛	máo	西南夷長髦牛也。从牛𠩺聲。莫交切。○犛：犛牛。（20\24）	牛	牛
手	shǒu	拳也。象形。書九切。○金文作，象手形。（441\251）	手	手
才	cái	艸木之初也。从丨上貫一，將生枝葉。一，地也。昨哉切。○甲文作，金文作，象小艸剛發芽形。（209\122）	手	手
毛	máo	眉髮之屬及獸毛也。象形。莫袍切。○金文作，象毛髮形。（303\171）	毛	毛
毳	cuì	獸細毛也。从三毛。此芮切。○細毛：絨毛。金文作，從三「毛」。（304\171）	毛	毛
气	qì	雲气也。象形。去既切。○甲文作，金文作，象氣霧之形。（8\8）	气	气
片	piàn	判木也。从半木。匹見切。○甲文作，從半「木」，象木被劈開形。判：分開。（249\139）	片	片
斤	jīn	斫木也。象形。舉欣切。○段注：「斫木斧也。」甲文作等形，金文作，象斧子。（495\301）	斤	斤
爪	zhǎo	丮也。覆手曰爪。象形。側狡切。○丮：握持。甲文作，金文作，象爪子。或説爲「抓」的初文。（73\57）	爪	爪
舜	shùn	艸也。楚謂之葍，秦謂之藑。蔓地連華。象形。从舛，舛亦聲。舒閏切。○葍：音fú。蔓生艸本植物。藑：音qióng。（200\108）	舜	爪
月	yuè	闕也。太陰之精。象形。魚厥切。○甲文作，金文作。闕：缺。太陰：月亮。（237\137）	月	月

字	拼音	說明		
有	yǒu	不宜有也。春秋傳曰："日月有食之。"从月，又聲。云九切。○甲文作，構形不明。金文作，或以爲從又（手），持「肉」，表示「持有」。不宜有：不當有而有。（238\138）	月	月
能	néng	熊屬，足似鹿。从肉，㠯聲。能獸堅中，故稱賢能，而彊壯稱能傑也。奴登切。○甲文作，金文作，象熊形，應爲「熊」的古字。㠯：同「以」。（380\206）	肉	月
氏	shì	巴蜀山名。岸脅之旁箸欲落墮者曰氏。氏崩聞數百里。象形，乀聲。承旨切。○氏：古巴蜀一帶稱江邊將要崩落的山坡爲氏。（449\266）	氏	氏
氐	dǐ	至也。从氏下箸一。一，地也。丁礼切。○金文作，或說義爲「根柢」。至：抵達，應爲引申義。（450\266）	氏	氏
民	mín	衆萌也。从古文之象。彌鄰切。○金文作等形，郭沫若：「作一左目形，而有刃物以刺之，……周人初以敵囚改爲民時，乃盲其左目以爲奴徵。」萌：通「氓」，百姓。（445\266）	氏	氏
欠	qiàn	張口气悟也。象气从人上出之形。去劍切。○甲文作等形，象人張口打哈欠。悟：出。（320\176）	欠	欠
㱃	yǐn	歠也。从欠，酓聲。於錦切。○甲文作等形，象人低頭喝水貌。歠：飲。（321\178）	欠	欠
殳	shū	以杸殊人也。……从又几聲。市朱切。○甲文作形，金文作，象手持武器的樣子。杸：音shū。同「殳」，一種武器。殊：殺。（86\60）	殳	殳
殺	shā	戮也。从殳，杀聲。所八切。○甲文作等形。（87\61）	殳	殳
毇	huǐ	米一斛舂爲八斗也。从𣀎从殳。許委切。○斛：音hú，盛糧食的器具。一斛爲十斗。八斗：段注以爲「當爲九斗」。毇：舂米。（258\145）	殳	殳

字	音	釋義		
文	wén	錯畫也。象交文。無分切。○甲文作等形，金文作，象人的紋身，後作「紋」。錯：交錯。（333\182）	文	文
方	fāng	併船也。象兩舟省總頭形。府良切。○甲文作等形，金文作，或説象耒形。（310\174）	方	方
㫃	yǎn	旌旗之游，㫃蹇之皃。从屮，曲而下，垂㫃相出入也。於幰切。○㫃：甲文作等形，金文作，象旌旗飄揚貌。㫃蹇：旌旗飛揚貌。（234\136）	方	方
火	huǒ	燬也，南方之行，炎而上。象形。呼果切。○甲文作等形，象火苗。燬：烈火。據五行説，火對應南方。（382\206）	火	火
炎	yán	火光上也。从重火。于廉切。○金文作。上：升騰。（383\209）	火	火
炙	zhì	炮肉也。从肉在火上。之石切。○炮：音páo。燒烤。（387\212）	火	火
焱	yàn	火華也。从三火。以冉切。○火華：火花。（386\212）	火	火
烏	wū	孝鳥也。象形。哀都切。○金文作等形。孝鳥：古人以爲烏鴉能反哺，故云孝鳥。（120\77）	火	火
舄	sì	如野牛而青。象形。與禽、离頭同。徐姊切。○甲文作等形，象犀牛。今作「兕」。（367\196）	火	火
熊	xióng	獸。似豕，山居，冬蟄。从能，炎省聲。羽弓切。（381\206）	火	火
燕	yàn	玄鳥也。籋口，布翄，枝尾。象形。於甸切。○玄：黑色。甲文作，象燕子形。（426\245）	火	火

說文篆體	楷體	拼音	說解	康熙字典部首	漢語大字典部首
	爨	cuàn	齊謂之炊爨。臼象持甑，冂爲竈口，廾推林内火。七亂切。○爨：生火做飯。(69\54)	火	火
	斗	dǒu	十升也。象形，有柄。當口切。○金文作，象酒斗（舀酒器）。引申指盛糧器。十升爲一斗。(496\301)	斗	斗
	户	hù	護也。半門曰户。象形。侯古切。○甲文作，象單扇門。護：訓「户」爲「護」屬聲訓。(437\248)	户	户
	心	xīn	人心。土藏，在身之中。象形。息林切。○甲文作、金文作，象人心形。土藏：據五行說，土在中，人心亦在中，故稱土藏。(408\216)	心	心
	思	sī	容也。从心，囟聲。息茲切。○容：段玉裁改爲「睿」，音ruì，同「睿」，思慮。(407\216)		
	惢	suǒ	心疑也。从三心。讀若《易》「旅瑣瑣」。又才規、才累二切。○段注：「今俗謂疑爲多心。」(409\223)		
	毋	wú	止之也。从女，有奸之者。武扶切。○甲文作、金文作，與「母」本爲一字，後分用。止：禁止。(444\265)	毋	毋
	毌	guān	穿物持之也。从一橫貫，象寶貨之形。古丸切。○甲文作等形，象串起來的貨幣。後作「貫」。又音guàn。(243\139)		
	示	shì	天垂象，見吉凶，所以示人也。从二。三垂，日月星也。神至切。○甲文作等形，象祖先的牌位。垂象：懸示日月星之象。(3\1)	示	示
	甘	gān	美也。从口含一。一，道也。古三切。○甲文作等形，象口中有美食，表味美。(150\95)	甘	甘
	石	shí	山石也。在厂之下；口，象形。常隻切。○甲文作等形，象崖下有石頭。(357\192)	石	石

篆文	字	音	説解		
	目	mù	人眼。象形。重童子也。莫六切。○甲文作、金文作，象人的眼睛。（99\65）	目	目
	𥄕	mò	目不正也。从𦫳从目。工瓦切。（113\72）		
	𥄎	xuè	舉目使人也。从攴从目。火劣切。○甲文作、金文作，從目，從攴，以目指使人。（98\65）		
	盾	dùn	瞂也，所以扞身蔽目。象形。食閏切。○瞂：音bá。盾。扞：保護。（102\68）		
	眉	méi	目上毛也。从目，象眉之形，上象頟理也。武悲切。○甲文作等形，金文作，加輔助性符號的象形字。（101\68）		
	県	jiāo	到首也。賈侍中説：此斷首到縣県字。古堯切。○県：古代的一種刑法，砍首倒懸。到：倒。（329\182）		
	䀠	jù	左右視也。从二目。九遇切。○金文作等形，左右驚視貌。（100\68）		
	瞿	jù	鷹隼之視也。从隹从䀠，䀠亦聲。九遇切。又音衢。○鳥類警視貌。（116\73）		
	田	tián	陳也。樹穀曰田。象四囗。十，阡陌之制也。待年切。○甲文作等形，象田地形。（484\292）	田	田
	甲	jiǎ	東方之孟，陽气萌動。从木戴孚甲之象。一曰人頭宜爲甲，甲象人頭。古狎切。○甲文作等形，朱駿聲以爲義爲「鎧甲」。「甲」爲天干第一位，對應東方、木、正月。（513\310）		
	申	shēn	神也。七月陰气成，體自申束。从臼，自持也。失人切。○甲文作等形，金文作，象閃電貌。「申」爲地支第九位，對應七月。（536\313）		

說文	拼音	說解	康熙字典	漢語大字典
由	fú	鬼頭也。象形。敷勿切。○「由」字是「鬼」字的上部，故許釋爲「鬼頭」。（347\186）	田	田
男	nán	丈夫也。从田从力。言男用力於田也。那含切。○甲文作　等形，從田從力（耒），表「男子」義。（487\293）		
甾	zī	東楚名缶曰甾。象形。側詞切。○甲文作　等形，象器具形。東楚：地在今江蘇省。（461\269）		
畐	fú	滿也。从高省，象高厚之形。讀若伏。芳逼切。○畐：同「畗」。甲文作　等形，金文作　，象長頸鼓腹圓底的器具。「滿」非本義。（193\106）		
畕	jiāng	比田也。从二田。居良切。○甲文作　，同「畺」（疆）。比：并列。（485\293）		
畫	huà	界也。象田四界。聿，所以畫之。胡賣切。○甲文作　，金文作　，象手拿聿（筆）畫貌。界：劃分界限。（82\60）		
異	yì	分也。从廾从畀。畀，予也。羊吏切。○甲文作　，金文作　，象頭上戴着東西，爲「戴」的初文。「分」非本義。（65\54）		
皿	mǐn	飯食之用器也。象形。與豆同意。武永切。○甲文作　等形，金文作　，象盆子一類的器皿。（170\99）	皿	皿
鹽	yán	鹹也。从鹵，監聲。余廉切。○鹹：音xián。鹽的味道。（436\247）		
生	shēng	進也。象艸木生出土上。所庚切。○甲文作　，金文作　，象艸木剛出土貌。進：出生；生長。（215\123）	生	生
矢	shǐ	弓弩矢也。从入，象鏑栝羽之形。式視切。○甲文作　，金文作　，象箭形。（186\105）	矢	矢

篆文	字	音	釋義	部首	部首
□	禾	hé	嘉穀也。……从木，从𠂹省。𠂹象其穗。户戈切。○甲文作□□□等形，金文作□，象垂穗的穀物。（253\140）	禾	禾
□	禾	jī	木之曲頭，止不能上也。古兮切。○木之二句：樹梢因受阻而不能上長。（220\124）	禾	禾
□	秃	tū	無髮也。从人，上象禾粟之形，取其聲也。他谷切。○説文通訓定聲：「此字當从秀而斷其下。」（317\175）	禾	禾
□	秝	lì	稀疏適也。从二禾。讀若歷。郎擊切。○甲文作□□等形。段注：「稀疏適秝也。」適秝：均匀貌。（254\143）	禾	禾
□	稽	jī	留止也。从禾，从尤，旨聲。古兮切。○留止：停留。（221\124）	禾	禾
□	白	bái	西方色也。陰用事，物色白。从入合二。二，陰數。旁陌切。○甲文作□□等，金文作□，字形不明。據五行説，西方爲白色。（284\157）	白	白
□	皀	bī	穀之馨香也。象嘉穀在裹中之形。匕，所以扱之。或説：皀，一粒也。皮及切。○皀：又音xiāng。甲文作□□，象盛在器皿中的食物。（178\101）	白	白
□	皃	mào	頌儀也。从人，白象人面形。莫教切。○頌儀：面容，後作「貌」。（314\174）	白	白
□	皕	bì	二百也。彼力切。○金文作□，兩「百」相并。（106\69）	白	白
□	瓜	guā	胍也。象形。古華切。○金文作□，象藤上結的瓜。胍：音yǔ。瓜果。（267\146）	瓜	瓜
□	瓠	hù	匏也。从瓜，夸聲。胡誤切。○匏：葫蘆。（268\147）	瓜	瓜
□	疒	nè	倚也。人有疾病。象倚箸之形。女戹切。○甲文作□□等形，象人生病臥在牀上。（274\151）	疒	疒

說文	楷書	拼音	說解	康熙字典部首	漢語大字典部首
	立	lì	住也。从大立一之上。力入切。○甲文作，金文作，象人正面直立貌。住：站立。(404\215)	立	立
	辛	qiān	辠也。从干、二。二，古文上字。去虔切。○甲文作等形，和「辛」的字形相近。辠：罪。(59\53)		
	竝	bìng	併也。从二立。蒲迥切。○甲文作，從兩立，象兩人并排站立。(405\216)		
	穴	xué	土室也。从宀，八聲。胡決切。○土室：即洞穴。(272\149)	穴	穴
	疋	shū	足也。上象腓腸，下从止。……古文以爲詩大疋字。亦以爲足字。或曰胥字。一曰疋，記也。所菹切。○甲文作等，象形。足：脚。古代稱膝蓋以下的部分爲脚。(41\42)	疋	疋
	皮	pí	剥取獸革者謂之皮。从又，爲省聲。符羈切。○金文作，象用手剥獸皮貌。(90\61)	皮	皮
	癶	bō	足剌癶也。从止、𣥂。北末切。○剌癶：連綿詞，脚有毛病行動不方便。(28\32)	癶	癶
	癸	guǐ	冬時水土平，可揆度也。象水從四方流入地中之形。癸承壬，象人足。居誄切。○甲文作等形，金文作，構形不明。揆度：測度。癸爲天干末位，對應冬天。(524\309)		
	矛	máo	酋矛也。建於兵車，長二丈。象形。莫浮切。○金文作，象形。酋：近，短。(497\300)	矛	矛
	耒	lěi	手耕曲木也。从木推丰。盧對切。○耒：金文作，象形。農具耜上的曲木柄。(141\87)	耒	耒
	老	lǎo	考也。七十曰老。从人、毛、匕，言鬚髮變白也。盧浩切。○甲文作，象老者策杖而行，表示年老。(302\171)	老	老

字	拼音	釋義		
耳	ěr	主聽也。象形。而止切。○甲文作等形，金文作，象耳朵形。（439\250）	耳	耳
臣	chén	牽也，事君也。象屈服之形。植鄰切。○甲文作等形，金文作。郭沫若以爲，「臣」的甲金文均象人俯首時目豎之形。牽：指戰俘或奴僕，二者被抓時用繩索牽引。事君：指大臣。（85\60）	臣	臣
臥	wò	休也。从人、臣，取其伏也。吾貨切。（297\167）		
臤	qiān	堅也。从又，臣聲。苦閑切。○金文作，從手，從豎目。堅：堅固。（84\60）		
襾	yà	覆也。从冂，上下覆之。呼訝切。○覆：覆蓋。（280\155）	襾	襾
西	xī	鳥在巢上。象形。日在西方而鳥棲，故因以爲東西之西。先稽切。○甲文作等形，金文作，象鳥巢，爲「棲」的古字。（434\247）		
而	ér	頰毛也。象毛之形。如之切。○甲文作，金文作，象鬍鬚形。（361\194）	而	而
耑	duān	物初生之題也。上象生形，下象其根也。多官切。○甲文作等，象植物始發芽貌。後作「端」。題：頭。（265\146）		
虍	hū	虎文也。象形。荒烏切。○文：斑紋。（167\98）	虍	虍
虎	hǔ	山獸之君。从虍，虎足象人足。象形。呼古切。○甲文作等形，金文作，象老虎形。（168\98）		
䖒	xī	古陶器也。从豆，虍聲。許羈切。○䖒：一種似豆的陶器。（166\98）		

	虤	yán	虎怒也。从二虎。五閑切。○甲文作，金文作，象二虎相争貌。(169\99)	虍	虍
	至	zhì	鳥飛從高下至地也。从一，一猶地也。象形。脂利切。○甲文作，金文作，均象「矢」射到某處。(433\247)	至	至
	虫	huǐ	一名蝮，博三寸，首大如擘指。象其臥形。物之微細，或行，或毛，或蠃，或介，或鱗，以虫爲象。許偉切。○甲文作等形，金文作，象蛇形。博：大。擘指：大拇指。(471\279)	虫	虫
	䖵	kūn	蟲之總名也。从二虫。古魂切。○甲文作等形，金文作，從兩虫。(472\285)		
	蟲	chóng	有足謂之蟲，無足謂之豸。从三虫。直弓切。○豸：音 zhì。無足小蟲，如蚯蚓等。(473\285)		
	网	wǎng	庖犧所結繩以漁。从冂，下象网交文。文紡切。○甲文作，象網形。庖犧：即伏羲，古部落酋長名。(279\154)	网	网
	肉	ròu	胾肉。象形。如六切。○甲文作，象肉塊形。胾：音 zì。切成大塊的肉。(135\81)	肉	肉
	缶	fǒu	瓦器，所以盛酒漿，秦人鼓之以節謌。象形。方九切。○缶：甲文作，象形。瓦：陶器。(185\104)	缶	缶
	舌	shé	在口所以言也、别味也。从干从口，干亦聲。食列切。○甲文作，張口舌頭外伸貌。(46\44)	舌	舌
	竹	zhú	冬生艸也。象形。陟玉切。○甲文作，象形。冬生艸：冬天仍可以生長的植物。(143\90)	竹	竹
	筋	jīn	肉之力也。从力从肉从竹。竹，物之多筋者。居銀切。○肉之力：指韌帶。(136\85)		

<table>
<tr><td>箕</td><td>jī</td><td>簸也。从竹；𠀠，象形；下其丌也。居之切。○甲文作等形，本爲「其」，象形；後作「箕」，當爲形聲。簸：簸箕。（144\94）</td><td>竹</td><td>竹</td></tr>
<tr><td>臼</td><td>jiù</td><td>舂也。古者掘地爲臼，其後穿木石。象形。中，米也。其九切。○舂：段玉裁改作「舂臼」。（259\145）</td><td rowspan="3">臼</td><td rowspan="3">臼</td></tr>
<tr><td>𦥑</td><td>jú</td><td>叉手也。从𠂇、彐。居玉切。○象兩手相交叉或并列形。（67\54）</td></tr>
<tr><td>舁</td><td>yú</td><td>共舉也。从臼从廾。以諸切。○字形上「臼」下「廾」，表示用手抬物。（66\54）</td></tr>
<tr><td>自</td><td>zì</td><td>鼻也。象鼻形。疾二切。○甲文作等形，象鼻子形。後指代「自己」。（103\68）</td><td rowspan="3">自</td><td rowspan="3">自</td></tr>
<tr><td>白</td><td>zì</td><td>此亦自字也。省自者，詞言之气，从鼻出，與口相助也。疾二切。○白：「自」的異體。（104\68）</td></tr>
<tr><td>百</td><td>shǒu</td><td>頭也。象形。書九切。○百：「首」的異體。（325\181）</td></tr>
<tr><td>血</td><td>xuè</td><td>祭所薦牲血也。从皿，一象血形。呼決切。○甲文作，象皿中有血。薦：進獻。（173\100）</td><td>血</td><td>血</td></tr>
<tr><td>舟</td><td>zhōu</td><td>船也。……象形。職流切。○甲文作，金文作，象小船。（309\173）</td><td>舟</td><td>舟</td></tr>
<tr><td>色</td><td>sè</td><td>顏气也。从人从卪。所力切。○顏气：臉色。（340\185）</td><td>色</td><td>色</td></tr>
<tr><td>衣</td><td>yī</td><td>依也。上曰衣，下曰裳。象覆二人之形。於稀切。○甲文作，金文作，象衣服形。依：人所依以蔽體。聲訓。（300\167）</td><td rowspan="2">衣</td><td rowspan="2">衣</td></tr>
<tr><td>裘</td><td>qiú</td><td>皮衣也。从衣求聲。一曰象形，與衰同意。巨鳩切。○甲文作，金文作，象皮毛朝外的皮衣。（301\171）</td></tr>
</table>

<table>
<tr><td>羊</td><td>yáng</td><td>祥也。从𦫳，象頭角足尾之形。與章切。○甲文作，金文作，象羊頭，代表羊。祥：羊常用於祭祀求福，故以「吉祥」義釋羊。聲訓。（114\72）</td><td rowspan="2">羊</td><td rowspan="2">羊</td></tr>
<tr><td>羴</td><td>shān</td><td>羊臭也。从三羊。式連切。○甲文作，從三羊，表示羶氣。字或作「羶」。（115\73）</td></tr>
<tr><td>米</td><td>mǐ</td><td>粟實也。象禾實之形。莫禮切。○甲文作。實：子實。（257\143）</td><td>米</td><td>米</td></tr>
<tr><td>肀</td><td>niè</td><td>手之疌巧也。从手持巾。尼輒切。○甲文作等形，金文作，象手持聿（筆），與「聿」同。疌巧：捷巧。（80\59）</td><td rowspan="2">聿</td><td rowspan="2">聿</td></tr>
<tr><td>聿</td><td>yù</td><td>所以書也。楚謂之聿，吴謂之不律，燕謂之弗。从聿，一聲。余律切。○聿、不律、弗：皆「筆」的方言稱呼。（81\59）</td></tr>
<tr><td>艸</td><td>cǎo</td><td>百卉也。从二屮。丑列切。○艸：今作「草」。（12\9）</td><td rowspan="6">艸</td><td rowspan="6">艸</td></tr>
<tr><td>𦫳</td><td>guǎ</td><td>羊角也。象形。工瓦切。○篆文「𦫳」象羊角。（112\72）</td></tr>
<tr><td>苟</td><td>jì</td><td>自急敕也。从羊省，从包省，从口，口猶慎言也；从羊，羊與義、善、美同意。己力切。○甲文作，金文作，象戴着羊角的人形。與「羌」的甲文字形相近。或說「苟」爲「敬」的古字。（345\185）</td></tr>
<tr><td>茻</td><td>mǎng</td><td>衆艸也。从四屮。模朗切。○茻：同「莽」。（14\21）</td></tr>
<tr><td>華</td><td>huá</td><td>榮也。从艸从𠌶。户瓜切。○榮：開花。（219\124）</td></tr>
<tr><td>萈</td><td>huán</td><td>山羊細角者。从兔足，苜聲。胡官切。○徐鉉：「苜，徒結切，非聲。疑象形。」王筠說文句讀：「𦫳，其角也；目，其首也；灬則足與尾也。似通體象形。」（376\202）</td></tr>
</table>

字	拼音	說明	部首	部首
蓐	rù	陳艸復生也。从艸，辱聲。而蜀切。○甲文作 等形，象手持辰（農具）除艸貌。（13\21）	艸	艸
羽	yǔ	鳥長毛也。象形。王矩切。○甲文作 等形，象羽毛形。（108\69）	羽	羽
習	xí	數飛也。从羽从白。似入切。○數：頻頻。甲文作 等形，郭沫若：「從羽從日，蓋謂禽鳥於晴日學飛。」（107\69）		
糸	mì	細絲也。象束絲之形。莫狄切。○甲文作 等形，金文作 ，象一束細絲。（467\272）	糸	糸
系	xì	繫也。从糸丿聲。胡計切。○甲文作 等，金文作 ，象纏絲形。（466\271）		
素	sù	白緻繒也。从糸、𠂹，取其澤也。桑故切。○金文作 ，象以手織布貌。緻：細密。繒：絲織品的總稱。（468\279）		
絲	sī	蠶所吐也。从二糸。息茲切。○甲文作 等形，金文作 ，象兩束絲。（469\279）		
走	zǒu	趨也。从夭、止。夭止者，屈也。子苟切。○金文作 ，象人甩動手臂跑動貌。（26\29）	走	走
赤	chì	南方色也。从大从火。昌石切。○甲文作 等形，金文作 ，從大，從火。據五行說，火爲南方之行，對應紅色。（388\212）	赤	赤
車	chē	輿輪之總名。夏后時奚仲所造。象形。尺遮切。○甲文作 等形，金文作 。（498\302）	車	車
豆	dòu	古食肉器也。从口，象形。徒候切。○甲文作 等形，金文作 ，象形。（163\97）	豆	豆

豈	qǐ	還師振旅樂也。一曰欲也，登也。从豆，微省聲。墟喜切。○振旅：整隊班師。(162\97)	豆	豆
豊	lǐ	行禮之器也。从豆，象形。盧啓切。○甲文作 等形，金文作 ，象盛滿玉的豆。(164\97)		
豐	fēng	豆之豐滿者也。从豆，象形。敷戎切。○豐滿：盛滿。甲文作 ，金文作 。(165\98)		
酉	yǒu	就也。八月黍成，可爲酎酒。象古文酉之形。與久切。○甲文作 等形，金文作 ，象酒罈。就：成熟。酎酒：多次釀造的醇酒。酉：地支第十一位，對應八月。(537\313)	酉	酉
酋	qiú	繹酒也。从酉，水半見於上。字秋切。○酋：久釀的酒。繹：段注：「繹之言昔也。昔，久也。」(538\315)		
辰	chén	震也。三月陽气動，雷電振，民農時也，物皆生。从乙、匕，象芒達；厂，聲也。辰，房星，天時也。从二，二，古文上字。植鄰切。○甲文作 等形，象貝殼，用作農具。辰爲地支第五位，對應三月。春季萬物生，故曰震(振動)。(532\312)	辰	辰
晨	chén	早昧爽也。从臼从辰。辰，時也。辰亦聲。食鄰切。○甲文作 ，表示早起耕作。昧爽：時辰名，拂曉。(68\54)		
豕	shǐ	彘也。……象毛足而後有尾。式視切。○甲文作 等形，金文作 ，象豬形。(362\194)	豕	豕
豚	tún	小豕也。从彖省，象形。从又持肉，以給祠祀。徒魂切。○豚：小豬，也泛指豬。甲文作 等形，金文作 。(365\195)		
象	xiàng	長鼻牙，南越大獸，三年一乳。象耳牙四足之形。徐兩切。○甲文作 等形，金文作 ，象形。(369\196)		

字	音	釋義		
貝	bèi	海介蟲也。居陸名猋，在水名蜬。象形。博蓋切。○甲文作等形，金文作，象貝殼形。古代曾用作貨幣。猋：音biāo。又作「贆」，陸生的甲殼類動物。蜬：音hán。水生的甲殼類動物。（228\125）	貝	貝
見	jiàn	視也。从儿从目。古甸切。○甲文作等形，金文作，從人，突出其「目」，表示「看見」。（318\175）	見	見
覞	yào	竝視也。从二見。弋笑切。○竝視：二人相對而視。（319\176）		
足	zú	人之足也，在下。从止、口。即玉切。○甲文作等形，金文作，象形。（40\39）	足	足
里	lǐ	居也。从田从土。良止切。○金文作，從田從土。居：里居。（483\292）	里	里
重	zhòng	厚也。从壬，東聲。柱用切。○金文作。厚：厚重。（296\167）		
邑	yì	國也。从口。先王之制，尊卑有大小，从卪。於汲切。○甲文作等形，金文作，上象城垣，下象人，表示城邑。國：都城，城邑。（229\127）	邑	邑
䣈	xiàng	鄰道也。从邑从邑。胡絳切。○甲文作，象二人相向而坐。鄰道：里中道路。（230\132）		
身	shēn	躳也。象人之身。从人，厂聲。失人切。○躳：音gōng。甲文作，金文作，象孕婦，表示「懷孕有身」。（298\167）	身	身
辵	chuò	乍行乍止也。从彳从止。丑略切。○甲文作，從止，行於道上。乍行乍止：忽行忽止。許慎釋義不確。（33\33）	辵	辵

釆	biàn	辨別也。象獸指爪分別也。蒲莧切。○甲文作，金文作，象獸爪。因從足迹可分辨出其爲何獸，故引申出「辨別」義。(17\22)	釆	釆
谷	gǔ	泉出通川爲谷。从水半見，出於口。古祿切。○甲文作等，金文作，象水流出山谷貌。(420\240)	谷	谷
𧮫	jué	口上阿也。从口，上象其理。其虐切。○口上阿：口中最上面的肌肉。段注：「口上阿，口吻已上之肉，隨口捲曲。」「𧮫」字本身康熙字典及漢語大字典又入「八」部。(48\44)		
豸	zhì	獸長脊，行豸豸然，欲有所司殺形。池爾切。○甲文作等形，象獸形。豸：獸類伸長身體貌。司殺：伺殺。(366\195)	豸	豸
角	jiǎo	獸角也。象形。角與刀、魚相似。古岳切。○甲文作等形，金文作，象形。(142\88)	角	角
言	yán	直言曰言，論難曰語。从口䇂聲。語軒切。○甲文作等形，金文作，象舌頭從口中伸出貌，表示說話。(56\45)	言	言
誩	jìng	競言也。从二言。渠慶切。○競言：争論。(57\52)		
辛	xīn	秋時萬物成而孰，金剛味辛，辛痛即泣出。从一从䇂。䇂，辠也。息鄰切。○甲文作等，金文作等，象給犯人施黥刑的刑具。天干第八位，對應秋天、金等。金剛味：成熟之味。(521\310)	辛	辛
辟	bì	法也。从卩从辛，節制其辠也。从口，用法者也。必益切。○金文作。法：法度。(342\185)		
辡	biǎn	辠人相與訟也。从二辛。方免切。○相與：相互。訟：争辯，辯解。(522\311)		

字	音	説解	部	部
青	qīng	東方色也。木生火，从生丹。丹青之信言象然。倉經切。○金文作□。从生丹：應爲从丹，生聲。象然：必然。據五行説，木對應東方、春、青色。（176\101）	青	青
長	cháng	久遠也。从兀从匕。兀，高遠意也。久則變化。亾聲。𠂆者，倒亾也。直良切。○甲文作□□等形，象人長髮貌，表示長度，引申爲長久。（358\194）	長	長
雨	yǔ	水從雲下也。一象天，冂象雲，水霝其間也。王矩切。○甲文作□□等形，金文作□，象下雨貌。（422\241）	雨	雨
雲	yún	山川气也。从雨，云象雲回轉形。王分切。○甲文作□□等形，象山中的雲氣。（423\242）		
非	fēi	違也。從飛下翄，取其相背。甫微切。○甲文作□，金文作□。或説象兩人相背，表示背離；或説象飛鳥的翅膀，爲「蜚」的古字。（429\245）	非	非
隹	zhuī	鳥之短尾總名也。象形。職追切。○甲文作□□等形，金文作□□等形。（109\70）	隹	隹
雔	chóu	雙鳥也。从二隹。市流切。○成對的鳥，引申爲匹配。（117\73）		
雈	huán	鴟屬。从隹从𦫳，有毛角。胡官切。○甲文作□，或作□□，象貓頭鷹形，隸定爲雚。鴟：貓頭鷹。（111\72）		
雥	zá	群鳥也。从三隹。徂合切。○或説爲「雜」的古字。（118\73）		
𠂤	fù	大陸，山無石者。象形。房九切。○甲文作□□等形，象形。後作「阜」。大陸：大土山。（500\306）	阜	阜
𨸏𨸏	fù	兩𠂤之間也。从二𠂤。房九切。○字形從正反兩𠂤。（501\308）		

	金	jīn	五色金也。黃爲之長，久薶不生衣，百鍊不輕，从革不違。西方之行。生於土，从土；左右注，象金在土中形；今聲。居音切。◯金：金文作等形。衣：喻銹。從革句：指能順從人意變形成器。據五行說，金對應西方。（490\295）	金	金
	門	mén	聞也。从二户，象形。莫奔切。◯甲文作等，金文作，象形。段注：「以疊韻爲訓，謂外可聞於內，內可聞於外。」（438\248）	門	門
	隶	dài	及也。从又，从尾省。又，持尾者，从後及之也。徒耐切。◯金文作。段注：「此与辵部逮字音義皆同。逮行而隶廢矣。」（83\60）	隶	隶
	革	gé	獸皮治去其毛，革更之。象古文革之形。古覈切。◯金文作等形，象展開的獸皮。（70\55）	革	革
	頁	xié	頭也。从𦣻从儿。古文䭫首如此。胡結切。◯甲文作等形，金文作，從人而突出頭部。（324\179）	頁	頁
	須	xū	面毛也。从頁从彡。相俞切。◯金文作等形，從頁，彡象鬍鬚。（330\182）		
	面	miàn	顔前也。从𦣻，象人面形。彌箭切。◯甲文作。（326\181）	面	面
	韭	jiǔ	菜名。一種而久者，故謂之韭。象形，在一之上。一，地也。此與耑同意。舉友切。◯種：種。韭菜可多次收割，故稱韭，諧「久」。（266\146）	韭	韭
	骨	gǔ	肉之覈也。从冎有肉。古忽切。◯骨：其象形字作「冎」，後加「肉」以顯其義。覈：段注：「實也，肉中古曰『覈』。」（134\80）	骨	骨
	香	xiāng	芳也。从黍从甘。許良切。（256\143）	香	香

鬼	guǐ	人所歸爲鬼。从人，象鬼頭。鬼陰气賊害，从厶。居偉切。〇甲文作，金文作，從人，從田（由），由表鬼頭。（346\186）	鬼	鬼
食	shí	一米也。从皀，亼聲。或説亼皀也。乘力切。〇甲文作等，金文作，象食品在器皿中。一米也：段注本作「亼米也」。注：「亼，集也，集衆米而成食也。」（180\101）	食	食
風	fēng	八風也。……从虫凡聲。方戎切。〇八風：古代稱八個方向的風，即東方明庶風、東南清明風等。（474\286）	風	風
音	yīn	聲也。……从言含一。於今切。〇甲文作，字形與「言」同。金文作。（58\52）	音	音
首	shǒu	百同，古文百也。巛象髮，謂之鬊，鬊即巛也。書九切。〇甲文作等形，金文作，是「百」的異體。（328\182）	首	首
韋	wéi	相背也。从舛，囗聲。宇非切。〇甲文作等形，金文作。（201\108）	韋	韋
飛	fēi	鳥翥也。象形。甫微切。〇翥：鳥高飛。（428\245）	飛	飛
鬥	dòu	兩士相對，兵杖在後，象鬥之形。都豆切。〇甲文作等形，象兩人徒手搏鬥貌，無兵杖。（75\58）	鬥	鬥
髟	biāo	長髮猋猋也。从長从彡。必凋切。又所銜切。〇猋猋：長髮下垂貌。段注：「『猋』與『髟』疊韻，『猋猋』當以玉篇作『髟髟』。」（334\183）	髟	髟
馬	mǎ	怒也。武也。象馬頭髦尾四足之形。莫下切。〇甲文作等，金文作。怒：氣盛。武：威武。馬是「武」「怒」的象征，故以「武」「怒」釋馬。（370\198）	馬	馬
鬲	lì	鼎屬，實五觳，斗二升曰觳。象腹交文，三足。郎激切。〇甲文作等，金文作。實：盛，裝。（71\56）	鬲	鬲

字	拼音	說解	康熙	漢大
高	gāo	崇也。象臺觀高之形。从冂、口。與倉、舍同意。古牢切。○甲文作等形，金文作，象高聳的樓臺。(187\105)	高	高
黄	huáng	地之色也。从田从炗，炗亦聲。炗，古文光。乎光切。○甲文作等形，郭沫若以爲「黄即佩玉」。(486\293)	黄	黄
麥	mài	芒穀。秋穜厚薶，故謂之麥。……从來，有穗者；从夂。莫獲切。○甲文作等形，從來，從倒止，倒止象麥根。芒穀：有芒刺的禾類。薶：埋。(197\107)	麥	麥
鹵	lǔ	西方鹹地也。从西省，象鹽形。郎古切。○金文作，六書故：「鹵，内象鹽，外象盛鹵器，與卣同。」(435\247)	鹵	鹵
鳥	niǎo	長尾禽總名也。象形。鳥之足似匕。从匕。都了切。○甲文作等形，金文作。(119\73)	鳥	鳥
魚	yú	水蟲也。象形。魚尾與燕尾相似。語居切。○甲文作等形，金文作。(424\242)	魚	魚
鱻	yú	二魚也。語居切。○或以爲是「魚」的異體。(425\245)		
麻	má	與𣏟同。人所治，在屋下。从广从𣏟。莫遐切。○金文作。(263\146)	麻	麻
鹿	lù	獸也。象頭角四足之形。鳥鹿足相似，从匕。盧谷切。○甲文作，金文作。(372\201)	鹿	鹿
麤	cū	行超遠也。从三鹿。倉胡切。○甲文作，從兩鹿。超：躍。(373\202)		
黹	zhǐ	箴縷所紩衣。从㡀，丵省。陟几切。○金文作等形。箴縷：針線。紩：縫。王筠說文句讀：「『衣』蓋衍，或『也』字之譌。」(286\158)	黹	黹

鼎	dǐng	三足兩耳，和五味之寶器也。都挺切。○甲文作 等形，金文作，象形。和：調和。（250\140）	鼎	鼎
黑	hēi	火所熏之色也。从炎，上出囮。囮，古窻字。呼北切。○甲文作，金文作等形，下从火，上象煙囱。（384\210）	黑	黑
黍	shǔ	禾屬而黏者也。以大暑而種，故謂之黍。从禾，雨省聲。舒呂切。○甲文作 等，金文作。（255\143）	黍	黍
鼓	gǔ	郭也。春分之音，萬物郭皮甲而出，故謂之鼓。从壴，支象其手擊之也。工户切。○甲文作 等形，金文作 等，從壴，從攴，象擊鼓之形。郭：王筠釋例：「鼓以木爲腔，上下冒以皮，其中空洞無物，故謂之郭。」春分之音：春分左右開始響雷，鼓聲如雷，故言「春分之音」。（161\97）	鼓	鼓
黽	měng	鼃黽也。从它，象形。黽頭與它頭同。莫杏切。○甲文作 等形。蛙的一種。（477\286）	黽	黽
鼠	shǔ	穴蟲之總名也。象形。書呂切。○甲文作 等形。（379\205）	鼠	鼠
鼻	bí	引气自畀也。从自、畀。父二切。○鼻：本作「自」，「鼻」爲後起字。畀：給；給與。段注：「所以引氣自畀也。」（105\69）	鼻	鼻
齊	qí	禾麥吐穗上平也。象形。徂兮切。○甲文作 等形，金文作，象衆禾麥之穗。今山東方言稱麥穗出齊爲齊穗。（247\139）	齊	齊
齒	chǐ	口斷骨也。象口齒之形，止聲。昌里切。○甲文作 等形，象形，後加「止」變爲形聲。斷：音yín。牙齦。（38\38）	齒	齒

字	拼音	説解	康熙字典	漢語大字典
龍	lóng	鱗蟲之長。能幽能明，能細能巨，能短能長，春分而登天，秋分而潛淵。从肉，飛之形，童省聲。力鍾切。○甲文作等，金文作等，象形。（427\245）	龍	龍
龠	yuè	樂之竹管，三孔，以和衆聲也。从品、侖。侖，理也。以灼切。○甲文作等形，金文作，象形。一種管樂器，後作「籥」。（43\42）	龠	龠
龜	guī	舊也。外骨内肉者也。从它，龜頭與它頭同。……象足甲尾之形。居追切。○甲文作，金文作，象形。舊：久。龜長壽，故以「舊」（久）釋之。（476\286）	龜	龜
弋	yì	橜也。象折木衺鋭著形。从厂，象物挂之也。與職切。○甲文作，金文作。按：説文「弋」字歸「厂」部，非部首。橜：橛，木橛。（\266）	弋	弋
父	fù	矩也，家長率教者。从又舉杖。扶雨切。○甲文作，金文作，郭沫若以「父」爲斧的初文，石器時代，男子手持石斧以勞作，後孳乳爲父母之「父」。按：説文「父」字歸「又」部，非部首。（\58）	父	父
爿	qiáng	○説文無此字頭，只作爲壯、牆、牀等十餘字的聲旁出現。甲文作。段注：「爿，反片爲爿，讀若牆。」	爿	爿
艮	gèn	很也。从匕、目。匕目，猶目相匕，不相下也。古恨切。○很：艱難。按：説文「艮」字歸「匕」部，非部首。（\166）	艮	艮

附録二

中國古代語言學家選

荀子（約前三一三—前二三八年）　名况，世尊稱荀子、荀卿，或稱孫卿，戰國趙人，曾到過齊、秦等國，晚年應春申君之召入楚爲蘭陵令。荀子是戰國後期著名的思想家，集諸子之大成者。荀子的語言學思想主要體現在正名篇一文中。該文討論了詞與概念、語言與思維、方言與共同語的關係等問題，指出「名」與「實」的聯繫是「約定俗成」，這一學説揭示了語言的社會本質，是我國古代語言研究的第一塊理論基石。

揚雄（前五三—公元十八年）　或作楊雄，字子雲，西漢蜀郡成都（今四川成都）人，辭賦家、哲學家和語言學家。爲人口吃，不能劇談，但好學深思，善辭賦。官給事黄門，歷成、哀、平三帝。新莽時召拜大夫，後貧病而終。著作有輶軒使者絶代語釋别國方言、訓纂篇、别字、倉頡傳、法言、太玄、甘泉賦、長楊賦、羽獵賦等。其中方言的寫作歷時二十七年。全書十五卷，九千餘字（今本十三卷，一萬一千九百餘字），保存了大量的古漢語詞彙和方言資料，是我國歷史上第一部方言學專著，影響深遠，同時在世界語言學史上具有重要的地位。揚雄的語言學著作除方言外均佚。

劉歆（約前五三—公元二三年）　字子駿，後改名秀，字穎叔，西漢目録學家、古文經學家。沛（今江蘇沛縣）人，楚元王交五世孫，劉向次子，幼承家學，善著文，博通詩書。成帝時爲黄門郎，後歷任中壘校尉、京兆尹等職。曾奉詔與父劉向同領校群書，劉向死後，劉歆繼續校理六藝群書，并在劉向别録基礎上撰成七略。七略是我國第一部圖書分類目録，包括輯略（總論）、六藝略、諸子略、詩賦略、術數略、兵書略和方技略。原書早佚，内容多保存在漢書藝文志中。在經學方面，劉歆爲將左傳、毛詩、古文尚書等古文經書立於學官作出過巨大的努力；同時著有春秋左傳注、爾雅注等書，均佚，清馬國翰玉函山房輯佚書有輯録。

許慎（約公元五八—約一四七年）　字叔重，東漢汝南召陵（今河南偃城縣東）人，古文經學家、文字學家。先後任郡功曹、太尉南閣祭酒、洨長等職，世稱「許祭酒」。博通經籍，曾校書東觀（皇家圖書館），時人有「五經無雙許叔重」之語。許慎的主要成就是説文解字一書，該書建立了研究漢字結構的「六書」理論，對書中所收九千餘字逐一進行了分析，指出了每個漢字的本義和結構，同時歸納漢字爲五百四十部，創立了部首檢字法。這些成就使許慎不僅在中國而且在世界語言學史上享有崇高的地位。

馬融（公元七九—一六六年）　字季長，東漢右扶風茂陵（今陝西興平市東北）人，歷任校書郎中、議郎、武都太守、南郡太守等職，是東漢著名的古文經學大師、文學家。爲人才高多識而達生任性，不拘小節，善鼓琴吹笛，生徒千餘，著名學者盧植、鄭玄皆出其門下。馬融對古文經學的發展作出了重要貢獻，著述頗豐，主要有三傳異同説、孝經注、論語注、毛詩注、周易注、三禮注、尚書注、列女傳注、老子注、淮南子注、離騷注等，另撰賦、頌、碑文、琴歌、對策等二十一篇散文詩歌作品，均佚，清馬國翰有輯録。

鄭玄（公元一二七—二〇〇年）　字康成，東漢北海高密（今山東高密市）人，漢代經學的集大成者，世稱「後鄭」，以别於「先鄭」鄭興、鄭衆父子。少時曾爲鄉嗇夫，無意爲吏，入太學從第五元先攻周易、公羊傳、三統曆和九章算術，接着從張恭祖學周禮、禮記、古文尚書、春秋左傳等。之後西行入關從馬融學古文經。三年辭歸，客耕萊陽，從學者千計。黨錮禍起時被囚禁，獲釋後杜門不出，潛心著述。大將軍何進、袁紹等人召他爲官，皆不就。後朝廷徵爲大司農，故世稱鄭大司農。治學以古文經學爲主，兼採今文經學，遍注群經，使古文經學地位得到了極大的提高。所著毛詩箋、三禮注影響最大，流傳至今，其餘周易注、論語注、尚書注、詩譜、六藝論、駁五經異義等書均佚。

劉熙（生卒年不詳）　字成國，東漢北海（郡治在今山東濰坊西南）人。所著釋名一書是我國第一部系統研究語源學的專著。全書仿爾雅體例，共八卷二十七篇，收詞一千五百餘條，釋義以聲訓爲主，即根據詞的語音探求詞得名的由來。此書雖不免穿鑿附會，但在很大程度上揭示了漢語聲同義通的特點，對於研究漢語語源、訓詁、音韻均具有重要參考價值。

郭璞（公元二七六—三二四年）　字景純，東晉河東聞喜（今山西聞喜縣）人，初官尚書郎，後爲王敦記室參軍，因諫阻王敦謀反而被殺。郭璞性格豪放，不修威儀，於學既精且博，長於訓詁，尤好古文奇字，注書甚富。所注各書注重古今詞義的比較，保存了許多晉代語料，具有很高的學術價值。其中爾雅注、方言注、山海經注、穆天子傳注、楚辭注、子虛賦注、上林賦注等均流傳至今，另有三蒼解詁、爾雅音義、爾雅圖贊、易洞林、毛詩拾遺等書已佚。

顧野王（公元五一九—五八一年）　字希馮，南朝梁陳時吴郡吴（今江蘇蘇州市）人，文字訓詁學家。歷官太學博士、金威將軍、太子率更令、光禄勳等職，曾主修梁史。所著玉篇，是繼説文解字之後出現的一部重要的文字學著作。全書三十卷，依仿説文體例，分部五百四十二部，收字一萬六千九百一十七個，説解詳明。原書已佚，流傳至今的是宋陳彭年等人的重修本，改名大廣益會玉篇，字數增多，體制亦非舊時。所幸日本尚流傳有唐宋間的寫本玉篇殘卷，從中可以看到玉篇的原貌。顧野王的其他著作尚有輿地志、符瑞圖、通史要略、國史紀傳、爾雅音等，均佚。

陸法言（公元五六二—？年）名詞，一作「慈」，字法言，隋魏郡臨漳（今河北臨漳縣）人，音韻學家。曾官承奉郎，後因父陸爽得罪朝廷而被免職。所撰切韻一書，反映了中古漢語的語音面貌，是研究中古音的主要材料，同時也是研究上古音和近代音不可缺少的參照，在中國語言學史上具有重要的地位。全書共五卷，分韻一百九十三部，編寫大綱由顔之推、蕭該等八人共同制定。原書在宋以後亡佚，直到清末才在敦煌石窟、新疆吐魯番、故宫等地發現了一些唐傳寫本或增修本，且多是殘卷，不過切韻的内容、體例等被完整地保留在宋人增修的廣韻一書中。

陸德明（公元五五六—六二七年）名元朗，字德明，經學家、訓詁學家。陳隋唐之際蘇州吴（今江蘇吴縣）人。在陳官國子助教，陳亡歸故里，隋煬帝時徵爲國子助教，唐貞觀中拜國子博士兼太子中允，封吴縣男。著作主要有經典釋文、老子疏、易疏等，均傳世。其中經典釋文匯集了漢魏六朝二百三十餘家的音切及注釋材料，是研究漢、魏至隋、唐時期漢語音韻訓詁及經籍版本的重要資料。全書三十卷，涉及典籍十四種，包括周易、詩經等十二種經書以及老子、莊子兩種子書。未收孟子，是因爲唐時孟子尚未列入經書；收有老子、莊子，是因爲受到玄學的影響。

徐鉉（公元九一七—九九二年）字鼎臣，北宋會稽（今浙江紹興市）人，文字學家，善屬文，好小篆，工隸書。初仕南唐，歷任尚書右丞、翰林學士、御史大夫、吏部尚書等職。入宋後官拜散騎常侍，奉詔與句中正等人共同校訂説文解字。糾正了説文的許多訛誤，補出正文所脱者十九字，新增四〇二字（即新附字），同時給每個字加了反切，給部分字作了注，將原書十五卷分爲三十卷，於卷首增設了五百四十部部目表。經過校訂的説文解字在很大程度上恢復了該書的原貌，提高了實用性，是學習和研究説文的最通行的校本，世稱「大徐本」。

徐鍇（公元九二〇—九七四年）　南唐人，文字學家，字楚金，徐鉉弟，四歲時喪父，從兄鉉學，博聞强記，精於小學，成就與鉉齊名，世稱「大小徐」。歷官集賢殿學士、内史舍人等職，宋軍攻佔金陵時死於城中。所撰説文解字繫傳一書，三十卷，是全面傳釋和研究説文的著作，成書先於大徐本，對許意每有闡發，所論「假借」「古今字」「引申義」「因聲求義」諸事開了清人研究説文的先河，爲歷來研究説文者所重，世稱「小徐本」。

周德清（一二七七—一三六五年）　字挺齋，元代瑞州高安（今江西高安）人，音韻學家。擅長音律，於泰定元年（一三二四年）撰成中原音韻一書，取韻定音以當時北方實際語音爲依據，與切韻以來的正統韻書有很大差别。全書分韻十九部，分平聲爲陰陽兩類，中古部分上聲字被歸入去聲，中古入聲被取消，這些特點與今北京話的讀音已很接近。由於該書反映了漢語語音在元代的實際變化，故是研究近代音及漢語語音史不可缺少的材料。

陳第（一五四一—一六一七年）　字季立，號一齋，又號温麻山農，明代連江縣（今福建連江縣）人，音韻訓詁學家。青年時曾從軍，官至遊擊將軍。精於音韻訓詁，對待古音具有歷史發展的觀念，反對「叶音」説，指出「時有古今，地有南北，字有更革，音有轉移」，這種認識對清人的古音學研究産生了重大影響，著作有毛詩古音考、屈宋古音義、讀詩拙言、伏羲圖贊、尚書疏衍等。

顧炎武（一六一三—一六八二年）　初名絳，字寧人，後改名炎武，號亭林，明末清初崑山（今江蘇崑山）人，秀才出身，著名的音韻訓詁學家、經學家。顧氏自幼受到嗣母愛國思想的教育，以報國爲懷，曾加入復社，與宦官豪强作鬥争。清兵入關時，積極投身崑山地區的抗清起義；失敗後亡命北國，終身爲學不仕。康熙十七年（一六七八年），朝廷曾詔纂明史，被斷然拒絶。顧氏治學主張經世致用，反對空談，注重考據，於天文地理、經史百家、音韻訓詁、金石文字，無所不及，無不專深，著述極豐，開清代樸學之風，卓然成一代宗師。所撰音學五書三十八卷，歷時三十年，五易其稿，爲清代古音學的奠基之作。除音學五書外，顧氏涉及語言文字的著作尚有金石文字記、石經考、九經誤字左傳杜解補正、日知録、京東考古録、唐宋韻補異同等。

江永（一六八一—一七六二年）　字慎修，清安徽婺源縣（今江西婺源縣）人，經學家、音韻學家。一生好學深思，無意仕途。於經書、小學、典章、制度、地理、鐘律等無不涉獵。治經以考據著稱，開皖派經學之風；治音韻以審音見長，爲審音派之祖。分古韻爲十三部，對顧炎武的十部之説多有糾正。其語言學著作主要有古韻標準、四聲切韻表、音學辨微等，經學著作主要有周禮疑義舉要、禮書綱目、儀禮經傳通解等。

戴震（一七二三—一七七七年）　字東原，號果溪，清代安徽休寧隆阜（今安徽屯溪市）人，經學家，音韻訓詁學家。曾問學於江永，後中鄉試，但試禮部不第。乾隆三十八年（一七七三年）詔充四庫纂修官，不久賜同進士出身，選翰林院庶吉士。一生涉獵極廣，而專精於小學、數學和地理，是考據派中皖派的代表人物。研究音韻分古韻九類二十五部，第一個提出了上古韵陰陽入三聲相配的格局。著作主要有聲韻考、聲類表、續方言、方言疏證、六書論、爾雅文字考、孟子字義疏證、毛鄭詩考證、屈原賦注、儀禮考證、古曆考、勾股割圜記、策算、考工記圖等。

錢大昕（一七二八—一八〇四年）　字及之，又字曉徵，號辛楣，又號竹汀，清江蘇嘉定（今上海嘉定縣）人，歷史學家、音韻訓詁學家。乾隆時中進士，歷官翰林院編修、侍讀學士、詹事府少詹事等。四十多歲時因丁父憂辭歸鄉里，居家三十餘年，著書講學，先後主持鍾山、婁東、紫陽書院，授徒計二千餘人。少時曾從惠棟、沈彤等名師學，於辭章、歷史、文字、音韻、訓詁、天文、曆算、地理、金石、官制等無不通曉，撰二十四史考異一百卷、十駕齋養新録二十三卷、潛研堂文集五十卷，另有經典文字考異、唐經石考異、音韻問答以及詩集等數十卷，均傳世。在音韻學方面，錢氏首次得出了「古無輕脣音、古無舌上音、古人多舌音、古影曉匣喻雙聲」的結論，爲上古聲母研究作出了重要貢獻。

段玉裁（一七三五—一八一五年）　字若膺，一字懋堂，清江蘇金壇縣（今金壇縣）人，文字音韻學家。曾師從戴震，乾隆時中舉，先後任貴州玉屏、四川富順、南溪、巫山等縣知縣。年四十六以父老引疾辭歸。畢生多致力於説文研究，著説文解字注三十一卷，歷時三十一年，破字取義，勇於創新，研究説文在清代成就最著，影響也最大。又撰六書音均表，分古韻爲十七部，創獲頗多，并提出了「同諧聲者必同部」的著名論斷，解決了擴大古韻歸字的重要課題。除以上二書外，段氏的著作尚有汲古閣説文訂十六卷、聲韻考四卷、毛詩小學三十卷、重訂毛詩故訓傳三十卷、春秋左氏古經十二卷、周禮漢讀考六卷等。

桂馥（一七三六—一八〇五年）　字冬卉、天香，號未穀，清山東曲阜縣（今曲阜縣）人，文字訓詁學家。乾隆時中進士，先後官雲南永平、順寧知縣。一生博涉經籍而專精小學，治説文成就與段玉裁齊名，并稱段、桂。著作主要有説文解字義證、繆篆分韻、説文段注鈔案、説文諧聲譜考證等。其中義證五十卷，用時四十年，一義之證，旁徵博引，力窮根柢，爲後人學習研究説文提供了極大的方便。

王念孫（一七四四—一八三二年）　字懷祖，號石臞，清江蘇高郵（今高郵縣）人，音韻訓詁學家、校讎學家。曾師從戴震，乾隆時中進士，選翰林院庶吉士，歷任工部主事、郎中、陝西道御史、永定河道等職。著作以廣雅疏證、讀書雜誌最爲著名。疏證十卷，因聲求義，不限形體，嚴而不亂。雜誌八十二卷，校經、子、史書流傳刻抄之誤，一字之校，遍及群籍，爲校勘典範。在音韻學方面，分古韻爲二十二部，貢獻亦大。著作另有毛詩群經楚辭古韻譜、説文解字校勘記殘稿、輶軒使者絶代語釋别國方言疏證等，均傳世。

孔廣森（一七五二—一七八六年）　字衆仲，一字撝約，號顨軒，清曲阜（今曲阜縣）人，孔子六十八代孫，經學家，音韻學家，同時長於數學和文學創作。曾師從戴震、姚鼐，乾隆時中進士，選翰林院庶吉士，官散館檢討，無意仕途，尋歸。著詩聲類，分古韻爲十八部，主張「東、冬」分立，首創「陰陽對轉」説。另撰有春秋公羊音義、大戴禮記補注、禮學卮言、經學卮言、少廣正負術内外篇等著作多部。

阮元（一七六四—一八四九年）　字伯元，一字伯梁，號芸臺，又號雷塘庵主，清江蘇儀征（今儀征縣）人，經學家、校勘學家。乾隆時中進士，選庶吉士，歷官湖廣、兩廣、雲貴總督，體仁閣大學士加太子太保等職，謚文達。生平以興辦教育、提倡學術爲己任，先後在杭州、廣州創立詁經精舍、學海堂以培養人才。博學融通，著作主要有詩書古訓、孟子音義校刊記、曾子注釋、釋文校刊記、四庫未收書目提要、兩浙金石志、山左金石略、學海堂經解、積古齋鐘鼎彝器款識等。主編經籍籑詁、十三經注疏校刊記。主持校刻十三經注疏、匯刻皇清經解。其中十三經注疏校勘記共二百四十三卷，爲十三經注疏最佳校本。

王引之（一七六六—一八三四年）　字伯申，號曼卿，清江蘇高郵（今高郵市）人，王念孫子，訓詁學家。嘉慶時中進士，官授編修，擢侍講、禮部尚書、工部尚書。幼承父學，精於考據，諳熟語法，著作主要有經義述聞十五卷、經傳釋詞十卷、字典考證三十六卷、春秋名字解詁二卷等。嚴謹專深，精博過於惠（棟）、戴（震），學術成就與父齊名，世稱「高郵王氏父子」。

江有誥（？—一八五一年）　字晉三，號古愚，清安徽歙縣（今歙縣）人，文字音韻學家。年二十二爲學官弟子，一生無意仕途，杜門著述。成就主要是音韻學，撰詩經韻讀、群經韻讀、楚辭韻讀、先秦韻讀、諧聲表、入聲表、唐韻四聲正、等韻叢説（附於入聲表）、漢魏韻讀、二十一部韻譜（後二種未刻）等，合稱江氏音學十書。他分古韻爲二十一部，創見頗多。晚年更研文字，撰成説文六書録、説文分韻譜、説文質疑、説文繫傳訂譌、説文匯聲、經典正字、隸書糾謬等書，惜遭宅火盡焚，唯音韻學書傳世。

王筠（一七八四—一八五四年）　字貫山，號菉友，清山東安丘（今安丘縣）人，文字學家。道光舉人，遊學京師三十年，後官山西寧鄉知縣。自幼喜好篆籀，博涉經史，尤精説文，是清代四大説文學家之一，著作有説文釋例、説文句讀、文字蒙求、説文繫傳校録、文字蒙求廣義、説文部首讀補注、説文韻譜校、説文新附考校正、正字略等，其中釋例、句讀是王筠的代表作，影響最大。前者系統研究了説文的體例，後者博採諸家之説對説文作了全面的解釋。除説文學著作外，王氏尚有禮記讀、四書説略、讀儀禮鄭注句讀刊誤、毛詩雙聲疊韻説等其他類專書多種。

朱駿聲（一七八八—一八五八年）　字豐芑，號允倩，晚號石隱山人，清元和（今蘇州）人，文字訓詁學家，説文四大家之一，出錢大昕門下。嘉慶時中舉，但屢試進士不第，被薦任江陰暨陽書院講席，後主持吴江、蕭山書院，道光時選授黟縣訓導小官。咸豐時因獻所著説文通訓定聲一書而被授予國子監博士，遂升任揚州府教授。一生涉獵極廣，著述甚豐，著作除定聲外，又有説文讀若例、説文引書分録、六書假借經徵、七經緯韻、古今韻準、小爾雅約注、説雅、左傳旁通、離騷補注、詩集傳改錯、易學雜記、春秋評議、六十四卦經解、秦漢郡國考、淮南書校正等數十種，其中以定聲最爲著名。定聲全書十八卷，在説文所收字之外又增收七千餘字，釋義兼顧引申與假借，同時打破原書正文收字的次第而按古韻排列，爲觀察字音與字義的聯繫帶來了方便。

陳澧（一八一〇—一八八二年）　字蘭甫，號東塾，清廣東番禺（今廣州）人，音韻訓詁學家。道光舉人，先後任河源縣訓導、廣州學海堂學長，晚年主講菊坡精舍，從學者甚衆。陳氏博通天文、地理、樂律、文字、數學等，尤精音韻訓詁學，著作有切韻考、説文聲表、聲律通考、漢儒通義、東塾讀書記、東塾雜俎、水經注西南諸水考、公孫龍子注等。在切韻考一書中，陳澧發明了「反切繫聯法」，首次考訂出了廣韻的聲類和韻類，爲通過反切研究古音開闢了道路，貢獻巨大。

羅振玉（一八六六—一九四〇年）　字叔藴，一字叔言，號雪堂，清浙江上虞（今上虞縣）人，古文字學家。十六歲中秀才，兩舉鄉試落第，遂創辦農學堂、東文學社、江蘇師範學堂及農學報、教育世界等雜誌。辛亥革命後曾勾結日本支持溥儀建立僞滿洲國，任監察院長、文化協會會長等職。畢生熱衷搜集史料、古器物、金石文字等，爲發現甲骨出土地、保存甲骨片及甲骨文的分類考釋工作做出了重要貢獻。著述極豐，多達數十種，或説一百多種，主要有殷虚書契前編、殷虚書契後編、殷虚書契菁華、殷虚書契考釋、流沙墜簡考釋、三代吉金文存、石鼓文考釋、秦漢瓦當文字、雪堂所藏金石文字録、老子考異等。

馬建忠（一八四五—一九〇〇年）　字眉叔，清江蘇丹徒（今丹徒縣）人，語法學家。早年留學法國，畢業於巴黎大學政治學院，受任於中國駐法使館做翻譯等工作。歸國後入北洋大臣李鴻章幕府協理新政，官至道員。馬氏少好學，諳熟古籍，工古文辭，又精通英文、法文和拉丁文。在學術上的主要貢獻是仿拉丁語法撰成馬氏文通一書。該書全面揭示了漢語語法的特點和規律，建立了漢語語法的體系，是系統研究漢語語法的奠基之作。

説文解字、康熙字典、漢語大字典部首對照表索引

説明：

①表中聲韻相同的字按照聲調的序次排列。

②表中聲韻調全同的字按照頁碼的先後排列。

duō	多	1061
	E	
è	屵	1060
è	歺	1066
ér	而	1078
ěr	耳	1078
èr	二	1042
	F	
fāng	匚	1046
fāng	方	1072
fàng	放	1068
fēi	非	1086
fēi	飛	1088
fēng	豐	1083
fēng	風	1088
fǒu	缶	1079
fū	夫	1056
fú	市	1060

fú	甶	1075
fú	畐	1075
fù	𨸏	1086
fù	𨺅	1086
fù	父	1091
	G	
gān	干	1054
gān	甘	1073
gàn	倝	1048
gāng	亢	1051
gāo	高	1089
gǎo	夰	1057
gào	告	1058
gē	戈	1066
gé	革	1087
gèn	艮	1091
gēng	庚	1061

gōng	工	1055
gōng	宮	1062
gōng	弓	1063
gǒng	収	1056
gòng	共	1049
gōu	句	1057
gòu	冓	1047
gǔ	兆	1050
gǔ	古	1057
gǔ	谷	1085
gǔ	骨	1087
gǔ	鼓	1090
guā	瓜	1076
guǎ	冎	1047
guǎ	丫	1081
guāi	乖	1043
guàn	毌	1073

T

zhuǐ	exclusive	1069	zī	甾	1075	zǒu	走	1082
zhuó	丵	1042	zǐ	子	1064	zú	足	1084
zhuó	勺	1049	zì	自	1080	zuǒ	𠂇	1042
zhuó	叕	1054	zì	白	1080	zuǒ	左	1055

古代漢語參編單位及編寫人員

（按音序排列）

安康學院：楊運庚
寶鷄文理學院：王應龍
喀什師範學院：唐劍鋒
蘭州大學：趙小剛
蘭州城市學院：張建軍
隴東學院：齊社祥
寧夏大學：蔡永貴　蔡淑梅
寧夏師範學院：余淑榮
青海廣播電視大學：李曉雲
青海民族學院：馮寬平
青海師範大學：陳良煜

陝西理工學院：劉忠華
陝西師範大學：陳　楓
　郭芹納　胡安順　王懷中
　王　輝　趙學清　朱湘蓉
商洛學院：聶　瑋
天水師範學院：傅　喬
渭南師範學院：王玉鼎
　岳貴明
西安建築科技大學：盧新良
西安石油大學：薛永剛
西安外國語大學：王俊英

西安文理學院：鍾書林
西北大學：劉百順　沈文君
西北民族大學：敏春芳
西北師範大學：周玉秀
咸陽師範學院：任福禄
新疆大學：張新武
新疆師範大學：宋曉蓉
　李志忠
延安大學：白振有　賀陶樂
伊犁師範學院：程志兵

古代漢語編寫分工

主編　胡安順　郭芹納

緒論　胡安順

第一單元

文選　劉百順　沈文君

工具書簡介　張新武　敏春芳

第二單元

文選　傅　喬

詞彙　胡安順　趙學清　李志忠

程志兵

第三單元

文選　胡安順

文字（上）　蔡永貴　陳　楓　王　輝

張建軍　蔡淑梅　胡安順

第四單元

文選　胡安順

文字（下）　趙學清　陳　楓　余淑榮

楊運庚　胡安順

第五單元

文選　胡安順　唐劍鋒

語法（上）　胡安順　王應龍　岳貴明

馮寬平

第六單元

文選　胡安順　劉忠華

語法（下）　胡安順　宋曉蓉　白振有

李曉雲　聶　瑋　余淑榮

第七單元

文選　宋曉蓉　李志忠　王懷中

音韻　胡安順

第八單元

文選　白振有　薛永剛

詩詞對聯格律　郭芹納　胡安順
　周玉秀　鍾書林
第九單元
　文選　胡安順
　訓詁　郭芹納
第十單元
　文選　周玉秀　朱湘蓉
　古書的標點　任福禄
第十一單元
　文選　朱湘蓉　趙學清

修辭　陳良煜　劉忠華
第十二單元
　文選　趙小剛　賀陶樂　王玉鼎
　王懷中
古代的文體　齊社祥
　文體文選　王俊英　盧新良
書末附録一、二　王懷中
資料員　王　偉　曹　强　郭　瑩
參與校對　郭　麗　韓　禕　肖改艷
　王　蕾　馬亞平　方紅霞

中華書局
初版責編　鄭仁甲

教育部高師面向二十一世紀教改重點項目成果

高等學校文科教材

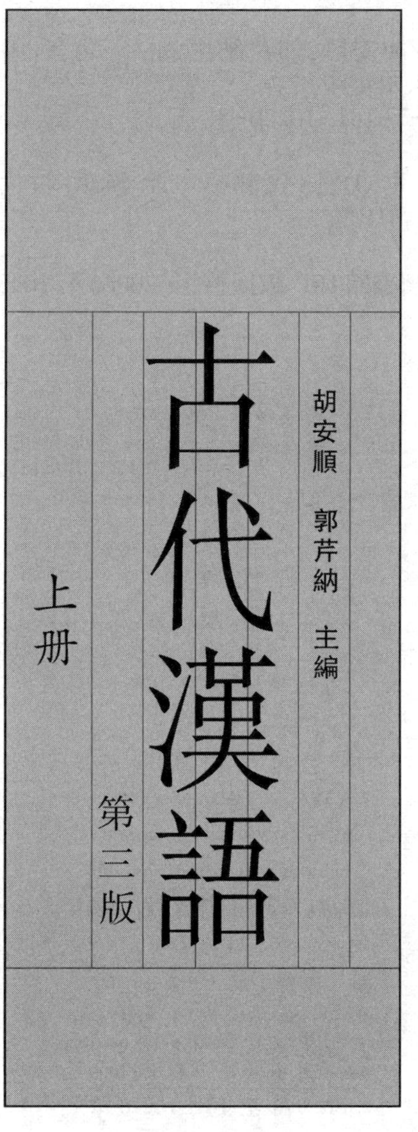

古代漢語

第三版

上册

胡安順 郭芹納 主編

中華書局

圖書在版編目(CIP)數據

古代漢語/胡安順,郭芹納主編. —北京:中華書局,2006.9(2024.8 重印)
ISBN 978-7-101-10220-8

Ⅰ.古… Ⅱ.①胡…②郭… Ⅲ.漢語-古代-高等學校-教材 Ⅳ.H109.2

中國版本圖書館 CIP 數據核字(2006)第 104826 號

責任編輯:張　可
責任印製:韓馨雨

古代漢語
(第三版)
(全二册)
胡安順　郭芹納 主編

*

中華書局出版發行
(北京市豐臺區太平橋西里 38 號　100073)
http://www.zhbc.com.cn
E-mail:zhbc@zhbc.com.cn
北京新華印刷有限公司印刷

*

850×1168 毫米 1/32 · 36 印張 · 800 千字
2006 年 9 月第 1 版　2007 年 10 月第 2 版
2014 年 7 月第 3 版　2024 年 8 月第 19 次印刷
印數:92001-96000 册　定價:70.00 元

ISBN 978-7-101-10220-8

第三版説明

古代漢語於二〇〇六年出版，二〇〇七年再版。再版以來，已重印六次，每次重印，差不多都做了一定的修改。根據目前的教學需要，經與出版社商定於今年出第三版。與再版相比，第三版的修訂主要做了以下工作：

一、改正了新發現的一些校對錯誤。

二、修改或删除了一些不夠妥帖的提法。

三、第一單元基礎知識部分增加了「十通」編者的姓名。

四、第四單元文選部分增加了晏子論「和」「同」之異一文。

五、第七單元基礎知識部分增加了「等」的介紹。

六、第八單元基礎知識部分增加了「楹聯」一節，「附録二」更换了「第一部」的内容。

七、第十單元文選部分删除了獄中上梁王書一文。

八、第十二單元文選部分删除了蘭亭集序一文。

部分作者未參與再版以來的修訂工作及本次的修訂工作，故第三版的參編單位和作者有所減少。

多年來不少專家學者一直關注本教材，例如有些專家撰文在充分肯定教材的同時指出了其中的一些缺點和不足，還有一些專家和讀者特意致信或發郵件告知了其中的校對錯誤，幫助編者及時發現并糾正錯誤，使教材得以不斷完善，藉此機會謹向他們表示由衷的謝忱！同時感謝廣大讀者對本教材的厚愛。第三版的文字處理工作統一由胡安順完成。

編者　二〇一四年五月

再版説明

古代漢語於二〇〇六年出版，根據一年來的使用情況和讀者的意見，現決定出修訂版。與初版相比，修訂版改正了已發現的校對錯誤，同時對體例和内容作了一定的調整或修改。主要情況如下：

一、文選部分原第六單元的益者三友、益者三樂被删除，第七單元的管仲有病、曹商使秦被移入作業，第十單元增加了獄中上梁王書，第十二單元增加了解嘲。

二、基礎知識部分將原第五單元的語法（上）改爲語法（下），移入第六單元；將原第六單元的語法（下）改爲語法（上），移入第五單元。第十一單元增加了「頂真、析字」兩個辭格。原上册含五個單元，下册含七個單元，現改爲上、下册各含六個單元。

三、附録部分將原第一單元〈説文解字〉〈康熙字典〉〈漢語大字典〉部首對照表移至下册書末作爲全書附録，在第八單元增加了〈佩文詩韻釋要〉選、詞韻、詞譜選三個附録。

四、關於紀元標法，將初版括弧内的「公元前」一律改爲「前」；公元後的時間，凡千年以内者，一律加「公元」二字，超過一千年者則一律不加。

許征、王偉、方紅霞、馬亞平、王俊英、薛永剛、王懷中、朱湘蓉等同志先後參與了再版的校訂或校對工作，再版的設計及文字處理工作由胡安順統一完成。

編者　二〇〇七年八月

漢語系列教材編寫委員會

主　任　胡安順

副主任　郭芹納　蘭賓漢　邢向東

編　委（按音序排列）

白振有　蔡永貴　陳　英　陳志明　丁　力　杜　敏　谷曉恒　郭芹納
郭沈青　韓寶育　胡安順　黄天樹　蘭賓漢　李敬國　李四成　李志忠
劉百順　劉繼超　劉忠華　敏春芳　莫　超　齊社祥　任福禄　宋曉蓉
王玉鼎　邢向東　張文元　張新武　趙小剛　趙　桃　趙學清　周玉秀

前言

二十一世紀，高等師範教育面臨着多方面的挑戰，以往的課程體系和教學内容已不能完全適應社會對人才的需要。爲了及時解決這一問題，原國家教委以「面向現代化、面向世界、面向未來」的思想爲指導，自一九九六年組織實施了「高等師範教育面向二十一世紀教學内容和課程體系改革計劃」這一重大改革研究項目。自一九九八年起，胡安順和郭芹納主持了其中的重點項目「面向二十一世紀的語言學和古代漢語課程改革研究」。

二〇〇〇年五月，在陝西師範大學召開了「高師面向二十一世紀教改語言學項目經驗交流會暨西北地區高校語言學教改研討會」，會議由教改指導委員會中文專業組召集人王寧、梁道禮先生主持，北京師範大學、陝西師範大學、西北大學、南京師範大學、湖南師範大學、寧夏大學、延邊大學、西北第二民族學院、青海師範大學、新疆師範大學、河南大學、延安大學等單位的代表參加了會議，胡安順在會上對項目的完成情況和傳統語言文字學初稿及古代漢語編寫大綱作了介紹，聽取了專家組的指導意見和與會代表的建議。此後邀請數所高校參與了古代漢語的編寫，其中包括一些綜合性大學。

二〇〇四年，商定將古代漢語交由中華書局出版，并擬適當擴大古代漢語的編寫單位以增强代表性。同時，中華書局提議組織編寫一部現代漢語以與上述教材配套出版。二〇〇五年五月，編委會和中華書局共同邀請部分參編院校在陝西師範大學舉行了協商會議，就教材的内容、體例、觀點以及風格上的統一問題取得了一致意見。

與同類教材相比，這套教材補充了一些新的内容，包括在各單元增設了參考文獻和旨在培養學生研究能力和論文撰寫能力的練習題等，部分單元且對學科研究概况作了簡要的介紹，突出了實用性、知識性、系統性和學術性。古代漢語的文選篇目有較大更新，提高了先秦兩漢的比例，擴大了内容的範圍，文選注釋新設了古注加今注型、純古注型兩種類型。現代漢語緒論、語音部分增加了方言特點介紹，語法部分增加了語義分析，採用了複句的「三分系統」，修辭部分增加了口語修辭、體態語修辭及辭格數量。傳統語言文字學是爲深入學習古代漢語所編寫的教材，内容包括文字、音韻、訓詁、語法、古典文獻五個部分，理論與文獻閲讀相結合，尤重基本理論和研究方法的介紹。

這套教材的改革力度相對較大，但爲水平所限，出版後能否達到編者預期的目的，能否得到廣大讀者和專家學者的認可，尚需時間和教學實踐的檢驗。我們懇切希望讀者和專家是其是而非其非，促其完善，以期更好地服務於漢語教學。

在教材的編寫過程中，所有參編者都表現出了高度的負責精神和協作精神，中華書局鄭仁甲編審在教材組稿及審稿過程中做了大量認真細緻的工作，對教材的順利出版貢獻良多，編委會謹向他們一并表示謝意！

漢語系列教材編委會
二〇〇六年五月十三日

目録

① 説明：加*號者建議作爲講授内容，其餘部分建議作爲教學參考内容。

序言

古代漢語是一門以中國古代文言文作爲教學對象的基礎課。建國初期，各高校尚没有明確開設古代漢語課，只是在進行探索，關於課程名稱、教學理念、目標、内容、方法、課時以及教材等都不統一。有些學校只開設語言學概論課而未開設古代漢語和現代漢語課，有些學校開設了古代文選課而不講古漢語理論，還有些學校開設了國學課，專講文字、音韻、訓詁、語法等古漢語理論而未涉及古代文選。五十年代中期，一些高校中文系開始以前蘇聯的教學計劃爲藍本，開設了現代漢語課，古代漢語遂作爲與之相對應的課程而正式出現，但當時各高校講授的内容仍然很不一致，有的學校講成了古代文選課，有的學校講成了文言語法課或漢語史課。

一九五八年開展教育革命，許多高校的教師都認識到古代漢語課的教學目的是培養學生閱讀古書的能力，因此課程内容應該既有理論知識，又有感性知識。根據以上認識，一九五九年、一九六〇年北京大學先後兩次對古代漢語教學進行了改革，把教學内容規劃爲文選、常用詞和古漢語通論三個部分，并使之有機結合起來，取得了良好的教學效果。

一九六一年高等學校文科教材古代漢語編寫組以北京大學的古代漢語講義爲基礎，在全國組織人力編寫出了體現上述改革思想的古代漢語。該教材由王力先生任主編，出版後（中華書局一九六二年）產生了巨大的影響。這部教材的突出貢獻是明確了古代漢語課的性質和教學内容，建立了理論知識與感性知識相結合的教學理念，制定了古代漢語教材三結合的編寫原則，突出了文選特别是先秦、兩漢文選在整個教學中的地位。

一九七八年，在出版後將近十六年之際，根據當時形勢的需要和讀者、專家的意見，教材進行了修訂工作。修訂本於一九八一年仍由中華書局出版，其内容、體例與原版相同，主要是改正了已發現的錯誤，吸收了某些新的研究成果。自從這部教材初版至今，已過去了四十多年，同類教材先後出版了數十種之多，但文選與古漢語知識相結合的格局没有變，人們對古代漢語課性質的認識及教學理念也基本没有變。

儘管王力先生主編的古代漢語爲確立古代漢語這門課發揮了歷史性的作用，但不等於説這部教材是完美無缺的。例如教材收入的常用詞明顯太多，韻文的比例也顯得過大，僅這兩項約占了全書容量的三分之一，而在實際教學中或者講得很少，或者根本不講。在知識的系統性上、文選的釋義上以及練習環節上，教材也存在着一些問題。所以，後來出版的教材各從不同的角度進行了改革。例如郭錫良等先生編寫的古代漢語（北京出版社一九八一年）在堅持感性知識和理性知識相結合的理念下，將常用詞改换成了古今詞義不同辨析例、詞的本義探求例、引申義分析例、同義詞辨析例和同源詞探求例。這五項合計釋詞二九〇個，比王本古代漢語常用詞一千一百二十一個減少了八百三十一個。另外，在文選篇目、通論和附録等方面郭本也進行了一定的改革。和王本相比，郭本的文選更换、删減了一些篇目，元曲中的小令一篇未收，使文選的數量和難度都有所降低。通論取消了單音詞、複音詞、同義詞、詩經用韻、曲律等部分，新設了古漢語常用工具書、古今語音的異同、古書的讀音問題等部分。通論的内容也有較大變化，例如語法、音韻部分的介紹較爲詳細，對一些虚詞的提法有所改變。附録中取消了簡化字與繁體字對照表、漢字部首舉例、上古韻部及常用字歸部表、上古聲母常用字歸類表、天文圖、詩韻常用字表、詞譜、曲譜、曲韻常用字表等部分，新設了古韻三十部常見諧聲表。

一九九一年，郭本古代漢語由天津教育出版社出版了修訂本。修訂本旨在解決原編文選起點較低、個别篇目語言典範性不强、常識部分内容需要充實等問題。其突出的特點是根據當時教學的實際變化對文選部分進行了調整（删去了二十三篇散文和六首詩歌，其中多數與中學課本相重複，新增了二十二篇散文和十一首詩歌），增加了六套練習題。通過調整，使教材的内容、結構更趨於合理和完善。和王力先生主編的古代漢語一樣，郭錫良等先生的古代漢語以其結構合理、簡明實用、由淺入深、難易適中、知識點相對全面等特色受到了讀者的普遍歡迎，自出版以來被許多高校長期採用，爲古漢語的教學和改革做出了重要貢獻。

以上兩種古漢語教材的編寫過程及變化説明，社會形勢在變，教學形勢在變，教材的内容和形式也應發生相應的變化。比如，近年來隨着傳統教育的加强，中學古詩文比例和難度的增加，中學畢業生的古文水平已非八十年代初期可比，更非六十年代初期可比。在這種情況下，古代漢語的文選還要不要僅僅局限於只用今注？學生是否需要繼續停留在了解古注的體例和術語上，而不必直接閲讀古注原文？又如，隨着改革開放的深入，社會對人才要求的提高，古代漢語課在讓學生了解一般古漢語常識的同時，是否需要通過學術史簡介、研究性訓練以及撰寫課程論文等手段培養他們的學術意識和研究能力？這些問題都可以討論和實驗。事實證明，大學生撰寫畢業論文的能力應該從課程論文抓起，在這方面應該借鑒一些歐美國家以及香港地區的經驗。其實，我國古代的教學也十分重視學生研究能力和論文撰寫能力的培養，同樣應該借鑒。

從排版形式上來看，六十年代以來大陸出版的古漢語教材均屬橫排版。橫排版固然看起來方便，但畢竟這種版式和古籍的竪排版不一致。學完古代漢語去看古籍還得有一個再適應的過程。既然根據實際需要，古代漢語教材可以採用與古籍保持一致的繁體字，那麽，爲什麽不可以根據實際需要採用與古籍保持一致的竪排版呢？這個問題同樣可以進行討論和試驗。偌大一個國家，在數十種古代漢語教材中出現一個竪排版不僅是實用的，而且對於教材的多元化發展來説也是很有意義的。

一九九八——二〇〇一年本教材主編主持了教育部高等師範教育面向二十一世紀教學内容和課程體系改革重點項目「面向二十一世紀的語言學和古代漢語課程改革研究」，其子項之一就是編寫一部新的古代漢語。根據以上認識及項目的指導思想，教材在堅持理論知識和感性知識相結合的前提下，從内容到形式都加大了改革的力度，體現出了自身的特色，即適當增加了難度，突出了實用性、知識性、系統性和學術性，以期滿足目前古漢語教學和改革的需要，滿足新世紀社會對高素質人才的需要。本教材的特點具體有以下幾個方面：

一　文選部分散文的入選量相對較大，共收講授文選和附録文選總計一百一十六篇，詩歌一律未收。

二　和同類教材相比，先秦兩漢文選的比例有所提高，内容的範圍有所擴大。

三　文選注釋適當提高了難度，同時採用了今注、古注加今注、純古注和不加注四種類型。

四　部分文選配有實物圖或示意圖。

五　古漢語基礎知識部分適當補充了一些新的内容，包括研究概況的介紹等。

六　課外練習中增加了論述題和課程論文選題。

七　增設了參考文獻。

八　附録部分的内容相對較多，包括深入學習所需的一些基本資料。

九　採用繁體豎排版式。

本教材參編單位共有陝西、甘肅、寧夏、青海、新疆、河南、山西、浙江等八省區的三十三所高校。

本教材工具書簡介、詩律、修辭、訓詁部分由郭芹納同志統稿，全書設計組織及統稿工作由胡安順同志負責。

本教材雖盡心力而爲之，但因才識所限，未必能如初衷所願。懇望方家通人匡其謬誤，指其駢枝，助編者剔瑕搴蕭，擁篲清道，以企望瞻涉乎此者。

編　者

二〇〇六年五月

凡例

一　根據二十一世紀社會對人才的要求以及高校古代漢語課改革的需要，本教材從内容到形式進行了全面的改革，適當增加了難度，突出了實用性、知識性、系統性和學術性。

二　全書共包括「緒論」、十二個單元和一個「附録」。各單元由文選、古漢語基礎知識、思考與練習、參考文獻四部分組成。部分單元内設有補充正文内容的單元「附録」。

三　文選部分提高了散文特别是先秦兩漢散文的比例。文選由講授文選、附録文選兩大部分組成，講授文選七十九篇，附録文選三十七篇，兩者合計一百一十六篇。附録文選專爲配合基礎知識「古代的文體」而設，均屬不同文體的範文，是對講授文選的補充，課堂上不講，僅供閲讀。詩歌一律不收，唐宋以後的散文只進入「附録」，講授文選中也不收。

四　文選的内容有所擴大，除常選的篇目外，還酌收入了部分反映中國古代史、儒家事迹、古代語言學家事迹的文章以及討論語言的文章。

五　文選的注釋類型共分四種，即今注型、古注加今注型、純古注型和不加注型。先秦文選多採用今注型和古注加今注型，間或採用純古注型及不加注型，旨在讓學生直接接觸古注及無注的文選。先秦以後的文選一般採用今注型。

六　注文相對簡約，力求精當，以便教師發揮，同時旨在啓發學生思考，培養其解決問題的能力。

七　根據需要給部分文選增設了示意圖，如齊晉鞌之戰一文附有齊晉兩軍行軍路綫示意圖。

八　古漢語基礎知識各部分與同類教材相比適當增加了一些新的内容，包括研究概况的介紹。用例力求典型、新穎，意境完整。

九　參考文獻不限於編者撰稿時所參考過的資料，旨在爲學生深入學習或撰寫課程論文、畢業論文提供方便。

十　思考與練習中設計了一定量的論述題或論文題目，旨在培養學生的論述能力和撰寫論文的能力。

十一　附録内容相對較多，適當收録了深入學習或從事研究所需的一些基本參考資料。

十二　全書採用繁體字，豎排版式，旨在與古籍保持一致，增强實用性。

十三　教材對講授内容提出了教學建議。各單元文選篇目和基礎知識後凡加＊者（見「目録」），建議作爲講授内容，其餘部分建議作爲學生的自學内容。各使用單位可根據本校學生、專業、學時等實際情况對建議進行調整。

緒論

一　什麼是古代漢語

古代漢語是古代漢民族使用的共同語。古代漢語的書面語有兩個系統：一個是文言文，一個是古白話。文言文是指在先秦口語基礎上形成的上古書面語以及漢代以後模仿這種書面語的語言，例如儒家著作、諸子著作、史記、漢書的語言，唐宋八大家作品的語言、明清文言作品的語言，等等。文言文的使用一直延續到「五四」運動以前。文言文與現代漢語的差別較大，不學習便很難讀懂古代的典籍。古白話是指六朝以後在北方口語基礎上形成的接近於當時口語的書面語，如南北朝時期的樂府歌辭、唐代的曲子詞、演唱佛經故事的變文、禪宗語録、宋元話本、元代雜劇和明清小説等。古白話與現代漢語差别較小，比較容易看懂。

先秦兩漢時期的文言文接近於當時的口語，東漢以後特别是唐代以後的文言文則與口語發生了嚴重的脱離。唐以後的文言文有兩個重要特點：一方面是模仿先秦兩漢的作品，模仿的色彩很濃厚；另一方面是不可避免地吸收了當時的口語成分，無論在語音、詞彙還是語法方面都是如此。這就是説，唐以後的文言文和唐以前的文言文相比有着較大的差别，故不可將唐以後的文言文與先秦兩漢時期的文言文等同起來。古代漢語課教學的内容是古代的文言文以及相關的理論知識，重點是先秦兩漢的文言文。古白話容易看懂，故不作爲教學内容。唐宋以後的文言文固然也要學，但由於不是源頭，也相對好學，故不作爲重點。

二　古代漢語課的性質

古代漢語課是高等院校所開設的一門帶有工具性質的基礎課。古代漢語和現代漢語、語言學概論、中國古代文學、古典文獻學、古代歷史、古代哲學等學科都有着密切的聯繫，不僅是從事漢語言文字學教學和研究的基礎，也是從事中國古代文學等相關學科教學或研究的基礎和工具。

我們祖國有着悠久的歷史和燦爛的古代文化，需要我們去學習、繼承和發揚光大，以便更好地爲今天的現代化建設服務，這既是歷史的責任，時代的要求，同時也是加强文化修養、提高個人綜合素質的需要。完成這一重任，必須具備一定的古漢語知識。没有一定的古漢語知識，讀不懂古代典籍，傳承歷史和文化便是一句空話。古代漢語這門課正是基於傳承祖國數千年優秀文化這一目的而開設的，具有重要的現實意義和深遠的歷史意義。如果把古代的歷史文化知識比作一座寶庫，那麼古代漢語課就是打開這座寶庫的鑰匙。

三　古代漢語課的教學目標

古代漢語課的教學目標簡單地説，就是要培養學生閲讀古代典籍的基本能力，爲學生將來從事語言工作打好基礎。學生通過這門課的學習，應該掌握古漢語的一些最基本的理論知識和感性知識，能够借助工具書順利閲讀一般的古代典籍。對於師範院校的學生來説，同時還要具備勝任中學古文教學的能力，能够借助工具書和有關資料正確分析中學古詩文中的文字、詞彙、語法等現象，幫助中學生準確理解古代的詩文。對於希望繼續深造的學生來説，要求則更高一些。古代漢語是一門實踐性和規定性都很强的課程，因此，要達到上述目標，學生必須完成一些最基本的指標，例如應至少背誦二十至三十篇古文，熟讀八十至一百篇古文，標點翻譯五至十篇古文，了解約一千個常用詞的詞義，掌握漢字的基本理論和一些常見字的分析方法，熟悉古漢語語法的基本特點，懂得音韻、訓詁的基本常識以及古代詩詞的各種規定，等等。

四　古代漢語課的教學内容

古代漢語課的教學内容主要分爲兩大部分，一是文選閲讀，一是古漢語基礎知識的介紹。文選部分的設置旨在增强學生對古漢語的感性認識。學習古漢語和學習其他語言一樣，没有較多的感性認識是不可能真正學好的。感性認識越豐富、越具體、越多樣化，進步就會越快。基礎知識部分的設置旨在增强學生對古漢語文字、詞彙、語法、音韻、訓詁、詩詞格律、修辭以及文體等方面的理論認識。理論知識是前人對古漢語各種語言現象和規律的總結，學習理論知識可以幫助學生掌握古漢語的特點和規律，舉一反三，加快學習速度。教學内容是根據課程性質和需要所設計的教學任務，具有科學、實用、系統、簡明等特點。只有全面實施教學内容，才能完成教學任務，達到教學目標。教學内容的實施，有些需要教師在課堂上講授，所謂傳道授業解惑；有些則需要通過作業的形式讓學生去理解，去掌握；還有些需要學生在課外去閲讀，去實踐。所以，不要誤以爲所有的教學内容都必須在課堂上去解决，那樣做既没有足够的時間，也没有必要。

五　怎樣學習古代漢語

古代漢語是一門難度相對較大的課程，在語音、詞彙、語法等方面都和現代漢語存在着較大的差異，而且設有古代文選這一重要的部分。所以，要想學好古漢語，必須端正學習態度，刻苦用功，講究學習方法。

（一）端正學習態度

所謂端正學習態度，就是要充分認識到學習古漢語的重要性，充分估計到古漢語的難度，并且能從内心熱愛古代漢語。古漢語學習大則關乎到繼承祖國優秀文化、保持民族傳統、搞好現代化建設的問題，小則關乎到完善個人知識結構、提高綜合素質、適應社會發展的問題。只有充分認識到這種重要性，才不至於抱着被動過關的思想去應付學習，才能積極進取，遇到困難不退縮。

古代典籍浩如烟海，而且時間跨度有幾千年之久，每個時代在語音、詞彙、語法以及語言風格等方面都存在着很大的差異，所以要想通過短短一年的學習完全解决古籍閲讀問題是不可能的，古代漢語這門課的開設只是起到一個打基礎的作用。只有充分估計到古漢語的難度，認識到古漢語學習不是一朝一夕、一蹴而就的事情，才能有一個良好的心理準備，才能重視長期積累，不滿足於已取得的成績。

古代漢語是中華民族古代歷史和文化的載體，是我們祖先思想和智慧的所在，我們的思想情操、文化心理、語言行爲、審美情趣、傳統習慣等在很大程度上都來自於古代漢語，所以我們不僅要重視它，估計到它的難度，同時還要從感情上熱愛它、維護它。尤其是在改革開放的今天，熱愛古代漢語對於保持民族傳統來説更有着特殊的意義。

古漢語作爲書面語雖然已成爲歷史，但其中有許多詞語被現代漢語繼承了下來，在今天仍然發揮着重要的作用，例如成語的情況就是這樣。另外還有許多詞語及表達方式需要我們去挖掘，去借鑒。古漢語突出的特點是凝練簡潔，含蓄有致，其表現力用白話往往是無法代替的，適當運用，可以使文章增色，收到良好的效果。例如左傳僖公四年中的「風馬牛不相及」、李斯諫逐客書中的「搏髀而歌」、楊惲報孫會宗書中的「拂衣而喜，奮袖低昂」等語如果用白話去表達則會大爲遜色。又如現代的汽車、火車遠比馬快，但我們仍然習慣使用「出馬」、「走馬」一類的用語，如果把「由誰出馬」、「走馬上任」中的「馬」换成車，不僅表現力減弱，而且語意也發生了變化，甚至不成話了。孔子説過：「知之者不如好之者，好之者不如樂之者。」（論語雍也）只有從内心深處真正熱愛古代漢語，充分認識到其價值，才能不斷增强學習興趣，提高學習效率。

（二）刻苦用功

所謂刻苦用功是指在學習上投入了較多的時間。學習古漢語滿足於課堂上的教學，滿足於教材是遠遠不够的。課堂上爲課時所限，教師講授的只是一些最基本的知識，不可能將教材上的所有内容全部講完，有相當一部分内容需要學生在課外去自學。如果既能完成課内的學習任務，又能在課外擠時間將教材上的内容全部學完，甚至進而閱讀一些有關古漢語的課外書籍，這就算是刻苦用功，肯定能取得好的成績。如果僅僅滿足於課堂上聽講，淺嘗輒止，沾沾自喜，課後不復習，不認真獨立完成作業，這就談不上是刻苦用功，所取得的成績是可想而知的。刻苦用功的主要表現是自學意識很强。根據文獻記載，清代國學大師王念孫年十歲即讀完了十三經，且旁及史書，黄侃九歲時即遍讀經書，劉師培年十二即讀完了四書五經，錢大昕年十八即能開館授徒，顯然他們的學問主要都是靠自學獲得的。我們應該學習這些國學大師的精神，樹立自學意識，勇於吃苦，「人一能之，己百之；人十能之，己千之」，孜孜以求，堅持不懈，必然能够獲得成功。

（三）講究學習方法

學習古漢語僅靠學習態度端正、刻苦用功這兩點還是不够的。要想在較短時間内達到課程目標，還必須講究一定的學習方法。關於古漢語的學習方法應着重注意以下三個方面的問題：

甲．理論學習與文選閱讀并重，不可偏廢。所謂理論知識，就是各單元所設的古漢語基礎知識，它是前人對古漢語各種特點和規律的總結。因此，學習古代漢語必須重視理論知識的掌握，只有這樣，才能舉一反三，事半功倍。例如古漢語中的「賓語前置」這一語法現象，就是前人對大量語法事實總結後得出的重要結論，明白這一點，凡是遇到同類的句子，就知道如何去分析了。又如根據前人的研究，漢語許多詞都有「音同義通」的特點，根據這一結論，我們就可以將一些聲符相同或字形完全不同而音同的詞在意義上聯繫起來，例如「濃、穠、襛」三詞的聲符相同，都有「多」義，「洪、閎、訇」三詞的字形完全不同，都有「大」義：

第一組

濃：露水多。説文解字：「濃，露多也。」

穠：花木茂密。詩經召南何彼穠矣：「何彼穠矣，唐棣之華。」

襛：衣多貌；盛裝貌。説文解字：「襛，衣厚皃。」宋玉神女賦：「振繡衣，被袿裳，襛不短，纖不長。」

第二組

洪：大水。詩經商頌長發：「洪水芒芒，禹敷下土方。」

閎：本爲巷門，引申出宏大義。韓非子難言：「閎大廣博，妙遠不測。」

訇：大聲。説文解字：「訇，駭言聲。」李白夢遊天姥吟留別：「洞天石扇，訇然中開。」

古代漢語課是一門實踐性很强的課程，因此，在重視理論知識學習的同時，還必須重視古代文選的閲讀。如果没有一定的感性知識，僅憑一些理論知識同樣是看不懂古書的，就像只懂得游泳理論而没有下過水、只懂得軍事理論而没有打過仗的人一樣，不可能獲得成功。古代漢語課所介紹的理論知識只是一些最基本的内容，它没有也不可能將所有的古漢語知識都包括進來，例如一些尚未被發現的特點和規律就不可能去介紹，一些例外現象或專家有不同看法的結論也不可能一一去介紹。這些問題都需要靠閲讀去解決。讀得多了，自然就能理解和把握，甚至會有新的發現。例如古代的入聲字，如果僅憑辨識方法是很難記住的，但是只要多看入聲字的材料，多讀以入聲字爲韻脚的古詩，要不了多長時間就可以解决此問題。

鑒於以上所述，學習古代漢語對理論知識和文選應同時并重，不可偏廢。有一種觀點認爲，學習古漢語主要是學習理論知識，至於文選閲讀只需要投入少量的時間就可以了，這種觀點顯然是錯誤的。事實上，文選閲讀是一個長期的學習過程，短期的突擊行爲是不可能奏效的。理論學習的最終目的是要落實到古文的閲讀上，落實到解决實際問題的能力上。如果理論上講得頭頭是道，給一篇古文却讀不懂，不會標點和翻譯，那就完全失去了學習理論知識的意義。凡是古代漢語課的考試都少不了要出至少一道古文標點翻譯題，這道題的設置就是要考察學生閲讀古文的能力和對古漢語知識的綜合運用能力。

乙. 抓重點、勤總結、辨異同、多練習。所謂抓重點，含義有二：一是指對於古漢語這門課來説，哪些知識屬於重點；一是指對於某一部分來説，哪些内容屬於重點。對於前者，一般來説，文字、音韻、詞彙、語法、古書的注解、詩詞格律、修辭等是重點。對於後者，一般來説，文字部分中的六書理論、古今字、通假字、繁簡字等是重點，音韻部分中的基本概念、中古音的聲母和韻部、上古音的聲母和韻部等是重點，詞彙部分中的古今詞義的異同、詞的本義和引申義、本義的探求方法等是重點，語法中的詞類活用、詞序、判斷句、被動表示法、副詞、代詞、語氣詞等是重點，古書注解部分中的古注類型、體例、術語等是重點，詩詞格律部分中的平仄、押韻、基本概念等是重點，修辭部分中的引用、譬喻、代稱、并提、互文、倒置、委婉等是重點。

從求知的角度來看，重點是就其實用性及難度而言的，應當首先掌握重點部分，但是這并不等於説其他部分不重要。從考試的角度看，進入考題的内容就是重點。一般視爲重點的内容多數都會進入考題，一般視爲非重點的内容也有可能進入考題。所以，正確的學習方法，不但要掌握好重點部分，同時也不能忽視非重點部分，這才是萬全之策。孫子謀攻上所説的「全國爲上，破國次之」就是這個道理。有些學生一味抓重點、猜題，或把寶押在老師的輔導上，結果考試成績反而不理想，問題就出在這裏。

所謂勤總結，是指要勤於總結學習方法。例如古漢語中賓語前置的規律就可以用以下三句話概括：

第一、疑問句中，疑問代詞作賓語，賓語前置；

第二、否定句中，代詞作賓語，賓語前置；

第三、賓語前置，其後用代詞（或稱助詞）「是」或「之」複指。

這三句話簡明易懂，記住它并給每句話配上兩三個典型的例句，則賓語前置這一重要語法現象就算基本上掌握了。又如對於十三經的名稱可以採用化整爲零的辦法分成四段去記憶：

周易　尚書　詩經

周禮　儀禮　禮記

左傳　公羊傳　穀梁傳

論語　孝經　爾雅　孟子

第一段簡稱爲易、書、詩，第二段簡稱「三禮」，第三段簡稱「三傳」。經過這樣處理，大約三五分鐘就能將十三經的名稱背下來。

所謂辨異同，包括兩個方面：一方面是指辨别存在於古今漢語的異同點，另一方面是指辨别存在於古漢語音韻、文字、詞彙、語法等部分中的異同現象。對於前者，找出古今漢語的異同點，可以減少記憶的内容，提高學習效率。例如「愛」字，在上古共有兩個常用義，一是「親愛；疼愛」，一是「愛惜；吝嗇」。其中「親愛；疼愛」這一義項一直延用到今天，古今相同，可以不管，只需要記住現代漢語中不用的「愛惜；吝嗇」這一義項就可以了。對於後者，找出其異同點，有助於對問題的理解。例如「口」「嘴」二詞在古漢語中都有「嘴」的意思，這是相同處。不同處是「口」指人的嘴，「嘴」則本指鳥獸的嘴，後來才泛指人和動物、器皿的口。

所謂多練習，主要是指多做作業。首先是將老師布置的作業做完，其次是在時間許可的條件下盡量多做教材上的練習題，因爲這些練習題都是根據重點、難點設計的。古漢語課實踐性很强，只有通過做作業才能迅速鞏固學過的知識，使之條理化、清晰化、系統化。例如對於六書的理論，如果只看書，往往似懂非懂，模模糊糊，甚至張冠李戴，通過做作業才能真正搞清楚六書相互之間的區别。做作業看起來麻煩，實際上是終南捷徑，所謂「眼過千遍，不如手過一遍」。

丙．多讀、多背、多翻譯。這是對文選學習而言的。文言文的時間跨度從先秦直到晚清。作爲一門基礎課，古代漢語對每一時代的典範作品都可能涉及，但是學習的重點應放在先秦兩漢，特别是先秦。因爲先秦兩漢的作品是源頭，影響深遠，且文字艱深，學好先秦兩漢的作品，可以由源及流，一貫直下。怎樣才能將文選學好，實在没有捷徑可走，只能通過多讀、多背、多翻譯去解决。

所謂多讀，首先盡可能將教材中所列的文選全部讀完（即使全部讀完也是不够的）；其次是要將每篇文章多讀幾遍，一般的文章讀上八至十遍，重要的文章則至少應讀十五至二十遍，像司馬遷報任安書這樣的文章不讀到十五遍以上是解决不了問題的；再其次是要進一步擴大範圍，有選擇地閲讀一些課外的古代文選或古書原著，例如古文觀止、史記、論語、孟子、戰國策、左傳等。許多學習古漢語的人都有這樣的體會：學一篇，會一篇；學十篇，會十篇；學百篇，會百篇。百篇之後，如果遇到新的古文仍然讀不懂，其中主要的原因還是閱讀量不够。百篇不爲小數，但對於浩如烟海的古籍來説，不過是毫末之在馬體，渺滄海之一粟。

所謂多背，是指對一些名篇要多背誦。背誦比閲讀的要求更高更難。背誦不僅可以幫助我們迅速掌握古文的詞義和語法特點，更可以增加我們的詞彙量，提高對古文的鑒賞能力和修辭能力。不少學生在古漢語考試時不能通過舉例説明問題，就是由於背誦的古文太少。許多背得爛熟的文章，時日稍遷就會模糊不清，何况少背或不背呢？古漢語教學大綱對背誦多少古文雖然没有明確的規定，但在具體教學中對一些名篇、短篇都是要求背誦的，比如本教材上所選的魯施氏有二子、九方皋相馬、景公射出質、原憲居魯、齊桓公伐楚、知罃對楚王問、張骼輔轢致師、論語各篇、禮記各篇、老子各篇、秋水、魯少儒、惠子相梁、運斤成風、更法、諫逐客書、蘭亭集序等篇一般都在背誦之列。

所謂多翻譯，是指多動手翻譯一些重要的古文，包括未經今人標點過的白文。翻譯屬於再創作，它是比背誦要求更高的教學環節。通過翻譯訓練，可以同時提高對古文的理解能力和語言表達能力。翻譯以直譯爲主，使字字落到實處；以意譯爲輔，不得已而爲之。譯好後多修改幾遍，看看是否通順，合乎情理。萬不可離開原文漫無邊際地添枝加葉，肆意發揮，使譯文臃腫離譜，面目全非，不可卒讀。對於白文，翻譯前要做好標點注釋工作。標點一般自前而後標，實在斷不開時也可以根據語氣詞的標志或語意從後向前標。初學翻譯，還要注意避免兩種常見的傾向：

一是以注釋代翻譯。即將文選的注語原封不動地抄入譯文，這樣的翻譯肯定是失敗的。例如過去有的學生把巫山巫峽中「良多趣味」一語譯作「的確富有吸引人、使人感到愉快的特色」，把「林寒澗肅」一語譯作「山林中氣候清冷，山溝裏氣氛清冷」，這是典型的以注釋代翻譯，改變了原文的句型，失去了原文簡潔明快的特色。注釋和翻譯的要求不同，注釋要求對句子中的字、詞包括形、音、義、語法、修辭、人名地名、典章制度等一一解釋清楚，爲了做到這一點，可以從不同角度反復説明同一個問題，甚至可以借題發揮，一個句子的注文因而常常比原文多出好幾倍甚至十幾倍、幾十倍。翻譯的要求則是「信、達、雅」，無論語意多麼複雜的句子，都必須用大致對等的句子把它翻譯完畢，不允許發揮和重複，不允許把一句話任意拆成多句，破壞原文風格和語意的連續性。

二是不看注釋，望文生義。例如有些學生把左傳鄭伯克段于鄢一文中的「都城過百雉」一語譯作「有一百隻野鷄從首都的上空飛過去了」，把左傳泓之戰中的「天之棄商久矣」一語譯作「皇上拋棄商業已經很久了」，把荀子勸學中的「假舟楫者，非能水也，而絶江河」一語譯作「借用舟楫過河的人，不會游泳，掉進江河中結束了生命」，把史記循吏列傳中的「丁壯號哭」一語譯作「男子的哭聲像雄壯的號角」，等等。這些笑話的出現都是由於不看注釋望文生義所致。望文生義的另一種表現是不明古漢語語法知識而自以爲是。例如有人把韓詩外傳中「詩曰『代馬依北風，飛鳥栖故巢』，皆不忘故之謂也」一語中的最後一句譯作「這就是不忘舊情啊」，把論語微子中的「殺鷄爲黍而食之，見其二子焉」譯作「殺鷄當飯吃，被兩個小孩看見了」，等等。「也」在古漢語中的基本功能是表示肯定語氣，現代漢語中没有與之對等的詞，無需翻譯，而譯者誤把它當成了感歎語氣詞。「見」字是使動用法，義爲「使拜見」，而譯者把它誤當成了一般的「看見」。

附録

談談學習古代漢語①

王　力

一　什麽是古代漢語

什麽是古代漢語呢？ 就是古代的漢語。中國古代的語言，是一個比較廣泛的概念。古代語言應該是分時代的。因爲從兩千多年前到現在，經過一個一個時期的發展，有時代性，從尚書、詩經到水滸、紅樓夢，都是古代漢語。這麽看，範圍就很大了。我們高等學校開的古代漢語課，要照顧那麽大的面，就不好教了。所以，我們教的古代漢語没有那麽大的範圍，只是教的所謂「文言文」，又叫做「古文」，當然也有些古詩。爲什麽要這樣呢？ 這有一個道理。因爲，盡管口語在歷史上有很大發展，可是人們寫下的文章還是仿古的文章。由於古時候知識分子寫文章需要模仿古文，所以即使在唐宋以後，還是模仿先秦兩漢的文章。從這個角度看，我們講的古代漢語範圍就窄得多了。古代漢語課學

① 本文係王力先生在廣西的一次講演，收入談談學習古代漢語，山東教育出版社一九八四年版。本書選作附録時略有删節，調整了段落，同時對個别標點及疑誤之處作了改動。

習和研究的對象是一個以先秦口語爲基礎而形成的上古漢語書面語言，以及後代作家仿古的作品中的語言。這就是我們講的古代漢語。

二　學習古代漢語的必要性

我們要繼承豐富的文化遺産，就要讀古書，念古書就要具有閱讀古書的能力，所以我們必須學習古代漢語。比如研究古代文學，當然要學習古代漢語。比方我們要研究文學史，有古代的詩歌、古代的散文……没有閱讀古書的能力，我們便無從研究。這是很容易懂的道理。我們研究自然科學，要不要懂古代漢語呢？也要。我們不能忘記我們的祖先在這方面是有很大的成就的。

比方説天文學、數學這一些學科，我們的祖先很早就取得過在世界上領先的地位，可以説在兩千多年前就有很大的成就。就天文學説，從東漢的張衡起，一直到南北朝的祖冲之、唐朝的僧一行、元朝的郭守敬，他們在天文學上的成就，比起西方來，要早得多，成就輝煌得多。這些我們應當知道，我們的天文學不是外來的。又比方説我們要研究醫學，中國古代的醫書，當然是用古代漢語寫的了，我們不懂古代漢語，就看不懂。舉個簡單的例子，中醫的把脈，有四大類，有浮、沉、遲、數。「浮」「沉」好懂，數（shuò）不好懂。這裏「遲」是「慢」的意思。

我們如果懂得古代漢語，知道「數」在這裏是「快」的意思，就很好懂了。我們如果搞研究，不管文科、理科，要深入研究，就要讀古書，就非懂古代漢語不可。從前我聽説有個中學語文教師教杜甫的春望詩：「烽火連三月，家書抵萬金。」這個老師怎麼解釋呢？他説：「打仗打了三個月了，杜甫家裏很窮了，没有辦法，把家裏的書賣掉了，家裏的書抵得一萬塊錢。」你看這個中學教師講的可笑不可笑？不要笑中學老師，大學教授也有鬧笑話的。一位教授引韓非子顯學：「故明據先王，必定堯舜者，非愚則誣也。」大意是説，堯舜之道是没有的事情，儒家一定要説有，就「非愚則誣」——不是愚昧無知，就是説謊話騙人。「愚」是愚蠢；「誣」是説謊。你如果不知道堯舜之道是没有的事，那你就是愚蠢；你如果知道堯舜之道是没有的事，還硬説有，就是説謊，騙人。這個教授怎麽解釋呢？他説「非愚則誣」就是「不是愚蠢就是誣蔑」。他不懂得先秦時代的「誣」没有「誣蔑」的意思，只當「説謊」講，所以這一個大教授出了大笑話。後來他看到人家引文講是「説謊」，他也就不再講「誣蔑」了。

有些地方，看起來容易，往往也會弄錯。例如曹操龜雖壽：「老驥伏櫪，志在千里；烈士暮年，壯心不已。」看起來很好懂，很多人引用，其實不太好懂。「烈士」不是今天講的「烈士」，爲革命事業而犧牲的人。「烈士」在古時有兩種意義：一個是「重義輕生的人」，合乎正義的事就做，生命在所不顧；另一個是有志要做一番大事業的人，曹操這首詩的「烈士」就是這後一種意思。「壯心」似乎好懂：雄壯的心嘛！但是我們知道，先秦兩漢的「壯」，只是壯年的意思，跟年齡有關，「三十曰壯」，三十歲叫做壯，壯年是最能做大事的時候。曹操的意思是：我是胸懷大志的人，雖然老了，到了晚年，我壯年的心還在，我是人老心不老啊！我還要做一番大事業呢！很多人就不懂這個意思。又，「櫪」字很深，現代很少用。查辭源、辭海都説是「養馬之所」。新辭海解作「馬厩」。辭源修訂稿「伏櫪」：「馬被關閉在馬房裏頭。」又查新華字典，説「櫪」是「馬槽」。一説是「馬厩」，一説是「馬槽」，到底哪個對呢？不能兩個都對。我們想想，「伏」當是靠、趴的意思，是「埋頭伏案」的「伏」。「伏櫪」，伏在馬槽上吃草，還一面想到跑路，想到當千里馬，比喻想做一番大事業。「櫪」解釋爲「馬槽」，是很順暢的。「櫪」若解作「馬房」（馬厩），馬怎麽伏在房子上呢？不好解了。韓愈有一篇文章（雜説四），正是講的千里馬，他説：「世有伯樂，然後有千里馬。千里馬常有，而伯樂不常有。故雖有名馬，秖辱於奴隸人之手，駢死於槽櫪之間，不以千里稱也。」這裏講的很明顯，「槽、櫪」是同義詞連用。説文解字説：「槽：畜獸之食器。」段玉裁注：「馬櫪曰槽。」方言：『櫪：梁、宋、齊、楚、北燕之間謂之樎（音縮，玉篇：養馬器），皂』。皂與槽音義同也。」這就鐵證如山了，槽就是櫪，櫪就是槽。因此，新華字典解釋是對的，而辭源、辭海是錯的。所以，字典、詞典講的也不一定都是對的。前些時候，有一些老科學家想爲四個現代化做一些貢獻，有人説：我們今天不是「伏櫪」了，要「出櫪」了。這個雄心壯志很好。但是按古代漢語講，這話就不通了：怎麽「出櫪」呢？從馬槽怎麽出來呢？所以我們説，研究古代漢語是很必要的。毛主席指示我們説：「語言這東西，不是隨便可以學好的，非下苦功不可。」希望大家很好下點功夫，把古代漢語學好。

三　從三方面學習，以詞彙爲主

語言有三個要素：語音、語法、詞彙。古代的語音、語法、詞彙，三方面都要學。

語音方面。我們知道古音與今天不一樣，如不研究古音，許多古詩就會感覺不押韻。比如詩經，以今天語音看，很多地方不押韻，按古音來念，就押韻了。再説唐宋的詩詞，它也是用古音寫的，所以有些地方我們念起來好像不押韻，本來是押韻的，變到後代就不押韻了。還有，詩詞講究平仄。毛主席説，不講平仄，就不是律詩了。我們如不講究古音，就很不容易欣賞古代詩詞，有時還會弄錯。最近有個朋友寫一部李商隱詩選注，把原詩都抄錯了。爲什麼抄錯了呢？因爲他不懂得平仄。李商隱無題詩中有兩句：「蓬萊此去無多路，青鳥殷勤爲探看。」他抄成了「此去蓬萊無多路」。爲什麼抄錯呢？因爲不懂得格律要求，這一句應是「平平仄仄平平仄」。按照他抄的，就不合平仄了。而李商隱寫律詩，是不會不合平仄的。

還有語法要學。古代漢語的語法，與今天大同小異，很多相同，也有不同的地方。如李商隱詩韓碑：「碑高三丈字如斗，負以靈鼇蟠以螭。」頭一句好懂，碑高字大嘛。下一句，「負以靈鼇」，也好懂，海中大龜叫鼇，就是説烏龜背着石碑。「蟠以螭」，有個同志解釋錯了，他説「蟠」是蟠龍，「螭」也是龍。這就講錯了。爲什麼錯了呢？從語法講，「負以靈鼇」就是「以靈鼇負之」；那麼「蟠以螭」應是「以螭蟠之」才對。「螭」是龍，「蟠」是盤繞的意思，指以龍盤繞石碑，這才對。所以，從這個例子看，我們要懂古代語法。

再就是詞彙了。一個字、一個詞是什麼意思，我們要懂。有一種情況要提醒大家：大家以爲難懂的是那些難字、那些不認識的字。我説不對。那些字，一查字典、詞典，就懂了，一點不困難。我舉個例子，有個「靔」字，一般人不認識，查一般字典也没有。但是從康熙字典「備考」中查出，「靔」就是「天」字，青氣爲天嘛（「无」就是氣，亦寫作「炁」）。一查出來，一點也不困難了。常常使我們上當的是有些常見的字，把它解釋錯了。

前兩年北大中文系編字典，很多錯誤都出在常用字上。常用的字容易出錯，那是因爲錯了還不知道。這一點要謹慎呢。舉個例子，有個「羹」字，我們編字典時就誤解爲「湯」。羹不是湯，直到今天北方稱羹、湯還是不一樣的。紅樓夢中的「蓮子羹」，那裏面是有蓮子的，不單是湯。説到先秦兩漢，「羹」更不是湯了。「羹」是帶汁的肉，其實就是一種紅燒肉。古人做紅燒肉要配很多作料，可以説是「五味羹」，酸甜苦辣咸都有。尚書説命：「若作和羹，爾惟鹽梅。」作羹要用梅，梅子味酸，鹽有咸味。「羹」是上古時代常吃的一種紅燒肉。孟子説的「一簞食，一豆羹」，「食」是飯；「簞」是筐，盛飯的；「豆」是盛菜的，主要是盛肉菜，今天在博物館裏可以看到這種器皿。很明顯，「羹」，是紅燒肉。

在楚漢之争時，楚霸王項羽與漢高祖劉邦打仗，他抓到了劉太公（漢高祖父親），架好了大火鍋，給劉邦看，威脅劉邦，要劉邦投降，若不投降，就烹了劉太公。劉邦回答説：没關係，我的爸爸就是你爸爸，你一定要烹你爸爸，如煮熟了，請分給我一杯羹吧。（史記項羽本紀：「吾翁即若翁，必欲烹而翁，則幸分我一杯羹。」）從前我還以爲是分一杯湯呢。漢高祖這麽客氣呵？没有這麽客氣，是説煮熟了，分我一碗肉，不是湯。窮人的羹，叫做「菜羹」，也不是湯，是煮熟了的青菜。這種字，看看好像認識，其實不認識。

又比方説，「再」字，好像很淺，可是古代的「再」不像現代，是「兩次」的意思，三次以上就不能叫「再」了。它表示一個數量，就是「兩次」。左傳曹劌論戰中的「一鼓作氣，再而衰，三而竭」，「一」是一次，「再」是兩次，「三」是三次。周易繫辭「五年再閏」，講的是曆法，五年閏兩次。史記孫子吴起列傳説齊將田忌與諸公子賽馬，孫臏給他出了個主意：用你的下等馬對他的上等馬，用上等馬對中等馬，用中等馬對下等馬。結果赢了，得了王的「千金」重賞。所以叫做「一不勝而再勝」，輸了一次，赢了兩次。如果解釋爲今天的意思就不對了。所以,看起來很普通的字,今天也要研究。

從三方面學習,爲什麽要以詞彙爲主呢? 語音不是太重要的,因爲除詩詞歌賦外,古書上并没有語音問題。至於語法,剛才講了,古今相差不大,容易解决。問題在詞彙,這必須花很大的力氣。我們編古代漢語時,有一位同志講得好:古代漢語的問題,主要是詞彙的問題。所以,我們學習和研究的重點要放在詞彙上。

四　建立歷史觀點

今天重點講這個問題。因爲我們許多人研究古代漢語時,很不注意這一點。語言是發展的,每個時代都有發展,現代漢語是從古代發展起來的,所以現代漢語和古代漢語有共同點。但是語言是發展的,所以現代與古代比較,也有不同。一個字,後代是這個意思,古代可能不是這個意思。當然,古今字義有關係,相近,有聯繫,但不相同。相近也有小變化,而這小變化比大變化更容易被人忽略。研究古代漢語,大變化要研究,但重點不在於研究大的變化,而在於小的變化。

因此,歷史觀點很重要。什麽時代説什麽話。時代不同,説話就不同了。三國演義中有些例子就很典型。劉備「三顧茅廬」,兩次未見到諸葛亮,劉備留下了一封信,寫得很客氣。研究古代漢語就知道,那封信是後人假造的,漢朝人不會那麽寫,劉備是不會那樣寫信的,只有到了明朝,人們才那麽寫。三國演義的造假是可以看得出來的。後來劉備第三次去時,孔明睡覺未醒。醒來時,口吟一首五絶:「大夢誰先覺? 平生我自知。草堂春睡足,窗外日遲遲。」我説這首詩更容易看出來是假的。諸葛亮時代不會寫這種五絶。從語音上講，「知」「遲」漢代不可能同韻，不押韻；大約唐以後，「知」「遲」才會押韻。再從語法方面看，律詩絶句，講究平仄的詩，唐以後才有。諸葛亮是東漢時人，他怎麼會寫這種詩呢？從詞彙上看，「睡」字，先秦兩漢時不是睡覺的意思，是打瞌睡、打盹的意思，在牀上睡覺，那時叫「寢」。因此，從「春睡足」三字就可知道這首詩是假的。史記中商鞅見秦孝公，講王道，孝公不愛聽，書上説：「時時睡，弗聽。」「睡」就是打瞌睡。因爲，商鞅是新來的外賓，對外賓，孝公不可能那麼没有禮貌，躺在牀上睡了。所以，「睡」不是睡覺，是打盹。由此可見，古今不同，語言不同，明朝人僞造漢代的詩，露出了馬脚，我們可以看得出來。

下面舉出一些有關身體的例子來説明語言是發展的。

身：古代有三種意思：①身體。②除了頭的其他部分。如楚辭九歌國殤：「首身離兮心不懲。」「懲」是「後悔」。這句説，戰士們頭和身體分離了，但爲國犧牲并不後悔。這個「身」就是除了頭的其餘部分。③除了頭和四肢，即指軀幹部分。第三種意義是身子（按：「子」應作「字」）的原始意義，最初的意義。説文解字身字作：「[身字篆形]，躬也，象人之身。」實際上畫的一個大肚子，指的是軀幹。論語鄉黨：「必有寢衣，長一身有半。」以前很多人看不懂，以爲孔丘的寢衣有一個人的身長，再加半個身長，清朝王念孫考證出來了，身是軀幹的意思。那麽，孔夫子睡覺，寢衣不蓋頭和腿脚，只蓋到膝上，那就正好是長「一身有半」了。

體：和身不是一回事。體原義是身體的各個部分。説文：「體，總十二屬之名也。」十二屬指的是頂、面、頤；肩、脊、臀；肱、臂、手；股、脛、足。但主要是四個體：兩隻手，兩隻脚，即四肢。論語微子：「丈人曰：『四體不勤，五穀不分，孰爲夫子？』」「勤」是「勞苦」的意思（不是「勤快」）。「這個老頭説：『四肢不勞動，五穀不能分辨，誰曉得你的老師是誰？』」又如楚霸王别姬，在烏江自殺，漢高祖以千金、萬户侯懸賞，當時漢將五個人争功，王翳取得頭，其餘將領争奪，後來四個將領「各得其一體」。這個「體」也是指四肢。

顔色。古代顔指額，色指臉孔。連起來，顔色是面孔，臉色。不是今天講的顔料的顔色。史記説劉邦「龍顔」，是説他額角像龍一樣（見高祖本紀）。楚辭漁父：「屈原既放，游於江潭，行吟澤畔，顔色憔悴，形容枯槁。」「顔色憔悴」也是講面孔、臉色憔悴。凡是古書上講的顔色都不是今天的顔料的顔色。一直到文天祥正氣歌：「風檐展書讀，古道照顔色。」是説他雖坐在監牢中，寧死不降，在風檐下展開書來讀，古道教給他「正氣」，在他面孔上表現出來了不可屈辱的「正氣」。

眼。今天的眼，古人叫「目」。古時目、眼是不一樣的。古時講的「眼」，比「目」的範圍小，「眼」是指的眼珠子。史記刺客列傳講韓國刺客聶政刺殺韓國宰相俠累後，怕人認出自己，被迫自殺時，「自皮面，決眼」，用刀劃破臉，挖出眼珠子。這個「眼」就是眼珠子，眼眶不包括在内。又史記伍子胥傳説，伍子胥是吴國宰相，越王句踐投降吴，吴王放了他。句踐返越，卧薪嘗膽，圖謀報仇。伍子胥屢次勸諫吴王殺句踐，講了很多話，吴王非但不聽，還賜劍讓他自殺。伍子胥説，我死可以，吴國眼看要被越國滅亡了。臨死時告訴他的舍人，「抉吾眼縣（同「懸」）吴東門之上，以觀越寇之入滅吴也」。這裏的「眼」也是眼珠子，不是「目」。

臉。和「面」不同。現代所謂「臉」，古人只叫「面」。而古人所謂臉，指「目下頰上」（辭源），這比較對。但如仔細研究，又不完全對。南北朝以後才見這個字，是指婦女擦胭脂的地方。古代詩歌的「紅臉」，是臉被胭脂擦紅了，不是關公的「紅臉」。白居易有一首詩詠王昭君，頭兩句説：「滿面胡沙滿鬢風，眉銷殘黛臉銷紅。」前面講「面」，後面講「臉」，可見臉、面不是一回事。北方風沙大，出塞後滿面的沙、滿鬢是風，她憂愁不高興，很悲哀，不畫眉，也不打扮、不擦胭脂，紅也没有了。所以説臉是婦女擦胭脂的地方。最近我看了一本注釋紅樓夢的書稿，注得很好。但是裏邊有個地方注錯了。紅樓夢五十回李紋寫的賦得紅梅花：「凍臉有痕皆是血，酸心無恨亦成灰。」那注解説：「梅花冬天開花，所以臉上凍得有了痕迹。」這就不對了。「痕」，應當是「臉」上擦的胭脂的「痕」，所以説「有痕皆是血」。

脚。古代的「脚」字，原義不是今天的脚，今天的脚，古時叫「足」。古人的「脚」是指小腿。説文：「脚，脛也」。「孫子臏脚，兵法修列。」（司馬遷報任安書）古代刑法，去掉膝蓋骨，使小腿不起作用，叫臏脚。與刖刑不同，刖是把脚丫子砍掉，被刑的人勉强還可以走路，而臏刑後就不能走路，刑更重些。

趾。今天指脚指頭，但古書上不是這樣。古書上的趾，就是「足」，即是脚。詩經豳風七月：「四之日舉趾。」舉趾，是把脚舉起來，表示動身下地，開始耕種了。脚指頭，古人寫同手指頭的「指」，漢高祖打仗時，被敵人射中，「漢王傷胸，乃捫足曰：『虜中吾指！』」（史記高祖本紀）他怕損傷士氣，不説射傷胸部，反而用手摸脚，説敵人射中我脚指頭。這個「指」是脚指頭。古書上所有的趾都是脚，不是脚指。辭源：「趾，足指曰趾」，舉詩經豳風七月爲例，那是錯誤的。辭海也講錯了，説是「足指」，舉例爲「足趾遍天下」，這是錯的。在「足趾遍天下」一語中，「足、趾」是同義詞，足是趾，趾也是足。只有這樣解釋才講得通。

詞義發展有三個類型，可以講是三個方向：一是擴大，一是縮小，一是轉移。擴大，例如以上講的「身」「眼」「臉」，就是詞義發展而擴大了。縮小的，舉個例子，念詩經小雅斯干：「乃生女子，載弄之瓦。」舊注：「瓦，紡磚也。」紡磚也叫瓦。古代瓦是土器已燒之總名（見説文），範圍很大。今天縮小到只有蓋屋頂那個叫「瓦」了。詞義發展中，縮小的情況較少。轉移，就是詞義搬了家了，搬到附近的地方去了。比如「脚」，就是轉移，從小腿轉到「足」那裏去了。

詞義有發展變化，不同的時代，有不同的意義。如「眼」字，它的意義就要看時代，才能斷定它是眼珠子或是眼睛。唐元稹遣悲懷詩中有兩句說：「唯將終夜常開眼，報答平生未展眉。」「終夜」是通宵。「眼」是眼睛，不是先秦的眼珠子的意義了。「常開眼」是説晚上睡不着，常常睁開眼睛。眼珠是不能開的，如果在這裏解釋爲眼珠，那就錯了。所以説，要有歷史觀點。又如「睡」字，本義是打瞌睡，但到了唐以後，就變爲睡覺的意思了。比如杜甫詩中的「衆雛爛漫睡」，「雛」喻指小孩子。這句是説，小孩子們一天到晚走累了，睡得很香甜。如果再把「睡」解釋爲打瞌睡，那又錯了。什麽時代有什麽語言，語言是發展的，所以要注意時代性。今天我着重講這個，因爲過去人們常常忽略這一點。

五　要反對望文生義

望文生義是什麽意思呢？就是一句話，這麽解釋了，講通了，好像這個字有這個意思，但實際上這個字并没有這個意思。因爲字典中没有這個意思，而且在别的地方、别的古書中也没有這個意思。獨獨這個地方似乎可以這樣解釋，就認爲這個字有這個意義。這叫做望文生義，就是胡猜。古時有人也犯這個毛病，但不嚴重。

最近各個地方編字典、詞典，他們尊重我，把稿子送給我看。我看了一些，發現編字典、詞典的人有一個通病，就是望文生義。差不多我看過的每一部字典、詞典都有這個毛病。例如某個省有些中學語文教師解釋毛主席念奴嬌鳥兒問答中「背負青天朝下看，都是人間城郭」。這本來很好懂，是説鯤鵬飛到九萬里的高空，在藍天下飛翔，從上看下面，盡是人間的城墻。城指内城的墻，郭指外城的墻。那些中學教師都把「城郭」解釋爲「戰争」，甚至有人説是「人民革命和民族解放戰争此起彼伏，連綿不絶，互相呼應」。大概因爲下文有「炮火連天、彈痕遍地」，所以誤以爲「城郭」是指「戰争」了。這種情况叫做望文生義。爲什麽呢？因爲别的書、别的文章都没有把「城郭」解釋爲「戰争」的。

望文生義，是忽略了語言的社會性。語言有社會性，是社會的産物，只有全社會的人都懂得的言語，才是語言。如果只有那麽一個作家、一個人用了這個字有這個意思，别人怎麽懂？因爲社會上都不那麽用，唯獨他一個人這麽用了。這就是没注意語言的社會性，就是説你獨自去「創造」語言了。語言是社會創造的，不是哪一個人創造的。現在有的人往往去「創造」一個意義，那不是創造語言，那叫望文生義。我們知道，語言是很早的時候創造的，又經過了很長時間的發展，現在已經不是個人「創造語言」的時候了，不能望文生義。而有人往往望文生義，總覺得這樣講才通，就是原來没有這個意義，他也硬添上一個意義。那麽，從前的字典、詞典中没有的義項能不能添呢？這就要看情况了。

從前有些遺漏的，有些注意古代、没有注意近代的，像這些，可以補。例如「穿衣」的「穿」，過去就没有「穿衣」的義項，就應當補上（例如辭源、辭海中的「穿」就没有「穿衣」這個義項）。但是不能輕易地給它添一個意義，要謹慎。

舉一個例子，有本詞典，注解「信」字，有個義項，注爲「舊社會的媒人」，所舉的例子是孔雀東南飛：「自可斷來信，徐徐更謂之。」這裏的「信」是可以解釋爲媒人的。但僅憑這一處立爲一個義項，我認爲是不可以這樣的。因爲，在這兒可以這麽講，在别的地方、别的書中没有這麽解釋的，可見是望文生義了。「信」可解作媒人，爲什麽别的書都不這麽用，唯獨孔雀東南飛中這麽用呢？聞一多先生解釋説：斷：絶；信：作「使」解，「來信」指縣令派來做媒的使者。余冠英先生漢魏六朝詩選注：「信：使者，這裏指媒人。」這樣注解就很好了。「信」是「使者」，是縣官派來的，實際上是媒人。這樣解釋就很好了。我們編古代漢語時就常常採用這個辦法：先講本來的意義是什麽，再講這兒指什麽，這就没有毛病了。現在有這麽一種望文生義的情況，要提醒大家注意，尤其是從事這方面工作的同志更應該注意。

六　學習古代漢語的方法

從前古代漢語教學有兩個偏向，都是不妥當的。頭一個就是教同學們專念一些古文，解釋一遍，叫大家熟讀了，就行了。這是一個老框框，大概我們幾千年來都是這麽一個老框框。那樣做，也行，但是效果比較慢。另一個偏向是只教古代漢語語法。其實，古代漢語學習内容有語音、語法、詞彙，其中重點是詞彙。你只給他講語法，那怎麼行？所以這個方法更不好。

我們提倡的方法是感性認識與理性認識相結合的方法。感性認識是多念古文，越多越好，逐漸逐漸地提高到理性上去理解。這樣，文選、詞彙、語法都講，效果快一些。學古代漢語，記一些常用詞是必要的，學外語都要記一些常用詞嘛！如剛才舉例講的那些詞，一個一個字地記住，好像是麻煩，但還是要記，這樣可以學習快些，學得好一些。

感性和理性都要，但主要還是感性認識。從前古人念了很多古文，便逐漸理解掌握了。這個方法還是好的。因爲只有具有了很多感性認識，才能提到理論認識的高度。古人講：「熟讀唐詩三百首，不會吟詩也會吟。」就是説，多學多會。這個道理是對的。學習古代漢語，有什麽「秘訣」没有？常常有人要求我們給一把「鑰匙」。規律是有的，上面所講的歷史觀點就是規律。但規律是很複雜的，没有一把「鑰匙」那麽簡單。就是要下苦功，多讀，多記，堅持感性和理性結合，這樣才能解決問題。至於讀什麽，今天不講了。

第一單元

文選

魯施氏有二子

列子

【列子簡介】漢書藝文志著録列子八篇。作者列禦寇，戰國時鄭人，具體生卒年已不可考，莊子一書經常提到他。列子原書早佚，今本列子八篇根據内容和語言特點來看，應爲魏晉時人搜集有關列禦寇的資料匯編而成。唐天寶元年，朝廷詔號列子爲沖虚道人，列子爲沖虚真經。從此列子成了道教的經典之一。

列子一書共含故事一百三十四則，思想内容很複雜，表現了魏晉時期門閥士族階級的世界觀和生活態度。其中不少民間故事、寓言和神話傳説廣爲流傳，具有很强的啓發教育意義，如愚公移山、小兒辯日、歧路亡羊、九方皋相馬、魯施氏有二子、薛譚學謳於秦青、紀昌學射、人有亡鈇者、杞人憂天等。

最早爲列子一書作注的學者是東晉張湛。張湛，高平（今寧夏固原市）人，官至光禄勳。今人整理列子的學者主要有王重民、劉武、王叔岷、楊伯峻等人，其中楊伯峻的列子集釋收集資料相對完備，校勘也較精細。

【題解】本文選自列子説符。故事通過施氏、孟氏兩家子弟求仕的不同結果説明了這樣一個道理：事物在變化，人的對策也應該作出相應的變化。否則，即使知識淵博，才智超人，也會遭受挫折或失敗。

魯施氏有二子，其一好(hào)學，其一好兵①。好學者以術干(gān)齊侯，齊侯納之，爲諸公子之傅②。好兵者之楚，以法干楚王。王悦之，以爲軍正③。禄富其家，爵榮其親④。施氏之鄰人孟氏，同有二子，所業亦同，而窘於貧。羨施氏之有，因從請進趨之方⑤。二子以實告孟氏。孟氏之一子之秦，以術干秦王。秦王曰：「當今諸侯力争，所務兵食而已⑥。若用仁義治吾國，是滅亡之道。」遂宫而放之⑦。其一子之衛，以法干衛侯。衛侯曰：「吾弱國也，而攝乎大國之間⑧。大國吾事之，小國吾撫之，是求安之道。若賴兵權⑨，滅亡可待矣。若全而歸之，適於他國，爲吾之患不輕矣。」遂刖(yuè)之而還諸魯⑩。

①魯：魯國。學：指文治之道，據下文爲仁義。兵：兵法，軍事。
②干：求見。諸公子：諸侯嫡長子以外的兒子。泛指諸侯之子。諸，義同「庶」。
③法：兵法。軍正：軍中執法官。
④富、榮：均爲形容詞的使動用法。
⑤有：富有。因：於是，就。進趨之方：指求取功名富貴的方法。
⑥力争：依靠武力争鬥。所務：所字結構，努力要做的事。務，努力，致力。兵食：指軍事和農業。

⑦ 宫：宫刑。這裏用作動詞，處以宫刑。
⑧ 攝：夾。乎：介詞，用法同「於」。
⑨ 兵權：用兵的權謀。

⑩ 刖：施刖刑。還：使動用法，使之返回。諸：「之於」的合音詞。

既反，孟氏之父子叩胸而讓施氏①。施氏曰：「凡得時者昌，失時者亡。子道與吾同，而功與吾異，失時者也，非行之謬也。且天下理無常是，事無常非②。先日所用，今或棄之；今之所棄，後或用之。此用與不用，無定是非也。投隙抵時，應事無方，屬（zhǔ）乎智③。智苟不足，使君博如孔丘，術如吕尚，焉往而不窮哉④？」孟氏父子舍然無愠容⑤，曰：「吾知之矣，子勿重言！」

① 讓：埋怨。
② 是：形容詞，正確。常：固定不變的。
③ 投隙抵時：指抓住機會，行動及時。隙：指時機。抵：這裏義爲趕上。應事無方：做事没有固定不變的方法。屬乎智：取决於才智。屬，依靠；取决。
④ 苟：假如。使：即使。吕尚：即姜尚，姜子牙。焉：疑問代詞，哪裏。窮：困窘。
⑤ 舍然：釋然，頓悟貌。舍：通「釋」。愠：怨恨。

九方皋相馬

列子

【題解】本篇選自列子説符。文章通過九方皋相馬的寓言説明了這樣一個深刻的道理：看問題一定要抓住事物的本質，不要爲表面現象所迷惑。只有抓住了事物的本質，看到了一般人所不容易看到的東西，才有可能獲得成功。

秦穆公謂伯樂曰：「子之年長矣，子姓有可使求馬者乎①？」伯樂對曰：「良馬可形容筋骨相也②。天下之馬，若滅若没，若亡若失，若此者絶塵弭𨄔(mǐ zhé)③。臣之子皆下才也，可告以良馬，不可告以天下之馬也。臣有所與共擔纆(mò)薪菜者，有九方皋，此其於馬非臣之下也，請見(xiàn)之④。」

① 秦穆公：春秋時秦國國君，名任好，五霸之一。伯樂：姓孫，名陽。古代著名的相馬專家。年：年歲。子姓：指子孫。者：結構助詞，與「可使求馬」組成「者」字結構，義爲「可以派去求馬的人」。

② 良馬：指一般的好馬。形容筋骨：指馬的外部特徵，這裏作狀語，義爲「根據形體骨骼」。形容，外表。

③ 天下之馬：指千里馬。若滅若没、若亡若失：二句意思基本相同，指千里馬的本質特點似隱似現，很不容易被發現。滅，無。晉張湛注：「天下之絶倫者，不於形骨毛色中求，故髣髴恍惚，若存若亡，難得知也。」絶塵弭𨄔：蹄不着地，没有足迹。形容馬跑得非常快。弭，止息，這裏義爲「没有留下」。𨄔，義同轍，這裏指蹄印。

④ 有：疑衍。所與……者：「所」字結構，義爲「一起挑擔子打柴草的人」。擔纆，挑擔子運送貨物。纆，繩索，用於捆物。菜，通「採」。九方皋：人名，複姓九方，或作九方堙、九方歅。見：使動用法，使……謁見。

穆公見之，使行求馬。三月而反報曰：「已得之矣，在沙丘①。」穆公曰：「何馬也？」對曰：「牝(pìn)而黃。」使人往取之，牡而驪(lí)②。穆公不説，召伯樂而謂之曰：「敗矣，子所使求馬者！色物牝牡尚弗能知，又何馬之能知也③？」伯樂喟然太息曰：「一至於此乎！是乃其所以千萬臣而無數者也④！若臯之所觀，天機也。得其精而忘其麤(cū)，在其内而忘其外⑤；見其所見，不見其所不見；視其所視，而遺其所不視⑥。若臯之相者，乃有貴乎馬者也⑦！」馬至，果天下之馬也。

① 反：「返」的古字。報：復命。沙丘：確址不詳。

② 牝而黃：母馬，毛爲黃色。牡而驪：公馬，毛爲黑色。

③ 色物：毛色。物，雜色牛。何馬之能知：還能相什麼馬。賓語「何馬」前置，用代詞「之」複指。

④ 喟然：嘆息貌。太息：長聲歎息。一：副詞，竟然。是：代詞，這。乃：副詞，正是。千萬句：比我强千萬倍還遠不止的原因。

⑤ 天機：指事物起決定性的要素。忘：忽視。麤：同「粗」。在：這裏義爲注重，留心。張湛注：「精，内謂天機；麤，外謂牝牡毛色。」

⑥ 遺：忽略，忘記。

⑦ 貴乎馬者：超過了相馬本身的意義。

景公衣狐裘不知天寒晏子諫

晏子春秋

【晏子春秋簡介】晏嬰（？—前五〇〇年），字平仲，春秋時齊國夷維（今山東高密）人，歷靈公、莊公、景公三朝爲相，執政五十餘年，以勤政愛民、堅持正義、勇匡君過、善於辭令著稱。晏子春秋記録了晏嬰一生的事迹。舊題作者爲晏嬰，實爲戰國時人搜集有關晏嬰的言行及軼聞編纂而成。史記管晏列傳提及晏子春秋一書，漢書藝文志著録晏子八篇。今本晏子春秋共八卷，分二百一十五篇，每篇記述一事，内容多爲晏子勸諫景公修政利民的故事。全書語言簡潔質樸，人物形象生動鮮明，在政事、教育和文學等方面都對後世産生了一定的影響。清人孫星衍、盧文弨等對晏子春秋做過整理工作，今人吴則虞晏子春秋集釋所收資料較爲詳備。

【題解】本文選自晏子春秋内篇諫上。文章通過晏子及時進諫齊景公的故事，表現了晏子關心百姓疾苦、時刻不忘匡正君過的賢臣形象。

景公之時，雨（yù）雪三日而不霽①。公被（pī）狐白之裘，坐堂側陛②。晏子入見，立有間（jiàn）③，公曰：「怪哉！雨雪三日而天不寒。」晏子對曰：「天不寒乎？」公笑。晏子曰：「嬰聞古之賢君，飽而知人之飢，温而知人之寒，逸而知人之勞，今君不知也。」公曰：「善！寡人聞命矣④。」乃令出裘發粟以與飢寒者。令所睹於塗者，無問其鄉；所睹於里者，無言其家⑤；循國計數，無言其名⑥。士既事者兼月，疾者兼歲⑦。孔子聞之，曰：「晏子能明其所欲⑧，景公能行其所善也。」

① 景公：齊景公（？—前四九〇年），名杵臼，靈公子，莊公弟，於魯襄公二十六年（前五四七年）立，在位五十八年。雨雪：下雪。霽：雨雪後天晴。
② 被：義同「披」。狐白之裘：用狐狸腹部毛皮做成的裘衣，輕而保暖。坐堂側陛：據清人王念孫考證：「坐」字後脱「於」字，「陛」爲「階」字之誤。
③ 有間：一會兒。
④ 聞命：聽到命令，這裏表示聽從教導。
⑤ 睹：發現。無問：不必問。無：通「毋」，不。「無問」「無言」表示公平對待，一視同仁。里：小於鄉的行政單位，周代以二十五家爲里。
⑥ 循國句：巡行國中統計賑濟人數。循，通「巡」。
⑦ 既事者：已經有職業者。兼月：兼月之粟，指供給兩個月的糧食。兼歲：指供給兩年的糧食。兼，加倍；雙倍。
⑧ 能明句：善於表達，以實現自己進諫的目的。

黄帝殺蚩尤

山海經

【山海經簡介】山海經是我國最早的一部地理書，大約成書於周秦時期，作者已不可考。全書共十八篇，約三萬一千字，記載了五百五十座山、三百條水道、一百多個部族和衆多的歷史人物、神話傳説等，是研究我國古代地理、歷史、文化、風土人情的重要著作。其中不少神話傳説歌頌了古代勞動人民同大自然及統治者鬥争的勇敢精神。原本有文有圖，故又稱山海經圖，後圖畫部分散失。山海經最早的注本是晉人郭璞的山海經傳，清人郝懿行著有山海經箋疏一書，爲該書的閲讀和研究做了許多工作，今人的整理著作有袁珂的山海經校譯等。

【題解】本文是一篇神話故事，選自山海經大荒北經，題目爲編者所加。故事記載了黄帝戰勝蚩尤的過程，反映了原始部落間的激烈戰争和黄帝的武功。

蚩尤作兵伐黄帝①。黄帝乃令應龍攻之冀州之野②。應龍畜水，蚩尤請風伯、雨師縱大風雨③。黄帝乃下天女曰魃(bá)，雨止④，遂殺蚩尤。

①蚩尤：傳説爲東方九黎族的首領。作兵：起兵。黄帝：傳説中的五帝之一，本姓公孫，名軒轅（又以爲號），號有熊氏，因長於姬水而改爲姬姓。相傳他打敗炎帝、蚩尤後，被各部落擁戴爲部落聯盟的首領。

②應龍：傳説中的神名。冀州：古九州之一，在今山西、陝西、河南、河北、山東一帶。

③畜："蓄"的古字，積蓄。風伯：神話中的司風之神。雨師：神話中的司雨之神。縱：發起，興起。

④下：使動用法。魃：神話中的旱神。

黄帝生駱明

山海經

【題解】本文選自山海經海内經，題目爲編者所加。文中記述了古代傳説中的帝王世系及各時代的創造發明。

黄帝生駱明，駱明生白馬，白馬是爲鯀（gǔn）①。

①是：指示代詞，這裏義爲「此人」。鯀：傳説中原始時代的部落首領，顓頊子，禹父。建國於崇，號崇伯。傳説鯀曾被帝堯派去治水，歷時九年而無功，結果被舜殺死在羽山，化爲黄熊。

帝俊生禺號，禺號生淫梁，淫梁生番禺，是始爲舟①。番禺生奚仲，奚仲生吉光，吉光是始以木爲車②。

①帝俊：傳説中的上古帝王，清郝懿行等以爲就是帝嚳（kù），號高辛氏。淫梁：淫字或作「經」。爲：製造。②奚仲：黄帝之後，任姓，夏代時爲車正（掌管車），傳説爲車的創造者，春秋時的薛國爲其後裔。

少皡生般，般是始爲弓矢①。

帝俊賜羿（yì）彤弓素矰（zēng），以扶下國，羿是始去恤下地之百艱②。

①少皞：或作「少昊」，名摯，號金天氏，傳説是代太皞而興起的東夷部族首領。

②羿：即后羿，夏代東夷有窮氏部族的首領，善射。矰：一種短箭，繫有絲繩，用以回收射出的箭。去恤：消除和救助。下地：民間。傳説古時天上有十日，羿射落九日，同時殺死肆虐的封豕長蛇，使民得以安生。

帝俊生晏龍，晏龍是爲琴瑟①。帝俊有子八人，是始爲歌舞②。帝俊生三身，三身生義均，義均是始爲巧倕（chuí），是始作下民百巧③。后稷是播百穀④。稷之孫曰叔均，始作牛耕⑤。大比赤陰是始爲國⑥。禹、鯀是始布土，均定九州⑦。

①是：據上下文，「是」後脱「始」字。

②是：指帝俊八子。

③始：疑衍。巧倕：古傳説中的巧匠名。作下民：指爲下民發明。百巧：指各種製造技術。

④后稷：周族的始祖，名棄，堯舜時爲農官，善於種植。

⑤始作牛耕：開始使用牛耕作。

⑥大比：即大妣。赤陰：疑即后稷的母親姜嫄。

⑦禹：鯀之子，以治水有功，被舜選爲繼承人。布土：規劃疆土。均定：平定。

炎帝之妻，赤水之子聽訞（yāo），生炎居①。炎居生節并，節并生戲器，戲器生祝融②。祝融降處於江水，生共工③。共工生術器。術器首方顛，是復土穰（rǎng），以處江水④。共工生后土，后土生噎（yē）鳴⑤。噎鳴生歲十有二⑥。

① 炎帝：傳説中上古姜姓部族的首領，號烈山氏，或説即神農氏，與黄帝同出於少典氏，曾與黄帝戰於阪泉之野，被打敗。赤水之子：赤水族的女兒。子，女兒。聽訞：一作「聽詙」。訞，「妖」的異體。

② 祝融：傳説爲帝嚳時的火官，後人尊爲火神。

③ 降：被貶。江水：地名，確址不詳。共工：傳説中的部落領袖，曾與顓頊（zhuānxū）争帝，怒觸不周山，使天柱折，地維絶。

④ 方顛：頭頂方而平。顛，頭頂。復土穰：恢復了舊有的（其祖父祝融時期的）領土。穰，通「壤」。處江水：指仍舊居於江水。

⑤ 后土：土地神。

⑥ 噎鳴句：噎鳴生了一年時間中的十二個月。或以爲此句言噎鳴生了十二子，皆以歲名名之。説見郭璞山海經注。噎鳴，傳説中的時間神。有：通「又」。

洪水滔天。鯀竊帝之息壤以堙（yīn）洪水，不待帝命①。帝令祝融殺鯀於羽郊②。鯀復生禹，帝乃命禹卒布土以定九州③。

① 息壤：傳説中能自行生長的土壤。堙：堵塞。帝：天帝，一説即黄帝。

② 羽郊：羽山之郊。羽，山名。

③ 復：通「腹」。傳説鯀死後三年不腐，結果從腹中生出了禹。卒：最終。

上古天真論

黄帝内經

【黄帝内經簡介】黄帝内經是我國古代最早系統闡述中醫理論和實踐的著作，由素問和靈樞兩部分構成。素問二十四卷八十一篇，靈樞十二卷八十一篇，共計三十六卷一百六十二篇。内容十分豐富，包括解剖、生理、病理、診斷、衛生等各個方面。其中少部分篇章可能寫成於戰國末年，大部分則可能寫成於西漢前期至中期，作者已不可考，但肯定不是出自一人之手。

漢書藝文志著録「黄帝内經十八卷」，隋楊上善黄帝内經太素是整理黄帝内經的早期著作，唐初王冰對黄帝内經作了全面的注釋。該書現存的版本主要有明人顧從德翻刻的宋刻本和上海涵芬樓影印的明正統道藏本等。

【題解】上古天真論是素問的第一篇，這裏節選的是前半部分。文章通過黄帝與其臣岐伯的對話，主要討論了人如何保精養神以達到延年益壽的問題，體現了黄老學派順從自然、消極無爲的哲學思想。所謂天真，醫家認爲是人體中固有的生命力，即維持生命的所謂元氣。因天生就有，純真無雜，故名「天真」。

昔在黄帝，生而神靈，弱而能言，幼而徇齊，長而敦敏，成而登天①。乃問於天師曰②：「余聞上古之人，春秋皆度百歲，而動作不衰；今時之人，年半百而動作皆衰者，時世異耶？人將失之耶③？」

①徇齊：疾速，指思維敏捷。敦敏：誠實而且聰明。史記五帝本紀作「成而聰明」。成：成人時。登天：指登上帝位。「成而登天」一語——②天師：帝王的老師，即下文的岐伯。

③ 失之：指失去高齡的壽數。

岐伯對曰：「上古之人，其知道者，法於陰陽，和於術數①；食飲有節，起居有常，不妄作勞。故能形與神俱，而盡終其天年，度百歲乃去②。今時之人不然也，以酒爲漿，以妄爲常，醉以入房，以欲竭其精，以耗散其真③；不知持滿，不時御神④，務快其心，逆於生樂⑤，起居無節，故半百而衰也。

① 道：指養生之道。法：效法，遵循。陰陽：我國古代重要的哲學概念，指事物的兩個對立面，認爲萬物都是陰陽和諧的結果。術數：指自然規律。

② 節：節度。不妄作勞：不胡亂做事。

③ 漿：這裏義爲水。常：常規。以：介詞，因。真：真氣，即元氣。

④ 持滿：保持精神飽滿，精力旺盛。不時御神：不按時有節制地使用精力。時，名詞作狀語。御，使用。

⑤ 逆於生樂：背離了尋求快樂的目的。

夫上古聖人之教下也，皆謂之虚邪賊風，避之有時①。恬惔（dàn）虚無，真氣從之，精神内守，病安從來②？是以志閑而少欲，心安而不懼，形勞而不倦，氣從以順，各從其欲，皆得所願③。故美其食，任其服，樂其俗，高下不相慕，其民故曰樸④。是以嗜欲不能勞其目，淫邪不能惑其心⑤。愚知賢不肖，不懼於物⑥，故合於道。所以能年皆度百歲而動作不衰者，以其德全不危也⑦。」

① 虚邪：乘虚而入的邪氣。賊風：指四時的不正之風。
② 惔：同「淡」。虚無：指不生物欲。内守：從内部得到保護。安：疑問代詞，哪裏。作賓語，前置。
③ 志閑：精神安閑。皆得句：意爲思想精神、肌肉筋骨等方面都處在安適自然的狀態。
④ 任：相稱；合適。高下：指地位高、低不同的人。

樸：質樸；淳樸。
⑤ 是以：介詞結構，所以。嗜欲：指滿足欲望的外物。勞、惑：均使動用法。
⑥ 愚知賢不肖：泛指各種人。知，「智」的古字。不懼於物：不怕外物的誘惑。
⑦ 德全句：指養生之道全面，不爲物欲傷害。

扁鵲之衛

新語

【新語簡介】新語，西漢初陸賈撰，共十二篇，依次是道基、術事、輔政、無爲、辨惑、慎微、資質、至德、懷慮、本行、明誡、思務等。陸賈，楚人，從高祖定天下，以善辯聞名。西漢初任太中大夫，深得高祖信任，曾奉使南越招諭趙佗歸漢。新語應高祖之命撰成，旨在説明天下得失的道理。書中宣揚王道，貶黜霸術，强調修身和用人，内容多與史記不合。除新語外，陸賈另著有楚漢春秋一書。新語目前較通行的整理本是王利器的新語校注。

【題解】本文選自新語資質。文章通過扁鵲在衛不受重用的故事説明，一般人處事的心理和方法往往是「求遠而失近，廣藏而狹棄」，結果會鑄成大錯。故事雖然短小，但寓意深刻。

昔扁鵲居宋，得罪於宋君，出亡之衛①。衛人有病將死者，扁鵲至其家，欲爲治之。病者之父謂扁鵲曰：「吾子病甚篤，將爲迎良醫治，非子所能治也。」退而不用②。乃使靈巫求福請命，對扁鵲而呪（zhòu），病者卒死③，靈巫不能治也。夫扁鵲天下之良醫，而不能與靈巫争用者，知與不知也④。故事求遠而失近，廣藏而狹棄，斯之謂也⑤。

①扁鵲：春秋時名醫，據史記扁鵲列傳爲勃海郡鄭（鄭當爲鄚，在今河北任丘縣北）人，姓秦，名越人。宋：春秋時國名。出亡：逃亡。之：到……去。衛：春秋時國名。
②篤：嚴重。爲：爲之。退：謝絶。
③靈巫：巫師。求福請命：請求上天賜福保命。呪：禱告，即念求神驅鬼的口訣。卒：最終。
④知與句：這是了解與不了解的原因所致。
⑤廣藏句：大量積藏却很少捨棄。狹，指小的，少的。

景公射出質

說苑

【說苑簡介】說苑，劉向撰。劉向，西漢著名的經學家、目録學家和文學家，字子政，本名更生，沛（今江蘇沛縣）人，楚元王交四世孫，劉歆之父，官至中壘校尉，曾領校宫廷藏書，其所撰别録爲我國目録學之祖。說苑共分君道、臣術、建本、立節、貴德、復恩等二十卷，旨在諷諫皇帝。該書據劉向校理過的圖書等資料整理而成，取材十分廣泛，上自先秦經書諸子，下及漢人雜著，旁採街談巷語，内容多爲逸聞佚事，短小精煉，寓意深刻。說苑的思想以儒家爲主，兼及墨、名、法諸家，但歷代著録都把它歸入儒家類。書中保留了許多值得珍視的史料，對於校刊古籍有重要的參證作用。清人盧文弨、俞樾、孫詒讓等曾校理過説苑，近人及今人的整理本主要有向宗魯説苑校證、趙善詒説苑疏證以及臺灣盧元駿説苑今注今譯等。

【**題解**】本文選自説苑君道。文章通過齊景公射箭脱靶而群臣齊聲喝彩的故事，説明君主要聽到真話很不容易，同時宣揚了人臣敢於犯顔直諫的可貴精神。

晏子没十有七年，景公飲（yìn）諸大夫酒①。公射出質，堂上唱善，若出一口②。公作色太息，播弓矢③。弦章入，公曰：「章！自吾失晏子，於今十有七年，未嘗聞吾過不善④。今射出質，而唱善者若出一口。」弦章對曰：「此諸臣之不肖也。知不足以知君之不善，勇不足以犯君之顔色⑤。然而有一焉，臣聞之：君好（hào）之，則臣服之；君嗜之，則臣食（sì）之⑥。夫尺蠖食黄則其身黄，食蒼則其身蒼⑦。君其猶有食諂人之言乎⑧？」公曰：「善。今日之言，章爲君，我爲臣。」是時海人入魚，公以五十乘賜弦章。章歸，魚乘塞塗⑨。撫其御之手曰：「曩之唱善者，皆欲若魚者也。昔者晏子辭賞以正君，故過失不掩⑩。今諸臣諂諛以干（gān）利，故出質而唱善如出一口。今所輔於君未見於衆，而受若魚，是反晏子之義而順諂諛之欲也。」固辭魚不受。君子曰：「弦章之廉，乃晏子之遺行也⑪。」

①晏子：見晏子春秋介紹。没：義同「殁」。景公：齊景公。飲：使動用法。晏嬰於前五〇〇去世，景公於前四九〇去世，晏嬰去世十七年後當爲簡公之世，疑記有誤，或以爲景公屬依托之詞。

②出質：脱靶。質，箭靶。唱善：叫好。

③作色：顯出遺憾的神色。播：扔掉。

④弦章：齊大夫，名賓胥無，字弦章。過：衍文，晏子春秋一書無此字。

⑤不肖：不賢。知（不足）：「智」的古字。犯：冒犯。顔色：臉色。

⑥有一焉：有一個原因在其中。焉：兼詞，相當「於之」。好：喜好，指喜好服飾聲色狗馬等。服：服侍；提供。食之：向他進獻食品。食，使動用法。

⑦尺蠖：一種蛾科昆蟲的幼蟲，傳説這種蟲食黄則體變黄，食青則體變青。蒼：草青色。

⑧君其句：您可能還喜歡小人奉承的話吧？其：表推測的語氣副詞。諂人：諂邪小人。

⑨海人：指掌漁業的官員。入：給宫中送魚。魚乘：載魚的車子。塞塗：堵滿了道路。

⑩曩者：先前。若：代詞，這些。不掩：即被指出。

⑪固：堅決。遺行：流傳下來的美德。

原憲居魯

新序

【新序介紹】新序是一部散文集，作者西漢劉向（詳景公射出質一文介紹）。全書共十卷，採集先秦至漢代史實分類編纂而成，其中不少内容與左傳、國語、戰國策、史記的記載有出入。四庫全書總目評論該書「春秋時事尤多，漢事不過數條。大抵採百家傳記，以類相從」。該書與説苑一樣，旨在以史爲鑒，起到諷諫警示的作用，所選故事多經過加工改造，具有較高的思想性和藝術性。原書共三十卷，後散佚較多，今本十卷由宋曾鞏整理校訂而成。今人趙仲邑的新序詳注注釋詳明，便於閲讀。

【題解】本文選自新序節士，題目爲編者所加。文章通過原憲與子貢的會面及對話，對原憲身居陋室窮困潦倒而矢志不移的精神給以肯定和褒揚，歌頌了儒家「貧賤不能移」的思想情操。

原憲居魯①，環堵之室，茨以生蒿，蓬户甕牖（wèngyǒu），揉桑以爲樞，上漏下濕，匡坐而弦歌②。子貢聞之③，乘肥馬，衣輕裘，中紺（gàn）而表素，軒車不容巷④，往見原憲。原憲冠桑葉冠，杖藜（lí）杖而應門⑤。正冠則纓絶，衽襟則肘見（xiàn），納屨（jù）則踵決⑥。子貢曰：「嘻！先生何病也⑦？」原憲仰而應之曰：「憲聞之：無財之謂貧，學而不能行之謂病。憲，貧也，非病也。若夫希世而行，比周而交，學以爲人，教以爲己，仁義之慝（tè），輿馬之飾⑧，憲不忍爲也。」子貢逡（qūn）巡，面有愧色，不辭而去。原憲曳杖拖屨，行歌商頌而反，聲滿天地，如出金石⑨。天子不得而臣也，諸侯不得而友也⑩。故養志者忘身，身且不愛，孰能累之？詩曰：「我心匪石，不可轉也。我心匪席，不可卷也⑪。」此之謂也。

①原憲：字子思，又名仲憲、原思，孔子弟子，宋人（一説魯人）。孔子去世後，原憲隱居不仕，事迹見史記

② 仲尼弟子列傳。孟子爲其再傳弟子。

環堵之室：四面唯見土牆的小屋。堵，指牆壁長寬各一堵，一堵長一丈。茨：用草苫房頂。生蒿：未及曬乾的青蒿。蓬户：柴門。甕牖：用破甕做的窗户。揉：通「煣」，烘烤木條使之彎曲或變直，這裏指將彎曲的桑木煣直。樞：門軸。匡坐：正坐。弦歌：撫琴唱歌。

③ 子貢：或作「子贛」，複姓端木，名賜，孔子弟子，時爲衛相。事迹見史記仲尼弟子列傳。

④ 乘肥馬：用肥壯的馬駕車。乘，四匹馬駕的大車，這裏用作動詞。紺：紅青色。中紺而表素：裏面穿着紺帛做的衣服，套着白絹做的外衣。軒車：大夫以上官員才能乘坐的有遮擋的高級車子。

⑤ 冠桑葉冠：戴着桑葉做的帽子。杖：拄着。藜杖：用藜草莖做的手杖。藜，一種草本植物。

⑥ 正：用作動詞，使端正，戴端正。纓：帽帶。絶：斷。此句是説帽帶不結實。衽：衣襟。這裏作動詞用，整理衣襟。納：穿。屨：草鞋或麻鞋。踵決：鞋被撑破露出了脚後跟。踵，脚後跟。決：此處義爲「露出」。

⑦ 嘻：驚訝聲。病：指窮困。

⑧ 希世：迎合世俗。希，望。比周：勾結，結黨。學以爲人：學習是爲了炫耀於人。教以爲己：教學是爲了顯示自己。慝：災害。飾：裝飾品。

⑨ 逡巡：進退不得貌。商頌：宋國的兩種歌名。原憲爲宋人，故歌之。高歌旨在勵志。禮記樂記：「愛者宜歌商，……柔而正者宜歌頌。」反：「返」的古字。出金石：像從鐘磬等金石樂器中發出的一樣。

⑩ 天子二句：天子不能使他成爲自己的臣下，諸侯不能和他交上朋友。二句表現了原憲不顧和權勢者合作的態度。

⑪ 匪：副詞。非，不是。引詩見詩經邶風柏舟。毛亨傳：「石雖堅，尚可轉。席雖平，尚可卷。」鄭玄箋：「言己心志堅平，過於石席。」

錢神論

魯褒

【作者介紹】魯褒，字元道，西晉南陽（今河南南陽市）人。一生好學多聞而窮愁潦倒，對當時貪鄙醜惡的社會現實極爲厭惡，後隱身埋名，不知所終。晉書有傳。

【題解】晉惠帝元康（公元二九一——二九九年）以後，國家政治黑暗，官吏腐敗，貪鄙之風盛行，金錢可以通神。錢神論就是在這種社會背景下寫成的。文章通過司空公子與綦毋先生的對話，對金錢的歷史及用途做了全面的描述和剖析，無情揭露了醜惡污濁、金錢至上的社會現實，具有很强的時代意義。全篇多用對偶句和押韻句，筆法老道，語言辛辣，思想深刻，風格詼諧，喜笑怒罵，酣暢淋灕，極盡諷刺嘲弄之能事，充分表現了作者不滿現實、不畏權貴、不信天命的鬥争精神和博學善文的才華。本文取自全晉文（卷一百十三），同時根據晉書隱逸魯褒傳和藝文類聚産業部下的記載對個别字句做了適當的調整，删去了原文的起始段落，保留的是作者借司空公子之口所發的議論部分。

昔神農氏没，黄帝、堯、舜教民農桑，以幣帛爲本①。上智先覺變通之，乃掘銅山，俯視仰觀，鑄而爲錢②。故使内方象地，外員象天③。

① 神農氏：古帝王，又稱炎帝、烈山氏。相傳神農始製耒耜教民耕作。以幣句：意爲交易時以使用幣帛爲主。幣帛，絲織品。

② 上智：指非常聰慧的人。先覺：首先意識到。變通之：指改變交易的方式。俯視仰觀：俯視大地，仰觀上天。鑄而爲錢：將銅澆鑄爲銅錢。俯視二句意爲根據天地之象鑄錢。

③ 員：通「圓」。古銅錢外圓内方，内方象徵大地，外圓象徵上天。古人認爲天圓地方。

錢之爲體，有乾有坤。内則其方，外則其圓。其積如山，其流如川①。動静有時，行藏有節②。市井便（biàn）宜，不患耗折③。難朽象壽，不匱象道④，故能長久。爲世神寶，親愛如兄，字曰「孔方」⑤。失之則貧弱，得之則富强。無翼而飛，無足而走。解嚴毅之顔，開難發之口⑥。錢多者處前，錢少者居後。處前者爲君長，在後者爲臣僕。君長者豐衍而有餘，臣僕者窮竭而不足⑦。詩云：「哿（gě）矣富人，哀哉煢（qióng）獨⑧！」豈是之謂乎⑨？

① 乾：指天。坤：指地。積：堆積。流：指流通。

② 動静：指金錢的流通和儲蓄。節：規則。

③ 市井：街市上。便宜：方便。不患耗折：不用擔心有損耗。

④ 難朽象壽：難以腐朽，象長壽者。不匱象道：流通而不窮盡，像「道」運行不息。道：泛指事物的規律。

⑤ 孔方：古銅錢内爲方孔，故稱。

⑥ 解嚴句：能使威嚴的面孔露出笑容。嚴毅之顔，指嚴肅的官吏。難發句：能使口風很嚴的人開口。「解、開」均使動用法。

⑦ 豐衍：富足。窮竭：貧困。

⑧ 哿：歡樂。煢獨：孤獨。引詩見詩經小雅正月。

⑨豈是句：難道指的就是這個嗎？　是之謂：謂此。——「是」爲賓語，前置。

錢之爲言泉也①，百姓日用，其源不匱。無遠不往，無深不至。京邑衣冠，疲勞講肄②，厭聞清談，對之睡寐，見我家兄，莫不驚視。錢之所祐，吉無不利③。何必讀書，然後富貴④？　由是論之，可謂神物。無位而尊，無勢而熱，排朱門，入紫闥(tà)⑤。錢之所在，危可使安，死可使活；錢之所去，貴可使賤，生可使殺。是故忿諍辯訟，非錢不勝；孤弱幽滯，非錢不拔⑥。怨仇嫌恨，非錢不解；令問笑談，非錢不發⑦。

①錢之句：錢得名於泉。泉，「錢」的古稱，此處指「源泉」之「泉」，意在説明「錢」得名於「源泉」的「泉」。之爲言，聲訓術語，用於解釋詞源的訓釋中。

②京邑衣冠：指京城中的達官顯貴。講肄：學校。

③錢之二句：語本周易繫辭上「自天祐之，吉無不利」一語。

④此句後面晉書有「昔吕公欣悦於空版，漢祖克之於嬴二，文君解布裳而被錦繡，相如乘高蓋而解犢鼻，官尊名顯，皆錢所致。空版至虚，而况有實；嬴二雖少，以致親密。」一段文字，藝文類聚無。

⑤排：推開。朱門、紫闥：指代貴族官宦之家。闥，門。

⑥孤弱：指勢孤力單的人。幽滯：指在野未出仕的人。拔：提拔。

⑦令問：即「令聞」，好名聲。笑談：指美談。發：傳播。

洛中朱衣，當途之士，愛我家兄，皆無已已①。執我之手，抱我終始，不計優劣，不論年紀。賓客輻輳（fúcòu）②，門常如市。諺曰：「錢無耳，可闇使③。」豈虛也哉？又曰：「有錢可使鬼。」而况於人乎？子夏云④：「死生有命，富貴在天。」吾以死生無命，富貴在錢。何以明之？錢能轉禍爲福，因敗爲成，危者得安，死者得生。性命長短，相禄貴賤，皆在乎錢，天何與焉⑤？天有所短，錢有所長。四時行焉，百物生焉，錢不如天；達窮開塞⑥，振貧濟乏，天不如錢。若臧武仲之智，卞莊子之勇，冉求之藝，文之以禮樂，可以爲成人矣⑦。今之成人者何必然？唯孔方而已。

①洛中：洛陽，西晉都城。朱衣：指達官貴人。當途：同「當道」，指身居官位的人。已已：休止。

②輻輳：聚集。輻，輻條。輳，聚集。

③錢無二句：錢雖無知，可役鬼神。無耳，指没有聽覺。闇，暗中；私下裏。

④子夏：即卜商，字子夏，春秋衛人，孔子弟子。

⑤相禄：享福禄的面相，即命相，這裏指命運。在乎：在於。與：參與；决定。

⑥達窮：使窮困的人顯達。開塞：使處境窘迫的人得以擺脱。「達、開」均使動用法。「窮、塞」均指處在困境中的人。

⑦臧武仲：即臧孫紇，春秋時魯大夫。以機智聞名。卞莊子，春秋時魯大夫，以勇敢著稱。冉求：冉有，孔子弟子，多才多藝。文：修飾；施加。禮樂：禮儀和音樂。儒家把它作爲修身和統治人民的手段。成人：即完人，全人。論語憲問：「子路問成人。子曰：『若臧武仲之知，公綽之不欲，卞莊子之勇，冉求之藝，文之以禮樂，亦可以爲成人矣。』」

夫錢，窮者能使通達①，富者能使温暖，貧者能使勇悍。故曰：君無財則士不來，君無賞則士不往。諺曰：「官中無人，不如歸田②。」雖有中人③，而無家兄，何異無足而欲行，無翼而欲翔？使才如顏子，容如子張，空手掉臂，何所希望④。不如早歸，廣修農商。舟車上下，役使孔方，凡百君子，同塵和光⑤。上交下接，名譽益彰⑥。

①窮：困窘，通常指政治上未得志。
②官中二句，做官如果没有靠山，不如歸田務農。
③雖：即使，假設連詞。中人：指在朝的官員。
④使：即使。顏子：顏回，孔子最得意的弟子，有「亞聖」之稱。子張：名師，複姓顓孫，孔子弟子。掉臂：奮起貌。原意是甩動胳膊走開，不顧而去。何所希望：没有希望。
⑤舟車上下：指在人們的來往中。同塵和光：又作「和光同塵」。語本老子四章：「和其光，同其塵。」原意指道與萬物同在，無論光芒還是塵垢。後指與世俗同處，這裏指用錢時，人人都是一樣的。
⑥上交句：大意爲，在上下交接錢的時候，能特别顯示出自己的名聲和地位。

工具書簡介

閲讀古書，經常會遇到這樣一些困難，比如一些字不認識，一些詞語、典故不知道它的意思或出處，一些典章制度、禮儀習俗、名物器用不熟悉等，這時就需要去查閲工具書。

工具書是將某一方面的知識或資料編排起來供人們翻檢查閲的專業書籍。用於學習古代漢語的工具書很多，對於初學者來説，首先要熟悉一些常用工具書的内容和查檢方法。下面是對一些常見古漢語工具書的介紹，分字典、詞典、類書、政書四類。

第一節　字典

字典是以解釋單字的形、音、義爲主要目的的工具書。「字典」一詞出現於康熙字典問世以後，在此之前，凡是解釋漢字形、音、義的書，都籠統地稱之爲字書。古代的字書外延較廣，與今天字典相當的只是其中的一部分。常見的字書有以下幾種。

一　説文解字

説文解字簡稱説文，東漢許慎撰，這是我國第一部通過分析字形探求本義的字書。説文成書於漢和帝永元十二年（公元一〇〇年），但直至二十一年後，亦即漢安帝建光元年（公元一二一年）許慎病卧在牀時才讓其子許冲將書獻給朝廷。全書共收字九千三百五十三個，重文一千一百六十三個，説解十三萬三千四百四十一字。首創部首分類法，從漢字中歸納出五百四十個部首，將所收字按五百四十部排列，同部首的字排在一起，所謂「分別部居，不相雜厠」。五百四十個部首的排列順序是「據形繫聯」，即大致以部首形體相近的特點爲依據列次。各部内部的字，則是根據「依類相從」的原則排列，即按照字的意義，將表示同類事物的字或者意義相近的字排列在一起。這就是段玉裁所説的「凡每部中字之先後，以義之相引爲次」。

説文對每個字的説解，都是首列小篆字形，接着解釋其意義，然後按「六書」分析其字形結構。部分字還用「讀若」「讀與某同」等術語注出讀音。説文專解釋字的本義和分析字的形體，而不涉及引申義，這對於我們了解漢字本義和形體結構之間的聯繫極有幫助。例如：

又：手也。象形。三指者，手之列多略不過三也。凡又之屬皆从又。

下：底也。指事。

友：同志爲友。从二又。相交友也。

瑤：玉之美者。从玉，䍃聲。詩曰：「報之以瓊瑤」。

説文一書經過數百年的流傳，特別是經過唐代李陽冰的主觀竄改，訛誤相當嚴重。南唐時徐鍇做了一番整理工作，寫成説文解字繫傳一書，世稱「小徐本」。北宋時徐鍇之兄徐鉉奉詔對説文解字進行校理，增列了四百零二個「新附字」，對部分字條作了簡要的注釋，同時依據唐韻給每個字加了反切，世稱「大徐本」。現在通行的本子是大徐本，有中華書局一九六三年影印一篆一行本，書後附有部首檢字和筆劃檢字表。

清代校理研究説文的學者很多，成就也最大。其中段玉裁、桂馥、王筠、朱駿聲四人最爲著名，世稱説文四大家。

段玉裁的主要著作是説文解字注。書成於嘉慶十二年（一八〇七年），刊行於嘉慶二十年。今有上海古籍出版社一九八一年影印本，書後附有針對大徐本説文解字和段注的四角號碼通檢，極便檢索。段注以大徐本爲底本，對説文一書做了全面精細的校勘整理，其注釋的主要特點是注重闡明許書的體例，注重引申義假借義的申説、形音義的互相推求以及同義詞的辨析，同時於每字之後注明了其上古所屬韻部。書後附有他的音韻學著作六書音均表。

桂馥的主要著作是説文解字義證，今有中華書局一九八七年影印本，上海古籍出版社一九八七年影印本。義證旨在爲説文的説解做取證群書的工作。其主要特點是羅列群書資料以證明許書而不下主觀斷語，具體内容有二：一是引證群書資料證明許慎的説解，二是詮釋每字的字義。所引的材料極爲廣博，包括經、史、子、集、傳注、字書乃至鐘鼎彝器銘文。

王筠的主要著作是説文解字句讀和説文釋例。句讀成書於道光三十年（一八五〇年），今有上海古籍書店一九八三年影印本、北京市中國書店一九八三年影印本、中華書局一九八八年影印本。此書匯集段玉裁、桂馥、嚴可均等人及作者自己多年研究説文的成果而成，類似集解，旨在爲初學者指示學習和研究説文的門徑，故名「句讀」。説文釋例是一部專門探討説文體例的專著，共分五十多個大的條目。成書於道光十七年（一八三七年），今有中華書局一九八七年影印本。除句讀和釋例外，王筠還有一部文字蒙求，編成於道光十八年（一八三八年）。全書從説文中選取常用字二千零三十六個，按象形、指事、會意、形聲四類分卷編成，注釋簡明，是學習説文的入門書，今有中華書局一九六二年影印本。

朱駿聲的主要著作是説文通訓定聲，書成於道光十三年（一八三三年），今有武漢市古籍書店一九八三年影印本和中華書局一九八四年影印本，均附有筆劃索引。定聲全書收字一萬七千二百四十個，除説文原有字外，增收七千多字。在編排體例上，該書打破了説文解字五百四十部以形統字的格局，而代之以聲統字。書中確定一千一百三十七個基本聲符爲字音之母，統率所有的字，稱之爲聲母，同時又將這一千一百三十七個聲母分隸於朱氏自定的古韻十八部，這就是所謂「定聲」。書中對字的説解分爲本訓、轉注、假借、别義、聲訓、古韻、轉音等項。其中「本訓」部分首列許慎説文解字原文，然後引例加以疏通證明，這就是所謂「説文」。書中於「轉注」「假借」用力最勤，徵引古書古注，詳細説明文字的引申和假借情況，「稽考群經子史用字之通融」，這就是所謂「通訓」，屬於全書的重點所在。朱氏認爲「轉注」「假借」爲用字之法，許慎定義實誤，故他的解釋不但更改了許慎關於「轉注」「假借」的定義，而且連許慎的例字也都改了。朱氏所説的「轉注」就是我們現在所説的詞義引申，朱氏所説的「假借」就是我們現在所説的「本無其字」的假借和「本有其字」的「通假」。

二 説文解字詁林

近人丁福保等編。丁福保（一八七八——一九五二年），江蘇無錫人，曾任京師大學堂及譯學館教習。此書匯輯説文徐鉉、徐鍇校訂本及清人研究説文的著作共二百餘種爲一書，故名「詁林」。全書分正編和補遺兩大部分。正編一百八十二種，一千〇三十六卷；補遺四十六種，一百七十卷。其排序同於大徐説文，共分十一大類。各字頭之下以大徐本爲經，將各書内容逐一剪貼。其材料豐富，極便使用。胡樸安曾評論此書有四善，即：檢一字而各家學説悉在；購一書而從書均在；無删改，仍爲各家原面目；原本影印，絶無錯誤。其不足之處在於未能充分採録甲骨文、金文的研究成果。

此書正編、補遺分别於一九二八年和一九三〇年由上海醫學書局影印出版。一九八八年，中華書局曾據原書影印發行，另有臺灣商務印書館一九七六年影印本。

三　康熙字典

清張玉書、陳廷敬等奉敕撰。書成於康熙五十五年（一七一六年）。今有一九五八年中華書局據同文書局原版影印本，上海書店一九八五年附四角號碼查字表影印本。二〇〇二年，漢語大詞典出版社出版了標點整理本，使用方便。康熙字典是在明字彙和正字通兩部字書的基礎上增訂而成，收字四萬七千〇三十五個。全書按字彙首創的二百一十四部首列字，同部首的字以筆劃的多少爲次，共分十二集，以子、丑、寅、卯……名之，每集又分上中下。書前附有部首索引。其釋字體例是先列本音本義，再列别音别義。注音以羅列唐韻、廣韻、集韻、韻會、洪武正韻等古代韻書中的反切爲主，輔以直音。釋義以引用古書及傳注中的解釋爲主，所引一般都屬於時代最早的用例，且標明書名和篇名。凡别音别義均以「又」字標明。康熙字典的最大特點是收字量大，在中華大字典出版之前它是我國收字最多的字典。

康熙字典優點很多，缺點也不少。在釋義方面，由於拘泥於古書原有的訓詁，致使釋義往往失之簡略，不够確切。有時幾個義項一起陳説，眉目不清。在書證方面問題更多，諸如書名錯誤、篇名錯誤、引文錯誤或脱落、引文删節不當、妄改引文，等等。清王引之曾作字典考證，糾正了其中的各種錯誤達二千五百八十八條。一九八一年，王力著康熙字典音讀訂誤，訂正出五千二百個字的錯誤音讀。

四　中華大字典

陸費逵、歐陽溥存等編纂，一九一五年中華書局出版，一九七八年出了縮印二卷本。該書收字四萬八千多個，比康熙字典多出一千多字。全書以部首筆劃列字。部首承用的是康熙字典的二百一十四部，但次序與康熙字典略有不同。

中華大字典的編纂目的是爲了糾正康熙字典的錯誤，彌補其不足，試圖取而代之，故每以康熙字典爲借鑒，力求編得合理。在注音上，它一改康熙字典羅列韻書反切的作法，以集韻的反切爲準，每音只加一個反切，集韻中没有的字，再用廣韻或其他韻書中的反切。反切之後加注直音和平水韻韻目。在釋義方面，它避免了康熙字典諸義雜陳的缺點而分條釋義，眉目清晰，且引例簡明，一個義項一般只舉一條書證。各義項順序大致是先本義，後引申義，最後是假借義。在收字方面，它能注意收録俗字、方言用字和反映當時科學發展狀況的用字。此外，書中還兼收了相當數量的複音詞，分别列於單字義項之後。

中華大字典注意吸收清人的研究成果，糾正了康熙字典錯誤二千多條，不失爲一部較好的字典。但它本身的疏漏也不少，康熙字典中存在的問題，有些并未能够完全避免，諸如沿襲錯誤的舊説、徵引書名前後不一、引用字書不標卷數、引用詩賦不列篇名、引文删節失當，等等。該書自出版至今，與康熙字典并行於世，各有優劣，并未能够取代康熙字典。

五　漢語大字典

漢語大字典編輯委員會編。從一九八六年起，由四川辭書出版社和湖北辭書出版社陸續出版，共八卷，至一九九〇年十月全部出齊。其後又分别於一九九二、一九九五、二〇〇一年出了縮印本、三卷本和四卷本。

漢語大字典共收列單字五萬六千左右，收字比康熙字典、中華大字典還要多。全書按部首筆劃編排，所用部首同漢語大詞典，共二百部。同部首的字按除去部首以外的筆畫數排列，同筆畫的字再按起筆一（横）丨（竪）丿（撇）丶（點）乙（折）五種筆形的順序排列。各卷之首列有該卷的筆畫檢字表，末卷附有全書的筆劃檢字表。

漢語大字典對單字的説解一般包括解形、注音、釋義、引證四項。各字頭之下首先列出該字可能有的甲骨文、金文、小篆、隸書及出處，接着引説文説明其本義和構形，然後依次注出該字的今音、中古音和上古音。如一字多音則分列。其中今音用漢語拼音字母標注；中古音用廣韻或集韻的反切標注，同時標明聲、韻、調；上古音只標韻部，採用的是近人考訂的古韻三十部。釋義一般按本義、引申義、假借義的順序排列義項。所分義項較細，兼收了一些生僻字的義項和常用字的生僻義項以及複音詞中的語素義。對義項的確定既注重繼承前人已有的成果，也重視吸收今人新的研究成果。引證標明了書名、篇名或卷次，便於查檢。

漢語大字典力求歷史地、全面地反映漢字形音義的面貌和發展狀況，這一目的基本上可以説實現了，并在國内外産生了重要的影響。但是，由於此書出於衆手，問題也較多，諸如有些義項漏收、部分義項分得過細、部分釋義或引證不準，等等。另外，檢索方法單一，也是該書一個不容忽視的缺點。

六　古漢語常用字字典

古漢語常用字字典編寫組編寫，一九七九年商務印書館初版，一九九三年第二版，一九九八年第三版，二〇〇五年第四版。

這部字典是專爲初學古漢語的人掌握常用字的常用義而編寫的，其第四版所收古漢語常用字已增加到六千四百多個，另外酌收雙音詞約二千五百多個。其最大的特點是，義項基本上按本義、近引申義、遠引申義、假借義的順序列次，釋義簡明，用例典型，對用例中的有關詞語隨文作了注釋，釋義中指明了古今字、通假字和異體字，等等。另外，在一些字條之後還對同義詞進行了簡要的辨析。字頭按拼音音序排列，查找方便。這些特點也是這部字典的優點，它爲初學者提供了較大的方便，故出版後受到了讀者的普遍歡迎，多次再版，重印。

七　簡明古漢語字典

張永言、杜仲陵、向熹、經本植、羅憲華、嚴廷德等六人編，四川人民出版社一九八六年初版，二〇〇一年第二版。這是一部面向中等以上文化程度讀者閲讀古籍的參考用書。全書共收古漢語常用字八千五百多個(不包括異體字)，同時酌收了一些古漢語雙音詞，書前設有音序、部首兩種檢字表。其主要特點是，釋義簡明準確，用例較新，注意吸收近現代人的研究成果，義項劃分比較合理，義項的排列原則上按照詞義引申的順序，給古入聲字作了標記，等等。

八　王力古漢語字典

王力、唐作藩、郭錫良、曹先擢、何九盈、蔣紹愚、張雙棣等七人編，中華書局二〇〇〇年出版。全書共收古漢語常用字一萬二千四百〇六個，同時酌收了一些雙音詞，以聯綿詞爲主，書前設有拼音檢字表。根據王力先生的序，這部字典有以下八個特點：(一)擴大詞義的概括性。(二)僻義歸入備考欄。(三)樹立歷史觀點，注意詞義的時代性。(四)標明古韻部。(五)注明聯綿詞。(六)在每部的前面先寫一篇部首總論。(七)辨析同義詞。(八)列舉一些同源字。其實，這部字典的特點還不止此八條，例如釋義中指出了古今字、通假字，注音中不僅標出了上古的韻部，同時標出了中古的韻部、聲母和聲調。總的來説，這部字典除了標注古音外，其特點與古漢語常用字字典是比較接近的，只是字數、容量比後者大得多。

九 經籍籑詁

清阮元主編，一〇六卷。始編於嘉慶二年（一七九七年），於次年秋完成。嘉慶五年初刊行。參編者是阮元任浙江學政時所挑選的經生數十人，實際總編是臧鏞堂。全書匯集了唐代以前經史子集和訓詁專書中的各種訓詁資料，按「平水韻」韻目排列。每字之下分義項釋義，引例豐富，并詳細注明了出處。

這部書爲檢尋故訓和考察字義的發展提供了很大的方便，前人評價很高，有「展一韻而衆字畢備，檢一字而諸訓皆存，尋一訓而原書可識」之説。其缺點是義項漏收較多，引文及出處中的誤字、脱字也較多。有中華書局一九八二年影印本和成都古籍書店一九八二年影印本，均附有筆劃索引。

第二節 詞典

詞典是以詞爲解釋對象的工具書。詞典的類型有多種，如普通詞典、專科詞典、分類詞典等。可供學習古漢語的詞典主要有辭源、辭海、漢語大詞典、詞詮、古代漢語虛詞詞典、古漢語知識詳解辭典等。

一 辭源

我國現代第一部規模較大的語文詞書，不僅收録普通詞語，而且廣泛收録近代自然科學、社會科學以及應用技術等方面的名詞術語，因重在溯源，故名辭源。一九〇八年開始編纂，由陸爾奎、傅運森等人主編。商務印書館一九一五年出正編，一九三一年出續編，一九三九年出正、續編合訂本，出版後就受到了文化教育界的好評。其缺點主要是引文出處只標書名不標篇名。另外，隨着時間的推移，觀點錯誤、知識陳舊等方面的問題也日漸暴露出來。自一九五八年起，開始了對辭源的修訂工作，至一九八三年修訂出版完畢。根據與辭海、現代漢語詞典的分工，修訂本辭源成了一部閲讀古籍的專用工具書，故專收文言、古代文化知識方面的詞目，而删去了舊辭源中有關現代自然科學、社會科學和應用技術方面的詞語，收詞下限是鴉片戰争（一八四〇年）。修訂本辭源分爲四册，一九八八年又出版了合訂本。

修訂本辭源共收單字一萬二千八百九十個，收詞近十萬條，解説約一千二百萬字。編排採用康熙字典的二百一十四部首列單字字頭。説解包括注音、釋義、書證。注音同時採用漢語拼音字母和注音字母標注今音，用廣韻的反切標注中古音，同時標出了中古的聲調、韻部和聲母。釋義比較簡明，引例標注了作者、篇目和卷次等。全書採用繁體字排印，附有部首、音序和四角號碼三種索引，使用方便。和原本相比，修訂本辭源既繼承了舊辭源「强調實用，重在溯源」的基本特色，又改正了其錯誤，彌補了其不足，再加上收詞量較多，故很受讀者的歡迎。

二 辭海

舒新城、沈頤、張相主編，中華書局一九三六年出版。這部書的内容、體例當初與辭源基本相同，屬於兼收百科知識的大型綜合性語文工具書。由於它比辭源晚出二十年，故有不少改進，例如增收了一些新名詞，引文都標出篇名等，因此在當時的文化教育界很有影響。但是到了上個世紀五十年代，隨着社會的發展變化，和舊辭源一樣，舊辭海的内容顯得很陳舊，亟需修訂。修訂工作從一九五八年開始，直到文革結束後的一九七九年才完成。於當年改由上海辭書出版社出版，共三册。一九八〇年又出了縮印本。根據與辭源、現代漢語詞典的分工，修訂版辭海仍舊是一部綜合性的辭書，除收漢語一般詞語外，同時兼收人名、地名等百科詞語。一九八九年、一九九九年，辭海又先後出過兩次修訂本。

辭海用簡體字排印，按部首筆劃編排，單字注音採用漢語拼音字母，比較冷僻的字又加直音，釋義和引證都很準確。書中附有「筆劃查字表」和「漢語拼音索引」，其後又出了單行本辭海四角號碼查字表。一九九九年版的修訂本單字增收到一萬九千四百八十五個，字頭加詞目共十二萬二千八百三十五條，這樣的容量完全可以滿足一般讀者的需要，古籍中的用字和詞語一般都可以查到。修訂本辭海使用的是新定的二百五十部首，對於熟悉二百一十四部首的讀者來説，可能不大習慣。要掌握這些部首，可參閲書前所附的「辭海部首表」和「部首查字法查字説明」。

三　漢語大詞典

這是一部大型的歷史性的漢語語文詞典，共收詞目約三十七萬條，計約五千萬字。漢語大詞典編輯委員會、漢語大詞典編纂處聯合編纂，羅竹風任主編。始纂於一九七五年，一九八六年上海辭書出版社出版第一卷，其後各卷改由漢語大詞典出版社陸續出版，至一九九四全部出齊，包括正文十二册，附録、索引一册。其後又分别於一九九七年、二〇〇一年出了三册縮印本和第二版二十二册本。

漢語大詞典的編輯方針是「古今兼收，源流并重」。在詞目的收録上，突出語文性和歷史性，只收古今漢語的一般語詞，人名、地名等專名不收，以與其他專科辭書相區别。全書單字條目按部首筆劃編排，部首採用的是與漢語大字典商定的二百部首。多字條目按以字帶詞的方式列於單字條目之下。由於這部詞典古今兼收的特點，所以採用繁體字、簡體字并用的排印方式。立目、引用古代書籍用繁體；釋義行文、引用現代書籍（一九一二年以後的）用簡體。單字注音分爲三段式：用漢語拼音字母注現代音，用廣韻的反切標注中古音，同時標明聲調、韻部和聲母。凡産生於近代的字，一律依近代韻書、字書中的反切標音，只標明聲調和韻部，不標聲母。

漢語大詞典的釋義確切，層次清楚，引例豐富，文字簡練，檢索方便，而其最大的特點還在於收詞多，是迄今爲止收詞最多的漢語語文詞典。古書中的詞語一般在這部詞典中都能找到。當然，它也有一些不足之處，例如詞條漏收、某些詞條的義項不完備、部分詞條的書證不是最早的用例，等等。

四 中文大辭典

臺灣中文大辭典編纂委員會編，由臺灣中國文化學院和中國文化研究所一九六八年出版。全書共四十册，收單字約五萬個，詞目三十七萬多條，基本上按康熙字典的部首分類。所收單字包括正字、異體、古字、略字、俗字、後起字。所收詞語包括成語、術語、格言、人名、地名、年號、書名、職官、動植物、名物制度等。

該書於字頭之下同時列有甲骨、金文、篆、隸、楷、草諸體。注音先列反切，後列平水韻目，最後列注音字母和拼音字母。釋義採用淺顯的文言，義項以本義、引申義、假借義爲序，所屬詞類以名詞、動詞、形容詞、助詞等相次。引例注明詳細出處。其主要特點是内容廣泛，解説周詳，引證豐富，注重文字和詞義的源流關係。

全書最後兩册爲總索引，包括筆劃索引和四角號碼索引。每册卷首也附有部首及筆劃檢字表，故查檢比較方便。

由於意識形態和歷史上的種種原因，該書的解説存在着一些錯誤觀點或失實之處，另外引書和校對方面的錯訛也很多。

五 助字辨略

清劉淇撰，研究古漢語虚詞用法的著作。初刻於康熙五十年（一七一一年），共五卷。全書收虚詞四百七十六個，複音詞六百三十多個，分爲重言、省文、助辭、斷辭、疑辭、詠歎辭、急辭、緩辭、發語辭等三十類，依詩韻編次。其解釋分正訓、反訓、通訓、借訓、互訓、轉訓六種，取材相當豐富，引證除經、傳、事、史以外，旁及詩詞、方言、俗語等。該書對古漢語虛詞的研究有奠基之功。一九二五年，出版了楊樹達的校刊本。一九四〇年，開明書店出版了章錫琛的校注本。一九五四年，中華書局據開明版重印，書末附有筆畫索引。

六　經傳釋詞

清王引之（一七六六——一八三四年）撰，研究古漢語虛詞用法的著作，成書於嘉慶三年（一七九八年），初刻於嘉慶二十四年（一八一九年）。引之字伯申，號曼卿。王念孫之子，嘉慶進士。曾從學於阮元，精通音韻、文字、訓詁之學，另著有經義述聞、字典考證等書。

該書選取周、秦、西漢古書中虛詞字一百六十個，一一解釋其用法及源流情況。體例嚴密，説解詳備，論斷多正確，影響很大。一九五六年，中華書局出版了標點本。其後岳麓書社、江蘇古籍出版社又分別於一九八四、一九八五年出版了黄侃、楊樹達眉批本和王氏家刻本。

七　詞詮

近人楊樹達著，十卷。研究古漢語虛詞用法的著作。全書分四百八十六個條目，含各類虛詞五百四十五個，用注音字母編排，書前附有部首目録。其釋詞體例是先標詞類，然後釋義和舉例。該書初版於一九二八年，一九五四年中華書局用原版重印，重印本在書後增附了漢語拼音索引。

詞詮釋詞範圍包括古籍中常見的介詞、連詞、助詞、歎詞以及部分代詞、不及物動詞和副詞的用法。釋詞體例是先指出詞性，其次釋義，最後舉例。其主要特點是釋義準確，引例豐富，給每個詞都標明了詞性，便於初學，是一部很嚴謹的專著。其缺點是只收單音虛詞，忽略了複音虛詞。另外，缺乏歷史觀念和地區方言觀念，對於某種用法最初出現和消亡的時代或方言詞均無説明。

八　古代漢語虛詞詞典

中國社會科學院語言研究所古代漢語研究室編，一九九九年商務印書館出版。這是一部旨在反映虛詞歷史面貌的古漢語虛詞詞典。編者從漢語史的角度出發，對每個虛詞進行了歷史的研究，力求既能反映出虛詞的用法和意義，又能反映虛詞的歷史變化。所收詞類包括副詞、介詞、連詞、助詞、語氣詞、感歎詞、助動詞、代詞、不定數詞等。其特點主要有四：

第一、對複音虛詞與單音虛詞同等重視。全書共收單音虛詞七百六十二條，複合虛詞四百九十一條，慣用詞組二百八十九條，固定格式三百一十三條，總計一千八百五十五條。對複合虛詞和慣用詞組一般都指明了其結構類型。

第二、重視虛詞史的説明。對於單音虛詞，在釋義之前一般均先勾畫出了其虛化過程，指出了其在不同歷史時期的不同用法。例如：

于　yú　説文：「于，於也。象气之舒。」段注：「然則以於釋于，亦取其助氣。」本義爲歎詞，音xū。「于」的其他虛詞義是其假借用法，今音讀yú。可用作介詞、連詞、助詞和語氣詞。介詞「于」在甲骨文中就已大量出現，西周以後，隨着介詞「於」的出現，「于」的一些用法逐漸被「於」所代替，魏晉以後，除了在引用古籍或固定格式中以外，「于」字就很少出現了。「于」的連詞、助詞和語氣詞的用法只出現在先秦漢語中，漢以後逐漸消失了。

第三、釋義力求擺脱傳統的辭訓式的解説，盡量從語法的角度進行分析和描寫。

第四、有些詞條設有「辨析」一欄，用來辨析該詞和其他詞古今用法或意義的差異等。

全書按漢語拼音字母順序排列。其檢索方法單一，只設有一個筆劃檢字表，這不能不説是一個缺點。

九　古漢語知識詳解辭典

馬文熙、張歸璧主編，中華書局一九九六年出版。這是一部匯釋有關古漢語常見名詞術語和著作的專科工具書。內容包括總説、文字學、音韻學、訓詁學（附詞彙及古方言）、語法學、修辭學、文體學、文獻學、歷代語文學家、附録等。其中文獻學又分目録、版本、典籍注本。詞目排列大致以類相從，同類相關者，又按先總條後分條、先主條後輔條的次序排列。

這部辭典的撰寫態度嚴謹，內容全面，資料豐富，釋義準確，附録多而實用，且同時設有四角號碼和漢語拼音兩種索引，檢索方便。而其最突出的特點是詳解，總字數一百三十八萬多，所釋條目共三千九百六十八條，平均每條三百五十字左右。有些條目的釋義長達千字以上，可見確實是詳解。查檢這部辭典，對所查條目可以獲得一個較爲全面的認識。書前周祖謨的序言認爲，這部辭典不僅爲讀者提供了必要的學識，而且由於它收録了大量的相關書目，有似書録解題，還可以從中略窺我國語言文字學發展的歷史和近代以來專門學科的研究成果。

第三節　類書

類書是一種分類匯編各種資料的工具書。我國的類書編纂創始於三國魏，盛行於唐宋，綿延於明清。歷代所編類書流傳至今的大約有二百種以上，其中以隋末虞世南編纂的北堂書鈔爲最早，而影響較大的有唐代的藝文類聚、初學記、白氏六帖，宋代的太平御覽、太平廣記、册府元龜、文苑英華、孔氏六帖、玉海，明代的永樂大典、唐類函，清代的淵鑒類函、佩文韻府和古今圖書集成等。

類書的體例都是先分大類，後標子目，各種材料類聚於子目之下。類書的内容無所不包，自然界和人類社會的一切事物都可以成爲類書的大類或子目，故有人將類書比作中國古代的百科全書。下面以藝文類聚爲例，看看類書的内容和結構特點。

藝文類聚共分四十六部（「部」就是大類），分别是：天部、歲時部、地部、州部、郡部、山部、水部、符命部、帝王部、后妃部、儲宫部、人部、禮部、樂部、職官部、封爵部、治政部、刑法部、雜文部、武部、軍器部、居處部、産業部、衣冠部、儀飾部、服飾部、舟車部、食物部、雜器物部、巧藝部、方術部、内典部、靈異部、火部、藥香草部、寶玉部、百穀部、布帛部、果部、木部、鳥部、獸部、鱗介部、蟲豸部、祥瑞部、災異部。每部之下分爲子目（即小類），例如「天部」的子目有天、日、月、星、雲、風、雪、雨、霽、雷、電、霧、虹，共十三目。又如「歲時部」的子目有春、夏、秋、冬、元正、人日、正月十五日、月晦、寒食、三月三、五月五、七月七、七月十五、九月九、社（當爲「祖」）、伏、熱、寒、臘、律、曆，共二十一目。全書四十六部共有七百二十七個子目，子目下又分爲更小的子目。

編纂類書的目的最初有兩種：一種是供皇帝閱覽，作爲施政的借鑒，早期類書多屬此類；另一種是爲文士選取辭藻典故提供方便，唐代及其以後的類書多屬此類。也有兩種目的兼而有之者。在今天看來，類書的用處主要有三：一是用來查找各種資料，二是用來校勘古籍，三是用來輯録古籍佚文。由於類書收録的辭藻典故很多，古人特别是唐宋及其以後的文人大多從類書中查找資料。我們閲讀古書如果碰到了詞語典故方面的疑難，在一般詞典不能解決問題的情況下，應該想到和利用類書。

類書引文往往有不忠實原文的現象，諸如錯字漏字、臆改割裂原文、節縮原文、斷章取義、概述大意、甚至張冠李戴、無中生有的問題較多。因此，使用類書中的資料，在可能的條件下一定要核對原文。下面介紹幾種常見的類書。

一　藝文類聚

一百卷，唐歐陽詢等編纂，成書於唐高祖武德七年（公元六二四年）。内容是將經史子集中的材料分門别類地加以排比，事類居前，詩文居後。詩文又根據題材的不同區分爲「詩」「賦」「銘」「箴」「贊」「啓」等類。

這部書開創了類書「事」「文」合編的體例。在此之前，類書只載事迹，載文學作品是「文集」的事，互不相越，直到這部書才將兩者合在一起，提高了實用性，給讀者帶來了很大的方便。這部書最重要的貢獻是保存了唐以前豐富的文獻資料，特别是大量詩文歌賦等文學作品的全篇或片段。全書徵引的古書多達一千四百三十一種，其中百分之九十以上已佚，唐以前的很多文學作品主要依靠它才得以流傳至今。

一九五六年中華書局上海編輯所編輯出版了汪紹楹整理校訂的藝文類聚，一九八二年上海古籍出版社出了重印本。

二 初學記

三十卷，徐堅等奉唐玄宗敕編撰。此書的編纂目的是供皇子們學作詩文時查找詞藻典故範文使用，故名「初學記」。全書共分二十三部，三百一十三個子目。每一子目之下分爲三類：一是叙事，居前；二是事對，居次；三是詩文，居末。「叙事」叙與子目有關的事，材料雜取於群書，之間有鬆散的聯繫，從中可以看出編者進行過一番剪裁，這與其他類書漫無條理地羅列材料大不相同。「事對」將與此子目有關的詞語、典故編成駢偶，注明出處并概述典故。「詩文」排列古人佳作，并標明文體。

初學記以基本知識爲重點，兼顧詞藻、典故、詩文。取材、編寫，都很嚴謹。四庫提要對它的評價是：「在唐人類書中，博不及藝文類聚，而精則勝之。」一九六二年，中華書局出版了整理本，一九八〇年又重印。

三 太平御覽

宋李昉等編纂，成書於宋太宗太平興國八年（公元九八四年），編纂目的是供皇帝「御覽」，作爲治政借鑒，而非供人臨文取材。全書一千卷，分五十五部，子目四千五百五十八個。每一子目下羅列經、史、子、集中的各種材料。所録材料一般以時代先後爲次。五十五部是根據周易繫辭「凡天地之數五十有五」而立，用以顯示此書的内容包羅萬象。與藝文類聚在體例上不同的地方是，太平御覽的材料只取事類，不録詩文，這和其編纂宗旨有關。

全書徵引廣博。據書前所録的太平御覽經史圖書綱目，書中共引古籍一千六百九十種，其中十之七八今已亡佚。很多古籍今天已看不到原書，但從太平御覽的引用中還能略窺其概貌。太平御覽引書大多首尾相對完整，被認爲是保存五代以前文獻資料最多的現存類書之一。

一九三五年，商務印書館出版了太平御覽的宋本影印本。一九六〇年中華書局根據商務版將原來的一百三十六册縮印成四大册出版。

四 佩文韻府

一〇六卷，清張玉書、陳廷敬等奉敕撰。這是一部專爲寫詩提供用韻、詞藻和借鑒的詞語匯編式的韻書，也是類書，纂成於康熙五十年（一七一一年）。「佩文」是康熙皇帝的書齋名。這部書在明代韻府群玉、五車韻瑞的基礎上增修而成。其編排體例與一般類書「以類相從」的特點不同，它是以韻隸字，即按照「平水韻」一〇六韻的順序將同韻的字集中在一起。每字之下，先注音釋義，然後按韻藻、增、對語、摘句四部分排列其內容。「韻藻」是韻府群玉、五車韻瑞原有的詞語，均爲倒序，雙音節詞語居前，三音節以上的詞語居後。「增」是新增的倒序詞語。「對語」列舉的是一些和字頭相關的對仗詞語。「摘句」列舉的是一些和字頭相關的對仗句子。

佩文韻府規模宏大，正集四百四十四卷，拾遺一百一十二卷，共收單字一萬多個，詞語典故約一百四十餘萬條，古漢語中的詞語典故一般在這部書中都可以找到。其缺點是引例只標書名，不標篇名和卷次，對所列詞語也不作解釋。另外，用「平水韻」編排，給檢索帶來了很大的麻煩。由於卷帙浩繁，使用不便，故佩文韻府在成書後不久張玉書等即奉敕撰成其簡本佩文詩韻一書。清乾隆年間，周兆基又進一步據佩文詩韻撰成佩文詩韻釋要，此書極簡，故流傳很廣。

一九三七年，商務印書館出版了「萬有文庫」本，書後附有四角號碼索引，彌補了此書檢索上的不足。一九八三年上海書店據「萬有文庫」本出版了影印本，分四巨册，其中第四册爲四角號碼索引。

第四節　政書

政書是記載歷朝歷代政治經濟、典章制度沿革變化的書籍。原本是一種歷史著作，由於其集中記載了典章制度，具有資料匯編的性質，因此人們也就當作工具書來使用，久而久之，成了工具書的一個種類。

政書的特點是分門别類地加以敘述。一種典制系統是一個門類，每個門類之下再區分子目，這與一般類書是相同的，只是一般類書門類子目無所不包，而政書的門類子目一般局限在典章制度的範圍内。政書可以分爲兩類，一類通記歷代的典制，一類只記一朝一代的典制。前者如十通，後者如會要、會典。

一　十通

「十通」是通記歷代典制的十部政書的總稱，包括唐杜佑的通典、宋鄭樵的通志、元馬端臨的文獻通考、清代乾隆年間官修的續通典、續通志、續文獻通考、清通典、清通志、清文獻通考、民國年間劉錦藻個人編纂的清續文獻通考。其中通典、通志、文獻通考均爲開創體例之作，質量很高，合稱「三通」。續通典、續通志、續文獻通考是「三通」的續作，合稱爲「續三通」。清通典、清通志、清文獻通考又是續「續三通」的，合稱爲「清三通」。清續文獻通考又是清文獻通考的續作。

「十通」在編寫體例上一般都是以時代爲序，内容分敘述、論説、自注等部分。敘述是對典章制度内容及其歷史沿革的説明；論説是當時人們對典章制度得失的議論和編著者本人的評論；自注是對問題的補充説明，如訓釋文字音義、列舉有關史實、注明資料出處等。這種體例是杜佑的首創，爲後來的編者所沿用。

根據内容和承接關係人們又把通典、續通典、清通典合在一起稱爲「三通典」，把通志、續通志、清通志合在一起稱爲「三通志」，把文獻通考、續文獻通考、清文獻通考、清續文獻通考合在一起稱爲「四通考」。具體情況如下：

（一）三通典

通典，唐杜佑撰。二百卷。全書分食貨、選舉、職官、禮、樂、刑、州郡、邊防八大類，分門别類地記載了從遠古到唐天寶末年的歷代典章制度。始編於唐代宗大歷三年（公元七六八年），完成於唐德宗貞元十七年（公元八〇一年），歷時三十多年。敘事周密而不煩，有關唐代的資料最爲詳細。

續通典，清嵇璜等撰。一百五十卷。記載了從唐肅宗至德元年至明代末共九百七十八年間典章制度的沿革變化。體例一依通典，只是從「刑」門中析出「兵」一門，共爲九個門類，其中明代事迹最詳。

清通典，清嵇璜等撰。一百卷。記事起於清太祖天命元年（一六一六年），止於乾隆五十年（一七八五年），體例與續通典同，分爲九大門類。其中有些材料很值得重視，如「八旗兵制」等。

（二）三通志

通志，宋鄭樵撰。共二百卷，其中帝紀十八卷，后妃傳二卷，年譜四卷，世家、列傳一百二十四卷，略五十二卷。通志的價值主要在略。鄭樵在總序中指出：「總天下之大學術而條其綱目，名之曰略。」略共有二十個門類，即氏族略、六書略、七音略、天文略、地理略、都邑略、禮略、謚略、器服略、樂略、職官略、選舉略、刑法略、食貨略、藝文略、校讎略、圖譜略、金石略、灾祥略、昆蟲草木略。其中禮、職官、選舉、刑法、食貨五略是杜佑通典原有的門類，其餘十五略是鄭樵自己多年潛心研究的成果，故有這樣的説法，通志的精華在二十略，二十略的精華在十五略。

續通志，清嵇璜等撰。六百四十卷，體例與通志同，只是删去了「世家」「年譜」兩類。「紀」「傳」的内容從唐到元末（乾隆初剛修成明史，故明代紀傳不録）。其中「二十略」的記載從五代到明末。對於唐代及唐以前的内容，凡通志二十略記載不完備者也有所補充。

清通志，清嵇璜等撰。一百二十六卷，删去了紀傳、年譜等内容，只保留了二十略。書中有關滿清制度的記載甚多，如氏族略中的「八旗姓氏」，六書略中的「國書十二字頭」「清篆三十二體」等等。

（三）四通考

文獻通考，元馬端臨撰。三百四十八卷，記載了自上古至南宋寧宗嘉定末年間歷代典章制度的沿革變化情況。體例與通典基本相同，共分二十四個門類，即田賦考、錢幣考、户口考、職役考、征榷考、市糴考、土貢考、國用考、選舉考、學校考、職官考、郊社考、宗廟考、王禮考、樂考、兵考、刑考、經籍考、帝系考、封建考、象緯考、物異考、輿地考、四裔考。該書敘事詳贍，特别是宋代的典制最爲詳備，常有宋史各志失載的内容，所下按語多能貫穿古今，折中衆説，爲前人所稱道。

續文獻通考，清張廷玉等撰。二百五十卷。多取材於明人王圻續文獻通考，記事始於南宋寧宗以後，止於明末，包括宋、遼、金、元、明五朝。門類區分沿襲文獻通考，只是變文獻通考的二十四考爲二十六考而已。其敘述體例亦同於文獻通考。書中做了不少考證異同、辨析疑似的工作，對文獻通考中語焉不詳的地方進行了訂補。

清文獻通考，清張廷玉等撰。三百卷。記載了清初至乾隆五十年之間的典制。所分門類與續文獻通考完全相同，即二十六門，但各門子目的内容略有增删，如天賦考中增加了「八旗田制」，學校考中增加了「八旗官學」，封建考中增加了「蒙古王公」，等等。

清續文獻通考，近人劉錦藻撰。四百卷，成書於一九二一年。所記典制沿革起於乾隆五十一年，止於宣統三年，共一百二十六年。全書共分三十門，除了沿襲清文獻通考的二十六門外，又根據社會的發展新增了外交、郵傳、實業、憲政四門。各門類子目也根據實際情況而有所增加，如國用考增加了「銀行」「海運」，學校考增加了「書院」「圖書」「學堂」，王禮考增加了「歸政」「訓政」「亲政」「典學」，兵考增加了「長江水師」「海軍」「陸軍」「船政」等等。這些内容都是研究晚清政治、經濟、軍事、文化的重要材料，具有很高的史料價值。在所有「三通」的續作中此書是質量最好的一種。

「十通」有「萬有文庫」本。一九三七年商務印書館出版「十通」時編制了十通索引。一九八四年中華書局據「萬有文庫」本出了重印本。

二　會要、會典

「會要」「會典」都屬於斷代政書，但其内容的側重點有所不同。會要以事類爲綱，分門别類地記載一代典章制度；會典則一般以官署機構爲綱，重點記述國家政令、官吏職掌，匯編有關事例。前者以類相從，後者以官統事。

最早的會要是唐德宗貞元年間蘇冕所修的會要，共四十卷，記載了唐高祖至德宗九朝的典章制度沿革。唐宣宗大中七年，楊紹復又奉詔續蘇冕書，纂成續會要四十卷，記載了德宗至宣宗八朝的事迹。宋王溥在蘇、楊二書的基礎上補充宣宗大中七年以後直至唐末的事迹，纂成唐會要一百卷及五代會要三十卷。此後歷代官修私撰的會要不斷出現，包括唐以前各代補編了一些會要。

「會典」這一名稱是明會典撰成以後才有的。明代以前，以「典」爲名，體例又與會典大體相同的有唐六典和元典章。

著名的會要、會典主要有唐會要、五代會要、宋會要輯稿、明會典、清會典等，其具體情況如下：

(一)唐會要

宋王溥撰。全書共分五百一十四目，詳細記載了唐代典制的沿革，保存了許多不見於其他史籍的資料，學術價值較高。今有中華書局一九五五年據商務印書館國學基本叢書原版重印本。

(二)五代會要

宋王溥撰。全書共分二百七十九目。王溥曾在後漢、後周做過官，熟悉當時的典章制度，他根據五代時期的歷朝實録等資料編成此書，成書時間早於薛居正舊五代史(其材料多從永樂大典等書中輯出)十多年，其中有不少内容歐陽修新五代史未載，故是新、舊五代史無法取代的重要著作。今有上海古籍出版社一九七八年點校本。

(三)宋會要輯稿

清徐松輯。清嘉慶十四年(一八〇九年)，徐松將明初所修永樂大典中的宋會要全部輯出，共約六百卷，但還没來得及整理這些輯稿徐松就去世了，其稿流入他人之手。至一九三一年，前北平圖書館斥巨資從私人手中購得此稿影印，取名宋會要輯稿。宋會要是宋人修當代之典，故材料信實可靠，且有不少宋史未載的内容。輯稿今有中華書局一九五七年影印本。

(四)明會典

明弘治年間官修，一百八十卷，嘉靖、萬歷年間進行過兩次續修。其中萬歷續修本增至二百二十八卷。此書體例以吏、户、禮、兵、刑、工六部爲綱，部下分司或科，於各行政機構下一一分敘其官職制度，同時附有歷年事例，於「九邊」形勢、冠服、禮儀等尚有插圖。凡明史各志約略不詳之處，此書都有較全面的記載。今有商務印書館「萬有文庫」本。

（五）清會典

又名欽定大清會典，清代官修。創修於康熙二十九年（一六九〇年），後經過五次重修，最後一次修成的時間是光緒二十五年（一八九九年）。光緒重修本共有「會典」一百卷，「事例」一千二百二十卷，「圖」二百七十卷。體例與明會典大體相同。其不同之處是：從乾隆重修本起，「事例」不再附於各職官之後，而是獨立成編。從嘉慶重修本起，「圖」也獨立成編，不與「會典」雜列。結果形成「會典」、「事例」、「圖」三分的局面。今有商務印書館「萬有文庫」本。

思考與練習

一　請説明下列工具書之間的差別。

①字典與詞典

②類書與政書

③「十通」與會要、會典

④會要與會典

二　常見的字典、詞典中標出古音的主要有哪幾部？指出其標古音的方法。

三　請簡要説明下列工具書的主要内容和編排體例。

①康熙字典

②辭源

③辭海

④詞詮

⑤古漢語常用字字典

⑥漢語大字典

⑦漢語大詞典

⑧古漢語知識詳解辭典
⑨王力古漢語字典
⑩藝文類聚
⑪佩文韻府
⑫通典
⑬通志
⑭文獻通考
⑮唐會要

四 利用課本中所列的各種工具書，查出下列句中帶點字、詞、典故的意思，并標明所用工具書的書名及卷次或頁碼。

①不知夫射者方將脩其碆盧，治其矰繳，將加己乎百仞之上，被礛磻，引微繳，折清風而抎矣。（戰國策楚策四）

②先王之制，大都不過參國之一。（左傳隱公元年）

③歸謝袁本初，兄弟不能相容，而能容天下國士乎？（三國志魏書賈詡傳）

④起，矯命以責賜諸民，因燒其券，民稱萬歲。（戰國策齊策四）

⑤在晉中興，玄風獨扇，爲學窮於柱下，博物止乎七篇。（宋書謝靈運傳論）

⑥僕之先非有剖符丹書之功。（司馬遷報任安書）

⑦ 鐵衣遠戍辛勤久，玉箸應啼别離後。　高適燕歌行

⑧ 先是，後元年，侍中僕射莽何羅與弟重合侯通謀爲逆。　漢書霍光傳

⑨ 陵未没時，使有來報，漢公卿王侯皆奉觴上壽。　司馬遷報任安書

⑩ 太乙近天都，連山到海隅。　王維終南山

五　同類字典或詞典對同一字所設立的義項往往并不完全相同，包括義項的多少、義項排列的序次和意義的解釋等。試選取幾種字典或詞典比較其異同，然後寫一篇評論性的短文。

六　翻譯以下古文：

（一）晏子之晋，至中牟，睹弊冠反裘負芻息於塗側者，以爲君子也，使人問焉。曰：「子何爲者也？」對曰：「我越石父也。」晏子曰：「何爲至此？」曰：「吾爲人臣，僕于中牟，見使將歸。」晏子曰：「何爲爲僕？」對曰：「不免凍餓之切吾身，是以爲僕也。」晏子曰：「爲僕幾何？」對曰：「三年矣。」晏子曰：「可得贖乎？」對曰：「可。」遂解左驂以贖之，因載而與之俱歸，至舍，不辭而入。越石父怒而請絶。晏子使人應之曰：「吾未嘗得交夫子也，子爲僕三年，吾迺今日睹而贖之，吾于子尚未可乎？子何絶我之暴也？」越石父對之曰：「臣聞之，士者詘乎不知己，而申乎知己，故君子不以功輕人之身，不爲彼功詘身之理。吾三年爲人臣僕，而莫吾知也。今子贖我，吾以子爲知我矣。嚮者子乘，不我辭也，吾以子爲忘；今又不辭而入，是與臣我者同矣，我猶且爲臣，請鬻于世。」晏子出，請見曰：「嚮者見客之容，而今也見客之意。嬰聞之，省行者不引其過，察實者不譏其辭，嬰可以辭而無棄乎！嬰誠革之。」乃令糞灑改席，尊醮而禮之。越石

父曰：「吾聞之，至恭不修途，尊禮不受擯，夫子禮之，僕不敢當也。」晏子遂以爲上客。君子曰：「俗人之有功則德，德則驕。晏子有功，免人於戹，而反詘下之，其去俗亦遠矣，此全功之道也。」晏子春秋内篇雜上

（二）郗超與謝玄不善。苻堅將問晉鼎，既已狼噬梁、岐，又虎視淮陰矣。于時朝議遣玄北討，人間頗有異同之論。唯超曰：「是必濟事。吾昔嘗與共在桓宣武府，見使才皆盡，雖履屐之間，亦得其任。以此推之，容必能立勳。」元功既舉，時人咸歎超之先覺，又重其不以愛憎匿善。世説新語識鑒

參考文獻

胡道静　中國古代的類書　中華書局一九八二年

朱天俊　陳宏天　中文工具書手册　中國青年出版社一九八二年

武漢大學圖書館學系中文工具書使用法編寫組　中文工具書使用法　商務印書館一九八二年

劉葉秋　中國字典史略　中華書局一九八三年

郭子直　李岩　文史工具書入門　未來出版社一九九三年

雍和明　羅振躍　張相明　中國辭典史論　中華書局二〇〇六年

第二單元

文　選

尚書序

孔安國

【題解】孔安國是孔子的第十二代孫，漢武帝時人，官諫議大夫、臨淮太守等，曾將孔子舊宅壁中發現的古文尚書獻給朝廷。這篇序文較詳地説明了尚書一書産生的時代、内容、作用以及流傳整理等情況，强調了孔子對六經傳播的重要貢獻，是了解古文尚書在漢代發現及整理過程的重要文獻。舊傳這篇序文的作者是孔安國，但後來的學者認定是僞作，和孔安國没有關係。舊傳孔安國爲尚書所作的傳文也被認定是僞作。本文選自尚書正義，題目一本作「古文尚書序」。

古者伏犧氏之王天下也，始畫八卦，造書契，以代結繩之政，由是文籍生焉①。伏犧、神農、黄帝之書，謂之三墳，言大道也②。少昊、顓頊（zhuānxū）、高辛、唐、虞之書，謂之五典，言常道也③。至于夏、商、周之書，雖設教不倫，雅誥奥義，其歸一揆（kuí），是故歷代寶之，以爲大訓④。八卦之説，謂之八索，求其義也。九州之志，謂之九丘⑤。丘，聚也。言九州所有，土地所生，風氣所宜，皆聚此書也。春秋左氏傳曰楚左史倚相⑥「能讀三墳、五典、八索、九丘」，即謂上世帝王遺書也。

① 伏犧氏：傳説中的遠古部落聯盟首領。參見包犧氏之王天下「包犧氏」之注。八卦：周易中的八種具有象徵意義的符號。書契：早期的古文字。「書」爲毛筆寫的文字，「契」爲刀刻的文字。文籍：典籍。

② 三墳：傳説中三皇時代（即伏犧、神農、黃帝）的書籍。左傳昭公十二年：「三墳、五典、八索、九丘。」杜預注：「皆古書名。」墳，大。大道：大道理。傳説三墳所論皆屬三皇時代的大事，道理很深，故言「大道」。

③ 少昊、顓頊、高辛、唐、虞：傳説中繼黃帝之後出現的五位部落聯盟首領，即「五帝」。少昊：號金天氏，黃帝長子。顓頊：號高陽氏，黃帝孫，昌意子。高辛：號高辛氏，少昊孫，即帝嚳。唐：指堯，帝嚳子，陶唐氏。虞：指虞舜，有虞氏，始爲平民，被堯舉爲大臣，後堯讓位於舜。五典：傳説爲五帝時代有關五種倫理道德的書籍。尚書虞書舜典：「慎徽五典，五典克從。」孔安國傳：「五典，五常之教。父義、母慈、兄友、弟恭，子孝。」常道：永久不變的道理。

④ 雖設三句：雖然所設立的教化制度各不相同，但都屬於正確的政令，體現着大義，其宗旨是相同的。不倫，不同。倫，類。雅誥，正確的詔誥、詔令。奧義，深義。揆，準則。大訓：這裏義爲重要的法典。

⑤ 八卦之説：關於八卦的學説。八索：古書名。九州之志：關於九州地理的記載。九丘：古書名。

⑥ 倚相：春秋時期楚大夫。左傳昭公十二年：「左史倚相趨過，王（楚靈王）曰：『是良史也，子善視之。是能讀三墳、五典、八索、九丘。』」

先君孔子，生於周末，睹史籍之煩文，懼覽之者不一，遂乃定禮、樂，明舊章①，刪詩爲三百篇，約史記而修春秋，讚易道以黜八索，述職方以除九丘②。討論墳、典，斷自唐虞以下，訖于周③。芟(shān)夷煩亂，翦截浮辭，舉其宏綱，撮其機要，足以垂世立教④。典、謨、訓、誥、誓、命之文凡百篇⑤。所以恢弘至道，示人主以軌範也。帝王之制，坦然明白，可舉而行，三千之徒并受其義⑥。

① 先君：孔安國爲孔子十二代孫，故稱「先君」。煩文：繁雜的文辭。指史籍的記載差異很大。不一：認識不統一。定：審定。孔穎達疏：「修而不改曰定。」明舊章：使舊章的意義明確。舊章指禮樂及下文的詩、易、春秋。

② 刪：刪削整理。約史記：對歷史記載加以整理，刪繁舉要。約，舉要，取其精華。讚易二句：幫助周易傳播而遏制了八索的流行，闡述職方的内容而擯棄了九丘的記載。讚，佐助。黜，這裏義爲貶斥、排斥。下文「除」義同此。職方，指周禮夏官司馬職方氏，主要内容講的是周官職方氏的權限及九州土地、人口、物産等情況。按：孔子排斥八索九丘，蓋認爲八索背離了周易而九丘不可信。

③ 討論：研究。墳、典：指三墳、五典。斷自二句的意思是，關於典制方面只研究堯舜以後周代以前的書籍。這等於説只研究尚書，尚書的内容多爲典制文告之類，涉及的時代包括虞、夏、商、周。斷，斷代，確定時代。

④ 煩亂：雜亂無章的内容。翦截：剪裁。撮：選取。機要：精要。立教：作爲施教的重要内容。

⑤ 典、謨、訓、誥、誓、命：尚書中的六種文體。凡：總共。百篇：約數。

⑥ 軌範：規範，楷模。坦然：顯然，清楚貌。三千之徒：指孔子的弟子。其：代詞，指尚書。

及秦始皇滅先代典籍，焚書坑儒，天下學士逃難解散，我先人用藏其家書于屋壁①。漢室龍興②，開設學校，旁求儒雅，以闡大猷③。濟南伏生，年過九十，失其本經，口以傳授，裁二十餘篇④。以其上古之書，謂之尚書。百篇之義，世莫得聞。至魯共王好治宫室，壞孔子舊宅⑤，以廣其居，於壁中得先人所藏古文虞、夏、商、周之書及傳、論語、孝經，皆科斗文字⑥。王又升孔子堂，聞金石絲竹之音⑦，乃不壞宅，悉以書還孔氏。科斗書廢已久，時人無能知者，以所聞伏生之書考論文義，定其可知者，爲隸古定⑧，更以竹簡寫之，增多伏生二十五篇⑨。伏生又以舜典合於堯典，益稷合於皋陶謨，盤庚三篇合爲一，康王之誥合於顧命，復出此篇，并序，凡五十九篇⑩，爲四十六卷。其餘錯亂摩滅，弗可復知。悉上送官，藏之書府⑪，以待能者。

①先人：指孔安國曾祖子襄。孔子家語序：「子襄以秦法峻急，壁中藏其家書。」用：連詞，因此。

②龍興：興起，比喻王業創立。孔穎達疏：「言龍興者，以易龍能變化，故比之聖人。九五『飛龍在天』，猶聖人在天子之位，故謂之龍興也。」

③旁求：廣泛搜求。旁，廣泛，普遍。闡：闡明，彰顯。大猷：大道。猷，道。

④伏生：名勝，字子賤，秦時博士。漢文帝時伏生已年過九十，文帝曾派鼂錯向他學習尚書。事見史記儒林列傳、漢書楚元王傳等。裁：僅。二十餘篇：指今文尚書。秦始皇焚書時，伏生將尚書藏在牆壁中，漢時取出來發現只剩下二十九篇，丢失了數十篇。

⑤魯共王：或作「魯恭王」「魯龔王」，名餘，漢景帝子，爲人口吃，好治宫室，始封爲淮陽王，後徙魯爲魯恭王。壞：拆毁。

⑥古文：指戰國時期六國的文字。虞、夏、商、周之書：指尚書。傳：指左傳。科斗文字：戰國文字的一種，筆劃頭粗尾細，形似蝌蚪，故名。科斗，後寫作「蝌蚪」。

⑦升：登。金石絲竹：泛指各種樂器。

⑧隸古定：根據隸書確定古文字的字形叫「隸古定」。
⑨增多句：比伏生的今文尚書多出了二十五篇。按：據漢書藝文志多出十六篇。
⑩舜典、堯典、益稷、臯陶謨、盤庚、康王之誥、顧命：均尚書篇名。今本尚書盤庚有上、中、下三篇。復出二句：重新分出這些被合并的篇目，加上序文在內，共五十九篇。按：與伏生傳本相同者二十九篇，比伏生傳本多出者二十五篇，將舜典、益稷二篇分出，從盤庚中分出兩篇，加上伏生分出的序文一篇，合計五十九篇。康王之誥未從顧命中分出。
⑪摩滅：同「磨滅」。送官：指獻給朝廷。書府：指國家的書庫。

承詔爲五十九篇作傳，於是遂研精覃思，博考經籍，採摭（zhí）群言，以立訓傳①。約文申義，敷暢厥旨，庶幾有補於將來②。

書序③，序所以爲作者之意，昭然義見，宜相附近，故引之各冠其篇首，定五十八篇④。既畢，會國有巫蠱事，經籍道息，用不復以聞⑤，傳之子孫，以貽後代。若好古博雅君子與我同志，亦所不隱也⑥。

①詔：皇帝的詔書。作傳：對經書作解釋。傳，古注的一種，闡明經文大義并對其字詞作出解釋。覃思：深思。採摭：收集；採集。訓傳：訓釋；解釋。
②約文三句：用簡約的文字解釋了經義，陳說了它的宗旨，大概對將來的學者能有些幫助。申，說明；解釋。敷暢，陳說；疏通。庶幾，或許。
③書序：指尚書中有關篇目的序文，非全書的序文。有些序文并無正文。
④附近：靠近。各篇書序應當和其正文排在一起。引：移。之：指各篇書序。定：確定爲。按：各篇書序本爲一篇，分别移入各篇正文後，成了五十八篇，加上書前

的大序總共爲五十九篇。

⑤會：恰逢。巫蠱事：漢武帝晚年迷信巫術。大臣江充與太子劉據不和，用巫蠱陷害太子，誣稱太子欲以祝咒武帝早死，導致武帝發兵捉拿太子，太子被迫起兵反抗，失敗自殺。巫蠱：祝咒害人的巫術。江充曾將做成武帝形狀的桐木人偷偷埋在東宮誣陷太子。經籍道息：研究經籍的學術活動受到影響被停止。不復以聞：不能重新使朝廷了解古文尚書。

⑥若好二句：如果有崇尚古道的博雅君子和我志向相同的話，我也是不會隱藏此書的。博雅君子，知識淵博、道德高尚的人。

皋陶謨

尚書

【尚書簡介】尚書，儒家經典著作，保存了虞、夏、商、周時期的一些重要史料，相傳是孔子所編。「尚」即「上」，指上古。西漢時期，尚書有兩種傳本：一種由秦博士伏生傳授，共二十九篇（其中泰誓篇或説爲僞作，武帝時民間所獻，非伏生所傳），因用漢代通行的隸書寫成，故稱今文尚書；另一種是漢武帝末年在孔子舊宅壁中發現的，共五十九篇，因用戰國時期的古文字寫成，故稱古文尚書。古文尚書由孔子後裔孔安國獻給朝廷，其中二十九篇與伏生的傳本基本相同。西晉永嘉之亂（公元三一一年）後，今、古文尚書相繼失傳。東晉初年，豫章内史梅賾向朝廷獻了一部古文尚書，共五十八篇，一般稱之爲孔傳古文尚書，後收入十三經注疏。孔傳古文尚書中有三十三篇與伏生傳本的内容基本相同，另外二十五篇異於伏生傳本，叫做「晚書」。根據宋代以來的學者特别是清代學者的考證，學界一致認爲孔傳古文尚書中的另外二十五篇「晚書」是後人僞作，稱作僞古文尚書。

尚書集中反映了上古帝王的統治思想和經驗，歷代封建統治者多將它作爲統治人民的教科書，但其文字比較難懂，所謂「詰屈聱牙」。古代注釋家爲閱讀尚書作了許多工作，最早爲尚書作注的學者是孔安國，其注稱作傳。唐時孔穎達在孔氏的基礎上進一步爲尚書作注，其注稱作正義。唐以後的注本主要有清孫星衍的尚書今古文注疏等。

【題解】本文實是皐陶和大禹一次談話的記録。皐陶在談話中提出了一整套修身、用人、安民、治國的主張，反映了儒家勤政愛民、以民爲本的思想和倫理道德禮儀等級觀念。其中「知人則哲」「安民則惠」的思想對後代一些帝王產生了重要影響。本文選自尚書虞書。注釋分前後兩部分，〇之前是孔安國的注，〇之後是本書編者的注。

曰若稽古①。皐陶（yáo）曰：「允迪厥德，謨（mó）明弼諧②。」禹曰：「俞，如何③？」皐陶曰：「都！慎厥身，修思永④。惇（dūn）敘九族，庶明勵翼，邇可遠在兹⑤。」禹拜昌言曰：「俞⑥！」

① 亦順考古道以言之。夫典、謨，聖帝所以立治之本，皆師法古道以成不易之則。〇曰若：句首語氣詞，可譯爲「關於」「至於」，或不譯，又寫作「越若、粵若」等。稽古：考察古代。

② 迪：蹈。厥：其也。其：古人也。言人君當信蹈行古人之德，謀廣聰明以輔諧其政。〇皐陶：或作「咎

繇」。傳説爲虞舜的大臣，掌刑獄。允：信實；確實。迪：實行；繼承。謨：謀略。弼：輔佐，這裏指大臣。諧：團結。

③然其言，問所以行。○禹：大禹，舜的大臣。俞：史記夏本紀引作「然」，表應答的歎詞。

④歎美之重也。慎修其身，思爲長久之道。○都：歎詞，表贊美或肯定，可譯爲「應該如此」。

⑤言慎修其身，厚次敘九族，則衆庶皆明其教，而自勉勵翼戴上命，近可推而遠者，在此道。○惇敘三句：使九族完全遵守等級順序，大家都明確勉力輔佐君主的職責，這樣可由近及遠地治理天下。惇，敦厚。敘，史記夏本紀引作「序」。九族，高祖、曾祖、祖、父、己、子、孫、曾孫、玄孫九代古時合稱九族。庶，衆。翼，輔佐。邇可句，史記夏本紀作「近可遠在已」。

⑥以皐陶言爲當，故拜受而然之。○昌：善。史記夏本紀引作「美」。

皐陶曰：「都！在知人，在安民①。」禹曰：「吁！咸若時，惟帝其難之②。知人則哲，能官人③。安民則惠，黎民懷之④。能哲而惠，何憂乎驩兜（huāndōu）⑤？何遷乎有苗？何畏乎巧言令色孔壬⑥？」

①歎修身親親之道在知人所信任，在能安民。○人：指官員。

②言帝堯亦以知人安民爲難，故曰：「吁！」○吁：歎詞，可譯爲「對啊」。咸若時：都感覺是這樣。時，通「是」，代詞。惟：連詞，可譯爲「即使是」。

③哲：智也。無所不知，故能官人。○能官人：善於任用人。

④惠：愛也。愛則民歸之。

⑤佞人亂真，堯憂其敗政，故流放之。○驩兜：或作「讙兜」，堯時的奸臣，四凶之一，後被放逐到崇山（今廣西境內）。

⑥孔：甚也。巧言：靜言庸違。令色：象恭滔天。禹

言有苗、驩兜之徒甚佞如此，堯畏其亂政，故遷放之。○何：何愁。遷：流放。有苗：即三苗，堯舜時代我國南方的部落名，被舜遷到三危（在今甘肅敦煌一帶）。令色：僞善、諂媚的臉色。令，美善。孔：非常。壬：奸佞。

皋陶曰：「都！亦行有九德①。亦言其人有德，乃言曰載采采②。」禹曰：「何？」③皋陶曰：「寬而栗④，柔而立⑤，願而恭⑥，亂而敬⑦，擾而毅⑧，直而溫⑨，簡而廉⑩，剛而塞⑪，彊而義⑫。彰厥有常，吉哉⑬！

①言人性行有九德，以考察真僞則可知。○亦：通「迹」，考察。行：行爲。九德：詳下。

②載：行。采：事也。稱其人有德，必言其所行某事某事以爲驗。○亦言：可譯爲「經考察」。言，語氣詞。載采采：史記夏本紀作「始事事」。載，開始。

③問九德品例。○何：（九德）是哪些？

④性寬弘而能莊栗。○栗：謹慎嚴肅。

⑤和柔而能立事。

⑥愨（què）願而恭恪。○願：忠誠。恭：謙恭。

⑦亂：治也。有治而能謹敬。○亂：「亂」有「治」義，此處義爲「善於治理」。

⑧擾：順也。致果爲毅。○擾：順服。

⑨行正直而氣溫和。

⑩性簡大而有廉隅。○簡：大，指志向遠大。廉隅：本義爲有棱角，引申指品行端正。

⑪剛斷而實塞。○剛：果斷。塞：指講求實際。

⑫無所屈撓，動必合義。○彊而句：堅强而做事合乎大義。

⑬彰：明。吉：善也。明九德之常，以擇人而官之，則政之善。○彰厥句：表彰那些堅持九德的人。有常，有常行，堅持不懈。

日宣三德，夙夜浚(jùn)明有家①。日嚴祗(zhī)敬六德，亮采有邦②。翕(xī)受敷施，九德咸事，俊乂(yì)在官③，百僚師師，百工惟時④，撫于五辰，庶績其凝⑤。

① 三德：九德之中有其三。宣：布。夙：早。浚：須也。卿大夫稱家。言能日日布行三德，早夜思之，須明行之，可以爲卿大夫。○宣：實踐。浚明：勤於政事。浚，治理。明，通「孟」，勤勉；努力。有：這裏義爲「成爲」。家：大夫的采邑，這裏指大夫。

② 有國諸侯，日日嚴敬其身，敬行六德，以信治政事，則可以爲諸侯。○嚴祗：莊重貌。祗，敬肅。亮采：輔佐，這裏義爲勤於政事。亮，輔佐。采，政事。邦：國，這裏指諸侯。

③ 翕：合也。能合受三六之德而用之，以布施政教，使九德之人皆用事。謂天子如此，則俊德治能之士并在官。○翕受三句：全面實施政教，使有九德的人都得到使用，使賢能之士都擔任要職。受，授。敷，實施。俊乂，人才。東漢馬融注：「千人曰俊，百人曰乂。」

④ 僚、工：皆官也。師師：相師法。百官皆是，言政無非。○百僚：百官。師師：互相學習。惟：思。時：善。

⑤ 凝：成也。言百官皆撫順五行之時，衆功皆成。○撫於句：指行爲符合天時。撫，順應。五辰，指四時。古人以爲木主春、火主夏、金主秋、水主冬、土分屬四時，故稱四時爲「五辰」。庶：副詞，差不多；接近於。績：功。

無教逸欲有邦①，兢兢業業，一日二日萬幾②。無曠庶官，天工人其代之③。天敘有典，敕(chì)我五典五惇哉④！天秩有禮，自我五禮有庸哉⑤！同寅協恭和衷哉⑥！天命有德，五服五章哉⑦！天討有罪，五刑五用哉⑧！政事懋(mào)哉懋哉⑨！象

①不爲逸豫貪欲之教，是有國者之常。○無教句：不要貪圖安樂才能長久地保有國家。無，通「毋」，不要。

②兢兢：戒慎。業業：危懼。幾：微也。言當戒懼萬事之微。○一日二日：義同每日。萬幾：後指紛繁的政務。

③曠：空也。位非其人爲空官。言人代天理官，不可以天官私非其才。○無曠二句：不要使無德無才的人空居各種官位，官職爲上天所設，只是由人代理行事的。天工，天的職任。古人以爲帝王是代天行事的。

④天次敘人之常性，各有分義，當勑正我五常之敘，使合於五厚，厚天下。○天敘：這裏指人與人之間的倫理關係。典：規則。勑：同「敕」，告誡。五典：五種人倫關係，同「五常」，即父義、母慈、兄友、弟恭、子孝。五惇：將五者都落到實處。惇，篤守。

⑤庸：常。自：用也。天次秩有禮，當用我公、侯、伯、子、男五等之禮以接之，使有常。○天秩：上天規定的禮法制度。自我句：大意爲，是爲了讓我們遵守五禮，有常規。自，遵用；遵守。使動用法。五禮，五種人的禮儀。五種人或説指天子、諸侯、卿大夫、士、庶民。

⑥衷：善也。以五禮正諸侯，使同敬合恭而和善。○寅：恭敬。

⑦五服：天子、諸侯、卿、大夫、士之服也。尊卑彩章各異，所以命有德。○章：顯明。服飾的色彩式樣有異旨在顯示等級有別。章，「彰」的古字。

⑧言天以五刑討五罪，用五刑宜必當。○五刑：秦以前指墨（黥）、劓、剕（刖）、宫、大辟（殺）等五種刑罰。

⑨言敘典秩禮，命德討罰無非天意者。故人君居天官，聽政治事，不可以不自勉。○懋哉：盛大貌。

天聰明，自我民聰明①。天明畏，自我民明威②。達于上下，敬哉有土③！」

①言天因民而降之福，民所歸者天命之。天視聽人君之行，用民爲聰明。○聰明：明察萬物。自：來自於。

②天明可畏，亦用民成其威。民所叛者天討之，是天明可畏之效。○明畏：神明可畏。威：義同「畏」。

③言天所賞罰，惟善惡所在，不避貴賤。有土之君，不可不敬懼。○達於上下：大意爲，貴賤上下一視同仁。有土：指有國有家的諸侯、卿大夫。

皋陶曰：「朕言惠，可厎（dǐ）行①？」禹曰：「俞！乃言厎可績②。」皋陶曰：「予未有知，思曰贊贊襄哉③！」

①其所陳「九德」以下之言，順於古道，可致行。○朕言二句：我的話出於仁愛，不知是否可以實行？朕，秦以前一般臣下可自稱朕。惠，順理。厎行，實行。厎，致；施行。

②然其所陳，從而美之曰：「用汝言，致可以立功。」○乃：第二人稱代詞。績：用作動詞，建功。

③言我未有所知，未能思致於善，徒亦贊奏上古行事而言之。因禹美之，承以謙辭，言之序。○（思）曰：或以爲「日」字之訛。贊贊襄：贊助，輔佐。「贊贊」與「襄」義同。

湯誓　尚書

【題解】湯誓是商湯討伐夏桀的誓詞，發布於鳴條之野大戰前夕。文中充分説明了討伐夏桀的理由，同時要求將士必須努力作戰，具有很强的鼓動性和威懾力。桀是夏朝末代有名的暴君，民怨極大，誓詞中「時日曷喪？予及汝皆亡」一語真實反映了夏民痛恨桀的心情。湯順應民意，最終推翻夏桀，建立了商朝。湯名履，又稱天乙，舜臣契的十四代孫。史記殷本紀：「當是時，夏桀爲虐，政淫荒，而諸侯昆吾氏爲亂。湯乃興師率諸侯，伊尹從湯。湯自把鉞以伐昆吾。遂伐桀。……作湯誓。」本文選自尚書商書。注釋分前後兩部分，○之前是孔安國的注，○之後爲本書編者的注。

王曰：「格爾衆庶，悉聽朕言①。非台（yí）小子敢行稱亂，有夏多罪，天命殛之②。今爾有衆，汝曰：『我后不恤我衆，舍我穡（sè）事而割正夏③』。予惟聞汝衆言④，夏氏有罪，予畏上帝，不敢不正⑤。今汝其曰：『夏罪其如台⑥？』夏王率遏（jié）衆力，率割夏邑⑦。有衆率怠弗協，曰：『時日曷喪？予及汝皆亡⑧』。夏德若兹，今朕必往⑨。

① 契始封商，湯遂以爲天下號。湯稱王，則比桀於一夫。○王：指湯。格：來。衆庶：猶「大家」。

② 稱：舉也。舉亂，以諸侯伐天子。非我小子敢行此事，桀有昏德，天命誅之，今順天。○台：第一人稱，湯自指。小子：對自己的謙稱。殛：誅滅。

③ 汝：汝有衆。我后：桀也。正：政也。言奪民農功而爲割剥之政。○有衆：衆人；民衆。有，名詞詞頭，無實義。舍：荒廢。穡事：農事。割：殘害；損害。夏：史記引文無夏字，疑爲衍文。

④ 不憂我衆之言。○惟：同「唯」。

⑤ 不敢不正桀罪誅之。○正：治罪。

⑥ 今汝其復言桀惡，其亦如我所聞之言。○其曰：猶「乃曰」。如台：史記殷本紀引作「奈何」。

⑦ 言桀君臣相率爲勞役之事以絶衆力，謂廢農功。相率割剥夏之邑居，謂徵賦重。○率：語助詞。遏：通「竭」，盡，絶。

⑧ 衆下相率爲怠惰，不與上和合。比桀於日，曰：「是日何時喪？我與汝俱亡！」欲殺身以喪桀。○時：

通「是」，指示代詞，這個。曷：何時。

⑨凶德如此，我必往誅之。○茲：代詞，此。

爾尚輔予一人，致天之罰，予其大賚（lài）汝①。爾無不信，朕不食言②。爾不從誓言③，予則孥戮汝，罔有攸赦④。」

①賚：與也。汝庶幾輔成我，我大與汝爵賞。○尚：副詞。表祈使語氣。予一人：帝王的謙稱。白虎通義號：「王者自謂一人者，謙也。欲言己材能當一人耳，故論語曰：『百姓有過，在予一人。』」其：副詞，將。賚：給與，賜與。

②食盡其言，僞不實。○無：通「毋」，不要。

③不用命。

④古之用刑，父子兄弟罪不相及，今云孥戮汝，無有所赦，權以脅之，使勿犯。○孥：通「奴」，使動用法，使之變爲奴隸。罔：無。攸：所。

包犧氏之王天下　周易

【周易簡介】周易，又稱易經，簡稱易，是儒家的經典著作之一。「周」爲周遍，「易」爲變易，合起來就是普遍規律的意思。周易的基本内容是通過象徵性的符號預測自然和社會的發展變化，企圖「推天道以明人事」，這是不可信的，但其中也包含了許多辯證法思想，影響深遠。周易中的卦形有八卦和六十四卦之分。八卦由陰爻（yáo）「⚋」、陽爻「⚊」兩種符號疊加而成，每卦三爻，分別是：乾☰、坤☷、坎☵、震☳、巽☴、離☲、艮☶、兑☱。六十四卦由八卦兩兩重疊而成，每卦六爻，如乾䷀、坤䷁等。

卦有卦辭，爻有爻辭，共同構成周易「經」的部分。除「經」以外，周易還有一個重要部分叫「傳」，「傳」本是對經文最古的解釋，後來上升到與「經」同等重要的地位。「傳」共十篇，漢人叫做十翼，内容包括彖、象、文言、繫辭、説卦、序卦、雜卦七個部分（其中彖、象、繫辭各分上下）。「經」「傳」或統稱爲易大傳。一般認爲「卦辭」「爻辭」爲西周初期的作品，而十翼大抵爲戰國時期的作品。

周易通行的注本是周易正義，收入十三經注疏，包括魏王弼、晉韓康伯的注和唐孔穎達的疏。另外唐李鼎祚的周易集解也有一定影響。近人及今人的注本有高亨周易大傳今注、周易古經今注，徐志鋭周易大傳新注等。

【題解】本文論述了古帝包犧氏創制八卦的方法以及後世聖人的一些發明，認爲八卦的創制取法於萬物的特點和規律，後世聖人的發明包括文字的製造則取法於八卦的重卦（即六十四卦）。作者旨在説明八卦的創制根據的是天地自然之理，萬事萬物都和重卦有着内在的聯繫，這些比附以及把一切發明創造歸功於聖人的做法當然是不科學的。文中同時爲我們描述了遠古社會的發展情況，總結出了「窮則變，變則通，通則久」的運動規律，值得研究。本文選自周易繫辭下，題目是後加的。注釋分前後兩部分，○之前是韓康伯的注，○之後是本書編者的注。

古者包犧氏之王（wàng）天下也，仰則觀象於天，俯則觀法於地，觀鳥獸之文與地之宜①，近取諸身，遠取諸物②，於是始作八卦，以通神明之德，以類萬物之情③。作結繩而爲罔罟(gǔ)，以佃(tián)以漁，蓋取諸離④。

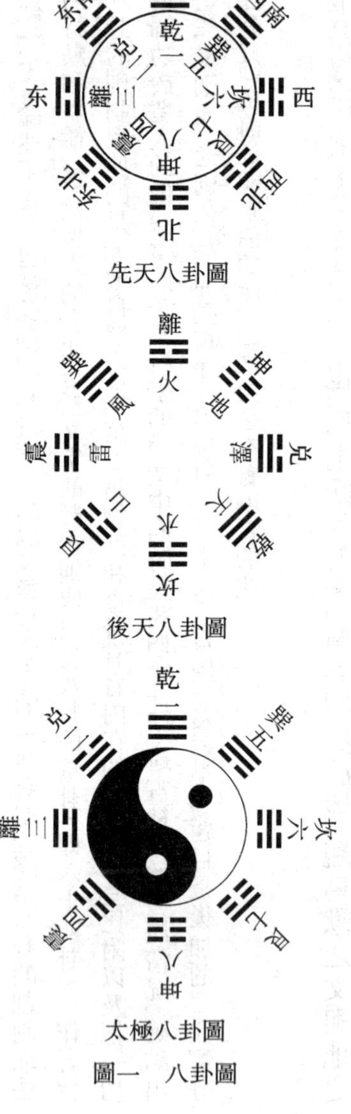

圖一　八卦圖

①聖人之作易，無大不極，無微不究。大則取象天地，細則觀鳥獸之文與地之宜也。○包犧氏：傳説中遠古社會的部落聯盟首領，或寫作「伏羲、炮犧」等。文：紋理。地之宜：指地貌特點。文中的「象、法、文、宜」均同時包括事物的形態、特點及運動規律等。

②○取：取法。身：指人類自身的特點和規律。物：指客觀事物。

③○通：通曉，反映。德：指自然法則。類：體現；象徵。情：指狀態和規律等。

④離：麗也。罔罟之用，必審物之所麗也。魚麗於水，獸麗於山也。○作：發明。罔罟：漁獵用的網。罔，「網」的古字。罟，網的總稱。佃：通「畋」，打獵。蓋：句首語氣詞，表推測。離：指六十四卦中的離卦，卦形爲䷝，由八卦中的離卦重疊而成，下離上離。整個卦象有「附着」「依附」義，以罔捕魚獸也是將魚獸網住，控制住，故言「取諸離」。

包犧氏没（mò），神農氏作①，斲（zhuó）木爲耜（sì），揉木爲耒（lěi），耒耨（nòu）之利，以教天下，蓋取諸益②。日中爲市，致天下之民，聚天下之貨，交易而退，各得其所，蓋取諸噬嗑（shì hé）③。

①〇没：義同「歿」。神農氏：傳説中遠古社會的部落聯盟領袖，一説即炎帝。作：興起，出現。

②〇斲：砍削。耜：古代的木制器致豐，以益萬物。〇斲：砍削。耜：古代的木犁。耒：耜的曲柄。耨：鋤類農具。或説應爲「耜」，傳寫之誤。益：六十四卦之一，卦形爲䷩，由八卦中的震、巽二卦組成，下震上巽。震象徵「動」，巽象徵「木」，整個卦象有「木動」「增益」義。「木動」意味着萬物生長，「耕作」可以增加生活資料。故言耒耜的發明「取諸益」。

③噬嗑：合也。市人之所聚，異方之所合，設法以合物，噬嗑之義也。〇日中：正午。致：動詞使動用法，「使……來到」。噬嗑：六十四卦之一，卦形爲䷔，由八卦中的震、離二卦組成，下震上離。離象徵「日」，震象徵「動」，整個卦象有「人在白天行動聚會」義，上古集市的特點是中午時人走動匯聚到一起進行交易，故言集市的設立「取諸噬嗑」。

神農氏没，黄帝、堯、舜氏作，通其變，使民不倦①；神而化之，使民宜之②。易，窮則變，變則通，通則久③，是以「自天祐之，吉無不利」④。

①通物之變，故樂其器用，不解倦也。〇黄帝：號軒轅氏、有熊氏，姬姓。堯：陶唐氏，名放勳，帝嚳之子，史稱「唐堯」。舜：姚姓，有虞氏，名重華，史稱「虞舜」。以上三人均爲傳説中遠古社會的部落聯盟領袖。不倦：指減輕了百姓的勞動負擔。

②〇神而二句：大意爲，黄帝、堯、舜通曉事物的變化規律并能順應之，使民衆的生活得到便利。

③通變則無窮，故可久也。

④〇自天二句：大有卦（六十四卦之一）「上九」爻的一爻辭。

黄帝、堯、舜垂衣裳而天下治，蓋取諸乾、坤①。

①垂衣裳以辯貴賤，乾尊坤卑之義也。〇垂衣句：指黄帝、堯、舜時代發明了衣服，使社會趨於文明和安定。孔穎達疏：「以前衣皮，其制短小；今衣絲麻布帛所作衣裳，其制長大，故云『垂衣裳』也。」乾、坤：六十四卦中的前兩卦，卦形爲䷀、䷁，各由八卦中的「乾」「坤」二卦自相重疊而成，分别象徵「天、地」。天、地一上一下，衣、裳也是一上一下，故言衣裳的發明「取諸乾坤」。韓康伯的尊卑之説是後世儒家的觀念。

刳（kū）木爲舟，剡（yǎn）木爲楫，舟楫之利以濟不通，致遠以利天下，蓋取諸渙①。

①渙者，乘理以散通也。〇刳：剖開，挖空。剡：削。濟：渡河。渙：六十四卦之一，卦形爲䷺，由八卦中的坎、巽二卦組成，下坎上巽。坎象徵「水」，巽象徵「風」，風行水上凍解冰釋，整個卦象有「散離」義，舟楫的作用在於使人離開此地到達彼地，故言舟楫的發明「取諸渙」。

服牛乘馬，引重致遠，以利天下，蓋取諸隨①。

①隨：隨宜也。服牛乘馬，隨物所之，各得其宜也。〇服：駕。引：拉運。隨：六十四卦之一，卦形爲䷐，由八卦中的震、兑二卦組成，下震上兑。震象徵「車」，兑象徵「柔順」，整個卦象有「隨從」義，車馬服從人的使用，故言車的發明「取諸隨」。

重(chóng)門擊柝(tuò)，以待暴客，蓋取諸豫①。

① 取其豫備。○重門：指城門。柝：古代巡夜報更時所用的木梆。暴客：强盗。豫：六十四卦之一，卦形爲䷏，由八卦中的坤、震二卦組成，下坤上震。坤象徵「地」，震象徵「雷」，整個卦象有「人在地上設防以保平安」義，設置城門及巡夜也在於防患，故言防衛措施的建立「取諸豫」。

斷木爲杵(chǔ)，掘地爲臼(jiù)，臼杵之利，萬民以濟，蓋取諸小過①。

① 以小用而濟物也。○杵：舂，搗物的木椎。臼：舂米的容器。小過：六十四卦之一，卦形爲䷽，下艮上震。艮象徵「停止」，震象徵「動」，整個卦象含「有動有靜」義，用杵舂米也是有動有靜，故言杵臼的發明「取諸小過」。

弦木爲弧，剡木爲矢，弧矢之利，以威天下，蓋取諸睽①。

① 睽：乖也。物乖則争興。弧矢之用，所以威乖争也。○弦木：彎木上弦。弦，用作動詞。弧：弓。睽：六十四卦之一，卦形爲䷥，由八卦中的兑、離二卦組成，下兑上離。兑象徵「小木」，離象徵「絲繩」，整個卦象有「絲繩繫於小木之上」義，弓的製作也是將絲繩綳在彎曲的小木之上，故言弓箭的發明「取諸睽」。

上古穴居而野處，後世聖人易之以宫室，上棟下宇，以待風雨，蓋取諸大壯①。

① 宫室壯大於穴居，故制爲宫室，取諸大壯也。○宫：房屋。棟：屋樑。宇：屋邊，屋簷。大壯：六十四卦之一，卦形爲䷡，由八卦中的乾、震二卦組成，下乾上震。乾象徵「圓形」，震象徵「雷雨」，整個卦象有

「用大而圓的物體遮擋風雨」義，古代的宮室也具有這樣的特點和作用，故言宮室的發明「取諸大壯」。

古之葬者，厚衣(yì)之以薪，葬之中野，不封不樹，喪期無數①，後世聖人易之以棺椁(guǒ)，蓋取諸大過②。

①〇厚衣句：用柴草厚裹屍體。衣，動詞，這裏義爲覆蓋，包裹。不封：不堆土爲墳。不樹：不植樹作標記。喪期無數：居喪之期没有限定。

②取其過厚。〇椁：外棺。莊子天下篇：「古之喪禮，貴賤有儀，上下有等，天子棺椁七重，諸侯五重，大夫三重，士再重。」大過：六十四卦之一，卦形爲䷛，由八卦中的巽、兑二卦組成，下巽上兑。巽象徵「木」，兑象徵「澤」，引申爲「黃泉」，整個卦象有「木在黃泉中」義，棺椁也是埋在地下的黃泉處，故言棺椁的製造「取諸大過。」

上古結繩而治，後世聖人易之以書契①，百官以治，萬民以察，蓋取諸夬(guài)②。

①〇結繩而治：傳說在文字出現之前，遠古曾存在過用結繩記事以管理社會的時期。書契：指文字。書，文字。契，刻在竹、木或甲骨上的文字。

②夬：決也。書契所以斷萬事也。夬：六十四卦之一，卦形爲䷪，由八卦中的乾、兑二卦組成，下乾上兑。乾象徵「金屬」，引申爲「刀」，兑象徵「竹片」或「木片」，整個卦象有「以刀刻木」義，早期的漢字正是用刀刻出來的，故言漢字的發明「取諸夬」。

詞彙

古漢語詞彙最突出的特點是單音詞占優勢。單音詞的含義複雜，用法靈活，加之典籍中的古今字、通假字數量多，會給我們的學習和研究帶來不少困難，需要認真對待。古漢語詞彙的研究是漢語詞彙研究的一個非常重要的部分，因爲古漢語詞彙不僅是現代漢語詞彙的前身，而且歷史悠久，豐富多彩，影響深遠。早在先秦時期，詞義問題即引起了人們的關注，孔子、老子、墨子、楊朱、公孫龍子等人都在對名實關係的探討中涉及到漢語的詞源和詞義，尤其是荀子，曾對名實的關係問題作過相當系統、精彩、科學的論述（見荀子正名）。他不僅揭示了詞與概念的正確關係，提出了著名的「約定俗成」説，而且指出了詞的概括性。

自漢至清，對於古漢語詞彙的研究一直没有間斷過，與古漢語詞彙密切相關的著作相繼出現，重要者如爾雅、方言、説文解字、釋名、廣雅、玉篇、切韻、廣韻、康熙字典、經籍籑詁、廣雅疏證、讀書雜志、經義述聞等。其中清人對古漢語詞彙的研究用力最多，方法最科學，成就也最大。清人研究方法的突出特點是能够透過文字的形體，根據語音探求語義，即所謂「因聲求義」，王念孫、段玉裁都是這一方法著名的倡導者和實踐者。

清代以後，特别是新中國建國以後至今，古漢語詞彙的研究有了新的發展，主要是初步建立起了古漢語詞彙學，使古漢語詞彙的研究由語文學性質的解釋學成爲一門體系相對完整的語言學科，理論先進，任務明確，方法科學，注重窮盡式統計，縱橫比較，定量定性分析，并在漢語詞彙史、古漢語常用詞、同源詞、專書及斷代研究等方面取得了突出的成績。王力先生是這一時期古漢語詞彙研究的重要代表，二十世紀四十年代他即呼籲建立新訓詁學（新訓詁學，一九四七年。收入開明書店二十周年紀念文集、龍蟲並雕齋文集第一册、漢語史論文集），同時親身實踐，在古漢語常用詞、同源詞等方面均做出了重要貢獻。

二十世紀八十年代，辭源、辭海的修訂工作結束，其後漢語大字典、漢語大詞典也相繼完成，這些大型辭書的編撰和出版，是對漢語詞彙學研究成果的總結，在古漢語詞彙的學習和研究方面均發揮着巨大作用。

八十年代以來，古漢語詞彙的研究發展很快，主要表現是，研究隊伍迅速擴大，研究面廣泛，出版了一批著作，包括綜合類、斷代類、專書類的著作，漢語詞彙學史、古漢語詞彙史類的著作以及工具書等，同時在理論和方法上有所突破。

第一節 古漢語詞彙的構成

一 單純詞

單純詞分爲單音詞和多音詞兩類。

（二）單音詞　在現代漢語中，雙音節詞占優勢；在古代漢語中，則是單音節詞占優勢，特别是在先秦的文獻中，雙音詞的數量顯得更少。我們隨便把一篇古文翻譯成現代漢語，就會發現譯文比原文長了很多，原因之一就是古文中的單音詞多被换成了雙音詞。例如：

初，衛宣公烝於夷姜，生急子，屬諸右公子。爲之娶於齊，而美，公取之。生壽及朔，屬壽於左公子。夷姜縊。宣姜與公子朔構急子。公使諸齊，使盗待諸莘，將殺之。壽子告之，使行。不可，曰：「棄父之命，惡用子矣？有無父之國則可也。」及行，飲以酒。壽子載其旌以先，盗殺之。急子至，曰：「我之求也，此何罪？請殺我乎！」又殺之。（左傳桓公十六年）

這段話翻譯成現代漢語是：

起初，衛宣公和夷姜私通，生下急子，把他托付給右公子。長大後爲他在齊國娶妻，娶回後發現齊女漂亮，宣公便自己娶了她。生下壽和朔，把壽托付給左公子。夷姜上吊自殺了。宣姜和公子朔誣陷急子。宣公遂派急子出使齊國，讓强盗（實爲刺客）在莘地等着他。壽子把這件事告訴了急子，讓他逃走。急子不同意，説：「違抗父親的命令，哪個國家還會收留你？除非是没有父親的國家才會這樣做。」臨行前，壽子用酒把急子灌醉了。然後自己乘車插上急子的旗幟搶先趕到莘地，結果被强盗殺了。急子隨後趕到莘地，對强盗説：「你們要殺的人是我，他有什麼罪？請把我殺了吧！」强盗又殺了急子。

原文中的「初、烝、屬、美、縊、構、待、告、行、棄、惡、國、旌、盗、至、何」等單音詞分别被换成了譯文中的雙音詞「起初、私通、托付、漂亮、自殺、誣陷、等着、告訴、逃走、違抗、哪裏、國家、旗幟、强盗、趕到、什麽」。通過對照可以看出，除了人名外，原文中的詞全部是單音的，在現代漢語中這些詞絶大多數都變成了雙音詞。

據統計，在先秦古籍中，單音詞與複音詞的比例約爲三比一。以孟子一書爲例，全書單音詞共有一千五百六十五個，複音詞則只有七百一十三個，且其中人名即占了一百九十七個，如果再扣除地名、書名等專有名詞，普通複音詞則只剩下五百個左右。單音詞占優勢不僅表現在數量上，而且表現在使用頻率上。同樣以孟子爲例，該書使用頻率在二十次以上的單音詞達二百三十一個，一百次以上的單音詞達五十一個，而複音詞的使用頻率絶大多數都在十次以下，只有二十四個超過了十次。（趙克勤古漢語詞彙概要，浙江教育出版社一九八七年）

古漢語單音詞的特點主要有三個。第一是義項多。以「貳」字爲例，其常見義項有「副的、匹敵、輔佐、重複、不專一、兩屬、變異、『二』的大寫」等，其中多數義項現代漢語裏都不用了。第二是用法靈活。古漢語中單音詞的用法相當靈活，這和單音詞義項多、引申情况複雜以及古人表述特點、語境等原因密切相關，稍不小心就會出問題。例如左傳宣公十五年：「初，魏武子有嬖妾，無子。武子疾，命顆曰：『必嫁是！』疾病，則曰：『必以爲殉！』及卒，顆嫁之，曰：『疾病則亂，吾從其治也。』」其中「治」指神志清醒時，如果理解成「治病」就錯了。又如史記周本紀：「襃姒不好笑，幽王欲其笑萬方，故不笑。」其中「故」義爲「仍然」，如果理解成「所以」也錯了。第三是構詞能力强。單音詞義項多，每一個義項都有可能與其他相關的單音詞組成複音詞，故其構詞能力顯得很强。以「中」字爲例，其義項多達數十個，常見者如中等、中間、裏面、符合、考取等。僅由這幾個義項與其他單音詞構成的複音詞即有數十個之多，例如中士、中人、中品、中才、中主、中足、中君、中女、中户、中子、中正、中古、中甲、中庸、中道、中年、中行、中界、中心、中央、中流、中宵、中野、中腸、中程、中式、中元、内中、區中、域中、夜中、坐中、國中、夢中、客中、居中、寰中、胸中、洞中、心中、意中、杯中、柔中、桑中、閨中、眼中、考中、正中、命中、高中等。

（二）多音詞　單純詞中的多音詞主要有疊音詞、聯綿詞和多音節的外來詞三類。

甲．疊音詞　疊音詞是重疊兩個相同音節而成的雙音節詞。疊音詞聲韻優美，節奏感强，讀起來琅琅上口，因此在古代文學作品中被廣泛運用。文心雕龍物色對疊音詞的特點和作用做了這樣的評價：「灼灼狀桃花之鮮，依依盡楊柳之貌，杲杲爲日出之容，瀌瀌擬雨雪之狀，喈喈逐黄鳥之聲，喓喓學草蟲之韻。皎日嘒星，一言窮理；參差沃若，兩字窮形。并以少總多，情貌無遺矣。雖復思經千載，將何易奪。」疊音詞的用法主要有兩種：

第一，描繪形貌。

① 威儀棣棣，不可選也。詩經邶風柏舟

② 舉手長勞勞，二情同依依。孔雀東南飛

③ 晴川歷歷漢陽樹，芳草萋萋鸚鵡州。崔顥黄鶴樓

例①棣棣：雍容嫻雅貌。例②勞勞：憂愁傷感貌。依依：戀戀不舍貌。例③歷歷：清晰分明貌。萋萋：草木茂盛貌。

第二，摹擬聲音。

① 交交黄鳥，止於棘。　詩經秦風黄鳥

② 伐木丁丁，鳥鳴嚶嚶。　詩經小雅伐木

③ 漸聞水聲潺潺，而瀉出於兩峰之間者，釀泉也。　歐陽修醉翁亭記

例①交交：鳥鳴聲。例②丁丁：伐木聲。嚶嚶：鳥鳴聲。例③潺潺：流水聲。

乙. 聯綿詞　聯綿詞指由兩個音節連綴而成的單純詞，或稱「連語」。聯綿詞是一個不可分割的整體，構成聯綿詞的兩個字只起標音的作用，其字義與聯綿詞的意義没有關係，正因爲如此，其寫法很自由，例如「匍匐」又寫作「蒲伏」「蒲服」「匍伏」「扶服」等，「委蛇」又作「逶迤」「逶移」等。古代一些注釋家把聯綿詞拆開按照各字本身的含義去解釋是錯誤的。例如「猶豫」一詞，義爲遲疑不決，又寫作「猶與」（禮記曲禮：「所以使民決嫌疑、定猶與也。」）、「猶預」（史記魯仲連列傳：「猶預未有所決。」）、「夷猶」（楚辭九歌湘君：「君不行兮夷猶。」）、「夷由」（後漢書馬援列傳：「或夷由未殊。」）等。唐顔師古在注釋漢書高后紀「計猶豫未有所決」一語時説：「猶，獸名也。……此獸性多疑慮，常居山中，忽聞有聲，即恐有人且來害之，每豫上樹，久之無人，然後敢下，須臾又上，如此非一，故不決者稱猶豫焉。一曰隴西俗謂犬子曰猶，犬隨人行，每豫在前，待人不得，又來迎候，故云猶豫也。」「猶」的本義確爲獸名，屬猴子一類，但「猶豫」之「猶」只起一個音節的作用，和獸名之「猶」没有關係，顔氏之説實屬望文生義，不足爲訓。

又如，史記魏其武安侯列傳：「與長孺共一老秃翁，何爲首鼠兩端？」裴駰集解：「漢書音義曰：『首鼠，一前一却也。』」宋人陸佃埤雅：「鼠性疑，出穴多不果，故持兩端者謂之首鼠。」詩經周南關

睢：「悠哉悠哉，輾轉反側。」朱熹詩集傳：「輾者，轉之半。轉者，輾之周。反者，輾之過。側者，轉之留。皆臥不安席之意。」其實，「首鼠」「輾轉」也都是不可分訓的聯綿詞，其中「首鼠」義爲「猶豫不決」，或寫作「首施」「躊躇」等。裴駰、陸佃、朱熹的解釋均屬臆測。清人朱起鳳曾因不明「首鼠」一詞的用法而遭到學生的嘲笑，遂下決心寫出了辭通一書。

聯綿詞的兩個字多爲雙聲或疊韻關係，音樂感很强，故在古代的文學作品中也多被使用。常見的聯綿詞如下：

雙聲聯綿詞：蒹葭　參差　猶豫　頡頏　容與　栗烈　觱發　蕭瑟　邂逅　躑躅　憔悴　蟋蟀　倉猝　倜儻　造次　抑鬱　忸怩　斑駁　黽勉　陸離　玄黃　伊威　便嬖　滑稽　蝃蝀　仿佛　踴躍　玲瓏　恍惚　蜘蛛　鴛鴦　鞦韆　蝤蠐　磅礴

疊韻聯綿詞：逍遥　殷勤　窈窕　須臾　馮陵　崔嵬　偃蹇　芣苢　倉庚　委蛇　鬱悒　徘徊　觳觫　逡巡　鎡基　披靡　嬋媛　薜荔　蠨蛸　顑頷　虺隤　依稀　荒唐　混沌　撲朔　蒙矓　婆娑　龜兹

雙聲疊韻聯綿詞：輾轉　綿蠻　匍匐　繽紛　繾綣　燕婉　契闊　孑孓

非雙聲疊韻聯綿詞：浩蕩　滂沱　芙蓉　狼藉　陵夷　葡萄　扶摇　栝樓　權輿　跋扈　鸚鵡　蚯蚓　顛沛　蹂躪　鵜鶘　狐狸　伎倆　悱惻

從上古到今天，漢語語音已經發生了很大的變化，例如「繽紛」「憔悴」「蟋蟀」本來分别都是雙聲字，「孤寡」「倉庚」本來分别都是疊韻字，根據今天的讀音却看不出來了，這是需要引起注意的。

丙. 外來詞　古漢語中的所謂外來詞在今天看來有些來自於中國以外的國家，有些則來自於國內少數民族語言。自漢代開始，隨着中國與域外交往的增多，歷代都有一些外來詞被漢語所吸收，豐富了漢語的詞彙。外來詞也有單音節詞，只是多音節詞居多，例如「苜蓿、葡萄、石榴、琥珀、閻羅、浮屠、涅槃、胡同」等。

二　合成詞

合成詞分爲複合式與附加式兩類。

（一）複合式　古漢語中常見的複合式合成詞有並列、偏正、動賓三類，其中偏正式在先秦最多。此外，主謂式在先秦也已經出現，但爲數很少。

甲. 并列式　并列式合成詞主要包括近義（包括同義）並列、對義（包括反義）並列、偏義並列三種。例如：

近義并列：賓客　琴瑟　言語　年歲　疆埸　財賄　跋涉　悦懌　褊小　尋常　倉廩　和睦　謹慎　斟酌　祭祀　傾覆　道路　長久　親戚　會同　中庸

這類合成詞的形成一般都經歷了一個逐漸凝固的過程，它們本來是兩個單音詞的連用，連用多了便凝固成了一個詞。正因爲本是兩個詞，所以在凝固成一個詞之前不僅常常連用，也可以分用。連用時兩個詞的詞序也可以倒置。例如：

朋友　詩經大雅抑：「無言不讎，無德不報。惠於朋友，庶民小子。」論語學而：「與朋友交而不信乎？」禮記祭義：「居處不莊，非孝也；事君不忠，非孝也；莅官不敬，非孝也；朋友不信，非孝也；戰陳無勇，非孝也。」左傳莊公二十二年：「翹翹車乘，招我以弓，豈不欲往，畏我友朋。」周易坤：「西南得朋，東北喪朋。」論語學而：「有朋自遠方來，不亦樂乎？」禮記儒行：「立義，同而進，不同而退，其交友有如此者。」公孫龍子蹟府：「今有人於此，事君則忠，事親則孝，交友則信，處鄉則順。有此四行，可謂士乎？」

恭敬　左傳宣公二年：「不忘恭敬，民之主也。」禮記內則：「必求其寬裕、慈惠、溫良、恭敬、慎而寡言者，使爲子師。」詩經大雅雲漢：「敬恭明神。宜無悔怒。」禮記哀公問：「君子言不過辭，動不過則。百姓不命而敬恭。如是則能敬其身。」尚書胤征：「其或不恭。邦有常刑。」周易繫辭上：「德言盛。禮言恭。謙也者。」論語顏淵：「君子敬而無失，與人恭而有禮。四海之內，皆兄弟也。」論語子路：「上好禮，則民莫敢不敬；上好義，則民莫敢不服。」論語憲問：「子路問君子。子曰：『脩己以敬。』」「恭」單用時指外表有禮貌，「敬」單用時指內心真誠敬肅，構成複合詞後不必再加以區分。

對義并列：春秋　干戈　刀筆　陰陽　消長　消息　山河　宇宙　社稷　左右　尊卑　出入　進退　禍福　父子　乾坤　股肱

偏義并列：國家　妻子　緩急　動静　園圃　短長　車馬

偏義合成詞（即偏義複詞）各語素之間早先都是近義并列或對義并列關係，所謂偏義是後來從原義引申出來的。正因爲如此，這類詞的義項除了偏義一類外，往往還有近義或對義的一類。偏義多數是特指性的，離開具體的語言環境後意義不够確定。例如：

車馬　①車和馬。管子小匡：「又游士八十人，奉之以車馬衣裘。」②偏指車。禮記玉藻：「大夫不得造車馬。」

園圃　①種植果木或菜蔬的園地。周禮天官冢宰：「以九職任萬民。一曰三農，生九穀；二曰園圃，毓草木。」②偏指種果木的園子。墨子非攻：「今有一人，入人園圃，竊其桃李。」

寒暑　①寒冬和暑夏。周易繫辭下：「寒往則暑來，暑往則寒來，寒暑相推而歲成焉。」②偏指寒冬。列子楊朱：「無羽毛以御寒暑。」

動静　①運動和静止；行動和停止。周易艮：「時止則止，時行則行。動静不失其時，其道光明。」②偏指行動。漢書金日磾傳：「日磾視其志意有非常，心疑之，陰獨察其動静，與俱上下。」

喜怒　①高興和發怒。韓非子用人：「古之人曰：『其心難知，喜怒難中也。』」②偏指發怒。柳宗元答韓愈論史官書：「司馬遷觸天子喜怒。」

緩急　①寬舒和急迫；慢和快。漢書食貨志下：「歲有凶穰，故穀有貴賤；令有緩急，故物有輕重。」②偏指危急或發生變故時。史記絳侯周勃世家：「孝文且崩時，誡太子曰：『即有緩急，周亞夫真可任將兵。』」

生死　①生和死；生或死。荀子禮論：「禮者，謹於治生死者也。生，人之始也；死，人之終也。」②偏指死。韓非子解老：「所謂廉者，必生死之命也，輕恬資財也。」林則徐赴戍登程口占示家人：「苟利國家生死以，豈因禍福避趨之。」

并列式複合詞的各語素本來都是可以獨立運用的單音詞，組合成一個詞後，其中有一部分的意義并不是原來各單音詞詞義的簡單相加，而是一個新義。例如「干戈」，「干」本是盾牌，「戈」本是類似矛的兵器，合成一個詞後泛指武器或戰爭。禮記檀弓下：「能執干戈以衛社稷。」其中「干戈」指兵器。史記儒林列傳序：「然尚有干戈，平定四海，亦未暇遑庠序之事也。」其中「干戈」指戰爭。又如「社稷」，「社」本是土地神，「稷」本是穀神。古代帝王、諸侯立國必先立廟祭祀此二神，社稷遂成爲國家的象徵，合成一個詞後産生了「國家」這一新義。論語季氏：「夫顓臾，昔者先王以爲東蒙主，且在邦域之中矣。是社稷之臣也，何以伐爲？」再如「妻子」，「妻」本是「妻子」，「子」本是「子女」，合成一個詞後，整個詞義只相當於原單音詞「妻」的含義，與原單音詞「子」的意義無關，「子」作爲合成詞的語素只是一種陪襯。詩經小雅常棣：「妻子好合，如鼓瑟琴。」其中「妻子」義即同「妻」。

乙．偏正式　偏正式合成詞的兩個語素之間有主次之分，屬於修飾和被修飾的關係。

天下　兵法　處士　庶人　百姓　黎民　諸侯　野人　大人　小人　不穀　寡人　先生　國風

布衣　四方　四海　慈母　黄裳　嗇夫　葛屨　路寢　馳道　宗室　大學　大宗　大廟　左衽

玄服　戎路　兵車　冢子　貳車　駑馬　官田　武夫　烝民　束脩　涼德　尤物　血祭　兵舞

郊祀

丙．動賓式　動賓式合成詞的兩個語素之間屬於支配和被支配的關係。

將軍　司寇　司儀　司刑　司稼　司城　執事　啓明　牽牛　稽首　慎獨　掌客　掌畜　免席

勤王　降服(脱去上衣)　降心

丁．主謂式　主謂式合成詞前一個語素表示被陳述的事物，後一個語素是陳述前一個語素的。

肉袒　雞鳴

（二）附加式　附加式合成詞由一個詞根加一個詞頭或詞尾所構成。古漢語中的詞頭有「有、言、薄、于」（或認爲是助詞）等，詞尾有「然、爾、如、若、乎」等。

加前綴者：有夏　有戎　有狄　有商　有扈　有窮　有周　有昊　有衆　有廟　言告　言歸　言觀　薄言　薄浣　于征　于思　于飛　于歸

加後綴者：欣然　惠然　喟然　油然　沛然　勃然　潸然　翼然　莞爾　率爾　晏如　宴如　肅如　藹如　沛若　焕若　穆若　沃若　嚴乎　斷乎　焕乎　確乎

第二節　古今詞義的異同

閱讀古書，遇到的難點分虚詞和實詞。虚詞屬於語法範疇，有很强的規律性和穩定性，數量比實詞也少得多，因此，儘管它是一個難點，但相對來説，還是比實詞容易掌握。實詞不僅數量多，且意義變化很複雜，試看以下三例：

①天奪吾食，都鄙薦饑，今王將很天而伐齊。（國語吴語）

②十五年春，向戌來聘，且尋盟，見孟獻子，尤其室，曰：「子有令聞而美其室，非所望也。」

左傳襄公十五年

③ 大武遠宅不涉。戰國策秦策四

這三例從語法角度看，都是很普通的句子，不難理解，但是對於没有學過的人來説却不容易看懂，原因主要就在於其中加·詞的詞義（鄙：邊邑；邊疆。薦：屢次；連續。很：違背。尋：重温。尤：指責。令聞：美好的聲望。武：脚；脚步）與今義差别較大。

詞彙是語言中最活躍的要素，社會的發展、生産技術的進步、文化習俗的傳承以及人們認識的變化和提高，都會在詞彙中得到最迅速最及時的反映。詞彙的發展主要表現在舊詞的繼承、舊詞舊義的消亡、新詞新義的産生、詞義内涵和外延的變化等四個方面。

一 舊詞的繼承

語言中有一部分詞生成性强，使用頻率高，人們習以爲常，實際上它們都是很古老的舊詞，只是在發展過程中代代相傳，一直被繼承了下來，這部分詞就是基本詞彙。古今有一部分詞是相同的，指的就是這些基本詞彙。舊詞的繼承可以分爲以下兩種情況：

（一）古今詞形相同詞義亦相同。

日 月 星 天 地 人 山 河 春 夏 秋 冬 東 南 西 北 上 下 左 右 大

小 長 短 樹 木 花 草 風 雷 電 雨 猪 馬 牛 羊 飢 寒 冷 暖 水 火

生 死 存 亡 有 無 貧 富 方 圓 正 直 一 二 十 百 千 萬 寂寞 繽紛

踴躍　猶豫　啓明　彗星　區區　歷歷　悠悠

(二)古今詞形相同而詞義有別。

例字	古義	今義
紅：	淺紅。	泛指各種紅色。
坐：	直腰，兩膝着地，臀部放在脚跟上。	直腰，臀部放在凳子或他物上。
病：	重病。	泛指各種病。
窮：	窘迫，政治上不得志。	貧困。
猖狂：	無拘束。	狂妄，放肆。
嚴重：	敬重。	形勢危急。

例字	古義	今義
走：	跑。	行走。
謝：	致歉，告罪。	感謝。
去：	離開。	前往。
百姓：	百官。	民衆。
感激：	奮激。	非常感謝。

二　舊詞舊義的消亡

(一)舊詞的消亡　舊詞消亡的原因主要有兩個：

甲．詞所指稱的客觀事物已經消亡。當某種事物已成爲歷史，在現實生活中消失了，反映這種事物的詞也就會相應地從語言中消失。例如周代産生的「八佾、大射、宗子、冢祀、室老、祝史、玄冠、庭燎、飯含、釁鼓、告朔、武闈、武軍、祰、祏、袚、笏、劓、刖、臣、媵、輿、臺」等事物今天已經不存在了，指稱這些事物的詞今天也就不用了。

乙．詞所指稱的事物并没有消亡，但後代的説法改變了。例如：

古	**今**	**古**	**今**	**古**	**今**	**古**	**今**	**古**	**今**
醯	醋	假	借	綌	粗葛布	絺	細葛布	屨	鞋子
足	脚	準	鼻子	牡	公	牝	母	雉	野鷄
汲	打水	弈	下棋	的	靶心	速	邀請	恙	疾病
肩輿	轎子	囹圄	監獄	庠序	學校	膏腴	肥沃		

（二）舊義的消亡　所謂舊義的消亡是指一些多義詞在發展過程中部分義項消亡了。

數　王力古漢語字典：①數目。②幾個。③算術。④技藝，技術。⑤道理，禮數。⑥命運。⑦計算，查點。⑧責備，數説。⑨屢次，多次。⑩細密。

牧　康熙字典：①養牛人。②畜養。③放也，食也。④郊外謂之牧。⑤養也。⑥臨也。⑦察也。⑧治也。⑨州長也。⑩田官。⑪九夫爲牧。⑫經牧。⑬使也。⑭牛黑腹者名牧。⑮衛邑。⑯人名。⑰姓。

其中「數」的第④⑤⑥⑩個義項到今天已經消亡，「牧」消亡的義項則更多，除「放牧」一義外，其餘義項今天一般都不用了。以現代漢語詞典（商務印書館二〇〇二年）爲例，「數」該詞典共收了「查點；逐個說出」「計算起來；比較起來」「列舉；責備」「數學上表示事物的量的基本概念」「一種語法範疇」「天數；劫數」「幾；幾個」「用在某些數詞或量詞後面表示概數」「屢次」等九個義項，「牧」則只收了「放牧」一個義項。

三　新詞新義的産生

新詞總是伴隨着新事物的産生而産生的。例如戰國時期，醫學有了很大的進步，有關醫學研究成果的一些新詞「瘍、痹、癰、疥、痔」等便在那時出現了。又如東漢以後漢語中出現了「紙、渾天儀、佛、塔、寺廟、羅漢、大乘、小乘」等新詞，則是對當時科學發明和佛教傳入情況的及時反映。

新義的産生是指舊詞中增加了新的義項。新的事物可以通過製造新詞的方法去表示，也可以通過在舊詞中增加新義項的方法去表示，後者即屬於詞義的引申。和製造新詞相比較，增加義項的方法可以減少新詞的量，豐富詞的内涵與表達力。但是一個詞的義項如果增加得過多，則會影響到交際，所以新義增加到一定的時候勢必引起一些舊義的消亡。漢語歷史悠久，多數詞的義項都不止一個，除了本義外，其餘義項都是在各個時代以新義的面貌纍增上去的。例如：

「窮」，本義是洞窟的盡頭。説文：「窮，極也。从穴，躬聲。」後來引申爲動詞追究、窮盡。周易説卦：「窮理盡性，以至於命。」尚書微子之命：「作賓於王家，與國咸休，永世無窮。」又引申爲窘迫、没有出路。論語衛靈公：「君子固窮，小人窮斯濫矣。」墨子非儒下：「孔某窮於蔡陳之間。」再引申爲生活艱難。淮南子主術訓：「無三年之蓄，謂之窮乏。」「窮盡」「不得志」「生活艱難」等都是其後歷代後面表示概數」這兩個義項即屬於今天産生的新義。

陸續産生的新義。又如上面提到的「數」，現代漢語中出現的「一種語法範疇」「用在某些數詞或量詞

四　詞義内涵與外延的變化

詞彙的發展變化，不僅表現在舊詞舊義的消亡和新詞新義的産生上，而且表現在詞義内涵與外延的變化上。詞義内涵與外延的變化有些比較明顯，有些則比較細微，容易忽略而出錯，需要引起特别的注意。一般分爲擴大、縮小和轉移三個方面。

（一）詞義的擴大

詞義的擴大是指詞從原義發展到新義，所代表的概念由下位概念變成了上位概念，内涵進一步抽象概括，外延則進一步地擴大，原義所代表的事物僅成了新義所代表的事物中的一類。變化的突出特徵通常是由具體到抽象，由個别到一般。

河　漢代以前「河」專指黄河，而非泛指一切河流。孟子梁惠王上：「河内凶，則移其民於河東。」其中「河内」指黄河北岸，「河東」指黄河以東。又如史記項羽本紀：「將軍戰河北，臣戰河南。」其中「河」亦指黄河。後來「河」的含義擴大，泛指一切河流。

醒　本義是酒醒，即由酒醉的狀態恢復到正常狀態。楚辭漁父：「世人皆醉我獨醒。」其中「醒」即用的是本義。後來「醒」的含義擴大，除指酒醒外，「睡醒」「病癒」「清醒」等由不清醒狀態恢復到清醒的狀態都叫「醒」。

響　本義是回聲。左傳昭公十二年："君子，楚國之望也，今與王言若響，國其若之何？"所謂"與王言若響"，意思是與楚王談話一味隨聲附和，就像回聲一樣。後來，"響"的含義擴大，泛指一切音響。例如駱賓王在獄詠蟬："露重飛難進，風多響易沈。"

理　本義爲治玉。例如韓非子和氏："王乃使玉人理其璞而得寶焉，遂命曰：『和氏之璧』。""理"義擴大後泛指整治一切東西。例如，周易繫辭下："理財正辭，禁民爲非曰義。"呂氏春秋勸學："聖人之所在，則天下理焉。"其中"理"爲治理。後漢書崔寔傳："夫以德教除殘，是以粱肉理疾也。"其中"理"爲醫治。

本　本義指樹根。説文："木下曰本。"國語晉語："伐木不自其本，必復生。"後來擴大泛指事物的基礎。例如論語學而："君子務本，本立而道生。"其中"本"指人賴以立身的基礎。鹽鐵論本議："是以百姓就本者寡，趨末者衆。"其中"本"指社會賴以生存和發展的農業。

皮　原指帶毛的獸皮。左傳僖公十四年："皮之不存，毛將安傅？"史記趙世家："吾聞千羊之皮不如一狐之腋。"後來擴大泛指人或其他事物的表層組織。例如，漢書高祖紀上："高祖爲亭長，乃以竹皮爲冠。"後漢書皇后紀："先是數日，夢有小飛蟲無數赴着身，又入皮膚。"後漢書方術列傳："貴尚清儉，禮神唯以東流水爲酌，削桑皮爲脯。"

器　本義指器皿。説文："皿也，象器之口。"周易繫辭上："備物致用，立成器以爲天下利。"後擴大泛指一切有形的具體事物。例如周易繫辭上："形而上者謂之道，形而下者謂之器。"

嘴　本作觜。原義爲鳥嘴。五音集韻："觜，喙也。"文選潘岳射雉賦："當味值胷，列膆破觜。"

徐爰注：「觜，喙也。」後擴大泛指人或動物的口。宋范成大桂海虞衡志志器：「有陶器如杯椀，旁植一小管若瓶嘴。」宋方岳夢尋梅詩：「馬蹄殘雪六七里，山觜有梅三四花。」

（二）詞義的縮小

詞義的縮小是指詞從原義發展到新義，所代表的概念由上位概念變成了下位概念，内涵進一步增多，更加具體化，外延則進一步縮小，新義所代表的事物僅成了原義所代表的事物中的一類。變化的突出特徵通常是由抽象到具體，由一般到個別。

金　先秦泛指金屬。説文：「金，五色金也。」段玉裁注：「凡有五色，皆謂之金也。」孫詒讓正義：「説文金部云：金，五色金也。黄爲之長；銀，白金也；鉛，青金也；銅，赤金也；鐵，黑金也。案，金爲黄金，亦爲五金之總名。」但古製器多用銅，故經典通稱銅爲金。説文在解釋銀、銅、鐵時分別採用的是「白金」「赤金」「黑金」等名稱。左傳僖公十八年：「鄭伯始朝于楚，楚子賜之金。既而悔之，與之盟曰：『無以鑄兵。』故以鑄三鐘。」這裏所説的「金」指銅，而非黄金。後來「金」義縮小，專指黄金。今語「金文」「五金」中的「金」仍然保留着「金屬」義。

子　本爲孩子的總稱，不論男孩女孩都叫「子」。詩經小雅斯干有「乃生男子」「乃生女子」的説法。「男子」指男孩，「女子」指女孩，「子」前的「男」「女」是定語。韓非子五蠹：「今人有五子不爲多。」史記魏其武安侯列傳：「天下者，高祖天下，父子相傳，此漢之約也。」其中「子」均指兒子。左傳襄公二十八年：「盧蒲姜謂癸曰：『有事不告我，必不捷矣。』」杜預注：「姜，癸妻，慶舍子。」論語公冶長：「孔子以其兄之子妻之。」韓非子説林上：「衛人嫁其子而教之曰：『必私積聚。爲人婦而出，常也；其成居，幸也。』其子因私積聚，其姑以爲多私而出之。」其中「子」均指女兒。後來「子」義縮小，單指兒子，不再指女兒了。

弟　上古是弟弟和妹妹的總稱。左傳隱公元年：「蔓草猶不可除，況君之寵弟乎？」其中「弟」指弟弟。史記陳丞相世家：「樊噲，帝之故人也，功多，且又乃吕后弟吕嬃之夫，有親且貴。」漢書五行志：「其後趙飛燕得幸，弟爲昭儀，姊妹得寵。」其中「弟」均指妹妹。後來「弟」義縮小，單指弟弟。

宫　上古是房屋的通稱。爾雅釋宫：「宫謂之室，室謂之宫。」詩經鄘風桑中：「期我乎桑中，要我乎上宫，送我乎淇之上矣。」左傳僖公二十八年：「（晉侯）令無入僖負羈之宫而免其族，報施也。」戰國策秦策：「父母聞之，清宫除道，張樂設飲，郊迎三十里。」秦漢以後專指帝王的居所，民宅遂不稱宫。史記秦始皇本紀：「作宫阿房，故天下謂之阿房宫。」

朕　上古用作第一人稱的通稱，不僅君主自稱朕，一般人也可以自稱朕。説文：「朕，我也。」莊子外篇在宥：「雲將大喜，行趨而進曰：『天忘朕也？天忘朕也？』再拜稽首，願聞於鴻蒙。」楚辭離騷：「朕皇考曰伯庸。」自秦始皇開始，「朕」義縮小，專用作帝王的自稱。史記秦始皇本紀：「臣等昧死上尊號，王爲『泰皇』，命爲『制』，令爲『詔』，天子自稱曰『朕』。」

瓦　上古是陶製品的總稱。詩經小雅斯干：「乃生女子……載弄之瓦。」其中「瓦」指陶製的紡錘。國語周語下：「匏以宣之，瓦以贊之。」其中瓦指一種樂器，八音之一，即土。莊子達生：「雖有忮心者，不怨飄瓦。」史記平帝紀：「冬，大風吹長安城東門屋，瓦且盡。」其中瓦均指鋪屋頂面的建築材料。後來「瓦」義縮小，單指建築材料。

輦　本義指一種人拉的車子，上古時代并不限於國君乘坐。説文：「輦，輓車也。」左傳成公十七年：「齊慶克通于聲孟子，與婦人蒙衣乘輦而入于閎。」左傳定公六年：「公叔文子老矣，輦而如公。」其中輦的乘坐者均爲大夫。秦漢以後「輦」義縮小，專指帝王后妃所乘的車。史記爰盎鼂錯列傳：「且陛下從代來，每朝，郎官上書疏，未嘗不止輦受其言，言不可用置之，言可受採之，未嘗不稱善。」

兄弟　上古是兄弟姊妹的統稱。孟子滕文公上：「彼所謂豪傑之士也。子之兄弟事之數十年，師死而遂倍之！」其中「兄弟」指哥哥與弟弟。孟子萬章上：「彌子之妻與子路之妻，兄弟也。」其中「兄弟」指姐姐與妹妹。後「兄弟」義縮小，單指哥哥與弟弟。

丈夫　本是男子的通稱。穀梁傳文公十二年：「男子二十而冠，冠而列丈夫。」莊子外篇達生：「孔子觀於吕梁，縣水三十仞，流沫四十里，黿鼉魚鱉之所不能游也。見一丈夫游之，以爲有苦而欲死也，使弟子并流而拯之。」史記淮陰侯列傳：「母怒曰：『大丈夫不能自食，吾哀王孫而進食，豈望報乎！』」其中「丈夫」均指成年男子。國語越語上：「生丈夫，二壺酒，一犬；生女子，二壺酒，一豚。」其中「丈夫」指男孩。戰國策燕策一：「臣請爲王譬。昔周之上地嘗有之，其丈夫官三年不歸，其妻愛人。」其中「丈夫」指妻之夫。後來「丈夫」義縮小，專指妻之夫。

千金　南北朝時是王公貴族家男女孩的統稱。南史謝弘微傳：「琅邪王景文謂莊曰：『賢子足稱神童，復爲後來特達。』莊撫朏背曰：『真吾家千金。』」北史長孫道生列傳：「周與攝圖各相夸競，妙選驍勇以充使者，因遣晟副汝南公宇文神慶送千金公主至其牙。」後來「千金」義縮小，單指女孩。舊唐書温大雅傳：「振弟挺，尚高祖女千金公主，官至延州刺史。」

同年　古義年齡相同及同年科舉考中者都稱同年。後漢書孝明八王列傳：「黨聰惠，善史書，喜正文字。與肅宗同年，尤相親愛。」三國志吴書張顧諸葛步傳：「（步騭）世亂，避難江東，單身窮困，與廣陵衛旌同年相善，俱以種瓜自給，晝勤四體，夜誦經傳。」新唐書許孟容傳：「時京兆尹元義方出爲鄜坊觀察使，奏劾宰相李絳與季同舉進士爲同年，才數月輒徙。」李肇唐國史補卷下：「（進士）俱捷謂之同年。」清代以後隨着科舉制度的結束，「同年」義也縮小了，今僅指年齡相同。

（三）詞義的轉移

詞義的轉移是指與原義相比較，新義的内涵和外延發生了轉變，即所代表的概念發生了更替，原來指甲事物，轉變後指乙事物。

替　先秦義爲廢棄。例如，尚書大誥：「予惟小子，不敢替上帝命。」左傳桓公二年：「嘉耦曰妃，怨耦曰仇，古之命也。今君命大子曰仇，弟曰成師，始兆亂矣，兄其替乎？」左傳僖公三十三年：「穆公不替孟明。」後來「替」義發生轉移，當「代替」講。例如木蘭詩：「願爲市鞍馬，從此替爺征。」

湯　本義泛指熱水、開水。説文：「湯，熱水也。」論語季氏：「見善如不及，見不善如探湯。」孟子告子上：「冬日則飲湯，夏日則飲水。」這一含義尚保留在成語「赴湯蹈火」中。後來「湯」義轉移，指帶食物的汁液，如菜湯、肉湯、米湯、參湯等。

兵　本義是兵器。説文：「兵，械也。」荀子議兵：「古之兵，戈、矛、弓、矢而已。」孟子梁惠王上：「孟子對曰：『王好戰，請以戰喻。填然鼓之，兵刃既接，棄甲曳兵而走。』」後來「兵」義轉移指軍隊。例如，戰國策趙策：「必以長安君爲質，兵乃出。」史記項羽本紀：「使人收下縣，得精兵八千人。」

寫 古義爲用模型澆鑄，或描摹，繪畫。國語越語下：「王命工以良金寫范蠡之狀，而朝禮之。」其中「寫」爲澆鑄。新序雜事五：「屋室雕文以寫龍。」史記秦始皇本紀：「秦每破諸侯，寫放其宫室，作之咸陽北阪上。」後來「寫」義轉移指書寫或抄録。晉葛洪抱樸子遐覽：「諺曰：『書三寫，魚成魯，虚成虎。』」

脚 本義指人或動物的小腿。説文：「脚，脛也。」史記魯仲連鄒陽列傳：「昔者司馬喜髕脚於宋，卒相中山；范雎摺脅折齒於魏，卒爲應侯。」墨子明鬼下：「羊起而觸之，折其脚。」後「脚」義轉移同「足」。隋書李景傳：「歲餘，士卒患脚腫而死者十將六七，景撫循之，一無離叛。」

涕 本指眼淚。詩經陳風澤陂：「寤寐無爲，涕泗滂沱。」毛傳：「自目曰涕，自鼻曰泗。」吕氏春秋慎大覽：「武王乃恐懼，太息流涕。」司馬相如長門賦：「左右悲而垂淚兮，涕流離而縱横。」後「涕」義轉移指「鼻涕」。王褒僮約：「目淚下落，鼻涕長一尺。」

無賴 古義指無用，無能等。史記高祖本紀：「未央宫成。高祖大朝諸侯群臣，置酒未央前殿。高祖奉玉卮，起爲太上皇壽，曰：『始大人常以臣無賴，不能治産業，不如仲力。今某之業所就孰與仲多？』」史記張釋之馮唐列傳：「上問上林尉諸禽獸簿。十餘問，尉左右視，盡不能對。虎圈嗇夫從旁代尉對上所問禽獸簿甚悉……文帝曰：『吏不當若是邪？尉無賴！』」後「無賴」義轉移指刁賴、没有辦法、可愛、無聊等。史記吴王濞列傳：「吴所誘皆無賴子弟，亡命鑄錢奸人，故相率以反。」其中「無賴」指潑賴。三國志魏書華佗傳：「彭城夫人夜之廁，蠆螫其手，呻呼無賴。」其中「無賴」指沒有辦法。杜甫奉陪鄭駙馬韋曲二首：「韋曲花無賴，家家惱殺人。」其中「無賴」指可愛。陳陶蜀葵詠：「南鄰蕩子婦無賴，錦機春夜成文章。」其中「無賴」指無聊。

物色 古義指相貌。後漢書嚴光傳：「帝思其賢，乃令以物色訪之。」李賢注：「以其形貌求之。」後轉移指尋找，挑選。宋周煇清波別志卷上：「令臣搜訪詩人，臣已物色得數人。」

家法 古義指師承的法規。後漢書儒林列傳：「於是立五經博士，各以家法教授。」後轉移指治家的禮法。新唐書裴坦傳：「坦性簡儉，子取楊收女，賫具多飾金玉，坦命撤去，曰：『亂我家法。』」

青樓 魏晉時指豪華的樓房，或指帝王的宮殿。曹植美女篇：「借問女安居？乃在城南端。青樓臨大路，高門結重關。」南史齊本紀下廢帝東昏侯：「武帝興光樓上施青漆，世人謂之『青樓』。」後轉移指妓院。杜牧遣懷：「十年一覺揚州夢，贏得青樓薄倖名。」

通姦 古義指勾結。漢書食貨志下：「洛陽薛子仲、張長叔、臨菑姓偉等，乘傳求利，交錯天下，因與郡縣通姦，多張空簿，府臧不實，百姓俞病。」後轉移指男女私通。

知識 古義指認識的人。管子入國第五十四：「士人死，子幼孤，無父母所養，不能自生者，屬之其鄉黨知識故人。養一孤者，一子無征。」吕氏春秋遇合：「人有大臭者，其親戚、兄弟、妻妾、知識無能與居者，自苦而居海上。」後引申出認識、結交義。劉向列女傳齊管妾婧：「人已語君矣，君不知識邪？」南史虞悰傳：「悰性敦實，與人知識，必相存訪，親疏皆有終始，世以此稱之。」近代又轉移指學識。

伉儷　古義指妻子。左傳昭公二年：「晉少姜卒。公如晉，及河，晉侯使士文伯來辭曰：『非伉儷也，請君無辱。』」孔穎達疏：「言少姜是妾，非敵身對耦之人也。」後轉移指夫妻雙方。

古今詞義除了內涵外延方面的變化外，還存在着感情色彩和輕重的差別。所謂感情色彩是指對人或客觀事物的主觀評價，包括褒貶揚抑等。所謂輕重是指詞義程度的加深或減弱。例如：

爪牙　古義多指武臣猛將，是褒義詞。詩經小雅祈父：「祈父，予王之爪牙。」漢書李廣傳：「將軍者，國之爪牙也。」漢書陳湯傳：「戰克之將，國之爪牙，不可不重也。」其中「爪牙」義均爲武臣。漢代「爪牙」同時也有「黨羽」「幫凶」義。史記酷吏列傳：「是以湯雖文深意忌不專平，然得此聲譽。而刻深吏多爲爪牙用者，依於文學之士。」「爪牙」今義僅有「黨羽」「幫凶」義，屬貶義詞。

祥　古義是預兆，徵兆，屬中性詞。左傳僖公十六年：「是何祥也？吉凶焉在？」前面説「祥」，後面問「吉」和「凶」，正説明「祥」本身無所謂吉凶。國語楚語上：「榭不過講軍實，臺不過望氛祥。」其中「祥」指吉兆。漢書五行志中之上：「時則有白眚白祥。」其中「祥」與「眚」并列，指凶兆。「祥」今義僅指吉兆，屬褒義詞。

賄　上古指財物，屬中性詞。詩經衛風氓：「以爾車來，以我賄遷。」左傳隱公十一年：「乃使公孫獲處許西偏，曰：『凡而器用財賄，無寘於許。』」大約在春秋時「賄」即産生了「行賄」「貪財」等義。左傳襄公十年：「今自王叔之相也，政以賄成，而刑放於寵。」國語晉語九：「吾主以不賄聞於諸侯，今以梗陽之賄殃之，不可。」春秋以後「賄」常用於貶義。三國志吴書張顧諸葛步傳：「今之小臣，動與古異，獄以賄成，輕忽人命，歸咎於上，爲國速怨。」隋書煬帝紀下：「政刑弛紊，賄貨公行。」「賄」今義僅爲賄賂，屬貶義詞。

多　古有數量大、稱贊等義。其中「稱贊」屬褒義，例如史記游俠列傳：「遂去其賊，罪其姊子，乃收而葬之。諸公聞之，皆多解之義，益附焉。」今僅存「數量大」義，屬中性詞。

陰謀　古義爲暗中謀劃，策劃，屬中性詞。史記秦始皇本紀：「高乃與公子胡亥、丞相斯陰謀破去始皇所封書賜公子扶蘇者，而更詐爲丞相斯受始皇遺詔沙丘，立子胡亥爲太子。」史記吕太后本紀：「諸大臣相與陰謀曰：『少帝及梁、淮陽、常山王，皆非真孝惠子也。』」「陰謀」今義爲搞詭計以危害他人，屬貶義詞。

時髦　古義爲當時的俊傑，屬褒義詞。後漢書孝順帝紀：「贊曰：孝順初立，時髦允集。」張説讓中書令表：「乞迴榮授，改擇時髦。」今義爲時興、趨時，屬中性詞。

交通　古有結交、勾結等義，兼中性義和貶義。史記黥布列傳：「布已論輸麗山，麗山之徒數十萬人，布皆與其徒長豪桀交通，乃率其曹偶，亡之江中爲群盜。」史記魏其武安侯列傳：「夫不喜文學，好任俠，已然諾。諸所與交通，無非豪桀大猾。」其中「交通」義均爲結交。漢書昭帝紀：「燕王遺壽西長、孫縱之等賂遺長公主、丁外人、謁者杜延年、大將軍長史公孫遺等，交通私書，共謀令長公主置酒，伏兵殺大將軍光，征立燕王爲天子，大逆毋道。」其中「交通」爲勾結。今義指往來通行、運輸或聯絡，屬中性詞。

猖獗　或作猖蹶，古有恣意横行、失敗等義，兼貶義和中性義。賈誼新書俗激：「盗者虘探柱下之金，掇寢户之簾，搴兩廟之器，白晝大都之中剽吏而奪之金，……其餘猖蹶而趨之者，乃豕羊驅而往。」隋書列傳第十文四子：「雖北夷猖獗，嘗犯邊烽，今城鎮峻峙，所在嚴固，何待遷配，以致勞擾。」其中「猖獗」義爲横行。三國志蜀志諸葛亮傳：「孤不度德量力，欲信大義於天下，而智術淺短，遂用猖蹶，至於今日。」晉書殷浩傳：「不虞之變，中路猖蹶，遂令爲山之功崩於垂成，忠款之志於是而廢。」其中「猖獗」義爲失敗。今義爲猖狂，屬貶義詞。

風騷 古指國風、離騷、詩文、才情等，屬中性詞。宋書謝靈運傳論：「原其飈流所始，莫不同祖風騷。」高適同崔員外、綦毋拾遺九日宴京兆府李士曹：「今日好相見，群賢仍廢曹。晚晴催翰墨，秋興引風騷。」其中「風騷」指詩文。劉克莊菩薩蠻：「道是五陵兒，風騷滿肚皮。」其中「風騷」指才情。「風騷」今義指風流放蕩，屬貶義詞。

餓 古指没有食物吃，飢的程度重。韓非子飾邪：「語曰：『家有常業，雖飢不餓；國有常法，雖危不亡。』」淮南子説山訓：「寧一月飢，無一旬餓。」今義程度輕，同「飢」。

斃 古有「倒下」「死」等義。左傳成公二年：「射其右，斃于車中。」左傳哀公二年：「鄭人擊簡子，中肩，斃于車中。」其中「斃」義均爲倒下，程度輕。國語晉語二：「驪姬與犬肉，犬斃；飲小臣酒，亦斃。」韋昭注：「斃，死也。」「斃」的今義僅指死，程度重。

讓 古義爲指責，程度重。史記秦始皇本紀：「夏，章邯等戰數却，二世使人讓邯，邯恐，使長史欣請事。」漢書張湯傳：「禹至，讓湯曰：『君何不知分也！君所治，夷滅者幾何人矣！』」今義爲「退讓」「推辭」等，程度輕。

病 古義指病重，程度重。左傳桓公五年：「公疾病而亂作，國人分散，故再赴。」論語述而：

「子疾病，子路請禱。」今義同「疾」，程度輕。

第三節　詞的本義和引申義

古漢語中多數詞的義項都不止一個，少則兩三個，多則十幾個甚至幾十個。在一個詞的諸多義項中，本義只有一個，其餘義項一般都是直接或間接地從本義引申出來的（只有一部分詞的少數義項屬於假借義）。詞義引申是一種有規律有層次的現象。詞的義項内部有時候看起來紛繁複雜，實際上是一個互有關聯的嚴整系統，并非雜亂無章。爲了能够以簡馭繁地掌握一個詞衆多的義項，需要了解什麽是本義、探求本義的方法、什麽是引申義、詞義引申的規律和特點等問題。

一　詞的本義

（一）什麽是詞的本義

所謂本義，是指造字時所採用的意義，而不一定指詞最原始的意義。漢語産生的時代要比漢字産生的時代早得多。在漢字還没有産生之前的遠古時代，漢語的詞肯定會有其更原始的意義，但現在已經無從考證，因此我們今天所説的本義是相對的，通常是指造字時代所採用的意義和文獻史料所能證明的最早的意義。例如：

月　甲文作　「月」在古漢語中的義項主要有：①月亮；月球。詩經小雅十月之交：「彼月而食。」②計時的單位，一年分爲十二個月。杜甫送人從軍：「今君度沙磧，累月斷人烟。」③月光；月色。杜甫夢李白二首之一：「落月滿屋梁。」④像月亮一樣的（顏色或形狀）。新唐書李光弼傳：「築月城以守。」⑤指婦女的月經。正字通月部：「月，女子天癸，謂之月事。」⑥指婦女懷胎的月份。詩經魯頌閟宫：「無災無害，彌月不遲。」⑦姓。（據漢語大字典）「月」的甲文像半月形，據此可知「月」的本義是月亮，其餘義項都是直接或間接地從這一義項引申出來的。

解　甲文作　「解」在古漢語中的義項主要有：①分解牛的肢體。莊子養生主：「庖丁爲文惠君解牛。」②把繫着的東西解開。韓非子難一：「桓公解管仲之束縛而相之。」③分解；融化。仲長統昌言理亂：「土崩瓦解。」④調解；排解；和解。戰國策趙策三：「爲人排患、釋難、解紛亂而無所取也。」⑤消除。荀子臣道：「遂以解國之大患。」⑥解釋。王充論衡問孔：「孔子自解，安能解乎？」⑦理解；懂得。莊子天地：「大惑者終身不解。」⑧懈怠；松弛。詩經大雅烝民：「夙夜匪解。」⑨姓。（據古漢語常用字字典二〇〇五年版）「解」的甲文字形像人殺牛狀，據此可知其本義是「分解牛的肢體」，其餘義項都是直接或間接地從這一義項引申出來的。

征　甲文作　「征」在古漢語中的義項主要有：①行。詩經召南小星：「肅肅宵征。」②征伐。荀子議兵：「以守則固，以征則强。」③抽税。孟子梁惠王下：「關市譏而不征。」（據王力古漢語字典）「征」的義符爲「彳」，「彳」和「道路」「行走」有關，據此可知「征」的本義是「行走」，其餘義項都是直接或間接從這一義項引申出來的。

（二）怎樣探求詞的本義

因爲漢字造字時採用的意義是本義，所以探求詞的本義一般都是從漢字的字形入手，同時需要結合古代的文獻資料，在文獻中找依據。所謂漢字字形，主要指的是古文字字形，包括甲骨文、金文和小篆等。東漢許慎的説文解字是一部通過分析漢字形體構造來確定詞的本義的專著，儘管這部書對一些字的本義解釋有誤，但仍然是我們探求本義最重要的材料。除説文外，探求本義最具價值的文字材料就是甲骨文和金文，它可以彌補説文和傳世文獻的不足。上面「月、解、征」三字已經涉及到探求本義的具體方法，下面再舉幾例：

生　甲文作□，金文作□。説文：「生□，進也。象草木生出土上。」甲文字形像草木生於地面之上。荀子勸學：「蓬生麻中，不扶而直。」結合説文、荀子的記載，可證「生」的本義是指草木生長。

年　甲文作□，金文作□。説文：「年□，穀孰也，从禾千聲。」甲文字形是从人从禾，像人背着莊稼，表示有收成。春秋宣公十六年：「大有年。」穀梁傳桓公三年：「五穀皆熟，爲有年也。」結合説文、春秋、穀梁的記載，可證「年」的本義是收成好。

字　金文作□。説文：「字□，乳也。从子，在宀下，子亦聲。」從字形上看，金文、小篆都像房子裏有小孩。周易屯：「女子貞不字，十年乃字。」結合説文、周易的記載，可證「字」的本義是「生孩子」。

即　甲文作□，金文作□。説文：「即□，即食也。从皀卪聲。」甲文是會意字，字形像是人走向餐几就食。周易鼎：「鼎有實，我仇有疾，不我能即。」結合説文、周易的記載，可證「即」的本義是就食。

省　甲文作□，金文作□。説文：「省□，視也。」「省」的甲文、金文是形聲字，从目生聲。爾雅釋詁：「省，察也。」史記秦始皇本紀：「皇帝春游，覽省遠方。」結合説文、爾雅、史記的記載，可證「省」的本義是察看、視察。

通過分析字形探求本義是一條有效的方法，但是要注意所依據的字形必須準確可靠。漢字在長期的流傳過程中有不少曾發生過形體變異，形、義關係已經脱節。如果就已經發生變異的字形探求本義，勢必會誤入歧途。爲了避免發生錯誤，對字形的歷史一定要有所考察，盡量使用時代較早的古文字，同時必須有文獻參證，不可主觀臆測。例如：

射　甲文作，金文作。説文：「射，，弓弩發於身而中於遠也。从矢从身。」甲文像搭箭於弓將射貌，金文像手搭箭於弓將射貌。由甲文到小篆，「射」的弓旁因形似而訛變成了「身」，許慎據訛變後的小篆字形把「射」的本義確定爲「弓弩發於身」，故誤。

臣　甲文作，金文作。説文：「臣，，牽也，事君也。象屈服之形。」「臣」的甲文、金文字形像一隻豎目，郭沫若以爲人在低頭時眼睛的狀態正是豎着的（郭沫若甲骨文字研究）。「監、臥、臨、朢」等和「目」有關的字其甲文、金文字形都以「臣」作構件，可證「臣」的本義爲「目」或「豎目」。許慎據發生變異後的小篆字形及「臣」的「戰俘」「臣下」義將其本義釋爲「牽也，事君也」，亦誤。

爲　甲文作。説文：「爲，，母猴也。其爲禽好爪，爪，母猴象也。下腹爲母猴形。」根據甲文字形，「爲」像人手牽着大象勞作，故引申出「做」「製作」等義。詩經周南葛覃：「是刈是濩，爲絺爲綌。」論語爲政：「見義不爲，無勇也。」許慎據變異後的小篆字形將「爲」的本義確定爲「母猴」，尤誤，「爲」的引申義均與「母猴」無關。

既 甲文作[illegible]，金文作[illegible]。說文：「既，[illegible]，小食也。从皀旡聲。」據甲文字形，「既」像一人食畢掉頭形，本義爲食畢，故引申出「結束」「窮盡」「已經」等義，屬會意字。春秋桓公三年：「秋七月壬辰朔，日有食之，既。」莊子應帝王：「吾與汝既其文，未既其實。」尚書堯典：「克明俊德，以親九族，九族既睦，平章百姓。」許慎據變異後的小篆字形析「既」爲形聲字，認爲其本義爲「小食」，均不確。

二 詞的引申義

（一）什麼是詞的引申義

所謂引申義是指在本義的基礎上直接或間接地派生出來的意義。引申義有近、遠之分。凡直接由本義派生出來的意義叫近引申義或直接引申義，凡由本義的近引申義再引申出來的意義叫遠引申義或間接引申義。

從 ①跟從。論語微子：「子路從而後。」②順從。左傳莊公十年：「小惠未徧，民弗從也。」③由；從。左傳宣公二年：「從臺上彈人，而觀其辟丸也。」其中「跟從」爲本義，「順從」爲近引申義，「由、從」爲遠引申義。

道 ①路。詩經秦風蒹葭：「道阻且長。」②達到道德標準的途徑。論語陽貨：「君子學道則愛人，小人學道則易使也。」③正當的手段。論語里仁：「不以其道得之，不處也。」其中「路」爲本義，「達到道德標準的途徑」爲近引申義，「正當的手段」爲遠引申義。

朝 ①早晨。論語里仁：「子曰：『朝聞道，夕死可矣。』」②朝見；朝拜。春秋宣公元年：「秋，郲子來朝。」③朝廷。史記陳杞世家：「十四年，靈公與其大夫孔寧、儀行父皆通於夏姬，衷其衣以戲於朝。」④朝代。傅咸贈何劭王濟：「赫赫大晉朝，明明闢皇闈。」其中「早晨」爲本義，「朝見，朝拜」爲近引申義，「朝廷」「朝代」爲遠引申義。

（二）詞義引申的層次

詞義的引申并非都是由本義引申出一個近引申義、再由近引申義引申出一個遠引申義，這樣一個一個遞進式地引申下去。事實上，詞義引申的情況是相當複雜的，除了遞進式的引申外，還有并列式和綜合式的引申。

甲．遞進式引申　遞進式引申又稱連鎖式引申，是指從本義出發，沿着同一方向的遞相引申。上面所舉「從、道、朝」三字的引申情況即屬於遞進式引申。又如：

責　①債務。戰國策齊策四：「誰習計會，能爲文收責於薛者乎？」②索取。左傳桓公十三年：「宋多責賂於鄭。」③要求。荀子宥坐：「不教而責成功，虐也。」④指責。管子大匡：「文姜通於齊侯，桓公聞，責文姜。」王安石答司馬諫議書：「如君實責我以在位久，未能助上大有爲，以膏澤斯民，則某知罪矣。」

防　①堤壩。説文：「防，隄（堤）也。」吕氏春秋慎小：「巨防容螻，而漂邑殺人。」②堵塞。玉篇：「防，障也。」左傳襄公三十一年：「然猶防川，大決所犯，傷人必多。」③關防；要塞。韓非子初見秦：「長城巨防，足以爲塞。」④防備；防止。韓非子奸劫弑臣：「故聖人陳其所畏以禁其邪，設其所惡以防其奸，是以國安而暴亂不起。」⑤禁令。後漢書桓譚傳：「蓋善政者，視俗而施教，察失而立防。」

以上兩例的引申綫索如下：

責：債務——索取——要求——指責

防：堤壩——堵塞——關防——防備——禁令

乙：并列式引申　并列式引申又稱輻射式引申，是指以本義或基礎義（基礎義指再引申所由出發的近引申義）爲中心，同時朝不同方向派生出幾個引申義。并列引申義在地位上是平等的。例如：

際　①説文：「際，壁會也。」即兩墻的接縫。②交界處。左傳定公十年：「居齊魯之際而無事，必不可矣。」③靠邊緣處。楚辭天問：「九天之際，安放安屬？」④會合；交際。周易坎：「樽酒簋貳，剛柔際也。」⑤接近。漢書嚴助傳：「際天接地。」其中「壁會」是本義，其餘幾個義項都是直接從「壁會」引申出來的。

此例的引申關係如下圖所示：

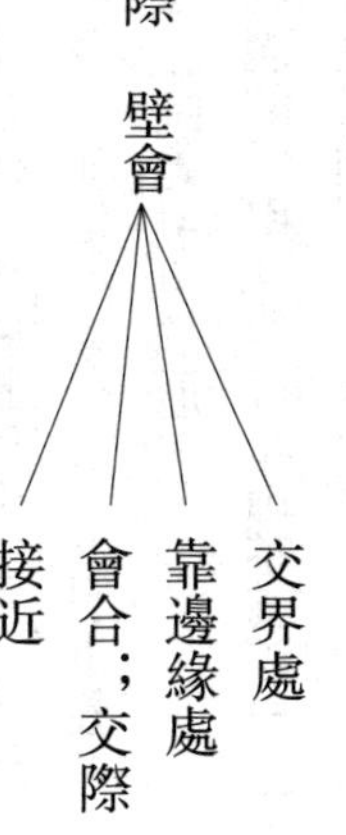

丙：綜合式引申　所謂綜合式引申，是指在一個詞的内部系統中，既有遞進式引申又有并列式引

申，兩者交叉出現，錯綜複雜，就像一個家族的譜系一樣。例如：

極　①屋棟；脊檁。説文：「極，棟也。」②頂點。史記禮書：「天者，高之極也；地者，下之極也；日月者，明之極也。」③君位。封演封氏聞見記儒教：「今上登極，思宏教本。」④盡頭；終了。詩經唐風鴇羽：「悠悠蒼天，曷其有極？」⑤窮盡；竭盡。禮記大學：「是故君子無所不用其極。」柳宗元蝜蝂傳：「又好上高，極其力不已，至墜地死。」⑥最；非常。莊子盜跖：「子之罪大極重。」⑦疲勞。漢書王褒轉：「人極馬倦。」⑧遠。史記三王世家：「極臨北海，西湊月氏。」論衡：「殷周之地，極五千里。」⑨標準；準則。詩經商頌殷武：「商邑翼翼，四方之極。」劉禹錫天論上：「建極閑邪。」⑩北極星。劉向九歎遠逝：「引日月以指極兮，少須臾而釋思。」

出　①出門；自內而出。孟子離婁下：「其良人出，則必饜酒肉而後反。」②出發；到。尚書周書金滕：「王出郊，天乃雨，反風，禾則盡起。」③超出。孟子公孫丑上：「出於其類，拔乎其萃。」④出現；顯露。周易繫辭上：「河出圖，洛出書，聖人則之。」蘇軾後赤壁賦：「山高月小，水落石出。」⑤生出；生產。荀子勸學：「肉腐出蟲。」荀子富國：「田肥以易則出實百倍。」⑥發出；發布。商君書更法：「於是遂出墾草令。」⑦出生；生育。荀子禮論：「無先祖，惡出？」⑧出仕。周易繫辭上：「子曰，君子之道，或出或處，或默或語，二人同心，其利斷金，同心之言，其臭如蘭。」⑨逐出；遺棄。孟子離婁下：「出妻屏子，終身不養焉。」⑩拿出；交納。曹操收租調令：「户出絹二匹。」⑪戲曲的一個段落。

此兩例的引申關係大體如下圖所示：

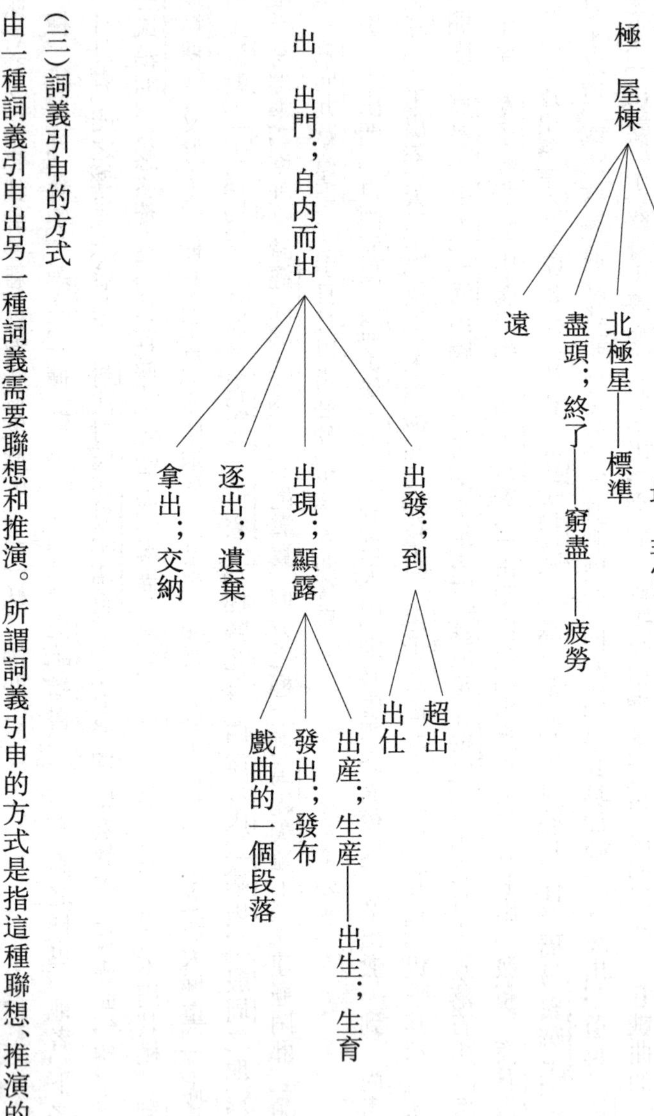

(三)詞義引申的方式

由一種詞義引申出另一種詞義需要聯想和推演。所謂詞義引申的方式是指這種聯想、推演的方法和特點。詞義引申是這樣一種有規律的活動：由本義或基礎義的某一特點出發，依照本民族的生活習俗、文化心理和思維方式所進行的一種聯想和推演。這種聯想、推演的方法和特點是多種多樣的，概括起來主要有三種。

甲．相似引申　相似引申是指用表示這一事物的詞引申去表示在形狀、作用、特點等方面與之相近的另一事物。

顛　本義是頭頂。説文：「顛，頂也。」詩經秦風車鄰：「有車鄰鄰，有馬白顛。」「顛」是人或動物的頂端，與山的頂端在特點上相似，故引申指稱山的頂端。韓非子姦劫弑臣：「我不以清廉方正奉法，乃以貪污之心枉法以取私利，是猶上高陵之顛，墜峻溪之下而求生，必不幾矣。」鄧析子轉辭篇：「是以賢愚之相較，若百丈之溪與萬仞之山，若九地之下與重山之顛。」「顛」後來寫作「巔」，又進一步引申指其他事物的頂端。樂府詩集相和歌辭雞鳴：「雞鳴高樹巔，狗吠深宫中。」

引　本義爲開弓。孟子盡心上：「君子引而不發。」開弓時要將弓弦向後拉，這一動作與牽引其他事物的動作在特點上近似，於是由「開弓」引申出泛指的「拉、牽引」義。韓非子人主：「夫馬之所以能任重引車致遠道者，以筋力也。」開弓時需要引導弓弦對準目標，這一動作和「率領」的特點近似，於是由「開弓」又引申出「率領」義。史記項羽本紀：「江東已定，急引兵西擊秦。」開弓時是將弓弦向後拉，這一動作和「撤軍」近似，於是由「開弓」再引申出「撤軍」義。史記秦本紀：「繆公於是復使孟明視等將兵伐晉，戰於彭衙。秦不利，引兵歸。」史記李將軍列傳：「陵軍五千人，兵矢既盡，士死者過半，而所殺傷匈奴亦萬餘人。且引且戰，連鬭八日。」

乙．關聯引申　關聯引申是指用表示這一事物的詞引申去表示與之在動作、處所、時間、工具、結果等方面相關的另一事物。

厲　本義是磨刀石。説文：「厲，旱石也」。由於磨刀的動作與磨刀石有關，於是由「磨刀石」引申出「磨礪」義。左傳僖公三十三年：「鄭穆公使視客館，則束載、厲兵、秣馬矣。」商君書兵守：「壯男之軍，使盛食、厲兵，陳而待敵。」

皮　本義是獸皮。左傳宣公二年：「使其驂乘謂之曰：『牛則有皮，犀兕尚多，棄甲則那？』」史記商君列傳：「趙良曰：『千羊之皮，不如一狐之掖；千人之諾諾，不如一士之諤諤。』」由於剥皮或割面皮與皮有關，故由「獸皮」引申出「剥皮」「割面皮」義。史記刺客列傳：「聶政大呼，所擊殺者數十人，因自皮面决眼，自屠出腸，遂以死。」司馬貞索隱：「皮面，謂以刀割其面皮，欲令人不識。」袁文甕牖閑評卷七：「東齋記事載：吉州有捕猿者，殺其母，皮之，并其子賣於蕭氏。」晉書諸葛恢傳：「靚流涕曰：『不能漆身皮面，復睹聖顔！』」

丙．比喻引申　比喻引申是指用表示這一事物的詞引申去表示另一被該詞所比喻的事物。

心腹　本指心和腹。戰國策秦策三：「秦韓之地形，相錯如綉。秦之有韓，若木之有蠹，人之病心腹。」古人常用心腹比喻誠意、要害部位或親近的人，心腹遂因此而産生了「誠意」「要害部位」和「親信」義。史記鄒陽列傳：「今人主誠能去驕傲之心，懷可報之意，披心腹，見情素，……則桀之狗可使吠堯，而跖之客可使刺由。」後漢書馬援傳：「潛遣司馬馬彭將五千人從間道衝其心腹。」後漢書竇融傳：「憲既平匈奴，威名大盛，以耿夔、任尚等爲爪牙，鄧疊、郭璜爲心腹。」

魚肉 本指魚和肉。左傳昭公二十年:「和如羹焉,水火醯醢鹽梅以烹魚肉,燀之以薪。」魚肉常用來比喻任人宰割的對象,後因此比喻而産生了「受侵害」「欺凌」「殘殺」等義。史記項羽本紀:「如今人方爲刀俎,我爲魚肉,何辭爲?」史記魏其武安侯列傳:「太后怒,不食,曰:『今我在也,而人皆藉吾弟,令我百歲後,皆魚肉之矣。』」晉書孔愉傳:「天罰既集,罪人斯隕,王旅未加,自相魚肉。」

第四節 同義詞辨析

辨析同義詞是學習和研究古漢語的一個非常重要的環節,因爲古漢語中單音詞占優勢,同義詞相應地比較多,情況也很複雜。同義詞是詞彙豐富發達的重要標志。一般認爲,同義詞是指有一個或幾個義項相同而其他義項不同或感情色彩及用法上存在着細微差别的一組詞。例如「步、趨、走」這幾個詞即算是一組同義詞,它們都有「走路」這一共同意義,但在快慢方面存在着差異。釋名:「徐行曰步,……疾行曰趨,……疾趨曰走。」根據這一解釋可以看出「步」是慢步走,「趨」快於「步」,而「走」快於「趨」。「走」相當於今天的「跑」。辨析同義詞有助於我們理解詞義之間的細微差别,提高古文的閱讀能力。辨析同義詞一般從詞義的内涵、範圍、輕重、來源、使用對象、感情色彩和語法功能等幾個方面入手。

一　内涵的差異

所謂同義詞的内涵差異是指同義詞所反映的基本内容存在着細微的差異。

朋—友　籠統地講，「朋」與「友」都指「朋友」，可以分用，也常常連用。論語學而：「學而時習之，不亦説乎？有朋自遠方來，不亦樂乎？」論語泰伯：「犯而不校，昔者吾友嘗從事於斯矣。」論語學而：「曾子曰：『吾日三省吾身，爲人謀而不忠乎？與朋友交而不信乎？傳不習乎？』」如果分開講，則「朋」相當於今天的「同學」，「友」相當於今天的「同志」。周易兑：「象曰：麗澤，兑。君子以朋友講習。」孔穎達疏：「同門曰朋，同志曰友。」

完—備　此二詞都有「完全」義。所不同的是，「完」的着眼點在於形體是否完整，强調没有殘缺。孟子離婁上：「城郭不完，兵甲不多，非國之灾也。」史記廉頗藺相如列傳：「臣請完璧歸趙。」杜甫石壕吏：「有孫母未去，出入無完裙。」「備」的着眼點在於數量是否齊全，强調没有遺漏。孟子滕文公上：「且一人之身而百工之所爲備。」孟子盡心上：「萬物皆備於我矣。」孟子滕文公下：「犧牲不成，粢盛不絜，衣服不備，不敢以祭。」

鋭—利　此二詞都有「鋭利」義。所不同的是，「鋭」本指鋒芒尖鋭，含義着重在「尖」，「利」本指刀鋒利，含義着重在「鋒利」。「鋭」的反義是「挫」，「挫」義爲折斷。莊子天下：「堅則毁矣，鋭則挫矣。」淮南子時則訓：「柔而不剛，鋭而不挫。」「利」的反義是「鈍」。韓非子顯學：「水擊鵠雁，陸斷駒馬，則臧獲不疑鈍利。」法言五百：「衆人愈利而後鈍，聖人愈鈍而後利。」「利」「鈍」對舉。

二　範圍的差異

範圍的差異是指有些同義詞在寬窄、大小、長短等方面存在着的差别。

袂—袪　此二詞都有「衣袖」義。説文：「袂，袖也。」二者的區别是，「袂」是整個袖子，「袪」是袖口，屬於整體與部分的關係。集韻御韻：「袪，袂末也。」詩經唐風羔裘：「羔裘豹袪，自我人居居。」孔穎達疏：「袂是袖之大名，袪袖頭之小稱。」朱駿聲説文通訓定聲泰部袂：「禮記深衣：『袂之長短，反詘之及肘。』釋文：『袪末曰袂。』儀禮聘禮注：『純袂半（寸）耳。』疏：『袂爲口緣。』按：析言之則袂口曰袪，統言之則袪亦曰袂也。」

諂—諛　此二詞都有「曲意奉承」義。説文：「諛，諂也。」「諂」包括的手段多，用語言、體態、行動等方法討好人都可以叫做「諂」。論語學而：「貧而無諂，富而無驕。」荀子臣道：「從命而利君謂之順，從命而不利君謂之諂。」孟子滕文公下：「脅肩諂笑。」韓非子説林上：「公孫友自刖而尊百里，豎刁自宫而諂桓公。」「諛」與「譽」同源，專指用虚夸的言辭來奉承别人。莊子雜篇漁父：「不擇是非而言謂之諛，好言人之惡謂之讒。」荀子修身：「以不善先人者謂之諂，以不善和人者謂之諛。」

姓—氏　此二詞在秦漢以後混而爲一，都當「姓氏」講，但在秦漢以前有嚴格的區分，「姓」是血統的標志，氏族的標志，用以别婚姻，範圍大。「氏」是「姓」的分支，用以别貴賤，範圍小，賤者無氏。通志氏族略序：「三代之前，姓氏分而爲二。男子稱氏，婦人稱姓。氏所以别貴賤，貴者有氏，賤者有名無氏。姓所以别婚姻，故有同姓、異姓、庶姓之别。氏同姓不同者，婚姻可通；姓同氏不同者，婚姻不可通。」以嬀姓爲例，其下共有咸、舀等九氏。王符潛夫論志氏姓：「帝舜姓虞，又爲姚，居嬀。武王克殷，而封嬀滿於陳，是爲胡公。咸氏、買氏、慶氏、夏氏、宗氏、來氏、儀氏、司徒氏、司城氏，皆嬀姓也。」戰國以後，隨着舊貴族的消亡，姓和氏的區別也混淆了。顧炎武日知録雜論氏族：「姓氏之稱自太史公始混而爲一。本紀於秦始皇則曰姓趙氏，於漢高祖則曰姓劉氏。」

三　程度輕重的差異

輕重的差異指一些同義詞在語義的程度上有一定的差異。

慚—愧　此二詞都有「羞慚」義。莊子外篇天地：「子貢瞞然慚，俯而不對。」莊子外篇在宥：「其無愧而不知恥也甚矣！」所不同的是，「慚」的程度稍輕，而「愧」的程度稍重。「愧」每與「死」字搭配，「慚」則無此用法。宋史劉錡傳：「朝廷養兵三十年，一技不施，而大功乃出一儒生，我輩愧死矣！」新唐書韋貫之傳：「澳愧汗不能對，乃罷。」宋史劉黻傳：「聞其風聲，自當愧死。」

愠—憤　此二詞都有「氣憤」義，其共同特點最初都是怒氣憋在心中。所不同的是，「愠」的程度較輕，心有不平，隱而不發，有時只是通過動作或臉色表現出來。左傳襄公二十三年：「季氏以公鉏爲馬正，愠而不出。」史記孔子世家：「子路愠見曰：『君子亦有窮乎？』孔子曰：『君子固窮，小人窮斯濫矣。』」史記李將軍列傳：「廣不謝大將軍而起行，意甚愠怒而就部。」「憤」的程度重，比「愠」表現出的情緒更强烈，常常要將心中的怨恨傾訴或發泄出來。漢書司馬遷傳：「恐卒然不可爲諱，是僕終已不得舒憤懣以曉左右。」淮南子本經訓：「人之性，心有憂喪則悲，悲則哀，哀斯憤，憤斯怒，怒斯動，動則手足不静。」史記汲黯列傳：「黯時與湯論議，湯辯常在文深小苛，黯憤發，駡曰：『天下謂刀筆吏不可爲公卿，果然。』」和「愠」相關的複音詞有「憂愠、憤愠、愠怒、愠恚、愠懟」等，和「憤」相關的複音詞有「氣憤、激憤、泄憤、抗憤、怨憤、民憤、憤怒、憤恨」等，後者的程度亦均高於前者。

四　來源的差異

有些同義詞的差異表現在來源的不同上。

歲—年　此二詞在表示時段上是同義的，均指地球繞太陽一周的時間。二者的區别是來源不同。「歲」本指歲星，即今天所説的木星。歲星圍繞太陽旋轉，約十二年轉一圈。古人把歲星運行的一周天劃分成十二等分，叫做十二星次。歲星每年運行一個星次，古人借此來紀年，叫做歲星紀年法，歲星移動一個星次就是一歲，凡遇大事記作「歲在某某」。國語晉語四：「吾聞晉之始封也，歲在大火（大火：十二星次的名稱之一）。」後來「歲」便産生了表時段的「年」義。「年」的本義是「穀熟」，即有收成。古代黄河流域穀物一年一熟，故「年」漸由「穀熟」義引申出了表時段的「年」義。

世—代　此二詞都有「世代」義。莊子外篇天地：「不榮通，不醜窮，不拘一世之利以爲己私分，不以王天下爲己處顯。」莊子大宗師：「故聖人之用兵也，亡國而不失人心；利澤施乎萬世，不爲愛人。」左傳僖公十三年：「天災流行，國家代有，救灾恤鄰，道也。」管子參患：「故一期之師，十年之蓄積殫；一戰之費，累代之功盡。」二者的區别在於，「世」的本義是「三十年」。説文：「三十年爲一世。」論語子路：「如有王者，必世而後仁。」何晏集解引孔安國之説：「三十年曰世。」「代」的本義是「更替」。説文：「代，更也。」由王朝的更替引申出「一朝一代」義。在先秦，「代」在多數情况下都不當「世代」講，而是常和

「三」構成「三代」一詞，指夏、商、周三代，例如荀子王制：「王者之制：道不過三代，法不貳後王。」唐代時由於避李世民之諱，將「世」換成了「代」，此後「世」與「代」的時段義才混同了。

五　使用對象的差異

有些同義詞的差異表現在使用對象的不同方面。

賜—畀　此二詞都有「給予」義。所不同的是，「賜」用於在上位者對在下位者、年長者對年幼者、尊者對卑者，且一般是所寵愛或所喜歡的對象，多限於人。「畀」則不限於在上位者對在下位者、年長者對年幼者、尊者對卑者，也不限於所寵愛、喜歡的對象，甚或不限於人。韓非子內儲説上七術：「魯君賜之玉環，壬拜受之而不敢佩。」史記留侯世家：「漢王賜良金百溢。」左傳隱公三年：「王崩，周人將畀虢公政。」公羊傳僖公二十八年：「晉侯入曹，執曹伯，畀宋人。」詩經小雅巷伯：「取彼譖人，投畀豺虎。」詩經周頌豐年：「爲酒爲醴，烝畀祖妣，以洽百禮，降福孔偕。」

唯—諾　此二詞都表示應答聲。所不同的是，「唯」一般用於應答地位或輩分高的人。論語里仁：「子曰：『參乎！吾道一以貫之。』曾子曰：『唯。』」宋玉對楚王問：「楚襄王問於宋玉曰：『先生其有遺行與？何士民衆庶不譽之甚也？』宋玉對曰：『唯，然，有之。』」「諾」則用於應答地位、輩分與自己相同或較低的人。戰國策齊策四：「孟嘗君不説，曰：『諾，先生休矣！』」禮記玉藻：「父命呼，唯而不諾。」孔穎達疏：「唯而不諾者，應之以『唯』而不稱『諾』，『唯』恭於『諾』也。」史記孔子世家：「孔子攝相事，曰：『臣聞有文事者必有武備，有武事者必有文備。古者諸侯出疆，必具官以從。請具左右司馬。』定公曰：『諾。』」

六　感情色彩的差異

有些同義詞的差别表現在愛憎、好惡、褒貶、尊卑等感情色彩方面。

人—民　此二詞都有「人民」義，可以互换，也可以連用。左傳襄公三十一年：「孝伯曰：『人生幾何？誰能無偷？』」漢書五行志中之上引作「民生幾何，誰能毋偷？」孟子滕文公上：「五穀熟而民人育。」二者的區别主要在於，「人」是一個中性詞，外延大，無論尊卑智愚都可以用；「民」則含有貶義，多指愚昧無知的被統治者。徐鍇説文繫傳通論：「民者，氓也，萌而無識也。」孟子滕文公上：「勞心者治人，勞力者治於人，治於人者食人，治人者食於人，天下之通義也。」史記孝文本紀：「天下治亂，在朕一人。」論語泰伯：「子曰：『民可使由之，不可使知之。』」商君書更法：「語曰：『愚者暗於成事，知者見於未萌。民不可與慮始，而可與樂成。』」

布衣—匹夫　此二詞都指普通老百姓。荀子大略：「古之賢人，賤爲布衣，貧爲匹夫，食則饘粥不足，衣則豎褐不完，然而非禮不進，非義不受。」史記三代世表：「夫布衣匹夫安能無故而起王天下乎？其有天命然。」二者的不同之處主要在於，「布衣」是中性詞，多指没有做官的百姓或尚未做官的百姓；「匹夫」則略含貶義，指社會地位低賤的百姓，有時候只表單數。史記孔子世家：「孔子布衣，傳十餘世，學者宗之。」漢書高祖紀：「吾以布衣提三尺取天下，此非天命乎？命乃在天，雖扁鵲何益？」史記淮陰侯列傳：「淮陰侯韓信者，淮陰人也。始爲布衣時，貧無行，不得推擇爲吏。」史記秦始皇本紀：「今陛下有海内，而子弟爲匹夫，卒有田常、六卿之臣，無輔拂，何以相救哉？」史記淮陰侯列傳：「項王喑噁叱咤，千人皆廢，然不能任屬賢將，此特匹夫之勇耳。」

七　語法功能的差異

有些同義詞的差異主要表現在語法功能上。

畏—懼　此二詞的共同點是都有「懼怕」義。不同之處在於，「畏」可以帶賓語。孟子梁惠王：「天下固畏齊之强也。」「懼」一般不帶賓語。左傳桓公二年：「二年春，宋督攻孔氏，殺孔父而取其妻。公怒，督懼，遂弒殤公。」孟子滕文公下：「孔子成春秋而亂臣賊子懼。」「懼」有時也可以帶賓語，但屬於使動用法。老子德經七十四章：「民不畏死，奈何以死懼之？」這句話中「畏」與其賓語屬於一般的動賓關係，「懼」與其賓語屬於使動關係，兩個詞不能互换。

之—往　此二詞都有「前去」義。不同之處在於，「之」一般帶處所賓語，少數情况下也可以不帶，義爲「到……去」。孟子滕文公上：「有爲神農之言者許行，自楚之滕。」吕氏春秋察今：「子夏之晉過衛。」戰國策齊策四：「驅而之薛。」孟子梁惠王上：「王坐於堂上，有牽牛而過堂下者，王見之，曰：『牛何之？』」「往」在上古一般都不帶賓語。詩經小雅采薇：「昔我往矣，楊柳依依。」左傳宣公二年：「晨往，寢門闢矣。」孟子梁惠王上：「彼陷溺其民，王往而征之，夫孰與王敵？」史記高祖本紀：「沛中豪傑吏聞令有重客，皆往賀。」到了南北朝時期，「往」才逐漸帶上了賓語。南齊書王玄載傳：「高宗使玄邈往江州殺晉安王子懋，玄邈苦辭不行。」

思考與練習

一　請指出下列句子中加點相連的兩個字各屬於合成詞、詞組還是單純詞，同時説明它們各自的特點。

①把酒臨風，其喜洋洋者矣。　范仲淹岳陽樓記

②盈盈公府步，冉冉府中趨。　陌上桑

③秦人開關延敵，九國之師逡巡而不敢進。　賈誼過秦論

④嗚呼！死生，晝夜事也。　文天祥指南録後序

⑤璧有瑕，請指示王。　史記廉頗藺相如列傳

⑥青冥浩蕩不見底，日月照耀金銀臺。　李白夢遊天姥吟留别

⑦芳草鮮美，落英繽紛。　陶淵明桃花源記

⑧率妻子邑人來此絶境，不復出焉，遂與外人間隔。　陶淵明桃花源記

⑨便可白公姥，及時相遣歸。　孔雀東南飛

⑩夫子喟然歎曰：「吾與點也。」　論語先進

二　參考有關文獻及工具書，先給以下句子中加點的詞語作注，然後翻譯全句。

①單于視左右而驚，謝漢使曰：「武等實在。」　漢書蘇武傳

②勞罷者不得休息，飢寒者不得衣食，亡罪而死刑者無所告訴。　漢書賈山傳

③紹母親爲婢使，紹實微賤。　三國志魏書董卓傳

④其可以罪過誣者，以公法而誅之，其不可被以罪過者，以私劍而窮之。　韓非子孤憤

⑤言者所以在意，得意而忘言。　莊子外物

⑥老師費財，亦無益也。　左傳僖公三十三年

⑦布帛尋常，庸人不釋。　韓非子五蠹

⑧問今是何世，乃不知有漢，無論魏晉。　陶淵明桃花源記

⑨由是感激，遂許先帝以驅馳。　諸葛亮出師表

⑩進攻劍閣，不克，引退。蜀軍保險拒守。　三國志魏書鍾會傳

三　指出下列句子中的疊音詞、聯綿詞及偏義詞，并解釋其意義。

①臣不才，不勝其任，以爲俘馘。　左傳成公三年

②四者無一遂，苟合取容，無所短長之效，可見於此矣。　司馬遷報任安書

③聞其家堂上客擊筑，彷徨不能去。　史記刺客列傳

④赤泉侯人馬俱驚，辟易數里。　史記項羽本紀

⑤言笑晏晏，信誓旦旦。　詩經衛風氓

⑥氓之蚩蚩，抱布貿絲，非來貿絲，來即我謀。　詩經衛風氓

四　解釋下面加點的詞的古義和今義，并指出詞義的變化。

①諸公以故嚴重之，争爲用。　史記游俠列傳

②穆公訪諸蹇叔。　左傳僖公三十二年

③不矜其能，羞伐其德。　史記游俠列傳

④九族既睦，平章百姓。　尚書堯典

⑤目略微盼，精彩相授。　文選宋玉神女賦

⑥劇孟行大類朱家。　史記游俠列傳

⑦冬日則飲湯，夏日則飲水。　孟子告子上

⑧臧文仲有言曰：「民主偷必死。」　左傳文公十七年

⑨因其富厚，交通王侯。　鼂錯論貴粟疏

⑩樗里子滑稽多智，秦人號曰「智囊」。　史記樗里子甘茂列傳

五　查有關字典，説明下列諸詞古今詞義的異同。

給　臭　布　綢　虀　該　臉　再　搶　乖　墳　菜　睡　隱　常　江　書　嘴　尊重

天真　彌留　烈士　顔色　丈人

六　古今詞義的異同主要有哪幾種情況？請舉例説明。

七　詞義演變的規律有哪些？請舉例説明。

八　論述題：

①試論複音詞與詞組的區別。

②根據詩經、爾雅等材料談談對疊音詞語音特點和意義特點的認識。

③請參考有關材料談談對「偏義複詞」這種説法的見解。

④在現階段，漢語中出現了許多新詞新義，試加以搜集、歸類并説明其特點。

⑤詞義的擴大、縮小和轉移并不是截然分開的，例如一個詞詞義的擴大可能同時也發生了轉移，試搜集材料對這一問題加以論述。

九

解釋下列句中加點詞的意義，并説明其在句中用的是本義還是引申義。

①今有受人之牛羊而爲之牧之者。　孟子公孫丑下

②學而時習之，不亦説乎？　論語學而

③夫人將啓之。　左傳隱公元年

④且相如素賤人，吾羞，不忍爲之下。　史記廉頗藺相如列傳

⑤王乃使玉人理其璞而得寶焉，遂命曰「和氏之璧」。　韓非子和氏

⑥君子引而不發，躍如也。　孟子盡心上

⑦之子于歸，宜其室家。　詩經周南桃夭

⑧擐甲執兵，固即死也。　左傳成公二年

⑨病未及死，吾子忍之。　左傳成公二年

⑩少益耆食，和於身也。　戰國策趙策四

⑪ 譬若絲縷之有紀，網罟之有綱。墨子尚同上

⑫ 數有所不逮，神有所不通。楚辭卜居

十 指出下面例句中的「及」字用的是本義、引申義還是假借義？

① 故不能推車而及。左傳成公二年

② 生莊公及共叔段。左傳隱公元年

③ 公曰：「無庸，將自及。」左傳隱公元年

④ 不及黄泉，無相見也。左傳隱公元年

⑤ 彼衆我寡，及其未既濟也，請擊之。左傳僖公二十二年

⑥ 十五歲矣。雖少，願及未填溝壑而托之。戰國策趙策四

⑦ 子曰：「群居終日，言不及義，好行小慧，難矣哉！」論語衛靈公

⑧ 屈完及諸侯盟。左傳僖公四年

十一 什麽是詞的本義？如何探求詞的本義？請舉例説明。

十二 什麽是詞的引申義？引申義有哪幾種類型？請舉例説明。

十三 查閲有關字典，請對「行、絶、節、管、市、翼」六字的詞義引申關係加以總結并列出示意圖。

十四 試舉例説明「本、緣、肆、昏、爪牙、手足、彈丸」等詞的引申方式。

十五 詞義引申多數都是順向的，但也有些是逆向的，即向着反義的方向發展，試搜集材料加以證明并探求其原因。

十六　辨析同義詞的角度除了教材上所提到的幾條外，還可能有哪些？試舉例説明。

十七　試辨析下列幾組同義詞：

長—修　皮—膚　祀—載　笑—哂　項—頸　忿—怒　治—理　追—逐　卜—筮—占　放—流—配

十八　指出下列句中哪些詞屬於同義詞連用，請辨析其異同并翻譯全句。

①是以君子遠庖厨也。　孟子梁惠王上

②吾聞北方之畏昭奚恤也，果誠何如？　戰國策楚策一

③今若斷斯織也，則捐失成功，稽費時日。　後漢書列女傳

④此皆良實，志慮忠純，是以先帝簡拔以遺陛下。　諸葛亮出師表

⑤愚以爲宫中之事，事無大小，悉以咨之，然後施行，必能裨補闕漏，有所廣益。（同上）

⑥必能使行陣和睦，優劣得所。（同上）

⑦先帝創業未半，而中道崩殂。（同上）

⑧誠宜開張聖聽，以光先帝遺德，恢宏志士之氣。（同上）

⑨攘除姦凶，興復漢室，還於舊都。（同上）

⑩重念蒙君實視遇厚，於反復不宜鹵莽，故今具道所以，冀君實或見恕也。　王安石答司馬諫議書

十九　造成同義詞的原因是多方面的，試參考有關材料對此問題加以論説。

二十　翻譯下篇古文：

太康失邦，昆弟五人須于洛汭，作五子之歌。

太康尸位，以逸豫滅厥德，黎民咸貳，乃盤遊無度，畋于有洛之表，十旬弗反。有窮后羿因民弗忍，距于河，厥弟五人御其母以從，徯于洛之汭。五子咸怨，述大禹之戒以作歌。

其一曰：「皇祖有訓，民可近，不可下，民惟邦本，本固邦寧。予視天下愚夫愚婦一能勝予，一人三失，怨豈在明，不見是圖。予臨兆民，懔乎若朽索之馭六馬，爲人上者，奈何不敬？」

其二曰：「訓有之：內作色荒，外作禽荒。甘酒嗜音，峻宇彫牆。有一于此，未或不亡。」

其三曰：「惟彼陶唐，有此冀方。今失厥道，亂其紀綱，乃厎滅亡。」

其四曰：「明明我祖，萬邦之君。有典有則，貽厥子孫。關石和鈞，王府則有。荒墜厥緒，覆宗絶祀！」

其五曰：「嗚呼曷歸？予懷之悲。萬姓仇予，予將疇依？鬱陶乎予心，顔厚有忸怩。弗慎厥德，雖悔可追？」　尚書夏書五子之歌

參考文獻

朱起鳳 辭通 開明書店一九三四年 上海古籍出版社一九八二年
符定一 聯綿字典 初刊於北平 中華書局一九四三年、一九四六年
陸志韋等 漢語構詞法 科學出版社一九六〇年 中華書局一九九〇年
王力 漢語史稿(下册) 中華書局一九八〇年
何九盈 蔣紹愚 古漢語詞彙講話 北京出版社一九八〇年
趙克勤 古漢語詞彙問題 河南人民出版社一九八〇年
周秉鈞 古漢語綱要 湖南人民出版社一九八一年
王力 同源字典 商務印書館一九八二年
張永言 詞彙學簡論 華中工學院出版社一九八二年
王力主編 古代漢語(常用詞部分) 中華書局一九八四年
蔣禮鴻 任銘善 古漢語通論 浙江教育出版社一九八四年
洪成玉 古漢語詞義分析 天津人民出版社一九八五年
林仲湘 古漢語詞彙常識 貴州人民出版社一九八六年
洪成玉 張桂珍 古漢語同義詞辨析 浙江教育出版社一九八七年
趙克勤 古漢語詞彙概要 浙江教育出版社一九八七年

蘇寶榮　宋永培　古漢語詞義簡論　河北教育出版社一九八七年
史存直　漢語詞彙史綱要　華東師範大學出版社一九八九年
張雙棣　吕氏春秋詞彙研究　山東教育出版社一九八九年
潘允中　漢語詞彙史概要　上海古籍出版社一九八九年
蔣紹愚　古漢語詞彙綱要　北京大學出版社一九八九年
王　力　漢語詞彙史（王力文集十一卷）　山東教育出版社一九九〇年
徐烈炯　語義學　語文出版社一九九〇年
賈彦德　漢語語義學　北京大學出版社一九九二年
石安石　語義論　商務印書館一九九三年
高守綱　古代漢語詞義通論　語文出版社一九九四年
陸宗達　王寧　訓詁與訓詁學　山西教育出版社一九九四年
趙克勤　古漢語詞彙學　商務印書館一九九四年
郭錫良等　古代漢語　商務印書館一九九九年
張聯榮　古漢語詞義論　北京大學出版社二〇〇〇年
許威漢　二十世紀的漢語詞彙學　書海出版社二〇〇〇年
嚴　修　二十世紀的古漢語研究　書海出版社二〇〇一年
伍宗文　先秦漢語複音詞研究　巴蜀書社二〇〇一年

韓陳其　漢語詞彙論稿　江蘇古籍出版社二〇〇二年

徐朝華　上古漢語詞彙史　商務印書館二〇〇三年

張靄堂　徐興東　簡明古漢語同義詞詞典　湖北教育出版社二〇〇四年

任繼昉　漢語語源學　重慶出版社二〇〇四年

王　力等　古漢語常用字字典　商務印書館二〇〇五年

孫良明　詞的多義性跟詞義演變的關係和區別　中國語文一九五八年五期

張永言　詞義演變二例（漢語詞彙史雜記）　中國語文一九六〇年一期

孫良明　關於詞義演變的兩個問題　中國語文一九六一年三期

傅東華　關於「聞」的詞義　中國語文一九六二年十期

殷孟倫　「聞」的詞義問題　中國語文一九六二年十一期

鄭　奠　古漢語中字序對換的雙音詞　中國語文一九六四年六期

杜仲陵　略談唐宋以後一些詞的新義　中國語文一九八〇年五期

曹先擢　詩經迭字　語言學論叢第六輯一九八〇年

馬　真　先秦複音詞初探（上）（下）　北京大學學報一九八〇年五期、一九八一年一期

劉又辛　古漢語複音詞研究法初探——章太炎一字重音説議疏　西南師範學院學報一九八二年二期

王　力　詞義的發展和變化　雲南師範大學學報一九八四年三期

附　録

同義詞辨析舉例

哀、慟、悲　都有「悲傷」義。「哀」是放聲大哭時發出的聲音，常用來表示失去親人的巨大悲痛。禮記檀弓：「有婦人哭於墓而哀。」楚辭九歎逢紛：「聲哀哀而懷高丘兮，心愁愁而思舊邦。」「慟」的悲痛程度還要大於「哀」，是極度的悲哀。論語先進：「顏淵死，子哭之慟。」「悲」所表示的傷感多因外物引起。荀子樂論：「哭泣之聲，使人之心悲。」莊子逍遥遊：「而彭祖乃今以久特聞，衆人匹之，不亦悲乎！」

擢、拔、揠　都有「往外拉」或「往上拉」義。「擢」表示用力向外或向上拉，「拔」則側重拔出，比「擢」的程度高。枚乘上書諫吴王：「夫十圍之木，始生而蘖，足可以搔而絶，手可擢而抓。」左傳隱公十一年：「公孫閼與潁考叔争車，潁考叔挾輈以走，子都拔棘以逐之。」在表示提拔意義上，「拔」往往指提拔本來没有官職的人，「擢」是指在原有的職務上的提升。三國志蜀書諸葛亮傳：「此皆良實，志慮忠純，是以先帝簡拔以遺陛下。」晉書左思傳：「以能擢授殿中侍御史。」「揠」側重於拔起。孟子公孫丑上：「宋人有閔其苗之不長而揠之者。」

謗、誹、譏　都有「指責」義。「謗」是公開地譴責，抨擊。國語周語上：「厲王虐，國人謗王。」「誹」是在背後議論。墨子經上：「誹，明惡也。」「誹」、「謗」在上古都有毁謗義。淮南子繆稱訓：

「聖人不求譽，不辟誹，正身直行，衆邪自息。」論語子張：「信而後諫；未信，則以爲謗己也。」「譏」是微言諷刺。左傳隱公元年：「段不弟，故不言弟；如二君，故曰克；稱鄭伯，譏失教也。」

崩、薨、卒、死、没（殁）　都有「死亡」義，但使用對象各不相同。禮記曲禮下：「天子死曰崩，諸侯死曰薨，大夫死曰卒，士曰不禄，庶人曰死。」「没」原義爲「水淹没」，後比喻人在世上的消逝，或寫作「殁」。

賓、客　都指「客人」，常常連用。史記屈原列傳：「出則接遇賓客，應對諸侯。」二者的區别是，「賓」指地位尊貴，受到敬重的客人，「客」指外來的人或旅居他鄉的人，地位不一定尊貴。詩經小雅鹿鳴：「我有嘉賓，鼓瑟吹笙。」荀子禮論：「賓出，主人拜送。」周易需：「有不速之客三人來，敬之終吉。」此二例中的「賓」「客」不可以互换。

兵、卒、士　都有「士兵」義。「兵」在上古本指兵器，引申指步兵。左傳襄公元年：「敗其徒兵於洧上。」杜預注：「徒步，步兵。」又進而泛指軍隊或者戰争。「卒」本指在官府中服勞役的隸人，戰時編入部隊，充當步兵，即「步卒」。與「兵」相比，「卒」的外延小，使用面較窄。史記高祖本紀：「以故漢王得與數十騎出西門遁……諸將卒不能從者，盡在城中。」「士」本是男子的美稱，後引申指戰車上的甲士。詩經鄭風女曰鷄鳴：「女曰『鷄鳴』，士曰『昧旦』。」孔穎達疏：「士者，男子之大號。」左傳隱公元年：「公聞其期，曰：『可矣！』命子封帥車二百乘以伐京。」杜預注：「古者兵車一乘，甲士三人，步卒七十二人。」

卜、筮　都有「占算吉凶」義。燒灼龜甲觀察裂紋以預測吉凶的活動叫做「卜」。戰國策秦策一：

「襄主錯龜數策占兆，以視利害。」排列蓍草推算吉凶的活動叫做「筮」。詩經衛風氓：「爾卜爾筮，體無咎言。」注：「龜曰卜，蓍曰筮。」古人認爲「卜」的準確性高於「筮」。

捕、逮、捉 都有「捕捉」義。「捕」的對象本是禽獸。左傳襄公十四年：「譬如捕鹿，晉人角之，諸戎掎之。」捕人是比喻用法。「逮」原義是追趕上，拘捕罪人是引申義。「捉」的本義是「握」，引申出捕捉義，三國志魏書方技傳：「郡守果大怒，令人追捉殺佗。」

車、輦、輿 都有「車子」義。「車」是統稱，一般用牛、馬來拉，常特指兵車。左傳隱公元年：「命子封帥車二百乘以伐京。」「輦」原指人力拉的車，先秦時乘輦者多是老年體弱的人。戰國策趙策四：「老婦恃輦而行。」秦漢以後專稱君主乘坐的車。「輿」原指車廂，後泛指車子，也指轎子。史記樂書：「所謂大路者，天子之輿也。」

城、郭 都有「城牆」義。「城」和「郭」并稱時，「城」指内城牆，屬守城的防禦工事，墨子七患：「城者，所以自守也。」「郭」是内城外加築的一道城牆。管子度地：「内爲之城，城外爲之郭。」禮記禮運：「城郭溝池以爲固。」

池、溝、壕 都有「溝池」義。「池」是護城河，多爲人工開挖。「溝」本指排水的管道，軍事上也用作護城河。「池」與「城」相依，寬而且深，裏面注水；「溝」不一定與「城」相依，也不一定有水，而且簡易。韓非子説林下：「將軍怒，將深溝高壘；將軍不怒，將懈怠。」「壕」原爲護城河邊的路，轉指護城河，與「溝」基本同義，或寫作「濠」。墨子備城門：「凡守圍城之法，城厚以高，壕池深以廣。」

盜、賊 在古代并不同義。「盜」指小偷，今天叫「賊」。左傳僖公二十四年：「竊人之財猶謂之盜。」荀子修身：「竊貨曰盜」。史記高祖本紀：「殺人者死，傷人及盜抵罪。」「賊」本義爲殺害。左傳宣公二年：「宣子驟諫，公患之，使鉏麑賊之。」引申指犯上作亂的人或殺人越貨的强盜。左傳宣公二年：「亡不越竟，反不討賊。」孟子公孫丑下：「孔子成春秋而亂臣賊子懼。」三國志吴書吴主五子傳：「時年穀不豐，頗有盜賊。」

都、京 都有「大城」義。「都」本指國君或卿大夫宗廟所在的大城。左傳莊公二十八年：「凡邑，有宗廟先君之主曰都，無曰邑。」左傳隱公元年：「大都不過參國之一；中，五之一；小，九之一。」引申指諸侯國國君所在的都邑。春秋僖公十六年：「是月，六鷁退飛過宋都。」「京」的本義是「高丘」，引申指天子所在的城邑。詩經大雅文王：「殷士膚敏，祼將于京。」朱熹集傳：「京，周之京師也。」

墳、墓 都有「墳墓」義。「墳」本指高出地面的土堆，後引申指堆土的墳墓。「墓」上本不堆土，禮記檀弓上：「古者墓而不墳。」春秋時，「墓」上也開始堆土，兩詞遂同義，唯「墳」較高而「墓」略平。封土的大小成了死者等級身份的標志。

府、庫、藏 都有「倉庫」義。「府」是王公貴族儲藏文書、財物、玉器等物品的倉庫。左傳僖公五年：「勳在王室，藏於盟府。」「庫」本是存放兵車等軍需物資的倉庫。説文：「庫，兵車藏也。」禮記曲禮下：「在府言府，在庫言庫。」鄭玄注：「庫謂車馬兵甲之處也。」春秋以後兩詞漸漸同義。「藏」本來義爲「隱藏」「收藏」，是動詞，後引申出「倉庫」之義。封演封氏聞見記典籍：「漢承秦滅學，武帝開獻書之路，置寫書之官，由是外有太常、太史、博士之藏，内有延閣、廣内、秘室之府。」

告、誥、詔　都有「告訴」義。上告訴下、下告訴上都可以叫「告」。左傳隱公元年：「公語之故，且告之悔。」孟子離婁下：「孟子告齊宣王曰：『君之視臣如手足，則臣視君如腹心。』」「誥」在殷周時代主要是一種勸勉的文告。尚書周書康誥：「成王既伐管叔、蔡叔，以殷餘民封康叔，作康誥、酒誥、梓材。」宋以後只限於皇帝任命高級官吏或封爵時用。「詔」原義爲「告誡」，秦時規定皇帝發佈的文告叫「詔」，從此成爲皇帝的專用詞。

羹、湯　現在都指湯，古義并不同。「羹」在上古是指用梅、鹽、醬等調料所燉的肉，左傳隱公元年：「小人有母，皆嘗小人之食矣，未嘗君之羹，請以遺之。」左傳桓公二年：「是以清廟茅屋，大路越席，大羹不致，粢食不鑿，昭其儉也。」「湯」在唐代以前指熱水。論語季氏：「見善如不及，見不善如探湯。」楚辭九歌雲中君：「浴蘭湯兮沐芳，華采衣兮若英。」成語有「赴湯蹈火」、「固若金湯」。唐以後引申指菜湯、米湯等。

宫、室　都有「房屋」義。「宫」一般認爲在上古是房屋的通稱，費袞梁谿漫志卷第五古者居室皆稱宫：「古者居室貴賤皆通稱宫，初未嘗分别也，秦漢以來始以天子所居爲宫矣。」從文獻資料看，實多爲君主貴族所居，是有圍牆和多間房屋的宅院。墨子號令：「葆宫之牆必三重……父母妻子皆同其宫。」秦漢以後專指帝王的居室。史記秦始皇本紀：「作宫阿房，故天下謂之阿房宫。」「室」義範圍小於「宫」，一般指内室。論語先進：「由也升堂矣，未入於室也。」

貢、獻、供　都有「進獻物品」義。「貢」的對象一般是帝王，「獻」的對象一般泛指所敬者或所懼者。「貢」的内容一般是物品；「獻」的内容廣泛，除物品外也可以是計策甚至包括自己的身體等。左傳僖公四年：「爾貢包茅不入，王祭不共，無以縮酒，寡人是徵。」尚書周書旅獒：「無有遠邇，畢獻方物，惟服食器用。」尚書商書微子：「自靖，人自獻於先王，我不顧行遁。」「供」本寫作「共」，含有誠敬的色彩，多用於呈獻祭品給鬼神或者奉獻物品給尊長。禮記曲禮上：「禱祠祭祀，供給鬼神，非禮不誠不莊。」

購、買　在上古不同義。「購」的意思是「懸賞」，其對象不是商品。戰國策燕策三：「夫今樊將軍，秦王購之金千斤，邑萬家。」史記項羽本紀：「項王乃曰：『吾聞漢購我頭千金，邑萬户，吾爲若德。』」中古以後，「購」漸漸引申出「買」義，但指重金買或大批買進。唐裴鉶傳奇蕭曠：「若有胡人購之，非萬金不可。」「買」是用金錢換取一般物品，側重於買進。韓非子説林下：「宋之富賈有監止子者，與人争買百金之璞玉，因佯失而毁之，負其百金，而理其毁瑕，得千溢焉。」

穀、禾、粟、稷　都指農作物。「穀」是莊稼和糧食的總稱。孟子梁惠王上：「不違農時，穀不可勝食也。」「禾」是穀子，泛指莊稼。詩經豳風七月：「十月納禾稼，黍稷重穋，禾麻菽麥。」陳奂傳疏：「禾者，今之小米。」「粟」指穀粒，稱穀物。尚書禹貢：「四百里粟，五百里米。」左傳文公十六年：「宋公子鮑禮於國人，宋饑，竭其粟而貸之。」「稷」即穀子，與「粟」異名而同實。或説指高粱。王念孫廣雅疏證釋草：「稷，今人謂之高粱。」

瞽、矇、瞍、眇、盲、瞎　都有「瞎子」或「失明」義。「瞽」指無眸子者，「矇」指有眸子而看不見者，「瞍」指無眼珠者。周禮春官宗伯瞽矇鄭玄注：「鄭司農云：『無目眹謂之瞽，有目眹而無見謂之矇，有目無眸子謂之瞍。』」詩經大雅靈臺：「矇瞍奏公。」鄭玄箋：「無眸子曰瞍。」「眇」指一目失明者。

穀梁傳成公元年：「季孫行父秃，晉郤克眇，衛孫良夫跛，曹公子手僂，同時而聘於齊。」「盲」指視力衰竭失明者，泛指瞎子。莊子大宗師：「夫盲者無以與乎眉目顔色之好，瞽者無以與乎青黄黼黻之觀。」「瞎」是六朝以後的口語，説文無瞎字，本指一目失明，引申泛指雙目失明。世説新語排調：「盲人騎瞎馬，夜半臨深池。」

官、吏　均有「官員」義。「官」本指房舍。論語子張：「夫子之牆數仞，不得其門而入，不見宗廟之美，百官之富。」引申指官府。禮記玉藻：「凡君召以三節，二節以走，一節以趨，在官不俟屨，在外不俟車。」由「官府」義進而引申指官職和官員。尚書咸有一德：「任官惟賢材，左右惟其人。」尚書周書武成：「建官惟賢，位事惟能。」「吏」在春秋以前是官員的通稱。國語周語上：「王乃使司徒咸戒公卿、百吏、庶民。」韋昭注：「百吏，百官。」秦漢以後「吏」一般指較低級的官員。

冠、冕、弁、巾、帽　均指「頭衣」。「冠」是帽子的總稱。左傳昭公九年：「我在伯父，猶衣服之有冠冕，木水之有本原，民人之有謀主也。」「冕」是大夫以上高級官吏所戴的禮帽。「弁」是貴族舉行禮儀時所戴的一種禮帽，有爵弁、皮弁之分。禮記雜記上：「大夫冕而祭於公，弁而祭於己。」鄭玄注：「弁，爵弁也。」「巾」是庶人包頭的方形織物。後漢書孝靈帝紀：「巨鹿人張角自稱『黄天』，其部帥有三十六方，皆著黄巾。」「帽」是後起字，一般指簡便的非正式的頭衣。

憾、恨、怨　都有「怨恨」義。「憾」是心裏感到不滿，義較輕。「恨」是「遺憾」，與「憾」義近。「恨」和「憾」都是自我感到不滿。荀子堯問：「處官久者士妒之，禄厚者民怨之，位尊者君恨之。」國語齊語：「山澤各致其時，則民不苟；陸、阜、陵、墐、井、田、疇均，則民不憾。」韋昭注：「憾，恨也。」

「怨」是對别人的不滿，義較重，相當於仇恨。「怨」與「恨」的古、今義正好相反。史記魏其武安侯列傳：「武安由此大怨灌夫、魏其。」

飢、餓　都有「肚子餓」義。「飢」指一般的肚子餓，語義較輕。莊子雜篇讓王：「子列子窮，容貌有飢色。」「餓」指没有飯吃甚至會餓死，語意較重。左傳宣公二年：「初，宣子田于首山，舍于翳桑，見靈輒餓，問其病。曰：『不食三日矣。』」「飢」「餓」對舉，更能看出二者的區别。韓非子飾邪：「家有常業，雖飢不餓。」

饑、饉　都有「饑荒」義。連用時没有區别。左傳昭公元年：「譬如農夫，是穮是蓘，雖有饑饉，必有豐年。」分開講時，五穀没有收成叫「饑」，蔬菜（包括野菜）吃不上叫「饉」。爾雅釋天：「穀不熟爲饑，蔬不熟爲饉，果不熟爲荒，仍饑爲薦。」「饉」字很少單用。

飢、饑　在上古區别較嚴。「飢」是飢餓，屬於生理現象。「饑」是灾荒，年成不好，屬於自然災害。漢代以後「飢」有時候可以通「饑」。淮南子説山訓：「寧百刺以針，無一刺以刀；寧一引重，無久持輕；寧一月饑，無一旬餓。」高誘注：「饑，食不足。餓，困乏也。」漢字簡化二字才合而爲一。

肌、肉　都有「肌肉」義。「肌」在先秦到中古只指人的肉。韓非子喻老：「扁鵲復見曰：『君之病在肌膚，不治將益深。』」舊唐書本紀懿宗：「遽至傷殘性命，刳剔肌膚，慘毒憑凌，殊可驚駭。」「肉」在先秦一般指禽獸的肉而不能指人的肉，但可以指死人的肉。左傳莊公十年：「肉食者鄙，未能遠謀。」墨子節葬：「楚之南，有炎人國者，其親戚死，朽其肉而棄之，然後埋其骨，乃成爲孝子。」漢代以後，「肉」也用來指人的肉，但「肌」却不能指禽獸的肉。

記、紀 都有「記載」義。記，一是用心記住，對「忘」而言；一是用文字記録。「紀」的本義是絲的頭緒，引申爲整理絲的頭緒。絲的頭緒容易散亂，理絲要遵循一定的規則，把握主要的關鍵的部分，於是進而引申出法則、治理等義。「紀」所代表的内容一般都和重大的或有規律的起主導作用的人物活動、事件以及法紀有關，如史書中有關帝王事迹的「本紀」「紀年」「綱紀」「風紀」「紀念」等，其中的「紀」都不能寫作「記」。「紀」的「記載」義實際上是「記」的假借用法，但混用的情況較少，如「記憶」「記録」的「記」不作「紀」。

快、速、疾、捷 都有「快速」義。「快」在上古不表示快速，而是愉快的意思。孟子梁惠王上：「抑王興甲兵，危士臣，構怨於諸侯，然後快於心與？」漢魏以後才産生了「快速」義。史記項羽本紀：「今日固決死，願爲諸君快戰。」世説新語汰侈：「彭城王有快牛，至愛惜之。」上古速度快是用「速」來表示的，如國語晉語四：「敗不可處，時不可失，忠不可棄，懷不可從，子必速行。」「疾」作爲形容詞比「速」快一些。莊子雜篇盗跖：「子之罪大極重，疾走歸！不然，我將以子肝益晝餔之膳！」「捷」多指動作靈敏，輕捷。淮南子俶真訓：「置猿檻中，則與豚同，非不巧捷也，無所肆其能也。」

憐、憫 都有「同情」義。區别在於，「憐」既有「同情」義又有「喜愛」義和「可悲」義；「憫」則是對天災人禍的同情，側重於「憂」，無「喜愛」和「可悲」義。吕氏春秋愛士：「人之困窮，甚如飢寒，故賢主必憐人之困也，必哀人之窮也。」戰國策趙策四：「丈夫亦愛憐其少子乎？」莊子庚桑楚：「女亡人哉，惘惘乎！汝欲反汝情性而無由入，可憐哉！」漢書高五王傳：「文帝憫濟北王逆亂以自滅，明年，盡封悼惠王諸子罷軍等七人爲列侯。」

陵、阜、山、嶺、丘　都有「山陵」義。「陵」指大土山，引申指帝王的墳墓。「阜」是上面較平坦的土山，比「陵」小。詩經小雅天保：「如山如阜，如岡如陵。」毛傳：「高平曰陸，大陸曰阜，大阜曰陵。」「山」指有石頭的大山。「嶺」本是山道，後多指小而尖的山。説文山部新附：「嶺，山道也。」「丘」是比較小的土山。詩經鄘風載馳：「陟彼阿丘，言采其蝱。」

領、頸、項　都指脖子。「領」在中古以前泛指整個脖子。詩經衞風碩人：「領如蝤蠐，齒如瓠犀。」左傳成公十三年：「我君景公引領西望，曰：『庶撫我乎？』」「頸」指脖子的前部。公羊傳宣公六年：「（勇士）遂刎頸而死。」中古以後，「領」多指衣領，「頸」逐漸成了脖子的泛稱。「項」指脖子的後部，史記魏其武安侯列傳：「案灌夫項令謝。」

廟、寺、觀　都指舉行宗教活動的地方。「廟」最初指宗廟，是供奉祭祀祖先的處所。詩經周頌清廟序：「清廟，祀文王也。」鄭玄箋：「廟之言貌也。死者精神不可得而見，但以生時之居立宫室，象貌爲之耳。」「寺」本是官署名，和宗教建築無關，如「大理寺」「太常寺」等。自東漢佛教傳入中國後，「寺」才有了佛教廟宇義，如「白馬寺」。「觀」的本義是看，後引申指宫門外的雙闕，大約在漢代時引申指道教的廟宇。史記封禪書：「公孫卿曰：『仙人可見，而上往常遽，以故不見。今陛下可爲觀，如緱城，置脯棗，神人宜可致也。』」

皮、革　都指動物的皮。帶毛的叫「皮」，去毛經過加工的叫「革」。左傳僖公十四年：「皮之不存，毛將安傅？」説文：「革，獸皮治去其毛，革更之。」左傳莊公十二年：「陳人使婦人飲之酒，而以犀革裹之。比及宋，手足皆見。」

衾、被 在先秦都有「被子」義。詩經召南小星：「肅肅宵征，抱衾與裯，寔命不猶。」毛傳：「衾，被也。」楚辭招魂：「翡翠珠被，爛齊光些。」王逸注：「被，衾也。」「衾」同時又指一種蓋尸體的單被，「被」則無此義。儀禮士喪禮：「幠用衾。」鄭玄注：「衾者，始死時斂衾。」穀梁傳隱公元年：「乘馬曰賵，衣衾曰襚，貝玉曰含，錢財曰賻。」

寢、寐、臥、眠、睡 都有「睡覺」義。「寢」指躺在牀上，不一定睡着。詩經小雅斯干：「乃寢乃興，乃占我夢。」「寐」指入睡。詩經衛風氓：「三歲爲婦，靡室勞矣。夙興夜寐，靡有朝矣。」國語晉語一：「歸寢不寐。」「臥」是靠在几上休息，後引申出睡覺義。孟子公孫丑下：「坐而言，不應，隱几而臥。」焦循正義：「臥與寢異，寢於牀，論語『寢不尸』是也；臥於几，孟子『隱几而臥』是也。臥於几，故曰伏。」史記高祖本紀：「漢王病創臥，張良彊請漢王起行勞軍，以安士卒。」「眠」是「瞑」的俗字。説文：「瞑，翕目也。」本義只是閉上眼睛，後引申出了睡覺義。列子周穆王：「古莽國其民不食不衣而多眠，五旬一覺。」「睡」本義是打瞌睡。説文：「睡，坐寐也。」史記商君列傳：「孝公既見衛鞅，語事良久。孝公時時睡，弗聽。」戰國策秦策一：「讀書欲睡，引錐自刺其股，血流至足。」莊子列禦寇：「夫千金之珠，必在九重之淵而驪龍頷下。子能得珠者，必遭其睡也。」「睡」的睡覺義屬於後起義。

商、賈 都指商人。運貨販賣的人叫「商」，設店售貨的人叫「賈」，故有「行商坐賈」的説法。「商」多作名詞用，表示商人和商業。「賈」多作動詞用，表示賣出。左傳僖公三十三年：「鄭商人弦高將市於周。」周禮天官大宰：「六曰商賈，阜通貨賄。」鄭玄注：「行曰商，處曰賈。」左傳成公三年：「荀罃之在楚也，鄭賈人有將寘諸褚中以出。」後來「商」「賈」的差別逐漸消失了。史記貨殖列傳：

「是以富商大賈，周流天下。」

僞、假　都有「不真實」義。「僞」本義爲欺詐，引申出虚假義。孟子滕文公上：「從許子之道，相率而爲僞者也，惡能治國家？」左傳文公十三年：「乃使魏壽餘僞以魏叛者，以誘士會。」「假」的本義據説文是非真，非正式的。説文：「假，非真也。」史記淮陰侯列傳：「使人言漢王曰：『齊僞詐多變，反覆之國也，南邊楚，不爲假王以鎮之，其勢不定。願爲假王便。』」「假」的虚假義大致産生於漢魏以後。世説新語雅量：「庾太尉風儀偉長，不輕舉止，世人皆以爲假。」「假」在古代多作「借」講。「不真實」義常用「僞」表示。左傳成公二年：「唯器與名不可以假人。」莊子天運：「古之至人，假道於仁，托宿於義，以遊逍遥之虚，食於苟簡之田，立於不貸之圃。」

羞、恥、辱　都有「羞恥」義。「羞」是自己感到丢臉、不光彩。在程度上没有「恥」「辱」重。戰國策齊策四：「先生不羞，乃有意欲爲收責於薛乎？」「恥」「辱」都是由於外在原因所引起的内心反映，作爲名詞時二者是同義的，都有「恥辱」義。司馬遷報任安書：「每念斯恥，汗未嘗不發背沾衣也。」荀子仲尼：「任重則必廢，擅寵則必辱。」作爲動詞時二者語法功能不同，前者是意動用法，後者是使動用法。例如，論語公冶長：「敏而好學，不恥下問。」論語子路：「使於四方，不辱君命。」

牙、齒　都有「牙齒」義。「牙」指槽牙，「齒」指門牙。左傳隱公五年：「皮革、齒牙、骨角、毛羽不登於器。」孔穎達疏：「頷上大齒謂之爲牙。」公羊傳僖公二年：「脣亡則齒寒。」「牙」的引申義有「咬」，「齒」則無；「齒」的引申義有「年齡」「排列」等，「牙」無此義。戰國策秦策三：「王見大王之狗，卧者卧，起者起，行者行，止者止，毋相與鬥者；投之一骨，輕起相牙者，何則？有争意也。」左傳昭公二十年：「子之齒長矣，不能事人。」穀梁傳僖公二年：「荀息牽馬操璧而前曰：『璧則猶是也，而馬齒加長矣。』」左傳隱公十一年：「寡人若朝于薛，不敢與諸任齒。」

議、論　都有「品評」義。「議」重在權衡得失，參與者較多，「議」之後往往要作出決議或提出建議。「論」重在分析推理，辨別是非，參與者不一定多，「論」之後往往是作出判斷，對人或事加以評論。周易節：「君子以制數度，議德行。」史記李斯列傳：「始皇可其議。」。周禮冬官考工記：「國有六職，百工與居一焉。或坐而論道，或作而行之，或審曲面埶。」史記魏其武安侯列傳：「今日廷論。」

羽、翼、翅　都有「翅膀」義。「羽」本是翅膀上的長毛。説文：「羽，鳥長毛也。」後引申指翅膀。詩經豳風七月：「六月莎鷄振羽。」「翼」本義是翅膀。説文：「翼，翅也。」戰國策秦策三：「衆口所移，毋翼而飛。」戰國策楚策四：「王獨不見夫蜻蛉乎？六足四翼。」「翅」也是翅膀，在詞義上與「翼」同義，可以互換，但「翼」有「輔佐」「保護」等引申義，「翅」則没有這些義項，比較單純。楚辭哀時命：「爲鳳皇作鶉籠兮，雖翕翅其不容。」在先秦，「翼」的使用多於「翅」，後來「翅」逐漸取代了「翼」。

保、衛　都有「守護」義。「保」的本義是「負子於背」。尚書周書康誥：「若保赤子，惟民其康乂。」孟子梁惠王上：「古之人，若保赤子。」後引申出「保全」「保護」義，義重在保，不使已有的東西丢失。左傳隱公三年：「若以大夫之靈，得保首領以没，先君若問與夷，其將何辭以對？」左傳哀公元年：「吴王夫差敗越于夫椒，報檇李也，遂入越。越子以甲楯五千保于會稽。」「衛」的本義是「捍衛城邑」。説文：「衛，宿衛也。」後泛指「防衛」，義重在防，不使人或物受外來的侵害。國語齊語：「築五鹿、中牟、蓋與、牡丘，以衛諸夏之地。」韋昭注：「衛，蔽扞也。」

網、罟、羅　都指捕獵用的網。「網」是網類的總稱，打魚、捕捉鳥獸的網類工具都叫「網」。「罟」多用於捕魚。周易繫辭下：「作結繩而爲網罟，以佃以漁。」孟子梁惠王上：「數罟不入洿池，魚鱉不可勝食也。」墨子貴義：「子墨子曰：『執無鬼而學祭禮，是猶無客而學客禮也，是猶無魚而爲魚罟也。』」「罟」有時候也泛指「網」，常與「網」連用。莊子庚桑楚：「庚桑子曰：『小子來！夫函車之獸，介而離山，則不免於網罟之患。』」「網」與「罟」的引申義都有「法網」這一義項，不同的是前者使用普遍，一直沿用到今天，後者則很少用。「羅」是專用於捕鳥的工具，成語有「門可羅雀」「天羅地網」等。

第三單元

文選

鄭伯克段于鄢

左傳

【左傳簡介】左傳，史記始稱左氏春秋，是我國第一部記事詳明的編年體史書，共十八萬餘字。作者相傳爲春秋末期魯國的史官左丘明，今人則多認爲成書於戰國初期，可能非出自一人之手。西漢後期古文經學家認爲它是爲解釋魯史春秋而作，故改稱春秋左氏傳，簡稱左傳。左傳以春秋時期魯國十二國君的世次及在位時間爲綱記事，起自魯隱公元年（前七二二年），終於魯哀公二十七年（前四六八年），記載了二百五十五年間列國在政治、軍事、外交、文化、禮俗等方面的重要活動，是研究我國古代社會特別是春秋時代社會歷史的重要文獻。

左傳一書宣揚了儒家的倫理道德和封建正統觀念，同時也表現出了許多進步的思想傾向，如輕天命重人事的思想、民本思想及愛國思想等，對統治者殘暴醜惡的行爲進行了一定程度的揭露和批判。除了在史學方面的重要貢獻外，左傳在文學、語言等方面也取得了輝煌的成就，代表着先秦書面語的典範。作者善於記述紛繁複雜的事件和戰爭，尤長於通過語言和行動塑造鮮明生動的人物形象，其外交辭令更是寫得委婉動聽、剛柔得宜。這些對後代的史學、文學和語言都產生了深遠的影響。

自西漢起即有人對左傳作注，東漢以後對左傳作注的人更是接踵相繼。晉杜預將左傳分年編附於春秋之後用以解釋春秋，同時加進自己的注解，稱作春秋左氏經傳集解。唐孔穎達對春秋左傳和杜預的注同時作了新的注解，合稱春秋左傳正義，後人收入十三經注疏。今人的注本、譯本主要有楊伯峻的春秋左傳注和沈玉成的左傳譯文等。

【題解】文章記述了春秋初期發生在鄭國國君莊公和其弟共叔段以及母親姜氏之間的一場重要鬥爭，展現了一家人爲了政權而忘記親情、不惜同室操戈的生動畫面，揭露了鄭莊公陰險深沉存心殺弟、共叔段貪婪愚蠢不知進退、姜氏偏心狠毒不明大義的醜惡面目，反映了當時諸侯國上層内部政治鬥爭的殘酷性和激烈性。全文結構嚴密，層次井然，語言簡潔，人物形象生動。本篇選自左傳隱公元年，題目借用春秋隱公元年「鄭伯克段于鄢」一語。注釋採用古注加今注的形式，○之前爲杜預的注，○、◎之後分别爲編者對春秋左傳原文及杜注所加的注。

夏五月，鄭伯克段于鄢①。

① 不稱國討而言鄭伯，譏失教也。段不弟，故不言弟，明鄭伯雖失教而段亦凶逆。以君討臣而用「二君」之例者，言段强大儁傑，據大都以耦國，所謂「得儁曰克」也。○按：此句爲春秋隱公元年的記載。鄭伯：鄭莊公。鄭，周代國名，姬姓。始封地在鄭（今陝西華縣東），春秋初遷都於新鄭（今河南新鄭縣）。段：莊公弟。鄢：鄭邑名，地在河南鄢陵縣西北。◎儁傑：才能出衆的人，這裏指有實力者。耦國：與國都抗衡。

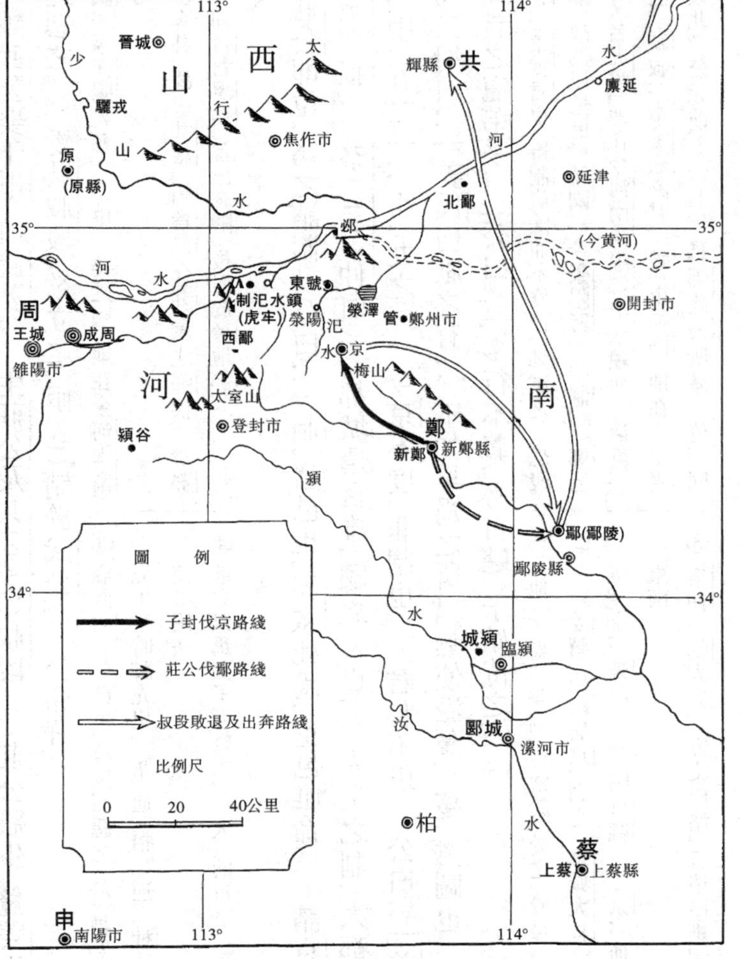

圖二　鄭伯克段于鄢示意圖

初，鄭武公娶于申，曰武姜①。生莊公及共(gōng)叔段②。莊公寤生，驚姜氏，故名曰寤生，遂惡之③。愛共叔段，欲立之，亟(qì)請於武公④。公弗許。

①申國：今南陽宛縣。○申：姜姓國，地在今河南南陽市。

②段出奔共，故曰共叔，猶晉侯在鄂，謂之鄂侯。◎鄂侯：即晉君翼侯，曾出奔隨，後居於晉地鄂。

③寐寤而莊公已生，故驚而惡之。○寤生：即難産，胎兒出生時脚先出。寤，通「啎」，逆。杜注誤。驚：使動用法。

④欲立以爲大子。◎大：「太」的古字。

及莊公即位，爲之請制。公曰：「制，巖邑也，虢叔死焉，佗邑唯命①。」請京，使居之，謂之京城大叔②。祭(zhài)仲曰：「都城過百雉，國之害也③。先王之制，大都不過參國之一④；中，五之一；小，九之一。今京不度，非制也⑤。君將不堪。」公曰：「姜氏欲之，焉辟害？」對曰：「姜氏何厭之有？不如早爲之所⑥，無使滋蔓。蔓，難圖也。蔓草猶不可除，况君之寵弟乎？」公曰：「多行不義，必自斃，子姑待之⑦。」

①虢叔：東虢君也，恃制巖險而不修德，鄭滅之。恐段復然，故開以佗邑。虢國：今滎陽縣。○制：鄭邑名，又名虎牢，地在今河南滎陽縣汜水鎮西。巖邑：險邑。虢叔：東虢國國君。虢，東虢國，地在今滎陽縣東北。公元前七〇七年爲鄭武公所滅。佗：同「他」。焉：兼詞，相當於「於之、於是」。

②公順姜請，使段居京，謂之「京城大叔」，言寵異於衆臣。京：鄭邑，今滎陽京縣。○京：地在今滎陽縣東南。

③祭仲：鄭大夫。方丈曰堵，三堵曰雉，一雉之牆，長

三丈，高一丈。侯伯之城，方五里，徑三百雉，故其大都不得過百雉。○都：較大的城邑。城：城牆。◎堵：五板爲一堵。徑三百雉：指城牆每面長三百雉。

④三分國城之一。○參：同「三」，用作動詞。國：國都。

⑤不合法度，非先王制。

⑥使得其所宜。○焉：疑問代詞，哪裏。辟：「避」的古字。

⑦斃：踣(bó)也。姑：且也。○斃：僕倒，跌跤。

既而大叔命西鄙、北鄙貳於己①。公子呂曰：「國不堪貳，君將若之何②？欲與大叔，臣請事之；若弗與，則請除之。無生民心③。」公曰：「無庸，將自及④。」大叔又收貳以爲己邑⑤，至于廩延⑥。子封曰：「可矣，厚將得衆⑦。」公曰：「不義不暱(nì)，厚將崩⑧。」大叔完聚⑨，繕甲兵，具卒乘⑩，將襲鄭。夫人將啟之⑪。公聞其期，曰：「可矣！」命子封帥車二百乘(shèng)以伐京⑫。京叛大叔段，段入于鄢，公伐諸鄢。五月辛丑，大叔出奔共⑬。

書曰：「鄭伯克段于鄢。」段不弟，故不言弟；如二君，故曰克；稱鄭伯，譏失教也。謂之鄭志。不言出奔，難之也⑭。

①鄙：鄭邊邑。貳：兩屬。○既而：副詞，不久。鄙：邊境上的城邑。

②公子呂：鄭大夫。○國不堪貳：國家不能處於政權兩屬的局面。堪，承受。若之何：固定結構，怎麼辦。

③叔久不除，則舉國之民當生他心。○與大叔：將政權交給大叔。臣請句：請允許我去事奉他。無：通「毋」。生民心：使民衆產生二心。

④言無用除之，禍將自及。○庸：義同「用」。自及：自遭其禍。

⑤前兩屬者，今皆取以爲己邑。

⑥言轉侵多也。廩延：鄭邑，陳留酸棗縣北有延津。○廩延：地名，在今河南延津縣北。

⑦子封：公子吕也。厚謂土地廣大。

⑧不義於君，不親於兄，非衆所附，雖厚必崩。○暱：同「昵」。

⑨完城郭，聚人民。○完：修補，加固。

⑩步曰卒，車曰乘。○繕：修繕。具：籌備，蓄備。

⑪啟：開也。○啟之：指姜氏在新鄭城内爲叔段開城做内應。

⑫古者兵車一乘甲士三人，步卒七十二人。

⑬共國：今汲郡共縣。○諸：兼詞，「之於」的合音字。五月辛丑：魯隱公元年五月二十三日。古人以干支配合記日。出奔：逃亡國外避難。共：春秋時國名，地在今河南輝縣。

⑭傳言夫子作春秋，改舊史以明義，不早爲之所，而養成其惡，故曰「失教」。段實出奔，而以「克」爲文，明鄭伯志在於殺，難言其奔。

遂寘姜氏于城潁①，而誓之曰：「不及黃泉，無相見也②。」既而悔之。潁考叔爲潁谷封人③，聞之，有獻於公。公賜之食。食舍肉。公問之。對曰：「小人有母，皆嘗小人之食矣，未嘗君之羹，請以遺(wèi)之④。」公曰：「爾有母遺，繄我獨無⑤！」潁考叔曰：「敢問何謂也⑥？」公語(yù)之故，且告之悔。對曰：「君何患焉？若闕地及泉，隧而相見，其誰曰不然⑦？」公從之。公入而賦：「大隧之中，其樂也融融⑧！」姜出而賦：「大隧之外，其樂也洩洩(yì)⑨！」遂爲母子如初。

君子曰：「潁考叔，純孝也⑩。愛其母，施(yì)及莊公。詩曰：『孝子不匱，永錫(cì)

爾類。』其是之謂乎⑪？」

①城潁：鄭地。○寘（zhì）：棄置，放逐。城潁：地在今河南臨潁縣西北。
②地中之泉，故曰黄泉。○黄泉：指陰間。
③封人：典封疆者。○潁谷：鄭邊邑，地在今河南登封市西南。封人：鎮守邊疆的官員。
④食而不啜羹，欲以發問也。宋華元殺羊爲羹饗士，蓋古賜賤官之常。○舍肉：把肉剩下不吃。舍：「捨」的古字。嘗：此處義爲「吃」。羹：帶汁的肉食。
⑤繄：語助。○繄：語氣副詞，作用同「唯」。遺：給。◎華元：宋大夫。
⑥據武姜在，設疑也。
⑦隧：若今延道。○闕：通「掘」。隧：墓道。此處作狀語，通過墓道。◎延道：即墓道，延通「埏」。
⑧賦：賦詩也。融融：和樂也。○中、融二字押韻，上古音同在「冬」部。
⑨洩洩：舒散也。○洩洩：心情舒暢貌。外、洩二字押韻，上古音同在「祭」部。
⑩純：猶篤也。
⑪不匱：純孝也。莊公雖失之於初，孝心不忘，考叔感而通之。所謂『永錫爾類』，詩人之作，各以情言，君子論之，不以文害意，故春秋傳引詩，不皆與今説詩者同，後皆仿此。○匱：竭盡。爾類：你的同類。引詩見詩經大雅既醉。

齊襄公之弑　左傳

【題解】齊僖公寵愛其同母弟夷仲年之子公孫無知，襄公即位後降低了無知的待遇，無知心懷不滿，在大夫連稱、管至父的擁戴下發動叛亂，於魯莊公八年十二月殺死齊襄公，自立爲君。文章對人物形象的刻畫惟妙惟肖，通過齊襄公失信於大夫、射豕以及鞭打徒人費三事充分揭露了其無信無義、色厲内荏、昏庸殘暴的性格。對徒人費這個人物雖然着墨不多，但他的愚忠、機智和勇敢却給人留下了深刻的印象。整個動亂過程的敘述僅用了短短七十一個字，却生動有趣，一波三折，出人意料。本篇選自左傳莊公八年（前六八六年），題目爲編者所加。注釋採用古注加今注的形式。○之前爲杜預的注，○之後爲編者的注，◎之後爲編者對杜注所加的注。

冬，十有一月，癸未，齊無知弒其君諸兒①。

①稱臣，臣之罪也。○按：此句爲春秋莊公八年的記載。癸未：七日。無知：齊公子名。諸兒：齊襄公名。

齊侯使連稱、管至父戍葵丘①。瓜時而往，曰：「及瓜而代。」期（jī）戍，公問不至②。請代，弗許。故謀作亂。僖公之母弟曰夷仲年，生公孫無知，有寵於僖公，衣服禮秩如適③，襄公絀（chù）之。二人因之以作亂④。連稱有從妹在公宫，無寵，使間（jiàn）公⑤，曰：「捷，吾以女爲夫人⑥。」

①連稱、管至父：皆齊大夫。戍：守也。葵丘：齊地，臨淄縣西有地名葵丘。○齊侯：齊襄公，齊桓公異母兄。葵丘：地在今山東淄博市境。

②問：命也。○瓜時：瓜成熟時。瓜，名詞用作動詞。期戍：戍守到一年。期，一周年。問：指換防的命令。

③適：大子。○僖公：齊襄公、桓公之父。禮秩：即禮數，按名位所分的禮儀等級。如適：同於太子，即同於襄公做太子時。適，「嫡」的古字。

④二人：連稱、管至父。○絀：通「黜」，此處義爲「降低」。因：投靠。

⑤伺公之間隙。○間：通「瞯」，窺探。

⑥捷：克也。宣無知之言。

冬十二月，齊侯游于姑棼，遂田于貝丘①，見大豕，從者曰：「公子彭生也②。」公怒曰：「彭生敢見！」射之，豕人立而啼。公懼，隊于車，傷足喪屨(jù)。反，誅屨於徒人費③。弗得，鞭之，見血。走出，遇賊于門，劫而束之。費曰：「我奚禦哉？」袒而示之背，信之。費請先入④，伏公而出，鬭，死于門中。石之紛如死于階下⑤。遂入，殺孟陽于牀⑥。曰：「非君也，不類。」見公之足于戶下，遂弑之，而立無知⑦。

①姑棼、貝丘：皆齊地。田：獵也。樂安博昌縣南有地名貝丘。○姑棼、貝丘：分別在今山東博興縣東北和南部。

②公見大豕，而從者見彭生，皆妖鬼。○公子彭生：齊公子。魯桓公十八年，桓公攜夫人文姜出訪齊國，齊襄公與文姜(襄公妹)亂倫，受到桓公的指責，襄公派彭生殺死桓公，之後又將彭生處死。這裏的大豕、彭生按迷信的説法均屬彭生鬼魂的現形。

③誅：責也。○隊：「墜」的古字。誅：索要。徒人費：或作「侍人費」，侍人即寺人，宦官。

④詐欲助賊。○賊：指公孫無知、連稱等人帶領的叛軍。禦：指抵抗叛軍。

⑤石之紛如：齊小臣，亦鬭死。○伏公：將襄公藏起來。

⑥孟陽：亦小臣，代公居牀。

⑦經書「十一月癸未」，長曆推之，月六日也。傳云「十二月」，傳誤。◎長曆：指杜預所著春秋長曆。

齊桓公伐楚　左傳

【題解】齊桓公是春秋五霸之首，曾九合諸侯。桓公時期，北方的狄族相當强大，曾於魯閔公元年打敗邢國，於魯閔公二年滅掉衛國。南方的楚國其時也迅速壯大起來，并企圖擴大勢力，向北方發展。當時中原諸侯國面臨着南北夾擊的威脅，公羊傳形容當時的形勢是「南夷與北狄交，中國不絕若綫」。齊桓公在管仲的輔佐下，先後率領諸侯軍打敗狄族，幫助邢國遷都，使衛國重新得以封立。魯僖公元年、二年、三年，雄心勃勃的楚成王連續三年向北侵犯地處中原腹部的鄭國，在這種形勢下，齊桓公聯合中原諸侯發動了本次伐楚戰争。戰争最終雖然没有打起來，但遏制了楚國北進的勢頭，對於保衛周王室和中原諸侯國意義重大。前人對這次戰争評價很高，認爲是齊桓公霸業最輝煌的一頁。文章記載了齊、楚以武力爲後盾的外交鬥争，充分表現了雙方高超的談判藝術和辭令技巧，尤其是楚國使者的應對，不卑不亢，剛柔相濟，屈伸有度，綿裏藏針，出色表達了楚國願意和談但絕不怕交戰的立場，是左傳外交辭令的代表作之一。本篇選自左傳僖公四年，題目是後加的。注釋採用古注加今注的形式，〇之前爲杜預的注，〇之後爲編者的注。

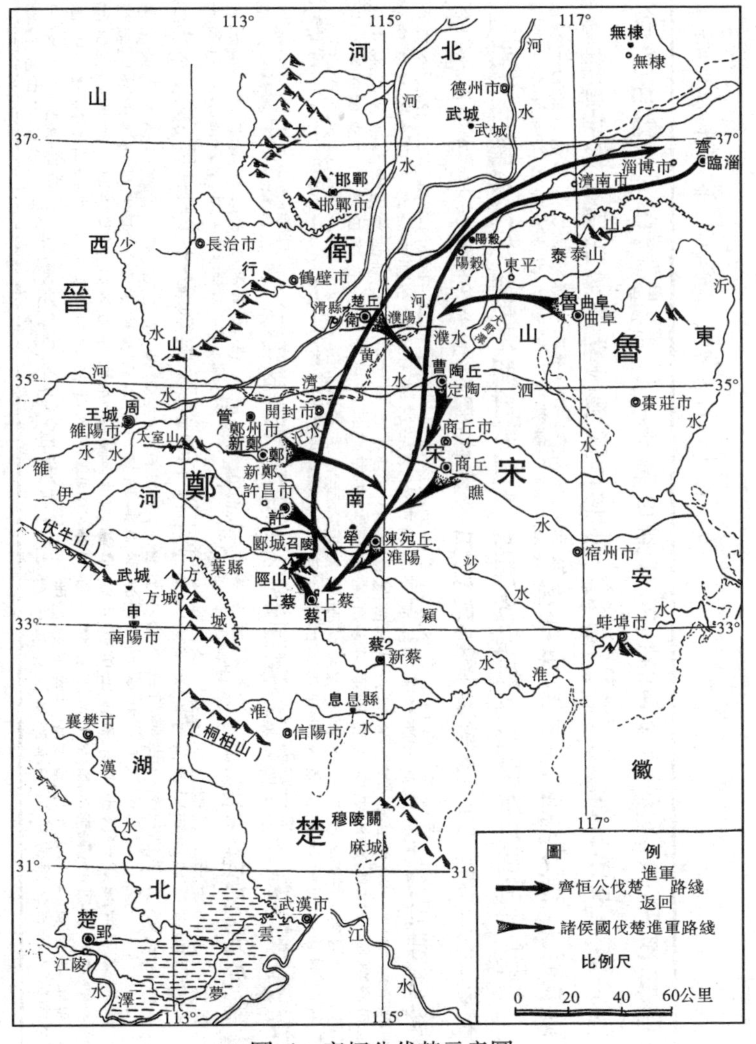

圖三　齊桓公伐楚示意圖

比翼之鳥皆是靈物不可常貢故杜云未審也昭王南征而不復。寡人是問。昭王成王之孫南巡守涉漢船壞而溺周人諱而不赴諸侯不知其故故問之。守手又反溺乃歷反〔疏〕注昭王至問之。正義曰昭王成王之孫周本紀文也呂氏春秋季夏紀云周昭王親將征荊蠻辛餘靡長且多力爲王右還反涉漢梁敗王及祭公隕于漢中辛餘靡振王北濟反振祭公高誘注引此傳云昭王之不復君其問諸水濱由此言之昭王爲沒於漢辛餘靡焉得振王北濟也振王爲虛誕如高誘之注又稱梁敗復非船壞舊說皆言漢濱之人以膠膠船故得水而壞昭王溺焉不知本出何書對曰。貢之不入。寡君之罪也。敢不共給。昭王之不復。君其問諸水濱。昭王時漢非楚竟故不受罪。濱音賓〔疏〕注昭王至受罪。正義曰楚世家成王封熊繹於楚以子男之田國居丹陽宋仲子云丹陽南郡枝江縣也枝江去漢其路甚遠昭王時漢非楚竟故不受罪也師進次于陘。楚不服罪故復進師。復扶又反夏楚子使屈完如師。如陘之師禦強弱師退。次于召陵。完請盟故齊侯陳諸侯之師。與屈完乘而觀之。乘共載。乘繩證反注同齊侯曰。豈不穀是爲。先君之好是繼。與不穀同好如何。言諸侯之附從非爲已乃尋先君之好謂而自廣因求與楚同好孤寡不穀諸侯謙稱。是爲于僞反注同好呼報反下及注同稱尺證反〔疏〕言諸至謙稱。正義曰諸侯之交必稱先君以相接此時諸侯有魯宋陳衛鄭許曹桓公以前皆嘗與齊交接故齊侯稱繼先君之好謙以自廣也老子曰孤寡不穀王侯之謙稱也曲禮云諸侯與民言自稱寡人庶方小侯自稱曰孤其在四夷雖大曰子於內自稱不穀禮記雖爲定例事在臨時所稱此齊侯自稱不穀襄王出奔亦稱不穀皆出自當時之意耳爾雅訓穀爲善穀是養人之物言我不似穀之養人是謙也對曰。君惠徼福於敝邑之社稷。辱收寡君。寡君之願也。齊侯曰。以此衆戰。誰能禦之。以此攻城。何城不克。對曰。君若以德綏諸侯。誰敢不服。君若以力。楚國方城以爲城。漢水以爲池。方城山在南陽葉縣南以言竟土之遠漢水出武都至江夏南入江言其險固以當城池。徼古堯反要也漢以爲池本或作漢水以爲池水衍字葉始涉反當丁浪反雖衆。無所用之。屈完及諸侯盟。陳轅濤塗謂鄭申侯曰。師出於陳鄭之間。國必甚病。申侯鄭大夫當有共給之費故。費芳味反若出於東方。觀兵於東夷。循海而歸。其可也。東夷郯莒徐夷也觀兵示威。郯音談申侯曰。善。濤塗以告齊侯。許之。許出東方申侯見曰。師老

春秋左傳正義　卷十二

圖四　春秋左傳正義注様

四年春，齊侯以諸侯之師侵蔡①，蔡潰，遂伐楚。楚子使與師言曰②：「君處北海，寡人處南海，唯是風馬牛不相及也③。不虞君之涉吾地也④，何故？」管仲對曰：「昔召(shào)康公命我先君大公⑤曰：『五侯九伯，女實征之，以夾輔周室⑥。』賜我先君履，東至于海，西至于河，南至于穆陵，北至于無棣⑦。爾貢包茅不入，王祭不共，無以縮酒，寡人是徵⑧。昭王南征而不復，寡人是問⑨。」對曰：「貢之不入，寡君之罪也，敢不共給？昭王之不復，君其問諸水濱⑩！」師進，次于陘(xíng)⑪。

①〇四年：魯僖公四年(前六五六年)。齊侯：齊桓公。以：動詞，率領。諸侯：據本年春秋經記載，齊桓公率領的諸侯包括魯僖公、宋桓公、陳宣公、衛文公、鄭文公、許穆公、曹昭公。蔡：姬姓國，楚的鄰國，地在今河南上蔡、新蔡縣一帶。

②〇楚：芈姓國，地在今湖北、湖南、河南南部一帶。楚子：即楚成王，時爲國君。楚屬子爵，故稱其國君爲「楚子」。使：派使者。師：指齊桓公率領的諸侯軍。

③楚界猶未至南海，因齊處北海，遂稱所近。牛馬風逸，蓋末界之微事，故以取喻。〇北海：即今渤海。南海：即今南海。唯是句：這就像雌雄不同的牛馬在一起而不會相誘一樣。比喻齊、楚相距遥遠，沒有利害關係。唯：句首語氣詞，起强調作用。風：雌雄相誘。服虔注：「風，放也。牝牡相誘謂之風。」(據孔疏)據杜注「風」義爲「牛、馬牝牡相誘而相逐」。

④〇虞：意料。涉：進入。「侵入」的委婉説法。

⑤召康公：周大保召公奭也。〇召康公：周文王庶子，成王時爲太保。大公：即吕尚，齊國的始封君。

⑥五等諸侯，九州之伯，皆得征討其罪。齊桓因此命以誇楚。〇五侯九伯：泛指所有的諸侯國。五侯，爵位分别爲公、侯、伯、子、男的五類封國。九伯：九州之長。實：副詞，表祈使語氣。夾輔：輔佐。

⑦穆陵、無棣：皆齊竟也。履：所踐履之界。齊桓又因以自言其盛。○穆陵：關名，地在今山東臨朐縣南。或説「穆陵」即「木陵」，楚地名，在今湖北麻城縣北。後一説便於解釋齊何以伐楚的原由。無棣：齊北部邊邑。地在今山東無棣縣北。或説在今河北盧龍縣一帶。

⑧包：裹束也。茅：菁茅也。束茅而灌之以酒爲縮酒。尚書：「包匭菁茅。」茅之爲異未審。○貢：向周王室繳納的貢品。茅：菁茅，一種有刺的草，産於楚，古人用以祭祀。不入：不繳納。共：「供」的古字。縮酒：把酒澆在扎成捆的菁茅上滲下，象徵鬼神飲了酒。縮，滲。是徵：責問此事。是，賓語，前置。徵，質問，責問。

⑨昭王：成王之孫，南巡守，涉漢，船壞而溺。周人諱而不赴，諸侯不知其故，故問之。○昭王：周康王子，名瑕。按：昭王南巡溺死一事發生在公元前九七七年（據翦伯贊主編的中外歷史年表），距此時已相去三百多年，屬陳年老帳。舊傳説周昭王南巡至漢水時，漢濱人獻給他一條膠粘的船，船行至江心而沉，昭王溺死（見史記正義引帝王世紀）。

⑩昭王時，漢非楚竟，故不受罪。○按：周昭王時楚國地在丹陽（今湖北秭歸縣東南）一帶，尚未發展到漢水流域。

⑪楚不服罪，故復進師。○次：駐扎。陘：楚山名，在今河南偃城縣南。

夏，楚子使屈完如師①。師退，次于召（shào）陵②。齊侯陳諸侯之師，與屈完乘（chéng）而觀之③。齊侯曰：「豈不穀是爲？先君之好是繼。與不穀同好，如何④？」對曰：「君惠徼（yāo）福於敝邑之社稷，辱收寡君⑤，寡君之願也。」齊侯曰：「以此衆戰，誰能禦之？以此攻城，何城不克？」對曰：「君若以德綏諸侯，誰敢不服？君若以力，楚國方城以爲城，漢水以爲池⑥，雖衆，無所用之⑦。」屈完及諸侯盟。

①如陘之師，觀强弱。○屈完：楚大夫。
②完請盟故。○召陵：楚地名，在今河南偃城縣東。
③乘：共載。
④言諸侯之附從非爲己，乃尋先君之好，謙而自廣，因求與楚同好。孤、寡、不穀：諸侯謙稱。○「不穀、先君之好」分别作「爲、繼」的賓語，前置，用「是」複指。辱：表敬副詞，義爲「受屈、蒙受屈辱」。
⑤○惠：表敬副詞。徼：求。敝邑：對自己國家的謙稱，本義爲破舊的城邑。
⑥方城山在南陽葉縣南，以言竟土之遠。漢水出武都，至江夏南入江，言其險固以當城池。○方城：在今河南葉縣南。「方城」在句中與介詞「以」構成介詞結構，作狀語，下句句式同此。
⑦○無所句：没有施展的地方。所用之，「所」字結構。

楚莊王問鼎

左傳

【題解】楚莊王討伐陸渾之戎，隨後來到周王室的疆土上檢閲軍隊，周王室派大夫王孫滿前來慰勞莊王，不想莊王却向王孫滿詢問王室九鼎的大小輕重，意欲代周取天下。王孫滿遂作了針對性的回答。整個回答居高臨下，從容不迫，洋洋灑灑，顯得極其平静、自信、周密、厚重、博雅，可謂氣盛言宜，文質并茂，大有王室君臨天下不可侵犯的氣勢，是一篇傑出的外交辭令。本文選自左傳宣公三年（前六〇六年），題目爲編者所加。

楚子伐陸渾之戎，遂至於雒，觀兵于周疆①。定王使王孫滿勞楚子②。楚子問鼎之大小輕重焉③。對曰：「在德不在鼎。昔夏之方有德也④，遠方圖物，貢金九牧⑤，鑄鼎象物⑥，百物而爲之備，使民知神、姦⑦。故民入川澤山林，不逢不若。螭魅（chīmèi）罔兩⑧，莫能逢之，用能協于上下以承天休⑨。桀有昏德，鼎遷于商，載祀六百⑩。商紂暴虐，鼎遷于周。德之休明，雖小，重也；其姦回昏亂，雖大，輕也⑪。天祚（zuò）明德，有所厎（zhǐ）止⑫。成王定鼎于郟鄏（jiárǔ）⑬，卜世三十，卜年七百⑭，天所命也。周德雖衰，天命未改，鼎之輕重，未可問也。」

①楚子：楚莊王，楚穆王子，成王孫。陸渾之戎：古族名，原居於今甘肅敦煌一帶，春秋時東遷至今河南伊河流域。雒：即今河南洛河。觀兵：檢閲軍隊，旨在展示軍威。周疆：周王室的疆界。

②定王：周定王，周襄王孫。王孫滿：周大夫。勞：慰勞。

③鼎：九鼎。周王室的國寶，象徵九州和王權。杜預注：「示欲偪周取天下。」

④夏：指夏禹之世。

⑤遠方：邊遠之地。圖：描繪。物：指山林川澤及傳說的鬼神等。貢金九牧：使九牧貢獻金屬。九牧：九州之長。

⑥鑄鼎：用所貢之金鑄鼎。象物：將所繪之圖鑄於鼎上。

⑦百物二句：百物之形都集中在鼎上，使人民一觀鼎便知道神靈與鬼怪的區别。爲之，因之。姦，指鬼怪。

⑧不若：指災禍。若，順。螭魅：傳説中的山林精怪。罔兩：後多作「魍魎」，傳説中的水澤精怪。杜預注：「螭：山神，獸形。魅：怪物。罔兩：水神。」

⑨用：因。休：福禄，福佑。杜預注：「民無災害，則

上下和而受天祐。」

⑩桀：夏代最後一個王。昏德：惡德，即無道。遷於商：轉移到商朝。指夏被商滅亡，鼎爲商所得。載祀六百：享國六百年。據漢書律曆志載，商實享國六百二十九年。載、祀：皆年名。

⑪休明：美好光明。休，美善。重：指重不可移。其：連詞，如果。姦回：姦邪不正。輕：指輕可移。

⑫祚：賜福。底止：期限。底，至。

⑬成王：周成王。定鼎：使鼎穩定下來。郟鄏：東周王城所在地，地在今洛陽市。周初，武王遷九鼎於郟鄏，至成王時政權才得以穩定，故言成王定鼎。

⑭卜世三句：根據占卜得知周朝將傳世三十代，享國七百年。據漢書律曆志載，周朝實共歷三十六王，八百六十七年。

鄭公子歸生弑其君夷　左傳

【題解】鄭靈公因當衆羞辱大臣而引來殺身之禍。文章表現了鄭靈公無知放肆、不識大體、拿國事當兒戲的昏君形象。「染指」一詞即出自這篇文章。本文選自左傳宣公四年（前六〇五年），題目爲編者所加，取自春秋。注釋採用古注加今注的形式，〇之前爲杜預的注，〇之後爲編者對原文所作的注，◎之後爲編者對杜注所作的注。

夏六月乙酉，鄭公子歸生弑其君夷①。

①傳例曰：「稱臣，臣之罪也。」子公實弑而書子家罪，一其權不足也。○此句爲春秋宣公四年的記載。乙

西：二十六日。夷：鄭靈公名。◎傳例：指左傳解釋春秋筆法的書例，所引詳見傳文。

楚人獻黿(yuán)於鄭靈公①。公子宋與子家將見②。子公之食指動③，以示子家，曰：「他日我如此，必嘗異味。」及入，宰夫將解黿，相視而笑。公問之④，子家以告。及食(sì)大夫黿，召子公而弗與也⑤。子公怒，染指於鼎，嘗之而出⑥。公怒，欲殺子公。

①穆公大子夷也。○黿：大鱉，又稱綠團魚。
②宋：子公也。子家：歸生。○公子宋、子家：均鄭大夫。見：拜見靈公。
③第二指也。○動：不自覺地抖動起來。
④問所笑。
⑤欲使指動無效。◎無效：失去應驗。
⑥○染指：將手指伸進。嘗：吃。

子公與子家謀先①。子家曰：「畜老，猶憚殺之②，而况君乎？」反譖(zèn)子家，子家懼而從之③。夏，弒靈公。書曰「鄭公子歸生弒其君夷」，權不足也④。君子曰：「仁而不武，無能達也⑤。」凡弒君：稱君，君無道也；稱臣，臣之罪也⑥。

①先公爲難。○謀先：謀劃先動手弒靈公。
②六畜。○六畜：馬、牛、羊、豬、狗、鷄。憚：指人不忍心。
③譖子家於公。○譖：讒毀，誣陷。
④子家權不足以禦亂，懼譖而從弒君，故書以首惡。○書：指春秋記載。權：通「拳」，拳有勇敢義。詩經小雅巧言：「無拳無勇。」毛亨傳：「拳，力也。」左思吳都賦：「覽將帥之權勇。」李善注：「毛詩無拳無勇，與拳同。」章太炎春秋左傳讀：「權與拳通。」◎禦：防止。

⑤初稱畜老，仁也。不討子公，是不武也。故不能自通於仁道而陷弑君之罪。

⑥稱君：謂唯書君名而稱國以弑，言衆所共絶也。稱臣者，謂書弑者之名以示來世，終爲不義。改殺稱弑，辟其惡名，取有漸也。書弑之義，釋例論之備矣。

◎釋例：指杜預春秋釋例一書。

文字(上)

第一節 漢字的結構

一 漢字結構的理論

（一）六書説

甲．六書的提出

根據文獻記載，早在春秋戰國時期，古人就開始了對漢字形體結構的探討。左傳宣公十二年：「楚子曰：『夫文，止戈爲武。』」左傳宣公十五年：「宗伯曰：『故文，反正爲乏』」。左傳昭公元年：「醫和曰：『於文，皿蟲爲蠱』」。韓非子五蠹：「古者蒼頡之作書也，自環者謂之厶，背厶謂之公」。這些見解儘管只是針對個別字而言的，而且分析也不一定科學，但至少説明當時人們已試圖從理論上對漢字的結構進行解釋。大約到了戰國末期，關於漢字結構分析條例的「六書」這一名稱便出現了。

最早記載「六書」名稱的文獻是周禮。周禮地官保氏説：「保氏掌諫王惡，而養國子以道，乃教之六藝：一曰五禮，二曰六樂，三曰五射，四曰五馭，五曰六書，六曰九數」。但是，周禮也僅僅只是提到「六書」這個名稱，關於六書具體的分類是什麽却并没有記載。直到東漢時期，六書的細目和具體内容才見之於漢書、鄭衆周禮注和許慎説文解字這三種文獻，具體情况如下：

漢書藝文志：「古者，八歲入小學，故周官保氏掌養國子，教之六書。謂象形、象事、象意、象聲、轉注、假借，造字之本也。」

鄭衆周禮地官保氏注：「六書，象形、會意、轉注、處事、假借、諧聲也。」

許慎説文解字敘：「周禮八歲入小學，保氏教國子先以六書：一曰指事，指事者，視而可識，察而見義，上下是也。二曰象形，象形者，畫成其物，隨體詰詘，日月是也。三曰形聲，形聲者，以事爲名，取譬相成，江河是也。四曰會意，會意者，比類合誼，以見指撝，武信是也。五曰轉注，轉注者，建類一首，同意相授，考老是也。六曰假借，假借者，本無其字，依聲託事，令長是也。」

三家的記載在名稱和次序上都有所不同，其中以許慎的記載爲最詳。他不僅列出了六書的具體名稱，同時進行了定義和舉例。班固漢書藝文志據西漢末學者劉歆的七略編成，劉歆是鄭興、賈徽的老師，鄭興是鄭衆的父親，賈徽是賈逵的父親，賈逵是許慎的老師。由此看來，三家之説實同出一源。此將其名稱及序次對比如下：

班固：　象形、象事、象意、象聲、轉注、假借

鄭衆：　象形、會意、轉注、處事、假借、諧聲

許慎：　指事、象形、形聲、會意、轉注、假借

關於六書的名稱，三家都採用了象形、轉注和假借的提法，説明他們對這三書的理解完全一致。至於其餘三書，三家採用的名稱則出現了差異，分歧表現在各個名稱的第一個字上，反映出他們對這三書理解的不同。關於六書的排序，三家也各不相同，這則反映出他們對各類字出現的先後順序理解

不同。後來的學者經過比較認爲，許慎的名稱爲優，而班固的序次見長。清人王筠曾指出：「字因事造，而事由物起。牛羊，物也；牟羋，則事也；草木，物也；出乇𠦒卤，皆事也。故班書藝文志曰『六書，謂象形、象事、象意、象聲、轉注、假借』，其次第最允，説文及周禮鄭注皆不及也。」（見文字蒙求象形）有清以降，凡言及六書者，大都採用的是許慎的名稱、班固的次序，即象形、指事、會意、形聲、轉注、假借。

乙．六書的歸類

六書是漢字發展到一定階段古人對漢字結構進行認真研究後提出的。六書的概括性很強，基本上反映了漢字的構造特點，絶大多數漢字都可以用六書來分析。

最早對六書進一步歸類的學者是許慎。許慎，字叔重，東漢著名的經學家和文字學家，汝南召陵（今河南郾城）人，曾舉孝廉，官太尉南閣祭酒等職，於漢和帝永元十二年（公元一〇〇年）著成説文解字一書。他將六書歸納爲「文」和「字」兩大類：「倉頡之初作書，蓋依類象形，故謂之文；其後形聲相益，即謂之字。文者，物象之本；字者，言孳乳而浸多也。」（説文解字敘）繼許慎之後，宋人鄭樵進一步指出：「象形、指事，文也；會意、轉注，字也。假借，文、字俱也。象形、指事，一也，象形别出爲指事。諧聲、轉注，一也，諧聲别出爲轉注。二母爲會意，一子一母爲諧聲。」（通志六書略）許、鄭二人的歸類着眼於字的構形。

明人楊慎把「六書」分爲經、緯兩部分。他説：「六書，象形居一，象事居二，象意居三，象聲居四。假借，此四者也。轉注，此四者也。四象爲經，假借、轉注爲緯。四象有限，假借、轉注無窮也。」（六書這種歸類不僅着眼於字的構形，同時注意到字的實際功用。清人戴震接受了楊愼的觀點，并加以發揮，提出了「四體二用」説（答江愼修先生論小學書）。所謂四體，是指象形、指事、會意和形聲；所謂二用，是指轉注和假借。這種説法明確將六書分爲兩大類，前四書被歸入造字的範疇，後二書被歸入用字的範疇。這種歸類比較準確地概括了六書的特點，故爲後來的學者如段玉裁、王筠、朱駿聲等人所肯定，影響深遠，流傳至今。段玉裁曾對「四體二用」説作了這樣的評價：「戴先生曰：『指事、象形、形聲、會意四者，字之體也。轉注、假借二者，字之用也。聖人復起，不易斯言矣。』」（説文解字注）王筠也肯定説：「（象形、指事、會意、形聲）四者爲經，造字之本也；轉注、假借爲緯，用字之法也。」（説文釋例六書總説）

丙．六書的分類

所謂六書的分類，是指將每一書進一步劃分成若干小類。宋人鄭樵將「六書」分爲四十八類（六書圖）。王筠將「六書」分爲正例、變例兩大類四十四小類（説文釋例）。朱駿聲將六書分爲十七類（説文通訓定聲説文六書爻列），這十七類分別是：指事四類，即指事、象形兼指事、會意兼指事、形聲兼指事；象形四類，即象形、形聲兼象形、會意兼象形、會意形聲兼象形；會意二類，即會意、形聲兼會意；形聲五類，即形聲、形聲兼指事、形聲兼象形、形聲兼象形會意、形聲兼會意；轉注一類；假借一類。這些分類都力求精確，試圖使每一個漢字的結構都能得到合理的解釋，但流於苛細，繁瑣。有些分類也没有多少應用價值。事實上分類再細，也很難使每一個漢字都能得到合適的歸類，因爲漢字數量大，情况複雜，而且一些字在發展過程中字形發生過訛變。

（二）六書三耦説

「六書三耦」是南唐學者徐鍇提出來的。其内容是指六書可以根據其特點兩兩相配成三對，即象形、指事爲一對，會意、形聲爲一對，轉注、假借爲一對。徐鍇認爲：「大凡六書之中，象形、指事相類，象形實而指事虚；形聲、會意相類，形聲實而會意虚；轉注則形事之别，然立字之始，類於形聲，而訓釋之義與假借爲對，假借則一字數用，……轉注則一義數文。」（説文解字繫傳卷一「上」字注）這一學説對於認識六書的異同有很大的幫助，但存在着一定的缺點，例如認爲形聲義實就不够嚴密。

（三）三書説

「三書説」最早是唐蘭一九三五年在古文字學導論中提出來的。三書指：一、象形文字，二、象意文字，三、形聲文字。後來唐蘭在中國文字學（一九四九年）中又重申了這一學説：「象形、象意是上古期的圖畫文字，形聲文字是近古期的聲符文字，這三類可以包括盡一切中國文字。……凡是象形文字：一、一定是獨體字，二、一定是名字，三、一定在本名以外，不含别的意義。……象意文字是圖畫文字的主要部分。在上古時期，還没有發生任何形聲字之前，完全用圖畫文字時，除了少數象形文字，就完全是象意文字了。象意文字有時是單體的，有時是複體的。……形聲字的特點是有了聲符，比較容易區别。不過有些聲化的象意字，雖然也并在形聲字的範圍裏，就它原是圖畫文字的一點，我們依舊把它列入象意字。有些形聲字因爲聲音的變化，已經很難認出它諧什麽聲。……真正的形聲字都是近古期的新文字，是用聲符的方法大批産生的。……象形，象意，形聲，叫做三書。足以範圍一切中國文字，不歸於形，必歸於意，不歸於意，必歸於聲。」「三書説」對漢字結構的研究提供了新的理論，有一定影響，但也存在着不少問題，主要是界綫不够分明，忽視了假借字的存在。

繼唐蘭之後，陳夢家、裘錫圭等人也先後提出了各自的「三書説」。其中陳夢家的「三書」是指象形、假借和形聲（殷虚卜辭綜述，科學出版社一九五六年），裘錫圭的三書是指表意字、形聲字和假借字（文字學概要，商務印書館一九八八年）。裘錫圭基本同意陳夢家的意見，只是將象形改成了表意（指用意符造字），認爲只有這樣才能使所有表意字在「三書」裏找到位置。陳、裘二人的學説是對唐蘭「三書説」的修正，主要增加了假借字，彌補了唐説的不足，具有較强的概括性。

（四）寫詞説

「寫詞説」的提出者是近人孫常敘。其基本觀點是，詞可以從内涵角度去寫，也可以從聲音角度去寫。從内涵角度寫詞的方法有象物、象事、象意三類，分别如「虎、鹿」、「祝、受」、「赤、晨」等；從聲音角度寫詞的方法有假借、形聲兩類。象物字寫的是有形可象的指物名詞，象事字寫的是表示行爲動作的動詞，象意字寫的是形容詞、時間詞等表示抽象意念的詞。假借不是造字法，不能産生新字，但却是寫詞法。（見從圖畫文字的性質和發展試論漢字體系的起源與建立，收入孫常敘古文字論集，東北師範大學出版社一九九八年）「寫詞法」對字的製造與詞的記録進行了區分，又將象物、象事、象意三書與各類詞進行了對應，這對於深入認識漢字的特點是很有意義的，但對形聲的歸類還存在着一定的問題，因爲形聲字不僅表音，同時也表意。

二　六書與漢字的結構

「六書」理論雖然還不够嚴密，但影響深遠，且基本符合漢字的實際，其他學説都是在六書理論的基礎上産生的，可看作是對六書理論的補充和發展，而不能代替它。下面我們根據六書的分類對漢字作具體的分析。

（一）象形

許慎給象形所下的定義是：「象形者，畫成其物，隨體詰詘，日月是也。」體：指物體。詰詘：義爲曲折。全句的意思是：象形，畫成實物的形體，筆劃隨着物體的輪廓曲折變化，「日」、「月」就是這樣的字。根據許慎的説解，象形是一種描繪實物形體的造字法。「日、月」二字在甲骨文、金文、小篆中分别寫作：

甲文：、　金文：、　小篆：、

從甲文、金文的形體看，此二字很像太陽和月亮，就是根據太陽和月亮的外形描畫而成的。象形字來自於記事圖畫，具有濃厚的象形意味，但畢竟它已成爲記録語言的書寫符號，代表着具體的詞，有固定的讀音，所以其綫條簡化，不追求形似，只注重物體的輪廓或其典型特徵，它所記録的詞一般都是表示具體實物的名詞。象形字又可細分爲獨體象形與附加式象形兩類：

甲．獨體象形　「獨體象形」指象形字只由一個單純的符號構成，没有陪襯性的輔助成分。例如：

魚　甲文：　金文：　小篆：　説文：「魚，水蟲也。象形。」

虎　甲文：　金文：　小篆：　説文：「山獸之君，从虍，虎足，象人足。象形。」

牛　甲文：　金文：　小篆：　説文：「牛，大牲也。牛，件也。件，事理也。象角頭三、封、尾之形。」

羊　甲文：　金文：　小篆：　説文：「羊，祥也。从丫，象頭角足尾之形。」

馬　甲文：　金文：　小篆：　説文：「馬，怒也，武也。象馬頭、髦、尾、四足之形。」

鹿　甲文：　金文：　小篆：　説文：「鹿，獸也。象頭、角、四足之形。」

山　甲文：　金文：　小篆：　説文：「宣也。宣氣散，生萬物，有石而高，象形。」

貝　甲文：　金文：　小篆：　説文：「海介蟲也。……象形。」

目　甲文：　金文：　小篆：　説文：「人眼，象形」。

木　甲文：　金文：　小篆：　説文：「冒也。冒地而生，東方之行，从中，下象其根。」

人 甲文： 金文： 小篆： 説文：「天地之性最貴者也。……象臂脛之形。」

大 甲文： 金文： 小篆： 説文：「大，天大地大人亦大，故大象人形。」

子 甲文： 金文： 小篆： 説文：「十一月陽气動，萬物滋，人以爲偁。象形。」

來 甲文： 金文： 小篆： 説文：「來，周所受瑞麥來麰。一來二縫，象芒朿之形。」

火 甲文： 小篆： 説文：「火，燬也。南方之行。炎而上。象形。」

刀 甲文： 小篆： 説文：「兵也。象形。」

皿 甲文： 金文： 小篆： 説文：「飯食之用器也。象形。」

网 甲文： 金文： 小篆： 説文：「网，庖犧所結繩以漁。从冂，下象網交文。」

女 甲文： 金文： 小篆： 説文：「女，婦人也。象形。」

口 甲文： 金文： 小篆： 説文：「人所以言食也，象形。」

吕 甲文： 金文： 小篆： 説文：「吕，脊骨也。象形。」

豕 甲文： 金文： 小篆： 説文：「彘也，竭其尾，故謂之豕。象毛足而後有尾。」

鳥　甲文：　金文：　小篆：　説文：「鳥，長尾禽總名也。象形。」

烏　金文：　小篆：　説文：「烏，孝鳥也。象形。」和鳥字相比，烏字省去一筆。有人把這種省筆象形字也叫做變體象形。

隹　甲文：　金文：　小篆：　説文：「隹，鳥之短尾總名也。象形。」

舟　甲文：　金文：　小篆：　説文：「舟，船也。……象形。」

心　甲文：　金文：　小篆：　説文：「人心。土藏，在身之中。象形。」

止　甲文：　金文：　小篆：　説文：「止，下基也。象草木出有址，故以止爲足。」據甲文，「止」爲足形。

乙. 附加式象形　「附加式象形」指字中除字義指向部分外，還添加有陪襯性的輔助成分。輔助成分可能是字，也可能是一種非字的符號。例如：

立　甲文：　金文：　小篆：　説文：「立，住也。从大，立一之上。」一，象地面，輔助性符號，字像人立於地面形。

眉　甲文：　金文：　小篆：　説文：「眉，目上毛也。从目，象眉之形，上象頟理也。」「目」爲輔助符號。

齒　甲文：　金文：　小篆：　説文：「齒，口齗骨也。象口齒之形。」「口」像口，爲輔助符號。金文齒已加聲符「止」。

石　甲文：　金文：　小篆：　説文：「石，山石也。在厂之下，口象形。」厂，像山崖，輔助符號。

只　小篆：　説文：「只，語已詞也。从口，象氣下引之形。」「口」爲輔助符號。

果　金文：　小篆：　説文：「果，木實也。从木，象果形，在木之上。」「木」爲輔助符號。

葉　甲文：　金文：　小篆：　説文：「葉，艸木之葉也。从艸，枼聲。」

據甲文字形，字的下部爲木，木爲輔助符號。

瓜　金文：　小篆：　説文：「瓜也，象形。」下像瓜實，上像瓜蔓，用瓜蔓襯托瓜實。

象形字是漢字構成的基礎，但在漢字中所占的比例并不大，原因是象形字要像實物之形，而語言中許多表示抽象概念的詞是無形可像的，這些詞的記録問題需要通過新的方法去解決，於是指事、會意、形聲等造字法便相繼出現了。象形字的特點主要有三個方面：

第一、多數都是獨體的，少數是合體的。合體的由字義所在的部分與附加部分共同構成。此兩部分都可以是字，也可以是非字的符號。

第二、體現的是具體的物象。

第三、没有表音成分。

(二)指事

許慎給指事所下的定義是：「指事者，視而可識，察而見意，上下是也。」事：指比較抽象、概括的事物。全句的意思是：指事，造出的字看了大體就能認識，仔細體察便可知道其意向所在，上、下就是這樣的字。上、下二字在甲文、金文、小篆中分别寫作：

甲文：⼆ 𠄟　金文：二 上 𠄞 下　小篆：丄 丅

从甲文的形體來看，上、下二字中間的長曲綫表示基綫，長綫上、下方的短横指示的是方位，在基綫上面者表示「上」，在基綫下面者表示「下」。上下二字均屬純粹性的指事性符號，代表的是抽象概念。

後人多對指事的定義不够滿意，因爲這個定義是從認字的角度着眼的，且界綫不够明確，容易與象形、會意相混。「視而可識」近於象形，「察而見意」近於會意。如果從造字的角度看，所謂指事，就是一種用指事性符號記録詞的造字法。指事字表示的都是一些比較抽象的概念，難以通過描畫的方法去記録。指事字一般也分爲兩種，即獨體指事與附加式指事。

甲. 獨體指事　所謂獨體指事，是指單一的純粹的指事性符號，上、下二字即屬獨體指事字。常見的獨體指事字主要都是一些表數字的字。例如：

一　甲文：一　金文：一　小篆：一　説文：「一，惟初太始，道立於一，造分天地，化成萬物。凡一之屬皆从一。」「一」的本義是數的開始。道家認爲一也是萬物的本源，許慎釋「一」採用的是道家之説。

二　甲文：二　金文：二　小篆：二　説文：「二，地之數也。从偶一。」「二」的本義是數字「二」，許慎用地釋「二」，採用的是道家之説。

三　甲文：三　金文：三　小篆：三　説文：「三，天地人之道也。从三數。」「三」的本義是數字「三」，許慎用天地人釋「三」，同樣採用的是道家之説。

四　甲文：亖　金文：亖　小篆：四　説文：「四，陰數也。象四分之形。」道家以「二、四、六、八」爲陰數，以「一、三、五、七、九」爲陽數。

九　甲文：九　金文：九　小篆：九　説文：「九，陽之變也。象其屈曲究盡之形。」

十　甲文：丨　金文：十　小篆：十　説文：「十，數之具也。一爲東西，丨爲南北，則四方中央備矣。」

廿　甲文：廿　金文：廿　小篆：廿　説文：「廿，二十并也。古文省。」

乙. 附加式指事　所謂附加式指事，是指在象形字的基礎上添加指事性的符號。例如：

本　金文：　小篆：　説文：「本，木下曰本。从木，一在其下。」

末　金文：　小篆：　説文：「末，木上曰末。从木，一在其上。」

亦　甲文：　金文：　小篆：　説文：「亦，人之臂亦也。从大，象兩亦之形。」亦的後起形聲字是「腋」。

寸　小篆：　説文：「寸，十分也。人手却一寸。動脈謂之寸口。从又，从一。」又：手。「一」指寸口，即中醫試脈之處。

朱　甲文：　金文：　小篆：　説文：「朱，赤心木，松柏屬。从木，一在其中。」

血　甲文：　小篆：　説文：「血，祭所薦牲血也。从皿，一象血形。」

刃　甲文：　小篆：　説文：「刃，刀堅也。象刀有刃之形。」「丶」指示刀刃所在。

甘　甲文：　小篆：　説文：「甘，美也。从口含一。一，道也。」甘本義是美味，「一」指口中的美味。

音　甲文：　金文：　小篆：　説文：「音，聲也。……从言，含一。」

指事字和象形字一樣，都具有較明顯的直觀性，可以从形體中體察出其本義。象形字的造字法是「畫成其物」，但是許多實物并不好描畫，一些抽象的概念更無法描畫，指事造字法就是爲了解决這些問題而産生的。真正的指事字在漢字中是很少的，因爲指事字表示的概念大都可以用會意字去表示，如武、信、尖等；更可以用形聲字去表示，如思、問、稍等。指事字的特點主要有兩個方面：

第一、是獨體的，或在獨體字上添加指事性符號。從中不能分析出兩個或兩個以上的字形來。

第二、沒有表音成分。

指事字與象形字都有附加式一類，兩者似同而非同。區别是：附加式象形字的輔助符號可以是非字的符號，如金文「瓜」；也可以是字，如甲文、金文「眉」。指事字的指事性符號均不是字，如金文「本」。附加式象形字的輔助性符號都是象形的，如金文「瓜」「眉」。附加式指事字的指事符號都不是象形的，如「本」「刃」。

（三）會意

許慎給會意所下的定義是：「會意者，比類合誼，以見指撝，武信是也。」比：組合。類：某一類屬的字。誼：即「義」的古字。指撝：指向；意向。「撝」同「揮」。全句的意思是：會意，把兩個或兩個以上的字組織在一起會合其意義，表示一個新的意義，武、信就是這樣的字。武、信二字在古文中分别寫作：

武　甲文：[illegible]　金文：[illegible]　小篆：[illegible]　甲文武字會合戈、止二字而成。止的本義據甲文爲足。整個字形像人拿上武器行動。說文：「武，楚莊王曰：『夫武，定功戢兵。』故止戈爲武。」許慎是根據小篆字形分析「武」的，故把「止」解釋成了「停止」的「止」，非本義，與甲文字形不符。

信　小篆：[illegible]　說文：「信，誠也。从人、从言，會意。」信字會合人、言二字而成。取義於人言要真實可信，反映了造字者的理念。

會意字以象形字爲基礎，都是由兩個或兩個以上的象形字組合而成，它與象形字的根本區别在於：象形字多數都是獨體的，只有少數是附加式的；會意字全部是合體的，每個構件都是字。最初的會意字體現的是本義，用形象化的符號去表示；後起的會意字，體現的則不一定是本義，用以表示的符號也是非形象化的（指漢字隸變之後）。會意字大體可以分爲「以形會意」和「以義會意」兩種。

甲．以形會意　「以形會意」指會意字的字義主要是通過各構件在形體上的聯繫體現出來的，構件的畫面特徵起着重要作用。例如：

休　甲文：　金文：　小篆：　說文：「休，息止也。从人依木。」字義是人在樹旁休息。

牧　甲文：　金文：　小篆：　說文：「牧，養牛人也。从攴从牛。」字義是手執鞭放牧。許慎所釋非本義。

取　甲文：　金文：　小篆：　說文：「取，捕取也。从又从耳。」又：手。字義是以手割取耳朵。古代戰爭中割取敵人的左耳作爲報功的憑證。

从　甲文：　金文：　小篆：　說文：「从，相聽也。从二人。」字義是一個人跟着一個人。

夾　甲文：　金文：　小篆：　說文：「夾，持也。从大，夾二人。」字義是一個大人腋下夾着兩個或一個小人。

企　甲文：　小篆：　説文：「企，舉踵也。从人止。」字義是人擡足向前望。

及　甲文：　金文：　小篆：　説文：「及，逮也。从又从人。」字義像是一個人从後面追趕上并用手抓住前一個人。

步　甲文：　金文：　小篆：　説文：「行也。从止、𣥂相背。」字義是兩隻脚一前一後。

兵　甲文：　金文：　小篆：　説文：「械也。从廾，持斤，并力之皃。」廾：兩手捧物貌。字義是兩手握持兵器。

盥　甲文：　金文：　小篆：　説文：「盥，澡手也。从臼、水，臨皿也。」臼：雙手。此字由「水」「臼」和「皿」三個意符組成，像在盆中洗手貌。

祭　甲文：　金文：　小篆：　説文：「祭，祀也。从示，以手持肉。」示：據甲文像神主之形。字義是手持肉祭神。

乙. 以義會意　「以義會意」指會意字的字義主要是通過各構件在意義上的聯繫體現出來的，構件的意義關聯起着重要作用，畫面特徵的作用較弱或不起作用。例如：

男　甲文：　金文：　小篆：　説文：「男，丈夫也。从田从力。言男用力於田也。」「力」爲體力，没有形象，「田」爲土地，與「男人」義没有直接關係，「男人」義是通過「田」「力」意義的聯繫實現的。

劣　小篆：　説文：「劣，弱也。从力少。」「少」「力」義均没有形象，「劣」義是通過「少」

「力」意義的聯繫實現的。

臭　甲文：　小篆：　説文：「臭，禽走，臭而知其迹者，犬也。从犬从自。」自：「鼻」的本字。「自」、「犬」都是具體的事物，但「臭」義不是直接从二者形體的組合中體現出來的，而是通過二者意義的聯繫實現的。

𪋻　小篆：　説文：「𪋻，鹿行揚土也。从麤从土。」「麤」「土」雖都有形象，但「𪋻」義从其形體的意義聯繫上看不出來，而是通過其意義的聯繫實現的。

雀　甲文：　小篆：　説文：「雀，依人小鳥也。从小隹。」「小」義没有形象，「雀」義是通過「小」「隹」意義的聯繫實現的。

祟　小篆：　説文：「祟，神禍也。从示从出。」「出」義没有形象，「神禍」義是通過「出」「示」意義的聯繫實現的。

這類「以義會意」的會意字在後起字中出現的較多，常見者如「歪」「尖」「卡」「套」「忐」「忑」「糶」「糴」等。和指事字一樣，會意也是彌補象形字局限性的一種造字法。它所記録的大都是一些代表抽象概念的詞。會意字的特點主要有以下三個方面：

第一、在形體上是複合結構，即由兩個或兩個以上的單字所構成。

第二、會意字所表示的意義是幾個單字組合在一起後所産生的新義。

第三、没有表音成分。

會意造字法擴大了單純表意符號的使用率，它以其靈活多樣的方式將象形、指事字組合成新字，

解決了語言中衆多詞的記録問題。因此，會意字大大多於象形字和指事字。不過會意字也有較大的缺陷，即同樣不表音，難以適應有聲語言發展的需要。

（四）形聲

許慎給形聲所下的定義是：「形聲者，以事爲名，取譬相成，江河是也。」事指不同類的事物，名指意符（或稱形符），譬指聲符（或稱音符）。全句的意思是，形聲根據詞所反映的事物取一個字作爲意符，再取一個表示讀音的字作爲聲符與意符相結合，「江」「河」就是這樣的字。清人段玉裁指出：「形聲者其字半主義，半主聲。……以事爲名，謂半義也；取譬相成，謂半聲也。」這句話很清楚地説明了形聲字的特點：由意義類屬和讀音構件共同組成，表意兼表音。「江」「河」二字甲文、金文、小篆分别寫作：

江　金文：　小篆：

河　甲文：　金文：　小篆：

此二字的意符均爲「水」，聲符分别爲「工」「可」。在今天看來，「工」「可」的讀音分别與「江」「河」不符，起不到表音的作用。其實，在造字的時代，「工」「可」的讀音與「江」「河」是很接近的（上古音「工」「江」二字同爲見母東部；「可」「河」二字同爲歌部，「可」爲溪母，「河」爲匣母，上古溪、匣二母往往可通），只是由於語音發生了歷史的變化，「工」「可」二字的讀音才與「江」「河」二字的讀音産生了明顯的差異。

由於形聲字既可以表意又可以表音，無論是具體的概念還是抽象的概念，都可以用它去解決其書寫問題，所以形聲是六書中最先進最能産的造字方式。形聲字的産生標志着漢字進入到了表意兼表音的時代，在其後的發展過程中，形聲字所占的比例越來越大，甲骨文中的形聲字占百分之二十左右，説文解字中的形聲字占到百分之八十以上，在現存的漢字中形聲字進一步占到百分之九十左右。

形聲字的聲符和意符在古文字時代是很容易辨認的，但是經過隸變又進一步到了楷書階段後，有些就不那麽好區分了，需要根據古文字字形和古音的幫助才能搞清楚。例如：

歲　甲文：　金文：　小篆：　説文：「歲，木星也。……从步，戌聲。」

更　甲文：　金文：　小篆：　説文：「更，改也。从攴，丙聲。」

叔　甲文：　金文：　小篆：　説文：「叔，拾也。从又，尗聲。」

發　甲文：　金文：　小篆：　説文：「發，射發也。从弓，癹聲。」

形聲字除了一般的類型外，還有以下幾種比較特殊的類型值得注意：

甲．省聲字　省聲字是指爲了書寫方便或構形美觀，在造字時將形聲字的聲符省去了一部分。例如：

秋　小篆：　説文：「秋，禾穀孰也。从禾，𪏰省聲。」

家　小篆：　説文：「家，居也。从宀，豭省聲。」

恬　小篆：　説文：「恬，安也。从心，甛（甜）省聲。」

疫　小篆：　説文：「疫，民皆疾也。从疒，役省聲。」

珊　小篆：珊　說文：「珊，珊瑚，色赤，生於海，或生於山。从玉，删省聲。」

榮　小篆：榮　說文：「榮，桐木也。从木，熒省聲。」

夜　小篆：夜　說文：「夜，舍也，天下休舍也。从夕，亦省聲。」

紂　小篆：紂　說文：「紂，馬緧也。从糸，肘省聲。」

狄　小篆：狄　說文：「狄，赤狄，本犬種。……从犬，亦省聲。」

券　小篆：券　說文：「券，契也。从刀，卷省聲。」

梓　小篆：梓　說文：「梓，楸也。从木，宰省聲。」

炊　小篆：炊　說文：「炊，爨也。从火，吹省聲。」

乙．省形字　省形字是指爲了書寫方便或構形美觀，造字時將形符的一部分省去了。例如：

寐　小篆：寐　說文：「寐，臥也。从㝱省，未聲。」

弒　小篆：弒　說文：「弒，臣弒君也。易曰：『臣弒其君。』从殺省，式聲。」

考　小篆：考　說文：「考，老也。从老省，丂聲。」

屨　小篆：屨　說文：「屨，履也。从履省，婁聲。一曰鞮也。」

屐　小篆：屐　說文：「屩也。从履省，支聲。」

丙．亦聲字　亦聲字也叫會意兼形聲字。這種字的特點是：構形的各個部件在意義上有聯繫，是會意字；由於其中的一個部件同時充當聲符，故又是形聲字。例如：

授　小篆：授　說文：「授，予也。从手，从受，受亦聲。」

娶　小篆：娶　説文：「娶，取婦也。从女，从取，取亦聲。」

婚　小篆：婚　説文：「婚，婦家也。禮，取婦以昏時。婦人，陰也，故曰婚。从女，从昏，昏亦聲。」

禮　小篆：禮　説文：「禮，履也，所以事神致福也。从示，从豊，豊亦聲。」

琀　小篆：琀　説文：「琀，送死口中玉也。从玉，从含，含亦聲。」

忘　小篆：忘　説文：「忘，不識也。从心，从亡，亡亦聲。」

仲　小篆：仲　説文：「仲，中也。从人中，中亦聲。」

珥　小篆：珥　説文：「珥，瑱也。从玉耳，耳亦聲。」

婢　小篆：婢　説文：「婢，女之卑者也。从女，从卑，卑亦聲。」

政　小篆：政　説文：「政，正也。从攴，从正，正亦聲。」

亦聲字一般都是由於詞義引申分化而産生的後起字，是在原字的基礎上增加新的意符所構成的，故其聲符同時具有表意的作用。宋代王聖美曾根據亦聲字提出了著名的「右文説」，認爲形聲字的聲符多兼表音義。因聲符多在字的右側，故稱「右文説」。元代戴侗、清代段玉裁、黄承吉、王念孫、章太炎、近人沈兼士等先後對這一學説都有所發揮。「右文説」在一定程度上揭示了漢字的特點，於詞源學、訓詁學貢獻較大，但存在着拘泥字形以偏概全的弊病。

形聲字的結構形式（聲符和意符的結合形式）主要有以下八類：

左形右聲：江　溢　棋　詁　訪　任　飽　握　沱　除　松　結

右形左聲：攻期胡顏邵頂敵鷄難雛甌救放鵝

上形下聲：空箕罟苔草房霧簡茅耄室篇菜

下形上聲：汞基愚辜照背架翁更裳恐姿盲

内形外聲：辯辨衡哀問聞閩鳳雠岡

外形内聲：閣國固裹術匱街衷圍衝銜

形占一角：勝栽聖荆穀雜賴修穎務佞疆

聲占一角：徒寶旗旃從寐碧聽

形聲字的特點可以歸結爲以下三個方面：

第一、形體上是複合結構，即由意符和聲符兩部分所組成。

第二、意符表示的是形聲字的意義範疇，它對形聲字字音傳達的意義起到了輔助和加强的作用。但是，應當清楚，意符所表的意義是模糊的，并非形聲字的準確含義，例如「權」「沉」「軫」，根據意符，只能知道這三字分别與「木」「水」「車」有關，而不能知道其確切含義，其確切含義是通過「權」「沉」「軫」的讀音傳遞的。意符的表意和象形、指事、會意字的所謂表意一樣只能算是對語音作用的輔助。

第三、聲符表示的是形聲字的讀音。在造字之初，聲符和形聲字本身的讀音是一致的或者是近似的。由於歷史音變的原因，許多形聲字的聲符今天已不能起到準確標音的作用，例如「坡」「繞」「聞」「寐」「詒」等字。

(五)轉注

許慎給轉注的定義是：「轉注者，建類一首，同意相受，考老是也。」説文中在「老」字下注作：「老，考也。七十曰老，从人毛匕，言須髮變白也。」在「考」字下注作：「考，老也。从老省，丂聲。」由於許慎給「轉注」的定義比較模糊，「類」和「首」到底指什麽不清楚，加上説文中没有具體注明某字爲轉注，「考」「老」二字又分别屬於象形、形聲結構，所以後來人們對轉注的解釋衆説紛紜，頗爲分歧，主要可以分爲部首説、互訓説、引申説、同源説四派。

甲．部首說　或稱「形義説」。此説以南唐徐鍇、清人江聲爲代表，認爲「建類一首」的「首」是指説文的五百四十個部首，每一部首下所説的「凡某之屬皆从某」就是指「同意相受」。徐鍇説文解字繫傳卷三十九：「屬類成字，而復於偏旁訓，博喻近譬，故爲轉注。人、毛、匕（音化）爲老，壽、耆、耋亦老，故以老字注之，受意於老，轉相傳注，故謂之轉注。義近形聲而有異焉。」江聲六書説：「凡五百四十部，其分部即建類也；其始『一』終『亥』，五百四十部之首，即所謂『一首』也；下云『凡某之屬皆从某』，即『同意相受』也。」

乙．互訓說　此説以清人戴震、段玉裁爲代表，認爲轉注不是造字法，而指的是同義詞的互訓關係。戴氏在答江慎修先生論小學書（戴東原集）中説：「説文於『考』字訓之曰『老也』，於『老』字訓之曰『考也』，是以敘中論轉注舉之。爾雅釋詁有多至四十字共一義，其六書轉注之法與？」段氏在説文敘注中説：「建類一首，謂分立其義之類而一其首，如爾雅釋詁第一條説『始』是也；同意相受，謂無慮諸字，意指略同，義可互受，相灌注而歸於一首，如『初、哉、首、基、肇、祖、元、胎、俶、落、權輿』，其於義或近或遠，皆可互相訓釋而同謂之『始』是也。獨言『考、老』者，其顯明親切者也。」

丙. 引申説　此説以清人朱駿聲爲代表,認爲轉注不是造字法,而指的是詞義引申。朱氏在説文通訓定聲自敍中説:「竊以轉注者,即一字而推廣其意,非合數字而雷同其訓。……轉注者,體不改造,引意相受,令長是也。」朱氏不僅修改了轉注的定義,以詞義引申爲轉注,而且更换了轉注的例字。按照朱氏的説法,某字由本義引申出一個新義而仍用原字表示就是轉注。他認爲令、長二字本義與引申義的關係不是假借,而是轉注(即引申。説文:「令,發號也。」「長,久遠也。」朱氏認爲「令」由「發令」引申出「縣令」之「令」;「長」由「久遠」引申出「長幼」之「長」、「君長」之「長」),故舉爲轉注的例字。

丁. 同源説　或稱「同族説」。此説以近人章太炎、陸宗達爲代表,認爲轉注是指詞義分化所引起的文字孳生(老、考二字屬於同根詞)現象。章氏在國學略説小學略説中説:「所謂『同意相受』者,義相近也;所謂『建類一首』者,同一語原之謂也。」陸氏在説文解字通論第一章中説:「爲從某一語源派生的新詞製造新字,這是漢字發展的一條重要法則,也就是轉注。」他進而將轉注産生的原因歸納爲三種情況,即:因方言殊異或古今音變而製字、因詞義發生變化而製字和爲由同一語根派生的相互對立的詞製字。

以上四説的分歧主要表現在轉注屬於造字法還是用字法方面。「互訓説」和「引申説」都主張轉注是用字法,與造字法無關。這兩説不好回答這樣的問題:既然轉注不是造字法,那麼爲何周禮和許慎等三家都把它列進了六書呢?「部首説」和「同源説」均主張轉注是造字法。其中「部首説」雖然兼顧到了形和義,但未考慮到讀音問題,與許慎所舉例字的特點不符,并且按照這種説法,説文中的所有字都成轉注字了，這實際上等於否定了轉注是一種具體的造字法。「同源説」既和具體的造字有聯繫，又能使「同意相受」得到解釋，兼顧到了形音義三個方面，明顯優於「部首説」，不過此説也存在着一個不好解決的問題，即「建類一首」的「首」到底指什麽？章氏認爲「首」指的是「語基」（即語根），但這與許慎所立的「部首」是不相合的。

可見，轉注的内容到底指什麽，至今尚無定論。前人的解釋都存在著一定的不足。無論轉注是不是造字法，轉注字的形體肯定没有超出象形、指事、會意、形聲這四種字的結構範圍。

（六）假借

許慎給假借所下的定義是：「假借者，本無其字，依聲託事，令長是也。」全句的意思是：假借，某詞本來没有字，借用一個已有的同音字去表示，「令」「長」就是這樣的字。許慎認爲縣令的「令」和號令的「令」是不同的詞，長幼的「長」和長遠的「長」也是不同的詞。用號令的「令」去記録縣令的「令」，則縣令的「令」就是假借字；用長遠的「長」去記録「長幼」的「長」，長幼的「長」就是假借字。許慎的定義没有錯，但他舉的這兩個例字却是有問題的。命令的「令」和縣令的「令」、長遠的「長」和長幼的「長」分别均屬於同一個詞的引申關係。後人對許慎的例字多不滿意，在説明這個問題時往往重新舉例。詞義引申，字形一般不變，引申義和本義之間有共同點。假借字和本字，只是讀音相同，意義上則没有聯繫，例如：

東：甲文：　金文：　小篆：　本像囊橐之形，是「橐」的古字，借爲東方之「東」。

離：甲文： 小篆： 本義爲以網捕鳥，借爲鳥名。説文：「離黄，倉庚也。」實爲借義。又借以記録「分離」義。

其：甲文： 金文： 小篆： 本像畚箕之形，是「箕」的古字，借以記録虚詞。

何：甲文： 金文： 小篆： 本像人肩扛一農具，是負荷之「荷」的古字，借以記録虚詞。

莫：甲文： 金文： 小篆： 本像日落於草中，是「暮」的古字，借以記録虚詞。

來：甲文： 金文： 小篆： 本像麥形，是「麥」的古字，借以記録「來往」之「來」。

而：甲文： 金文： 小篆： 本義是鬍鬚。説文：「而，頰毛也，象毛之形。」借以記録虚詞。

然：金文： 小篆： 本義爲燃燒。説文：「然，燒也。」借以記録虚詞。

汝：小篆： 本義爲水名，借以記録第二人稱代詞。

我：甲文： 金文： 小篆： 本像兵器，从戈，借以記録第一人稱代詞。

假借字的特點主要有以下兩個方面：

第一、與本字的讀音相同，是純粹的表音符號。

第二、與本字在意義上没有聯繫。

假借字的優點是：不給新出現的詞造字，借用已有的同音字作爲新詞的書寫符號，没有造字而解決了詞的書寫問題。假借是漢字曾經向表音方向發展過的重要表現。在甲骨文中，假借字是很普遍的，那時漢字比較少，採用同音假借的方法才可以及時將語言中不斷出現的新詞記録下來。但是，如果大量用舊字記録新詞，勢必會造成一字承載多詞的現象，給交際帶來麻煩，這又是假借字的缺點。正由於此，假借這種方法後來逐漸被人們淘汰了，漢字因而也未能繼續朝表音的方向發展下去。

思考與練習

一　簡述「六書」的内容，并結合漢字的實際情況談談自己對「六書」的看法。

二　「三書説」主要有哪幾家？除了教材上提到的外，還有没有主張「三書説」的？每一家的觀點是什麽？并試加評論。

三　「四體二用説」是誰提出來的？試對該説加以評論。

四　參考有關資料，簡述許慎的生平及説文解字一書的内容。

五　參考説文解字及有關資料，分析下列字的形體構造并加以歸類：

天　美　修　裁　採　暴　冠　國　度　字　自　愛　物　賴　叔　游　甜　高　荆　車　責　聞　星　木　莫　輪　解　大　虎　從　雷

六　分析下列會意字的結構。

初　息　伐　戍　林　涉　逐　及　看　弇　討　丞　竟　具　隻　典　夙　香　實　集　報

七　指出下面形聲字的意符和聲符。

錫　群　盆　問　粉　斧　簡　漳　衷　腸　怡　年　尚　存　歲　旌　發　符　鳳　構　徒　哀

八　翻譯下列古文：

（一）齊侯至自田，晏子侍于遄臺，子猶馳而造焉。公曰：「唯據與我和夫！」晏子對曰：「據亦同也，焉得爲和？」公曰：「和與同異乎？」對曰：「異。和如羹焉，水、火、醯、醢、鹽、梅以烹魚肉，燀之以薪，宰夫和之，齊之以味，濟其不及，以泄其過。君子食之，以平其心。君臣亦然。君所謂可而有否焉，臣獻其否以成其可。君所謂否而有可焉，臣獻其可以去其否。是以政平而不干，民無争心。故詩曰：『亦有和羹，既戒既平。鬷嘏無言，時靡有争。』先王之濟五味、和五聲也，以平其心，成其政也。聲亦如味，一氣，二體，三類，四物，五聲，六律，七音，八風，九歌，以相成也。清濁、小大、短長、疾徐、哀樂、剛柔、遲速、高下、出入、周疏，以相濟也。君子聽之，以平其心。心平，德和。故詩曰：『德音不瑕。』今據不然。君所謂可，據亦曰可；君所謂否，據亦曰否。若以水濟水，誰能食之？若琴瑟之專壹，誰能聽之？同之不可也如是。」左傳昭公二十年

（二）邾人愬于晉，晉人來討。叔孫婼如晉，晉人執之。書曰：「晉人執我行人叔孫婼。」言使人也。晉人使與邾大夫坐。叔孫曰：「列國之卿，當小國之君，固周制也。邾又夷也。寡君之命介子服回在，請使當之，不敢廢周制故也。」乃不果坐。

韓宣子使邾人聚其衆，將以叔孫與之。叔孫聞之，去衆與兵而朝。士彌牟謂韓宣子曰：「子弗良圖，而以叔孫與其讎，叔孫必死之。魯亡叔孫，必亡邾。邾君亡國，將焉歸？子雖悔之，何及？所謂盟主，討違命也。若皆相執，焉用盟主？」乃弗與，使各居一館。士伯聽其辭，而愬諸宣子，乃皆執之。士伯御叔孫，從者四人，過邾館以如吏。先歸邾子。士伯曰：「以芻蕘之難，從者之病，將館子於都。」叔孫旦而立，期焉。乃館諸箕。舍子服昭伯於他邑。

范獻子求貨於叔孫，使請冠焉。取其冠法，而與之兩冠，曰：「盡矣。」爲叔孫故，申豐以貨

如晉。叔孫曰：「見我，吾告女所行貨。」見，而不出。吏人之與叔孫居於箕者，請其吠狗，弗與。及將歸，殺而與之食之。叔孫所館者，雖一日，必葺其牆屋，去之如始至。左傳昭公二十三年

參考文獻

蔣善國　中國文字之原始及其構造　商務印書館一九三〇年
譚正璧　中國文字學新編　北新書局一九三六年
胡樸安　中國文字學史　商務印書館一九三七年
傅介石　中國文字學綱要　昆明中華書局一九四〇年
張世祿　中國文字學概要　貴陽文通書局一九四一年
齊佩瑢　中國文字學概要　北平國立華北編譯館一九四二年
艾　偉　漢字問題　中華書局一九四九年
陳夢家　殷虛卜辭綜述　科學出版社一九五六年
梁東漢　漢字的結構及其演變　上海教育出版社一九五九年
蔣維崧　漢字淺說　山東人民出版社一九五九年
蔣善國　漢字形體學　文字改革出版社一九五九年
蔣善國　漢字的組成和性質　文字改革出版社一九六〇年

王筠　文字蒙求　中華書局一九六二年

唐蘭　中國文字學　上海古籍出版社一九七九年

陸宗達　説文解字通論　北京出版社一九八一年

唐蘭　古文字學導論　齊魯書社一九八一年

高亨　文字形義學概論　齊魯書社一九八一年

孫鈞錫　漢字基本知識　河北人民出版社一九八一年

蔣善國　漢字學　上海教育出版社一九八一年

殷焕先　漢字三論　齊魯書社一九八一年

傅東華　漢字　上海教育出版社一九八四年

經本植　古漢語文字學知識　四川人民出版社一九八四年

楊五銘　文字學　湖南人民出版社一九八六年

高明　中國古文字學通論　文物出版社一九八七年

楊樹達　中國文字學概要文字形義學　上海古籍出版社一九八八年

孫鈞錫　漢字通論　河北教育出版社一九八八年

裘錫圭　文字學概要　商務印書館一九八八年

王鳳陽　漢字學　吉林文史出版社一九八九年

孫鈞錫　中國漢字學史　學苑出版社一九九一年

詹鄞鑫　漢字説略　遼寧教育出版社一九九一年
蘇培成　現代漢字學綱要　北京大學出版社一九九四年
石定果　説文會意字研究　北京語言學院出版社一九九六年
湯可敬　説文解字今釋　岳麓出版社一九九七年
聶鴻音　中國文字概略　語文出版社一九九八年
曹先擢　蘇培成　漢字形義分析字典　北京大學出版社一九九九年
王　寧等　説文解字與中國古代文化　遼寧人民出版社二〇〇〇年
董蓮池　説文部首形義通釋　東北師範大學出版社二〇〇〇年
許威漢　漢語文字學概要　上海大學出版社二〇〇二年
徐　復　宋文民　説文五百四十部首正解　江蘇古籍出版社二〇〇三年
陳　旦　清儒治文字學之派别及其方法述略　國學叢刊一卷二期，一九二三年八月
于省吾　關於古文字研究的若干問題　文物一九七三年二期
陸宗達　六書簡論　北京師範大學學報（社科）一九七八年五期
張文軒　正確認識漢字造字原則　甘肅社會科學一九七九年三期
王伯熙　六書第三耦研究　中國社會科學一九八一年四期
裘錫圭　四十年來文字學研究的回顧　語文建設一九八九年八期

附録一

文字蒙求選

一 象形字

日 日中有黑影，初無定在，即所謂三足烏者也。

月 月圓時少，闕時多，且讓日，故作上下弦時形也。中一筆本是地影，詞藻家所謂顧兔桂樹也。

雲、云 雲與煙同形，下細上大，倒轉字即是云字。再加雨爲雲，遂成形聲字。

雨 一象天，丨則地氣上騰也。冂則天氣下降也。陰陽和而後雨，點則雨形。

申 電之古文也。電光閃爍，有長有短，字形象之。説文電下云「從申」，虹下云「申，電也」，皆可證。籀文作，小篆作，不復成爲象形。

説明： 文字蒙求，清王筠（一七八四—一八五四年）著，該書選取説文解字中的兩千多個常用字，按照象形、指事、會意、形聲四書分卷排列，同時作了較通俗的解釋。作者的旨趣在於教兒童識字，故名蒙求。這裏選登了其中的四百餘字，對少數字酌加了注音和解釋，分别用（　）或◎「今按」區别。王筠是清代四大説文學家之一，另著有説文釋例、説文句讀等書。蒙求的分類和解釋均屬王筠個人的看法，不一定都正確，參考時需加注意。

气 此雲氣之正字。經典作乞而訓爲求。本是假借，借用既久，遂以氣代气。氣乃餼之古字，又作既、槩。論語：「不使勝食氣。」中庸：「既稟稱事。」此古字古義之僅存者。

火 火之形。上鋭而下闊，其點則火星迸出者也。

山 其上，峯也。其下，巖穴也。

厂(hǎn) 籀文作厈，呼旱切。山石之厓巖，人可居者也。峭直者山之體，横出而下覆者厓之形。

𠂤(duī) 俗作堆，小阜也。故其形殺於𨸏(fù)。

𨸏(fù) 大陸，山無石者。其字如畫坡陀者然，層層相疊者也。上不起峯，故曰無石。

水 此字當横看，如畫水者然。長短皆水紋也。益字所从，當是本形。

泉 上半象泉形，下半象流出成川形。

川 貫穿通流水也。

井 外象井韓，内象汲缾。◎韓，或作幹，井上的圍欄。

仌 初寒鼜凌作此形。大寒冰裂，亦作此形。冰凝本一字。今以冰代仌，專以凝爲凝聚字。爾雅：「冰，脂也。」郭注：「莊子云：『肌膚若冰雪。』冰雪，脂膏也。」即詩「膚如凝脂」也。是以冰爲凝之僅存者。李陽冰之兄名堅冰，而少温自篆其名作冰，誤也。今人讀作李陽凝者非。

土 二象地之下，地之中。丨，物出形也。

田 外象封畛，内象阡陌。

臣 象屈服之形。

人 象臂脛之形。臂下垂，与脛相屬，故兩而不四。

子　上象首，中象臂。小兒之手，不能下垂，故上揚也。下象股，一而不兩者，在緥中也。

女　蓋象斂抑之狀。

心　中象心形，外兼象心包絡也。

百、首　二字同。上字但象頭形，下字加髮。

囟(xìn)　息進切。亦作膟。頭會𡿺(義同腦)蓋也。

目　古文本橫，小篆直之，取偏旁易於配合也。

自、白　二字同，古鼻字也。今人言我，自指其鼻，蓋古意也。

口　象上下脣之形。

牙　當口上下齒謂之齒。在頤(yí，指下巴、腮)內者謂之牙。虎牙亦曰牙。牙形平，故象其上下相切之形。

耳　外象輪郭(義同廓)，注中者竅也。

而　頰毛也，口上曰䰅，故字左右分披，而蓋脣下之須，故下垂也。周禮曰：「作其鱗之而」，則獸毛也。之，古作㞢，象頂毛上衝之形，而亦謂頦下毛也。

厶(sī)　亦作厷、肱。

手　上象五指，下象掔(wàn，同腕)。

𠂇　臧可切。左手也。三指者，約之也。

又　右手也。古之𠂇又，今用左右。古之左右，今作佐佑。

吕　同膂，脊骨也。脊骨廿一椎，象椎與椎相連，有筋系之。

止　古趾字。上象足指，下象跟。

力　筋也。象筋形。

工　象人有規矩也。

尸　象卧人之形。

鳥 長尾禽之總名。上象首，左出者喙，注中者目。右出者四筆，其一，頸上之翁也；二三，翼也；其四，尾也。ㄴ象足。

隹 職追切。短尾禽之總名。與鳥字同法，但尾短耳，左方下出之筆，聊以象足。鐘鼎文作[seal]，則別作足。

朋 古鳳字。

烏 字形同鳥而少目者。烏色黑，目色與身色不別也。

羽 象鳥兩翅形，彡則所謂六翮者也。

牛 上曲者角也，丨之上爲項之高聳處，中則身，末則尾，一則後足也。此自後視之之形，牛行下首，故不作首。又無前足者，爲腹所蔽也。

羊 上象角，下象四足及尾。

馬 左象首及四足一尾，彡象髦。小篆之髦連於首。

犬 上象頭耳，下祇兩足者。凡善走之物，多作兩足，如兔兕之類，或曲其足，如鹿㲋之類。疾走則足曲，且走既疾則恍忽祇見兩足也。

豕 豬面凹，四足竭（竭：舉）尾。

鹿 上象中角旁耳。鹿善顧，故喙右向而上揚，左之下池者胸也。ㄟ象脊，ㄑㄑ象足，翹然脊上者尾也。

象 長鼻異於他獸。

虎 象蹲踞形。

兕 徐姊切。如野牛而青。

豸 池爾切。獸長脊也。一曰有足謂之蟲，無足謂之豸。

兔 象踞後其尾形。

鼠 此字當橫看，大首、伏身、曳尾。

易 蜥易也。

禹 蟲也。

萬 蟲也，蓋古文蠆字，古名蠆，今名蠍，此篆固蠍形也。

龜 上，首也；左，足也；右，甲也；下，尾也。

巳 詳里切。蛇也。

角 上象其尖，下象其體，中象其理。

肉 胾肉也。胾，大臠也。

皮 説文以爲意兼聲字，竊以爲象形字。此初剥之皮，柔僾委隨之狀也。

革 皮已去毛曰革，平張之狀也。説文以爲意兼聲字，似誤。

來 麥也。上出者穗，左右四葉。麥受四時全氣，故出地者四節而四葉也。

禾 穀也。穀穗必垂，上揚者葉，下注者根。

尗 菽之古文，初生曲項，故上曲。一，地也；下，其根也；∴則所謂土豆也，生細根之上，豐年乃堅好。

米 米形難象，點以象其細碎而已，十則界畫之也。

瓜 外象蔓，内象實。

草 古艸、草分兩字。草即皁，橡實也。艸必叢生，故兩之。

竹 竹葉必下垂。

木 中榦，上枝下根。

甲 木初生戴孚甲也，易曰：「甲坼」。

糸（mì） 莫狄切。細絲也。

鼎 中腹，旁耳，下足。

舟 字當横看，左艙右底，上爲舟尾，曲則容柁處也。

方 併船也。象兩舟省總頭形。

車 當横看，方者輿，長者軸，夾輿者輪。自後觀之，則見兩輪如繩直也，不作輈（zhōu，車轅）者，小車一輈，大車兩轅，形不畫一，不能的指，且有無輈之車也。

豆 上象腹中有實，下則校与足也。小篆實在腹上。

酉 古酒字，象尊罍形，中有酒也。許君以酒事説之，而酒字即在本部，部中字又無一非酒事，可以決之。丣自是卯丣字，不可合爲一。

㫃 音偃。旗旒也。

玉 三畫正均爲玉，象三玉之連，丨其貫也。

丹 巴越之赤石，外象采丹井，●象丹形。

貝 海介蟲也。古以爲貨，至周有泉，至秦廢貝行錢。

斗 古斗有柄。

斤 斫木之器，蓋即今之錛也。

网 亦作冈、罔、網。

皿 音猛（今音mǐn）。飲食器也。

缶 方九切。盛酒漿之瓦器。

凵（qū） 去魚切。又作笑。凵盧，飯器也。

广 音儼，此堂皇之形，前面無牆。

宀 武延切（mián）。此四面有牆之屋。

門 从二户。

户 半門曰户。

虍（hū） 荒烏切。虎文也。省虎之儿，是去骨肉而存皮也。

屮 音徹，丑列切。艸初生也，省艸之半，見其小也。古即以爲艸字。

臼 其九切。擣粟之器。外象臼，弇其口者，象其質之厚也；中象米形，然非直从米字也。

京 人所爲絶高丘也。从高省，丨象高形。◎今按：𠀉即丘字，此爲缺畫避諱。

母 从女，象褢子形。一曰象乳。

包 古胞字。象人褢妊，从勹，巳象子未成形。

𥃩 居倦切（juàn）。目圍也，从䀠丿。案：丿非字，鐘鼎文作䀠，亣部睘，頁部顯，上不包目，下仍包目，然則目圍也者，今所謂眼圈也。

要 从臼，象人要自臼之形。此古腰字，後讀於笑切，乃加肉旁別之。古文作㫻，楷由古文變之。

足 从止，止，古趾字。○象脛骨形。

番 亦作蹞，獸足也。从釆，田象其掌。

血 从皿，一象血形。

果 从木，田象果形，生成之物多圓，小者●以象之，金鹵是也。大者○以象之，石是也。此中加十者，果熟味足，則坼裂也。

才 艸木之初也。从丨上貫一，將生枝葉，一，地也。

眉 ㇓象眉形，仌象頟（即額字）理，在目之上，頟之下，是眉也。

齒 𠚕象齒形，从口犯切之凵者，口張齒乃見也。一爲上下齒中閒之虛縫。从止聲。古文則从凵象齒形。◎今按：甲骨文齒同古文，本爲象形字，後加止變爲形聲字。

禽 走獸總名。从内，㐫象頭形，非吉凶字也，今聲。

衣 上似人字下似兩人字，鐘鼎文皆然。說文所收古文从者，直从兩人字，蓋傳寫之譌。

身 从人，从𦣞省聲，而全身之形皆具。

二　指事字

一、二、三 一象太極，二象兩儀，三象三才。故數成於三，而一二三同體。至四則變，數即事也。其字不合他字而成，是指事也。◎今按：王筠以陰陽五行説附會説解，不可信。數字一、二、三用横畫積畫成數，是古人的記數符號。

五 × 以×爲正，河圖五數居中，洪範五爲皇極，故其字象交午之狀，四通八達之意也。小篆作，其意便不見。

八 別也，字象分別相背之狀。

九 陽之變也，象其屈曲究盡之形。

上 ⊥二　**下** 丅二　小物在大物之上，故爲上。小物在大物之下，故爲下。其小物高而狹者，則以丨象之；卑而廣者，則以一象之。故⊥、二，丅、二皆合。不可如段茂堂（即段玉裁）以二、二易⊥、丅也。小篆合兩爲一，又曲筆以作姿。隸書沿之。周禮疏："人在一上爲上，人在一下爲下。"以上下爲人，誣也。帝、旁、示、辛、辰皆从二，臧之古文从上，𠕀从二，䛢从丅，芐从下。

中 中　以口象四方，以丨界其中央。若以爲口舌之口，或羽飛切之口，古本切之丨，則不可通矣。

丶(zhǔ) 丶　知庾切。有所絶止，丶而識之也。

爪 爪　側絞切。俗作抓。丮(jǐ)也。經典借爲叉。◎今按：爪，象形字，是抓的本字。說文爪部："爪，丮也。覆手曰爪，象形。"

行　行与步同意。步字既會意矣，行字不得不指事。上兩筆，股也；次兩筆，脛也；下兩筆，足也。三者皆動，是行象也。知非从彳(chì)亍(chù)以會意者，行，常事也；彳、亍，偶事也。故知彳、亍分行字以會意也。◎今按：行，甲骨文作 ，像十字路口，本義爲道路，音háng。王筠說誤。

鬥　都豆切。說文此部承丮部之後，不曰从丮丮，而曰"兩士相對，兵杖在後，象鬥之形"，知爲指事之純體，鬭鬨之類从之。◎今按：鬥字甲骨文象兩人交手爭鬥形，會意字。

疒　女戹切。倚也，人有疾病，象倚著之形。又音牀，壯、將之類从爿聲者，即从此字也。

文　錯畫也。象交文。◎今按：文爲象形字，像正立人形，胸前繪有花紋，本義是紋身，是"紋"的本字。

入 人　內也。象從上俱下也。

出　進也。象草木益滋，上出達也。◎今按：王筠説誤。出字甲骨文、金文皆从止，从凵(kǎn)，表示人從地穴中出來，會意字。

齊 象禾麥吐穗上平也。◎今按：應爲象形字。

飛 此直刺上飛之狀，頸上之翁開張，兩羽奮揚。◎今按：應爲象形字。

西 古栖字。象鳥在巢上形。◎今按：應爲象形字。

冓 古侯切。交積材也。象對交之形。◎今按：冓是構的古字，會意字。

宁 辨積物也。案：此古貯字也。衆物積貯一室，則所餘之地，不能作正方正圓形，故此字皆陬隅之形。

永 長也。象水巠理之長。◎今按：永字甲骨文從彳從人，人旁有水點，表示人在水中潛行，是泳的本字，會意字。訓長是假借義。王筠説解、歸類均誤。

午 啎也。五月，陰啎逆陽，冒地而出。

畫 界也。田有界，聿以畫之。象所畫之界，聿者，筆也。◎今按：畫，金文作，上部爲聿，下部爲田，或説表示人持筆畫分界綫，會意字。王筠歸類疑誤。

甘 从口含一，不定爲何物，故以一指之。

示 表示之意也。从二，古上字。三垂，日月星也。

夾 失冉切。盗竊褱物也。从亦，有所持。亦，古腋字。

牟 牛鳴也。象氣自口出。

羋(mǐ) 亡婢切。羊鳴也。與牟同意。

馵 音注。馬後左足白也。从馬，二記其後足。

七 陽之正也。从一，微陰從中衺出也。◎今按：七字甲骨文作十，象一長物中被切分形。王筠以陰陽之説附會，不確。

未　味也。六月滋味也，五行木老於未，象木之重枝葉也。

夭　屈也。从大而頭偏於右。案：夨謂之傾，謂其頭忽左忽右也；夭謂之屈，謂其頭忽低忽昂也。字形相避，故左右作之，勿泥。

刃　刀以刃爲用，刃不能離刀以爲體，字有柄有脊有刃矣，故刃字以點指其所，謂刃在是而已。

本、末、朱　本者，木之根也；末者，木之杪(miǎo)也；朱者，木之心也。皆有形而形不可象，故以一記其處，謂在上、在下、在中而已。

面　从百(shǒu)，百同首。首爲全形，面爲前半之形。何以於百之外更有所加，非加也，以區之，謂分其前半以爲面也。

尺　从尸从乙，乙所識也，自肘至掔爲尺脈，尺寸二脈相去甚近，故寸字向左，尺字向右，一與乙皆所以識，法自同也。

寸　从又，手也。掔下一寸爲寸口，故以一指之。

亦　古腋字。腋在臂下，故以大爲人形，而點記其兩臂之下。

釆　音義同辨，象獸指爪分別。

大　大小是其本義，而難爲象也。天大地大人亦大，故借人形以指之。字臂与脛相屬，大則兩臂恢張，故爲大也。◎今按：甲骨文大是人的正面站立形，象形字。

久　從後灸之，象人兩脛後有距也。案：灸者，拄也。非鍼(zhēn 同針)灸之謂。

高　高不可指也，借臺觀崇高之形以指之。京、𩫏(guō)皆从，此高形也。冂，古坰字，界也。高者必大，有坰界也。口与倉舍同意，皆象築也。◎今按：高爲象形字。

畺　古疆字。从畕，三，其界限也。◎今按：畺應爲會意字。

祭 又，手也。示，古祇字。手持肉以享神祇也。

社 土示者，土神也。天曰神，地曰示。古文从木，社各樹其土所宜之木也。

祟 雖遂切。示而出也，是爲祟矣。

苗 艸生於田者。

公 厶，公私之私之本字。八，背也。背厶爲公。

半 从八牛，八，分也。牛物大，故可分半。

走 說文前目録如此，是也，此所以走部承哭部也。石鼓文趍奔皆从夭。犬止者犬足也，犬能疾走。

前 不行而進謂之前。从止在舟上，前則由歬變之。歬俗作剪，兩刀重複。

是 直也。从日、正。

士 推一合十爲士。

古 十口所傳，是前言也。

交 交脛也。從大而交其足。◎今按：交是象形字，象人腿交叉形。

曰 从口。乚象口氣出也。◎今按：曰字甲骨文作[甲骨文字形]，象倒置之木鐸形，[字形]爲鐸身，一爲鐸舌。木鐸倒置，表示振鐸者將發語以告人。

叉 初牙切。手指相錯也。从又，象叉之形。

只 語已詞也。从口，象氣下引之形。

欠 張口氣悟也。象氣從人上出之形。案：上半似氣字而反之，人之欠，氣不循其常也，氣在人上者，人之欠大抵昂頭也。

三　會意字

天 至高無上。从一大，此兩字順遞爲意者也，不可云从大一，亦不可云从一从大也。下放（仿）此。◎今按：甲骨文、金文「天」象正面站立人形，突出上面的頭，象形字。

丈　十尺也。从又持十。

信　从人、言。

音　从言含一。

章　樂竟爲一章。从音十。十，數之竟也。

妾　从女辛。女之有罪者曰妾。

弄　玩也。从廾持玉。廾，古拱字。

戒　从廾持戈。

兵　从廾持斤。

共　同也。从廿、廾。古文則會意兼指事，四手相交也。

取　从又、耳。周禮：「獲者取左耳」。

敗　从攴、貝。

畋　待年切。平田也。从攴、田。

牧　从攴、牛。

看　从手下目，亦作𥄫。

鼻　引气自畀也。◎今按：鼻字从自，畀聲，屬形聲字。

隻　又持一隹爲隻。

雀　从小、隹。

奪　从又、奞。手持隹，失之也，此爲脱失之正字。脱，消肉臞也，敓乃攘奪之正字。

奮　翬也。从奞在田上。

美　从羊、大。

羌　西戎牧羊人也。

集　羣隹在木上。◎今按：小篆集字从雥，从木。

糞　以廾推華弃采也。即菌字。

骨　肉之覈(hé)也。从冎有肉。

初　始也。从刀、衣。裁，衣之始也。

解　从刀、牛、角。

典　册在丌上，尊閣之也。

休　息止也。从人依木。

負　恃也。从人守貝。

昏　从日从氐省。氐，古低字。日低則昏。亦作昬，形聲字也。

暴 古曝字。从日、出、廾、米，暴曬之也。

貫 錢貝之貫。从毌、貝。

安 从女在宀下。

帚 从又持巾，埽冂内。

位 从人立。古者朝會，君亦不坐。

付 从寸，持物以与人。

伍 从人、五。

什 从人、十。

佰 博陌切。从人、百。宿从㐁之古文佰，非此字。

侵 漸進也。从人，又持帚，若埽之進。又，手也。

伐 从人持戈。

弔(diào) 从人持弓，助孝子敺禽也。

臥 从人、臣，取其伏也。

老 从人、毛、匕。

孝 从老省，从子。子承老也。

屋 从尸、至。人所至也。

須 面毛也。从頁、彡。

令 从亼(jí)、卪(jié)。

麈 鹿群行，土飛揚也。◎今按：篆文麈从三鹿。

灾 火焚屋也。

沙 水少則沙見。亦作沚。

涉 从步、水，古文从沝。

婦 从女持帚。

亾 逃也。从人、乚。乚，古隱字。◎今按：亾字楷書作「亡」。

武 从止、戈。

男 从力、田。

劣 从力、少。

軍 營壘之謂也。勹(bāo)其兵車於中。

赤 從大、火。

陟 登也。从步、阜。

祝 从示，从人、口。此並峙爲義者也。示，神也。人、口則祝之事也，下並放（義同倣）此，不復言从某某，惟字義隱曲者乃著之。

分 八，别也，刀以分之。

告 牛觸人，角著橫木，所以告人也。

命 使也。从口从令。

启 開也。从户从口。

正 是也。从一从止。

道 路也。从辵（chuò）从首。

計 算也。十者數之具也。

弇（yǎn） 古南、一險二切。蓋也。

具 供置也。从廾从貝省。古以貝爲貨。

丞 翊也。从廾从卩从山，山高，奉承之意。◎今按：甲骨文作，上部像兩手下伸，打算將陷阱裏的人救出。小篆字形的「山」由陷阱形訛變而來。丞是拯的本字。王筠釋形誤。

及 从又从人。

筆 从聿从竹。聿者，筆也。

役 戍邊也。从殳从彳。

寇 从攴从完。◎今按：寇字从宀从元从攴。宀表室内，元表示人，攴表示持器械，意思是持械入侵宅内。王筠説誤。

教 从攴从𡥈。

貞 卜問也。从卜，貝以爲贄（zhì，禮物）。

受（biào） 音摽。物落上下相付也。从爫从又。

爭 从受从厂。厂，曳（yè）也。受，二手也。二手曳之，爭之象也。

死 从歺从人。

奠 酋，酒也，丌以薦之。

㓝 此刑法之刑之正字，从井从刀。刑，殺也，从刀，幵（jiān）聲。

今 从亼从乛。乛，古及字。

矦 从人，厂象張布，矢在其下。古文省人。

厚 山陵之厚也。从𣎆从厂。

麥 从來，來即麥也。有穗者从夊(suī)，夊穗聲近。

枚 榦也，可爲杖。从木从攴。

旅 軍之五百人爲旅。从㫃(yǎn)从从。从，俱也。

族 古鏃字。矢鋒也。从矢从㫃。

朙 从月从囧，古文作明。

夙 早敬者也。从丮，持事，雖夕不休，早敬者也。

秦 秦地宜禾。从禾从舂省。

香 从黍、从甘。

守 守官也。从宀，治事處；从寸，法度也。

寡 从宀从頒。頒，分也，分故少。

宋 居也。从宀从木。

便 人有不便則更之。

表 古者衣裘，以毛爲表，故从衣从毛。

兄 从人从口。

見 从人从目。

吹 从欠从口。

次 古涎字。从欠从水。

羡 欲也。从次，从羑省。

頁(xié) 胡結切。頭也。从人从百。鐘鼎文即以爲首字，説文顏、瓆、𩔖皆从𩔖，正文失收，金刻多有。

薦 解廌食薦。

灋 古法字。平如水，从水。廌所以觸不直者去之，从廌、去。

臭 从犬从自。自，鼻也。

獄 此依西嶽華山廟碑額作之。从㹜以守之，从言。

夷 平也。从大从弓。

妻 从女从又，持事也。从屮(chè)，上進之義。

戎 从戈从甲。鐘鼎甲字多作十，故隸作戎。

義 从我从羊。

直 正見也。从十从目从乚。

匠 木工也。从匚，匚音方，器也；从斤，斤所以作器。

緜 从糸从帛。

絶 从糸从刀从卩。

封 从之从土从寸。古文作㞷。籀文作𡊣，从土丰聲。

六 易之陰數，變於六，正於八，故从入从八。案：九數以五居中，自五摺疊觀之，四六相對，故四六之形相近。

辠 自，鼻也，辠人辛苦蹙鼻也。秦始皇改用罪字。罪，捕魚竹网也，从网，非聲。

酉 繹酒也。从酉，水半見出於上。

尊 酒器也。从酋，廾以奉之。

亥 荄也。从二，古上字。从二人，一人男，一人女也。从乙，象裹子咳咳之形。

王 一貫三爲王，三者天地人之道也，而參通之者王也。此字从三从丨。而丨貫乎三之中，是由部位見意者也，下放此。◎今按：金文王字象斧鉞形，後用作最高統治者的稱號。

閏 周禮曰：「閏月，王居門中終月」。説文説解不確。

班 分瑞玉也。从玨(jué)从刀。

莫 日且冥也。从日，在茻(mǎng)中。俗作暮。

小 丨之爲形已小，又從而八之，愈小矣。八者分也，在丨之左右以見意。

介 从人从八，人各有介。

卑 執事之賤者。从𠂇，古左字，左卑，故在甲下。

盥 古玩切。澡手也。从臼(jú)水，臨皿。

内 自外而入也。从入从冂(jiōng)。

先 之在人上，是在先也。

旦 从日，見一上，一，地也。

秉 把也。从又持禾。

兼 从又，持二禾。

寒 从人，在宀下，以茻上下薦覆之，下有仌。

突 犬從穴中暫出也。

光 从火，在人上。光明意也。

立 从大，在一之上。

毋 止之也。从女。有姦之者，禁止之，令毋姦也。

戍 从人，荷戈。

或 古域字。从口，从戈以守一。

坐 从二人，在土上。篆文作坐，从畱省。

堯 从垚（yáo），在兀上，高遠也。

辯 治也。从言在辡（biàn）之間。案：辡有分別意，故辨从刀，瓣从瓜，辮从糸，辦从目，辯从文，未有不在其間者也。

字 乳子也。从子在宀下。

戌 五行土生於戊，盛於戌。从戊含一，一，地也，陽入地也。

友 同志爲友。从二又相交。

林 从二木，謂木与木相連屬也。

州 水中可居曰州。从重川。俗別作洲。

轟 呼宏切。羣車聲也。

登 上車也。从癶，豆象登車形。

步 与癶均从止少，而此兩足相接，是步也。爾雅：「堂上謂之步。」禮記：「堂上接武。」就此字之形觀之，即得其意。

廾 古拱字。𠂇，左手；又，右手也。兩手相向，是拱揖也。

牢 閑，養牛馬圈也。从牛，从冬省，取其四周帀也。◎今按：牢字甲骨文从牛从冂。冂象欄圈，非从冬省。

父 从又舉杖。

斯 古折字。从斤，斷艸，變艸爲屮，以見其爲已斷也。

十 十 數之具也。五之古文作×，四通八達之意，十从×而正之，仍是此意，二五爲十，故从之也。

北 从兩人，相背。北者人之所背也。右人已變爲匕，而仍謂之人者，如夾坐之左人，亦變如匕，非變不足見意也。

舛 昌兖切。對臥也。从二夊(suī)相背。

昔 古腊字。从殘肉，日以晞之。

非 違也。从飛下翅。

比 密也。从反从。

司 臣司事於外者。从反后。

匕(huà) 變也。从倒人。此變化之正字。化，教行也，乃教化字。今合爲一。

報 當罪人也。从㚔(niè)从𠬝。𠬝，服罪也。案：此因服从𠬝，而𠬝遂有服意。當者，今之照律定罪也。

吏 治人者也。从一从史，史亦聲。○意中有聲，故云亦聲，下並放此，不悉記，惟其聲不易見者乃記之。

祏 木主石函也。禮有「郊宗石室」。◎今按：祏字从示、从石，石亦聲。

珥 充耳也。

琀 胡紺切。送死口中玉也。

右 助也。从口从又，又亦聲。

喪 亡也。从哭亡，亡亦聲。

糾 繩三合也。◎今按：糾从糸、丩(jiū)聲，丩兼表義。丩、糾古今字。王筠歸類誤。

拘 止也。从句从手，句亦聲。

返 還也。◎今按：返，从辵、反聲。反兼表意。王筠歸類誤。

晨 食鄰切。早也。从臼从辰，臼辰者，言早起執事也。今作晨，晨，農之省文，大火星之別名。

甫 男子美稱也。从用父。古多借父爲甫，

父亦聲。

國 从口从或。或，古域字。

貧 財分少也。

仕 學也。

仲 中也。

化 教行也。从匕人，匕亦聲。

從 慈用切。隨行也。从辵，从从，从亦聲。

長 从兀、从匕，从倒亡聲。倒亡者，不亡也。

息 从心从自，自亦聲。

招 手呼也。

姓 从女生，生亦聲。

娶 从取、女。取亦聲。◎今按：此爲會意兼形聲字。

婚 婦家也，取婦以昏時。

奸 古寒切。犯淫也。◎今按：奸爲會意兼形聲字。

隙 壁際孔也。

酒 从水从酉，酉亦聲。◎今按：此字爲會意兼形聲。

碧 石之青美者。从玉、石，白聲。

春 从艸从日，艸春時生也，屯聲。

歸 女嫁也。从止从婦省，𠂤聲。

奉 承也。从手，从廾（gǒng），丰聲。

斆學 本係一字，从教从冂，冂，尚矇也，臼聲。小篆省攴。

君 尊也。从尹，發號，故从口。案：此兩對立文，不可合爲一義，下放此。

逐 追也。从辵，从豚省。◎今按：逐字甲骨文作[seal form]，義爲追趕野獸。[seal form]，象豕形，代表野獸。王筠釋从豚省不確。

左 古佐字，輔弼之意。从𠂇可解，从工不可解，或天工人代之意邪。

丁 似即今之釘字，亦象形字。許君丁實之說，恐未然。

四　形聲字

帝　从二，古上字，朿聲。

每　从中，母聲。

尚　曾也。从八，向聲。

台　悦也。从口，㠯聲。㠯，古以字。

唐　大言也。从口，庚聲。

徒　步行也。从辵，土聲。

千　从十，人聲。

書　从聿，聿者，筆也，者聲。

寺　从寸，之聲。

更　改也。从攴，丙聲。

散　雜肉也。从肉，㪔（sǎn）聲。

責　从貝，朿聲。

星　从晶，生聲。

年　从禾，千聲。

思　从心，囟（xìn）聲。細放（仿）此。

存　从子，才聲。

奔　从夭，卉聲。◎今按：金文奔上从夭，下从三止。夭象人疾行時兩臂擺動，从止表示與行走有關，从三止表示速度快，會意字。王筠説誤。

元　从一，兀聲。髡古作髨，軏古作𨊻，从之。○凡从之之字，或隸已變形，或别有發明，始記之。◎今按：元字甲骨文作，象側立的人形，短横指明頭部的部位，屬指事字。王筠説誤。説文：「元，始也。」屬引申義。孟子滕文公上：「志士不忘在溝壑，勇士不忘喪其元。」

叔　拾也。从又，尗（shū）聲，詩七月：「九月叔苴。」籀文作村。楷作攴。

攴　同扑，擊也。从又，卜聲。古文作，

即　就食也。从皀（bì），卪（jié）聲。◎今按：甲骨文即是會意字，像靠近了盛食物的器皿。小篆字形訛變，爲形聲字。

既 [glyph] 稍食也，从皀，旡（jì）聲。◎今按：既字甲文作[glyph]、[glyph]等形，象人就食已畢，屬會意字。

賴 [glyph] 从貝，剌聲。

有 [glyph] 从月，又聲。◎據金文从肉。

察 [glyph] 覆審也。从宀，祭聲。

慮 [glyph] 謀思也。从思，虍（hū）聲。

風 [glyph] 从虫，凡聲。

在 [glyph] 从土，才聲。

羲 [glyph] 气也。从兮，義聲。

寤 [glyph]、**寐** [glyph] 皆从㝱者，吾、未則聲也。

佞 [glyph] 从女，仁聲。

發 [glyph] 射發矢也。从弓，癹聲。

雖 [glyph] 似蜥易（義同蜴）而大。从虫，唯聲。

哭 [glyph] 从吅（xuān），獄省聲。

童 [glyph] 男有罪爲奴，曰童；女曰妾。从䇂（qiān），重省聲。此童僕之童。僮子之僮从人，今互易之。

皮 [glyph] 从又，爲省聲。疑是象形。

受 [glyph] 从𠬪，舟省聲。鐘鼎作[glyph]不省。◎今按：甲骨文受字作[glyph]、[glyph]等形，或説象一手將舟交給另一人手，或説一手將盤子交給另一人手，會意字。

夜 [glyph] 从夕，亦省聲。

秋 [glyph] 从禾，𪔛省聲。籀文作龝。

貌 [glyph] 从皃，皃，古貌字，豹省聲。

紂 [glyph] 緧（qiū）也。从糸，肘省聲。

彭 [glyph] 从壴（zhù），彡（shān）聲。案：聲不符。◎今按：彭字甲骨文作[glyph]，左邊像一面鼓，右面幾畫表示擊鼓發出的聲音，指事字。王筠説誤。

附録二

漢字結構分析舉例

按　小篆作。説文手部：「按，下也。从手，安聲。」段玉裁注：「以手抑之使下也。」形聲字。按本義爲以手壓抑，故从手。

抑　甲骨文作、，金文作，小篆作，會意字。左像手，右像跽跪着的人，意思是手按人使跽跪。説文作「归」，从反「印」，或體加手，今訛變作「抑」。説文手部：「归（抑），按也。」

至　甲骨文作、，金文作，像射來的箭落到地面上。或説像矢中的(dì)形，會意字，一説爲指事字。小篆作。説文至部：「至，鳥飛从高下至地也。从一，一，猶地也。」誤矢爲飛鳥。

致　小篆作，説文夊部：「致，送詣也。从夊，从至。」至兼表音，會意字。夊音雖，甲骨文作、，像人足行走遲緩貌。致本从夊，但楷書訛作攴(pū，反文)，故今俗作致。

驕　小篆作，形聲字。説文：「驕，馬高六尺爲驕。从馬，喬聲。」故以馬爲義符。

傲　小篆作。説文人部：「傲，倨也。从人，敖聲。」形聲字。

一　甲骨、金文、説文小篆皆作一，爲一根算籌或一横畫，指事字。

壹　小篆作，説文壹部：「壹，専壹也。从壺，吉聲」，以爲是形聲字。徐鍇説文繫傳認爲从壺的原因是：「从壺取其不泄也。」

赤 甲骨文作□、□，金文作□、□，小篆作□，隸變後作赤。説文赤部：「赤，南方色也。从大，从火。」大火爲紅色，會意字。

朱 甲骨文作□、□，金文作□，小篆作□。朱爲株的本字，在木字豎上加點或橫，指明樹幹，指事字。説文木部：「朱，赤心木」，非本義。

丹 甲骨文作□、□，金文作□，小篆作□。丹即朱砂，産於巴及南越丹井中。字形像採丹井，中間「·」或「一」則指丹之所在，指事字。説文丹部：「丹，巴越之赤石也。」

絳 小篆作□，説文糸部：「絳，大赤也。从糸，夅聲。」形聲字。絳爲大紅色，亦爲絲織物，故从糸。

紅 小篆作□，説文糸部：「紅，帛赤白色。从糸，工聲。」形聲字。紅原指粉紅或桃紅色的帛，故字从糸。

緑 小篆作□，説文糸部：「緑，帛青黄色。从糸，录聲。」形聲字。緑本指緑色絲帛，故以糸爲義符。

賓 甲骨文作□、□，上从宀，像屋子，下从人从止，表示有人自外而至。金文作□、□，皆爲會意字。王國維説：「（賓）上从屋，下从人、从止，象人至屋下，其義爲賓。」「古者賓客至，必有物以贈之……故其字从貝。」小篆作□，説文貝部：「賓，所敬也。从貝，𡧍聲。」説形聲字是不對的。

客 金文作□，小篆作□，説文宀部：「客，寄也。从宀，各聲。」形聲字。

並 甲骨文作□、□，金文作□，像二人并立。會意字。小篆作□。説文竝部：「竝，并也，从二立。」「二立」亦二人并立義。隸書訛作並。

并　并字晚起，戰國中山國金文才出現，像二側立人形，二人并立，會意。小篆訛作，説文从部：「并，相从也。从从，幵聲。」形聲字。許慎據訛變字形説解，不確。

併　小篆作。説文人部：「併，並也。从人，并聲」。形聲字。

卜　甲骨文作、，金文作，小篆作，象形字。商周時人以龜甲、獸骨卜問吉凶，先以火灼甲骨，甲骨上顯出直的坼紋，斜的歧理，其形爲、。

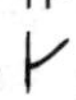

筮　金文作，小篆作。説文竹部：「簭，易卦用蓍也。从竹，从𢍰。𢍰，古文巫字。」依其説，筮爲會意字。唐玄應一切經音義：「筮者，揲蓍取卦，折竹爲爻，故字从竹也。」

采　甲骨文作、，金文作，小篆作。从爪，从木，表示手從樹上有所摘取。會意字。説文木部：「采，捋取也。从木，从爪。」

採　采的後起形聲字。从手，采聲，其本義與采同。采、採古今字。

彩　後起形聲字，説文彡部新附：「彩，文章也。从彡，采聲。」彡本像毛須或飾畫。彩爲色彩，與飾畫有關，故以彡爲義符。

綵　後起形聲字，从糸，采聲。綵爲彩色絲織品，故以糸爲義符。

完　小篆作。説文宀部：「完，全也。从宀，元聲。」形聲字。

備　甲骨文作、，金文作，像箭函，本爲箙字，像箭在箙中，象形字。金文或加人旁作，小篆又訛作，説文人部：「備，慎也。从人，𤰈（bèi）聲」，𤰈兼表義，形聲字。

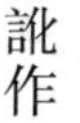

城　金文作、，金文城从𩫖（郭的古字），或从土，成聲。𩫖指城墻的形制，土指建築用的材料。成表完成，兼表聲義。小篆作，説文土部:「城,以盛民也。从土成聲。」

郭　外城。小篆作𩫏,从邑,𦎧聲,形聲字。𦎧義爲城,象城郭相重,兩亭相對。

牙　金文作[古文],小篆作[古文]。像牙齒上下對合的樣子。説文牙部:「牙,牡(當爲「壯」字)齒也,象上下相錯之形。」象形字。

齒　甲骨文作[古文]、[古文],像口中有齒牙形,象形字。戰國中山銅器作[古文],加止爲聲符,變成形聲字。小篆作[古文]。説文齒部:「齒,口齗(yín)骨也。」

十　甲骨文作[古文]、[古文],金文作[古文],小篆作十。于省吾甲骨文字釋林:「『十』字初形本爲直畫,繼而中間加肥,後則加點爲飾,又由點孳化爲小横。數至十復反爲一,但既已進位,恐其與『一』混,故直書之。」應爲指事字。

什　小篆作[古文],説文人部:「什,相什保也。从人、十」,會意字。古時户籍五家爲伍,十家爲什,故从人从十。

丑　甲骨文作[古文]、[古文],金文作[古文]、[古文],本像指爪形,[古文]爲手,指間有甲。小篆作[古文],爲[古文]之訛變。甲骨文中已假借表地支第二位的名稱,十二生肖中屬牛。

醜　小篆作[古文],説文鬼部:「醜,可惡也。从鬼,酉聲。」形聲字。醜本義爲「可惡」,鬼面目可憎,故以鬼爲義符。

但　小篆作[古文],説文人部:「但,裼也。从人,旦聲。」形聲字。但本義爲袒裼(今通作袒),指人脱衣露出上身,故从人。

然　戰國金文作[古文],小篆作[古文],説文火部:「然,燒也。从火,肰聲。」形聲字。然本爲燃燒,後多用爲代詞或虚詞,於是又加火旁造「燃」,表燃燒義。

拏　小篆作[古文],説文手部:「拏,持也。从手,如聲。」形聲字。拏本義爲捉、持,故以手爲義符。

拏 小篆作□，説文手部：「拏，牽引也。从手，奴聲。」形聲字。拏與挐本義接近，皆爲持，所以有時通用。在「捉」的意義上，後世通作拿。正字通手部：「拿，俗拏字。」

衾 小篆作□，説文衣部：「衾大被。从衣，今聲。」形聲字。衾爲「大被」，與衣同類，故以衣爲義符。

被 小篆作□，説文衣部：「被，寢衣。長一身有半。从衣，皮聲。」形聲字。

賊 金文作□，小篆作□，説文戈部：「賊，敗也。从戈，貝聲。」形聲字。段玉裁則以爲字从刀从戈，象以刀、戈毀貝，會意字：「賊字爲用戈若刀毀貝，會意而非形聲也。」

傳 甲骨文作□、□，金文作□、□，小篆作□，説文人部：「傳，遽也。从人，專聲。」形聲字。傳本義爲驛站，古稱傳遽，爲人所居，故从人。專上部像紡輪，手（寸）持以轉，爲轉的本字。戰國文字或从辵，爲傳的異體。

遞 遞的異體字，今爲其簡化字。小篆作□。説文辵部：「遞，更易也。从辵，虒（sī）聲。」形聲字。

捕 小篆作□，説文手部：「捕，取也。从手，甫聲。」形聲字。

逮 小篆作□，説文辵部：「逮，唐逮及也。从辵，隶聲。」形聲字。逮爲動作，故从辵。隶小篆作□，説文隶部：「隶，及也。从又，尾省」。學者多以爲逮爲隶的後起字。

捉 小篆作□，説文手部：「捉，搤也。从手，足聲。」形聲字。捉本義爲握持，故从手。

穀 小篆作□，説文禾部：「穀，續也。百穀之總名。从禾，㱿（què）聲。」形聲字。本義爲莊稼、糧食的總稱。段玉裁説文解字注：「㱿者，今之殼字。穀必有稃甲，此以形聲包會意也。」

禾　甲骨文作、，金文作、，小篆作。禾古代指粟，即小米。禾熟時穗垂向一側，上像禾穗、葉，下像莖、根，象形字。説文禾部：「禾，嘉穀也。」

粟　小篆作，籀文作，説文鹵部：「粟，嘉穀實也。从鹵，从米」。會意字。鹵像植物果實，粟去皮後稱小米。

黍　甲骨文作、，金文作，小篆作。説文黍部：「禾屬而黏者也。以大暑而種，故謂之黍。从禾，雨省聲」。段玉裁注：「黍可爲酒，故从禾入水也。」把黍看作會意字，當是。

稷　小篆作，説文禾部：「稷，齊也。五穀之長。从禾，畟聲。」形聲字。

共　金文作、、，小篆作，像兩手共舉一物，是供的初文，會意字。

同　甲骨文作、，金文作、，小篆作。説文冃部：「合會也，从冃从口。」从甲骨文看同从凡，不从冃，會意字。

雕　鵰同，小篆作，籀文作鵰。説文隹部：「雕，鷻也。从隹，周聲。」形聲字。隹、鳥義近（隹爲短尾鳥），作爲義符可以通用。

琱　金文作、，小篆作。説文玉部：「琱，治玉也，从玉，周聲。」形聲字。

彫　小篆作，説文彡部：「彫，琢文。从彡，周聲。」彫爲琢刻花紋，故从彡（飾畫），形聲字。

凋　小篆作，説文仌部：「凋，半傷也。」段玉裁注：「傷，創也。半傷未全傷也。从仌，周聲。」「仌霜者傷物之具，故从仌。」爲形聲字。仌爲冰的古字，凋爲因冷而草木零落，故从之。

弔　字原作弔，甲骨文作、，金文作，小篆作。弔字本義今已不可曉，羅振玉以爲字像弓、矢、繳形，爲惟射之惟，會意字。説文人部：「弔，問終也。……从人持弓，會驅禽。」説文據訛變後的字形，説「从人持弓」，誤。「問終」是「吊」的假借義。

唁　小篆作□，説文口部：「唁，吊生也。从口，言聲。」形聲字。

都　金文作□、□，小篆作□。説文邑部：「都，有先君之舊宗廟曰都。从邑，者聲。」形聲字。邑爲國都，甲骨文作□、□、□，上像疆域，下像人跽跪，有人有土，是爲邑。都與邑同類，故以邑爲義符。

京　甲骨文作□、□，金文作□，小篆作□。从甲、金文看，京像人爲穴居形。下部像丘上累土之高，上部像穴上正出的階梯及屋頂形，丨像柱木，象形字。説文京部：「京，人所爲絶高丘也。」

府　小篆作□，説文广部：「府，文書藏也。从广，付聲。」形聲字。戰國金文从貝，府聲，仍爲形聲字。

庫　金文作□、□，小篆作□，説文广部：「庫，兵車藏也。从車，在广下。」庫是收藏兵器和兵車的地方，故从車在广下，會意字。

廩　廩的俗字。甲骨文作□、□，隸定作亩，有學者以爲像露天的穀堆，「亩是積穀所在之處，即後世倉廩之廩」。金文作□、□、□，从米或禾，亩聲，成爲形聲字。小篆作□，異體作□。説文亩部：「亩，穀所振入……廩，亩或从广从禾。」

包　小篆作□，象形字，像人懷孕，□像胎兒，勹像胞衣。説文包部：「包，象人懷妊。」包後世分化作胞，成爲形聲字。

囷　小篆作□。説文口部：「囷，廩之圜者。从禾在口中。」會意字。口是古圍字，口中有禾，即是倉囷。

厄　小篆作□。説文卩部：「厄，科厄木節也。从卩厂聲。」説文以爲厄的本義爲「科厄（木節）」，故字「从卩（節），厂聲」，形聲字。

阸　阸的俗字，小篆作□。説文自部：「阸，塞也。从自，戹聲。」形聲字。阸本義爲阻塞，故以阜爲義符。

復　甲骨文作□、□，金文作□、□，小篆作□。説文彳部：「復，往來也。从彳，复聲。」爲形聲字。复，小篆作□，下从夊，像足趾，上像穴居兩側有臺階上出。會意字。説文夊部：「复，行故道也。」

覆　小篆作□，説文襾部：「覆，覂也。一曰蓋也。从襾，復聲。」形聲字。襾本義爲「覆」，故覆以之爲義符。

複　説文衣部：「複，重衣也。从衣，复聲。」即有裏的衣服，形聲字。

負　小篆作□，説文貝部：「負，恃也。从人守貝，有所恃也。」會意字。

任　甲骨文作□、□，金文作□，小篆作□，説文人部：「任，符（段注改爲『任，保也。』）也。从人，壬聲。」形聲字。任本義爲抱舉，是人的行爲，故以人爲義符。

荷　金文作□，小篆作□，「从艸，何聲」，形聲字。荷即蓮。説文艸部：「荷，芙蕖。」故字从艸。荷又作擔負講，其本字即何，甲骨文作□、□，金文作□，像人荷負戈形，會意字。説文人部：「何，儋（擔）也。」

問　甲骨文作□、□，小篆作□，説文口部：「問，訊也。从口，門聲。」形聲字。

訊　甲骨文作□、□，金文作□。吴大澂説文古籀補：「古訊字从糸，从口，執敵而訊之也。」像反縛敵虜以口審問之狀。會意字。小篆作□。説文言部：「訊，問也。从言，卂聲。」形聲字。

詘　小篆作□，説文言部：「詘，詰詘也。从言，出聲。」形聲字。

婦　甲骨文作□、□，金文作□、□，小篆作□。説文女部：「婦，服也。从女持帚灑掃也。」从女从帚，取灑掃意，會意字。

女　甲骨文作□、□，金文作□、□，小篆作□，象形字，像屈膝交手的女人。上古婦女多活動於室内，屈膝交手爲居處常態。上或加短横，像簪形。説文女部：「女，婦人也。」

干　甲骨文作□、□，金文作□、□，小篆作□，象形字。从甲、金文看，干像有椏杈的木棒形。古人狩獵作戰，常以干爲武器，引申爲冒犯義。説文干部：「干，犯也。」

乾　小篆作□，説文乙部：「乾，上出也。从乙，乙物之達也。倝聲。」形聲字。「上出」義恐不確，乾通常用爲卦名。

幹　幹的俗字，隸書始見。榦金文作□，小篆作□，説文木部：「榦，築墻耑木也。从木，倝聲。」形聲字。榦爲築墻時夾板兩邊所豎的起固定作用的木柱，故从木。

書　金文作□，小篆作□，説文聿部：「書，箸也。从聿，者聲」。形聲字。聿小篆作□，像手持筆。書本義爲書寫，故从聿。

寫　小篆作□，説文宀部：「寫，置物也。从宀，舄聲。」徐灝段注箋：「蓋从他處傳置於此室也。」形聲字。寫本義爲「置物」，即移置。置物必於屋下，故以宀爲義符。

墳　小篆作□，説文土部：「墳，墓也。从土，賁聲。」形聲字。墳爲墓上封土，故以土爲義符。

墓　小篆作□，説文土部：「墓，丘也。从土，莫聲。」形聲字。

蔽　小篆作□，説文艸部：「蔽，蔽蔽，小草也。从艸，敝聲。」形聲字。蔽本義與草有關，故从艸。

薟　小篆作□，說文艸部：「薟，艸陰也。从艸，陰聲。」故字从艸。形聲字。

反　甲骨文作□、□，金文作□、小篆同。說文又部：「反，覆也。从又、厂。」會意字。楊樹達說：「反字从又从厂者，厂爲山石厓巖，謂人以手攀厓也……扳實反之後起加旁字。」

馳　小篆作□，說文馬部：「馳，大驅也。从馬，也聲。」形聲字。馳本義爲車馬疾行，故以馬爲義符。

驅　小篆作□，說文馬部：「驅，馬馳也。从馬，區聲。」形聲字。王筠說文句讀：「當作馳馬也……言人御之使速也。」驅本義爲鞭馬前進，故从馬。說文古文作敺，从攴，區聲。攴像以手持物，有驅趕之義。

援　小篆作□，說文手部：「援，引也。从手，爰聲。」形聲字。

持　金文作□、□，即寺字，从又（手），之聲。形聲字。小篆加手作□，仍爲形聲字。說文手部：「持，握也。」

操　小篆作□，說文手部：「操，把持也。从手，喿聲。」形聲字。

把　小篆作□，說文手部：「把，握也。从手，巴聲。」形聲字。

秉　甲骨文作□、□，金文作□、□，小篆作□，說文又部：「秉，禾束也。从又持禾。」會意字。朱駿聲說文通訓定聲：「手持一禾爲秉，手持兩禾爲兼。」

空　金文作□，小篆作□，說文穴部：「空，竅也。从穴，工聲。」形聲字。空爲空虛，故字从穴。

虛　小篆作□，說文丘部：「虛，太丘也。从丘，虍聲。」形聲字。虛爲墟的本字，本義爲大丘，故以丘爲義符。

崩　後起形聲字，説文山部作「嵭。」説文：「嵭，山壞也。从山，朋聲。」本義爲山崩塌。

薨　小篆作□，説文死部：「薨，公侯猝（zú）也。从死，瞢省聲。」形聲字。周代稱諸侯死爲薨，故以死爲義符。

卒　甲骨文作□、□，金文作□，小篆作□。説文衣部：「卒，隸人給事者衣爲卒。卒，衣有題識者。」卒爲古代隸役穿的一種有特殊標記的衣服。故小篆加一畫以指示。甲骨文爲象形字。

死　甲骨文作□、□，金文作□，小篆作□。甲骨文像人拜於枯骨旁，會意字。説文歺部：「死，澌也，人所離也。」

没　小篆作□，説文水部：「没，沈也。从水，从㱿。」㱿亦聲，是會意兼形聲字。没本義爲沉入水中。

告　甲骨文作□、□，金文作□，小篆作□，説文告部：「牛觸人，角箸横木，所以告人也。从口，从牛。」會意字。甲骨文上部非牛形，許説疑誤。或説告像倒置的鈴，下像鈴身，上像鈴舌。古時酋長講話先摇鈴，後宣告。

誥　金文作□，小篆作□，説文言部：「誥，告也。从言，告聲。」形聲字。

詔　小篆作□，説文言部：「詔，告也。从言，从召，召亦聲。」會意兼形聲字。

羹　小篆作□，説文䰜部：「五味盉羹也。从羔，从美。」會意字。本義爲帶汁的肉。

湯　金文作□，小篆作□，説文水部：「湯，熱水也。从水，昜聲。」形聲字。

宫　甲骨文作□、□，金文作□，像一半陷在地下的穴室，象形字。小篆作□。説文宀部：「宫，室也。」

室　甲骨文作□、□，金文作□，小篆作□，説文宀部：「室，實也。从宀，从至。至，所止也。」至兼表音，是會意兼形聲字。

貢 小篆作□，說文貝部：「貢，獻功也。从貝，工聲。」形聲字。

供 小篆作□，說文人部：「供，設也。从人，共聲。一曰供給。」形聲字。本義爲陳設。

獻 甲骨文作□、□，从犬从鬲，會意，或从虎从鬲。金文作□、□。所从虎或移至鬲上，又於其旁加犬，爲說文小篆所本。小篆作□，說文犬部：「宗廟犬名，羹獻犬，肥者以獻之。从犬，鬳聲。」形聲字。本義爲宗廟祭祀的用犬。

人 象形字。甲骨文作□、□，金文作□，小篆作□，像人側面站立形。

民 金文作□、□。或以爲像刃刺入左目。據說周人初以俘虜爲民時，先刺瞎其左目。說文民部：「民，衆萌也。」

氓 小篆作□，說文民部：「氓，民也。从民，亡聲。」形聲字。段玉裁注：「蓋自他歸往之民則謂之氓。」氓即外來之民。

甿 小篆作□，說文田部：「甿，田民也。从田，亡聲。」形聲字。本義爲農人。

黎 甲骨文作□、□，即利字，像以□(即力，耒也)種禾黍，是會意兼形聲字。小篆作□，說文黍部：「黎，履黏也。从黍，𥝢省聲。𥝢，古文利。」形聲字。

百 甲骨文作□、□，金文作□，小篆作□。說文白部：「十十也。从一、白。」會意字。

黔 小篆作□，說文黑部：「黔，黎也。从黑，今聲。」形聲字。本義爲黑。

首 甲骨文作□、□，金文作□，小篆作□，像人頭有髮形，突出眼睛。象形字。

憂 金文作□，小篆作□，說文夊部：「憂，和之行也。从夊，𢝊聲。」形聲字。𢝊或作𢙐，小篆作□，說文心部：「𢝊，愁也。从心，从頁。」徐鍇繫傳：「惪心形於顔面，故从頁」。會意字。憂本義爲平和、寬和。

患 小篆作，説文心部：「患，憂也。从心，上貫吅，吅亦聲。」疑誤，應爲从心串聲。形聲字。

容 金文作，説文古文，从宀，公聲。小篆作，説文宀部：「容，盛也。从宀，谷。」會意字。

貌 甲骨文作，上部像人的臉面，下面是人。小篆作，即「皃」字。説文皃部：「皃，頌儀也。从人，白象人面形。」會意字。説文籀文作，今通行。

氏 甲骨文作、，金文作，小篆作。構形無定論，説文以爲象崖岸形；郭沫若以爲像匙形；林義光以爲像樹根形。氏由姓派生，像樹根之派生，林説爲近是。

布 金文作，小篆作，説文巾部：「枲織也。从巾，父聲。」形聲字。

衣 甲骨文作、，金文作，小篆作，像衣曲領、兩袖中空，左右襟衽掩合形。説文衣部：「衣，上曰衣，下曰裳。」

匹 金文作，像布一匹數揲之形。小篆作，説文匸部：「匹，四丈也。从八、匸，八揲一匹，八亦聲。」金文不从八，許慎的説解依據的是訛變後的字形。

夫 甲骨文作、，金文作，小篆作。大、天、夫古本一字，均爲人正面站立形，頭部或作圓點，或作短横，作短横者爲夫字。説文夫部：「夫，丈夫也。从大，一以象簪也。」

聲 甲骨文作、，小篆作，説文耳部：「聲，音也。从耳，殸聲。」形聲字。段玉裁

注：「宮商角徵羽，聲也；絲竹金石匏土革木，音也。」指樂音。

音 金文作，小篆作，説文音部：「音，聲也。生於心有節於外謂之音……，从言，含一。」指事字。

房 小篆作，説文户部：「房，室在旁也。从户，方聲。」形聲字。段玉裁注：「凡堂之内，中爲正室，左右爲房屋。所謂東房西房也。」本義指正室兩旁的房子。其門爲單扇，故以户爲義符。

屋 小篆作，説文尸部：「屋，居也。从尸，尸，所主也。一曰尸象屋形；从至，至，所至止。」會意字。

辭 金文作、，金文或从𤔔从司，或从台辛。小篆有二體，一爲从𤔔从辛，籀文作嗣，一爲从受从辛，籀文作辤。説文辛部：「辭，訟也。从𤔔，𤔔猶理辜也。𤔔，理也。」𤔔像兩手理絲形，辛本象曲刀或鑿，是刑具，與訟有關。嗣、辭本指訟詞；辤、辞指推辭。今統作辭。形聲字。説文辛部：「辤，不受也。」

詞 小篆作，説文司部：「詞，意内而言外也，从司、言」。段玉裁注：「司者，主也。意主於内而言發於外，故从司、言。」會意字。

門 甲骨文作、，金文作、，小篆作，象形字。像兩扇門，上部或有横木。説文門部：「門，聞也。从二户，象形。」

户 甲骨文作、，小篆作，像單扇門形。説文户部：「户，護也。半門曰户，象形。」

扉 小篆作，説文户部：「扉，户扇也。从户，非聲。」形聲字，本義爲門扇。

窗 小篆正體作，古文作，或體作。説文古文和正篆皆爲象形字，像窗户。或體爲形聲字。从穴囪聲，囪兼表義。今正體作窗，別於烟囱字。説文囱部：「囱，在墻曰牖，在房室曰囱。窗或从穴。」

牖 小篆作[字形]，説文片部：「牖，穿壁以木爲交窗也。从片、户，甫聲。」形聲字。牖爲木窗，片爲木片，户爲門户。

向 甲骨文作[字形]、[字形]，金文作[字形]，象形字。向爲北開的窗户，[字形]像屋的側壁，[字形]像户牖。説文宀部：「向，北出牖也。」

文 甲骨文作[字形]、[字形]，金文作[字形]，像正立人形，上有紋飾，象形字。説文文部：「文，錯畫也。象交文。」

名 甲骨文作[字形]、[字形]，金文作[字形]，小篆作[字形]。説文口部：「名，自命也，从口，夕。夕者，冥也，冥不相見，故以口自名。」會意字。

字 金文作[字形]、[字形]，小篆作[字形]，説文子部：「字，乳也。从子在宀下，子亦聲」。會意兼形聲字。本義爲屋内生育孩子。

簡 小篆作[字形]，説文竹部：「簡，牒也。从竹，間聲」。形聲字。簡爲竹簡，故从竹。朱駿聲説文通訓定聲：「竹謂之簡，木謂之牒，亦謂之牘，亦謂之札，聯之爲編，編之爲册。」

策 小篆作[字形]，説文竹部：「策，馬箠也。从竹，朿聲。」形聲字。

賜 古字作易，甲骨文作[字形]、[字形]，金文作[字形]，像从一個器皿向另一個器皿傾倒形。後引申爲賜予義。小篆作[字形]。説文貝部：「賜，予也。从貝，易聲。」

與 小篆作[字形]。説文舁部：「與，黨與也。从舁与。」段玉裁注：「共舉而与之也。舁、与皆亦聲。」給予，文獻多寫作「與」，今簡化作「与」。

予 小篆作[字形]，説文予部：「予，推予也。象相予之形。」象形字。段玉裁注：「予、與，古今字……象以手推物付之。」

給 小篆作，説文系部：「給，相足也。从糸，合聲。」形聲字，本義爲豐足、富裕。系爲細絲，有紛繁衆多義。

振 小篆作，説文手部：「振，舉救也。从手，辰聲。一曰奮也。」形聲字。本義爲救助。

拯 後起形聲字，从手，丞聲，丞兼表義。古字作丞。

救 小篆作。説文攴部：「救，止也。从攴，求聲。」形聲字。攴像以手持器械相救。

種 小篆作，説文禾部：「種，先種後孰也。从禾，重聲。」形聲字。本義爲早種晚熟的穀類。

樹 小篆作，説文木部：「樹，生植之總名。从木，尌聲。」形聲字。壴兼表義。説文壴部：「尌，立也。」

藝 古字作埶，甲骨文作、，金文作、，像以手持木種於土中，會意字。

盈 小篆作。説文皿部：「盈，器滿也。从皿、夃(gǔ)。」會意字。段玉裁注：「秦以市買多得爲夃，故从夃。」或以爲夃兼聲符，是會意兼形聲字。

溢 益的後起字，甲骨文作、，金文作，小篆作，像水漫出器皿，會意字。後加水旁作溢，爲形聲字，表溢出義。

滿 小篆作，説文水部：「滿，盈溢也。从水，㒼聲。」形聲字。

邦 甲骨文作、，像植木於田界形，會意字。古邦、封一字，金文作，小篆作，説文邑部：「邦，國也。从邑，丰聲。」形聲字。

國 或的後起字。甲骨文作、，像城邑，以戈守衛，戈兼表音。金文作或。會意兼形聲字。周代「或」已借作無定代詞，後爲原義加口成國字，从口，从或。會意字。説文口部：

「國，邦也，从口从或。」

罟　小篆作罟，説文网部：「罟，罵也。从网，从言，网辠人。」會意字。

假　小篆作假，説文人部：「假，非真也。从人，叚聲。」形聲字。

借　小篆作借，説文人部：「借，假也。从人，昔聲。」形聲字。

美　甲骨文作美、美，金文作美，像人首上加羽毛或羊首等飾物形，古人以此爲美，象形字。小篆作美。説文羊部：「美，甘也。从羊，从大。羊在六畜主給膳也。美與善同意。」徐鍇以爲是會意字，取義於「羊大則美」。

版　小篆作版。説文片部：「版，片也。从片，反聲。」形聲字。本義是將木頭剖爲薄片。

牘　小篆作牘。説文片部：「牘，書版也。从片，賣聲。」形聲字。

牒　小篆作牒。説文片部：「牒，札也。从片，枼聲。」形聲字。段玉裁注：「厚者爲牘，薄者爲牒。」

札　小篆作札。説文木部：「札，牒也。从木，乙聲。」形聲字。本義爲書寫用的小木片。

計　小篆作計，説文言部：「計，會也，算也。从言，从十。」會意字。本義爲計算。

慮　戰國中山王鼎作慮，从心，吕聲，形聲字。小篆作慮，説文思部：「慮，謀思也。从思，虍聲。」形聲字。

圖　金文作圖、圖，小篆作圖，説文口部：「圖，畫計難也。从口，从啚。」會意字。本義爲地圖，口像國邑，啚爲邊鄙，合而爲地圖。

謀　小篆作謀，説文言部：「謀，慮難曰謀。从言，某聲。」形聲字。

裝　小篆作裝，説文衣部：「裝，裹也。从衣，壯聲。」形聲字。本義爲裹。

飾　小篆作飾，説文巾部：「飾，㕞也。从巾，從人，食聲。」形聲字。本義爲刷拭清潔。

軍 金文作□、□、□，小篆作□。説文車部：「軍，圜(huán)圍也。从車，从包省。」會意字。段玉裁注：勹(即包)，裹也。勹車會意也。」古時車戰，駐軍時以車自圍。或以爲軍，會意兼形聲字。

士 金文作□、□。小篆作□，説文士部：「士，事也。數始于一，終于十。从一，从十。孔子曰：『推十合一爲士。』」會意字。或以爲士像斧鉞形。古戰士執斧鉞，故借爲戰士之「士」。

兵 甲骨文作□、□，金文作□、□，小篆作□，説文収部：「兵，械也。从廾持斤。」會意字。廾爲雙手，斤爲斧斤，字像雙手持兵器。

進 甲骨文作□，金文作□，小篆作□，説文辵部：「進，登也。从辵，閵省聲。」形聲字。或以爲字从隹从止，屬會意字。

入 甲骨文作□，金文作□，小篆作□，説文入部：「入，内也。象从上俱下也。」象形字。字像一端尖鋭形，形鋭才容易進入。

諫 金文作□，小篆作□，説文言部：「諫，證也。从言，柬聲。」形聲字。本義爲直言規勸。

歌 金文作□，从言，可聲。小篆作□，从欠，哥聲。或體作謌，形聲字。説文欠部：「歌，詠也。从欠，哥聲。」

界 小篆作□，説文田部：「界，境也。从田，介聲。」形聲字。

畔 小篆作□，説文田部：「畔，田界也。从田，半聲。」形聲字。畔爲田界，故以田爲義符。

介 甲骨文作□、□。像一人立於兩畫之間。小篆作□。或以爲介字像人着介(甲)形。説文八部：「介，畫也。」

封　甲骨文作□、□，像給樹培土。金文作□、□，像以手持樹，植於土堆形。小篆作□，字形已有訛變。説文土部："封，爵諸侯之土也。从之从土从寸。守其制度也。"

疆　甲骨文作□，金文作□、□、□，小篆作□，或體作□。从二田三横，二田像國界、田界，三横像其界畫。會意字。説文畕部："畺，界也。从畕，三，其界畫也。疆，或从彊土。"

堤　小篆作□，説文土部："堤，滯也。从土，是聲"。形聲字。

防　小篆作□，或體作□，説文𨸏部："防，堤也。从自，方聲。或从土。"皆形聲字。

貧　小篆作□，説文貝部："貧，財分少也。从貝，从分，分亦聲。"會意兼形聲字。

窮　小篆作□，説文穴部："窮，極也。从穴，躳（同躬）聲"。形聲字。本義爲極盡。

貨　小篆作□，説文貝部："貨，財也。从貝，化聲"。形聲字。本義爲財物，古人曾以貝爲貨幣，至春秋以後始用金屬貨幣。

賂　小篆作□，説文貝部："賂，遺也。从貝，各聲。"形聲字。本義爲贈送財物。

資　小篆作□，説文貝部："資，貨也。从貝，次聲。"形聲字。

財　小篆作□，説文貝部："財，人所寶也。从貝，才聲。"形聲字。

賄　小篆作□，説文貝部："賄，財也。从貝，有聲。"形聲字。本義爲財物。

察　小篆作□，説文宀部："察，覆也。从宀、祭。"會意字。本意爲覆審、詳察。从"宀"表示覆審，从"祭"表示祭必詳察。徐鍇、段玉裁以爲察爲會意兼形聲字，祭兼表聲。

旦　甲骨文作□、□，金文作□，小篆作□。説文旦部："旦，明也。从日見一上。一，地也。」日出於地上爲旦，會意字。

早 戰國金文作□，从日，棗聲，形聲字。小篆作□，説文日部：「早，晨也。从日在甲上。」會意字。段玉裁注：「甲象人頭，在其上，則早之意也。」

晨 小篆作□，或作□。晨本義爲二十八宿的房星。説文晶部：「曟，房星，爲民田時者。从晶(星)，辰聲。」形聲字。後「晶」旁省作日作晨。早晨義古字作晨，从臼，辰聲。説文晨部：「晨，早昧爽也。从臼从辰。辰，時也，辰亦聲。」

夙 甲骨文作□、□，金文作□，小篆作□。从夕从丮。夕指夜，丮指執事。隸變爲夙。或以爲像人執事於月下，侵月而起，其義爲早。會意字。

朝 甲骨文作□、□，像日、月同現於草木之中，會意字。金文作□，从水，潮汐之潮的本字。説文小篆訛作□，許慎以爲「从倝，舟聲」，疑誤。

帝 甲骨文作□、□，金文作□，像架木或束木燔燒以祭天之形，爲禘的初文，象形字。小篆作□。説文丄部：「帝，王天下之號也。」許慎以爲「从丄，朿聲」，疑誤。

王 甲骨文作□、□，金文作□、□，像刃部下向的斧鉞形，象形字。古人以主刑殺的斧鉞象徵王者的權威。許慎引董仲舒説，以爲「古之造文者，三畫而連其中謂之王」，又引孔子説「一貫三爲王」，均與甲、金文不合。

皇 金文作□、□、□。或説像王戴冠端坐之形；或説皇爲煌的初文，下像燈，上像燈光輝煌；或説上像鳳凰的尾羽。會意字。小篆作□。説文王部：「皇，大也。从自，自，始也。」許慎據訛變字形説解，以爲「皇」上从自，誤。

啗　小篆作□，説文口部：「啗，食也。从口，臽聲。」形聲字。本義爲大口吃。

走　金文作□、□，小篆作□。上部像人兩手臂擺動，下部爲足，會意字。走的本義爲奔跑，故从夭从止。説文走部：「走，趨也。」

趨　小篆作□。説文走部：「趨，走也。从走，芻聲。」形聲字。

奔　金文作□，从夭，从三止，會意字，止爲趾的本字。从止表示與行走有關。小篆作□，説文夭部：「奔，走也。从夭，賁省聲。」形聲字。

却　卻的俗字，古籍中多作卻。小篆作□，説文卩部：「卻，節欲也，从卩(jié)，谷聲。」形聲字。朱駿聲以爲卩有節制義。故作義符。

覺　小篆作□，説文見部：「覺，寤也。从見，學省聲。」形聲字。

寤　小篆作□，説文㝱部：「寤，寐覺而有言曰寤。从㝱省，吾聲。」形聲字。

醒　後起形聲字，説文新附作□：「醒，醉解也。从酉，星聲。」形聲字。本義爲酒醒，酉像酒器形。

坐　戰國楚簡从土从卩，會意字，像人跽坐在地上。睡虎地秦簡，从土从吅，吅爲卩的繁化。小篆訛作□，説文土部：「坐，止也。从土，从留省。」説文古文，像二人對坐土上形，會意字。楷書承古文。

跪　小篆作□，説文足部：「跪，拜也。从足，危聲。」形聲字。本義爲屈膝。

跽　从止，忌聲，止爲脚趾，即足。小篆作□。説文足部：「跽，長跪也。从足，忌聲。」形聲字。

踞　小篆作□。説文足部：「踞，蹲也。从足，居聲。」形聲字。

蹲　小篆作□。説文足部：「蹲，踞也。从足，尊聲。」形聲字。

唯 甲骨文作、，金文或作，即隹字，爲短尾鳥的象形。金文有異體作、，从口，隹聲，分化爲形聲字。小篆作。唯義爲應答聲。説文口部：「唯，諾也。」

諾 金文作，不从言，即若字。小篆作。説文言部：「諾，應也。从言，若聲。」若本應答，後用作虛詞。

謹 小篆作。説文言部：「謹，慎也。从言，堇聲。」形聲字。

慎 金文作，古文作昚，即炅字，上部是火形的訛變，炅或以爲是熱字古體，从日从火，會意，因音近借爲慎。小篆作。説文心部：「慎，謹也。从心，真聲。」形聲字。

喜 甲骨文作、，金文作，小篆作。説文喜部：「喜，樂也。从壴，从口。」壴像鼓形，樂器的一種。人聞樂則喜，喜則開口笑，故从口。會意字。

慚 小篆作。説文心部：「慚，媿（同愧）也。从心，斬聲。」形聲字。

愧 金文作。小篆作。或體作愧。从心，鬼聲，形聲字。説文女部：「媿，慚也。从女，鬼聲。，媿或从恥省。」

恐 金文作，从心，工聲。小篆作。改从巩聲。説文心部：「恐，懼也。」

惧 後起形聲字。原爲懼的俗字，今爲其簡化字，从心，具聲。説文心部：「懼，恐也。从心，瞿聲。」

憚 小篆作，説文心部：「憚，忌難也。从心，單聲。一曰難也。」形聲字。段玉裁注：「（一曰難也）當作難之也……凡畏難曰憚，以難相恐吓亦曰憚。」

畏 甲骨文作、，金文作、、，像鬼執杖形，鬼執杖，使人敬畏，會意字。小篆作□，已訛變。說文由部：「畏，惡也。从由，虎省，鬼頭而虎爪，可畏也。」以爲下部爲虎爪，誤。

争 小篆作□。像上下兩手争奪一個器物，一撇代表器物。說文𠬪部：「争，引也。从𠬪、厂。」會意字。

奪 金文作□，像手持隹於衣中。小篆作□。說訛「衣」爲「天」，从又从奞(xùn)，會意字。說文奞部：「手持隹失之也。」

追 甲骨文作□、□，从止，𠂤(duī)聲。金文作□，从辵，𠂤聲。小篆作□，說文辵部：「追，逐也。从辵，𠂤聲。」形聲字。辵从彳、止，止爲脚趾，表示人行於道中。

逐 甲骨文作□、□，下爲脚趾，上像豕形，表示人追逐豕。金文加「彳」，表示道路。小篆作□。說文辵部：「逐，追也。从辵，从豚省。」會意字。

禁 小篆作□，說文示部：「禁，吉凶之忌也。从示，林聲。」形聲字。禁本義爲吉凶之忌，从示的有些字與福禍吉凶的意義有關，故从示。

止 甲骨文作□、□，本像脚形，後作趾。金文作□，小篆承之，說文止部：「止，下基也。象艸木出有址，故以止爲足。」許説誤。

類 頪的後起字，形聲字。說文犬部：「類，種類相似，唯犬爲甚。从犬，頪(lèi)聲。」頪兼表義，表示不易分辨。說文頁部：「頪，難曉也。从頁、米。」依許慎説，頪爲會意字。

似 金文作□，小篆作□，說文人部：「佀(似)，象也。从人，㠯聲。」形聲字。

病 小篆作□，說文疒部：「病，疾加也。」从疒，丙聲。形聲字。

瘳 小篆作□。說文疒部：「瘳，疾瘉也。从疒，翏聲。」形聲字。本義爲病愈。

瘥 小篆作□。說文疒部：「瘥，瘉也。从疒，差聲。」形聲字。

痡 小篆作□。説文疒部：「痡，病瘳也。从疒，俞聲。」形聲字。

痊 晚起的形聲字，从疒，全聲。

祭 甲骨文作□、□，金文作□、□，小篆作□。説文示部：「祭，祭祀也。从示，以手持肉。」手持肉祭祀鬼神，會意字。

祀 甲骨文作□、□，金文作□，小篆作□，説文示部：「祀，祭無已也。从示，巳聲。」形聲字。

治 小篆作□，説文水部：「水出東萊曲城陽丘山，南入海。从水，台聲。」形聲字。

理 小篆作□，説文玉部：「理，治玉也。从玉，里聲。」形聲字。本義爲治玉。

征 甲骨文作□、□，金文作□、□，説文或體作□，正篆加止旁。説文辵部：「延，正行也。从辵，正聲。□，延或从彳。」正是征的初文。甲骨文作□、□，口像城邑，□爲脚趾，足趾向着城邑，表示前往目的地。後加彳爲征，正聲，爲形聲字。

伐 甲骨文作□，金文作□，小篆作□，像以戈擊殺人形，會意字。説文人部：「伐，擊也。从人持戈。」

侵 甲骨文作□从牛，从又持帚，疑像以帚驅牛之意，會意字。金文作□，小篆作□。説文人部：「侵，漸進也。从人，又，持帚若埽之進。」依許慎説，仍爲會意字，只是本義解爲「漸進」，與甲骨文不同。

襲 金文作□，小篆作□，説文衣部：「左衽袍。从衣，龖（音達）省聲。」形聲字。襲本爲死者所穿左衽袍，引申爲襲擊義。

言 甲骨文作□、□，其造字用意不明。或以爲言像舌从口中伸出形，上面短横指示言之所在，抽象指事字。金文作、，小篆作。說文言部：「直言曰言，論難曰語。从口辛(qiān)聲。」

語　金文作，小篆作，說文言部：「語，論也。从言，吾聲。」形聲字。

報　金文作，小篆作。說文㚔部：「報，當罪人也。从㚔(niè)，从𠬝。𠬝，服罪也。」會意字。吳善述說文廣義校訂：「从㚔，皋人也。从𠬝，古服字。服其皋曰報。服其皋者，當其皋以定刑也。」㚔像手械之類的刑具，𠬝像以手捕之。

荐　小篆作。說文艸部：「荐，薦蓆也。从艸，存聲。」本義爲草席。形聲字。

薦　金文作，小篆作，說文艸部：「薦，獸所食草。从廌(zhì)，从艸。」會意字，本義爲獸畜吃的草，廌本義是一種神獸。禮記祭義：「奉薦而居。」

解　甲骨文作、，中間是角，下面是牛，旁邊是兩手，表示分解牛體。小篆作，說文角部：「解，判也。从刀判牛角。」會意字。本義爲「判」，即以刀分解。

釋　小篆作，說文釆部：「釋，解也。从釆(biàn)，睪(yì)聲。」形聲字。釋本義爲解說，釆，說文釆部：「辨別也，象獸指爪分別也。」

放　金文作、，小篆作。說文放部：「放，逐也。从攴，方聲。」形聲字。本義爲驅逐，攴像以手持物擊打貌。

飽　小篆作，說文食部：「飽，猒也。从食，包聲。」形聲字。義爲吃足食物。

召　金文有繁簡二體作、。小篆作，說文口部：「召，呼也。从口，刀聲。」形聲字。召即召喚，故从口。

辟 金文作，小篆作，説文辟部：「辟，法也。从卩，从辛，節制其辠也；从口，用法者也。」卩像跽跪的人，辛爲刑具，以口宣示法律，會意字。辟本義爲法度，引申爲征召。

仇 小篆作，説文人部：「仇，讎也。从人，九聲。」形聲字。本義爲配偶。

讎 金文作，小篆作。説文言部：「讎，猶應也。从言，雔(chóu)聲。」形聲字。本義爲對答。

知 小篆作。説文矢部：「知，詞也。从口，从矢。」會意字。徐鍇繫傳：「凡知理之速，如矢之疾也，會意。」或以爲「矢亦聲」，屬會意兼形聲字。

識 金文作，小篆作，説文言部：「識，知也。从言，戠(zhì)聲。」形聲字。本義爲記識。

命 命、令古本同字，甲骨文作、，金文作、，小篆作。説文卩部：「令，發號也，从亼、卪。」會意字。卪像跽跪的人。亼像何物，諸説不一，或説亼爲口字，令爲口發號，人跽伏以聽；或説亼爲亼省，亼像木鐸形，亼爲鐸身，其下之短横爲鈴舌。古人振鐸以發號令，卪爲人跪着接受命令，西周晚期，開始出現了加口的「命」字。説文口部：「命，使也。从口，从令。」會意字。

修 小篆作，説文彡(shān)部：「修，飾也。从彡，攸聲。」形聲字。修的本義是修飾，彡爲毛飾畫紋。

脩 金文作，从食，攸聲。小篆作，説文肉部：「脩，脯也。从肉，攸聲。」形聲字。本義爲乾肉。

身 甲骨文作、，金文作、，小篆作。本義爲婦人有身孕，字像人腹部隆起。象形字。説文身部：「身，躳也。象人之身。」

躳 小篆作□。説文吕部：「躳，身也。从身，从吕。」會意字。身爲身體，吕爲脊椎骨，説文異體作躬，从弓、身，爲會意兼形聲字。弓身義即曲身。

道 金文作□、□、□，小篆作□，説文辵部：「所行道也。从辵，从首。」辵爲行路，首爲有眼有髮的人頭，表示開始。字義爲引導人。會意字。或以爲形聲字，从辵、首聲。金文或从行、従，與辵義同。

路 金文作□，小篆作□。説文足部：「路，道也。从足，从各。」徐鍇繫傳：「从足，各聲。」形聲字，本義爲道路。

顔 金文作□，小篆作□，籀文作□，説文頁部：「顔，眉目之間也。从頁，彦聲。」形聲字。顔本義指兩眉之間（段玉裁説），頁（或作百）義爲人頭。

色 小篆作□，説文色部：「色，顔氣也。从人，从卩。」會意字。本義爲臉色。卩是跪着的人形。

鐘 金文作□、□，小篆作□，説文金部：「鐘，樂鐘也。从金，童聲。」形聲字。

鍾 金文作□，小篆作□，説文金部：「鍾，酒器也。从金，重聲。」形聲字。本義爲盛酒器。

第四單元

文選

齊晉鞌之戰　左傳

【題解】鞌之戰是春秋時期發生在齊、晉兩國之間的一場重要戰争。繼齊桓公之後，晉國成了北方諸侯國的盟主。魯宣公十二年，在著名的邲之戰中晉國被楚國打敗，導致鄭、宋等國叛晉附楚，嚴重動摇了晉國的霸主地位。與此同時，齊國與楚國建立同盟，并於魯成公二年春攻打晉的盟國魯、衛，企圖乘機恢復昔日的霸主地位。爲了重振霸業，晉國應魯、衛之請出兵伐齊，鞌之戰就是在這種背景下發生的。由於晉軍將帥具有高度的使命感、責任感和團結戰鬥、不怕犧牲的精神，最終打敗齊軍，迫使齊國立下了城下之盟，尊晉國爲盟主。文章再現了古代戰争的激烈場面和軍人以國家利益爲重的思想境界。英雄人物不加點染而勇敢機智的形象躍然紙上，外交辭令謙卑有餘、娓娓動聽而鋒芒逼人，充分顯示了左傳於平實中見神奇的敘事風格和隱約深藏的語言藝術。本文選自左傳成公二年，題目爲編者所加。原文較長，本文有删節。注釋採用古注加今注的形式，〇之前爲杜預的注，〇之後爲編者的注。

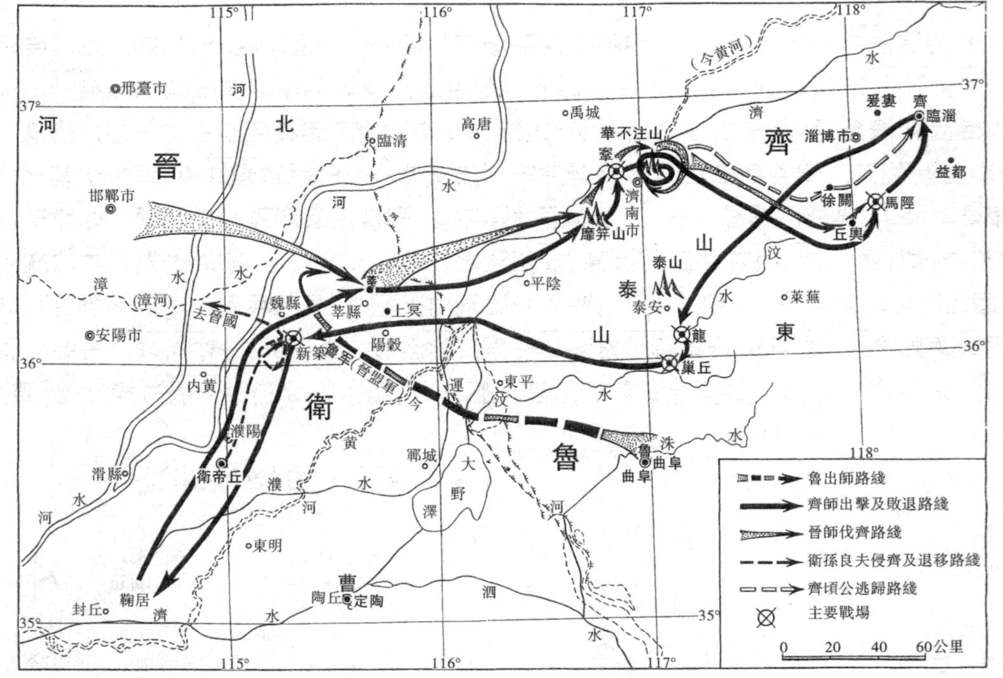
邢臺市
河北
晉
邯鄲市
安陽市
漳水
(漳河)
去晉國
魏縣
莘縣
上冥
陽穀
新築
魯軍(晉盟軍)
內黃
衛
濮陽
衛帝丘
滑縣
鞠居
封丘
東明
曹
陶丘
定陶
高唐
臨清
禹城
平陰
東平
運
汶
鄆城
大野澤
魯
曲阜
華不注山
鞌
濟南市
靡笄山市
泰山
泰安
龍
巢丘
齊
臨淄
爰婁
淄博市
益都
徐關
馬陘
丘輿
萊蕪
山東
(今黃河)
魯出師路綫
齊師出擊及敗退路綫
晉師伐齊路綫
衛孫良夫侵齊及退移路綫
齊頃公逃歸路綫
主要戰場
0 20 40 60公里

圖五　齊晉鞌之戰示意圖

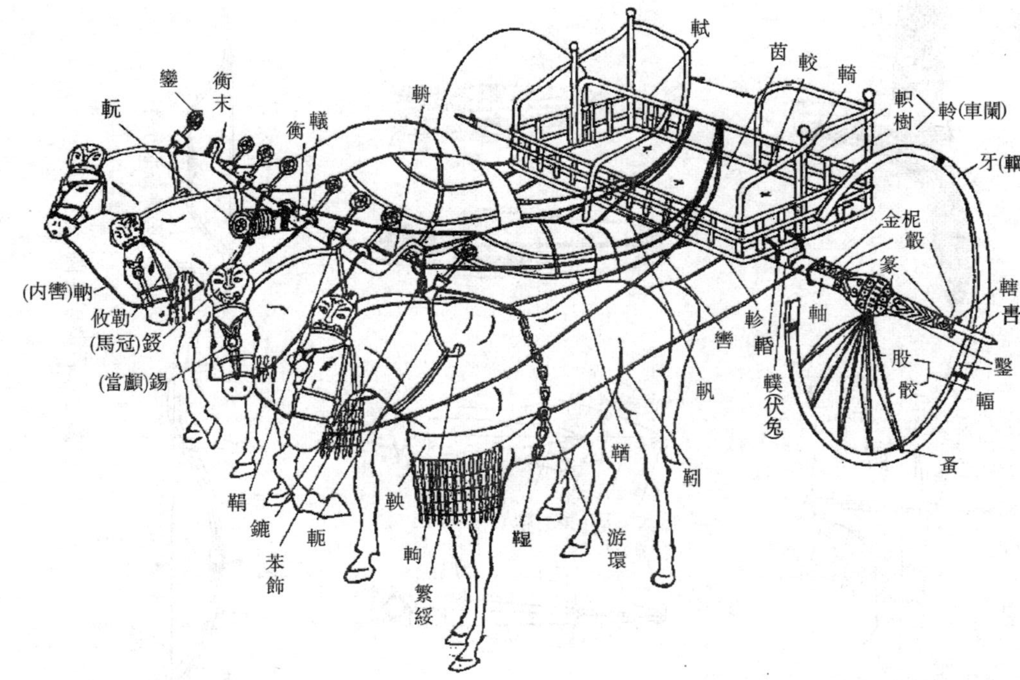

圖六　古代戰車結構示意圖

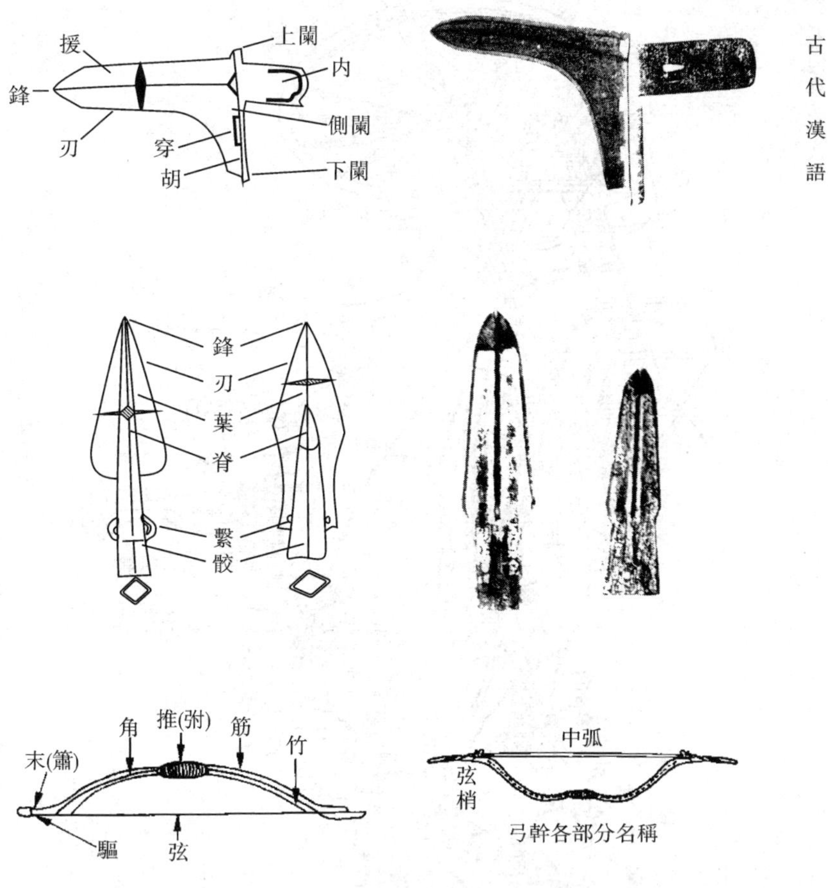

圖七　古戈矛弓圖

癸酉，師陳于鞌(ān)，邴夏御齊侯，逢(páng)丑父爲右①。晉解(xiè)張御郤(xì)克，鄭丘緩爲右②。齊侯曰：「余姑翦滅此而朝食③。」不介馬而馳之④。郤克傷於矢，流血及屨(jù)，未絶鼓音⑤，曰：「余病矣！」張侯曰：「自始合，而矢貫余手及肘，余折以御，左輪朱殷(yān)，豈敢言病？吾子忍之⑥！」緩曰：「自始合，苟有險，余必下推車，子豈識之？然子病矣⑦！」張侯曰：「師之耳目，在吾旗鼓，進退從之。此車一人殿之，可以集事⑧，若之何其以病敗君之大事也？擐(huàn)甲執兵，固即死也⑨。病未及死，吾子勉之！」左并轡，右援枹(fú)而鼓，馬逸不能止，師從之⑩。齊師敗績。逐之，三周華不注⑪。

①○癸酉：魯成公二年(前五八九年)六月十七日。師：指晉、魯、衛、曹及齊等國的軍隊。鞌：齊地，在今濟南市西北，距齊都臨淄三百餘里。本年春，齊伐魯，攻取了魯邑龍，接着敗衛師於新築，魯、衛兩國向晉求救，晉出師擊齊，齊師回撤，於六月十七日這一天雙方在鞌擺開決戰陣勢。邴夏、逢丑父：均齊大夫。齊侯：齊頃公。

②○解張、郤克、鄭丘緩：均晉大夫。其中郤克時爲晉執政大臣，中軍帥(中軍帥即三軍統帥)。右：車右，在戰車上負責保衛及排除路障等事。以上兩句交待齊、晉兩軍指揮部的情況。

③姑：且也。翦：盡也。○翦：消滅。此：指以晉爲首的盟軍。

④介：甲也。○不介馬：不給馬披上護身甲。介，用作動詞。馳之：驅車衝向晉軍。

⑤中軍將自執旗鼓，故雖傷而擊鼓不息。○未絶鼓音：未停止擊鼓。春秋時期，主帥親自擊鼓指揮戰鬥。郤克作爲三軍統帥而被箭射中，說明齊軍攻勢猛烈，晉軍傷亡很大。

⑥張侯：解張也。朱：血色，血色久則殷。殷音近煙，

今人謂赤黑爲殷色。言血多汙車輪，御猶不敢息。○貫：穿透。病：指傷勢嚴重。合：古車戰，敵對雙方的戰車由交合到閃開爲一合（兩車相向衝擊，擦車而過。在錯車的瞬間車上戰士以兵器對刺）。吾子：對對方的親切稱呼。子，男子的美稱。

⑦以其不識己推車。○識：知道。鄭丘緩多次下車排除路障推車前進而郤克渾然不知，説明郤克注意力高度集中地注視着前方的敵情，忘記了身邊發生的一切，反映出戰争的激烈。

⑧殿：鎮也。集：成也。

⑨擐：貫也。即：就也。○若之何其：怎麼能够。若之何，固定結構。其，語氣副詞，表反問。擐：穿上。即：走向。大事：指重振霸業。

⑩晉師從郤克車。○左并二句：左手將兩條轡繩并在一起駕車，騰出右手接過郤克的鼓槌擊鼓。轡：駕馭馬的韁繩。左右兩條，拴在兩匹驂馬的嘴上，車御用轡繩掌握車的方向。枹：鼓槌。此二句言解張在身負重傷的情況下單手駕車擊鼓，非常勇敢且駕車技術高超，英雄形象躍然紙上。逸：（向齊軍）奔去。

⑪華不注：山名。○敗績：潰敗，大敗。周：動詞，圍繞。華不注：地在今濟南市東北不遠處。此山是一座孤山，故可繞行。

韓厥夢子輿謂己曰：「旦辟左右①。」故中御而從齊侯②。邴夏曰：「射其御者，君子也。」公曰：「謂之君子而射之，非禮也③。」射其左，越于車下。射其右，斃于車中④。綦（qí）毋張喪車，從韓厥，曰：「請寓乘⑤。」從左右，皆肘之，使立於後⑥。韓厥俛，定其右⑦。逢丑父與公易位⑧。將及華泉，驂絓於木而止⑨。丑父寢於轏（zhàn）中⑩，蛇出於其下，以肱擊之，傷而匿之，故不能推車而及⑪。韓厥執縶（zhí）馬前⑫，再拜稽（qǐ）首，奉觴加璧以進⑬，曰：「寡君使群臣爲魯、衛請，曰『無令輿師陷入君地⑭』。下臣不幸，屬（zhǔ）當戎行，無所逃隱⑮。且懼奔辟而忝兩君，臣辱戎士⑯，敢告不敏，攝官承乏⑰。」丑父使公下，如華泉取飲。鄭周父御佐車，宛茷（fei）爲右，載齊侯以免⑱。韓厥獻丑父，郤獻子將戮之。呼曰：「自今無有代其君任患者，有一於此，將爲戮乎⑲？」郤子曰：「人不難以死免其君，我戮之不祥。赦之，以勸事君者⑳。」乃免之。

①子輿：韓厥父。○子輿：左傳中僅此一見。韓厥：此時任晉軍司馬，掌軍法，於成公十八年執政。謂己：指子輿托夢給韓厥説（迷信的説法）。旦辟句：明天早晨上車後不要站在左右兩側。此言居中吉利。以上二句插敘前一天夜裏韓厥做夢之事。

②居中代御者。自非元帥，御者皆在中，將在左。○中御：坐在車中的位置親自駕車。從：追趕。按：古戰車上車御居中，車右居右，軍官居左。但國君或主帥在車上時居中。韓厥非主帥，本當居左。

③齊侯不知戎禮。○君子：儀表風雅的貴族。非禮：不合禮的規定。戰爭以殺敵立功爲禮，故杜注「齊侯不知戎禮」。邴夏欲射殺車御阻止追兵，結果發現追車御者是個君子模樣的人，故向齊侯詢問。

④越：隊也。○斃：倒下。

⑤綦毋張：晉大夫。寓：寄也。○喪車：兵車毁壞了。

⑥以左右皆死，不欲使立其處。○從左三句：綦毋張先後站在車的左右兩側，韓厥均用胳膊肘示意不可，而讓他站在自己的身後。肘，名詞用作動詞。按：因其時車右倒在車中并未死，韓厥不便明言左右兩側危險，故以肘示意。杜注失之。

⑦俛：俯也。右被射，仆車中，故俯安隱之。○按：韓厥中御，將危險留給車御和車右，心中有歉疚意，此時俯身放平車右身軀，以示撫慰關懷。

⑧居公處。○公：齊頃公。因面臨被俘，故易位，欲代公死。

⑨驂馬絓也。○絓於木：掛在樹上。絓，絆住。

⑩轏：士車。○轏：同「棧」，以竹木條爲車廂的比較

簡易的車子。

⑪爲韓厥所及。丑父欲爲右，故匿其傷。○及：追趕上。按：丑父受傷是在戰前，此屬插敘。

⑫縶：馬絆也。執之，示修臣僕之職。○縶：馬絆，即拴馬的繩子。古君主出行，臣下負縶相從。韓厥執縶，以示以臣事君，禮待頃公。

⑬進觴璧，亦以示敬。○稽首：叩頭至地，是古代九拜禮中最恭敬的一種禮節。觴：盛酒器。璧：中間有孔的圓形璧。進：獻。

⑭本但爲二國救請，不欲乃過入君地，謙辭。○無：通「毋」。輿師：衆軍。輿，衆。陷入：落入不利的境地，此處義爲「深入」。

⑮屬：適也。○屬：副詞，正好。當：碰上。戎行：軍隊。這裏指齊頃公的兵車。

⑯若奔辟，則爲辱晉君，并爲齊侯羞，故言二君。此蓋韓厥自處臣僕，謙敬之飾言。○奔辟：逃跑。忝兩君：使兩國國君都蒙羞。忝，動詞，羞辱，這裏是使動用法。辱戎士：辱没了軍人。義即自己是一個不合格的軍人。謙虚的説法。辱，動詞，這裏是使動用法。

⑰言欲以己不敏，攝承空乏，從君俱還。○敢：表謙副詞，或説爲助動詞。義爲「斗膽地」。不敏：不聰明；不才。攝官：代理官職。承乏：充數。按：以上數語均屬外交辭令。實際含義大致是：我既然是一個軍人，是一個軍官，就不能遇敵後退。我很不稱職，不會辦事，俘虜您是履行職責，是不得已而爲之，還請您原諒。

⑱佐車：副車。○華泉：華不注山上的泉水。鄭周父、宛茷：均齊大夫。免：義指脱險。

⑲○郤獻子：即郤克，又稱郤子。自今：從今以後。任患：承擔禍難。爲戮：被殺。以上三句意在向晉人挑明自己并非齊頃公。按：魯宣公十七年（前五九二年），晉國爲了鞏固霸主地位擬召集有關諸侯國舉行盟會，派郤克到齊國請齊頃公與會。郤克到齊國後，齊頃公讓其母親蕭同叔子隔着帷帳偷看郤克（據説郤克是跛子），蕭同叔子看見郤克竟忍不住笑出聲來。郤克知道後極爲惱火，發誓要報這一笑之辱，故一聽説獻上的是齊頃公，便想立即殺掉他。

⑳〇人不句：一個人不把用自己的死代替國君免除災禍看作是難事。難，意動用法。免，使動用法。勸：鼓勵。事君者：指臣下。

齊侯免，求丑父，三入三出①。……晉師從齊師，入自丘輿，擊馬陘②。齊侯使賓媚人賂以紀甗（yǎn）、玉磬（qìng）與地③。「不可，則聽客之所爲。」賓媚人致賂，晉人不可，曰：「必以蕭同叔子爲質④，而使齊之封内盡東其畝⑤。」對曰：「蕭同叔子非他，寡君之母也。若以匹敵，則亦晉君之母也。吾子布大命於諸侯，而曰『必質其母以爲信』，其若王命何⑥？且是以不孝令也。詩曰：『孝子不匱，永錫（cì）爾類⑦。』若以不孝令於諸侯，其無乃非德類也乎⑧？先王疆理天下，物土之宜，而布其利⑨，故詩曰：『我疆我理，南東其畝⑩。』今吾子疆理諸侯，而曰『盡東其畝』而已，唯吾子戎車是利⑪，無顧土宜，其無乃非先王之命也乎？反先王則不義，何以爲盟主？其晉實有闕⑫。四王之王也⑬，樹德而濟同欲焉⑭。五伯（bà）之霸也⑮，勤而撫之，以役王命⑯。今吾子求合諸侯，以逞無疆之欲⑰。詩曰：『布政優優，百禄是遒⑱。』子實不優，而棄百禄，諸侯何害焉⑲？不然⑳，寡君之命使臣則有辭矣。曰：『子以君師辱於敝邑，不腆敝賦，以犒從者㉑。畏君之震，師徒橈（náo）敗㉒。吾子惠徼（yāo）齊國之福，不泯其社稷，使繼舊好，唯是，先君之敝器、土地不敢愛㉓。子又不許，請收合餘燼㉔，背城借一㉕。敝邑之幸㉖，亦云從也；況其不幸，敢不唯命是聽？』」

①重其代己，故三入晉軍求之。

②丘輿、馬陘：皆齊邑。○丘輿：地在今山東益都縣西南。或以爲在今淄博市南。馬陘：地在丘輿稍北。

③賓媚人：國佐也。甗：玉甑。皆滅紀所得。○賓媚人：齊高級官員，善辭令。甗：一種銅製炊具。玉磬：一種玉製樂器。

④同叔：蕭君之字，齊侯外祖父。子：女也。難斥言其母，故遠言之。○蕭同叔子：蕭君同叔的女兒，齊頃公的生母。

⑤使壟畝東西行。○而：而且。盡東其畝：將田埂地界改成東西向。旨在使晉戰車便於通過。

⑥言違王命。○其若句：大意爲，這對王命又是如何執行的呢？「若……何」，固定格式，把……怎麼樣。

⑦詩大雅。言孝心不乏者，又能以孝道長賜其志類。○錫：通「賜」。引詩見詩經大雅既醉。

⑧不以孝德賜同類。○其無句：這恐怕屬於不合道德的事吧？無乃，表推測的語氣副詞。

⑨疆：界也。理：正也。物土之宜：播殖之物各從土宜。○先王三句：先王規劃天下的地界，適合於土地的特點，因而能獲得耕種的利益。疆，用作動詞，規劃地界、田埂、溝洫等。物土之宜，即因地制宜。物土，即土地。或説「物」爲動詞，義同「考察」。「物土」爲賓語，前置，其後用代詞「之」複指。

⑩詩小雅：「或南或東，從其土宜。」○引詩見詩經小雅信南山。

⑪晉之伐齊，循壟東行易。○疆理諸侯：規劃諸侯的土地。

⑫闕：失。

⑬禹、湯、文、武。○四王：夏禹、商湯、周文王、周武王。

⑭樹：立也。濟：成也。○濟同欲：滿足共同的願望。

⑮夏伯昆吾，商伯大彭、豕韋，周伯齊桓、晉文。

⑯役：事也。○勤而句：自己辛勞而安撫其他諸侯。

⑰疆：竟也。○求合諸侯：等於説謀求稱霸諸侯。

「合諸侯」就是召集諸侯舉行盟會或採取軍事行動等，屬於盟主的職權。逞，實現；滿足。

⑱詩頌。殷湯布政優和，故百禄來聚。遒：聚也。○布政二句：施政寬仁，百福降臨。優優，寬鬆仁和貌。引詩見詩經商頌長發。「布」今本作「敷」。

⑲言不能爲諸侯害。

⑳不見許。

㉑戰而曰犒，爲孫辭。○不腆二句：我們不量軍賦不足，來犒勞您的軍隊。這是外交辭令，實際含意是：我們出兵與你們作戰。腆，豐厚。敝賦，對本國軍隊的謙稱。

賦指軍賦，包括軍役和軍用物資，引申指軍隊。

㉒震：動。橈：曲也。○震：義同「威」。橈敗：失敗。橈，彎曲。

㉓○徼：求。唯是：如果這樣。唯，連詞，如果。愛：吝嗇。

㉔燼：火餘木。○餘燼：比喻殘餘軍隊。

㉕欲於城下，復借一戰。○背城句：背靠城牆，借此一戰。此言借自家的城池與晉決一死戰。

㉖言完全之時，尚不敢違晉，今若不幸，則從命。○幸：指齊僥倖取勝。

魯、衛諫曰：「齊疾我矣①！其死亡者，皆親暱也②。子若不許，讎我必甚。唯子，則又何求？子得其國寶③，我亦得地④，而紓(shū)於難⑤，其榮多矣！齊、晉亦唯天所授，豈必晉⑥？」晉人許之，對曰：「群臣帥賦輿⑦以爲魯、衛請，若苟有以藉口而復於寡君⑧，君之惠也。敢不唯命是聽？」……秋七月，晉師及齊國佐盟于爰婁，使齊人歸我汶陽之田⑨。

①諫郤克也。○疾：怨恨。

②○死亡者：指齊戰死的將士。親暱：指屬於宗室子弟。

③謂甗、磬。○唯子：即使對您來說。唯，連詞。

④齊歸所侵。本年春，齊取魯邑龍（今泰安縣東南）。
⑤齊服則難緩。○紓於難：國家面臨的禍難得到緩和。紓，緩和。當時楚與齊爲盟國，也威脅著魯、衛兩國的安全。
⑥○亦：副詞，皆。唯：介詞，由。豈必晉：難道一定是晉國的天下？
⑦賦輿：猶兵車。
⑧藉：薦。復：白也。○若苟：同義詞連用，如果。
⑨○爰婁：齊地，距其都臨淄五十里，在今淄博市東北。汶陽之田：在汶水北岸，本魯地，此前被齊所侵占。

知罃對楚王問

左傳

【題解】在魯宣公十二年（前五九七年）的晉楚邲之戰中，楚軍俘獲了晉大夫知罃，晉軍則俘獲了楚公子穀臣，并殺死了楚大夫連尹襄老。魯成公三年（前五八八年）夏，晉國提出用楚公子穀臣和連尹襄老之尸交換知罃，楚國表示同意。文章是知罃臨行前對楚王問話的一番回答，不卑不亢，綿裏藏針，大義凛然，充分表現了知罃視死如歸的愛國精神、不計恩怨的思想境界和直言不諱的坦蕩胸懷。本文選自左傳成公三年，題目爲編者所加。

晉人歸楚公子穀臣與連尹襄老之尸于楚，以求知罃（yīng）①。於是荀首佐中軍矣②，故楚人許之。王送知罃曰："子其怨我乎③？"對曰："二國治戎，臣不才，不勝（shēng）其任，以爲俘馘(guó)④。執事不以釁(xìn)鼓，使歸即戮⑤，君之惠也。臣實不才，又誰敢怨？」王曰：「然則德我乎？」對曰：「二國圖其社稷，而求紓(shū)其民，各懲其忿以相宥也，兩釋纍(léi)囚以成其好(hǎo)⑥。二國有好，臣不與(yù)及，其誰敢德⑦？」王曰：「子歸，何以報我？」對曰：「臣不任受怨，君亦不任受德⑧，無怨無德，不知所報。」王曰：「雖然，必告不穀。」對曰：「以君之靈，纍臣得歸骨於晉，寡君之以爲戮，死且不朽⑨。若從君之惠而免之，以賜君之外臣首，首其請於寡君而以戮於宗⑩，亦死且不朽。若不獲命，而使嗣宗職，次及於事⑪，而帥偏師以脩封疆，雖遇執事，其弗敢違⑫。其竭力致死，無有二心，以盡臣禮，所以報也⑬。」王曰：「晉未可與爭。」重爲之禮而歸之。⑭

---

① 公子穀臣：楚莊王子。連尹襄老：連尹，官名。襄老，人名。知罃：又稱荀罃，後於魯襄公九年（前五六四年）晉升爲晉執政大臣。

② 荀首：知罃父，荀林父弟。佐中軍：中軍副帥。中軍地位最高，其副帥亦即三軍副帥。

③ 王：楚共王，楚莊王子。其：表推測的語氣副詞。也許。

④ 治戎：整治軍隊，這裏指交戰，委婉的說法。俘馘：俘虜。馘，古戰爭中爲報功而割取的所殺敵人的左耳。

⑤ 執事：辦事人員，實指楚共王，表示敬畏對方，不敢直陳。釁鼓：祭鼓禮，殺牲以血塗新製之鼓。此指殺掉戰俘。即戮：接受殺戮，伏法。

⑥ 紓：緩和。懲：克制。宥：諒解，寬恕。纍囚：被捆綁的俘虜。纍：捆綁，本義爲繩子。

⑦ 與：參與。及：趕上。其：活用指第一人稱，即知罃自指。

⑧ 不任受怨：說不上有怨恨。任受：承受，這裏義爲具有。不任受德：說不上有恩德。

⑨以君之靈：托您的福。靈，福氣；福分。以爲戮：把我送去殺掉。爲，此處義爲執行。死且不朽：大義爲死而無怨恨。

⑩外臣：卿大夫對别國國君自稱外臣，表示尊敬。戮於宗：執行家法，在祖廟中殺戮。春秋時期貴族有按照家法處死本族成員的權力，但需經過國君的同意。

⑪不獲命：没有得到國君同意處死的命令。嗣宗職：繼承宗主的地位。貴族的宗主同時在國家任職。次及於事：是逐級提拔到將軍的委婉説法。次，按順序。事，指掌管軍務。

⑫偏師：非主力部隊，謙虚的説法。脩封疆：保衛邊疆。脩，通「修」，治理。封，義同「疆」。雖：連詞，即使。其：副詞，將，將會。違：退避。這是交鋒的委婉説法。

⑬所以報：「所」字結構，這就是我用來回報您的。

⑭爲之禮：爲他舉行了隆重的送别之禮。

晉侯夢大厲

左傳

【題解】晉景公病入膏肓，桑田巫預言其很快將死，秦醫緩也指出其病不可治。景公重賞了秦醫，却殺了桑田巫。文章反映了景公對國内人民的殘暴以及統治者不願聽真話的本色。成語「病入膏肓」即出自這篇文章，其中的測夢預言之説屬於迷信。本文選自左傳成公十年，題目爲編者所加。注釋採用古注加今注的形式，○之前爲杜預的注，○之後爲編者的注，◎之後爲編者對杜注的注。

晉侯夢大厲，被髮及地，搏膺而踊，曰：「殺余孫，不義①。余得請於帝矣！」壞大門及寢門而入。公懼，入于室。又壞户。公覺，召桑田巫②。巫言如夢③。公曰：「何如？」曰：「不食新矣④。」公疾病，求醫于秦。秦伯使醫緩爲之⑤。未至，公夢疾爲二豎子，曰：「彼，良醫也。懼傷我，焉逃之？」其一曰：「居肓（huāng）之上，膏之下，若我何⑥？」醫至，曰：「疾不可爲也。在肓之上，膏之下，攻之不可，達之不及，藥不至焉，不可爲也⑦。」公曰：「良醫也。」厚爲之禮而歸之。六月丙午，晉侯欲麥⑧，使甸人獻麥⑨，饋人爲之。召桑田巫，示而殺之⑩。將食，張，如廁，陷而卒⑪。小臣有晨夢負公以登天，及日中，負晉侯出諸廁，遂以爲殉⑫。

---

①厲：鬼也。趙氏之先祖也。八年，晉侯殺趙同、趙括，故怒。○晉侯：晉景公。搏膺：搥胸。踊：跳。◎趙同、趙括：晉卿趙盾異母弟。魯成公八年夏，晉趙莊姬（晉成公女，晉景公姊或妹，趙盾子趙朔之妻。或説趙莊姬爲晉成公之姊）誣趙同、趙括謀反，六月，晉景公誅二人。據史記晉世家載，時晉族滅趙氏，唯趙盾之孫趙武（趙氏孤兒）幸免。

②桑田：晉邑。○帝：上帝。户：內室之門，單扇。覺：睡醒，這裏義爲驚醒。桑田：地在今河南靈寶縣境。巫：巫師。

③巫云鬼怒，如公所夢。

④言公不得及食新麥。

⑤緩：醫名。爲：猶治也。○言公當死在食新麥前。○病：病情加重，惡化。秦伯：秦桓公。

⑥肓：鬲也。心下爲膏。○肓：古代中醫稱心臟與隔膜之間爲肓。膏：古代中醫稱心尖脂肪爲膏。

⑦達：指針。○攻：指灸。

⑧周六月，今四月，麥始熟。○欲麥：欲嘗新麥。◎周六月：周曆六月。周曆早於夏曆兩個月。

⑨甸人：主爲公田者。○甸人：掌管諸侯土地農務的官員。

⑩○饋人：掌諸侯飲食的官員。示而句：讓桑田巫看其將食新麥，怒巫欺君而殺之。

⑪張：腹滿也。○張：「脹」的古字。

⑫傳言巫以明術見殺，小臣以言夢自禍。○小臣：宦官。

祁奚救叔向

左傳

【題解】祁奚和叔向都是春秋時期晉國著名的賢臣。魯襄公二十一年，叔向因受其弟叔虎的牽連被囚禁，面臨被殺的危險。時祁奚已告老在家，得知此事後迅速趕到國都，説服權臣范宣子釋放了叔向。文章表現了祁奚、叔向正直無私、忠心爲國、絲毫不計個人得失的可貴品格。本文選自左傳襄公二十一年（前五五二年），題目爲編者所加。注釋採用古注加今注的形式，○之前爲杜預的注，○之後爲編者的注，◎之後爲編者對杜注所加的注。

秋，欒盈出奔楚。宣子殺箕遺、黄淵、嘉父、司空靖、邴（bǐng）豫、董叔、邴師、申書、羊舌虎、叔羆[①]，囚伯華、叔向、籍偃[②]。人謂叔向曰：「子離於罪，其爲不知乎[③]？」叔向曰：「與其死亡若何④？ 詩曰『優哉游哉，聊以卒歲』，知也⑤。」樂王鮒（fú）見叔向，曰：「吾爲子請！」叔向弗應。出，不拜⑥。 其人皆咎叔向。 叔向曰：「必祁大夫⑦。」室老聞之曰：「樂王鮒言於君無不行⑧，求赦吾子，吾子不許⑨。 祁大夫所不能也⑩，而曰『必由之』，何也？」叔向曰：「樂王鮒，從君者也，何能行？ 祁大夫外舉不棄讎，内舉不失親⑪，其獨遺我乎？ 詩曰：『有覺德行，四國順之⑫。』夫子，覺者也⑬。」

① 十子，皆晉大夫，欒盈之黨也。羊舌虎：叔向弟。○欒盈：晉大夫。因得罪了其母親欒祁和外祖父范宣子，於魯襄公二十一年秋被驅逐出國。宣子：即范宣子，時爲晉執政大臣。

② 籍偃：上軍司馬。○伯華：即羊舌赤，羊舌職子，晉中軍尉之佐。叔向：晉大夫，即羊舌肸，伯華弟。

③ 譏其受囚而不能去。○離：遭受，遭遇。義同「罹」。知：「智」的古字。

④ 言雖囚，何若於死亡。○與其句：句意謂，雖不參加任何派別，現在被囚，無人救援，但總比因結黨而落得被殺或逃亡明智得多。

⑤ 詩小雅。言君子優游於衰世，所以辟害卒其壽，是亦知也。○引詩已佚。今本詩經小雅采菽「優哉游哉，亦是戾矣」二句與此相近。

⑥ 樂王鮒：晉大夫樂桓子。

⑦ 祁大夫：祁奚也。食邑於祁，因以爲氏。祁縣今屬太原。○其人：指叔向的親友或下屬。咎：責怪。

◎太原：西晉封國名，轄地包括今山西太原、榆次、祁縣、平遥等市縣。西晉祁縣地在今祁縣東南。

⑧ 其言皆得行。○室老：家臣之長。

⑨ 謂不應，出不拜。

⑩ 不能動君。○時祁奚已告老居家，故言不能。

⑪ ○魯襄公三年，祁奚告老，曾推薦仇人解狐接替自己的中軍尉一職，未及任命解狐死去，祁奚又推薦自己兒子祁午接替了這一職務。

⑫ 詩大雅。言德行直，則天下順之。○其：語氣副詞，

義猶「豈」。有覺：正直貌。引詩見詩經大雅抑。——⑬覺：較然正直。◎較然：直貌。

晉侯問叔向之罪於樂王鮒，對曰：「不棄其親，其有焉①。」於是祁奚老矣②，聞之，乘馹(rì)而見宣子，曰：「詩曰：『惠我無疆，子孫保之③。』書曰：『聖有謨勳，明徵(zhēng)定保④。』夫謀而鮮過、惠訓不倦者，叔向有焉⑤，社稷之固也。猶將十世宥之⑥，以勸能者。今壹不免其身⑦，以棄社稷，不亦惑乎？鯀殛而禹興⑧。伊尹放大甲而相之，卒無怨色⑨。管、蔡爲戮，周公右王⑩。若之何其以虎也棄社稷？子爲善，誰敢不勉？多殺何爲？」宣子説(yuè)，與之乘，以言諸公而免之⑪。不見叔向而歸⑫，叔向亦不告免焉而朝⑬。

①言叔向篤親親，必與叔虎同謀。○晉侯：晉平公，晉悼公子。其親：指叔向弟羊舌虎。其有焉：可能參與了羊舌虎他們的活動。其，表推測的語氣副詞。

②老：去公族大夫。○老：告老家居。

③詩周頌也。言文、武有惠訓之德，加於百姓，故子孫保賴之。○馹：古時驛站上的專用車。引詩見詩經周頌烈文。

④逸書。謨：謀也。勳：功也。言聖哲有謀功者，當明信定安之。○謨：謀略。明徵句：明示守信予以保護。徵，證驗，此處義爲守信。定保：安保。

⑤謀鮮過，有謩勳也。惠訓不倦：惠我無疆也。○惠訓不倦：認真教育百姓不知疲倦。有焉：有這種美德。焉，代詞，相當於「之」。

⑥○十世宥之：十代之內子孫如果有罪都應該赦免。宥，赦免，寬恕。

⑦壹：以弟故。○壹：指一次受到牽連。

⑧ 言不以父罪廢其子。傳説堯使鯀治水，九年無功，舜即位後，殛鯀於羽山，舉禹繼續治水。

⑨ 大甲：湯孫也，荒淫失度，伊尹放之桐宫三年，改悔而復之，而無恨心。言不以一怨妨大德。○伊尹：商湯的相。卒無怨色：指太甲對伊尹始終無怨恨之色。◎桐宫：商代桐地宫名，相傳湯葬於此。

⑩ 言兄弟罪不相及。○管叔、蔡叔、周公同爲兄弟，管、蔡助紂王子武庚叛周，周公輔佐成王殺管放蔡，平息了叛亂。

⑪ 共載人見公。○説：「悦」的古字。公：晉平公。

⑫ 言爲國，非私叔向也。

⑬ 不告謝之，明不爲己。

叔孫豹論不朽

左傳

【題解】人固有一死，如何才能做到死而不朽，不同的人對這一問題的理解是不同的。魯大夫叔孫豹認爲，要想做到死而不朽，有三條途徑，即：大上有立德，其次有立功，其次有立言。這一思想在整個封建社會中影響很大，許多士人都把立德、立功、立言作爲人生的追求目標，例如「立言」就是促使司馬遷完成史記的重要原因之一。本文選自左傳襄公二十四年（前五四九年），題目爲編者所加。

二十四年春，穆叔如晉。范宣子逆之①。問焉，曰：「古人有言曰『死而不朽』，何謂也？」穆叔未對。宣子曰：「昔匄之祖，自虞以上爲陶唐氏②，在夏爲御龍氏③，在商爲豕韋氏[4]，在周爲唐杜氏[5]，晉主夏盟爲范氏[6]，其是之謂乎？」穆叔曰：「以豹所聞，此之謂世禄[7]，非不朽也。魯有先大夫曰臧文仲，既没，其言立[8]。其是之謂乎？豹聞之，大(tài)上有立德，其次有立功，其次有立言[9]。雖久不廢，此之謂不朽。若夫保姓受氏，以守宗祊(bēng)[10]，世不絶祀，無國無之。禄之大者，不可謂不朽。」

① 穆叔：即叔孫豹，魯大夫。叔孫氏爲魯國三大卿族之一，常作爲使臣出使他國。范宣子：晉執政大臣，名匄，士會孫。

② 虞：指虞舜。陶唐氏：指唐堯。唐在山西翼城縣西一帶。句意謂宣子的祖先在舜以前爲唐堯的後代。

③ 御龍氏：指劉累。劉累是傳説中夏代初期的人物，曾事孔甲，賜御龍氏。

④ 豕韋：商代國名，地在今河南滑縣東南一帶。

⑤ 唐杜：西周時期國名，或單稱杜，地在今陝西長安區内。周成王滅唐，遷其族於杜。杜伯之子隰叔奔晉，傳四世及士會。

⑥ 晉主夏盟：指春秋時代。春秋時期，自齊桓公之後晉一直爲中原諸侯國的盟主。范氏：范氏家爲晉國九大卿族之一。

⑦ 世禄：指世代相傳的爵次、官位和俸禄。

⑧ 臧文仲：名辰，臧僖伯的曾孫。立：指爲世人所接受并流傳下去。

⑨ 大：「太」的古字。立德：唐孔穎達以爲立德是指「創制垂法，博施濟衆，聖德立於上代，惠澤被於無窮」，杜預以爲像黄帝、堯、舜這樣的人算立德。立功：孔穎達以爲指「拯厄除難，功濟於時」，杜預以爲像夏禹、后稷這樣的人算立功。立言：孔穎達以爲指「言得其要，理足可傳」，杜預以爲像史佚、周任、臧文仲，孔穎達以爲像老子、莊子、荀子、孟子、管子、晏子、楊子、墨子、孫子、吴起、屈原、宋玉、賈誼、揚雄、司馬遷、班固這樣的人均算立言。史佚、周任是上古著名的史官。

⑩ 宗祊：宗廟。祊，廟門。

張骼輔躒致師　左傳

【題解】晉大夫張骼、輔躒與鄭大夫宛射犬同乘一輛兵車向楚軍挑戰，由於張、輔二人是大國的將軍，看不起射犬并多次欺負他，導致射犬在挑戰的關鍵時刻有意惡作劇進行報復。挑戰結束後，張、輔二人不但没有懲罰射犬，反而以兄弟相稱，一笑了之。文章誇張地表現了張、輔二人在挑戰前後的從容鎮静、在挑戰中的勇武敏捷以及對待戰友的寬闊胸懷。這篇文章是左傳藝術高度和語言風格的代表作之一，對人物的刻畫極其含蓄，不動聲色，但如椽的筆力使英雄的形象活靈活現，呼之欲出，整個情節層次井然，引人入勝，頗多趣味。本文選自左傳襄公二十四年（前五四九年），題目爲編者所加。

冬，楚子伐鄭以救齊，門于東門，次于棘澤①。諸侯還救鄭。晉侯使張骼（gé）、輔躒（lì）致楚師，求御于鄭②。鄭人卜宛（yuān）射犬，吉③。子大（tài）叔戒之曰：「大國之人，不可與也④。」對曰：「無有衆寡，其上一也⑤。」大叔曰：「不然，部婁無松柏⑥。」二子在幄，坐射犬於外⑦，既食而後食（sì）之。使御廣車而行，已皆乘乘（shèng）車⑧。將及楚師，而後從之乘，皆踞轉而鼓琴⑨。近，不告而馳之⑩。皆取胄於櫜（gāo）而胄⑪，入壘，皆下，搏人以投，收禽挾囚。弗待而出⑫。皆超乘（shèng），抽弓而射⑬。既免，復踞轉而鼓琴，曰：「公孫！同乘，兄弟也，胡再不謀⑭？」對曰：「曩者志入而已，今則怯也。」皆笑曰：「公孫之亟也⑮！」

①楚子：楚康王，楚共王子。門(于)：攻打。名詞用作動詞。次：駐紮。棘澤：鄭地，在今河南新鄭縣南。本年秋，晉、魯、宋、衛、鄭、曹等國諸侯伐齊，齊求救於楚，故楚出兵伐鄭救齊。

②晉侯：晉平公，晉悼公子。致楚師：向楚師挑戰。致，求，招致。御：車御，駕車者。鄭人熟悉地形，故求御於鄭。

③卜宛射犬：占卜派宛射犬去駕車。

④子大叔：鄭大夫，即游吉，後繼子産爲執政。不可與：不好打交道。意在告誡射犬遇事要小心，多忍讓。

⑤無有二句意謂，不在人多少，地位的高低是一樣的。

⑥唐孔穎達疏：「其意言，我下鄭卿，亦下晉卿。彼若是卿，我當下之；彼是大夫，我不下之。」

⑦部婁：小土丘。此句言小國畢竟不同於大國。

⑦二子：張骼、輔躒。幄：軍帳。坐：使動用法。

⑧廣車：兵車。乘車：杜預注爲「安車」，蓋設座位可以坐。

⑨從之乘：從乘車上下來，登上射犬的廣車。轉：裝甲衣的箱子。杜預注：「轉：衣裝。」

⑩不告句：射犬不向二人打招呼突然加速衝入楚營。

⑪櫜：盛甲冑及弓矢的袋子。(而)冑：用作動詞，戴上。

⑫收禽：擒拿敵人。禽，「擒」的古字。挾囚：將敵人挾於腋下。弗待句：射犬不等二人上車突然將車駛出楚營。

⑬超乘：跳上射犬的車。超，登上，跳上。射：射追來的楚軍。

⑭公孫：對射犬的敬稱。再：兩次。指衝入和駛出兩次行動。

⑮纍者：起先。亟：性急。

景公欲更晏子之宅

左傳

【題解】晏子身居相位而住宅狹小，地勢低下，且靠近街市，嘈雜多塵。齊景公欲爲晏子改造舊宅，被晏子謝絕，晏子還趁機勸諫景公減少了刑戮。在晏子出訪期間，景公對晏子的舊宅進行了改造，晏子回國後竟不惜得罪景公而將新宅拆毁，恢復了舊宅的原貌。文章表現了一代名臣嚴於律己、勤政愛民、無私無畏的高大形象。本文選自左傳昭公三年（前五三九年），題目爲編者所加。注釋完全採用古注，〇之前爲杜預的注，〇之後爲孔穎達的疏。

初，景公欲更晏子之宅，曰：「子之宅近市，湫（jiǎo）隘囂塵，不可以居①，請更諸爽塏（kǎi）者②。」辭曰：「君之先臣容焉③，臣不足以嗣之，於臣侈矣④。且小人近市，朝夕得所求，小人之利也。敢煩里旅⑤？」公笑曰：「子近市，識貴賤乎？」對曰：「既利之，敢不識乎？」公曰：「何貴何賤？」於是景公繁於刑⑥，有鬻踊者。故對曰：「踊貴屨賤。」……景公爲是省於刑。君子曰：「仁人之言，其利博哉！晏子一言而齊侯省刑。詩曰『君子如祉，亂庶遄已⑦』，其是之謂乎？」

及晏子如晉，公更其宅，反，則成矣。既拜⑧，乃毁之，而爲里室，皆如其舊⑨。則使宅人反之⑩，曰：「諺曰：『非宅是卜，唯鄰是卜⑪。』二三子先卜鄰矣⑫，違卜不祥。君子不犯非禮⑬，小人不犯不祥，古之制也。吾敢違諸乎？」卒復其舊宅。公弗許，因陳桓子以請，乃許之⑭。

①湫：下。隘：小。囂：聲。塵：土。
②爽：明。塏：燥也。○孔穎達疏：「塏：高地，故爲燥也。以所居下濕塵埃，故欲更於明燥之處。晏子春秋云：『將更於豫章之圃。』豫章之圃，高燥之地也。」
③先臣：晏子之先人。
④侈：奢也。
⑤旅：衆也。不敢勞衆爲己宅。
⑥繁：多也。
⑦詩小雅。如：行也。祉：福也。遄：疾也。言君子行福，則庶幾亂疾止也。
⑧拜謝新宅。
⑨本壞里室，以大晏子之宅，故復之。
⑩還其故室。
⑪卜良鄰。
⑫二三子：謂鄰人。
⑬去儉即奢爲非禮。
⑭傳言齊、晉之衰，賢臣懷憂，且言陳氏之興。

晏子論「和」「同」之異　左傳

【題解】文章記載了齊景公與晏子的一次談話。齊景公認爲朝臣僅有梁丘據和自己關係和協，晏子認爲梁丘據對景公僅是一味附和贊同而已，這種關係談不上和協。他繼而區分了「和協」與「贊同」

的差異，指出臣下對君主的思想行爲提出補充意見或異議，使之更加完善，或避免過失，就像五味調和、五聲配合一樣，這叫做「和協」，和協有利於國家的治理。如果臣下對君主一味順從贊同，則有害無益，就像用清水調和清水、琴瑟發出的是同一聲音一樣，没有人願意領教。本文選自左傳昭公二十年（前五二二年），題目爲編者所加。

齊侯至自田，晏子侍于遄（chuán）臺，子猶馳而造焉①。公曰：「唯據與我和夫！」晏子對曰：「據亦同也，焉得爲和？」②公曰：「和與同異乎？」對曰：「異。和如羹焉，水、火、醯、醢（hǎi）、鹽、梅以烹魚肉，燀（chǎn）之以薪③，宰夫和之，齊之以味，濟其不及，以泄其過④。君子食之，以平其心。君臣亦然。君所謂可而有否焉，臣獻其否以成其可⑤；君所謂否而有可焉，臣獻其可以去其否⑥，是以政平而不干（gān），民無争心。故詩曰：『亦有和羹，既戒既平。鬷嘏（zōnggǔ）無言，時靡有争。』⑦先王之濟五味、和五聲也，以平其心，成其政也⑧。聲亦如味，一氣、二體、三類、四物、五聲、六律、七音、八風、九歌，以相成也⑨；清濁、大小、短長、疾徐、哀樂、剛柔、遲速、高下、出入、周疏，以相濟也⑩。君子聽之，以平其心。心平德和，故詩曰『德音不瑕』⑪。今據不然。君所謂可，據亦曰可；君所謂否，據亦曰否。若以水濟水，誰能食之？若琴瑟之專壹⑫，誰能聽之？同之不可也如是。」

①齊侯：齊景公，名杵臼，春秋時齊國國君，靈公子，莊公弟。田：或作「佃」，打獵。晏子：春秋時齊國大臣，字平仲，歷任靈公、莊公、景公三朝正卿。遄臺：地名，故址在今山東淄博市臨淄區一帶。子猶：梁丘據，景公寵臣。造：趕到。焉：兼詞，相當「於此」。

②亦：副詞，僅僅。焉：疑問代詞，哪裏。

③醯：醋。醢：肉醬。梅：用酸梅製成的調味醬。燀：燒火做飯。

④齊：「劑」的古字，調劑。濟：增加。泄：減輕。

⑤君所二句：國君認爲可行的事如果其中有不利的因素，臣下應指出其不利的因素使之更加完善。

⑥君所二句：國君認爲不可行的事如果其中有合理的方面，臣下應當指出其合理的方面以便去除不利的方面。

⑦亦：副詞，已經。和羹：調製好的帶汁食品。戒：謹慎。平：指心氣和平。鬷嘏：奏樂迎神。鬷，通「奏」，奏樂，或説爲獻羹。嘏，通「格」，至，指神至。鬷嘏的解釋有多種，此取其一。「鬷嘏」今本詩經作「鬷假」，禮記中庸引作「奏假」。靡：没有。引詩見詩經商頌烈祖。

⑧濟：調製。五味：甜酸苦辣鹹。五聲：宫商角徵羽五個音階。以平二句：以便使當政者心平氣和，完成政事。聲味皆和，則心平，心平則能公平施政，不致意氣用事。

⑨一氣：指發音需要的氣。二體：古代舞蹈分文、武二體，文舞手執雉羽和籥，武舞手執干戚。三類：詩經中按照樂調區分的三類詩歌，即風、雅、頌。四物：指製作金、石、絲、竹、匏、土、木、革等樂器的四方之物。六律：定音的器具，古人用十二個長度不同的律管吹出十二個高度不同的標準音，叫做十二律。十二律分爲陰、陽兩類，奇數六律爲陽律，稱作六律，分别爲黄鍾、大蔟、姑洗、蕤賓、夷則、無射；偶數六律爲陰律，稱作六吕，分别爲大吕、應鍾、南吕、林鍾、小吕（或作「仲吕」）、夾鍾。七音：古七聲音階的七個音級，即宫、商、角、徵、羽、變徵、變宫。八風：八方之風，分别爲東北條風（一名融風），東方明庶風，東南清明風，南方景風（一名

凱風），西南涼風，西風閶闔風，西北不周風，北方廣莫風。

九歌：傳説中歌頌九功之德的歌曲。左傳文公七年：「九功之德皆可歌也，謂之九歌。六府三事，謂之九功。水、火、金、木、土、穀，謂之六府；正德、利用、厚生，謂之三事。」相成：相輔相成。

⑩ 周：密。相濟：相互配合。

⑪ 德和：德行仁和。德音：令聞，即好名聲。不瑕：没有缺點。引詩見詩經豳風狼跋。

⑫ 專壹：同一，指發出的是同一種音。

文字(下)

第二節 漢字形體的演變

漢字是記録漢語的書寫符號，如果從殷商甲骨文算起，漢字已經有了三千四百多年的歷史。在如此漫長的歷史中，漢字以其特有的超地域、超方言的作用和藝術魅力，爲記録漢語、記録中華民族悠久燦爛的歷史和文化做出了重要貢獻，成爲我們中華民族的瑰寶。我們學習漢字，不僅要掌握漢字的結構特點，同時要了解漢字形體演變的歷史和規律。從殷商到今天，漢字形體發生了重大的變化。根據學術界的一般看法，漢字形體演變的歷史可以秦代爲界綫劃分爲兩個階段，即古文字階段和今文字階段。秦及秦以前的漢字屬於古文字階段，漢以後的漢字屬於今文字的階段。

一　古文字階段

古文字對「今文字」而言，是秦及秦以前各種文字的總稱，一般包括商周甲骨文、商周金文、戰國文字和小篆。傳統觀點認爲不包括小篆，今人多以爲應包括小篆，甚至包括先秦的隸書。古文字的共同特點是以象形、表意爲構字基礎，字形接近客觀事物，象形色彩濃厚，結構隨意，筆順繁複，没有形成點畫。

(一)甲骨文

甲骨文是現存中國最古老的文字。殷商時期，人們以爲神靈主宰着一切，所以每逢大事諸如天氣、收成、戰争、田獵、婚娶等都要先通過占卜向神問吉凶，然後才做出決定。占卜材料用的是甲骨（龜甲和獸骨，見圖八、九）。占卜結束後，要將占卜時間、占卜者、卜問内容、占卜結果、是否應驗等情况一一用文字記録下來，刻在甲骨上。這樣刻在甲骨上的文字就是甲骨文，簡稱甲文。由於甲骨文記録的内容主要是占卜，最早的出土地是殷墟（晚商故都，在今河南安陽市北小屯村），記録方式大部分是用刀刻，所以又有「卜辭」「殷墟書契」「甲骨刻辭」等名稱。

圖八　龜甲卜辭（合集 5611 正）

圖九　獸骨卜辭(合集 6057 正)

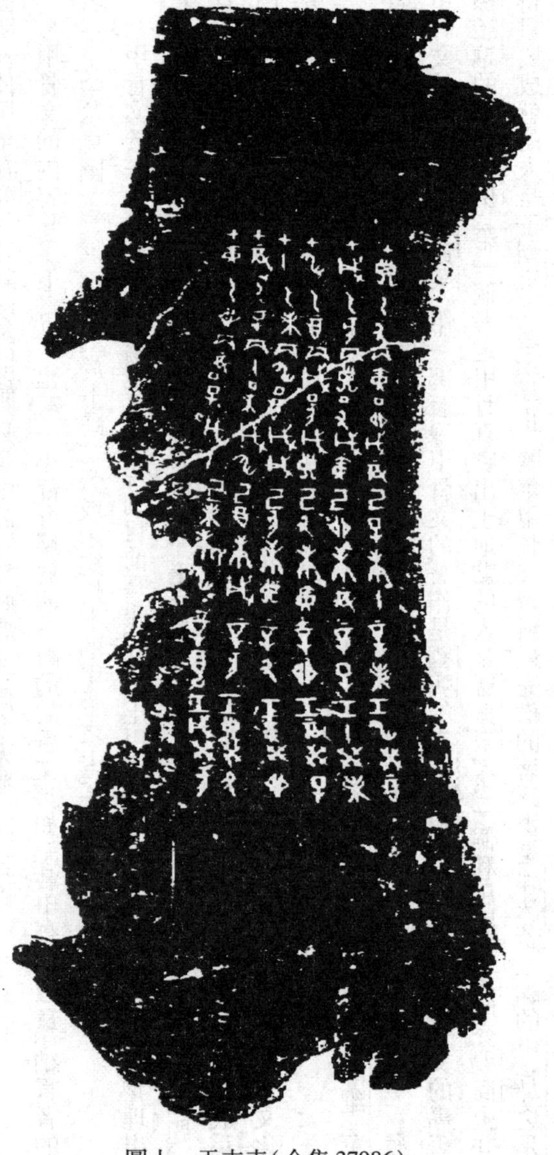

圖十　干支表(合集37986)

甲骨文雖然大都是刻在甲骨之上，但甲骨并不是當時普通的書寫材料，而屬於爲占卜這一特殊需要所採用的特殊材料。甲骨文除了刀刻者外，也有極少數是用毛筆寫的。「筆」字在甲骨文中寫作（即聿字），像手握毛筆。尚書多士：「惟殷先人，有册有典。」這些情況都説明毛筆和竹簡的發明及使用早在商代時就已經開始，只是由於容易腐爛，我們今天難以看到了。

甲骨文的内容除了卜辭外，也有一小部分屬於非卜辭的記事文。如記載甲骨的數量、納貢者的姓名、干支表（見圖十）等，多附刻於卜辭之旁或未經灼卜的甲骨之上。

甲骨文於一八九九年被發現。從發現到目前爲止，共出土甲骨總數在十五萬片以上，已整理出的單字約四千五百個，經過考釋可以認讀者約一千七百個。甲骨文的研究不僅屬於文字本身的問題，而且與殷商的歷史和文化密切相關。一百多年來，經過幾代人的艱苦努力，甲骨文的研究已發展成爲一門體系完整的學科，研究隊伍壯大，著述如林，先後著録、考釋、匯編以及着眼於理論方法、歷史文化研究的各類著作約在四百種以上，論文約在五千篇以上。

爲甲骨文的發現和研究作出重要貢獻的學者主要有王懿榮、劉鶚、孫詒讓、羅振玉、王國維、董作賓、郭沫若、陳夢家、于省吾、唐蘭、胡厚宣、徐中舒、張政烺、李學勤、裘錫圭、饒宗頤、李孝定等。發現甲骨文的第一人是王懿榮，第一部著録甲骨文的著作是劉鶚的鐵雲藏龜，第一部研究甲骨文的專著是孫詒讓的契文舉例，第一個考定甲骨真實出土地點的人是羅振玉，第一個利用甲骨文研究殷商史并取得重要成就的人是王國維。迄今爲止，匯集甲骨文資料最完備的著録書是郭沫若主編的甲骨文合集，該書由中國社會科學院歷史研究所編纂，精選甲骨文四萬多片，分期分類編排，共十三巨册，由中華書局一九七八——一九八二年陸續出版。其後，中國社會科學院歷史研究所又編成甲骨文合集補編，共七册，於一九九九年由語文出版社出版。

甲骨文的特點主要有以下幾個方面：

甲. 從構形的角度看，甲骨文已經相當成熟，六書中的象形、指事、會意、形聲四類字已經全部具備，其中以象形、會意爲主。此外，假借情況十分普遍。

乙. 尚保留着早期文字的特徵，圖畫意味濃。每個字都像是用綫條勾勒出來的「簡筆畫」或「寫意畫」，形象逼真，一望便知其所表示的事物。例如：

虎 　犬 　牛 　止　戍

丙. 形體結構還没有完全定型。同一個字有多種寫法，筆畫可繁可簡，構件部位隨意、選擇自由、多少無礙，故異體字很多。例如：

繁簡程度不同者：奚　偏旁位置不同者：好

更換構件者：牢　構件多少不同者：得

丁. 合文較多。所謂合文是指將幾個字合寫成一體，形似一個字，但認讀時仍當作幾個字對待。甲骨文中的合文多數出現在數目字中或殷商先公先王的廟號中。例如：

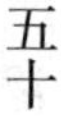

五十　六十　二百 　五千 　報丙 　祖壬 　大甲

戊. 筆畫多爲細瘦的直筆。由於甲骨文是用刀刻寫在堅硬的甲骨上，綫條瘦硬，多爲直筆，轉彎的地方也都是硬角。例如表示太陽「日」，本應爲圓形，有時却刻成了四方形（見下）。有些本來應該

填實的肥筆，實際却只刻了個輪廓，或改用綫條代替，例如天字就是這樣（見下）。天字上面的人頭商代金文即寫成圓形的肥筆。

日（甲文） 　天（甲文） 　天（金文）

（二）殷周金文

金文有廣義、狹義之分。廣義的金文包括殷商、西周、春秋、戰國、秦漢時期的銅器銘文，狹義的金文僅指西周時期的銅器銘文（見圖十一、圖十二、圖十三）。由於金文多數出現在鐘鼎彝器上，鑄造鐘鼎彝器的材料是吉金（上好的金屬叫吉金，主要指青銅），所以金文又有「鐘鼎文」「彝器文字」和「吉金文字」之稱。

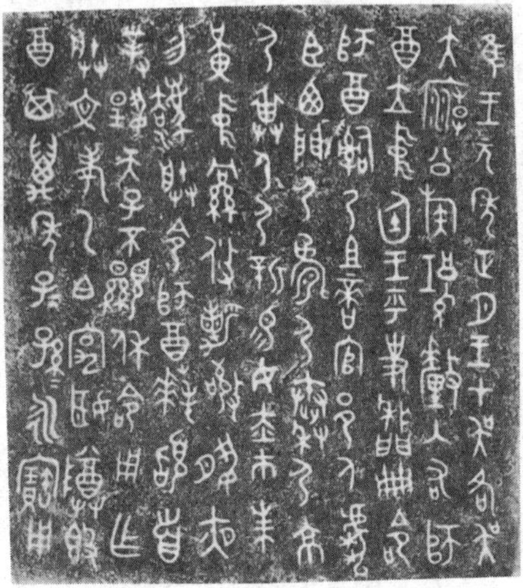

圖十一　西周金文師酉簋

圖十二　西周金文小克鼎

圖十三　西周金文毛公鼎

殷商時代的有文字的青銅器是少數，而且字數不多，没有超過五十字的。西周是金文的鼎盛時期，無論是銘文的數量還是銘文的字數都較多，不少銘文都在一百字以上，例如西周初康王時期的大盂鼎（清道光年間出土於陝西岐山縣）就有二百九十一字，西周末宣王時期的毛公鼎（清道光年間出土於陝西岐山縣，見圖十三）則多達四百九十七字，是目前所見最長的銘文。

刻有銘文的先秦青銅器已出土約一萬三千餘件。容庚金文編共收録殷周金文一萬六千餘字（包括重文），可識讀者約一千九百餘字，其中多數都屬於西周金文。西周金文的内容十分豐富，主要包括宣揚周王的偉大、追念先祖的功德、記載戰争的勝利、記録受到的賞賜以及器物擁有者和製造者的名字等，是研究古代漢語和西周歷史文化的重要依據。

金文不像甲骨文那樣是直接用刀在堅硬的甲骨上刻出來的，而是先用毛筆將字寫在模具上，然後刻好，再鑄造出來的，故具有肥厚粗壯、圓渾豐潤、莊重美觀、富於變化等特點。和殷商甲骨文相比，西周金文的形體結構有了很大的發展，具體表現在以下幾個方面：

甲．筆畫豐滿粗壯，多用肥筆和曲筆。字形長圓，莊嚴厚重。行款多直書左行，排列整齊。

乙．新的象形字很少出現，原有象形字的象形色彩開始減弱，趨向綫條化和符號化。形聲字大量增加，一些字如「走、言、金、厂」等作爲部首使用。

丙．書寫日趨規範，偏旁逐漸定型，異體字減少。如彳旁基本處於字的左方，辵旁基本處於字的左下方。

丁．合文大量減少，比甲骨文少得多，且組合方式相對固定，常見的是上下組合式。

總體來看，西周金文和殷商甲骨文在結構、風格上都有着較大的差異，顯得更加成熟，更加符號化。不過也有些金文特别是早期的有些金文字體結構相當複雜，比甲骨文還象形，更像表現事物形體的圖畫。

研究金文的歷史比甲骨文要早得多。據漢書郊祀志和説文解字敘的記載，漢代已有青銅器出土，并且有人進行過研究。南北朝時出現了研究金文的專書，不過那時的研究是不成系統的。到了宋代，金石學興起，金文的研究隨着石刻的研究有所發展，趙明誠就是一位著名的金石學家，其著作金石録多達三十卷。金文研究從金石學中分離出來成爲一門獨立學科的時間是在近代，這和清代樸學的影響及考古學的出現密切相關。清代學者在研究金文方面做出了重要貢獻，代表人物是羅振玉，他的三代吉金文存對於推進金文研究産生了巨大的影響。繼文存之後，匯集金文較多的工具書是容庚的金文編，匯集各家考釋金文成果的重要著作是周法高的金文詁林。由中國社會科學院考古研究所編纂的殷周金文集成是匯集金文資料最豐富的一部工具書。該書始撰於六十年代，歷時二十餘年，共收拓片一萬餘件，八開，十八册，自一九八四年起由中華書局出版（二〇〇六年出版，增補修訂本，十六開，八册）。二〇〇二年，其補編近出殷周金文集録也已由中華書局出版。

（三）戰國文字

戰國文字是指戰國時期周王室和各諸侯國所使用的文字。戰國時期，由於諸侯割據，政令不一，「田疇異畝，車塗異軌，律令異法，衣冠異制，言語異聲，文字異形」，導致各國文字在内部結構和書寫風格上都存在着很大的差異。根據近人王國維的研究，戰國文字共分秦系文字和六國文字兩大系統。秦系文字是通行於秦國的文字，由西周金文發展而成，或稱「西土文字」「籀文」「大篆」。秦系文字有大篆、小篆之分。大篆是小篆的先河，相傳周宣王時期的太史作了大篆史籀十五篇，故名。大篆主要包括籀文、石鼓文（見圖十四）、詛楚文（見圖十五）等。史籀篇原書早已亡佚，不過説文解字裏還保存了二百多個籀文。石鼓文是春秋時期秦人刻在十個鼓形石頭上的文字，故稱石鼓文。石鼓文的内容是記載秦國國君遊獵的四言詩，故又稱「獵碣」，詩的格調和詩經相仿，每鼓一首。石鼓唐初發現於天興縣（今陝西鳳翔），原共刻有六百多字，後經歷代搬遷磨損，其中一鼓上的字現已完全磨滅，其餘九鼓的字也殘缺不全，總共只剩下三百多字。石鼓文的筆形布局極有法度，偏旁部首的寫法和位置基本定型，結構嚴謹，體態端莊，大小一致，風貌與小篆已十分接近，只是比小篆繁複。其製作時代處於西周晚期金文向小篆的過渡階段，但確切年代尚無定論，共有秦襄公、文公、穆公、景公、哀公、獻公時期幾種説法。

六國文字是指戰國時期秦國以外齊、楚、燕、韓、趙、魏等六國的文字，或稱「東土文字」「東方六國文字」「六國古文」「古文」等，它是漢字發展史上的一個重要部分。六國文字主要包括漢武帝時期在孔子舊宅中發現的「壁中書」古文、説文解字、曹魏時代三體石經、宋郭忠恕汗簡、宋夏竦古文四聲韻上所收録或刻寫的古文以及後代新出土的六國簡帛、金石文字、陶文等。六國文字在結構和書寫風格上不僅與秦系文字有着明顯的不同，而且互相之間也存在着較大的差異。其主要特點如下：

甲．書寫風格上存在着地域的差異，例如韓、趙、魏三國的文字形體端莊，用筆細膩；楚國的文字縱橫恣肆，疏闊遒勁；燕國文字筆法刻板，多呈方折；齊國文字修長匀稱，喜加裝飾。隨着這些差異的加劇，進而引起了内部結構的變化。

圖十四　石鼓文

圖十五　詛楚文

乙．異體、俗體字比較普遍。其中異體字的差異不僅表現在不同的國家之間（見例表），而且在同一國家同一地域内部也相當嚴重。有時甚至在同一篇文章中存在着多種異體。例如侯馬盟書中的「敢」字竟有九十多種寫法，而「嘉」字竟有一百多種寫法（其中部分寫法詳下）。

齊、燕、三晉異體字比較例表

	齊系	燕系	晉系
虍	[illegible]	[illegible]	[illegible]
乍	[illegible]	[illegible]	[illegible]
豐	[illegible]	[illegible]	[illegible]
豆	[illegible]	[illegible]	[illegible]

敢：[illegible]

嘉：[illegible]

丙．字形變化的隨意性很大，省變嚴重，缺乏規律性，不少字已難以看出前後的傳承關係，難以對其構形理據做出解釋。

丁．部分字裝飾性很强，表現出了追求審美效果的强烈傾向。從春秋末年開始，齊、吴、越、蔡、楚等國往往在儀仗用的兵器上鐫刻美術字體，力求工整美觀，或者在筆畫上加一些圓點，或者故意寫成波折，或者在筆畫外附加鳥形裝飾。這種追求審美效果的作法和戰國「百家争鳴」的時代特點密切相關，其結果導致了裝飾性筆畫和構件的産生。

（四）小篆

小篆，對大篆而言，又名秦篆，是秦系文字的一種，由大篆省改整理而成。秦始皇實行「書同文」政策時所頒行的標準字體就是小篆。説文解字敘：「秦始皇帝初兼天下，丞相李斯乃奏同之，罷其不與秦文合者。斯作倉頡篇，中車府令趙高作爰歷篇，太史令胡毋敬作博學篇，皆取史籀大篆，或頗省改，所謂小篆者也。」傳説小篆是李斯所創，或秦時下杜（今西安市南）人程邈所創（見説文解字敘），實際上在秦統一中國之前的戰國末期小篆已經基本定型，李斯等人只是對小篆進行了一番整理工作，使之標準化、規範化而已。現存的小篆資料主要有以下五種：

甲．秦代刻石文字。秦始皇廿八年巡視各地的時候曾經在泰山（見圖十六）、嶧山（見圖十七）、琅玡臺、芝罘、碣石、會稽等地刻石記功。其中泰山刻石文、琅玡臺刻石文相傳爲李斯所寫。

乙．銅器文字。如新郪虎符（見圖十八）、大良造商鞅銅量、秦權、詔版、璽印上的文字。

丙．倉頡篇、爰歷篇、博學篇上的文字。這三本書均用小篆寫成，合稱「三倉」，是秦代法定的文字範本，共三千三百字。原書久佚，只有後人的輯存本，上世紀曾在敦煌、居延、阜陽等地發現倉頡篇的殘本。

丁．説文解字正文所收的九千三百五十三個篆文。其中部分字的體態與石刻文字稍有出入，可能是後人傳寫所致。

圖十六　泰山刻石

圖十七　嶧山刻石

圖十八　新郪虎符

戊. 三體石經中的小篆。三體石經立於三國魏正始年間,用古文、小篆、漢隸三種字體寫成。原碑已毁,但自宋以來屢有殘石出土,共得兩千餘字。

小篆與大篆一脈相承,繼承了漢字的構形理據,保存了漢字寓義於形的特點,而不像六國文字那樣爲了簡化而任意破壞漢字的結構。小篆能够取代六國文字通行於全國,正是由於它符合漢字的發展規律,而不僅僅是政治上推行的結果。小篆的特點有下面幾個方面:

甲. 字與字之間的聯繫被加强。小篆已形成一個較爲嚴密的構形系統,説文解字五百四十個部首的歸納就體現了這種系統性。參與構形的大部分象形字已符號化、系統化,而不像甲骨文階段强調物象特徵,相互之間缺乏有機聯繫。形聲字表意部件的類化過程也已基本完成,代表同類事物的形聲字多採用了同一表意部件。

乙. 比較全面地保存了漢字的構形理據。儘管小篆對古文字階段的漢字形體作了系統的整理,但這種整理繼承了漢字的傳統、原則和方法,大部分字形具有可解釋性。

丙. 形聲字大量增加。除了新造形聲字外,原來的不少象形、會意字通過添加形符或聲符也變成了形聲字。甲骨文中,形聲字只占百分之二十左右,而在説文解字中,已增加到百分之八十。

丁. 結構固定。偏旁部首的寫法和位置已基本定型,不得隨意改變或增減筆畫。綫條多圓轉彎曲,凡轉折之處一律呈弧形,不論横竪曲直粗細均等。字形規整匀稱,大小一致。

小篆是漢字歷史上第一次大規模的文字規範化運動,它結束了漢字發展過程中出現的混亂局面,不僅爲漢字的健康發展奠定了堅實的基礎,而且爲促進民族團結和國家統一做出了重要貢獻。

二　今文字階段

今文字對「古文字」而言，是漢以後歷代出現的各種文字的總稱，包括漢隸、草書、楷書和行書等，其共同的特點是字形筆畫化、簡明化，拋棄了象形特徵。以下只介紹隸書和楷書兩種。

（一）隸書

隸書或稱「左書」「隸字」「史書」等，它是漢字發展過程中由小篆演變而成的一種新型簡易書體，起源於戰國中晚期，到漢代開始成熟。篆書形體圓轉曲折，筆畫繁複，不便書寫，難以適應社會發展的需要，所以寫法草率快捷的隸書便應運而生了。隸書在很大程度上改變了漢字的結構，放棄了寫實的象形原則，將篆文形體由長圓型改造成扁方型，將篆文筆畫由綫條化改造成筆畫化，同時對不少構件進行了省改歸并，爲楷書的形成奠定了基礎，是漢字發展歷程中的一次大轉折大飛躍，是古、今文字的分水嶺，從此漢字進入到今文字的階段。

隸書的創造一般都以爲和秦時的隸人（胥吏）有關。漢書藝文志：「是時（指秦時）始造隸書矣，起於官獄多事，苟趨省易，施之於徒隸也。」説文解字敘：「是時秦燒滅經書，滌除舊典，大發隸卒，興役戍，官獄職務繁，初有隸書，以趣約易，而古文由此絶矣。」有人甚至進而認爲隸書出自程邈。晉人衛恒四體書勢（見晉書衛瓘傳）：「或曰，下杜人程邈爲衙獄吏，得罪始皇，幽繫雲陽十年，從獄中作大篆，少者增益，多者損減，方者使員，員者使方。奏之始皇，始皇善之，出以爲御史，使定書。或曰，邈所定乃隸字也。」漢書藝文志：「六體者，古文、奇字、篆書、隸書、繆篆、蟲書。」顔師古注：「篆書謂小篆，蓋秦始皇使程邈所作也。隸書亦程邈所獻，主於徒隸，從簡易也。」從出土的資料來看，在秦始皇推行小篆之前的戰國後期隸書已經出現,例如一九七五年湖北雲夢睡虎地出土的秦簡(見圖十九)就是比較成熟的隸書,故以上説法不足爲據。秦統一天下後,公務繁忙,小篆書寫太慢,爲了提高辦事效率,可能當時一些下級官吏對民間流行的隸書已有所使用,程邈只是做過整理工作,并奏請朝廷讓這種使用合法化罷了。

隸書發展到漢代初年,迅速取代小篆,成了正統的書體。其原因一方面是隸書書寫簡便,符合社會的需要,另一方面是小篆的規範化工作爲隸書的普遍推行掃清了道路。

隸書的結構和筆畫前後變化很大。早期隸書與篆書相近,被稱爲古隸或秦隸,到了漢代,經過加工和美化,才趨於成熟,從根本上與篆書區別了開來。這種成熟階段的隸書被稱爲漢隸。東漢中期順帝後的石門頌、孔廟禮器碑、西嶽華山廟碑、史晨碑(見圖二十)、曹全碑(見圖二十一)等都是典型的漢隸。一般所説的隸書都是指漢隸。隸書的特點具體有以下幾個方面:

甲.將小篆的綫條改造成了點畫,實現了漢字的筆畫化。隸書以前的漢字主要用綫條來構形,從中難以分析出造字的基本點畫。漢隸解散了小篆的體式,把字形由長圓體變爲扁方體,把筆畫由圓弧形變爲方折形,便於書寫;把部分豎筆改成撇捺,增强了區別性特徵;把粗細均等的綫條改成有粗有細,有利於自由發揮。這些變化大大降低了漢字的難度,提高了書寫速度。從此漢字有了相對固定的横、豎、撇、捺、點等筆畫,象形意味基本消失,符號性佔據了主導地位。

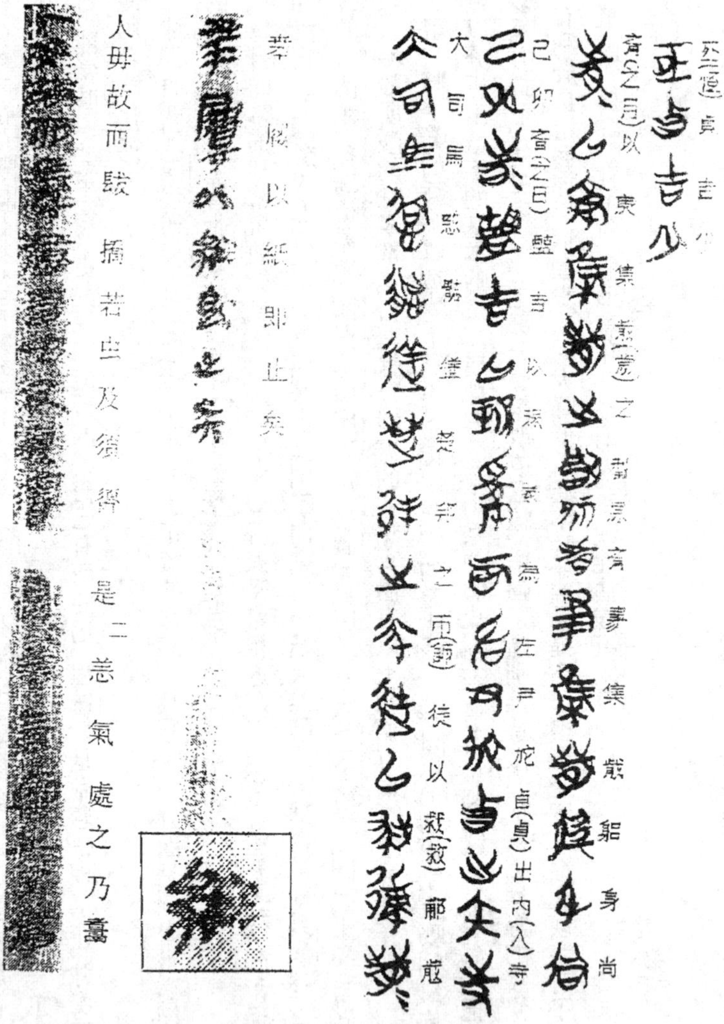

圖十九　戰國及秦代竹簡

（左爲湖北雲夢秦簡，右爲湖北包山戰國楚簡）

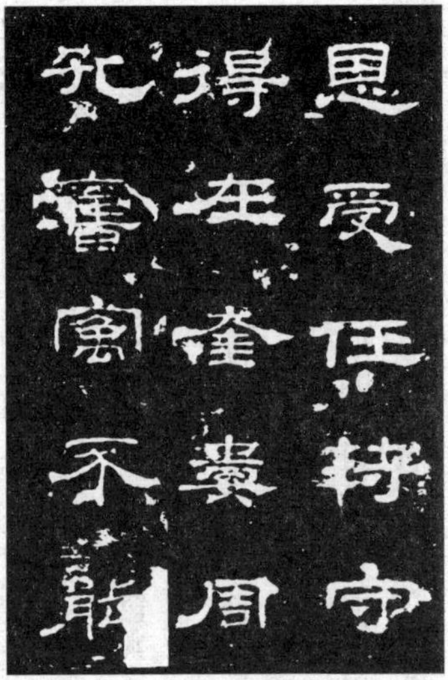

圖二十　史晨碑

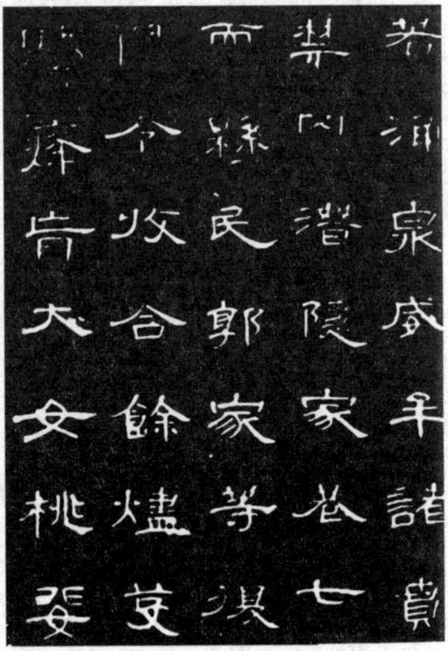

圖二十一　曹全碑

乙. 對小篆的結構進行了大規模的改造。隸書對小篆結構的改造主要體現在構件合并及省變方面，其結果大大簡化了漢字的形體，同時也取消或減弱了漢字的表意性。例如「胎、朗、服、胄」四字，在小篆中分別寫作□、□、□、□（頭盔），部首共有四個，分別是肉、月、舟、冃，合并後只取了一個「月」字，胎、服、胄三字的意符實際上名不副實了。又如春、奉、舂、泰、奏五字，小篆寫作□、□、□、□、□，其上半部分構件完全不同，隸書將它們合并成了一個，使各自的結構發生了改變，原來的形體意義變得模糊不清。再如并、雷、曹、冬等字，小篆寫作□、□、□、□，隸書對它們都進行了省改。有時候，爲了結構平衡和筆畫勻稱的需要，隸書還不惜把一個偏旁割裂開來重新組合。例如「徒」字，小篆作□，从辵，土聲。由於右邊筆劃太少，顯得不勻稱，隸書把「辵」拆成兩部分，作了新的安排。

丙．增强了筆畫和結構的藝術感。隸書的筆畫横平豎直，俯仰波折，舒展生動，結構嚴整，棱角分明，美觀大方，具有極高的觀賞性。

從篆書到隸書的轉變，在漢字學史上叫做「隸變」。隸變的最大貢獻是對漢字進行了大規模的簡化，它符合文字的發展規律，但同時也破壞了漢字形義聯繫的統一，給後人了解漢字的構義帶來了一定的困難。

（二）楷書

楷書又稱作「真書」「正書」，是由隸書和草書演變而成的一種新字體。楷書萌芽於漢末，成熟於東晉，隋唐時有了大的發展，爲東晉至今一千七百多年來通行的書體。大約産生於西漢中期的草書發展到魏晉時任意簡省筆畫，改變筆勢，破壞漢字結構，僅取其輪廓。楷書的産生一方面旨在簡化隸書，追求便捷，另一方面則是爲了糾正草書漫無標準、任意揮灑的書法，故六朝人稱之爲楷書。「楷」就是楷模、規範的意思。早期楷書隸意猶存，有些學者稱爲「隸楷」，後經過發展，其字形固定爲隋唐以後的體式。楷書的特點從結構方面看與漢隸已無多少不同，差别表現在字勢和運筆上，主要有以下三個方面：

甲．變隸書「八字形」的扁方形爲正方形，端莊方正，筆勢内收集中，挺拔有力，簡明流暢，增强了漢字的美感，也便於認讀（見圖二十二）。

乙．變隸書波動回旋形的筆畫爲平直形筆畫，改慢彎爲直折硬勾，改不出鋒爲出鋒，取消挑法，筆法靈活，便於連寫，進一步提高了漢字的書寫速度。

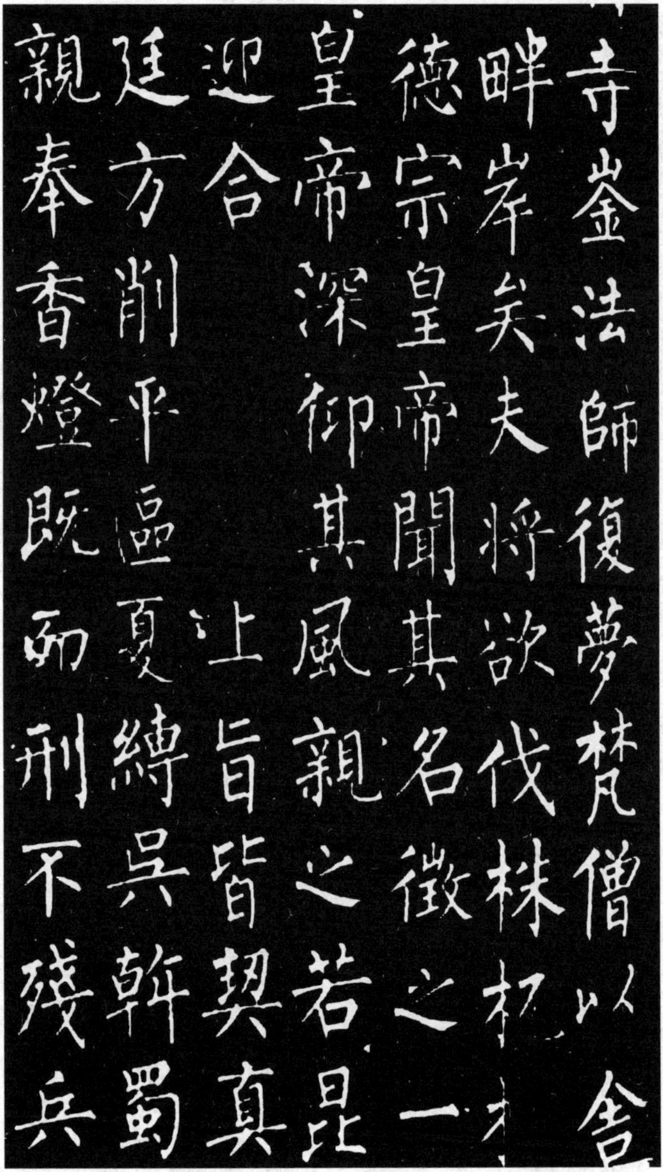

寺崟法師復夢梵僧以舍
畔岸矣夫將欲伐株杌
德宗皇帝聞其名徵之一
皇帝深仰其風親之若昆
迎合上旨皆契真
廷方削平區夏縛吳斡蜀
親奉香燈既而刑不殘兵

圖二十二　玄秘塔碑文

丙．減少了異寫和異構現象，使漢字的使用更加規範化和標準化。

從這些特點可以看出，楷書的形體與點畫已完全成熟，同時具備了簡便與美觀的優點，符合漢語發展的需要。正因爲如此，漢字發展到楷書階段才得以正式定型。

從楷書形成直到現在的一千多年中，漢字再也没有産生新的字體。至於草書和行書，分别只是隸書楷書的草率寫法，屬於旁支。草書簡略自由，字迹潦草，有很高的藝術觀賞價值而實用價值不大。行書是楷書的手寫體，介於楷、草之間。平常所説的「歐體」「顔體」「柳體」「趙體」都是指楷書的書寫風格，屬於書法意義上的「字體」，和文字學意義上的字體不是一回事。新中國成立後所推行的漢字簡化方案，也只是本質區别。其特點僅在於書寫風格上，在形體結構、表意方式等方面與隸、楷并無對部分筆畫繁多的漢字加以省改，并没有形成新的字體。

第三節　古書中的用字

漢字歷史悠久，使用人數衆多，加之適應交際需要等原因，致使其中部分字在長期的發展過程中産生了兩種或兩種以上的形體，主要有三種情況，即古今字、異體字和繁簡字。此外，在上古時期人們還常常書寫别字，即所謂通假字。無論是古今字、異體字和繁簡字，還是通假字，都會給我們閲讀古書帶來麻煩，需要認真學習和掌握。

一　古今字

古今字從狹義上説，是對前代數詞或數義共用的通用字與後代爲了區别而另造的分化字的合稱。從廣義上説，凡是記録某一詞義的先後出現的不同形體的字都可以叫古今字。以下所説的古今字是指狹義的古今字。古、今的時間界綫是相對的，時代較早的字叫「古字」，時代較晚的字就叫「今字」。段玉裁在説文解字注「誼」字下指出：「古今無定時，周爲古則漢爲今，漢爲古則晉宋爲今，隨時異用者謂之古今字，非如今人所言古文、籀文爲古字，小篆、隸書爲今字也。」一般來説，古字兼載有多個詞或多個義項，今字分擔的只是古字所記載的詞或義項中的一部分，古今字之間不能劃等號。古今字産生的原因大致有以下三種情況：

（一）爲將兼詞從字形上區分開。例如：

① 夫子休就舍。　莊子説劍

② 舍法而任智，故民舍事而好譽。　管子任法

例①中的「舍」爲「客舍」，例②中的「舍」爲「捨棄」。「客舍」「捨棄」本是兩個詞，同由「舍」記録，後來人們爲「捨棄」一義另造了一個區别字「捨」，舍、捨即構成古今字。又如：

③ 百畝之田，勿奪其時。　孟子梁惠王上

④ 焚林而田，偷取多獸，後必無獸。　韓非子難一

例③中的「田」爲「農田」，例④中的「田」爲「打獵」。「農田」「打獵」本是兩個詞，同由「田」記録，

後來人們爲「打獵」義另造了一個區别字「畋」，田、畋即構成古今字。

（二）爲使引申義獨立成詞。例如：

①宋多責賂於鄭。（左傳桓公十三年）

②先生不羞，乃有意欲爲文收責於薛乎？（戰國策齊策）

例①中的「責」爲「索求」，例②中的「責」爲「債務」。「索求」「債務」屬於引申關係，後來人們爲「債務」一義另造了一個「債」字，責、債即構成古今字。

③長袖善舞，多錢善賈。（韓非子五蠹）

④有美玉於斯，韞櫝而藏諸？求善賈而沽諸？（論語子罕）

例③中的「賈」爲「買賣」，例④中的「賈」爲「價格」。「買賣」「價格」屬於引申關係，後來人們爲「價格」另造了一個「價」字，賈、價即構成古今字。

（三）爲使假借字與本字在形體上區分開來。例如：

①是干戚用於古，不用於今也。（韓非子五蠹）

②哭泣無涕，心中不戚。（莊子大宗師）

例①中的「戚」爲兵器名，屬本義；例②中的「戚」爲「悲傷」，屬假借義。後來人們爲假借義「悲傷」另造了一個「慽」字，戚、慽即構成古今字。又如：

③殷受命咸宜，百禄是何。（詩經商頌玄鳥）

④何草不黄？何日不行？何人不將？經營四方。（詩經小雅何草不黄）

例③中的「何」爲「肩負」「接受」，屬本義；例④中的「何」爲代詞，屬假借義。後來人們爲本義另造了一個「荷」字，何、荷即構成古今字。

今字的製造方法主要有以下幾種：

甲．以古字爲聲符，另加意符，構成形聲字。此類字最多，例如：

反：返　昏：婚　馮：憑　冓：構　棥：樊　其：箕　知：智　益：溢　它：蛇　止：趾

云：雲　莫：暮　然：燃　或：國　要：腰　景：影　竟：境　厭：饜　朿：刺　厶：私

桼：漆　弟：悌　康：糠　匡：筐　内：納　埶：熱　見：現　卒：猝　差：縒　臭：嗅

暴：曝　隊：墜　道：導　北：背　奉：俸　共：供拱　辟：避僻劈

乙．古字是形聲字，保存其聲符，改換意符。例如：

説：悦　被：披　赴：訃　輓：挽　適：嫡　斂：殮　谿：溪

丙．古字是形聲字，保存其意符，改換聲符。此類字最少。例如：

識：誌

丁．對古字的形體略加改造。例如：

句：勾　大：太

戊．採用與古字完全不同的字形。例如：

要：邀　余：予　衡：横　鄉：向　于：於　亦：腋　飾：拭

除以上五種情况外，還有些今字是由會意字改换構件而成的，或者是將形聲字改造成了會意字，如「閒：間」「淚：泪」。

二　異體字

字形不同而意義和讀音完全相同的兩個或兩個以上的字叫異體字，古稱「或體」「重文」。例如：

螾：蚓　睹：覩　鷄：雞　辠：罪　弃：棄

一般來説一個字應該只有一種寫法，不應有幾種不同的形體。但是由於漢字的造字方法多樣以及時代、地域等方面的原因，對於同一個詞，人們往往會造出不同形體的字去記録，這樣便導致了大量異體字的産生。異體字在形體上的分歧主要有以下幾種情況：

（一）會意字和形聲字的不同。例如：

泪：淚　岩：巖　岳：嶽　拿：拏　凭：憑　壄：野　災：烖

（二）意符不同。例如：

欶：勅　嘆：歎　詠：咏　睹：覩　驅：敺　雁：鴈　暖：煖　焰：燄　詒：貽　炤：照

（三）聲符不同。例如：

杯：盃　魎：蜽　瓶：缾　觝：牴　忻：欣

線：綫　袴：褲　煙：烟　時：旹　螾：蚓　杯：桮　猿：猨

（四）各成分位置的改變或寫法的改變。例如：

慚：慙　群：羣　裏：裡　概：槩　峰：峯　略：畧　和：咊　花：苍　襍：雜　够：夠

綿：緜　期：朞　鵝：鵞

既然異體字僅僅是形體不同而音義完全相同，那麽讀音或字義只要有一點不同，即不能算作異體字。像下列情況即均不屬於異體字：

甲．古通用字　古通用字指古代讀音及部分義項相同的字。這類字在相同的義項上可以通用，但意義并不完全相等。例如：

喻：諭　上古音相同，均屬以母侯部，都有「比喻」義。孟子梁惠王上：「王好戰，請以戰喻。」戰國策齊策四：「請以市諭，市朝則滿，夕則虚。」除「比喻」義外，「諭」尚有「告訴」義而「喻」無。説文：「諭，告也。」史記項羽本紀：「梁乃召故所知豪吏，諭以所爲起大事。」

訝：迓　上古音相同，均屬疑母魚部，都有「迎接」義。儀禮聘禮：「厥明，訝賓於館。」公羊傳成公二年：「使跛者迓跛者。」除「迎接」義外，「訝」又有「驚訝」義而「迓」無。吕氏春秋必己：「若夫道德則不然，無訝無訾。」

沽：酤　上古音相同，均屬見母魚部，都有「買」「賣」義，涉及對象爲酒時通用。但「沽」的使用範圍大，「酤」的使用範圍小，只限於買賣酒。杜甫醉時歌：「得錢即相覓，沽酒不復疑。」論語子罕：「有美玉於斯，……求善賈而沽諸？」韓非子外儲説右上：「或令孺子懷錢挈壺甕而往酤。」史記司馬相如列傳：「盡賣其車騎，買一酒舍酤酒。」此外，「沽」尚有「粗糙」「疏略」義而「酤」無，「酤」又有「酒」義，「沽」亦無。

乙．古音不同而義通的字　此類字的古音相近但不相同，在意義上也只是部分義項相同。

置：寘　上古音不同，「置」爲端母職部，「寘」爲章母錫部。意義上二字均有「放置」義。例如，莊子逍遥遊：「覆杯水於坳堂之上，則芥爲之舟，置杯焉則膠。」詩經周南卷耳：「寘彼周行。」此外，「置」有「赦免」「購買」等義而「寘」無。説文：「置，赦也。」韓非子外儲説左上：「鄭人有且置履者。」

仇：讎　上古音不完全相同，「仇」爲群母幽部，「讎」爲禪母幽部。二字均有「仇敵」義。詩經秦風無衣：「脩我戈矛，與子同仇。」左傳襄公二十一年：「祁大夫外舉不棄讎，内舉不失親。」此外，「仇」有「配偶」義而「讎」無，「讎」有「應答」「酬賞」「校對」等義而「仇」無。左傳昭公二年：「嘉偶曰妃，怨偶曰仇。」詩經大雅抑：「無言不讎，無德不報。」史記高祖本紀：「高祖每酤留飲，酒讎數倍。」晉左思魏都賦：「讎校篆籀，篇章畢覿。」

三　繁簡字

繁簡字是繁體字和簡體字的合稱。學習古代漢語，必須要掌握繁體字的認讀、書寫以及漢字的簡化方法和繁、簡字之間的對應關係，因爲古代的典籍基本上都是用繁體字記載的，不認識繁體字，便無從閲讀。漢字的簡化方法和繁、簡字之間的對應情況主要如下：

（一）漢字簡化的主要方法

甲．將繁難的偏旁改成簡單的。例如：

燈：灯　機：机　憐：怜　遷：迁　黏：粘　膚：肤　塵：尘　竊：窃　遞：递　擁：拥

態：态　躍：跃　膠：胶　樁：桩

乙．刪去原字的一部分。例如：

務：务　條：条　習：习　處：处　雖：虽　開：开　糞：粪　奮：奋　隸：隶　糴：籴

聲：声　擊：击　與：与　標：标　陽：阳　謄：誊　醫：医

丙．草書楷化。例如：

会：会　东：东　门：门　韦：韦　当：当　长：长　专：专　书：书　尧：尧　龟：龟

报：报

丁．採用筆畫簡單的古字。例如：

云：雲（古今字）　网：網（古今字）　舍：捨（古今字）　启：啟（古今字）　礼：禮（古異體字）

粮：糧（古異體字）　弃：棄（古異體字）　夸：誇（古通用字）　荐：薦（古通用字）　仇：讎（古通用字）

戊．同音代替。例如：

穀：谷　麵：面　醜：丑　後：后　餘：余　徵：征

己．另造筆畫簡單的新字。例如：

竈：灶　舊：旧　體：体　蠶：蚕　驚：惊　護：护

（二）繁體字與簡體字的關係

甲．簡體字與繁體字只有形體上的繁簡之别，音、義完全相同，繁簡之間屬於一對一的關係。

例如：

辨：办　愛：爱　罷：罢　遞：递　達：达　繭：茧　糞：粪　隸：隶　糴：籴　竊：窃

乙．幾個意義不同的繁體字採用了同一簡體，原每個繁體字的字義都包含在簡體字中，繁簡之間，屬於多對一的關係。如果原各繁體字的讀音不同，簡體字也兼具其不同的讀音。例如：

醜（惡；相貌不揚；同類）、丑（地支第二位；十二時辰之一）：丑

适（音kuò，迅速；人名用字）、適（音shì，前往；女子出嫁；恰好）：适

台（音yí，第一人稱代詞；音tái，星名）、臺（土築的高壇；官署名）、檯（音tái，樹名）、颱（大風）：台

古今字、異體字和繁簡字是從不同角度對漢字劃分的結果，三者之間不僅有區別而且有聯繫，常常相互交叉，例如一對古今字可能同時是一對異體字（如「弃棄」），也可能同時是一對繁簡字（如「云雲」）。因此，不能僅僅對立地看待三者的關係。

四　通假字

通假字，是指古人在書寫時所使用的與本字同音的替代字。有些書上把這種字也稱作「假借字」或「本有其字的假借字」。爲了與「六書」意義上的假借字在名稱上有所區別，我們把這種字叫做「通假字」，假借字與通假字產生的動因是不同的，前者旨在解決新詞的記錄問題，後者則是臨時爲了解決書寫問題。兩者根本的區別是：前者本無其字，借用已有的字去記録；後者本有其字，只是在書

寫時由於種種原因没有使用本字而用了替代字。兩者的共同點是：前者與新詞音同，後者與本字音同。關於通假字産生的原因，東漢鄭玄作了這樣的推測：「其始書之也，倉卒無其字，或以音類比方假借爲之，趣於近之而已。受之者非一邦之人，人用其鄉，同言異字，同字異言，於兹遂生矣。」（見陸德明經典釋文序録）

倉卒之間想不起來本字而用了替代字，這固然是通假字産生的原因，但不是最根本的原因。最根本的原因是，通假字具有與本字同樣的表音功能。傳達字義的主要工具是字音而不是字形，字形所傳達的意義只是輔助性的。通假字儘管没有本字在構形上所顯示出的輔助義，但其與本字的讀音相同，在通過字音傳達字義這一點上與本字的功能是相同的，所以才能够産生并可以在相當長的時間記憶存在下去。通假字在先秦兩漢的典籍中相當普遍，漢以後開始減少，唐宋以後人們出於仿古等原因一般只是沿用而不自創，通假字遂逐漸退出了舞臺。經過長期的實踐，人們還是習慣於使用本字。通假字多數是單向的，即甲字可以通乙字，而乙字不能通甲字；也有少數可以雙向互通。常見的有「一通一」「一通多」和「多通一」三種類型。

（一）一通一　一通一是指一個通假字只通一個本字。例如：

務通侮　二字上古音相同，均爲明母侯部。詩經小雅常棣：「兄弟鬩於牆，外禦其務。」左傳僖公二十四年作「其侮」。

蜚通飛　二字上古音相同，均爲幫母微部。韓非子外儲説左上：「墨子爲木鳶，三年而成，蜚一日而敗。」史記楚世家：「三年不蜚，蜚將沖天。」

剥通撲　二字上古音相近，「剥」幫母屋部，「撲」滂母屋部。詩經豳風七月：「八月剥棗，十月獲稻。」

（二）一通多　一通多是指一個通假字可以通幾個本字。例如：

矢通屎、誓　矢、屎上古音相同，均爲書母脂部。誓字的上古音爲定母祭部，與矢字音近。矢通屎的例子如，左傳文公十八年：「殺而埋之馬矢之中。」杜預注：「矢，或作屎。」史記廉頗藺相如列傳：「與臣坐，頃之，三遺矢矣。」矢通誓的例子如，詩經衛風考槃：「獨寐寤言，永矢弗諼！」論語雍也：「子見南子，子路不説，夫子矢之曰：『予所否者，天厭之！天厭之！』」

詳通祥、翔、佯、揚　詳、祥、翔上古音相同，均爲邪母陽部。佯、揚上古音相同，均爲定母陽部。詳、祥、翔與佯、揚音近。詳通祥、翔的例子分别如，左傳成公十六年：「詳以事神，義以建利。」孔穎達疏：「詳者，祥也。」管子宙合：「道也者，通乎無上，詳乎無窮。」詳通佯、揚的例子分别如，史記吴太伯世家：「公子光詳爲足疾，入於窟室，使專諸置匕首於炙魚之中以進食。」詩經鄘風牆有茨：「中冓之言，不可詳也。」經典釋文：「韓詩詳作揚。」

（三）多通一　多通一是指幾個通假字都通一個本字。例如：

財、裁通纔　此三字上古音相同，均爲從母之部。漢書杜欽傳：「欽惡以疾見詆，乃爲小冠，高廣財二寸，由是京師更謂欽爲『小冠杜子夏』。」顔師古注：「財與纔同，古通用字。」漢書高惠高后文功臣表：「時大城名都民人散亡，户口可得而數裁什二三，是以大侯不過萬家，小者五六百户。」顔師古注：「裁與纔同，十分之内纔有二三也。」

主、屬、祝通注　主、注上古音相同，均爲端母侯部。屬字上古音端母覺部，祝字上古音端母覺部，均與注字音近。荀子宥坐：「主量必平，似法。」楊倞注：「主，讀爲注。」儀禮士昏禮：「婦入寢門，贊者徹尊冪，酌玄酒，三屬於尊。」鄭玄注：「屬，注也。」周禮天官瘍醫：「瘍醫掌腫瘍、潰瘍、金瘍、折瘍之祝藥劀殺之齊。」賈公彦疏：「祝，注也。注藥於瘡，乃後刮殺。」

(四)二字互通　二字互通是指兩個字互相作對方的通假字。例如：

飢、饑互通　此二字上古音相近，飢爲見母脂部，饑爲見母微部。淮南子説山訓：「寧百刺以針，無一刺以刀；寧一引重，無久持輕；寧一月饑，無一旬餓。」高誘注：「饑，食不足。餓，困乏也。」淮南子天文訓：「一時不出，其時不和；四時不出，天下大飢。」

试、弑互通　此二字上古音相同，均为書母之部。韩非子外储说左下：「陽虎议曰：主贤明则悉心以事之，不肖则饰姦而试之。」弑通试的例子如，管子小问：「使民畏公而不见亲，祸亟及于身，虽能不久，则人持莫之弑也，危哉！」

错、措互通　此二字上古音相近，错为清母铎部，措为清母鱼部。错通措的例子如，论语爲政：「舉直錯諸枉則民服。」荀子天論：「小人錯其在己者，而慕其在天者。」措通錯的例子如，史記燕世家：「燕外迫蠻貉，内措齊晉崎嶇彊國之間。」司馬貞注：「措，交雜也。又作錯。」

思考與練習

一　解釋下列詞語：

①甲骨文　②殷周金文　③戰國文字　④小篆　⑤大篆　⑥石鼓文　⑦簡帛文字　⑧隸變

二　淺議「隸變」在漢字發展史上的作用。

三　舉例説明什麽是古今字、異體字和繁簡字，同時指出三者的差異與聯繫。

四　淺談你對通假字的認識。

五　標點并翻譯以下古文：

（一）宋人或得玉獻諸子罕子罕弗受獻玉者曰以示玉人玉人以爲寶也故敢獻之子罕曰我以不貪爲寶爾以玉爲寶若以與我皆喪寶也不若人有其寶稽首而告曰小人懷璧不可以越鄉納此以請死也子罕寘諸其里使玉人爲之攻之富而後使復其所　左傳襄公十五年

（二）賈辛將適其縣見於魏子魏子曰辛來昔叔向適鄭鬷蔑惡欲觀叔向從使之收器者而往立於堂下一言而善叔向將飲酒聞之曰必鬷明也下執其手以上曰昔賈大夫惡娶妻而美三年不言不笑御以如臯射雉獲之其妻始笑而言賈大夫曰才之不可以已我不能射女遂不言不笑夫今子少不颺子若無言吾幾失子矣言之不可以已也如是遂如故知今女有力於王室吾是以舉女行乎敬之哉毋墮乃

力　左傳昭公二十八年

參考文獻

夏劍欽　通假字小字典　湖南人民出版社一九八六年
高　亨　古字通假會典　齊魯書社一九八九年
馬天祥　蕭嘉祉　古漢語通假字字典　陝西人民出版社一九九一年
劉又辛　從漢字演變的歷史看文字改革　中華書局一九九三年
洪成玉　古今字　語文出版社一九九五年
張書巖等　簡化字溯源　語文出版社一九九七年
董　琨　中國漢字源流　商務印書館一九九八年
曹先擢　蘇培成主編　漢字形義分析字典　北京大學出版社一九九九年
劉又辛　方有國　漢字發展史綱要　中國大百科全書出版社二〇〇〇年
陳　曦　漢字演化説略　群言出版社二〇〇一年
谷衍奎　漢字源流字典　華夏出版社二〇〇三年
王　輝　古文字通假字典　中華書局二〇〇七年

古今字舉例

附録一

敖—遨　詩經邶風柏舟：「微我無酒，以敖以遊。」遨：遊玩。

反—返　孟子公孫丑下：「孟子自齊葬於魯，反於齊，止於嬴。」

暴—曝　漢書王吉傳：「夏則爲大暑之所暴炙。」

被—披　論語憲問：「微管仲，吾其被髮左衽矣。」披：披在身上。

辟—避　史記張丞相列傳：「高祖嘗辟吏。」避：躲避。

辟—僻　史記范雎蔡澤列傳：「夫秦國辟遠，寡人愚不肖。」僻：偏僻。

扁—匾　宋史吴皇后傳：「夢至一亭，扁曰『侍康』。」匾：匾額，匾牌。

稟—廩　仲長統昌言損益：「天災流行，開倉庫以稟貸。」廩：官府發給糧米。

薄—箔　宋書禮志一：「蠶官生蠶著薄上。」箔：養蠶的器具，像篩子或席子。

步—埠　柳宗元永州鐵爐步志：「江之滸，凡舟可縻而上下者曰『步』。」埠：水邊停船處。

采—彩　荀子正論：「衣被則服五采。」

采—睬　杜荀鶴登靈山水閣貽釣者：「未聲漁父閑垂釣，獨背斜陽不采人。」

倉—艙　楊萬里初二日苦熱詩：「船倉周圍各五尺。」

藏—臟　王充論衡論死：「人死五藏腐朽。」

倡—娼　白行簡李娃傳：「汧國夫人李娃，長安之倡女也。」

鈔—抄　後漢書公孫瓚傳：「攻鈔郡縣。」抄：强取；掠奪。

蚩—媸　後漢書趙壹傳：「孰知辨其蚩妍。」媸：貌醜。

臭—嗅　荀子榮辱：「彼臭之而無嗛於鼻，嘗之而甘於口。」

垂—陲　荀子臣道：「邊境之臣處，則疆垂不喪。」陲：邊疆。

大—太　左傳昭公十九年：「大子奔晉。」大：太。

鐙—燈　劉楨贈五官中郎將詩：「衆賓會廣坐，明鐙熺炎光。」

度—渡　賈誼治安策：「猶度江河亡維楫。」

隊—墜　國語楚語下：「自先王莫隊其國。」墜：失掉。

爾—邇　周禮地官肆長：「名相近者相遠也，實相近者相爾也。」邇：近。

馮—憑　左傳哀公七年：「馮恃其衆。」憑：依靠。

奉—俸　戰國策趙策四：「奉厚而無勞，而挾重器多也。」

府—腑　吕氏春秋達鬱：「凡人三百六十節，九竅、五藏、六府」。

閣—擱　新唐書劉知幾傳：「閣筆相視。」

共—供　史記倉公列傳：「適其共養，此不當醫治。」

何—荷　詩經小雅無羊：「何蓑何笠，或負其餱。」荷：背；扛。

畫—劃　孫子兵法虛實：「我不欲戰，畫地而守之。」

厲—礪 韓非子五蠹：「堅甲厲兵以備難。」

斂—殮 漢書趙廣漢傳：「至冬當出死，豫爲調棺，給斂葬具。」殮：裝殮。

兩—輛 漢書趙充國傳：「鹵馬牛羊十萬餘頭，車四千餘兩。」

虜—擄 三國志吴書吴主傳：「虜其人民而還。」

免—娩 國語越語上：「將免者以告。」

冥—溟 莊子逍遥遊：「南冥者，天池也。」溟：海。

莫—暮 詩經齊風東方未明：「不能辰夜，不夙則莫。」

漠—寞 楚辭遠遊：「野寂漠其無人。」

没—歿 孟子滕文公下：「堯舜既没，聖人之道衰。」

内—納 史記秦始皇本紀：「百姓内粟千石，拜爵一級。」

溺—尿 莊子知北遊：「在屎溺。」

女—汝 荀子議兵：「今女不求之於本，而索之於末，此世之所以亂也。」

頻—顰 陸雲晉故散騎常侍陸府君誄：「頻蹙厄運。」

齊—臍 左傳莊公六年：「若不早圖，後君噬齊。」

取—娶 史記吴起列傳：「吴起取齊女爲妻。」

然—燃 墨子備穴：「以須爐火之然也。」

申—伸 班彪北征賦：「行止屈申，與時息兮。」

適—嫡　漢書杜欽傳：「此必適妾將有争寵相害而爲患者。」嫡：舊時指正妻。

受—授　韓非子外儲説左上：「法者，見功而與賞，因能而受官。」

孰—熟　荀子富國：「寒暑和節，而五穀以時孰。」

屬—囑　范仲淹岳陽樓記：「屬予作文以記之。」

説—悦　論語學而：「學而時習之，不亦説乎？」

素—愫　鄒陽獄中上梁王書：「披心腹，見情素。」愫：真情。

鋌—錠　舊唐書薛收傳：「今賜卿黄金四十鋌。」錠：古代重五兩或十兩的金銀貨幣。

罔—網　鹽鐵論刑德：「罔疏則獸失。」

希—稀　史記貨殖列傳：「楚越之地，地廣人希。」

戲—麾　漢書灌夫傳：「馳入吴軍，至戲下。」麾：軍中帥旗。

閑—嫻　戰國策燕策二：「閑於兵甲，習於戰攻。」

象—像　晉書顧愷之傳：「嘗圖裴楷象，頰上加三毛，觀者覺神明殊勝。」

邪—斜　晉書輿服志：「安車邪拖之。」

刑—型　詩經大雅蕩：「雖無老成人，尚有典刑。」型：法式，典範。

匈—胸　漢書司馬相如傳：「其於匈中曾不蔕芥。」

羞—饈　陳書高祖本紀下：「肴核庶羞，裁令充足而已。」饈：美味。

虚—墟　荀子哀公：「君出魯之四門以望魯四郊，亡國之虚則必有數蓋焉。」

牙—衙　新唐書泉獻誠傳：「命宰相，南北牙群臣。」衙：官署。

研—硯　後漢書班超傳：「安能久事筆研間乎？」

厭—壓　漢書五行志下之上：「地震隴西，厭四百餘家。」

雁—贗　韓非子説林下：「齊伐魯，索讒鼎。魯以其雁往。齊人曰：『雁也。』魯人曰：『真也。』」

要—腰　荀子禮論：「量食而食之，量要而帶之。」

掖—腋　史記吕太后本紀：「高后遂病掖傷。」

葉—頁　王彦泓寓夜詩：「鼠翻書葉響，蟲逗燭花飛。」

夷—痍　左傳成公十六年：「子反命軍吏察夷傷。」

倚—椅　金石萃編濟瀆廟北海壇祭器雜物銘：「繩牀十，内四倚子。」

益—溢　吕氏春秋察今：「澭水暴益，荆人弗知。」

億—臆　舊唐書李道宗傳：「不可億度，浪生猜貳。」

庸—傭　韓非子五蠹：「澤居苦水者，買庸而决竇。」

永—咏　尚書舜典：「詩言志，歌永言。」

與—歟　論語憲問：「管仲非仁者與？」

原—源　左傳昭公九年：「木水之有本原。」

責—債　戰國策齊策四：「先生不羞，乃有意欲爲收責於薛乎？」

章—彰　左傳昭公三十一年：「或求名而不得，或欲蓋而名章。」

箴—針　荀子大略：「今夫亡箴者，終日求之而不得。」

振—賑　後漢書趙典傳：「散家糧以振窮餓。」

支—枝　漢書鼂錯傳：「草木蒙蘢，支葉茂接。」

直—值　史記酷吏列傳：「湯死，家産直不過五百金。」

止—趾　漢書刑法志：「當斬左止者，笞五百。」趾：脚。

擿—擲　莊子胠篋：「擿玉毁珠，小盜不起。」

志—誌　史記屈原賈生列傳：「博聞彊志，明於治亂，嫺於辭令。」

周—賙　賈思勰齊民要術序：「周人之急。」賙：周濟，救濟。

裝—妝　宋玉登徒子好色賦：「體美容冶，不待飾裝。」

坐—座　史記魏公子列傳：「公子引侯生坐上坐。」

酢—醋　齊民要術作酢法：「四月四日可作酢，五月五日亦可作酢。」

附録二

通假字舉例

剥通撲　剥：①刮，削開。②侵害。古音幫紐屋部。撲：擊打。古音滂紐屋部。詩經豳風七月：「八月剥棗。」毛傳：「剥，擊也。」

寤通啎　寤：睡醒。啎：違逆。寤、啎古音同屬疑紐魚部。左傳隱公元年：「莊公寤生，驚姜氏。」清黄生義府寤生：「寤當與啎通。啎，逆也。凡生子首出爲順，足出爲逆。」

施通弛　施：①散布。②推行。③給予。弛：棄置；改易；解除。施、弛古音同屬書紐歌部。論語微子：「君子不施其親，不使大臣，怨乎不以。」後漢書光武帝紀下：「遣驃騎大將軍杜茂將衆郡施刑屯北邊。」

族通奏　族：①有血緣關係的親屬的合稱。②品類。③聚結。④衆。⑤刑及父母妻子叫「族」。古音從紐屋部。奏：節奏。古音精紐侯部。漢書嚴安傳：「調五聲使有節族，雜五色使有文章。」顔師古注：「族音奏。」

嬗通禪　嬗：演變；蜕化。禪：傳位；禪讓。引申爲更替。嬗、禪古音同屬禪紐元部。漢書王莽傳：「予之皇始祖考虞帝受嬗於唐。」漢書律曆志：「堯嬗以天下。」史記秦楚之際月表：「五年之間，號令三嬗。」

選通算　選：①選擇。②量才授官。③齊整。算：數；計算。選、算古音同屬心紐元部。尚書盤庚上：「世選爾勞，予不掩爾善。」孔穎達疏：「選即算也。」詩經邶風柏舟：「威儀棣棣，不可選也。」毛亨傳：「物有其容，不可數也。」

邕通雍、壅　邕：①四面被水環繞的都邑。②古州名。雍：和諧，和睦。壅：堵塞。邕、雍、壅古音同屬影紐東部。漢書兒寬傳：「上元甲子，肅邕永亨。」顏師古注：「邕，和也。」漢書王莽傳：「長平館西岸崩，邕涇水不流，毀而北行。」顏師古注：「邕讀曰壅。」

徇通殉　徇：①示衆。②奪取。③敏慧。殉：爲追求道義、理想或某種事物而死。徇、殉古音同屬邪紐真部。漢書司馬遷傳：「常思奮不顧身以徇國家之急。」史記伯夷列傳：「貪夫徇財，烈士徇名。」

彫通凋　彫：①雕刻。②修飾。凋：凋零，凋殘。彫、凋古音同屬端紐幽部。論語子罕：「歲寒然後知松柏之後彫也。」左傳昭公八年：「今宫室崇侈，民力彫盡。」

精通菁　精：①經過選擇的好米，泛指優質的糧食。②事物中最優良的部分。菁：花。精、菁古音同屬精紐耕部。宋玉風賦：「徘徊於桂椒之間，翱翔於激水之上，將擊芙蓉之精。」

班通斑、般　班：①發還瑞玉。②規定等級。斑：雜色。般：盤旋不進。班、斑、般古音同屬幫紐元部。屈原離騷：「紛總總其離合兮，班陸離其上下。」周易屯：「乘馬班如。」釋文：「班，鄭本作般。」

錯通措、厝　錯：用金涂飾鑲嵌。措：①放置。②放棄。③施行。厝：磨刀石。錯、措、厝古音同屬清紐鐸部。論語爲政：「舉直錯諸枉則民服。」周易繫辭上：「舉而錯之天下之民謂之事業。」集解「錯」作「措」。釋文：「錯本又作措。」莊子達生：「錯之牢筴（音策）之中。」商君書錯法：「臣聞古之明君，錯法而民無邪。」

刀通刁　刀：①兵器的一種。②古錢幣名。刁：①動摇貌。②刁斗，行軍用具。刀、刁古音同屬端紐宵部。史記李將軍列傳：「不擊刀斗以自衛。」

卜通報　卜：古人燒灼龜甲根據裂紋以預測吉凶的方法叫「卜」。古音幫紐屋部。報：①報答。②報復。③回復。④判罪。古音幫紐幽部。詩經小雅天保：「君曰卜爾，萬壽無疆。」詩經小雅楚茨：「卜爾百福，如幾如式。」

亡通無　亡：①逃亡。②滅亡。③死。古音明紐陽部。無：與「有」相對。古音明紐魚部。列子湯問：「河曲智叟亡以應。」漢書龔勝傳：「疾言辯訟，婧謾亡狀。」

才通裁　才：①才能。②副詞，方始，僅。裁：①裁剪。②裁决。③度量。才、裁古音同屬從紐之部。戰國策趙策一：「今有城市之邑七十，願拜内之於王，唯王才之。」

子通慈　子：①兒女。②爵位的第四等。③男子的尊稱。④地支第一位。古音精紐之部。慈：慈愛。古音從紐之部。禮記文王世子：「教之以孝弟、睦友、子愛。」韓非子八説：「子母之性，愛也。」

上通尚　上：①上面。②特指皇上。尚：①超過。②尊重，崇尚。上、尚古音同屬禪紐陽部。戰國策趙策三：「彼秦者，棄禮義而上首功之國也。」左傳昭公二十六年：「寡人今而後聞此禮之上也。」晏子春秋外篇七「上」作「尚」。

案通按　案：①短腿放食物的木托盤。②憑依、坐憩用的小几。按：①依照。②抑；向下壓。案、按古音同屬影紐元部。莊子盜跖：「案劍瞋目，聲如乳虎。」漢書王嘉傳：「使侍醫伍宏等内侍案脈。」三國志蜀志諸葛亮傳：「若不能當，何不案兵束甲，北面而事之。」

辯通徧　辯：辯論；申辯。古音並紐元部。徧：全面；遍及。古音幫紐真部。史記五帝本紀：「望於山川，辯於群神。」張守節史記正義：「辯音遍。」儀禮燕禮：「大夫辯受酬。」

辨通辯　辨：辨别；區分。辯：①辯論；辯解。②（言語）動聽；（口才）好。辨、辯古音同屬並紐元部。戰國策趙策二：「曲學多辨。」王充論衡自紀：「口辨者其言深，筆敏者其文沉。」

常通嘗　常：①常道；規律。②經常。③倫常；綱常。④平常。嘗：①用口辨别滋味。②副詞，曾經。常、嘗古音同屬禪紐陽部。史記留侯世家：「項伯常殺人，從良匿。」漢書張良傳「常」作「嘗」。列子周穆王：「嘗甘以爲苦。」釋文：「嘗字又作常。」

罷通疲　罷：①停止。②免職。疲：①乏困，乏力。②衰老。罷、疲古音同屬並紐歌部。左傳成公十年：「余必使爾罷於奔命以死。」賈誼論積貯疏：「罷夫羸老易子而咬其骨。」

亡通忘　亡：①逃亡。②滅亡。③死。忘：忘記。亡、忘古音同屬明紐陽部。詩經邶風緑衣：「心之憂矣，曷維其亡。」諸葛亮前出師表：「侍衛之臣，不懈於内，忠志之士，亡身於外。」

忘通亡　忘：忘記。亡：①逃亡。②滅亡。③死亡。忘、亡古音同屬微紐陽部。史記平津侯主父列傳：「天下忘干戈之事。」漢書主父偃傳「忘」作「亡」。韓非子説難：「説行而有功則德忘。」史記老子韓非列傳引「忘」作「亡」。

信通伸 信：①語言真實。②使者。③書信。古音心紐真部。伸：伸展，伸張。古音書紐真部。周易繫辭下：「尺蠖之屈，以求信也。」荀子天論：「老子有見於詘，無見於信。」

瘡通創 瘡：癰疽之類。創：①創傷。②開創。瘡、創古音同屬初紐陽部。史記季布欒布列傳：「於今創痍未瘳。」漢書季布傳「創」作「瘡」。戰國策楚策四：「飛徐者，故瘡痛也；鳴悲者，久失群也。」

鄂通愕 鄂：地名。愕：驚愕。鄂、愕古音同屬疑紐鐸部。史記五帝本紀：「象乃止舜宫居，鼓其琴。舜往見之，象鄂不懌。」漢書霍光傳：「群臣皆驚鄂失色，莫敢發言，但唯唯而已。」顏師古注：「凡言鄂者皆謂阻礙不依順也。後字作愕，其義亦同。」

蜚通飛 蜚：①小昆蟲名。②古代傳説中的怪獸。飛：飛動，飛翔。蜚、飛古音同屬幫紐微部。史記宋微子世家：「六鶂退蜚。」司馬貞索隱：「按：僖十六年左傳：『……六鶂退飛過宋都。』」史記楚世家：「三年不蜚，蜚將沖天。」墨子非樂：「今人固與禽獸、麋鹿、蜚鳥、貞蟲異者也。」

鋒通蜂 鋒：①兵器的尖端。②農具名。蜂：昆蟲名。鋒、蜂古音同屬滂紐東部。荀子王制：「則姦言並至，嘗試之説鋒起。」後漢書光武帝紀上：「寇盜鋒起。」李賢等注：「鋒字或作蜂。」

拊通撫 拊：①輕擊。②樂器名，即拊搏。古音滂紐侯部。撫：撫摸。古音滂紐魚部。漢書吳王濞傳：「因拊其背。」初學記歲時部引「拊」作「撫」。

歸通愧 歸：①女子出嫁。②返回。③歸附。④歸還。⑤饋贈。愧：慚愧。歸、愧古音同屬見紐微部。戰國策秦策一：「面目犂黑，狀有歸色。」高誘注：「歸，當作愧。」

捍通悍　捍：保衛，抵御。悍：强悍，勇猛。捍、悍古音同屬匣紐元部。史記貨殖列傳：「而民雕捍少慮。」司馬貞索隱：「人雕悍，言如雕性之捷捍也。」韓非子五蠹：「無私劍之捍，以斬首爲勇。」

承通拯　承：①奉；受。②繼承。古音禪紐蒸部。拯：援救。古音章紐蒸部。列子黄帝：「見一丈夫游之，以爲有苦而欲死者也，使弟子並流而承之。」

衡通横　衡：①綁在牛角上的横木，用來防止觸人。②北斗七星的第五星。③秤。横：横的方嚮，與「縱」相對。衡、横古音同屬匣紐陽部。詩經齊風南山：「衡從其畝。」釋文：「衡亦作横。」禮記坊記、白孔六帖八引「衡」作「横」。周禮考工記玉人：「衡四寸。」鄭玄注：「衡，古文横，假借字也。」

財通裁　財：財物；財富。裁：①裁剪。②裁決。③度量。財、裁古音同屬從紐之部。周易泰：「后以財成天地之道。」釋文：「財，荀作裁。」漢書律曆志引「財」作「裁」。史記魏其武安侯列傳：「軍吏過，輙令財取爲用。」

財通材　財：財物；財富。材：材料。財、材古音同屬從紐之部。左思魏都賦：「財以工化，賄以商通。」李善注：「財與材古字通。」墨子尚賢下：「有一牛羊之財不能殺，必索良宰。」

靖通旌　靖：①安定。②止息；平定。③謙恭。古音從紐耕部。旌：表彰。古音精紐耕部。左傳昭公元年：「魯叔孫豹可謂能矣，請免之以靖能者。」王引之經義述聞：「靖，當讀爲旌。旌，表也。」

驩通歡　驩：馬名。歡：喜悦。驩、歡古音同屬曉紐元部。孟子盡心上：「霸者之民，驩虞如也。」孫奭孟子音義：「驩虞，丁云：『義當作歡娱，古字通用耳。』」文選張景陽詠史詩李善注引「驩虞」作

「歡娛」。

棘通戟　棘：果樹名，有刺，即酸棗。古音見紐職部。戟：古代兵器名。古音見紐鐸部。左傳隱公十一年：「潁考叔挾輈以走，子都拔棘以逐之。」杜預注：「棘，戟也。」漢書徐樂傳：「奮棘矜，偏袒大呼，天下從風。」顔師古注：「棘，戟也。矜者，戟之把也。」

距通拒　距：①鷄、雉類腿後部突出像脚趾的部分。②兵刃及其他器物上類似鷄距的部分，即倒刺。拒：拒絶，抵御。距、拒古音同屬群紐魚部。詩經大雅皇矣：「密人不恭，敢距大邦。」荀子仲尼：「而富人莫之敢距也。」楊倞注：「距與拒同。」

决通缺　决：①排除壅塞，引導水流。②决斷。③判决。④必定。古音見紐月部。缺：殘破。古音溪紐月部。史記李斯列傳：「夫人生居世間也，譬猶騁六驥過决隙也。」酈道元水經注：「尚有二十六人，衣履穿决。」

袴通胯　袴：套褲。胯：大腿與大腿之間。袴、胯古音同屬溪紐魚部。史記淮陰侯列傳：「衆辱之曰：『信能死，刺我；不能死，出我袴下。』」

况通貺　况：①比擬，比喻。②更加。③情形。貺：賞賜。况、貺古音同屬曉紐陽部。國語魯語下：「君以諸侯之故，况使臣以大禮。」韋昭注：「况，賜也。」史記司馬相如列傳：「足下不遠千里，來况齊國。」

貼通帖　貼：①典押。②靠近。③順從。④黏附。帖：量詞，中藥一劑爲一帖。貼、帖古音同屬透紐葉部。醒世恒言劉小官雌雄兄弟：「教家人開了藥箱兒，撮了一貼藥劑。」

霾通埋 霾：大風揚塵土而下。埋：藏在土中。霾、埋古音同屬明紐之部。楚辭國殤：「霾兩輪兮縶四馬，援玉枹兮擊鳴鼓。」洪興祖補注：「霾讀若埋。」

畔通叛 畔：①田界。②水邊。叛：背叛，造反。畔、叛古音同屬並紐元部。史記封禪書：「諸侯畔秦。」漢書郊祀志「畔」作「叛」。史記黥布列傳：「齊王田榮畔楚。」漢書英布傳「畔」作「叛」。

趣通促 趣：①快步走。②朝某一方嚮奔去。③興趣。古音清紐侯部。促：急速，趕快。古音清紐屋部。史記項羽本紀：「若不趣降漢，漢今虜若，若非漢敵也。」管子度地：「大雨，各葆其所，可治者趣治。」

闕通掘 闕：①宫門左右樓觀。②墓道前的牌樓。③過失。古音溪紐月部。掘：挖掘。古音群紐物部。左傳隱公元年：「若闕地及泉，隧而相見，其誰曰不然。」

闕通缺 闕：①宫門左右樓觀。②墓道前的牌樓。③過失。缺：①破損。②缺點，過錯。③缺少。④空缺。闕、缺古音同屬溪紐月部。禮記禮運：「三五而闕。」孔子家語禮運「闕」作「缺」，文選雜詩李善注引同。水經注江水：「自三峽七百里中，兩岸連山，略無闕處。」

攘通讓 攘：①排斥。②侵奪。③偷竊。讓：謙讓。攘、讓古音同屬日紐陽部。説文：「攘，推也。」段玉裁注：「推手使前也，古推讓字如此作。」漢書禮樂志：「盛揖攘之容。」顔師古注：「攘，古讓字。」禮記曲禮上：「君出就車，則僕并轡授綏，左右攘辟。」

矢通誓 矢：①兵器。②古代投壺用的籌。古音書紐脂部。誓：發誓，立誓。古音禪紐月部。爾雅釋言：「矢，誓也。」詩經鄘風柏舟：「之死矢靡它。」論語雍也：「夫子矢之。」詩經衛風考槃：

「永矢弗諼（諼：忘記）。」

請通情　請：①謁見。②請求。古音清紐耕部。情：情況；實情。古音從紐耕部。荀子成相：「聽之經，明其請，參伍明謹施賞刑。」墨子明鬼下：「夫衆人耳目之請，豈足以斷疑哉？」非命中「請」作「情」。

時通是　時：①季節。②時間；光陰。古音禪紐之部。是：此。古音禪紐支部。尚書湯誓：「時日曷喪，予及汝皆亡。」史記殷本紀作：「是日何時喪？」詩經周頌噫嘻：「率時農夫，播厥百穀。」

式通軾　式：法式；榜樣。軾：車前扶手横木，引申有憑軾、示敬之意。式、軾古音同屬書紐職部。禮記檀弓下：「孔子過泰山側，有婦人哭於墓者而哀，夫子式而聽之。」禮記仲尼燕居：「車得其式。」孔子家語論禮「式」作「軾」。

無通毋　無：①没有。②副詞，未。毋：不要，表示禁止。無、毋古音同屬明紐魚部。尚書益稷：「無若丹朱傲。」史記夏本紀作「毋若丹朱傲。」詩經魏風碩鼠：「碩鼠碩鼠，無食我黍。」孟子梁惠王上：「鷄豚狗彘之畜，無失其時，七十者可以食肉矣。」

錫通賜　錫：①金屬名。②僧人所用錫杖的簡稱。賜：賜給。錫、賜古音同屬心紐錫部。尚書洪範：「天乃錫禹洪範九疇。」左傳隱公元年：「孝子不匱，永錫爾類。」

鄉通向　鄉：古代地方組織單位，周代以一萬二千五百家爲鄉。向：面向；對着。鄉、向二字古音同屬曉紐陽部。國語周語上：「阜其財求而利其器用，明利害之鄉。」漢書刑法志：「滿堂而飲酒，有一人鄉隅而悲泣，則一堂皆爲之不樂。」説文解字敘：「鄉壁虚造不可知之書。」

脩通修 脩：乾肉；泛指乾枯。修：①學習；研究。②美好。③長；高。脩、修古音同屬心紐幽部。詩經小雅六月：「四牡脩廣。」毛傳：「脩，長。」荀子儒效：「禮節脩乎朝。」新序雜事五「脩」作「修」。

貿通牟 貿：①交易。②改革。牟：求取；謀取。貿、牟古音同屬明紐幽部。鹽鐵論本議：「是以縣官不失實，商賈無所貿利，故曰平準。」

燕通宴 燕：燕子。宴：①安樂。②宴享。燕、宴古音同屬影紐元部。周禮春官大宗伯：「以饗燕之禮，親四方之賓客。」初學記禮部引「燕」作「宴」。詩經小雅鹿鳴：「我有旨酒，以燕樂嘉賓之心。」

陽通佯 陽：①太陽；陽光。②山南水北爲「陽」。佯：假裝。陽、佯古音同屬定紐陽部。大戴禮記保傅：「紂殺王子比干，而箕子被髮陽狂。」韓詩外傳、說苑尊賢「陽」作「佯」。漢書高帝紀：「陽尊懷王爲義帝，實不用其命。」

與通舉 與：①給予。②幫助。古音匣紐魚部。舉：推薦；選拔。古音見紐魚部。禮記禮運：「選賢與能，講信修睦。」

芸通耘 芸：草名，即芸香。耘：除草。芸、耘古音同屬匣紐文部。論語微子：「植其杖而芸。」漢石經「芸」作「耘」。

政通征 政：①政治。②政權。征：①征稅。②征伐。政、征古音同屬章紐耕部。大戴禮記用兵：「諸侯力政，不朝於天子。」

搔通騷 搔：撓。古音心紐宵部。騷：騷動，騷亂。古音心紐幽部。淮南子兵略：「殘賊天下，萬人搔動。」

詳通佯 詳：①詳細。②審慎。古音邪紐陽部。佯：假裝。古音定紐陽部。楚辭天問：「梅伯受醢，箕子詳狂。」

詒通貽 詒：欺騙。貽：贈送；留給。詒、貽古音同屬定紐之部。詩經小雅天保：「神之弔矣，詒爾多福。」左傳昭公六年：「叔向使詒子産書。」後漢書樊準傳李注引「詒」作「貽」。

吟通噤 吟：①歎。②吟詠。古音疑紐侵部。噤：口閉。古音群紐侵部。史記淮陰侯列傳：「雖有舜禹之智，吟而不言，不如瘖聾之指麾也。」説苑權謀：「君吁而不吟，所言者莒也。」

蚤通早 蚤：蟲名，即跳蚤。早：早晨。蚤、早古音同屬精紐幽部。墨子非樂上：「則不能蚤出暮入，耕稼樹藝。」史記淮南衡山列傳：「厲王蚤失母。」漢書淮南王傳「蚤」作「早」。

枝通肢 枝：①樹的枝條。②分枝。肢：人體的兩臂兩腿。枝、肢古音同屬章紐支部。荀子儒效：「行禮要節而安之，若生四枝。」吕氏春秋圜道：「人之有形體四枝，其能使之也，爲其感而必知也；感而不知則形體四枝不使矣。」「四枝」即「四肢」。

振通震 振：①舉起。②摇動。震：震動。振、震古音同屬章紐文部。史記魏公子列傳：「公子威振天下。」

指通旨 指：①手指。②指斥。旨：①味美。②意旨。指、旨古音同屬章紐脂部。孟子盡心下：「言近而指遠者，善言也。」史記司馬相如列傳：「觀者未覩指。」文選諭巴蜀檄「指」作「旨」。司馬遷報任安書：「即以此指推言陵之功。」

攝通懾 攝：①提起。②代理。古音書紐葉部。懾：畏懼。古音章紐（據集韻「失涉切」爲書紐）葉部。左傳襄公十一年：「不然，則武震以攝威之。」史記刺客列傳：「吾曩者目攝之。」

惠通慧 惠：①仁愛。②恩惠。古音匣紐質部。慧：聰明。古音匣紐月部。列子湯問：「河曲智叟笑而止之曰：『甚矣，汝之不惠。』」太平御覽四十引「惠」作「慧」。大戴禮記易本命：「食穀者智惠而巧。」淮南子墜形「智惠」作「知慧」。

曾通層 曾：曾經。層：重疊。曾、層古音同屬從紐蒸部。淮南子本經訓：「大廈曾加，擬於昆侖。」敦煌唐寫本老子六十四章：「九曾之臺，起於累土。」王弼本「曾」作「層」。

萌通氓 萌：草木發芽。氓：百姓；民衆。萌、氓古音同屬明紐陽部。墨子尚賢上：「逮至遠鄙郊外之臣、門庭庶子、國中之衆、四鄙之萌人，聞之皆競爲義。」漢書楚元王傳附劉向：「不如是，則王公其何以戒慎，民萌何以勸勉！」

訟通公 訟：①争辯。②責備。古音邪紐東部。公：公開；明白。古音見紐東部。史記呂太后本紀：「太尉尚恐不勝諸呂，未敢訟言誅之。」

樸通撲 樸：①樹皮。②大。撲：擊。樸、撲古音同屬滂紐屋部。史記刺客列傳：「高漸離乃以鉛置筑中，復進得近，舉筑樸秦皇帝，不中。」

粲通餐 粲：①上等白米。②美好。餐：①飯食。②吃。粲、餐古音同屬清紐元部。詩經鄭風緇衣：「適子之館兮，還，予授子之粲兮。」毛傳：「粲，餐也。」

倉通蒼　倉：①穀倉。②倉猝。蒼：①草青色。②深藍色。倉、蒼古音同屬清紐陽部。戰國策魏策四：「要離之刺慶忌也，倉鷹擊於殿上。」

辰通晨　辰：①地支的第五位。②十二生肖之一，指龍。③時光。晨：早晨。辰、晨古音同屬禪紐文部。詩經齊風東方未明：「不能辰夜，不夙則莫。」白孔六帖一引「辰」作「晨」。

構通購　構：①構架房屋。②圖謀。購：懸賞徵求。構、購古音同屬見紐侯部。墨子號令：「若告之吏，皆構之。」

匪通斐　匪：①同「篚」，竹器。②非。古音幫紐微部。斐：有文彩的樣子。古音滂紐微部。詩經衛風淇奥：「有匪君子，如切如磋，如琢如磨。」釋文：「匪本又作斐。」

親通新　親：①親近。②親屬。③親自。古音清紐真部。新：初次出現的。古音心紐真部。韓非子亡徵：「親臣進而故人退，不肖用事而賢良伏。」

訪通方　訪：①徵求意見。②查訪。③拜訪。古音滂紐陽部。方：副詞，正當，不久前。古音幫紐陽部。漢書高五王傳：「訪以吕氏故，幾亂天下，今又立齊王，是欲復爲吕氏也。」顏師古注：「如淳曰：『訪猶方也。』」史記齊悼惠王世家作「方以吕氏故，幾亂天下。」

豆通斗　豆：①食器名。②量器名。③豆類作物。古音定紐侯部。斗：酒器名。古音端紐侯部。周禮考工記梓人：「獻以爵而酬以觚，一獻而三酬，則一豆矣。」鄭玄注：「豆，聲之誤，豆當爲斗。」

順通慎　順：①依順。②沿着。③通順。古音船紐文部。慎：謹慎；小心。古音禪紐真部。荀子强國：「且上者下之師也，夫下之和上，譬之猶響之應聲，影之像形也，故爲人上者，不可不順也。」

柳通瘤 柳：樹名。瘤：腫瘤。柳、瘤古音同屬來紐幽部。莊子至樂：「俄而柳生其左肘。」王先謙集解：「柳、瘤字，一聲之轉。」

扼通軛 扼：①掐住。②據守。軛：牛馬等拉東西時駕在脖子上的器具。扼、軛古音同屬影紐錫部。莊子馬蹄：「夫加之以衡扼，齊之以月題。」成玄英疏：「扼，叉馬頸木也。」洪武正韻陌韻：「扼，與軛通。」

妃通配 妃：帝王的妾或太子、諸侯的妻。配：配偶；婚配。妃、配古音同屬滂紐微部。詩經衞風有狐序：「衞之男女失時，喪其妃偶焉。」左傳文公十四年：「子叔姬妃齊昭公，生舍。」釋文：「妃本亦作配。」

姦通奸 姦：①邪惡。②私通。奸：干犯。姦、奸古音同屬見紐元部。韓非子定法：「賞存乎慎法，而罰加乎姦令者。」淮南子主術：「各守其職，不得相姦。」

得通德 得：①獲得。②得意。③適合。④能。德：德行；恩惠。得、德古音同屬端紐職部。荀子成相：「尚得推賢不失序。」論語泰伯：「民無得而稱焉。」釋文：「得，本亦作德。」

督通篤 督：①察視。②統領。篤：篤厚。督、篤古音同屬端紐覺部。左傳僖公十二年：「余嘉乃勳！應乃懿德，謂督不忘。」馬王堆漢墓帛書老子乙本：「致虛極，守静督。」「督」王弼本作「篤」。

害通曷 害：①傷害。②災害。③妒忌。曷：何。害、曷古音同屬匣紐月部。詩經周南葛覃：「害澣害否，歸寧父母。」孟子梁惠王上：「時日害喪，予及女皆亡。」

宵通肖 宵：夜。肖：相似。宵、肖古音同屬心紐宵部。漢書刑法志：「夫人宵天地之貌，懷五常之性。」顔師古注：「宵，義與肖同。」

邈通藐 邈：遥遠；久遠。古音明紐藥部。藐：輕視。古音明紐藥部。劉向戰國策序：「遂燔燒詩書，坑殺儒士，上小堯舜，下邈三王。」

放通仿 放：①放逐。②放任。③釋放。④放置。古音幫紐陽部。仿：仿效。古音滂紐陽部。漢書貢禹傳：「後世争爲奢侈，轉轉益甚，臣下亦相放效。」

浮通蜉 浮：①漂浮。②行船。蜉：蟲名，蜉蝣。浮、蜉古音同屬並紐幽部。荀子大略：「飲而不食者，蟬也；不飲不食者，浮蝣也。」淮南子詮言：「浮游不過三日。」藝文類聚九七引作「蜉蝣」。

公通功 公：①五等爵位的第一位。②公事。③公正無私。功：功勞。公、功古音同屬見紐東部。淮南子主術：「百官述職，務致其公迹也。」

册通策 册：①簡策。②策命。策：計謀；謀略。册、策古音同屬初紐錫部。漢書趙充國傳：「此全師保勝安邊之册。」

能通耐 能：①一種像熊的野獸。②技能。③能够。耐：經受得住。能、耐二字古音同屬泥紐之部。漢書爰盎鼂錯傳：「其人密理，鳥獸毳毛，其性能寒。」素問五常政大論：「能毒者以厚藥，不勝毒者以薄藥。」

紅通工 紅：淺紅；粉紅。古音匣紐東部。工：指婦女的紡織刺綉等工作。古音見紐東部。漢書哀帝紀：「害女紅之物，皆止。」漢書酈食其傳：「百姓騷動，海内摇蕩，農夫釋耒，紅女下機，天下之心未有所定也。」

還通旋　還：①返回。②回報。③環繞。古音匣紐元部。旋：旋轉，回旋。古音邪紐元部。莊子庚桑楚：「夫尋常之溝，巨魚無所還其體。」釋文：「還，音旋，回也。」漢書鼂錯傳：「如此而勸以厚賞，威以重罰，則前死不還踵矣。」顏師古注：「還，讀曰旋。旋踵，回旋其足也。」

旄通耄　旄：旄牛尾。耄：年老。旄、耄古音同屬明紐宵部。禮記射儀：「旄期稱道不亂。」鄭玄注：「八十、九十曰旄。」

否通鄙　否：①不。②不善。鄙：鄙陋。否、鄙古音同屬幫紐之部。鹽鐵論復古：「坎井之鼃，不知江海之大；窮夫否婦，不知國家之慮。」

郄通膝　郄：春秋齊國地名。膝：大小腿相連關節的前部。郄、膝古音同屬心紐質部。史記范雎蔡澤列傳：「郄行蒲伏，稽首肉袒。」

張通帳　張：①拉開弓弦。②擴大。帳：帷幕。張、帳古音同屬端紐陽部。韓非子十過：「設酒張飲，日以聽樂。」

視通指　視：看。古音禪紐脂部。指：指點。古音章紐脂部。列子湯問：「肆咤則徒卒百萬，視撝則諸侯從命。」釋文：「視撝音指揮。」

昔通夕　昔：從前，往日。古音心紐鐸部。夕：夜。古音邪紐鐸部。莊子天運：「蚊虻噆（cǎn）咬，叮）膚，則通昔不寐矣。」釋文：「昔，夜也。」左傳哀公四年：「爲一昔之期。」

側通昃　側：①旁邊。②傾斜。昃：太陽偏西。側、昃古音同屬莊紐職部。後漢書光武帝紀下：「日側乃罷。」

殆通怠 殆：①危險。②幾乎。③大概。怠：懈怠。殆、怠古音同屬定紐之部。商君書農戰：「農者殆則土地荒。」淮南子泰族：「勾踐棲於會稽，修政不殆。」

離通罹 離：①鳥名。②分別。罹：遭遇。離、罹古音同屬來紐歌部。詩經王風兔爰：「有兔爰爰，雉離於罦。」史記管蔡世家：「必去曹（離開曹地），無離曹禍。」索隱：「離，即罹。罹，被也。」

壺通瓠 壺：用器名。瓠：草本植物，即葫蘆。壺、瓠古音同屬匣紐魚部。詩經豳風七月：「七月食瓜，八月斷壺。」

悟通忤 悟：覺悟，領悟。忤：違逆，抵觸。悟、忤古音同屬疑紐魚部。吕氏春秋蕩兵：「國無刑罰，則百姓之悟相侵也立見。」

勃通悖 勃：①突然，迅速。②奮發貌，盛貌。悖：謬誤，逆亂。勃、悖古音同屬並紐物部。淮南子説山訓：「病而不就藥，則勃矣。」

頌通誦 頌：頌揚。誦：背誦，朗讀。頌、誦古音同屬邪紐東部。孟子萬章下：「頌其詩，讀其書，不知其人，可乎？」

頒通斑 頒：①大頭。②分賜。③發布。古音幫紐文部。斑：頭髮花白。古音幫紐元部。孟子梁惠王上：「頒白者不負戴於道路矣。」趙岐注：「頭半白曰頒，斑斑然者也。」

逝通誓 逝：①離去。②去世。誓：發誓，立誓。逝、誓古音同屬禪紐月部。詩經魏風碩鼠：「逝將去女，適彼樂土。」

涂通途 涂：①水名。②涂抹。途：道路。涂、途古音同屬定紐魚部。周禮夏官司險：「設國之五溝五涂。」曹植雜詩：「吴國爲我仇，將騁萬里涂。」

那通奈 那：①疑問代詞，怎麽。②指示代詞。古音泥紐歌部。奈：奈何，如何。古音泥紐月部。左傳宣公二年：「牛則有皮，犀兕尚多，棄甲則那？」

失通逸 失：喪失。古音書紐質部。逸：奔逃。古音定紐質部。荀子哀公：「其馬將失。」楊倞注：「失，讀爲逸，奔也。」國語周語下：「虞於湛樂，淫失其身。」

假通徦 假：①借。②假期。徦：到達。假、徦古音同屬見紐魚部。詩經商頌玄鳥：「四海來假，來假祁祁。」禮記曲禮下：「告喪，曰天王登假。」

黨通倘 黨：①古代户籍編制單位，五百家爲黨。②親族。③偏私。古音端紐陽部。倘：偶然。古音透紐陽部。荀子天論：「夫日月之有蝕，風雨之不時，怪星之黨見，是無世而不常有之。」

幾通冀 幾：①微小。②將近。③多少。古音見紐微部。冀：期望。古音見紐脂部。左傳哀公十六年：「國人望君，如望歲焉，日月以幾。」韓非子心度：「欲治其法而難變其故者，民亂不可幾而治也。」

艾通刈 艾：①艾蒿。②古稱五十歲的老人。③停止。刈：以鐮刀割取。艾、刈古音同屬疑紐月部。荀子王制：「歲雖凶敗水旱，使民有所耘艾。」賈誼陳政事疏：「其視殺人，若艾草菅然。」

論通倫 論：①議論。②定罪。③言論。倫：秩序。論、倫古音同屬來紐文部。晏子春秋内篇諫下：「且夫上正其治，下審其論，則貴賤不相踰越。」禮記王制：「凡制五刑，必即天論。」

問通聞 問：①詢問。②音訊。聞：聲譽。問、聞古音同屬明紐文部。漢書匡衡傳：「道德弘於京師，淑問揚乎疆外。」

温通藴　温：①温暖。②温柔。藴：積聚，包藏。温、藴古音同屬影紐文部。荀子榮辱：「其流長矣，其温厚矣。」

齊通粢　齊：①整齊。②齊全。古音從紐脂部。粢：古代用於祭祀的穀物。古音精紐脂部。禮記祭統：「是故天子親耕於南郊，以共齊盛。」鄭玄注：「齊，或爲粢。」

邪通斜　邪：邪惡。斜：不正。邪、斜古音同屬邪紐魚部。詩經小雅采菽：「赤芾在股，邪幅在下。」

芒通茫　芒：①草名。②光芒。③穀類子實上的針狀物。茫：模糊不清，引申爲昏昧無知。芒、茫古音同屬明紐陽部。莊子盜跖：「目芒然無見。」

戲通麾　戲：①嘲弄。②游戲。③雜技。④角力。麾：大將之旗。戲、麾古音同屬曉紐歌部。史記淮陰侯列傳：「不至十日，而兩將之頭可致於戲下。」漢書灌夫傳：「馳入吴軍，至戲下。」

麾通揮　麾：大將之旗。古音曉紐歌部。揮：舞動。古音曉紐微部。荀子議兵：「拱挹指麾。」又富國：「拱揖指揮。」

光通廣　光：①日光。②榮耀。廣：宏大，寬闊。光、廣古音同屬見紐陽部。左傳昭公二十八年：「昔武王克商，光有天下。」

嚮通饗　嚮：①面向。②從前。饗：享受。嚮、饗古音同屬曉紐陽部。韓非子十世：「今日暮將拔之而嚮其利。」史記游俠列傳：「已饗其利者爲有德。」

伉通抗　伉：①高貌。②剛直。抗：抵抗，對抗。伉、抗古音同屬溪紐陽部。戰國策秦策：「杜左右之口，天下莫之能伉。」漢書陸賈傳：「欲以區區之越，與天子伉衡爲敵國，禍且及身矣。」

亢通抗 亢：①高。②舉。③當；擋當。古音見紐陽部或溪紐陽部。抗：①對抗。②匹敵。③舉。④高尚。古音溪紐陽部。左傳宣公十三年：「我則爲政，而亢大國之討，將以誰任？」漢書五行志：「虢爲小國，介夏陽之厄，怙虞國之助，亢衡於晉。」漢書陳勝項籍傳贊：「適戍之衆，不亢於九國之師。」顏師古注：「亢讀與抗同。」

伎通技 伎：①同伴。②歌女；舞女。技：技藝；本領。伎、技古音同屬群紐支部。史記孟嘗君列傳：「長者，無他伎能，宜可令收債。」

形通刑 形：①形象。②形勢。刑：刑罰。形、刑古音同屬匣紐耕部。管子權修：「見其可也，喜之有徵；見其不可也，惡之有刑。」

隴通壟 隴：①山名。②隆盛。壟：田壟；田埂。隴、壟古音同屬來紐東部。史記項羽本紀：「然羽非有尺寸，乘勢起隴畝之中。」

拂通弼 拂：①拂拭。②輕輕擦過。③彈奏。④違背。古音滂紐物部。弼：輔正。古音並紐質部。孟子告子下：「入則無法家拂士，出則無敵國外患者，國恒亡。」史記殷本紀：「女匡拂予。」

招通韶 招：①招致。②羈絆。③箭靶。古音章紐宵部。韶：舜樂名。古音禪紐宵部。史記五帝本紀：「於是禹乃興九招之樂。」司馬貞索隱：「招音韶，即舜樂簫韶。」

怵通訹 怵：①恐懼。②悲傷。古音透紐物部。訹：誘惑；誘導。古音心紐物部。管子心術上：「是以君子不怵乎好，不迫乎惡。」

彌通弭　彌：①遍。②終。③水滿貌。④副詞，更加。古音明紐脂部。弭：停止。古音明紐支部。周禮春官小祝：「彌灾兵，遠辠疾。」

衷通中、盅　衷：①貼身的内衣。②内心。③善。中：裏面，中間。衷、中古音同屬端紐冬部。盅：酒杯。古音透紐冬部。左傳襄公十八年：「晉州綽及之，射殖綽，中肩，兩矢夾脰，曰：『止，將爲三軍獲；不止，將取其衷』。」鮑照望孤石：「浮生會當幾，歡酌每盈衷。」

質通贄　質：①抵押。②抵押品。古音章紐質部。贄：初次拜見尊長時所持的禮物。古音章紐緝部。孟子滕文公下：「出疆必載質。」趙岐注：「質，臣所執以見君者也。」

織通幟　織：①製作布帛。②彩帛。幟：旗幟。織、幟古音同屬章紐職部。漢書陳湯傳：「望見單于城上立五采幡織。」

蘄通祈　蘄：①草名。②馬嚼子。祈：祈求。蘄、祈古音同屬群紐文部。莊子養生主：「澤雉十步一啄，百步一飲，不蘄畜乎樊中。」釋文：「蘄，音祈，求也。」韓愈答李翊書：「將蘄至於古之立言者，則無望其速成，無誘於勢利。」

説通脱　説：①解説。②主張。古音書紐月部。脱：逃脱；分離。古音透紐月部。左傳僖公十五年：「車説其輹，火焚其旗。」

伯通霸　伯：①古人排行的第一位。②對男子的尊稱。③伯父。④古爵位名。霸：①春秋時勢力强大居於領導地位的諸侯。②稱霸。③依靠勢力横行無忌的人。伯、霸古音同屬幫紐鐸部。荀子王霸：「雖在僻陋之國，威動天下，五伯是也。」楊倞注：「伯，讀曰霸。」

介通甲　介：①疆界。②夾在中間。③媒介。④依持，憑藉。古音見紐祭部。甲：①鎧甲。②動物的硬殼。③指甲。④天干的第一位。古音見紐葉部。左傳宣公二年：「既而與爲公介。」大戴禮記易本命：「介鱗夏食冬蟄。」

陵通凌　陵：①大土丘。②陵墓。③衰敗。凌：①冰。②逾越。③登；乘。④侵犯；欺凌。陵、凌古音同屬來紐蒸部。莊子盜跖：「以强陵弱。」意林引「陵」作「凌」。後漢書馮衍傳：「不求苟得，常有陵雲之志。」

亨通烹　亨：順利；通達。古音曉紐陽部。烹：①煮。②古代酷刑的一種。古音滂紐陽部。詩經豳風七月：「七月亨葵及菽。」禮記禮運：「以亨以炙。」孔子家語問禮「亨」作「烹」。禮記祭義：「亨孰羶薌。」大戴禮記曾子大孝作「烹孰鮮香」。

鈞通均　鈞：①古代重量單位。②製陶用的轉輪。均：①平均；均匀。②同；相同。③協調。④衡量；比較。鈞、均古音同屬見紐真部。左傳定公十三年：「刑已不鈞矣。」史記趙世家「鈞」作「均」。史記天官書：「兩軍相當，日暈，暈等，力鈞。」漢書天文志「鈞」作「均」。荀子議兵：「明道而分鈞之。」

歸通饋　歸：①女子出嫁。②返；回。③歸還。④趨向集中。古音見紐微部。饋：①贈送食物。②運送。古音群紐物部。論語陽貨：「歸孔子豚。」釋文：「歸，鄭本作饋。」儀禮聘禮：「歸饔餼五牢。」鄭玄注：「今文歸或作饋。」

風通諷　風：①風。②風頭；勢頭。③風聲；消息。④風氣；習俗。⑤風度；作風。⑥病名。

諷：①誦讀。②用委婉的話勸告。③諷刺。風、諷古音同屬幫紐冬部。漢書食貨志下：「布告天下，以風百姓。」顔師古注：「風讀曰諷。」

弟通第 弟：弟弟或妹妹。第：①次第，次序。②等級。③科舉考試及格的等次。④貴族或官僚的住宅。⑤但；只管。弟、第古音同屬定紐脂部。史記酈生陸賈列傳：「弟言之。」漢書酈食其傳「弟」作「第」。吕氏春秋原亂：「亂必有弟。」高誘注：「弟，次也。」清畢沅注：「弟，古第字。」

畜通蓄 畜：①飼養。②收留。蓄：①儲存；儲藏。②積聚；保存。畜、蓄古音同屬曉紐覺部。詩經小雅節南山：「以畜萬邦。」新語術事引「畜」作「蓄」。禮記月令：「聚畜百藥。」吕氏春秋仲秋紀「畜」作「蓄」。賈誼論積貯疏：「則畜積足而人樂其所矣。」

豪通毫 豪：①豪猪。②長而硬的刺。③才能出衆的人。④豪放；豪邁。⑤有權勢的。毫：①細長而尖的毛。②毛筆。③度量單位。豪、毫古音同屬匣紐宵部。商君書弱民：「今離婁見秋豪之末。」莊子齊物論：「天下莫大於秋豪之末。」釋文：「依字應作毫。」

第五單元

文選

叔向賀貧

國語

【國語簡介】國語是我國最早的一部國别史，二十一卷，上自西周穆王伐犬戎（前九七六年），下迄晉三家滅智伯（前四五三年），歷時五百餘年，記載了周、魯、齊、晉、鄭、楚、吴、越等八國在政治、經濟、軍事、文化、禮俗等方面的一些情况，具有很高的史學價值。漢代學者以爲國語和左傳都是爲解釋春秋而作，有互補的作用，故稱左傳爲春秋内傳，而稱國語爲春秋外傳，其實，二者存在着很大的差異。左傳以記事爲主，國語則是以記言爲主。在内容上，國語有差不多二分之一的材料是左傳所没有的，其中晉語最詳，達九卷之多。對同一國家、同一事件的記載二者的詳略也判然有别，例如國語有關周王室、齊桓公霸業、越國的史料均比左傳豐富。在文學價值上，國語則遠遜於左傳，其語言質樸，議論冗長，記事較瑣碎，人物形象多不够鮮明。當然，從思想體系上看，國語與左傳是一致的，例如都具有儒家的民本思想、忠君思想以及抑惡揚善的思想等。

國語成書大約在戰國時代，作者已不可考。司馬遷報任安書中稱國語是春秋時期的魯國史官左丘明所作，事實上可能是左丘明的弟子根據老師的記載整理加工而成。歷代對國語整理的人較少，現存最早的注本是三國時期吴國韋昭的國語注，其後較有影響的注本是清人董增齡的國語正義和徐元誥的國語集解。

【題解】韓起是晉國的高級官員，但家境較窮，爲無財同卿大夫交往而犯愁。叔向通過晉卿欒黶、郤至貪婪驕奢而導致家族敗亡的事例勸説韓起，告誡韓起有德無財可以免災，無德多財容易招禍，故應憂德而不必患貧。叔向是春秋時期著名的人物，文章反映了他高明的見解以及對貴族驕泰奢侈行爲的厭惡態度。本文選自國語晉語八，題目是後加的。

叔向見韓宣子①。宣子憂貧，叔向賀之。宣子曰：「吾有卿之名，而無其實，無以從二三子，吾是以憂②，子賀我何故？」對曰：「昔欒武子無一卒之田，其宫不備其宗器，宣其德行，順其憲則③，使越於諸侯，諸侯親之，戎、狄懷之，以正晉國，行刑不疚，以免於難④。及桓子，驕泰奢侈，貪慾無藝⑤，略則行志，假貸居賄，宜及於難，而賴武之德，以沒其身⑥。及懷子，改桓之行，而修武之德，可以免於難，而離桓之罪，以亡於楚⑦。夫郤昭子，其富半公室，其家半三軍，恃其富寵，以泰於國，其身尸於朝，其宗滅於絳⑧。不然，夫八郤五大夫三卿，其寵大矣⑨，一朝而滅，莫之哀也，唯無德也。今吾子有欒武子之貧，吾以爲能其德矣⑩，是以賀。若不憂德之不建，而患貨之不足，將弔不暇，何賀之有⑪？」宣子拜稽首焉⑫，曰：「起也將亡，賴子存之，非起也敢專承之，其自桓叔以下嘉吾子之賜⑬。」

①叔向：春秋時期晉國大夫，複姓羊舌，名肸，其事迹參見左傳文選及注。宣子：韓宣子，名起，晉國大夫，韓厥子，時爲晉上軍佐，後升任執政大臣。

②卿：將軍。春秋時晉設上中下三軍，每軍置正副將各一名，統稱六卿。實：指財富。二三子：指卿大夫。從：跟隨，指交往，謙虚的説法。交往時需要饋贈禮物，宣子貧，無以爲贈，故憂。

③欒武子：即欒書，晉大夫，於魯成公四年升任執政大臣，將中軍。一卒之田：上大夫所有的土地數，即一百頃田。「一卒」爲一百人。欒書作爲上卿，其土地應多於上大夫。宮：秦以前一般卿大夫的住宅均可稱宮。宗器：宗廟裏用的鐘鼎等祭器。其（宗器）：指晉國，以下兩句中的「其」也指晉國。順：遵循。憲則：法令。

④越：傳播；宣揚。懷：歸附。不疚：指没有弊病。免於難：晉厲公無道，魯成公十八年，欒書、荀偃派人弒厲公而立悼公，國人未追究其弒君之罪。

⑤桓子：欒書的兒子欒黶。驕泰：驕恣放縱。泰，驕縱。藝：極。

⑥略則：違犯原則。略，違犯。居賄：囤積財物。居，蓄積。武：指欒武子。没其身：指得到善終。

⑦懷子：桓子子，名盈。離：通「罹」，遭受。桓之罪：魯襄公二十一年，欒盈因得罪其母親欒祁和外公范宣子而被逐出逃，參見祁奚救叔向篇及注。

⑧郤昭子：即郤至，晉大夫，郤克族子。魯成公十七年，郤至與郤錡（郤克子）、郤犨（郤克堂弟）一起被晉厲公所殺，家族滅亡。其家半三軍：指郤氏家族的武裝有晉三軍一半之多。據左傳宣公十七年載，晉郤克欲率家兵攻打齊國，可證當時晉卿大夫私家武裝勢力强大。屍於朝：三郤被殺後，屍體被陳列

於朝廷示衆。絳：春秋時晉國都城，地在山西翼城縣東南。

⑨ 八郤句：指郤氏家族八人中有三人爲卿，五人爲大夫。三卿指郤至、郤犨、郤錡。寵：貴寵，有勢力。

⑩ 能其德：能行其德。

⑪ 德之不建：不樹立美德。「德之不建」作「不憂」的賓語，其中「德」作「不建」的賓語，前置，其後用代詞「之」複指。吊不暇：哀悼都來不及。指將很快會滅亡。何賀：作「有」的賓語，前置，其後用「之」複指。

⑫ 稽首：古代九拜中最恭敬一種的跪拜禮，叩頭至地，雙手也前伸觸地。

⑬ 專承：獨自享受。桓叔：韓氏之祖曲沃桓叔（晉昭侯叔父）。桓叔生韓萬，韓萬封於韓原爲大夫，其後世子孫以韓爲姓。嘉：稱頌。

句踐滅吴

國語

【題解】春秋後期，吴、越兩國的勢力日漸强大，相互之間多次交戰，勢不兩立。魯昭公三十二年（前五〇一年）吴首次伐越。魯定公五年（前五〇五年）越攻入吴。魯定公十四年（前四九六年）吴再次伐越，結果被打敗，吴王闔廬受傷而死。魯哀公元年（前四九四年），闔廬子吴王夫差敗越，并攻入越國腹地，迫使越王句踐退守於會稽山，屈辱求和。其後經過長達二十年的策劃和準備，句踐最終滅掉吴國，迫使夫差自殺。本文主要記載了句踐如何一方面卑身事吴以麻痹之，另一方面實施富國强兵策略以圖雪恥滅吴的事迹。文章通過具體事實展示了越所以興和吴所以亡的原因，具有深刻的借鑒意義。本文選自國語越語上，題目是後加的。

越王句(gōu)踐棲於會稽(kuàijī)之上，乃號令於三軍曰①：「凡我父兄昆弟及國子姓，有能助寡人謀而退吳者，吾與之共知越國之政②。」大夫種進對曰③：「臣聞之賈(gǔ)人，夏則資皮，冬則資絺(chī)，旱則資舟，水則資車，以待乏也④。夫雖無四方之憂，然謀臣與爪牙之士，不可不養而擇也⑤。譬如蓑笠，時雨既至必求之⑥。今君王既棲於會稽之上，然後乃求謀臣，無乃後乎⑦？」句踐曰：「苟得聞子大夫之言，何後之有⑧？」執其手而與之謀。

① 句踐：越侯允常子，於魯定公十四年立。會稽：山名，在今浙江紹興市東南。
② 昆弟：兄弟。國子姓：與國子同姓者，指貴族子弟。國子，公卿大夫的子弟。知：掌管。
③ 大夫種：越大夫，即文種，是幫助句踐滅吳的主要謀臣之一，後被句踐賜死。
④ 資：儲備。絺：細麻布。待：備，防備。
⑤ 四方之憂：指外敵入侵。爪牙：勇武的人才。
⑥ 蓑笠：蓑衣和斗笠。時雨：應時之雨。
⑦ 無乃後乎：這恐怕太遲了吧？無乃，表推測的語氣副詞。後，遲。
⑧ 苟：連詞，如果。子大夫：義同「大夫」，加「子」表示尊敬。何後：做「有」的賓語，前置。

遂使之行成於吳①，曰：「寡君句踐乏無所使，使其下臣種，不敢徹聲聞於天王，私於下執事曰②：寡君之師徒不足以辱君矣，願以金玉、子女賂君之辱③。請句踐女女於王④，大夫女女於大夫，士女女於士。越國之寶器畢從，寡君帥越國之衆，以從君之師徒，唯君左右之⑤。若以越國之罪爲不可赦也，將焚宗廟，係妻孥，沈金玉於江，有帶甲五千人將以致死，乃必有偶，是以帶甲萬人事君也⑥，無乃即傷君王之所愛乎⑦？與其殺是人也，寧其得此國也，其孰利乎⑧？」

①行成：求和。成，議和，和談。吴：指吴軍，時吴王帥軍駐扎在越境内。

②乏無所使：缺乏合適的人選出使，謙虚的説法。徹聲：發言；講話。指直接向吴王表達意願。天王：對吴王的敬稱。下執事：指下級辦事人員，這是表敬畏的用語，意思是不敢直接和對方説話，只能通過其辦事人員轉達。

③師徒：指軍隊。不足以辱君：不值得辱勞您親自來討伐。辱，辱勞。子女：男女青年。賂：這裏義爲慰勞。辱：辱臨。

④請：副詞，請允許。（女）女：用作動詞，獻女。

⑤唯句：期望您隨意指揮他們。左右，支配；控制。

唯，語氣詞，表示期望。

⑥不可赦：即不願意和談。係妻孥：捆綁妻子兒女。在萬不得已時處死他們。係，捆綁。孥，妻子兒女。「焚宗廟、係妻孥」目的都在於避免受辱。沈：同「沉」。帶甲：指軍隊。致死：拼死。有偶：有雙倍的戰鬥力。是：代詞，指五千軍隊人人加倍的戰斗力。萬人：五千人個個以雙倍的勇力作戰，即相當於一萬人作戰。事君：「與君作戰」的委婉説法。

⑦無乃：恐怕。所愛：指吴軍，其中不少人屬於貴族子弟。

⑧是人：指帶甲的五千越軍。得此國：指使越屈服，成爲吴的僕從國。

夫差將欲聽與之成，子胥諫曰①：「不可。夫吴之與越也，仇讎敵戰之國也②。三江環之，民無所移，有吴則無越，有越則無吴，將不可改於是矣③。員（yún）聞之，陸人居陸，水人居水④。夫上黨之國，我攻而勝之，吾不能居其地，不能乘其車⑤。夫越國，吾攻而勝之，吾能居其地，吾能乘其舟。此其利也，不可失也已，君必滅之。失此利也，雖悔之，必無及已⑥。」

越人飾美女八人，納之太宰嚭（pǐ）⑦，曰：「子苟赦越國之罪，又有美於此者將進之。」太宰嚭諫曰：「嚭聞古之伐國者，服之而已。今已服矣，又何求焉？」夫差與之成而去之⑧。

① 聽：聽從其言。子胥：伍子胥，名員，本楚國大夫，因避難奔吴，幫助闔閭奪取王位，曾率吴軍攻破楚都，後被夫差賜死。

② 仇讎敵戰：世代有仇，敵對交戰。

③ 三江：指吴江（吴淞江）、錢塘江和浦陽江。是：指「有吴則無越，有越則無吴」的敵對局面。

④ 陸人：指北方少水的國家。水人：指南方多水的國家。

⑤ 上黨之國：指中原諸侯國。上：高處。黨：處所。

⑥ 及：趕上，追上。已：同「矣」。

⑦ 納：進獻。太宰嚭：即伯嚭，本楚大夫，伯州犁之子，魯昭公元年因避難奔吴。太宰，吴官名。

⑧ 去之：撤離越國。

句踐説於國人曰：「寡人不知其力之不足也，而又與大國執讎，以暴露百姓之骨於中原，此則寡人之罪也。寡人請更①。」於是葬死者，問傷者，養生者，弔有憂，賀有喜，送往者，迎來者，去民之所惡，補民之不足。然後卑事夫差，宦士三百人於吳，其身親爲夫差前馬②。

①說：此處義爲謝罪。執讎：結仇；結怨。中原：原野之中。更：指改正錯誤。

②卑事：卑身事奉。指降低自己身份去做夫差的臣僕，以示臣服。宦士句：帶領三百人到吳國做僕隸。宦士，僕隸，這裏用作動詞。前馬：馬前走卒。

句踐之地南至於句（gōu）無，北至於禦兒（ní），東至於鄞（yín），西至於姑蔑，廣運百里①。乃致其父母昆弟而誓之曰：「寡人聞，古之賢君，四方之民歸之，若水之歸下也。今寡人不能，將帥二三子夫婦以蕃②。」令壯者無取老婦，令老者無取壯妻。女子十七不嫁，其父母有罪。丈夫二十不娶，其父母有罪。將免者以告，公令醫守之③。生丈夫，二壺酒、一犬；生女子，二壺酒、一豚④。生三人，公與之母；生二人，公與之餼（xì）⑤。當室者死，三年釋其政；支子死⑥，三月釋其政。必哭泣葬埋之，如其子⑦。令孤子、寡婦、疾疹（chèn）、貧病者，納宦其子⑧。其達士，絜其居，美其服，飽其食，而摩厲之於義⑨。四方之士來者，必廟禮之⑩。句踐載稻與脂於舟以行，國之孺子之游者，無不餔（bū）也，無不歠（chuò）也，必問其名⑪。非其身之所種則不食，非其夫人之所織則不衣。十年不收於國，民俱有三年之食。

① 句無：山名，在今浙江諸暨縣南。禦兒：地名，在今浙江桐鄉市西南。鄞：地名，在今浙江寧波市東南。姑蔑：地名，在今浙江衢州市北。廣運百里：即方圓百里。東西爲廣，南北爲運。

② 帥：獎勵，鼓勵。蕃：繁衍。

③ 免：「娩」的古字。公：官府。守：守護。

④ 丈夫：指男孩。豚：小猪。「酒、豚」均是官府對産婦家的獎勵。

⑤ 生三人：指一胎生三個孩子。母：乳母。餼：糧食。

⑥ 當室者：嫡長子，即宗子，家族的繼承者。釋：免除。政：指徭役等。支子：嫡長子以下的嫡子及庶子。

⑦ 其：指官府派去處理喪事的人。

⑧ 疾疹：患病者。疹，通「疢」，疾病。納：指官府收養。宦：指官府安排做事。

⑨ 達士：指有知識的知名人士。絜、美、飽：均屬形容詞的使動用法。摩厲句：用義理來激勵他們。摩厲，同「磨礪」。

⑩ 廟禮之：在宗廟堂舉行歡迎之禮，以示尊重。廟，名詞作狀語。禮，用作動詞。

⑪ 稻與脂：指米和肉。國之句：指各地來到國都學習的年輕人。餔：通「哺」，給食吃。歠：飲，義同「啜」，這裏是使動用法，給水喝。

國之父兄請曰：「昔者夫差恥吾君於諸侯之國，今越國亦節矣，請報之①。」句踐辭曰：「昔者之戰也，非二三子之罪也，寡人之罪也。如寡人者，安與知恥？請姑無庸戰②。」父兄又請曰：「越四封之內，親吾君也，猶父母也。子而思報父母之仇，臣而思報君之讎③，其有敢不盡力者乎？請復戰。」句踐既許之，乃致其衆而誓之曰④：「寡人聞古之賢君，不患其衆之不足也，而患其志行之少恥也⑤。今夫差衣水犀之甲者億有三千，不患其志行之少恥也，而患其衆之不足也⑥。今寡人將助天滅之。吾不欲匹夫之勇也，欲其旅進旅退也⑦。進則思賞，退則思刑，如此則有常賞。進不用命，退則無恥，如此則有常刑⑧。」果行，國人皆勸⑨。父勉其子，兄勉其弟，婦勉其夫。曰：「孰是君也⑩，而可無死乎？」是故敗吳於囿，又敗之於没，又郊敗之⑪。

①恥：使動用法。節：有節度。這裏指越國的國力已得到恢復。報之：伐吳報仇。
②安與句：哪裏有資格和人談論知恥的事情。「與」後省去賓語「之」。姑：副詞，暫且。無庸：不用，不要。
③(子)而、(臣)而：兩「而」字均連接分句中的主語和謂語，表假設。
④既：副詞，終於。致其衆：召集越國的衆官吏。
⑤志行：思想和行爲。
⑥衣：穿。水犀之甲：用水牛皮或犀牛皮製作的鎧甲。億：十萬。上古以十萬爲億。以上數句言，吳軍雖多，但缺乏教育，無戰鬭力，且屬非正義之師。
⑦匹夫之勇：不守軍紀，個人逞能。旅：衆，這裏義爲「共同」。
⑧常賞、常刑：固定不變的必然兑現的賞賜和刑罰。
⑨果：副詞，義同「乃、遂」。勸：勸勉，鼓勵。
⑩孰是二句：誰能像那樣的國君呀，可以不爲他效死嗎？孰，誰。
⑪囿：即笠澤，在今吳淞江一帶。越敗吳於囿在魯哀公十七年(前四七八年)。没：地名，今址不詳。郊：吳國的城郊，吳國首都在今蘇州市。據左傳記載，越於魯哀公二十年(前四七五年)圍吳。

夫差行成，曰：「寡人之師徒，不足以辱君矣。請以金玉、子女賂君之辱。」句踐對曰：「昔天以越予吳，而吳不受命①；今天以吳予越，越可以無聽天之命，而聽君之令乎？吾請達王甬（yǒng）、句（gōu）東，吾與君爲二君乎②！」夫差對曰：「寡人禮先壹飯矣，君若不忘周室，而爲弊邑宸宇，亦寡人之願也③。君若曰：『吾將殘汝社稷，滅汝宗廟。』寡人請死，余何面目以視於天下乎？越君其次也④。」遂滅吴。

① 不受命：不接受天命。
② 達王：送王到。甬：左傳作「甬東」，越地，在今浙江定海縣翁山。一説「甬」指甬江。句：句章，越地，在今浙江慈溪市西南。
③ 禮先壹飯：按禮先對越有一飯之恩。壹飯，極小的恩惠，此指吴曾許越求和。不忘周室：與周王同爲姬姓，故提「周室」，以求不滅吴國。吴的祖先太伯、仲雍爲周太王之子，周文王父王季的兄長。爲弊句：作我們國家的庇護者。宸宇，屋檐，比喻庇蔭。
④ 其：副詞，表祈使語氣。次：進駐。

馮諼客孟嘗君

戰國策

【戰國策簡介】簡稱國策，又名國事、事語、短長、長書等，分國編爲東周、西周、秦、楚、齊、趙、魏、韓、燕、宋、衛、中山十二策，共三十三篇，記載了戰國二百多年間各諸侯國在政治、軍事、外交等方面的鬥争以及策士謀臣的言行策略，不僅是一部繼左傳、國語之後的重要史學典籍，而且是一部著名的散文集。全書語言生動流暢，人物形象逼真，議論縱横恣肆，善於運用比喻誇張等手法和寓言故事説理，充分表現了策士高超的論辯藝術和權謀詭詐、唯圖功利、無論是非的作風，對後世文學語言産生了重要的影響。該書在戰國末期開始流傳，作者已不可考，西漢劉向校理時定名爲戰國策。

最早爲戰國策作注的人是東漢學者延篤和高誘，延注早佚。北宋時曾鞏對戰國策原文和高注作了整理工作，材料比較完備。南宋姚宏、鮑彪繼曾鞏之後分别做了進一步的校訂和補注，其中姚本是流傳至今最早的刊本。是後爲戰國策作校注的學者主要有元吴師道、清黄丕烈、吴增祺等人。今人何建章的戰國策注釋收集資料較全面。一九七三年長沙馬王堆漢墓出土了類似戰國策的帛書，定名爲戰國縱横家書，兩書有互補作用。

【題解】孟嘗君是戰國著名的四公子之一。文章通過孟嘗君門客馮諼收債市義、遊説諸侯、在薛立宗廟爲孟嘗君營造「三窟」的記述，生動刻畫了馮諼深謀遠慮的策士形象，同時表現了孟嘗君禮賢下士、寬宏大度的君子之風。本文選自戰國策齊策四。

齊人有馮諼（xuān）者，貧乏不能自存①，使人屬（zhǔ）孟嘗君，願寄食門下②。孟嘗君曰：「客何好（hào）？」曰：「客無好也。」曰：「客何能？」曰：「客無能也。」孟嘗君笑而受之曰：「諾。」左右以君賤之也，食（sì）以草具③。

①齊人句：有一個叫馮諼的齊國人。馮諼，或作「馮煖」「馮驩」。者，結構助詞，與「有馮諼」構成「者」字結構作定語，後置。自存：自己養活自己。

②屬：「囑」的古字，囑託，請求。孟嘗君：姓田，名文，「孟嘗君」是其封號，時任齊相，與楚春申君、魏信陵君、趙平原君并稱「戰國四公子」。寄食：依靠别人

生活，即當門客。③賤：意動用法。輕視，看不起。食：使動用法。給……吃。草具：粗劣的飯菜。

居有頃，倚柱彈其劍，歌曰：「長鋏（jiá）歸來乎①！食無魚。」左右以告。孟嘗君曰：「食（sì）之。比門下之客②。」居有頃，復彈其鋏，歌曰：「長鋏歸來乎！出無車。」左右皆笑之，以告。孟嘗君曰：「爲之駕③，比門下之車客。」於是乘其車，揭其劍，過其友曰：「孟嘗君客我④！」後有頃，復彈其劍鋏，歌曰：「長鋏歸來乎！無以爲家⑤。」左右皆惡（wù）之，以爲貪而不知足。孟嘗君問：「馮公有親乎？」對曰：「有老母。」孟嘗君使人給其食用，無使乏。於是馮諼不復歌。

①有頃：不久。鋏：劍柄，這裏指劍。歸來乎：回去吧。來，語氣詞。

②比：比照，按照。門下之客：指中等門客。一本「客」前有「魚」字。據説孟嘗君的門客分上、中、下三等，上客食肉乘車，中客食魚，下客食菜。

③爲之駕：雙賓語結構。給他準備車馬。

④揭：舉。過：拜訪。客我：把我當貴客看待。客，名詞的意動用法。

⑤無以爲家：没有辦法來養家。「無」後省去賓語。以，連詞。爲，這裏義爲「養活」。

後孟嘗君出記①，問門下諸客：「誰習計會（kuài），能爲文收責於薛者乎②？」馮諼署曰③：「能。」孟嘗君怪之，曰：「此誰也？」左右曰：「乃歌夫『長鋏歸來』者也④。」孟嘗君笑曰：「客果有能也，吾負之，未嘗見也。」請而見之，謝曰：「文倦於事，憒（kuì）於憂，而性懧（nuò）愚，沉於國家之事，開罪於先生⑤。先生不羞，乃有意欲爲（wèi）收責於薛乎⑥？」馮諼曰：「願之。」於是約車治裝，載券（quàn）契而行⑦，辭曰：「責畢收，以何市而反？」孟嘗君曰：「視吾家所寡有者⑧。」

①記：文告，告示。

②習：熟習，懂得。計會：算賬。責：「債」的古字。薛：孟嘗君的封邑，故址在今山東滕州市東南二十二公里處。

③署：簽，書寫。

④怪之：意動用法。感到此人奇怪。夫：指示代詞，那。

⑤謝：道歉。文倦二句：我整天被瑣務攪得很疲倦，爲憂愁之事所心煩。憒，昏亂。懧：義同「懦」。沉：沉埋。開罪：得罪。

⑥不羞：不認爲此事會辱没身份。羞，意動用法。乃：此處義同「而」。爲：介詞，替。其賓語「文」被省。

⑦約車：套車。治裝：整理行裝。券契：債券。古債券爲木製或竹製，其上刻有齒，一分爲二，雙方各執其一，以齒合作爲憑證。

⑧畢收：全部收完。反：「返」的古字。所寡有者：「所」字結構，缺少的東西。

驅而之薛，使吏召諸民當償者悉來合券①。券徧合，起，矯命以責賜諸民，因燒其券，民稱萬歲②。

① 驅：趕車。合券：即欠債者將所執的一半券契拿來與馮諼所帶的另一半合驗。

② 起：起身。矯命：假傳孟嘗君的命令。因：副詞，於是。民稱萬歲：表示對孟嘗君的感激。

長驅到齊，晨而求見。孟嘗君怪其疾也，衣冠而見之①，曰：「責畢收乎？來何疾也？」曰：「收畢矣。」「以何市而反？」馮諼曰：「君云『視吾家所寡有者』。臣竊計，君宮中積珍寶，狗馬實外廄(jiù)，美人充下陳②。君家所寡有者以義耳！竊以爲(wéi)君市義。」孟嘗君曰：「市義奈何③？」曰：「今君有區區之薛，不拊(fǔ)愛子其民，因而賈(gǔ)利之④。臣竊矯君命，以責賜諸民，因燒其券，民稱萬歲。乃臣所以爲君市義也。」孟嘗君不説(yuè)，曰：「諾，先生休矣⑤！」

① 長驅：驅車一直不停。衣冠：名詞用如動詞。穿好衣服，戴好帽子。

② 竊計：私下考慮。竊，謙辭。實：充滿。廄：馬房。下陳：古代殿堂下站列美女的地方。

③ 市義句：市義怎樣解釋？奈何，同「如何」，代詞，怎麼樣。

④ 拊：同「撫」。子：名詞的意動用法。像對待子女一樣地愛護。因：憑藉，利用。賈利之：像商人一樣向他們牟利。賈，名詞作狀語。

⑤ 休矣：得了吧；算了吧。

後期(jī)年，齊王謂孟嘗君曰：「寡人不敢以先王之臣爲臣。」孟嘗君就國於薛①。未至百里，民扶老攜幼，迎君道中。孟嘗君顧謂馮諼：「先生所爲文市義者，乃今日見之。」馮諼曰：「狡兔有三窟，僅得免其死耳②。今君有一窟，未得高枕而卧也。請爲君復鑿二窟。」孟嘗君予車五十乘(shèng)，金五百斤，西遊於梁③，謂惠王曰：「齊放其大臣孟嘗君於諸侯，諸侯先迎之者，富而兵强。」於是梁王虚上位④，以故相爲上將軍，遣使者，黄金千斤，車百乘，往聘孟嘗君。馮諼先驅誡孟嘗君曰：「千金，重幣也；百乘，顯使也。齊其聞之矣⑤。」梁使三反，孟嘗君固辭不往也。齊王聞之，君臣恐懼，遣太傅賫(jī)黄金千斤，文車二駟，服劍一⑥，封書謝孟嘗君曰：「寡人不祥，被於宗廟之祟，沉於諂諛之臣，開罪於君，寡人不足爲也⑦。願君顧先王之宗廟，姑反國統萬人乎⑧？」馮諼誡孟嘗君曰：「願請先王之祭器，立宗廟於薛⑨。」廟成，還報孟嘗君曰：「三窟已就，君姑高枕爲樂矣。」

孟嘗君爲相數十年，無纖(xiān)介之禍者⑩，馮諼之計也。

① 期年：一周年。齊王：齊湣王。先王：湣王父，即齊宣王。國：指封邑。
② 耳：語氣詞，表限止。
③ 金：指黄銅。梁：即魏國，時都大梁，地在今開封市。
④ 梁王：即惠王。虚：空出。使動用法。上位：指相位。
⑤ 其：副詞，表時間，將會。
⑥ 太傅：齊大夫，三公(太師、太傅、太保)之一。「太傅」本周王室官名。賫：携帶。文車：有彩繪的高級車。服劍：佩劍。或説爲齊王自佩之劍。
⑦ 不祥：不幸。被：遭受。祟：鬼神所降的災禍。這

裏指懲罰。沉：指被蒙蔽。不足爲：不值得輔佐。

⑧統萬人：指繼續做國相。

⑨立宗句：在薛邑建立齊王的宗廟。古代非常重視宗廟，有宗廟即意味着國家對封邑地位的確立。孟嘗君之父靖郭君田嬰（齊宣王庶弟）時薛邑即立有齊宗廟，這時要求再立，蓋更換新王後需要得到其對封邑的確認。

⑩纖：細。介：通「芥」，小草。

陳軫去楚之秦

戰國策

【題解】陳軫與張儀都是戰國時期著名的策士，二人同事秦王而不和，互相攻擊陷害。本文講述的是張儀以叛國罪陷害陳軫而被陳軫巧妙化解的故事。陳軫使用的方法一方面是有意將事情説開挑明，以證明自己清白無辜；另一方面借用寓言和事實進行邏輯推理，從情理上證明自己於秦國没有二心。文章充分展現了陳軫機智善變、長於設喻、藝高人膽大的策士形象。本文選自戰國策秦策一。

陳軫（zhěn）去楚之秦①。張儀謂秦王曰②：「陳軫爲王臣，常以國情輸楚。儀不能與從事，願王逐之③。即復之楚，願王殺之④。」王曰：「軫安敢之楚也？」

①陳軫：戰國策士，夏（今山西夏縣）人，史記有傳，附張儀列傳之後。去楚之秦：離開楚國來到秦國。

②張儀：戰國著名的縱横家。魏國人，入秦爲惠王相，首創連横策略，封武信君。史記有傳。秦王：秦惠王。

③國情：國家機密。輸：告訴；洩漏。與從事：與他

共事。

④即復二句：如果他真的要去楚國，就請大王把他殺掉。即，連詞，假若。

王召陳軫告之曰：「吾能聽子言，子欲何之？請爲子約車。」對曰：「臣願之楚。」王曰：「儀以子爲之楚，吾又自知子之楚。子非楚，且安之也①？」軫曰：「臣出，必故之楚，以順王與儀之策，而明臣之楚與不（fǒu）也②。楚人有兩妻者，人誂（tiǎo）其長者，長者詈（lì）之③；誂其少者，少者許之。居無幾何，有兩妻者死。客謂誂者曰：『汝取長者乎？少者乎？』『取長者。』客曰：『長者詈汝，少者和（hè）汝，汝何爲取長者④？』曰：『居彼人之所，則欲其許我也；今爲我妻，則欲其爲我詈人也。』今楚王，明主也；而昭陽⑤，賢相也。軫爲人臣，而常以國情輸楚，王必不留臣，昭陽將不與臣從事矣。以此明臣之楚與不（fǒu）。」

①以：認爲。又自知：也知道。且安句：還將會到哪裏去呢？這句話的意思是，不去楚國難道就没有地方可去了嗎？且，副詞，將要。

②故：故意。順：順應，成全。策：這裏義爲「打算」。而明句：而來證明我到底去楚還是不去。不：同「否」。

③誂：「挑」的古字，挑逗，勾引。詈：駡。許：答應。

④取：「娶」的古字。和：答應。何爲：爲何。何，疑問代詞作介詞的賓語，前置。

⑤楚王：指楚懷王。昭陽：楚令尹。楚國的令尹相當於別國的國相。

軫出，張儀入，問王曰：「陳軫果安之？」王曰：「夫軫，天下之辯士也。孰視寡人曰：『軫必之楚。』寡人遂無奈何也①。寡人因問曰：『子必之楚也，則儀之言果信矣！』軫曰：『非獨儀之言也，行道之人皆知之。昔者子胥忠其君②，天下皆欲以爲臣；孝已愛其親③，天下皆欲以爲子。故賣僕妾不出里巷而取者，良僕妾也；出婦嫁於鄉里者，善婦也。臣不忠於王，楚何以軫爲④？忠尚見棄，軫不之楚，而何之乎⑤？』」王以爲然，遂善待之。

① 孰視：熟視，細看。　孰，「熟」的古字。　遂：副詞，竟然。　無奈何：無可奈何，没有辦法。

② 子胥：伍子胥，本爲春秋時楚國大夫，後因避難奔吴，參見句踐滅吴篇注。

③ 孝已：古代著名的孝子，相傳爲殷王武丁子，孝敬後母如生母。

④ 楚何句：楚國爲何還要我陳軫呢？　何以……爲，表反問的固定格式，由介賓詞組「何以」和動詞「爲」（有的語法著作認爲是語氣詞）組成，其間插入動詞的前置賓語。

⑤ 忠尚三句：在忠心尚被拋棄的情況下，我陳軫不到楚國去，還能到哪裏去呢？　按：這是氣話。　實際含意是，我説要去楚國，是被你們逼的結果。

昌國君樂毅爲燕昭王合五國之兵而攻齊

戰國策

【題解】昌國君，即戰國時期燕國的名將樂毅，靈壽(今河北靈壽縣)人，魏名將樂羊之後。燕昭王求賢，他作爲魏使使燕時被留任，拜爲亞卿。公元前二八四年，樂毅受任爲上將軍，率趙、楚、韓、魏、燕五國之師打敗齊國，受封於昌國(今山東臨淄市東南)，號昌國君。昭王死後，因受到惠王的懷疑而奔趙，被趙封於關津(今河北武邑縣東南)，號望諸君。後惠王悔而欲請回樂毅，被樂毅回信謝絶。本文的内容主要就是樂毅對惠王的答復。信中説明了昭王的知遇之恩及自己對燕國的重大貢獻，解釋了自己離開燕國的原因，同時委婉表達了對惠王昏暗不明的批評之意和謝絶之意，顯示了其「交絶不出惡聲」「忠臣之去也不潔其名」的君子風度，是一封著名的復信。本文選自戰國策燕策二，注釋略。

昌國君樂毅爲燕昭王合五國之兵而攻齊，下七十餘城，盡郡縣之以屬燕。三城未下，而燕昭王死。惠王即位，用齊人反間，疑樂毅，而使騎劫代之將。樂毅奔趙，趙封以爲望諸君。齊田單欺詐騎劫，卒敗燕軍，復收七十城以復齊。燕王悔，懼趙用樂毅，承燕之弊以伐燕。燕王乃使人讓樂毅，且謝之曰：「先王舉國而委將軍，將軍爲燕破齊，報先王之讎，天下莫不振動，寡人豈敢一日而忘將軍之功哉？會先王棄群臣，寡人新即位，左右誤寡人。寡人之使騎劫代將軍者，爲將軍久暴露於外，故召將軍且休計事。將軍過聽，以與寡人有郄，遂捐燕而歸趙。將軍自爲計則可矣，而亦何以報先王之所以遇將軍之意乎？」

望諸君乃使人獻書報燕王曰：「臣不佞，不能奉承先王之教，以順左右之心。恐抵斧質之罪，以傷先王之明，而又害於足下之義，故遁逃奔趙。自負以不肖之罪，故不敢爲辭說。今王使使者數之罪，臣恐侍御者之不察先王之所以畜幸臣之理，而又不白於臣之所以事先王之心，故敢以書對。

「臣聞賢聖之君，不以祿私其親，功多者授之；不以官隨其愛，能當之者處之。故察能而授官者，成功之君也；論行而結交者，立名之士也。臣以所學者觀之，先王之舉錯，有高世之心，故假節於魏王，而以身得察於燕。先王過舉，擢之乎賓客之中，而立之乎群臣之上，不謀於父兄，而使臣爲亞卿。臣自以爲奉令承教，可以幸無罪矣，故受命而不辭。

「先王命之曰：『我有積怨深怒於齊，不量輕弱，而欲以齊爲事。』臣對曰：『夫齊，霸國之餘教也，而驟勝之遺事也，閑於兵甲，習於戰攻。王若欲攻之，則必舉天下而圖之。舉天下而圖之，莫徑於結趙矣。且又淮北、宋地，楚、魏之所同願也。趙若許約，楚、魏、宋盡力，四國攻之，齊可大破也。』先王曰：『善。』臣乃口受令，具符節，南使臣於趙。顧反命，起兵隨而攻齊。以天之道，先王之靈，河北之地，隨先王舉而有之於濟上。濟上之軍，奉令擊齊，大勝之。輕卒銳兵，長驅至國。齊王逃遁走莒，僅以身免。珠玉財寶，車甲珍器，盡收入燕。大吕陳於元英，故鼎反於曆室，齊器設於寧臺。薊丘之植，植於汶皇。自五伯以來，功未有及先王者也。先王以爲愜其志，以臣爲不頓命，故裂地而封之，使之得比乎小國諸侯。臣不佞，自以爲奉令承教，可以幸無罪矣，故受命而弗辭。

「臣聞賢明之君，功立而不廢，故著於春秋；蚤知之士，名成而不毁，故稱於後世。若先王之報怨雪恥，夷萬乘之强國，收八百歲之蓄積，及至棄群臣之日，餘令詔後嗣之遺義。執政任事之臣，所以能循法令、順庶孽者，施及萌隸，皆可以教於後世。

「臣聞善作者，不必善成；善始者，不必善終。昔者，伍子胥説聽乎闔閭，故吴王遠迹至於郢。夫差弗是也，賜之鴟夷而浮之江。故吴王夫差不悟先論之可以立功，故沉子胥而不悔。子胥不蚤見主之不同量，故入江而不改。夫免身全功，以明先王之迹者，臣之上計也。離毁辱之非，墮先王之名者，臣之所大恐也。臨不測之罪，以幸爲利者，義之所不敢出也。

「臣聞：古之君子，交絶不出惡聲；忠臣之去也，不潔其名。臣雖不佞，數奉教於君子矣。恐侍御者之親左右之説，而不察疏遠之行也。故敢以書報，唯君之留意焉。」

語法(上)

第一節　古漢語語法研究簡況

古漢語語法的系統研究肇始於二十世紀初。一九〇〇年一月，馬建忠(一八四五—一九〇〇年)出版了其十卷本文通，後人稱作馬氏文通，這是中國第一部系統研究古漢語語法的專著。該書借鑒西方的語法學理論，系統揭示出了古漢語語法的面貌和特點，創建了古代漢語語法學，它的出現標志着古漢語語法研究進入到一個新的階段，具有里程碑的意義。在馬氏文通以前，中國古代的語言學家雖然也對古漢語語法進行過認真深入的研究，但偏重於虚詞和句讀，觀點多散見於訓詁學著作中，并且出發點是爲解釋古代的典籍特别是爲經書服務，而非着眼於語法特點和規律本身。至於元人盧以緯、清人劉淇、王引之，固然寫出了助語辭、助字辨略、經傳釋詞這樣的名著，但只限於解釋虚詞，而未涉及到語法最重要的内容「句子結構」，未能使用語法學的理論和方法系統勾畫出漢語語法的面貌。

馬氏文通的貢獻主要包括三個方面：一、用語法學的方法對古漢語的語料進行了廣泛的調查和研究，全書使用的古漢語例句多達七千三百多條。二、確立了漢語的詞類體系，將漢語的詞(馬氏稱作字)劃分爲實字、虚字兩大類。實字又細分爲名字、代字、動字、静字、狀字五類，虚字又細分爲介字、連字、助字、歎字四類。三、揭示出了漢語的句法結構，確立了七種語法成分。這七種成分分别是，起詞（主語）、語詞（動詞性謂語）、止詞（直接賓語）、表詞（形容詞性、名詞性謂語）、司詞（介詞賓語）、加詞（介詞結構、同位詞組等）、轉詞（間接賓語、補語等）。

由於馬氏文通存在着明顯模仿拉丁文語法的痕迹，且屬初創之作，在句子成分分析、詞類劃分等方面尚存在着不少問題，但它畢竟開闢了用現代語法理論研究古漢語語法的道路，影響巨大。其後研究漢語語法的人越來越多，研究的内容也日漸廣泛和深入。整個二十世紀的研究可分爲五十年代以前和以後兩個階段。

一　二十世紀前五十年古漢語語法研究概況

這一時期研究的重點是構建古漢語語法的體系與揭示古漢語的語法特點。繼文通之後，研究古漢語語法影響較大的著作主要有章士釗中等國文典、劉復中國文法通論、金兆梓國文法之研究、陳承澤國文法草創、楊樹達詞詮、高等國文法、裴學海古書虚字集釋、黎錦熙比較文法、楊伯峻中國文法語文通解、吕叔湘中國文法要略、何容中國文法論、王力中國語法理論、高名凱漢語語法論等。現將其中部分著作的内容及成就簡要介紹如下：

中等國文典（商務印書館一九〇七年）　因襲馬氏文通，屬於早期模仿派語法著作。該書起初是作者在日本爲留日學生講授古文的講義，後經學部審定成爲中學堂和師範學堂的教材。該書明確區分了字、詞、短語的差别，同時首次根據語氣將句子分爲敘述、疑問、命令、感歎四大類型，這種分法被後來的學者所接受。

中國文法通論（上海群益書社一九二〇年）　這是當時文法革新派的代表作之一，由作者在北京大學的文法講義整理修訂而成。劉氏看到了中、西語法特點的不同，反對模仿西洋語法，主張推翻馬氏文通的體系，故根據漢語的特點在書中提出了不少新的概念和主張，如提出「兼格説」（即「兼語式」）、主張把漢語句子分爲簡句和複句，等等。

國文法之研究（中華書局一九二二年）　全書約六萬字，是當時文法革新派的代表作之一。書中着重探討了漢語語法的研究方法和語法與邏輯的異同等問題，主張將動詞和形容詞合稱爲「相詞」，這是「謂詞」説的先聲。

國文法草創（商務印書館一九二二年）　全書約五萬字，用文言寫成，歷時七、八年，所用材料多達數百萬字。書中對馬氏文通的錯訛糾正較多，總結出了漢語語法的不少規律。作者反對馬氏文通的漢語「詞無定類説」，主張漢語的詞類有本用、活用之别，并對詞的活用情況做了深入的研究，提出了「致動」「意動」説。後人對這部書的評價很高，例如吕叔湘先生在重印國文法草創序中即認爲，「以少許勝多許」的評語於作者「當之而無愧」。

詞詮（商務印書館一九二八年）　此書突出的特點是收詞多，引證豐富，且首次給所收詞按義項標注了詞性。書中較集中地反映了楊氏研究古漢語虚詞的心得，影響很大，直到今天仍然具有重要的參考價值。此書不足之處是注重單音詞而忽略了複音詞、義項平列雜陳、缺乏歷史觀念和地域觀念等（參見第一單元「工具書簡介」）。

高等國文法（商務印書館一九三〇年）　此書是楊樹達先生在其文法講稿的基礎上增補整理而

成的。楊氏幼承家學，精於文字音韻訓詁，曾先後在北京師範大學、清華大學講授文法。全書共十章，第一章總論，內容包括言語的起源、變遷、類別、國語的緣起及其發展等。第二至第十章分別講解名詞、代名詞、動詞、形容詞、副詞、介詞、連詞、助詞和歎詞。各詞類的內部劃分很細，引證詳博，充分顯示了楊氏深刻的認識及國學造詣。此書的貢獻主要是建立了以詞法爲中心的語法體系，糾正了馬氏文通在詞歸類上的一些錯誤；不足之處是詳於詞法而疏於句法、在詞法上又詳於分類而略於論證。

古書虚字集釋（商務印書館一九三二年）　此書是一部古漢語虚詞詞典，共收虚詞二百九十個，在解釋方面兼取助字辨略、經傳釋詞、古書疑義舉例、詞詮、高等國文法等著作之長，同時在一定程度上糾正了以上諸書的失誤。由於收詞多，釋義羅列較細，且相對準確，故在國内外都有一定影響。該書的缺點是未給詞標出詞性，也未明確區分詞的義項。

中國文法語文通解（商務印書館一九三六年）　此書是第一部對古代漢語與現代漢語進行綜合性研究的著作。書中對古代、近代、現代的虚詞進行了分類排比，旨在探求各類詞發展演變的軌迹。關於詞類的分類及名稱，楊氏與其叔父楊樹達先生完全相同。

中國文法要略（商務印書館一九四二、一九四四年）　此書是一部研究漢語語法結構形式和語法意義的奠基之作，它的問世，標志着漢語語法研究已經擺脱模仿的老路而進入到獨立發展的新階段。全書分上下兩卷，上卷「詞句論」，論述詞和句子的結構特點、句子和詞組的轉換、句子的變化等；下卷「表達論」，論述數量、處所、時間等範疇的表達方式、複合句内部各分句間的語義關係類型等。

二 二十世紀後五十年古漢語語法研究概況

從一九四九年新中國成立至二十世紀末，是古漢語語法研究全面發展的時期。這一時期的研究隊伍壯大，成果豐碩；研究範圍擴大，領域廣泛；研究方法科學，手段先進。

(一)研究隊伍壯大，成果豐碩

二十世紀後五十年古漢語語法的研究人數和成果均遠遠超過了前五十年。據唐鈺明先生統計(四十年來的古漢語語法研究，收入中國語文研究四十年紀念文集，北京語言學院出版社一九九三年)，在二十世紀前九十年中，後四十年古漢語語法的研究人數約是前五十年的十一倍，著作約是前五十年的七倍，論文約是前五十年的十二倍。具體情況見下表：

類別＼時期	前五十年	後四十年	前後的數量比
研究者	五十九人	六百三十二人	一比十點七
著作	三十一部	二百二十一部	一比七點一
論文	一百一十三篇	一千四百五十七篇	一比十二點九

這項統計雖只截止到八十年代末，未包括九十年代的情況，且資料不够全面，但足以説明二十世紀後五十年古漢語語法研究在人數和成果方面的巨大變化。

(二)研究範圍擴大，領域廣泛

所謂範圍擴大是指研究的對象已由前五十年只局限於文言文語法的狀况擴大到近代漢語、方言、漢藏語系以及出土文獻的語法。吕叔湘先生是近代漢語語法研究的開拓者，他在二十世紀四十年代即開始了近代漢語語法的研究。一九八五年，他出版了近代漢語指代詞（江藍生補，學林出版社）一書，建立了一個比較完整的近代漢語語法指代詞系統。其後出版的近代漢語語法著作或資料主要有趙克勤近代漢語語法，劉堅、蔣紹愚主編的近代漢語語法資料匯編（唐五代卷、宋代卷），馮春田近代漢語語法問題研究，近代漢語虚詞研究，劉堅、江藍生、白維國、曹廣順近代漢語虚詞研究，祝敏徹近代漢語句法史稿，曹廣順近代漢語助詞等。較早結合現代方言研究古漢語語法的文章是梅祖麟漢語方言裏虚詞「着」字三種用法的來源（中國語言學報一九八九年第三期）和朱德熙漢語方言裏的兩種反復問句（中國語文一九八五年第一期），前者由源及流，後者由流溯源。在漢藏語法比較研究和甲骨文、金文等出土文獻的語法研究方面，邢公畹、俞敏、管爕初、陳夢家、裘錫圭等先生均做出了重要貢獻。

所謂領域廣泛是指研究的方向和前五十年相比增加了許多，涉及到歷時、比較、泛時、專書、專題、理論方法、語法學史等多個方面，其中成績較大的是歷時研究、專書研究、專題研究和漢語語法學史的研究。具體情况如下：

甲．歷時研究　歷時研究包括斷代研究和漢語史研究。管爕初殷虚甲骨刻辭的語法研究、西周金文語法研究（一九五三、一九八一年）、陳夢家殷虚卜辭綜述文法章（一九五六年）、劉世儒魏晉南北朝量詞研究（一九五六年）、杜百勝（加拿大）周初語法、晚周語法、東漢語法（一九六二、一九五九、一九六四年）、志村良治（日）中國中世語法史研究（日本三冬社一九八四年）、柳士鎮魏晉南北朝歷史語法（一九九二年）等均屬於漢語語法斷代研究方面的著作，其中起步早并且取得突出成就的人是管燮初。

王力漢語史稿語法的發展（科學出版社一九五七年）是漢語語法史方面的開山之作，該書建構了漢語史研究的理論框架。臺灣周法高的中國古代語法稱代篇、中國古代語法造句篇、中國古代語法構詞篇（臺灣史語所專刊，一九五九—一九六二年）是最早使用結構語言學理論分析古漢語語法的著作，同時在漢語史的研究方面也做出了突出貢獻。其後相繼出版的同類著作主要有潘允中漢語語法史概要（一九八二年）、林玉山漢語語法簡史（一九八三年）、史存直漢語語法史綱要（一九八六年）、楊伯峻、何樂士古漢語語法及發展（一九九二年）、孫錫信漢語歷史語法要略（一九九二年）、向熹簡明漢語史（一九九三年）、王力漢語語法史（一九八九年）等。

乙. 專書研究　專書研究包括傳世文獻專書語法研究和語法專書研究。傳世文獻專書語法研究的成果主要有杜百勝（加拿大）詩經語法（一九六四年）、許世瑛論語二十篇句法研究（臺北開明書店一九七三年）、詹秀惠世説新語語法探究、南北朝著譯書四種語法研究（臺北學生書局一九七三、一九七五年）、倪志僩論孟虛字集釋（臺灣商務印書館一九八一年）、向熹詩經語言研究（一九八七年）、何樂士左傳虛詞研究（一九八九年）、左傳範圍副詞（一九九四年）、廖序東楚辭語法研究（一九九五年）、吴福祥敦煌變文語法研究（一九九六年）等，其中何樂士的研究注重虛詞和句法的結合，取材廣泛。語法專書研究多集中在對馬氏文通的研究和資料整理上，成果主要有章錫琛馬氏文通校注（一九五四年）、鄭奠、麥梅翹古漢語語法資料匯編（一九六四年）、孫玄常馬氏文通札記（吕叔湘校批，一九八四年）、吕叔湘、王海棻馬氏文通讀本（一九八六年）、張萬起馬氏文通研究資料（一九八七年）、王克仲助語辭集注（一九八八年）、王海棻馬氏文通與中國語法學（一九九一年）等。

丙. 專題研究　專題研究是根據需要所進行的某項專門性研究。古漢語語法涉及到的專題研究主要有詞語研究、句法研究等。

詞語研究的重點是虚詞，從事這一專題研究的學者先後有洪誠、趙立哲、周光午、陳夢韶、黄盛璋、陳克炯、敖鏡浩、麥梅翹、賈則復、郭錫良、唐鈺明等人，其中洪誠論南北朝以前漢語中的繫詞（一九五七年）一文不僅撰寫時代早，而且取得的成就也很大。研究實詞的學者則相對比較少，主要有郭錫良、唐作藩、黄盛璋、楊曉敏、陳克炯等人，其中郭錫良第三人稱代詞的起源和發展（一九八〇年）、論上古指示代詞的體系（一九八九年）等文提出了不少新的看法。詞語研究中涉及到構詞法的論文主要有郭錫良先秦漢語構詞法（一九九四年）和王寧先秦漢語實詞的詞彙意義與語法分類（一九九五年）等。

從事句法研究的學者先後有劉世儒、洪誠、余健萍、祝敏徹、唐鈺明等人。研究的問題多集中在被動式、使成式、補語式的産生和發展等方面，其中唐鈺明的研究較多地使用了定量分析及變换等方法。

丁. 漢語語法學史研究　漢語語法學史的研究起步較晚，直到八十年代以後才陸續出現了一些成果，這也是合乎規律的。漢語語法只有經過一定階段的研究實踐，漢語語法學史的研究才能提到日程。有關漢語語法學史的著作爲數不多，主要有孫玄常漢語語法學簡史（一九八三年）、林玉山漢語語法學簡史（一九八三年）、馬松亭漢語語法學史（一九八六年）、龔千炎中國語法學史（一九八七年)、董杰鋒漢語語法學史(一九八八年)、邵敬敏漢語語法學史稿(一九九〇年)、朱林清漢語語法研究史(一九九一年)等。

(三)研究方法科學,手段先進

材料決定着結論的正確性,而方法和手段又決定着材料的完整性和真實性。二十世紀後五十年研究古漢語語法所使用的統計、比較、變换、分布等方法和前五十年相比并没有多少不同,但在材料的取用上却有着很大的差别。前五十年所用的材料多是舉例性的或局部的統計結果,影響到其結論的準確性。後五十年很講究材料的廣泛性、完整性,在可能的條件下常採用窮盡式的統計,進行定量分析。尤其是近一二十年來,隨着計算機的應用,許多過去無法作定量分析的材料現在都有了窮盡式統計的可能,故採用窮盡式統計的論著越來越多,結論也日趨準確,糾正甚至推翻了一些舊的結論。因此,二十世紀後五十年大量使用的窮盡式統計這一研究方法要比前五十年科學得多,研究手段則更是空前的先進,帶着時代的特點。

第二節 名詞、動詞、形容詞、數量詞

一 名詞

名詞是表示人或事物名稱的詞,馬氏文通稱作「名字」,簡稱「名」。古漢語中的名詞有「天、地、

日、月、人、山、水、牛、馬、豕、仁、義、禮、道、德、陰、陽、城、邑、鄉、黨、師、旅、今、昔、時、旦、暮、年、上、下、内、外、左、右、東、西、南、北、中、公、侯、伯、子、男、饁、饍、軒、玨、珪、釜、鬲、筵、絺、屣、璽、紿、庸、詰朝、天子、諸侯、國子、孤子、孺子、遊子、嗇夫、甸人、圉人、師氏、國老、室老、社稷、候人、冢子、塚卿、孤卿、陪臣、參乘、車右、詭隨、戎路、庭燎、編鐘、木鐸、囹圄、桎梏、方物、物貢、令堂、明德、明器、重器、斬衰、司寇、伯舅、佐車、不庭、阿母、阿奴、阿誰、匹夫、瞳子、龍火、有政、有民、有北、有昊、大司馬、大司寇、秦穆公、仲尼、蘇秦、張儀、陳涉、劉邦、城濮、鄢陵、五鹿、陽夏、召陵、秦、晉、顓臾、有窮、有夏、有扈、有虞」等。其中少部分帶有詞頭或詞尾，例如「阿母、有政、有窮」中的「阿、有」屬於詞頭，「天子、遊子」中的「子」屬於詞尾。

名詞的語法功能主要是作主語、賓語和定語，在這方面古漢語與現代漢語是相同的。例如：

① 君子居之，何陋之有？（論語子罕）

② 冬，晉文公卒。（左傳僖公三十二年）

③ 君若以德綏諸侯，誰敢不服？（左傳僖公四年）

④ 吾驟歌北風，又歌南風。（左傳襄公十八年）

⑤ 潁考叔爲潁谷封人。（左傳隱公元年）

⑥ 秦，虎狼之國。（史記屈原賈生列傳）

例①、②中「君子、晉文公」作主語，③、④中「諸侯、北風、南風」作賓語，⑤、⑥中「潁谷、虎狼」作定語。除了作主語、賓語和定語外，古漢語中的名詞及名詞性詞組還可以活用作普通動詞，具有使動、意動用法，直接作狀語，在判斷句中作謂語，詳見「詞類活用」和「判斷句」兩節。

二　動詞

動詞是表示動作、行爲、存在、變化或心理活動的詞，馬氏文通、章士釗中等國文典等早期語法著作稱作「動字」。古漢語中動詞有「攻、擊、伐、殺、斬、見、聞、視、取、欺、被、執、惡、畏、懼、恐、賃、賂、賈、豢、誅、睨、論、毀、祭、殛、殿、塞、夷、嗣、勤、置、解、詢、逮、及、誆、睨、朝、覲、賊、殘、報、射、攝、赦、怨、恨、易、貽、齎、封、索、畋、搜、獮、爲、假、觀、閱、構、静、烝、遁、鳴、驚、次、宿、居、浮、止、矜、假易、弱寡、泯棄、假寐、假手、忿恚、恐懼、息肩、恭敬、逋逃、頡頏、踊躍、匍匐、踟躕、説懌、挑達、邂逅」等。一些書上認爲上古漢語部分動詞有詞頭，如「言采、言告、薄浣、薄汙、于思、于歸、爰居、爰處」中的「言、薄、于、爰」等，有些書上則認爲這類成分不是詞頭而是助詞。

動詞的語法功能一般是在句中作謂語，同時可以作主語、賓語、定語、補語等，在這方面古今漢語是相同的。例如：

①段入于鄢，公伐諸鄢。　左傳隱公元年

②喜生於好，怒生於惡。（喜歡生於愛好，憤怒生於厭惡）　左傳昭公二十五年

③韓厥登，舉爵曰：「臣之不敢愛死，爲兩君之在此堂也。」　左傳成公三年

④夫人情莫不貪生惡死。　司馬遷報任安書

⑤不狩不獵，胡瞻爾庭有縣貆兮？　詩經魏風伐檀

⑥ 民有飢色，野有餓莩，此率獸而食人也。（孟子梁惠王上）

⑦ 若火之燎于原，不可向邇，其猶可撲滅？（尚書商書盤庚上）

⑧ 項羽大怒，曰：「旦日饗士卒，爲擊破沛公軍！」（史記項羽本紀）

例①中的「入、伐」在句中作謂語，②中的「喜、怒」在句中作主語，③、④中的「死、生」在句中作賓語，⑤、⑥中的「縣、飢、餓」在句中作定語，⑦、⑧中的「滅、破」在句中作補語。與現代漢語不同的是，古漢語中的不少動詞有使動用法，也可以作狀語，詳見「詞類活用」一節。

三　形容詞

形容詞是表示人或事物性質、狀態的詞，馬氏文通稱作「静字」，一些早期語法著作又稱作「象字、表字」等。古漢語中的形容詞有「善、智、愚、惡、顯、昭、烈、邪、强、肅、瘁、亂、赤、淑、鮮、令、嘉、徽、祺、卑、崇、喬、嵩、宏、弘、墳、介、明、大、碩、丕、景、壯、豐、茂、迅、疾、遄、柔、密、罕、寡、希、嚴、淹、遐、邇、慎、姝、謹、危、怠、恭、敬、惇、篤、寬、綽、丕丕、區區、依依、明明、秩秩、穆穆、肅肅、奕奕、優優、便便、戰戰、翹翹、桓桓、獵獵、夭夭、灼灼、嗤嗤、離離、勞勞、靡靡、濟濟、期期、萋萋、祁祁、休休、殷殷、繹繹、綿綿、栗栗、峨峨、穰穰、漠漠、兀兀、奄奄、冉冉、煢煢、拳拳、迢迢、皎皎、脈脈、嫋嫋、莘莘、融融、翩翩、陶陶、宴宴、皚皚、哀哀、蹙蹙、抑抑、旦旦、潸潸、奇偉、清泠、褊小、觱發、栗烈、龍鍾、闌干、蹀躞、望洋、踟躕、觳觫、磊落、偃蹇、蔽芾、婆娑、窈窕、鏗爾、率爾、沃若、躍如、淵然、嫣然、循循然、恢恢乎、浩浩乎、巍巍乎、洋洋乎、侃侃如」等。形容詞中有詞尾的不少，例如「鏗爾、沃若、躍如、儼然、恢恢乎」等。至於形容詞有没有詞頭的問題，語法界的看法也不够統一，例如「其殊」中的「其」、「有煒」中的「有」等，一些書上認爲是形容詞詞頭，一些書上則認爲是助詞。

形容詞在句子中主要是作定語和謂語，也可以作主語、賓語、狀語和補語。例如：

① 小大之獄，雖不能察，必以情。 左傳莊公十年

② 是故無冥冥之志者無昭昭之明，無惛惛之事者無赫赫之功。 荀子勸學

③ 其文約，其辭微，其志絜，其行廉。 史記屈原賈生列傳

④ 昔我往矣，楊柳依依。 詩經小雅采薇

⑤ 公曰：「不義不暱，厚將崩。」 左傳隱公元年

⑥ 故有無相生，難易相成，長短相形。 老子二章

⑦ 君子之道，辟如行遠必自邇，辟如登高必自卑。 禮記中庸

⑧ 備物致用，立成器以爲天下利，莫大乎聖人探賾索隱，鉤深致遠，以定天下之吉凶。 周易繫辭上

⑨ 晉靈公不君：厚斂以彫牆，從臺上彈人，而觀其辟丸也。 左傳宣公二年

⑩ 毛嬙麗姬，人之所美也，魚見之深入，鳥見之高飛。 莊子齊物論

⑪ 非見韓之削弱，數以書諫韓王，韓王不能用。 史記老子韓非列傳

⑫ 滂登車攬轡，慨然有澄清天下之志。 後漢書黨錮列傳

例①、②中「小大、冥冥、昭昭、惛惛、赫赫」在句中作定語，③、④中「約、微、絜、廉、依依」在句中作

謂語，⑤、⑥中「厚、難易、長短」在句中作主語，⑦、⑧中「遠、高、深、遠、吉凶」在句中作賓語，⑨、⑩中「厚、深、高」在句中作狀語，⑪、⑫中「弱、清」在句中作補語。除了以上提到的一般用法外，在古漢語中形容詞還常有使動、意動的特殊用法，詳見「詞類活用」一節。

四　數量詞

數詞馬氏文通稱作「滋静字」，早期漢語語法著作多歸入形容詞。量詞馬氏文通稱作「記數之稱」。數詞與量詞本屬於兩類詞，由於經常組合在一起作句子成分，故又合稱爲數量詞。物量詞在甲骨文中即已出現，但爲數極少。在整個先秦兩漢時期，量詞的用例都比較少見。量詞逐漸增多的時間是在魏晉南北朝時期。

（一）數的表示法

數的表示法與現代漢語基本相同，但也存在着一些差異。

甲．基數表示法　基數表示法主要有四種情況：

第一、在整數與零數之間加「有」。例如：

期三百有六旬有六日，以閏月定四時，成歲。　尚書堯典

吾十有五而志於學。　論語爲政

第二、在兩位數的整數與零數之間不加「有」，這種表示法與現代漢語相同。例如：

晉侯在外十九年矣。　左傳僖公二十八年

宋殤公立，十年十一戰，民不堪命。　左傳桓公二年

第三、在整數與缺位的零數之間不加「零」。例如：

凡詩賦百六家，千三百一十八篇。　漢書藝文志

京兆尹，元始二年户十九萬五千七百二。　漢書地理志

桂陽郡十一城，户十三萬五千二十九。　後漢書郡國志

第四、在整數是一百、一千、一萬的數字前不加「一」。例如：

今齊地方千里，百二十城。　戰國策齊策一

南陽沔水流萬餘家。　漢書五行志

乙、序數表示法　序數表示法大體有三種情況：

第一、用「大上、其次」，「爲上、次之」，「次者、次者」，「第一、第二」，「長、中、次、少」這類詞語表示。例如：

豹聞之，大上有立德，其次有立功，其次有立言。　左傳襄公二十四年

凡用兵之法，全國爲上，破國次之。　孫子兵法謀攻

蕭何第一，曹參次之。　史記蕭相國世家

王當歃血而定從，次者吾君，次者遂。　史記平原君虞卿列傳

古公有長子曰太伯，次曰虞仲。太姜生少子季歷。　史記周本紀

有子四人，長子伯霜，中子仲雪，次子叔堪，少子季徇。　史記楚世家

第二、在數詞後加語氣詞「也」表示。例如：

不祀，一也；耆酒，二也；棄仲章而奪黎氏地，三也；虐我伯姬，四也；傷其君目，五也。

左傳宣公十五年

第三、表示年、月、日的序數之前不加「第」，這種表示法與現代漢語相同。例如：

五月辛丑，大叔出奔共。　左傳隱公元年

二十三年夏，公如齊觀社，非禮也。　左傳莊公二十三年

丙. 分數表示法　分數的表示法主要有兩種情况：

第一、數詞＋分＋名詞＋之一（或之二、之三等）。例如：

方今大王之兵衆不能十分吴楚之一。　史記淮南衡山列傳

冬至，日在斗二十一度四分度之一。　後漢書律曆志

又妄言太初曆虧四分日之三。　漢書律曆志

這種形式可省作「數詞＋名詞＋之一」「數詞＋之一」「數詞＋分＋之一（或之二）等」。例如：

大都不過參國之一；中，五之一；小，九之一。　左傳隱公元年

故關中之地，於天下三分之一。　史記貨殖列傳

諸將賓客三分之二下樓迎拜之。　三國志吴書孫破虜討逆傳裴松之注

第二、分母＋分子　其中分母一般是「十、百」這樣的整數，分子都是個位數。例如：

會天寒，士卒墮指者什二三，遂至平城。　史記高祖本紀

持戟百萬，秦得百二焉。　史記高祖本紀

「什二三」即「十分之二三」，「百二」即「百分之二」。

丁. 概數表示法　概數或稱約數，表示法主要有四種：

第一、連接兩個相鄰的基數以表示約數。例如：

方六七十，如五六十，求也爲之，比及三年，可使足民。論語先進

若當灸，不過一兩處，每處不過七八壯，病亦應除。三國志魏書方技傳

第二、在數詞或量詞前加「將、數、且、可、約」等詞表示約數。例如：

今滕，絶長補短，將五十里也，猶可以爲善國。孟子滕文公上

堂高數仞，榱題數尺，我得志弗爲也。孟子盡心下

北山愚公者，年且九十。列子湯問

章小女年可十二。漢書王章傳

初結元載，每年饋金帛約十萬貫。舊唐書秦少遊傳

第三、在基數詞後加「所、餘、許」等詞表示約數。例如：

從弟子女十人所，皆衣繒單衣。史記滑稽列傳

普施行之，年九十餘，耳目聰明，齒牙完堅。三國志魏書方技傳

署置百官三十許年。後漢書董卓列傳

約少時常以晉氏一代竟無全書，年二十許，便有撰述之意。南史沈約傳

第四、直接用「若干、幾、幾何」等詞語表示約數。例如：

遂以奇筭告曰：「某賢於某若干純。」　禮記投壺

子來幾日矣？　孟子離婁上

問鄉之良家其所牧養者幾何人矣。　管子問

戊．虛數表示法　虛數是不等於實際數量的數字或誇張的數字，常採用一些習慣用的基數表示。主要有兩種：

第一、用「一、三、五、九」等個位數表示。例如：

齊侯免，求丑父，三入三出。　左傳成公二年

三過其門而不入。　孟子滕文公上

公輸盤九設攻城之機變，子墨子九距之。　墨子公輸

假令僕伏法受誅，若九牛亡一毛。　司馬遷報任安書

第二、用「百、千、萬」等整數表示。例如：

是故百戰百勝，非善之善者也。　孫子兵法謀攻篇

項王喑噁叱吒，千人皆廢，然不能任屬賢將，此特匹夫之勇耳。　史記淮陰侯列傳

劍一人敵，不足學，學萬人敵。　史記項羽本紀

（二）量的表示法

量詞多屬物量詞，如「鈞、仞、鍾、斛、鎰、寸、尺、丈、斗、石、畝、里、斤、乘、車、簞、杯、廛、駟、枚、卷、篇、個、兩」等。動量詞很少，主要有「回、遍、聲、次、翻」等。物量的表示法較複雜，常借用名詞，也可

以不用量詞或名詞；動量的表示法則相對簡單一些，多數都不用量詞。

甲．物量表示法　主要有四種：

第一、數詞＋量詞　例如：

子産以帷幕九張行。　左傳昭公十六年

今之爲仁者，猶以一杯水救一車薪之火也。　孟子告子上

第二、數詞＋名詞　例如：

此車一人殿之，可以集事。　左傳成公二年

皆拔之，取二十城。　史記秦始皇本紀

第三、名詞＋數詞　例如：

齊爲衛故，伐晉冠氏，喪車五百。　左傳哀公十五年

吏二縛一人詣王。　晏子春秋内篇雜下

召所從食漂母，賜千金，及下鄉亭長，錢百。　漢書韓信傳

第四、名詞＋數詞＋量詞　例如：

不稼不穡，胡取禾三百廛兮？　詩經魏風伐檀

命子封帥車二百乘以伐京。　左傳隱公元年

乙．動量表示法　主要有三種：

第一、數詞＋動詞　直接把數詞置於動詞謂語之前作狀語。例如：

三周華不注。　左傳成公二年

季文子三思而後行。子聞之曰：「再，斯可矣。」　論語公冶長

於是秦王不懌，爲一擊缶。　史記廉頗藺相如列傳

第二、動詞＋數詞＋量詞　將動量詞放在動詞之後作補語，與現代漢語相同。例如：

間作女誡七章，願諸女各寫一通，庶有補益。　後漢書列女傳

太子擊前誦恭王之言，誦三遍而請習之。　説苑敬慎

第三、再＋動詞　兩＋動詞　「再」義爲「第二次」或「兩次」。「兩」除了「二」義外，尚含有「成雙成對」「兩方面」義。例如：

諸侯五年再相朝，以修王命，古之制也。　左傳文公十五年

韓厥執縶馬前，再拜稽首。　左傳成公二年

兩釋累囚以成其好。　左傳成公三年

目不能兩視而明，耳不能兩聽而聰。　荀子勸學

今堯、舜之不可兩譽，矛楯之説也。　韓非子難一

第三節 代詞

具有代替或指示作用的詞叫做代詞，馬氏文通稱作「代字」，一些早期語法著作又稱作「稱代詞」「指稱詞」「指別詞」「指代詞」等。代詞有狹義、廣義之分。狹義僅指代替名詞的詞，或稱「代名詞」；廣義指可以代替名詞、動詞、形容詞、數詞、量詞、副詞以及詞組、句子甚至一段文章的詞。現在所說的代詞一般都是廣義的。和現代漢語一樣，古代漢語中的代詞主要也分爲人稱、指示、疑問三類，不過其中有些小類現代漢語中是沒有的，如特指代詞、無指代詞等。

一 人稱代詞

用來代替人或事物名稱的代詞叫做人稱代詞，馬氏文通稱作「指名代字」。人稱代詞主要包括第一人稱、第二人稱、第三人稱三類。

（一）第一人稱代詞

第一人稱代詞有「我、吾、予、余、朕、台(yí)、卬」等多種。

我、吾 都很常用，其中「我」一直沿用到今天。「我」在句中常作主語、賓語、定語；「吾」則多用作主語和定語，魏晉以前作賓語的情況相對較少，一般只是出現在否定句中。例如：

① 及戰，（羊斟）曰：「疇昔之羊，子爲政；今日之事，我爲政。」左傳宣公二年

②他日我曰：「子爲鄭國，我爲吾家，以庇焉，其可也。」　左傳襄公三十一年

③今吾欲變法以治，更禮以教百姓，恐天下之議我也。　商君書更法

④子綦曰：「……今者吾喪我，汝知之乎？」　莊子齊物論

⑤願夫子輔吾志，明以教我。　孟子梁惠王上

⑥薄汙我私，薄澣我衣。害澣害否，歸寧父母。　詩經周南葛覃

⑦八月庚申，及齊師戰于乾時，我師敗績。　左傳莊公九年

⑧三人行，必有我師焉。　論語述而

⑨賂吾以天下，吾滋不從也。　左傳昭公二十六年

⑩子曰：「甚矣，吾衰也！久矣，吾不復夢見周公！」　論語述而

⑪如有政，雖不吾以，吾其與聞之。　論語子路

⑫吾日三省吾身，爲人謀而不忠乎？　論語學而

⑬老吾老，以及人之老；幼吾幼，以及人之幼。　孟子梁惠王上

⑭子曰：「以吾一日長乎爾，毋吾以也。」　論語先進

「我」在例①、②中作主語，在③—⑤中作賓語，在⑥—⑧中作定語。「吾」在③、④、⑨（吾滋）、⑩、⑪（吾其）、⑫（吾日）中作主語，在②、⑤、⑫（吾身）、⑬中作定語，在⑨（賂吾）、⑪（不吾以）、⑭中作動詞或介詞的賓語（⑪中前一句、⑭中後一句屬於否定句）。「我」與「吾」在用法上的差別通過④、⑤兩例看得很清楚，其位置不能互換。

魏晉以後，「我」與「吾」的上述差别消失了，「吾」可以在肯定句中作賓語。例如：

公與荀彧書曰：「賊來追吾，雖日行數里，吾策之，到安衆，破繡必矣。」 三國志魏書武帝紀

公家之事，知無不爲，專擅在吾，當不關諸人也。 北史來護兒傳

予、余 二字古音相同。尚書、詩經、論語、孟子一般用「予」，左傳、國語等書多用「余」，莊子多用「予」，很少用「余」（僅六見）。例如：

已！予惟小子，不敢替上帝命。 尚書周書大誥

緇衣之宜兮，敝，予又改爲兮。適子之館兮。還，予授子之粲兮。 詩經鄭風緇衣

顔淵死。子曰：「噫！天喪予！天喪予！」 論語先進

顔淵曰：「舜，何人也？予，何人也？有爲者亦若是。」 孟子滕文公上

國人受甲者皆曰：「使鶴，鶴實有禄位，余焉能戰！」 左傳閔公二年

公曰：「余聽獄雖不能察，必以情斷之。」 國語魯語上

許由曰：「……予無所用天下爲！庖人雖不治庖，尸祝不越樽俎而代之矣。」 莊子逍遥遊

廣成子曰：「來！余語女。彼其物無窮，而人皆以爲有終。」 莊子在宥

朕 在先秦是天子和臣民都可以使用的第一人稱代詞。例如：

帝曰：「咨！四嶽。朕在位七十載，汝能庸命，巽朕位？」 尚書虞書堯典

朕皇考曰伯庸。 楚辭離騷

（雲將）曰：「天忘朕邪？天忘朕邪？」 莊子在宥

秦始皇統一中國後，規定「朕」專用於帝王，從此，「朕」成了帝王的專稱。史記秦始皇本紀：

臣（丞相綰）等昧死上尊號，王爲「泰皇」，命爲「制」，令爲「詔」，天子自稱曰「朕」。王曰：「去『泰』，著『皇』，采上古帝位號，號曰『皇帝』，他如議。」……制曰：「朕聞太古有號毋謚，中古有號，死而以行爲謚。如此，則子議父，臣議君也，甚無謂，朕弗取焉。自今已來，除謚法。朕爲始皇帝，後世以計數，二世三世至于萬世，傳之無窮。」

台、卬　「台」主要用於尚書，「卬」主要用於詩經，先秦其他典籍及以後均很少見到。例如：

非台小子，敢行稱亂。（尚書商書湯誓）

命之曰：「朝夕納誨，以輔台德。」（納誨：進諫）（尚書商書説命上）

招招舟子，人涉卬否。人涉卬否，卬須我友。（詩經邶風匏有苦葉）

樵彼桑薪，卬烘于煁（shén）。（煁：一種竈）（詩經小雅白華）

（二）第二人稱代詞

第二人稱代詞有「女（汝）、爾、若、而、乃」等多種。

女（汝）、爾、若　都可以作主語、賓語和定語。可稱呼下級、晚輩或平輩，不能稱呼上級或長輩。「若」可能是「女」（汝）字的方言變體，在先秦不常用，主要見於莊子，其後史記中用得多一些。例如：

① 公曰：「爾有母遺，繄我獨無！」（左傳隱公元年）

② 季子不受，曰：「爾弒吾君，吾受爾國，是吾與爾爲篡也。」（公羊傳襄公二十九年）

③ 慶父謂樂曰：「般之辱爾，國人莫不知，盍弒之矣？」（公羊傳閔公元年）

④ 一虱曰：「若亦不患臘之至而茅之燥耳，若又奚患？」　韓非子說林下

⑤ 張儀既相秦，爲文檄告楚相曰：「始吾從若飲，我不盜而璧，若笞我。若善守汝國，我顧且盜而城！」　史記張儀列傳

⑥ 仲尼曰：「齋，吾將語若！有心而爲之，其易邪？」　莊子人間世

⑦ 子曰：「力不足者中道而廢，今女畫。」　論語雍也

⑧ 三歲貫女，莫我肯顧。　詩經魏風碩鼠

⑨ 孔子曰：「由，志之，吾語汝：夫慎於言者不嘩；慎於行者不伐。」　韓詩外傳卷三

⑩ 君若曰：「吾將殘汝社稷，滅汝宗廟。」寡人請死，余何面目以視於天下乎！　國語越語上

「爾」在例①、②（爾弑）中作主語，在③中作賓語，在②（爾國）中作定語。「若」在④、⑤（後二「若」）中作主語，在⑤（從若）、⑥中作賓語。「女」在⑦中作主語，在⑧中作賓語。「汝」在⑨中作賓語，在⑤、⑩中作定語。

而、乃　都可以作主語和定語，不作賓語。在語義上，二者與「女（汝）、爾、若」有所不同，均含有尊敬義，其中「乃」多在言及對方先輩或功勳時使用，「而」多在稱呼所敬重或關係親近的人時使用，可以指稱上級或長輩。例如：

① 朕心朕德，惟乃知。　尚書周書康誥

② 王曰：「舅氏，余嘉乃勳。」（王：周襄王。舅氏：指管仲）　左傳僖公十二年

③ 吾翁即汝翁，必欲亨乃翁，幸分我一杯羹。　漢書陳勝項籍傳

④（魏顆）夜夢之曰：「余，而所嫁婦人之父也。爾用先人之治命，余是以報。」　左傳宣公十五年

⑤公遽見之，執其手曰：「余知而無罪也，入，復而所。」　左傳昭公二十年

⑥夫差使人立於庭，苟出入，必謂己曰：「夫差！而忘越王之殺而父乎？」　左傳定公十四年

⑦且而與其從辟人之士也，豈若從辟世之士哉？　論語微子

⑧吾翁即若翁，必欲烹而翁，則幸分我一桮羹。　史記項羽本紀

「乃」在例①中作主語，在②、③中作定語。「而」在④、⑤（而無）、⑥（而忘）、⑦中作主語，在⑤（而所）、⑥（而父）、⑧中作定語。

（三）第三人稱代詞

一般認爲，上古漢語中没有和現代漢語「他」（或她、它）詞義、功用完全相當的第三人稱代詞。當需要指稱第三方時，常常借用「之、其、厥、彼、夫」等指示代詞去表示。其中「之」一般作賓語；「其、厥」一般作定語；「彼、夫」一般作主語和賓語。例如：

①愛共叔段，欲立之。　左傳隱公元年

②臣聞愛子，教之以義方，弗納於邪。　左傳隱公三年

③九鼎既成，遷於三國，夏后氏失之，殷人受之。　墨子耕柱

④厥父菑，厥子乃弗肯播。　尚書周書大誥

⑤寡君聞楚爲不道，薦伐吴國，滅厥民人。　左傳哀公十五年

⑥回也，其心三月不違仁。　論語雍也

⑦曾參孝其親，天下願以爲子；子胥忠於君，天下願以爲臣。　戰國策秦策五

⑧子曰：「否！蚩尤庶人之貪者也，及利無義，不顧厥親，以喪厥身。」　大戴禮記用兵

⑨成覸（jiàn）謂齊景公曰：「彼，丈夫也；我，丈夫也；吾何畏彼哉？」　孟子滕文公上

⑩公曰：「夫不惡女乎？」（公：指宋平公）　左傳襄公二十六年

例①—③中的「之」作賓語，④—⑧中「其、厥」作定語，⑨中的「彼」作主語和賓語，⑩中的「夫」作主語。

有時候，「之、彼」還可以作定語，「其」還可以作主語，「之、其、夫」還可以作兼語。其中「其」作主語的現象出現在魏晉以後。例如：

①豈得暴彼民哉？　孟子萬章上

②牽牛以蹊人之田，而奪之牛。　左傳宣公十一年

③項王乃疑范增與漢有私，稍奪之權。　史記項羽本紀

④（劉備）謂亮曰：「……如其不才，君可自取。」　三國志蜀書諸葛亮傳

⑤子皮曰：「愿。吾愛之，不吾叛也。使夫往而學焉，夫亦愈知治矣。」　左傳襄公三十一年

⑥孺悲欲見孔子，孔子辭以疾。將命者出户，取瑟而歌，使之聞之。　論語陽貨

⑦漢使兵距之鞏，令其不得西。　史記項羽本紀

例①—③中的「彼、之」作定語，④中的「其」作主語，⑤—⑦中的「夫、之、其」作兼語。

除了借用指示代詞外，凡遇到需要用第三人稱的地方，還常常採用另外兩種方法表示，一是直接重復前面已經出現的名稱，二是省去第三人稱不説。例如：

齊侯欲以文姜妻鄭大子忽，大子忽辭。　左傳桓公六年

宋人或得玉，獻諸子罕，子罕弗受。　左傳襄公十五年

秦伯納女五人，懷嬴與焉。（懷嬴）奉匜沃盥，（重耳）既而揮之。（懷嬴）怒曰：「秦、晉匹也，何以卑我！」（秦伯：秦穆公）　左傳僖公二十三年

公患之，使鉏麑賊之。（鉏麑）晨往，寢門辟矣，（趙盾）盛服將朝。　左傳宣公二年

郤子至，請伐齊，晉侯弗許。（郤子）請以其私屬，（晉侯）又弗許。　左傳宣公十七年

「之、其」有時候可以活用來表示第一、二人稱。例如：

①士季曰：「諫而不入，則莫之繼也。會請先，不入，則子繼之。」　左傳宣公二年

②通說范陽令徐公曰：「臣，范陽百姓蒯通也，竊閔（或作閔）公之將死，故弔之。」　漢書蒯通傳

③民知窮困，而受盟於楚，孤也與其二三臣不能禁止，不敢不告。　左傳襄公八年

④孫子曰：「王徒好其言，不能用其實。」　史記孫子吳起列傳

⑤昔者宋昭公出亡，謂其御曰：「吾知其所以亡矣。」　韓詩外傳卷六

⑥今子愛讒以自危也，甚矣其惑也！　左傳昭公二十七年

⑦此子材，吾受其賜；不材，吾怨子。　史記晉世家

例①中的「之」（繼之）活用指第一人稱，①（莫之）、②中的「之」活用指第二人稱，③—⑤中的「其」活用指第一人稱，⑥、⑦中的「其」活用指第二人稱。

東漢以後，出現了第三人稱代詞「伊、渠」。例如：

滕如期往，至，乃陽求索書，驚言失之，云：「女壻昨來，必是渠所竊。」　三國志吳書趙達傳

乃共議用桓溫。劉尹曰：「使伊去，必能克定西楚，然恐不可復制。」　世説新語識鑒

昔日貧於我，今笑我無錢。渠笑我在後，我笑渠在前。　寒山詩三百三首

從唐代開始，本來義爲「其他」的「他」也發展成了第三人稱代詞，但多出現在接近口語的詩詞、古白話小説一類的文學作品中，文言文中一般不用。

（四）人稱代詞的複數表示法

人稱代詞的複數主要有兩種表示法：

甲．採用與單數相同的字形　例如：

汝曰：「我后不恤我衆，舍我穡事而割正夏？」　尚書商書湯誓

爾貢包茅不入，王祭不共，無以縮酒，寡人是徵。　左傳僖公四年

十年春，齊師伐我。　左傳莊公十年

所謂複數與單數同形只是就書寫形式而言的，根據現代一些方言中人稱代詞單複數同形而聲調并不相同的情況推測，古漢語人稱代詞的單複數在語音上可能也是有一定區别的。

乙．在人稱代詞之後加「儕、輩、曹、屬、等」等　其中加「儕」的表示法在先秦即已出現，加「輩、曹、屬、等」的幾種表示法産生時代較晚，都是在漢代以後才出現。例如：

對曰：「可哉！吾儕小人所謂取諸其懷而與之也。」　左傳宣公十一年

奪項王天下者，必沛公也，吾屬今爲之虜矣。　史記項羽本紀

（苻堅）大言責冲曰：「爾輩群奴正可牧牛羊，何爲送死！」　晉書載記苻堅下

龍伯高敦厚周慎，口無擇言，謙約節儉，廉公有威，吾愛之重之，願汝曹效之。　後漢書馬援傳

恐爾等目厭所見，耳諱所議。　後漢書趙咨傳

「吾儕」「爾輩」等的意義大致相當於「我們這些人」「你們這些人」，一般用於自稱或平輩之間。其中「爾輩、汝曹」等帶有輕視義，只能用於晚輩、下級或熟悉的平輩，不能用於長輩和上級。需要注意的是，「儕、輩」等都不是詞綴而是詞，和現代漢語中「我們」「你們」中的後綴「們」是不同的。「吾儕」「爾輩」等的結合比較鬆散，去掉「儕、輩」對表義没有多大影響。

除了以上兩種方法外，還常常用「二三子」「諸君」這類詞語代替複數第二人稱，帶有敬意，大體相當於今語「諸位、各位」。例如：

諺曰：「非宅是卜，唯鄰是卜。」二三子先卜鄰矣，違卜不祥。　左傳昭公三年

子曰：「二三子！偃之言是也。前言戲之耳。」　論語陽貨

滅秦定天下者，皆將相諸君與籍之力也。　史記項羽本紀

（五）謙稱和尊稱

指專用於表示自謙或尊稱他人的詞語，多是一些名詞、形容詞或詞組。由於不是代詞，故不受代詞規律的限制，常見的有「小人、寡人、不穀、婢子、老婦、妾、僕、牛馬走、愚、孤」等。例如：

對曰：「小人有母，皆嘗小人之食矣，未嘗君之羹，請以遺之。」　左傳隱公元年

昭王南征而不復，寡人是問。　左傳僖公四年

與不穀同好，如何？　左傳僖公四年

若晉君朝以入，則婢子夕以死；夕以入，則朝以死。唯君裁之。　左傳僖公十五年

太后曰：「老婦恃輦而行。」　戰國策趙策四

陵母既私送使者，泣曰：「爲老妾語陵，謹事漢王。」　史記陳丞相世家

太史公牛馬走司馬遷再拜言。　司馬遷報任安書

僕雖罷駑，亦嘗側聞長者之遺風矣。　司馬遷報任安書

愚以爲營中之事，事無大小，悉以咨之，必能使行陣和睦，優劣得所。　諸葛亮前出師表

孤不度德量力，欲信大義於天下。　三國志蜀書諸葛亮傳

謙稱也可以用自稱其名的方法表示。例如：

晏子對曰：「嬰聞之，輕死以行禮謂之勇，誅暴不避强謂之力。」　晏子春秋内篇諫上

相如曰：「夫以秦王之威，而相如廷叱之，辱其群臣，相如雖駑，獨畏廉將軍哉？」　史記廉頗藺相如列傳

常用的尊稱詞語有「君、執事、大王、子、先生、陛下、公、足下」等。例如：

若亡鄭而有益於君，敢以煩執事。　左傳僖公三十年

齊將求九鼎，周君又患之。顏率曰：「大王勿憂，臣請東解之。」　戰國策東周策

周君大悦，曰：「子苟能，寡人請以國聽。」 戰國策西周策

秦王曰：「……今先生儼然不遠千里而庭教之，願以異日。」 戰國策秦策一

高起、王陵對曰：「陛下慢而侮人，項羽仁而愛人。然陛下使人攻城略地，所降下者因以予之，與天下同利也。」 史記高祖本紀

公徐行即免死，疾行則及禍。 史記項羽本紀

光竊不自外，言足下於太子也，願足下過太子於宮。 史記刺客列傳

此外，敬稱也可以用稱呼對方字或官位的方法表示。例如：

灌夫有服，過丞相。丞相從容曰：「吾欲與仲孺（灌夫的字）過魏其侯，會仲孺有服。」 史記魏其武安侯列傳

當是時，諸將皆慴服，莫敢枝梧。皆曰：「首立楚者，將軍家也。今將軍誅亂。」 史記項羽本紀

在古漢語中，人稱代詞的使用頻率要比現代漢語低，原因主要有二：一是主語常被省略，二是謙稱、尊稱較多，代替了人稱代詞。

二　指示代詞

用來指示人或事物的代詞叫做指示代詞，馬氏文通稱作「指示代字」。指示代詞大致可以分爲近指、遠指、虛指、特指、無指和旁指六類。

（一）近指代詞

主要有「是、此、斯、兹、之、時、若、然、爾、云、云云」等。其中「是、此、斯、兹、之、時」含義相當於「這」，「若、然、爾、云、云云」含義相當於「如此」。例如：

率時農夫，播厥百穀。　詩經周頌噫嘻

今夕何夕，見此邂逅？　子兮子兮，如此邂逅何？　詩經唐風綢繆

對曰：「君何患焉？　若闕地及泉，隧而相見，其誰曰不然？」　左傳隱公元年

楚子使與師言曰：「君處北海，寡人處南海，唯是風馬牛不相及也。」　左傳僖公四年

君子曰：「詩所謂『白圭之玷，尚可磨也；斯言之玷，不可爲也』，荀息有焉。」　左傳僖公九年

子家曰：「子之言云，又焉用盟？」　左傳襄公二十八年

德之不修，學之不講，聞義不能徙，不善不能改，是吾憂也。　論語述而

文王既没，文不在兹乎？　論語子罕

南宫适出，子曰：「君子哉若人，尚德哉若人。」　論語憲問

之二蟲，又何知？　莊子逍遥遊

天子方招文學儒者，上曰吾欲云云。　史記汲鄭列傳

問君何能爾，心遠地自偏。　陶淵明雜詩二首

（二）遠指代詞

主要有「彼、夫、其、厥、匪」等，義同「那」。其中「匪」僅見於詩經、尚書等先秦少數文獻。例如：

逝將去女，適彼樂土。　詩經魏風碩鼠

匪直也人，秉心塞淵，騋牝三千。　詩經鄘風定之方中

播厥百穀，既庭且碩。　詩經小雅大田

彼竭我盈，故克之。　左傳莊公十年

微夫人之力不及此。　左傳僖公三十年

文嬴請三帥，曰：「彼實構吾二君，寡君若得而食之，不厭。」　左傳僖公三十三年

子貢欲去告朔之餼羊。子曰：「賜也！爾愛其羊，我愛其禮。」　論語八佾

（三）虚指代詞

所指的事物已經虚化，不便於翻譯，主要有一個「之」字。例如：

博學之，審問之，慎思之，明辨之，篤行之。　禮記中庸

子曰：「由，誨女知之乎？知之爲知之，不知爲不知，是知也！」　論語爲政

淵深而魚生之，山深而獸往之，人富而仁義附焉。　史記貨殖列傳

（四）特指代詞

所指的事物是特定的人或事物，字面意義不够具體，主要有一個「其」字。例如：

學問之道無他，求其放心而已矣。　孟子告子上

僕誠以著此書，藏之名山，傳之其人。　司馬遷報任安書

故君子之治人也，即以其人之道還治其人之身。　朱熹四書集注中庸

（五）無指代詞

或稱「無定代詞」「無定指代詞」，所指的人或事物都不確定，主要有「或、莫、靡、無、毋、某」等。

或 所指的內容是人或事物中的一部分，可譯爲「有人、有些、有的、有時」等。例如：

於是，軍帥欲戰者衆，或謂欒武子曰：「聖人與衆同欲，是以濟事。」 左傳成公六年

夫物之不齊，物之情也。或相倍蓰，或相什百，或相千萬。 孟子滕文公上

古之人曰：「一夫不耕，或受之飢；一女不織，或受之寒。」 漢書食貨志

莫、靡、無、毋 這四個詞都是否定性的無指代詞，所指的內容是在整體上被否定或被排除的有關事物，可譯爲「没有誰」或「没有什麽」等。其中「莫」的使用頻率高，「靡、無、毋」的使用頻率低，可看作是「莫」的不同寫法。例如：

過而能改，善莫大焉。 左傳宣公二年

朝廷之臣莫不畏王，四境之内莫不有求於王。 戰國策齊策一

雖使五尺之童適市，莫之或欺。 孟子滕文公上

吾楯之堅，物莫能陷也。 韓非子難一

靡不有初，鮮克有終。 詩經大雅蕩

於是已破秦軍，項羽召見諸侯將，入轅門，無不膝行而前，莫敢仰視。 史記項羽本紀

孝景三年，吴楚反。上察宗室諸竇，毋如竇嬰賢，乃召嬰。 史記魏其武安侯列傳

「莫、靡」等詞在先秦即同時具有否定副詞的用法，相當於「不」，應注意區别。例如：

駪駪征夫，每懷靡及。　詩經小雅皇皇者華

不如早爲之所，無使滋蔓！　左傳隱公元年

無德以及遠方，莫如惠恤其民，而善用之。　左傳成公二年

昔平王命我先君文侯曰：「與鄭夾輔周室，毋廢王命。」　左傳宣公十二年

漢代以後，「莫、靡」等詞的副詞用法開始增多，參見「副詞」一節。

某　所指的内容是説話者不願説出或不便説出的人或事物。例如：

凡師，敵未陳曰敗某師，皆陳曰戰，大崩曰敗績。　左傳莊公十一年

皆坐，子告之曰：「某在斯，某在斯。」　論語衛靈公

間即奏事，上善之，曰：「臣非知爲此奏，乃正、監、掾、史某爲之。」　史記酷吏列傳

（六）旁指代詞

所指的内容是某種範圍以外的人或事物，主要有「佗、它、他」三個，義爲「别的」「其他的」。「他、它」的讀音相同，「佗」與「他、它」的讀音略有差異，可能是方言的不同。例如：

他人有心，予忖度之。　詩經小雅巧言

公曰：「制，巖邑也，虢叔死焉。佗邑唯命。」　左傳隱公元年

以萬乘之國伐萬乘之國，簞食壺漿以迎王師，豈有它哉？避水火也。　孟子梁惠王下

三　疑問代詞

指代所要詢問的人或事物的代詞叫做疑問代詞，馬氏文通稱作「詢問代字」，主要有「誰、孰、何、安、惡、焉、胡、奚、曷」等。

誰、孰　這兩個詞都可用於詢問人，在句中作主語。不同之處是，「誰」可作動詞的賓語，「孰」不能作賓語；「孰」同時可以指物，「誰」没有這種用法。例如：

①若闕地及泉，隧而相見，其誰曰不然？　左傳隱公元年

②凡人主必信，信而又信，誰人不親？　吕氏春秋貴信

③公曰：「寡人有子，未知其誰立焉。」不對而退。（公：晉獻公）　左傳閔公二年

④昭王曰：「寡人將誰朝而可？」　戰國策燕策一

⑤晉侯曰：「孰可以代之？」對曰：「赤也可。」（晉侯：晉悼公）　左傳襄公三年

⑥取我衣冠而褚之，取我田疇而伍之，孰殺子產，吾其與之！　左傳襄公三十年

⑦奸王之位，禍孰大焉？　臨禍忘憂，憂必及之。　左傳莊公二十年

⑧孔子謂季氏，「八佾舞於庭，是可忍也，孰不可忍也？」　論語八佾

⑨事孰爲大？　事親爲大；守孰爲大？守身爲大。　孟子離婁上

例①、②中的「誰」均指人，作主語；③、④中的「誰」亦指人，作前置賓語；⑤、⑥中的「孰」均指人，義同「誰」，作主語；⑦—⑨中的「孰」均指物，義爲「哪個」或「什麽」，亦作主語。

何　是一個最常見、意義和語法功能都很豐富的疑問代詞，詢問事物、原因、時間、方式、處所等，

可以作主語、謂語、賓語、定語和狀語，譯爲「什麽、爲什麽、靠什麽、怎麽能、哪裏」等。例如：

① 何草不黃？何日不行？何人不將，經營四方。（詩經小雅何草不黃）
② 敢問何謂也？（左傳隱公元年）
③ 以此攻城，何城不克？（左傳僖公四年）
④ 何貴何賤？（左傳昭公三年）
⑤ 宗廟會同，非諸侯而何？（論語先進）
⑥ 大王來何操？（史記項羽本紀）
⑦ 夫子何哂由也？（論語先進）
⑧ 吾所以有天下者何？項氏之所以失天下者何？（史記高祖本紀）
⑨ 蔽兆之紀，失臣之官，有二罪焉，何以事君？（國語晉語）
⑩ 若爲傭耕，何富貴也？（史記陳涉世家）
⑪ 靡所止疑，云徂何往？（詩經大雅桑柔）
⑫ 吾能聽子言，子欲何之？（戰國策秦策一）

例①—⑥中的「何」均詢問事物，⑦、⑧中的「何」詢問原因，⑨、⑩中的「何」詢問方式，⑪、⑫中的「何」詢問處所。其中④中的「何」作主語，⑤、⑧中的「何」作謂語，②、⑥、⑨、⑪、⑫中的「何」作前置賓語（⑨中作介詞的前置賓語），①、③中的「何」作定語，⑦、⑩中的「何」作狀語。

曷、胡、奚 這三個詞主要是詢問事物的性質、原因、方式、時間、處所等，一般只作賓語（包括作介詞的賓語）或狀語，少數情況下作定語。可分爲三種情況：

第一、詢問事物、處所等，在句中作動詞或介詞的前置賓語，可譯爲「什麼」「哪裏」。作介詞賓語者連同介詞一起詢問原因或方式，可譯作「爲什麼」或「憑什麼」等。例如：

①子路曰：「衛君待子而爲政，子將奚先？」 論語子路

②許子奚爲不自織？ 孟子滕文公上

③小知不及大知，小年不及大年，奚以知其然也？ 莊子逍遥遊

④曷爲久居此圍城之中而不去也？ 戰國策趙策三

⑤是若不行，則湯、武在上曷益？ 桀、紂在上曷損？ 荀子榮辱

⑥是爲虎傅翼，曷爲弗除？ 淮南子兵略

⑦胡爲至今不朝也？ 戰國策齊策四

⑧即不幸有方二三千里之旱，國胡以相恤？ 賈誼論積貯疏

⑨子路宿於石門。晨門曰：「奚自？」子路曰：「自孔氏。」 論語憲問

⑩彼且奚適也？ 莊子逍遥遊

⑪此胡自生？ 此自愛人、利人生與？ 墨子兼愛

例①—⑧中的「曷、胡、奚」詢問事物，⑨—⑪中的「胡、奚」詢問處所。其中①、⑤、⑩中的「曷、奚」作動詞的前置賓語，②、③、④、⑥、⑦、⑧、⑨、⑪中「曷、胡、奚」作介詞的前置賓語。用作介詞賓語的「曷、胡、奚」連同介詞一起詢問的是原因或方式。

第二、詢問事物的性質、序次等，在句中作定語，可譯爲「什麽」。例如：

懷哉！懷哉！曷月予還歸哉？　詩經王風揚之水

此奚疾哉？奚方能已之乎？　列子仲尼

相國胡大罪，陛下繫之暴也？　漢書蕭何曹參傳

第三、詢問時間、原因、方式，獨立作狀語，可譯爲「什麽時候」「爲什麽」「怎麽能」等。例如：

① 時日曷喪？予及汝皆亡。　尚書商書湯誓

② 君子于役，不知其期，曷至哉？　詩經王風君子于役

③ 悠悠蒼天，曷其有極？　詩經唐風鴇羽

④ 不稼不穡，胡取禾三百廛兮？　詩經魏風伐檀

⑤ 或謂孔子曰：「子奚不爲政？」　論語爲政

⑥ 子墨子曰：「胡不見我於王？」　墨子公輸

⑦ 使人問其故，曰：「天下之刖者多矣，子奚哭之悲也？」　韓非子和氏

例①—③中的「曷」詢問時間，④、⑥中的「胡」和⑤、⑦中的「奚」均詢問原因。

安、惡、焉　這幾個詞主要詢問處所或指代反詰語氣，在句中作狀語和賓語。可分爲兩種情況：

第一、詢問處所，作狀語或賓語，可譯爲「哪裏」「在哪裏」「從哪裏」等。例如：

① 皮之不存，毛將安傅？　左傳僖公十四年

② 且焉置土石？　列子湯問

③且王攻楚將惡出兵？王將借路於仇讎之韓、魏乎？　史記春申君列傳

④君子去仁，惡乎成名？　論語里仁

⑤梁客辛垣衍安在？　戰國策趙策三

⑥天下之父歸之，其子焉往？　孟子離婁上

⑦道惡乎往而不存？　莊子齊物論

⑧天有歷數，地有人據，吾惡乎求之？　莊子寓言

⑨學惡乎始？惡乎終？　荀子勸學

例①—③中的「安、焉、惡」作狀語，④—⑨中的「惡、安、焉」作賓語，其中⑤、⑥中的「安、焉」作動詞的前置賓語，④、⑦、⑧、⑨中的「惡」作介詞的前置賓語。

「安、惡」有時候還可以詢問事物，分別作定語或介詞的前置賓語。例如：

子當爲王，欲安所置之？　史記滑稽列傳

若夫乘天地之正，而御六氣之辯，以遊無窮者，彼且惡乎待哉？　莊子逍遥遊

第二、常用於反問句，代反詰語氣，作狀語，可譯爲「哪裏、怎麽」等。例如：

姜氏欲之，焉辟害？　左傳隱公元年

以小易大，彼惡知之？　孟子梁惠王上

先生又惡能使秦烹醢梁王？　戰國策趙策三

吴人焉敢攻吾邑？　吕氏春秋察微

今弗愛其子，安能愛君？（韓非子難一）

雖欲盡節效情，安知前後？（東方朔答客難）

第四節　副　詞

副詞是表示行爲動作或性質狀態的程度、範圍、時間等内容的詞。通常作狀語，其中少數程度副詞可以作補語。馬氏文通將今天所説的副詞分别歸入代字、連字和狀字。根據意義，副詞主要可以分爲程度、範圍、否定、時間、語氣、情態、謙敬、指代性等八類，其中「謙敬副詞」和「指代性副詞」現代漢語中很少用。另外，副詞的詞形與現代漢語也多有不同。

一　程度副詞

程度副詞一般分爲程度高、程度低、逐漸發生變化及表示比較四類。

（一）表示程度高

主要有「孔、甚、殊、頗、良、尤、至、絶、最、極」等，可譯爲「很、非常」或「太」。例如：

①謀夫孔多，是用不集。（詩經小雅小旻）

②鄭子大叔未至而卒。晉趙簡子爲之臨，甚哀。（左傳定公四年）

③ 以親者弑，然後其罪惡甚。　公羊傳昭公元年

④（觸龍）曰：「老臣今者殊不欲食。」　戰國策趙策四

⑤ 宗室諸公莫敢爲言，唯袁盎明絳侯無罪。絳侯得釋，盎頗有力。　史記袁盎鼂錯列傳

⑥ 廣數自請行。天子以爲老，弗許；良久乃許之，以爲前將軍。　史記李將軍列傳

⑦ 孝武皇帝初即位，尤敬鬼神之祀。　史記孝武本紀

⑧ 水至清則無魚，人至察則無徒。　東方朔答客難

例③中的「甚」作補語，其餘各例中的副詞均作狀語。

（二）表示程度低

主要有「小、少、略、微、差、頗」等，可譯爲「稍微、略微」。其中「少」與現代漢語中的「少」詞性、詞義都不同；「頗」同時表示程度高，見上文。例如：

今病小愈，趨造於朝，我不識能至否乎？　孟子公孫丑下

太后之色少解。　戰國策趙策四

於是項梁乃教籍兵法，籍大喜，略知其意，又不肯竟學。　史記項羽本紀

莽色厲而言方，欲有所爲，微見風采，黨與承其指意而顯奏之。　漢書王莽傳

唯班固著百官公卿表，記漢承秦置官本末，訖於王莽，差有條貫。　後漢書志

至於序尚書則略，無年月；或頗有，然多闕，不可録。　史記三代世表序

漢因循而不革，明簡易，隨時宜也。其後頗有所改。　漢書百官公卿表

(三) 表示逐漸發生變化

主要有「稍、稍稍」兩個，與今義不同，可譯爲「逐漸」。例如：

昔慶封亡，子尾多受邑而稍致諸君，君以爲忠而甚寵之。（慶封、子尾皆齊大夫。致：交還）左傳昭公十年

孔子設禮稍誘子路，子路後儒服委質，因門人請爲弟子。史記仲尼弟子列傳

自繆公以來，稍蠶食諸侯，竟成始皇。史記秦始皇本紀

騎稍多，步兵不可勝數。三國志魏書武帝紀

居七日，胡騎稍稍引去。漢書韓王信傳

(四) 表示比較

主要有「滋、彌、愈、益、尤」等，表示程度比原來加深，均可譯爲「更加」。其中「尤」表示和同類相比更加突出。例如：

謀之多族，民之多違，事滋無成。左傳襄公八年

其出彌遠，其知彌近。老子四十七章

夫有功者必賞，則爵禄厚而愈勤。韓非子顯學

(驃騎)對曰：「匈奴未滅，無以家爲也。」由此上益重愛之。史記衛將軍驃騎列傳

慶忌居處恭儉，食飲被服尤節約，然性好輿馬。漢書趙充國辛慶忌傳

二 範圍副詞

範圍副詞内容較複雜，大體可以分爲以下五類：

（一）表示統括

主要有「凡、悉、畢、舉、率、俱（具）、咸、均、皆、遍、盡、齊、總、一」等，可譯爲「全部」。例如：

乾之策二百一十有六，坤之策百四十有四，凡三百六十。 周易繫辭上

王曰：「格爾衆庶，悉聽朕言。」 尚書商書湯誓

惟戊午，王次于河朔，群后以師畢會。 尚書周書泰誓中

信子不對而泣，曰：「君舉不信羣臣乎？」（信子：陳信子，齊大夫） 左傳哀公六年

行厚德，遠佞人，則蠻夷率服。 史記五帝本紀

項伯乃夜馳之沛公軍，私見張良，具告以事，欲呼張良與俱去。 史記項羽本紀

群賢畢至，少長咸集。 王羲之蘭亭集序

（二）表示限制範圍

主要有「第、唯（維、惟）、僅、直、止、徒、但、特、獨」等。

第 「第」表示没有條件限制，不必顧慮，可譯爲「只管、儘管」。例如：

於是孫子謂田忌曰：「君第重射，臣能令君勝。」 史記孫子吴起列傳

唯（維、惟）、**僅**、**直**、**止**、**徒**、**但**、**特**、**獨** 這組詞表示行爲動作只限於某一範圍，可譯爲「只有、只是、僅僅」等。例如：

知進退存亡而不失其正者，其唯聖人乎！ 周易乾

狡兔有三窟，僅得免其死耳。 戰國策齊策四

直不百步耳，是亦走也。 孟子梁惠王上

仁義，先王之蘧廬也，止可以一宿而不可久處。 莊子天運

而藺相如徒以口舌爲勞，而位居我上。 史記廉頗藺相如列傳

天子所以貴者，但以聞聲，羣臣莫得見其面，故號曰「朕」。 史記李斯列傳

而世又不與能死節者比，特以爲智窮罪極，不能自免，卒就死耳。 司馬遷報任安書

身非木石，獨與法吏爲伍，深幽囹圄之中。 （同上）

「僅」在唐代的詩文中用於數詞前時又有「將近」「幾乎」的意思，將事情的範圍或程度往大的高的方面說，這與其「僅僅」義正好相反，宋時已很少有這種用法，應引起注意。例如：

① 一旦臨小利害，僅如毛髮比，反眼若不相識，落陷阱，不一引手救，反擠之又下石焉者，皆是也。 韓愈柳子厚墓誌銘

② 佛之生也，遠中國僅二萬里。其没也，距今兹僅二千歲。 柳宗元釋教碑

③ 江國踰千里，山城僅百層。 杜甫泊岳陽城下

④ 遺文僅千首，六義無差忒。 白居易傷唐衢二首

⑤ 聖人既殁經更焚，逃藏脱亂僅傳存。 歐陽修孫明復先生墓誌銘

前四例均爲唐代作品，其中①中的「僅」義爲「僅僅」，②—④中的「僅」義均爲「將近」。⑤爲宋時

作品，其中的「僅」義爲「僅僅」。

（三）表示共同行爲

主要有「偕、相、俱、相與」等，可譯爲「一起、共同」。例如：

「終日乾乾」，與時偕行。 周易乾

與其妾訕其良人，而相泣於中庭。 孟子離婁下

雖與之俱學，弗若之矣。 孟子告子上

初，諸侯相與約，先入關破秦者王其地。 漢書蕭何曹參傳

（四）表示相互行爲、遞相行爲或自相行爲

甲．表示相互行爲 主要有「相、相與、更相」等，可譯爲「互相」。例如：

故有無相生，難易相成，長短相形，高下相傾。 老子二章

鄭人有相與爭年者。一人曰：「吾與堯同年。」其一人曰：「我與黄帝之兄同年。」 韓非子外儲説左上

母孫二人，更相爲命。 李密陳情表

乙．表示遞相行爲 只有一個「相」字，不便對譯。例如：

天下者，高祖天下，父子相傳，此漢之約也。 史記魏其武安侯列傳

丙．表示自相行爲 也只有一個「相」字，可譯爲「自相」。例如：

凡米石五千，人相食，死者過半。 漢書食貨志上

是歲穀一斛五十餘萬錢，人相食，乃罷吏兵新募者。 三國志魏書武帝紀

（五）分表單説

主要有「每、各」二詞，意義及用法同於現代漢語。例如：

皋陶爲大理，平，民各伏得其實。 史記五帝本紀

每吴中有大繇役及喪，項梁常爲主辦。 史記項羽本紀

好讀書，不求甚解，每有會意，便欣然忘食。 陶淵明五柳先生傳

餘人各復延至其家，皆出酒食。 陶淵明桃花源記

三 否定副詞

否定副詞主要有「不、弗、毋、勿、未、否、非（匪）、無、莫」等，可分爲以下七類：

不、弗 此二詞詞彙意義相同，均表一般性否定，語法意義則有别。「不」使用範圍較寬，可以否定及物動詞，也可否定不及物動詞和形容詞，所否定的及物動詞可帶賓語，也可以不帶。

① 元年春，王周正月。不書即位，攝也。 左傳隱公元年

② 石可破而不可奪堅，丹可磨而不可奪赤。 三國志魏書文帝紀裴松之注引

③ 老婦不聞也。 戰國策趙策四

④ 大智不智，大謀不謀，大勇不勇，大利不利。 六韜武韜發啟第十三

⑤ 勇不虚死，節不苟立。 陳琳檄吴將校部曲文

例①、②中「不」後的動詞都帶賓語，③—⑤中「不」後或者是不帶賓語的動詞，或者是形容詞。「弗」在先秦一般只能否定不帶賓語的及物動詞。例如：

亟請於武公，公弗許。左傳隱公元年

小人以小善爲無益而弗爲也，以小惡爲無傷而弗去也。周易繫辭下

蓋聞天與弗取，反受其咎。史記淮陰侯列傳

在先秦，「弗」後的動詞也有帶賓語的情況，但比較少見。例如：

用命，賞於祖；弗用命，戮於社。尚書夏書甘誓

雖與之俱學，弗若之矣。孟子告子上

自漢代以後，「弗」的使用範圍逐漸擴大了，其後動詞帶賓語的現象比先秦有所增加。例如：

（灌夫）後家居長安，長安諸公莫弗稱之。史記魏其武安侯列傳

詔曰：「微護軍，吾弗聞斯言也。」三國志魏書蔣濟傳

毋、勿　「毋」與「勿」的詞彙意義相同，都表示禁止性的否定，可譯爲「不能、不可」。其語法意義也不完全相同。其中「毋」的使用範圍較寬，大體相當於「不」。例如：

① 與鄭夾輔周室，毋廢王命。左傳宣公十二年

② 很毋求勝，分毋求多。禮記曲禮上

③ 願大王毋愛財物，賂其豪臣，以亂其謀。史記秦始皇本紀

④ 子絶四：毋意，毋必，毋固，毋我。論語子罕

⑤ 臨財毋苟得，臨難毋苟免。（禮記曲禮上）

例①—③中「毋」後的動詞均帶賓語。④、⑤中「毋」後的動詞均不帶賓語（例④中的「必、固、我」用作動詞）。

「勿」的使用範圍較窄，大體相當於「弗」，其後的動詞一般不帶賓語。例如：

非禮勿視，非禮勿聽，非禮勿言，非禮勿動。（論語顏淵）

父子異心，願王勿遣。（史記廉頗藺相如列傳）

和「弗」一樣，在先秦，「勿」後的動詞也有帶賓語的情況　例如：

王曰：「……公勿替刑，四方其世享。」（尚書周書洛誥）

百畝之田，勿奪其時，八口之家可以無飢矣。（孟子梁惠王上）

從漢代開始，「勿」的使用範圍也開始擴大，與「毋」的差別逐漸消失，并代替了「毋」。例如：

秦人六百石以上奪爵，遷；五百石以下不臨，遷，勿奪爵。（史記秦始皇本紀）

足支一歲以上，可時赦，勿收農民租。（漢書食貨志第四上）

未　「未」否定謂語，表示事情還没有發生或行爲動作尚未進行，可譯爲「没有、不曾」。例如：

小人有母，皆嘗小人之食矣，未嘗君之羹。（左傳隱公元年）

愚者暗於成事，知者見於未萌。（商君書更法）

以亂政治敗民，未見其可也。（韓非子難三）

有時候，「未」的含義與「不」差別很小，只是用「未」比用「不」語氣顯得委婉一些。例如：

見兔而顧犬，未爲晚也；亡羊而補牢，未爲遲也。　戰國策楚策四

否　這是一個對整個事情表示否定的副詞。用法主要有三：

第一、單獨作句子成分。例如：

衛人來媵共姬，禮也。凡諸侯嫁女，同姓媵之，異姓則否。　左傳成公八年

魏絳曰：「諸侯新服，陳新來和，將觀於我，我德則睦，否則攜貳。」　左傳襄公四年

第二、和肯定性的詞語組成并列結構作句子成分。例如：

宣三年矣，未知母之存否，今近焉，請以遺之。　左傳宣公二年

夫妄意室中之藏，聖也；入先，勇也；出後，義也；知可否，知也；分均，仁也。　莊子胠篋

第三、獨立成句。例如：

「抑王興甲兵，危士臣，構怨於諸侯，然後快於心與？」王曰：「否。吾何快於是？將以求吾所大欲也。」　孟子梁惠王上

「許子必織布然後衣乎？」曰：「否。許子衣褐。」　孟子滕文公上

非　這是一個否定整個謂語部分的副詞，在詩經、尚書等文獻中又寫作「匪」，常用於判斷句中，否定謂語和主語的關係，可譯爲「不是」。例如：

稱匪其人，惟爾不任。　尚書周書周官

我心匪石，不可轉也。我心匪席，不可卷也。　詩經邶風柏舟

今京不度，非制也，君將不堪。　左傳隱公元年

道也者，不可須臾離也，可離非道也。禮記中庸

唐且曰：「此庸夫之怒也，非士之怒也。」戰國策魏策四

有時候「非」的用法相當於「不」。例如：

且夫芷、蘭生於深林，非以無人而不芳。荀子宥坐

有時候「非」的用法又同於「無」，是動詞，在句中作謂語。例如：

民非水火不生活。孟子盡心上

無 本來是動詞，當「没有」講。例如，商君書更法：「疑行無成，疑事無功。」在上古漢語中，「無」常通作「毋」，用在祈使句中。例如：

無偏無黨，王道蕩蕩。尚書周書洪範

不及黄泉，無相見也。左傳隱公元年

子無敢食我也。戰國策楚策一

苟富貴，無相忘。史記陳涉世家

「無」有時也用於陳述句中，這時候其作用同「不」。例如：

欲無獲民，將焉辟之？左傳昭公三年

君子食無求飽，居無求安。論語學而

莫 在先秦基本上是一個無指代詞，作爲否定副詞的情况也有，但較少。例如：

三歲貫女，莫我肯顧。詩經魏風碩鼠

斬有罪者以徇，曰：「莫如此淫逸不可禁也。」　國語吴語

漢代以後，「莫」作爲否定副詞的用法較常見，義同「勿」或「不」。義同「勿」者如：

秦惠王車裂商君以徇，曰：「莫如商鞅反者。」　史記商君列傳

佗曰：「君有急病見於面，莫多飲酒。」　三國志魏書方技傳

子爲蘆中人，我爲漁丈人，富貴莫相忘也！　吴越春秋王僚使公子光傳

義同「不」者如：

諸將皆莫信，詳應曰：「諾。」　史記淮陰侯列傳

種穀者寡，食穀者衆，舊穀既没，新穀莫繼。　三國志魏書王郎傳

四　時間副詞

時間副詞大致可以分爲以下六類：

（一）表示行爲動作已經發生

主要有「既、業、曾、嘗」等。

既、業　表示事情已經發生，常與「已」連用。可譯爲「已經」。例如：

宋人既成列，楚人未既濟。　左傳僖公二十二年

良業爲取履，因長跪履之。　史記留侯世家

子游既已受業，爲武城宰。　史記仲尼弟子列傳

項王、范增疑沛公之有天下，業已講解。又惡負約，恐諸侯叛之。　史記項羽本紀

曾、嘗　表示某種事情過去存在過，可譯爲「曾經」。例如：

孟嘗君曾待客夜食，有一人蔽火光。客怒，以飯不等，輟食辭去。孟嘗君起，自持其飯比之。客慚，自剄。　史記孟嘗君列傳

吾嘗終日而思矣，不如須臾之所學也，吾嘗跂而望矣，不如登高之博見也。　荀子勸學

（二）表示事情正在進行或正巧遇上某種情況

主要有「方、正、鼎、屬、適、會」等。

方、正、鼎　表示事情正在進行，可譯爲「正、正在」。例如：

陳、鮑方睦，遂伐欒、高氏。　左傳昭公十年

象鄂不懌，曰：「我思舜正鬱陶！」　史記五帝本紀

天子春秋鼎盛。　漢書賈誼傳

「正」除有「正在」義外，也有「正巧遇上」義。例如：

乃自吴尋二陸，平原不在，正見清河。　世説新語自新

屬、適、會　表示正巧遇上某種情況，可譯爲「正好、恰好」。例如：

下臣不幸，屬當戎行。　左傳成公二年

此時魯仲連適遊趙，會秦圍趙。　戰國策趙策三

會天大雨，道不通。　史記陳涉世家

（三）表示行爲動作將要發生

主要有「行、將、且、垂」等，可譯爲「將、將要」。例如：

十畝之間兮，桑者閑閑兮，行與子還兮。詩經魏風十畝之間

其爲人也，發憤忘食，樂以忘憂，不知老之將至云爾。論語述而

伍奢有二子，皆賢，不誅，且爲楚憂。史記伍子胥列傳

今大事垂可立，如何釋此去乎？三國志蜀書先主傳

（四）表示時間的先後或接續

主要有「初、俄、隨、輒、即、旋、尋、終、竟、卒、遂、迄、乃」等。

初 表示發生在不久前，可譯爲「剛，剛剛」。例如：

天下初定未久。史記外戚世家

俄、隨、輒、即、旋、尋 這幾個詞表示兩事緊接，可譯爲「就、隨即、緊接着」等。例如：

故有社稷者莫不欲强，俄則弱矣；莫不欲安，俄則危矣；莫不欲存，俄則亡矣。荀子君道

知友被辱隨仇者，貞也。韓非子五蠹

信之下魏破代，漢輒使人收其精兵，詣滎陽以距楚。史記淮陰侯列傳

趙奢許諾，即發萬人趨之。史記廉頗藺相如列傳

卓既殺瓊、珌，旋亦悔之。後漢書董卓傳

詔書特下，拜臣郎中，尋蒙國恩，除臣洗馬。李密陳情表

終、竟、卒、遂、迄 這幾個詞表示最後結果，可譯爲「終於、最終」。例如：

陳勝雖已死，其所置遣侯王將相竟亡秦，由涉首事也。 史記陳涉世家

爲蛇足者，終亡其酒。 戰國策齊策二

然卒破楚者，此三人力也。 史記留侯世家

乃自剄，曰：「遂成豎子之名！」 史記孫子吴起列傳

建議開渠，爲人興利，旅力既愆，迄無成功。 後漢書王梁傳

乃 表示事情發生或結束的時間較晚，可譯爲「原來、才」。例如：

先生所爲文市義者，乃今日見之。 戰國策齊策四

侯生視公子色終不變，乃謝客就車。 史記魏公子列傳

（五）表示行爲動作的持續或頻率

主要有「素、輒、數」等。

素 表示行爲動作從過去持續到現在，可譯爲「向來」。例如：

吴廣素愛人，士卒多爲用者。 史記陳涉世家

膠西王素聞董仲舒有行，亦善待之。 史記儒林列傳

數、輒 表示行爲動作的頻率高，可譯爲「經常」。例如：

信數與蕭何語，何奇之。 史記淮陰侯列傳

光時休沐出，桀輒入代光决事。 漢書霍光金日磾傳

（六）表示時間短暫或動作快速

主要有「姑、且、遽、立、卒（猝）、暴」等。

姑、且　表示時間短暫，可譯爲「暫且」。例如：

多行不義必自斃，子姑待之。　左傳隱公元年

先生且休矣，吾將念之。　史記淮陰侯列傳

遽、立　表示動作快速，可譯爲「立刻」。例如：

僕人以告，公遽見之。　左傳僖公二十四年

沛公至軍，立誅曹無傷。　史記項羽本紀

卒（猝）、暴　表示事情來得快，出乎預料，可譯爲「突然」。例如：

秦王環柱而走。群臣皆愕，卒起不意，盡失其度。　史記刺客列傳

第中鼠暴多，與人相觸，以尾畫地。　漢書霍光金日磾傳

盜賊凶荒，九州代作，饑饉暴至，軍旅卒發。　後漢書仲長統傳

五　語氣副詞

語氣副詞主要有五種類型，常與句尾語氣詞配合使用。

（一）表示反詰語氣

主要有「其、豈、獨、庸、寧、巨、詎」等，可譯爲「難道」。「巨」是「詎」的古字，「庸、詎」常連用。

例如：

若闕地及泉，隧而相見，其誰曰不然？　左傳隱公元年

公曰：「晉，吾宗也，豈害我哉？」　左傳僖公五年

相如雖駑，獨畏廉將軍哉？　史記廉頗藺相如列傳

成王曰：「晉公子賢而困於外久，從者皆國器，此天所置，庸可殺乎？」　史記晉世家

王侯將相，寧有種乎？　史記陳涉世家

沛公不先破關中兵，公巨能入乎？　漢書高帝紀

幸我之不成，而以奮其前志，詎肯用此爲終死之分邪？　後漢書仲長統傳

庸詎知吾所謂知之非不知邪？庸詎知吾所謂不知之非知邪？　莊子齊物論

（二）表示測度語氣

主要有「蓋、其、或、殆、無乃、得無（得微、得毋、得非）」等，可譯爲「恐怕、莫非、也許」之類。

例如：

易曰：「履霜，堅冰至」，蓋言順也。　周易坤

我未見力不足者，蓋有之矣，我未之見也。　論語里仁

而爲服役者七十人，蓋貴仁者寡，能義者難也。　韓非子五蠹

吾聞之周生曰「舜目蓋重瞳子」，又聞項羽亦重瞳子。羽豈其苗裔邪？　史記項羽本紀

王送知罃，曰：「子其怨我乎？」　左傳成公三年

管仲相桓公，霸諸侯，一匡天下，民到於今受其賜。微管仲，吾其被髮左衽矣。　論語憲問

夫子之牆數仞，不得其門而入，不見宗廟之美，百官之富。得其門者或寡矣。　論語子張

蘇秦已而告其舍人曰：「張儀，天下賢士，吾殆弗如也。」　史記張儀列傳

師勞力竭，遠主備之，無乃不可乎？　左傳僖公三十二年

今君王既棲於會稽之上，然後乃求謀臣，無乃後乎？　國語越語上

（觸龍）曰：「日食飲得無衰乎？」　戰國策趙策四

柳下季曰：「今者闕然數日不見，車馬有行色，得微往見跖邪？」　莊子盜跖

信問酈生：「魏得毋用周叔爲大將乎？」　漢書韓信傳

昔武王克商，遷殷頑民於洛邑，諸君得非其苗裔乎？　晉書華譚

（三）表示論斷語氣

論斷語氣重在做出判斷，與測度語氣重在揣測是有所不同的。「蓋」字表示測度語氣，同時也表示論斷語氣。例如：

蓋均無貧，和無寡，安無傾。　論語季氏

遺詔曰：「朕聞，蓋天下萬物之萌生，靡不有死。」　史記孝文本紀

蓋聞王者莫高於周文，伯者莫高於齊桓，皆待賢人而成名。　漢書高帝紀

（四）表示祈使語氣

主要有「尚、其、苟」等，可譯爲「請、還是、但願」。例如：

爾尚輔予一人，致天之罰。 尚書商書湯誓

吾子其無廢先君之功！ 左傳隱公三年

昭王之不復，君其問諸水濱！ 左傳僖公四年

君子于役，苟無飢渴！ 詩經王風君子于役

（五）表示肯定語氣

主要有「誠、固、信、良、必」等，可譯爲「確實、的確」或「必定」。例如：

於是，入朝見威王曰：「臣誠知不如徐公美。」 戰國策齊策一

（孟子）曰：「然則小固不可以敵大，寡固不可以敵衆，弱固不可以敵强。」 孟子梁惠王上

（公輸盤）見荆王曰：「臣北方之鄙人也，聞大王將攻宋，信有之乎？」 呂氏春秋愛類

諸將以爲趙氏孤兒良已死，皆喜。 史記趙世家

人固有一死，或重於泰山，或輕於鴻毛。 司馬遷報任安書

黄帝曰：「日中必熭，操刀必割。」 賈誼新書卷一

六 情態副詞

所謂情態是指人的情狀神態。情態副詞和語氣副詞有密切的聯繫，其差别主要表現在語氣副詞所表現的語氣和態度離不開説話，而情態不一定要説話，多是心理感受或活動的表現。古漢語中的情態副詞主要有「曾、竟、反、顧、幸、幸而」等。

曾、竟　這兩個詞表示出乎預料，可譯爲「竟然、居然」。例如：

誰謂河廣？曾不容刀。（詩經衛風河廣）

今者將軍令臣等反背水陳，曰「破趙會食」，臣等不服。然竟以勝，此何術也？（史記淮陰侯列傳）

反、顧　這兩個詞表示違反常理，可譯爲「反而」。例如：

人之民日欲與我鬥，吾民日不欲爲我鬥，是强者之所以反弱也。（荀子王制）

子之南面行王事，而噲老不聽政，顧爲臣，國事皆決於子之。（史記燕召公世家）

足反居上，首顧居下，倒縣如此，莫之能解，猶爲國有人乎？（漢書賈誼傳）

幸、幸而　這兩個詞表示僥倖，可譯爲「幸虧，僥倖」。例如：

晏子曰：「君誠避宫殿暴露，與靈山河伯共憂，其幸而雨乎！」（晏子春秋内篇諫上）

封人因竊謂仲曰：「適幸，及齊不死而用齊，將何報我？」（韓非子外儲説左下）

七　謙敬副詞

表示自謙或對人的尊敬。這類副詞現代漢語中很少用，其中有一部分不便對譯。

（一）表示自謙

主要有「敢、竊、謹、伏、忝、猥」等。

敢　表示冒昧，可譯爲「大膽、斗膽」。例如：

若亡鄭而有益於君，敢以煩執事。左傳僖公三十年

敢布腹心，君實圖之。左傳宣公十二年

竊　表示只是個人想法，不一定正確，可譯爲「私下、私下裏」。例如：

老臣竊以爲媪之愛燕后賢於長安君。戰國策趙策四

臣聞吏議逐客，竊以爲過矣。李斯諫逐客書

謹、伏　表示謹慎恭敬，可譯爲「恭敬地」。例如：

謹使臣良奉白璧一雙，再拜獻大王足下。史記項羽本紀

妾伏自念，入椒房以來，遺賜外家，未嘗踰故事。漢書孝成許皇后傳

忝、猥　表示不稱職，愧於做某事，不便直接對譯。例如：

臣忝當大任，義在安國。三國志魏書三少帝紀

臣等忝列諫司，今陳狂瞽。舊唐書盧杞傳

僕，野人也，偃息不過茅屋茂林之下，談話不過農夫田父之客。攝官承乏，猥廁朝列。潘安仁秋興賦

（二）表示對人尊敬

主要有「請、敬、惠、幸、辱、猥」等。

請　表示希望對方允許做某事，可譯爲「請允許」。例如：

公子呂曰：「……欲與大叔，臣請事之；若弗與，則請除之。」左傳隱公元年

馮諼曰：「……請爲君復鑿二窟。」　戰國策齊策四

敬　表示恭敬地答應，可譯爲「恭敬地」。例如：

孟嘗君曰：「善。願因請公往矣。」公孫弘敬諾，以車十乘之秦。　呂氏春秋冬季紀不侵

徒屬皆曰：「敬受命。」乃詐稱公子扶蘇、項燕，從民欲也。　史記陳涉世家

惠、幸　表示對方的行爲對自己是一種恩惠或爲之感到榮耀，不便對譯。例如：

子惠思我，褰裳涉溱。子不我思，豈無他人？　詩經鄭風褰裳

君惠徼福於敝邑之社稷，辱收寡君，寡君之願也。　左傳僖公四年

秦王跪而請曰：「先生何以幸教寡人？」　戰國策秦策三

臣從其計，大王亦幸赦臣。　史記廉頗藺相如列傳

辱、猥　表示對方爲自己做某事是屈辱了其身份，可譯爲「屈駕」。例如：

嘉惠未至，唯襄公之辱臨我喪。　左傳昭公七年

先帝不以臣卑鄙，猥自枉屈，三顧臣於茅廬之中。　三國志蜀書諸葛亮傳

八　指代副詞

表示一方對另一方的行爲，同時兼有指代行爲受事者的作用，有「相、見」兩個。

相　可指代第一、二、三人稱。

第一、指代第一人稱。例如：

今王與耳旦暮且死，而公擁兵數萬，不肯相救，安在其相爲死！　史記張耳陳餘列傳

本是同根生，相煎何太急！　世説新語文學

兒童相見不相識，笑問客從何處來。　賀知章回鄉偶書

第二、指代第二人稱。例如：

意氣勤勤懇懇，若望僕不相師，而用流俗人之言也。　司馬遷報任安書

權起禮之，因謂曰：「子敬，孤持鞍下馬相迎，足以顯卿未？」　三國志吳書魯肅傳

魴曰：「汝知悔過伏罪，今一切相赦。」　後漢書馮魴傳

第三、指代第三人稱。例如：

穆居家數年，在朝諸公多有相推薦者。　後漢書朱穆傳

高祖雅相重，申以婚姻。　宋書謝景仁傳

虎見之，龐然大物也，以爲神。蔽林間窺之，稍出近之，慭慭然莫相知。　柳宗元黔之驢

見

指代性副詞，指代第一人稱，可譯爲「自己」或「我」。例如：

初，蘇秦之燕，貸人百錢爲資。及得富貴，以百金償之，遍報諸所嘗見德者。　史記蘇秦列傳

凡舉事，無爲親厚者所痛，而爲見讎者所快。　後漢書朱浮傳

生孩六月，慈父見背。　李密陳情表

少加孤露，母兄見驕，不涉經學，性復疏懶。　嵇康與山巨源絶交書

第五節 介詞、連詞

一 介詞

把名詞、代詞或名詞性詞組引進給動詞或形容詞的詞叫作介詞，馬氏文通稱作「介字」。介詞和它引進的對象共同組成介詞結構，在句中作狀語或補語，表示動作的處所、時間、工具、方式、原因、目的、對象等。常用的介詞有「以、于(於)、爲、與」等。

以 本是動詞，有「使用、率領、以爲」等義項。例如說文解字：「以，用也。」楚辭涉江：「忠不必用兮，賢不必以。」左傳僖公五年：「宮之奇以其族行。」戰國策趙策四：「老臣以媪爲長安君之計短也。」作爲介詞，「以」的用法主要有以下四種：

第一、引進動作據以進行的工具或憑藉、依據、方式、條件、身份、名義等，可譯爲「用」或「根據、憑藉、按照」。例如：

①許子以釜甑爨，以鐵耕乎？ 孟子滕文公上

②以子之矛陷子之楯，何如？ 韓非子難一

③君若以德綏諸侯，誰敢不服？ 左傳僖公四年

④儒以文亂法，俠以武犯禁。 韓非子五蠹

⑤鄭人立子良，辭曰：「以賢，則去疾不足；以順，則公子堅長。」乃立襄公。（子良：即去

疾。襄公：即公子堅）。左傳宣公四年

⑥君子不以言舉人，不以人廢言。論語衛靈公

⑦以位，則子，君也；我，臣也；何敢與君友也？以德，則子事我者也，奚可以與我友？孟子萬章下

⑧騫以郎應募使月氏。漢書張騫傳

⑨封弟叔鮮於管，弟叔度於蔡。餘各以次受封。史記周本紀

例①、②中的「以」引進動作的工具，③、④中的「以」引進行爲憑藉的對象，⑤—⑦（以德）中「以」引進行爲動作的依據，⑦（以位）、⑧中的「以」引進行爲憑藉的地位或身份，⑨引進行爲的方式。

第二、引進行爲動作涉及的對象，可譯爲「把」或不譯。例如：

伯楚以吕、郤之謀告公。國語晉語四

是故以天下與人易，爲天下得人難。孟子滕文公上

復以弟子一人投河中。史記滑稽列傳

第三、引進動作發生的原因，可譯爲「因爲、由於」。例如：

若之何其以病敗君之大事也？左傳成公二年

扶蘇以數諫故，上使外將兵。史記陳涉世家

第四、引進動作發生的時間或處所，可譯爲「在、從」。例如：

①僑聞之，君子有四時：朝以聽政，晝以訪問，夕以修令，夜以安身。左傳昭公元年

② 武以始元六年春至京師。　漢書蘇武傳

③ 敵以東方來，迎之東壇。　墨子迎敵祠

④ 今以長沙、豫章往，水道多絶，難行。　史記西南夷列傳

①、②中「以」引進動作的時間，其中例①中的「朝、晝、夕、夜」前置。③、④中「以」的作用同介詞「從」，引進動作的處所。

介詞「以」的功用除了以上提到的幾點外，還有以下三個特點需要引起注意：

第一、由「以」構成的介詞結構可在謂語前作狀語，也可在謂語後作補語，意思一般不變。例如：

公以戈擊之。　左傳襄公十八年

擊之以戈。　左傳昭公元年

季康子以其妹妻之。　左傳哀公八年

繼室以其姪。　左傳襄公二十三年

第二、「以」在句中常常可以省略。例如：

及項羽滅，高祖購求布（以）千金。　史記季布欒布列傳

褒姒不好笑，幽王欲其笑（以）萬方，故不笑。　史記周本紀

第三、介詞「以」的賓語可以前置或省略。例如：

詩三百，一言以蔽之，曰：思無邪。　論語爲政

吾道一以貫之。　論語里仁

他日，子夏、子張、子游以有若似聖人，欲以所事孔子事之，强曾子。曾子曰：「不可，江、漢以濯之，秋陽以暴之，暠暠乎不可尚已！」孟子滕文公上

若亡鄭而有益於君，敢以煩執事。左傳僖公三十年

于（於）　本都是動詞。「于」有「取」義。詩經豳風七月：「晝爾于茅，宵爾索綯。」「於」有「往」義。史記齊太公世家：「晉使郤克於齊。」作爲介詞，「于、於」通用，「于」出現的時代早，甲骨文中只用「于」，尚書、詩經中一般也用「于」。「於」出現時代較晚，論語、孟子中一般用「於」，左傳中二字并用。「于」多用於引進地名，「於」多用於表示被動。荀子一書二字也并用。或説「于、於」爲古今字。二字的上古讀音比較接近（于：魚匣平；於：魚影平）。于（於）的介詞用法主要有以下四種：

第一、引進動作間接涉及的對象，可譯爲「向、給、對」或「對……來説」。例如：

皇帝清問（通「聞」）下民鰥寡有辭于苗。尚書周書吕刑

亟請於武公，公弗許。左傳隱公元年

不義而富且貴，於我如浮雲。論語述而

己所不欲，勿施於人。論語衛靈公

趙太后新用事，秦急攻之。趙氏求救於齊。戰國策趙策四

第二、引進動作的處所（包括所指的方面）和時間，可譯爲「在、到」或「在……方面」。例如：

①盤庚遷于殷，民不適有居。尚書商書盤庚上

②射其左，越於車下。左傳成公二年

③ 荆國有餘於地而不足於民。 墨子公輸

④ 上古競於道德，中古逐於智謀，當今争於氣力。 韓非子五蠹

⑤ 子於是日哭，則不歌。 論語述而

⑥ 繁啟蕃長於春夏，畜積收藏於秋冬。 荀子天論

例①、②中引進動作的處所，③、④中引進所指的方面，⑤、⑥中引進動作的時間。

第三、引進比較的對象，可譯爲「比、與」或「與……相比」。例如：

夫子曰：「小子識之，苛政猛於虎也。」 禮記檀弓下

是何異於刺人而殺之，曰：「非我也，兵也。」 孟子梁惠王上

故聖人之所以同於衆，其不異於衆者，性也。 荀子性惡

人固有一死，或重於泰山，或輕於鴻毛。 司馬遷報任安書

第四、用於被動句，引進行爲的主動者，可譯爲「被」。例如：

憂心悄悄，愠于群小。 詩經邶風柏舟

申生曰：「……内困於父母，外困於諸侯，是重困也。棄君去罪，是逃死也。」 國語晉語二

是故有術則制人，無術則制於人。 淮南子主術訓

「于」（於）的這種用法參見被動句一節。

乎 常用作語氣詞和歎詞。例如史記范雎蔡澤列傳：「吾聞聖人不相，殆先生乎？」論語顔淵：「富哉，言乎！」「乎」作爲介詞，與「于」（於）用法大體相同，只是不够普遍。主要有五種：

第一、引進行爲動作間接涉及的對象，可譯爲「給、對」等。例如：

天子嫁女乎諸侯，必使諸侯同姓者主之。（公羊傳莊公元年）

行賞已諾，信乎天下矣。（荀子王霸）

第二、引進行爲動作直接涉及的對象，不便譯，可不譯。例如：

觀乎天文，以察時變；觀乎人文，以化成天下。（周易賁）

故曰良劍期乎斷，不期乎鏌邪；良馬期乎千里，不期乎驥驁。（吕氏春秋察今）

第三、引進動作的處所和時間，可譯爲「到、在、從」等。例如：

①鷄鳴狗吠相聞，而達乎四境，而齊有其民矣。（孟子公孫丑上）

②楚人生乎楚、長乎楚而楚言，不知其所受之。（吕氏春秋用衆）

③飛曰：「陣而後戰，兵法之常，運用之妙，存乎一心。」（宋史岳飛傳）

④春秋何以始乎隱？祖之所逮聞也。（公羊傳哀公十四年）

⑤吾獨窮困乎此時也。（屈原離騷）

例①—③中的「乎」引進動作的處所，④、⑤中的「乎」引進動作的時間。

第四、引進比較的對象，可譯爲「比」等。例如：

故人莫貴乎生，莫樂乎安，所以養生安樂者莫大乎禮義。（荀子强國）

穆行之意，人知之不爲勸，人不知不爲沮，行無高乎此矣。（吕氏春秋至忠）

第五、用於被動句，引進行爲動作的主動者，可譯爲「被」。例如：

王痍者何？傷乎矢也。　公羊傳成公十六年

有志乎古者希矣，志乎古必遺乎今。　韓愈答李翊書

除了應用不够普遍外，「乎」與「于」（於）還存在着以下三種差别：

第一、「對於」義用「於」不用「乎」。如「於我如浮雲」中的「於」不能换成「乎」。

第二、「惡乎」中的「乎」不能换成「於」。如論語里仁「君子去仁，惡乎成名」中的「乎」不能换成「於」。

第三、「乎」可以引進動作直接涉及的對象，「于」（於）一般没有這種用法，例見上。

爲（wèi）　本爲動詞，讀wéi，義項很多，如「治理、舉行」等。論語先進：「爲國以禮，其言不讓，是故哂之。」左傳隱公元年：「公攝位而欲求好於邾，故爲蔑之盟。」作爲介詞，「爲」在被動句中也讀wéi，在非被動句中則讀wèi。用法主要有以下四種：

第一、引進行爲動作間接涉及的對象，可譯爲「給、替、對、向」等。例如：

及莊公即位，爲之請制。　左傳隱公元年

吾日三省吾身，爲人謀而不忠乎？與朋友交而不信乎？傳不習乎？　論語學而

誰習計會，能爲文收責於薛者乎？　戰國策齊策四

及御史大夫桑弘羊建造酒榷、鹽鐵，爲國興利，伐其功。　漢書霍光傳

此五聖者，天下之盛主，勞形盡慮，爲民興利除害而不懈。　淮南子修務訓

第二、引進行爲動作的目的，可譯爲「爲了」。例如：

天下熙熙，皆爲利來；天下壤壤，皆爲利往。（史記貨殖列傳）

臣聞之，爲地戰者，不能成其王；爲祿仕者，不能正其君。（晏子春秋内篇雜上）

第三、引進行爲動作的原因，可譯爲「因爲、由於、因」等。例如：

孟子曰：「仕非爲貧也，而有時乎爲貧。」（孟子萬章上）

天行有常，不爲堯存，不爲桀亡。（荀子天論）

漢卒十餘萬人皆入睢水，睢水爲之不流。（史記項羽本紀）

第四、用於被動句，引進行爲動作的主動者。例如：

戰而不克，爲諸侯笑。（左傳襄公十年）

子曰：「出則事公卿，入則事父兄，喪事不敢不勉，不爲酒困，何有於我哉？」（論語子罕）

兵爲秦禽，智爲楚笑，過聽於陳軫，失計於韓明也。（戰國策韓策一）

這種用法參見被動句一節。另外，「爲」的用法還有兩點需要注意：

第一、「爲」的賓語如果是疑問代詞，常常前置。例如：

莊子曰：「父子相親，何爲不仁？」（莊子天運）

遇其壞時，奚爲不憂哉？（列子天瑞）

第二、「爲」的賓語有時可以省去。例如：

於是秦王不懌，爲一擊缻。（史記廉頗藺相如列傳）

若風將至，必先搖搖，雖有聖人，不能爲謀也。（大戴禮記武王踐阼）

與　本是動詞，有「給予、贊譽、參與」等義。例如左傳僖公二十三年：「（重耳）乞食於野人，野人與之塊。」論語述而：「與其進也，不與其退也。」論語八佾：「吾不與（yù）祭，如不祭。」作爲介詞，「與」的用法主要有以下四種情況：

第一、引進動作的偕同者，可譯爲「和、跟、同」。例如：

若適淫虐，楚將棄之，吾又誰與争？　左傳昭公四年

賢者與民并耕而食，饔飧而治。　孟子滕文公上

越有難，吴王使之將。冬，與越人水戰，大敗越人。　莊子逍遥遊

第二、引進行爲動作間接涉及的對象，可譯爲「爲、替、給」等，作用同「爲」。例如：

今子與我取之，而不與我治之，與我置之，而不與我祀之焉。　韓非子外儲説左上

後若有事，吾與子圖之。　國語吴語

第三、引進行爲動作的根據、條件，可譯爲「根據、隨着」等。例如：

故聖人法與時變，禮與俗化。　淮南子氾論訓

日中則昃，月盈則食，天地盈虛，與時消息。　説苑敬慎

第四、引進比較的對象，可譯爲「和、比」或「和……相比」。例如：

夫地大而不墾者，與無地同。　商君書算地

鬼神之明智於聖人，猶聰耳明目之與聾瞽也。　墨子耕柱

介詞「與」的賓語也可以省略。例如：

子曰：「賜也，始可與言詩已矣，告諸往而知來者。」　論語學而

拘禮之人不足與言事，制法之人不足與論變。　商君書更法

天不可與慮兮，道不可與謀。　史記屈原賈生列傳

二　連詞

連接詞、詞組、分句并表示所連成分各種關係的詞叫連詞，馬氏文通稱作「連字」。常見的連詞有「與、而、及、則、以、雖、且、況、但、然、抑、故、苟、倘、令、即、第令、藉使」等，分别表示「并列、承接、目的、讓步、遞進、轉折、選擇、因果、假設」等關係，以下介紹「與、而、則、以、且、雖、然、抑、即」九個連詞。

與　有介詞、連詞等幾種詞性。作爲連詞，「與」可以連接名詞、代詞、動詞、形容詞、名詞性詞組、動詞性詞組或分句等。

第一、連接名詞、代詞、動詞、形容詞、名詞性詞組、動詞性詞組，表示并列關係，可譯爲「和、跟、同」等。例如：

①子罕言利與命與仁。　論語子罕

②子謂顏淵曰：「用之則行，舍之則藏，唯我與爾有是夫！」　論語述而

③譬如天之無形，地之無理，白與黑相去遠矣。　素問示從容論

④仰則觀象於天，俯則觀法於地，觀鳥獸之文與地之宜。　周易繫辭下

⑤晉人歸楚公子穀臣與連尹襄老之尸于楚，以求知罃。　左傳成公三年

⑥ 穆公歸，至於王城，合大夫而謀曰：「殺晉君與逐出之，與以歸之，與復之，孰利？」（復之：指復其位） 國語晉語三

⑦ 諺曰：「有白頭如新，傾蓋如故。」何則？ 知與不知也。 史記魯仲連鄒陽列傳

「與」在例①中連接名詞，在②中連接代詞，在③中連接形容詞，在④、⑤中連接名詞性詞組，在⑥、⑦中連接動詞或動詞性詞組。

第二、連接分句，表示選擇關係，常用「不如、寧、不若」等詞語配合，可譯爲「與其」。例如：

與吾得革車千乘，不如聞行人燭過之一言也。 韓非子難二

與人刃我，寧自刃。 史記魯仲連鄒陽列傳

與屈己以富貴，不若抗志以貧賤。屈己則制於人，抗志則不愧於道。 孔叢子抗志

而

有代詞、連詞等幾種詞性。作爲連詞的使用頻率高、意義靈活，主要有以下六種情況：

第一、連接動詞、形容詞、動詞性詞組、主謂詞組等，表示并列關係。所連接的兩種成分可以是順接，也可以是逆接。順接是指意思上前後相應，貫通無礙；逆接是指意思上有轉折或相背逆。順接可譯爲「而且、又、便」，逆接可譯爲「却、但是」。例如：

宋華父督見孔父之妻於路，目逆而送之（順接），曰：「美而豔。」（順接） 左傳桓公元年

君子食無求飽，居無求安，敏於事而慎於言。（順接） 論語學而

衛莊公娶於齊東宫得臣之妹，曰莊姜，美而無子。（逆接） 左傳隱公三年

子温而厲，威而不猛，恭而安。（逆接） 論語述而

第二、在連謂句中，連接先後兩種行爲動作，意思上一般爲順接，可譯爲「……以後」。例如：

齊侯曰：「余姑翦滅此而朝食。」（左傳成公二年）

入竟而問禁，入國而問俗，入門而問諱。（禮記曲禮上）

孟子曰：「孔子登東山而小魯，登太山而小天下。」（孟子盡心上）

兔走，觸株折頸而死，因釋其耒而守株，冀復得兔。（韓非子五蠹）

第三、連接狀語和動詞謂語，意思上一般爲順接，可譯爲「地、着、便」等，或不譯。例如：

居則曰：「不吾知也！」如或知爾，則何以哉？子路率爾而對。（論語先進）

妻側目而視，傾耳而聽。（戰國策秦策一）

吾嘗終日而思矣，不如須臾之所學也。（荀子勸學）

第四、連接主語和謂語，表示假設或轉折關係，可譯爲「如果」或「却」。例如：

相鼠有皮，人而無儀。人而無儀，不死何爲？（詩經鄘風相鼠）

子産而死，誰其嗣之？（左傳襄公三十年）

子曰：「人而無信，不知其可也。」（論語爲政）

先生獨未見夫僕乎？十人而從一人者，寧力不勝智不若耶？畏之也。（戰國策趙策三）

匹夫而爲百世師，一言而爲天下法。（蘇軾潮州韓文公廟碑）

第五、連接分句，表示轉折關係，可譯爲「却、但是」或不譯。例如：

人不知而不愠，不亦君子乎？（論語學而）

有復於王者曰：「吾力足以舉百鈞，而不足以舉一羽；明足以察秋毫之末，而不見輿薪。」則王許之乎？　孟子梁惠王上

舟已行矣，而劍不行，求劍若此，不亦惑乎？　吕氏春秋察今

能見百步之外，而不能自見其睫。　韓非子喻老

此數寶者，秦不生一焉，而陛下悦之，何也？　李斯諫逐客書

第六、連接分句，表示遞進關係。可譯爲「而且、并且」。例如：

楚師驟勝而驕，其師老矣，而不設備，子擊之，鄭師爲承，楚師必敗。　左傳宣公十二年

今媪尊長安君之位，而封之以膏腴之地，多予之重器。　戰國策趙策四

「而」很少連接名詞或名詞性詞組，只有在其作謂語時才可能用「而」連接。例如：

蟹六跪而二螯。　荀子勸學

句中的「六跪」和「二螯」對主語起着陳述的作用，故可以用「而」連接。一般情况下，連接名詞或名詞性詞組的連詞是「及、與」(見上文)等。

則　有副詞、連詞等幾種詞性。作爲連詞，「則」的用法主要有以下五種情况：

第一、在連貫複句中連接分句，表示順承關係，可譯爲「就、便、於是」等。例如：

①凡事豫則立，不豫則廢。　禮記中庸

②臏至，龐涓恐其賢於己，疾之，則以法刑斷其兩足而黥之，欲隱勿見。　史記孫子吴起列傳

例①中「則」連接的是緊縮複句的兩個分句「凡事豫」與「立」、「不豫」與「廢」。

第二、在假設複句中連接分句，表示承接，可譯爲「就、那麽就」。例如：

①對曰：「忠之屬也，可以一戰，戰則請從。」　左傳莊公十年

②父母之愛子，則爲之計深遠。　戰國策趙策四

③且夫水之積也不厚，則其負大舟也無力。　莊子逍遥遊

例①中「則」連接的是緊縮複句的兩個分句「戰」與「請從」。

第三、在假設複句中連接分句，表示假設，可譯爲「假如、如果」。例如：

心則不競，何憚於病？（競：强。病：指屈辱）　左傳僖公七年

入則無法家拂士，出則無敵國外患者，國恒亡。　孟子告子下

（項王）曰：「謹守成皋！則漢欲挑戰，慎勿與戰！」　史記項羽本紀

第四、在轉折複句中連接分句，表示轉折，可譯爲「反而、却」。例如：

①滕文公曰：「滕，小國也。竭力以事大國，則不得免焉。如之何則可？」　孟子梁惠王下

②子曰：「無欲速，無見小利。欲速則不達，見小利則大事不成。」　論語子路

③公使陽處父追之，及諸河，則在舟中矣。　左傳僖公三十三年

④子曰：「隱者也。」使子路反見之。至，則行矣。　論語微子

其中例②中的「則」連接的是緊縮複句的分句，③、④中「則」表示事後發現的情況出乎意料。

第五、在轉折複句中連接讓步分句，表示對前一成分的承認或肯定，可譯爲「倒是、雖然」。例如：

其室則邇，其人甚遠。　詩經鄭風東門之墠

多則多矣！抑君似鼠。夫鼠晝伏夜動，不穴於寢廟，畏人故也。　左傳襄公二十三年

包胥曰：「善則善矣，未可以戰也。」　國語吴語

滕君，則誠賢君也，雖然，未聞道也。　孟子滕文公上

燕相白王，王大説，國以治。治則治矣，非書意也。　韓非子外儲説左上

以

有介詞、連詞、副詞幾種詞性。作爲連詞可以連接詞、詞組或分句，具體用法主要有六種：

第一、連接動詞、形容詞或動詞性、形容詞性詞組，表并列關係，可譯爲「和、而又」。例如：

狐偃，其舅也，而惠以有謀。趙衰，其先君之戎御，趙夙之弟也，而文以忠貞。賈佗，公族也，而多識以恭敬。　國語晉語四

主明以嚴，將智以武。　史記張儀列傳

古之君子，其責己也重以周，其待人也輕以約。　韓愈原毀

第二、連接狀語和動詞謂語，表示偏正關係，可譯爲「地」或不譯。例如：

國人望君如望歲焉，日日以幾。（幾：通「冀」）　左傳哀公十六年

願夫子輔吾志，明以教我。　孟子梁惠王上

樊噲側其盾以撞，衛士仆地。　史記項羽本紀

第三、在連謂句中，連接動詞或動詞性詞組，表示後一行爲是前一行爲的目的、結果或接續，可譯爲「去、來、導致、以便」或不譯。例如：

①晉侯復假道於虞以伐虢。　左傳僖公五年

②志士仁人，無求生以害仁，有殺身以成仁。　論語衛靈公

③今逐客以資敵國，損民以益仇，内自虚而外樹怨於諸侯。　李斯諫逐客書

④自始合，而矢貫余手及肘，余折以御，左輪朱殷。　左傳成公二年

例①—③中「以」後的部分是前一行爲的目的或結果，④中「以」後的部分是前一動作的接續。

第四、在因果複句中連接分句，表示原因，可譯爲「因爲、由於」。例如：

晉侯、秦伯圍鄭，以其無禮於晉，且貳於楚也。　左傳僖公三十年

以不能取容當世，故終身不仕。　史記張釋之傳

第五、在因果複句中連接分句，表示結果，可譯爲「以致、導致」或「結果」。例如：

孤違蹇叔，以辱二三子。　左傳僖公三十三年

城濮之役，晉無楚備，以敗於邲。邲之役，楚無晉備，以敗於鄢。　左傳昭公五年

第六、在目的複句中連接分句，表示目的，可譯爲「旨在、以便」或「以免、以防」。例如：

尺蠖之屈，以求信也；龍蛇之蟄，以存身也。精義入神，以致用也；利用安身，以崇德也。

周易繫辭下

構木爲巢，以避群害。　韓非子五蠹

不宜妄自菲薄，引喻失義，以塞忠諫之路也。　諸葛亮出師表

且

常作副詞、連詞用。作爲連詞用法主要有五種。

第一、連接形容詞，表示并存關係，可譯爲「又、而且」。例如：

自牧歸荑，洵美且異。　詩經邶風静女

不義而富且貴，於我如浮雲。　論語述而

第二、連接動詞或動詞性詞組，表示兩種動作同時進行，可譯爲「一面……一面……」等。例如：

(趙盾)鬥且出，提彌明死之。　左傳宣公二年

(陳相)曰：「百工之事固不可耕且爲也。」　孟子滕文公上

第三、在遞進複句中連接分句，表示遞進關係，可譯爲「并且、况且」。例如：

公語之故，且告之悔。　左傳隱公元年

大夫何罪？且吾不以一眚(shěng)掩大德。　左傳僖公三十三年

第四、在選擇複句中連接分句，表示選擇關係，可譯爲「還是」。例如：

張旄對曰：「韓且坐而胥亡乎？且割而從天下乎？」　戰國策魏策四

富貴者驕人乎？且貧賤者驕人乎？　史記魏世家

第五、在遞進複句中連接分句，表示讓步，以便作進一步的推論，可譯爲「尚且」。例如：

涓人對曰：「死馬且買之五百金，况生馬乎？」　戰國策燕策一

人情莫不愛其身，身且不愛，安能愛君？　韓非子難一

以小謀大，群下離心。如玄齡等且不得申，况疏賤之臣哉？　新唐書權萬紀傳

雖

連接分句，表示讓步，具體用法有兩種。

第一、表示對既成事實退一步予以承認，可譯爲「雖然」。例如：

盾曰：「棄人用犬，雖猛何爲？」　左傳宣公二年

子謂公冶長：「可妻也，雖在縲絏之中，非其罪也！」以其子妻之。　論語公冶長

雖與之俱學，弗若之矣。　孟子告子上

諺曰：「桃李不言，下自成蹊。」此言雖小，可以諭大也。　史記李將軍列傳

第二、表示對假設的事實退一步姑且承認，可譯爲「即使」。例如：

雖有周親，不如仁人。　尚書周書泰誓中

由今之道，無變今之俗，雖與之天下，不能一朝居也。　孟子告子下

僕雖怯懦欲苟活，亦頗識去就之分矣。　司馬遷報任安書

然　有代詞、連詞、副詞等幾種詞性。作爲連詞主要是在轉折複句中連接分句，表示轉折，可譯爲「可是、但是」。例如：

吾不能早用子，今急而求子，是寡人之過也；然鄭亡，子亦有不利焉。　左傳僖公三十年

周勃重厚少文，然安劉氏者必勃也。　史記高祖本紀

荆軻雖遊於酒人乎，然其爲人沈深好書。　史記刺客列傳

抑　有動詞、副詞、連詞、語氣詞幾種詞性。作爲連詞「抑」的用法主要有兩種。

第一、在選擇複句中連接分句，表示選擇，可譯爲「還是」。例如：

子禽問於子貢曰：「夫子至於是邦也，必聞其政。求之與？抑與之與？」　論語學而

敢問天道乎？抑人故也？　國語周語下

不知天棄魯乎？抑魯君有罪於鬼神也？史記魯周公世家

第二、在轉折複句中連接分句，表示輕微的轉折，可譯爲「不過」。例如：

子皙信美矣，抑子南夫也。左傳昭公元年

子曰：「若聖與仁，則吾豈敢，抑爲之不厭，誨人不倦，則可謂云爾已矣。」論語述而

景遭七國之難，抑損諸侯，減黜其官。漢書諸侯王表

即 有動詞、副詞、介詞、連詞幾種詞性。作爲連詞主要是在假設複句中連接分句，表示假設，可譯爲「假如」。例如：

所貴於天下之士者，爲人排患、釋難、解紛亂而無所取也。即有所取者，是商賈之人也。戰國策趙策三

王即不聽用鞅，必殺之，無令出境。史記商君列傳

第六節　語氣詞、歎詞、助詞

一　語氣詞

表示句子各種語氣的詞叫語氣詞，馬氏文通稱作「助字」。文通將語氣詞分爲「傳信」、「傳疑」兩類。所謂「傳信」，是指表示陳述語氣的詞，如「也、矣、耳、已」等；所謂「傳疑」，是指表示疑問語氣的詞，

如「乎、哉、耶、歟」等。語氣詞不能獨立充當句子成分，但可以幫助句子表達各種語氣和感情色彩。馬氏文通指出：「助字者，華文所獨，所以濟夫動字不變之窮。」語氣詞按照其位置可以分爲句末語氣詞、句首語氣詞和句中語氣詞三類。

（一）句末語氣詞

句末語氣詞分爲陳述、疑問、祈使、感歎四類。

甲．陳述語氣詞　陳述語氣詞表示肯定、直陳、限止等語氣，古漢語中常見的陳述語氣詞有「也、耳、矣、焉」等。

也　基本作用是表示肯定、確認的語氣，故多用在判斷句句末，肯定謂語和主語之間的關係，現代漢語中没有相應的詞對譯。參見判斷句一節。例如：

①趙宣子，古之良大夫也。（左傳宣公二年）

②子曰：「鄉愿，德之賊也。」（論語陽貨）

③帝嚳高辛者，黄帝之曾孫也。（史記五帝本紀）

④違强陵弱，非勇也；乘人之約，非仁也；滅宗廢祀，非孝也；動無令名，非知也。（左傳定公四年）

例④屬於否定判斷句，「也」的作用在於加强其否定關係。

「也」還常常用在假設複句或因果複句的後一分句之末，表示對推論或原因的肯定。例如：

鄭人使我掌其北門之管，若潛師以來，國可得也。（左傳僖公三十二年）

不違農時，穀不可勝食也；數罟不入洿池，魚鼈不可勝食也；斧斤以時入山林，材木不可勝用也。孟子梁惠王上

夏，恒星不見，夜明也。左傳莊公七年

耳 表示肯定語氣，現代漢語中没有相應的詞對譯，有時候可以譯爲「是……的」。例如：

且壯士不死即已，死即舉大名耳。史記陳涉世家

諸將易得耳，至如信者，國士無雙。史記淮陰侯列傳

淮陰屠中少年有侮信者，曰：「若雖長大，好帶刀劍，中情怯耳。」史記淮陰侯列傳

「耳」的另一種用法是表示限止語氣，可譯爲「罷了、而已」。例如：

口耳之間，則四寸耳。荀子勸學

直不百步耳，是亦走也。孟子梁惠王上

此在兵法，顧諸君不察耳。史記淮陰侯列傳

矣 常用在陳述句末，表示事情已經發生或將要發生，即所謂已然或將然，體現的是動態，可用「了」對譯。例如：

①子有四方之志，其聞之者，吾殺之矣。左傳僖公二十三年

②孔子對曰：「有顔回者好學，不遷怒，不貳過。不幸短命死矣。」論語雍也

③君能補過，衮不廢矣。左傳宣公二年

④奪項王天下者，必沛公也，吾屬今爲之虜矣。史記項羽本紀

例①、②中的「矣」表已然，③、④中的「矣」表將然。

「矣」所表示的「已然」有時候是指條件、時機已經成熟或推測的某種結果已經出現。例如：

① 公聞其期，曰：「可矣！」　左傳隱公元年

② 子曰：「温故而知新，可以爲師矣。」　論語爲政

③ 微管仲，吾其被髮左衽矣。　論語憲問

④ 嚮吾不爲斯役，則久已病矣。　柳宗元捕蛇者説

例①、②中的「矣」表示時機、條件已經成熟，③、④中的「矣」表示推測的結果已經出現。

焉　是一個具有提示、强調或感歎意味的語氣詞，常用於陳述句，可譯爲「了、啊」。例如：

對曰：「我二十五年矣，又如是而嫁，則就木焉。請待子。」　左傳僖公二十三年

子曰：「君子病無能焉，不病人之不己知也。」　論語衛靈公

寒暑易節，始一反焉。　列子湯問

昔者夏桀、殷紂不任其過，其亡也忽焉；成湯、文、武知任其過，其興也勃焉。　説苑君道

「焉」同時又可用於疑問句，增强提示意味，并使語氣變得比較緩和，可譯爲「呢」。例如：

肉食者謀之，又何間焉？　左傳莊公十年

王若隱其無罪而就死地，則牛羊何擇焉？　孟子梁惠王上

「焉」在更多的情況下是做兼詞使用，詳見兼詞一節。

乙. 疑問語氣詞　疑問語氣詞表示有疑而問、反問和測度問等語氣，主要有「乎、與（歟）、邪

(耶)、哉、也、矣」等。

乎、與(歟)、邪(耶) 這三個詞均可表示有疑而問、反問和測度問語氣。

第一、有疑而問 一般包括是非問、特指問和選擇問。「乎、與(歟)、邪(耶)」在是非問句中可譯爲「嗎」，在特指問和選擇問句中可譯爲「呢」。其中「乎」表示的疑問語氣强，且使用頻率高；「與(歟)、邪」表示的疑問語氣均相對較弱，使用頻率也較低。例如：

①廄焚，子退朝，曰：「傷人乎？」不問馬。 論語鄉黨

②子路曰：「爲孔丘。」曰：「是魯孔丘與？」曰：「是也。」 論語微子

③治亂，天邪？ 荀子天論

④將軍自爲計則可矣，而亦何以報先王之所以遇將軍之意乎？ 史記樂毅列傳

⑤虎兕出於柙，龜玉毀於櫝中，是誰之過與？ 論語季氏

⑥封人曰：「壽、富、多男子，人之所欲也。女獨不欲，何邪？」 莊子天地

⑦滕，小國也，間於齊楚，事齊乎？事楚乎？ 孟子梁惠王下

⑧無懷氏之民歟？葛天氏之民歟？ 陶淵明五柳先生傳

⑨天之蒼蒼，其正色邪？其遠而無所至極邪？ 莊子逍遥遊

①—③爲是非問，④—⑥爲特指問，⑦—⑨爲選擇問。

第二、反問 無疑而問的一種。「乎、與(歟)、邪(耶)」表反問時常與語氣副詞「獨、寧、豈」或疑問代詞「焉」配合使用。一般譯爲「嗎」，與「焉」配合時譯爲「呢」。例如：

三過其門而不入，雖欲耕，得乎？　孟子滕文公上

今言王若易然，則文王不足法與？　孟子公孫丑上

祁大夫外舉不棄讎，内舉不失親。其獨遺我乎？　左傳襄公二十一年

高（貫高）曰：「人情寧不各愛其父母妻子乎？」　史記張耳陳餘列傳

日夜望將軍至，豈敢反乎？　史記項羽本紀

然則治天下獨可耕且爲歟？　孟子滕文公上

孟子曰：「是焉得爲大丈夫乎？」　孟子滕文公下

第三、測度問　在測度問句中，「乎、與（歟）、邪（耶）」常與測度語氣副詞「無乃、得無、殆、其」等配合使用，表示的語氣比較委婉，可譯爲「吧」。例如：

師勞力竭，遠主備之，無乃不可乎？　左傳僖公三十二年

（觸龍）曰：「日食飲得無衰乎？」　戰國策趙策四

唐舉孰視而笑曰：「……吾聞聖人不相，殆先生乎？」　史記范雎蔡澤列傳

孝弟也者，其爲仁之本與？　論語學而

今民生長於齊不盜，入楚則盜，得無楚之水土使民善盜耶？　晏子春秋内篇雜下

哉　作爲疑問語氣詞，只表反問，常與副詞「豈、獨」或代詞「焉」配合，可譯爲「呢、嗎」。例如：

其身死，舌焉得生哉？　管子戒

適足以爲害耳，豈得利哉？　韓非子忠孝

相如雖駑，獨畏廉將軍哉？　史記廉頗藺相如列傳

也　基本功能是表示肯定語氣。作爲疑問語氣詞，除了表示疑問語氣外，還起着强調疑問内容的作用，可譯爲「呢」。例如：

（孟嘗君）曰：「責畢收乎？來何疾也？」　戰國策齊策四

王曰：「縛者曷爲者也？」　晏子春秋内篇雜下

星隊木鳴，國人皆恐。曰：是何也？曰：無何也。　荀子天論

矣　基本功能是表示動態。作爲疑問語氣詞，除了表示疑問語氣外，同時還體現着所問事物的時態，可譯爲「了」或「呢」。例如：

①（急子）曰：「棄父之命，惡用子矣？有無父之國則可也。」　左傳桓公十六年

②危而不持，顛而不扶，則將焉用彼相矣？　論語季氏

③太后曰：「敬諾。年幾何矣？」　戰國策趙策四

在例①、②中均表示將然，在③中表示已然。

丙．祈使語氣詞　表示命令、希望、請求、勸告等語氣，主要有「也、矣、乎」等。

也　作爲祈使語氣詞，除表祈使語氣外，同時還起着加强語氣的作用，可譯爲「吧」。例如：

孟明曰：「鄭有備矣，不可冀也。攻之不克，圍之不繼，吾其還也！」　左傳僖公三十三年

子犯曰：「戰也！戰而捷，必得諸侯。」　左傳僖公二十八年

寡人非此二姬，食不甘味，願勿斬也！　史記孫子吴起列傳

矣 作爲祈使語氣詞，除表祈使語氣外，同時表示動作的時態，可譯爲「吧」或「了」。例如：

孟嘗君不説，曰：「諾！先生休矣！」（戰國策齊策四）

禹拜稽首，讓於契、后稷、皋陶。舜曰：「女其往視爾事矣！」（史記夏本紀）

在此兩例中「矣」均表示將然。

乎 作爲祈使語氣詞，「乎」一般表示的是帶有商量口氣的祈使語氣，可譯爲「吧」。例如：

吾請達王甬、句東，吾與君爲二君乎？（國語越語上）

子曰：「由，誨女知之乎？」（論語爲政）

願君顧先王之宗廟，姑反國統萬人乎！（戰國策齊策四）

故言有召禍也，行有招辱也，君子慎其所立乎！（荀子勸學）

丁. 感歎語氣詞　感歎語氣詞表示興奮、悲傷、感慨等語氣，主要有「哉、夫、乎、也、矣」等，多數可譯爲「啊、呀」，少數可譯爲「啦」或「了」。

哉 作爲感歎語氣詞所表示的語氣比較强烈，且比較複雜。例如：

① 賢哉！回也。（論語雍也）

② 大哉！堯之爲君！（孟子滕文公上）

③ 快哉！此風！（宋玉風賦）

④ 周公曰：「嗚呼！休兹知恤，鮮哉！」（尚書周書立政）

⑤ 桓公聞之，撫其僕之手曰：「異哉！歌者非常人也。」（淮南子道應訓）

⑥ 文王帥殷之叛國以事紂，唯知時也。今我易之，難哉！　左傳襄公四年

⑦ 孔子曰：「楚昭王知大道矣！其不失國也，宜哉！」　左傳哀公六年

⑧ 子曰：「野哉，由也！君子於其所不知，蓋闕如也。」　論語子路

⑨ 憂以忘其身，内以忘其親，上以忘其君，豈不過甚矣哉！　荀子榮辱

⑩ 嗚呼哀哉！尼父。無自律。　左傳哀公十六年

⑪ 子謂余身死而名滅，僕亦笑子生死而無聞焉，悲哉！　三國志魏書臧洪傳

在例①、②中表示贊歎語氣，在③中表示興奮的語氣，在④、⑤中表示奇怪的語氣，在⑥、⑦中表示深有感觸的語氣，在⑧、⑨中表示反感或譴責的語氣，在⑩、⑪中表示哀傷的語氣。

夫　表示的感歎語氣不及「哉」强烈，含有經過思考然後作出判斷的意味在其中。例如：

子在川上曰：「逝者如斯夫！不舍晝夜。」　論語子罕

穆公曰：「仁夫，公子重耳！」　禮記檀弓下

悲夫！世之人以爲養形足以存生。　莊子達生

乎　表示的感歎語氣也比較强烈，但不及「哉」。例如：

文惠君曰：「譆，善哉！技蓋至此乎！」　莊子養生主

麗姬下堂而啼呼，曰：「天乎！天乎！國，子之國也，子何遲於爲君？」　穀梁傳僖公十年

神乎！神乎！至於無聲，故能爲敵之司命。　孫子虚實篇

也　作爲感歎語氣詞，除了表示感歎語氣外，同時對感歎内容具有肯定的作用。例如：

勇士曰：「嘻！子誠仁人也！」（公羊傳宣公六年）

夫子曰：「小子識之，苛政猛於虎也！」（禮記檀弓下）

漢皆已得楚乎？是何楚人之多也！（史記項羽本紀）

矣　作爲感歎語氣詞，除表示感歎語氣外，還體現出了感歎内容的時態。例如：

①甚矣！汝之不惠。（列子湯問）

②子曰：「中庸其至矣乎！民鮮能久矣！」（禮記中庸）

③盆成括仕於齊，孟子曰：「死矣！盆成括。」（孟子盡心下）

（二）句首語氣詞

句首語氣詞處在句首，用於提起話題、引發議論等，一般稱作發語詞，主要有「夫、惟（維、唯）」等。

夫　作用在於引發議論，難以對譯。例如：

夫一人奮死可以對十，十可以對百，百可以對千，千可以對萬，萬可以克天下矣。（韓非子初見秦）

功成而弗居。夫唯不居，是以不去。（老子二章）

夫寒之於衣，不待輕暖。飢之於食，不待甘旨。（鼂錯論貴粟疏）

由「夫」字構成的「且夫、今夫」等複音語氣詞作用與「夫」基本相同，表示引發議論。例如：

且夫水之積也不厚，則其負大舟也無力。（莊子逍遥遊）

且夫世之愚學，皆不知治亂之情。（韓非子姦劫弒臣）

今夫顓臾，固而近於費，今不取，後世必爲子孫憂。論語季氏

「且夫」同時又是連詞，表示遞進關係。例如：

憾而能眕者鮮矣。且夫賤妨貴，少陵長，遠間親，新間舊，小加大，淫破義。左傳隱公三年

君亟定變法之慮，殆無顧天下之議之也。且夫有高人之行者，固見負於世。商君書更法

惟（維、唯）　作用主要有三：

第一、用在表時間的句子前，表示重大或莊重，不必譯。例如：

惟十有三年春，大會于孟津。尚書周書泰誓上

惟太甲元年十有二月乙丑朔，伊尹祀于先王。漢書律曆志下

惟始元六年，有詔書使丞相、御史與所舉賢良、文學語。鹽鐵論本議

第二、引出話題，不必譯。例如：

惟彼陶唐，有此冀方。尚書夏書五子之歌

惟君登位，於今十年，災害并臻，民被飢餓。漢書翟方進傳

維天生人，立君以理，維君受命，奉天爲子。舊唐書志儀禮三

第三、表期望語氣，可譯爲「希望」，有些語法書上以爲這種用法屬於副詞。例如：

寡君將帥諸侯以見于城下，唯君圖之！左傳襄公八年

故敢略陳其愚，惟君子察焉。楊惲報孫會宗書

如無他讃，得全命賜骸骨歸家，避賢者路，是臣之私願也。惟陛下哀憐財幸！漢書王莽傳

（三）句中語氣詞

或稱提頓語氣詞，表示提頓或停頓語氣，主要有「者、也、與」等。

者　表示提頓語氣，常用在判斷句的主語之後或因果複句、假設複句的前一分句之後，舒緩語氣，提示下文，不便翻譯（有些語法書上認爲是代詞）。例如：

①法者，天下之儀也。管子禁藏

②蟹六跪而二螯，非虵蟺之穴無可寄託者，用心躁也。荀子勸學

③入則無法家拂士，出則無敵國外患者，國恒亡。孟子告子下

例①中，「者」用於主語之後，提示聽者注意謂語的內容。例②中，「者」用於因果複句的結果分句之後，提示聽者注意原因分句指出的原因。在③中，「者」用於假設複句的假設分句之後，提示聽者注意後一分句的推論。參見判斷句一節。

也　表示停頓語氣，用在主語、狀語或複句的前一分句之後，延緩語氣，引起下文。例如：

①大隧之中，其樂也融融！左傳隱公元年

②子謂子貢曰：「女與回也孰愈？」對曰：「賜也何敢望回？回也，聞一以知十；賜也，聞一以知二。」論語公冶長

③禹之王天下也，身執耒臿以爲民先。韓非子五蠹

④操蛇之神聞之，懼其不已也，告之於帝。列子湯問

⑤竊自恕，而恐太后玉體之有所郄也，故願望見太后。戰國策趙策四

以上句子中的「也」都不能换成「者」。例①、②中「也」用在主語之後，不必譯。③中「也」用在狀語之後，可譯爲「……的時候」。④、⑤中「也」用在因果複句的原因分句之後，不必譯。

與 表示停頓語氣，作用與「也」相近，只是使用不够廣泛。例如：

子曰：「始吾於人也，聽其言而信其行；今吾於人也，聽其言而觀其行。於予與改是。」論語公冶長

精氣之集也，必有入也。集於羽鳥與，爲飛揚；集於走獸與，爲流行；集於珠玉與，爲精朗；集於樹木與，爲茂長；集於聖人與，爲夐明。呂氏春秋盡數

下面談談關於語氣詞連用的問題。語氣詞連用時表達的情感比較複雜，各自表示各自的語氣，重點落在最後一個詞上。在現代漢語中，也常有語氣詞連用的情況，例如「這事還是算了吧」，其中「了吧」即屬語氣詞的連用。在古代漢語中，語氣詞連用的情況很普遍，類型也比較複雜，除了兩個詞連用外，還有三個詞連用的情況。連用的詞可以處在句尾，也可以處在句中。例如：

① 禮也者，小事大，大字小之謂。左傳昭公三十年

② 友也者，友其德也。孟子萬章下

③ 文子曰：「無禮必食言，吾死無日矣夫！」左傳成公十二年

④ 季康子問：「仲由可使從政也與？」論語雍也

⑤ 其人曰：「死乎？」（晏子）曰：「獨吾君也乎哉？吾死也。」左傳襄公二十五年

⑥ 寡人之於國也，盡心焉耳矣。孟子梁惠王上

例①、②中「也、者」處在主語之後，「也」表停頓，「者」表提示。③中「矣」表將然，「夫」表感歎。④中「也」强調所詢問的内容，「與」表詢問。⑤、⑥都是三個語氣詞的連用。⑤中「也」强調「國君不是我一個人的國君」這一意思，「乎、哉」表反問，「哉」同時有感歎意味，整個語氣比較强烈。⑥中「焉」表對盡心治國一事的强調，「耳」表對「盡心」的肯定，「矣」表已然，即過去一直是這樣做的。

二　歎詞

表示感歎或呼喊應答的詞叫歎詞，馬氏文通稱作「歎字」。馬氏給歎詞的定義是：「凡虚字以鳴心中不平者曰歎字。」歎詞與感歎語氣詞的區别是，歎詞的獨立性很强，一般獨立成句，感歎語氣詞則必須附在句子的末尾。歎詞主要有「嗟、唯、諾、惡、噫、嘻、都、於、嗟乎、于嗟、烏呼」等。

嗟、唯、諾　表示呼喊或應答的聲音，可譯爲「喂」或「嗯、是的、好吧」等。例如：

公曰：「嗟！我士，聽無譁！」（尚書周書秦誓）

黔敖左奉食，右執飲，曰：「嗟！來食。」（禮記檀弓下）

「夫差！而忘越王之殺而父乎？」則對曰：「唯，不敢忘！」（左傳定公十四年）

諸大夫朝，徒聞唯唯，不聞周舍之鄂鄂，是以憂也。（史記趙世家）

公曰：「諾。」生穆公，名之曰蘭。（左傳宣公三年）

惡（wū）　表示驚訝的語氣，可譯爲「啊」。例如：

「然則夫子既聖矣乎！」曰：「惡！　是何言也？」　孟子公孫丑上

仲尼曰：「惡！　可不察與？」　莊子田子方

噫　表示悲哀、惋惜或慨歎的情感，可譯爲「唉」。例如：

顔淵死。子曰：「噫！　天喪予！　天喪予！」　論語先進

文公曰：「噫！　我豈忘是子哉？」　韓詩外傳卷三

許由曰：「噫！　未可知也。我爲汝言其大略。」　莊子大宗師

嘻（譆）　表示驚異、贊歎、惱怒或悲哀的情感，可譯爲「咦、嘿、哼、唉」等。例如：

文惠君曰：「譆！　善哉！　技蓋至此乎？」　莊子養生主

莊王方削袂，聞之曰：「嘻！」投袂而起。　吕氏春秋行論

慶父聞之，曰：「嘻！　此奚斯之聲也！」　公羊傳隱公元年

都、於（wū）　表示肯定或稱頌的聲音，可譯爲「啊、對啊」等，「都」主要見於尚書。例如：

皋陶曰：「都！　慎厥身，修思永。」　尚書虞書皋陶謨

益曰：「都！　帝德廣運，乃聖乃神，乃武乃文。」　尚書虞書大禹謨

於！　皇武王！　無競維烈。　詩經周頌武

皋陶曰：「於！　慎其身脩，思長，敦序九族。」　史記夏本紀

嗟乎　表示驚異、感慨、悲憤或贊歎的情感，可譯爲「呀、哎呀」等。例如：

炮人呼天曰：「嗟乎！　臣有三罪，死而不自知乎！」　韓非子内儲説下六微

嗟乎！燕雀安知鴻鵠之志哉！（史記陳涉世家）

秦王見孤憤、五蠹之書曰：「嗟乎！寡人得見此人與之遊，死不恨矣！」（史記韓非列傳）

于（xū）嗟　表示贊歎、怨恨或哀歎的情感，可譯爲「唉、哎呀」。例如：

于嗟鳩兮，無食桑葚！于嗟女兮，無與士耽！（詩經衛風氓）

于嗟不可悔兮，寧早自賊！爲王餓死兮，誰者憐之？（漢書高五王傳）

嗚呼（烏呼、烏乎）　表示感慨、哀傷或驚訝等情感，可譯爲「唉、哎呀」。例如：

（夫人姜氏）歎曰：「……烏呼！天禍衛國也夫？」（左傳成公十四年）

嗚呼！曷歸？予懷之悲。（尚書夏書五子之歌）

嗚呼！君王其忘之乎？昔虞夏之盛，遠方皆至，貢金九牧，鑄鼎象物。（史記楚世家）

三　助詞

本身没有獨立性、只是在語法單位中起組合作用的詞叫助詞，主要有「之、者、所」等。這裏所説的助詞，馬氏文通分别歸在「介字、代字」之中。

之　作爲助詞，用法主要有以下三種情況：

第一、用在定語和中心語之間，表示修飾或領屬的關係。有的語法書稱這種用法以及下面兩種用法的「之」爲介詞或連詞。例如：

於是始作八卦，以通神明之德，以類萬物之情。 周易繫辭下

蔓草猶不可除，況君之寵弟乎？ 左傳隱公元年

毛先生以三寸之舌，彊於百萬之師。 史記平原君虞卿列傳

第二、用在主謂詞組之間，取消其獨立性，使之變爲名詞性的偏正詞組，充當句子的主語、賓語、狀語或定語。例如：

貢之不入，寡君之罪也。 左傳僖公四年

大道之行也，天下爲公。 禮記禮運

始臣之解牛之時，所見無非牛者。 莊子養生主

孤之有孔明，猶魚之有水也。 三國志蜀書諸葛亮傳

第三、用在分句的主語和謂語之間，取消了分句的獨立性，即使分句不能獨立表達完整的意思。有時候且增强了分句假設的意味。例如：

皮之不存，毛將安傅？ 左傳僖公十四年

雖我之死，有子存焉。 列子湯問

父母之愛子，則爲之計深遠。 戰國策趙策四

天之亡我，我何渡爲？ 史記項羽本紀

者 作爲助詞(有些語法書或教材認爲是輔助性代詞)，用法主要有以下三種情況：

第一、附在動詞、形容詞、數詞或詞組之後，共同構成名詞性的結構，即「者」字結構，在句中作主

語、賓語、定語等，表示「……的人或物」。例如：

不有居者，誰守社稷？不有行者，誰扞牧圉？　左傳僖公二十八年

飢者易爲食，渴者易爲飲。　孟子公孫丑上

愚者笑之，智者哀焉。　商君書更法

五畝之宅，樹之以桑，五十者可以衣帛矣。　孟子梁惠王上

懷王與諸將約曰：「先破秦入咸陽者王之。」　史記項羽本紀

且臣聞勇略震主者身危，而功蓋天下者不賞。　史記淮陰侯列傳

第二，附在詞組之後，共同構成比況結構，常與「若、似」等詞配合，可譯爲「像……的樣子」「像……似的」。例如：

陽虎僞不見冉猛者。　左傳定公八年

子之哭也，壹似重有憂者。　禮記檀弓下

吾視郭解，狀貌不及中人，言語不足采者。　史記遊俠列傳

第三，用在時間詞、數詞之後，表示時間或範圍。

昔者，吾舅死於虎，吾夫又死焉，今吾子又死焉。　禮記檀弓下

（觸龍）曰：「老臣今者殊不欲食，乃自强步，日三四里。」　戰國策趙策四

此五者，邦之蠹也。　韓非子五蠹

凡此數者，必有一是。　漢書溝洫志

所 作爲助詞，用法主要有以下兩種情况：

第一、用在被動句中的行爲主動者和謂語之間，强調施事者和行爲動作之間的領屬關係。例如：

掘蠱太子宫，爲太子所殺。 漢書韓王信傳

這種用法參見被動句一節。

第二、用在動詞或動賓詞組之前，共同構成名詞性結構，即「所」字結構，表示「……的人或物」，在句中作主語、賓語和定語等（有些語法書或教材認爲這種用法的「所」是輔助性代詞）。例如：

夙興夜寐，毋忝爾所生。 詩經小雅小宛

其北陵，文王之所辟風雨也。 左傳僖公三十二年

君子於其所不知，蓋闕如也。 論語子路

奪其所憎而與其所愛。 戰國策趙策三

魚，我所欲也；熊掌，亦我所欲也。 孟子告子上

始臣之解牛之時，所見無非全牛者。 莊子養生主

所畏之求得，所愛之言聽，此亂臣之所因也。 韓非子八經

和氏璧，天下所共傳寶也。 史記廉頗藺相如列傳

「所」字結構和「者」字結構的意思是不同的。例如：

所見無非牛者。 莊子養生主

見者驚猶鬼神。 莊子達生

「所見」指「見」的對象，「見者」指「見」的施事者。「所」字結構之後有時帶上一個「者」，構成「所……者」的格式。這種結構的意思和不帶「者」的「所」字結構相同，故仍叫「所」字結構。例如：

其所善者，吾則行之；其所惡者，吾則改之。（左傳襄公三十一年）

孟嘗君曰：「視吾家所寡有者。」（戰國策齊策四）

風至苕折，卵破子死。巢非不完也，所繫者然也。（荀子勸學）

所愛者，撓法活之；所憎者，曲法誅滅之。（史記酷吏列傳）

所憎者，有功必賞；所愛者，有罪必罰。（六韜盈虛）

「所」字也常和介詞及動詞、動賓詞組一起構成「所」字結構，表示事物的來源和行爲發生的處所、來源、原因或憑藉的手段等。例如：

言行，君子之所以動天地也，可不慎乎！（周易繫辭上）

遽契其舟，曰：「是吾劍之所從墜。」（吕氏春秋察今）

參疑之勢，亂之所由生也，故明主慎之。（韓非子内儲説下六微）

公曰：「吾聞：上君所與居，皆其所畏也；中君之所與居，皆其所愛也；下君之所與居，皆其所侮也。」（韓非子外儲説左下）

特以爲智窮罪極，不能自免，卒就死耳。何也？素所自樹立使然也。（司馬遷報任安書）

第七節　兼詞、固定結構與固定格式

「兼詞」是指同時兼有兩個詞的用法和意義的詞，多屬合音詞。「固定結構」是指由不同的詞經常連用所形成的凝固性詞組。「固定格式」是指一些詞語經常配合使用的習慣形式。

一　兼詞

兼詞是由兩個性質不同的詞經常連用快讀所造成的，主要有「諸、曷、盍、叵、焉、旃、耳」等。

諸　「諸」的用法和意義有二：

第一、用在句中，是「之於」的合音詞，兼有代詞「之」和介詞「於」的作用。例如：

近取諸身，遠取諸物。　周易繫辭下

昭王之不復，君其問諸水濱！　左傳僖公四年

第二、用在句尾，是「之乎」的合音詞，兼有代詞「之」和語氣詞「乎」的作用。例如：

子路問：「聞斯行諸？」子曰：「有父兄在，如之何其聞斯行之？」　論語先進

子貢曰：「有美玉於斯，韞櫝而藏諸？求善賈而沽諸？」　論語子罕

齊宣王問曰：「文王之囿，方七十里，有諸？」　孟子梁惠王下

盍　「何不」的合音詞，兼有疑問代詞「何」與否定副詞「不」的作用。例如：

臨禍忘憂，憂必及之。盍納王乎？　左傳莊公二十八年

顏淵、季路侍，子曰：「盍各言爾志？」　論語公冶長

民未知信，盍伐原以示之信？　國語晉語四

叵　「不可」的合音詞，兼有副詞「不」和助動詞「可」的作用。這個詞出現的時代較晚。例如：

雖叵復見遠流，其詳可得略説也。　許慎説文解字敘

布目備曰：「大耳兒最叵信。」　後漢書呂布傳

懷故叵新歡，含悲忘春暖。　謝靈運道路憶山中

焉　兼有介詞「於」和代詞「是」(此、之)的作用，相當於「於是」(於此、於之)，作補語。例如：

制，巖邑也，虢叔死焉，佗邑唯命。　左傳隱公元年

子曰：「見賢思齊焉，見不賢而内自省也。」　論語里仁

昔者，吾舅死於虎，吾夫又死焉，今吾子又死焉。　禮記檀弓下

故知者作法，而愚者制焉；賢者更禮，而不肖者拘焉。　商君書更法

旃　「之焉」的合音詞，用於句尾，特點和意義有二：

第一、兼有代詞「之」和語氣詞「焉」的作用。例如：

舍旃！舍旃！苟亦無然。　詩經唐風采苓

天其殃之也，其將聚而殲旃。　左傳襄公二十八年

於今乃睹子之志矣！方當盛漢之隆，願勉旃，無多談。　楊惲報孫會宗書

第二、兼有代詞「之」和兼詞「焉」的作用。例如：

初，虞叔有玉，虞公求旃，弗獻。左傳桓公十年

季孫喜，使飲己酒，而以具往，盡舍旃。左傳襄公二十三年

有的語法書認爲上例中的「旃」義同代詞「之」。

耳　「而已」的合音詞，表示限止語氣。例如：

子曰：「二三子！偃之言是也。前言戲之耳。」論語陽貨

（梁惠王）曰：「寡人非能好先王之樂也，直好世俗之樂耳。」孟子梁惠王下

成王曰：「吾與之戲耳。」史佚曰：「天子無戲言。」史記晉世家

「耳」的用法參見語氣詞一節。

二　固定結構

固定結構的用法相當於一個詞，有些語法書稱作「熟語」「慣用詞組」。常見的固定結構有「如之何（若之何、奈之何）、如何（若何、奈何）、何如（何若、奚如、曷若）、孰與（孰若）、何有、何所、然則、然而、雖然、于（於）是」等。

如之何（若之何、奈之何）　由介詞「如」（有些語法著作稱作動詞）與代詞「之、何」組成，相當於一個疑問代詞，在句中作謂語或狀語。作謂語時詢問行爲動作的方式，可譯爲「怎麽辦」。例如：

公子吕曰：「國不堪貳，君將若之何？」左傳隱公元年

年饑，用不足，如之何？　論語顏淵

西門豹顧曰：「巫嫗、三老不來還，奈之何？」　史記滑稽列傳

作狀語時表示反問，可譯爲「怎麽能」。其中「奈之何」一般不作狀語。例如：

若之何其以病敗君之大事也？　左傳成公二年

我之不賢與，人將拒我，如之何其拒人也？　論語子張

如何（若何、奈何）　是「如之何」（若之何、奈之何）的緊縮形式（但意義上有一定差異）。由介詞「如」（有些語法著作稱作動詞）與代詞「何」組成，相當於一個疑問代詞，在句中作謂語或狀語。作謂語時詢問行爲動作的方式，可譯爲「怎麽樣」或「怎麽辦、怎麽做」。例如：

與不穀同好，如何？　左傳僖公四年

子路入，子曰：「由，知者若何？仁者若何？」　荀子子道

王曰：「取吾璧，不予我城，奈何？」　史記廉頗藺相如列傳

作狀語時表示反問或詢問方式，可譯爲「怎麽能、爲什麽」或「怎麽樣」。例如：

明恥教戰，求殺敵也。傷未及死，如何勿重？　左傳僖公二十二年

秦人欲戰，秦伯謂士會曰：「若何而戰？」　左傳文公二十年

宣帝作色曰：「漢家自有制度，本以霸王道雜之，奈何純任德教，用周政乎？」　漢書元帝紀

何如（何若、奚如、奚若、曷若）　由代詞「何」與動詞「如」組成（「何若、奚如、奚若」與「何如」屬

於同類，只是用的較少），其性質和用法主要有以下兩種情况：

第一、相當於一個代詞，在句中作謂語、賓語、定語或狀語，詢問情狀、性狀或方法，可譯爲「怎麽樣、怎樣的、怎樣」等。例如：

善之與惡，相去何若？　老子二十章

子夏問孔子曰：「顔回之爲人奚若？」　列子仲尼

景公問晏子曰：「君子常行曷若？」　晏子春秋内篇問上

齊王曰：「嘻，善，子來！秦使魏冉致帝，子以爲何如？」　史記田敬仲完世家

夫子以爲孟浪之言，而我以爲妙道之行也。吾子以爲奚若？　莊子齊物論

舍其粱肉，鄰有糟糠而欲竊之。此爲何若人也？　戰國策宋衛策

何若曜德王室，昭顯亡者，亡者有靈，實寵賴之。　風俗通義十反

於是信問廣武君曰：「僕欲北攻燕，東伐齊，何若而有功？」　史記淮陰侯列傳

第二、相當於一個動詞，在句中作謂語，可譯爲「比……怎麽樣」。例如：

陳子曰：「古之君子，何如則仕？」　孟子告子下

王以爲何如其父？父子異心，願王勿遣。　史記廉頗藺相如列傳

桓公問劉太常曰：「我何如謝太傅？」　世説新語品藻

孰與（孰若）　相當於一個動詞。由代詞「孰」和動詞「與」或「若」組成，用法及意義主要有以下兩種情况：

第一、用在選擇問句中，表示比較并已有選擇，可譯爲「哪裏比得上」。例如：

大天而思之，孰與物畜而制之？從天而頌之，孰與制天命而用之？　荀子天論

扁鵲之衆方，孰若巧醫之一伎？　論衡別通

（劉表）不能屈，乃就候之。謂曰：「夫保全一身，孰若保全天下乎？」　後漢書逸民列傳

第二、用在疑問句中作謂語，詢問對比較的看法，義爲「與……相比怎麽樣」。例如：

（鄒忌）謂其妻曰：「我孰與城北徐公美？」　戰國策齊策一

公之視廉將軍，孰與秦王？　史記廉頗藺相如列傳

參免冠謝曰：「陛下自察聖武孰與高皇帝？」上曰：「朕安敢望先帝？」　漢書曹參傳

「孰與城北徐公美」意爲「與城北徐公相比，誰美」或「與城北徐公之美相比怎麽樣」。「孰與秦王」意爲「與秦王相比誰强」，後一句意類此。

此外，「熟與」同時又是一個介詞結構，用在反問句中作狀語，義同「與誰」。例如：

莊王曰：「子去我而歸，吾孰與處於此？吾亦從子而歸爾。」　公羊傳宣公十五年

百姓足，君孰與不足？百姓不足，君孰與足？　論語顔淵

且夫暴國將孰與至哉？彼其與至者，必欺其民。　韓詩外傳卷三

何有　「何……之有」的緊縮形式。由疑問代詞「何」與動詞「有」組成，在句中作謂語，意思多爲「有什麽愛的」或「有什麽難的」等。例如：

雖及胡耇，獲則取之，何有於二毛？　左傳僖公二十二年

除君之惡，唯力是視。蒲人、狄人，余何有焉？左傳僖公二十四年

子曰：「默而識之，學而不厭，誨人不倦，何有於我哉？」論語述而

何所 偏正性結構，相當於一個疑問代詞。由疑問代詞「何」與名詞「所」組成，詢問處所，可譯爲「從哪裏、什麼地方、哪裏」等。例如：

子若弗圖，費人不忍其君，將不能畏子矣。子何所不逞欲？請送子。左傳昭公十四年

我之大賢與，於人何所不容？論語子張

然則 連詞性結構。由代詞「然」與連詞「則」組成，表示承接關係。「然」指代前提，「則」表示推論，可譯爲「既然如此，那麼」或「如此，那麼」。例如：

王曰：「然則德我乎？」左傳成公三年

湯、武之王也，不循古而興；殷、夏之滅也，不易禮而亡。然則反古者未必可非，循禮者未足多是也。商君書更法

狙公賦芧，曰：「朝三而暮四。」衆狙皆怒。曰：「然則朝四而暮三。」衆狙皆說。莊子齊物論

今取人則不然，不問可否，不論曲直，非秦者去，爲客者逐；然則是所重者在乎色樂珠玉，而所輕者在乎人民也。李斯諫逐客書

然而 連詞性結構。由指示代詞「然」和連詞「而」組成，「然」指代前提，「而」表示轉折的用法，可譯爲「這樣，而」或「這樣，却」。例如：

七十者衣帛食肉，黎民不飢不寒，然而不王者，未之有也。孟子梁惠王上

樂以天下，憂以天下，然而不王者，未之有也。　孟子梁惠王下

今專言道，則無不在焉，然而能得本知末者，其唯聖人也。　淮南子要略

「然而」在上古已有了連詞的用法，表示轉折，義同「但是」。例如：

夫市之無虎明矣，然而三人言而成虎。　戰國策魏策二

夫垂泣不欲刑者，仁也；然而不可不刑者，法也。　韓非子五蠹

此三臣者，豈不忠哉？然而不免於死。　史記李斯列傳

雖然　連詞性結構。由連詞「雖」和代詞「然」組成，義爲「雖然如此」或「即使如此」。例如：

王曰：「善哉！雖然，公輸盤爲我爲雲梯，必取宋。」　墨子公輸

爲人臣不忠當死，言不審亦當死。雖然，臣願悉言所聞，大王裁其罪。　戰國策秦策一

彼其於世未數數然也。雖然，猶有未樹也。　莊子逍遥遊

獻公説曰：「璧則猶是也。雖然，馬齒亦益長矣。」　韓非子十過

于（於）是　由介詞「于」（於）與代詞「是」組成的介詞結構，在句中作狀語或補語，義爲「從此、對此、當時」等。例如：

遂以墨葬文公。晉於是始墨。　左傳僖公三十三年

有吴則無越，有越則無吴，將不可改於是矣。　國語越語上

於是羊舌職死矣。晉侯曰：「孰可以代之？」對曰：「赤也可。」　左傳襄公三年

「于（於）是」在上古已有了連詞的用法，表承接關係，意義與今語相同。例如：

（靈公）怒，滋欲殺之甚，衆莫可使往者。於是伏甲於宫中，召趙盾而食之。公羊傳宣公六年

乃毁誼曰：「雒陽之人年少初學，專欲擅權，紛亂諸事。」於是天子後亦疏之，不用其議，以誼爲長沙王太傅。漢書賈誼傳

三 固定格式

固定格式與固定結構不同，固定格式中只有套語是固定的，具體内容則是不確定的。固定格式比較多，形成了古漢語的一個重要特點。常見的有以下幾種：

如（若、奈）……**何** 詢問方式的格式。由介詞「如」（有些語法著作認爲是動詞）與疑問代詞「何」組成，中間插入介詞的賓語，可譯爲「對……怎麽樣」、「把……怎麽辦」等。例如：

子兮子兮，如此良人何？詩經唐風綢繆

以君之力，曾不能損魁父之丘，如太行王屋何？列子湯問

雖不逝兮可奈何，虞兮虞兮奈若何！史記項羽本紀

所以…… 「所」字結構。由助詞「所」與介詞「以」及動詞或動詞性詞組共同組成。意義有二：第一、表示行爲的工具或手段，可譯爲「用來……的工具」或「用來……的方法」。例如：

夫金鼓旌旗者，所以一人之耳目也。孫子軍争

吾知所以距子矣，吾不言。墨子公輸

頌者，所以遊揚德業，褒贊成功。李善文選序

第二、表示行爲動作的原因，可譯爲「成爲……的原因」或「導致……的原因」。例如：

晉所以霸，師武臣力也。左傳宣公十二年

儒以文亂法，俠以武犯禁，而人主兼禮之，此所以亂也。韓非子五蠹

親賢臣，遠小人，此先漢所以興隆也。諸葛亮前出師表

關於「所」字結構參見助詞一節。

有(無)所……　動賓詞組。由動詞「有」或「無」與助詞「所」及動詞、動詞性詞組共同組成。「所」與其後的詞語組成「所」字結構，作「有、無」的賓語，可譯爲「有(没有)……的人(事、物)」。例如：

象曰「終日戒」，有所疑也。周易既濟

荆軻有所待，欲與俱。史記刺客列傳

(沛公)今入關，財物無所取，婦女無所幸，此其志不在小。史記項羽本紀

刑餘之人，無所比數，非一世也，所從來遠矣。司馬遷報任安書

有(無)以……　連謂式。由動詞「有」或「無」與連詞「以」及動詞、動詞性詞組共同組成，是「有(無)……以……」的緊縮形式，「有、無」後的賓語被省去。可譯爲「有(没有)……用來……」(有些語法著作認爲其中的「以」是介詞)。例如：

爾貢包茅不入，王祭不共，無以縮酒，寡人是徵。左傳僖公四年

群臣帥賦輿以爲魯、衛請，若苟有以藉口而復於寡君，君之惠也。左傳成公二年

尹文曰：「願聞大王之所謂士者。」齊王無以應。　公孫龍子迹府

信喜，謂漂母曰：「吾必有以重報母。」　史記淮陰侯列傳

不亦……乎　表示反問的格式。由副詞「不、亦」與語氣詞「乎」組成，其間插入詞或詞組，可譯爲「不是也……嗎」或「不是太……嗎」。例如：

學而時習之，不亦説乎？　論語學而

身不善而怨人，不亦反乎？　刑已至而呼天，不亦晚乎？　荀子法行

而彭祖乃今以久特聞，衆人匹之，不亦悲乎？　莊子逍遥遊

何……之有　表示反問的格式。由疑問代詞「何」與代詞「之」（有些語法著作認爲「之」是助詞）及動詞「有」組成，其間插入「有」的前置賓語，「之」的作用是複指前置賓語，可譯爲「有什麼……」。參見詞序一節。例如：

（祭仲）對曰：「姜氏何厭之有？」　左傳隱公三十年

君雖獨豐。其何福之有？　左傳桓公六年

惡人者，人必從而惡之；害人者，人必從而害之。此何難之有？　墨子兼愛中

何……爲　表示反問的格式。由疑問代詞「何」與動詞「爲」（有的語法著作認爲是語氣詞）組成，中間插入動詞的前置賓語，可譯爲「爲什麼要……呢」或「何必要……呢」。例如：

由之者治，不由者亂，何疑爲？　荀子成相

夕時，莊賈乃至。穰苴曰：「何後期爲？」　史記司馬穰苴列傳

如今人方爲刀俎，我爲魚肉，何辭爲？ 史記項羽本紀

（皇上）召問朔：「何恐朱儒爲？」 漢書東方朔傳

何以……爲 表示反問的固定格式。由介賓詞組「何以」與動詞「爲」（有的語法著作認爲是語氣詞）組成，中間插入動詞的前置賓語，可譯爲「爲什麽要……呢」或「何必要……呢」。例如：

重丘人閉門而詢之，曰：「親逐而君，爾父爲厲。是之不憂，而何以田爲？」 左傳襄公十七年

君子質而已矣，何以文爲？ 論語顔淵

夫顓臾，昔者先王以爲東蒙主，且在邦域之中矣，是社稷之臣也。何以伐爲？」 論語季氏

宣孟曰：「而名爲誰？」反走對曰：「何以名爲？臣骫桑下之餓人也。」還鬥而死。 呂氏春秋慎大覽報更

思考與練習

一　各舉五個古漢語名詞、動詞、形容詞的例子，并簡要説明其語法特點。

二　古漢語疊音詞有些屬於形容詞，有些則不是。試搜集古漢語疊音詞的材料并加以分類。

三　名詞、動詞、形容詞在上古是否有詞頭的問題語法界有不同看法，試談談自己的觀點。

四　解釋下列加點詞的詞性及語法作用：

①高后丕乃崇降罪疾，曰：「曷虐朕民？」　尚書商書盤庚中

②無念爾祖，聿修厥德。　詩經大雅文王

③季子曰：「夫何敢？　是將爲亂乎？　夫何敢？」　公羊傳莊公三十二年

④地震者何？　動地也。　公羊傳文公九年

⑤子曰：「以吾一日長乎爾，毋吾以也。」　論語先進

⑥吾之於人也，誰毁誰譽？　論語衛靈公

⑦羿淫遊以佚畋兮，又好射夫封狐；固亂流其鮮終兮，浞又貪夫厥家。　楚辭離騷

⑧巫馬子謂子墨子曰：「鬼神孰與聖人明智？」　墨子耕柱

⑨曷謂一？　曰：「執神而固。」　荀子儒效

⑩與其有譽於前，孰若無毁於其後？　韓愈送李願歸盤谷序

五　翻譯下列各句，并指出句中加點詞的語法作用。

①莫之爲而爲者，天也；莫之致而至者，命也。　孟子萬章上

②誠欲殺我，則胡不覆之，以絶陰陽之氣？　呂氏春秋仲冬紀至忠

③是吾劍之所從墜。　呂氏春秋察今

④燕雀安知鴻鵠之志哉？　史記陳涉世家

⑤公等碌碌，所謂因人成事者也。　史記平原君虞卿列傳

⑥高曰：「君侯自料能孰與蒙恬？功高孰與蒙恬？謀遠不失孰與蒙恬？無怨於天下孰與蒙恬？長子舊而信之孰與蒙恬？」　史記李斯列傳

⑦呂公曰：「臣少好相人，相人多矣，無如季相，願季自愛。」　史記高祖本紀

⑧至其時，西門豹往會之河上。　史記滑稽列傳

⑨大者爲師傅卿相，小者友教士大夫，或隱而不見。　史記儒林列傳

六　量詞與名詞有時候不容易區分，試搜集材料，通過分析比較談談自己對這個問題的看法。

七　談談「或」與「莫」這兩個無指代詞的語法特點。

八　舉例説明「不、弗、毋、勿」四個否定副詞在語法特點上的異同。

九　指出下列句中帶點的詞各屬哪類副詞并翻譯全句。

①蓋有之矣，我未之見也。　論語里仁

②陳涉少時，嘗與人傭耕。　史記陳涉世家

③ 陳勝王，凡六月。（同上）

④ 臣願頗采古禮，與秦儀雜就之。　史記劉敬叔孫通列傳

⑤ 朕在位僅將十載，實賴忠賢左右，克致小康。　舊唐書劉太真傳

⑥ 良殊大驚，隨目之。　史記留侯世家

⑦ （郅都）嘗從入上林，賈姬如厠，野彘卒入厠，上（漢景帝）目都，都不行。　史記酷吏列傳

⑧ 紂貴爲天子，死曾不若匹夫。　史記淮南衡山列傳

⑨ 憶昨元和初，忝備諫官位。　白居易傷唐衢二首

⑩ 且庸人尚羞之，况於將相乎？　史記廉頗藺相如列傳

⑪ 煢煢孑立，形影相弔。　李密陳情表

⑫ 獨坐幽篁裏，彈琴復長嘯。深林人不知，明月來相照。　王維輞川集竹裏館

十　指出下列帶點詞的詞性及作用：

① 弗慎厥德，雖悔可追？　尚書夏書五子之歌

② 自絶于天，結怨于民。　尚書周書泰誓下

③ 秦師輕而無禮。　左傳僖公三十三年

④ 太后盛氣而揖之。　戰國策趙策四

⑤ 王以天下爲尊秦乎？且尊齊乎？　戰國策齊策四

⑥ 臣請爲王言樂。　孟子梁惠王下

⑦水則載舟，水則覆舟。 荀子王制

⑧專諸與人鬥，甚不可當，其妻呼，還。 史記吳太伯世家

⑨感人心者，莫先乎情，莫始乎言，莫切乎聲，莫深乎義。 白居易與元稹書

⑩戊寅，以資政殿學士蔡卞知樞密院事。 宋史本紀徽宗

十一 指出下列句中帶點詞的詞性、作用并翻譯全句：

①小大之獄，雖不能察，必以情。 左傳莊公十年

②其子趨而往視之，苗則槁矣。 孟子公孫丑上

③不戰而屈人之兵，善之善者也。 孫子謀攻

④彼節者有間，而刀刃者無厚。 莊子養生主

⑤子即反國，何以報寡人？ 史記晉世家

⑥諸樊知季子札賢而不立太子，以次傳三弟，欲卒致國於季子札。 史記刺客列傳

⑦遂爲義帝發喪，臨三日。 史記高祖本紀

⑧窮急愁苦而不上救，則民不樂生；民不樂生，尚不避死，安能避罪？ 漢書董仲舒傳

⑨勿以惡小而爲之，勿以善小而不爲。 三國志蜀書先主傳裴注引諸葛亮集

⑩始知文章合爲時而著，歌詩合爲事而作。 白居易與元稹書

⑪故爲之說，以俟夫觀人風者得焉。 柳宗元捕蛇者說

⑫夫夷以近，則遊者衆；險以遠，則至者少。 王安石遊褒禪山記

十二　「以」和「與」既是介詞又是連詞，舉例説明二者作爲介詞和連詞的語法特點各有哪些方面？

十三　連詞「與」和「而」主要差别是什麽？舉例説明。

十四　指出下列句中的語氣詞，并説明其語法作用。

①漢之廣矣，不可泳思；江之永矣，不可方思。　詩經周南漢廣

②夫大國，難測也，懼有伏焉。　左傳莊公十年

③宣子曰：「烏呼，『我之懷矣，自詒伊戚』，其我之謂矣！」　左傳宣公二年

④德何如則可以王矣？　孟子梁惠王上

⑤且夫水之積也不厚，則其負大舟也無力。　莊子逍遥遊

⑥文惠君曰：「善哉！吾聞庖丁之言，得養生焉。」　莊子養生主

⑦狡兔有三窟，僅得免其死耳。　戰國策齊策四

⑧（齊景公）曰：「美哉！泱泱乎，堂堂乎！後世將孰有此？」　韓非子外儲説右上

⑨此天之亡我，非戰之罪也。　史記項羽本紀

⑩一人飛升，仙及鷄犬，信夫！　聊齋志異促織

十五　感歎語氣詞和歎詞的區别是什麽？試加説明。

十六　指出下列句中的「者」字結構和「所」字結構，并説明其意義及在句中的語法作用。

①衣食所安，弗敢專也。　左傳莊公十年

②冀之北土，馬之所生。　左傳昭公四年

③老者安之，朋友信之，少者懷之。　論語公冶長

④子貢曰：「必不得已而去，於斯三者何先？」　論語顔淵

⑤王之所大欲，可得聞與？　孟子梁惠王上

⑥乃臣所以爲君市義也。　戰國策齊策四

⑦彼竊鈎者誅，竊國者爲諸侯。　莊子胠篋

⑧羿者，天下之善射者也。　荀子儒效

⑨邪穢在身，怨之所構。　荀子勸學

⑩殺所不足而争所有餘，不可謂智。　墨子公輸

⑪參疑之勢，亂之所由生也，故明主慎之。　韓非子内儲説下六微

⑫秦王謂軻曰：「取舞陽所持地圖。」　史記刺客列傳

⑬刑餘之人，無所比數。　司馬遷報任安書

⑭其石之突怒偃蹇、負土而出、争爲奇狀者，殆不可數。　柳宗元鈷鉧潭西小丘記

⑮然往來視之，覺無異能者。　柳宗元黔之驢

十七　標點并翻譯以下古文：

（一）趙宣子言韓獻子於靈公以爲司馬河曲之役趙孟使人以其乘車干行獻子執而戮之衆咸曰韓厥必不没矣其主朝升之而暮戮其車其誰安之宣子召而禮之曰吾聞事君者比而不黨夫周以舉義比也舉以其私黨也夫軍事無犯犯而不隱義也吾言女於君懼女不能也舉而不能黨孰大焉事君而黨吾何以從政吾故以是觀女女勉之苟從是行也臨長晉國者非女其誰皆告諸大夫曰二三子可以賀

我矣吾舉厥也而中吾乃今知免於罪矣。 國語晉語五

（二）靡笄之役郤獻子見公曰子之力也夫對曰克也以君命命三軍之士三軍之士用命克也何力之有焉范文子見公曰子之力也夫對曰燮也受命於中軍以命上軍之士上軍之士用命燮也何力之有焉欒武子見公曰子之力也夫對曰書也受命於上軍以命下軍之士下軍之士用命書也何力之有焉。 國語晉語五

（三）齊欲伐魏魏使人謂淳于髡曰齊欲伐魏能解魏患唯先生也敝邑有寶璧二雙文馬二駟請致之先生淳于髡曰諾入説齊王曰楚齊之仇敵也魏齊之與國也夫伐與國使仇敵制其餘敝名醜而實危爲王弗取也齊王曰善乃不伐魏客謂齊王曰淳于髡言不伐魏者受魏之璧馬也王以謂淳于髡曰聞先生受魏之璧馬有諸曰有之然則先生之爲寡人計之何如淳于髡曰伐魏之事不（不：衍文）便魏雖刺髡於王何益若誠不便魏雖封髡於王何損且夫王無伐與國之誹魏無見亡之危百姓無被兵之患髡有璧馬之寶於王何傷乎 戰國策魏策三

參考文獻

劉 淇 助字辨略（章錫琛校注） 開明書店一九四七年

楊樹達 詞詮 中華書局一九六二年

吕叔湘 文言虚詞 上海教育出版社一九七九年

韓峥嶸　古漢語虚詞手册　吉林人民出版社一九八四年
楊樹達　高等國文法　商務印書館一九八四年
何樂士等　古代漢語虚詞通釋　北京出版社一九八五年
胡奇光　中國小學史　上海人民出版社一九八七年
何九盈　中國古代語言學史　廣東教育出版社一九九五年
李　林　古代漢語語法分析　中國社會科學出版社一九九六年
龔千炎　中國語法學史稿　語文出版社一九九七年
郭錫良等　古代漢語修訂本　商務印書館一九九九年
中國社會科學院語言研究所古漢語研究室　古代漢語虚詞詞典　商務印書館一九九九年
楊伯峻　何樂士等　古漢語語法及其發展(上、下)　語文出版社二〇〇一年
馬建忠　馬氏文通　商務印書館一九八三年新一版
孫良明　中國古代語法學探究　商務印書館二〇〇二年
張雙棣等　古代漢語知識教程　北京大學出版社二〇〇二年
王　力　漢語語法史　商務印書館二〇〇三年
李佐豐　古代漢語語法學　商務印書館二〇〇四年
白玉林　遲鐸主編　古漢語虚詞詞典　中華書局二〇〇四年

第六單元

文選

吾日三省吾身

論語

【論語簡介】論語是一部記録孔子及其弟子言行的著作，由孔子弟子及再傳弟子編纂而成，成書約在戰國初期。全書二十篇，内容十分廣泛，涉及到儒家的政治思想、倫理道德、教育觀念以及處世原則等方面，是研究我國古代思想史、文化史和教育史的重要資料。

據漢書藝文志載，論語在漢初即開始傳習。到了唐代，論語被列入經部。南宋時，朱熹把論語、孟子、禮記中的大學、中庸合爲一書并爲之作注，稱作四書章句集注，使論語的地位得到進一步的提高，成爲一般人通經致仕的入門書。

漢初論語有三種傳本，即魯論、齊論和古論。魯論爲魯人所傳，齊論爲齊人所傳，古論用古文字寫成，出自孔子舊宅壁中。魯論一直流傳到今天，齊論、古論已佚。現在所能見到的最早最完整的論語注本是三國魏何晏的論語集解，書中匯集了魏以前各家對論語的注釋。唐以後影響較大的論語注本有宋朱熹論語集注、邢昺論語注疏及清劉寶楠論語正義。今人楊伯峻的論語譯注通俗易懂，便於初學。

【題解】宋邢昺論語注疏："此章論曾子省身慎行之事。"本章選自論語學而，題目爲編者所加。以下各章題目亦均爲編者所加。

曾子曰①："吾日三省（xǐng）吾身，爲人謀而不忠乎？與朋友交而不信乎？傳（chuán）不習乎②？"

① 曾子：孔子弟子，名參（shēn），字子輿，比孔子小四十六歲。　② 傳：指老師傳授的學業。習：復習。

君子食無求飽　論語

【題解】邢昺論語注疏："此章述好學之事。"本章選自論語學而。

子曰①："君子食無求飽，居無求安，敏於事而慎於言，就有道而正焉②，可謂好學也已③。"

①子：論語中的「子」均指孔子。

②正焉：通過與君子對照以糾正自己的缺點。焉，兼詞，相當於「於之」，其中「之」指君子。

③也已：語氣詞連用。也，表肯定。已，義同「矣」。

吾十有五志于學　論語

【題解】邢昺論語注疏：「此章明夫子隱聖同凡，所以勸人也。」本章選自論語爲政。

子曰：「吾十有五而志于學，三十而立①，四十而不惑②，五十而知天命③，六十而耳順④，七十而從心所欲，不踰矩⑤。」

①立：指立身。或指學成禮。

②不惑：不被外物所迷惑。

③知天命：指對命運有了成熟的認識。天命，即命運。

④耳順：指聽得進不同意見，遇事能以平常心待之。

⑤矩：法規，制度。

富與貴　論語

【題解】邢昺論語注疏：「此章廣明仁行也。」本章選自論語里仁，注釋採用朱熹論語集注。

子曰：「富與貴，是人之所欲也；不以其道得之，不處也。貧與賤，是人之所惡也；不以其道得之，不去也。惡，去聲。○不以其道得之，謂不當得而得之。然於富貴則不處，於貧賤則不去，君子之審富貴而安貧賤也如此。君子去仁，惡乎成名？惡，平聲。○言君子所以爲君子，以其仁也。若貪富貴而厭貧賤，則是自離其仁，而無君子之實矣，何所成其名乎？君子無終食之間違仁，造次必於是，顛沛必於是。」造，七到反。沛，音貝。○終食者，一飯之頃。造次，急遽苟且之時。顛沛，傾覆流離之際。蓋君子之不去乎仁如此，不但富貴、貧賤、取舍之間而已也。○言君子爲仁，自富貴、貧賤、取舍之間，以至於終食、造次、顛沛之頃，無時無處而不用其力也。然取舍之分明，然後存養之功密；存養之功密，則其取舍之分益明矣。

飯疏食飲水

論語

【題解】邢昺論語注疏：「此章記孔子樂道而賤不義也。」本章選自論語述而。注釋取自朱熹論語集注，其中「程子」指北宋理學家程頤。

子曰：「飯疏食飲水，曲肱而枕之，樂亦在其中矣。不義而富且貴，於我如浮雲。」飯，符晚反。食，音嗣。枕，去聲。樂，音洛。○飯，食之也。疏食，粗飯也。聖人之心，渾然天理，雖處困極，而樂亦無不在焉。其視不義之富貴，如浮雲之無有，漠然無所動於其中也。○程子曰：「非樂疏食飲水也，雖疏食飲水，不能改其樂也。不義之富貴，視之輕如浮雲然。」又曰：「須知所樂者何事。」

士不可以不弘毅　論語

【題解】邢昺論語注疏：「此章明士行也。」本章選自論語泰伯，注釋採用朱熹論語集注。

曾子曰：「士不可以不弘毅，任重而道遠。弘，寬廣也。毅，强忍也。非弘不能勝其重，非毅無以致其遠。仁以爲己任，不亦重乎？死而後已，不亦遠乎？」仁者，人心之全德，而必欲以身體而力行之，可謂重矣。一息尚存，此志不容少懈，可謂遠矣。○程子曰：「弘而不毅，則無規矩而難立；毅而不弘，則隘陋而無以居之。」又曰：「弘大剛毅，然後能勝重任而遠到。」

仰之彌高　論語

【題解】本章旨在贊美孔子的道德學問。本章選自論語子罕，注釋採用論語注疏。正文後的小字是魏何晏的注，其中「孔」指漢孔安國。「疏」後的内容是宋邢昺的疏。

顔淵喟然歎曰：喟，歎聲。「仰之彌高，鑽之彌堅。言不可窮盡。瞻之在前，忽焉在後。言恍惚不可爲形象。夫子循循然善誘人，循循，次序貌。誘，進也。言夫子正以此道進勸人有所序。博我以文，約我以禮，欲罷不能。既竭吾才，如有所立，卓爾，雖欲從之，末由也已。」孔曰：「言夫子既以文章開博我，又以禮節節約我，使我欲罷而不能。已竭我才矣，其有所立，則又卓然不可及。言已雖蒙夫子之善誘，猶不能及夫子之所立。」

【疏】「顔淵」至「也已」。○正義曰：此章美夫子之道也。「顔淵喟然歎曰：仰之彌高，鑽之彌堅。瞻之在前，忽焉在後」者，喟，歎聲也。彌，益也。顔淵喟然發歎，言夫子之道高堅不可窮盡，恍惚不可爲形象，故仰而求之則益高，鑽研求之則益堅，瞻之似若在前，忽然又復在後也。「夫子循循然善誘人」者，循循，次序貌；誘，進也。言夫子以此道教人，循循然有次序，可謂善進勸人也。「博我以文，約我以禮，欲罷不能。既竭吾才，如有所立，卓爾，雖欲從之，末由也已」者，末，無也。言夫子既開博我以文章，又節約我以禮節，使我欲罷止而不能。已竭盡我才矣，其夫子更有所創立，則又卓然絶異，已雖欲從之，無由得及。言已雖蒙夫子之善誘，猶不能及夫子之所立也。

子貢問政　論語

【題解】本章旨在宣揚孔子重誠信的思想，選自論語顔淵，注釋採用論語注疏，體例同於上篇仰之彌高。

子貢問政。子曰：「足食，足兵，民信之矣。」子貢曰：「必不得已而去，於斯三者何先？」曰：「去兵。」子貢曰：「必不得已而去，於斯二者何先？」曰：「去食。自古皆有死，民無信不立。」孔曰：「死者，古今常道，人皆有之。治邦不可失信。」

【疏】「子貢問政」至「不立」。○正義曰：此章貴信也。「子曰：足食，足兵，民信之矣」者，此答爲政之事也。足食則人知禮節，足兵則不軌畏威，民信之則服命從化。「子貢曰：必不得已而去，於斯三者何先」者，子貢復問曰：若不獲已而除去，於此三者之中何者爲先？「曰：去兵」者，孔子答言，先去兵。以兵者凶器，民之殘也，財用之蠹也，故先去之。「子貢曰：必不得已而去，於斯二者何先」者，子貢復問：設若事不獲已，須要去之，於此食與信二者之中先去何者？「曰：去食。自古皆有死，民無信不立」者，孔子答言，二者之中先去食。夫食者，人命所須，去之則人死。而去食不去信者，言死者古今常道，人皆有之，治國不可失信，失信則國不立也。

季氏將伐顓臾

論語

【題解】邢昺論語注疏：「此章論魯卿季氏專恣征伐之事也。」本章選自論語季氏。注釋略。

季氏將伐顓臾。冉有、季路見於孔子曰：「季氏將有事於顓臾。」孔子曰：「求！無乃爾是過與？ 夫顓臾，昔者先王以爲東蒙主，且在邦域之中矣，是社稷之臣也。何以伐爲？」冉有曰：「夫子欲之，吾二臣者皆不欲也。」孔子曰：「求！周任有言曰：『陳力就列，不能者止。』危而不持，顛而不扶，則將焉用彼相矣？ 且爾言過矣。虎兕出於柙，龜玉毁於櫝中，是誰之過與？」冉有曰：「今夫顓臾，固而近於費。今不取，後世必爲子孫憂。」孔子曰：「求！ 君子疾夫舍曰欲之而必爲之辭。丘也聞有國有家者，不患寡而患不均，不患貧而患不安。蓋均無貧，和無寡，安無傾。夫如是，故遠人不服，則修文德以來之。既來之，則安之。今由與求也，相夫子，遠人不服而不能來也；邦分崩離析而不能守也。而謀動干戈於邦内。吾恐季孫之憂，不在顓臾，而在蕭牆之内也。」

叔孫武叔語大夫於朝

論語

【題解】邢昺論語注疏：「此章亦明仲尼之德也。」本章選自論語子張，注釋略。

叔孫武叔語大夫於朝，曰：「子貢賢於仲尼。」子服景伯以告子貢。子貢曰：「譬之宫牆，賜之牆也及肩，窺見室家之好。夫子之牆數仞，不得其門而入，不見宗廟之美，百官之富。得其門者或寡矣。夫子之云，不亦宜乎？」

大同

禮記

【禮記簡介】禮記是一部解釋和補充儀禮的資料彙編，屬儒家經典著作之一，共十七篇，近十萬字，多數出自孔子弟子及再傳弟子之手。西漢時期，儀禮取得了經的地位，與周易、尚書、詩經、春秋等經書并立於學官，置博士講授。儀禮的内容是關於冠、婚、喪、祭、飲、射、燕、聘、覲等禮的具體儀式，瑣細而枯燥。禮學家在傳習儀禮的同時，編寫了一些對經文的解釋、補充和闡發的參考資料。西漢學者戴德將這些資料輯録成書，世稱大戴禮記，共八十五篇。其後戴德從兄之子戴聖將大戴禮記删定成四十六篇，漢末馬融又增定月令、明堂位、樂記三篇，合爲四十九篇，世稱小戴禮記，這就是流傳至今的禮記（或説小戴禮記獨立編成，非由大戴禮記删定）。東漢時，鄭玄給小戴禮記作注，使禮記的影響得到擴大，後逐漸擺脱從屬儀禮的地位而獨立，唐時被列入經部，與左傳一起稱爲大經。

禮記雖然没有周禮、儀禮那樣完整的體例，但内容豐富，思想深刻，文字通暢易懂，是研究中國古代社會和儒家思想的重要文獻，其地位和影響後來超過了儀禮和周禮，明代時五經中甚至包括禮記而没有儀禮。禮記通行的注本是東漢鄭玄的禮記注和唐孔穎達的禮記正義，收入十三經注疏。

【題解】本文描述了儒家心目中的理想社會和人際關係，雖然只是一種空想，但文中提出的「大同社會」和「天下爲公」的思想對後人（包括近代思想家和政治家）産生過重要影響。本文選自禮記禮運，題目是後加的。

昔者仲尼與（yù）於蜡（zhà）賓①，事畢，出遊於觀（guàn）之上②，喟然而歎。仲尼之歎，蓋歎魯也。言偃在側曰③：「君子何歎？」孔子曰：「大道之行也，與三代之英④，丘未之逮也，而有志焉⑤。

①與：參加。蜡賓：蜡祭的陪祭者。蜡，古代年終祭祀百神的大典。

②觀：古代宗廟或宫殿兩旁的闕樓。

③言偃：孔子弟子，即子游，吴國人，以文學見長。

④大道句：據東漢鄭玄注，指五帝時代的社會制度，五帝指黄帝、顓頊、帝嚳、堯、舜。三代：夏、商、周三代。英：傑出的人物，指夏、商、周三代開創者夏禹、商湯、周文王、周武王以及周公。

⑤逮：趕上。有志焉：有志於恢復當時的社會制度。或説指有志於將當時的社會制度記載下來。

「大道之行也，天下爲公①，選賢與能，講信修睦②。故人不獨親其親，不獨子其子。使老有所終，壯有所用，幼有所長（zhǎng）③，矜（guān）寡孤獨廢疾者皆有所養④。男有分（fèn），女有歸⑤。貨惡（wù）其棄於地也，不必藏於己⑥；力惡（wù）其不出於身也，不必爲己。是故謀閉而不興，盜竊亂賊而不作。故外户而不閉⑦，是謂大同⑧。

①爲公：天下爲人民所共有。

②據清人王引之説，「與」通「舉」。修睦：加强和睦的關係。

③所長：「所」字結構，義爲成長的條件。

④矜寡：老而無婦爲鰥，老而無夫爲寡。矜，通「鰥」。孤獨：幼年父母雙亡或喪父的人稱孤，老而無子的人稱獨。

⑤分：指職事，謀生的職業。歸：古稱女子出嫁爲歸。

⑥惡：厭惡，不願意看到。不必句：并非想據爲己有。

⑦謀閉句：權謀欺詐被止息而不出現。亂賊：犯上作亂者。作：發生。外户：外出時只是將門拉上。孔穎達疏：「扉從外闔也。」户，單扇門。

⑧大同：儒家空想的最完美社會，與小康社會相對。

「今大道既隱，天下爲家①。各親其親，各子其子，貨力爲己②。大人世及以爲禮③，城郭溝池以爲固。禮義以爲紀④，以正君臣，以篤父子，以睦兄弟，以和夫婦，以設制度，以立田里⑤，以賢勇知，以功爲己⑥。故謀用是作，而兵由此起⑦。禹、湯、文、武、成王、周公，由此其選也⑧。此六君子者，未有不謹於禮者也。以著其義，以考其信，著有過，刑仁講讓，示民有常⑨。如有不由此者，在埶者去，衆以爲殃⑩。是謂小康⑪。」

①既隱：消失以後。既，副詞，表示事情已經發生。天下爲家：天下變成了私家的財產。

②貨力句：取用財貨和使用氣力都是爲了個人。貨力，用作動詞。

③大人：指天子諸侯。世及：父親把君位傳給兒子叫「世」，哥哥把君位傳給弟弟叫「及」。世，義同「繼」。孔穎達疏：「世及，諸侯傳位自與家也。父子曰世，兄弟曰及。謂父傳與子，無子，則兄傳與弟也。」禮：

制度。

④溝池：指護城河。固：堅固的防守。紀：法紀；行爲準則。

⑤以：「以」後省去賓語「之」，指禮義。正、篤、睦、和：均爲形容詞的使動用法。立田里：建立田地和廬舍制度。里，指廬舍，住宅。

⑥以賢二句：根據禮義標準把勇敢機智的人視爲賢人，把爲自己謀私視爲有功。賢、功，分别爲形容詞、名詞的意動用法。

⑦用是：因此。用，介詞，作用同「由」。

⑧由此句：就是從這種形勢中選拔出來的人物。選，用作名詞。

⑨著：表彰。其：指臣下和百姓。義：合理的事。考：考察，或説義爲成全。著（有過）：使顯露；揭露。刑仁：學習仁義。刑，「型」的古字，法式，這裏用作動詞，傚法。講讓：提倡禮讓。常：指長久不變的法令制度。

⑩不由此：指不依禮辨事。埶：「勢」的古字。權位。以爲殃：把不依禮行事視爲災禍。

⑪小康：小安社會。對大同社會而言。康，安。小康不及大同，但也屬於較好的社會，故稱小康。

好學近乎知

禮記

【題解】本文論述的是如何修身治國的道理，提出了治理國家的九條原則，即修身、尊賢、親親、敬大臣、體群臣、子庶民、來百工、柔遠人和懷諸侯。作者把修身作爲治國的基礎列在第一條，認爲修身的方法是好學、力行和知恥，要達到的目標是智、仁、勇。文章反映了儒家對自身修養的重視以及修身的基本思想和方法。本文選自禮記中庸，題目爲編者所加。

子曰：「好學近乎知，力行近乎仁，知恥近乎勇①。知斯三者，則知所以修身。知所以修身，則知所以治人。知所以治人，則知所以治天下國家矣。」凡爲天下國家有九經②，曰修身也，尊賢也，親親也，敬大臣也，體群臣也，子庶民也，來百工也，柔遠人也，懷諸侯也③。修身則道立，尊賢則不惑④，親親則諸父昆弟不怨，敬大臣則不眩（xuàn）⑤，體群臣則士之報禮重⑥，子庶民則百姓勸，來百工則財用足，柔遠人則四方歸之，懷諸侯則天下畏之。

①知：「智」的古字。乎：介詞，作用同「於」。

②爲：治理。九經：指九種原則。

③子庶民：愛護百姓。子，用作動詞，像對待自己的子女那樣愛護。來：使動用法，使……來。百工：指從事各種手工業的工匠。柔：懷柔，撫慰。遠人：指附屬國。懷：安撫。

④道：道德。孔穎達疏：「『修身則道立』者，謂修正其身，不爲邪惡，則道德興立也。」尊賢則不惑：孔穎達疏：「以賢人輔弼，故臨事不惑，所謀者善也。」

⑤諸父：父輩，長輩。昆弟：兄弟。不眩：遇事不迷。眩，本義爲眼花，引申爲迷惑、迷亂。

⑥士：指入仕的知識分子。報禮重：回報國君的禮重，指爲國君任患死難等。

齊明盛服①，非禮不動，所以修身也。去讒遠色②，賤貨而貴德，所以勸賢也。尊其位，重其禄，同其好惡，所以勸親親也。官盛任使③，所以勸大臣也。忠信重禄④，所以勸士也。時使薄斂⑤，所以勸百姓也。日省月試，既(xì)稟稱事⑥，所以勸百工也。送往迎來，嘉善而矜(jīn)不能⑦，所以柔遠人也。繼絶世，舉廢國⑧，治亂持危，朝聘以時，厚往而薄來⑨，所以懷諸侯也。

①齊明句：穿戴整齊。明，指服飾的色彩鮮明。

②去讒句：拒絶讒言，遠離女色。去、遠，均使動用法。

③官盛：使大臣屬官多。任使：指有實權，可以自主任用官吏。朱熹論語集注：「官盛任使，謂官屬衆盛，足任使令也。」

④忠信句：對於忠誠守信用的臣下加重其俸禄。

⑤時使：根據季節的情況使用民力。指不違農時。

⑥省、試：義均爲檢查。既稟：官府所配發的糧食。孔穎達疏：「既稟，謂飲食、糧稟也。」既，通「餼」，贈給人的糧食。稟，糧食。稱事：與所執事相稱。

⑦嘉：褒揚。善：指表現突出者。矜：同情。不能：指力不足者。

⑧繼絶世：使已經絶祀的世家重新得以封立。舉廢國：恢復已經滅亡的國家。治亂扶危：孔穎達疏：「諸侯國内有亂則治討之，危弱則扶持之。」

⑨朝聘：諸侯朝拜天子。厚往薄來：孔穎達疏：「厚往，謂諸侯還國，王者以其財賄厚重往報之。薄來，謂諸侯貢獻，使輕薄而來。」

凡爲天下國家有九經，所以行之者一也①。凡事豫則立，不豫則廢。言前定則不跲(jiá)②，事前定則不困，行前定則不疚，道前定則不窮③。

①行之者一：指施行的道理只有一條。

②言前定：説話前先考慮好。跲：牽絆，此處指言語

不通暢。

③行：行動。不疚：不病，這裏指不會出差錯。疚，病害。道前定：出行前先選擇好路綫。

在下位不獲乎上①，民不可得而治矣。獲乎上有道，不信乎朋友，不獲乎上矣。信乎朋友有道，不順乎親，不信乎朋友矣。順乎親有道，反諸身不誠②，不順乎親矣。誠身有道，不明乎善③，不誠乎身矣。誠者，天之道也。誠之者，人之道也④。誠者不勉而中(zhòng)，不思而得。從容中道⑤，聖人也。誠之者，擇善而固執之者也⑥。

①不獲乎上：指不能獲得在上位者的支持和信任。

②親：指父母。反諸身：反省自身。諸，兼詞，相當「之於」。不誠：用心不誠。

③誠身：使自身做到真誠。善：爲善之道，即行仁。鄭玄注：「言知善之爲善，乃能行誠。」孔穎達疏：「言明乎善行，始能至誠乎身。能至誠乎身，始能順乎親。順乎親，始能信乎朋友。信乎朋友，始能得君上之意。得乎君上之意，始得居位治民也。」

④天之道：指自然的本質和規律。誠之者：使自身做到真誠。誠，使動用法。孔穎達疏：「言人能勉力學此至誠，是人之道也。」

⑤不勉而中：不需費力即能合乎天之道。中，符合。從容句：從容悠閑之間亦合乎道。

⑥誠之二句：做到真誠的人，是選擇了善道并緊緊抓住它不放棄的人。

大學之法

禮記

【題解】本文論述了幾種教育方法，包括預防惡念、適時教育、循序漸進、觀摩切磋、啟發誘導等方面，指出了影響學習的四種因素，即貪多求全、寡少狹窄、見異思遷和淺嘗輒止，强調教師要善於幫助學生發揚長處，糾正過失。本文選自禮記學記，題目爲編者所加，注釋略。

大學之法，禁於未發之謂「豫」，當其可之謂「時」，不陵節而施之謂「孫」，相觀而善之謂「摩」。此四者，教之所由興也。

發然後禁，則扞格而不勝。時過然後學，則勤苦而難成。雜施而不孫，則壞亂而不修。獨學而無友，則孤陋而寡聞。燕朋逆其師。燕辟廢其學。此六者，教之所由廢也。

君子既知教之所由興，又知教之所由廢，然後可以爲人師也。故君子之教喻也，道而弗牽，强而弗抑，開而弗達。道而弗牽則和，强而弗抑則易，開而弗達則思。和易以思，可謂善喻矣。

學者有四失，教者必知之。人之學也，或失則多，或失則寡，或失則易，或失則止。此四者，心之莫同也。知其心，然後能救其失也。教也者，長善而救其失者也。

善歌者使人繼其聲，善教者使人繼其志。其言也約而達，微而臧，罕譬而喻，可謂繼志矣。

博學　禮記

【題解】本文原意旨在教人如何做到真誠，鄭玄禮記注：「此勸人學誠其身也。」其中所講的學習方法對後人的治學產生了重要影響。本文選自禮記中庸，題目爲編者所加，注釋略。

博學之，審問之，愼思之，明辨之，篤（dǔ）行之。有弗學，學之弗能，弗措也。有弗問，問之弗知，弗措也。有弗思，思之弗得，弗措也。有弗辨，辨之弗明，弗措也。有弗行，行之弗篤，弗措也。人一能之，己百之；人十能之，己千之。果能此道矣，雖愚必明，雖柔必强。

君子内省不疚

禮記

【題解】孔穎達禮記正義："此一節明子思申明夫子之德，與天地相似，堪以配天地而育萬物，傷有聖德無其位也。"本文選自禮記中庸，題目爲編者所加，注釋略。

詩曰："衣錦尚絅"，惡其文之著也。故君子之道闇然而日章，小人之道的然而日亡。君子之道淡而不厭，簡而文，温而理，知遠之近，知風之自，知微之顯，可與入德矣。詩云："潛雖伏矣，亦孔之昭。"故君子内省不疚，無惡於志。君子所不可及者，其唯人之所不見乎？詩云："相在爾室，尚不愧于屋漏。"故君子不動而敬，不言而信。詩曰："奏假無言，時靡有争。"是故君子不賞而民勸，不怒而民威於鈇鉞。詩曰："不顯惟德，百辟其刑之。"是故君子篤恭而天下平。詩曰："予懷明德，不大聲以色。"

語法(下)

第八節　詞類活用

詞類活用是指某些詞臨時改變其基本語法功能去充當其他詞類或者基本功能未變而用法比較特殊的現象。在古代漢語裏，這種情況很普遍，例如左傳成公二年：「從左右，皆肘之。」其中「肘」本是名詞，在句中臨時充當動詞用。史記項羽本紀：「故不如先鬥秦趙。」其中「鬥」爲使動用法。詞類活用是古漢語的重要語法特點之一，其内容主要包括名詞、形容詞、數詞用作一般動詞，名詞作狀語，使動用法和意動用法等。

一　名詞、形容詞、數詞用作動詞

(一)名詞用作動詞

名詞用作動詞指某些名詞臨時轉化詞義取得動詞功能的現象。其類型有三：

甲. 普通名詞用作一般動詞。例如：

齊侯使連稱、管至父戍葵丘，瓜時而往，曰：「及瓜而代。」期戍，公問不至。（瓜時：瓜成熟時）　左傳莊公八年

晋伐驪戎，驪戎男女以驪姬。歸，生奚齊，其娣生卓子。（杜預注：「納女於人曰女」）　左傳莊公二十八年

晋侯圍曹，門焉，多死。（杜預注：「攻曹城門」）　左傳僖公二十八年

趙旃夜至於楚軍，席於軍門之外，使其徒入之。（杜預注：「布席坐，示無所畏也」）　左傳宣公十二年

邦有道，穀；邦無道，穀，耻也。（邢昺疏：「穀，禄也」）　論語憲問

制海内，子元元，臣諸侯，非兵不可。（高誘注：「子，愛也」）　戰國策秦策一

通零關道，橋孫水以通邛都。（韋昭曰：「爲孫水作橋」）　史記司馬相如列傳

聶政大呼，所擊殺者數十人，因自皮面决眼，自屠出腸，遂以死。（司馬貞索隱：「皮面，謂以刀割其面皮，欲令人不識」）　史記刺客列傳

故善克者不戰，善戰者不師，善師者不陣。（師：調動軍隊。陣：布陣）　鹽鐵論本義

吾不能以春風風人，吾不能以夏雨雨人。　説苑貴德

乙．方位名詞用作一般動詞。例如：

必以蕭同叔子爲質，而使齊之封内盡東其畝。　左傳成公二年

漢敗楚，楚以故不能過滎陽而西。　史記項羽本紀

入轅門，無不膝行而前，莫敢仰視。　史記項羽本紀

吾亦欲東耳，安能鬱鬱久居此乎！　史記淮陰侯列傳

丙．名詞性詞組用作動詞。例如：

晉、鄭，兄弟也。吾先君武公與晉文侯戮力一心，股肱周室，夾輔平王。 國語晉語四

孟嘗君怪其疾也，衣冠而見之。 戰國策齊策四

戚夫人泣。上曰：「爲我楚舞，吾爲若楚歌。」 史記留侯世家

太子及賓客知其事者，皆白衣冠以送之。 史記刺客列傳

故齊冠帶衣履天下，海岱之間斂袂而往朝焉。（冠帶衣履天下：供應天下人冠、帶、衣、履等） 史記貨殖列傳

（二）形容詞用作動詞

在古漢語中，形容詞也可以用作動詞，但不像名詞作動詞那樣普遍。例如：

越國之中，疾者吾問之，死者吾葬之。老其老，慈其幼，長其孤，問其病，求以報吴。 國語吴語

老吾老，以及人之老；幼吾幼，以及人之幼。天下可運於掌。 孟子梁惠王上

此六子者，世之所高也。（六子：指堯、舜、禹、湯、周文王、周武王。） 莊子盜跖

令尹子蘭聞之，大怒，卒使上官大夫短屈原於頃襄王，頃襄王怒而遷之。 史記屈原賈生列傳

夫以人言善我，亦必以人言惡我。 桓譚新論見徵

（三）數詞用作動詞

數詞用作普通動詞一般多見於個位數。例如：

民參其力，二入於公，而衣食其一。 左傳昭公三年

聖人之爲國也，壹賞、壹刑、壹教。壹賞則兵無敵，壹刑則令行，壹教則下聽上。 商君書賞刑

今君欲一天下，安諸侯，存危國，寡人謹奉社稷以從。　戰國策楚策一

用兵攻戰之本，在乎壹民。　荀子議兵

若是則功一天下，名配堯禹。　荀子王霸

夫金鼓旌旗者，所以一人之耳目也。　孫子軍爭

盛容服而飾辯説，以疑當世之法而貳人主之心。　韓非子五蠹

二　名詞、動詞作狀語

（一）名詞作狀語

在古代漢語中，名詞往往可以直接置於謂語之前作狀語，這和現代漢語中名詞一般需要借助介詞的幫助才能充當狀語的情況不同。其類型主要有四：

甲．比喻動作進行的狀態。例如：

冬十二月，齊侯游于姑棼，遂田于貝丘，見大豕，從者曰「公子彭生也。」公怒曰：「彭生敢見！」射之，豕人立而啼。（齊侯：齊襄公）　左傳莊公八年

妻側目而視，傾耳而聽；嫂蛇行匍伏，四拜自跪而謝。　戰國策秦策一

尸居而龍見，淵默而雷聲。（見：顯現。淵：深淵。）　莊子在宥

失時不雨，民且狼顧。　賈誼論積貯疏

治鄭二十六年而死，丁壯號哭，老人兒啼。　史記循吏列傳

斬木爲兵，揭竿爲旗，天下雲集響應，贏糧而景從。史記秦始皇本紀

天下初發難也，俊雄豪傑建號壹呼，天下之士雲合霧集，魚鱗雜遝。熛至風起。（雜遝：紛亂衆多貌。熛：火焰。）史記淮陰侯列傳

乙. 表示對待動作對象的態度。例如：

彼秦者，棄禮義而上首功之國也，權使其士，虜使其民。戰國策趙策三

大天而思之，孰與物畜而制之？荀子天論

文史、星曆，近乎卜祝之間，固主上所戲弄，倡優畜之，流俗之所輕也。司馬遷報任安書

臣事范、中行氏，范、中行氏皆衆人遇我，我故衆人報之；至於智伯，國士遇我，我故國士報之。史記刺客列傳

齊使以爲奇，竊載與之齊。齊將田忌善而客待之。史記孫子吴起列傳

楚田仲以俠聞，喜劍，父事朱家，自以爲行弗及。史記遊俠列傳

陛下父事天，母事地，子養黎民。漢書鮑宣傳

丙. 表示動作憑藉的工具、依據或進行的方式等。例如：

秦惠王車裂商君以徇，曰：「莫如商鞅反者！」遂滅商君之家。史記商君列傳

伍子胥橐載而出昭關，夜行而晝伏，至於蔆水。戰國策秦策三

群臣後應者，臣請劍斬之。（臣：指田延年）漢書霍光傳

今王將東面目指氣使以求臣，則廝役之材至矣。説苑君道

會天大雨，道不通，度已失期。失期，法皆斬。　史記陳涉世家

無慶賞之勸，刑罰之威，釋勢委法，堯、舜户説而人辯之，不能治三家。　韓非子難勢

丁．表示動作的處所。例如：

秋，楚客聘於晉，過宋。大子知之，請野享之。公使往，伊戾請從之。　左傳襄公二十六年

舜勤民事而野死。……冥勤其官而水死。……稷勤百穀而山死。　國語魯語上

吴師大北。越之左軍、右軍乃遂涉而從之，又大敗之於没，又郊敗之，三戰三北，乃至於吴。　國語越語

夫山居而谷汲者，膢臘而相遺以水。　韓非子五蠹

群臣吏民能面刺寡人之過者，受上賞。　戰國策齊策一

除普通名詞作狀語外，方位名詞在古漢語中也經常作狀語，表示動作的處所、趨向等。例如：

夫晉，何厭之有？既東封鄭，又欲肆其西封，不闕秦，將焉取之？　左傳僖公三十年

其右具丙亦舍兵而縛郭最，皆衿甲面縛，坐于中軍之鼓下。（其：指晉大夫州綽。具内：人名。郭最：齊大夫。衿甲：不解甲。面：通「偭」，背。）　左傳襄公十八年

孟嘗君予車五十乘，金五百斤，西遊於梁。　戰國策齊策四

書辭宜答，會東從上來。　司馬遷報任安書

時間名詞「日」「月」「歲」作狀語時其意義有以下幾種情況需要注意：

甲．「日」「月」「歲」置於動詞前作狀語，表示動作的經常性，具有「日日」「月月」「歲歲」的意思。

例如：

穆嬴日抱大子以啼於朝。（穆嬴：晉襄公夫人。大子：即太子，指晉靈公。）左傳文公七年

吾日三省吾身，爲人謀而不忠乎？與朋友交而不信乎？傳不習乎？論語學而

良庖歲更刀，割也；族庖月更刀，折也。莊子養生主

夫良馬固車，使臧獲御之則爲人笑，王良御之而日取千里。韓非子難勢

吾詔書數下，歲勸民種樹，而功未興，是吏奉吾詔不勤，而勸民不明也。漢書文帝紀

乙.「日」用在表示發展變化的動詞之前作狀語，有「逐漸地」「一天天地」的意思。例如：

後人至，高祖覺。後人告高祖，高祖乃心獨喜，自負。諸從者日益畏之。史記高祖本紀

其後楚日以削，數十年竟爲秦所滅。史記屈原賈生列傳

田單兵日益多，乘勝，燕日敗亡。資治通鑒周紀四

丙.「日」單用在句首作狀語，或常和「者」字結合在一起作狀語，表示追溯過去，義爲「從前」「往日」。例如：

日臣之使於楚也，子重問晉國之勇。臣對曰：「好以衆整」。（臣：晉大夫欒鍼。子重：楚令尹。）左傳成公十六年

日我先君共王，引領北望，日月以冀。傳序相授，於今四王矣。（共王：楚共王。）左傳昭公七年

晏子曰：「日宋之盟，屈建問范會之德於趙武。」（屈建：楚大夫。范會：晉大夫。趙武：晉執政。）左傳昭公二十年

日者大將軍攻匈奴，斬首虜萬九千級。　史記平準書

日者夷其兄弟而自立也，殺忠臣而貴賤人，作爲阿房之宫，賦歛天下。　史記李斯列傳

（二）動詞作狀語

在古漢語中，除了名詞，動詞也可以直接用在謂語之前作狀語。動詞作狀語一般表示動作進行的方式。例如：

莊子笑曰：周將處乎材與不材之間。　莊子山木

於是相如前進缻，因跪請秦王。秦王不肯擊缻。　史記廉頗藺相如列傳

西門豹簪筆磬折，向河，立待良久。　史記滑稽列傳

而廣身自射彼三人者，殺其二人，生得一人，果匈奴射雕者也。　漢書李廣蘇建傳

三　使動用法

使動用法是指某些詞作謂語時其意義是使令性的。這類謂語與賓語的關係是：在主語的作用下，謂語使賓語施行謂語所代表的動作、具有謂語所代表的性狀、成爲（或具有）謂語所代表的人或事物等。例如史記項羽本紀：「項伯殺人，臣活之。」「活」爲不及物動詞的使動用法，「活之」意爲「使他活下來」。使動用法是古漢語的重要語法現象之一，它實際上是用動賓式的結構去表達兼語句式的内容。使動用法的内容主要包括動詞的使動用法、形容詞的使動用法、名詞的使動用法以及數詞的使動用法等。

（一）動詞的使動用法

動詞的使動用法是指動詞充當謂語時其意義是使令性的。這類謂語和賓語的關係是：在主語的作用下，謂語使賓語產生謂語自身所代表的行爲動作。用作使動的動詞多數都屬於不及物動詞，例如：

莊公寤生，驚姜氏。左傳隱公元年

晉魏錡求公族未得而怒，欲敗晉師。（敗晉師：使晉師打敗仗。）左傳宣公十二年

宋人懼，使華元夜入楚師，登子反之牀，起之。左傳宣公十五年

二子在幄，坐射犬於外，既食而後食之。（二子：晉大夫張骼、輔躒。射犬：鄭大夫。）左傳襄公二十四年

求也退，故進之；由也兼人，故退之。論語先進

故遠人不服，則修文德以來之。論語季氏

予，天民之先覺者也，予將以斯道覺斯民也。孟子萬章下

公子率五國之兵破秦軍於河外，走蒙驁。史記魏公子列傳

故天下盡以扁鵲爲能生死人。扁鵲曰：「越人非能生死人也，此自當生者，越人能使之起耳。」（起：蘇醒）史記扁鵲倉公列傳

大夫種、范蠡存亡越，霸句踐，立功成名而身死亡。史記淮陰侯列傳

買臣見湯，坐牀上弗爲禮。買臣深怨，常欲死之。（湯：張湯。）漢書朱買臣傳

不及物動詞的使動用法多數都帶賓語，也有承前或蒙後省略而不帶賓語者。例如：

養備而動時，則天不能病。　荀子天論

今由與求也，相夫子，遠人不服而不能來也。　論語季氏

食言者不病，非子之患也（病人：使他人受害）。　左傳襄公二十七年

及物動詞用作使動的情况相對較少。例如：

晉侯飲趙盾酒。　左傳宣公二年

止子路宿，殺鷄爲黍而食之，見其二子焉。　論語微子

左右以君賤之也，食以草具。　戰國策齊策四

然則王之所大欲可知已，欲辟土地，朝秦楚，莅中國而撫四夷也。　孟子梁惠王上

晏子没十有七年，景公飲諸大夫酒，公射出質，堂上唱善若出一口。　説苑君道

祭仲與渠彌不敢入厲公，乃更立昭公弟子亹爲君，是爲子亹也。（厲公、昭公、子亹：皆鄭莊公子。）　史記鄭世家

及物動詞用作使動時在形式上和一般的動賓結構没有兩樣，區别主要在語義上，例如：

武丁朝諸侯，有天下，猶運之掌也。　孟子公孫丑上

孟子將朝王。　孟子公孫丑下

前句意爲「武丁使諸侯朝見」。武丁是王，不可能去朝拜諸侯。後句意爲「孟子將朝見齊宣王」。孟子是一個學者，不可能使齊宣王朝見自己。又如：

是役也，鄭石制實入楚師，將以分鄭而立公子魚臣。（入楚師：使楚師攻入鄭。）　左傳宣十二年

此句中的「入」是使動用法，表面上和普通用法没有什麽不同。如不了解實際情況，僅憑字面意義很可能會誤以爲「入」是指石制攻入楚師。

（二）形容詞的使動用法

形容詞的使動用法是指形容詞用作動詞充當謂語時其意義是使令性的。這種謂語與賓語的關係是：在主語的作用下，謂語使賓語具有其自身所代表的性質或情狀。例如：

晉侯謂慶鄭曰：「寇深矣，若之何？」對曰：「君實深之，可若何？」　左傳僖公十五年

趙文子爲政，令薄諸侯之幣而重其禮。（趙文子：即趙武，晉執政。）　左傳襄公二十五年

欲富國者，務廣其地；欲强兵者，務富其民；欲王者，務博其德。　戰國策秦策一

（吕不韋）乃往見子楚，説曰：「吾能大子之門。」子楚笑曰：「且自大君之門，而乃大吾門！」（子楚：秦莊襄王，始皇父。）　史記吕不韋列傳

前日，聞王發兵於邊，爲寇災不止。當其時，長沙苦之，南郡尤甚。雖王之國，庸獨利乎？必多殺士卒，傷良將吏，寡人之妻，孤人之子，獨人父母，得一亡十，朕不忍爲也。　劉恒賜南粤王趙佗書

臣聞古之君子，交絶不出惡聲；忠臣之去也，不潔其名。　戰國策燕策二

儒者在本朝則美政，在下位則美俗。　荀子效儒

故十仞之城，樓季弗能踰者，峭也；千仞之山，跛牂易牧者，夷也。故明王峭其法而嚴其刑也。（樓季：古大盗名。牂：母羊。）　韓非子五蠹

木實繁者披其枝，披其枝者傷其心。大其都者危其國，尊其臣者卑其主。　戰國策秦策三

臣聞善厚家者，取之於國；善厚國者，取之於諸侯。　戰國策秦策三

形容詞用作使動時，其賓語也可以省略。例如：

強本而節用，則天不能貧；養備而動時，則天不能病；脩道而不貳，則天不能禍。　荀子天論

刻削之道，鼻莫如大，目莫如小。鼻大可小，小不可大也；目小可大，大不可小也。　韓非子説林下

(三)名詞的使動用法

名詞的使動用法是指名詞用作動詞充當謂語時其意義是使令性的。這種謂語與賓語的關係是：在主語的作用下，謂語使賓語成爲(或具有)它自身所代表的人或事物。例如：

吾見申叔，夫子所謂生死而肉骨也。(吾：楚令尹薳子馮。子馮有寵信八人。申叔：楚大夫。曾勸子馮辭退八人。)　左傳襄公二十二年

其圉人曰：「吾以劍過朝，公若必曰：『誰之劍也？』吾稱子以告，必觀之。吾僞固而授之末，則可殺也。」使如之。公若曰：「爾欲吴王我乎？」遂殺公若。(僞固：假裝不懂禮節。吴王：吴王僚，被鱄諸刺殺。)　左傳定公十年

故湯之於伊尹，學焉而後臣之，故不勞而王；桓公之於管仲，學焉而後臣之，故不勞而霸。　孟子公孫丑下

故以義則仲尼不服於哀公，乘勢則哀公臣仲尼。　韓非子五蠹

齊桓公合諸侯而國異姓。　史記晉世家

今夫人事太子，甚愛而無子，不以此時蚤自結於諸子中賢孝者，舉立以爲適而子之，夫在則重尊，夫百歲之後，所子者爲王，終不失勢，此所謂一言而萬世之利也。(夫人：秦安國君夫人，即華陽夫人。太子：孝文王，始皇祖父。)　史記吕不韋列傳

故扁鵲不能肉白骨，微箕不能存亡國也。　鹽鐵論非鞅

方位名詞也有使動用法，例如：

築室百堵，西南其户。　詩經小雅斯干

夏五月，晉韓厥、荀偃帥諸侯之師伐鄭，入其郛，敗其徒兵於洧上。於是東諸侯之師，次於鄫以待晉師。(洧：水名。鄫：鄭地名。)　左傳襄公元年

是以聖人後其身而身先，外其身而身存。　老子七章

今有馬於此，如驥之狀者，天下之至良也，然而驅之不前，却之不止，左之不左，右之不右。則臧獲雖賤，不托其足。　韓非子外儲説右上

文公棄荏席，後黴(méi)黑，咎犯辭歸。(黴黑：面目垢黑)　淮南子説山訓

名詞使動用法中賓語有時也可以省略。例如：

語云：「盛德之士，君不得而臣，父不德而子。」　孟子萬章上

天子不得而臣也，諸侯不得而友也。　劉向新序節士

(四)數詞的使動用法

數詞的使動用法是指數詞用作動詞充當謂語時其意義是使令性的。這種謂語與賓語的關係是：在主語的作用下，謂語使賓語所代表的人或事物具有其自身所代表的數目或特點，例如：

霸主將德是以，而二三之，其何以長有諸侯乎？（二三之：使德行反復）左傳成公八年

女也不爽，士貳其行。士也罔極，二三其德。詩經衛風氓

如可贖兮，人百其身。詩經秦風黄鳥

楚人惡君之二三其德也，亦來告我曰：「秦背令狐之盟。」（君：秦桓公。）左傳成公十三年

四　意動用法

意動用法是指某些詞用作動詞充當謂語時其動作屬於主觀上的感覺、看待或評價。這種謂語與賓語的關係是：主語認爲賓語所代表的人或事物具有謂語自身所代表的性狀，或者把賓語當作謂語所代表的人、事物去看待，去評價。例如韓非子説難：「其家甚智其子，而疑鄰人之父。」「智其子」意即「認爲其子聰明」。意動用法也是古漢語的重要語法現象之一，其内容包括形容詞的意動用法和名詞的意動用法。

(一)形容詞的意動用法

形容詞的意動用法是指形容詞用作動詞充當謂語時其動作屬於主觀上的感覺。這種謂語與賓語的關係是：主語認爲賓語具有謂語所代表的性質或情狀，這種認爲可能與事實不相符，也可能相符。

例如：

郤子曰：「人不難以死免其君，我戮之不祥。赦之，以勸事君者。」　左傳成公二年

今王樂憂，若卒以憂，不可謂終。　左傳昭公十五年

驪姬下堂而啼，呼曰：「天乎！天呼！國，子之國也；子何遲於爲君？」（驪姬：晉獻公妾。子：晉獻公太子。）　穀梁傳僖公十年

甘其食，美其服，安其居，樂其俗。　老子八十章

孔子登東山而小魯，登太山而小天下。　孟子盡心下

賢舜則去堯之明察，聖堯則去舜之德化。　韓非子難一

滕公奇其言，壯其貌，釋而不斬。　史記淮陰侯列傳

是故明君貴五穀而賤金玉。　漢書食貨志第四上

時充國年七十餘，上老之。（上：指漢宣帝。）　漢書趙充國傳

飢者不願千金而美一食。　賈思勰齊民要術序

(二)名詞的意動用法

名詞的意動用法是指某些名詞用作動詞充當謂語時其動作屬於主觀上的評價或認識。這種謂語與賓語的關係是：主語在主觀上把賓語當作謂語所表示的人、事物去看待或評價。例如：

齊莊公朝，指殖綽、郭最曰：「是寡人之雄也。」州綽曰：「君以爲雄，誰敢不雄？」（殖綽、郭最：均齊大夫。雄：公雞。州綽：晉大夫，奔齊。）　左傳襄公二十一年

子産曰：「大决所犯，傷人必多，吾不克救也。不如小决使道。不如吾聞而藥之也。」左傳襄公三十一年

大道之行也，天下爲公。選賢與能，講信修睦，故人不獨親其親，不獨子其子。禮記禮運

於是乘其車，揭其劍，過其友曰：「孟嘗君客我！」戰國策齊策四

貧窮則父母不子，富貴則親戚畏懼。戰國策秦策一

託地而游宇，友風而子雨。冬日作寒，夏日作暑。荀子賦

今我在也，而人皆藉吾弟，令我百歲後，皆魚肉之矣。（藉：踐踏） 史記魏其武安侯列傳

扁鵲過齊，齊桓侯客之。史記扁鵲倉公列傳

臣聞王者父天母地，寶有山川。後漢書李固傳

詞類活用除了以上介紹的四種類型外，還有一種比較特殊的情况需要引起注意，即一些動詞用作謂語時，其所代表的動作行爲并不直接涉及賓語，而是向（或「對」「爲」「替」「按照」等）賓語所代表的人或事物實施。也就是説，賓語不是動作的直接受事者，而是間接涉及的對象。有的教材或專著把動詞的這種用法叫做「爲動用法」。例如：

王每見之，必泣。棄疾曰：「君三泣臣矣，敢問誰之罪也？」（王：楚康王。棄疾：楚大夫。三泣臣：三次對着臣哭泣。） 左傳襄公二十二年

既不能强，又不能弱，所以斃也。國危矣，請下齊以救國。（下齊：向齊國表示屈服） 左傳僖公七年

惠伯曰：「寡君未知其罪，合諸侯而執其老。若猶有罪，死命可也。」（惠伯：魯大夫。其老：指魯大夫季孫意如。死命：按晉命處死。）　左傳昭公十三年

夏，楚王使屈完將兵扞齊，齊師退次召陵。桓公矜屈完以其衆。（矜屈完：向屈完炫耀）

史記齊太公世家

武安侯新欲用事爲相，卑下賓客，進名士家居者貴之。　史記魏其武安侯列傳

第九節　判斷句

判斷句是謂語對主語所代表的人或物作出判斷的句子。判斷句的謂語多由名詞或名詞性的詞組充當。在先秦，判斷句一般不用判斷係詞。判斷句的句式主要有以下四種：

一　「者……也」

在主語之後加語氣詞「者」（有些教材或著作稱作代詞）表示提頓，在謂語之後用語氣詞「也」加强肯定。例如：

元者，善之長也；亨者，嘉之會也；利者，義之和也；貞者，事之幹也。　周易乾文言

楚人者，楚子也。　穀梁傳僖公二十七年

大弓者，武王之戎弓也。（穀梁傳定公八年）

夫禮者，自卑而尊人也。（禮記曲禮上）

南冥者，天池也。（莊子逍遥遊）

君者，舟也；庶人者，水也。水則載舟，水則覆舟。（荀子哀公）

道者，萬物之始、是非之紀也。（韓非子主道）

禮者，義之文也。（韓非子解老）

兵者，兇器也。（韓非子存韓）

聖者，通也。（白虎通德論聖人）

帝顓頊高陽者，黄帝之孫而昌意之子也。（史記五帝本紀）

顏回者，魯人也。（史記仲尼弟子列傳）

愛施者，仁之端也。（司馬遷報任安書）

論語者，孔子應答弟子時人及弟子相與言而接聞於夫子之語也。（漢書藝文志）

天地者，萬物之本、先祖之所出也。（春秋繁露觀德）

象者，斷也，斷一卦之才也。（周易集解）

「者……也」這種格式也常用於因果複句之中，「者」加在結果分句之後表示提示，「也」加在原因分句之後對原因進行肯定。例如：

故賣僕妾不出里巷而取者，良僕妾也；出婦嫁於鄉里者，善婦也。（戰國策秦策一）

孟嘗君爲相數十年，無纖介之禍者，馮諼之計也。戰國策齊策四

所以遣將守關者，備他盜之出入與非常也。史記項羽本紀

二 「者……」

主語之後加語氣詞「者」表示提頓，謂語之後不加「也」。例如：

此二人者，實弒寡君。左傳隱公元年

故善人者，不善人之師；不善人者，善人之資。老子二十七章

兵者，不祥之器，非君子之器。老子三十一章

萬乘之國，弒其君者，必千乘之家；千乘之國，弒其君者，必百乘之家。孟子梁惠王上

黄帝者，少典之子。史記五帝本紀

帝堯者，放勳。史記五帝本紀

天下者，高祖天下。史記魏其武安侯列傳

陳軫者，遊説之士。史記張儀列傳

蘭卿者，倪寬門人。漢書儒林傳

三 「……也」

主語之後不加「者」，謂語之後用語氣詞「也」加强肯定。例如：

制，巖邑也。　左傳隱公元年

鮑叔帥師來言曰：「子糾，親也。請君討之。」　左傳莊公九年

趙衰，冬日之日也。趙盾，夏日之日也。　左傳文公七年

夫許，大嶽之胤也。（許：國名。）　左傳隱公十一年

董狐，古之良史也。　左傳宣公二年

千金，重幣也；百乘，顯使也。　戰國策齊策四

夫精，小之微也；垺，大之殷也。（垺：同「郛」，這裏指大的範圍。殷：盛大。）　莊子秋水

舜，冀州之人也。　史記五帝本紀

四 「……」

主語之後不加「者」，謂語之後也不加「也」。例如：

夫魯，齊、晉之脣。　左傳哀公八年

慎到，趙人。田駢、接子，齊人。環淵，楚人。　史記孟子荀卿列傳

屈平曰：「秦，虎狼之國。」　史記屈原賈生列傳

君子之德，風；小人之德，草。　論語顔淵

劉備，天下梟雄。　資治通鑑漢紀五十七

古漢語中的否定判斷句是在謂語之前加否定副詞「非」。例如：

今京不度，非制也。君將不堪。　左傳隱公元年

遂入，殺孟陽于牀。曰：「非君也，不類。」　左傳莊公八年

季氏富於周公，而求也爲之聚斂而附益之。子曰：「非吾徒也。」　論語先進

我非生而知之者。　論語述而

禮尚往來。往而不來，非禮也。　禮記曲禮上

子非魚，安知魚之樂？　莊子秋水

在王所者，長幼卑尊皆非薛居州也。王誰與爲善？　孟子滕文公下

此天之亡我，非戰之罪也。　史記項羽本紀

判斷句有以下幾個問題，需要引起注意：

甲．「是」字在先秦一般都不作爲判斷係詞出現。例如：

晉荀息請以屈産之乘與垂棘之璧假道於虞以伐虢。公曰：「是吾寶也。」　左傳僖公二年

吾不能早用子，今急而求子，是寡人之過也。　左傳僖公三十年

富與貴，是人之所欲也；不以其道得之，不處也。貧與賤，是人之所惡也；不以其道得之，不去也。　論語里仁

知之爲知之，不知爲不知，是知也。　論語爲政

日月星辰瑞曆，是禹桀之所同也。　荀子天論

國平養儒俠，難至用介士，所利非所用，所用非所利。是故服事者簡其業，而遊學者日衆，是

世之所以亂也。　韓非子五蠹

以上數例中的「是」字均屬代詞，在句中作主語。「是」作爲判斷係詞出現在判斷句中一般認爲始於漢代（也有學者認爲始於戰國末期，例如韓非子外儲説左上中有這樣的句子：「問人曰：『此是何種也？』」）。例如：

襄子至橋，馬驚，襄子曰：「此必是豫讓也。」使人問之，果豫讓也。　史記刺客列傳

夜夢見老父曰：「余是所嫁婦人之父也。爾用先人之治命，是以報汝。」　論衡死僞篇

竇太后好老子書，召轅固生問老子書。固曰：「此是家人言耳。」　史記儒林列傳

哀哉復哀哉，此是命矣夫！　後漢書文苑列傳

此是鼂錯勸漢景帝早削七國事也。　晉書卞壼傳

公笑曰：「此是兵機，非卿所解，故不語耳。」　宋書武帝本紀上

「是」作爲判斷係詞在漢代的使用也并不常見，到了魏晉以後才逐漸多起來。例如：

乙.「爲」在上古是一個用法廣泛的動詞而非係詞。例如：

鄭文公有賤妾曰燕姞，夢天使與己蘭，曰：「余爲伯鯈。余，而祖也。」（爲：叫做。）　左傳宣公三年

四體不勤，五穀不分，孰爲夫子？（爲：稱得上。）　論語子張

於是辛垣衍起，再拜謝曰：「始以先生爲庸人，吾乃今日而知先生爲天下之士也。」（爲：稱得上。）　戰國策趙策三

丙.「乃、誠、則、亦、皆、即、必」和「維、惟」等詞常用於判斷句的謂語之前，它們都不是判斷係詞。前者屬於副詞，後者屬於語氣詞。例如：

諺曰：「狼子野心。」是乃狼也，其可畜乎？ 左傳宣公四年

勇士曰：「嘻！子誠仁人也！」 公羊傳宣公六年

此則寡人之罪也。寡人請更。 國語越語上

魚我所欲也，熊掌亦我所欲也。 孟子告子上

今欲以先王之政治當世之民，皆守株之類也。 韓非子五蠹

梁父即楚將項燕。 史記項羽本紀

奪項王天下者，必沛公也。 史記項羽本紀

黍稷非馨，明德惟馨。 左傳僖公五年

周雖舊邦，其命維新。 詩經大雅文王

第十節　被動句

一　被動句和被動句式

主語是謂語的受事者的句子稱作被動句。根據有無形式標志，一般將被動句分爲無形式標志的

意念被動句和有形式標志的被動句兩種。例如：

（一）意念被動句

蔓草猶不可除，況君之寵弟乎？　左傳隱公元年

故不能推車而及。　左傳成公二年

朽木不可雕也。　論語公冶長

（二）有形式標志的被動句

郤克傷於矢，流血及屨。　左傳成公二年

厚者爲戮，薄者見疑。　韓非子説難

二　幾種常見的被動句式

在現代漢語中，有形式標志的被動句最常見的是「被」字句，此外還有「讓」字句、「叫」字句、「給」字句等。古代漢語中有形式標志的被動句更多，且構成形式比較複雜，主要有以下幾種：

（一）……（動詞謂語）於……

在動詞謂語之後用介詞「於」引進行爲動作的主動者，「於」與所引進的對象共同組成介詞結構在句中作補語。例如：

八年，陳侯殺於夏氏。　國語周語中

及寡人之身，東敗於齊，長子死焉；西喪地於秦七百里；南辱於楚。　孟子梁惠王上

勞心者治人，勞力者治於人。　孟子滕文公上

閔王毁於五國，桓公劫於魯莊。　荀子王制

通者常制人，窮者常制於人。　荀子榮辱

夫惟無慮而易敵者，必禽於人。　孫子行軍篇

孔子，賢人也，逐於魯，是人不隨。　戰國策趙策三

物物而不物於物，則胡可得而累？（物：支配。累：牽制）　吕氏春秋孝行覽

今君後則欲逮臣，先則恐逮於臣。　韓非子喻老

懷王以不知忠臣之分，故内惑於鄭袖，外欺於張儀。　史記屈原賈生列傳

先發制人，後發制於人。　漢書陳勝項籍傳

（二）……爲……（動詞謂語）

在動詞謂語前用介詞「爲」引進行爲動作的主動者，「爲」與引進的對象共同組成介詞結構，在句中作狀語。例如：

晉州綽及之，射殖綽，中肩，兩矢夾脰，曰：「止，將爲三軍獲。不止，將取其衷。」（殖綽：齊大夫。脰：脖子。）　左傳襄公十八年

道術將爲天下裂。　莊子天下

兔不可復得，而身爲宋國笑。　韓非子五蠹

奪項王天下者，必沛公也，吾屬今爲之虜矣。　史記項羽本紀

多多益善，何爲爲我禽？ 史記淮陰侯列傳

「爲」的賓語（行爲主動者）有時可以省去不出現。例如：

公子達曰：「高伯其爲（ ）戮乎？ 復惡已甚矣。」（公子達：魯公子。高伯：鄭大夫。） 左傳桓公十七年

自今無有代其君任患者，有一於此，將爲（ ）戮乎？ 左傳成公二年

子聽吾言，與子分國。不聽吾言，身死，妻子爲（ ）戮。 國語越語下

秦之遇將軍可謂深矣。父母宗族皆爲（ ）戮没。 戰國策燕策三

（三）……爲……所（動詞謂語）

在動詞謂語前用介詞「爲」引進行爲動作的主動者，在主動者與動詞謂語之間加助詞「所」（有些教材或專著認爲「所」是代詞，起複指行爲主動者的作用。或以爲「所」是表示被動的標記），構成「爲……所」式。「所」字的作用在於强調施事者與動作之間的領屬關係。這種句式産生於戰國末期，盛行於漢代。例如：

申徒狄諫而不聽，負石自投於河，爲魚鼈所食。 莊子盗跖

嫠侯三十九年，周幽王爲犬戎所殺，周室卑而東徙。 史記管蔡世家

先即制人，後則爲人所制。 史記項羽本紀

梁父即楚將項燕，爲秦將王翦所戮者也。 史記項羽本紀

征和二年，衛太子爲江充所敗。 漢書霍光傳

騎將軍敖亡七千騎，衛尉廣爲虜所得，得脱歸，皆當斬，贖爲庶人。漢書衛青霍去病傳

留歲餘，還，并南山，欲從羌中歸，復爲匈奴所得。漢書張騫李廣利傳

杜陵秋胡者，能通尚書，善爲古隸字，爲翟公所禮。西京雜記卷六

王莽末，去歸鄉里，於東海界爲赤眉賊所得，遂見拘執。後漢書儒林列傳

范雎爲須賈所讒，魏齊僇之，折幹摺脅。論衡變動篇

在這種句式中，「爲」的賓語（行爲的主動者）也可以省去不出現。例如：

衡山王聞淮南王作爲畔逆反具，亦心結賓客以應之，恐爲（）所并。史記淮南衡山列傳

君王爲人不忍，汝入以劍舞，因擊沛公，殺之。不者，汝屬且爲（）所虜。漢書高帝紀

用此，其將數困辱，及射猛獸，亦數爲（）所傷云。漢書李廣蘇建傳

吾黨久居，且爲（）所害。説苑反質

（四）……見（動詞謂語）

在動詞謂語前加助動詞「見」。例如：

孟子曰：「死矣，盆成括！」盆成括見殺。門人問曰：「夫子何以知其將見殺？」孟子盡心下

故君子恥不修，不恥見汙；恥不信，不恥不見信；恥不能，不恥不見用。荀子非十二子

即此言愛人者必見愛也，而惡人者必見惡也。墨子兼愛下

舉世皆濁我獨清，衆人皆醉我獨醒，是以見放。楚辭漁父

人之情性，莫先於父母，皆見愛而未必治也，雖厚愛矣，奚遽不亂？韓非子五蠹

故人臣稱伊尹、管仲之功(而見用)，則背法飾智有資；稱比干、子胥之忠而見殺，則疾强諫有辭。韓非子飾邪

孔子明帝王之道，……圍於陳、蔡，受屈於季氏，見辱於陽虎，戚戚然以至於死：此天民之遑遽者也。列子楊朱篇

女無美惡，入室見妒；士無賢不肖，入朝見嫉。史記外戚世家

注意，「見」是助動詞而不是介詞，它不像介詞那樣可以引進行爲的主動者。如果在以上例句的「見」字之後加進一個名詞或代詞，則句義就會發生很大的變化，也不是被動句了。

(五) ……見(動詞謂語)於……

在動詞謂語前加助動詞「見」，在動詞謂語後用介詞「於」(或「于」)引進行爲動作的主動者，構成「見……於」式。由「於」構成的介詞結構在句中作補語。這種句式産生於戰國，到漢代才逐漸多起來。例如：

吾非至於子之門則殆矣，吾長見笑於大方之家。莊子秋水

蔡澤見逐於趙，而入韓、魏。戰國策秦策三

且夫有高人之行者，固見負於世；有獨知之慮者，必見驁於民。商君書更法

賁、育見侵於其所不能勝，盜跖見害於其所不能取。韓非子守道

吾嘗三仕三見逐於君，鮑叔不以我爲不肖，知我不遭時也。史記管晏列傳

先絶齊而後責地，則必見欺於張儀。見欺於張儀，則王必怨之。史記楚世家

臣誠恐見欺於王而負趙。 史記廉頗藺相如列傳

樂毅信功於燕昭，而見疑於惠王。 鹽鐵論非鞅

故嘗見謗於鄙儒。 後漢書張衡傳

（六）……被……（動詞謂語）

在動詞謂語前加介詞「被」引進行爲動作的主動者。這種句式大約産生在東漢末，是現代「被」字被動句的源頭，在先秦兩漢時期，「被」字一般都不作爲介詞使用。例如：

允恭克讓，光被四表。 尚書虞書堯典

晉侯夢大厲，被髮及地，搏膺而踊。 左傳成公十年

功參天地，澤被生民。 荀子臣道

境内皆言兵，藏孫、吴之書者家有之，而兵愈弱，言戰者多，被甲者少也。 韓非子五蠹

翡翠珠被，爛齊光些。 楚辭招魂

國一日被攻，雖欲事秦，不可得也。 戰國策齊策一

今兄弟被侵，必攻者廉也；知友被辱，隨仇者貞也。 韓非子五蠹

智伯兼范、中行而攻趙不已，韓、魏反之，軍敗晉陽，身死高梁之東，遂卒被分，漆其首以爲溲器。 韓非子喻老

信而見疑，忠而被謗，能無怨乎？ 史記屈原賈生列傳

屈原，楚賢臣也，被讒放逐，作離騷賦。 漢書賈誼傳

曾子見疑而吟，伯奇被逐而歌。（論衡感虚篇）

實孝而賜死，誠忠而被誅。（論衡感虚篇）

前五例中，「被」的意義依次是「覆蓋」「披着」「施加」「穿上」和「被子」，分别屬於動詞或名詞。後七例中，「被」均屬於動詞，義爲「遭受」，雖然按照介詞「被」去解釋在意義上可通，但畢竟「被」字之後没有出現介詞賓語，而且在先秦兩漢也很難找到「被」引進行爲主動者的例證。

「被」字可以引進行爲主動者的用例出現在東漢末，這意味着介詞「被」以及由「被」構成的被動句式也産生在這一時期。在整個魏晉南北朝時期，「被」字句的應用也不算廣泛，直到唐代接近口語的詩文中才逐漸多起來，并最終取代了其他被動句式。例如：

今月十三日，臣被尚書召問。（蔡邕被收時表）

禰衡被魏武謫爲鼓吏，正月半試鼓。（世説新語言語）

若官未通顯，每被公私使令，亦爲猥役。（顔氏家訓雜藝篇）

舉體如被刀刺，叫呼而終。（顔氏家訓歸心篇）

夫子嵇阮流，更被時俗惡。（杜甫有懷臺州鄭十八司户）

可悲燕丹事，終被狼虎滅。（王昌齡雜興）

羞被夭桃笑，看春獨不言。（岑參長門怨）

武皇升仙去，憔悴被人欺。（韋應物逢楊開府）

第十一節　詞序

古漢語的詞序與現代漢語基本相同。例如：

夫人[將]啟之。　左傳隱公元年

古漢語中也有一些特殊的詞序現代漢語中是没有的。例如：

歲[不]我與。　論語陽貨

先生[將]何之？　孟子告子下

以上兩例中，賓語均置放在了謂語之前。這類詞序存在於先秦以前的上古漢語中，從漢代開始在口語中已逐漸消失，但在其後歷代的文言文作品中仍然不斷出現，這是仿古的原因所致。特殊詞序是古漢語的重要語法現象，主要有賓語前置和定語後置兩類。

一　賓語前置

所謂賓語前置，是對普通的非前置賓語而言的。這種前置不屬於起强調作用的臨時倒裝，它要受到一定的條件制約。賓語前置主要有以下三種類型：

(一)疑問句中，疑問代詞作賓語，賓語前置

這種句式的條件有二：其一，必須是疑問句；其二，賓語必須是疑問代詞。二者缺一不可。這種

句式的規則比較嚴格，例外很少。例如：

臣實不才，又誰敢怨？　左傳成公三年

衛君待子而爲政，子將奚先？　論語子路

既富矣，又何加焉？　論語子路

責畢收，以何市而反？　戰國策齊策四

彼且奚適也？　莊子逍遥遊

天下之父歸之，其子焉往？　孟子離婁上

或問儒者曰：「方此時也，堯安在？」　韓非子難一

疑問代詞作介詞的賓語時，一般也要置於介詞之前。例如：

子歸，何以報我？　左傳成公三年

不得政，何以逞怒？　國語晉語五

趙文子與叔向遊於九原，曰：「死者若可作也，吾誰與歸？」　國語晉語八

顔淵死，子哭之慟。從者曰：「子慟矣！」曰：「有慟乎？非夫人之爲慟而誰爲？」　論語先進

君子去仁，惡乎成名？　論語里仁

許子奚爲不自織？　孟子滕文公上

吾誰與爲親？　莊子齊物論

君之楚，將奚爲北面？　戰國策魏策四

誰爲爲之？孰令聽之？　司馬遷報任安書

(二)否定句中，代詞作賓語，賓語前置

這種句式的條件也有二：其一，是否定句；其二，是代詞作賓語。所謂否定句是指含有否定副詞「不、未、毋(無)」或無指代詞「莫」的句子。例如：

文王將死，與之璧，使行，曰：「……我死，女必速行，無適小國，將不女容焉。」　左傳僖公七年

及連轂而死。晉侯聞之而後喜可知也，曰：「莫余毒也已！」　左傳僖公二十八年

諫而不入，則莫之繼也。　左傳宣公二年

我無爾詐，爾無我虞。　左傳宣公十五年

今鄭人貪賴其田，而不我與。我若求之，其與我乎？　左傳昭公十二年

爾無我叛，我無强賈，毋或匄奪。爾有利市寶賄，我勿與知。　左傳昭公十六年

事若克，季子雖至，不吾廢也。　左傳昭公二十七年

一朝而滅，莫之哀也，唯無德也。　國語晉語八

董祁愬於范獻子曰：「不吾敬也。」　國語晉語九

我未見力不足者，蓋有之矣，我未之見也。　論語里仁

不患人之不己知，患不知人也。　論語學而

大道之行也，與三代之英，丘未之逮也，而有志焉。　禮記禮運

雖使五尺之童適市，莫之或欺。　孟子滕文公上

古者天下散亂，莫之能一。史記秦始皇本紀

如果賓語不是代詞，即使是否定句，賓語也不前置。例如：

遂寘姜氏於城潁，而誓之曰：「不及黄泉，無相見也。」左傳隱公元年

君子不重傷，不禽二毛。左傳僖公二年

玉不琢，不成器；人不學，不知道。禮記學記

朝菌不知晦朔，蟪蛄不知春秋。莊子逍遥遊

需要注意的是，否定句中代詞賓語前置的規律不像疑問代詞作賓語前置那樣嚴格。在先秦的文獻中，可以找到不少否定句代詞賓語不前置的例子。例如：

知我者，謂我心憂。不知我者，謂我何求？詩經王風黍離

有事而不告我，必不捷矣。左傳襄公二十八年

聖人不愛己。荀子正名

秦以後，否定句中代詞賓語後置的情況相當普遍，與代詞賓語前置的現象處於并存狀態。例如：

子路曰：「意者吾未仁邪？人之不我信也。」史記孔子世家

攝皇帝當爲真。即不信我，此亭中當有新井。漢書王莽傳

信度何等已數言上，上不我用，即亡。史記淮陰侯列傳

有赦令到，王讀之，曰：「嗟乎！獨赦吏民，不赦我。」漢書武五子傳

一般認爲，在秦以後的口語中，否定句中代詞賓語後置的現象已占主流，文獻中的代詞賓語後置

就是對口語實際情況的反映，至於文獻中仍舊存在的代詞賓語前置現象應屬於仿古的結果。

（三）賓語在代詞複指的條件下前置

爲了强調賓語，將賓語置於動詞謂語之前，在賓語之後用「之」「是」等代詞複指。有些教材或專著認爲「之」「是」這類詞屬於助詞，作用在於幫助賓語前置，是賓語前置的標志。例如：

秉國之鈞，四方是維。　詩經小雅節南山

君人者，將禍是務去，而速之，無乃不可乎？　左傳隱公三年

豈不穀是爲？　先君之好是繼。　左傳僖公四年

諺所謂「輔車相依，唇亡齒寒」者，其虞、虢之謂也。　左傳僖公五年

將虢是滅，何愛於虞？　左傳僖公五年

君亡之不恤，而群臣是憂，惠之至也。　左傳僖公十五年

原田每每，舍其舊而新是謀。（每每：肥美貌）　左傳僖公二十八年

非宅是卜，唯鄰是卜。　左傳昭公三年

文、武、成、康之建母弟以蕃屏周，亦其廢隊是爲，豈如弁髦而因以敝之？　左傳昭公九年

晉居深山，戎狄之與鄰，而遠於王室。　左傳昭公十五年

吾以子爲異之問，曾由與求之問。　論語先進

我周之東遷，晉、鄭是依。　國語周語中

如果賓語本身是代詞，或賓語含有代詞，則用來複指的代詞用「之」不用「是」。例如：

詩曰「孝子不匱，永錫爾類」，其是之謂乎？　左傳隱公元年

大上有立德，其次有立功，其次有立言，雖久不廢，此之謂不朽。　左傳襄公二十四年

敵利則進，何盟之有？　左傳成公十五年

寡君其罪之恐，敢與知魯國之難？　左傳昭公三十一年

從王命以紓諸侯，晉國無憂。是之不務，而又焉從事？　左傳昭公三十二年

子曰：「古者民有三疾，今也或是之亡也。」　論語陽貨

前世不同教，何古之法？帝王不相復，何禮之循？　商君書更法

苟得聞子大夫之言，何後之有？　國語越語上

例中「是之謂」「此之謂」成了一種固定的格式，在先秦的文獻中很常見。除了「是」「之」以外，「實」「焉」等詞也可以用在前置賓語與動詞之間。例如：

宋、衛實難，鄭何能爲？（值得懼怕的是宋、衛二國，鄭國能幹什麼？）　左傳隱公六年

凡我周之東徙，晉、鄭焉依。　史記周本紀

這種前置賓語常常在其前加上范圍副詞「唯」（或「惟」），構成「唯……是……」「唯……之……」的格式，用以强調動作的單一性和排它性。例如：

皇天無親，惟德是輔。民心無常，惟惠之懷。　尚書周書蔡仲之命

民不見德，而唯戮是聞，其何後之有？　左傳僖公二十三年

率師以來，唯敵是求。　左傳宣公十二年

余雖與晉出入，余唯利是視。　左傳成公十三年

自今日既盟之後，鄭國而不唯晉命是聽，而或有異志者，有如此盟。　左傳襄公九年

荀偃令曰：「鷄鳴而駕，塞井夷竈，唯余馬首是瞻。」　左傳襄公十四年

孟武伯問孝。子曰：「父母唯其疾之憂。」　論語爲政

使弈秋誨二人弈，其一人專心致志，惟弈秋之爲聽。（爲：助動詞。）　孟子告子上

惟仁之爲守，惟義之爲行。　荀子不苟

爭飲食，無廉恥，不知是非，不辟死傷，不畏衆强，恈恈然唯利飲食之見，是狗彘之勇也。　荀子榮辱

先王之所惡，惟死者之辱也。　吕氏春秋安死

如果賓語本身是「是」，則直接置於動詞謂語前而不再用代詞複指。例如：

視民不恌，君子是則是效。　詩經小雅鹿鳴

維葉莫莫。是刈是濩。　詩經周南葛覃

昭王南征而不復，寡人是問。　左傳僖公四年

有令名矣，而終之以恥，午也是懼。　左傳昭公元年

賓語前置除了以上幾種情況外，一般名詞或名詞性詞組作介詞「以」的賓語也常常提前。例如左傳僖公四年：「楚國方城以爲城，漢水以爲池。」史記項羽本紀：「楚戰士無不一以當十。」（參見介詞「以」的介紹）

二　定語後置

定語後置的情况比較簡單，主要有這樣幾種格式：

（一）中心詞＋之＋形容詞　例如：

帶長鋏之陸離兮，冠切雲之崔嵬。（楚辭涉江）

安能以身之察察，受物之汶汶者乎？（楚辭漁父）

這種格式中的形容詞不能換成名詞或代詞等。

（二）中心詞＋「者」字結構　這種格式中的「者」字結構可分爲帶「有」和不帶「有」兩種。例如：

楚人有涉江者，其劍自舟中墜於水。（吕氏春秋察今）

宋人有耕田者，田中有株。（韓非子五蠹）

齊人有馮諼者，貧乏不能自存。（戰國策齊策四）

齊放其大臣孟嘗君於諸侯，諸侯先迎之者富而兵强。（同上）

遂率子孫荷擔者三夫。（列子湯問）

計未定，求人可使報秦者。（史記廉頗藺相如列傳）

（三）中心詞＋數詞　這種格式中的後置定語可以單用數詞，也可以帶上量詞。例如：

命子封帥車二百乘以伐京。（左傳隱公元年）

吏二縛一人詣王。（晏子春秋内篇雜下）

思考與練習

一　馬氏文通在漢語語法研究方面的貢獻有哪些？試加以説明。

二　參考有關材料試簡述近十年來古漢語語法的研究概况。

三　指出下列句子中的詞類活用現象，并具體説明屬於哪類活用，然後翻譯全句。

①越國以鄙遠，君知其難也。焉用亡鄭以陪鄰？　左傳僖公三十年

②夫夫婦婦，所謂順也。　左傳昭公元年

③南容三復白圭，孔子以其兄之子妻之。　論語先進

④禹行而舜趨，是子張氏之賤儒也。　荀子非十二子

⑤四方之士來者，必廟禮之。　國語越語上

⑥吾不能以春風風人，吾不能以夏雨雨人，吾窮必矣！　説苑貴德

⑦秦燔書禁學，濟南伏生獨壁藏之。漢興亡失，求得二十九篇，以教齊魯之間。　漢書藝文志

⑧屈伸之志，詳略之文，皆應之，吾以其近近而遠遠、親親而疏疏也。亦知其貴貴而賤賤、重重而輕輕也。有知其厚厚而薄薄、善善而惡惡也。有知其陽陽而陰陰、白白而黑黑也。　春秋繁露楚莊王第一

⑨逐馬鳴鑣，魚跨麋角。　枚乘七發

⑩狐死首丘，代馬依風。（後漢書班超傳）

四　下列句子中哪些詞屬於名詞用作動詞？哪些詞屬於名詞作狀語？請予以指出，同時解釋它們在句中的含義。

①晉人不得志於鄭，以諸侯復伐之，十二月癸亥，門其三門。（左傳襄公八年）

②陳氏之施，民歌舞之矣。後世若少惰，陳氏而不亡，則國其國也已。（左傳昭公二十六年）

③二月癸未，晉悼夫人食輿人之城杞者。絳縣人或年長矣，無子。而往與於食。有與疑年，使之年。（左傳襄公三十年）

④公祭之地，地墳；與犬，犬斃；與小臣，小臣亦斃。（左傳僖公四年）

⑤群公子皆鄙，唯二姬之子在絳。（左傳莊公二十八年）

⑥於是使勇士某者往殺之，勇士入其大門，則無人門焉者。（公羊傳宣公六年）

⑦得百里之地而君之，皆能以朝諸侯有天下；行一不義，殺一不辜而得天下，皆不爲也。（孟子公孫丑上）

⑧臣聞騏驥盛壯之時，一日而馳千里；至其衰老，駑馬先之。（史記刺客列傳）

⑨夫足下欲興天下之大事而成天下之大功，而以目皮相，恐失天下之能士。（史記酈生陸賈列傳）

五　指出下列句中的使動用法、意動用法或其他語法現象，并翻譯全句。

①楚子在公宫之北，吴人在其南。子期似王，逃王而已爲王。（左傳定公四年）

②楚子使申舟聘于齊，曰："無假道于宋。"……華元曰："過我而不假道，鄙我也。鄙我，亡也；殺其使者必伐我，伐我亦亡也。亡一也。"　左傳宣公十四年

③乃與公孫無地、公孫臣謀，使攻寧氏。弗克，皆死。公曰："臣也無罪，父子死余矣！"　左傳襄公二十七年

④言夫人而不以氏姓，非夫人也，立妾之辭也，非正也。夫人卒葬之，我可以不夫人之乎？夫人卒葬之，我可以不卒葬之乎？（夫人：魯僖公生母成風）　穀梁傳僖公八年

⑤然則王之所大欲可知已。欲辟土地，朝秦、楚，莅中國而撫四夷也。以若所爲求若所欲，猶緣木而求魚也。　孟子梁惠王上

⑥以財交者，財盡而交絶；以色交者，華落而愛渝。是以嬖女不敝席，寵臣不避（避通敝）軒。　戰國策楚策一

⑦富之而觀其無犯，貴之而觀其無驕，付之而觀其無轉，使之而觀其無隱，危之而觀其無恐，事之而觀其無窮。　六韜文韜六守第六

⑧且遂聞湯以七十里之地王天下，文王以百里之壤而臣諸侯，豈其士卒衆多哉？　史記平原君虞卿列傳

⑨三十年，桓公病，太子兹甫讓其庶兄目夷爲嗣。桓公義太子意，竟不聽。　史記宋微子世家

⑩春秋上明三王之道，下辨人事之經紀，别嫌疑，明是非，定猶與，善善惡惡，賢賢賤不肖，存亡國，繼絶世，補弊起廢，王道之大者也。　漢書司馬遷傳

六　下列句子哪些屬於判斷句？請作出判斷并指出帶點詞的詞性和意義。

①夫是墨子之儉，將非孔子之侈也；是孔子之孝，將非墨子之戾也。（韓非子顯學）

②如是而不退，則商君、白公、吴起、大夫種是也。（史記范雎蔡澤列傳）

③用武者滅，用文者亡，夫差、偃王是也。（太平御覽兵部曹操孫子兵法序）

④夫戰，勇氣也。（左傳莊公十年）

⑤如今人方爲刀俎，我爲魚肉，何辭爲？（史記項羽本紀）

⑥主爵都尉汲黯是魏其，内史鄭當時是魏其，後不敢堅對。（史記魏其武安侯列傳）

⑦黄帝居軒轅之丘，而娶於西陵之女，是爲嫘祖。（史記五帝本紀）

⑧夫治國者以名號爲罪，徐偃王是也；以城與地爲罪，虞、虢是也（韓非子喻老）

七　指出下列句子中的被動句，并解釋各句中加點詞的詞性及詞義。

①秋，楚囊瓦伐吴師于豫章。（左傳定公二年）

②其身屍於朝，其宗滅於絳。（國語晉語八）

③夫差以見禽於越。（大戴禮記保傅）

④寡人不祥，被於宗廟之祟，沈於諂諛之臣。（戰國策齊策四）

⑤天地大矣，生而弗子，成而弗有，萬物皆被其澤、得其利而莫知其所由始。（吕氏春秋貴公）

⑥君子役物，小人役於物。（荀子修身）

⑦君子之道也，貧則見廉，富則見義，生則見愛，死則見哀。（墨子脩身）

⑧厚者爲戮，薄者見疑。　韓非子說難

⑨身尊家富，父子被其澤。　韓非子姦劫弑臣

八　翻譯下列各句，并解釋其中加點詞的用法。

①要離走，往見王子慶忌於衛。　吕氏春秋忠廉

②僕以口語遇此禍，重爲鄉黨所笑。　司馬遷報任安書

③夫趙强而燕弱，而君幸於趙王，故燕王欲結於君。　史記廉頗藺相如列傳

④先絶齊而後責地，則必見欺於張儀。　史記楚世家

⑤身被二十餘創。　漢書趙充國傳

⑥身死人手，爲天下笑者，何也？仁心不施，而攻守之勢異也。　賈誼新書過秦上

⑦夏桀、殷紂之盛也，人跡所至，舟車所通，莫不爲郡縣，然而身死人手，爲天下笑者，有亡形也。　淮南子氾論訓

⑧爲世用者，百篇無害；不爲用者，一章無補。　論衡自紀

⑨岱不從，遂與戰，果爲所殺。　三國志魏書武帝紀

⑩然而公不見信於人，私不見助於友。　韓愈進學解

九　指出下列句中的前置賓語并説明其類型。

①大王來何操？　史記項羽本紀

②以吾一日長乎爾，毋吾以也。　論語先進

③吾誰與爲鄰？吾無糧。 莊子山木

④保民而王，莫之能禦也。 孟子梁惠王上

⑤匈奴必以我爲大軍之誘，不我擊。 漢書李廣傳

⑥僑聞君子非無賄之難，立而無令名之患。僑聞爲國非不能事大字小之難，無禮以定其位之患。 左傳昭公十六年

⑦宋何罪之有？ 墨子公輸

⑧每自比於管仲、樂毅，時人莫之許也。 三國志蜀書諸葛亮傳

⑨今有固車良馬於此，又有奴馬四隅之輪於此，使子擇焉，子將何乘？ 墨子魯問

⑩若不憂德之不建，而患貨之不足，將吊不暇，何賀之有？ 國語晉語八

十

解釋下列句中加點詞的詞性、作用，并翻譯全句。

①自今日既盟之後，鄭國而不唯有禮與彊可以庇民者是從，而敢有異志者，亦如之。 左傳襄公九年

②有衆逐虎。虎負嵎，莫之敢攖。（攖：碰，觸犯） 孟子盡心下

③晉平公與群臣飲，飲酣，乃喟然歎曰：「莫樂爲人君！惟其言而莫之違。」 韓非子難一

④故人苟生之爲見，若者必死；苟利之爲見，若者必害。 荀子禮論

⑤爲事利，争貨財，無辭讓，果敢而振，猛貪而戾，恈恈然唯利之見，是賈盗之勇也。 荀子榮辱

⑥義之所在，不傾於權，不顧其利，舉國而與之不爲改視，重死持義而不橈，是士君子之勇也。

荀子榮辱

⑦ 無乃非盟載之言，以闕君德，而執事有不利焉，小國是懼。 左傳襄二十八年

⑧ 是夫也，將不唯衛國之敗，其必始於未亡人。烏呼！天禍衛國也夫！ 左傳成公十四年

十一 舉例説明什麼是使動用法和意動用法？二者的異同點有哪些？

十二 淺議名詞動用與兼類詞的界限。

十三 古漢語中的詞類活用現象比較普遍，其成因是什麼？試搜集材料加以論證。

十四 有人説上古漢語中「爲」字可以作爲判斷係詞。請搜集有關「爲」字的材料，進行分析比較，然後談談自己對這個問題的看法。

十五 古漢語判斷句、被動句和詞序的主要類型和特點各有哪些？請舉例説明。

十六 試根據自己搜集的材料簡述古漢語判斷句或被動句的發展變化情況。

十七 翻譯下段古文：

子適衛，冉有僕。僕，御車也。子曰：「庶矣哉！」庶，衆也。冉有曰：「既庶矣。又何加焉？」曰：「富之。」庶而不富，則民生不遂，故制田里，薄賦斂以富之。曰：「既富矣，又何加焉？」曰：「教之。」富而不教，則近於禽獸。故必立學校，明禮義以教之。○胡氏曰：「天生斯民，立之司牧，而寄以三事。然自三代之後，能舉此職者，百無一二。漢之文明，唐之太宗，亦云庶且富矣，西京之教無聞焉。明帝尊師重傅，臨雍拜老，宗戚子弟莫不受學；唐太宗大召名儒，增廣生員，教亦至矣，然而未知所以教也。三代之教，天子公卿躬行於上，言行政事皆可師法，彼二君者其能然乎？」 朱熹論語集注子路

十八　標點并翻譯以下古文：

（一）孔子曰益者三友損者三友友直友諒友多聞益矣友便辟友善柔友便佞損矣　論語季氏

（二）孔子曰益者三樂損者三樂樂節禮樂樂道人之善樂多賢友益矣樂驕樂樂佚遊樂宴樂損矣（同上）

（三）子曰小子何莫學夫詩詩可以興可以觀可以群可以怨邇之事父遠之事君多識於鳥獸草木之名　論語陽貨

（四）所謂誠其意者毋自欺也如惡惡臭如好好色此之謂自謙故君子必慎其獨也小人閒居爲不善無所不至見君子而後厭然揜其不善而著其善人之視己如見其肺肝然則何益矣此謂誠於中形於外故君子必慎其獨也曾子曰十目所視十手所指其嚴乎富潤屋德潤身心寬體胖故君子必誠其意。　禮記大學

參考文獻

楊伯峻　文言語法　北京出版社一九五六年
王　力　漢語史稿　中華書局一九八〇年新一版
楊伯峻　古漢語虛詞　中華書局一九八一年

馬建忠　馬氏文通　商務印書館一九八三年新一版
林玉山　漢語語法學史　湖南教育出版社一九八三年
向　熹　簡明漢語史　高等教育出版社一九九三年
劉景農　漢語文言語法　中華書局一九九四年
馬文熙等　古漢語知識詳解辭典　中華書局一九九六年
劉　堅等　二十世紀的中國語言學　北京大學出版社一九九八年
郭錫良等　古代漢語修訂本　商務印書館一九九九年
社科院語言研究所古代漢語研究室　古代漢語虚詞詞典　商務印書館一九九九年
嚴　修　二十世紀的古漢語研究　書海出版社二〇〇一年
張雙棣等　古代漢語知識教程　北京大學出版社二〇〇二年
郭錫良　古代漢語語法講稿　語文出版社二〇〇七年